NomosStudium

Joachim Rückert | Ralf Seinecke [Hrsg.]

Methodik des Zivilrechts – von Savigny bis Teubner

4., erweiterte Auflage

Prof. Dr. Lena Foljanty, Universität Wien | PD **Dr. Ralf Frassek**, Martin-Luther-Universität, Halle-Wittenberg | **Prof. Dr. Hans-Peter Haferkamp**, Universität zu Köln | **Dr. Thorsten Hollstein**, Steuerverwaltung, Bad Homburg | **Prof. Dr. Dr. Dr. h.c. Christian Kirchner †**, LL.M. (Harvard), Humboldt-Universität zu Berlin | **Dr. Frank Laudenklos**, Rechtsanwalt und Partner bei Freshfields Bruckhaus Deringer, Frankfurt am Main | **Jutta C. Manegold** geb. Oldag, Rechtsanwältin, Düsseldorf | **Prof. Dr. Felix Maultzsch**, LL.M. (NYU), Goethe-Universität, Frankfurt am Main | **Dr. Milena Maurer**, Rechtsanwältin, Frankfurt am Main | PD **Dr. Thomas Pierson**, M.A., Goethe-Universität Frankfurt am Main und Justus-Liebig-Universität Gießen | **Dr. Michael Rohls**, LL.M. (Berkeley), Rechtsanwalt und Partner bei Freshfields Bruckhaus Deringer, München | **Prof. Dr. Dr. h.c. Joachim Rückert**, Goethe-Universität, Frankfurt am Main | **Dr. Philipp Sahm**, LL.M. (Florenz), Rechtsanwalt und Partner bei Advant Beiten, Frankfurt am Main | **Birgit Schäfer**, Goethe-Universität, Frankfurt am Main | **Dr. Ralf Seinecke**, M.A., Max-Planck-Institut für Rechtsgeschichte und Rechtstheorie, Frankfurt am Main | **Dr. Marion Träger**, Rechtsanwältin und Rechtsamt, Memmingen, Ulm | **Dr. Wilhelm Wolf**, Präsident des Hessischen Landessozialgerichts und des Staatsgerichtshofs des Landes Hessen

Die Deutsche Nationalbibliothek verzeichnet diese Publikation in
der Deutschen Nationalbibliografie; detaillierte bibliografische
Daten sind im Internet über http://dnb.d-nb.de abrufbar.

ISBN 978-3-8487-8758-6 (Print)
ISBN 978-3-7489-3197-3 (ePDF)

4. erweiterte Auflage 2024
© Nomos Verlagsgesellschaft, Baden-Baden 2024. Gesamtverantwortung für Druck
und Herstellung bei der Nomos Verlagsgesellschaft mbH & Co. KG. Alle Rechte, auch die
des Nachdrucks von Auszügen, der fotomechanischen Wiedergabe und der Übersetzung,
vorbehalten.

„Though this be madness, yet there is method in't"
„Ist dies schon Tollheit, hat es doch Methode"
William Shakespeare, Hamlet (um 1600),
Szene II 2; dt. Übersetzung nach A.W. Schlegel

Vorwort zur vierten Auflage

Unsere *Methodik* ist nun auch in der dritten Auflage schon länger vergriffen. Wir haben sie gerne aktualisiert. Erweiterungen wären sicher interessant und machbar. Aber der schon stattliche Umfang des Bandes setzt strikte Grenzen. Auch für den Zweck des Bandes, zum selbstständigen Umgang mit Methodenfragen anzuleiten (s.u. Vorwort zur 2. Aufl.), schien uns keine Erweiterung notwendig. Lediglich ein Blick in die sog. Neue Institutionenökonomie war als Abrundung zur Methode der Ökonomischen Analyse des Rechts wichtig. Für die Aktualisierung sind alle Beiträge überarbeitet, Versehen korrigiert, allzu Knappes erläutert und einschlägige Literatur ergänzt, insbesondere in der Bibliografie auch dank der Hilfe von Jann Maatz. *But nothing is perfect.*
Der Mitarbeiterkreis musste modifiziert werden. Die beruflichen und häuslichen Beanspruchungen setzten inzwischen deutliche Grenzen. Nicht mehr zur Verfügung standen daher Jutta Oldag zu Heck, Ralf Frassek zu Larenz, Birgit Schäfer zu Esser, Michael Rohls zu Wiethölter und Frank Laudenklos zu F. Müller und zur ökonomischen Analyse des Rechts. Christian Kirchner zur judikativen Rechtsfortbildung ist leider viel zu früh verstorben. Diese Beiträge sowie das Resümee wurden von uns selbst durchgesehen und gegebenenfalls ergänzt. Neu hinzugekommen sind eine Übersicht zur Neuen Institutionenökonomie von Milena Maurer und ein Versuch, die Methodengeschichte in plausible Epochen zu gliedern zu Beginn des HISTORISCHEN ÜBERBLICKS.
Wir danken wiederum allen Beteiligten und den Hilfskräften Jannik Oestmann, Milena Pfaffe, Daniel Reimann, Josch Stein, Christian Zeng sowie der Referendarin Jana Bokr sehr – vor allem Peter Schmidt vom Nomos Verlag für seine große Geduld!

Frankfurt am Main, im Januar 2024   Joachim Rückert und Ralf Seinecke

Vorwort zur dritten Auflage

Das Buch fand zu unserer Freude viel Anklang und war seit längerem vergriffen. Da uns nichts davon als überholt oder defizitär erscheint, war es vor allem gründlich durchzusehen und zu aktualisieren. Das betraf vor allem die Literaturhinweise zum selbstständigen Weiterstudium. Gewiss bleiben Wünsche offen, wie sie unten in Rn. 3 angesprochen sind. Eugen Ehrlich und Philipp Lotmar wären gute Kandidaten für die vielbeschworene Lebensnähe der Jurisprudenz als methodisches Problem. Aber sie gehören nicht zum unverzichtbaren Kanon und so musste hier ‚gespart' werden. An Hinweisen auch dazu fehlt es jedenfalls nicht, s. Personenregister. Ausgebaut oder hinzugefügt wurden Abschnitte zur soziologischen Jurisprudenz, zur europarechtlichen Methode, zur strukturellen Kontinuität der Denktypen und zum Fallvergleich. Im Übrigen wurde der ganze Band intensiv durchgearbeitet und vieles Kleinere und Sprachliche modifiziert, korrigiert und ergänzt, insbesondere alle Neuauflagen nachgetragen und die Bibliografie erneuert.
Eine Analyse von Entscheidungspraktiken liefern wir nicht mit, nur einige Hinweise dazu (Rn. 21 Fn. 63 und Rn. 1569). Mehr wäre geradezu vermessen und vor allem nicht entscheidend. Denn die Praktiken ergeben im Verfassungsstaat der Neuzeit keine Methodennormen und zeigen vor allem nicht deren hier wichtige Kontexte und Prämissen. Ohnehin waren die meisten der älteren Mustermethodiker zugleich erfahrene

Praktiker in Spruchfakultäten und Gerichten – anders als heute. Jedenfalls haben wir viel Mühe darauf verwendet, jede der vorgestellten Methodiken am Ende an einem juristischen Beispiel der Autoren selbst zu erproben.

Methodik muss vor allem zwei Probleme lösen: Wie löst man Fälle ‚richtig' und warum löst man sie so wie man sie löst. Die erste Frage ist eine rechtspraktische Frage. Nach welchen Regeln geht eine bestimmte Jurisprudenz zu einer bestimmten Zeit bei der Falllösung vor. Das ist kein rein wissenschaftliches Problem im Sinne von Forschung. Die Lösung besteht seit je in einer juristischen Kunstlehre. Kunstlehren sind jeweils zeitgemäße Konventionen und/oder Normforderungen und keine ewig wissenschaftlichen Forschungs- und Theoriefragen. Die neuere Methodentheorie hat als Argumentationstheorie darüber hinaus gut begründet, dass es sich um ein Problem der ‚richtigen' Darstellung der geforderten Begründungen handelt (s. Rn. 1476 ff.). Ohnehin werden solche Begründungen erst im Zuge des modernen Verfassungsstaates mehr und mehr eingefordert.

Die Forderung nach Begründung oder gar bestimmten Begründungen reflektiert schon die zweite Frage, das ‚Warum so?'. Die Antwort hängt heute ab von den Verfassungen. Denn Methodenfragen sind Verfassungsfragen. In diesem Sinne wird hier keine abstrakte Methodentheorie betrieben und auch nicht allein Methodik des Zivilrechts. Manches so diskutierte Problem verliert daher seine kaiserlichen Kleider und erscheint als Scheinproblem oder bloße Technikfrage. Viel wichtiger als solch abstrakte Theorie ist das Verständnis der Zeitbedingtheit aller Methodennormen und -theorien. Es geht zwar immer um Jurisprudenz, aber doch in sehr verschiedenen politischen, ökonomischen, sozialen, sittlichen, professionellen und weiteren Zusammenhängen. Der Geschichtsgarten ist groß. Das ist wichtig, weil diese Zusammenhänge die Methoden entscheidend bestimmen. Wie das geschieht, kann man am besten anhand prominenter geschichtlicher Fälle lernen. Solche Fälle dienen uns daher zum Leitfaden. Am Leitfaden dieser wichtigen Musterfälle und ihrer verfassungspolitischen Bedingtheiten lassen sich die heutigen Probleme besonders gut und anschaulich klären.

Wir danken erneut dem Nomos-Verlag und einer Reihe von kritischen Lesern!

Frankfurt am Main, im Dezember 2016   Joachim Rückert und Ralf Seinecke

Vorwort zur zweiten Auflage

Die erste Auflage dieses Einführungsbandes in juristische Methodenfragen erschien [ohne Vorwort] im Jahre 1997 als „Fälle und Fallen in der neueren Methodik des Zivilrechts seit Savigny" unter Mitarbeit von Frank Laudenklos, Michael Rohls und Wilhelm Wolf. Sie wurde im Ganzen überarbeitet und grundlegend zu einer umfassenden Lehrbuchdarstellung erweitert. Dabei blieben die eigenständige Konzeption und die ursprünglichen Beiträge erhalten. Diese Beiträge wurden alle durchgesehen und um neuere Literatur ergänzt.

Diese Methodendarstellung soll anleiten zum selbstständigen Umgang mit Methodenfragen. Dazu dienen verschiedene Zugriffe, die zusammen ihren besonderen Sinn ergeben, aber auch separat benutzt werden können. Am Anfang stehen zwölf knappe Methodenregeln. An sechzehn Beispielen werden die Hauptpositionen der neueren Methodik seit Savigny in ihren originären Kontexten vorgeführt. Drei Berichte erweitern den juristischen Methodenblick um ökonomische und vergleichende Perspektiven. Das Resümee bilanziert diese Studien.

Der HISTORISCHE ÜBERBLICK erzählt die Geschichte der juristischen Methode seit Savigny neu. Das war notwendig. Die letzten großen Methodenerzählungen von Boehmer, Wieacker und Larenz, die 1950/51, 1952 und 1960 vorgelegt wurden, waren vom Kampf gegen das liberale 19. Jahrhundert geprägt. Die Verdammungsurteile sprach man schon seit Beginn des 20. Jahrhunderts. Sie hallen als ungeprüfte Vorurteile bis heute nach, obwohl sie längst widerlegt sind. Der Methodenkampf war immer auch ein politischer Kampf um die Rechtsmacht. Gesetzgeber, Justiz und Rechtswissenschaft streiten um diese Macht bis heute. Deshalb sind Methodenfragen stets auch Verfassungsfragen. Diese Fragen berühren natürlich nicht nur das Zivilrecht. Ein ähnlicher Zugriff auf Rechtsbegriff und Methoden im Strafrecht und im öffentlichen Recht wäre wichtig. Das lässt sich jedoch nicht in einem Band bewältigen.

Großer Dank gilt zuletzt etlichen Studenten, Mitarbeitern und Kollegen, die freigiebig Energie, Enthusiasmus, Texte und Diskussionen beisteuerten. Für die zweite Auflage war dies vor allem und in sehr vielem Ralf Seinecke. Er hat eine Reihe wichtiger Erweiterungen erfolgreich angeregt und alle Texte kritisch mitdurchgesehen. Sein Name erscheint deswegen auch als Mitherausgeber. Philipp Sahm hat die neuere Literatur umsichtig erschlossen. Audrey Bouffil hat wesentlich geholfen bei den Korrekturen und Andreas Engelmann hat gründlich und genau die Register erstellt. Dr. Johannes Rux und Sabrina Preisinger vom Nomos Verlag danken wir für wiederholten freundlichen Ansporn.

Frankfurt am Main, im Mai 2012   Joachim Rückert

Inhaltsübersicht

Vorwort zur vierten Auflage — 7
Vorwort zur dritten Auflage — 7
Vorwort zur zweiten Auflage — 8
Inhaltsübersicht — 11
Inhaltsverzeichnis — 15

I. Einführung — 27
von Joachim Rückert

II. Zwölf Methodenregeln für den Ernstfall — 45
von Joachim Rückert und Ralf Seinecke

III. Sechzehn Exempel und drei Berichte — 59

Methode und Zivilrecht beim Klassiker Savigny (1779–1861) — 59
von Joachim Rückert

Methode und Rechtslehre bei Georg Friedrich Puchta (1798–1846) — 104
von Hans-Peter Haferkamp

Methode und Zivilrecht bei Bernhard Windscheid (1817–1892) — 129
von Joachim Rückert

Methode und Zivilrecht beim „Begriffsjuristen" Jhering (1818–1892) — 158
von Ralf Seinecke

Methode und Zivilrecht bei Philipp Heck (1858–1943) — 188
von Jutta Manegold (geb. Oldag)

Methode und Zivilrecht bei Hans Carl Nipperdey (1895–1968) — 214
von Thorsten Hollstein

Methode und Zivilrecht bei Heinrich Lange (1900–1977) — 231
von Wilhelm Wolf

Methode und Zivilrecht bei Karl Larenz (1903–1993) — 254
von Ralf Frassek

Methode und Zivilrecht bei Franz Wieacker (1908–1994) — 277
von Marion Träger

Methode und Zivilrecht bei Josef Esser (1910–1999) — 306
von Birgit Schäfer

Methode und Zivilrecht bei Helmut Coing (1912–2000)   332
von Lena Foljanty

Methode und Zivilrecht bei Rudolf Wiethölter (geb. 1929)   357
von Michael Rohls

Methode und Zivilrecht bei Bernd Rüthers (1930–2023)   375
von Thomas Pierson

Methode und Zivilrecht bei Claus-Wilhelm Canaris (1937–2021)   401
von Ralf Seinecke

„Juristische Methodik" bei Friedrich Müller (geb. 1938)   439
von Frank Laudenklos

Methode und (Zivil-)Recht bei Gunther Teubner (geb. 1944)   462
von Philipp Sahm

Methode und Zivilrecht in der ökonomischen Analyse des Rechts   487
von Frank Laudenklos

Methode und Zivilrecht in der Neuen Institutionenökonomie   506
von Milena Maurer

Methodiken für die judikative Rechtsfortbildung im Zivilrecht:
die institutionenökonomische Perspektive   518
von Christian Kirchner

Grundstrukturen der englischen Case Law-Methodik   540
von Felix Maultzsch

IV. Die Schlachtrufe im Methodenkampf – ein historischer Überblick   573
von Joachim Rückert

V. **Resümee**   655
*von Frank Laudenklos, Michael Rohls und Wilhelm Wolf mit Ergänzungen
von Joachim Rückert und Ralf Seinecke*

VI. Bibliographisches und Lektüreempfehlungen   677
von Joachim Rückert

Inhaltsübersicht

Die Autorinnen und Autoren 689

Personenregister 691

Stichwortverzeichnis 695

Inhaltsverzeichnis

Vorwort zur vierten Auflage	7
Vorwort zur dritten Auflage	7
Vorwort zur zweiten Auflage	8
Inhaltsübersicht	11
Inhaltsverzeichnis	15

I.	**Einführung**	**27**
	von Joachim Rückert	
	I. Die drei Defizite	29
	II. Neue Methoden?	36
	III. Unsere dreifache Fragestellung	40
	IV. Ohne Zynismus	42
	V. Was noch?	43
II.	**Zwölf Methodenregeln für den Ernstfall**	**45**
	von Joachim Rückert und Ralf Seinecke	
	I. Mach Dir klar, was Du tun willst	46
	II. Behandle Methodenfragen als Verfassungsfragen	46
	III. Methodengeschichten muss man kennen und nutzen	48
	IV. Nimm die canones als Anleitung	49
	V. Hör auf den Wortlaut	50
	VI. Schau ins System	51
	VII. Schlag nach beim Gesetzgeber	52
	VIII. Obacht mit dem Telos	53
	IX. Trenne Auslegung und Rechtsfortbildung und Abwägung	54
	X. Bilde Recht nur rechtsstaatlich fort	55
	XI. Manchmal muss man abwägen	56
	XII. Vergiss nicht die Gerechtigkeit	57
III.	**Sechzehn Exempel und drei Berichte**	**59**

Methode und Zivilrecht beim Klassiker Savigny (1779–1861)   **59**
von Joachim Rückert

	I. Vom Umgang mit Klassikerstücken	59
	II. Das Leben im Werk und das Werk im Leben	64
	1. Lebensumriss: Frankfurt, Marburg, Paris, Landshut, Berlin	64
	2. Leben und Werk	65
	III. Methode und Zivilrecht in Savignys Rechtsverständnis	66
	1. Kurzbeschreibung	66
	2. Eigenständige Gesetzesvorstellung	67
	3. Folgen für die Auslegungsvorstellung	68

		4.	Andere Methodenvorstellung, Auslegungsziel und Loyalitätsrichtung	69
		5.	Erforschung des wirklichen Rechts, wissenschaftliche Methode	69
		6.	Eigenständiger Rechtsbegriff: gewordene Geltung, Doppelnatur des Rechts	70
		7.	„Historische" und „wahrhaft historische" Methode, Doppelorientierung – Prinzipiensuche	72
		8.	Philosophische Fundamente: „inwohnende Einheit" im Recht	74
		9.	Philosophische Fundamente: die Idee eines Ganzen in den Rechtsquellen – Autonomie des Rechts	75
		10.	Folgen für weitere Grundbegriffe wie Staat, Privatrecht, öffentliches Recht	76
		11.	Savignys geschichtliche Stellung – Selbstständigkeit der Konzeption	78
	IV.	Das Methoden-Original: Savignys Kapitel 4 über „Auslegung der Gesetze"		80
		1.	Die Architektonik in Savignys Dogmen zur „Auslegung der Gesetze"	80
		2.	Missverständnisse	82
		3.	Auslegung bei „gesundem Zustand" des Gesetzestextes	82
		4.	Auslegung bei „mangelhaftem Zustand" des Gesetzestextes	83
		5.	Was bleibt? – verfassungsnormativer Zusammenhang, alternative Problemverortung	84
		6.	Sicherheit und Gewissheit des Rechts als Auslegungsaufgabe – Zivilrecht und Strafrecht	88
		7.	Der Ansatz beim Individuum – Privatrecht als spontane Ordnung	90
		8.	Weitere Quellen?	95
	V.	Das Beispiel Culpa-Lehre / Verschuldensdogmatik		95
	VI.	Was bleibt? – zehn Erinnerungen		97
	VII.	Ausblick		99
	VIII.	Quellen und Literatur		101
		1.	Zum Einstieg in die Savigny-Texte	101
		2.	Auflösung einiger Anspielungen im Text	102
		3.	Zum Einstieg in die Sekundärliteratur	103
		4.	Weitere und neuere Literatur	103
		5.	Und sonst?	103

Methode und Rechtslehre bei Georg Friedrich Puchta (1798–1846) 104
von Hans-Peter Haferkamp

	I.	Fünf Prägungen		104
	II.	Methodenlehre? Skepsis gegenüber starren Methodenregeln		106
	III.	Die Rechtsquellenlehre als Ausgangspunkt		106
	IV.	Annäherung: Abgrenzungen zu Savigny: enger am Text – strenger im System		107
		1.	Enger am Text	108
		2.	Strenger im System	110
	V.	Folgen für die Arbeit des wissenschaftlich arbeitenden Juristen		113
		1.	Puchtas Ansprechpartner: Die Justiz als praktische Rechtswissenschaft	113
		2.	Feststellung der Geltung eines Rechtssatzes	114

		3.	Arbeit mit Puchtas System der Rechte	116
			a) Das Pandektenrecht als System	116
			b) Schellings „duplike Rationalität" von Setzung und Konsequenz als Vorbild	118
			c) Rechtsfortbildung durch Arbeit mit den Prinzipien des bestehenden Rechts	120
	VI.	Trennung des doppelten Blicks in Puchtas Institutionen und Pandekten		122
	VII.	Beispiel: Stellvertretung		123
	VIII.	Bilanz		126
	IX.	Quellen und Literatur		127
		1. Zum Einstieg in die Puchta-Texte		127
		2. Zum Einstieg in die Sekundärliteratur		128
		3. Weitere Literatur		128

Methode und Zivilrecht bei Bernhard Windscheid (1817–1892) 129
von Joachim Rückert

I.	Erste Fragen		129
II.	Schreckbilder und ernstere Fragen		130
III.	Windscheid – ein Rätsel		132
IV.	Lebensstationen und Werkakzente		133
	1. Lebensstationen		133
	2. Werkakzente: ein Lehrbuch als „Gesetz"?		136
	3. Werkakzente: die Grundsatzreden und der Rechtsbegriff		140
V.	Auflösung		146
VI.	Methodenfragen		149
VII.	Das Beispiel culpa in contrahendo / Vertrauenshaftung		153
VIII.	Vorbild, Schreckbild, neues Bild		155
IX.	Quellen und Literatur		156
	1. Zum Einstieg in die Windscheid-Texte		156
	2. Zum Einstieg in die Sekundärliteratur		157
	3. Eine besondere Lektüre		157

Methode und Zivilrecht beim „Begriffsjuristen" Jhering (1818–1892) 158
von Ralf Seinecke

I.	Die „Begriffsjurisprudenz" und Rudolf von Jhering	158
II.	Kontexte der „Begriffsjurisprudenz"	161
III.	Methode und Interpretation	162
IV.	Dogmatik und Konstruktion	164
V.	Recht und Recht und Recht	169
VI.	Gesetz und Wissenschaft	172
VII.	Metaphysik und Praxis	174
VIII.	Sechs Thesen zu Jherings „Begriffsjurisprudenz"	178
IX.	Zum Beispiel die „Gefahr beim Kaufcontract"	180
X.	Die sechs Thesen nach dem Beispiel	185

XI.	Quellen und Literatur	186
1.	Zum Einstieg in die frühen Jhering-Texte	186
2.	Zum Einstieg in die Sekundärliteratur	186
3.	Weitere Literatur	187

Methode und Zivilrecht bei Philipp Heck (1858–1943)   188
von Jutta Manegold (geb. Oldag)

I.	Philipp Heck – zu Leben und Werk	188
II.	Die interessenjuristische Methodenlehre	190
1.	Die Interessenjurisprudenz als Methodenlehre für die Praxis	190
2.	Die methodischen Grundanschauungen	191
a)	Genetische Interessentheorie	191
b)	Produktive Interessentheorie	195
III.	Der Zweifrontenkampf der Interessenjurisprudenz	204
IV.	Ein berühmtes Beispiel: das Aufwertungsurteil von 1923	206
V.	Resümee	209
VI.	Quellen und Literatur	211
1.	Zum Einstieg in die Heck-Texte	211
2.	Zum Einstieg in die Sekundärliteratur	212
3.	Weitere hier ergiebige Literatur	212
4.	Weiterführendes mit Vergleichen zu Hecks Richtung	213

Methode und Zivilrecht bei Hans Carl Nipperdey (1895–1968)   214
von Thorsten Hollstein

I.	Einleitung	214
II.	Leben und Werk – Jena, Köln, Köln und Kassel	215
III.	Enneccerus' Ausgangspunkt	218
IV.	Weimarer Republik: Nipperdeys Weg zur Wertungsjurisprudenz	219
V.	NS-Zeit: der Primat der nationalsozialistischen Werte	221
VI.	Bundesrepublik: das Grundgesetz als ‚Allgemeiner Teil'	223
VII.	Nagelprobe: Nipperdeys Korrekturen der Vertragsfreiheit	225
VIII.	Resümee	229
IX.	Quellen und Literatur	229
1.	Zum Einstieg in die Nipperdey-Texte	229
2.	Zum Einstieg in die Sekundärliteratur	229

Methode und Zivilrecht bei Heinrich Lange (1900–1977)   231
von Wilhelm Wolf

I.	Einleitung	231
II.	Zur Biographie Heinrich Langes	232
III.	Langes Methodenlehre zur Zeit des Nationalsozialismus	234
1.	Rechtsanwendung und Gerechtigkeitsbegriff	234
a)	Das liberale „idem cuique"	234
b)	Das nationalsozialistische „suum cuique"	235
2.	Der Weg zur Gerechtigkeit für den Richter	237
a)	Das Rangverhältnis von Gesetz und Recht	237
b)	Die Funktion des Rechtsgefühls	239

	3. Wertungsjurisdiktion	240
	4. Vom Beruf der Gesetzgebung	241
	a) Die Berufenen	242
	b) Grundlage und Ziele der Rechtserneuerung	242
	c) Der rechtspolitische Hintergrund	243
IV.	Langes Methodenlehre nach 1945	244
V.	Langes Lehre von der Geschäftsgrundlage	245
VI.	Fazit	251
VII.	Quellen und Literatur	251
	1. Zum Einstieg in die Lange-Texte	251
	2. Zum Einstieg in die Sekundärliteratur	252
	3. Weitere hier wichtige Literatur	252

Methode und Zivilrecht bei Karl Larenz (1903–1993)   254
von Ralf Frassek

I.	Einleitung	254
II.	Zu Leben und Werk von Karl Larenz	255
III.	Die Vorgaben der Methodenlehre	257
	1. Das Methodenkonzept von 1938	257
	2. Das Methodenkonzept von 1960	260
IV.	Die praktische Umsetzung – Vertragsbegründung durch sozialtypisches Verhalten	263
	1. Die Lehre von den sog. faktischen Vertragsverhältnissen	263
	2. Die Rezeption der Lehre bei Larenz	265
V.	Ergebnis	273
VI.	Quellen und Literatur	273
	1. Zum Einstieg in die Larenz-Texte	273
	2. Zum Einstieg in die Sekundärliteratur	274
	3. Weitere hier wichtige Literatur	274
	4. Weitere Literatur zum NS-Kontext dabei	275

Methode und Zivilrecht bei Franz Wieacker (1908–1994)   277
von Marion Träger

I.	Zu Person und Werk Franz Wieackers	278
	1. Zur Person	278
	2. Zum Werk	279
II.	Die juristische Methode Franz Wieackers	281
	1. Grundlagen	281
	2. Der Prozess der richterlichen Entscheidungsfindung im Einzelnen	287
	3. Einordnung	292
III.	Anwendung der Methode am Beispiel des § 242 BGB	296
	1. Fallgruppe: „officium iudicis"	298
	2. Fallgruppe: „exceptio doli"	299
	3. Fallgruppe: Richterliche Neuschöpfung contra legem	301
IV.	Resümee	303
V.	Quellen und Literatur	304
	1. Zum Einstieg in die Wieacker-Texte	304

2. Zum Einstieg in die Sekundärliteratur	305
3. Weitere hier wichtige Literatur	305

Methode und Zivilrecht bei Josef Esser (1910–1999) 306
von Birgit Schäfer

I. Zu Person und Werk Josef Essers	306
II. Kritik an den „traditionellen" Methodenlehren	307
III. Essers eigenes Methodenprogramm	309
1. Richterrecht und Gesetzesrecht	309
a) Der systematische Standort von Richterrecht im Rechtssystem	310
b) Die Bedeutung von Rechtsprinzipien für die Tätigkeit des Richters	312
c) Stabilität und Flexibilität des Rechts	316
d) Essers Stellung zu Gesetzgeber und Richter und die Verfassungsprinzipien der Gewaltenteilung und Gesetzesbindung	317
2. Hermeneutik, Topik und Dogmatik in der Rechtsfindung	319
a) Vorverständnis und Rationalität im Rechtsfindungsprozess	319
b) Richtigkeitskontrolle und Stimmigkeitskontrolle	322
IV. Ein Beispiel: die Problematik der „faktischen Schuldverhältnisse"	324
1. Essers Lösungsvorschläge	324
2. Die praktische Umsetzung methodischer Vorstellungen	328
V. Quellen und Literatur	329
1. Zum Einstieg in die Esser-Texte	329
2. Zum Einstieg in die Sekundärliteratur	330
3. Weitere hier wichtige Literatur	330

Methode und Zivilrecht bei Helmut Coing (1912–2000) 332
von Lena Foljanty

I. Helmut Coing: ein Repräsentant der alten Bundesrepublik	332
II. Unscharfe Grenzziehungen: Coings Rechtsbegriff	334
1. Naturrecht, Kulturrecht, Grundsätze der Gerechtigkeit	334
2. Grundsätze der Gerechtigkeit im positiven Recht: Der materielle Gesetzesbegriff Coings	336
3. Einheit und Ordnung durch Moral und Geschichte	338
III. Gesetzesbindung ohne Gesetzgeber: die Methodenlehre Coings	339
1. Auslegung – Anwendung – Fortbildung	340
2. Auslegung: Interpretation und Fortbildung mithilfe der canones	341
a) Orientierung an den Lehren der allgemeinen Hermeneutik	341
b) Legitimation der canones aus der „Natur der Sache"	342
c) Methodenpluralismus und das Primat der objektiven Auslegung	343
3. Rechtsanwendung: Wertphilosophische Interessenjurisprudenz	344
4. Richterliche Rechtsschöpfung: Begrenzung durch das Gesetz	346
a) Vorsichtiger Wandel der Rechtsordnung	347
b) Kriterien im Umgang mit Lücken im Gesetz	347
IV. Zusammenfassung: Wissenschaft als Rechtsquelle	348

V.	Fallbeispiel: Auslegung von Generalklauseln am Beispiel des sog. „Geliebtentestaments"	350
	1. Sittenwidrigkeit von „Geliebtentestamenten": eine ständige Rechtsprechung	350
	2. Mit der herrschenden Lehre: zur Position Coings	352
	a) Auslegung und Anwendung des § 138 Abs. 1 BGB	352
	b) Testierfreiheit und ihre Durchbrechung	354
VI.	Fazit	355
VII.	Quellen und Literatur	355
	1. Zum Einstieg in die Coing-Texte	355
	2. Zum Einstieg in die Sekundärliteratur	356
	3. Zu Person und Leben	356

Methode und Zivilrecht bei Rudolf Wiethölter (geb. 1929)   357
von Michael Rohls

I.	Person und Werk	357
II.	Juristischer Negativismus	360
	1. Grundzüge	360
	2. Methodische Gesichtspunkte	363
III.	Ein Beispiel: das Unternehmensrecht	365
	1. Die „Legende vom Unternehmensrecht"	365
	2. Die Einhaltung methodischer Vorgaben	367
IV.	Resümee	368
V.	Quellen und Literatur	369
	1. Zum Einstieg in die Wiethölter-Texte	369
	2. Zum Einstieg in die Sekundärliteratur	369
	3. Weitere hier verwendete Literatur	369
	4. Neuere Literatur zu Wiethölter	370
	5. Werkverzeichnis	371

Methode und Zivilrecht bei Bernd Rüthers (1930–2023)   375
von Thomas Pierson

I.	Werkbiographisches	375
II.	Wertbezug des Rechts	376
	1. ‚Jedes Recht ist immer auch Ideologie'	377
	2. Dienstfunktion und Abwehrkräfte des Privatrechts	377
	3. Wertepluralismus und Wertsubjektivismus	379
III.	Methodenlehre	380
	1. Methodenkritik	381
	a) Rechtsumbildung im Systembruch	382
	b) Die Tarnkappe der objektiven Auslegung	383
	c) Versäumnisse der Methodenlehre	386
	2. Methodenkonzept	387
	a) Rechtsanwendung im „denkenden Gehorsam"	388
	b) Auslegungslehre	390
	3. Methodenprüfung: Unbegrenzte Auslegung im Kündigungsschutz	391
IV.	Kritisches zum Kritiker	395

V.	Quellen und Literatur		399
	1.	Zum Einstieg in die Rüthers-Texte	399
	2.	Zum Einstieg in die Sekundärliteratur	400

Methode und Zivilrecht bei Claus-Wilhelm Canaris (1937–2021) — 401
von Ralf Seinecke

I.	Zur Person		401
II.	Auslegung als plausible Argumentation		405
III.	Verfassung und europäische Richtlinien		409
IV.	Verfassung und Privatrecht		411
V.	Auslegung und Zivilrecht		413
VI.	Rechtsprinzipien und Rechtsfortbildung		414
VII.	Das „bewegliche System"		418
VIII.	Juristische Theoriebildung und „paradigmatische Problemlösungen"		421
IX.	Rechtsfortbildung und Zivilrecht		422
X.	Wertungen im Bereicherungsrecht		424
	1.	Prinzipien und Wertungen	426
	2.	Dogmatik, Methode und Gesetz	427
XI.	BGHZ 113, 62–70: Versicherungsleistung auf fremde Schuld		431
	1.	Das Urteil vom 28.11.1990	431
	2.	Die Kritik und die Lösung von Canaris	432
	3.	Alternativen?	434
XII.	Resümee		436
XIII.	Quellen und Literatur		437
	1.	Zum Einstieg in die Canaris-Texte	437
	2.	Zum Einstieg in die Sekundärliteratur	438

„Juristische Methodik" bei Friedrich Müller (geb. 1938) — 439
von Frank Laudenklos

I.	Zur Person			439
II.	Juristische Methodik			439
III.	Ausgangssituation			440
IV.	Strukturierende Rechtslehre			442
	1.	Rechtsnormtheorie		443
	2.	Juristische Methodik als rechtsstaatliche Notwendigkeit		445
	3.	Recht und Gewalt		446
	4.	Elemente der juristischen Methodik		446
		a)	Normtext – Rechtsnorm	447
		b)	Rechtsnorm – Entscheidungsnorm	450
	5.	Rechtsprechung des BGH		450
V.	Zusammenfassung			451
VI.	Das Problem des Richterrechts			453
VII.	Das Problem der Wortlautgrenze bei der Arbeit mit Texten in einer staatlichen Institution			455
VIII.	Ergebnis			458
IX.	Quellen und Literatur			459
	1.	Zum Einstieg in die Müller-Texte		459

2. Zum Einstieg in die Sekundärliteratur — 459
   3. Weitere hier wichtige Literatur — 460
   4. Einige Hinweise zum Weiterstudium — 460
   von Ralph Christensen, 2017 — 460
      a) Rechtslinguistische Forschungsansätze — 460
      b) Kritische Anschlüsse an Müller in der Literatur — 461

Methode und (Zivil-)Recht bei Gunther Teubner (geb. 1944) — 462
von Philipp Sahm

   I. Person- und Werkgeschichte — 462
      1. Zur Person — 462
      2. Zum Werk — 463
   II. Das Methodenkonzept Teubners — 465
      1. Paradoxie der Entscheidung und juristische Argumentation — 466
         a) Das Irrationale im Recht — 466
         b) Rechtsargumentation als notwendiges Ding der Unmöglichkeit — 467
      2. Soziologische Anreicherung des Rechts — 471
         a) Genese von Argumentationstopoi — 473
         b) Soziologische Argumente: Steuerung und Gegensteuerung durch Recht — 475
      3. Juristische Argumentation und Gerechtigkeit — 477
   III. Praxistest am Beispiel der ruinösen Familienbürgschaft — 479
      1. Die Problematik der Angehörigenbürgschaft — 479
      2. „Falsche Fronten" — 480
   IV. Fragen an eine soziologisch bereicherte Jurisprudenz — 482
   V. Quellen und Literatur — 485
      1. Zum Einstieg in die Teubner-Texte — 485
      2. Zum Einstieg in die Sekundärliteratur — 486

Methode und Zivilrecht in der ökonomischen Analyse des Rechts — 487
von Frank Laudenklos

   I. Vorbemerkung — 487
   II. Entstehung — 488
   III. Anspruch und Ziel — 490
   IV. Das Instrumentarium — 490
      1. Drei ökonomische Grundannahmen — 491
         a) Reziprozität von Preis und Menge — 491
         b) Produzentennutzen – alternativer Preis — 492
         c) Tendenz zum höchstwertigen Gebrauch — 493
      2. Das Effizienzkriterium — 493
      3. Das Coase-Theorem — 494
      4. Transaktionskosten — 495
      5. Property Rights — 496
   V. Schadensrecht bei zirkulärer Schadensverursachung — 496
   VI. Berechnung des Schadenswertes bei Tötung eines Menschen — 499
   VII. Kritische Rezeption — 500

VIII.	Literatur	503
1.	Zum Einstieg in die ökonomische Analyse	503
2.	Weitere hier wichtige Literatur	504

Methode und Zivilrecht in der Neuen Institutionenökonomie 506
von Milena Maurer

I.	Das Neue und das Alte im Neuen	506
II.	Die Ausgestaltung der Eigentumsverhältnisse als interdisziplinäre Aufgabe	507
III.	Die Neue Institutionenökonomik als Erweiterung zur Ökonomischen Analyse des Rechts	509
IV.	Die institutionellen Rahmenbedingungen für ihre Anwendbarkeit	512
V.	Die Property-Rights-Analyse	513
VI.	Die Auswirkungen auf die juristische Methodik	514
VII.	Fazit	516
VIII.	Literatur	517

Methodiken für die judikative Rechtsfortbildung im Zivilrecht: die institutionenökonomische Perspektive 518
von Christian Kirchner

I.	Einführung	518
1.	Problemstellung und Eingrenzung der Untersuchung	518
2.	Methodiken im Zivilrecht	520
3.	Das Methodenproblem im vertragstheoretischen Paradigma	520
4.	Zum Methodenproblem in der rechtswissenschaftlichen Diskussion	522
5.	Anforderungen an eine Methodik zur Durchführung von Wirkungsanalysen	523
6.	Vorgehensweise	526
II.	Zum methodischen Instrumentarium der Neuen Institutionenökonomik	526
1.	Annahmen des ‚ökonomischen Paradigmas' und ihre Modifizierung in der Neuen Institutionenökonomik	526
2.	Geeignetheit des methodischen Instrumentariums der Neuen Institutionenökonomik für Wirkungsanalysen von Methodiken im Zivilrecht	528
III.	Vier rechtswissenschaftliche Methodiken (Interpretationsmethoden) im Zivilrecht	529
1.	Vorbemerkung	529
2.	Die Methode der grammatischen oder Wortauslegung	529
3.	Die systematische Interpretation	530
4.	Die historische Interpretation	530
5.	Die teleologische Interpretation	530
IV.	Wirkungsanalyse rechtswissenschaftlicher Methodiken im Zivilrecht	531
1.	Vorbemerkung	531
2.	Grammatische oder Wortauslegung	532
3.	Systematische Interpretation	533
4.	Historische Interpretation	535
5.	Teleologische Interpretation	536

V.	Schlussbemerkung	538
VI.	Literatur	539

Grundstrukturen der englischen Case Law-Methodik 540
von Felix Maultzsch

I.	Einführung	540
II.	Historisch-institutionelle Hintergründe der case law-Methodik	541
III.	Der Stil der englischen Rechtsprechung	543
IV.	Grundprinzipien der case law-Methodik	546
	1. Präjudizienbindung: Das Prinzip des Stare Decisis	546
	a) Grundlagen	546
	b) Gegenstand der Präjudizienbindung: Ratio Decidendi und Obiter Dicta	548
	c) Reichweite der Präjudizienbindung: Instanzenzug und Overruling	551
	2. Einschränkung und Ausdehnung präjudizieller Wirkungen: Distinguishing und Analogy	554
	a) Grundlagen	554
	b) Rechtsprechungsbeispiel: Zurechenbarkeit von Schockschäden	555
V.	Neuere Entwicklungen: „The Search for Principle"	556
VI.	Fazit	558
VII.	Literatur	558
VIII.	Anhang: Beispiel eines englischen Urteils	559

IV. Die Schlachtrufe im Methodenkampf – ein historischer Überblick 573
von Joachim Rückert

I.	Mitreden – Schlachtrufe und Epochen	573
II.	Prinzipienjurisprudenz, nicht Begriffsjurisprudenz	579
III.	Freirecht und Interessenjurisprudenz	595
IV.	Freirechtsbewegung	596
V.	Interessenjurisprudenz	598
VI.	NS-Jurisprudenz	601
VII.	Wertungsjurisprudenzen nach 1945	605
VIII.	Kritisch-politische Jurisprudenz	614
IX.	Soziologische Jurisprudenz	618
X.	Ökonomische Analyse des Rechts und Institutionenökonomie	623
XI.	Abwägungsjurisprudenz	624
XII.	Argumentationsjurisprudenz	633
XIII.	Neuestes	637
XIV.	Die sog. europarechtliche Methode	640
XV.	Was zu merken bleibt und was stimmt	643
XVI.	Fallvergleich!	648
XVII.	Studium	649
	1. Übergreifendes	650
	2. Zur Begriffs- bzw. Prinzipienjurisprudenz	651
	3. Zur Freirechtsbewegung	651
	4. Zur Interessenjurisprudenz	651
	5. Zur NS-Jurisprudenz	651

6.	Zur Wertungsjurisprudenz nach 1945	652
7.	Zur Kritisch-Politischen Jurisprudenz	652
8.	Zur ökonomischen Analyse und Institutionenökonomie	652
9.	Zur soziologischen Jurisprudenz	653
10.	Zur Abwägungsjurisprudenz	653
11.	Zur Argumentationstheorie	654
12.	Zu Neuestes	654
13.	Zur sog. europarechtlichen Methode	654
14.	Zum Fallvergleich	654

V. Resümee 655
von Frank Laudenklos, Michael Rohls und Wilhelm Wolf mit Ergänzungen von Joachim Rückert und Ralf Seinecke

 I. Methode   655
 II. Privatrecht und Verfassung   664
 III. Bleibendes?   673

VI. Bibliographisches und Lektürempfehlungen 677
von Joachim Rückert

 I. Vorbemerkung   677
 II. Lektüreempfehlungen   678
  1. Warum keine Bibliographie?   678
  2. Das Gängigste – zum Mitarbeiten   678
  3. Für ‚Vollständigkeit' – zum Mitforschen   680
  4. Für ‚Selbstständigkeit' – zum Mitdenken   681
  5. Für einen ersten Überblick – zum Mitreden   683
  6. Für die Auslegungstechniken – auch zum Mitreden   684
  7. Für eigenes Üben – zum Mitanwenden   684
  8. Für die zivilrechtliche Methodik speziell – zum Mitdenken   684
  9. Für das richtige Auslegen und Unterlegen – zum Mitstreiten, über das, was man darf   685
  10. Für besondere Neugier – auch zum Mitdenken   686
  11. Der besondere Tipp   687

Die Autorinnen und Autoren   689

Personenregister   691

Stichwortverzeichnis   695

I. Einführung

von Joachim Rückert

Übersicht

I.	Die drei Defizite	29
II.	Neue Methoden?	36
III.	Unsere dreifache Fragestellung	40
IV.	Ohne Zynismus	42
V.	Was noch?	43

Dieser Band ist nicht das Ergebnis planvoller Bearbeitung eines sonnenklaren Defizits. Am Anfang stand einfach ein Frankfurter Seminar „Zur neueren Methodik des Zivilrechts" im Sommer 1994. Die Seminarbeiträge förderten überraschend starke Defizite zu Tage und erarbeiteten eine Reihe fruchtbarer Einsichten. Beides ist nach wie vor aktuell. Die Idee, dies zu fixieren, konzentrierte sich darauf, drei offenbare Defizite zu vermindern. Das bleibt auch für diese neue Auflage wichtig. Nach wie vor soll der Band zeigen, dass selbstständiges Studieren lohnt. Wir bieten daher vor allem dreierlei: 1

- **historische Treue**, d.h. zuerst die möglichst schlichte, historisch treue Darstellung zu anerkannt wesentlichen, originalen Methodenkonzepten, die aktuelle Würdigungen erst fair fundiert;
- **dogmatische Tests**, d.h. konkrete dogmatische Tests an Beispielen, da Methodik sonst unverbindlich abstrakt und schwer verständlich bleibt;
- **verfassungsrechtliche Reflexion**, d.h. normativ angelegte Analysen der Methodenkonzepte auf ihren Bezug zu den Anforderungen im Verfassungsstaat der Neuzeit. Denn juristische Methodik würde sonst nur als letztlich irrelevantes Verfahrensbeiwerk bei der Normgewinnung betrachtet werden. Davon wollen wir nicht ausgehen.

Am Ende wird der Leser nicht mit den sechzehn Exempeln und drei Berichten alleingelassen, er erhält auch ein RESÜMEE (Rn. 1511 ff.) und den nötigen HISTORISCHEN ÜBERBLICK (Rn. 1357 ff.). Für „Juristische Entdecker"[1] und deutschsprachige „Zivilrechtslehrer in Berichten ihrer Schüler"[2] gibt es bereits Zusammenstellungen. Hier stehen nun Methodenwandel und Verfassungswandel im Zentrum. Diese grundlegenden Vorgänge werden erstmals vom Anfang der juristischen Moderne seit etwa 1800 bis heute an wesentlichen Positionen dazu vorgestellt. Daraus sollte sich etwas lernen lassen. Das gilt auch für unsere Zugabe, zwei Blicke in die international ergänzenden Methoden der Ökonomischen Analyse und der Institutionenökonomie und einen in die Systemalternative des englischen Case-Law, die sonst stets fehlen. 2

Für die weitere **Vorschau** genügt der Blick in die INHALTSÜBERSICHT. Thema sind dort gewiss nicht alle wichtigsten, aber doch einige gewichtige und generell, also nicht nur im Zivilrecht, methodenprägende Juristen seit dem überall benutzten Klassiker Savigny 3

---

1 So der Band: Zivilrechtliche Entdecker, hrsg. von *Th. Hoeren*, München 2004.
2 So die Serie von *S. Grundmann* und *K. Riesenhuber* (Hrsg.), Deutschsprachige Zivilrechtslehrer des 20. Jahrhunderts in Berichten ihrer Schüler – Eine Ideengeschichte in Einzeldarstellungen, Bd. 1, Berlin 2007, Bd. 2, 2010.

I. Einführung

(geb. 1779). Juristinnen haben sich bisher wohl nur vom Strafrecht her etwas eingemischt (s. I. Puppe, Rn. 1574). Aus einer ursprünglich weit üppigeren Palette, auf der vor allem auch die Farben von Ehrlich, Endemann (jr.), Fikentscher, Pawlowski und Bydlinski glänzten, musste streng und unseren begrenzten Kräften entsprechend ausgewählt werden. Sonst drohte ein unverdaulicher Umfang. Hier schrieb nun die Enkel- und Urenkelgeneration über ihre Großväter und Urgroßväter. Ihre Unbefangenheit erwies sich als ungemein förderlich. Schon in der zweiten Auflage konnten die begriffsjuristischen Prügelknaben Puchta und Windscheid, der glänzende Polemiker Jhering und aus dem 20. Jahrhundert Nipperdey, Coing, Rüthers, Canaris und Teubner einbezogen werden. Analysen etwa zu Dernburg oder Bekker und Lotmar, Endemann jr. und Oertmann erscheinen nach wie vor verzichtbar, da dazu einiges vorliegt, teilweise auch unter unserer besonderen Fragestellung nach dem Verfassungsbezug.[3] Das gilt inzwischen auch für Martin Wolff, Heinrich Lehmann und Hedemann oder den älteren Empiriker Mittermaier und die beiden mutigsten Neuerer vor und neben Savigny, also Hufeland und Hugo.[4] Die Beiträge der so oft erinnerten Freirechtsbewegung und von Harry Westermann (sr.) nach 1945 wurden nur in den HISTORISCHEN ÜBERBLICK (Rn. 1357 ff.) unter IV. aufgenommen. Das hat darin eine Berechtigung, dass das Freirecht ebensowenig wie Westermann eine eigentliche Methodenlehre entwickeln wollte, obwohl der Freirechtler Eugen Ehrlich mit seiner späteren „Logik des Rechts" (1918, 2. Aufl. 1925) darüber hinausging. Im übrigen ging es darum, endlich die reichhaltige monographische Forschung zusammenfassend zu verarbeiten und zu präsentieren.

4   Gewiss finden sich immer noch so manche ‚Lücken'. Methodisch steckt darin natürlich das Problem, von welcher Ganzheit man ausgeht. Denn erst durch die Vorstellung einer Ganzheit entsteht die Vorstellung einer Lücke. Z.B. gehören in der Regel Fenster zu einem Haus. Lücken entstehen erst bei Beschädigungen dieser Ganzheit. Für die

---

3 Siehe S. Hofer, Zwischen Gesetzesbindung und Juristenrecht – Die Zivilrechtslehre Friedrich Endemanns (1857–1936) (Fundamenta Juridica 22), Baden-Baden 1993; W. Süß, Heinrich Dernburg – Ein Spätpandektist im Kaiserreich. Leben und Werk (Münchener Univ.schriften Jur. Fakultät 74), Ebelsbach 1991; M. Kriechbaum, Dogmatik und Rechtsgeschichte bei Ernst Immanuel Bekker (Münchener Univ.schriften Jur. Fakultät 61), Ebelsbach 1984, kurz und aktualisiert dies. jetzt in: Greifswald – Spiegel der deutschen Rechtswissenschaft 1815 bis 1945, hrsg. von J. Lege, Tübingen 2006; Philipp Lotmar, Schriften zu Arbeitsrecht, Zivilrecht und Rechtsphilosophie, hrsg. und eingeleitet von J. Rückert, Frankfurt am Main 1992; Forschungsband Philipp Lotmar (1850–1922), hrsg. von P. Caroni, Frankfurt am Main 2003; Philipp Lotmar – letzter Pandektist oder erster Arbeitsrechtler?, hrsg. von I. Fagnoli, Frankfurt am Main 2014; zuletzt Rückert, Philipp Lotmar – ein Pionier für „Soziales Privatrecht", in: JZ 78 (2023) S. 781–790; R. Brodhun, Paul Wilhelm Oertmann (1865–1938). Leben, Werk, Rechtsverständnis sowie Gesetzeszwang und Richterfreiheit (Fundamenta Juridica 34), Baden-Baden 1999.

4 Siehe die Arbeiten von A. Depping, Das BGB als Durchgangspunkt. Privatrechtsmethode und Privatrechtsleitbilder bei Heinrich Lehmann (1876–1963) (Beitr. zur Rechtsgesch. des 20. Jhs. 34), Tübingen 2002, Chr. Wegerich, Die Flucht in die Grenzenlosigkeit. Justus Wilhelm Hedemann (1878–1963)(Beitr. zur Rechtsgesch. des 20. Jhs. 44), Tübingen 2004, Th. Hansen, Martin Wolff (1872–1953). Ordnung und Klarheit als Rechts- und Lebensprinzip, Tübingen 2009; K. Borrmann, Gemeines deutsches Privatrecht bei Carl Joseph Anton Mittermaier (1787–1867) (Fundamenta Juridica 59), Baden-Baden 2009; M. Rohls, Kantisches Naturrecht und historisches Zivilrecht. Wissenschaft und bürgerliche Freiheit bei Gottlieb Hufeland (1760–1817)(Fundamenta Juridica 48), Baden-Baden 2004; zu Hugo zuletzt H.-P. Haferkamp, ZEuP 23 (2015) S. 105–127; auch noch J. Rückert, „.... daß dies nicht das Feld war, auf dem er seine Rosen pflücken konnte ...". Gustav Hugos Beitrag zur juristisch-philosophischen Grundlagendiskussion nach 1789, in: Rechtspositivismus und Wertbezug des Rechts, hrsg. von R. Dreier, Stuttgart 1990, S. 94–128 und für Recht, Moral, Positivismus demnächst J. Rückert, Über einige Voraussetzungen der Redeweisen von Recht und Moral, Politik und Religion seit Thomasius, in: Vom äußeren Zwang zur inneren Überzeugung, hrsg. von O. Bach, S. Lepsius u. F. Vollhardt, Berlin 2024; zu Ehrlich M. Auer u. R. Seinecke (Hrsg.), Eugen Ehrlich. Kontexte und Rezeptionen, Tübingen 2024, und R. Seinecke, Ehrlichbilder: Freirecht, Rechtssoziologie und Rechtspluralismus. Zum 100. Todestag von Eugen Ehrlich, ZEuP 30 (2022) S. 302–333.

I. Einführung

Methodengeschichte möchten wir keine Ganzheit behaupten. Es kam dafür einfach darauf an, einen Durchgang zum Problem **Methodenfragen als Verfassungsfragen** vorzulegen, der die Erfahrungen damit offenlegt und bereitstellt für unser Weiterdenken. Wie wird im Verfassungsstaat der Neuzeit im Kontext von Grundrechten, Gewaltenbalance, Demokratie, Parlament, Rechtstaat und Sozialstaat die Rolle der mächtig ausgebauten Justiz bestimmt? Wie reflektieren das Methode und Rechtsbegriff? Dieses Problem halten wir für unsere Moderne zentral, gestern wie heute. Dafür bot sich reichlich Stoff für einen Durchgang seit Savigny, der so noch nicht gegangen wurde. Mit Savigny war einzusetzen, da er die juristische Reform hin zur Moderne nach 1789 wesentlich mitbegründete und sehr lange ein wichtiger Bezugspunkt blieb. Dieser Weg musste an konkreten Juristen-Personen entlang führen. Denn man muss das originale Ganze der Methodenkonzeptionen in **Wissenschaft und Leben** ansteuern, wie es durch die Menschen selbst wirklich wurde und wird. Mit bloß biographischer Vorliebe hat dies nichts zu tun. Auch Wissenschaftstheorie und Logik und Rechtstheorie sind nichts Ewiges. Es geht um ein Minimum an historischer Tiefe und Plastik, ohne das Erfahrungen nicht lebendig werden können. Dem dienen auch die praktisch-dogmatischen Testbeispiele zu jedem der Methodenkonzepte.

Im übrigen will diese Einführung nichts vorwegnehmen. Sie soll nur die eingangs angedeuteten Defizite näher belegen und vor allem die Einheit der Fragestellung explizieren.

I. Die drei Defizite

Genauer betrachtet handelt es sich um drei unterschiedliche, aber gleich gründliche Defizite.

Als erstes gibt es noch **zu viel Schweigen** über die **Methodenrichtungen seit 1945**. Es fehlt einfach an genauerer, geschichtlich treuer und kontextbewusster Auffassung dieser unserer „eigenen Zeit", kurz: an zeitgeschichtlicher Verarbeitung, trotz einiger Anfänge.[5] Unser Interesse daran nimmt die eigenen Väter und Großväter – Mütter

---

[5] Immer noch zu unkritisch verwendete Standardwerke, besonders in den nicht rechtshisorischen Disziplinen, sind *F. Wieacker*, Privatrechtsgeschichte der Neuzeit unter besonderer Berücksichtigung der deutschen Entwicklung, Göttingen, zuerst 1952, 2. Aufl. 1967, freilich im Kern unverändert, und *K. Larenz*, Methodenlehre der Rechtswissenschaft, 1960, Teil I, zuletzt 6. Aufl. 1991, vgl. 5. Aufl. Berlin 1983, S. 117–177 – insoweit unverändert im alten Konzept. Paralleles gilt für die einflußreiche Ideengeschichte von *H. Welzel*, Naturrecht und materiale Gerechtigkeit (1951), 4. Aufl. 1962. Stark in diesen Spuren bleiben auch z.B. die verbreiteten Werke von *H. Schlosser*, Grundzüge der Neueren Privatrechtsgeschichte (1949, 1975), 10. Aufl. Heidelberg 2005, § 10; jetzt auch als *ders.*, Neuere Europäische Rechtsgeschichte, München 2012, Kap. 11 VI und 15; *F. Müller*, Juristische Methodik (1971), 7. Aufl. Berlin 1997, 2.22; *F. Bydlinski*, Juristische Methode und Rechtsbegriff (1982), 2. Aufl. Wien 1991, Teil 2, *F. Haft*, Aus der Waagschale der Justitia. Eine Reise durch 4000 Jahre Rechtsgeschichte (1986), 4. Aufl. München 2009; schwer zu würdigen ist *W. Fikentscher*, Methoden des Rechts in vergleichender Darstellung, hier Bd. 3, Tübingen 1976: einerseits eine monumentale Vergewisserung aus einer Hand (auf 796 S.), aber überwiegend nicht aus erster Hand und zu sehr Synthese vor der Analyse, s. etwa seine „Übersicht über moderne rechtsmethodische Entwicklungen", S. 446–452. Unabhängiger ist der Überblick von *U. Neumann*, Rechtsphilosophie in Deutschland seit 1945, in: Rechtswissenschaft in der Bonner Republik. Studien zur Wissenschaftsgeschichte der Jurisprudenz, hrsg. von *D. Simon*, Frankfurt am Main 1994, S. 145–187. Der „zivilrechtliche" Beitrag dort von *Chr. Joerges*, Die Wissenschaft vom Privatrecht und der Nationalstaat, S. 311–363, widmet sich kaum der Methodik, sondern der privatrechtlichen Substanz des Zivilrechts. Unabhängig sind auch *E. Hilgendorf*, Die Renaissance der Rechtstheorie zwischen 1965 und 1985, Würzburg 2005, bes. S. 35 ff. u. 24 f. zur NS-Erbschaft, sowie *H.-P. Haferkamp*, Zur Methodengeschichte unter dem BGB in fünf Systemen, in: AcP 214 (2014) S. 60–92; im ganzen nun vor allem *J. Schröder*, Recht als Wissenschaft. Geschichte der juristischen Methodenlehre in der Neuzeit (1500–1990), 2 Bände, 3. Aufl. München 2020, eine umfassende Theoriegeschichte.

I. Einführung

gab es nicht – vollständiger, in größerem Zusammenhang, mit mehr Abstandsbewusstsein und im jeweiligen Verfassungskontext ernst. Sie sollen nicht anhand einzelner Äußerungen im unvermeidlich ideenpolitischen Sofort-Diskurs oder in schnellen Erledigungen aufgehen.[6] Dieses Defizit ist relativ leicht behebbar.

8   Zum zweiten befinden wir uns aber in **erheblichen Illusionen**. Sie sind viel schwerer zu erkennen und aufzulösen als die Defizite. Die Positionen seit Savigny bis etwa 1950 scheinen zuverlässig bekannt, sind aber fast nur aus zweiter und weiterer Hand geläufig. Das wäre nicht weiter belangvoll, wenn die erste Hand verlässlich wäre. Das ist sie aber nicht. Denn unsere erste Hand, die ‚Klassiker', sind nicht verlässlich. *Larenz*' und *Wieackers* zu Recht vielgerühmte Darstellungen, also der „historisch-kritische" Teil der „Methodenlehre" von 1960[7] und die „Privatrechtsgeschichte der Neuzeit",[8] daneben auch *Boehmers* „Grundlagen der bürgerlichen Rechtsordnung"[9] sind Geist vom Geiste ihrer Zeit – nicht verwunderlich, aber doch belangvoll, wenn ‚ihre Zeit' eben 1933 begann und 1945 nicht endete. In der Tat blieben sich Larenz wie Wieacker viel treuer als meist angenommen. In ihren weitgreifenden Deutungen zu Gestalt und Kritik der juristischen Moderne und Methode seit 1789 und vor allem zum entscheidenden „liberalen" 19. Jahrhundert hielten sie ihre massiv-polemischen Anfänge auch gegen die neuen Verfassungs- und Rechtslagen seit 1949 viel mehr fest als in ihrer konkreteren Zivilrechtsdogmatik. Sie hatten nämlich nach 1933 den Kampf gegen die ungeliebten Erbschaften und Bindungen, die sie dem 19. Jahrhundert und dem BGB zuschrieben, überaus gründlich geführt.[10] Dabei sehen wir einmal ab von allerdings nicht ganz kleinen dogmatischen Fragen wie faktischer Vertrag, Geschäftsgrundlage, objektive Auslegung, normative Auslegung der Willenserklärungen, Vertrauenshaftung als Prinzip, Sozialadäquanz im Deliktsrecht, Unterlassungspflichten und Verkehrssicherungspflichten, kurz: allen möglichen **„Materialisierungen"** – sie alle stehen für Relativierungen des Zivilrechts und eines strengeren, rechtsstaatlicheren Rechts. Materialisierung kommt vom lateinischen *materia* für Stoff oder Gegenstand und meint in der Tat eine Verstofflichung, genauer: eine inhaltliche Auffüllung abstrakter juristischer Begriffe wie etwa Willenserklärung oder Vertrag. Einiges davon wird hier in den dogmatischen Beispielen bei jedem Artikel genauer aufgenommen. Aber schon die Kategorie „Materialisierung" steht mit ihrer ungeliebten Schwester „Formalisierung"

---

6   Vgl. etwa *Fikentschers* Stellungnahme zu Wiethölter: „juristischer Negativismus" (s. u. bei *Rohls*, Rn. 882 ff.). Oder die neueste Absicht, bei Rohls vor allem Missverständnis zu Wiethölter finden zu wollen. Das hat Wiethölter nicht nötig, s. im HISTORISCHEN ÜBERBLICK bei *Rückert*, Rn. 1493, Fn. 92.

7   *Larenz* (wie Fn. 5), ohne Ersatz entfallen in der Studienausgabe von *Canaris* seit 1992.

8   *Wieacker* (wie Fn. 5).

9   G. *Boehmer*, Grundlagen der bürgerlichen Rechtsordnung, Bd. 1: Das bürgerliche Recht als Teilgebiet der Rechtsordnung, Tübingen 1950; Bd. 2, Abt. 1: Dogmengeschichtliche Grundlagen des bürgerlichen Rechtes, 1951; Abt. 2: Praxis der richterlichen Rechtsschöpfung; auch *ders.*, Einführung in das bürgerliche Recht (1954), 2. A. 1965; dazu jetzt wesentlich *I. Kauhausen*, Nach der ‚Stunde Null'. Prinzipiendiskussionen in Privatrecht nach 1945, Tübingen 2007, besonders S. 50 ff., 168 ff.

10 Vgl. dazu unten die Beiträge von *Frassek* zu Larenz und *Traeger* zu Wieacker, Rn. 580 ff. u. 656 ff. Speziell zu Wieackers *Privatrechtsgeschichte J. Rückert*, Geschichte des Privatrechts als Apologie des Juristen – Franz Wieacker zum Gedächtnis, in: Quaderni fiorentini per la storia del pensiero giuridico moderno 24 (1996) S. 531–562 und *ders.*, Privatrechtsgeschichte der Neuzeit: Genese und Zukunft eines Faches?, in: Franz Wieacker. Historiker des modernen Privatrechts, hrsg. von *O. Behrends* und *E. Schumann*, Göttingen 2010; daneben sehr eingehend und zugespitzt *V. Winkler*, Der Kampf gegen die Rechtswissenschaft. Franz Wieackers „Privatrechtsgeschichte der Neuzeit" und die deutsche Rechtswissenschaft des 20. Jahrhunderts, Hamburg 2014 (= Diss. iur. Frankfurt am Main 2013). Erstmals gibt es auch eine faszinierende Standesgeschichte, s. *J.-L. Halpérin*, Histoire de l'état des juristes. Allemagne, XIXe–XXe siècles, Paris 2015, und *ders.*, Der Juristenstand als Gegenstand historischer Forschung und die Geschichte des juristischen Felds in Deutschland, in: ZRG GA 134 (2017) S. 225–246.

I. Einführung

für eine sehr zeitgebundene Perpektive – also ob es nur diese beiden Wege gäbe und klar wäre, welcher der bessere ist.

Diese schwerwiegende Behauptung lässt sich an einigen **Stichproben** zu den Hauptzeugenreihen schnell bestätigen. Sie ergeben offene Abwehr, zeitgemäße Umdeutung nach 1933 und beredtes Schweigen nach 1945. Man lese nur *Wieacker* und *Larenz* oder *Welzel* zu Kant und Savigny, gar zu Puchta, Jhering, Gerber, Bekker, Windscheid, Lotmar, Stammler, Enneccerus, Oertmann, Heck oder anderen, um nur die für die zivilistischen Methodenkonzepte interessanteren Namen zu nennen. Sie erscheinen alle mehr oder weniger als ungute Formalisten. Die Sympathien liegen anderswo, etwa bei dem Rechts-Dialektiker Hegel (*1770) mit seinem Hautpwerk von 1821, dem „Zweck"-Jhering von 1877, dem „Genossenschaftsprediger" Gierke von 1868, dem „Lebensrechtler" Eugen Ehrlich von 1903/1913, dem neuhegelianischen Rechtsphilosophen Julius Binder von 1925, dem „Korporativ-Arbeitsrechtler" Hugo Sinzheimer von 1907/1927, dem Freirechtler Hermann U. Kantorowicz von 1906, den metaphysischen Rechts-Phänomenologen Adolf Reinach von 1913 und Gerhart Husserl von 1925, den materialen Wertphilosophen Max Scheler von 1913/16 und Nicolai Hartmann von 1933, dem materialen Rechtsdenken Hans Welzels von 1951/1962 oder dem freieren Ansatz der sog. Topik in der Jurisprudenz bei Theodor Viehweg von 1953/1974 und dem ausweichenden Kritizismus bei R. Wiethölter von 1968 oder D. Simon von 1975.

Mit der Gewähr bei *Larenz*, *Wieacker* oder *Welzel* verlässt man sich also auf überaus **werthaltige alte Erzählungen**. Sie waren erklärtermaßen einem **durchdringenden Kampf** geschuldet, der kaum noch der unsere sein kann und bei der Verwendung dieser Texte viel kritischer bewusst sein muss: dem Kampf gegen individuelle Autonomie, gegen juristischen Liberalismus, gegen repräsentative Demokratie und gleiches-freies Privatrecht, gegen ‚formalen' und parlamentarischen Rechtsstaat, gegen altmodisch gesetzesgebundene Auslegung, gegen „Positivismus", gegen professionellen „Formalismus", gegen „bürgerlichen" Egalitarismus und „blutleeren" Rationalismus, gegen „undeutschen" Pandektismus und römischrechtliche angebliche Volksfremdheit, kurz: gegen eine vor allem gesetzestexttreue, insoweit neutrale und professionelle Justiz und gegen eine möglichst unparteiische, analytische Rechtswissenschaft – für all dies standen vor 1933 immerhin die sog. allgemeine Rechtslehre des Jheringschülers Adolf Merkel bis zu Felix Somló, die Stammler'sche kritische Rechtsphilosophie, Hans Kelsens Reine Rechtslehre und im Ganzen der juristische Empirismus und die Metaphysikkritik seit Kant. Dass dieser Kampf nach 1933 explizit für eine antiliberale „Wertungsjurisprudenz" eigener Art geführt wurde, bedarf kaum noch der Belege.[11]

---

11 Zu den rechtshistorischen liberalen Positionen, die in den allgemeinen Überblicken zu Liberalismus viel zu undeutlich bleiben, *J. Rückert*, Art. Liberalismus, in Handwörterbuch zur deutschen Rechtsgeschichte, 2. Aufl., Bd. 3, 20. Lfg 2014, Sp. 957–967. Zur reichhaltigen NS-Forschung bes. *M. Stolleis*, Recht im Unrecht. Studien zur Rechtsgeschichte des Nationalsozialismus, Frankfurt am Main 1994, 2. Aufl. 2006, und *J. Rückert*, Unrecht durch Recht. Zur Rechtsgeschichte der NS-Zeit (Beitr. zur Rechtsgesch. des 20. Jhs. 96), Tübingen 2018. Speziell zum Zivilrecht immer noch grundlegend *B. Rüthers*, Die unbegrenzte Auslegung. Zum Wandel der Privatrechtsordnung im Nationalsozialismus (1968), 9. Aufl. 2022, und *ders.*, Entartetes Recht. Rechtslehren und Kronjuristen im Dritten Reich (1988), 2. Aufl. München 1989, dtv 1994; zum Strafrecht nach wie vor *K. Marxen*, Der Kampf gegen das liberale Strafrecht, Berlin 1975; zur engeren Methodendiskussion lehrreich *K. Anderbrügge*, Völkisches Rechtsdenken, Berlin 1978, und für die Umsetzung exemplarisch *R. Schröder*, „… aber im Zivilrecht sind die Richter standhaft geblieben!". Die Urteile des OLG Celle aus dem Dritten Reich, Baden-Baden 1988, bes. S. 208 ff. (methodische Aspekte), 280 f. (zus.fd. zu den bereichsspezifisch differenzierten Ergebnissen). Speziell zu den polemischen Deutungsmodellen, ihrer Kampfrich-

I. Einführung

Er wird hier an den Beispielen Lange, Larenz und Wieacker anschaulich einbezogen. Dass er aber zugleich unsere Rechtsgeschichts- und Methodenbilder, etwa die über „Pandektenwissenschaft und industrielle Revolution" (*Wieacker* 1968/69)[12] immer noch fundamental einseitig prägt zugunsten der Idee eines gemeinschafts- und volksbetonten Lebens- oder Wirklichkeitsbezugs, der kaum noch der unsere ist und sein sollte, muss viel bewusster beachtet werden.[13] Nur so werden die schmerzlichen Erfahrungen damit heilsam.

11   In der Zusammenschau lässt sich drittens eine **beklemmende neue Perspektive** benennen, aber damit auch der Punkt und die Richtung, sie zu überwinden. Sie betrifft den Wert von Methode überhaupt. Die nationalsozialistische Justiz wird seit *Rüthers* (1968) mit den beiden Stichworten „methodisch an sich einwandfreie unbegrenzte Auslegung" und dennoch „entartetes Recht" begriffen. Die „einwandfreie" Auslegungsmethode hätte also mit der Entartung nichts zu tun gehabt. Differenzierungen und Einwände kamen hinzu.[14] Dass diese beiden Stichworte „entartet" und „einwandfrei" aber selbst noch zu viel vom antiliberalen Kampfeserbe transportieren, wurde kaum erwogen. Sie hatten aber ‚System'. Wenn nämlich nach 1933 eine methodisch „einwandfrei" durchgeführte „Entartung" des Rechts vorgelegen hat, dann war auch nach 1945 nur die „Entartung" zu tilgen und die „einwandfreie" Methode konnte einwandfrei fortgeführt werden. Problematische Kontinuitäten kommen so gar nicht erst in den Blick. Als Unrechtsträger erscheint dann nicht die Methode, sondern nur die jeweilige Wertsubstanz, d.h. der konkrete Politikhintergrund, erst das verwerfliche NS-Programm, dann das heilende Grundgesetz. In dieser Sicht erscheint Methode als leere Form für beliebige Inhalte. Der berühmte Titel „Unbegrenzte Auslegung" wäre der Tenor ihres Todesurteils – denn wozu eine solche formale Korrektheit, die inhaltlich irrelevant bleibt? Aber: Die Form wird dabei zu sehr vom Inhalt isoliert. Auch wenn Rechtsordnungen in der Tat Wertordnungen sind und deren jeweiliger Wertsubstanz folgen, so Rüthers' allgemein anerkannte Prämisse,[15] muss dieser **Wertbezug** juristische Methode noch nicht zur leeren Form machen. Ganz abgesehen von ihrer Funktion als Umdeutungsbremse, die auch Rüthers annimmt,[16] kommt es dann darauf an, ob

---

tung, Antithetik und Logik *J. Rückert*, Das „gesunde Volksempfinden" – eine Erbschaft Savignys?, in: ZRGGA 103 (1986) S. 199–247, hier 224–231; zur Weimarer und NS-Zeit generell wichtig O. *Lepsius*, Die gegensatzaufhebende Begriffsbildung, München 1994; knapp zus.fassend *J. Rückert*, Unrecht durch Recht – zum Profil der Rechtsgeschichte der NS-Zeit, in: JZ 70 (2015) S. 793–804 (jetzt auch im Sammelband 2018).
12 So ein vielzitierter Titel von *Wieacker*, zuerst in: Jur. Jb. 9 (1968/69) S. 1–28, erneut 1974 in *ders.*, Industriegesellschaft und Privatrechtsrechtordnung, S. 55–79 (dort datiert auf 1966?); dagegen jetzt zur sog. Pandektistik klärend der Band: Wie pandektistisch ist die Pandektistik?, hrsg. von *H.-P. Haferkamp* u. *T. Repgen*, Tübingen 2017.
13 Dazu kritisch *J. Rückert*, Autonomie des Rechts in rechtshistorischer Perspektive, Hannover 1988; jetzt auch hier im HISTORISCHEN ÜBERBLICK unten Rn. 1421 ff. u. 1432 ff.; konkret am exemplarischen Beispiel Dienstvertrag in: Historisch-kritischer Kommentar zum BGB, hrsg. von *M. Schmoeckel, J. Rückert* u. *R. Zimmermann*, Bd. 3, Tübingen 2013, zu § 611 Rn. 47 ff., 82, 231, 254, 264 ff., 338 ff., sowie philosophisch-theoretisch in: „Frei und sozial" als Rechtsprinzip (Würzburger Vorträge zur Rechtsphilosophie, Rechttheorie und Rehtssoziologie 34), Baden-Baden 2006; sowie über die Untiefen von „Leben" und „sozial" am vielberufenen Beispiel O. von Gierke *ders.*, Gierke zwischen Freiheit und Sozialität, in: Peter Schröder (Hrsg.), Der Staat als Genossenschaft. Zum rechtshistorischen und politischen Werk Gierkes, Baden-Baden 2021, S. 59–112.
14 *Rüthers* (wie Fn. 11); bereichsspezifisch differenzierende Ergebnisse bei *Schröder* (wie Fn. 11); eine wichtige kritische Diskussion der zentralen Rüthers-Thesen, unbegrenzt und methodisch einwandfrei, gibt *K. Luig*, Macht und Ohnmacht der Methode, NJW 45 (1992) S. 2536–39. Er belegt erhebliche Unterschiede im Methodischen und findet viel gar nicht ‚einwandfreies' Urteilen, die NS-Rechtsperversion sei nicht methodenneutral erfolgt. Die Folgerungen liegen auf der Hand, dazu sogleich im Text.
15 Zu dieser Prämisse bes. deutlich *Rüthers*, Entartetes Recht, München 1988, S. 207 f.
16 Dazu *Pierson* unten Rn. 922 ff.

I. Einführung

und wie die Methode selbst zur Wertordnung zählt oder nicht.[17] Wer Methode als bloßes Instrument ohne Eigenwert benutzt, folgt schon einer bestimmten, methodenpolemischen Wertordnung, nicht etwa nur einer Methodentheorie, einer Wertordnung in der Formen und Methoden letztlich als leer erscheinen. In liberal-rechtsstaatlichen Ordnungen gehört jedenfalls auch eine ‚korrekte', d.h. rationale und kontrollierbare Methode zum Bestand der **juristischen Sicherungen** gegen Freiheits- und Gleichheitsgefährdungen, seien sie empirisch auch noch so gefährdet durch institutionelle Schwächen, illoyale Juristen und offene Gegner. Deswegen wurde schon zu Beginn dieser Verfassungskonstellation die „Form" mit gutem Grund als „geschworene Feindin der Willkür" und „Zwillingsschwester der Freiheit" (Jhering 1854)[18] gepriesen – eine bis heute gern benutzte treffende Zuspitzung.

Diese etwas andere Zusammenschau öffnet folgende **Perspektive** auf unsere Zeitgeschichte nach 1945: Auch nach 1945 verliefen die allgemeinen ideologischen **Fronten erstaunlich kontinuierlich antiliberal und antirational**. Wesentliche Positionen nach 1945, z.B. die Deutungen des deutschen „Unrechtsstaates", christliches Neonaturrecht wie profaner Neoidealismus, materiale Wertphilosophie, neue Lebensphilosophie und (metaphysisch aufgeladene) Hermeneutik, marxistische, jungsozialistische und antibürgerliche Kritiker, sie alle, also ganz überwiegend die deutsche „Rechtsphilosophie in der Nach-Neuzeit" (*Kaufmann* 1990),[19] ließen die antiliberale ideologische Front meist auch die ihre sein. Als ‚Positivismus' und ‚Gesetzesknechtschaft' bekämpfte man die alten Gegner, auch wenn man es kaum noch so drastisch sagte wie der soziologisierende Freirechtler Ernst Fuchs vor 1933.[20] Die überaus kritische Sicht des Liberalen am 19. Jahrhundert bei *Larenz, Wieacker* und *Welzel* kam diesen Geschichts- wie Gegenwartsperspektiven nach wie vor und nun hochgelehrt und seriös ausgearbeitet entgegen. Das kollidierte naheliegender Weise bald mit dem zunächst betont freiheitlich-liberalen Grundgesetz – und so entstand keineswegs zufällig alsbald ein kräftiges Gegengewicht im Plädoyer für ein „Sozialstaatsprinzip". *„Frei und sozial"*, aber wie?, wurde wieder zum Dauerproblem.

Die Art und Breite dieses folgenreichen **antiliberalen Konsenses** zeigt besonders prägnant *Wieackers* prominenter Karlsruher Vortrag (beim BGH!) über „Gesetz und Richterkunst. Zum Problem der außergesetzlichen Rechtsordnung" von 1957/58.[21] Mit nachdrücklicher Sympathie für dieses Neue des 20. Jahrhunderts wird berichtet von „sozialer Alterung der Kodifikation" (d.h. des BGB von 1900), von Wandel in den Wertungen, vom richterlichen Beruf zu „fürsorglicher Gestaltung von Lebensverhältnissen und damit zur Wohlordnung sozialer und wirtschaftlicher Zustände", von „Abdankung des Gesetzgebers zugunsten eines sozial gestaltenden Richters", von entsprechender Judikatur, von der „Anerkennung unbedingt verpflichtender außergesetzlicher Bewertungsmaßstäbe" wenigstens als „Maximen", von „selbstbewußter und

---

17 In diesem Sinne vertritt *Rüthers* inzwischen den Satz „Methodenfragen sind Verfassungsfragen", so zuletzt und prägnant in: Rechtstheorie 40 (2009) S. 253–283; aber auch schon in *ders.*, Rechtstheorie, München (1999), 6. Aufl. als *Rüthers/Fischer/Birk* 2016, § 20 A III 4, § 25 B, mit dem neuen Titelzusatz „mit Juristischer Methodenlehre", 12. Aufl. 2022.
18 *R. Jhering*, Geist des römischen Rechts auf den Stufen seiner Entwicklung, Teil II 1 (1854), 4. Aufl. 1880, S. 471.
19 Siehe den lehrreichen Überblick von *A. Kaufmann*, Rechtsphilosophie in der Nach-Neuzeit – eine Abschiedsvorlesung, Heidelberg 1990, 2. Aufl. 1992; auch *A. Ollero*, Rechtswissenschaft und Philosophie. Grundlagendiskussion in Deutschland (Münchener Univ.schr., Abh. zur jur. Grundlagenforschung, 33), Ebelsbach 1978.
20 Dazu jetzt im HISTORISCHEN ÜBERBLICK Rn. 1407 ff.
21 *Wieacker* 1958, auch in *ders.*, Ausgewählte Schriften II, Frankfurt 1983, S. 41–58.

lebensvoller Rechtsprechung", von einem „Umbau der Rechtsquellenlehre" weg vom (demokratischen) Gesetz (wohin?). Kritik gilt nur einem gewissen Zuviel an Moral, an „anspruchsvolleren partiellen Wertungen".[22] Das war jedenfalls deutlich genug und die „außergesetzlichen" Maßstäbe und die richtige „Moral" waren nicht so einfach konkreter zu benennen. 1967 kennzeichnet Wieacker in seiner „Privatrechtsgeschichte" das Gesamtbild der neueren Privatrechtsentwicklung ganz einverstanden als Relativierung der Privatrechte, als sozialethische Bindung und Abkehr vom „Formalismus" des 19. Jahrhunderts – dagegen fällt kein vorbehaltloses Wort über Menschenrechte, Freiheitsgrundrechte, Grundrechte überhaupt, richterliche Gesetzesbindung. Alle „Entartung" wird dem „Positivismus" zugeschoben.[23] In seinem Methodenkonzept nach 1950 sucht Wieacker zugleich eine höchst ambivalente Vermittlung.[24]

14   Ähnlich feierte **Larenz** noch 1960 in seiner Methodenlehre „die nun erreichte freiere Stellung der Gerichte gegenüber dem Gesetz ... (als) vielleicht den bedeutendsten ... Fortschritt der Rechtsentwicklung ... seit dem Abschluss der ‚Kodifikation'", also als Superlativ seit 1900[25] – *gegenüber* dem Gesetz, wofür *freier*? Erst eine Art Re-Import auch eigener, aber anderer Traditionen über die englische, analytische Rechtstheorie von *Hart* (*Concept of Law*, 1961), dann über den ‚liberalen' *Rawls* (*A Theory of Justice*, 1971) und auch *Dworkin* (*Taking Rights Seriously*, 1977), verschob hier einiges deutlicher. Aber der Dissens dauert an. Freilich, die Geschichtsbilder zu Recht und Methode hinken dieser Verschiebung in Sachen Methode noch weit nach. Jedenfalls bewiesen sie in der Legitimation der Schuldrechtsreform 2000/2001 noch einmal ihre große politische und prinzipienbildende Kraft.[26] Offenbar würde die längere, historische Perspektive vieles besser erklären und zu wahren Erfahrungen führen.

15   Aber die Mühlen der Geschichte mahlen langsam. So blieb bis heute in den Geschichtsbildern der wesentliche sog. **Auslegungskanon besonders stabil.** Immer noch entfalten die Savigny'schen sog. Auslegungs-*canones* von 1840, die Puchta'sche sog. Begriffsjurisprudenz von 1838 oder die sog. Freirechtsschule von um 1910, die nur eine Bewegung war, ein bisweilen merkwürdig anmutendes Klassik-Eigenleben in den Bahnen eben von *Larenz* und *Wieacker*.[27] Das neue, gerechtere Bild der sog. Begriffsjurisprudenz und ihres sog. ‚Formalismus' ist kaum verarbeitet, das positive Bild der Freirechtsbewegung lebt von Legenden, ebenso das zur erneuten Wertungsjurisprudenz nach 1945, die Fragwürdigkeit eines allgemeinen Abwägens wird zu wenig thematisiert (s. jeweils im HISTORISCHEN ÜBERBLICK unten). Auch die selbstständigsten Berichte werten Savignys bedeutende allgemeine Rechtshermeneutik immer noch verblüffend

---

22   *Wieacker* 1958/1983 (Fn. 21) 41, 42, 43, 49, 56, 53; „fürsorglich" ist hier paternalistisches Stichwort, dazu gut und konkret dogmatisch *S. Hofer*, Drittschutz und Zeitgeist, in: ZRG GA 117 (2000) S. 377–394 über „Fürsorge als Grundgedanke" für heteronom eingreifende, statt autonome Selbsthilfe und emanzipierende Hilfe.
23   Siehe etwa *Wieacker* (wie Fn. 6) 539, 560 f.
24   Zu Wieackers juristischer Methode nun *Träger*, unten Rn. 656 ff., und sehr kritisch *Winkler* (wie Fn. 10), zugespitzt, aber mit guten Gründen.
25   *Larenz* 1960 (wie Fn. 5) 278. Nicht mehr so entschieden in späteren Auflagen nach 1968.
26   Dazu *J. Rückert*, Modernes Schuldrecht, in: *J. Rückert, L. Foljanty, Th. Pierson, R. Seinecke*, 20 Jahre Neues Schuldrecht. Bericht, Bilanz, Bibliographie, Tübingen 2023, S. 3–76.
27   Man vgl. etwa *A. Kaufmann*, Problemgeschichte der Rechtsphilosophie, in: *ders., W. Hassemer* (Hrsg.), Einführung in Rechtsphilosophie und Rechtstheorie der Gegenwart (1976), 6. Aufl. Karlsruhe 1994, S. 67 f., 134–142, ebenso 7. Aufl. 2004, S. 56 f., 72 f.,111 ff., 121 f., unverändert leider auch die sonst neu konzipierte 9. Aufl. 2016 – allzu pietätvoll; oder *R. Zippelius*, Juristische Methodenlehre, 5. Aufl. München 1990, S. 20, 38–41; ebenso 12. Aufl. 2021; trotz sonst anderen Ansatzes typisch auch *P. Koller*, Theorie des Rechts. Eine Einführung, Wien/Köln 1992, S. 195 f.

I. Einführung

einseitig aus, da sie den maßgebenden Kontext und damit den Ort und die Grenzen seiner berühmten *canones*-Formulierungen nicht wahrnehmen.[28] Ein neuer Blick in Savignys Text von 1840 enthüllt einen in Wahrheit viel spannenderen Tatbestand: ein keineswegs un-‚modernes', deutliches Problembewusstsein im Angesicht des seit 1789 werdenden demokratischen Verfassungsstaats. In diese zu Unrecht abwertende Tendenz gehört auch die berühmte große Erzählung, man befinde sich in einer „Nach-Neuzeit" (A. *Kaufmann* 1990), denn „Das Ende der Neuzeit"(so *Guardinis* Titel 1950) sei etwa um 1950 eingetreten. Auch damit wird dem wirkmächtigen 19. Jahrhundert einfach eine bessere neue Zeit entgegen gestellt. So fragwürdig voreingenommen und geschichtsspekulativ diese Narrative sind, sie enthalten eine sehr **ernste Frage**: die Frage nach unserer Identität als **Neuzeit und Moderne**, nach unseren Kontinuitäten und Diskontinuitäten. Die philosophische Zeugenreihe, die Kaufmann für dieses Neuzeit-"Ende" benennt, lautet *Jaspers, Heidegger, Habermas, Apel*.[29] Ihre Einseitigkeit liegt auf der Hand und ruft nach besserer Beweisaufnahme. Denn diese Gewährsleute teilen eine bestimmte philosophische Richtung, so sehr sie sich untereinander unterscheiden. Nicht Kants kritische Erkenntnistheorie und postulatorische praktische Freiheits-Philosophie leiten hier, sondern existenzialistische und konsenstheoretische, letztbegründende Versuche, diesen metaphysikkritischen Kant und seine globalen Fortbildungen zu ‚überwinden'. Die kantische „Allgemeinheit des Gesetzes" wird wieder einmal bloß formal genannt, d.h. um ihr rechtlich substantielles Ideal gemeinsamer gleicher Freiheit[30] verkürzt. En passant wird diese entscheidende Leitvorstellung verabschiedet, wie schon bei Hegel 1802/03.[31] Sie sei der „Temporalität enthoben" und könne dem immer rascheren Wandel ihrer Umwelt (mit *Luhmann*) nicht gerecht werden.[32] Also: weil Wandel, deswegen Rechtssystemversagen, deswegen freiere Methoden, deswegen Richterrecht usw. – trifft das wirklich zu? Soll das unser Ausgangspunkt sein? Oder handelt es sich um legitimatorische Selbstreferenzen für freieres Rechten?

---

28 Siehe etwa *Müller*, Methodik (wie Fn. 5) 81ff., oder *A. Rinken*, Einführung in das juristische Studium, 2. Aufl. München 1991, S. 232–242. Typisch für eine bloße Reminiszenz *K.F. Röhl*, Allgemeine Rechtslehre, Köln usw., 1994, 109; aus der Geschichtsliteratur etwa *Schlosser* (wie Fn. 5) 10. Aufl. 2005, §§ 6 IV u. VI, 10 I, III, IV; richtiger, aber folgenlos *U. Schroth* bei *Kaufmann/Hassemer* (wie Fn. 27) 270ff., 279; mehr jetzt bei *Th. Vesting*, Rechtstheorie, München 2007, 2. Aufl. 2015. Er behauptet freilich unrichtig (Rn. 193), es gehe Savigny (in System I 207) bei Auslegung um „laufende Anpassung der Rechtsregeln an immer neue Fälle". Savigny will dort aber „das Gesetz in seiner Wahrheit erkennen ... durch Anwendung eines regelmäßigen Verfahrens", ersichtlich etwas ganz anderes; unzutreffend auch in Rn. 207, Teleologie komme bei Savigny nicht vor; in der 2. Aufl. nun abgeschwächt zu bloß „eher beiläufig"; aber Savigny anerkennt Teleologie sehr wohl, zähmt sie sinnvoll und keineswegs nur „beiläufig", dazu unten Rn. 145; intensiv, aber schief, weil ohne die philosophischen Prämissen, auch *U. Huber*, Savignys Lehre von der Auslegung in heutiger Sicht, in JZ 58 (2003) S. 3–17, s. unten Rn. 76ff.
29 *Kaufmann*, Nach-Neuzeit (wie Fn. 19) 3.
30 *I. Kant*, Metaphysische Anfangsgründe der Rechtslehre (1797), Einleitung Rechtslehre § B, S. A 33: „nach einem allgemeinen Gesetze der Freiheit"; auch S. A 34, 45 und öfter; zu den Rezeptionsverwicklungen dabei zusammenfassend *Rückert*, Von Kant zu Kant? „Stufen der Rezeption Kants in der Rechtswissenschaft seit Savigny", in: Neukantianismus und Rechtsphilosophie, hrsg. von *R. Alexy* u.a., Baden-Baden, 2002, S. 89–109.
31 In seinem sog. Naturrechtsaufsatz von 1802/03 „Über die wissenschaftlichen Behandlungsarten des Naturrechts", s. Werke, hrsg. von *Moldenhauer* u. *Michel*, Frankfurt am Main 1969 ff., Bd. 2, S. 434–533; dazu *Rückert*, Idealismus, Jurisprudenz und Politik bei Friedrich Carl von Savigny (Münchener Univ. schriften Jur. Fakultät, 58), Ebelsbach 1984, S. 132 f., und *ders.*, Formalismus und vergleichbare Konzepte zum 19. Jahrhundert, in: Deutsche Rechtswissenschaft und Staatslehre ..., hrsg. von *R. Schulze*, Berlin 1990, S. 169–174.
32 *Vesting* (wie Fn. 28) 107.

16   Diese Vorstellungen, die den Juristen über *Larenz, Wieacker, Boehmer, Welzel* und ihre vielen Epigonen als maßgebende Konstellationen und Kontinuitäten vermittelt wurden und werden, gilt es jedenfalls als **wissenschaftsgeschichtliche Fesseln** aufzuklären, damit die Klassiker wieder zu ihrer Klassik kommen und wir zur Spezifik unserer Gegenwart. Unbefangenere Zuwendung zu den Originalen in ihren Kontexten ist unsere Aufgabe. Und daher führt unser Zugriff über wesentliche Positionen und Personen. Die Zusammenhänge und Folgerungen im Ganzen sind dann Gegenstand des Resümees (Rn. 1511 ff.) und des historischen Überblicks (Rn. 1357 ff.).

II. Neue Methoden?

17   Immer interessieren Methodenkonzeptionen auch deswegen, weil sie zugleich den **Gegenstand** Recht konstituieren – und umgekehrt. Das kann hier nicht erkenntnistheoretisch vertieft werden. Die übliche Trennung schadet aber einer kritischen Auseinandersetzung mit dem einen wie dem anderen. Ein fallender galileischer Apfel als Methode ergibt eine neue ‚Natur' als Gegenstand, der Savigny'sche Glaube an „natürliche" Verhältnisse ergibt ein positives, „wahrhaft historisch" zu füllendes Recht, freirechtliches Rechtsschöpfen ergibt ein neues, „nichtstaatliches" Recht, allgemeines Abwägen ein flüssiges Justizrecht. Die Probleme der Methodenlehre sind nicht nur Probleme der Methoden, des Ranges, der Eindeutigkeit der Worte, der subjektiven oder objektiven Auslegung, der Folgenerwägung, der Lücken und Fortbildungslegitimation usw. Nicht zufällig enthalten zivilistische Methodenkonzeptionen offensichtlich **Privatrechtstheorie und Verfassungstheorie.** Man ist seit langem und jedenfalls seit den dezidierten „Abschied(en) vom BGB" (*Schlegelberger* 1937)[33] auf der Suche nach „zeitgemäßer Privatrechtstheorie" (*Kübler* 1975), inzwischen seit 2015 sogar wieder in einer eigenen Zeitschrift und einem gewaltigen Reader.[34] Hören wir einige besonders gewichtige Stimmen seit 1945: Zuerst ging es um die „Wiederherstellung des Privatrechts" (*Hallstein* 1946),[35] zugleich schon um ein „sozialistisch geprägtes" Privatrecht (*Raiser* 1946),[36] mit mehr „Sozialismus der Freiheit" (*Wesenberg* 1954),[37] oder ein wenigstens nicht „besitzbürgerliches" Recht (*Wieacker* 1949).[38] Später versuchte man es enger juristisch und dogmatisch direkter mit einer Begrenzung zu „Vertragsfreiheit heute"

---

33 Repräsentativ und damals gefeiert *F. Schlegelberger*, Abschied vom BGB (Vortrag am 25.1.1937), Berlin 1937 – er war Justizstaatssekretär von 1931–1941 und kurz auch kommissarischer Minister.
34 *F. Kübler*, Über die praktischen Aufgaben zeitgemäßer Privatrechtstheorie (= Jur. Studiengesellschaft Karlsruhe, 119), Karlsruhe 1975; neu die „Zeitschrift für die gesamte Privatrechtswissenschaft", hrsg. *von W. Ernst* u.a., Bd. 1, 2015; ebenso der Reader: Privatrechtstheorie, hrsg. und verfasst von S. Grundmann, H.-W. Micklitz, M. Renner, 2 Bände, Tübingen 2015 (zus. 2019 Seiten).
35 *W. Hallstein*, Wiederherstellung des Privatrechts, in: Südd. Jur. Zeitung 1 (1946) S. 1–7, auch separat 1946 erschienen. Hallstein, 1901–1982, war damals prominenter Rektor der Frankfurter Universität, dann nach 1958 erster EWG-Präsident.
36 *L. Raiser*, Der Gleichheitsgrundsatz im Privatrecht, in: Zs f. Handelsrecht 111 (1948 [aber Vortrag von 1946]) S. 75–101, hier 100. Raiser, 1904–1980, war prominenter, ns-unbelasteter Prof. in Göttingen und Tübingen, vielfach öffentlich tätig etwa als Rektor, führendes Mitglied des Wissenschaftsrates und der EKD.
37 *G. Wesenberg*, Neuere deutsche Privatrechtsgeschichte, 1. Aufl. Lahr 1954, S. 223 (lapidar im Schlusssatz), nicht mehr in späteren Auflagen.
38 *F. Wieacker*, Keine Wiederauferstehung des Besitzbürgers (1949), jetzt in *ders.*, Zivilistische Schriften (1934–1942) [aber bis 1976], hrsg. von Chr. Wollschläger, Frankfurt am Main 2000.

I. Einführung

(*Raiser* 1958).[39] Bald trat eine gewisse Ratlosigkeit ein, da man einen „Realitätsverlust des liberalen Erklärungsmodells" (*Kübler* 1975)[40] zu sehen meinte. Jedenfalls waren die Inhalts- und Gegenstandsvorstellungen klar privatrechtskritisch,[41] die Methode war dabei sekundär und gewiss nicht klassisch-juristisch gemeint.

Wenig später suchte man in den 1960er und 70er Jahren ausdrücklich **neue Ufer in neuer Methode**. Auch dazu sind die großen Schlachten geschlagen – mit wiederum unklarem Ergebnis. Anders als noch in *Larenz'* „Methodenlehre der Rechtswissenschaft" von 1960 und in *Essers* „Vorverständnis und Methodenwahl in der Rechtsfindung" von 1970 sowie seiner „Methodik des Privatrechts" von 1972[42] oder als in *Coings* „Juristische Methodenlehre" von 1969/1972[43] geriet das ehemalige Prunk- und Reizwort „Methodenlehre" in einen Niedergang: Es ist marginalisiert[44] oder nur noch kritisch präsent,[45] oder zerflossen zu fünf Bänden über „Methoden des Rechts in vergleichender Darstellung",[46] oder überfordert in einer schon konturlos pluralistisch-rechtspragmatischen „Methodenlehre für Juristen",[47] studienpraktisch domestiziert zur „Methodenlehre für Jura-Studenten"[48] oder allzu universal auf *den* „Rechtsbegriff" und die „Verwirrung" in den „Grundfragen der Jurisprudenz" bezogen.[49] Etwas jüngere Konzeptionen nennen sich gleich anders, z.B. „Begründungslehre"[50] oder „Wissenschaftstheorie für Juristen"[51], „Theorie der Argumentation" oder „Argu-

18

---

39 *L. Raiser*, Vertragsfreiheit heute, in: Jur.zeitung 13 (1958) S. 1–8. Vgl. weitere gewichtige Stimmen wie *F. von Hippel*, Zum Aufbau und Sinnwandel unseres Privatrechts (Vortrag auf der Zivilrechtslehrertagung vom 19.10.1955), Tübingen 1957, mit positiverer Grundeinstellung, aber auch starker Betonung der Defizite (vgl. 60 f.); *Wieacker*, Sozialmodell, 1953 (Fn. 12) mit der Feststellung einer „neuen ‚sozialrechtlichen' Ordnung" (S. 31 des Neudrucks in *ders.*, Industriegesellschaft und Privatrechtsordnung, Frankfurt/M. 1974). Überblick für nach 1945 jetzt bei *Rückert*, Das BGB und seine Prinzipien: Aufgabe, Lösung, Erfolg, in: Historisch-kritischer Kommentar zum BGB (wie Fn. 13), Bd. 1, 2003, S. 34–122, hier Rn. 91 ff., 99 ff., 115 zu den Lehrbüchern.
40 *Kübler* (wie Fn. 34) 33.
41 Etwas ambivalent schon bei *Hallstein* (wie Fn. 35) 7: Es sei die „Aufgabe des Privatrechts um nichts weniger sozial als die des öffentlichen Rechts".
42 Zuerst in: Enzyklopädie der geisteswissenschaftlichen Arbeitsmethoden, hrsg. von *M. Thiel*, 11. Lieferung: Methoden der Rechtswissenschaft, 1972, Teil I, S. 3–37.
43 *H. Coing*, Juristische Methodenlehre, Berlin 1972 – ein Auszug aus der 2. Aufl. 1969 der „Grundzüge der Rechtsphilosophie" (1950, 5. Aufl. 1993), vgl. dort Kap. VI: Das juristische Denken; weniger eingehend die 1. Aufl. 1950 Kap. 8: Die Rechtswissenschaft. Schon die inhaltlichen Verschiebungen wären von hohem Interesse. Coing versucht eine Art Mittelweg zwischen Freiheit und strenger begrifflicher Bindung, i.E. ist er aber doch sehr richterfreundlich und „das Recht" überhöhend, s. jetzt unten *Foljanty*, Rn. 810 ff., und den HISTORISCHEN ÜBERBLICK, Rn. 1432 ff.
44 In dem umfassenden Band von *Kaufmann/Hassemer/Neumann*, jetzt *Hassemer/Neumann/Saliger* (wie Fn. 27) erhält sie kein eigenes Kapitel, sie wird zu „Hermeneutik" und „Argumentationstheorie"; *Zippelius* (wie Fn. 27) und *Müller* (wie Fn. 5) sind scheinbare Ausnahmen, da die Erstauflagen schon 1971 bzw. 1976 konzipiert waren.
45 Siehe etwa *Rinken*, Einführung (wie Fn. 28) 256–58, 263; *Koller* (wie Fn. 27) 17; *Müller* (wie Fn. 5) 24.
46 *W. Fikentscher*, Tübingen 1975–1977.
47 *H.-M. Pawlowski*, Methodenlehre für Juristen. Theorie der Norm und des Gesetzes (1981), 2. Aufl. Heidelberg 1991.
48 *K. Adomeit*, Rechtstheorie für Studenten. Normlogik – Methodenlehre – Rechtspolitologie (1979), 3. Aufl. Heidelberg 1990, S. 80 ff.; 5. Aufl. mit *S. Hähnchen*, 2008; dto. 6. Aufl. 2012, 59 ff.; *F. Reimer*, Juristische Methodenlehre, Baden-Baden 2016, Vorwort: „handlicher und handwerklicher Wegbegleiter".
49 *F. Bydlinski*, Juristische Methodenlehre und Rechtsbegriff, Wien 1982, 2. Aufl. 2011.
50 *H.-J. Koch* u. *H. Rüßmann*, Juristische Begründungslehre, München 1982.
51 *M. Herberger* u. *D. Simon*, Wissenschaftstheorie für Juristen, Frankfurt am Main 1980.

mentationslehre"[52] und neuerdings „Allgemeine Abwägungslehre".[53] Oder sie betonen vollends den Gegenstand Recht statt und vor der Methode.[54] Diese Abwahl des Problems Methode erscheint verfehlt, denn es sitzt immer auch im Gegenstand und ist mit Recht nicht beiseite gelegt, sondern sogar wieder präsenter.[55]

19 Wo findet man hier einen klärenden Ausweg? Soll die Feststellung stehen bleiben, dass es eben nur um die „Funktionen der Ziviljustiz" und des Privatrechts gehe, die vom (Wieder-)Aufstieg des Interventionsstaates seit Bismarck nach 1880 eben „am schärfsten" getroffen seien?[56] – große historische Fragen. So ist „Interventionsstaat" eine zu pauschale Deutung (seit Wehler und Stolleis) für faktisch und normativ sehr verschiedene „Interventionen" im Zusammenhang von Staat und Gesellschaft.[57] Oder sollte Methodenlehre in allgemeiner „Abwägungslehre" aufgehen und damit in der Sache verschwinden?[58] „Abwägung" hat seit langem ihren guten Ort in praktischer Philosophie und Politik und gerade nicht oder nur begrenzt im Recht. Oder bringt die allgemeine Ernüchterung wenigstens eine Aussicht auf einige – illusionslos bescheidene – Ergebnisse, auf Prolegomena einer erneuerten Methodik? Eben diese Frage will unser Band dreifach voranbringen, mit jedem Beitrag als eigenem Baustein, im HISTORISCHEN ÜBERBLICK (Rn. 1357 ff.) und im würdigenden RESÜMEE (Rn. 1511 ff.).

20 Immerhin liegt ein eindrucksvoller **Gewinn** der neueren juristischen Methodendiskussion in der wissenschaftlichen Entfaltung einer **am Gegenstand Verfassung orientierten Methodenlehre**. Neue Stimmen aus neuer Sicht erhoben sich. Dies zeigte sich etwa seit der Tagung der Staatsrechtslehrer von 1961,[59] dann an *Krieles* „Theorie der Rechtsgewinnung" von 1967 und *F. Müllers* „Juristischer Methodik" (seit 1976, in der Sache aber schon seit 1966). Für zivilistische Methodenkonzeptionen ist dieser Gewinn jedoch prekär. Wenn zivilistische Methodik sich ihm nur unterzuordnen und anzupassen hätte, wie es bisweilen klingt, und wie es im allesumfassenden „Verfassungsstaat der Neuzeit" (C. J. Friedrich 1953) plausibel scheint, wäre die originär zivilistische Fragestellung und Konzeption Geschichte geworden. Konstitutionalisierung dominiert dann auch die Theorie. Von irgendeiner Autonomie des Privatrechts könnte keine Rede mehr sein.

---

52 R. *Alexy*, Theorie der juristischen Argumentation, Frankfurt am Main 1972, 10. Aufl. 2008; U. *Neumann*, Juristische Argumentationslehre, Darmstadt 1986; 2. stark erweiterte Aufl. 2023. Das praktische Argumentieren betont I. *Puppe*, Kleine Schule des juristischen Denkens, Göttingen 2008, Vorwort, 5. Aufl. 2023.
53 L. *Michael*, Methodenfragen der Abwägungslehre. Eine Problemskizze im Lichte von Rechtsphilosophie und Rechtsdogmatik, in: Jahrbuch des öff. Rechts der Gegenwart 48 (2000) S. 169–203.
54 S. *Smid*, Einführung in die Philosophie des Rechts, München 1991, zur Methode immerhin 34 ff.; *Koller*, 1992 (wie Fn. 27), kritisch über Methodenversuche, S. 171, 194; K. *Seelmann*, Rechtsphilosophie, München 1994, mit ausdrücklichem Verzicht (§ 4 Rn. 11), ebenso 6. Aufl. 2014; D. *Demko*, 2014, 7. Aufl. 2019.
55 Siehe schon R. *Wank*, Die Auslegung von Gesetzen, Köln 1997, 7. Aufl. 2023; E. A. *Kramer*, Juristische Methodenlehre, Bern/München/Wien 1998, 6. Aufl. 2019; J. *Vogel*, Juristische Methodik, München 1998; *Vesting* 2007 (Fn. 28), § 6: Interpretation; *Rüthers/Fischer/Birk*, Rechtstheorie, 1999 (Fn. 17), Kap. 4: Rechtsanwendung, §§ 20–25, seit der 6. Aufl. 2011 mit dem Titelzusatz „Methodenlehre"; neuestens wieder recht umfassend F. *Reimer* 2016 (Fn. 48); und ganz breit angelegt auf „modern" (Vorwort) nun Th. *Möllers*, Juristische Methodenlehre, München 2017, 5. Aufl. 2023 (auf 643 Seiten).
56 So die verbreitete Verlaufsdeutung bei D. *Simon*, Die Unabhängigkeit des Richters, Darmstadt 1975, S. 173.
57 Vgl. nur J. *Rückert*, Michael Stolleis, in: ZRG GA 139 (2022) S. 581 ff (591 f.).
58 So *Michael* 2000 (wie Fn. 53) u.a., und dazu jetzt kritisch *Rückert*, Abwägung – die juristische Karriere eines unjuristischen Begriffs, in JZ 66 (2011) S. 913–923, fortgeführt in: Denktraditionen, Schulbildungen und Arbeitsweisen in der „Rechtswissenschaft" – gestern und heute, in: Selbstreflexion der Rechtswissenschaft, hrsg. von Eric Hilgendorf und Helmuth Schulze-Fielitz, Tübingen 2015, S. 13–51; 2. Aufl. 2021.
59 Über „Prinzipien der Verfassungsinterpretation" mit Referaten von P. *Schneider* und H. *Ehmke*, gedruckt in den VVdStL 20, Berlin 1963. Informativ der Sammelband von R. *Dreier* u. F. *Schwegmann*, Probleme der Verfassungsinterpretation. Dokumentation einer Kontroverse, Baden-Baden 1976.

I. Einführung

Es ist aber nicht ausgemacht, dass die Gegenstände **Verfassung und Privatrecht** samt ihren Methoden heute ohne Weiteres in eins fallen und fallen sollen. Dafür legt die Geschichte wenigstens die Reminiszenz an das feudale Ancien Régime vor 1789 und seine ähnliche Rechtseinheit zu nahe, von neueren diktatorischen, theokratischen und ähnlichen Rechtswelten ganz zu schweigen. *Dagegen* eben wurde nach 1789 und schon davor in der Naturrechts- und Vernunftrechtsphilosophie unser modernes Privatrecht erkämpft.[60] Zwar plädiert man inzwischen kraftvoll für „Sozialautonomie" statt Privatautonomie[61] und gegen die mühsam erkämpfte Unterscheidung von Privatrecht und öffentlichem Recht.[62] Aber schon das Problem der sog. Drittwirkung der Grundrechte, das durch einige jüngere Verfassungstexte[63] und Entscheidungen[64] neu entfacht wurde, stellt die alte juristische Frage: hier Bürger-Bürger, dort Bürger-Staat, unvermindert neu. Der Unterschied ist eben nicht im sog. Rechtswegestaat erledigt und auf eine Zuständigkeitsfrage geschrumpft, wie es oft gelehrt wird. Es ist nicht plausibel oder gar erwiesen, dass der ursprünglich privatrechtsgeprägte Begriff von Recht als Abgrenzung möglichst freier Willenssphären von Individuen – oder aktueller, aber enger, der *property rights* – im heutigen ‚Interventionsstaat' oder Grundrechtsstaat überflüssig wäre, dass also Öffentliches Recht eigentlich Privatrecht erübrige, weil alles Recht ohnehin vom (demokratischen) Staat komme, dass Privatrecht die gleiche Justiz und Rechtsmethode erfordere wie das eher eigenständig verteilende und eingreifende öffentliche Recht, usw. Im Gegenteil erscheinen Unterschiede in Aufgabe und Funktion der

21

---

60 Dazu näher *Rückert*, Das BGB und seine Prinzipien (wie Fn. 39) Rn. 72 ff.
61 *Eike Schmidt*, Von der Privat- zur Sozialautonomie, in: JZ 1980, 153–161. Ähnliche Tendenz mit Bilanzierung schon bei *U. Spellenberg*, Vom liberalen zum sozialen Privatrecht?, in: Recht im sozialen Rechtsstaat, hrsg. von *M. Rehbinder*, Opladen 1973, S. 23–67; schärfer zugespitzt auch bei *G. Brüggemeier*, „Zeitgemäße Privatrechtstheorie" als Aufgabe, in: Arch. f. Rechts- und Sozialphilos. 64 (1978) S. 87–95, mit der Forderung nach einer „kritischen Theorie des Sozialstaats als einer materialen Verfassungstheorie" und einem „Entwurf eines gesamtgesellschaftlichen Rahmenplans". „Privatrechtstheorie" schrumpft auf dessen „Bestandteil" (94 f.). Mit ähnlicher Tendenz dann für „eine umfassende Ethisierung des Privatrechts" *P. Derleder*, Privatautonomie, Wirtschaftstheorie und Ethik des rechtsgeschäftlichen Handelns, in: Festschrift für R. Wassermann zum 60. Geburtstag, Neuwied 1985, S. 643–658, bes. 656. Ethisierung des Rechts als eine Reaktion auf die sog. soziale Frage war ein Hauptthema schon des späten 19. Jhs, sehr lehrreich für die Zurückhaltung des BGB ist *R. Schröder*, Abschaffung oder Reform des Erbrechts? Die Begründung einer Entscheidung des BGB-Gesetzgebers im Kontext sozialer, ökonomischer und philosophischer Zeitströmungen (= Münchener Univ.schr., Abh. zur rechtswiss. Grundlagenforschung 46), Ebelsbach 1981. „Sozialethische" Ethisierung bewegte nach 1952 auch *Wieacker* (Rn. 13), und später *Wiethölter*, s. unten Rn. 878 ff. und den Abschnitt „Kritisch-politische Jurisprudenz" Rn. 1447 ff.
62 Zur aufschlußreich unterschiedlichen Bedeutung dieser Unterscheidung je nach politisch-sozialem Kontext jetzt *J. Rückert*, Das BGB und seine Prinzipien (wie Fn. 39) 34–122, Rn. 72 ff.
63 *Brandenburgische Verf.* v. 20.8.1990, Art. 5 I: Die den Einzelnen und gesellschaftlichen Gruppen in dieser Verfassung gewährleisteten Grundrechte binden Gesetzgebung, vollziehende Gewalt, Rechtsprechung und, soweit diese Verfassung das bestimmt, auch Dritte als unmittelbar geltendes Recht. *Entwurf des Runden Tisches* v. 4.4.1990, Art. 40 I: Die Menschen- und Bürgerrechte dieser Verfassung binden Gesetzgebung, vollziehende Gewalt, Rechtsprechung und, soweit die Verfassung dies vorsieht, auch Dritte unmittelbar; zu verbinden mit Art. 1 II 1: Jeder schuldet jedem Anerkennung als Gleicher.
64 Vor allem die sog. Handelsvertreter- und die Bürgschaftsentscheidung des BVerfG vom 7.2. 1990 und 19.10. 1993, E 81, 242 u. 89, 214, die eine reiche Debatte auslösten. Dazu bes. lehrreich die prinzipienbewusste knappe Analyse von *S. Hofer*, Vertragsfreiheit am Scheideweg, München 2006 (Schriften der Juristischen Studiengesellschaft Regensburg e.V., Heft 29).

Rechtsbereiche und ihrer Methodiken offensichtlich und beachtenswert.⁶⁵ Es wäre wenig plausibel, dass Intervention die Ziele und Funktionen freien Privatrechts einfach mitverordnen sollte. Verordnete Freiheit wäre leicht nicht nur geordnet, sondern bevormundend. Es sei denn sie wäre dann nicht mehr ‚Intervention', sondern Garantie des notwendigen Funktionsrahmens für Privatrecht, mit bestimmten Bedingungen und Grenzen aus *diesem Ziel*, nicht ‚von außen' her.⁶⁶ Zu wenig geklärt ist die hier wesentliche, positive Rolle von Grundrechtsregeln zur Ermöglichung von Privatrecht (als Teilhabe etwa), immerhin einem eigenständigen Verfassungsziel, wie es Art. 2 GG mit der alles konstituierenden allgemeinen Handlungsfreiheit nahelegt.

22   Wie dem auch sei – jedenfalls muss in dieser Lage die **verfassungsrechtliche und verfassungspolitische Verankerung** heutigen Privatrechts mitbedacht werden – und dies nicht nur in politischen „Winken", wie man sie schon in *Savignys* mit Recht berühmtem „System" (1840–49) fand (so Altmeister *Gustav Hugo* 1842).⁶⁷ Das bewusste Fragen auch danach erscheint vielleicht zivilrechtlich ungewohnt, es ist aber heute, im Verfassungsstaat der Neuzeit, unverzichtbar. Es ist um so angebrachter, als die erkenntnistheoretische, logische und argumentationstheoretische Seite der Rechtsmethodik seit den sechziger Jahren immer intensiver diskutiert wird.⁶⁸ Arbeiten über „Die Methode der richterlichen Gesetzesauslegung als staatsrechtliches Problem"⁶⁹ haben dagegen erstaunlich wenig Resonanz gefunden.⁷⁰

III. Unsere dreifache Fragestellung

23   Die Durchführung dieser weitgreifenden Erkenntnisinteressen kann nur mit konkreteren Fragen gelingen. Rechtsumsetzungsregeln kommen nicht ohne Juristen und inzwischen endlich auch Juristinnen aus. Mit Blick auf die überall tragenden verfassungspolitischen Nährböden, auf denen Juristen stets stehen, war vor allem zu beachten, an

---

65 Immerhin für getrennte Erörterung der Justizfunktionen daher *Simon* (wie Fn. 55) 168 ff. (was aber nicht ausreicht), ähnlich *Rinken* (wie Fn. 28) 263; vgl. schon *Larenz* (wie Fn. 5) 253, oder nun *Rüthers/Fischer/Birk* (wie Fn. 17) § 20 B IV, oder vom Verfassungsrecht her *K. Hesse*, Grundzüge des Verfassungsrechts der Bundesrepublik Deutschland, 1. Aufl. 1966, 20. Aufl. 1999, § 2: besondere Natur der Grundrechtssätze, s. aber dazu und zur Prinzipiennatur näher unten im HISTORISCHEN ÜBERBLICK, Rn. 1462. Unterschiede legen auch wichtige Rspr.untersuchungen nahe, so zum Strafrecht *U. Neumann*, Positivistische Rechtsquellenlehre und naturrechtliche Methode. Zum Alltagsnaturrecht in der juristischen Argumentation, in: Rechtspositivismus und Wertbezug des Rechts, hrsg. von *R. Dreier*, Stuttgart 1990, S. 141–151, bes. 145 ff. (Strafrecht sei eher ergebnisbezogen), ähnlich zum Arbeitsrecht *M. Schlachter*, Auslegungsmethoden im Arbeitsrecht – am Beispiel von § 87 Abs. 1 BetrVerfG, Göttingen 1987; anders zum Zivilrecht, wieder anders zum Kartellrecht, siehe z.B. *W. Seiler*, Höchstrichterliche Entscheidungsbegründungen und Methode im Zivilrecht (Fundamenta Juridica 15), Baden-Baden 1992, zus.fd. 23, 171 ff., 188 ff. u. *M. Reichelt*, Die Absicherung teleologischer Argumente in der Zivilrechtsprechung des Bundesgerichtshofes. Eine empirisch-deskriptive Analyse, Berlin 2011; wieder anders zum Europarecht, s. *W. Kilian*, Europäisches Wirtschaftsrecht, 4. Aufl. München 2010, Rn. 349 ff.
66 Siehe *Rückert*, Das BGB und seine Prinzipien (wie Fn. 39), Rn. 87–90.
67 *G. Hugo*, Rez. zu Savigny, System, Bd. V 1841, in: Göttingische gelehrte Anzeigen 1842, Nr. 1, S. 1–4, hier 1.
68 Vgl. oben Rn. 18 f.; siehe etwa zu den klassischen *canones D. Buchwald*, Die *canones* der Auslegung und rationale juristische Begründung, in: ARSP 79 (1993) S. 16–47, mit dem doch kargen Ergebnis: Die canones verbessern die Erfolgschancen rationaler Begründung, sie helfen bei der Auffindung der erforderlichen Argumente (46 f.). Der Rechtswissenschaft und nicht der hier gesuchten zivilistischen Methodik gilt das an sich nützliche, historisch weitausgreifende Buch von *I. Mittenzwei*, Teleologisches Rechtsverständnis, Berlin 1988. Siehe im übrigen jetzt unten den HISTORISCHEN ÜBERBLICK, Rn. 1476 ff.
69 So immerhin die eindringliche Arbeit von *W. Gitter*, Diss. iur. Tübingen 1960, XVIII u. 199 Seiten – freilich nicht gedruckt und nur im Typoskript verfügbar.
70 Vgl. etwa die sehr eigenständig-interessante Arbeit von *M. Bertelmann*, Die ratio decidendi zwischen Gesetzesanwendung und Rechtsbildung anhand höchstrichterlicher Rechtsprechung, Diss. iur. Bonn 1975, 215 Seiten.

I. Einführung

welche Juristen und an welche juristische Rolle eigentlich die überlieferten Methodensätze adressiert waren. Waren damit gemeint

1) Aussagen über **fallentscheidende Rechtsanwendung** oder praktische Rechtswissenschaft (Modellfall Richter, Kommentar, praktische Dogmatik) oder
2) Aussagen über **wissenschaftliche Rechtsanalyse** (Modellfall Wissenschaft als freie Rechtsforschung, Juristenrecht, Professorenrecht) oder
3) Aussagen über **rechtskritische Behandlung** des Rechts (Modellfall Rechtspolitik, Gesetzgebung, Rechtsverbesserung)?

Erst mit diesen Unterscheidungen kommt der verfassungspolitische Nährboden der Methodensätze zum Vorschein, auf dem sich dann die älteren Sätze mit der Gegenwart verbinden lassen. Ein ertragreicher Bezugsrahmen entsteht und **Problemgeschichte** wird möglich. Savigny und Heck[71] sind dafür Paradefälle. Erst die analytische Trennung dieser drei Aussagenbezüge kann auch zeigen, ob die Ebenen etwa bewusst *nicht* getrennt wurden. So verband *Savigny* vor dem Hintergrund der europaweiten Revolutionen 1789 und 1830 und seines juristischen Idealismus als Teil der deutschen „Revolution des Geistes" die Richterrolle und Wissenschaftsrolle im Zeichen ‚wahrer' Rechtserkenntnis. Und er trennte beides, insoweit modern, sehr deutlich von kritischpolitischer Rechtsverbesserung.[72] *Heck* trennte dagegen auch die Rollen von Justiz und Rechtswissenschaft sehr bewusst und wies allein den Richtern die Arbeit am unmittelbar maßgeblichen Recht zu. Neuere befassen sich bisweilen nur noch mit fallentscheidender Rechtsanwendung und Rechtskritik oder nur mit Rechtskritik.[73]

24

Wegen dieser evident **verfassungspolitischen Einbettungen** gerade der Methodenaussagen müssen die Kontexte der Schreiber und ihrer Schriften zur Kontrolle und Anleitung bewusst sein und bleiben, um nicht falschen Bezügen und Argumenten ausgeliefert zu sein. Ein Minimum an Werkgeschichte und Biographie gehört also zu jeder Methodengeschichte. Den frühen Savigny der sog. *Methodenlehre* und den späten des *System* unterscheidet man z.B. mit Recht, aber noch viel zu abstrakt. Die verfassungspolitischen Umstände waren 1802/03 im Reich und nach 1840 im Deutschen Bund unter Metternich und Preußen ganz verschiedene; der Professor Savigny konnte 1842 zum vermittelnden Gesetzgebungsminister werden. Hecks Methodensätze bedeuteten 1912 und 1930 anderes als 1936, Larenz' Beiträge 1938 anderes als 1960, die Wiethölters 1968 anderes als bald danach und heute – das ist so banal wie zu wenig beachtet. Hier wird es in allen sechzehn Beispielen berücksichtigt.

25

Zur Einheit der Fragestellung gehört nicht zuletzt auch ihre Erweiterung auf **dogmatische Beispiele**. Daran wird getestet, was von den allgemeineren Methodensätzen in einer konkreten Umsetzung übrigbleibt. Durchweg erwies sich das als sehr aufschlussreich, etwa für die Culpa-Lehre, d.h. die Verschuldenslehre bei Savigny, die Stellvertretung bei Puchta, die *culpa in contrahendo* bei Windscheid, die Aufwertungsrechtsprechung bei Heck, für das faktische Vertragsverhältnis bei Larenz und Esser, für die Geschäftsgrundlagen-Lehre bei Lange, für den Kontrahierungszwang bei Nipperdey, die Dreieckskondiktion bei Canaris, das Unternehmensrecht bei Wiethölter , für die Eigentumsblockaden bei Müller.

26

---

71 Siehe unten Rn. 428 ff.
72 Siehe unten Rn. 151.
73 Näher dazu jetzt im HISTORISCHEN ÜBERBLICK unten Rn. 1447 ff.

27 Die Beiträge über die **Ökonomische Analyse des Rechts**, die **Neue Institutionenökonomik**, die **Case Law-Methodik** und die **soziologische Jurisprudenz** fügen sich diesen Fragen zunächst wenig. Sie betreffen an sich ebensowenig unmittelbar zivilistische Methodenkonzeptionen wie der Beitrag über *Friedrich Müllers* verfassungsrechtlich orientierte Methodik. Dennoch geben sie notwendige Ausblicke. Die ökonomische Analyse nimmt unter Zivilisten inzwischen so viel Interesse ein, zumal international, dass ein klärender Beitrag wichtig schien. Zusammen mit der Neuen Institutionenökonomik erscheint sie als eine Art Metatheorie des Privatrechts. D.h. sie kann viel erklären, ohne dem Recht etwas vorschreiben zu wollen. Das gilt auch für den Vergleich zur Case Law-Methodik. Damit kommen wichtige alternative oder ergänzende Methodiken in den Blick. In diesem Sinne wurde die sog. soziologische Methode einbezogen (unten zu Teubner Rn. 1136 ff. und Rn. 1455 a–1455 l).

28 *Friedrich Müllers* verfassungsrechtliche Orientierung hat zu der nach wie vor vielleicht ausgefeiltesten „Juristischen Methodik" geführt und ist gerade durch ihre bewusste Akzentuierung der normativen Seite von juristischer Methode auffallend. Deswegen wurde sie in diesen Band einbezogen, der das normative Element ähnlich betont. Müller bietet zudem ein zivilistisches Beispiel.[74] Allerdings bleiben wir bei der originären Fassung von 1995 stehen. Die späteren Auflagen entwickeln das Konzept weiter, sind aber eher schwerer vermittelbar. Ein wichtiger Aspekt bei diesen Ausgriffen auf Rechtsökonomie, Case-Law, Soziologie und Müller ist auch, dass sie ein wenig beitragen können, erstaunliche **disziplinäre Wahrnehmungssperren** zu überwinden. Es ist nämlich nicht Ausnahme, sondern die Regel, dass sich die Methodenliteratur sehr einseitig zivilrechtlich, strafrechtlich oder öffentlich-rechtlich und neuerdings europarechtlich orientiert und zitiert. Das hat seinen guten Sinn, soweit fachmethodische Fragen betroffen sind. Für allgemeinere Fragen schlägt es bisweilen geradezu in Ignoranz um, da insbesondere die rechtstheoretische und rechtshistorische Forschungsarbeit oft nur sehr fragmentarisch wahrgenommen wird. So scheint im öffentlichen Recht „Abwägung" nur ein öffentlich-rechtliches Thema – man kennt einfach seine etwas andere Geschichte nicht,[75] nämlich die philosophie- und politiktheoretische Erbschaft und die juristische Entstehung in Weimar in der strafrechtlichen Notstandslehre bei medizinischer Abtreibungsindikation.

IV. Ohne Zynismus

29 Der Alltag des Entscheidens prägt als realer die juristische Praxis und als fiktiver inzwischen die Universität mit ihren neueren Fall-Vorlesungen. Diese Prägung gilt für das richterliche Urteilen ebenso wie für das anwaltliche Begutachten. Sollte man also die Praxis ihrer Methode überlassen? Das wäre normativ und politisch-sozial verfehlt. Rechtspraxis darf sich nicht selbst, sondern muss dem geltenden Recht genügen. Ohne allgemeine Regeln nur von Fall zu Fall zu arbeiten, würde die erstrebte gerechte Gleichbehandlung hemmen und wäre auch mangels Routine schlicht zu mühsam. Die theoretische Reflexion der eigenen Praxis stößt nicht selten an Berufs- und Standesbefangenheiten. Methodenkonzeptionen müssen also interessieren und taten dies auch stets. Nach wie vor gilt der *Nutzen der überkommenen Auslegungskanones*

---

74 Siehe unten Rn. 1109 ff.
75 Siehe aber unten Rn. 1457 ff.

als „grundsätzlich immer noch beste Lösung"[76] und die „Fähigkeit zu methodischem Arbeiten" als „unverzichtbare und maßgebliche Voraussetzung" für Erfolg.[77] Es hilft nichts, kritisch im „hermeneutischen Zirkel" oder im „Vorverständnis … in der Rechtsfindung" zu verharren, wie es unter der berühmt gewordenen Flagge „Vorverständnis" Esser 1970 getan hatte.[78] Nicht selten begegnet auch ein **subtiler Zynismus**, mit dem man in Methodenbestrebungen bloß „rechtspolitische Strömungen" sieht – was gewiss ein Teil der Wahrheit ist –, aber zugleich annimmt, für Falllösungen hätten „diese Strömungen keine unmittelbare Bedeutung"[79] – was gewiss nicht die ganze Wahrheit ist. Solche ‚Feststellungen' hängen eben ab von den allgemeinen Prämissen des juristischen Denkens und Arbeitens und deren normativer Einbettung.

Doch die eher positive Stimmung ist brüchig. Sieht man nach, so sind die **Antworten zu den Konzeptionen** seit Savigny erstaunlich defizitär. Sie vermitteln zu wenig von der eigentlichen Frische und Brisanz des aus bestimmten Erfahrungen schon Bedachten. Die ‚modernen' Probleme juristischer Methode sind keineswegs neu, sondern in scharfen Erfahrungen längst bedacht. Treue Darstellung gewinnt daher besonderen Wert. Dies gilt zumal, wenn die Darstellung produktiv und konkret problemorientiert fragt. Dies geschieht hier mit der Frage nach der normativen, verfassungsbezogenen Rolle des praktisch-methodischen Entscheidens im Zivilrecht heute und ihrer Durchführung an Beispielen. So führt das Buch durch unsere großen Klassiker hindurch über sie hinaus – frei nach Jherings umstürzendem Motto von 1852 „durch das römische Recht über das römische Recht hinaus".[80]

V. Was noch?

Ein RESÜMEE (Rn. 1511 ff.) der Ergebnisse aus heutiger Sicht bietet Abschnitt V. Wesentliche Lern- und Lesehilfen finden sich in VI. BIBLIOGRAPHISCHES UND LEKTÜREEMPFEHLUNGEN (Rn. 1557 ff.). Wer genauer im Zusammenhang Bescheid wissen will, sollte den HISTORISCHEN ÜBERBLICK (Rn. 1357 ff.) unter IV. lesen. Den Auftakt unter II. machen nun seit der zweiten Auflage unsere ZWÖLF METHODENREGELN FÜR DEN ERNSTFALL (Rn. 32 ff.). Sie sollen möglichst handlich und explizit die nötige normative und deutliche Anleitung zur juristischen Methodik als auch einer schlichten **Kunstlehre** für unsere Zeit geben. Wie sagte ein Freund und Kenner dazu: „So machts man halt".

---

76 So statt vieler *P. Raisch*, Vom Nutzen der überkommenen Auslegungskanones für die praktische Rechtsanwendung (= Jur. Stud.gesellschaft Karlsruhe 181), Heidelberg 1988, hier S. 81 ff.
77 *Vogel* (wie Fn. 55) Vorwort.
78 *J. Esser*, Vorverständnis und Methodenwahl in der Rechtsfindung. Rationalitätsgarantien der richterlichen Entscheidungspraxis, Frankfurt am Main 1970; 2. Aufl. 1972 mit dem geänderten Untertitel „Rationalitätsgrundlagen" statt „-garantien". Zu seiner keineswegs einseitigen Gesamtkonzeption unten Rn. 755 ff.
79 So der erfahrene Repetitor *D. Schmalz*, Die juristische Falllösung, Karlsruhe u.a. 1976, S. 138.
80 Siehe unten Rn. 380. Man muss natürlich wissen, dass in den deutschen Staaten bis 1900 noch weithin rezipiertes klassisch-römisches Privatrecht galt (eine sehr anschauliche Karte dazu von 1896 z.B. bei *D. Klippel*, Deutsche Rechts- und Gerichtskarte, Nachdruck Goldbach 1996.

II. Zwölf Methodenregeln für den Ernstfall

*von Joachim Rückert und Ralf Seinecke**

Übersicht

I.	Mach Dir klar, was Du tun willst	46
II.	Behandle Methodenfragen als Verfassungsfragen	46
III.	Methodengeschichten muss man kennen und nutzen	48
IV.	Nimm die canones als Anleitung	49
V.	Hör auf den Wortlaut	50
VI.	Schau ins System	51
VII.	Schlag nach beim Gesetzgeber	52
VIII.	Obacht mit dem Telos	53
IX.	Trenne Auslegung und Rechtsfortbildung und Abwägung	54
X.	Bilde Recht nur rechtsstaatlich fort	55
XI.	Manchmal muss man abwägen	56
XII.	Vergiss nicht die Gerechtigkeit	57

Unsere 12 Regeln bieten Methodenlehre mit praktischem Anspruch. Der Ernstfall ist die Entscheidung. Die Regeln sollen helfen bei Auslegung, Anwendung und Fortbildung des geltenden Rechts, an das sie normativ gebunden sind. Für Zynismus bleibt da kein Raum. Spöttisch schrieb z.B. Gustav Radbruch: „Die Auslegung ist das Ergebnis – ihres Ergebnisses, das Auslegungsmittel wird erst gewählt, nachdem das Ergebnis schon feststeht".[1] Das ist die wohlformulierte, gerne gebrauchte, aber letztlich zynische Abfertigung von Methodenregeln. Für uns soll dagegen gelten: Es folgt nicht jeder Fall seiner eigenen Methode und damit keiner. Nicht jede Entscheidung erschöpft sich im unkontrollierbaren Wertungsakt, also einer Dezision. Methodenlehre muss ernst genommen werden, denn es geht um rationale Arbeit mit dem geltenden Recht. Das klingt etwas orthodox und apodiktisch, ist aber bewusst so formuliert. Man darf diese Regeln aber auch nicht zu ernst nehmen. Es geht nicht um letzte Wahrheiten oder Glaubensfragen. Daran erinnert nach wie vor Rudolf von Jherings berühmter Titel: „Scherz und Ernst in der Jurisprudenz" (1884). Er hilft, den (Methoden-)Scherz im (Methoden-)Ernst zu sehen und umgekehrt.

Mit diesen Regeln wird die kritische Arbeit an den **Illusionen** der juristischen Methodenlehre nicht *ad acta* gelegt: mit Rechtsbegriffen rechnen, einzig richtig entscheiden, vollständig rational begründen, aus einem lückenlosen System deduzieren oder logisch subsumieren – diese Ideale hatten ihren Sinn unter bestimmten historischen Bedingungen. Zugleich hat sich aber der Anspruch auf gerechte Gleichbehandlung, rechtsstaatliche Rechtsgewissheit oder -bestimmtheit und demokratische Rechtsbindung keineswegs erledigt. Er prägt unser geltendes Recht als besonders starkes Verfassungsgebot (Artt. 3; 20 Abs. 3, 28 Abs. 1, 80 Abs. 1 S. 2, 97; 1 Abs. 3, 20 Abs. 3, 97; 79 Abs. 3 GG) – mehr als je.

---

* Für zahlreiche Anregungen und Kritik danken wir Kim Brocke, Lena Foljanty, Philipp Giel, Margarete Jagusch, Thomas Pierson, Philipp Sahm, Felix M. Simon und Henok Tsehaye sowie den Rezensenten.
1 *G. Radbruch*, Einführung in die Rechtswissenschaft, nach dem Tode besorgt v. K. Zweigert, 12. Aufl. Stuttgart 1969, S. 169 (noch nicht in der 1. Aufl. 1910).

II. Zwölf Methodenregeln für den Ernstfall

I. Mach Dir klar, was Du tun willst

34 Wer Recht praktisch umsetzt, es auslegt und anwendet, sollte wissen, was er tut. Rechtspraxis und Rechtswissenschaft sind nicht das Gleiche. Sie folgen verschiedenen **Erkenntnisinteressen**. Rechtspraxis soll geltendes Recht befolgen und ist deshalb gebunden (Artt. 97, 1 Abs. 3 GG). Rechtswissenschaft erforscht geltendes und nichtgeltendes Recht und ist dabei frei (Art. 5 Abs. 3 GG). Praxis beschäftigt sich mit Fällen und entscheidet sie, als Justiz wie als Verwaltung und in der anwaltlichen Beratung. Auch die Rechtswissenschaft beschäftigt sich mit Fällen, aber sie entscheidet sie nicht. Sie analysiert das Recht, sucht prinzipielle und grundsätzliche Zusammenhänge, präzisiert sie, erläutert (rechts-)politische Wertungen und legt historische, philosophische, soziale, ökonomische und andere Kontexte im Recht frei, um seine Gründe und Konsequenzen besser zu verstehen.

35 Frei ist auch die **Rechtspolitik**, jedenfalls im Rahmen der Verfassung. Wer rechtspolitisch agiert, darf daher frei abwägen und entscheiden, z.B. im Parlament, in den Parteien, in der Öffentlichkeit, in der planenden Verwaltung oder auch in der Wissenschaft, also überall. Diese Freiheit unterscheidet das rechtspolitische Agieren und das freie Forschen von der gebundenen Rechtspraxis. Es gilt eine Arbeitsteilung zwischen Praxis, Wissenschaft und Politik. Das ist keine empirische, sondern eine normative Frage. Das klassische, liberal-rechtsstaatliche Motto dieser Haltungen zum Recht lautet: „Gehorche gewissenhaft, kritisiere freimütig" (J. Bentham zugeschrieben). Die preußische Version lautete: „*räsoniert* soviel ihr wollt und worüber ihr wollt, *aber gehorcht!*" (Friedrich II.)[2]

36 Nicht so klar sind die Erkenntnisinteressen der **Rechtsdogmatik**. Rechtsdogmatik ist nicht einfach Rechtswissenschaft und auch nicht einfach Rechtspraxis. Sie arbeitet wissenschaftlich in praktischer Absicht. Ihre klassische Aufgabe ist es, Lehrsätze in Regelform zu bilden, *dogmata* (griechisch). Das bedeutet auch, sie systematisch zu ordnen und zu erklären. Das geschah immer schon in Lehrbüchern und Kommentaren. In diesem praktischen Interesse ist sie rechtlich gebunden. Freier ist sie, wenn das geltende Recht keine unmittelbaren Lösungen vorschreibt, z.B. im Bereich der Rechtsfortbildung. Hier kann sie mithilfe von Prinzipien und Grundsätzen, Fallvergleichen und Rechtsvergleichen, Analogien und Argumenten praktische Vorschläge unterbreiten. Sie ist aber auch dabei nicht vollkommen frei, da sie das geltende Recht fortbildet.

37 Für die Methodenfrage folgt, dass die **Rechtspraxis** methodisch gebunden ist. Rechtswissenschaft und Rechtspolitik hingegen sind methodisch frei. Selbstverständlich gibt es für beide etablierte Methoden, wie das rationale Forschen oder die deliberative Politik. Rechtsdogmatik ist methodisch ebenso an das geltende Recht gebunden wie die Rechtspraxis, in der wissenschaftlichen Durchdringung des geltenden Rechts aber ist sie freier.

II. Behandle Methodenfragen als Verfassungsfragen

38 Methodenfragen sind Verfassungsfragen. Das ist selbstverständlich, wird aber nicht selten missachtet. Sie sind Verfassungsfragen in doppelter Hinsicht: normativ, d.h. Verfassung fordert Methode, und historisch-kritisch, d.h. Methodenwandel und Verfassungswandel erklären sich gegenseitig. In diesem Sinn ist der HISTORISCHE ÜBERBLICK in

---

2 In der Sache überliefert etwa bei *I. Kant* in seinem berühmten Aufsatz „Was ist Aufklärung?" von 1784, siehe die handliche Ausgabe bei Reclam, Stuttgart 1974 und öfter (UB 9714), S. 11 (Hervorhebungen im Original).

II. Zwölf Methodenregeln für den Ernstfall

unserem Band geschrieben (Rn. 1357 ff.) und unten die dritte Regel aufgestellt (Rn. 41 ff.).

Unsere Verfassung gibt Methodenregeln auf, auch wenn sie diese nicht ausdrücklich als solche formuliert. Methodenregeln sind Bedingungen der Möglichkeit eines Rechts, das auf Regeln setzt und nicht auf situatives Entscheiden. Vier Anhaltspunkte gibt das Grundgesetz:

(1.) Das **Demokratiegebot** in Art. 20 Abs. 2 S. 1 GG: „Alle Staatsgewalt geht vom Volke aus" (auch Art. 20 Abs. 1 GG: „demokratischer … Bundesstaat"). Es bedarf also einer demokratischen Rückbindung des Rechts an das gewählte Parlament und an das Volk als Souverän, von dem „alle Staatsgewalt" ausgehen soll. Das Instrument dafür ist die Gesetzesbindung. Ohne (Methoden-)Regeln löst sie sich auf, so unbefriedigend das sein mag.

(2.) Die **richterliche Gesetzesunterworfenheit** in Art. 97 Abs. 1 GG: „Die Richter sind unabhängig und nur dem Gesetze unterworfen." Dieser Satz stand bereits in § 1 GVG von 1877 und steht dort heute noch. Bis 1919, also bis zur Weimarer Reichsverfassung, wurde damit die Unabhängigkeit des Richters gegenüber Monarch und Exekutive betont, die beide nicht demokratisch legitimiert waren. In der heutigen demokratischen Verfassung ist demgegenüber die positive Bindung an das demokratisch-parlamentarische Gesetz wichtiger geworden.

(3.) Die **doppelte Bindung** auch der Rechtsprechung „an Gesetz und Recht" in Art. 20 Abs. 3 GG. Zur Gesetzesbindung tritt im Rechtsstaat die Rechtsbindung hinzu. Diese Recht-Bindung darf hier aber nicht gegen die Gesetz-Bindung ausgespielt werden, denn Recht kann viel heißen. Das „Recht" des Grundgesetzes meint gewiss nicht Naturrecht, Vernunftrecht, Freirecht oder subjektive Gerechtigkeit. Andererseits heißt „Recht" gewiss auch mehr als Gesetz, z.B. Gewohnheitsrecht, vielleicht auch Richterrecht. Von einem „Mehr an Recht" spricht auch das Bundesverfassungsgericht (Soraya 1973), ohne sich weiter festzulegen.[3] Rudolf Wiethölter vermutet darin mit Recht ein „Meer an Recht".[4] Dieses „Mehr" darf Richtern eine Waffe nur gegen klares Unrecht in Gesetzesform in die Hand geben (so war es 1949 gemeint) – doch nicht mehr und schon gar kein „Meer". Nicht wenige helfen sich in dieser Ratlosigkeit mit den Radbruch'schen Formeln von 1946 (Unerträglichkeit, Rechtsverleugnung).

(4.) Die **Rechtmäßigkeitskontrolle** durch Justiz. Die Teilung der Gewalten in „besondere Organe der Gesetzgebung, der vollziehenden Gewalt und der Rechtsprechung" nach Art. 20 Abs. 2 S. 2 GG, also in Legislative, Exekutive und Judikative, spricht der Justiz eine zunächst klare Rolle zu. Sie soll am Maßstab von Gesetz und Recht die anderen Gewalten kontrollieren, nicht aber das Maß selbst aufstellen. Idealiter bedeutet das: Das Rechtsmaß macht das Parlament, für den Rechtsvollzug sorgen Regierung und Verwaltung, für die Rechtmäßigkeit die Justiz. Der Richter bleibt auch deswegen an das Gesetz gebunden. Dass realiter die Exekutive durch Rechtsverordnungen und die Kommunen durch Satzungen ebenfalls ein Rechtsmaß setzen, ändert daran nichts. Ebenso wenig ist bei sog. Lücken das Rechtsmaß allein dem Richter überlassen (su IX).

---

[3] BVerfGE 34, 269 (286 f.) – sog „Soraya"-Entscheidung, Beschluss vom 14.2.1973.
[4] *R. Wiethölter*, Zum Fortbildungsrecht der (richterlichen) Rechtsfortbildung. Fragen eines lesenden Recht-Fertigungslehrers, in: KritV 3 (1988), S. 1–28.

40 Diese Bindungen der Justiz machen Methodenfragen zu Verfassungsfragen. Die Prinzipien Demokratie, Rechtsstaat, Gewaltenteilung und richterliche Unabhängigkeit fordern die Gesetzesbindung. Gesetzesbindung bedeutet Regelbindung und Regelbindung bedeutet Methodenbindung. Bei *Josef Esser* war das 1956 noch ein „revolutionierendes Programm für unsere Rechtsquellenlehre":[5] Er erwog ein „Rechtsbildungsrecht" mit dem Ergebnis, dass „die Rechtsfindungsregeln ... dann zum ‚Verfassungsrecht' judizieller Normsetzung" gehören.

III. Methodengeschichten muss man kennen und nutzen

41 Methoden ändern sich mit den Verfassungen und Verfassungen ändern die Methodenregeln. Diese Geschichten werden im HISTORISCHEN ÜBERBLICK (Rn. 1357 ff.) mit allen Irrungen und Wirrungen und zeitlichen Überschneidungen genauer behandelt. Ihre Minimalfassung hat acht Stationen: (1.) Begriffsjurisprudenz, (2.) Freirechtsbewegung, (3.) Interessenjurisprudenz, (4.) NS-Jurisprudenz und NS-Wertungsjurisprudenz, (5.) Wertungsjurisprudenz nach 1945, (6.) kritisch-politische Jurisprudenz, (7.) Abwägungsjurisprudenz, (8.) Argumentationsjurisprudenz. Ob man das alles wissen muss? Ja, denn alle Irrungen und Wirrungen der Methodenlehre beginnen mit falschen Begriffen. Deswegen versuchen wir im Folgenden eine gewiss dichte Zusammenfassung:

42 Der verwirrteste Begriff ist **Begriffsjurisprudenz**. Sie wurde 1884 von Jhering als Prügelknabe erfunden und blieb es. Gemeint war die Jurisprudenz der 1840er und 1850er Jahre. Sie war also ein Kind des monarchischen Konstitutionalismus. Über die Gesetzestexte hinaus und gegen den Monarchen versuchte sie, das Recht durch Begriffe zu sichern. Lücken im Recht sollten nicht mehr als Vorwand für richterliche Rechtsverweigerungen dienen können, wie sie nicht selten vorgekommen waren – kein Recht, keine Entscheidung. Methodisch macht sie immer noch klar, dass scharfe Begriffe und systematische Durchdringung auf Prinzipien wertvoll sind für eine regelorientierte Praxis. System sollte auch der Willkürabwehr dienen. System und Begriffe dürfen freilich nicht zum Selbstzweck, zur lebensfremden Spekulation und zur bloß begrifflichen oder rein systematischen Begründung werden. Die politischen, sozialen, ökonomischen, ethischen und religiösen Wertungen, die allen juristischen Begriffen zugrunde liegen, müssen immer mitbedacht werden. Nur Begründungen ohne diese Elemente meint man heute in der Regel mit der Polemik „Begriffsjurisprudenz". Die **Freirechtsbewegung** um 1910 machte die Kritik populär. Sie hatte sehr verschieden akzentuierte sozialpaternalistische, demokratische und egalitäre Ambitionen. Mit Blick auf diese Ziele hat sie konsequent die Lücken der Gesetze und des Rechts betont, die Bindung an Normen und Regeln zur Illusion erklärt und den Richterkönig gefordert. Die Lücke war ihr Credo, die Methodenregel ihr Unglaube. Zur gleichen Zeit half hier die **Interessenjurisprudenz**. Verfassungstreu stellte sie die gesetzgeberische Interessenentscheidung als maßgebliche Regel ins Zentrum und prägte die Kompromissformel vom „denkenden Gehorsam" (Heck).[6] Nicht ohne makabre Konsequenz hat sie allerdings auch die ‚Interessen' des Unrechtsgesetzgebers nach 1933 akzeptiert und ihre parlamentarisch-rechtsstaatlichen Prämissen desavouiert. Die **NS-Jurisprudenz** unterstützte den Umsturz der Weimarer Verfassung und die damals neue Ordnung als neue ‚Verfassung'. Sie belehrt drastisch über das demagogische Potential von Formeln wie

---

5 J. *Esser*, Grundsatz und Norm in der richterlichen Fortbildung des Privatrechts. Rechtsvergleichende Beiträge zur Rechtsquellen- und Interpretationslehre, Tübingen 1956, S. 120 f., in den Folgeauflagen unverändert.
6 Ph. *Heck*, Gesetzesauslegung und Interessenjurisprudenz, in: AcP 112 (1914), S. 1–318, hier 20.

II. Zwölf Methodenregeln für den Ernstfall

„konkrete Ordnung" und die begrenzte „Macht und Ohnmacht der Methode" (Luig)[7] gegenüber der „unbegrenzten Auslegung" (Rüthers).[8] Die **Wertungsjurisprudenz** war ein Weimarer Sinnkrisenprodukt schon um 1930. Sie verdeutlichte die ambivalente Wertbezogenheit des positiven Rechts – deren Chance und Gefahr. Werden die Werte verfassungstreu aus einem Gesetz wie dem Grundgesetz bezogen, so erscheint dies als Chance. Vor 1945 bezog man allerdings die Werte unter dem gleichen Stichwort aus dem NS-Parteiprogramm. Methodisch verwandelte die **spätere Wertungsjurisprudenz** die bindende gesetzgeberische „Interessenabwägung" in ,objektive' Teleologie und freie richterliche „Güterabwägung". Die Politik dieser Wertungen, die dabei ausgeblendet wurde, aber irgendwie selbstverständlich war, betonte dann die **kritisch-politische Jurisprudenz** seit Mitte der 1960er Jahre. Sie stellte in ebenfalls verfassungstreuer Absicht Demokratie und Humanität, Sozialität und Teilhabe in den Vordergrund. Die positiv-rechtliche Umsetzung aber war immer ein Problem. Gebraucht wurden neue Gesetze, neue Juristen und neue Richter. Methode nach Methodenregeln rückte in den Hintergrund. Das gilt auch für die zunächst grundrechtliche **Abwägungsjurisprudenz** seit etwa 1958. Sie geht aus von Norm- und Güterkollisionen im Bereich der drittwirkenden Grundrechte und behauptet, diese ließen sich nur abwägend lösen. Güterabwägung lässt sich nicht auf Regeln bringen. Sie versucht, dem Fall gerecht zu werden – von Fall zu Fall. Das kann besonders gerecht sein, aber auch besonders ungerecht. Die **juristische Argumentationstheorie** seit Ende der 1970er Jahre schließlich zieht sich aus den inhaltlichen Fragen zurück. Diese hält sie für nicht nach Regeln lösbar und konzentriert sich deshalb auf Verfahrens- und Begründungsregeln. Das richtige Verfahren soll (mittelbar) ein richtiges Ergebnis sichern. Der Glaube an das einzig richtige Ergebnis durch die eine richtige Methode wird ersetzt durch die Forderung nach fairem Verfahren und regelorientierter rationaler Begründung.

Das war jetzt viel Methoden- und Verfassungsgeschichte. Muss man dies alles wissen? Das ist eine Frage der Qualität unseres methodischen Zugriffs und damit der Qualität unseres Rechts. Ein gutes Beispiel bietet die Lehre vom „faktischen Vertrag". Nach fast allen Auffassungen widersprechen sich „faktisch" und „Vertrag". Ein Faktum ist ein Verhalten, ein Vertrag erfordert einen Rechtsbindungswillen. Verständlich wird der „faktische Vertrag" mit der NS-Jurisprudenz der konkreten Ordnung, aus der er auch stammt. Denn für sie kam es nicht auf Willenserklärungen, sondern auf das Verhalten in der konkreten Ordnung an. Die Rechtsbindung sollte unabhängig vom Willen der Einzelnen eintreten. Daran zeigt sich: Methodenfragen sind Verfassungsfragen – und beide teilen eine Geschichte und eine Gegenwart. Im NS-Verfassungskontext wurde der Vertrag zum bloßen Faktum. Nur die Auseinandersetzung mit diesen Alternativen klärt über Möglichkeiten und Grenzen, Gefahren und Chancen juristischer Methode auf. Sie zu nutzen obliegt dem Heute.

IV. Nimm die *canones* als Anleitung

Mit diesem Rüstzeug kann es nun ans Auslegen gehen. Auslegung ist der erste Schritt für die Bildung der Obersätze im juristischen Schlussverfahren, dem sog. **Syllogismus**. Wenn der konkrete Untersatz zum allgemeinen Obersatz passt, folgt die Rechtsfolge – natürlich nicht rein logisch, aber auch nicht rein willkürlich. Wenn das Fahrrad eines

---

[7] *K. Luig*, Macht und Ohnmacht der Methode, in: NJW 1992, S. 2536–2538.
[8] *B. Rüthers*, Die unbegrenzte Auslegung. Zum Wandel der Privatrechtsordnung im Nationalsozialismus, Tübingen 1968, 9. Aufl. 2022, im Text unverändert, jedoch mit wichtigem Nachwort.

Anderen weggenommen wurde für eigene Zwecke (Untersatz), dann passt das unter den Tatbestand des § 242 StGB: „eine fremde bewegliche Sache einem anderen in der Absicht" wegnehmen, um sie „sich ... rechtswidrig zuzueignen" (Obersatz).

45 Eine erste Anleitung fürs Auslegen der Obersätze bieten die traditionellen Auslegungsmethoden, besser -elemente, nämlich die *canones* (lateinisch), d.h. die Lehrsätze über Auslegung. Sie sind ein bewährtes Mittel, um die wesentlichen Gesichtspunkte zu erfassen. Zu ihnen zählt man heute meist die Auslegung nach dem Wortlaut und der Grammatik, dem System, der Geschichte und dem Zweck (*telos*). Sie werden im Einzelnen gleich vorgestellt. Die *canones* helfen doppelt: Zunächst ist jedes Verstehen auf ein Auslegen angewiesen, um den Sinn eines (Rechts-)Satzes zu erfassen. Schon unser erstes Hören und Lesen achtet auf Wortlaut und Grammatik – das ist meist gar nicht der Rede wert. Oft verstehen sich die Worte und Rechtssätze aber nicht von selbst. Dann erinnern die *canones* an das, was man noch heranziehen sollte.

46 Schwieriger wird es, wenn die einzelnen Auslegungselemente zu verschiedenen Ergebnissen führen. Manchmal gibt die Geschichte andere Auslegungshinweise als der Wortlaut oder das System. Dann stellt sich die sog. **Rangfrage**. Welches Argument geht vor? Der Wortlaut, das System, die Geschichte oder der Zweck? Das lässt sich nur normativ klären, es ist wieder keine Theoriefrage. Einfach ist es, wenn der sog. Wille des Gesetzgebers (unten VII.) klar und deutlich etwa in Gesetzgebungsmaterialien zum Ausdruck gekommen ist. Dann geht er im parlamentarisch-demokratischen Rechtsstaat den anderen *canones* vor. Oft aber ist er genauso unklar wie der Wortlaut oder gar nicht feststellbar. Dann ist das Feld offener. Es geht dann bald nicht mehr um Auslegung, sondern um Rechtsfortbildung (unten X.).

V. Hör auf den Wortlaut

47 Nur in Worten kann das **Parlament** seine Gesetze verkünden, früher durch den Herold oder von der Kanzel, heute im Gesetzblatt. Allein deshalb sind die Worte wesentlich und bei der Auslegung als erstes zu berücksichtigen. Die philosophischen Probleme der Bedeutung, des Sinns, der Form und des Gehalts spielen hier als philosophische keine Rolle. Es geht nur um das juristisch maßgebliche Verständnis des Rechtssatzes und die **juristische Verwendung** der Worte. Das ist wieder eine normative Frage. Alte Worte müssen aus ihrer Zeit erklärt werden, Wortveränderungen müssen beachtet werden. Der umgangssprachliche Gebrauch kann hilfreich sein, ist aber nicht der letzte Maßstab. So geht es beim „besorgen" im § 12 BGB nicht um einen Einkauf, sondern um eine Befürchtung, und beim Besitz im § 854 BGB gerade nicht um Eigentum wie in § 903 BGB, sondern um tatsächliche Sachherrschaft.

48 Bisweilen hat der Gesetzgeber ein Wort selbst definiert (**Legaldefinition**), z.B. das Merkmal „unverzüglich" in § 121 BGB oder das „kennen müssen" in § 122 Abs. 2 BGB. Diese Legaldefinitionen erkennt man im BGB an den sie einrahmenden Klammern. Gibt sie der Gesetzgeber nicht vor, muss man die Kommentare befragen und die Verwendungen der Worte klären. Aber Vorsicht, die dort angegebenen Definitionen sind nicht der Ausgangspunkt von Auslegungen, sondern nur zusammengefasste Endpunkte von rechtspraktischen Diskussionen.

II. Zwölf Methodenregeln für den Ernstfall

VI. Schau ins System

Gesetzbücher und Kodifikationen, d.h. umfassende exklusive Regelungen für einen Sachbereich wie BGB und StGB, folgen immer einer gewissen Ordnung. Ist das Ganze sorgfältig hierarchisiert und nach Prinzipien, Regeln und Ausnahmen geordnet, spricht man von einem System im Gegensatz zu einer bloßen Zusammenstellung, einem Aggregat. Alle Worte eines solchen Gesetzes stehen in einem systematischen Zusammenhang, der hilft, sie richtig zu verstehen.

49

System kann zweierlei bedeuten: äußere oder innere Ordnung. Die **äußere Ordnung** ist leicht erkennbar an der Gliederung der Rechtstexte, z.B. in Bücher, Abschnitte, Titel, Untertitel, Kapitel, Unterkapitel, Paragrafen, Absätze, Sätze, Halbsätze und Ziffern wie im BGB. Die Regelungen im „Buch 1: Allgemeiner Teil" des BGB gelten grundsätzlich für alle fünf „Bücher". Das steht zwar nirgends explizit, steckt aber in dem Wort „Allgemein" für Buch 1. Seine Regeln können jedoch durch Spezialregelungen modifiziert sein, so gilt der Irrtum über verkehrswesentliche Eigenschaften (§ 119 Abs. 2 BGB) nicht für die Anfechtung letztwilliger Verfügungen im Erbrecht (§ 2078 BGB). Aus der äußeren Stellung lässt sich auch auf das Wertungs-Gewicht einer Norm schließen. Am Anfang von Vorschriftengruppen stehen häufig deren wichtigste **Grundsätze und Prinzipien**, wie an der Spitze des Grundrechtskatalogs in Art. 1 GG die unantastbare Menschenwürde oder im § 1 BGB die allgemeine Rechtsfähigkeit und in § 1 StGB der Grundsatz *nullum crimen nulla poena sine lege*, keine Strafe ohne Gesetz. Solche Grundsätze können und sollen dem Verständnis zweifelhafter konkreter Worte und Lösungen oft eine klärende Richtung geben. Zur äußeren Auslegung gehören auch die Rangebenen der Normen und normhierarchische Überlegungen, etwa im Verhältnis von Grundgesetz und einfachem Recht, von Bundesrecht und Landesrecht, Europarecht und nationalem Recht. Ein einfaches Beispiel ist Art. 31 GG über den Vorrang des Bundesrechts, ein folgenreiches Art. 25 GG über den Vorrang der allgemeinen Regeln des Völkerrechts.

50

Das zweite Auslegungsmittel ist das **innere System**. Es ist nicht so klar erkennbar wie das äußere. Meist wird dazu gesagt, es dürfe keine Wertungswidersprüche im Rechtssystem geben. Die grundsätzlichen Wertungen unserer Rechtsordnung sollen in einen stimmigen Zusammenhang gebracht werden, das nennt man inneres System oder „inneren Zusammenhang" beim Klassiker Savigny (zitiert in Rn. 76). Es findet sich vor allem in den Prinzipien unserer Rechtsordnung und deren Relationen, z.B. in den Prinzipien der gleichen Freiheit und des ungleichen Arbeitnehmerschutzes, der freien Privatautonomie und des zwingenden Verbraucherschutzes oder der subjektiven Verschuldens- und objektiven Gefährdungshaftung. In der Tat sollte die Einheit der Rechtsordnung auch in ihren Wertungen gewahrt bleiben. Das ist an sich banal. Eine Rechtsordnung darf nicht zugleich Schadensersatz zusprechen und versagen. Da wo es nicht mehr banal ist, geht es entweder um wissenschaftliche Erklärung oder um Rechtsfortbildung. Entweder muss der Widerspruch auslegend ausgeräumt werden. Für das Ausräumen von Disharmonien gibt es mindestens fünf sehr alte **Techniken**: erstens die erwähnte Hierarchisierung; zweitens das Regel-Ausnahmeschema, z.B. Haftung für Verschulden, Ausnahme für Gefährdung; drittens das Allgemein-Speziell-Schema, z.B. Bürgerliches Recht und Handelsrecht; viertens die Bereichstrennung, z.B. nach privatrechtlich und öffentlich-rechtlich; fünftens die Zweckbestimmung (teleologische Reduktion und Extension). Oder man setzt Wertungen, Grundsätze und Prinzipien rechtsfortbildend gegen das Gesetz und sein System. Rechtsfortbildend wurde z.B. eine

51

allgemeine „Vertrauenshaftung im deutschen Privatrecht" (Canaris)[9] neben das bis dahin anerkannte oberste Haftungsprinzip Verschulden (§ 276 BGB) gestellt. Das kann gute Gründe haben, ist aber keine Frage der systematischen Auslegung, sondern der teleologischen oder wertgebundenen Fortbildung des geltenden Rechts. Diese unterliegt anderen Maßstäben als die Auslegung (dazu unten IX u. X.).

VII. Schlag nach beim Gesetzgeber

52 Methodenfragen sind Verfassungsfragen. Für unseren demokratisch-parlamentarischen Rechtsstaat (Artt. 20 Abs. 1, 2, 28 Abs. 1 GG) heißt das, dass nur der Bundestag Bundesrecht setzt (Art. 77 Abs. 1 S. 1 GG). Deswegen hat der Gesetzgeber für die Auslegung seiner Gesetzgebung die erste Stimme. Meist nennt man das etwas abwertend subjektiv-historische Auslegung. Es kommt dabei aber nicht auf Subjektivität oder Historizität, sondern auf die gesetzgeberische Entscheidung an. Mit Gesetzgeber sind natürlich nicht die einzelnen Abgeordneten und deren „Willen" gemeint, sondern die Gründe, die entscheidend wurden und die in der Regel in den (Gesetzes-)**Materialien** wie Motiven und Protokollen dokumentiert sind. Die gesetzgeberische Entscheidung kann eine neuere oder ältere sein. Viele unserer geltenden Rechtssätze und Kodifikationen sind bereits im späten 19. Jahrhundert geschaffen worden, z.B. das BGB (1896), wesentliche Teile des revidierten HGB (1897), des StGB (1871), der ZPO (1877) und der StPO (1877). Auch das öffentliche Recht ist nicht immer ganz neu, so gilt das Staatskirchenrecht der Weimarer Reichsverfassung von 1919 kraft grundgesetzlicher Anordnung von 1949 einfach weiter (Art. 140 GG) und deswegen z.B. das Sonntagsarbeitsverbot (Art. 139 WRV). Daher sind z.B. die sog. Motive zum ersten Entwurf des Bürgerlichen Gesetzbuches von 1888 oft immer noch entscheidend für die Auslegung des BGB oder die Beratungen des Parlamentarischen Rates von 1948/49 und die Verhandlungen mit den Militärregierungen seit Juli 1948 sind es für die Auslegung des Grundgesetzes. Heute entsprechen dem die Regierungsentwürfe, die Stellungnahmen des Bundesrats und der Bundesregierung, die Ausschussprotokolle und -berichte und die Bundestagsdrucksachen wie z.B. bei der Schuldrechtsmodernisierung 2002.

53 Die Worte, auch die des Gesetzgebers, sind nicht fest in Raum und Zeit gemeißelt. Das ist die Herausforderung jeder Auslegung. Die **Bedeutung der Worte**, oder besser ihre Verwendung,[10] ändert sich unter den Händen der Juristen. Richter können Rechtsworte und -sätze umdeuten, d.h. anders verwenden, z.B. den Gewaltbegriff in § 240 StGB. Eine herrschende Meinung kann sich wandeln, z.B. zur Beweislastverteilung in § 831 BGB. Und der Verkehr kann neue Sitten hervorbringen, z.B. im Handelsrecht in Form von sog. Trade-Terms als von Zeit zu Zeit aktualisierter Verschriftlichung von Handelsbräuchen (§ 346 HGB). All dem muss man dann nachgehen. Auch die Verhältnisse können sich ändern, aber daraus allein folgt noch keine Änderung der Rechts- und Gesetzeslagen. Zeitgemäßheit ist kein Maßstab für Rechtsgeltung.

Helfen kann man sich vor allem durch einen Blick in die Kommentare und Lehrbücher, gegebenenfalls auch in ältere Auflagen und in die empirischen (Hilfs-)Wissenschaften, z.B. die Kriminologie, die Rechtstatsachenforschung, die Ökonomie oder die empiri-

---

[9] Cl.-W. *Canaris*, Die Vertrauenshaftung im deutschen Privatrecht, München 1971, Neudruck 1981.
[10] Es gibt keine ‚ewige' Bedeutungssubstanz der Worte und einer Sprache, bekanntlich betont von *L. Wittgenstein*, Philosophische Untersuchungen, Frankfurt am Main 1967 und öfter (zuerst engl. 1953), Nr. 43: „Die Bedeutung eines Wortes ist sein Gebrauch in der Sprache."

sche Soziologie, etwa bei den neuen Aufklärungspflichten von Banken im Bereich der Bürgschaften und der Anlageberatung.

Jedes Gesetz greift ein in eine bestehende Rechtslage, es ändert, erneuert und beseitigt alte Regelungen. Für das Verständnis der entscheidenden Gründe ist nicht selten von Bedeutung, was man ändern wollte und wie. Solche Fragen sind nicht einfach zu klären, schon wegen des historischen Aufwandes. Wenigstens für das bürgerliche Recht entsteht derzeit dazu ein leicht zugängliches Hilfsmittel, nämlich der „Historisch-kritische Kommentar zum BGB" (2003 ff.).[11]

Das mag zwar alles „altes Zeug" sein. Aber für viele schwierig gewesene und besonders für grundsätzliche Fragen finden sich hier leicht die wesentlichen Antworten, z.B. für das Verständnis der bis zum BGB nicht durchgesetzten unmittelbaren Wirkung der abstrakten Stellvertretung (§ 164 BGB), für die Nichtrechtsfähigkeit der BGB-Gesellschaft (§ 705 BGB), die der BGH heute dennoch als rechtsfähige juristische Person ansieht, das *numerus clausus*-Problem bei der Sicherungsübereignung oder noch immer für das bessere Verständnis der *culpa in contrahendo* und der Geschäftsgrundlage.

VIII. Obacht mit dem Telos

Telos bedeutet **Zweck** und der ist heute bei der Auslegung in aller Munde. Argumentiert wird hier mit dem Zweck einer Regelung. Die Behauptung eines Zwecks ist einfach und gerade deshalb so beliebt. Solche Zwecke werden dann auch zur Korrektur des Wortlautes eingesetzt. Zum Beispiel ist anerkannt, dass ein Minderjähriger nach dem „Zweck" von § 107 BGB auch sog. „rechtlich neutrale Geschäfte" durchführen darf. Nach dem Wortlaut darf er ohne Einwilligung der Eltern aber nur solche Geschäfte abschließen, die „lediglich einen rechtlichen Vorteil" bieten, z.B. Schenkungen annehmen. Veräußert er z.B. eine fremde Sache an einen Gutgläubigen (§ 932 BGB), so verliert er kein Eigentum, weil er keines hatte, und wird auch nicht mit Ersatzansprüchen belastet (§ 828 Abs. 2 BGB). Er erleidet also keinerlei Nachteile. Da der Minderjährige nur vor Nachteilen geschützt werden soll (Zweck), kann auf die Einwilligung der Eltern verzichtet werden, auch wenn kein lediglich rechtlicher Vorteil ersichtlich ist. Der Zweck überlagert den Wortlaut.

Wenn es sich um einen **gesetzlich vorgegebenen Zweck** handelt, bleibt die Auslegung im Rahmen der Gesetzesbindung. Sehr leicht lassen sich aber auch Zwecke behaupten, die keineswegs so klar der gesetzlichen Regelung oder dem anerkannten geltenden Recht zu entnehmen sind. In diesen Fällen kann man mit einem angeblichen „**Geist des Gesetzes**" gegen seinen Buchstaben argumentieren und so die Gesetzesbindung relativieren. Selbstverständlich ist es nicht so einfach, zwischen legalen und nicht legalen Zwecken zu unterscheiden. Jedenfalls sind Zwecke, die nicht mit den anderen Auslegungselementen belegt werden können, keine legalen Zwecke, denn sie werden nicht aus der gesetzlichen Regelung abgeleitet. Wenn diese Zwecke und Geister die Bühne der Auslegung betreten, ist die Fortbildung des Rechts schon inszeniert.

Man muss also bei der teleologischen Auslegung **zwei Zwecke** unterscheiden, interne und externe. **Interne Zwecke**, d.h. legale Zwecke, ergeben sich aus Wortlaut, System und Geschichte und wahren die Gesetzesbindung. **Externe Zwecke**, d.h. nicht legale

---

11 Hrsg. v. M. Schmoeckel, J. Rückert und R. Zimmermann, Bd. 1 ff., Tübingen, derzeit Bd. 1–4, BGB AT 2003, Schuldrecht AT 2007 und BT 2013, Familienrecht 2018, Erbrecht im Erscheinen, Sachenrecht in Vorbereitung.

Zwecke, werden dem Gesetz unter vielfältigen Stichworten wie Sachgerechtigkeit, Effektivität, Praktikabilität, Natur der Sache, Bedürfnisse des Rechtsverkehrs, objektives Telos, rechtsethisches Prinzip usw. angedichtet.

IX. Trenne Auslegung und Rechtsfortbildung und Abwägung

59 Der Unterschied von Auslegung und Rechtsfortbildung wurde schon mehrfach angesprochen. Es handelt sich um einen klaren normativen Unterschied, nicht um einen empirischen. Trotzdem lässt sich die Grenze im Einzelfall nicht immer scharf ziehen. Es geht ja um Normanwendung, um juristische Subsumtion, nicht um bloße Logik oder um quantifiziertes Messen. Häufig verweist man daher auf den Wortlaut als Grenze der Auslegung oder auf den (internen) Gesetzeszweck, oder man unterscheidet zwischen „Begriffskern und Begriffshof" (Heck).[12] Das ist hilfreich, aber nicht immer erfolgreich.

60 Faktisch ist der Unterschied immer wertend-graduell (nicht zählbar), also mehr auslegend/weniger fortbildend oder umgekehrt. Gerade deshalb muss man sich der normativen Konsequenzen des Unterschieds bewusst sein, dann wird auch das Unterscheiden leichter. Für **Auslegung** gilt die fesselnde Bindung an das Gesetz. Für **Rechtsfortbildung** gilt diese strenge Bindung nicht, dafür eine andere, weniger scharfe. Wenn die Auslegung eine „planwidrige" Regelungslücke ergibt, genügen Anhaltspunkte in Gesetz und Recht (unten X.). Als Regel folgt also: Trenne Auslegung von Fortbildung und sei vorsichtig mit der Fortbildung. Sie führt immer über das geltende Recht hinaus – die Frage ist wohin? Das ist letztlich eine (rechts-)politische Frage.

61 Ein prägnanter Fall war der Stromdiebstahl 1899 im Strafrecht. Es ging darum, ob Strom eine „bewegliche Sache" (§ 242 StGB) ist oder nicht. Weil im Strafrecht (rechtsfortbildende) Analogien zulasten des Täters verboten waren und sind (§ 1 StGB seit 1871), hat das Reichsgericht den Begriff der beweglichen Sache eng ausgelegt und Strom nicht darunter begriffen. Der Gesetzgeber musste einen neuen Straftatbestand schaffen, heute § 248 c StGB. Aus dem Verbot der Rechtsfortbildung im Strafrecht folgte eine enge Auslegung.

62 Das Strombeispiel zeigt darüber hinaus, dass Methodenregeln vom **Rechtsbereich** und von der Struktur der Rechtssätze abhängen können. Im Strafrecht sind die Methoden strenger als im Zivilrecht. Im Staatsorganisationsrecht sind die Tatbestände meist schärfer als im allgemeiner sprechenden Grundrechtskatalog. Das verändert auch die Grenzen von Auslegung und Rechtsfortbildung. Je strenger die Methodenregeln, desto enger der Auslegungsraum.

63 Wieder anders verhält es sich beim **Abwägen**. Wird alles praktische Entscheiden als Abwägen begriffen, so gibt es diese Grenze nicht. Abwägungsgüter wie Meinungsfreiheit, Eigentumsfreiheit usw. werden dann optimiert, nicht ausgelegt – konkret, am Fall. Bei Auslegung und Rechtsfortbildung kann man mit dem Bild der Gesetzeslücke den Raum der Rechtsfortbildung umreißen. Dieses Bild versagt bei der Abwägung. Man geht dabei nicht von Gesetzesregeln und ungeregelten Lücken aus, sondern hält allgemeine Werte und Güter für gegeben, z.B. in den Grundrechten. Sie müssen nur im Angesicht des Falls gewichtet, also in ein Abwägungsverhältnis gebracht, werden. Bei der Abwägung fehlt nie etwas, alles ist immer schon da (unten XI.).

---

12 *Ph. Heck*, Begriffsbildung und Interessenjurisprudenz, Tübingen 1932, S. 52 u. 60.

X. Bilde Recht nur rechtsstaatlich fort

Jede Rechtsfortbildung setzt an bei einer sog. **Lücke** im Gesetz oder Recht, also dem Fehlen einer Regelung. Lücke ist hier aber nicht gleich Lücke. Wenn der Gesetzgeber einen Fall nicht bedacht hat und diese unbewusste Lücke später entdeckt wird, ist Rechtsfortbildung zulässig. Hat der Gesetzgeber die vermeintliche Lücke hingegen bewusst gesetzt, also durch Nichtregelung eine Regelung bezweckt, ist Rechtsfortbildung nicht erlaubt. Z.B. hatte das BGB einzelne Fälle der *culpa in contrahendo* geregelt (§§ 122, 179 BGB u.a.), aber bewusst keine allgemeine Vertrauenshaftung zugelassen wie sie Canaris vertrat. Wiederum wird also normativ unterschieden, welche Lücken gefüllt werden dürfen und welche nicht.

Auch Rechtsfortbildung soll sich rechtsstaatlich am gegebenen Recht orientieren. Auch sie ist nicht rechtsfrei. Da sie keine unmittelbaren Anhaltspunkte im Gesetz findet, sondern von Lücken ausgeht, muss sie auf allgemeinere Mittel ausweichen. Dazu gehören immer schon die **Analogie** (lat. *argumentum a simile*, scholastisch *a simili*), das Argument aus dem Gegensatz (*argumentum e contrario*), der Schluss aus dem Kleineren oder aus dem Größeren (*argumentum a minore* und *a maiore*) und der Schluss aus allgemeinen Prinzipien (*argumentum e principio*). In jedem dieser Argumente wird verglichen und zwar eine gesetzliche Fallentscheidung mit einer ungeregelten noch ausstehenden, um eventuell die gleiche Rechtsfolge anzuwenden. Selbstverständlich müssen dabei Sachverhalte (faktisch) *und* Wertungen (normativ) verglichen werden. Bei dieser vergleichenden Technik muss aber immer ein allgemeinerer Bezugspunkt (lat. *tertium comparationis*) gebildet werden, in der Regel ein Prinzip, der zum Maßstab für den ungeregelten Fall erhoben wird. Sonst bleibt die Fortbildung intransparent und die Begründung letztlich willkürlich.

An dem Beispiel zum Stromdiebstahl (oben IX.) wird auch dies klarer. Um 1900 zapfte ein Monteur eine Stromleitung an, um sich kostenlos Beleuchtung zu verschaffen. War das Diebstahl, also die Wegnahme einer fremden, beweglichen Sache, wie es in § 242 StGB mit Strafe bedroht war und ist? Natürlich nicht, Strom ist keine bewegliche Sache. Aber wäre eine Analogie denkbar? § 242 schützt das Eigentum oder allgemeiner formuliert eine bestehende Güterzuordnung. Zwar ist Strom keine bewegliche Sache, aber sehr wohl ein zugeordnetes Gut, ähnlich einer beweglichen Sache. Also ist eine Analogie denkbar. Freilich verbietet das Strafrecht aus guten Gründen solche Analogien zulasten der Täter (Art. 103 Abs. 2 GG, § 1 StGB). Zivilrechtlich wäre sie für Schadensersatz nach § 823 Abs. 1 BGB gut denkbar.

Das methodische Prinzip dieses Gedankenexperiments gilt generell: zunächst für die Einzel- bzw. **Gesetzesanalogie**; dann für die **Rechtsanalogie**, d.h. die Analogie zu dem Gemeinsamen mehrerer Regeln wie z.B. bei Zulassung der *allgemeinen* Unterlassungsklage mit Blick auf die §§ 12, 862, 1004 BGB; schließlich auch für die übrigen Methoden der Rechtsfortbildung. Immer werden neue Fälle und positivrechtliche Lösungen miteinander verglichen, ein allgemeiner Bezugspunkt gebildet und wertend auf Gleichbehandlung (*a simile*) oder Ungleichbehandlung (*a non simile vel e contrario*) geschlossen. Das ist die uralte Methode des **Fallvergleichs**, die seit jeher der Kern der Jurisprudenz war.[13]

---

13 Dazu genauer unten Rn. 1508 b und der Überblick bei *J. Rückert*, Denktraditionen, Schulbildungen und Arbeitsweisen in der Rechtswissenschaft – gestern und heute, in: Selbstreflexion der Rechtswissenschaft, hrsg. von E. Hilgendorf und H. Schultze-Fielitz, Tübingen 2015, S. 13–52, 2. Aufl. 2021, mit vielen Beispielen.

XI. Manchmal muss man abwägen

68 Ein ganz anderes Feld als Auslegen und Fortbilden betritt man mit dem **Abwägen**. Dies ist eine immer beliebtere Vorgehensweise bei der Anwendung von Recht. Drei Fragen helfen hier: Wann muss man abwägen? Was muss man abwägen? Wie muss man abwägen?

69 Nehmen wir ein Paradebeispiel für **gebotene Abwägung**. Abwägen muss man jedenfalls, wenn der Gesetzgeber dies ausdrücklich vorgibt, wie im Planungsrecht des § 1 Abs. 7 BauGB. Abzuwägen sind hier „öffentliche und private Belange" und zwar „gerecht". Die Fragen, wann, was und wie abgewogen werden soll, lassen sich hier einfach beantworten. Es sieht aber einfacher aus, als es tatsächlich ist, denn was wäre „gerecht"? Das steht jedenfalls nicht vorher fest, sondern wird erst in der Entscheidung entschieden. Im Planungsrecht hat das den politischen Sinn, die konkrete Planungskompetenz vor Ort zu stärken und eine gewisse Zukunftsoffenheit zu wahren.

70 Anders ist die Abwägungslage im **Grundrechtsbereich**, wo Abwägung sich ebenfalls, aber ohne explizite Ermächtigung, als Methode etabliert hat. Hier wägt man ab, weil behauptet wird, dass die hier auftretenden Güterkollisionen nur abwägend bewältigt werden könnten. Auslegung und Rechtsfortbildung sollen hier nicht weiterhelfen. In der Tat stehen im Grundrechtskatalog keine Kollisionsregeln. Aber wie wägt man Grundrechts-Güter ab? Wie wägt man z.B. die Meinungsfreiheit des Einen gegen die Eigentumsfreiheit des Anderen ab, wie im epochemachenden Lüth-Urteil von 1958. Damals wollte der Hamburger Senatsdirektor Erich Lüth durch einen Boykottaufruf (Meinungsfreiheit) die Aufführung eines Kinofilms (Eigentumsfreiheit) verhindern. Das wäre eigentlich ein Problem des Zivilrechts, nämlich der Rechtswidrigkeit im Rahmen des § 823 Abs. 1 BGB gewesen. Gelöst hat es das Bundesverfassungsgericht nach grundrechtlichen Maßstäben, die es ins Zivilrecht getragen hat (Drittwirkung). Die Meinungsfreiheit war dem Gericht wichtiger.

71 Aber wie wägt man hier „gerecht" ab? Die **Formeln** dafür lauten etwa so: Wäge vernünftig ab. Wäge klug ab. Oder wäge gerecht ab. Oder angemessen, verhältnismäßig, zweckmäßig, prinzipiengerecht, optimierend, praktisch konkordant usw. Jede dieser Formeln passt. Keine gibt eine Regel. Man muss von Fall zu Fall das Gewicht der Meinungsfreiheit im Verhältnis zum Gewicht der Eigentumsfreiheit bestimmen. Das entfernt sich weit von jeder Rechts- und Gesetzesbindung. In der Praxis behilft man sich daher mit inhaltlichen Leitlinien. Sie werden in der Rechtsprechung von Fall zu Fall erarbeitet und gesetzt und in der Literatur präzisiert. Auf diese Weise entsteht wieder eine gewisse Bindung an vorhandene Regeln. Fallgruppen, die Einzelabwägungen Regeln geben, hat die Rechtsprechung entwickelt, z.B. im Familienrecht mit den sog. Düsseldorfer Tabellen zum angemessenen Unterhalt, im Schadensrecht mit den Schmerzensgeldtabellen für „billige Entschädigung" (§ 253 Abs. 2 BGB) oder auch im Deliktsrecht mit der alphabetischen Fallsortierung von Verkehrssicherungspflichten in den Kommentaren, die die Rechtsprechung verarbeiten. Auf diese Weise hat freilich die Rechtsprechung statt des Gesetzgebers die Regelbildung übernommen. Deswegen spricht man für unsere Zeit von einem Zeitalter des Richterrechts.

Für die offeneren Bereiche der Rechtsumsetzung, bei der Rechtsfortbildung und beim Abwägen, folgt aus dem **Rechtsstaatsprinzip** eine **Konsequenz**. Je weniger die gesetzgeberische Entscheidung die Wertungen bestimmt, desto mehr müssen sie in den Begründungen ausgewiesen werden. Das ist noch keine „Wertungsjurisprudenz". Parlamentsvorrang, Rechtsbindung, Rechtsbestimmtheit und demokratische Teilhabe fordern bei

Rechtsbildung durch Gerichte offene und transparente Begründungen. Die Wertungen sind zu benennen, die Gewichtungen sind zu begründen und ihre Folgen sind offenzulegen. Damit bleibt diese Rechtsbildung wenigstens kontrollierbar und diskutierbar und ein Minimum von Rechtsstaatlichkeit wird gewährleistet. Dies demonstrieren Rechtskulturen mit stärkerer Justiz und ohne Kodifikation wie z.B. in England (vgl. Rn. 1314 ff.).

XII. Vergiss nicht die Gerechtigkeit

Die Gerechtigkeit gibt es leider nicht. Mit Gerecht-Sein meint man Gleichbehandlung oder das *suum cuique*, Jedem das Seine. Aber was ist gleich? Und was steht Jedem zu? Das bleibt immer relativ, da es von Zeit zu Zeit, von Tag zu Tag, von Fall zu Fall unterschiedlich gesehen werden kann und deshalb auch missbraucht wurde. Es hängt ab von den Wertvorstellungen der Menschen. Man denke nur an das Problem der Ungleichberechtigung in der Antike (Sklaven), im Mittelalter (Leibeigene), in der Moderne (Frauen) und heute (Arme global). Bloß mit noch so ehrenwerten Stichworten wie „gleich", „billig", „angemessen", „richtig", „taktvoll", „maßvoll" lässt sich das Problem Gerechtigkeit nicht lösen.

72

Wir müssen Gerechtigkeit, wenn es um Methodenregeln geht, mit einem **konkreteren Maßstab** fassen. Die Gerechtigkeitsfrage stellt sich, wenn in einem bestimmten Fall Gesetze und Methodenregeln keine zufriedenstellende Lösung ergeben – aber wann indiziert Unzufriedenheit, etwa der Vorwurf der Unzeitgemäßheit von Recht, eine Ungerechtigkeit? Auch das lässt sich nicht in eine gehaltvolle Regel fassen. Daher kann man nur die **Verfahrensregel** bilden: „Vergiss nicht die Gerechtigkeit". Sie steht am Ende der Überlegungen oder begleitet sie als „Richtigkeitskontrolle" (Esser),[14] bei der die Maßstäbe offen und mit Bedacht bestimmt werden müssen. Denn schon das positive Recht selbst nimmt Gerechtigkeit für sich in Anspruch – im Rechtsstaat gewiss nicht mit Unrecht. Dieser Gerechtigkeitsanspruch muss erst begründet widerlegt werden. Das ist der Vorrang des positiven Rechts.

73

Ein lehrreicher **Gerechtigkeits-Fall** sind die Mauerschützenprozesse. Hier gilt ganz klar das grundgesetzliche Rückwirkungsverbot (Art. 103 Abs. 2 GG). In der ehemaligen DDR gab es nämlich für die Tötungen an der Mauer keine klare Strafregel, de facto wurden die Schützen sogar belobigt. Viele meinten, dass wenigstens die krassen Tötungen, z.B. die Erschießung eines wehrlos und verletzt am Boden liegenden Flüchtlings, nicht ungesühnt bleiben sollten – trotz Rückwirkungsverbot. Dogmatisch und gesetzestreu war dieses Sühnebedürfnis alles andere als einfach zu begründen. Ein Weg bestand darin, Strafbarkeit doch schon nach DDR-Recht zu bejahen oder den Rechtfertigungsgrund der Fluchtverhinderung zu verneinen. Ein anderer Weg führte über das Völkerrecht und die Garantie der Ausreisefreiheit im „Internationalen Pakt über bürgerliche und politische Rechte" von 1966, den die DDR zwar ratifiziert, nicht aber in innerstaatliches Recht umgesetzt hatte. Ein letzter Weg setzte die Rückwirkung ausnahmsweise aus, da das Rückwirkungsverbot hier zur Selbstentlastung des Täterregimes geführt hätte. Selbstentlastung heißt hier: Wir machen ein ‚Gesetz' und bringen die ‚Republikflüchtlinge' um. Methodisch aber bleiben alle Wege heikel. Gerechtigkeit ist methodisch nie billig zu haben.

74

---

14 *J. Esser*, Vorverständnis und Methodenwahl in der Rechtsfindung. Rationalitätsgarantien richterlicher Entscheidungspraxis, Frankfurt am Main 1970, 2. Aufl. (als Taschenbuch und im Titel nun: Rationalitätsgrundlagen) 1972, insbes. S. 142 ff., 145.

II. Zwölf Methodenregeln für den Ernstfall

75 **Kurz:** Unsere 12 Methodenregeln für den Ernstfall sollen helfen beim praktischen Entscheiden von Fällen, bei der Auslegung und Abwägung und Fortbildung von Recht. Sie lösen sicher nicht jeden Fall, aber sie helfen bei jeder Falllösung. Wie viel sie helfen, fällt von Fall zu Fall verschieden aus. Das liegt in der „Natur der Sache". Ihre Verantwortung können den Juristinnen und Juristen keine Methodenregeln abnehmen. Aber bitte kein Zynismus. Das hilft keinem weiter. Lieber etwas mehr Scherz im Ernst oder umgekehrt.

III. Sechzehn Exempel und drei Berichte

Methode und Zivilrecht beim Klassiker Savigny (1779–1861)

von Joachim Rückert

Übersicht

I.	Vom Umgang mit Klassikerstücken	59
II.	Das Leben im Werk und das Werk im Leben	64
III.	Methode und Zivilrecht in Savignys Rechtsverständnis	66
IV.	Das Methoden-Original: Savignys Kapitel 4 über „Auslegung der Gesetze"	80
V.	Das Beispiel Culpa-Lehre / Verschuldensdogmatik	95
VI.	Was bleibt? – zehn Erinnerungen	97
VII.	Ausblick	99
VIII.	Quellen und Literatur	101

I. Vom Umgang mit Klassikerstücken

Cui bono – wozu der alte Savigny? Wem zu Nutzen? Wer sich für „Methode und Zivilrecht" interessiert, kommt an ihm nicht vorbei. Zwei seiner Texte zur „Auslegung einzelner Gesetze" aus dem ersten Band seines achtbändigen Werks *System des heutigen Römischen Rechts*[1] begegnen wieder und wieder. Es sind die beliebtesten zwei Traditionszitate zum Thema: die Formel von der „Reconstruction des dem Gesetze inwohnenden Gedankens" und die heute sog. Auslegungs-*canones*, also die vier Absätze über die vier Auslegungs-„Elemente". Die Texte lauten:

1- „Das ist das Geschäft der Auslegung, die wir daher bestimmen können als die Reconstruction des dem Gesetze inwohnenden Gedankens. […]

2- So müssen wir in ihr [sc. der Auslegung] Vier Elemente unterscheiden: ein grammatisches, logisches, historisches und systematisches.

Das *grammatische* Element der Auslegung hat zum Gegenstand das Wort, welches den Übergang aus dem Denken des Gesetzgebers in unser Denken vermittelt. Es besteht daher in der Darlegung der von dem Gesetzgeber angewendeten Sprachgesetze.

Das *logische* Element geht auf die Gliederung des Gedankens, also auf das logische Verhältnis, in welchem die einzelnen Theile desselben zu einander stehen.

Das *historische* Element hat zum Gegenstand den zur Zeit des gegebenen Gesetzes für das vorliegende Rechtsverhältnis durch Rechtsregeln bestimmten Zustand. In diesen Zustand sollte das Gesetz auf bestimmte Weise eingreifen, und die Art dieses Eingreifens, das was dem Recht durch dieses Gesetz neu eingefügt worden ist, soll jenes Element zur Anschauung bringen.

---

[1] F.C. von Savigny, System des heutigen Römischen Rechts, Bd. 1–8, Berlin 1840–1849, hier Bd. 1 §§ 32–51, S. 206–330, 213. Originaltitel im Text sind i.F. kursiv gestellt.

Das *systematische* Element endlich bezieht sich auf den inneren Zusammenhang, welcher alle Rechtsinstitute und Rechtsregeln zu einer großen Einheit verknüpft (§ 5). Dieser Zusammenhang, so gut als der historische, hat dem Gesetzgeber gleichfalls vorgeschwebt, und wir werden also seinen Gedanken nur dann vollständig erkennen, wenn wir uns klar machen, in welchem Verhältnis dieses Gesetz zu dem ganzen Rechtssystem steht, und wie es in das System wirksam eingreifen soll." (*System* I 213 f.)[2]

77 Die Zitate dazu nennen meist nur die Stichworte und diese oft falsch, wenn z.B. das „logisch" fehlt oder teleologisch dazukommt. Wie geht man damit um? Sind das eben bloße Pflichtübungen? Ja und nein – ja, wenn man sie nur als Trockenblumen im Methoden-Herbarium betrachtet; nein, wenn man ihre **Lebendigkeit** versteht. Wer nicht schon Kenner ist, muss sich also ein bisschen kundig machen. Man sieht dann, zu welch dürrer Botschaft die Originale geronnen sind, versteht aber auch die Hartnäckigkeit, mit der sie wiederholt werden. Zum Erinnern gehört aufschließende Neugier; die Frage „Methode und Zivilrecht" rückt die Formeln von 1840 in frische Perspektiven. Das trägt dann vierfachen Gewinn: Man lernt etwas über die Grundlegung der noch andauernden ‚modernen' Epoche von Jurisprudenz und Recht, die ‚frei *und* sozial'sein will, man lernt produktiven Umgang mit *dem* Klassiker dieser Epoche, der Lektüre verdient, und man lernt selbstständigen Umgang mit Renommierzitaten und mit den aktuellen Predigten über „Methode und Zivilrecht".

78 Mit „Reconstruction" und *canones* wird an genau zwei von einhundertvierundzwanzig reichhaltigen Seiten über „Auslegung der Gesetze" (*System* I 206–330) erinnert. Die **Selektivität dieser Botschaft** wahrzunehmen, ist die erste Aufgabe. Das ist zunächst eine **quantitative Frage**.

79 Die Antwort dazu lässt sich schnell geben. Erinnert wird nicht nur an bloß zwei von 124 Seiten im *System*, sondern an nur zwei Seiten aus nur einem Text aus einer ganzen Reihe von einschlägigen Texten Savignys. Davon ist in den Traditionszitaten fast nie die Rede. In der Tat wäre es zu viel verlangt, dies alles präsent zu halten. Man darf, wie überall, vertrauensvoll den Kennern das meiste überlassen. Nur sollte man in etwa wissen, was man ihnen überlässt; sonst vertraut man blind und kennt nur lose Fragmente. Ein **Quellenüberblick** zeigt vier Text-Zusammenhänge:

(1) Savignys sog. *Juristische Methodenlehre*. 1951 erst gab sie *G. Wesenberg* zur allgemeinen Sensation heraus.[3] Fast 150 Jahre hatte der Text in einem Berliner Schrank gelegen; Jacob Grimm, später als Germanist berühmt, hatte ihn 1802/03 als Student in Savignys Marburger Vorlesung „Anleitung zu einem eigenen Studium der Jurisprudenz"[4] mitgeschrieben. 1951 wurde seine Mitschrift unter dem schiefen Titel „Methodenlehre" publiziert und seitdem viel beachtet.

(2) Inzwischen kennt man Savignys eigene Notizen zu dieser Vorlesung, man weiß von einer zweiten Ausarbeitung von 1809 und hat diese beiden von Savigny sog. *Methodologien* (*nicht* Methodenlehre) zusammen mit einigen Nachfolgetexten aus den späteren *Einleitungen* zu seiner *Pandektenvorlesung* (damals der Hauptvorle-

---

2 Zitate aus Savignys „System" (s. Fn. 1) i.F. so im Text.
3 *F.K. von Savigny*, Juristische Methodenlehre. Nach der Ausarbeitung des Jakob Grimm hrsg. von G. Wesenberg, Stuttgart 1951. Die Schreibweise K(arl) für C(arl), war später lange üblich. Sie entspricht aber ebenso wenig den Originalen Savignys wie der sogar irreführende Titel *Methodenlehre* statt *Methodologie*.
4 Unter diesem Titel war die Vorlesung offiziell angekündigt, siehe bei *Mazzacane* 1993 (wie Fn. 5) 14.

sung) zwischen 1810 und 1841/42 ebenfalls zugänglich gemacht.[5] Damit kommen ganz neue Fundamente ins Spiel – übrigens in eigens für Studenten verfassten Texten, eine seltene Lektürechance.

(3) Immer schon gehören zum Thema einige markante Passagen in Savignys berühmter Streitschrift gegen den *Beruf unsrer Zeit für Gesetzgebung und Rechtswissenschaft* von 1814,[6] konkret gegen Thibauts populären Aufruf für die *Nothwendigkeit eines allgemeinen bürgerlichen Rechts für Deutschland*; ergänzend gehörten dazu Savignys geschliffene Polemik gegen N. Th. Gönners bayerisch-französische Gesetzgebungsideologie in der *Gönner-Rezension* 1815[7] und die breite Abrechnung in seiner Sammelrezension von 1816 zu den *Stimmen für und wider neue Gesetzbücher*.[8]

(4) Wiederum ganz neue, zusätzliche Fundamente bieten inzwischen der Originaltext von Savignys vollständiger *Pandektenvorlesung*[9] und die sensationell zahlreich überlieferten Vorlesungsnachschriften dazu.[10] Diese Vorlesungen sind von Gewicht, weil in ihnen das geltende Privatrecht und „Allgemeine Lehren" wie „Begriff und Umfang des Civilrechts" und „Quellen des Rechts" in Anknüpfung an das im Mittelalter rezipierte spätrömische Corpus Iuris Civilis vom Jahre 533 vorgetragen wurden – und dies jeweils mit einer allgemeinen Einleitung auch zu Methodenfragen.

Der Überblick zeigt, dass ein neuer Blick in die Texte schon deswegen interessiert, weil unsere Materialbasis entschieden besser geworden ist. Dieses Material ist gezielt und selbstständig zu verarbeiten. Schon auf den ersten Blick sind eine Reihe von erheblichen Korrekturen der Meinungen in Sachen Savigny erkennbar.

---

5   F.C. von Savigny, Vorlesungen über juristische Methodologie 1802–1842, hrsg. u. eingeleitet von A. Mazzacane (= Savignyana, hrsg. von J. Rückert (s. Fn. 10) Bd. 2), 1993, neue erweiterte Ausgabe 2004.
6   Zuerst Heidelberg 1814, dann 2. Aufl. 1828 mit Zusätzen; unverändert mit neuer Vorrede die 3. Aufl. 1840; Neudruck hrsg. von J. Stern, Thibaut und Savigny, 1914, Nachdruck Darmstadt 1959; ergänzte Neuausgabe durch H. Hattenhauer, München 1973, 2. Aufl. 2002. Man zitiert auch die Neudrucke einheitlich nach den in allen Ausgaben mitgelieferten Originalseitenzahlen von 1814. Ein Exemplar dieser berühmten Schrift ist übrigens leicht und preiswert antiquarisch zu erwerben. Eine kritische Ausgabe mit Registern nun bei Akamatsu/Rückert 2000 (wie Fn. 10).
7   Das ist eine gründliche Replik auf N.Th. Gönner, Über Gesetzgebung und Rechtswissenschaft in unsrer Zeit, 1815 (die scharfe Kritik seines ehemaligen Landshuter Kollegen), zuerst in Savignys neuer „Zeitschrift für geschichtliche Rechtswissenschaft", Bd. 1 Heft 3 (1815) S. 373–423; erneut in Savigny, Vermischte Schriften, Bd. 5, Berlin 1850, S. 115–172.
8   Zuerst in: Zs. für gesch. Rechtswissenschaft III Heft 1 (1816) S. 1–52, erneut in Beruf 2. Aufl. 1828 und bei Stern 1914 und Hattenhauer (wie Fn. 6) 231 ff. Über diesen berühmten Streit berichtet fast jedes Lehrbuch zur Rechts- oder Privatrechtsgeschichte. Dass die Reduktion auf nur zwei Positionen sehr irreführt, ist gezeigt bei Rückert, Savigny (s. Fn. 9) S. 160–193 und in ders., Kodifikationsstreit, in Handwörterbuch zur dt. Rechtsgeschichte, Bd. 5, 2. Aufl. Berlin 2012, Sp. 1930–34.
9   Das sind etwa 2000 S. im Nachlass in der UB Marburg; eine Mitschrift von 1824/25 dazu ist ediert von Hammen 1992 (s. Fn. 10); eine Übersicht der Quellen bei J. Rückert, Idealismus, Jurisprudenz und Politik bei Friedrich Carl von Savigny (Münchener Univ.schriften, Jur. Fakultät 58), Ebelsbach 1984, S. 135–144.
10 Dazu jetzt das "Repertorium der Vorlesungsquellen zu Friedrich Carl von Savigny (Savignyana 14), Frankfurt am Main 2016, für rund 150 Exemplare in aller Welt. Folgende Editionen von Savigny-Texten erschienen außerdem in der Reihe „Savignyana. Texte und Studien", hrsg. von J. Rückert, Frankfurt am Main 1992 ff., Bd. 1: Pandektenvorlesung 1824/25 (mit Einführung zur Gesamtedition), hrsg. von H. Hammen, 1992; Bd. 2: Vorlesungen über juristische Methodologie 1802–1842, hrsg. u. eingel. von A. Mazzacane, 1993, 2. erweiterte Aufl. 2004; Bd. 3: Landrechtsvorlesung 1824, hrsg. u. eingel. von Chr. Wollschläger, 1.Hbbd. 1994, 2. Hbbd. 1997; Bd. 5: Politik und neuere Legislationen. Materialien zum „Geist der Gesetzgebung". Aus dem Nachlass hrsg. von H. Akamatsu u. J. Rückert, 2000; Bd. 8: Pandekten. Obligationenrecht. Allgemeiner Teil. Nach Savignys Vorlesungsmanuskripten hrsg. von M. Avenarius, 2008; Bd. 11: Savigny-Porträts, von J. Rückert, B. Ritzke u. L. Foljanty, 2011; Bd. 13: Savigny international?, hrsg. von J. Rückert und Th. Duve, 2015, enthält eine möglichst vollständige Bibliografie der vielen Übersetzungen.

80 Man steht dann aber nicht nur vor erheblichen Quantitäten, sondern auch vor **qualitativen Rätseln**. Wie hat man Savignys Sprache zu verstehen: „Reconstruction" von „Gedanken" und „dem Gesetz inwohnen", „Elemente" und „innerer Zusammenhang" – was für eine Sprache sprechen diese Worte, zumal unter Juristen? Sind diese für uns unjuristischen Worte nur unerhebliche Zutaten eines etwas romantisierenden oder idealistischen Zeitgeschmacks um und nach 1800? Oder liegt ihre Kraft gerade in den weitergehenden Bezügen, die sie einbringen? Der Gesetzestext erscheint hier als wiederzuerschaffender „Gedanke"; die heute sog. Auslegungsmethoden, also grammatische, logische, historische und systematische, erscheinen als bloße „Elemente", d.h. als Einzelschritte, „die vereinigt wirken müssen, wenn die Auslegung gelingen soll" (*System* I 215) – gerade nicht als *canones*, als Regel und Richtschnur. Und das auch noch für das rezipierte römische Privatrecht, Savignys Gegenstand, zu dem es so gut wie keine Gesetzesmaterialien gab – schon deswegen weil es gar kein Gesetz war, sondern eine Art Fallsammlung mit Lösungen (s. Rn. 96).

Heute würde kaum jemand nur den **Gesetzesgedanken rekonstruieren** oder wiedererschaffen wollen – wir fühlen uns zwar rechtsstaatlich gebunden, aber doch freier gegenüber dem Gesetz. Andererseits beklagt man beim Lobpreis der vier Elemente die Hierarchielosigkeit, die angeblich fehlende Rangfolge in ihrer Verbindung bei Savigny – da scheinen wir Savigny zu frei zu finden. Werden Savignys Sätze also ohnehin nur zum Abschied zitiert und nicht mehr im Ernst? Oder sind sie anders gemeint? Warum unterscheidet er Rechts-Gedanke und Gesetz? Warum betont er das „Inwohnen" des Gedankens im Gesetz, genügt nicht das Gesetzeswort? Warum ist ihm die Hierarchie nicht so wichtig? Warum fehlt anscheinend das heute so betonte teleologische Element? Warum geht es bei „historisch" nicht einfach um die Genese der Gesetzesworte, sondern um den früheren „Zustand" des „Rechtsverhältnisses"? Warum geht es bei „systematisch" nicht einfach um den Zusammenhang, sondern um den „inneren Zusammenhang" und eine „große Einheit"?

81 Dies zu klären, liefe darauf hinaus, die ganze Breite von Savignys Methodentexten und -kontexten vorzuführen. Zum Thema würde die Formation der methodischen und inhaltlichen Orientierungen unserer eigenen Epoche seit der alles ergreifenden **normativen Wende** von 1789 (Revolution), 1806 (Ende des Hl. Römischen Reiches) und 1808 (erste deutsche Verfassungen, in den Königreichen Westfalen und Bayern). Denn Savignys Gesetz ist nicht unser Gesetz, seine Gesetzes-Auslegung also nicht unsere Auslegung. Seine „Reconstruction" ist nicht unsere historische Auslegung. Die Teleologie fehlt nicht zufällig bei den *canones* selbst. Das merkwürdige „Inwohnen" ist nicht nur zeitbedingte und verzichtbare organologische Anspielung auf eine Art Keim in der Gesetzespflanze oder eine Seele im Gesetzeskörper, sondern ein deutliches Indiz für eine andere Sicht von Recht. Recht wird nicht vorgestellt als gesetzt, sondern als gewachsen, ganz „von-selbst" – mit einem anderen merkwürdigen Savigny-Wort, etwa in *Beruf* S. 117. Aber wer, so legt das Bild nahe, hat dann das Gesetz in die Welt gebracht, erzogen und ernährt? Offenbar nicht primär der Gesetzgeber – wer aber dann? Mit welcher Legitimation für die Geltung für andere, viele? Soll das eine diskutable Vorstellung von Recht sein? Nach welchen Kriterien wäre dies zu entscheiden – bestimmt dies das Recht selbst, wie bei Münchhausen? Oder die geschichtliche Erfahrung? Oder die politische Entscheidung? Oder die Philosophie des Rechts? Oder alles zugleich? Meint Savigny überhaupt alles Recht oder eigentlich nur Zivilrecht?

Man könnte auf die offensichtlich große Erklärungsreise dazu als Luxus verzichten und sich mit den paar dürren Stichworten aus den Überblicken und Lehrbüchern zur Methoden- und Rechtsgeschichte beruhigen. Das genügt meist, hier aber nicht. Denn die Bücher und Überblicke vermitteln dazu eine gar nicht begründete Wissensgewissheit und Linienführung; naturgemäß interessieren in diesem Genre die Fragezeichen der Forschung immer recht wenig.[11] Für eine ruhige Phase der Zusammenfassung länger diskutierter wissenschaftlicher Ergebnisse mag das genügen; für die seit 1945 mit Recht sehr gebrochene Tradition auch der Rechtsgeschichte kann das nicht genügen. Rund sechzig Jahre Forschung zum 19. Jahrhundert haben viel in Bewegung gebracht, das sich noch immer kaum in Überblicken verarbeitet findet – man muss also selbst ein wenig graben; doch genug vom Besseren und Wünschenswerten, das Bewusstsein davon hilft schon viel; mehr vom Wirklichen, wirklich Möglichen und wirklich Nötigen für einen selbstständigen Zugang zu Savigny, Methode und Zivilrecht.

82

Schon ein ernsthafter **Blick in das Original** von 1840, wie in Rn. 76 präsentiert, ermöglicht den erwähnten (s. Rn. 77) vierfachen Lerngewinn. Zitate von 1840 kann man freilich nicht würdigen ohne etwas Kontext – das gilt auch für Texte von heute, nur meint man da den Kontext ohnehin zu kennen. Heute wie gestern muss man sie mit Werk, Person und Wirkung irgendwie zusammenlesen, um den versprochenen Gewinn zu haben.

83

Auch dieser Beitrag widmet sich daher erstens Leben, Werk und Wirkung Savignys,[12] dann dem Methoden-Originaltext, drittens einem Methoden-Beispiel (hier der sog. Culpa-Lehre, der Lehre vom Verschulden) und zuletzt einer Bilanz in zehn Punkten. Die Bilanz kann auch als Einstieg und Vorschau für eilige Leser dienen.

84

Die sehr grundsätzliche und umfängliche Savigny-Forschung und -Edition der letzten Jahrzehnte belegt geradezu eine Renaissance, international und global. Das alles wird hier nur benannt, wenn konkrete Vertiefungen wichtig erscheinen.[13]

85

---

11 Das Problem vermeidet nur *K. Kroeschell*, Deutsche Rechtsgeschichte, Bd. 3 (seit 1650), Opladen 1989, da er explizit keine Gesamtdarstellung gibt, sondern ausgewählte Themen. Man müsste hier auf die vielen neuen allgemein-historischen Gesamtdarstellungen und Einzeldiskussionen verweisen – was zu weit ginge. Nähere Information und einen Neuentwurf zum 19. Jahrhundert unter der Leitfrage „Autonomie des Rechts im 19. Jahrhundert" findet man in *meiner* Studie, Autonomie des Rechts in rechtshistorischer Perspektive, Hannover 1988, hier Teil 2, S. 35 ff. Dass es nicht um Kleinigkeiten geht, sondern um viel Geschichtspolitik zeigt drastisch *meine* Untersuchung in dem europäischen Band: Die Rechtsgeschichtswissenschaft in Deutschland zwischen Grundgesetz und Stammheim/Mogadischu 1977 – ihre Zielsetzungen, Werkgestaltungen und Rechtswerte, in: Storici del diritto allo specchio. Sei raconti contemporanei, hrsg. von Italo Birocchi und P. Caroni, Pisa 2022, S. 203–306.

12 Die Wirkung ist aufgearbeitet bei *Rückert*, Savignys Einfluß auf die Jurisprudenz in Deutschland nach 1900, in: Rechtsgeschichte in den beiden deutschen Staaten (1988–1990), hrsg. von H. Mohnhaupt, Ius Commune Sonderheft 18, Frankfurt am Main 1991, S. 34–71, hier 53 f. (Kurzfassung in JuS 1991, 624 ff.), jetzt auch in *ders.*, Savigny-Studien, 2011.

13 Siehe zuletzt die beiden Sammelbände: Savigny global 1814–2014. „Vom Beruf unsrer Zeit" zum transnationalen Recht des 21. Jahrhunderts (Beiträge zu Grundfragen des Rechts 12), Göttingen 2016, hrsg. von S. Meder und C.-E. Mecke, und: Savigny international?, hrsg. von J. Rückert und Th. Duve (Savignyana 13), Frankfurt am Main 2015. Eine Übersicht zur Forschung geben zuletzt *mein* Beitrag: Friedrich Carl von Savigny (1779–1861) – ein Frankfurter in Berlin, in: Festschrift 200 Jahre Juristische Fakultät der Humboldt-Universität zu Berlin …, Berlin 2010, S. 133–177, mit einer detaillierten Datentabelle zu Leben und Werken, und jetzt der Anhang zum Neudruck *meiner* Monographie: Idealismus Jurisprudenz und Politik (1984) (Savignyana 15), Frankfurt am Main 2022, mit fortgeführter Bibliographie und Tabelle.

II. Das Leben im Werk und das Werk im Leben[14]

86 Friedrich Carl von Savigny (1779–1861), Professor für Römisches Recht, Mitglied des preußischen Staatsrats, Richter am Berliner Kassationsgerichtshof und Minister für Gesetzrevision, verdient bis heute einen großen Namen wegen der Fruchtbarkeit, Spannweite und Tiefe seiner Lebens- und Werkgestaltung und unbeschadet der Vergänglichkeit auch seiner Leistungen – letzteres muss man bemerken, da er zu den Säulenheiligen der Jurisprudenz gehört, nicht nur in Deutschland. Zudem stand er im Zentrum eines bedeutenden literarisch-philosophisch-theologischen Intellektuellenkreises der Marburger und Heidelberger Romantik um Clemens von Brentano, Achim von Arnim, Friedrich und Leonhard Creuzer, Jacob und Wilhelm Grimm, Friedrich Schwarz, Karl Daub.

1. Lebensumriss: Frankfurt, Marburg, Paris, Landshut, Berlin

87 Der geborene Frankfurter Savigny studierte Jurisprudenz im kleinen **Marburg** vom Sommer 1795 bis Frühjahr 1799 und 1796/97 in Göttingen in einem Kreis lebenslang wichtiger Freunde aus Philosophie, Philologie, Theologie, Geschichte und Dichtung. Diese „gesellige" (mit einer bedeutungsvollen Formel des Philosophen F. *Schlegel*) Lebensform des jungen Adeligen hatte in der festen Ständegesellschaft seiner Zeit auch Züge einer progressiven Gleichachtung aller Studierenden. Sensationell für ‚einen Mann von Geburt' wählte der adelige Savigny die Wissenschaft als Beruf und nicht das Militär oder die Diplomatie. Die Hauptstationen waren 1801–03/04 die Professur in **Marburg**; dann – wieder sensationell, weil ohne Bezahlung beurlaubt für freie Forschung – große Forschungsreisen, besonders nach **Paris**, für die Materialien zu seiner absolut neuen *Geschichte des Römischen Rechts im Mittelalter* (1815–1831); ab 1808/09–1810 im bayerisch-rheinbündischen **Landshut** (später Universität München) die Professur des Römischen Zivilrechts; zuletzt die Position im neuen, deutsch-patriotischen **Berlin**, wohin ihn der Universitätsreformer und Leiter der Sektion für Kultus und Unterricht im Innenministerium, Wilhelm von Humboldt, zog. Dort wirkte Savigny von 1810/11 bis 1841/42 gut 30 Jahre als gefeierter Lehrer und Forscher in Universität und Akademie. Bis 1848 war er zudem eine zentrale Figur in Universitätsämtern, in Regierung (als Staatsratsmitglied), Politik und Justiz als Richter, nicht zuletzt als juristischer Prinzenerzieher 1815/16 und Gesetzgebungsminister 1842–48. Zur häuslichen Todesfeier 1861 erschienen, wie sonst fast nie, König Wilhelm selbst mit sämtlichen Prinzen und die Professoren der Universität im Talar.

88 Mit diesem Mann verknüpfte man sofort und bis heute geistes- und politikgeschichtliche Stichworte zu **Glanzstücken** und **Grundpositionen** wie „geschichtliche Rechtswissenschaft",[15] Historische Schule, Historismus, Neuhumanismus, Romantik, Idealismus, Naturrecht, Rechtsmetaphysik, Volksgeistlehre, Gesetzgebungskritik und Reformkonservatismus, aber auch **kritische Schlagworte** wie „Quietismus" (*Thibaut* 1815, 1838), „Formalismus" (*Welcker* 1829), „Positivismus" (*Gärtner* 1840, Marx

---

14 Der folgende Abschnitt teilweise in Anlehnung an *meine* Lexikonartikel zu Savigny in M. Stolleis (Hrsg.), Juristen. Ein biographisches Lexikon, München 1995, 2. Aufl. 2001, und in: Juristas universales, hrsg. von R. Domingo, Bd. 3, Madrid 2004.
15 So der Titel der Zeitschrift seit 1815 (wie Fn. 7); also nicht etwa Zs. für Rechtsgeschichte. Zur Zeitschriftenwelt damals *J. Rückert*, Geschichtlich, praktisch, deutsch. Die „Zeitschrift für geschichtliche Rechtswissenschaft" (1815–1850), das „Archiv für die civilistische Praxis" (1818–1867) und die „Zeitschrift für deutsches Recht und deutsche Rechtswissenschaft" (1839–1861), in: M. Stolleis (Hrsg.) Juristische Zeitschriften. Die neuen Medien des 18.–20. Jahrhunderts, Frankfurt am Main 1999, S. 107–257.

1842, *Reyscher* 1846) und „Begriffsjurisprudenz" (*Jhering* 1884). Diese großräumigen Assoziationen ergeben viel Bedeutung, aber noch keine verständliche Charakteristik für unsere Frage Methode und Zivilrecht.

Unbestreitbar einfach kann man die Vielfalt reduzieren auf den Satz: Savigny war **zuerst Jurist**. Aber Savigny stellt der Jurisprudenz eine wissenschaftliche und sogar „historische" Aufgabe, er formuliert ihr 1814[16] in berühmten wirkungsreichen Sätzen den „Apparat allgemeiner Ideen" (*Jhering* 1861), der uns, wie gezeigt, so viele Fragen aufwirft. Doch die Reduktion auf „Jurist" täuscht, sie ist nicht einfach. Man muss sich nur einmal in diesem Leben und Werk etwas offener umschauen.

2. Leben und Werk

Die Lebensdaten und Groß-Stichworte geben einigen Kontext, aber natürlich nicht schon Antworten auf die Fragen zu Methode und Zivilrecht im Werk Savignys. Sie bleiben Wissens-Ballast und luftiger Überbau, wenn man sie nicht mit dem juristischen Werk zusammenbringt. Das zielt nicht auf Kausalitäten und Einflüsse nach dem Schema ‚Romantiker, weil Schwager von Clemens Brentano und Achim von Arnim', sondern auf Verstehenshilfen – also noch einmal zu den Daten: Savignys Aufgeschlossenheit für diese Freunde aus Dichtung, Philosophie und Theologie hat sehr viel mit seiner teilweise unjuristischen Sprache zu tun und fördert deren Verständnis. Das Sensationelle seiner Berufswahl bis hin zu teuren Forschungsreisen auf eigene Kosten bekräftigt, wie sehr ihm gerade an Wissenschaft lag und nicht an den üblichen Ministerial-, Diplomatie- oder Militärlaufbahnen von Adeligen seines Standes. Die lebenslange Betonung einer neuen, nämlich freieren wissenschaftlichen Jurisprudenz, des klassischen Römischen Rechts als Muster und gerade des Zivilrechts als *dem* Recht, führt auf seine Gesetzesskepsis; sie zeigt auch eine gesellschaftlich-politische Richtung gegen Bevormundung und damit für Freiheit und gegen die herkömmliche Rechtsquellenlehre. Die Entscheidung gegen Landshut und für Berlin bedeutete 1809/10 sehr viel, vereinfacht antithetisch gesagt z.B.: nationales Preußen-Deutschland versus französisch-bürokratisch geprägter Rheinbund; Vielfalt und Pflege des autonomen Rechts der Staatsvölker versus Zentralismus und monarchische Gesetzgebungseuphorie; freie wissenschaftliche Ausbildung an den wichtigsten Rechtserfahrungen, etwa denen der Römer, alles im Interesse möglichster Selbstständigkeit des Juristenstandes statt berufspraktischer exegetischer Juristenausbildung bloß am Gesetzesbefehl und in dessen Dienst. Das juristische Symbol der Revolution war nicht zufällig *La Loi*, das Gesetz, ja dessen Krone der Code, die Kodifikation, und nicht die *iustitia*. Savignys antikodifikatorische Rechtsauffassung wurde in seiner Landshuter „bayerisch-rheinbündisch-französischen Kur" gründlich herausgefordert. Nebenan arbeitete schon der große Feuerbach am neuen bayerischen Straf- und Zivil-Code, dem Strafgesetzbuch von 1813 und einem betont „Bürgerlichen Gesetzbuch", das 1811 Entwurf blieb. Offensichtlich enthält Savignys Rechtsauffassung eine **unmittelbare juristische Antwort** auf diese Umstände. Und seine freie „geschichtliche", nicht legalistische Methoden- und Auslegungslehre hängt wiederum von dieser Antwort ab. Die scheinbar inkonsequente Tätigkeit als Gesetzgebungsminister nach 1842 zählt dann als Prüfstein für seine späte Rechtsauffassung im *System* ab 1840, bald nachdem er 1835–40 die heutigen Traditionszitate zur Auslegung formuliert hatte – usw. Die Stichworte der Zeitgenossen und

---

16 In „Beruf", dazu oben bei Fn. 6.

Nachfahren führen jedenfalls in heiße Diskussionen, die offensichtlich andauern – in Interpretation und Applikation und die Fragwürdigkeit unserer Überbauerklärungen.

91 Dies alles genauer zu klären hieße, eine wirkliche Kontextarbeit vorzuführen, also das Werk im Leben und das Leben im Werk, und den Methoden- und Zivilrechtsbegriff als folgerichtiges Stück davon zu zeigen. Natürlich lässt sich dies hier nicht durchführen. Die Forschung ist nicht weit genug geführt, sie wäre ad hoc zu vertiefen, der Raum dafür ist begrenzt. Die Notwendigkeit, Möglichkeit und Fruchtbarkeit der Aufgabe sollte aber immerhin vorgestellt werden. Gelöst werden kann sie hier nur etwas knapp und ohne ausführliche Begründungen.

92 In diesem allen erscheint Savigny noch als bloßer Zeitgenosse. Erst die **Richtung**, die er in seiner Zeit nimmt, ergibt seine **geschichtliche Stellung**. Um diese muss es hier gehen. Diese eigene Richtung findet man in seinen Zielsetzungen und seinen Werkgestaltungen. Wie sehen sie für Methode und Zivilrecht aus?

III. Methode und Zivilrecht in Savignys Rechtsverständnis

93 Mit einem Bericht zum Methodenproblem im Werk kommt man hier nicht weit. Das Thema „Methode und Zivilrecht" und die erwähnten Traditionszitate zur Auslegung betreffen nicht einen Einzelpunkt, sondern Gegenstand *und* Methode, also das ganze Rechtsverständnis. Sie führen hinein in konkrete juristische Grundbegriffe und zurück auf geschichtliche und philosophische Fundamente, ohne die keine Jurisprudenz auskommt und keine Methodenlehre und kein Zivilrechtsbegriff. Savigny ist dafür ein Paradefall.

1. Kurzbeschreibung

94 Eine sehr kurze Beschreibung der Eckpunkte zum **Rechtsverständnis** wäre: Sein **Gegenstand** und Fach war das ganze römische und rezipierte Recht der Tradition des heute sog. *Corpus Iuris* vom Jahre 533. Seine **Methode** war die sog. historische, besser: eine „wahrhaft historische". Etwas spezifischer muss man sagen: Savigny gibt der Jurisprudenz eine **doppelte Orientierung** für Gegenstand und Methode auf. Sie muss zugleich historisch (oder positiv, konkret, faktenbezogen, normativ zufällig) und philosophisch (oder absolut, systematisch, allgemein, notwendig) sein. „System" konnte dabei nie nur äußere Anordnung sein, sondern eben „innerer Zusammenhang" (s. schon Rn. 51). Diesen Anspruch prägt er seiner Epoche ein in vier wesentlichen, noch heute grundlegenden, nachgedruckten und vielfach übersetzten Werken (*Besitz* 1803, *Beruf* 1814, *Geschichte* 1815 ff., *System* 1840 ff.),[17] als gefeierter Lehrer, Vorbild mehrerer Juristengenerationen und als führender Wissenschaftspolitiker, kurz: als wesentlicher Begründer unserer juristischen Moderne.

95 Diese Kurzbeschreibung lässt viel offen. Man kann daraus noch kaum verstehen, dass es mit Savigny um die **Geburtsstunde der juristischen Gegenwart** und den Kampf mehrerer wesentlicher Positionen geht, einen Kampf, der nicht ausgekämpft ist. Es bleibt noch undeutlich, ob Savigny in alledem gerade auch Zivilrecht und juristische Methode lehrte und bedachte – und warum. Die Wirkungsgeschichte bejaht diese Fragen geradezu selbstverständlich. Beides trifft nur sehr bedingt zu. Warum? Dafür muss man

---

17 Zum „Beruf" oben bei Fn. 6, zur „Geschichte" oben vor Fn. 15. „Besitz" meint die bis heute als methodisch exemplarisch angesehene Monographie „Das Recht des Besitzes", zuerst erschienen 1803, als Savigny 24 Jahre alt war; zum „System" oben Fn. 1.

sich Mehreres klar machen: Vor allem Savignys eigenständige Vorstellungen zu Gesetz und Recht (2.), zu Auslegung (3. u. 4), juristischer und wissenschaftlicher Methode (5.), auch zur Philosophie darin (6. u. 7.) und deren Fundamenten (8. u. 9.), sowie die Folgen für die juristischen Grundbegriffe (10.) sind dicht am Original zu ermitteln. Das geschieht hier, erstmals auch anhand der neuen Quellen (Rn. 79). Das ermöglicht dann einen klareren Blick auf seine Methodiktexte (IV. 1.–4.), ihren Verfassungszusammenhang (5.), seine Betonung von Rechtsgewissheit und Rechtssicherheit als Auslegungsaufgabe für die Juristenprofession (6.), sein Privatrechtskonzept als sog. spontane Ordnung (7.) und das Beispiel Verschuldenslehre (V.).

2. Eigenständige Gesetzesvorstellung

Savignys Gegenstand und Fach war das ganze **römische und rezipierte Recht** der Tradition des *Corpus Iuris* vom Jahre 533 – also nicht einfach Zivilrecht, geschweige denn „*das* Zivilrecht". Das umfassende Zivilrecht darin, besonders in den *Pandekten* bzw. *Digesten*, war zwar immer mehr zum Hauptinteresse geworden. Aber auch dieses Stück war eingeflochten in originär antike, prozessuale, ‚staatsrechtliche' und ‚privatrechtlich'-ökonomische Kontexte, die bis 1800 immer mehr Geschichte geworden waren. Aktionensystem (d.h. die Rechtsbildung von der Klagebefugnis her), *praetor-iudex*-Prozess (d.h. Trennung von bloßer Prozessleitung, Prätor und Urteil durch Geschworene), später kaiserlicher Beamten-Prozess, Sklaverei und *pater-familias*-Vorrang sind für diese antiken Bedingungen des römischen Rechts einige allergröbste Stichworte. Über diese Einschränkungen herrschte um 1800 allgemein Klarheit. Mit ihnen musste die Frage immer wichtiger werden, was denn die Eigenart der in der langen Rezeption verabschiedeten und nicht verabschiedeten Teile ausmache und was davon als **universales modernes Recht** unter gleich Freien tauge. So genau wie dramatisch kann man diese langsame Umarbeitung an dogmatischen Beispielen wie Konditionsrecht, Dienstvertrag und Leistungsstörungen verfolgen.[18]

96

Savigny ging die Fragen neu an. Er verstand das *Corpus Iuris* und zumal die *Pandekten* **nicht als eigentliches Gesetz** wie traditionell die Meisten. Er sah darin nicht originäre, frei schaffende Gesetzgebung, obwohl die Teile des (erst seit 1583 so bezeichneten) *Corpus iuris civilis* als Gesetz des Kaisers Justinian publiziert worden waren, sondern eine wohlbedacht gesammelte Darstellung und Sicherung des vorhandenen Rechtszustands der Römer. Das hatte gute Gründe für sich und änderte viel. Das Römische Recht ist für ihn daher „nicht [der] Inhalt der Römischen Gesetze" und keineswegs ein „Haufen verwirrter, willkürlicher Bestimmungen" wie für *Thibaut* 1803. Dass äußerlich „dieses alles durch Justinian Gesetz geworden ist, ändert [für Savigny] nichts".[19] Das **Zentrum von Rechtsbildung** sieht er nicht beim Kaiser oder Staat oder Gesetz, weder in Rom noch überhaupt, sondern bei den Rechtsbetroffenen

97

---

18 Diese Beispiele sind durchgearbeitet bei *Rückert*, Dogmengeschichtliches und Dogmengeschichte im Kreis Savignys, in: ZRG RA 104 (1987), S. 666–678; *ders.*, Dienstvertrag mit Arbeitsvertrag, in HKK III 2013 (s. o. bei Rn. 54), s. vor § 611 Rn. 100 f. und *ders.*, Pandektistische Leistungsstörungen? in: Wie pandektistisch ist die Pandektistik?, hrsg. von H.-P. Haferkamp u. T. Repgen, Tübingen 2017, S. 205–239.

19 Siehe zum ersten Savignyzitat seine Pandecteneinleitung 1811, bei *Mazzacane* (wie Fn. 10) S. 175/fol. 173 r (= die Originalpaginierung, die in beiden Auflagen auffindbar ist); zum zweiten die Pandecteneinleitung 1812, bei *Mazzacane* S. 184/67 r.; *A.F.J. Thibaut*s Kritik steht in seinem berühmten Standardwerk „System des Pandecten-Rechts", Vorrede zur 1. Aufl. 1803, Bd. 1, S. V, 8. Aufl. 1834 (auch in späteren Auflagen abgedruckt); über ihn zuletzt *Rückert* in: Neue Deutsche Biographie, Bd. 26, Berlin 2016, S. 106 f.; und der Band: A.F.J. Thibaut (1772–1840). Bürger und Gelehrter, hrsg. von Chr. Hattenhauer u.a., Tübingen 2017 (mit *meiner* krit. Rez. in ZRG GA 138 (1921) S. 592–695.

selbst, beim „Volk". Gesetzgebung „entwickelt, schützt, hilft nach", mehr nicht – so sagt er es kurz und bündig 1824/25.[20] Auslegung der „Gesetze" bezieht Savigny also von vornherein auf einen ganz anders gedachten Gegenstand „Gesetz" oder „lex", als wir uns Gesetze denken. Für ihn ist

> „jedes Gesetz ... dazu bestimmt, die Natur eines Rechtsverhältnisses festzustellen, also irgend einen Gedanken auszusprechen ..., wodurch das Daseyn jenes Rechtsverhältnisses gegen Irrthum und Willkür gesichert werde"

– so sein betonter erster Satz zu den „Grundregeln der Auslegung" (*System* I 212)[21] und auch die – eingangs zitierte – Anknüpfung beim historischen Element. Die „Rechtsverhältnisse" sind also **vor dem Gesetz da**, sie haben eine „Natur", das Gesetz stellt sie fest und sichert sie; der Gesetzes-„Gedanke" ist für Savigny nur das Mittel dieser Sicherung; er ist nicht das Mittel einer selbstständigen, vom Gesetzgeber neu erdachten, ändernden Rechtsbildung. Die „Rechtsverhältnisse" sind ihm konsequent „Rechtsquelle", nicht bloß Beziehung im Recht (wie im heutigen Sprachgebrauch). Und unter den „Rechtsquellen", so erläutert er eigens in *System* § 4, sind die „Rechtsverhältnisse" die „tiefere Grundlage" des Rechts, nicht die subjektiven Rechte allein (als Ausfluss einer Willensherrschaft, wie oft ganz unrichtig kritisiert) und auch nicht die Urteile, die die Rechte nach „Daseyn und Umfang" fixieren. Positiv definiert er dieses bedeutsame „Rechtsverhältnis" nicht präzise. Es ist ein „organisches" Stück des „Rechtszustands" im „wirklichen Leben" (alles *System* I 7). Aber die negativen Abgrenzungen genügen für die Eigenständigkeit seiner Perspektive.

98 Diese Perspektive wurde sofort und wird bis heute heftig diskutiert. Darauf kommt es jetzt jedoch nicht an, etwa darauf, ob das streng für alle Gesetze oder eher nur für das Zivilrecht gemeint ist, ob bloß feststellend oder auch wertend, ob bloß politisch wertend oder aus erkannter „innerer" Notwendigkeit, ob überzeugend begründet und wie oder nicht, usw. Entscheidend ist nur, dass Savignys Gesetzesvorstellung eine sehr andere als die damals vorherrschende und heutige ist. Denn das trifft auch die Auslegungsvorstellung.

3. Folgen für die Auslegungsvorstellung

99 Es trifft die **Auslegungsvorstellung**, da Gegenstands- und Methodenvorstellung in jeder halbwegs durchdachten Konzeption korrespondieren. Das Stichwort „**Reconstruction**" wird plötzlich doppeldeutig je nach Gesetzesvorstellung. Und diese Differenz hat erhebliche Folgen: Auslegung der „Gesetze" erscheint plötzlich nicht als etwas Besonderes, sondern als nur *ein* Fall der Erfassung von Feststellungen über vorhandene organische „Rechtsverhältnisse". Möglich und nötig wird dann eine „Erklärung *wie* dieses Geschäft (sc. der Auslegung) *im Wesentlichen* gleich ist, bei *Gesetzen, Schriften von Juristen* (Pandekten), *Rechtsgeschäften*" – so notiert es Savigny für die Vorlesung 1824/25. Eine **allgemeine Rechtshermeneutik** entsteht. Das war etwas völlig Neues gegenüber der Tradition von Auslegung bloß als Klärung dunkler Gesetzesstellen. Im

---

20 So etwa in Pandecten 1824/25, Einleitung (bei *Hammen* 4 und *Mazzacane* S. 198/80 v, wie Fn. 10), aber auch sonst vielfach, vgl. *Mazzacane* S. 175/173 r für 1811.
21 Mit Blick auf die Savigny-Forschung und die Frage seiner Kontinuität in diesem Punkt sei hier vermerkt, dass diese Formulierung sehr deutlich auch schon 1809 („Das Gesetz soll irgendein Rechtsverhältnis fixieren") und danach, weniger deutlich aber 1802/03 („Gesetz soll einen Gedanken aussprechen, um ihn objectiv zu machen und zu erhalten") vorkommt, s. bei *Mazzacane* (Fn. 10) S. 140/39 r, 89/4 v; dann S. 175 f./173 r u. ö. Über *Rechtsverhältnis* und *Rechtsinstitut* damals und heute jetzt *meine* Artt. in HRG (Fn. 8), Bd. 4, 2024.

System führt er 1840 diese Vorstellung prägnant dahin aus, dass in Wahrheit Rechtswissenschaft, Richter und Einzelne gleichermaßen mit „Auslegung" befasst seien. Ihrer juristischen Tätigkeit in Wissenschaft, Urteilstätigkeit und als Einzelne in der „Einrichtung ihrer Lebensverhältnisse" liege „als Gemeinsames zum Grunde eine bestimmte Weise, den Inhalt der Rechtsquellen aufzunehmen" (I 206). Dies Gemeinsame will er darstellen, also nicht Auslegung als die Befassung mit dem „ganz zufälligen Umstand der Dunkelheit eines Gesetzes" (I 297), sondern als die Aufnahme des Inhalts der Rechtsquellen überhaupt. Man versteht immer weniger, wie diese Auslegungslehre ein Klassiker für heute sein könnte. Aber sie ist es. Also?

4. Andere Methodenvorstellung, Auslegungsziel und Loyalitätsrichtung

Wenn Recht nicht verstanden wird als vor allem vom Gesetzgeber frei geschaffenes Gesetz, erhält Auslegung ein **anderes Ziel**, als nur möglichst genau und loyal Wort und Wille des Gesetzgebers nachzuvollziehen. Auslegungsziel und Loyalitätsrichtung wechseln vom Gesetzgeber als solchem zu anderen Rechtsträgern. Das ganze berühmtberüchtigte *gun-man*-Modell (John Austin 1832) vom Gesetz als höherem Befehl, dessen Fundament nicht weiter zu bedenken sei, das passend zum Ancien Régime vor Savigny galt und noch und wieder unser Denken im zentralistischen Rechtsstaat trotz mancher Distanzierungen beherrscht, fällt dann. Es geht vielmehr um Ermittlung nicht des Gesetzes und nur des Gesetzes, sondern vorhandener „Rechtsverhältnisse" und von **Recht überhaupt anhand** auch des Gesetzes. **Loyalität** gilt dann weniger dem Gesetzgeber als den Trägern von Recht und Rechtsverhältnissen überhaupt – eine geradezu demokratische Perspektive!? Nicht ganz zufällig galt Savigny in Metternichs restaurativem Wien als Jakobiner.

Aber wie ermittelt man solches „Recht überhaupt"? Das führt auf Savignys **Methodenvorstellung**. Auch Gesetzes-Auslegung wird dann ein **Unterfall einer allgemeinen Suche** nach vorhandenem Recht in seinen verschiedenen Ausprägungen. Gesetze sind dann nicht „die einzige ächte Quelle" von Recht, sondern nur „eine unter mehreren" – so 1812[22] und immer wieder. Für uns ganz verschiedene juristische Erscheinungen wie Gesetze, Urteile, Rechtswissenschaft, Rechtsgeschäfte werden auf *einer* Ebene betrachtet als „Kennzeichen, Merkmale, Aussprüche des wirklichen Rechts, aus welchen man dasselbe, als ein inneres Factum von großem, unübersehbarem Zusammenhang nur allmälig und nur in Annäherung finden kann" – so 1813/14 und prominent dann 1814 und 1840 in *Beruf* und *System*.[23] „**Wirkliches Recht**"?

5. Erforschung des wirklichen Rechts, wissenschaftliche Methode

Wie ermittelt man solch „wirkliches Recht", bzw. wie Savigny auch sagt, diesen „eigentlichen Willen des Volks" (*Beruf* 17)? Immer wieder fordert er dafür „**drei Operationen**" oder „**Elemente der ganzen, vollendeten Wissenschaft**", die sich aus den drei möglichen „verschiedenen Ansichten der Gesetzgebung" ergäben,[24] d.h. den relevanten Betrachtungsmöglichkeiten für jedes Recht: (1) die „philologische Ansicht" der

---

22   Einleitung Pandecten 1812 (bei *Mazzacane*, wie Fn. 10) S. 183 f./66 v: „ja sogar, je höher das Recht steht, desto untergeordneter gegenüber den übrigen Quellen".

23   Bei *Mazzacane* S. 188 f./71 r und in *Beruf* 17 (= *Stern* 81), *System* I S. 20 f.; zur Wichtigkeit *Rückert* (wie Fn. 9) 309.

24   Hier die Formulierung von 1809, bei *Mazzacane* 139/38 r; prägnant auch 1812: „So also ergeben sich drey Elemente unserer Wissenschaft" (ebd. 184/67 r).

Texte im einzelnen (Interpretation), (2) die „systematische Ansicht" nach dem inneren Zusammenhang als gleichzeitiges geordnetes Ganzes (*System*) und (3) die „Historische Ansicht" als „successives Ganzes" nach „dem Gesetz der historischen Entwicklung, also nach dem nothwendigen Zusammenhang verschiedener Zeiten desselben Volkes – Innere Rechtsgeschichte" (später einfach: Geschichte). Diese **Methodenforderung** darf nicht isoliert werden vom Gegenstand. Blickwinkel muss immer das „wirkliche Recht" sein, „vorhandene Rechtsverhältnisse" sollen bewusst gemacht und festgestellt werden. Dies ist die Loyalitätsrichtung. 1813/14 notiert er dazu den seit 1814 berühmt gewordenen Vergleich, das gelebte Recht müsse **Sprache erhalten:** „es *kann* Sprache erhalten durch Juristen, oder auch durch Gesetze, gute Gesetze haben *diesen* Zweck, andere, willkürlich bestimmende Gesetze stören, beugen, vernichten gewaltsam das wahre Recht".[25] Er operiert also mit einem doppelten Rechtsbegriff, *wahr/wirklich* oder *willkürlich* – dazu sogleich.

103 Man betritt mit alledem offenbar eine **andere ‚Auslegungswelt'** – eine Welt viel weitgreifenderer und anspruchsvollerer Art als die des Blicks auf das Gesetz als Gesetzgeberprodukt. Nicht zufällig ist hier mehr von „Wissenschaft" die Rede als von Auslegung, obwohl beides für Savigny zusammenfällt. Diese Methode will **wissenschaftliche Methode** sein und vereinigt daher **drei Perspektiven** auf das Gesetz, aber das Gesetz gesehen als einen **Ausdruck lebendigen Rechts**: Textinterpretation, System, Entwicklungsgeschichte. Das geht über unsere Auslegung weit hinaus und macht Rechtwissenschaft zu spannender Forschung. Also weder der heute berüchtigte, freilich meist missverstandene „Jurist als solcher" des berühmten *Windscheid* (1884),[26] noch ein Dogmatiker des Gesetzgeberworts und -willens, noch ein bloß falllösender Gesetzes-Anwender schweben Savigny vor. Seine Konzeption von Gesetz und Recht und Auslegung und Rechtswissenschaft kann auf die Worte eines Gesetzgebers an sich verzichten, während uns vor allem die Gesetzgeberworte für Demokratie und Rechtsgewissheit unverzichtbar erscheinen. Savignys Ansatz am „Volk" wirkt dagegen geradezu direkt-demokratisch. Noch unsere Klagen über Gesetzesflut fordern ja meist nur bessere Gesetze ein.

104 Andererseits erscheint es uns nach wie vor als unverzichtbare Aufgabe, unabhängig vom Zufall der Gesetzesworte **Rechtswissenschaft** zu betreiben, die nicht aufgeht im Gesetz, in formaler Analytik, Logik, Argumentationslehre oder Ähnliches und auch nicht in Soziologie, Sozialwissenschaft, Politikwissenschaft, Ökonomie, Ethik oder anderen selbstbewussteren Angeboten. Im Zeitalter der Erfahrung des „gesetzlichen Unrechts", der Konjunktur von „Richterrecht" und der punktuellen Rechtsproduktion konkurrierender Rechtsakteure in Berlin und Brüssel und global hat zudem das Gesetz an Schlüssigkeit und Anziehungskraft eingebüßt. An Begründungen für eigenständige Rechtswissenschaft fehlt es freilich. Bietet Savignys offenbar eigenständige Konzeption dazu etwas?

6. Eigenständiger Rechtsbegriff: gewordene Geltung, Doppelnatur des Rechts

105 Dass Savigny auch hier eine eigenständige Konzeption bietet, sieht man am besten im Vergleich zum **Rechtsbegriff**. Die Konzeption ist eigenständig, wenn sie nicht ‚zurück'-fällt auf eine **naturrechtliche** Position, der das Recht kraft Übereinstimmung mit der

---

25 Bei *Mazzacane* S. 189/71v. Vgl. *Savigny, Beruf* 1814 (wie Fn. 6) 8.
26 Dazu unten Rn. 280 ff.

richtigen Natur oder Vernunft gilt. Und sie darf nicht umgekehrt ‚voraus'-greifen in diejenige **positivistische** Position, der das Recht kraft grundsätzlich beliebiger (Gesetzes-)Setzung gilt. In der Tat verwirft Savigny beides als „Abwege"; er nennt es den Abweg eines „über allen positiven Rechten schwebenden Normalrechts" und den, „den Inhalt des Rechts als einen zufälligen und gleichgültigen aufzufassen und sich mit der Wahrnehmung der Thatsache als solcher zu begnügen" (*System* I 52 f. auch VIII 533 f.). Beides wurde ja seinerzeit heftig diskutiert, vom skeptischen Kantianer Hugo bis zu seinen durchweg idealistischen Gegnern. Vermeiden will Savigny beides durch eine Synthese. In der „Natur des Rechts" müsse man **zwei Elemente** annehmen und entsprechend sich zwei Aufgaben stellen: „ein individuelles [Element], jedem Volke besonders angehörendes, und ein allgemeines, gegründet auf das Gemeinsame der menschlichen Natur", entsprechend eine „allgemeine Aufgabe, welche auf ihre besondere Weise zu lösen die geschichtliche Aufgabe der einzelnen Völker ist." (*System* I 52 f.) Das klingt geradezu salomonisch. Aber:

Woraus ergibt sich ihm also die **Geltung** als Recht? Er findet sie in der **gewordenen Geltung**, in der Lösung einer allgemeinen „geschichtlichen Aufgabe" durch die einzelnen Völker, also weder bloß allgemein in Natur oder Vernunft, noch bloß individuell in beliebiger Setzung der Gesetzgeber oder Einzelner. Negativ ist das klar, positiv weniger – wiederum ähnlich wie heute. Für eine konkretere Antwort muss ein Ausflug in etwas Philosophie unternommen werden. Zuvor aber zu einem nicht seltenen Einwand: 106

Stellt nicht auch Savignys geschichtlich bewährtes Recht bloß eine **beliebige Setzung** dar? Ist es zwar nicht beliebig neu, aber – schlimmer noch – beliebig alt? Es handelte sich dann um eine konservative Variante der positivistischen Recht-Setzungsideologie. Andererseits soll es irgendwie auf das „Volk", den „eigentlichen Willen des Volkes" (*Beruf* 17) ankommen – wäre das eine radikale, jakobinische, demokratische Richtung? Oder eine noch andere Art von Setzung? 107

Die Frage nach dem Rechtsbegriff wurde soeben beantwortet mit Savignys **Zwei-Elemente-Formel** zur Natur des Rechts. Die Setzung geschieht hier durch die einzelnen Völker und zugleich doch gemäß der allgemeinen Menschennatur. Fassbar wird diese **Doppelnatur** des Rechts nur in konkreten geschichtlichen Lösungen. Diesen Lösungen muss man mit Savigny also doppelt nachgehen, in ihrer historischen und aktuellen Realität als gelebtes Recht eines bestimmten Volkes zu einer bestimmten Zeit und in ihrer systematischen Idealität als Ausdruck der allgemeinen menschlichen Natur im Recht. Eine einfache Antwort und Aufgabe ist das nicht – das disqualifiziert das Angebot natürlich noch nicht. Der Gedanke, eine derartige **Doppelnatur des Rechts** anzunehmen, ist vielmehr höchst lebendig in unzähligen aktuellen Versuchen, den sog. Gesetzespositivismus zu modifizieren, die Trennung Recht-Moral zu überwinden und den Unrechtsbegriff nach den NS-Erfahrungen zu erweitern bzw. den Rechtsbegriff selbst. Man kann sich die Prämissen dieser Versuche gerade am vieldeuteten Klassiker Savigny klarer machen als an oft etwas unentschiedenen Texten von heute. Dafür ist ein erneuter Blick auf die „geschichtliche" Methode, das korrespondierende Element des Rechtsbegriffs, hilfreich. Es scheint so einfach und selbstverständlich. 108

7. „Historische" und „wahrhaft historische" Methode, Doppelorientierung – Prinzipiensuche

109 Savignys kraftvolle Versuche, die passende **Methode** zu benennen, bleiben nicht, wie meist ganz unzureichend gesagt wird, bei dem für uns schlichten Stichwort „geschichtlich" oder „historisch" stehen. Er meint etwas Besonderes damit und betont dies durch Zusätze wie „eigentlich historisch", „wahrhaft historisch" (1814/15), deutlicher „historisch-systematisch" (1814) oder sogar „historisch-philosophisch" (1802/03, 1804).[27]

110 Warum fehlt hier die Interpretation aus den „drei Elementen" (s. o. Rn. 102)? Es liegt daran, dass es für eine **allgemeine Methodenformel** für Rechtswissenschaft nicht auf den Anfang beim einzelnen Text der römischen Quellen ankommt,[28] sondern auf den stets verbleibenden „zweyfachen wissenschaftlichen Sinn" (*Beruf* 48): historisch und systematisch. Das ändert viel gegenüber unserer Verwendung von „historisch".

111 „**Historisch**" meint nun nicht nur banal das sichtbare „Successive" (wie bei den erwähnten drei Ansichten der Gesetzgebung), sondern heißt vor allem, „das eigenthümliche jedes Zeitalters und jeder Rechtsform scharf aufzufassen"; „**systematisch**" meint auch hier den Blick auf das Ganze.[29] Zusammengenommen geht es also um die Erfassung des Rechtsstoffes als Einzelnes **und** Ganzes; man kann fortfahren: als besonders und allgemein, als zufällig und notwendig – und damit sind die philosophischen Bezüge angedeutet. Es muss eine Richtung sein, die Einzelnes und Ganzes stets zusammendenkt und vereinigt und dies auch als richtige Deutung der Wirklichkeit vertritt.

112 Savignys spezifische Richtung dabei ergibt erst der zeitgenössische Kontext. Historische wie systematische Methode waren der Zeit an sich wohlvertraut. **Savignys Pointe** liegt in der Verbindung der genannten Elemente, in der erwähnten **Doppelorientierung**, wie sie in seinen Wortkombinationen sinnfällig wird. Wahrhaft-historisch ist mehr als historisch. Es ist also nicht die vertraute *cognitio ex datis*, die Kenntnis der Daten und Fakten, die noch Kant der *cognitio ex principiis*, der Erkenntnis aus Prinzipien, entgegengesetzt hatte, sondern die neue Verbindung beider in einem anderen **Wissenschafts- und Geschichtsbegriff**. Die Prinzipien findet man hier in der richtigen Betrachtung der Geschichte selbst – so der neue Geschichtsbegriff des deutschen Idealismus **nach Kant**.[30] Damit konnte die Geschichte auch mit der Gegenwart verschmolzen werden. So – und nur so – kann Savignys Rechtswissenschaft dann, wie erwähnt die beiden „Abwege" vermeiden: Die bloß-historische, empirische Faktizität der (Rechts-)Geschichte und -gegenwart ergibt für ihn so wenig ein „wirkliches" Recht wie die bloß-philosophische, reine, abstrakte Philosophie und Rechtsphilosophie, das „Naturrecht" oder „Normal-Recht".

113 Mit der Erkenntnis des ‚wahrhaft-historischen' Rechts wird für Savigny das juristische Erkennen geadelt von der Gesetz-, Urteils- oder Meinungskunde zur Wissenschaft.

---

27 Dazu genauer *Rückert* 1984 (wie Fn. 9) 331, 374.
28 Vgl. in diesem Sinne seine Erklärung 1828 ff. (bei *Mazzacane* [wie Fn. 10] S. 210 f./94 r).
29 Siehe nur *Beruf* 48 (= *Stern* 99): „systematisch, um jeden Begriff und jeden Satz in lebendiger Verbindung und Wechselwirkung mit dem Ganzen anzusehen".
30 Mit Bezug zur Rechtsgeschichte näher H. *Kiefner*, Art. Savigny, HRG (Fn. 8), hier Sp. 1317 f.; *Rückert* 1984 (Fn. 9) 100 ff., 250 f., 331 f.; ergänzend *ders.*, Savignys Konzeption von Jurisprudenz und Recht, ihre Folgen und ihre Bedeutung bis heute, in: Tijdschrift voor Rechtsgeschiedenis/Legal History Review 61 (1993) S. 65–95, 74, 77; jetzt auch in *ders.* Savigny-Studien, 2011. Zur großen allgemeinen Diskussion bes. R. Koselleck u.a., Geschichte, in: Geschichtliche Grundbegriffe. Historisches Lexikon zur politisch-sozialen Sprache in Deutschland, Bd. 2, Stuttgart 1975, S. 593–717.

Wissenschaft aber heißt dann: Es werden nicht bloß geschichtlich-faktische Vorgänge (Daten) ermittelt und zusammengestellt nach irgendeiner ‚äußeren Ordnung', sondern man sucht und erkennt gewordenes, wirkliches Recht mit seiner eigenen, meist „in dem Mannigfaltigen verborgenen" (so konstant die Vorlesungen 1827–42), jedenfalls ihm „**inwohnenden Einheit**" (1812, 1815) oder „inneren Einheit" (1812, 1809, u. ö.) und damit auch das „in ihnen [den Rechtsregeln] wohnende lebendige Princip" (1821), also ein nach eigenen „Prinzipien geordnetes Ganze" (*Kant*).[31] Darum spricht Savigny also so betont und uns fremd von „**innerer Zusammenhang**" (s. Rn. 80). Er schließt sich damit an den anspruchsvollen Wissenschaftsbegriff seiner Zeit an – ob richtig oder nicht, sei wiederum hier nicht diskutiert. Diese Art von Erkennen wird ihm jedenfalls zum „**einzigen Weg**" einer Rechts-**Wissenschaft**: „Die Geschichte ist dann nicht mehr blos Beyspielsammlung, sondern der einzige Weg zur wahren Erkenntnis unseres eigenen Zustandes."[32]

Recht fremd wirkt dieser Anspruch im Vergleich mit heutiger Jurisprudenz und Wissenschaft. Heutige Jurisprudenz sucht nicht mehr „wahre Erkenntnis". Sie überlässt fast durchweg die **wissenschaftliche Aufgabe**, autonom ein nach eigenen Prinzipien geordnetes Ganzes des Rechts zu konstituieren, in Wahrheit **anderen Fächern** – der Politischen Theorie (mit der Beruhigung bei „demokratisch"), der Philosophie, der Soziologie, der Ökonomie, der Soziobiologie, usw. – und gibt sie damit auf oder versteht die Aufgabe fundamental anders als Savigny. Das klingt nicht mehr so erstaunlich, wenn man bedenkt, dass ein nach eigenen Prinzipien geordnetes Ganzes noch nicht entsteht aus der Gesetzeswissenschaft der Rechtswissenschaftler und auch nicht aus logischen, teleologischen, wertanalytischen o. ä. Analysen des gesetzlich geltenden Rechts. Nicht überraschend lautet daher die etwas ratlose Auskunft eines führenden Dogmatikers, wie sie in einer Diskussion offenbart wurde: „Die Frage, was Dogmatik ist, ist gar nicht so einfach zu bestimmen" (*Badura* 1993) – und dabei wird die wesentliche Frage nach der Herkunft der Prinzipien sogar übergangen.[33] Eine dogmatische Ordnung nach den „Prinzipien" eines positiv-gesetzlichen Rechts ist keine Ordnung nach eigenen Prinzipien, sondern nach denen eines Gesetzgebers. Man kann auch kaum noch annehmen, wie etwa noch zum BGB von 1900, der Gesetzgeber schließe sich nur eigenständigen rechtlichen Prinzipien an. Rechtswissenschaft außerhalb von Gesetzeswissenschaft ist zum Rätsel geworden. Noch vor 150 Jahren war es umgekehrt. Der Unterschied lässt sich wieder aus dem zeitgenössischen Kontext Savignys zeigen – eben aus der philosophisch-theoretischen Formation dieser noch andauernden Epoche. Da-

---

31 Vgl. *Rückert* 1984 (wie Fn. 9) 331 (1815), 60 (zu Kant); vgl. Savigny bei *Mazzacane* (wie Fn. 10) S. 148/46 r u. 150/46 v (1809), 183/66 r (1812), 197/79 v (1821–24), 209/93 r (1827–42).

32 So programmatisch *Savigny*, Über den Zweck dieser Zeitschrift, in Zs. f. gesch. Rechtswiss. I (1815) S. 4; „Beyspielsammlung" war der Topos der sog. pragmatischen Geschichtsschreibung der Aufklärung, die vor allem aus kausal erklärter Geschichte lernen wollte.

33 Jetzt nachzulesen in: Entstehen und Wandel des verfassungsrechtlichen Denkens, Berlin 1996, 160 f.; guter Überblick zu „Rechtsdogmatik" unter diesem Stichwort bei *M. Herberger* in dem unentbehrlichen „Historisches Wörterbuch der Philosophie", hier Bd. 8, 1992, Sp. 266–72 – aber ohne aktuelle Antwort. Nach wie vor lohnen die Reflexionen bei *R. Dreier*, Zum Selbstverständnis der Jurisprudenz als Wissenschaft (1971), und: Zur Theoriebildung in der Jurisprudenz (1978), sowie: Zur Problematik und Situation der Verfassungsinterpretation, jetzt in *ders.*, Recht-Moral-Ideologie, Frankfurt am Main 1981, S. 48 ff., 70 ff., mit dem Vorschlag zunächst einer Trias von Gesetzesanalyse, Richterrechtsanalyse und Rechtspolitik und für die obersten Ziele [bzw. Prinzipien?] der vorsichtigen Aufforderung zu einer „Ethisierung" (61, 119). Savignys „wirkliches Recht" wird also nicht bedacht. Es ist philosophisch out. Siehe zur heutigen Ratlosigkeit nur den lehrreichen Band: Das Proprium der Rechtswissenschaft, hrsg. von Chr. Engel und W. Schön, Tübingen 2007.

mit wird es doch noch etwas philosophischer oder – moderner – wissenschaftstheoretisch. Der Klassiker fordert es heraus.

8. Philosophische Fundamente: „inwohnende Einheit" im Recht

115 Savignys Anspruch geht also entschieden über Gesetzeskunde hinaus in Richtung einer Wissenschaft, die nicht nur empirisch-datenerfassend ohne Prinzipienerkenntnis (*ex datis*), aber auch nicht nur rational-prinzipienvorschreibend und damit ordnend (*ex principiis*) verfährt. Das impliziert bestimmte **philosophische Fundamente**. Sehr vereinfacht gesagt, geht es um das Verständnis von **Idee und Wirklichkeit**. Savigny sucht und findet im Wirklichen zugleich etwas Ideelles und Richtiges und umgekehrt im Wirklichen etwas Ideelles. Erkenntnistheoretisch und ontologisch kann man diesen zweispurigen Ansatz zum Verständnis des Rechts am schlüssigsten mit einem Blick auf parallel verlaufende Neueinsätze der zeitgenössischen Philosophie erklären. Gemeint sind die philosophischen Intentionen Schellings, Hegels, Hölderlins und Friedrich Schlegels, die gegen ein Trennungs- und Subjektdenken Kants – wie sie ihn verstanden – ein **Vereinigungsdenken** (D. *Henrich* 2003; *Kondylis* 1979) oder einen ‚objektiven' Idealismus entwickelten. Denn Savigny beansprucht, wie diese „historisch" anzusetzen, also im diachron und synchron lebenden, wirklich ‚positiven', menschlichen Recht selbst. Er gibt die Idee des Richtigen und der **inwohnenden Einheit** nicht auf, sondern verankert sie in der Doppelnatur des Wirklichen, in dem sie stecken und sich manifestiert haben soll. In der unaufgelösten realen Vereinigung von Allgemeinem und Individuellem will er die Idee und zugleich die Wirklichkeit des Rechts auffinden. Darum hat seine „strenge historische" Methode ein „heiligeres Amt" (*Beruf* 117) – genau wie bei *Schelling* und wieder ein merkwürdiges Wort unter Juristen – als die bloß urkundliche Wahrheit zu ermitteln. „Denn nur durch sie [sc. diese Geschichte] kann der lebendige Zusammenhang mit den ursprünglichen Zuständen der Völker erhalten werden …" (ebd.) – dessen Idee und Wirklichkeit.

116 Dass Savigny zugleich vehement bestreitet, in dieser Wirklichkeit lasse sich gerade etwas wie die Hegelsche „Vernunft" als Idee finden, ändert an diesem Ansatz und seiner „Idee" vom gewordenen richtigen Recht nichts. Manche seiner Gegner und einige seiner Freunde bestreiten das ideell-philosophische Element in Savignys Konzeption und machen ihn zum bloßen Historiker oder Rechtsdogmatiker, also eigentlich zum Geschichtskundigen und zum „Gesetzes"-Kundigen – einige Gegner (von *Hegel* und *Gans* bis *Böckenförde*), weil sie ihn für unphilosophisch-positivistisch-bloß historisch erklären wollen; einige Freunde (von *Landsberg* bis *Behrends, Jakobs, Picker, Zimmermann*), weil sie ihn vor diesem Vorwurf bewahren und als Historiker und Dogmatiker ‚rein' erhalten wollen.[34] Beides verfehlt Savignys Intention und Position.

117 Savigny will sehr wohl **Idee und Wirklichkeit des Rechts zugleich** fassen. Er braucht diesen Begründungsschritt als **Herzstück seiner Konzeption**. Diese wäre sonst nur ein

---

34 Nicht nur unter Philosophen oft wiederholt werden *Hegels* These von 1820 „Was vernünftig ist, das ist wirklich; und was wirklich ist, das ist vernünftig" (Grundlinien der Philosophie des Rechts, 1821, Vorrede am Ende) sowie seine konsequente Kritik der bloßen, „rein geschichtlichen Bemühung" (dort in § 3) und der Fähigkeit, ein „Gesetzbuch zu machen"; man brauche doch nur „den vorhandenen gesetzlichen Inhalt in seiner bestimmten Allgemeinheit zu erkennen, d.i. ihn *denkend* zu fassen." (§ 210) – Vernunft gegen Geschichte. Kurze Bestandsaufnahme zu den Kritiken bei *Rückert* 1984 (wie Fn. 9) 122 ff. und umfassend in *ders.*, Thibaut – Savigny – Gans: Der Streit zwischen „historischer" und „philosophischer" Rechtsschule, in: Eduard Gans (1707–1839). Politischer Professor zwischen Restauration und Vormärz, hrsg. von R. Blänkner, G. Göhler u. N. Waszek, 2002, S. 247–311.

Plädoyer für gute empirisch-historische Arbeit am römischen Recht und seiner europäischen Wirkung, würde aber noch keine „innere Notwendigkeit" bis in die Gegenwart zeigen; sie wäre ein Plädoyer für ordnende Systematisierung, ergäbe aber noch keine innere, „inwohnende Einheit"; sie wäre ein Plädoyer für die Achtung des Gewordenen, für „geschichtlichen Sinn" wie er sagt (*Beruf* 5), ergäbe aber für das richtig verstandene Gewordene noch keine überlegene Richtigkeit. Es wäre nur ein skeptisches Plädoyer, ein Plädoyer wie es *Gustav Hugo* besonders seit 1812 für dasjenige Recht hielt, was sich „von-selbst-macht"[35] – eine wieder andere, vielleicht ergiebige Begründung für Rechtswissenschaft, auf die zurückzukommen ist (Rn. 167 ff. zur spontanen Ordnung). Savigny tritt dagegen emphatisch ein für etwas **Höheres im Recht**. Allem Recht lässt er daher kontinuierlich seit 1808 eine **Doppelnatur** zukommen, eine allgemeine, „objektive", „innerlich notwendige" und eine „individuelle", äußerlich zufällige Seite. Recht ist ihm derart 1814 „natürliches Recht in einem anderen Sinne als unser Naturrecht",[36] aber doch **natürliches Recht**, nicht künstliches, gesetzliches, andererseits auch nicht bloß „Gewohnheitsrecht" kraft Gewohnheit wie es der Sprachgebrauch seiner Zeit fasste, sondern kraft Entstehung durch „innere, stillwirkende Kräfte", konkret „erst durch Sitte und Volksglaube, dann arbeitsteilig durch Jurisprudenz", verstanden als Organ des vorhandenen Volksrechts, nicht als eigentlicher Rechtsproduzent (*Beruf* 14) – darin liegt seine besondere, philosophisch gestützte Konzeption von Recht und Methode. Man hat gegen diese Konzeption Savignys angeblich ganz andere, volksfern reaktionäre Praxis angeführt (s. noch Rn. 164). Praxis kann viele Gründe haben. Und ob diese Sicht seiner ‚Praxis' nun zutrifft oder nicht, hier geht es um die so wirkungsreiche Konzeption und diese verdient Verstehen.

9. Philosophische Fundamente: die Idee eines Ganzen in den Rechtsquellen – Autonomie des Rechts

Mit solchem Gegenstand und bei solcher Methode konnte von Recht und Rechtswissenschaft unabhängig von bloßer Praxis des nun einmal befohlenen Rechts und unabhängig von bloß erdachtem Natur- und Vernunftrecht die Rede sein. Eine gewisse **Autonomie des Rechts** war so begründet.

Freilich bleibt ein **kritischer Punkt**, der die erwähnten Unsicherheiten und einige Kritiken bis heute auslöst. Sehr anschaulich wird das an **Savignys Quellen-Begriff**. Er unterstreicht stets, dass die „Idee eines Ganzen" aus den „Quellen" und nur aus ihnen kommen solle und könne, darin setzt er geschichtlich und autonom gegenüber Gesetz, Natur und Vernunft an. „Quelle" ist in seinem Fach und seinem Verständnis von römischem Zivilrecht die gesamte Tradition des *Corpus Iuris* seit 533, nicht einfach das Justinianische Gesetzeswort von 533. Aber dass in diesen Quellen und gar in ihrer langen Geschichte ein Ganzes ganz „**natürlich**" liege oder ihnen entnommen werden könne, wie er voraussetzt, versteht sich nicht „von selbst" – und für die heutigen Gesetze wohl noch weniger. Darauf aber kommt es an. Für diese Annahme genügen

---

35 *Hugo*, Die Gesetze sind nicht die einzige Quelle juristischer Wahrheiten, in *ders.*, Civilistisches Magazin, Bd. IV Heft 1 (1812) S. 89–134; dazu *Rückert* 1984 (wie Fn. 9) 304 ff. am Beispiel Gewohnheitsrecht.
36 *Beruf* (wie Fn. 6) 13/78. Dieser zentrale Topos „natürlich" verdiente Vertiefung, vgl. *Rückert* (wie Fn. 9) 242 f. für Savigny 1802 an den Philosophen Fries; für 1840 sogleich im Text; für 1808 steht im gleichen Sinne „ursprüngliches Recht" (S. 309); für 1814 zeigt die Wortschatzprüfung 12 x das Wort „natürlich" (s. *Rückert*, August Ludwig Reyschers Leben und Rechtstheorie. 1802–1880, Berlin 1974 (Münchener Universitätsschriften. Jur. Fakultät. Abhandlungen zur rechtswissenschaftlichen Grundlagenforschung 13) S. 206 mit 203 f. zu Savignys „Beruf").

nicht juristische Grundbegriffe als solche, seien es römische oder deutsche oder römisch-christlich-europäische (mit Savigny). Sie sagen zu ihrem Ganzen nichts oder sie enthalten selbst Philosophie. Zur Begründung dieser Annahme braucht und nimmt Savigny den genannten **philosophischen Unterbau** einer Doppelnatur des Rechts in Verbindung mit dann konkreten „natürlichen" Wertungen zu einzelnen Fragen. Das war in seinem so philosophischen Zeitalter nichts Ungewöhnliches. Er hat es nur besonders gut für die Jurisprudenz durchgeführt, z.B. gerade in seinem *System*.[37]

Heutige Jurisprudenz bietet dazu kaum etwas Vergleichbares. Man hat sich dieser **Begründungsprobleme** spätestens nach der sog. Naturrechtsrenaissance nach 1945 und seit der Einkehr einer bundesdeutschen Normalitätslage in der Mitte der 1950er Jahre entledigt. „Identität und Autorität" (*Foljanty* 2013) in Sachen Recht und Gesetz waren für eine Weile wiedergefunden. Die seit langem auch die Juristen lockende „Idee der Konkretisierung" (*Engisch* 1953) des Rechts ‚im Leben selbst' erleichterte die Vorstellung, mit einer philosophiefreien Zuwendung zur ‚Wirklichkeit' sei das Wichtigste getan – da waren die Idealisten realistischer. Auf dieser Bahn ist nun die Dogmatik konzentriert auf Wettläufe mit der Rechtsprechung der obersten Gerichte. Die Wissenschaft erscheint gegeben kraft Universitätsamt. In den Grundlagendisziplinen fristen die Wissenschaftsprobleme ein kaum noch störendes Eigenleben. Autonomie findet zufällig statt, ist Standessache geworden. Diese Sackgasse zu vermeiden lehrt Savigny, auch wenn man nicht seinen philosophischen Weg geht.

10. Folgen für weitere Grundbegriffe wie Staat, Privatrecht, öffentliches Recht

120   Demgegenüber ist es lehrreich, dass Savigny nicht nur eine eigenständige Konzeption von Methode und Recht hat, sondern auch seine **juristischen Grundbegriffe** konsequent danach ausbildet. Vor allem in der berühmten Grundsatzschrift *Vom Beruf unsrer Zeit für Gesetzgebung und Rechtswissenschaft* 1814 und später im *System des heutigen Römischen Rechts* (1840–49 und 1851–53) fallen umwälzende Sätze zu Rechtsbegriff, Rechtsquellen, Staat, Recht und Volk und Freiheit und Sittlichkeit, Juristenrolle, Methode und Auslegung usw., aber auch ganz konkret – ganz grob angedeutet: zur allgemeinen und gleichen Rechtsfähigkeit jedes Menschen (*System* Bd. II 1 ff., 2), zur juristischen Person als vermögensfähiges Subjekt (II 235 ff., 239), zu Entstehung, Untergang und Metamorphose der Rechtsverhältnisse durch sog. juristische Tatsachen (III 1 ff.) wie Rechtsnachfolge, freie Handlungen, Willenserklärungen, Verträge und (IV) Schenkungen und Zeitablauf, zu Rechtsverletzungen und deren Folgen (V und VI), zum internationalen und intertemporalen Privatrecht (VIII) und zu einigen Grundfragen des Schuldrechts (*Obligationenrecht* 1851 u. 1853).

121   Die „**Idee des Ganzen**" kleidet Savigny hier in die historisch ansetzende Form einer Entstehungsgeschichte, besser **Entwicklungsgeschichte** (*Beruf* Kapitel 2). Entwicklung verknüpft, schafft Kontinuität und kann leicht als Ganzes betrachtet werden. Danach entsteht alles Recht unsichtbar und wahrhaft in „innerer Notwendigkeit" (*Beruf* S. 8/76),[38] „organisch", „natürlich", ohne Revolution und nicht eigentlich aus bewuss-

---

[37] Um das anschaulicher zu verstehen, muss man Savignys Hauptwerke durcharbeiten, besonders mit Blick auf seine Begründungen. Versucht habe ich das in: Savignys Dogmatik im „System", in Festschrift für Cl.-W. Canaris zum 70. Geburtstag, Bd. 2, München 2007, S. 1263–1297, und in: Recht als Wissenschaft: Friedrich Carl von Savigny (1779–1861). Der Greifswalder Ruf von 1804 und Savignys neue Wissenschaft im „Recht des Besitzes", in: Greifswald – Spiegel der deutschen Wissenschaft, hrsg. von J. Lege, Tübingen 2009, S. 61–91.

[38] Seitenzahlen aus *Beruf* 1814 im folg. Abschnitt so im Text für Original und, mit /, *Stern* 1914 (s. Fn. 6).

tem Gesetz. Innerlich, organisch usw. ermöglichen die Vorstellung einer Einheit trotz äußerer Vielfalt. Dasselbe erlaubt die Idee von einem „wirklichen Recht" (S. 17/81) im Verhältnis zu der äußeren Vielfalt der Rechtsnormen. Später, in der „Zeit der Cultur" erwachse das wirkliche Recht aus einem „doppelten Lebensprincip", in Volksleben und Juristenwissenschaft,[39] „politisch" und „technisch". Denn es lebt „politisch" weiter im „Bewußtseyn des gesammten Volkes" und dann „technisch" ausgebildet in der Hand der Juristen (alles S. 12/78).Damit können zwei meist recht wenig harmonierende Elemente wie Volk und Juristen zu einem Ganzen harmonisiert werden.

Abgesichert wird diese Vorstellung mit einem Vergleich zur Sprache, d.h. analog zu einem zeitgenössisch neuen, wichtigen **Entwicklungsschema für Sprache und Kunst**, das Hölderlin, A. v. Arnim, J. Grimm und andere benutzten: Das Recht sei zunächst ungetrennter Teil der „Natur" eines „Volkes" (S. 8/76). Im Stande der „Cultur" mit ihrem „unermeßlichen Detail" entwachse es notwendig dem „gemeinsamen Bewußtseyn", werde Inhalt abgesonderter „Thätigkeit des Volkes" und falle „dem Bewußtseyn" der zum Stand gewordenen Juristen „anheim" (S. 12/78). Trotz dieser Absonderung (oder Entzweiung) von Natur und Bewusstsein (oder Natur/Geist) bleibe aber das Recht ein Produkt von Volk *und* Juristen (als Kunst-Natur) und sei nur aus dem „Zusammenwirken dieses [nun] doppelten Lebensprincips" (S. 12/78) zu begreifen. Daraus folgt die berühmte **Formel**: „Die Summe dieser Ansicht also ist, ... daß alles Recht ... überall also durch **innere stillwirkende Kräfte**, nicht durch die Willkür eines Gesetzgebers" (S. 13/79) entsteht. Hier hat Savignys Recht seine Einheit, hier ist es „wirklich", und nur hier ist es wissenschaftlich-erkennend erfassbar als Idee und Wirklichkeit. Ganzheit und Kontinuität sind ihm so unvermeidlich eingebaut: Ganz allgemein heißt es dann 1815 konsequent,

> „was als einzeln angesehen werden kann, ist, von einer anderen Seite betrachtet, Glied eines höheren Ganzen ... So ist jeder einzelne Mensch nothwendig zugleich zu denken als Glied einer Familie, eines Volkes, eines Staates; jedes Zeitalter eines Volkes als die Fortsetzung und Entwicklung aller vergangenen Zeiten; und eine andere als diese Ansicht ist eben deshalb einseitig, und, wenn sie sich allein geltend machen will, falsch und verderblich." (Über den Zweck, S. 3).

Einige **Folgerungen** von großer Tragweite werden daraus gezogen, so zum Staats- und Rechtsbegriff, zum Privatrecht und Öffentlichen Recht:

„Staat" sei unter diesen Voraussetzungen nicht als künstliche Anstalt zu begreifen, sondern als „leibliche Gestalt der [gegebenen] geistigen [nicht bloß natürlichen!] Volksgemeinschaft".[40] Er wird so zu einem Ganzen mit Vielfalt in der Einheit. Die beliebten Staatsvertragslehren erscheinen daher ebenso verfehlt wie das hochmütige menschliche Gesetz (*System* I 28 ff.). Staatsrechtslehre wird zur Gestaltsuche.

So löst sich auch die große Frage Recht - positives Recht – Moral – Politik – Religion. Das doppelseitige **wirkliche Recht** dient Savigny als Regel der Freiheit in der „äußeren Welt" des positiven Rechts (hier durchaus kantianisch). Diese Regel ermögliche die freie Entfaltung der Sittlichkeit (*System* I 331 f.), damit aber auch „die Möglichkeit einer freyen Gegenwirkung ... also einer Rechtsverletzung" (V 1). Aber die Regel steht nicht absolut im Raum, nicht abstrakt-rationalistisch, sondern sie muss geschichtlich-

---

39 Dazu näher *Rückert* (wie Fn. 9) 328 f., 335 ff.
40 So 1840 in *System* I 22 u. ö., zum ganzen seit 1802 *Rückert* 1984 (wie Fn. 9) 312 ff., 328 für 1815.

individuell konkretisiert verstanden werden, d.h. 1840 im Sinne der in Europa durchgedrungenen „christlichen Lebensansicht" (I 53).[41] So wird die an sich „natürliche Freyheit" je nachdem mit der geschichtlichen Bindung oder der sittlichen Bestimmung der Menschen oder auch mit den „wahren Bedürfnissen des Verkehrs" im Schuldrecht (*Obligationenrecht* I 7 f.) vermittelt.

125 Im **Privatrecht** meint das zwar grundsätzlich „freie Entfaltung" (I 332, ähnlich 25: „Freyheit individueller Entwicklung"), sie kommt aber jedem doch nur „nothwendig zugleich ... als Glied eines höheren Ganzen" zu, als „höhere gemeinsame Freiheit" statt als „besondere Willkür"(*Zweck* 1815).[42] Im Familienrecht und im Eheverständnis (*System* I 340 f., 347) kann daher bei Savigny mit *Fichte* und *Hegel* ohne Bruch der christlich geprägte Aspekt des höheren sittlichen Ganzen statt der äußeren Freiheit in Form von reinen Verträgen dominieren. Ebenso gehören kraft geschichtlicher Gegebenheit das ganze Lehensverhältnis und die gutsherrlich-bäuerlichen Verhältnisse nicht ins Privatrecht (I 366). Auch kann das „Dienstbotenverhältnis" als ein Teil des damaligen Arbeitsrechts nicht einfach unter die Verträge gestellt werden, sondern hat im Personenrecht seinen Ort (I 366 f.). Armutsprobleme und unsittliche Privatrechtsausnutzung sind vom „öffentlichen Recht" (I 371) her zu lösen, nicht durch zwingendes Privatrecht. Das liegt an der neu fixierten Dichotomie:

126 Denn zwischen **öffentlichem und Privatrecht** findet Savigny erstmals so dezidiert einen grundlegenden, „fest bestimmten Gegensatz darin, dass in dem öffentlichen Recht das Ganze als Zweck, der Einzelne als untergeordnet erscheint, anstatt dass in dem Privatrecht der einzelne Mensch für sich Zweck ist, und jedes Rechtsverhältnis sich nur als Mittel auf sein Daseyn oder seine besonderen Zustände bezieht." (*System* I 23). So vermittelt er die beiden Bereiche zur Einheit als Recht. Freilich hat sein idealer Gegensatz keine scharfe reale Grenze, ganz im Gegensatz zu wirklich liberal gemeinten ähnlichen Konzeptionen etwa bei *Carl von Rotteck*.[43]

11. Savignys geschichtliche Stellung – Selbstständigkeit der Konzeption

127 Nach diesen Erklärungen lässt sich die eingangs gegebene Kurzbeschreibung (in Rn. 94) auflösen. Savignys vieldiskutierte **geschichtliche Stellung** ist heute in den alten und erst recht den neuen Quellen deutlich als **historisch-philosophische Doppelorientierung** in Grundfragen des Rechts fassbar. Er begründete damit eine selbstständige Konzeption neben bloß „empirischer", handwerklicher positiver Rechtskunde, abstraktem Naturrecht, philosophischem (hegelianischem) Vernunftrecht und skeptisch-forschender Rechtswissenschaft in Hugos Art – vier Strömungen, die bis heute bedeutsam sind.

128 Man kann diese seine Denkweise genauer definieren als die eines metaphysischen objektiven **Idealismus**.[44] Sie lässt sich so als grundlegender **Denktyp** fassen und einer bestimmten Logik in der Auffassung der normativen Welt zuordnen, der eine ganz andere gegenübersteht, insbesondere eine subjektiv-idealistische von Kant her. Doppe-

---

41 Zu diesem wichtigen Zusammenhang zwischen *System* § 15 und § 52 *Rückert* 1984 (Fn. 9) 364 ff.
42 In: Über den Zweck (wie Fn. 32) 3.
43 *Carl von Rotteck*, führender süddeutscher Liberaler und Staatsrechtler, siehe sein: Lehrbuch des Vernunftrechts und der Staatswissenschaften, Bd. 1, 1829, S. 102: „das Privatrecht ruht auf eigener Basis und ist dem Staat nur zum Schutz ... anvertraut; das öffentliche Recht aber geht erst hervor aus dem Staat ... Es ist also in jedem Falle bedingt ... während das Privatrecht ... unantastbar sowie unabhängig ist."
44 U.a. diesem Nachweis gilt meine Arbeit von 1984 (wie Fn. 9); definitorisch fixiert ist die Denkweise dort auf S. 240 f.

lung der Wirklichkeit und Rückbindung an eine objektive Idee stehen dann versus „bloß" empirische Eindeutigkeit der Wirklichkeit wie kritisch-begrenzte und eine methodische Vereinigung von Sein und Sollen steht versus methodische Trennung usw.[45]

Da diese grundsätzliche Deutungslinie hier als wesentlich betont wird, ist der Hinweis angebracht, dass sie überzogen werden kann. Denn je konkretere und neutralere juristische Fragen Savigny angeht, etwa Verjährungsprobleme, desto mehr tritt die Doppelung, d.h. die philosophisch-metaphysisch-notwendige Seite am Positiven zurück. Nicht alles Positive muss man prinzipiell und doppelt verankern. Auffallend und fruchtbar bleibt aber stets die systematische Anstrengung als solche, die Bemühung um Einheit in der Vielheit.

Das Stichwort **Doppelorientierung** liefert also einen entscheidenden **Schlüssel** für Savignys Gegenstands- und Methodenkonzeption. Mit ihm erschließen sich die unjuristischen Merkwürdigkeiten in seiner Juristensprache, einige Grundlagen seiner Wendung gegen Naturrecht und Gesetzgebungsideologie, das **Eigenständige** an seinem Gesetzesbegriff wie an seinem Ansatz bei der Auslegung, an seiner Methodenvorstellung, an seiner Wissenschaftsvorstellung und an weiteren juristischen Grundbegriffen – und die besondere Würde des Privatrechts. Par excellence ist es für ihn Recht kraft eigener, „innerer" Entwicklung der „natürlichen Freiheit" in ihren jeweiligen Vermittlungen, durch die interessierten Volkskreise selbst, unter Assistenz der Juristen.

Das Stichwort Doppelorientierung bewährt sich auch als **Inhaltsschlüssel**. Im Ganzen ist sein Recht nicht nur Privatrecht. Aber Savigny kommt dann zu ‚modernen', insoweit liberalen Konzepten, wenn er Probleme als primär „privat" begreift – vor allem im Kernbereich des Vermögensrechts. Umgekehrt lässt er im Familienrecht und bei Streitfragen wie „Urrechte" auf sich selbst (sprich: Grundrechte, Persönlichkeitsrechte) oder Juristische Person oder Selbstmordberechtigung das zweite, das allgemeine „sittliche Element" des Rechts dominieren und nicht das individuelle. Das Sittliche führt ihn, wie erwähnt, auch auf soziale Aufgaben im „öffentlichen Recht".

Ein **Prinzip für das Vorwalten** des einen oder anderen Aspekts, für ihr Verhältnis, wäre daher von großer Bedeutung für eine klare methodische, philosophische wie historisch-politische Charakteristik Savignys zwischen – um es grob anzudeuten – juristisch und philosophisch, kantianisch und nichtkantianisch, liberal und konservativ. Aber Savigny gibt dafür kein Prinzip an, so oft er das auch sonst tut. Er hält die Lage in der Schwebe. Das ist konsequent, weil die Lage selbst historisch bedingt ist. Daher findet er in solcher Fixierung auf höchster Ebene offenbar eine „Anmaßung" der „Theorie".[46] Konkret beruft er sich bisweilen auf eine nun einmal „durchgedrungene" Entwicklung oder eine „natürliche" Einsicht. Philosophisch-prinzipiell verhält er sich also vorsichtig. Diesem Innehalten des „historischen" Juristen vor dem Geist der Zeiten hielten dann Philosophen wie *Hegel, Gans, Marx, Kohler* u.a. ihre vermeintlich überlegenen Methoden und tieferen Einsichten in die Vernunft und *das* Recht in der Geschichte und Gegenwart entgegen – bis heute.

---

45 Konkreter durchgearbeitet ist das in *Rückert*, Das „gesunde Volksempfinden" – eine Erbschaft Savignys?, in ZRG GA 103 (1986) S. 199–247, hier 224–231; jetzt auch in *ders.*, Savigny-Studien, 2011.
46 Vgl. die Passage in *System* I 25: „Ich will nicht den Staat auf die Zwecke des Rechts beschränken [sc.: wie einige liberale Kantianer], ja die Theorie soll sich überhaupt nicht anmaßen, die Freiheit individueller Entwicklung [sc. der Völker] durch Aufstellung ausschließender Zwecke der Thätigkeit des Staats begränzen zu wollen."

133 Die schlichte Neugier zu den beiden Traditionszitaten in Sachen Auslegung (in Rn. 76) führte auf erhebliche Verwicklungen und hat eine nicht ganz kleine Antwortwelle zu den Bedingungen dieser heute erstarrten Zitate ausgelöst. Sie brachte die Erkenntnis, dass Savigny eine **gesetzesunabhängige Konzeption von Recht und Auslegung** ausgearbeitet, sehr grundsätzlich begründet und mit einer Fülle von Folgerungen durchdacht hat. Das zieht verschiedenste Gesetzeskritiker immer wieder an. Savigny hat hier Exemplarisches geleistet. Auch das erklärt die große Wirkung und die Dauerhaftigkeit der Zitate. Savignys Rechts- und Auslegungskonzeption weicht also von den heute herrschenden sehr entschieden ab. **Methode und Zivilrecht** haben in seinem Rechtsverständnis eine ganz eigenständige Rolle. Trotzdem finden die ‚modernen' Juristen im Verfassungs- und Gesetzesstaat offenbar noch buchstäblich Passendes bei Savigny. „Gesetzesauslegung" ist das die Zitate verbindende Geschäft, auch wenn „das Gesetz" noch so verschieden aussieht. Geben das die Texte wirklich her? Savignys bis jetzt ermittelte Position spricht dagegen.

134 Die Auslegungstexte Savignys müssen daher noch viel konkreter betrachtet werden. Das Original lehrt dann mehr und anderes als die isolierten Eingangszitate (Rn. 76) seiner zu *canones* erstarrten „Elemente". Zugleich wird dann klar, was Savigny eigentlich zu juristischer Methode und Zivilrecht bietet, während man beides im heutigen, enger praktischen Sinn aktualisiert und als dafür klassische Autorität versteht.

IV. Das Methoden-Original: Savignys Kapitel 4 über „Auslegung der Gesetze"

135 Wie erwähnt, behandelt Savigny das Thema im vierten Kapitel seines *„System des heutigen Römischen Rechts"* auf nicht weniger als 124 Seiten. Im Laufe der lebhaften Wirkungsgeschichte blieben davon nur sehr befangene oder missverstandene Fragmenttraditionen übrig. Selbst der unmittelbare Zusammenhang der Eingangszitate ging verloren. Dies ist umso bedauerlicher, als Savignys Text einer strengen Architektonik folgt, die in keiner einzigen Wiedergabe noch erkennbar ist. Ganz fehlerhafte Berichte sind daher die Regel. Der Klassiker wurde zum Fragment, zum postmodernen Schmuckzitat oder zum ganz falschen Zeugen. Das haben er und die Jurisprudenz nicht verdient. Also endlich ad Fontes, zu den Quellen!

136 Entgegen erstem Anschein ist immerhin die Anknüpfung der Methodenfrage an das eigentlich zu eng klingende Kapitel „Auslegung der Gesetze" richtig. Denn dort wird Auslegung allgemein als Methode für **alle Rechtsquellen** behandelt, nicht nur für das Gesetz als besonderer Fall. *Gesetz* ist für Savigny, wie gezeigt, nur eine Rechtsart unter anderen und Gesetzesauslegung nur eine Art von richtiger Auslegung überhaupt. Nur weil das prinzipiell ähnliche Auslegungsgeschäft „bei dem Gewohnheitsrecht und bei dem wissenschaftlichen Recht" von „einfacherer Natur" sei als bei „den Gesetzen, bei welchen gerade dieses Geschäft oft eine sehr verwickelte Natur hat", nur deswegen gilt das ganze Kapitel der „Auslegung der Gesetze" (*System* I 207) und wurde zum *pars pro toto* seiner Auslegungstheorie.

1. Die Architektonik in Savignys Dogmen zur „Auslegung der Gesetze"

137 Savignys Detail steht in einem konsequenten Rahmen wie schon ein Blick in sein Inhaltsverzeichnis zeigt (*System* I S. VII). Man kann in den 124 Seiten und 19 §§ sechs explizite **Hauptpunkte** und einen impliziten erkennen:

(1) Erstens wird in § 32 zunächst der **Begriff der Auslegung** umschrieben. Savigny zeigt, was er damit meint und nicht meint, grenzt es ab von authentischer und usueller Interpretation und bestimmt die Aufgabe der folgenden Abschnitte über Auslegung einzelner Gesetze (§§ 33–41) und Auslegung der Rechtsquellen im Ganzen (§§ 42–46).

(2) Nachdem er in den §§ 33–46 die Auslegungsprobleme sortiert und auf **Regeln** gebracht hat, berichtet er

(3) in §§ 47/48 über die „Aussprüche des **Römischen Rechts** über die Auslegung". Diesem ganz schlichten Bericht folgt

(4) ein eigener § 49 über „**Praktischer Wert** der Römischen Bestimmungen", d.h. die heutige Geltung der römischen Rechtsregeln über Auslegung. Deren ganz andere Konzeption wird betont und ihre Fortgeltung verneint.

(5) Fünftens folgt wiederum ein Bericht, in § 50, jetzt über die „**Ansichten der Neueren** von der Auslegung". Er stellt darin zusammenfassend Richtiges und Unrichtiges in der Literatur im Verhältnis zu seiner eigenen Untersuchung zusammen.

(6) Abschließend folgen in § 51 **zwei** Hauptpunkte, nämlich der Bericht zu „Aussprüche der **neueren Gesetzgebung** über die Auslegung", und

(7) ein letzter, nicht in der Überschrift ausgewiesener, wichtiger Abschnitt über die Frage „Was in unserer Lage und für unser Bedürfnis rätlich sei ..." (S. 329),[47] also eine kurze **rechtspolitische Erörterung** der zweckmäßigsten Maßnahmen für ein gutes institutionelles System der Rechtsanwendung in der Justiz.

Savigny umschreibt also 1. den Begriff und das Problem, 2. entwickelt er ausführlich die richtigen Regeln, 3. berichtet er historisch zum Römischen Recht, 4. behandelt er dessen heutige Geltung, 5. prüft er die aktuellen Meinungen, 6. berichtet er von den Auslegungsregeln neuerer Gesetzbücher und 7. schließt er eine rechtspolitische Würdigung an. Man muss den Reichtum und die Unterschiedlichkeit der behandelten Aspekte erkennen, um die einzelnen Passagen zu würdigen – eine wahrhaft umfassende und vorbildliche juristische Theoriebildung. Daher noch einmal:

Den Problemstandort, seinen Zusammenhang, wesentliche Gemeinsamkeiten und wesentliche allgemeine Irrtümer benennt Savigny im Eingangsabschnitt über den „Begriff der Auslegung". Dann entwickelt er die „Grundregeln" selbst, und zwar für die Rechtssätze als Einzelne und als Teile eines Ganzen – also zur „Auslegung einzelner Gesetze" (mit ihrer zeitgenössisch besonders wichtigen Anwendung für die „Auslegung der Justinianischen Gesetze" selbst, in Textkritik und Einzelauslegung) sowie zur „Auslegung der Rechtsquellen im Ganzen". Nachdem so die wesentlichen Regeln für die Einzel- und Gesamtperspektive selbstständig entwickelt und erprobt sind, misst er – jetzt erst – diese Ergebnisse an den „Aussprüchen des Römischen Rechts über die Auslegung" im *Corpus iuris* selbst, stellt Differenz fest und verwirft die juristisch-praktische Geltung dieser römischen Rechtssätze für seine Zeit. Ebenso streng sortiert er die „Ansichten der Neueren", d.h. die aktuell vertretene Dogmatik in Sachen Auslegung, und verwirft das meiste davon als unklar oder unrichtig. Den Abschluss bilden zwei wieder neue Aspekte: eine Art Rechtsvergleichung mit Blick auf die „neueren Gesetzbücher", also das preußische Allgemeine Landrecht von 1794, den französischen Code civil von 1804 und das österreichische Allgemeine Bürgerliche Gesetzbuch von 1811 (letztere beide heute noch in Geltung) und ein rechtspolitischer Ausblick. Savigny

---

47 Seitenzahlen aus *System* I 1840 im folg. Abschnitt so im Text.

entfaltet das Thema also in begrifflicher, analytischer und explizierender, in systematischer und detailbezogener, in historischer und aktuell-prüfender, in berichtender und juristisch-dogmatischer und in juristisch-vergleichender und rechtspolitischer Hinsicht – **in elf Perspektiven!** Eine ähnlich umfassende Bearbeitung gab es nicht und gibt es bis heute nicht. Bloß abstrakte, bloß philosophische oder bloß politische Sentenzen vermeidet er außerdem sichtlich. Kurz: vorbildlich.

140 Heutige Wiedergaben streifen meist **nur den Anfang** von alledem, d.h. den Eingangsabschnitt „Grundregeln" in § 33. Sie nehmen kaum die genauen Regelbildungen für spezifizierte Fallgruppen zur Kenntnis und nie, soweit ich sehe, die abschließende Kritik des praktisch damals Geltenden und die rechtspolitische Lösungsempfehlung. Sogar den entscheidenden weiten Gesetzesbegriff, von dem so viel abhängt, übersehen sie oft.[48] Damit verstellen sie sich den an sich recht leichten Zugang zu Savignys **leitenden Gesichtspunkten**, die zwar in den Eingangsabschnitten nicht fehlen, aber dort zu knappen Formeln verdichtet sind, die inzwischen oft gravierend missverstanden werden.

2. Missverständnisse

141 Man diskutiert z.B. über **objektive und subjektive Auslegung** bei Savigny, obgleich beide Stichworte bei ihm fehlen, und nicht nur den Worten nach. Das Problem stellt sich bei seinen Prämissen über den Gegenstand des Rechts und Gesetzesbegriff gar nicht.[49]

142 Oder es vermissen viele eine Äußerung darüber, welches Auslegungselement den **Vorrang** habe. Aber Savigny stellt sich dieses Problem bei der Formulierung der Elemente ausdrücklich nicht – und nicht, weil er es nicht sähe. Vielmehr formuliert er die Elemente nur für den Umgang mit einem „gesunden Zustand des Gesetzes" (S. 222). Der bei ihm ganz wesentliche Unterschied zur Auslegung bei „mangelhaftem Zustand" (S. 222 ff.) wird nicht beachtet. Was bedeutet dieser Unterschied?

3. Auslegung bei „gesundem Zustand" des Gesetzestextes

143 Savigny meint damit den Fall, „daß der Ausdruck einen in sich vollendeten Gedanken darstellt, und kein Umstand vorhanden ist, der uns hindert, diesen Gedanken als den wahren Inhalt des Gesetzes anzuerkennen" (S. 222). Erst in den §§ 35–37 behandelt er die „Auslegung mangelhafter Gesetze" (so die Überschrift), d.h. „die schwierigeren Fälle mangelhafter Gesetze ... und die Hilfsmittel ... wodurch diese Schwierigkeiten beseitigt werden können" (S. 222). **Hier erst** geht es um die beiden „an sich denkbaren Fälle solcher mangelhaften Gesetze ...: I. Unbestimmter Ausdruck, der also überhaupt

---

48 Statt vieler sei die offenbar schon wieder ‚klassische' Art genannt, mit der Savigny und die Probleme erledigt werden bei *M.R. Deckert*, Die Methodik der Gesetzesauslegung, in JURA 1994, 412–419. Savigny erscheint hier mit den *canones* – nur mit ihnen und nur mit *System* § 33/S. 212 f. Leichte Irritationen aus der Originallektüre bleiben folgenlos (vgl. dort Fn. 9). Mit diesem fragmentierten Savigny steht dann sogar *Larenz'* Methodenlehre von 1960 – doch etwas merkwürdig – in einer Kontinuitätslinie! Solche Eintopf-Darstellungen sind historisch wie dogmatisch gleichermaßen falsch und wertlos. Selbst eine dezidiert klare Darstellung wie die von *H.H. Jakobs*, Wissenschaft und Gesetzgebung im bürgerlichen Recht nach der Rechtsquellenlehre des 19. Jahrhunderts, Paderborn 1983, hier 115 f. zu Auslegung, oder die breite Einbettung bei *R. Ogorek*, Richterkönig oder Subsumtionsautomat? Zur Justiztheorie im 19. Jahrhundert, Frankfurt am Main 1986, hier 149 f., 175, konnten daran nichts ändern – man liest nur und ausgerechnet *Larenz* (Methodenlehre der Rechtswissenschaft, 1960 u. ö.; dazu oben Rn. 5 ff.), auch wenn man über Auslegung bei Savigny schreibt und Savigny lesen sollte.

49 Vgl. oben bei Rn. 97, 99 ff., und *Rückert* 1984 (wie Fn. 9) 354 f.

auf keinen vollendeten Gedanken führt. II. Unrichtiger Ausdruck, indem der von ihm unmittelbar bezeichnete Gedanke von dem wirklichen Gedanken des Gesetzes verschieden ist." (S. 222) Beim „**gesunden Zustand**" des Gesetzes-Textes stehen Ausdruck und Gedanke also in **Harmonie**, folglich gibt es kein eigentliches Erkenntnis- und Loyalitätsproblem. Man braucht nur Regeln für „sichere und vollständige Einsicht in den Inhalt des Gesetzes" (S. 213) – das und nur das sollen die bekannten vier Elemente der grammatischen, logischen, historischen und systematischen Auslegung leisten, „die vereinigt wirken müssen, wenn die Auslegung gelingen soll" (S. 215). Nur hier also sind die sog. *canones* allein relevant. Sie richten sich vor allem dagegen, dass man damals Auslegung bloß als ein Problem „dunkler" Gesetzesstellen sah. Das war für Savignys allgemeinere Theorie zu eng.

Warum hier **vier statt drei Elemente** wie zur Wissenschaft des römischen Rechts (oder nur zwei wie zur Rechtswissenschaft generell)?[50] So ist es, weil bei der Gesetzesauslegung das „**logische**" **Element** hinzukommt. Gesetze stellen zwar nur Rechtsverhältnisse fest, aber in Form bewusst formulierter Gedanken mit meist logischer Ordnung als „Gedankenreihe" (so 1809) oder „als logisches Ganzes für sich" (1811), zuletzt als „logisches Verhältnis, in welchem die einzelnen Theile zueinander stehen"(1840)[51] – *systematisch* meint dagegen den „inneren Zusammenhang, welcher alle Rechtsinstitute und Rechtsregeln zu einer großen Einheit verknüpft" (S. 213, zitiert in Rn. 76).

4. Auslegung bei „mangelhaftem Zustand" des Gesetzestextes

Ganz anders steht die Sache bei **mangelhaftem Gesetzesausdruck**, d.h. bei „unbestimmtem Ausdruck, der also überhaupt auf keinen vollendeten Gedanken führt" oder bei „unrichtigem Ausdruck" (S. 222). Heute redet man meist nur für diese Fälle von „Auslegung". Man ist aus Savignys allgemeiner Hermeneutik wieder zurückgefallen auf die Auslegung bloß für dunkle Stellen (Rn. 99). Für Savignys mangelhafte Fälle liegen die Hilfsmittel aber gerade nicht in den vier Elementen, wie man meist unterstellt, sondern in **dreierlei**: dem inneren Zusammenhang der Gesetzgebung, dem Zusammenhang des Gesetzes mit seinem Grunde und dem inneren Wert des aus der Auslegung hervorgehenden Inhalts, also, mit heutigen freilich ungenaueren Worten: im systematischen Gesamtzusammenhang, im gesetzgeberischen Grund und Zweck und schließlich im inneren Wert des Resultats, d.h. einer Art Folgenerwägung. Hier spricht Savigny dann auch ganz entschieden von einer „Stufenfolge" der „Hilfsmittel" (S. 225, vgl. 228) und er unterscheidet mehr oder weniger „bedenkliche" Mittel (S. 232, 233, 238). Er bildet **Hierarchien,** also die vermisste **Rangfolge**! Hier findet man auch den heute so beliebten Gesetzeszweck, das **Telos** (S. 228) mehrfach erwogen und kritisch beurteilt, weil man damit so leicht einen „Geist" illoyal gegen den „Buchstaben" des Gesetzes kehren kann. Alles bis heute Wesentliche ist damit gesagt.

Dieses Resultat entwickelt Savigny zunächst für die Auslegung mangelhafter Gesetzestexte im Einzelnen, sodann analog für die Auslegung der **Rechtsquellen im Ganzen**. Damit meint er das uns fremd gewordene, interessante Problem von **Widersprüchen** nicht bloß einzelner Gesetzestexte, sondern ganzer Quellenschichten, wie etwa der Corpus-iuris-internen Textklassen mit womöglich unterschiedlicher juristischer Bedeutung wie Institutionen, Codex, Digesten, Novellen, und seitdem hinzugekommener

---

50 Dazu oben Rn. 102 und 110.
51 Bei *Mazzacane* (wie Fn. 10) S. 140/39 v, 176/174 r; *System* I 214.

Textklassen wie kanonisches Recht, Reichsgesetze, wissenschaftlich entstandenes Gewohnheitsrecht und Gerichtsgebrauch (S. 264). Auch hier können Widersprüche und Unvollständigkeiten bzw. Lücken vorliegen. Auch dazu klassifiziert Savigny die Probleme sorgfältig und gibt hierarchische Regeln soweit irgend möglich (vgl. S. 266 contra *J.H. Böhmer*). Im Zeitalter der nachkodifikatorischen Mehrebenen-Jurisprudenz im europäischen Zusammenhang oder eines globalen Rechtspluralismus liegen solche Probleme wieder nicht mehr so fern. Mit besonderer Umsicht bezeichnet Savigny schließlich stets die Grenzen seiner Regeln, also ihre unvermeidlichen Unschärfen und „mancherlei allmälige Übergänge" (S. 240) seiner Fallgruppen.

147 Von einem „**Rechnen mit Begriffen**", das man ihm gerne als begriffsjuristische Verirrung vorhält, ist nirgends die Rede. Die einzige Äußerung dazu fällt in anderem Zusammenhang und in anderem Sinn. Das Bild meint nur eine Sicherheit *ähnlich* wie in der Mathematik, nicht ein Rechnen.[52]

5. Was bleibt? – verfassungsnormativer Zusammenhang, alternative Problemverortung

148 Die Benennung von Missverständnissen und Befangenheiten ergibt noch keine bleibenden Einsichten. Wenn jedoch Savignys unverwüstliche *canones*, besser Elemente, gerade **nicht** für die Fälle formuliert sind, für die man sie heute gerne beansprucht, wenn die Kritik wegen fehlender Teleologie, fehlender Vorrangregeln und fehlender Präzision von vornehrein ins Leere geht, dann wären Savignys **wirklich leitende Gesichtspunkte** bei der Aspektvielfalt und Gründlichkeit seiner Arbeitsweise erst einmal von Interesse und vielleicht von Gewicht. Aber worin liegen sie? Das wird kaum einmal beachtet oder gar hervorgehoben. Zu verführerisch ist die einmal etablierte Polemik.

149 Unter dem Gesichtspunkt zivilrechtlicher Methodik interessiert weniger, dass Savigny eine Verbindung zur allgemeinen geisteswissenschaftlichen **Hermeneutik** (seit *Schleiermacher*) hält, dass er jede Rechtsanwendung als wissenschaftliche, geistige Tätigkeit betrachtet, oder dass für ihn alle Auslegung in einem grundsätzlichen Sinne „**Kunst**" ist, die nicht vollständig auf Regeln gebracht werden kann. Die heute und seit langem vieldiskutierten erkenntnistheoretischen und hermeneutisch-philosophischen Probleme juristischer Erkenntnis des Gesetzes, vor allem ihres volitiven Elements, interessieren Savigny nicht besonders. Vermutlich und mit Recht sah er darin kein Hauptproblem, da eine Art reine, nur logische juristische Erkenntnis ihm ohnehin nicht erreichbar schien (mit Kants *Kritik der Urteilskraft*). Wichtiger nahm er mit Recht, welche **Blickrichtung** beim Auslegen einzuschlagen ist und **welche Loyalität** herrschen soll. Das Volitive musste ihn nicht so beunruhigen, da es ihm, wie gezeigt, nie um unbedingte Bindung an das Gesetz als Gesetzgeberwort ging, sondern um das Gesetz als Ausdruck „wirklichen" Rechts des rechtsbildenden Volkes in der „technischen" Form der Jurisprudenz (Rn. 121). Am besten wurde man dieses Rechts aber gewiss durch Arbeit in fester „Tradition" – sei es deutsch-wissenschaftlich-prinzipieller oder englisch-empirisch-kasuistischer.[53] Das führt auf das eigentlich Faszinierende am wieder einmal völlig unbekannten Savigny.

---

52 Zu den (Fehl-) Deutungen *Rückert* 1984 (wie Fn. 9) 374 f. Die Stelle lautet: „hat ihr ganzes Verfahren [das der römischen Juristen] eine Sicherheit, wie sie sich sonst außer der Mathematik nicht findet, und man kann ohne Uebertreibung sagen, daß sie mit ihren Begriffen rechnen" (*Beruf* 29/*Stern* 88).
53 So Savignys Hinweis in *Pandecteneinleitung* 1821 (bei *Mazzacane* S. 198/81 r); genauer zu England unten Rn. 1314 ff.

Verblüffend und aktuell aufschlussreich, zumal angesichts der dazu völlig schweigenden Wirkungsgeschichte, erscheint nämlich sein klar **verfassungsnormatives und verfassungspolitisches Bewusstsein** in diesen Methodenfragen. Dazu bedurfte es keiner geschriebenen Verfassung, die es ja in Savignys Preußen und Deutschem Bund nicht gab. Die römisch-rechtlichen Auslegungsregeln haben für ihn von Verfassungs wegen keine Gültigkeit mehr, und zwar weder für den Juristenstand im allgemeinen noch für die richterliche Tätigkeit, weil es sich um ein „Stück des öffentlichen Rechts" handelt, „dessen heutige Anwendbarkeit schon nach allgemeinen Grundsätzen"(S. 316) zu verneinen ist. *Justinians* spezielle Verordnungen aus dem 6. Jahrhundert, sagten nämlich „ganz deutlich, wie wir auslegen sollen, nämlich gar nicht. Gerade diese wichtigste Regel aber können wir als Gesetz aus zwei Gründen nicht anerkennen"(S. 314), zum einen wegen der staatsrechtlichen Natur der Verordnungen, zum anderen, weil inzwischen die Durchführung solcher Auslegungsverbote selbst bezüglich der Richter völlig unmöglich sei. Das Staatsrecht gehöre eben „überhaupt nicht unter die rezipierten Teile des fremden Rechts" (S. 165 mit 316).

150

Savigny fixiert damit zweierlei kritisch, jegliche Gesetzgebungsideologie einerseits, aber auch eine völlig freie Stellung der Juristen. Zum einen verwirft er das justinianische Extrem des **Verbots** jeder freien juristischen Geistestätigkeit gegenüber dem Gesetz, das in unnachsichtiger Gesetzgebungsideologie nur noch ein mechanisches Auslegungsverfahren erlaube (S. 305). Das ähnliche preußische Beispiel des ALR mit Kommentierverbot und *référé législatif* von 1794 lag ihm ohnehin nahe – auf S. 328 beschreibt er es, gemäß seinem erwähnten Programm.[54] Zugleich zeigt er anschaulich, dass umgekehrt auch die ganz gegensätzliche „**freie Stellung** des Juristenstandes" (S. 299) *vor* Justinians Zeit nicht mehr der heutigen Verfassung entspreche. Das Wort „Verfassung" fällt ebenso ausdrücklich (S. 302, 300) wie der Bezug zur Gewaltenteilung, besser Nicht-Gewaltenteilung (S. 302, 305), benannt wird. Gegenüber den lehrreich genutzten römischen Extremen von Bindung und Freiheit der Auslegung erweist sich ihm die aktuelle Verfassungslage von 1840 als Mittellage. Die wahre und die reine Auslegung sind danach erlaubt, dem wissenschaftlichen Juristen wie dem Richter und dem Einzelnen im Privatrecht. Umbildung oder „Fortbildung" (so Savigny meistens) oder Abänderung oder Verbesserung der Gesetze sind dagegen nicht erlaubt – eine schlicht rechtsstaatliche Lösung.

151

Wichtig ist auch der normative Ort dieser Regeln. Sie haben ihn im „öffentlichen Recht", wie Savigny betont (S. 313 in der Fn.), mit heutigen Worten in einer **verfassungsnormativen Regel**. Darin liegt ein entscheidender Gesichtspunkt an sich und für die ganze Richtung. Denn in dieser Regel gründet auch Savignys konsequentes Eintreten für möglichste **Sicherheit, Gewissheit und Bestimmtheit** als Ziel und Richtpunkt jeder Auslegung. Das reicht von der Grundformel für Auslegen als Sicherung der Rechtsverhältnisse „gegen Irrthum und Willkür" und als Mittel „sicherer und vollständiger Einsicht" (S. 212 f.) über das Ziel „sicherer Rechtskenntnis" durch Auslegen (S. 216) und über die häufige Kritik an „zurück bleibender Ungewißheit" (S. 238) bei falschen Regeln bis zu der Formulierung des allgemeinen Ziels „Erwerbung eines reinen Resultates an sicheren Rechtsregeln" (S. 241). Auf dem Wege der Auslegung will er durch „geistige Anstrengung so viel als möglich" den Nachteil ersetzen, dass das Recht im Kulturzustand der hochgradigen Arbeitsteilung nicht mehr in „unmittelbarer Ge-

152

---

54 Siehe oben Rn. 137.

wißheit" miterlebt werden könne, sondern in ein „politisches" und „technisches" Element zerfalle.⁵⁵

153 Die **Rechtsquellen**, also auch die Gesetze und zumal die Juristen als Organe des Volkslebens, müssen „die Stelle des Mitlebens mit dem Volke ... vertreten" (S. 241). Ganz gemäß seiner oben erklärten Rechtskonzeption geht es also nicht um Gesetzesverständnis per se, sondern um sicheres Erfassen bestehender Rechtsverhältnisse **anhand des Gesetzes** als **untergeordneter Rechtsquelle**. Bearbeitung des „Technischen" heißt Fortsetzung der „politischen" Arbeit des „Volkslebens" (*Beruf* 12) für das unermessliche Detail der arbeitsteiligen „Cultur". Auch den echten Lückenfall, „wenn ein neues, bisher unbekanntes Rechtsverhältnis erscheint", will er daher nicht aus subsidiärem Naturrecht, sondern per Analogie letztlich doch aus dem positiven Recht selbst lösen (S. 290 f.). Auch hier schaffen nicht erst die Juristen die Regel. Viel von der heutigen Leasing-Dogmatik wäre dafür ein Beispiel. In dieser Linie zieht Savigny ganz ähnlich wie der zeitgenössisch französische und der moderne **Verfassungsstaat** seiner Zeit eine energische Trennlinie zwischen wahrer, loyaler Auslegung und politisierender Gesetzesverbesserung. Die Produktion von Rechts-Ungewissheiten bedeutet für ihn immer schon die Gefahr illoyaler und sogar unsichtbarer Umbildungen.

154 Da sich Savigny aber vollständig darüber im Klaren ist, dass bei aller Kenntnis und Loyalität „im Einzelnen die Grenze zwischen reiner Auslegung und eigentlicher **Fortbildung des Rechts** oft sehr zweifelhaft sein kann" (S. 329 f.), empfiehlt er abschließend eine **institutionelle Lösung** für die unklaren, schwierigen Fälle. Es sei dafür „wünschenswert, dass irgendeine hochstehende Gewalt vorhanden sei, in welcher beide Befugnisse [sc. Auslegung und Fortbildung] vereinigt angetroffen werden, und deren Tätigkeit daher durch die Zweifel über jene Grenze nicht gehemmt sein möge." Er empfiehlt für „das Recht dieser freyer waltenden Auslegung" abschließend einen **höchsten Gerichtshof**, der

> „eine ähnliche Stellung wie der Französische Cassationshof einnähme. Dieser würde dann einen ähnlichen Einfluß ausüben, und für die Rechtspflege ähnliche Vortheile darbieten, wie im alten Rom der Prätor und die Juristen, so daß ihm diejenige ausdehnende und einschränkende Auslegung besonders verliehen wäre, welche oben als ein dem reinen Richteramt nicht zukommendes Verfahren aus dem Gebiete wahrer Auslegung verwiesen werden mußte." (S. 330)

155 Die Rolle von Kassationshof, Prätor und römischen Juristen im alten Rom hatte er zuvor erläutert. Wenn Savigny also Auslegung als grundsätzlich „freie" Geistestätigkeit (S. 210 f., 329 f.) mit Richtung auf das „wirkliche" Recht festhält und unterstützt, so liegt darin auch eine verfassungspolitische und quasi **verfassungsrechtliche Option**. Sie läuft sachlich parallel mit der oben erklärten Konzeption von einem Recht, das nicht primär vom Gesetzgeber gesetzt wird und einer Auslegung, die sich nicht am Gesetzesbefehl erschöpft.⁵⁶ Das klingt **fast demokratisch**? Doch es soll nur für das Recht gelten wie es die Juristen für das Volk „technisch" ausbilden. Das politisch organisierte Volk in Ständen und Parlamenten meint er damit nicht. Das positive Recht entsteht für ihn nicht dort, sondern „unsichtbar" im „gemeinsamen Bewußtseyn des Volkes" (*System* I

---

55 *System* I 241 und näher *Beruf* 12 (*Stern* 78). Sehr betont dies *Jakobs* (wie Fn. 48) 41 f. u. ö., wobei nur etwas zurücktritt, dass „technisch" eine Restgröße zu „politisch" ist (das, was nicht schon im Volksleben entschieden wurde), also doch kein so sicherer Platz für die Juristen und das Recht.
56 Siehe oben Teil III 2 (bei Fn. 18 ff.), Rn. 96 ff.

14). Dieses ist zwar „Subject des Rechts" (I 14, 20), aber als „natürliche Einheit" (I 20, auch 31), nicht als politisch „organisierte Versammlung" (I 30), nicht aus der „Willkür der Einzelnen" (I 14). Das hat eine demokratische Farbe, aber einen nur sehr unbestimmten, immerhin zukunftsoffenen Kern.

Die **alternative Problemverortung** für juristische Auslegung und Fortbildung (nicht nur für dunkle Stellen; institutionell gegliedert), die Savigny damit erreicht hatte, ging bald wieder verloren. Von allgemeiner Hermeneutik und Verfassungscharakter der Regeln war bald keine Rede mehr. Langweilend entschärft stehen die Traditionszitate nun ohne diesen brisanten Kontext in den Büchern. Es gibt für Savigny keine juristische Methode per se oder a priori (nur „Elemente") und auch keine zivilrechtliche Methode per se; aber das bedeutet nicht, dass sie einfach durch Gesetzesbefehle, gesellschaftliche Normen, Politik, Ökonomie oder andere wertbildende Faktoren zu ersetzen wäre. Sie wirkt als Kunstlehre, die rechtliche Sicherheit nicht garantiert, aber schaffen und sichern soll. Savignys philosophische, „natürlich" objektive Einbettung gab ihr die besondere Aura, der Verfassungsbezug sicherte das Konzept ab.

Der **verfassungsnormative Zusammenhang** des Rechts der Rechtsbildung durch Gesetze, Richter, Juristen und die Rechtsgenossen selbst ist wesentlich und zukunftsträchtig. Er verweist für Savigny zwar nicht bloß auf den Gesetzesbefehl. Aber er hat mit seiner Analyse und Empfehlung recht behalten und den Verfassungszusammenhang in der Sache bereits bedacht. Seine Empfehlungen für Auslegung als „Kunst", nicht als Begriffsmechanik (S. 211), und ihre regelmäßige Sättigung mit den vier bekannten Kanoneselementen gefallen daher bis heute als weise und unprätentiös prägnant und sind deswegen so erstaunlich wirkungsreich. Erst recht gilt das, wenn man seine Elemente-Empfehlung richtig und loyal verwendet, also wie gezeigt nur für den „gesunden Zustand" der Gesetze und nicht für den „mangelhaften".[57]

Zugleich findet man Belehrung über unsere fortdauernden Probleme. Denn für einen **mangelhaften Zustand** der Gesetzesausdrucksweise, also für unser Hauptdiskussionsfeld, gab Savigny viel strengere, **zusätzliche, im Kern rechtstaatliche Regeln. Sie wurden** bemerkenswert schnell beiseite gelegt. Sie passten immer weniger in die aufkommende Konjunktur des Gesetzes als bloße Setzung statt als Feststellung der vorhandenen Rechtsverhältnisse und widerstrebten auch der zunehmenden Konjunktur des Richterrechts. Savignys strenge Unterscheidung von „wahrer Auslegung" und Gesetzesverbesserung bzw. „Umbildung", oder milder noch „Fortbildung", war eine im werdenden Verfassungsstaat notwendige Klassifikation zur Wahrung der Gewaltenteilung, des Parlamentsvorrangs und der Rechtsgewissheit. Das erkannte er. Seine institutionelle Empfehlung für die unvermeidlichen Übergangsfälle ist heute nahezu verwirklicht. In Gestalt der richterlich und erst recht der faktisch anerkannten Rechtsfortbildungskompetenz der obersten Gerichte und gar des Verfassungsgerichts wird sie praktiziert – und freilich de facto schon wieder weit überschritten über Savignys „schwierige" Fälle hinaus. Doppelte Belehrung also, für Chancen und Gefahren.

Klar dürfte geworden sein: Savignys grundlegendes Anliegen waren nicht Auslegung und Richterrecht oder Gesetzesrecht oder Juristenrecht oder Volksrecht aus Volksgeist per se, sondern **möglichste Rechtsgewissheit**. Sehr klar bleibt dabei die stete Mahnung, **Rechtsfortbildung** könne entgegen ihrem guten Sinn zur Plage werden. Wenn sie nicht mehr nur der Schließung wahrer und unvermeidlicher Übergangsbereiche zwischen

---

57 Dazu oben Teil IV 3.4 (nach Fn. 49), Rn. 143 ff.

loyaler Textauslegung und Defiziten der Texte selbst (nach Ausdruck und Gedanke, nicht nach Wertentscheidung) dient, sondern sich zur lockeren, ‚rechtsbessernden' Fortbildung verselbstständigt, so produziert sie in dieser Rolle gerade diejenige Unsicherheit und Rechtsungewissheit, die vor allem vermieden werden sollte. Dieser Aspekt ergibt noch zwei wesentliche Zusammenhänge und lohnt kurze Vertiefung.

6. Sicherheit und Gewissheit des Rechts als Auslegungsaufgabe – Zivilrecht und Strafrecht

160 Obwohl Savigny aus einer in vielen Beziehungen nicht voll vergleichbaren Verfassungslage heraus argumentiert, bleibt seine **Problemverortung** und **-lösung** lehrreich. Seine Richter waren zwar königliche und persönlich nicht voll unabhängig, sein rezipiertes römisches Recht war nicht als abschließende Kodifikation rezipiert, eine geschriebene Verfassung gab es wenigstens in Preußen nicht, dogmatische Rechtswissenschaft war angesichts der noch fragmentarischen Gesetzeswelt vor BGB, HGB, StGB, gar GG, Verwaltungsrecht, Sozialrecht usw. ein unentbehrlicher Rechtsklärungs- und -erzeugungsfaktor. Aber die alte Frage, in welchem Sinne es bei der Auslegung vor allem um Sicherheit des Rechts, um Gewissheit und Bestimmtheit gehen soll, stellte sich bereits voll. Seine Konzeption bietet daher nach wie vor lehrreiche Antworten, besonders wenn man auf die Rechtsbereiche achtet, um die es jeweils geht.

161 Bei den Römern und den römischen Juristen hatte Savigny, wie soeben erwähnt, noch „alle Vorteile der Anschaulichkeit und unmittelbaren Gewissheit, die aus dem Mitleben mit dem Volke, worin ein Recht entstand, hervorgehen können" (S. 241), gefunden. Sie hatten ja auch an konkreten Fällen ihre Argumente und Regeln entwickelt. Dieses Muster entspricht seiner Konzeption von Auslegung als Findung eines wirklichen Rechts statt bloßer Gesetzesphilologie. Er passt für das wie selbstverständlich vor allem als **Privatrecht** betrachtete rezipierte römische Recht, das für Savigny im Mittelpunkt steht.[58] Passt es auch ganz allgemein als Auslegungstheorie?

162 Besonders aufschlußreich ist dafür eine briefliche Stellungnahme[59] Savignys zu Georg Beselers brisant politischem Vorschlag von 1843 in dessen berühmter Schrift **Volksrecht und Juristenrecht:** Man solle Schöffengerichte mit Laien einrichten, statt Juristengerichte. „Mit dem Vorschlag der Schöffengerichte" könne er, so Savigny, „von keiner Seite übereinstimmen". Die „angebliche Mißstimmung des Volkes" gegen die Juristengerichte sei „seinen Wahrnehmungen völlig entgegen". Sie widerspreche auch deren hoher Achtung in Frankreich, allenfalls sei Öffentlichkeit der Verhandlungen notwendig. Die Behauptung einer besonderen richterlichen Abhängigkeit in politischen Prozessen werde durch die preußische „Erfahrung, besonders aus der Demagogenzeit,[60] entschieden widerlegt. Daß die Juristen dem Leben besonders entfremdet" seien, sei eine „ganz willkürliche Annahme ...". Die Wahlerfahrungen zu den Laienrichtern in England und Frankreich belegten das „Trügerische dieser Garantie tausendfach", auch fehle in Deutschland ohnehin ein „zahlreicher Stand von Leuten unabhängigen Vermögens". Beselers Bild von der rheinisch-preußischen Gerichtsverfassung sei „ganz

---

58 Vgl. auch die Texte der Pandecteneinleitungen bei *Mazzacane* (wie Fn. 10), 148/46 r (1809), 175/173 r (1811), 202/84 v (1825); nicht anders wohl auch 139/38 r (1809); zum Staatsrecht oben Rn. 150.
59 Brief vom 13.10.1843, Tag der sog. Völkerschlacht 1813 übrigens, abgedruckt in *G. Beseler*, Erlebtes und Erstrebtes, Berlin 1884, Anlage 7; auch bei *A. Stoll*, Friedrich Karl von Savigny ..., Bd. 3, 1939, S. 60–62.
60 Gemeint sind die politischen Prozesse nach 1819 und 1832 gegen Burschenschafter, Professoren und andere.

unrichtig ...", besonders auch quantitativ, da die Schöffengerichte nur höchst selten angerufen würden. Die Erfahrungen mit den Geschworenen sprächen nicht für eine „größere Zuverlässigkeit der Schöffen" gegenüber Juristengerichten. Die Geschworenen zeigten sich in Frankreich wie England nicht selten von „politischen Leidenschaften und Vorurtheilen theils angesteckt und beherrscht, theils eingeschüchtert". Sie sprächen nicht selten frei, „weil sie das Gesetz mißbilligen", übten also „im Widerspruch mit ihrem Auftrag und Eid ein Begnadigungsrecht aus. Dieses Alles würden Beamtenrichter niemals thun." Auch sei „die Verbannung der Rechtsmittel ... höchst gefährlich".

Savigny argumentiert also mit der größeren rechtlichen Zuverlässigkeit der Juristenrichter, die in der Tat noch Beamte waren, für Rechtssicherheit und Rechtsgewissheit. Die Lebensnähe zum „wirklichen" Recht scheint ihm plötzlich weniger wichtig zu sein. 163

Man wird seine Einwände gegen die rechtliche Zuverlässigkeit von Schöffenrichtern **nicht als reaktionäre Vorurteile** abtun können. Savigny war in alledem als Mitglied des Staatsrats, Richter am Rheinischen Kassations- und Revisionsgerichtshof, Rechtslehrer und durch eifrige Briefkontakte bestens informiert, auch von kritischer Seite.[61] Vielmehr sieht man hier einmal den sorgfältig vergleichend und konkret erwogenen argumentativen Hintergrund so knapper Dogmatisierungen wie seiner Sätze über „Volk" als Rechtsquelle (*System* I 14 und 18 ff.). Zu einem irgendwie **unmittelbar** politisch-juristischen „Volk", sei es in der Gesetzgebung, sei es als Schöffenrichter durch Volkswahlen, hatte er kein Vertrauen. Er hatte bekanntlich das Volk nur als Naturganzes, als „natürliches Volk", kulturellen Faktor und allgemeine Legitimation in seine allgemeine Rechtslehre eingebaut. Das wirkte 1814 vor allem als Sperre gegen Gesetzes- und Vernunfthybris (*System* I 30 f.) von monarchischen Gesetzgebern, bürokratischen Doktrinären und wenig realistischen Reformprofessoren wie Thibaut, aber auch gegen Gesetzestyrannei der Volksvertretung ohne König wie in Frankreich nach 1789. Andererseits wollte Savigny in seiner Anerkennung und Propagierung eines „wissenschaftlichen Rechts" und der Sicherheit der wissenschaftlichen „Tradition" (Rn. 149) keine „unbefugte Anmaßung der Juristen" gegenüber dem Volksrecht finden (*System* I 48 f.). Er wiederholte dies gegenüber Beseler. Denn: „Dieser Vorwurf könnte nur dann gegründet seyn, wenn die Juristen einen geschlossenen Stand bilden wollten". Es könne aber jeder Jurist werden, „der die nöthige Kraft darauf wendet" (*System* I 48 f.). Er sieht also sehr klar das Standesproblem der Profession. Im letzten Punkt mögen 1843 fromme Täuschungen über die Realitäten sozialer Mobilität mitgespielt haben – erforscht ist das kaum. Immerhin haben wir nicht wenige prominente Aufsteigerfälle wie etwa die Savigny-Schüler, Chr. Fr. Koch, auch die Gebrüder Grimm und A.W. Rudorff.[62] Jedenfalls enthalten beide Aspekte, die Frage der rechtlichen Zuverlässigkeit der Schöffen und die des Volksbegriffs und der Lebensfremdheit der Juristen, einen überaus wesentlichen Zusammenhang zum Anliegen der Rechtsgewissheit und Rechtsfundierung. 164

---

61 Vgl. oben den Lebensumriss, Rn. 86–90; und jetzt der chronologische Anhang „Lebensspuren Savignys" (wie Fn. 13) mit allen äußeren Daten (Lebenslauf, Schriften, Vorlesungen, Ämter und Amtsthemen, Gutachten, und einigen Portraits und Quellentexten).

62 Über diesen als Richter und Schriftsteller erfolgreichen Schustersohn *J. Rückert*, Christian Friedrich Koch, in: Neue Deutsche Biographie, Bd. 12, 1980, S. 257–260; die Grimms waren arme Amtsmannskinder, A.A.F. Rudorff ein Advokatensohn.

165 Besonders gilt das für das private Vermögensrecht. Die soeben erklärte „Sperre" gegen allgemeine Gesetzes- und Vernunfthybris aus dem begrenzten Volksbegriff wirkte nämlich im **Privatrecht** und besonders im reinen Vermögensrecht des Schuld- und Sachenrechts (also i.W. außerhalb des Familien- und Erbrechts) gar **nicht**. Sie war **funktionslos**, denn hier konnte und durfte das **rechtsinteressierte** „**Volk**" ohnehin i.W. selbst kraft Verträgen seine Rechtsverhältnisse bilden. Privatrecht war dispositiv und wenig geregelt, weniger als heute. Ebenso konnte man im Privatrecht die Juristen wenigstens damals kaum als besonders lebensfremd ansehen. Auch die Professoren waren mehr als heute meist zugleich praktisch tätig.[63] So gesehen fällt auf, dass Savigny die Frage der rechtlichen Zuverlässigkeit der Schöffen und ihrer besonderen Nähe zum lebenden Recht in einem **Strafrechtszusammenhang** stellt. Obwohl Beseler Zivil- und Strafgerichte diskutiert, nimmt Savigny hier nur die Strafrechtsseite auf. Das verändert die verfassungsnormative Lage. Für das Strafrecht hatte er nämlich sogar Gesetzgebung begrüßt, „nämlich als Schutz für die Freiheit" – das wird meist völlig übersehen. Wir wissen dies vor allem aus seiner noch ungedruckten privaten Strafrechtsvorlesung für den preußischen Kronprinzen von 1816/17.[64] Dieser anderen Freiheitsfunktion wegen kam es im Strafrecht mehr auf die rechtliche Zuverlässigkeit zum Gesetz an als auf eine Lebensnähe zu einem lebenden Volks-Strafrecht – was immer auch das wäre. Damit ist ein weiterer Kernpunkt von Verfassungsbedeutung erreicht.

166 Die Rechtsbereiche haben eine verschiedene Freiheitsfunktion: Das **Privatrecht** war freiheitsoffen, das **Strafrecht** freiheitsschützend konzipiert. Die Aufgabe der Auslegung nimmt eine unterschiedliche Richtung wegen der unterschiedlichen Funktion der Regeln. Das modifiziert auch die Justizfragen und anderes mehr – aber gemeinsam bleibt das Freiheitsinteresse. Das ergibt einen letzten wesentlichen Aspekt von Savignys Konzeption bei Auslegung.

7. Der Ansatz beim Individuum – Privatrecht als spontane Ordnung

167 Nicht mehr überraschend eröffnet Savigny sein Auslegungskapitel mit einer Überlegung auch zum **Privatrecht überhaupt**. Das Recht dient hier nämlich zuletzt „den Einzelnen zur Einrichtung ihrer Lebensverhältnisse in bestimmter Gestalt" (*System* I 206). Diese entscheidende Perspektive gleich in den einleitenden Bemerkungen über Auslegung der Gesetze überliest man leicht, so wichtig sie ist. Sie zielt auf einen **individuellen Ansatz**, der an dieser Stelle zwar nicht deutlich vorrangig wird, aber doch tendenziell dominiert. Savignys auslegungsbedürftige Gesetze im *System* sind durchweg privatrechtliche Regeln. Wenn er einmal ein Strafrechtsbeispiel verwendet (so *System* I 233), geht es ihm ebenfalls um Rechtssicherheit und Rechtsgewissheit für den Einzelnen. Loyale Gesetzesauslegung in seinem Sinne ist also ein Faktor **freiheitlicher Rechtsverfassung** – im Strafrecht durch besondere rechtliche Zuverlässigkeit im Umgang mit

---

[63] Siehe die Tabelle über Personalunionen bei *Rückert*, „Theorie und Praxis" am Beispiel der historischen Rechtsschule, mit einem Ausblick bis heute, in: Rechtswissenschaft als juristische Doktrin ..., hrsg. von Cl. Peterson, Stockholm 2011, S. 235–193, hier 289–293.

[64] Dargestellt bei *Rückert* 1986 (wie Fn. 45) 240 f. Der Minister *Savigny* spielte eine wes. Rolle als Strafgesetzgeber nach 1842. Das prß. StGB von 1851 beruht auf seinen Entwürfen und damit auch das davon abhängige ReichsStGB von 1871, das in vielem noch gilt. Er vertritt dort auch eine damals sehr originäre, uns ungewöhnlich nahestehende Art Resozialisierungstheorie, zu diesem durchaus wichtigen, bisher so gut wie unbekannten Aspekt *Rückert*, Savignys Recht und Rechtswissenschaft im Spiegel einiger Bildquellen, in: Savigny global (wie Fn. 13) S. 287–323, hier 317 f.

dem Gesetz selbst, im Privatrecht durch sichere Erfassung der Rechtsverhältnisse der Einzelnen. Von hier aus verurteilt er das „Verbot jeder Privatauslegung" (I 304) auch für das Privatrecht wie es Justinian festgesetzt hatte. Ein solches Verbot muss nach Savigny in ein nur „mechanisches Verfahren" der Gesetzesanwendung münden (S. 305) und entspreche despotischen Verhältnissen. Justinian habe damit versucht, den Irrtum für immer zu bannen, habe „freilich aber zugleich die Freiheit des Geistes" vernichtet (I 161, auch 305).

Savignys Auslegungslehre basiert also auch auf einem **individualistisch-freiheitlichen** Grundgedanken. Das erscheint gerade heute **nicht überholt**. Unser Grundgesetz geht im Generalgrundrecht des Art. 2 Abs. 1 von allgemeiner Entfaltungsfreiheit aus. Privatrecht wie öffentliches Recht, beide, folgen nun also erstmals dem gleichen Grundprinzip der rechtlich gleichen Freiheit. Das muss man hervorheben gegenüber etlichen daran gar nicht mehr interessierten Epigonen Savignys und gegenüber gegenläufigen Elementen seiner eigenen juristischen Doppelorientierung. 168

Solch **gegenläufige** Aspekte liegen zusammenfassend kurz gesagt in folgenden Momenten: in Savignys bloß bereichsliberalem, d.h. ‚privatrechtsliberalem' Rechtsbegriff; in seiner nicht genauer begrenzten Rückführung allen Rechts auf eine nicht bloß individuell-freiheitlich definierte „allgemeine Aufgabe" (*System* I 52 f.); in seiner Ablehnung eines das Individuum festhaltenden Volksbegriffs; in seiner Relativierung des konkreten Volkes zu Volksgeist und Volksbewusstsein; in seiner juristenrechtsfreundlichen Betonung der Wissenschaftlichkeit der Auslegung und ähnlichen Momenten. Auch seine Logik und Semantik, nach der es bei der Auslegung um „Reconstruction des dem Gesetze innewohnenden Gedankens" (I 213) geht, enthält überindividuelle Momente. Denn im gleichen Maße wie er den Gedanken dem Gesetze „inwohnen" lässt, lässt er unklar, *woher* der „Gedanke" gekommen sein darf. Einerseits sichert er mit diesem lapidaren „inwohnend" den Gesetzesgedanken gegen bloße Gesetzgeberwillkür ab. Und tendenziell beschneidet er damit älteren und neueren Despotismus und Gesetzgebungshochmut. Andererseits bleibt aber unklar, wie und durch wen dann von anderer Seite her das Gesetz zu seinem „Gedanken" kommen darf. Hier hatte eben das öffentliche Recht seiner Zeit nicht eindeutig entschieden. Länder mit und ohne Verfassung, mit mehr konstitutioneller und mehr monarchischer Verfassung existierten im Deutschen Bund von 1815 nebeneinander. Der vorsichtige Jurist Savigny begnügte sich entsprechend mit einer insoweit offenen Konstruktion seines allgemeinen Rechtsbegriffs. 169

Dass er diese Konstruktion 1814 und immer wieder dennoch als „innerlich notwendig" und geschichtlich notwendig, ja als in Wahrheit unvermeidbar darstellte, unterlegte der offenen Situation einen begrenzenden Sinn. Darin und in der Art, wie er dies bis in philosophische Tiefen hinein begründete,[65] lag dann juristische und politische **Metaphysik**. Aus nicht sichtbaren und prüfbaren Innenansichten sollten entscheidende Wertungen folgen. Manche finden allein diese Konstruktion schon aktuell anziehend und irgendwie wissenschaftlich. Von den Bedenken war die Rede.[66] 170

Doch auch, wenn man eine andere Philosophie hat oder gar keine – was freilich kaum vorkommt – und die metaphysische Verankerung seiner juristischen Grundbegriffe nicht teilt, behält Savignys konkrete Problemverortung einen **aufklärenden Wert** – **auch aktuell**. Denn sie mahnt einen Aspekt an, der in der heutigen Diskussion kaum 171

---

65 Dazu oben in Teil III 8 (Rn. 115 ff.).
66 Siehe oben Teil III 9 (Rn. 118 ff.).

zur Sprache kommt: Zivilrechtliche Methodenlehre kann eigenständig und **Paradigma** sein, soweit sie individuell-freiheitliche Gesichtspunkte für sich und auch im „öffentlichen Recht" (mit Savigny), im Rechtsbegriff und in der juristischen Methodenlehre zur Geltung bringt. So gesehen entstehen ganz neue Aspekte und Fragen an die Gegenwart, von denen wiederum die erstarrten Traditionszitate in Sachen Methode nichts mehr ahnen lassen. Methode zeigt hier jedenfalls wieder ihre Verfassungsseite.

172 Auch Savignys Suche nach dem „wirklichen" Recht ist dafür noch einmal aufschlussreich.[67] Wie oft haben Juristen nach dem „**Leben**" gesucht, aber bloß in der **naturalistischen Sackgasse**. Denn Recht lebt nicht, es wird gelebt. Wenn man von den objektiv-idealistischen Tiefen von Savignys „natürlichem Recht",[68] seinem eigenwilligen Gewohnheitsrechtsbegriff im *Beruf* (S. 13/78 f.) und dann seinem ausgearbeiteten Gewohnheitsrechtsbegriff im *System* (I § 12) einmal absieht, fallen Savignys **Beispiele für seine Konzeption** auf. Um seinen Landshuter Studenten 1808 zu veranschaulichen, dass Recht weder als rein künstlich planvoll, noch als rein kontingent geworden aufgefasst werden dürfe, wählte er das **Wechselrecht** zum Beispiel und zwar so:

> „Die Wechselbriefe sind entstanden durch das innere Bedürfnis des Welthandels. In jeder großen Handelsstadt sind alle Verhältnisse dieser sehr künstlichen Erfindung allgemein gekannt (sic!). Darum gibt es in jeder Handelsstadt ein Wechselrecht, das nicht in geschriebenem Gesetz, auch nicht in den Schriften der Juristen gegründet ist, sondern in dem allgemeinen Bewußtseyn aller denkenden Kaufleute. Wenn nun in einem ganzen Volke Nationalgesinnung und Bürgergefühl ebenso verbreitet und ebenso entwickelt wäre wie in jener Stadt die Kenntnis des Handels, so würden von dem Bewußtseyn dieses Volks alle Verhältnisse ebenso durchdrungen werden, wie dort die merkantilen Verhältnisse, und dieses Volk hätte ein ursprüngliches Recht."[69]

173 Ähnlich verwendet er 1815 gegen Gönner das Beispiel **Geldkurs**:

> „Der Cours des Geldes wird gebildet durch die Meinung des Volkes, welches hierin durch den Handelsstand auf ähnliche Weise, wie dort (sc. bei der Verfassung des Staates) durch die Juristen, repräsentiert wird, so daß die Meinung der Kaufleute meistens den Cours macht."[70]

174 Mit diesen Beispielen besteht ein verblüffender Bezug zu David Hume und Gustav Hugo. Weitere, freilich schwierigere, Erklärung bietet Savignys Vergleich mit der **Sprachentwicklung**.[71]

175 Es kommt nun nicht darauf an, ob und wie diese Verbindung von Volksgeistlehre, Handelsgeist, Juristenfunktion und Privatrecht stimmig gedacht werden konnte und wurde.[72] Die Beispiele zeigen noch einmal – anscheinend ganz ohne metaphysische Philosophie, aber sie kommen von dort – Savignys konkreten Versuch, seine eigenständige Lösung klar zu machen. **Negativ** zeigen sie: Die sog. Volksgeistlehre zum Rechtsbegriff hat eine doppelte Aufgabe gegenüber **doppelter Front**: Richtiges Recht und jedenfalls Privatrecht darf weder als abstraktes Planungsprodukt gemäß Vernunft-

---

67 Vgl. schon oben Rn. 102, 113, 121.
68 Vgl. oben Rn. 117 bei Fn. 37 und 121 bei Fn. 38.
69 Nach dem ungedruckten Manuskript der Institutionenvorlesung 1808, fol. 3 v, 4, erklärt und zitiert bei *Rückert* 1984 (wie Fn. 9) 111 ff., 115.
70 *Savigny*, Gönner-Rez., Vermischte Schriften (wie Fn. 7) Bd. 5, 128.
71 Dazu kurz oben Rn. 102.
72 Vgl. dazu skeptisch *Rückert* 1984 (wie Fn. 9) 116, 304 ff.

oder Naturrecht aufgefasst werden, noch als bloßes ‚Zufalls'produkt eines Gesetzgebers – jedenfalls im normativen Projekt rechtlich gleicher Freiheit. Die Aufgabe, dabei zwei aktuelle „Abwege"[73] abzuwehren, hat man meist verstanden und gewürdigt.

Als schwieriger und kaum versucht erweist es sich, diese rechtstheoretische **Konzeption positiv zu klären** und auf Begriffe zu bringen. Der immer neue Streit um die Savigny-Verortung, seine eigenen vielfältigen Erklärungen, das philosophisch so reiche Zeitalter Savignys, seine Neigung zu „Von-selbst"-Zuspitzungen und „natürlich"-Behauptungen, die das Problem eher verdunkeln[74] – diese Schwierigkeiten erscheinen nicht unlösbar – die Debatten und Savigny selbst müssen nur genauer historisch gelesen werden und vor allem mit den wesentlichen Kontextveränderungen für Recht und Juristen seit um 1800; die philosophischen Zusammenhänge müssen als Problemstellungen und Lösungsangebote gelesen und verglichen werden und weniger als Einfluss-Phänomene; das kann hier nicht weiter verfolgt werden (s. aber den HISTORISCHEN ÜBERBLICK unten Rn. 1357 ff.). Es genügt, an dem Wechselbriefe-Beispiel und seinem Kontext über Hugo bis Hume auf eine bisher kaum gesehene Verständnismöglichkeit aufmerksam zu machen und dies abschließend ein wenig zu verfolgen:

176

Es erscheint nicht nur plausibel, in seinen beiden Beispielen Savignys **Privatrechtskonzeption** konzentriert zu sehen, sondern auch, sich diese an der heute sog. ökonomisch-sozialphilosophischen **Theorie der spontanen Ordnung** klar zu machen. Sie war in der Sache in der großen schottischen Tradition mit und nach Hume präsent. Auch in dieser Theorie liegt der Akzent in einer doppelten Front gegen Auffassungen, die sich Gesellschaft und Wirtschaft nur als künstlich geplant oder als kontingent-willkürlich vorstellen wollen. Immer noch sollen damit die stets latenten Abwege eines despotischen, besserwissenden Zentralismus und eines wert- und am Ende freiheits*un*interessierten bloßen Laissez-faire-Modells vermieden werden.[75] So gesehen wäre Savigny jedenfalls für sein Kernprivatrecht in der Linie eines **reflektiert freiheitlichen** Ansatzes zu sehen, der Recht als Mittel zur allgemeinen äußeren Freiheit versteht. In diesem Sinne kann Savignys Idee eines „wirklichen" Rechts als „eigentlicher Wille des Volkes" relevant werden, nämlich als Recht der privatrechtlichen Rechtssubjekte selbst, die hier nicht nur ein Naturganzes wie im Staatsrecht sind, sondern rechtsbildende Faktoren in einer spontanen Ordnung.[76] Das erscheint auch gar nicht unhistorisch, wenn man weiß, dass diese Idee vor Savigny schon bei *Justus Möser* durchscheint, dass *Gustav Hugo* eine solche Auffassung vertrat und deutlicher noch der von ihm so sehr gelobte

177

---

73 Dazu oben Rn. 105–108, Teil III 6.
74 Dazu näher *Rückert* 1984 (wie Fn. 9) 332, 88, und zu „natürlich" als häufigem Topos die Quellenhinweise soeben Fn. 68, sowie die Analyse zum *System* in *ders.*, Savignys Dogmatik im „System", in FS. für Cl.-W. Canaris, München 2007, S. 1263–1297, jetzt auch in *ders.*, Savigny-Studien, 2011.
75 Vgl. vor allem *F. v. Hayek*, Die Verfassung der Freiheit (zuerst engl. 1960), 3. Aufl. Tübingen 1991, zus.fassend in der Einleitung 8 f.; zur spontanen Ordnung 36, 70, 72, 193. Maßgebende Übersicht jetzt bei *R. Richter* und *E. Furubotn*, Neue Institutionenökonomik, Tübingen 1996 (4. Aufl., 2010), 17 f., 42 – ein Hinweis, für den ich *Chr. Kirchner* herzlich danke; für die schottische Linie hier bes. *A. Ferguson*, An Essay on the History of Civil Society, 1767.
76 Vgl. oben Rn. 123.

entscheidende Philosoph der schottischen Aufklärung *David Hume*. Ganz verblüffend ähnlich finden sich auch dort Geldkurs und Sprachentstehung als Beispiel:[77]

> "In like manner are languages gradually established by human conventions without promise [d. h. förmliches Versprechen]. In like manner do gold and silver become common measures of exchange, and are esteemed sufficient payment for what is of a hundred times their value."

178 Diese moderne Theorie der Entstehung von Ordnung bietet offenbar eine klärende positive Vorstellung, von dem, was auch Savigny vielfach bewegt.

179 **Savignys besondere Zutat** wird in dieser Perspektive deutlicher. Es sind vor allem seine **Einbettung des Gedankens** der spontanen Entstehung von Recht (– ein Hauptfall von Ordnung –) in den Kontext von „Inwohnen", „innerer Einheit", „innerer Notwendigkeit", seine Verflechtung mit der Sittlichkeit als „Aufgabe" und mit der christlichen Geschichte Europas. Sie lässt diesen Gedanken als Entstehungstheorie bestehen, löst ihn aber aus dem skeptisch-utilitaristischen Zusammenhang der englischen Aufklärer Hume und Adam Smith und noch des Göttingers Hugo.[78] Eben dadurch macht sie ihn aber auch kompatibel mit zeitgemäßen deutschen philosophischen Prämissen, nach denen Ordnungsentstehung nicht skeptisch-zweckorientiert vorgestellt wird. Man wertet diese Vorstellung hier ab als „freies Spiel der Willkür" (*Schelling* 1800) und denkt lieber – grob skizziert – vom vernünftigen Subjekt (*Kant, Fichte*) her oder von „verborgener Nothwendigkeit" über dem Menschen, die „im Spiel seiner Freiheit die Hand hat" (*Schelling* 1800) her oder vom begriffenen Gang der Weltgeschichte (*Hegel*) her usw.[79] Die „Hand" im Spiel – die Anspielung auf *Adam Smiths* „invisible hand"[80] und auch damit die Verbindung zu *Hume* ist ebenso deutlich wie die entscheidende Modifikation zu einer „verborgenen Notwendigkeit", einem „Gesetz innerer Notwendigkeit" (*Schelling*), oder, bei Savigny, einer „inneren Notwendigkeit" *allen* Rechts. Diese Steigerung zu einer Notwendigkeit und All-Aussage fügt die Idee modifizierend ein in die philosophischen und rechtstheoretischen Prämissen der deutschen idealistischen **Vereinigungsphilosophie**.[81] Der Gedanke führt übrigens von Savignys Schule für „geschichtliche Rechtswissenschaft" zur deutschen „Historischen Schule" der Nationalökonomie im späten 19. Jahrhundert (*Schmoller* u.a.). Der Gedanke der spontanen Ordnungsentstehung wurde inzwischen wieder zu „einem Hauptthema" in der „Neuen Institutionenökonomie"[82] – in erneut ‚englischem' Theoriekontext und freilich weniger sozialphilosophisch als bei Hayek. Die Verbindung zur sogenannten

---

77 *D. Hume*, A Treatise on Human Nature (1739/40), III.2.2 (ed. Selby-Bigge, Oxford 1888 u. ö., S. 490); zu *Hugo* 1812 oben Fn. 35; für Savigny jetzt auch die Zeugnisse in seinen Materialien zum Beruf, s. Akamatsu/Rückert (Fn. 10), Register zu Hume; für Smith jetzt H. *Akamatsu*, Ein Beitrag zu den Hintergründen für die weltweite und überzeitliche Rezeption von Savignys Rechtsdenken – insbesondere seiner Schrift *Vom Beruf*, in: Savigny global (wie Fn. 13) S. 337–355, hier 348 f.
78 Dazu oben Rn. 117.
79 Über diese Zusammenhänge, vom Freiheitsproblem her, *Rückert*, Natürliche Freiheit – Historische Freiheit – Vertragsfreiheit, in: Recht zwischen Natur und Geschichte, hrsg. von F. Kervegan und H. Mohnhaupt, Frankfurt am Main 1997, S. 305–337 (331); jetzt auch in *ders.*, Savigny-Studien, 2001.
80 *Adam Smith*, An Inquiry into the Nature and the Causes of the Wealth of Nations (1776), hier 4. Buch, 9. Kap. am Ende: „By pursuing his own interest he *frequently* promotes that of the society more effectually than when he really intends to promote it ..."; nützlich dazu z.B. *J. Starbatty*, Die englischen Klassiker der Nationalökonomie, Darmstadt 1985, 7 f., 35 f. (mit Hinweis auf Fehlrezeptionen und viele Fehlübersetzungen).
81 Zu dieser Richtung, auch „objektiver" Idealismus, oben Rn. 115.
82 Vgl. statt vieler jetzt sehr präzise *Richter/Furubotn* (wie Fn. 75), 302 ff. u.ö., 38 ff. (41 das Zitat), und nun unten *Kirchner*, Rn. 1552 ff. sowie jetzt *Maurer*, Rn. 1251 a ff.

ökonomischen Analyse des Rechts[83] liegt nahe. Savigny bietet damit eine anschlussreiche Privatrechtstheorie – freilich idealistisch überhöht, aber in der Sache höchst produktiv in Richtung Moderne.

8. Weitere Quellen?

Manch wohlbekannte und manche inzwischen zugängliche Texte Savignys wurden hier kaum oder gar nicht herangezogen, obwohl sie gut unter die Überschrift Methode und Zivilrecht passten. Nur gestreift wurden die Passagen aus dem *Beruf* von 1814, in denen es um eine ganz allgemeine „Methode der Rechts**wissenschaft**" (*Beruf* 117/*Stern* 140) geht, d.h. um „zweyfachen wissenschaftlichen Sinn" und um Rechtsfindung ganz allgemein (S. 48/99), nicht nur rechtspraktisch. Auch die Passagen über „Rechnen mit Begriffen" (S. 29/88) zielen sehr allgemein auf die Begriffstechnik der römischen Juristen und nicht auf rechtspraktische Methode. Die späteren Ausführungen im *System* seit 1840 sind spezieller und umfassender und waren daher hier primär zu verwenden. Nur hier geht es konzentriert um „Auslegung der Gesetze", nur hier geht es konzentriert um den juristischen Ort der Regeln.

In seinen beiden *Methodologien*, die nach 1810 zu einer separaten „Einleitung" zu seiner großen Pandektenvorlesung mutierten, berührt Savigny Fragen der Auslegung und Gesetzesauslegung ebenfalls durchaus – das wurde oben mehrfach vermerkt. Der leitende Gesichtspunkt möglichster Sicherheit und Gewissheit des Rechts, die Beschränkung auf „wahre", d.h. loyale Auslegung der Texte, die Loyalität zum „wirklichen" Recht und die Verwerfung auslegender Gesetzesverbesserung finden sich auch dort. Nähe und Distanz dieser allgemeineren Texte gegenüber dem *System* eigens zu zeigen, ist jedoch hier nicht der Ort. Für die Frage nach Zivilrecht und Methode bei Savigny kann sein *System* als zentrale und konzentrierteste Quelle genügen – mit ein wenig Kontext, wie hier versucht. Bleibt die Frage: Wie sieht Savignys Durchführung am Beispiel aus?

V. Das Beispiel Culpa-Lehre / Verschuldensdogmatik

Die Wahl eines Beispiels aus Savignys Dogmatik ist durch die Fragestellung vorgezeichnet: Es soll nicht um irgendeine dogmatische Frage und Lösung gehen, sondern um ein Beispiel, das die normativen Probleme von Auslegung zwischen Auslegung und Umbildung zum Tragen bringt. Ein so schönes Beispiel wie Savignys Entwicklung einer allgemeinen, zweistufigen **Kondiktionsregel** kann dazu nichts beitragen, da er sich hier um die Entwicklung einer plausiblen Systematisierung und Regelformulierung zu im Ergebnis ganz unbestrittenen Fällen bemüht.[84] Auch bloße Stellungnahmen gegen die illoyale Verbesserung der Gesetze, wie sie z.B. seine *Methodologie* von 1802/03 enthält (fol. 12 v, 17 r des Originals), führen hier nicht weiter.

Passendes findet man in seiner Stellungnahme zur **Culpa-Lehre**. Man muss dazu zwei Texte kombinieren: seine dogmatischen Ausführungen in der inzwischen für 1824/25 gut fassbaren *Pandectenvorlesung* und eine aufschlussreiche Passage in seiner Rezension gegen Gönner von 1815. Über eine ähnlich dichte systematische Verarbeitung der Culpa-Lehre durch Savigny selbst, wie er sie in vielem in seinem *Obligationenrecht*

---

83 Dazu unten *Laudenklos*, Rn. 1210 ff.
84 Näher gezeigt in *Rückert*, Dogmengeschichtliches und Dogmengeschichte im Umkreis Savignys, bes. in seiner Kondiktionslehre, in: ZRG RA 104 (1987) S. 666–678; jetzt auch in *ders.*, Savigny-Studien, 2011.

erarbeitete, verfügen wir leider nicht, da der 72-jährige Savigny gerade vor diesem großen Kapitel 1853 seine wissenschaftliche Arbeit beendete.

184 Aus der **Vorlesung** von 1824/25 kann man zuverlässig entnehmen, dass sich Savigny entgegen einer seit mehreren Jahrhunderten verbreiteten Lehre einer **neueren Lehre** anschließt. Überwiegend hatte man drei Grade der *culpa*, die *culpa lata*, *levis* und *levissima*, also etwa grobe, mittlere und leichteste Fahrlässigkeit, unterschieden. Insbesondere seit der Monographie von *Johann Christian Hasse* über „Die Culpa des römischen Rechts" (Kiel 1815), hatte sich die sogenannte Zwei-Grade-Lehre durchgesetzt. Darin lag eine praktisch sehr relevante Umbildung juristischer Dogmatik. Savigny hat diese Umbildung alsbald mitgetragen, wie schon die Überarbeitung seiner eigenen Pandektenvorlesung zeigt.[85] In der Fassung der (guten studentischen!) Vorlesungsnachschrift von 1824/25 lässt sich erkennen, dass er sorgfältig quellen- und fallgruppengestützt die Zwei-Grade-Lösung Hasses durchführt.[86] Im *System* streift er die Frage immerhin als Beispiel (I 90).

185 Den hier interessanten Aspekt seiner Stellungnahme in dieser dogmatischen Kontroverse ergibt die Verbindung mit der Passage in der Gönner-Rezension.[87] Denn die Culpa-Lehre nimmt Savigny dort als Prüfstein der oben bereits als zentral erwiesenen **Rechtssicherheits-, Rechtsbegriffs- und Kodifikationsfrage**. Waren Rechtssicherheit und Rechtsgewissheit eher durch Gesetzbücher oder eher durch eine organisch fortschreitende Rechtswissenschaft gewährleistet? Savigny verwendet gerade die Culpa-Lehre, um zu zeigen, dass viel eher „Liebhaberei am Gesetzgeben" als bedächtig fortschreitende Rechtswissenschaft die unerwünschte Rechts*un*gewissheit brächte. Er schreibt 1815:

> „Gesetzt nun, es wird wirklich einmal, wie es bei der culpa der Fall werden könnte, einiges allgemein anders gesehen, als vorher, wie kann man doch deshalb den Zustand des Rechts überhaupt als schwankend beschreiben wollen! Es ist dann immer nur etwas Einzelnes und dieses Einzelne ist dann gerade zu einer solchen Zeit dergestalt geprüft und durchdacht worden, daß alle praktische Änderung mit Einsicht und Besonnenheit, also ungefährlich, geschehen kann; zugleich geschieht es sehr allmählich, da gewiß immer eine beträchtliche Zeit hingeht, ehe eine neue Ansicht allgemein in der Theorie anerkannt wird und noch länger, ehe sie in der Praxis Eingang findet. Was dagegen das Recht in der Tat um alles feste Bestehen bringt, ist gerade die Liebhaberei am Gesetzgeben".[88]

186 Savigny begründet also geschickt, dass wissenschaftliche Änderung jedenfalls **weniger unsicher** sei als gesetzgeberische, dank Beschränkung auf einzelne Fragen, dank gründlicher Prüfung und nur allmählicher, erprobender Durchsetzung.

187 Hier kommt es darauf an, dass der wesentliche Gesichtspunkt der loyalen, wahren Auslegung auch in diesem Beispiel in der Betonung der **Sicherheit des Rechtszustandes** für alle und die Einzelnen aufgeht. Savigny verwischt dieses Problem nicht, sondern expliziert es ausdrücklich und erkennt die Gefahr neuer Ansichten, sprich Auslegungen, an. In der mehr dogmatisch gehaltenen Vorlesung finden sich diese Passagen nicht. Man wird dennoch sagen können, dass Savigny seine **Rechtsfortbildung und -umbildung** in Sachen Culpa-Lehre nicht hinter gezwungener Auslegung versteckt

---

85 Greifbar jetzt in der Edition von *M. Avenarius* (wie Fn. 10).
86 Siehe *Pandektenvorlesung 1824/25* (wie Fn. 10) 256 ff.
87 *Gönner-Rezension* 1815, in VS, Bd. 5 (wie Fn. 7) 169 f., auch bei *Rückert* 1984 (wie Fn. 9) 180.
88 Gönner-Rez. (wie Fn. 86) 169 f.

und nicht einfach als aktuell zweckmäßige oder lebensbedingte offene Fortbildung behauptet oder andererseits unbedingt beim Buchstaben stehenbliebe. Er weist die Rechtsfortbildung vielmehr aus und zeigt zugleich die Richtung und die Grenzen ihrer Handhabung im Verhältnis zu wahrer Auslegung im verfassungsfunktionellen Rahmen der Neuzeit. Auch das dogmatische Beispiel zeigt daher eine bemerkenswerte Vielfalt seines Argumentationshaushaltes, ein klares, unbefangenes Bewusstsein für den rechtspolitischen und normativen Ort dogmatischer Arbeit und eine privatrechtlich-freiheitliche Orientierung im Blick auf möglichste Rechtsgewissheit.

VI. Was bleibt? – zehn Erinnerungen

Savigny-Lektüre muss kein Klassikerleerlauf sein. Der Gewinn lässt sich in zehn Punkte fassen:

(1) Seine berühmten *canones* bilden nicht das Herzstück seiner juristischen Methodendogmen, sondern nur die **eine Säule von zwei**. Sie sind Arbeitshilfe für einen „**gesunden Zustand**" der Gesetzestexte, also nur für die volle Erschließung von i.W. verständlichen Texten, *nicht* für den uns meist beschäftigenden „mangelhaften Zustand" des Gesetzes, das seinen Gedanken nicht recht zum Ausdruck bringt, oder gar für die Lückenfrage (zu alledem oben Rn. 141 ff.).

(2) Die **Kritik** wegen „subjektiver" statt „objektiver" Auslegungsmethode, wegen fehlender Teleologie, wegen des „ungelösten" Vorrangproblems oder gar wegen Rechnens mit Begriffen geht fehl, da sie den Text, die Problemstellung Savignys und die Architektonik seiner Darstellung missachtet. Sie beruht auf **Missverständnis** (oben Rn. 141 ff.). Savigny war hier weiter als wir.

(3) Auch die **Kritik** wegen fehlender Präzision und Hierarchie müsste überhaupt erst Savignys **Problemort** „**mangelhafte Gesetze**" zur Kenntnis nehmen. Dort weist er vor allem überspannte Erwartungen ab und entwickelt nur **Regeln für die Richtung** „wahrer", loyaler Auslegung, für begrenzte Fortbildung und gegen ‚auslegende' Gesetzesverbesserung. Juristisches lässt sich nicht errechnen oder bloß subsumieren, das sah er völlig klar, aber eine gewisse Sicherheit kann und muss Ziel sein. Sie ist unverzichtbarer Teil der Rechtsfunktion. Die Überspannungen der „demonstrativen Methode" eines Christian Wolff (1679–1754) oder der Gesetzgebungsideologie der Revolution von 1789 und radikaler jüngerer Naturrechtler seit 1790 vermeidet Savigny. Man erkennt: Die heutige Methodenkritik übertreibt einerseits die Möglichkeiten und Bedürfnisse juristischer Methodendogmen und verlangt zu einseitig Präzision als solche, während sie sich etwa zur Hierarchiefrage paradoxerweise viel lockerer gibt (oben Rn. 145 ff.).

(4) Dass die Übergänge zwischen „wahrer" Auslegung und „echter" Fortbildung unvermeidlich fließen, war Savigny sehr klar. Er schlägt daher eine **institutionelle Lösung** in Form eines besonderen **Höchstgerichts** mit beiden Kompetenzen vor (oben Rn. 148 ff.) – unser Verfassungsgericht ist eine solche Lösung. Dieser Vorschlag Savignys geschah rechts- und verfassungspolitisch sehr bewusst und aus seiner eigenen Erfahrung am Berliner Kassationsgerichtshof. Er wahrt in alledem ein individuell-freiheitliches Anliegen, das Anliegen möglichster **Gewissheit** allen Rechts – auch wenn er es nicht überall und vorrangig wahrt. Hier zeigt er sogar grundsätzliche Härte (oben Rn. 160 ff.). Im Privatrecht ist also nicht die Loyalität zum Gesetzgeberbefehl als solchem wesentlich, sondern die zu dem von ihm nur festgestellten „wirklichen Recht" des an seinen Rechtsverhältnissen interessierten und tätigen Volkes. „**Reconstruction**" im Traditionszitat (Rn. 76) zielt also nicht einfach, ja gerade nicht, auf die Wiederer-

schaffung des Gesetzgeberbefehls, sondern auf die dieses wirklichen Rechts (oben Rn. 99 ff. u. 102 ff.).

193 (5) Die rechtstheoretische Besonderheit der *canones*, besser der vier **Auslegungselemente**, liegt nicht in der schönen Aufzählung oder der gelungenen Prägnanz und auch nicht in ihrem Anschluss an eine allgemeine Text-Hermeneutik, sondern in ihrem Bezug auf ein sog. „**wirkliches Recht**" statt auf Gesetzesbefehle. Blickrichtung und Loyalität der Auslegung im Kernzivilrecht gehen also nicht auf die Gesetzesworte als solche, sondern nur anhand der Worte auf die wirklichen Rechtsverhältnisse der interessierten Kreise (Beispiel Wechselbriefe) – eine ganz andere Vorstellung als heute zumeist (Rn. 107 ff. mit Rn. 96 ff. u. 102 ff.). Weder Buchstabenjurisprudenz noch Richterkönigtum oder volitive Elemente des Entscheidens sind vor dieser Instanz das eigentliche Problem. Gegen das „wirkliche" Recht gerichtete illoyale Rechts- und Gesetzesverbesserung oder es fesselnde Kodifikation müssen verhindert werden. Diese Grenze betont Savigny (Rn. 100 ff.). Positiv hielt er sich zurück.

194 (6) Die *canones* sind **Element einer eigenständigen Konzeption** von Gesetz, Recht, Auslegung, Rechtssicherheit und Rechtsgewissheit (oben Rn. 93 ff.). Danach geht es nicht um die Gewissheit des Gesetzeswortes als solchen, sondern um die der durch Gesetz festgestellten wirklichen Rechtsverhältnisse der einzelnen Rechtssubjekte (oben Rn. 100 ff.). Diese Gewissheit erst ermöglicht die erwünschte autonome Gestaltung und Entfaltung besonders im Privatrecht. Diese Festigung der Rechtsverhältnisse durch Gesetze und Auslegung hat nichts zu tun mit populär formuliertem Recht, sondern mit anerkanntem, nachvollziehbarem und jedenfalls von den i.W. Betroffenen im Ergebnis begreifbarem Recht. Im Ziel **Rechtsgewissheit** ist dieses individuelle Moment mitgedacht, das in bloßer Rechtssicherheit objektiviert untergehen kann. Sicher kann man auch im Gefängnis (bei Savigny: Despotismus) sitzen. Das ist nicht die Sicherheit, um die es hier geht (oben Rn. 99 ff. mit Rn. 160 ff.).

195 (7) Recht, Gesetz, Auslegung usw. erhalten damit eine **Richtung auf die Rechtsbetroffenen selbst und von diesen her** – auch wenn es keine politisch-demokratische ist. **Privatrecht** wird zum **Modellrecht** als autonomes Recht (Rn. 167 ff.). Ein zweiter Fall ist das Strafrecht, schwierig bleibt noch das Staatsrecht. Freiheitsermöglichung ist hier im Privatrecht, Freiheitsschutz dort die Aufgabe, im Strafrecht durch Kodifikation, im Privatrecht gerade ohne Kodifikation, durch wissenschaftliche Erkenntnis der vorhandenen Rechtsverhältnisse des Volkes. Savignys Methodendogmen fordern also juristische Loyalität in zweierlei Art, für zwingendes Recht und für freies Recht (Rn. 160 ff.). Diese Konzeption wie seine Beispiele (Wechselbriefe, Sprache, Geldkurs) lassen sich gut verstehen im Rahmen der Theorie der **spontanen Ordnung** seit Hume (oben Rn. 167 ff.).

196 (8) Gemeinsames Prinzip ist das **Freiheitsinteresse**. Dies trifft trotz gegenläufiger Einbindungen das Zivilrecht wie das Strafrecht (oben Rn. 160 ff. u. 167 ff.). Für den unentbehrlichen Ordnungsrahmen des Privatrechts, z.B. das zwingende Recht im Privatrecht, wäre Savignys Linie zum Strafrecht weiterzudenken. Es hätte also zu gehen teils um Freiheitsschutz (Deliktsrecht), teils um Freiheitsermöglichung durch Fixierung von Spielregeln, ohne die kein Spiel auskommt, auch das Freiheits-Spiel nicht (oben Rn. 100 ff.). Zum Beispiel haben wir mit den Verkehrssicherungspflichten im Rahmen des § 823 den Schutz zulasten von Entfaltungen gewaltig ausgebaut. Den Grundsatzrahmen dafür liefert schon Savigny.

(9) Gegen Gesetzesloyalität um jeden Preis, wie sie seit Savigny mit der Konjunktur des Gesetzes immer mehr anstand und erst recht in der Despotie nach 1933 kulminierte, so dass das Gesetz zur vergifteten Waffe wurde, sichert ihn seine eigenständige Konzeption von Gesetz, Recht und Auslegung, zuletzt aber seine philosophisch fundierte, **doppelte Verankerung des Rechts** in Wirklichkeit **und** Idee (Rn. 105 ff.). Konkret bezieht er dies auf Europas geschichtlich kulturell gegebene christliche Sittlichkeit und die individuell-freiheitliche Idee eines von den gleich freien einzelnen Rechtssubjekten her gedachten Rechts. Gesetze sind hier nur akzeptabel als Rechts-Feststellungen und Rechts-Sicherungen für das selbstgelebte „wirkliche" Recht, nicht als unabhängige heteronome Setzungen (oben Rn. 96 ff., 105 ff. u. 115 ff.).

(10) Diese Verankerung ist **nicht notwendig** apriorisch oder metaphysisch gedacht, noch ist sie notwendig politisch konservativ oder progressiv, aber auch nicht nur leerlaufend. Sie betont einfach die Funktion von **Recht als selbstständiges Konfliktvermeidungs- und Konfliktlösungsinstrument vom einzelnen Rechtssubjekt her**. Sie kann daher noch lehrreich sein, auch wenn man die metaphysische Philosophie und Politik dabei nicht teilt. Unsere entweder auf das gesetzgebungsideologische *gun-man*-Modell oder auf die zu große ‚Wirklichkeit als solche' eingestellten Auslegungslehren gefährden beide diesen Freiheitszusammenhang. Denn danach entscheidet in Wahrheit, wer die Befehle gibt oder wer die Vorstellungen von „Wirklichkeit" bestimmt. Auch Gesetzesbefehle des „Volkes" in der Demokratie müssen sich diesen Erwägungen stellen. Die Frage nach Zivilrecht und Methode Savignys ergibt also nach wie vor wesentliche Antworten für Privatrecht und Demokratie.

VII. Ausblick

Solche Savigny-Lektüre ist keine Apologie, sondern **Voraussetzung** des eingangs versprochenen Gewinns bei Klassiker-Lektüre. Man erkennt, dass heutzutage Methodenlehre meist viel zu isoliert konzipiert wird, dass sie paradox teils mit Bindungsabsichten überfordert, teils als angeblich bloße Technik normativ unterfordert wird als bloße Methode ohne verfassungspolitischen- und sozialphilosophischen Bezug. Die Diskussionen um die *canones* sind nach wie vor erstaunlich lebhaft, in ihrem historisierenden Gewand kommt viel Wichtiges zur Sprache. Das reicht bis zu der symbolträchtigen Frage, ob die Savigny-Büste der Humboldt-Universität[89] nach 1989 wieder aus dem DDR-Keller an ihren Ehrenplatz gestellt werden sollte oder nicht. Sie wurde es. Savignys Blick ging bewundernswert prinzipiell und gleichmäßig auf das Notwendig-Allgemeine wie auf das Zufällig-Individuelle im Recht, auf philosophische Grundlagen wie auf konkrete juristische Dogmatik und politische Wertungen. Spätere verloren teils diese Fähigkeit, teils den philosophischen Willen dazu und Glauben daran. Ohne Savignys synthetischen Schwung zerfiel seine faszinierende Doppelorientierung in bloßes System und bloße Historie. Man beklagte dies dann polemisch als sog. Begriffsjurisprudenz (*Jhering* 1884 in „Scherz und Ernst", s. Rn. 1362) bzw. als Quellenpurismus und Rechtsstatistik. Heute fasst man – wie angedeutet – kaum noch den Gedanken einer **selbstständigen Einheit** der Jurisprudenz als Rechtswissenschaft und des Rechts als einem nach eigenen Prinzipien geordneten Ganzen. Die bekannte Aufforderung Kants von 1781, „daß man doch einmal statt der endlosen Mannigfaltigkeit bürgerlicher Gesetze [d.h. bei ihm: der Gesetze im Staatszustand!], ihre Prinzipien aufsuchen

---

89 Siehe dazu den Band Savigny-Porträts, oben Fn. 10.

möge",⁹⁰ scheint kaum noch zu interessieren. Viele Grundsatzprobleme kommen daher isoliert, ad hoc oder von außen her zur Sprache, nur als Fragen konkreter Rechtswertung und Politik. Savignys philosophisch gestützte Gesamtkonzeption erscheint von daher kaum „begreiflich"⁹¹ und wird folgerichtig kaum erwogen. Dass Jurisprudenz eine gewisse **Autonomie** haben muss, weil sie sonst eine Kernaufgabe versäumt, wird daran immer wieder klar.

200 Großen Reiz bietet zweitens immer noch Savignys **Systemenergie**. Dank seiner doppelten Orientierung und Leistung für Detail und Ganzes kann man sich an seinem das volle juristische Detail erobernden Systemwillen belehren und die Kraft dieser originären Wissenschaftlichkeit erfahren. Auch unabhängig vom idealistischen Unterbau beeindruckt diese Leistung, die ja auch heute für modern unmetaphysisches, forschendes Verstehen und Erklären und jede Dogmatik gebraucht wird. Savignys Zugriff über allgemeinen Begriff und konkrete Anschauung ähnelt insoweit dem modernen Vorgehen über allgemeine Forschungshypothesen und konkrete Daten. Für Juristen hat diese systematische Energie besonderen Wert, da damit die Gleichmäßigkeit und Wertstimmigkeit der Rechtsregeln überhaupt erst als Problem und als die Aufgabe hervortritt, die die Gerechtigkeit fordert. Dieser Systemwille ist also nicht eine Marotte Savignys oder der sogenannten Begriffsjurisprudenz. Jurisprudenz **muss** in diesem Sinne **systematisch** sein, weil sie sonst eine Kernaufgabe versäumt.

201 Als Problem der Rechtswissenschaft unserer Zeit bleibt, wie sie als **Wissenschaft**, nicht als „Schreibersdienst beim Gerichtsgebrauch" (*Beruf* 79/*Stern* 117) „der" Geschichte oder „dem" Leben dann die maßgebenden Wertungen entnehmen kann. Es genügt ja nicht, das Problem der Politik zu übergeben. Aber ohne normative Metaphysik bleibt nur eine illusionslos kritisch-rationale Methode für diese Problematik. D.h.: Kritisch-forschend müssen die Regelungsprobleme und die möglichen rechtlichen Lösungen **mit** ihren Erfahrungen festgestellt werden, natürlich über das je aktuelle Gesetz hinaus. Die Lösungen müssen dann nach ihrem Kontext und ihren Bedingtheiten geklärt und verglichen werden. Die Ergebnisse können nun als Wertungen verstanden und diskutiert werden. Damit sind sie im Zusammenhang weiterer Wertungen begreifbar und beurteilbar. Insbesondere anerkannte Wertungen spielen dann eine juristisch entscheidende Rolle. Auch das läss sich bei Savigny gut lernen.⁹² Auch die Probleme, Vorteile und Nachteile der Wertungen werden so sichtbar. Rechtswissenschaft würde so im dauernden Prozess der gesellschaftlichen Entwicklung die Rechtsfunktion stützen. *Pax et Iustitia* (lat.: Friede und Gerechtigkeit) würden gestärkt. Oder moderner (mit Luhmann) gesagt: Die Rechts-Erwartungen würden stabilisiert, falsche Erwartungen zurückgewiesen, die Konflikte minimiert, die Reformwege erwiesen und die Gleichbehandlung, d.h. die Gerechtigkeit, dank systematischer Klärung der Wertungen gestärkt.

202 Neben diesen Lehren wiegen aber auch die **Differenzen zu Savigny** schwer. Für Gegenstand und Methode des Rechts steht und fällt seine Doppelorientierung mit ihrer

---

90 Kritik der reinen Vernunft (Werke, ed. *Weischedel* III 313 = S. A 301, B 358); dazu *Rückert* 1984 (wie Fn. 9) 60 und 1987 (wie Fn. 13) 103 ff. zu den Schwierigkeiten dabei.
91 So in der Tat ausdrücklich *J. Benedict*, JZ 2011, 1078.
92 S. dazu zum *System* meine Analyse wie in Fn. 74. Savigny zeigt dort jedes Mal die Probleme in mehreren Spiegeln: insbes. im römischen Recht, in den rezipierten Modifikationen, in den neueren Gesetzgebungen, Literaturen und Praktiken und oft auch in der zeitgenössischen Rechtspolitik, s. schon Rn. 137 f. Der „Historisch-kritische Kommentar zum BGB", Bd. 1–4, 2003–2019 (Fn. 11), ist ein Versuch in diese Richtung, wie er sonst nur sehr verstreut oder gar nicht vorliegt.

philosophisch-metaphysischen Grundlage, wonach Sein und Sollen systematisch in der Wirklichkeit selbst verbunden sind, juristisch als „wirkliches Recht". Inhaltlich sind seine noch so allgemeinen oder römisch-quellenmäßigen Rechtslehren doch Kind seiner Zeit, wie er sie auffasste. Für den Bereich Rechtsquellen und Auslegungslehre ist diese Zeitgebundenheit besonders augenfällig, existiert doch eine römische Auslegungslehre seiner Art gar nicht, wie er selbst sah. Zeitgebunden heißt hier vor allem: Der Kontext von Verfassung und Rechtsstaat deutet sich erst an. Savigny rechnet mit ziemlich abhängigen königlichen Richtern und nicht viel freieren Anwälten, mit einem schmalen ‚gelehrten' Juristenstand, mit schwankenden Gesetzgebungsinstitutionen, aber mit einem hohem Wissenschafts- und Universitätsethos. Versteht man diese Bedingungen, so versteht man auch die entsprechende Bedingtheit der heutigen Auslegungs- und Methodendogmen im Verfassungsstaat der Neuzeit.

VIII. Quellen und Literatur

1. Zum Einstieg in die Savigny-Texte

a. Für Savignys allgemeine Ideen, seinen **Rechtsbegriff und Zivilrechtsbegriff** greift man vor allem zu folgenden Passagen aus Savignys Werken, die man nach den Originalseitenzahlen zitiert, da diese auch in fast allen Neudrucken mitvermerkt sind, zusammen nur etwa 30 Seiten. Zum leichteren Zugang sind hier auch Neuabdrucke mit angegeben:

(1) Seine **allgemeinen Ideen** findet man am kürzesten und prägnantesten in dem Programmaufsatz *Ueber den Zweck dieser Zeitschrift* in Bd. 1 seiner 1815 gegründeten *Zeitschrift für geschichtliche Rechtswissenschaft*, S. 2–7, auch gedruckt in *Savigny, Vermischte Schriften I 1850*, S. 105–126, und Neudrucken in: Rechtsphilosophie oder Rechtstheorie?, hrsg. von G. Roellecke, Darmstadt 1988, S. 41–52; und in: Hattenhauer 1999 u. 2002 (oben Fn. 6), sowie als schönes Faksimile in: Juristische Zeitschriften. Die neuen Medien des 18. bis 20. Jahrhunderts, hrsg. von Michael Stolleis, Frankfurt am Main 1999, S. 506–522.

(2) Zum **Rechtsbegriff** führt zuerst die berühmte Streitschrift *Vom Beruf unsrer Zeit für Gesetzgebung und Rechtswissenschaft*, Heidelberg 1814 u. viele Neudrucke sowie kritische Neuausgabe 2000 mit Registern (oben Fn. 6 u. 10), hier in *Kapitel 2*: Entstehung des positiven Rechts. Savigny entwickelt dort auf 5 Seiten seinen grundlegenden Begriff von der richtigen Entstehung und Entwicklung „allen Rechts" gewissermaßen als „Gewohnheitsrecht", das durch Gesetzesrecht leicht verdorben werde und nur ergänzt, nicht exklusiv kodifiziert werden solle.

(3) Zum **Rechtsbegriff** muss man einiges ergänzen anhand des *System des heutigen Römischen Rechts,* Bd. 1, 1840 (und Neudrucke), hier durch § *52*: Wesen der Rechtsverhältnisse, in Verbindung mit § *15*: Die Rechtsquellen in ihrem Zusammenhang, und mit § *7*: Allgemeine Entstehung des Rechts. Es handelt sich jeweils um wenige dichte Seiten (3, 7, 5). In § 52 steht seine berühmte allgemeine Rechtsdefinition, die freilich eine Privatrechtsdefinition sein soll (so ausdrücklich in I S. 331 f.); in § 15 wird dies eingebettet in den allgemeinen Gedanken des „Volksrechts" und der „sittlichen Bestimmung der menschlichen Natur ... in der christlichen Lebensansicht"; in § 7 wird dies als positives Recht in historischer Perspektive beschrieben. Die Verbindung ist wichtig (s. Rn. 124 mit Fn. 41).

206 b. Für Savignys klassische, **allgemeine** und zugleich **juristische Methode** (für uns nicht das gleiche) hat man seine Methodologie, die sog. *Methodenlehre*. Diese ist aber ziemlich ausführlich und voraussetzungsreich. Einfacher wird es sein, zunächst folgende vier Passagen von gut 20 Seiten zu studieren, in:

207 (1) *Vom Beruf* ... 1814, *Kapitel 3*, S. 22, die Sätze zum „Herausfühlen der leitenden Grundsätze" eines positiven Rechts als dasjenige, was der Juristenarbeit den „wissenschaftlichen Charakter" gibt. Außerdem dort in *Kapitel 6*, S. 48, die Sätze über den „zweyfachen Sinn", den „Juristen unentbehrlich", den historischen und systematischen.

208 (2) Dann die sehr plastischen Klarstellungen in seiner *Recension zu N.Th. Gönner, Über Gesetzgebung und Rechtwissenschaft in unserer Zeit*, zuerst 1815 in seiner *Zeitschrift für geschichtliche Rechtswissenschaft* Bd. 1, und erneut in seinen *Vermischte Schriften*, Bd. 5, 1850, S. 115–172, hier über den wahren Charakter der sog. historischen Methode S. 119–120 und 140–142 des Neudrucks 1850.

209 (3) Diese Sätze betreffen die für Savigny rechts*wissenschaftliche* Methode, die ihm zugleich *juristische Methode* überhaupt ist. Was wir heute juristische Methode nennen, nämlich den praktischen Umgang mit dem Gesetz, spricht er an in berühmten Passagen in *System*, Bd. 1, 1840, *Kapitel 4*: Auslegung der Gesetze, §§ 32–54, auf über 100 Seiten. Besonders bekannt und lesenswert sind die §§ 32 und 33, d.h. die vier Auslegungselemente in § 33 und die Einbettung der juristischen Auslegung in ein allgemeines *„wissenschaftliches Geschäft"*, die Hermeneutik als eine *„Kunst"*, in § 32, sowie in § 35 der Übergang zum zweiten Hauptfall der Auslegungsmethodik, dem „mangelhaften" Ausdruck in der Norm. Etliches davon ist oben zitiert und erklärt. Diese Sätze werden meist unrichtig modernisiert gelesen. Denn sie zeigen einen ganz anderen, fast peinlich anspruchsvollen Begriff von praktischer und wissenschaftlicher juristischer Methode als den heutigen.

2. Auflösung einiger Anspielungen im Text

209a Der Text enthält einige **bloße** Anspielungen auf **sehr** bekannte Werke, nämlich

- Rn. 100 und 198: *John Austin*, The Province of Jurisprudence Determined, London 1832 (u. Neudrucke), hier gleich S. 1.
- Rn. 115: *P. Kondylis*, Die Entstehung der Dialektik. Eine Analyse der geistigen Entwicklung von Hölderlin, Schelling und Hegel bis 1802, Stuttgart 1979, und *D. Henrich*, Between Kant and Hegel. Lectures on German Idealism, Harvard U.P. 2003;
- Rn. 119: *L. Foljanty*, Recht oder Gesetz. Juristische Identität und Autorität in den Naturrechtsdebatten der Nachkriegszeit, Tübingen 2013; Rn. 119: *K. Engisch*, Die Idee der Konkretisierung in Recht und Rechtswissenschaft unserer Zeit, Heidelberg 1953, 2. ergänzte Aufl. 1968;
- Rn. 149: *F.D.E. Schleiermacher*, Hermeneutik und Kritik, in Sämtl. Werke, Abt. 1, Bd. 8, 1838.[93]

---

[93] Siehe für Savigny und Schleiermacher *Rückert*, Savignys Hermeneutik – Kernstück einer Jurisprudenz ohne Pathologie in: Theorie der Interpretation vom Humanismus bis zur Romantik – Rechtswissenschaft, Philosophie, Theologie ..., hrsg. von J. Schröder, Stuttgart 2001, S. 287–327; jetzt auch in *Rückert*, Savignystudien, 2011.

3. Zum Einstieg in die Sekundärliteratur

Die erschlagende Literaturfülle zu diesem Juristen-Fürst müsste man genauer sortieren. Vieles kommt nur aus zweiter Hand. Man kann sich am ehesten behaupten durch die Lektüre nicht so vieler Seiten des Originals (s. soeben) und in Verbindung mit einigen Lexikonartikeln zu Savigny als Überblick, auch wenn sie nicht selten von der Erklärung hier abweichen. Siehe chronologisch (der Zeitkontext ist wichtig):

- *Kiefner, Hans,* in: Handwörterbuch zur dt. Rechtsgeschichte, Bd. 4, 1990, Sp. 1313–23.
- *Rückert, Joachim,* in: M. Stolleis (Hrsg.), Juristen-Lexikon, 1995, 2. Aufl. 2001, S. 555–560.
- *Nörr, Dieter,* in: Neue Deutsche Biographie, Bd. 22, 2005, S. 470–473.
- *Schröder, Jan,* in: Deutsche und europäische Juristen aus neun Jahrhunderten, 6. Aufl. 2017, S. 380–388.
- *Rückert, Joachim*, in: W. Killy Literaturlexikon. Autoren und Werke des deutschsprachigen Kulturraums, 2. Aufl. Berlin 2011 und Darmstadt 2016, S. 214–216.
- *Rückert, Joachim*, in: Frankfurter Personenlexikon (online) (Stand 2017) (mehr biografisch).

4. Weitere und neuere Literatur

- Eine umfängliche Aufzählung bis 2017 findet sich bei *Jan Schröder*, wie unter 3.
- Eine thematisch geordnete Würdigung der neueren Literatur bis 2009 gibt *J. Rückert*, Friedrich Carl von Savigny (1779–1861) – ein Frankfurter in Berlin, in: Festschrift 200 Jahre Juristische Fakultät der Humboldt-Universität zu Berlin …, Berlin 2010, S. 133–177.
- Die ältere Literatur vor 1984 ist aufgearbeitet bei *J. Rückert*, Idealismus, Jurisprudenz und Politik bei Friedrich Carl von Savigny, 1984, Teil 1 Kap. 2, zuletzt im Neudruck Frankfurt am Main 2022, im Anhang ergänzt, und generell in *ders.*, Savigny-Studien, 2011.

5. Und sonst?

An dieser Stelle erscheint es doch von Nutzen, auszusprechen, was man sonst eher als unfreundlich und nutzlos unterlässt. Es gibt sehr viele und viele prominent gedruckte Texte über Savigny, aber man braucht wirklich nicht alle zu lesen. Einige sind einfach zu oberflächlich, schief oder verwirrend, einseitig zugespitzt oder kenntnisreich schief oder sogar ignorant-irreführend, zum Beispiel:

- *Denneler, Iris,* Karl Friedrich von Savigny, 1985 (in der Reihe „Preußische Köpfe"); schon der Name im Titel ist falsch. Karl Friedrich war ein Sohn, Friedrich Carl unser Methodiker.
- *Jochum, Heike,* Das Erbe Friedrich Carl von Savignys – Zur 225sten Wiederkehr des Geburtstags von Friedrich Carl von Savigny, in: NJW 2004, 568–573.
- *Rüfner, Thomas,* Historische Rechtschule, in: Handwörterbuch des europäischen Privatrechts, Bd. 1, 2009, S. 829–833.

Methode und Rechtslehre bei Georg Friedrich Puchta (1798–1846)

von Hans-Peter Haferkamp

Übersicht

I.	Fünf Prägungen	104
II.	Methodenlehre? Skepsis gegenüber starren Methodenregeln	106
III.	Die Rechtsquellenlehre als Ausgangspunkt	106
IV.	Annäherung: Abgrenzungen zu Savigny: enger am Text – strenger im System	107
V.	Folgen für die Arbeit des wissenschaftlich arbeitenden Juristen	113
VI.	Trennung des doppelten Blicks in Puchtas Institutionen und Pandekten	122
VII.	Beispiel: Stellvertretung	123
VIII.	Bilanz	126
IX.	Quellen und Literatur	127

I. Fünf Prägungen

213 Um Georg Friedrich Puchta als Methodendenker zu verstehen, lohnt zunächst ein Blick auf die zentralen Prägefaktoren seines Denkens.

214 Puchta wurde 1798 in Cadolzburg bei Ansbach als Sohn des Landrichters **Wolfgang Heinrich Puchta** geboren.[1] Der Vater war das „Musterbild eines Praktikers"[2] und veröffentlichte neben seiner gerichtlichen Tätigkeit eine Reihe von Abhandlungen überwiegend zivilprozessualen Inhalts.[3] Das Interesse für die **Praxis des Zivilrechts** ließ Puchta nie los.[4] Sie interessierte ihn in seiner juristischen Dogmatik und in seinen rechtsquellentheoretischen Überlegungen zum Juristenrecht und zur Gewohnheitsrechtslehre. Puchta wurde in Berlin Mitglied des Spruchkollegiums der Fakultät und zunächst seit 1842 Hilfsarbeiter, seit 1844 dann Rat am Obertribunal.[5] Als Richter hatte er großen Erfolg.[6]

215 Puchta besuchte zwischen 1811 und 1816 das Egidiengymnasium in Nürnberg[7] und erhielt durch dessen damaligen Rektor **Georg Wilhelm Friedrich Hegel** wichtige philosophische Prägungen. Als Rechtswissenschaftler war er freilich primär um Abgrenzung zu Hegel bemüht, was zu einer erbitterten lebenslangen Feindschaft mit Eduard Gans,

---

1 Genealogische Angaben in *P. Landau*, NDB 20, 2001, 757; zur Biographie nun: *Christoph-Eric Mecke*, Begriff und System des Rechts bei Georg Friedrich Puchta, Göttingen 2009, 51 ff.
2 *E. Landsberg*, Geschichte der Deutschen Rechtswissenschaft, 3.2., München 1910, 439.
3 Zu Wolfgang Heinrich Puchta: *U. Falk*, Von Dienern des Staates und von anderen Richtern. Zum Selbstverständnis der deutschen Richterschaft im 19. Jahrhundert, in: Europäische und amerikanische Richterleitbilder, hrsg. von A. Gouron u.a., Frankfurt am Main 1996, 251 ff.
4 Das Verhältnis zum Vater war teilweise gespannt, vgl. die zitierten Familienbriefe bei *J. Bohnert*, Beiträge zu einer Biographie Georg Friedrich Puchtas, in: ZRG GA 96 (1979), 232 f.
5 *Bohnert* (wie Fn. 4), 230.
6 Der Obertribunalpräsident, in dessen Senat Puchta mitarbeitete, urteilte über Puchtas Fähigkeiten als Richter: „Ist doch nur ein Professor und hat eben ins Landrecht hineingerochen, beherrscht aber den ganzen Senat, tanzen alle nach seiner Pfeife", zitiert nach *E. I. Bekker*, Festgabe der deutschen Juristen-Zeitung zum 500-jährigen Jubiläum der Universität Leipzig, hrsg. von O. Liebmann, Berlin 1909, Sp. 97.
7 *G. F. Puchta* berichtet hierüber in seinen biographischen Hinweisen in: Georg Friedrich Puchta's kleine civilistische Schriften, hrsg. von A. F. Rudorff, Leipzig 1851, XX f., sowie im Brief an Hugo vom 2. 8. 1828, abgedruckt in: Georg Friedrich Puchta. Briefe an Gustav Hugo, hrsg. von H. H. Jakobs, Frankfurt am Main 2009, 88.

dem juristischen Meisterschüler Hegels, führte.[8] Im Kern ging es um das Verhältnis von Recht als Teil der **Wirklichkeit und der menschlichen Vernunft** und damit von Notwendigkeit und Freiheit im Recht.

Von 1816 bis 1820 studierte Puchta Rechtswissenschaften in Erlangen. Er trat der gemäßigten Burschenschaft der Bubenreuther bei und schloss sich hier der fränkischen **Erweckungsbewegung** um den Pfarrer Christian Krafft an, einer Spielart des Pietismus, die die individuelle Vergebung durch Christus selbst predigte.[9] Puchtas Rechtslehre blieb hiervon beeinflusst; sie war durchzogen von der Ansicht, dass Gutes als Rückkehr zu Gott nur durch Freiheit zu erreichen sei. Wenn er von der menschlichen Freiheit als „Keim des Rechts" sprach, so war stets mitzudenken: „Der Mensch hat die Freiheit, auf dass er durch seine freie Bestimmung den Willen Gottes ausführe".[10] Das Recht war für Puchta in diesem Sinne „eine göttliche Ordnung, die dem Menschen gegeben, die von seinem Bewußtseyn aufgenommen worden ist".[11] Die menschliche Freiheit zum Guten wurde durch ein göttlich durchwirktes Rechtsgefühl beeinflusst, dem der Jurist Gehör schenken sollte, um durch ein so entstandenes Recht die Wiedervereinigung des Menschen mit Gott vorzubereiten.

Während des Studiums las Puchta **Friedrich Carl von Savignys** „Vom Beruf unserer Zeit für Gesetzgebung und Rechtswissenschaft" von 1814. Dieses Grundsatzprogramm wurde für ihn die Schlüsselschrift für sein juristisches Denken. Obwohl er Savigny nur sehr kurz in Vorlesungen hörte, empfand sich Puchta als dessen Schüler und stand auch bald öffentlich im Ruf, Savignys „Lieutenant du Roi"[12] zu sein. Was Puchta an Savignys Überlegungen besonders interessierte, war dessen Rechtsquellenlehre, basierend auf der „gemeinsamen Ueberzeugung des Volkes",[13] die Puchta später **Volksgeist**[14] nannte. Zu klären war, was aus diesem Ausgangspunkt für eine Methode der Rechtserkenntnis und Rechtsanwendung folgte.

Puchta verstand Savigny eigenwillig.[15] Dies lag auch daran, dass Puchta seit 1821 von einem Philosophen geprägt wurde, für dessen hier relevante späte Philosophie sich Savigny kaum interessierte, nämlich **Friedrich Wilhelm Joseph Schelling**.[16] In München hörte Puchta zwischen 1828 und 1831 Schellings Philosophie-Vorlesungen, die erst

---

8   J. Braun, Gans und Puchta. Dokumente einer Feindschaft, in: JZ 1998, 763 ff.
9   Zu diesen Zusammenhängen H.-P. Haferkamp, Einflüsse der Erweckungsbewegung auf die „historisch-christliche" Rechtsschule zwischen 1815 und 1848, in: Konfession im Recht, hrsg. von P. Cancik u.a., Frankfurt am Main 2009, 71 ff.
10 Puchta, Cursus der Institutionen, Bd. 1, Leipzig 1841, 8.
11 Puchta, Institutionen I (Fn. 10), 23.
12 Puchta an F. C. v. Savigny vom 6. 11. 1828. Entgegen der Darstellung von Braun (wie Fn. 8) 764 und Bohnert (wie Fn. 4) 229 f. gab sich Puchta diesen Namen also nicht selbst.
13 Savigny, Vom Beruf unserer Zeit für Gesetzgebung und Rechtswissenschaft, Heidelberg 1814, 8.
14 Erstmalig Benennung als „Volksgeist" in Puchta, Rez. Das Erbrecht in weltgeschichtlicher Entwicklung, Teil 1, Berlin 1824, Teil 2, Berlin 1825, in: (Erlanger) Jahrbücher der gesammten deutschen juristischen Literatur 1, 1826, S. 14 („Anhänger des Islam" als ein Volksgeist, keine polemische Verwendung); in Puchta, Rez. Sigmund Wilhelm Zimmern: Geschichte des römischen Privatrechts bis Justinian, Bd. 1, Heidelberg 1826, in: Erlanger Jahrbücher. 3, 1826, 295 spricht er vom „römischen Volksgeist"; vgl. Bohnert, Über die Rechtslehre G. F. Puchtas, Karlsruhe 1975, 47.
15 Die daraus resultierenden Missverständnisse zeigten sich bei der brieflichen Debatte zwischen Puchta und Savigny über die Entwürfe zu § 52 von Savignys System, hierzu Haferkamp, Die Bedeutung der Willensfreiheit für die Historische Rechtsschule, in: Willensfreiheit und rechtliche Ordnung, hrsg. von E.-J. Lampe/ M. Pauen/G. Roth, Frankfurt am Main 2008, 204 ff.
16 Zu diesen Zusammenhängen Haferkamp, Georg Friedrich Puchta und die ‚Begriffsjurisprudenz', Frankfurt am Main 2004, 321 ff.; zu Schelling umfassend X. Tilliette, Schelling. Biographie, Stuttgart 2004; teilweise anders Mecke, Puchta (Fn. 1), 455 ff., 656 ff.

nach Schellings Tod veröffentlicht wurden.[17] Puchta konstruierte seine Rechtslehre nun vor allem gegen Hegel in Annäherung an Schellings Unterscheidung zwischen positiver/historischer **und negativer/logischer Philosophie**.

219 Praxis, Gott, Volksgeist, Hegel und Schelling – was folgte hieraus für Puchtas Methode?

II. Methodenlehre? Skepsis gegenüber starren Methodenregeln

220 Nähert man sich Puchtas Überlegungen zu Methodenfragen, so sticht zunächst seine Abneigung gegen methodische Regeln ins Auge.

221 Gegenüber Hugo meinte Puchta 1827, es sei ihm „völlig unbegreiflich", wie man – wie Thibaut – „ein Collegium über Hermeneutik lesen oder hören kann".[18] Puchta hielt sich mit eigenen Äußerungen zur Auslegung von Quellen und Gesetzen lange zurück.[19] 1838 meinte er, die Schaffung einer eigenen Disziplin der juristischen Hermeneutik habe sich als „für ihren Zweck ... nicht besonders fruchtbar erwiesen".[20] 1846 warnte er vor festen Interpretationsregeln: „Nicht zu weit zu gehen, davor muß **der gesunde juristische Tact und Verstand** bewahren, solche äußerlichen Regeln würden nur den Schwachköpfen dienen, um sie des eigenen Denkens zu überheben, diese sollen aber besser gar nicht interpretieren".[21] Man habe aus „den Regeln für Kritik und Interpretation ... wohl eine eigene Disciplin gemacht, die juristische Hermeneutik, gewöhnlich eine sehr äußerlich gehaltene, unfruchtbare, nicht in das Wesen der Sache eingehende, hölzerne Darstellung. Abgesehen von dem gesunden Menschenverstand muß die ganze Jurisprudenz die Hermeneutik sein".[22]

222 Nicht nur dieser Kernbereich methodischen Denkens, die Frage der **Gesetzesauslegung**, interessierte Puchta als Theorie wenig. Auch die Frage der **Rechtsfortbildung** wurde mit ähnlich vagen Hinweisen beantwortet. Für die „productive" Tätigkeit der Rechtswissenschaft hieß es 1841: „besondere Regeln lassen sich ... nicht mit einiger Vollständigkeit geben. Die ganze Rechtswissenschaft muß die Anleitung dazu enthalten. Jeder Jurist, also insofern er dies ist, jeder Richter ist dazu berufen; eine Hülfe gewährt die juristische Literatur".[23] 1844 bemerkte er übereinstimmend, die „Erkenntnis des wissenschaftlichen Rechts und ihre Methode ist **nicht Gegenstand besonderer Regeln**, sondern die Aufgabe der gesammten Rechtslehre".[24]

III. Die Rechtsquellenlehre als Ausgangspunkt

223 Auf den ersten Blick ist es also nicht leicht, Puchta als Methodendenker auf die Schliche zu kommen. Ihn als Vertreter einer eher irrationalen, kaum durchgearbeiteten, irgendwie pragmatischen Methodenlehre abzutun, würde zu kurz greifen. Puchta war sehr an methodischen Fragen interessiert, was ihn jedoch wenig interessierte, waren die festen Anwendungs- und Vorrangregeln traditionell topischer oder zeitgenössisch

---

17 Einzelne Nachweise bei *Haferkamp* (wie Fn. 16) 321 ff.
18 *Puchta*, Brief an Hugo vom 2. 1. 1827, 22 ff., bei *Jakobs* (Fn. 7), 27.
19 *Puchta* verwies ab 1832, System des gemeinen Civilrechts, § 11 Anm. einzig auf *Mühlenbruch*, Pandekten, §§ 54–67.
20 *Puchta*, Pandekten, Leipzig 1838, 22.
21 *Puchta*, Vorlesungen über das heutige römische Recht I, Leipzig 1846, 41/§ 15.
22 *Puchta*, Vorlesungen I (Fn. 21), 39/§ 15.
23 *Puchta*, Institutionen I (Fn. 10), 44.
24 *Puchta*, Pandekten, 2. Aufl. 1844, § 16 aE.

hermeneutischer Provenienz. Sein Zugang war ein anderer: Puchta dachte die Jurisprudenz von der Rechtsquellen-, nicht von der Rechtsanwendungslehre her.

> „Wo Juristen und Gesetzgeber das Recht verkehrt behandelten, sind ihre Irrthümer fast immer von einem Grundirrthum über die Entstehung des Rechts ausgegangen ... Das erste Geschäft des Richters ist, sich von der Existenz der Rechtssätze zu überzeugen, in deren Anwendung sein Beruf besteht. Dazu gehört die Kenntniß der Entstehung, der Quellen, durch die ein Rechtssatz hervorgebracht werden kann, der Bedingungen, von denen diese Erzeugung abhängt".[25]

Puchta beschäftigte sich als Dogmatiker mit dem, so der Wortschöpfer Gustav Hugo, „heut zu Tage anwendbare[n] Römische[n] Privatrecht".[26] Nach dem Untergang des Heiligen Römischen Reiches Deutscher Nation im Jahr 1806 war klar,[27] dass es sich dabei um ein Recht handelte, dessen Geltung nicht von einer Entscheidung eines Reichsgesetzgebers abgeleitet werden konnte.[28] Auch im Deutschen Bund blieb Zivilrecht in territorialer Zuständigkeit.[29] Gemeines Recht als Nationales Recht konnte kein Gesetzesrecht sein. Damit stand Puchta vor der schwierigen Frage, was von den Texten des Corpus Iuris Civilis und seinen vielen späteren Interpretationen in wissenschaftlichen Texten und Gerichtsurteilen noch anzuwenden war. **Sein Methodenproblem war demnach komplexer**, als es der heute noch oft auf die Gesetzesanwendung fixierte Blick nahe legt, am ehesten vergleichbar mit dem Kollisionsrecht des heutigen Internationalen Privatrechts. Es ging um die Hierarchisierung von Texten. Die Kernfrage für die Rechtsanwendung war demnach:

> „Wenn es also noch andere Rechtssätze giebt außer den Gesetzen, woher stammen sie? Wenn der Richter noch anderer Rechtssätze bedarf, woher nimmt er sie?"[30]

IV. Annäherung: Abgrenzungen zu Savigny: enger am Text – strenger im System

Im Ausgangspunkt folgte Puchta damit dem Blick Savignys, der gleichfalls die Rechtsentstehung in den Mittelpunkt seiner Rechtslehre rückte. Joachim Rückert hat die Folgen für Savignys Methodenprogramm eindringlich geschildert.[31] Lohnt ein gesonderter Blick auf Puchta oder ist dieser nicht nur ein von Savigny abhängiger Denker?

---

25 *Puchta*, Vorlesungen I (Fn. 21), 21/§ 10.
26 *G. Hugo*, Institutionen des heutigen Römischen Rechts, Berlin 1789, Vorrede, 6.
27 Bereits im 18. Jahrhundert wurde der Geltungsgrund des Gemeinen Rechts kontrovers diskutiert, vgl. *K. Luig*, Der Geltungsgrund des Römischen Rechts im 18. Jahrhundert in Italien, Frankreich und Deutschland, erstmals 1977, zitiert nach Wiederabdruck in: *ders.*, Römisches Recht, Naturrecht, Nationales Recht, Goldbach 1998, 3 ff.; *A. Daniel*, Gemeines Recht (= Schriften zur Rechtsgeschichte 101), Berlin 2003, 86 ff.
28 *Haferkamp*, Die Bedeutung von Rezeptionsdeutungen für die Rechtsquellenlehre zwischen 1800 und 1850, in: Usus modernus pandectarum. Römisches Recht, Deutsches Recht und Naturrecht in der frühen Neuzeit. Klaus Luig zum Geburtstag, hrsg. von Haferkamp u. T. Repgen, Köln 2007, 25 ff.; *ders.*, Die Historische Rechtsschule, Frankfurt am Main 2018, 62 ff.
29 In den Territorien wurde Gemeines Recht teilweise ausgeschlossen, dies galt insbesondere für Teile Preußens, Bayerns und Hessens, für Baden und Österreich; eine geordnete Aufzählung der Normen bringt *G. Bruns*, Art. Gemeines Recht, in: Allgemeine Enzyklopädie der Wissenschaften und Künste, Bd. 57, hrsg. von J. S. Ersch u. J. G. Gruber, Leipzig 1853, 218; vgl. auch die Nachweise bei *C. G. v. Wächter*, Gemeines Recht Deutschlands, insbesondere Gemeines Deutsches Strafrecht, Leipzig 1844, 207 f.; genauere territoriale Abgrenzungen bei *B. Dölemeyer*, Gesetzgebungsbibliographie Deutschland, in: Handbuch der Quellen und Literatur der europ. Privatrechtsgeschichte Bd. III 2, hrsg. von H. Coing, München 1982, 1409 ff.
30 *Puchta*, Vorlesungen I (Fn. 21), 22/§ 10.
31 *J. Rückert*, Methode und Zivilrecht beim Klassiker Savigny (1779–1861), oben Rn. 76–212.

226 Einige Übereinstimmungen springen ins Auge:
- Beide verankern die Rechtsentstehung im Volk, beide sprechen in diesem Zusammenhang später vom „Volksgeist".
- Beide setzen der Rechtswissenschaft eine doppelte Aufgabe, sie soll historisch arbeiten und systematisch.
- Beide rücken dabei das ‚heutige Römische Recht' in den Mittelpunkt ihrer Interessen.
- Beide setzen weniger auf den Gesetzgeber als auf den Juristen als Träger der Rechtsentwicklung.

227 Bei näherer Betrachtung zeigen sich gleichwohl auffallende Unterschiede:
1. Puchta bricht bei der Betrachtung der Rechtssätze ab, er stößt in seiner Auslegungslehre nicht auf die ‚Rechtsverhältnisse' durch. Puchtas Quellenarbeit ist enger am Text.
2. Puchtas Rechtssystem betrachtet das gesamte Zivilrecht von einem obersten Grundsatz aus. Sein System ist strenger verknüpft, weniger organisch, mehr hierarchisch.

Puchta ist ‚positiver' und er ist ‚logischer' als Savigny.

1. Enger am Text

228 Kennzeichnend für Savignys Verfahren war, dass er die „Rechtsverhältnisse", also ein Stück des „Rechtszustandes" im „wirklichen Leben", als die „tiefere Grundlage des Rechts" betrachtete.[32] Damit wurde das Recht im Volksbewusstsein direkt verankert. Für Savigny war jedes Gesetz „dazu bestimmt, die Natur eines Rechtsverhältnisses festzustellen".[33] Die Gesetzgebung hatte also „einen Gedanken" auszusprechen, und Auslegung bedeutete „Reconstruction des dem Gesetze innewohnenden Gedankens".[34] Savignys Blick war bei der Auslegung also auf die hinter dem Gesetzeswortlaut liegenden Rechtsverhältnisse gerichtet. Die **Rechtsverhältnisse** standen für Savigny wie die rechtlich sie regierenden Rechtsinstitute in einem organischen Zusammenhang[35] und damit wurden auch die Gesetze durch diese Struktur bestimmt. Savignys Gesetzesauslegung beruhte also „auf der Voraussetzung der organischen Einheit der Römischen Gesetzgebung, welche wiederum in der allgemeinen Natur des positiven Rechts überhaupt ... ihre tiefere Begründung findet".[36] Savignys Einheit stiftendes Verfahren[37] ließ somit den Willen des historischen Normgebers nicht genügen, sondern griff auf das zugrunde liegende Rechtsverhältnis und auf eine organische Einheit im römischen Recht zurück.[38]

---

32 *Savigny*, System des heutigen römischen Rechts, Bd. 1, Berlin 1840, § 4, hierzu *Rückert* (Fn. 31) Rn. 97.
33 *Savigny*, System I (Fn. 32), 212.
34 *Savigny*, System I (Fn. 32), 212 f.
35 *Savigny*, System I (Fn. 32), 7 (Rechtsverhältnisse), 9 (Rechtsinstitute); zur vieldiskutierten Abgrenzung vgl. *Rückert*, Idealismus, Jurisprudenz und Politik bei Friedrich Carl von Savigny. Ebelsbach 1984, 342 ff.; *Kiefner*, Lex Frater a Fratre, Institution und Rechtsinstitut bei Savigny, in: Rechtstheorie 10 (1979), 129 ff., 136 ff.
36 *Savigny*, System I (Fn. 32), 286 mit Verweis auf § 5; hierzu *Rückert* (wie Fn. 35) 348 f.
37 Vgl. *Rückert* (wie Fn. 35) passim; *ders.*, Savignys Konzeption von Jurisprudenz und Recht, ihre Folgen und ihre Bedeutung bis heute, in: Tijdschr. voor Rechtsgesch. 61 (1993) 65 ff.; *ders.* (Fn. 31) Rn. 97 ff.
38 Die 1840 der Auslegung mangelhafter Gesetze zugewiesenen Auslegungsregeln tauchen in Savignys früheren Methodenlehren nicht auf. *J. Schröder*, Recht als Wissenschaft, München 2001, 221 sieht darin in der Sache einen Rückfall in die älteren Auslegungslehren der vorexegetischen, gegenwartsbezogenen Phase; eher für eine Kontinuität dagegen *Rückert* (Fn. 31, Rn. 97) mit Anm. 21. Dies kann hier dahinstehen.

Im Vorwort zu seinen Pandekten griff Puchta 1838 mit Blick auf Friedrich Julius Stahl den Rückgriff auf Rechtsverhältnisse scharf an. Wer sich, wie Stahl, „jenen natürlichen Anschauungen von Besitz und Verkehr, Bedürfnissen und Trieben" überlasse, der schiffe „in **ein Meer schwankender Vorstellungen**, unsicherer Begriffe, chamäleonartiger Behauptungen und gränzenloser Träume …, welches von der wahren Jurisprudenz so entfernt liegt, als die Sandwüste des alten Naturrechts".[39] 1841 hieß es weniger scharf, aber in der Sache konstant: „Sie hat etwas verführerisches, die Betrachtung der Rechtsverhältnisse, wie es verführerisch ist, sich auf den wechselnden Wellen schaukeln zu lassen, statt den festen harten Grund zu suchen".[40] Dieser feste Grund waren die Rechtssätze. Um diese festzustellen, war dem Interpreten ein Durchgriff auf die Rechtsverhältnisse verwehrt. Gesetzesinterpretation habe eine „rein receptive Richtung, sie geht rein auf Gewinnung des Rechtssatzes, welchen der Gesetzgeber in dem Gesetz hat niederlegen wollen".[41] Dies bedeutete kein Kleben am Wortlaut, dieser war „nur declaratorisch",[42] doch spielte der Wortlaut eine zentrale Rolle: „Der Sinn muß immer in den Worten liegen (wenn auch nicht in ihrer gemeinen Bedeutung)".[43] Um den Willen des Gesetzgebers zu rekonstruieren, konnten neben dem Wortlaut auch „Motiv, Zweck, Nützlichkeit" sowie die Entstehungsgeschichte[44] herangezogen werden. Damit erschöpfte sich jedoch die „receptive Thätigkeit" der Rechtswissenschaft, die Interpretation.

Puchtas Umgang mit den Quellen war daher strenger als bei Savigny. Dies hatte unmittelbare Bedeutung „für die **Interpretation des Corpus Juris**".[45] Obwohl das Corpus Juris für Puchta nicht als Gesetz, sondern als Gewohnheitsrecht fortgalt, waren seine Sätze wie Gesetze zu interpretieren. Der Wortlaut der Digestenfragmente wurde zentraler Orientierungspunkt. „Wahre Interpretation" könne „keinen anderen Sinn aufstellen, als der in den Worten liegt, es kann nur eine declaratorische Interpretation geben".[46] Deutlich sei hiervon die Interpretation der Römer zu unterscheiden, die viel weitergehend „das Verhältnis der Wissenschaft zu dem gegebenen Recht überhaupt", also auch „Ergänzung, Erweiterung, Modifizierung" umfasse. Auch für das Corpus Juris galt:

> „Das oberste Princip der Interpretation ist: das Gesetz ist der ausgesprochene Wille des Gesetzgebers".[47]

Puchta zeigte seit den 1830er Jahren[48] Zurückhaltung gegenüber den, oft unter Berufung auf Savigny, zunehmenden intuitiven Zugängen bei der Textinterpretation. Auch für Puchta blieben der rezipierte Text und seine Interpretationsgeschichte nur Ausdruck des „Volksgeists" als rechtserzeugendem „Willen der Nation".[49] Er fürch-

---

39 *Puchta*, Pandekten (Fn. 20), VII.
40 *Puchta*, Institutionen I (Fn. 10), 52.
41 *Puchta*, Pandekten, 3. Aufl. Leipzig 1845, 25.
42 *Puchta*, Vorlesungen I (Fn. 21), 39/§ 15.
43 *Puchta*, Vorlesungen I (Fn. 21), 39/§ 15.
44 *Puchta*, Vorlesungen I (Fn. 21), 42/§ 15.
45 *Puchta*, Vorlesungen I (Fn. 21), 39, 44/§ 15; was nicht bedeutete, dass Gemeines Recht als Gesetz galt, es blieb Gewohnheitsrecht bzw. Juristenrecht. Anders als Gewohnheitsrecht sollte es jedoch nach hermeneutischen Regeln interpretiert werden, also wie ein Gesetz, insofern missversteht mich *Mecke*, Puchta (Fn. 1), 316 f.
46 *Puchta*, Vorlesungen I (Fn. 21), 39/§ 15.
47 *Puchta*, Vorlesungen I (Fn. 21), 39/§ 15.
48 Genauer *Haferkamp*, Puchta (wie Fn. 16) 358 ff.; teilweise ergänzend *Mecke*, Puchta (Fn. 1), 346 ff.
49 *Puchta*, Vorlesungen I (Fn. 21), 25/§ 10.

tete aber die „reine Willkühr",[50] wenn etwa Georg Beseler 1844 beim Juristen den „unbefangenen, verständigen Sinn, den ungetrübten natürlichen Blick, den Eifer für das Wirkliche und Wahre"[51] betonte, um ihm so den Durchgriff auf den Volksgeist zu gestatten. Auch Johann Friedrich Kierulff musste sich sagen lassen: „Wie Mancher möchte sich gern überreden lassen, zur Herrschaft über den Stoff gelange man am besten, indem man diesen aufgebe, der beste Bildhauer sey der, welcher statt in den widerspenstigen Stein, in die nachgiebige Luft haue".[52] Puchta hob am Volksgeist dessen Eigenschaft als „dunkle Werkstätte" hervor, die dem menschlichen Zugriff also entzogen war. Dies bedeutet nicht, dass antikes Recht unveränderbar war. Hierzu bedurfte es jedoch einer derogierenden Rechtsquelle, also insbesondere eines Juristengewohnheitsrechts. Puchta untersagte Modernisierung im Mantel der Interpretation. Was für Savigny Interpretation war, war für Puchta bereits Rechtsfortbildung.

2. Strenger im System

232 Indem in die Quellenauslegung die „innere Einheit" des Volksgeistes nicht einfließen sollte, veränderte sich auch die Qualifikation des davon als „Rechtsproduction" abgegrenzten, rechtsfortbildenden systematischen Verfahrens der Rechtswissenschaft. Puchta nahm 1837 eine Veränderung seiner Rechtsquellenlehre vor.[53] Er trennte nun deutlich zwischen der im Volksgeist liegenden geistigen Einheit und der wissenschaftlich-systematischen Arbeit des Juristen, die damit die Fähigkeit verlor, Rechtsquelle zu sein. Rechtsquelle könnten Juristen nur sein, wenn sich ihr Rechtssatz „auf die unmittelbare Volksüberzeugung zurück[...]führen" lasse, „was natürlich von der wissenschaftlichen Thätigkeit als solcher und ihrer Wirkung nicht gesagt werden kann".[54] Systematisch gefundene Rechtssätze waren nicht mehr in der Lage, Gesetzes- und Gewohnheitsrecht zu derogieren: Die Aufhebung eines Gewohnheits- oder Gesetzesrechts durch ein Recht der Wissenschaft könne „der Natur der Sache nach nicht vorkommen".[55] Puchta kritisierte auch hier Savignys „Recht der Wissenschaft". Dieser behandele, so Puchta, die beiden scharf zu trennenden Bereiche der Wirksamkeit von Juristen als Rechtsquelle irrtümlich als „eine und dieselbe Klasse der Rechtsbildung".[56] Auch hinter dieser Neuausrichtung versteckte sich eine abweichende Interpretation des Rechts. Puchta betonte weniger das harmonische „Ganze" als die Zusammensetzung aus zufälligen und notwendigen Elementen: „Das Recht ist ein Vernünftiges, und dieß ist die Seite von welcher es ein System ist, einen Organismus von Gattungen und Arten bildet. Aber dieß ist nur eine Seite des Rechts, von welcher ausgehend wir nie zu der andern, der Freiheit, gelangen würden; in dieser letzten liegt der Keim des Rechts".[57] Die Vernunft komme „gar nicht oder nur durch einen Sprung zum Recht".[58] „Die Entstehung des Rechts durch den unmittelbaren Willen der Nation und den Gesetzgeber ist

---

50 *Puchta*, Das Gewohnheitsrecht, Teil 2, Leipzig 1837, 51.
51 *G. Beseler*, Volksrecht und Juristenrecht, Leipzig 1843, 120 f.
52 *Puchta*, Rez. zu Friedrich Carl von Savigny: System des heutigen Römischen Rechts Band I und II, Berlin 1840, in: (Richters) Kritische Jahrbücher für deutsche Rechtswissenschaft 4, 1840, 674.
53 Hierzu *Haferkamp*, Puchta (wie Fn. 16), 371 ff.; *Mecke*, Puchta (Fn. 1), 279 ff.
54 *Puchta*, Rez. Romeo Maurenbrecher, De auctoritate prudentum prolusio academica, in: Richters Jahrbücher 6, 1839, 729.
55 *Puchta*, Vorlesungen I (Fn. 21), 48/§ 18.
56 *Puchta*, Rez. zu Georg *Beseler*: Volksrecht und Juristenrecht, Leipzig 1843, in: Jahrbücher für wissenschaftliche Kritik, Bd. 1, 1844, 18 (auch separat erschienen).
57 *Puchta* (wie Fn. 10), 6.
58 *Puchta* (wie Fn. 10), 6.

eine freie; was sie hervorbringen, unterliegt im Einzelnen keiner eine bestimmte Linie vorschreibenden Nothwendigkeit".[59] Der Rechtswissenschaft war nun die Aufgabe gesetzt, das so ‚frei' entstandene Recht als ein System zu begreifen und die vernünftige „Seite" des Rechts zu erkennen und auszubilden, indem sie „des Zusammenhangs der Rechtssätze sich bemächtigt, ihre Verwandtschaft untereinander erforscht hat, so dass er die Abstammung eines jeden Begriffs durch alle Mittelglieder, die an seiner Bildung Antheil haben, auf und abwärts zu verfolgen vermag".[60] Daraus folgte, dass Strukturelemente und rationale Zusammenhänge im Recht sich **nicht einfach nur von selbst machten, sondern** deutlicher als bei Savigny **auch** von der Rechtswissenschaft **gemacht wurden.**

> „Nur der besitzt diese systematische Erkenntnis, welcher des Zusammenhangs der Rechtssätze sich bemächtigt, ihre Verwandtschaft unter einander erforscht hat, so dass er die Abstammung eines jeden Begriffs durch alle Mittelglieder, die an seiner Bildung Antheil haben, auf und abwärts verfolgen vermag. Wenn wir z.B. das einzelne Recht über ein Grundstück zu gehen, welches der Eigenthümer dieses Grundstücks dem Eigenthümer eines benachbarten bestellt hat, betrachten, so muß dem Juristen theils seine Stellung im System der Rechtsverhältnisse, theils der Rechte, also seine Herkunft bis zum Begriff des Rechts hinauf zum Bewußtsein kommen, und er muß ebenso von diesem herab zu jenem einzelnen Rechte gelangen können, dessen Natur erst dadurch vollkommen bestimmt wird. Es ist ein Recht, also eine Macht über einen Gegenstand; ein Recht an einer Sache, also der besonderen Natur dieser Rechte teilhaftig; ein Recht an einer fremden Sache, also eine parthielle Unterwerfung derselben; die Seite, von welcher die Sache unterworfen ist, ist die der Benutzung, es gehört zu dem Geschlecht der Rechte an Sachen auf Benutzung; die Benutzung ist für ein gewisses Subjekt bestimmt, über das sie hinausgeht, also ist das Recht eine Servitut; für ein Grundstück, also Prädialservitut; für dieses Bedürfnis eines Grundstücks, Wegservitut. Ich nenne dies eine Genealogie der Begriffe."[61]

Für Puchta wurde der Jurist **rechtsfortbildend** tätig, wenn er aus den so gefundenen Prinzipien neue Rechtssätze konstruierte. Demgegenüber war für Savigny der Bereich der „Fortbildung" des Rechts hier regelmäßig noch nicht erreicht.[62]

Systematische Methode war für Puchta daher **nicht einfach Auffindung des Gegebenen**, Abbildung des bestehenden Organismus, sondern viel stärker als bei Savigny auch aktives Tun, Systembau. Er unterschied das Verfahren der zeitgenössischen Wissenschaft deutlich vom Verfahren der römischen Juristen, das Savigny 1814 als Vorbild herausgestellt hatte:[63] „In der Wissenschaft des Alterthums überhaupt nahm eine Naturkraft die Stelle ein, die jetzt der seiner Hülfsmittel und Wege kritisch bewusste Gedanke hat".[64] Puchta verglich diese Tätigkeit des Systematikers mit der bewussten Arbeit des Künstlers:

> „Ich vergleiche die systematische Darstellung mit der Zeichnung eines plastischen Kunstwerks, die von verschiedenen Seiten möglich ist. Die verschiedenen Standpuncte haben relative Vorzüge vor einander, von einem Standpunct aus kann z. B. das Ganze und seine einzelnen Partien sich vollständiger darstellen, als von dem anderen, während ein anderer

---

59 *Puchta*, Vorlesungen I (Fn. 21), 25/§ 10.
60 *Puchta*, Institutionen I (Fn. 10), 101.
61 *Puchta*, Institutionen I (Fn. 10), 101.
62 Vgl. *Savignys* Warnungen im: System I (Fn. 32), 232, 233, 248.
63 *Savigny*, Beruf (wie Fn. 13), 1814, 28 f.
64 *Puchta*, Institutionen I (Fn. 10), 466.

vielleicht wieder einen eigenthümlichen Vorzug hat, und für gewisse Zwecke diensam seyn kann, aber keine Auffassung u.[nd] Darstellung ist absolut die wahre oder falsche. Eine falsche würde nur die zu nennen seyn, welche den Gegenstand selbst veränderte, und etwa die übrigens ganz richtig gezeichneten Füße an den Armen anbrächte".[65]

235 Puchta sprach sich gegen eine „Systematisierungsmethode, die mehr auf einer Anschauung (wenn ich dieß oft mißbrauchte Wort gebrauchen darf) als auf **strenger bewußter Gedankenverbindung** beruht" aus.[66] Er wandte sich gegen das „naturalistische Treiben", bei dem Systeme gebildet würden „ohne festen Plan und ohne Consequenz in der Ausführung".[67] Puchta beharrte daher darauf, dass es **kein System ohne obersten Grundssatz** geben könne.[68] 1829 sprach er für diesen Grundsatz vom „mir einzig möglichen Princip":[69] Der oberste Grundsatz hieß: „Jedes Recht ist eine Beziehung des Willens auf einen Gegenstand". Damit stand fest, „daß die Verschiedenheit der Gegenstände eine Verschiedenheit der Rechte hervorbringt. Rechte an verschiedenen Gegenständen können nicht dieselben seyn, weil eine verschiedene Grundlage nothwendig eine Verschiedenheit dessen, wovon sie Grundlage ist, gegenüber anderen Rechten an andern Gegenständen erzeugt".[70] Die „Verschiedenheit der Gegenstände" war damit „das Princip unseres Systems".[71] Puchta unterschied fünf Gegenstände:

> „1) Sachen 2) Handlungen 3) Personen, und zwar a) Personen ausser uns, b) Personen, welche ausser uns existirt haben, aber in uns übergegangen sind, c) unsre eigene Person".[72]

236 Savigny war ein ähnlich strenger Systembau fremd. Er betonte die organische Eigenstruktur des Rechts als Erkenntnisziel.[73] In der Anordnung des Systems solle sich „der innere Zusammenhang der Rechtssätze und Rechtsverhältnisse abbilden, sie soll aus diesem wie von selbst entstehen".[74] Puchta meinte 1829 dagegen: Lasse man sich, durch „den Einfluß, den ein Rechtsverhältnis auf das andere hat, bestimmen", so gebe man, „den Vorsatz, seine Darstellung zu ordnen, auf".[75] Für Puchta war systema-

---

65 *Puchta* an Savigny vom 26. 12. 1831, bei Bohnert, *Vierzehn Briefe* Puchtas an Savigny, in: Nachrichten der Akademie der Wissenschaften in Göttingen, I. Philologisch-historische Klasse, Jahrgang 1979, Nr. 2. 20; dies bedeutet, dass ein System nur abbilden kann, was als Systemzusammenhang existiert, vgl. die insofern fehlgehende Kritik bei *Mecke*, Puchta (Fn. 1), 650.
66 *Puchta*, Brief an Blume vom 22. 5. 1829, vgl. den Abdruck bei Haferkamp, Puchta (wie Fn. 16), 523 ff.
67 *Puchta*, Betrachtungen über alte und neue Rechtssysteme, in Rheinisches Museum 3, 1829, 238.
68 Zu den Diskussionen um diesen Punkt seit Kant M. *Frank*, „Unendliche Annäherung". Die Anfänge der philosophischen Frühromantik, Frankfurt am Main 1997.
69 Brief an Blume vom 22. 5. 1829, vgl. den Abdruck bei *Haferkamp*, Puchta (Fn. 16), 523 ff.
70 *Puchta*, Zu welcher Classe von Rechten gehört der Besitz, Rheinisches Museum 3, 1829, 248.
71 *Puchta*, Classe von Rechten (Fn. 70), 248.
72 *Puchta*, Classe von Rechten, (Fn. 70), 249 f.
73 Zu Savignys Systemvorstellung *Rückert*, Savigny (Fn. 35), 328 f., 338; *A. Mazzacane*, in: Friedrich Carl von Savigny: Vorlesungen über juristische Methodologie 1802–1845, hrsg. von *dems.*, 2. Aufl., Frankfurt am Main 2004, 31 ff.; was dies konkret bedeutete, zeigt Rückerts glänzende Analyse des Systems Savignys von 1840 ff.: *Rückert*, Savignys Dogmatik im System (2007), jetzt in: *ders.*, Savigny-Studien, Frankfurt am Main 2011, S. 153 ff.
74 *Savigny*, Methodologie, 1809, in *Mazzacane* (Fn. 73), 225, ebenso bereits 1802/1803, in *Mazzacane* (Fn. 73), 106. Hierzu passt seine Ansicht, System könne nicht bloß zum „Nachschlagen" dienen, sondern müsse „im Ganzen gelesen werden und dem ganzen Studium zu Grund liegen", *Savigny*, Methodologie 1802/1803, in *Mazzacane* (Fn. 73), 124.
75 *Puchta*, Betrachtungen (Fn. 67), 235.

tisches Arbeiten weniger ‚Herausfühlen der leitenden Grundsätze'[76] als Konstruktion, weniger nur Systemfindung als auch Systembau.

Puchtas Blick war also positiver und konstruierender als der Savignys. Man kann ihn also nicht einfach von Savigny her verstehen.

V. Folgen für die Arbeit des wissenschaftlich arbeitenden Juristen

1. Puchtas Ansprechpartner: Die Justiz als praktische Rechtswissenschaft

Indem Puchta den Willen des Privatrechtssubjekts zum Ausgangspunkt seines Privatrechts erhob, trat er für ein liberales, vom Staat ermöglichtes, nicht gegängeltes Privatrecht ein. Rechtspolitisch stellte sich die Frage, wo im Verfassungsgefüge seiner Zeit er die Sicherung für dieses Programm finden konnte.[77] Es lag nahe, **Verfassungen** zum Hüter des Privatrechts zu erheben. Als die „Göttinger Sieben" 1837 vom Hannoverschen König entlassen wurden, nachdem sie dessen Verfassungsbruch angeprangert hatten,[78] meinte Puchta mit Blick auf den davon betroffenen Historiker Friedrich Christoph Dahlmann, der vehement für Verfassungen eingetreten war:

> „ich finde eine Art Nemesis darin, daß sich an Dahlmann seine Constitution rächt, bey der er auch von der Abneigung der neueren Politiker gegen die Juristen und die juristische Behandlung der Sache geleitet worden zu seyn scheint. Nun sieht man, was dabey heraus kommt, wenn man alles auf solche in die Luft gebauten Stände baut; … Es ist merkwürdig, daß in dem ersten Band der Politik von Dahlmann, der doch schon die Grundlage der Staatsverfassung enthält, die Gerichte nicht vorkommen".[79]

Puchta stand Verfassungen, wie sonstigen Gesetzen, misstrauisch gegenüber, weil er denen, die sie schufen, vor allem den Ständeversammlungen, wenig traute.[80] Er warnte davor, dem sich frei in der Rechtswissenschaft und Rechtspraxis bildenden Recht die ihm „gebührende freie Bewegung" zu nehmen, indem man „die Kraft der unmittelbaren Volksüberzeugung und der Wissenschaft zu lähmen, und die gesammte Fortbildung auf den Gesetzgeber zu stellen versucht".[81] Mit Blick auf das antike römische Vorbild setzte er auf die Selbststeuerungskräfte eines von Juristen geprägten Privatrechts. Die Richter[82] waren dabei seine Partner, wenn es darum ging „das Recht sicher[zu]stellen, gegen die Staatskünstler, mögen sie in der Jakobinermütze oder in der Tiara auftreten".[83] Puchta trat nicht für einen Fortbestand des **Aktenversendungsverfahrens** ein, das es juristischen Fakultäten als Spruchkollegien erlaubt hatte, gericht-

---

76 *Savigny*, Beruf (Fn. 13), 22.
77 Vertiefend *Haferkamp* (wie Fn. 16), 434 ff.
78 M. Saage-Maaß, Die Göttinger Sieben – demokratische Vorkämpfer oder nationale Helden? Zum Verhältnis von Geschichtsschreibung und Erinnerungskultur in der Rezeption des Hannoverschen Verfassungskonfliktes, Frankfurt am Main 2007.
79 *Puchta*, Brief an Hugo vom 14. 2. 1839, 197 f., bei Jakobs, Briefe (Fn. 7), 197.
80 *Puchta*, Aus einem Schreiben von München, betreffend den bayrischen Landtag von 1831, in: Rankes Historisch-politische Zeitschrift 1832, 91–102 (anonym, Zuweisung bei *Stahl*, Nekrolog Puchta, in: Rudorff, Georg Friedrich Puchta's kleine civilistische Schriften, Leipzig 1851, XI).
81 *Puchta*, Institutionen I (Fn. 10), 46.
82 Zum Richterbild der Historischen Schule und zu den vielen Kollegen Puchtas, die wie er als Richter im Nebenamt tätig waren Haferkamp, Historische Schule (Fn. 27), 269 ff.
83 *H. Liermann* u. *H.-J. Schoeps*, Materialien zur preußischen Ehescheidungsreform, Göttingen 1961, 501.

liche Verfahren zu entscheiden.[84] Ein **Professorenrecht** war ihm fremd. Juristische Argumente mussten überzeugen und galten nie infolge der beruflichen Stellung des Autors.[85] Puchta zielte auf ein Zusammenspiel zwischen einer professoralen Rechtswissenschaft, die in der Juristenausbildung und durch die Bereitstellung anwendungstauglicher Pandektenlehrbücher Einfluss nahm, und einer eigenständig rechtswissenschaftlich arbeitenden Justiz, die in der Rechtswirklichkeit das Privatrecht beschirmte.

240   Seine methodischen Überlegungen waren daher auf die **Rechtspraxis** zugeschnitten. Seine Ablehnung fester Methodenregeln spiegelte seine generelle Abneigung gegen die Beschränkung freier wissenschaftlicher Arbeit. Er verlangte von der Justiz in diesem Sinne keinen sklavischen Gehorsam, sondern eigenständiges wissenschaftliches Arbeiten.

> „Das juristische Denken des Gesetzgebers soll dem Richter nicht etwa das Denken ersparen; Richter, die nicht im Stande wären, die Gedanken des Gesetzgebers in sich zu reproduciren, wären dieses Namens nicht werth".[86]

241   Dessen eingedenk gab seine Rechtslehre dem Rechtswissenschaftler, also auch dem Richter, methodische Vorgaben für seine Arbeit.

2. Feststellung der Geltung eines Rechtssatzes

242   Wie oben gezeigt, behandelte Puchta die Texte des Corpus Juris wie Gesetzestexte, unterwarf sie also seinen relativ texttreuen strengen Regeln der Gesetzesauslegung. Da es sich rechtsquellentheoretisch gleichwohl um Gewohnheitsrecht handelte,[87] war zunächst festzustellen, ob der antike Satz rezipiert worden war. Der Richter durfte Texte des Corpus Juris nicht anwenden, die nicht glossiert waren.[88] War solchermaßen ein antiker Satz als rezipiert festgestellt, war zu prüfen, ob er durch ein späteres Gewohnheitsrecht derogiert worden war. Hierfür war es notwendig, nach einem entgegenstehenden Gerichtsgebrauch oder einer *communis opinio doctorum* zu suchen. Da nun alle diese Sätze aber nur dann richtig waren, wenn sie dem Volksgeist entsprachen, wurden die früheren Geltungsgründe nun zu bloßen Indizien:

> „Es entsteht eine Vermuthung für die Wahrheit einer Ansicht, wenn sie von den bewährtesten Rechtsgelehrten übereinstimmend vorgetragen wird (*communis opinio*), und wenn sie sich auch in der Anwendung constant geltend gemacht hat (*usus fori*) und ein gewissenhafter Richter wird im Zweifel dabei stehen bleiben. Aber diese Vermuthung muß der Wahrheit weichen; sowie ein Richter sich von ihrer Unrichtigkeit fest überzeugt hat, würde er pflichtwidrig handeln, wollte er sie noch ferner anwenden, und hätte man sie Jahrhunderte lang für wahr gehalten, und seit Menschengedenken in den Gerichten befolgt".[89]

---

84 Zur zeitgenössischen Kritik: *J. B. Sartorius*, Revision der Lehre von der Aktenversendung, Zeitschrift für Civilrecht und Prozeß 14, Gießen 1840, 219 ff.; späte Beispiele bringt *Falk*, Consilia. Studien zur Praxis der Rechtsgutachten in der frühen Neuzeit, Frankfurt am Main 2006, 232 ff.
85 Dies zeigte seine Auseinandersetzung mit Romeo Maurenbrecher, hierzu *Haferkamp*, (wie Fn. 16), 173 ff.
86 *Puchta*, Vorlesungen I (Fn. 21), 19/§ 5.
87 *Puchta*, Vorlesungen I (Fn. 21), 27/§ 11.
88 Vgl. *Puchta*, Vorlesungen I (Fn. 21), 8/§ 1.
89 *Puchta*, Vorlesungen I (Fn. 21), 44/§ 16; die Rechtssicherheit forderte freilich, dass der Irrtum „ganz entschieden" sein müsse, 45/§ 16.

Richterliche und rechtswissenschaftliche Ansichten galten also nur infolge ihrer Überzeugungskraft. Das galt auch für das Corpus Juris, das zwar relativ eng ausgelegt wurde, in seiner Fortgeltung als Gewohnheitsrecht aber stets darauf zu hinterfragen war, ob es dem Volksgeist entsprach. Da hierfür keine äußeren Richtigkeitsmerkmale existierten, sondern nur Indizien, blieb ein einziges Kriterium entscheidend: Die im Fachgespräch sich durchsetzende „Überzeugung". Es war undenkbar „die unermeßliche Kraft des Geistes, die immer wirkende Macht der Überzeugung, mit einem Wort, den Gedanken, durch ein Gesetzchen in dem Codex Justinianeus niederschlagen und unterdrücken zu können".[90]

Puchta suchte also einerseits im Wortlaut der antiken Texte und in einer relativ strengen systematischen Verknüpfung seines Privatrechts also durchaus Halt gegen willkürliche Eingriffe in den bürgerlichen Freiheitsraum. Andererseits beließ er dem Fachgespräch der Juristen stets hinreichend Freiraum, um einer „inneren Wahrheit" gegen „äußere" Geltungsindizien die Durchsetzung zu ermöglichen. Richterliche Rechtsfortbildung war, solange die Richter nur ihrem Rechtsbewusstsein, nicht jedoch systematischen Argumenten folgten, welcher er als Recht der Wissenschaft davon unterschied, als „in den Juristen sich manifestierendes Recht" (**Juristen**)**gewohnheitsrecht**.[91] Juristen blieben bei Puchta die „rechtskundigen Glieder der Nation, die natürlichen Repräsentanten und Depositarien des nationalen Rechtsbewußtseins".[92]

Kennzeichnend für dieses Zusammenspiel zwischen Gebundenheit und Freiheit war die Unterscheidung zwischen der Feststellung der Geltung eines Satzes und seiner rationalen Erklärung durch die Einbettung in systematische Zusammenhänge. Bei der Geltungsfrage war der Jurist auf den Volksgeist verwiesen, dessen konkrete Funktionsweise nur Gott zugänglich war. Was von antikem Recht fortgalt musste sich also beständig an der Überzeugung der Juristen, als ihrem Rechtsgefühl, messen lassen. Juristengewohnheitsrecht könnte „viele Rechtssätze" umfassen, auch „ganze Rechtsinstitute" wie „Testamente oder Verjährung", freilich erneut nur „in Beziehung auf die Frage, ob sie existieren".[93]

Fand der Richter einen feststehenden Rechtssatz, so war es seine Aufgabe als Rechtswissenschaftler, diesen Satz als Teil des Gesamtsystems zu konstruieren und ihn so zu „begreifen". Hier griff der Jurist aber nicht auf den Volksgeist zu, sondern rationalisierte einen in seiner Entstehung nicht rational gebundenen Rechtssatz. Folglich war ein „Recht der Wissenschaft" nie in der Lage die Geltung eines Rechtssatzes in Frage zu stellen. Wenn man im 20. Jahrhundert Puchta daher unterstellte, das Recht wie in einer deduktiven „**Begriffspyramide**" aus seinem Rechtsbegriff abzuleiten,[94] so machte man aus dem Volksgeist die menschliche Vernunft als Rechtsentstehungsgrund, was Puchta als hegelianische Verirrung bekämpft hätte.[95] Bei seinen Systembemühungen betonte er stets, „nicht von unwirklichen Speculationen [ge]leitet worden" zu sein,[96]

---

90 Puchta, Rez. Marezoll, Bemerkungen über die Verbindlichkeiten der Vormünder, in: Erlanger Jahrbücher 5, 1827, 279.
91 *Puchta*, Gewohnheitsrecht II (Fn. 50), 16 ff., 19.
92 *Puchta*, Vorlesungen über das heutige römische Recht II, Leipzig 1846, 43/§ 16.
93 *Puchta*, Vorlesungen I (Fn. 21), 44/§ 16.
94 Zu diesem Bild *Haferkamp*, Wege der Historiographie zur Privatrechtsgeschichte der Neuzeit, in: ZNR 2010, 61 ff.; *ders.*, Positivismen als Ordnungsbegriffe einer Privatrechtsgeschichte des 19. Jahrhunderts, in: Okko Behrends u. Eva Schumann (Hrsg.), Franz Wieacker – Historiker des modernen Privatrechts, Göttingen 2010, 181 ff.
95 Haferkamp, Historische Rechtsschule (Fn. 27), 184 ff.
96 *Puchta*, Brief an Blume vom 22. 5. 1829, vgl. den Abdruck bei *Haferkamp*, Puchta (wie Fn. 16).

sondern dem positiven Recht zu folgen. 1842 formulierte Puchta seinen Rechtsbegriff diesbezüglich eindeutig: „der Berechtigte bezieht einen Gegenstand auf sich, und diese Beziehung **ist den Rechtsvorschriften gemäß**".[97] 1846 hieß es gleichfalls: „Zur Existenz eines Rechtes gehört: 1) dessen Begründung durch eine Rechtsvorschrift".[98] Damit war Puchtas System der Rechte eigentlich ein perspektivisch zugespitztes System der Rechtssätze.

3. Arbeit mit Puchtas System der Rechte

246 Wenn Puchta gleichwohl seine überwiegende Kraft in die Herstellung eines kohärenten Systems der Rechtssätze investierte, dann sollte dies doppelt die Tätigkeit des Richters beeinflussen.

(1) Zunächst ging es darum, dem Richter rationale Wertungszusammenhänge zwischen den Rechtssätzen bereitzustellen, die es ihm ermöglichen sollten, das **bestehende Recht als sinnvolles Gefüge** zu verarbeiten.

(2) Daneben sollte es dem Richter erlaubt sein, **ungeregelte Fälle** aus diesen Sinnzusammenhängen heraus zu entscheiden. Tragendes Merkmal war dabei die Vorstellung, dass das Recht sich selbst durch **Prinzipien** steuere.

247 Pandektensysteme sollten damit ein dem Richter unentbehrliches Hilfsmittel werden.

„Kein Richter wird in Verlegenheit sein, wo er irgend ein Pandektenlehrbuch als Entscheidungsnorm gebraucht, ein solches wird ihn nirgends im Stiche lassen".[99]

a) Das Pandektenrecht als System

248 Es war philosophisch ein seit Kant breit diskutiertes Problem, wie ein frei-zufällig entstandenes Recht und ein vernünftig-notwendiges System miteinander in Einklang gebracht werden können. Das positive Recht konnte auch für Puchta **kein geschlossenes System** sein. Es sei die „Unvollkommenheit menschlicher Dinge überhaupt, welche die vollständige Erreichung jener Idee des reinen Rechts, also die innere Vollendung des Rechts ausschließt".[100] Puchta versuchte daher Teilverknüpfungen zu erreichen und integrierte nicht verknüpfbare Rechtssätze als Ausnahmen und Einzelfälle. Daraus ergab sich eine abgestufte logische Struktur seines Pandektenrechts.

aa) Verknüpfungen mit dem Gesamtsystem

249 Puchta setzte fest, dass „1) über die Gegenstände hinaus keine Rechte möglich, und 2) die Rechte nach den Gegenständen der rechtlichen Unterwerfung verschieden sind, die Unterwerfung verschiedener Gegenstände verschiedene Befugnisse gewähren muß".[101]

250 Konkret folgten daraus folgende **Klassifikationen**:

(1) Das Recht an der eigenen Person, eingeteilt in Recht der Persönlichkeit und Recht des Besitzes.[102]

---

97 *Puchta*, Cursus der Institutionen II, Leipzig 1842, 367 [Hervorhebung von mir].
98 *Puchta*, Vorlesungen I (Fn. 21), 107/§ 47.
99 *Puchta*, Vorlesungen I (Fn. 21), 15/§ 5.
100 *Puchta*, Institutionen I (Fn. 10), 94.
101 *Puchta*, Pandekten (Fn. 20), 32.
102 *Puchta*, Pandekten (Fn. 20), 33; Pandekten, 2. Aufl. (Fn. 24), 64; Vorlesungen I, 1846, 105/§ 46; Institutionen II (Fn. 97), 368 f.

(2) Rechte an Sachen, eingeteilt in totale Unterwerfung (Eigentum) und partielle Unterwerfung (iura in re). Letztere wiederum eingeteilt in die partielle Unterwerfung von Seiten der Benutzung (Servituten, Emphyteusis, Superficies) und von Seiten des Verkaufswertes (Pfandrecht).[103]

(3) Rechte an Handlungen, „vermöge deren einer Person (dem Gläubiger) eine Handlung einer anderen (des Schuldners) unterworfen ist", jedoch nur insoweit, als diese Handlungen „einen Vermögenwerth" haben.[104]

(4) Rechte an Personen außer dem Berechtigten. Aus der gleichen Eigenschaft aller Menschen als Person folgte, dass diese Unterwerfung einer Person nicht total, sondern immer nur partial denkbar war.[105]

(5) Rechte an Personen, die in den Berechtigten übergegangen sind und von ihm repräsentiert werden: Erbrecht und andere Rechte an Vermögen.[106]

Durch diese „logische Einheit, auf die wir die große Mannigfaltigkeit der Rechte zurückzuführen haben" erhielt Puchta die „obersten Rechtsbegriffe, von denen aus der ganze Rechtskörper zu fassen, zu handhaben und zu regieren ist. **Jedes Recht erhält seinen Begriff durch seinen Gegenstand**; die erste Frage bei jedem Recht muß auf den Gegenstand gerichtet sein, seine Feststellung giebt die ersten Principien, nach denen das einzelne Recht zu beurtheilen ist".[107]

bb) Frei entstandene Rechtssätze

Daneben konnte **Recht** entstehen, welches **nicht systematisch begründet** werden konnte. Ein solcher Rechtssatz konnte daher „nie Recht der Wissenschaft sein, er ist entweder gesetzliches oder Gewohnheitsrecht".[108] Hier war vor allem auch der Einsatzbereich für Puchtas 1837 ausgegliederte „zweite Art des Juristenrechts, welche ein anderes Fundament, als jene erste hat".[109] Puchta sprach von einem „freien Rechtssatz", der „der freien und willkührlichen Bestimmung" anheim falle[110] und von Sätzen, die „ihrer Natur nach etwas willkürliches haben".[111]

War ein solcher Rechtssatz **frei gesetzt**, wurde er erneut zur **Quelle von Konsequenzen**. Dieser Aspekt tauchte erstmals 1837 bei Puchta auf. Puchta sprach hier von der „Unmöglichkeit, die Existenz eines solchen Instituts, wie die Quasipupillarsubstitution, aus inneren Gründen abzuleiten, ich sage: die Existenz, denn diese einmal vorausgesetzt,

---

103 *Puchta*, Pandekten (Fn. 20), 32 f., 108 f.; Pandekten, 2. Aufl. (Fn. 24), 64; Vorlesungen I (Fn. 21), 105/§ 46; Institutionen I (wie Fn. 10) 86 ff.; II (Fn. 97), 369 f.
104 *Puchta*, Pandekten (Fn. 20), 1838, 32; Pandekten, 2. Aufl. (Fn. 24), 64; Vorlesungen I (Fn. 21), 105/§ 46; Institutionen I (wie Fn. 10) 90; II (Fn. 97), 370 f.
105 *Puchta*, Pandekten (Fn. 20), S. 33; Pandekten, 2. Aufl. (Fn. 24), 64; Vorlesungen I (Fn. 21), 105/§ 46; Institutionen I (wie Fn. 10) 86 ff.; II (Fn. 97), 371 f.
106 *Puchta*, Pandekten, 2. Aufl. (Fn. 24), 64; Pandekten (Fn. 20), 33; Vorlesungen I (Fn. 21), 105/§ 46; Institutionen II (Fn. 97), 372.
107 *Puchta*, Vorlesungen I (Fn. 21), 104/§ 46.
108 *Puchta*, Vorlesungen I (Fn. 21), 44/§ 16.
109 *Puchta*, Gewohnheitsrecht II (Fn. 50), 16 f.
110 *Puchta*, Vorlesungen I (Fn. 21), 44/§ 16.
111 *Puchta*, Gewohnheitsrecht II (Fn. 50), 17, aaO, 73: „wem wird es einfallen, der Nothwendigkeit der Zeugenunterschrift und Siegelung eine innere Wahrheit zuzuschreiben, sie aus Principien abzuleiten".

tritt allerdings eine Ableitung der einzelnen Rechtssätze, die das Verhältnis bestimmen, aus den Principien derselben ein".[112] 1844 hieß es ebenso:

> „Keine logische Nothwendigkeit liegt ... dagegen in der Verschiedenheit der Servituten unter einander, ebenso in der Verschiedenheit der einzelnen Obligationen, nur daß diese Verschiedenheit, wenn sie einmal gesetzt ist, die Mutter von logischen Nothwendigkeiten werden kann".[113]

b) Schellings „duplike Rationalität" von Setzung und Konsequenz als Vorbild

254 Das von Puchta in seinen Pandekten verwirklichte systematische Konzept zeigt auffällige Ähnlichkeit zum **Methodenprogramm**, welches Schelling in seinen Münchner Vorlesungen vorführte. Als Puchta 1829 begann diese Vorlesungen zu hören, hoffte er, dass damit „eine neue Zeit für die Philosophie überhaupt beginnen" werde, ja er lebe in der „frohen Hoffnung", dass damit „die in den Staub und Koth getretene, die zum Spielzeug für alte, und zum verderblichen Instrument für junge Kinder gewordene Philosophie wieder zu ihren Ehren, ja zu neuen Ehren" gelangen werde.[114] Es war für Puchta freilich **nicht möglich, Schellings** Münchner Vorlesungen **eine Rechtsphilosophie zu entnehmen**. Schelling äußerte sich nach seiner frühen Einleitung zur Methode des akademischen Studiums von 1802[115] nicht mehr genauer zum Recht. Die einfache Umsetzung einer fremden Rechtsphilosophie hätte Puchtas Selbstverständnis aber auch widersprochen. Für ihn war das Verhältnis von Philosophie und Rechtswissenschaft ein „gegenseitiges Geben und Empfangen",[116] keine Unterordnung des einen unter das andere. Auch Schelling betonte in seinen Münchner Vorlesungen, sein Vortrag müsse den Zuhörern ein „selbstgewonnener Inhalt" werden: „Lerne nur, um selbst zu schaffen".[117]

255 Mit seinem Versuch, zwischen einem frei entstandenen Gegenstand, wie dem Recht, und einer vernünftigen Begründung desselben zu vermitteln, berührte Puchta eine Frage, die Schelling bereits 1809 beschäftigt hatte, die Frage nämlich, ob „der Begriff der Freiheit mit dem System überhaupt unverträglich" sei.[118] In seinen Münchner Vorlesungen, die Puchta hörte, zeigte Schelling am Beispiel eines ganz anderen und dennoch von Schelling als dem Recht verwandt bezeichneten Gegenstandes, der **Mythologie**, wie das Problem zu lösen sei. Die Interpretation des Seins als Explikation der Freiheit konstituierte einen unüberwindlichen **Vorrang des Seins vor dem Denken**.[119] Sein blieb damit an die ‚Zufälligkeit' einer Entscheidung gebunden. Dies war der Bereich der aposteriorischen Erkenntnis durch Erfahrung, durch historisch arbeitende sog. **positive Philosophie**. Zugleich blieb die sog. negative, logische Philosophie einziges Zugangsmittel für die theoretische Vernunft. Die **negative Philosophie**, die Schelling in Berlin dann stärker in den Blick nahm,[120] übernahm neben der positiven Philosophie die

---

112 *Puchta*, Gewohnheitsrecht II (Fn. 50), 71.
113 *Puchta*, Pandekten, 2. Aufl. (Fn. 24), 64 Anm. a).
114 *Puchta*, Brief an Blume vom 10. 1. 1829, UB Bonn S. 865.
115 *F.W.J. Schelling*, Vorlesungen über die Methode (Lehrart) des akademischen Studiums, 1802/1803, hrsg. von W. E. Ehrhardt, Hamburg 1990.
116 *Puchta*, Institutionen I (Fn. 10), 100.
117 *Schelling*, SW V, Stuttgart/Augsburg 1856–1861 (Nachdruck Darmstadt 1966–1990), 241.
118 *Schelling*, Über das Wesen der menschlichen Freiheit, Werke I 7, Tübingen 1809, 336.
119 Vgl. *S. Peetz*, Die Freiheit im Wissen, Frankfurt am Main 1995, 304.
120 Philosophische Einleitung in die Philosophie der Mythologie oder Darstellung der reinrationalen Philosophie, zwischen 1847 und 1852, Werke II 1, 254 ff.

Aufgabe „**rationaler Rechtfertigung**"¹²¹ des Gefundenen. Jeder gesetzte und bloß aposteriorisch zu findende Actus wurde damit als Beginn einer Kausalkette interpretiert, die nur durch das Dazwischentreten eines neuen Actus unterbrochen wurde.¹²² Von der Freiheit Gottes ausgehend war Ziel „eine Genealogie des sonstigen Seins *a priori*". Die Philosophie war also insofern System, als sie das aposteriorisch gefundene Sein als Kausalzusammenhang interpretierte. Das oberste Prinzip dieses Zusammenhangs blieb Freiheit und damit für den Verstand unsicher. „Positiv" spürte man den Folgen dieses Prinzips nach, „negativ" schloss man von diesen Folgen auf Ursachen zurück.¹²³ Dies bedeutete zugleich, dass die Wirklichkeit des Seins zwar als System darstellbar, aber nicht abbildbar war. Die Darstellung bedurfte ständig einer Rückkopplung in der Erfahrung und damit zugleich beständiger Revision. Für Schelling war in München das Wirkliche also, um Hegels Formel zu gebrauchen, grundsätzlich vernünftig, wenn auch noch nicht in seiner Vernünftigkeit entdeckt. Zugleich fand die Vernunft der Wirklichkeit aber ihre Grenze in einem Freiheitsvorbehalt Gottes.¹²⁴

Puchta betonte stets, dass **Recht nur positives Recht** sei, er behandelte das Recht als ein Phänomen des Seins, nicht des Sollens. Für Puchta war Recht „geschichtliche Thatsache",¹²⁵ ein „Verzicht auf das Wirkliche" kam ebenso wenig in Betracht wie eine Fixierung auf das „Seynsollende im Seienden".¹²⁶ Er betonte die menschliche Freiheit als ‚Keim des Rechts', eine Freiheit, die er über den Sündenfall als eine von Gott gewährte Freiheit bestimmte, also mit Gottes eigener Freiheit verknüpfte. In der rechtshistorischen Arbeit versuchte er, das positive Recht auf seine historischen Wurzeln zurückzuführen und so aposteriorisch zu verstehen.

Puchtas Konzept einer strengen **Rationalisierung** der Rechtssätze orientierte sich an Schellings Konzept des Zusammenspiels zwischen einer positiven Philosophie, die historisch versuchte, das Sein auf seine Ursprünge zurückzuführen, und einer negativen Philosophie, die versuchte, das Gegebene als notwendig zu erweisen. Sein Rechtssystem fußte auf einem **Zusammenspiel von freier Setzung und notwendiger Konsequenz.**

> „Die Entstehung des Rechts durch den unmittelbaren Willen der Nation und den Gesetzgeber ist eine freie; was sie hervorbringen, unterliegt im Einzelnen keiner eine bestimmte Linie vorschreibenden Nothwendigkeit (z. B. Formen bei der Eigenthumserwerbung, Fristen für die Ausübung von Rechten, Voraussetzungen der Verbindlichkeit der Verträge, Berechtigung zur Erbfolge u. s. w.). Im Ganzen besteht auch für sie eine gewisse Schranke in der vernünftigen Natur des Rechts; das Recht ist etwas Vernünftiges, in seiner Entwicklung einer logischen Nothwendigkeit Unterliegendes. Wenn z. B. der Gesetzgeber das Eigenthum als unmittelbare Herrschaft über eine Sache anerkennt, so anerkennt er damit nothwendig auch die vernünftigen Consequenzen aus dieser seiner Natur, wonach es z. B. in seiner Wirkung eine ganz andere Beschaffenheit hat, als die Obligatio, wiewohl

---

121 *Peetz*, Die Philosophie der Mythologie, in: Schelling, hrsg. v. H. J. Sandkühler, Stuttgart/Weimar 1998, 156.
122 *Peetz* (wie Fn. 119) 305: „Wenn die Folgen der Entscheidung bzw. des Willens dem Gesetz der Notwendigkeit unterliegen, das sich aus der Natur der Entscheidung ergibt, die Entscheidung selbst aber von diesem Gesetz in dem Sinne frei ist, daß sie dieses festlegt und an sich bindet: dann wird verständlich, daß ein Wissen, das sich auf die gesetzlich zusammenhängenden Folgen einer Entscheidung bezieht, sich auf einen theoretischen Vernunftgebrauch beschränken kann und innerhalb seines Gegenstandsbereichs völlig legitim ist".
123 Vgl. das progressive und regressive Verfahren in: *Schelling*, Einleitung in die Philosophie 1830, hrsg. v. W. E. Ehrhardt (=Schellingiana I), Stuttgart 1989, 24 f.
124 *Peetz* (wie Fn. 119) 313.
125 *Puchta*, Institutionen I (Fn. 10), 96.
126 *Puchta*, Institutionen I (Fn. 10), 97.

freilich unter Umständen das Bedürfnis zu einer Abweichung von diesen Consequenzen führen kann".[127]

c) Rechtsfortbildung durch Arbeit mit den Prinzipien des bestehenden Rechts

258 Schufen Juristen Rechtssätze, die sie der inneren Folgerichtigkeit des Systemzusammenhanges entnahmen, so sollte dies der **Lückenfüllung** dienen. Puchtas Recht der Wissenschaft reagierte auf das Problem, „daß der Richter auch bei der größten Ausdehnung jener Rechte einer Ergänzung bedarf, ohne die er in sehr vielen Fällen keine Norm der Entscheidung haben würde".[128]

> „Daß diese Quelle für den Richter nothwendig wird, läßt sich nicht bezweifeln, da auch das vollständigste Gesetzbuch nicht für alle zu entscheidenden Fälle ausgesprochene Normen enthalten kann, und eben so wenig die unmittelbare rechtliche Ueberzeugung des Volks eine überall ausreichende Hülfe gewähren wird. Die früher gewöhnliche Ansicht von der subsidiären Anwendbarkeit des s. g. Naturrechts ist als eine Anerkennung dieses Bedürfnisses auch durch die exaltierten Verehrer des gesetzlichen Rechts bemerkenswerth, nur daß man sich in dem Mittel vergriffen, und von der bloßen Philosophie erwartet hatte, was nur die Jurisprudenz selbst zu leisten imstande ist".[129]

259 Recht der Wissenschaft galt nur, wenn „der Richter sich von der actuellen Volksüberzeugung und Gesetzgebung verlassen" fand. **Wissenschaft war „ergänzende Rechtsquelle"** und setzte insofern eine „Lücke" voraus.[130] Das Recht der Wissenschaft schuf auch „Modification" einzelner Rechtssätze, die „ohne schlechterdings einander auszuschließen, doch nicht in ihrer vollen Bedeutung neben einander bestehen können", und die damit extensiv oder restriktiv anzuwenden seien, wenn sich „aus inneren Gründen ... eine Nothwendigkeit der Modification eines Gewohnheitsrechts oder Gesetzes ergab".[131] Die freilich nicht ganz trennscharfe Grenze lag darin, dass bei der erweiternden oder beschränkenden Auslegung „der Rechtssatz unverändert gelassen, und nur ein falscher Schein eines engeren oder weiteren Sinnes durch richtige Interpretation entfernt wird", während bei der Modifikation eine „Erweiterung oder Beschränkung des Rechtssatzes selbst" vorgenommen werde.[132] Recht der Wissenschaft war zudem die Beseitigung unauflösbarer Widersprüche[133] durch Lückenfüllung.[134] Es ging also um „Ergänzung, Erweiterung, Modifizierung".[135] Wenn die Rechtsproduktion mittels der Prinzipien des Rechtssystems nur Ergänzungsfunktion hatte, war klar, dass die

---

127 *Puchta*, Vorlesungen I (Fn. 21), 25/§ 10.
128 *Puchta*, Rez. Beseler (Fn. 56), 17.
129 *Puchta*, Gewohnheitsrecht II (Fn. 50), 15.
130 *Puchta*, Pandekten 3. Auflage (Fn. 41), § 16.
131 *Puchta*, Vorlesungen I (Fn. 21), 48 f./§ 18.
132 *Puchta*, Vorlesungen I (Fn. 21), 49/§ 18.
133 Eine Antinomie lag für Puchta vor, wenn sich bei einem Widerspruch zwischen zwei Rechtssätzen „nicht bestimmen läßt, welchem von beiden Rechtssätzen die aufhebende oder modificierende Kraft zukommt", *Puchta*, Vorlesungen I (Fn. 21) 49/§ 19. Unlösbare Widersprüche führten zur Aufhebung beider Regelungsinhalte und damit zu einer „Rechtsquelle, deren eigenster Beruf die Ergänzung des geschriebenen Rechts ist ... dem Recht der Wissenschaft" (S. 52). Freilich galt: „Die meisten angeblichen Widersprüche im Corpus Juris sind nur scheinbare" (S. 51) und in Wahrheit Kollisionsfälle, sie seien also etwa über die Posteriorität des Inkrafttretens lösbar oder sie unterfielen einer „Vermittlung durch Interpretation" (S. 51).
134 *Puchta*, Vorlesungen I (Fn. 21), 49–52/§ 18.
135 *Puchta*, Pandekten, 3. Aufl. (Fn. 41), 25/§ 10 Anm. p).

Aufhebung eines Gewohnheits- oder Gesetzesrechts durch ein Recht der Wissenschaft „der Natur der Sache nach nicht vorkommen"[136] konnte.

Wie sollte diese Rechtsfortbildung aus dem System der Rechtssätze hinaus funktionieren? Puchta wollte sich auch hier wenig festlegen:

Die „Erkenntnis des wissenschaftlichen Rechts und ihre Methode ist **nicht Gegenstand besonderer Regeln**, sondern die Aufgabe der gesammten Rechtslehre". Lediglich im „Allgemeinen" bedürfe es einer „doppelten Operation 1) Erschließung des Rechtssatzes aus den Principien, unter welche der Fall seiner Natur nach gehört (juristische Consequenz), 2) Nachweisung, daß dieselbe Folgerung auch sonst unter gleichen Umständen in dem bestehenden Recht vorkommt (Analogie)".[137]

Mit „Princip", „Consequenz" und „Analogie" nahm er zeitgenössische Diskussionen über die alte Figur des *argumentum a simile*, der **Analogie**, auf.[138] War früher behauptet worden, es sei möglich von einem Rechtssatz auf einen anderen Rechtssatz einen Ähnlichkeitsschluss vorzunehmen, so stellte man nun klar, dass es hierzu eines *tertium comparationis* bedürfe. Als ein solches tauchte in der zeitgenössischen Diskussion der Begriff „**Prinzip**" auf. Die Idee war also, das positive Recht auf seine Prinzipien zurückzuführen und aus diesen dann einen Rechtssatz für einen nicht geregelten Fall ‚consequent' zu entwickeln.

Philipp Heck bezeichnete dieses Verfahren später als „**Inversionsmethode**"[139] und sprach von einer *quaternio terminorum*, also einem Trugschluss, dem klassischen Beweisfehler beim syllogistischen Schließen:[140] „Aus Zusammenfassungen kann man ohne Selbsttäuschung keinen neuen Rechtsinhalt gewinnen".[141] Diese Kritik ging an Puchtas Verfahren vorbei. Puchta äußerte sich nirgends näher dazu, wie Prinzipien logisch gefunden werden sollten und wie daraus „Konsequenzen" zu ziehen seien. Eine bestimmte philosophische Logik verfolgte er nicht. Wahrscheinlicher ist, dass ihm hier das Bild der **römischen Juristen** vor Augen stand. Jedenfalls ging es bei diesem Verfahren nicht um Syllogismen, um (unvollständige) Induktion oder quasimathematische Deduktion, also formale Logik, sondern um ein sinngeprägtes, an der Durchsetzung bestimmter Wertentscheidungen orientiertes Verfahren. „Jeder dieser Begriffe ist ein lebendiges Wesen, nicht ein todtes Werkzeug, das bloß das Empfangene weiter befördert".[142] In Puchtas Institutionen findet sich hierfür ein charakteristisches Beispiel.[143] Aus dem Satz, „daß der Eigenthümer eine unmittelbare Herrschaft über die Sache hat", folgt der Satz, „daß der Eigenthümer von jedem, der sie ihm vorenthält die Sache vindiciren kann".[144] Da der nicht besitzende Eigentümer ganz offenbar die unmittelbare Herrschaft nicht hatte, folgte der zweite Satz **nicht syllogistisch** aus dem ersten. Vielmehr forderte der Schutz des Herrschaftsrechts des Eigentümers diesen Anspruch. Wenn diese Sätze für Puchta „nothwendig" zusammenhingen, so ging es nicht um syllogistische Ableitungszusammenhänge, sondern um das Grundprinzip des

---

136 *Puchta*, Vorlesungen I (Fn. 21), 48/§ 18.
137 *Puchta*, Pandekten, 2. Aufl. (Fn. 24), § 16 aE.
138 *Schröder*, Zur Analogie in der juristischen Methodenlehre der frühen Neuzeit, in: ZRG GA 114, 1997, 1 ff.
139 *P. Heck*, Was ist diejenige Begriffsjurisprudenz, die wir bekämpfen?, DJZ 1909, Sp. 1457 ff.; zutreffende Kritik dieses Bildes auch bei *Mecke*, Puchta (Fn. 1), S. 634 f.; vgl. Rn. 1396 ff., 1401.
140 *Heck*, Begriffsbildung und Interessenjurisprudenz, 1932, 96.
141 *Heck*, Begriffsbildung (Fn. 140), Sp. 1460.
142 *Puchta*, Institutionen I (Fn. 10), 101 f.
143 Hierzu bereits *Herberger*, Dogmatik (wie Fn. 73) 401.
144 *Puchta*, Institutionen I (Fn. 10), 37.

absoluten Eigentums. Puchta hätte Heck vielleicht entgegengehalten, „daß er die wissenschaftliche Thätigkeit für eine mechanische hält und durch diese Thätigkeit sich abgehalten sieht, ihre Productivität zu erkennen".[145]

VI. Trennung des doppelten Blicks in Puchtas Institutionen und Pandekten

264 Als Ernst Landsberg 1910 in seiner Geschichte der Deutschen Rechtswissenschaft über Puchta berichtete, bemerkte er, es sei „eigenartig, wie sich Stellung und Ansehen Puchtas mehr als wohl irgendeines anderen Rechtsgelehrten, in kurzer Zeit mehrfach verschoben hat".[146] Während zunächst „Puchtas machtvoll einseitige Persönlichkeit ... alle dogmatisch interessierten Romanisten in den Bann seiner Methode gezogen" habe, so gelte nun Puchta „als der typische Vertreter der einseitigsten, verstiegenen, welt- und lebensfremden, praktisch unanwendbaren, dialektisch haarspaltenden Begriffsjurisprudenz". Urheber dieser **Perhorreszierung Puchtas** war Rudolph von Jhering, der lange Jahre Puchtas Kompendium seiner Pandektenvorlesung zugrunde gelegt[147] und mit Blick auf dieses Werk 1865 gegen die Überschätzung der „Consequenz"[148] gewettert hatte. 1884 attestierte er Puchta dann **„Begriffsjurisprudenz"**[149] und gestattete ihm den Erstbezug des von ihm erfundenen **„Begriffshimmels"**.[150] Mitverantwortlich dafür, dass Puchta 40 Jahre nach seinem Tod nur noch als weltfremd logisch wahrgenommen wurde, war die Fixierung des Blicks auf Puchtas Pandektenlehrbuch. 1840 hatte August Wilhelm Schröter Puchtas Pandekten rezensiert und gemeint, diese hätten einer „neuen Richtung Bahn"[151] gebrochen. Unter Puchtas Händen würden die einzelnen Rechtsinstitute „zu[m] anschaulichen organischen Ganzen, in welchen nichts Willkührliches und Zufälliges neben her läuft, sondern jedes Glied an seiner Stelle in das Ganze eingreift".[152] **Puchtas Pandekten** wurden schon früh als **ungewöhnlich systematisch** dicht wahrgenommen. Dies lag auch daran, dass Puchta hier kein ausführliches Handbuch schreiben wollte, sondern ein Kompendium, in dem auf die Darstellung der Forschungsstände oft zugunsten klarer Zusammenhänge und des Nachweises der zentralen Quellen verzichtet wurde.[153] Wenn er darin versuchte, seinen obersten Grundsatz und das positive Recht möglichst weitgehend denkerisch zu verknüpfen, dann war dies auch der Pandektenvorlesung geschuldet, für die das Buch geschrieben war. Daraus, dass Puchta zu diesem Zweck die rationalen Zusammenhänge des Systems besonders stark betonte, folgte keineswegs, dass er Logik zum Entstehungsgrund des Rechts machte. Es blieb bei einem Zusammenspiel von Intuition und Rationalität als Erkenntnisweg des Juristen.[154]

265 Dies zeigt ein Blick in Puchtas zweites Lehrbuch. Adolph Rudorff, der Puchtas Werke postum herausgab, hielt Jhering 1871 entgegen, die Tatsache, dass in Puchtas Pandek-

---

145 *Puchta*, Rez. Beseler (Fn. 56), 1844, 21.
146 *Landsberg* (wie Fn. 2), 458.
147 Vgl. hierzu nun C. *Jäde*, Rudolf von Jhering, Pandektenvorlesung nach Puchta. Ein Kollegheft aus dem Wintersemester 1859/60, Göttingen 2008.
148 *Jhering*, Geist des römischen Rechts auf den verschiedenen Stufen seiner Entwicklung, Bd. III 1, Leipzig 1865, 301.
149 *Jhering*, Scherz und Ernst in der Jurisprudenz, Leipzig 1884, 330.
150 *Jhering*, Scherz und Ernst (wie Fn. 149), 253: „Der erste, der sich meldete, nannte sich Puchta".
151 *Schröter*, Rez. Puchta, Richters Jahrbücher 4 (1840), 300.
152 *Schröter*, Rez. Puchta (Fn. 151), 298 f.
153 Zu diesem Lehrbuchtyp *Haferkamp*, Karl Adolph von Vangerow (1808–1870) – Pandektenrecht und 'Mumiencultus', ZEuP 2008, 813–844.
154 Zu diesem Zusammenspiel Haferkamp, Historische Rechtsschule (Fn. 27), 197 ff.

ten die „realen Faktoren hinter dem logischen Element" zurückträten, dürfe nicht darüber hinwegtäuschen, „daß Puchta die realen Faktoren der Rechtsbildung, die historischen, politischen, öconomischen, ethischen Elemente, mit einem Worte die ganze lebenskräftige rechtsbildende Vergangenheit des römischen Rechts noch in einem zweiten Hauptwerke ausführlich und befriedigend dargestellt hat. Dieses Werk ist der Cursus der **Institutionen**".[155] Puchta hatte seit 1839 eine „Geschichte des Rechts bei dem Römischen Volke"[156] erscheinen lassen. Dieses Werk setzte ganz andere Schwerpunkte und nahm stets die sozialen und ökonomischen Rahmenbedingungen der Rechtssätze mit in den Blick. Wilhelm Arnold, der als einer der Pioniere einer den kulturellen Kontext betonenden Rechtsgeschichte behandelt wird,[157] sah gerade in Puchta ein großes Vorbild: „Man braucht ja nur Puchtas Institutionen aufmerksam durchzulesen, um zu sehen, in welcher vortrefflichen Weise hier der Zusammenhang des Rechts mit dem Leben behandelt wird".[158]

Puchta **trennte den systematischen und den historischen Blick** demnach in seinen Lehrbüchern scharf. Diese Trennung war nicht nur Ausdruck seines Methodenprogramms, das die beiden Seiten der juristischen Tätigkeit stärker trennte als Savigny, sondern auch Teil eines **didaktischen Konzepts**.[159] Im ersten Semester hörten die Studenten die historische Einführung in das Römische Recht. Diese Zusammenhänge wurden vorausgesetzt, als im zweiten Semester der gleiche Stoff als System gelehrt wurde. Dies folgte dem Zweck der Pandektenvorlesung, in der primär juristisches Denken gelehrt werden sollte und nur sekundär geltendes Recht. Im Kopf des Studenten sollten beide Perspektiven daher auch ineinander fließen in produktiver Arbeitsteilung. Verkürzt man also Puchtas Rechtslehre auf sein Pandektenlehrbuch, so ergab sich ein Zerrbild:

„Nicht die Hervorhebung einer Seite des Ganzen ist ein einseitiges Verfahren, nur der ist einseitig zu nennen, welcher eine Seite als das Ganze behandelt".[160]

VII. Beispiel: Stellvertretung

In Unterschied zu der naturrechtlichen Annahme **freier Stellvertretung** herrschte bei den Romanisten im ersten Drittel des 19. Jahrhunderts weitgehend Einigkeit darüber, dass dem römischen Recht ein solches Rechtsinstitut fremd sei.[161] Die am weitesten verbreitete Lösung hatte 1817 Mühlenbruch vorgelegt, der eine Zession zwischen dem

---

155   *AF Rudorff*, Vorrede zur 11. Aufl. von Puchtas Pandekten 1871, hier nach dem Abdruck in der 12. Aufl. 1877, VIII.
156   So der Untertitel des „Cursus der Institutionen" von 1840.
157   *H. Hofmann*, „In Europa kann's. keine Salomos geben." – Zur Geschichte des Begriffspaars Recht und Kultur, in: JZ 2009, 1 ff.
158   *W. Arnold*, Cultur und Rechtsleben, Berlin 1865, X.
159   Hierzu näher *Haferkamp*, Pandektisten am Katheder, in: Rechtswissenschaft als juristische Doktrin (Rättshistoriska Studier 25), hrsg. von Claes Peterson, Stockholm 2011, S. 84–103; vertiefend ders., Die Historische Rechtsschule (Fn. 27), S. 77 ff.
160   *Puchta*, Institutionen I (Fn. 10), 100.
161   Hierzu immer noch der Überblick bei *K. F. Everding*, Die dogmengeschichtliche Entwicklung der Stellvertretung im 19. Jahrhundert, Münster 1951, 25 (Vorläufer), 38 ff. (Mühlenbruch und die Nachfolger). Auf Everding dürften auch die heute üblichen Bezeichnungen der einzelnen Theorielager zurückgehen; daneben aber überwiegend für die frühere Entwicklung *U. Müller*, Die Entwicklung der direkten Stellvertretung und des Vertrages zugunsten Dritter. Ein dogmengeschichtlicher Beitrag zur Lehre von der unmittelbaren Drittberechtigung und Drittverpflichtung, Stuttgart 1969, 154 ff.; knapp *M. Schmoeckel*, Zur Entwicklung des Vertretungsrechts, in: Das Bürgerliche Gesetzbuch und seine Richter, hrsg. von Falk u. Mohnhaupt (Ius Commune Rechtsprechung, 14), Frankfurt am Main 2000, 81 f.; *Schmoeckel*, in: Historisch-kritischer Kommentar zum BGB, Bd. 1, Tübingen 2003, §§ 164–181, Rn. 2 f.; guter zeitgenössischer Überblick bei *Scheurl*, Beiträge zur Bearbeitung des Römischen Rechts. Stellvertretung, Bläsing 1853, 315 ff.

Beauftragten und dem Aufraggeber annahm, womit freilich das Problem des **Durchgangserwerbs** des Beauftragten ungelöst blieb,[162] was etwa dazu führen konnte, dass die erworbene Sache mit einem Pfandrecht eines Gläubigers des Beauftragten belastet wurde.

268 1840 veröffentlichte **Savigny** erstmals seine Stellvertretungslehre, die er in seinen Vorlesungen bereits früher vorgetragen hatte.[163] Seit 1809/10 hatte ihn die Frage der freien Stellvertretung bei der Eingehung von Obligationen, d.h. von Schuldverhältnissen, beschäftigt.[164]

269 1837 hatte Savigny erstmals unauffällig seine abweichende Ansicht durchblicken lassen, dass bereits im klassischen römischen Recht eine freie Stellvertretung angenommen worden war. In der sechsten Auflage des ‚Besitzes', der bis dahin nur den Besitzerwerb durch Stellvertreter thematisiert hatte,[165] hieß es nun, es sei zwar Regel, dass außer einigen aufgezählten Ausnahmen „kein Recht durch fremde Handlung erworben werden kann, aber diese Regel gilt (wenigstens schon zur Zeit der klassischen Juristen) *nur von civilen Erwerbungen, nicht von natürlichen*, unter welche der Besitz gehört".[166] Savigny spielte hier auf die „einzige Stelle unserer Rechtsquellen"[167] an, der er seine Lehre entnommen hatte, auf D 41, 1, 53, ein Fragment, welches damals[168] Modestin zugeschrieben wurde:

> „Alles, was civiliter erworben wird, erwerben wir nur durch diejenigen, die in unserer Gewalt stehen, z.B. eine Stipulationsforderung; was naturaliter erworben wird – wie der Besitz – das können wir, vorausgesetzt, wir wollen den Besitz haben, durch jeden erwerben."[169]

270 Die hier genannte Möglichkeit „*naturaliter*" auch durch Dritte zu erwerben, wurde durchweg eng auf den hier ja beispielhaft („*sicuti*") erwähnten Besitzerwerb bezogen. Hierfür sprachen einige andere Stellen, denen zufolge der Besitzerwerb der einzige zulässige Fall freier Vertretung sei.[170] Savigny verkannte dies nicht.[171] Seine 1840 im dritten Band des Systems öffentlich gemachte Annahme, schon zu Zeiten Justinians sei für nichtzivile Rechtsgeschäfte eine freie Stellvertretung zulässig gewesen, band diese Stellen in eine entwicklungsgeschichtliche Interpretation ein. Ein „so beschränkter Grundsatz" habe sich im römischen Recht nicht halten können, „sobald der Verkehr lebendiger und vielseitiger wurde".[172] Der Besitzerwerb durch Stellvertreter sei nur eine erste Form der Anerkennung einer freien Stellvertretung gewesen. Die im justinia-

---

162 *C.F. Mühlenbruch*, Die Lehre von der Cession der Forderungsrechte, Greifswald 1817, hierzu *Luig*, Zur Geschichte der Zessionslehre, Köln 1966, 47 ff.
163 Vgl. etwa *Savigny*, Pandektenvorlesung 1824/25, hrsg. von H. Hammen (= Savignyana 1) 1993, 232 f.
164 Hierzu die Nachweise bei *F. J. Hölzl*, Savignys Lehre von der unmittelbaren rechtsgeschäftlichen Stellvertretung, in: Kontinuitäten und Zäsuren in der Europäischen Rechtsgeschichte, hrsg. von A. Thier/G. Pfeiffer/P. Grzimek (= Rechtshistorische Reihe 196), München 1999, 222 f.
165 Hierzu *Hölzl*, Stellvertretung (Fn. 164) 213 Anm. 17.
166 *Savigny*, Recht des Besitzes, 6. Aufl. Gießen 1837, 360; in der ersten Auflage hatte es hier geheißen, „aber diese Regel erleidet eben hier eine Ausnahme", Recht des Besitzes, 1803, 249 [Hervorhebung von mir].
167 *Savigny*, Obligationenrecht, Bd. 2, Berlin 1853, 54.
168 Nach *Lenel*, Palingenesia iuris civilis II, 1889, Sp. 69 Anm. 5, stammt es von Sextus Pomponius.
169 *Ea, quae civiliter adquiruntur, per eos, qui in potestate nostra sunt, adquirimus, veluti stipulationem: quod naturaliter adquirit, sicuti est possessio, per quemlibet, violentibus nobis possidere, adquirimus*, D 41.1.53.
170 Vgl. die Nennungen bei *K. A. Vangerow*, Pandekten, Bd. 3, 6. Aufl. Marburg 1852, 294.
171 *Savigny*, System des heutigen Römischen Rechts, Bd. 3, Berlin 1840, 97 Anm. (p).
172 *Savigny*, System III (Fn. 171), 94.

nischen Recht erreichte freie Stellvertretung habe ihren Ausdruck in D 41, 1, 53 gefunden, während alle anderen Quellen nur den früheren Rechtszustand repräsentierten:

> „Alle diese Stellen können nun im Zusammenhang des Justinianischen Rechts nur so angesehen werden, daß sie die Entwicklungsgeschichte der Regel darstellen, die in ihrer unzweifelhaften neuesten und allein gültigen Gestalt, durch die im Text abgedruckte L. 53 de a. r. d. ausgesprochen wird".[173]

Indem die in diesem Fragment als Ausnahme genannten Erwerbsarten des *ius civile*, insbesondere die *stipulatio*, weggefallen seien, ergebe sich für das gemeine römische Recht „die unbeschränkte Zulassung der freyen Vertretung".[174]

Savignys Interpretation von D 41, 1, 53 verfuhr, wie 1840 und stärker noch 1853 im Obligationenrecht deutlich[175] wurde, einfühlend spekulativ. Explizite Quellenbelege für den von ihm angenommenen **Übergang zur freien Stellvertretung im antiken Recht** gab Savigny nicht. 1840 war ihm die hier in die Quellen hineininterpretierte historische Entwicklung eben „sehr natürlich".[176]

Ob Puchta diese Argumentation Savignys bereits in den dreißiger Jahren kannte, ist zweifelhaft.[177] Seit 1832[178] belegte immerhin D 41, 1, 53 als einzige Quelle Puchtas allgemeine Erörterungen zum „Erwerb durch Andere". 1838[179] fand sich unter dieser Rubrik die bemerkenswerte Aussage, es sei „auch ein Erwerb durch Handlungen Anderer möglich geworden, welche in einem Repräsentationsverhältnis zu dem Erwerber stehen. Diese Möglichkeit des Erwerbs durch Repräsentanten ist nach heutigem Recht die Regel, welche indessen bedeutende Ausnahmen hat". Bei der Frage des Besitzerwerbs wurde freilich die Weite dieser Ausnahmen deutlich. Zwar könne der Besitz durch Repräsentanten erworben werden, in „dem Willen findet aber regelmäßig keine Vertretung statt",[180] sodass der unmittelbare Forderungserwerb durch freie Stellvertretung ausgeschlossen war: „Ein Anderer kann durch jenen nicht in seiner Person eingetretenen Obligationsgrund nur mittelbar berechtigt und verpflichtet werden".[181] Puchta folgte also Mühlenbruchs Zessionstheorie.[182]

Auch nach Erscheinen des dritten Bandes von Savignys System 1840 behielt Puchta diese Ansicht bei. In seinen Institutionen widersprach er Savigny noch gemäßigt. Er halte dessen Auslegung von D 41, 1, 53 für „unwahrscheinlich", da damit widersprechende „ausführliche und bestimmte Stellen ... für Antiquitäten erklärt" würden.[183] In seinen Vorlesungen wurde er deutlicher. Savignys Lehre beruhe „auf einer unstatthaften Generalisierung jener Regel von naturalem und civilem Erwerb, und auf einem

---

173 *Savigny*, System III (Fn. 171), 97 Anm. (p); „L 53 de a. r. d." ist die alte Zitierweise für D 41, 1, 53.
174 *Savigny*, System III (Fn. 171), 98.
175 *Savigny*, Obligationenrecht II, 1853, 20 ff.; hierzu die Darstellung bei *Mohnhaupt*, Savignys Lehre von der Stellvertretung, in: Ius Commune 8 (1979), 66 ff.; *Hölzl*, Savignys Lehre (wie Fn. 163) 225 ff.
176 *Savigny*, System III, 1840, 94; *Mohnhaupt*, Savignys Lehre (wie Fn. 175), 69, spricht einleuchtend von einer „Kunstform".
177 *Puchta* kannte weite Teile der seit 1840 im ‚System' erscheinenden dogmatischen Lehren offenbar nicht. Dies ergeben die in Marburg lagernden Briefe Puchtas an Savigny.
178 *Puchta*, System des Gemeinen Civilrechts, 1832, 18.
179 *Puchta*, Pandekten (Fn. 20), 37 f.
180 *Puchta*, Pandekten (Fn. 20), 103.
181 *Puchta*, Pandekten (Fn. 20), 285, der Mandant stehe „gleich einem Cessionar", 287.
182 Hinweis freilich nur in *Puchta*, System des Gemeinen Civilrechts, 1832, 155.
183 *Puchta*, Institutionen II (Fn. 97), 336 f., Anm. n).

Mißverständnis" von D 41, 1, 53.[184] Wenn Modestin eine derartige Ausweitung gewollt hätte, hätte er statt *possessio* als Gegensatz zur *stipulatio* auch einen Kontrakt genannt. Zudem gebe es andere Stellen, in denen „die Ausnahme entschieden auf den Besitz beschränkt" werde.[185] **Savignys Auslegung ging Puchta zu weit.** Er stellte stärker den Wortlaut des Justianischen Rechts und die sonstigen Quellenzeugnisse in den Vordergrund.

275   Von dieser strengen Quelleninterpretation ausgehend versuchte Puchta nun in **doppelter Perspektive**, diese Entscheidung der römischen Juristen zu verstehen. In seinen Institutionen näherte er sich dem Problem **historisch** und schilderte die Ratio der römischen Ablehnung freier Stellvertretung: „Die Regel ist eine natürliche, und unter einfachen Verhältnissen, solang sie dem Verkehr nicht allzu große Beschränkungen auferlegt, heilsam, da sie die Sicherheit des Rechts begünstigt". Sodann erläuterte er das „Bedürfnis nach Ausnahmen" durch die „Ausdehnung des juristischen Geschäftsverkehrs der wohlhabenden Bürger über einen großen Theil der bekannten Welt". Er zählte die römischen Möglichkeiten auf, wodurch das Bedürfnis „Contracte für unsere Rechnung durch Andere abschließen zu lassen, praktisch erreicht" werde und schloss mit dem Hinweis auf die geringen Nachteile des Durchgangserwerbs in den verbleibenden Fällen.

276   In seinem Pandektenkompendium reduzierte er die Erörterung auf ein ‚**logisches**' Argument: „Daß der Vertragsschließende nicht Subjekt der contrahirten Obligatio werde, sondern unmittelbar durch ihn ein Anderer, ist gegen das Wesen dieses Rechtsverhältnisses". Die freie Stellvertretung verstieß gegen das Prinzip, „dass die Obligatio in dem Handelnden selbst ihren Anfang nehmen muss".[186] Puchta argumentierte hier mit „inneren", also systematischen Argumenten.

277   In seinen Pandektenvorlesungen versuchte er, durch Ergänzungen diesen systematischen Blick des Lehrbuchs abzuschwächen. Er betonte, dass „unser Recht sonst der Repräsentation geneigter ist, als das römische", verwies für Verträge aber darauf, dass mittelbare Stellvertretung mit Durchgangserwerb ja stets möglich sei, nannte Unterhändler und Makler als praktisches Beispiel und schloss: „Das reicht vollkommen für das Bedürfnis aus".[187] Den systematischen Strukturen, die dem Studenten auch Denkhilfe sein sollten, wurden die geschichtlichen Aspekte des Problems stets an die Seite gestellt. ‚Positiv' wurde nach den Ursprüngen und Entwicklungen des Rechtssatzes gefragt, ‚negativ' wurde er als Teil einer systematischen Struktur verstanden. Puchta trug seinen doppelten methodischen Blick bis in die Feinheiten seiner Dogmatik.

VIII. Bilanz

278   Puchtas Methodendenken wurde lange unter Zerrbildern wie „Begriffsjurisprudenz" oder „Begriffspyramide" verschüttet. Die Geschichte dieser Bilder ist eine Geschichte des 20. Jahrhunderts und hat mit Puchtas eigenen Überlegungen zur Methode des Juristen wenig zu tun. Puchtas Methodendenken ging uns Heutigen ganz unvertraute Wege. Puchta dachte Methode von der Gegenstandsstruktur des Rechts, nicht von der Gesetzesanwendung her. Im Zentrum seiner Überlegungen stand die Frage, wie die Masse der im Gemeinen Recht konkurrierenden Texte zu hierarchisieren war. Dane-

---

184   *Puchta*, Vorlesungen I (Fn. 21), 123/§ 52.
185   *Puchta*, Vorlesungen I (Fn. 21), 124/§ 52.
186   *Puchta*, Pandekten, 3. Aufl. (Fn. 41), 391/§ 273.
187   *Puchta*, Vorlesungen II, Leipzig 1848, 114/§ 273.

ben ging es darum, wie richterliche Rechtsfortbildung ermöglicht und zugleich wissenschaftlich kontrolliert werden konnte. Mit einer relativ strengen Textbindung an das Corpus Juris Civilis suchte Puchta zunächst Halt in den antiken römischen Gerechtigkeitsentscheidungen. Dem Richter war es möglich durch Gewohnheitsrecht, also durch eine auf den von ihm repräsentierten Volksgeist rückführbare richterliche Übung oder eingespielte rechtswissenschaftliche Überzeugung, davon abzuweichen. Dabei kam es Puchta vor allem darauf an, diese Abweichungen rational in die Sinnzusammenhänge des bestehenden Rechts einzubinden. Seine maßgebliche Kraft als Rechtswissenschaftler widmete Puchta der Aufgabe, diese teleologischen Zusammenhänge als ein System von Rechtssätzen und Rechtspraktiken dem Richter zur Verfügung zu stellen. Das Recht sollte von den Prinzipien dieses Rechts gesteuert werden. Boten die Prinzipien des Systems die Möglichkeit, einen neuen Rechtssatz zu konstruieren, so war ein solches Recht der Wissenschaft vom Richter vorrangig zur Lückenfüllung heranzuziehen. Recht der Wissenschaft war also rational kontrollierte Rechtsfortbildung aus dem Geiste des bestehenden Römischen Rechts, dessen Rechtssätze daher stets Vorrang genossen. Nur wenn eine aus dem Rechtssystem ableitbare Norm die „feste, wohlgegründete Ueberzeugung"[188] des Richters und ein klares praktisches ‚Bedürfnis' nicht befriedigte, durfte der Richter von diesen Zusammenhängen abweichen und eine Norm entwickeln, die aus dem System nicht begründbar war und nur aus dem Durchgriff auf den Volksgeist begründet werden konnte.

Indem er diese Rechtsschöpfung durch Juristen als Teil der freien Bewegung des Volksgeistes und als auf Gott zulaufend beschrieb,[189] gab Puchta der Rechtsentwicklung eine christlich-optimistische Note. Gegen Hegel und mit Schelling weigerte er sich, das positive Recht im Sinne der Hegelianer einfach auf das in ihm „Vernünftige" zu reduzieren. Mit Savigny entzog er die Rechtsentstehung bewusster menschlicher Planung und verankerte sie in der ‚dunklen Werkstätte' des Volksgeistes als Selbstbeweger des Rechts. Praxis, Religion, Antihegel, Savigny und Schelling ergaben für das Gemeine Recht strenge Textarbeit, systematisch-sinnhafte Verknüpfung der Rechtssätze, Arbeit mit den Prinzipien des Rechts und ‚Überzeugung' als methodisches Handwerkszeug, das Puchta dem Richter an die Hand gab. Im Glauben an den Gerechtigkeitswert des Römischen Rechts, das Puchta berufen sah, ein ‚Weltrecht'[190] zu werden, suchte er für Modernisierungsbedürfnisse einen Kompromiss zwischen der Gefahr „Richter zu einer Wetterfahne zu machen, die sich nach jedem Wind einer neuen Lehre richtet" und der gegenteiligen Gefahr den „Fortschritten die Thüre zur Praxis" zu verschließen.[191]

IX. Quellen und Literatur

1. Zum Einstieg in die Puchta-Texte

Lehrbuch der Pandekten, Leipzig 1838, Vorwort; Pandekten, 3. Aufl. Leipzig 1845, §§ 1–21.
Vorlesungen über das heutige römische Recht; aus dem Nachlaß hrsg. von A. A. F. Rudorff, 1.
  Band Leipzig 1847, §§ 1–21 (Erläuterungen zum Pandektenlehrbuch);
Cursus der Institutionen, Bd. 1, Leipzig 1841, §§ 1–35 (philosophische Grundlage);

---

188 *Puchta*, Rez. Beseler (Fn. 56), 21 f.
189 Es gebe „einen Bildungsprozeß des Rechts durch die ganze Menschheit, an dem jedes Volk seinen besonderen Antheil hat. Jedes Volk ist ein Glied der großen Kette, die von dem in die Nacht zurückgetretenen Anfang des jetzigen Weltalters bis zu seinem kommenden Ende reicht", Institutionen I (Fn. 10), 22; hierzu *Haferkamp*, Erweckungsbewegung (wie Fn. 9).
190 Vgl. Institutionen I (Fn. 10), 106 f.
191 *Puchta*, Rez. Beseler (Fn. 56), 21 f.

Betrachtungen über alte und neue Rechtssysteme, 1829, leicht greifbarer Wiederabdruck in: Georg Friedrich Puchta, Kleine zivilistische Schriften, hrsg. von A. A. Fr. Rudorff, Leipzig 1851, ND Aalen 1970, S. 221–238 (Systemverständnis);
(Rez. zu) Beseler, Georg: Volksrecht und Juristenrecht, Leipzig 1843, in: Jahrbücher für wissenschaftliche Kritik, Bd. 1, 1844, S. 1–40 (Rechtsquellenlehre).

2. Zum Einstieg in die Sekundärliteratur

Haferkamp, Hans-Peter, Georg Friedrich Puchta (1798–1846), in: Festschrift 200 Jahre Juristische Fakultät der Humboldt-Universität zu Berlin ..., Berlin 2010, S. 229–239.

3. Weitere Literatur

Bohnert, Joachim, Über die Rechtslehre Georg Friedrich Puchtas (1798–1846) (= Freiburger Rechts- und Staatswissenschaftliche Abhandlungen 41), Karlsruhe 1975.
Haferkamp, Hans-Peter, Georg Friedrich Puchta und die „Begriffsjurisprudenz" (= Studien zur europäischen Rechtsgeschichte. Veröffentlichungen des Max-Planck-Instituts für europäische Rechtsgeschichte, Band 171), Frankfurt am Main 2004.
Ders., Die Bedeutung der Willensfreiheit für die Historische Rechtsschule, in: Willensfreiheit und rechtliche Ordnung, hrsg. von Ernst-Joachim Lampe, Michael Pauen und Gerhard Roth, Frankfurt am Main 2008, S. 196–225.
Ders., Einflüsse der Erweckungsbewegung auf die "historisch-christliche" Rechtsschule zwischen 1815 und 1848, in: Konfession im Recht. Auf der Suche nach konfessionell geprägten Denkmustern und Argumentationsstrategien in Recht und Rechtswissenschaft des 19. und 20. Jahrhunderts. Symposion zum 65. Geburtstag von Michael Stolleis, hrsg. von Pascale Cancik, Thomas Henne, Thomas Simon, Stefan Ruppert und Miloš Vec, Frankfurt am Main 2009, S. 71–94.
Ders., Die Historische Rechtsschule, Frankfurt am Main 2018.
Mecke, Christoph-Eric, Begriff und System des Rechts bei Georg Friedrich Puchta (= Beiträge zu Grundfragen des Rechts 1), Göttingen 2009.

Methode und Zivilrecht bei Bernhard Windscheid (1817–1892)

von Joachim Rückert

Übersicht

I.	Erste Fragen	129
II.	Schreckbilder und ernstere Fragen	130
III.	Windscheid – ein Rätsel	132
IV.	Lebensstationen und Werkakzente	133
V.	Auflösung	146
VI.	Methodenfragen	149
VII.	Das Beispiel culpa in contrahendo / Vertrauenshaftung	153
VIII.	Vorbild, Schreckbild, neues Bild	155
IX.	Quellen und Literatur	156

I. Erste Fragen

Vor gut vier Generationen starb am 26.10.1892 in Leipzig *Bernhard Windscheid*. 280
Warum Windscheid bedenken? Hat uns diese tiefernste schmale Gestalt im schwarzen Bürgerrock des 19. Jahrhunderts noch etwas zu Jurisprudenz im demokratischen Rechtsstaat, zu Rechtsbegriff und Methode zu sagen? Warum nicht nur seinen Freund *Jhering* (1818–1892) bedenken, auch er gut hundert Jahre verstorben, der immer gern gefeiert und in den Büchern genannt wird, zumal für sein Zweck-Denken? Windscheid findet man kaum noch in den Büchern, auch nicht im Zivilrecht, allenfalls isoliert zum Thema „Anspruch" oder „Voraussetzung", zur BGB-Entstehung oder als *Jhering*-Gegner, d.h. als Verlierer.[1] Sein 200. Geburtstag 2017 wurde kaum bemerkt. Sonst ganz verschiedene Lager kritisieren überraschend parallel.[2] Abwehr einigt – aber solche Einigkeit macht aufmerksam. Oft hat Windscheid sogar seinen Namen verloren, man erwähnt nur eine sog. „**Begriffsjurisprudenz**" und meint vor allem ihn und *Puchta*

---

[1] Mangels Personenregistern ist Exaktheit hier schwierig. Doch kommt es hier nicht auf Vollständigkeit an, sondern auf einen Einblick in zeitbedingte, wissenschaftsgeschichtlich relevante Zeugnisse; daher stehen die immer aufschlussreichen Daten der Erstauflagen in Klammern dabei. Vgl. also chronologisch die Erwähnungen: *H. Köhler*, Allgemeiner Teil (1952), 29. Aufl. 2005, § 3 Rn. 4 (zur 1. BGB-Kommission), dto. 47. Aufl. 2016; *Larenz*, Allg. Teil, 1967, S. 254, 6. Aufl. 1983, S. 232 (zu Anspruch), nicht mehr in *Larenz-M. Wolf*, 9. Aufl. 2004, dto. 10. Aufl. 2012; mehr wieder in (*Larenz*)-*Neuner*, Allg. Teil, 13. Aufl. 2023, § 9 Fn. 9 (allg.), § 20 Fn. 15 (zu subj. Recht), § 21 zu Anspruch); *Larenz*, Schuldrecht I (1953), 13. Aufl. 1982, S. 298 (zur „Voraussetzung"); *D. Schwab*, Einführung in das Zivilrecht (1974), 15. Aufl. 2002, S. XXIV (bei der Lit.), nicht mehr in 20. Aufl. 2016; *A. Rinken*, Einführung in das juristische Studium (1977), 3. Aufl. 1996, S. 243 (W. als *Jhering*-Gegner); *Eisenhardt*, Allgemeiner Teil (1977), 4. Aufl. 1997, S. 56 f. (zu Rechtsgeschäft); *Medicus*, Allgemeiner Teil (1982), 4. Aufl. 1990, Rn. 74, dto.. – *Petersen*, 11. Aufl. 2016 (zu Anspruch); *R. Bork*, Allgemeiner Teil des Bürgerlichen Gesetzbuchs, 2001, Rz. 31 (W. letzter Gemeinrechtler), 35 f. (in 1. BGB-Kommission), 118 (nicht erwähnt bei Begriffsjurisprudenz), 291 (bei Anspruch), dto. 4. Aufl. 2016; *Krüper*, Grundlagen des Rechts, 4. Aufl. § 8 (W. Pandektenwissenschaftler) – Etwas mehr bei *Th. Ramm*, Einführung in das Privatrecht I, 1970, S. 190 (mit Quelle), III 749. Völliges Schweigen in gern benutzter Studienliteratur wie allgemeinen Teil und Zivilrecht wie *Brox-Walker*, *Faust*, *Otte*, *Rüthers-Stadler*, *Schack*, *Scherner*, oder Grundkursen zum sog. Grundlagenwissen im Zivilrecht wie *Musielak* und auch bei *J. Baumann*, Einführung in die Rechtswissenschaft (1967), 8. Aufl. 1989 – Das Folgende beruht teilweise auf *meinem* Gedenkaufsatz: Bernhard Windscheid und seine Jurisprudenz „als solche" im liberalen Rechtsstaat (1817–1892), in JuS 32 (1992), S. 903–908. Er wurde für die Zwecke hier vollständig überarbeitet und bes. um die Teile VI und VII ergänzt; vgl. nun auch *mein*: Windscheid – verehrt, verstoßen, vergessen, rätselhaft?, in JZ 72 (2017), S. 662–670.

[2] Etwa *Larenz, Köhler* u.a., parallel mit *Ramm, Rinken* (sämtlich in Fn. 1), oder *Wiethölter*, Rechtswissenschaft, 1968, S. 195; *E.A. Kramer*, Juristische Methodenlehre (1998), 2. Aufl. 2005, hier S. 136.

(1798–1846) und sogar Savigny.³ Sehr viel scheint zwischen ihm und uns zu stehen, dass eine Person und ein Werk, die ihrer Zeit und der ganzen juristischen Welt einmal Sinnbild unserer Privatrechtsjurisprudenz, ja der Jurisprudenz überhaupt waren, so abgetan sind. Es galt das geflügelte Wort „Jurisprudenz, das heißt Pandekten – Pandekten, das heißt Windscheid".⁴ Das macht Windscheid nicht leichter, denn was heißt „Pandekten"? Man kann das nicht mehr voraussetzen. Jedenfalls heißt **Pandekten** so viel wie Zivilrecht und sogar „Recht überhaupt", wie Windscheid das erste Buch seines dreibändigen „Lehrbuch der Pandekten" überschrieb, das von 1862–1906 in neun Auflagen nicht nur die deutsche Zivilrechtswelt bestimmte. Mit der Reise zu Windscheid begibt man sich also auf eine große Zeitreise von Rom nach Leipzig und zurück.

II. Schreckbilder und ernstere Fragen

281   Wenig Ermutigung dafür geben freilich selbst die etwas gehaltvolleren Bemerkungen, die rechtsphilosophisch und methodisch Interessierte ihm widmen.⁵ **Schreckbilder** blicken uns an. Die „blutleere Begriffsjurisprudenz in Gestalt des rationalistischen Gesetzespositivismus" sei „untrennbar mit der Person Windscheids verbunden".⁶ Warum „blutleer" nicht nur Phrase ist und so schlimm sein soll, erweist sich, wenn man das Sprachspiel entschlüsselt. Noch spannender erscheint, dass diese „Blutleere" in Wahrheit gar nicht „(ab)sonderlich unpolitisch und weltfremd und ohne Beziehung zur zeitgenössischen Gesellschaft gewesen sein soll", sondern einfach „politische Pandektistik".⁷ Windscheid war offenbar „blutleer" unpolitisch und nicht „blutleer" politisch zugleich. Andere sprachen vornehmer von „begriffsjuristischem Formalismus in

---

3 Vgl. *E. Schmidt/Brüggemeier*, Zivilrechtlicher Grundkurs (1974), 7. Aufl. 2006, S. 35 (1. Kommission). *Köhler* (Fn. 1), S. 19; ähnlich *Rinken* (Fn. 1); wichtig auch *Engisch*, Einführung in das juristische Denken, 1956, S. 38–42; mit rhetorischem Nachdruck soeben wieder *Jörg Benedict*, Savigny ist tot! Zum 150. Todestag von Friedrich Carl von Savigny und zu seiner Bedeutung für die heutige Rechtswissenschaft, in JZ 66 (2011), S. 1073–1084, hier 1076 f.; s. zu alledem oben Rn. 76 ff. über Savigny, Rn. 213 ff. über Puchta und unten Rn. 1357 ff. zur sog. Begriffsjurisprudenz.
4 So *Hch. Siber*, DJZ 14, 1909, Festnummer zum 500 jährigen Jubiläum der Universität Leipzig, Sp. 964.
5 Ganz abgesehen von den Schweigenden wie *Adomeit(-Hähnchen)*, Rechtstheorie für Studenten (1979), 6. Aufl. 2011, vgl. aber Rn. 67 zur Begriffsjurisprudenz; *Pawlowski*, Methodenlehre (1980), 3. Aufl. 1999; *ders.*, Einführung in die juristische Methodenlehre (1986), 2. Aufl. 2000, dass Windscheid hier unter „Begriffsjurisprudenz" fehlt, soll ihn kaum entlasten. Ebensowenig das drastische Fehlen in dem schönen Sammelband „Theorie und Technik der Begriffsjurisprudenz" (= Wege der Forschung 434), Darmstadt 1976, er wird dort nur S. 433 lexikalisch gestreift; oder bei *F. Müller*, Juristische Methodik (1971), 4. Aufl. 1990, vgl. S. 81, 96, dto. 7. Aufl. 1997; *Zippelius*, Rechtsphilosophie, 2. Aufl. 1989; *ders.*, Juristische Methodenlehre (1971), 10. Aufl. 2006, dto. 11. Aufl. 2012; auch *Kaufmann/Hassemer/Neumann(/Saliger)*, Einführung in die Rechtsphilosophie und Rechtstheorie der Gegenwart (1976), 7. Aufl. 2004, nur S. 117 kurz, dto. 9. Aufl. 2016, 108. Faire Berichte jetzt bei *Rüthers*, Rechtstheorie, *Horn*, Einführung, *Vesting*, Rechtstheorie, s.u. Fn. 96, und inzwischen auch bei *Schlosser* (Fn. 8).
6 *Fezer*, Die Pluralität des Rechts, JZ 1985, 762 ff. (763); siehe dazu und zu Ähnlichem bei *Döhring, Fikentscher* u.a., den Bericht in der absolut grundlegenden Monographie von *U. Falk*, Ein Gelehrter wie Windscheid. Erkundungen auf den Feldern der sog. Begriffsjurisprudenz, 1989, S. 3 und jüngst *ders.*, Der Gipfel der Pandektistik: Bernhard Windscheid (1817–1892). Windscheid, Jhering und die Begriffsjurisprudenz, in: Greifswald im Spiegel der deutschen Rechtswissenschaft 1815–1945, Tübingen 2009, S. 129–150. Daneben ist nützlich *J. Ober*, Bernhard Windscheid und die Reinigung des römischen Rechts, Diss. iur. Köln 1989. Die beiden Arbeiten schließen die erste Phase einer neuen, richtigeren und gerechteren Windscheidwürdigung ab, die seit längerem latent ist, s. unten in Fn. 96.
7 *H. Wagner*, Die politische Pandektistik, 1985, S. 10.

vollendeter Form".[8] Aber „vollendet" war hier kein Lob, sondern der Gipfel einer Verirrung. Denn, so der entscheidende Einwand später im Text, diese Haltung lasse eben „nur das gesetzte positive Recht als wirkliches Recht gelten", unausweichlich blieben hier „die tieferen, komplexen Grundlagen des Rechts und der Gesellschaftsordnung"[9] bzw. „die sozialpolitischen Grundlagen des Rechts und der bürgerlichen Gesellschaft ausgespart".[10] In dieser Linie steht auch im neuesten ‚großen' Lehrbuch des Allgemeinen Teils des BGB, Windscheid folge „liberalistisch" einem „veralteten Menschenbild" – so einfach ist das.[11] Einen „begreiflichen Irrtum, dass die Rechtsentscheidung ohne politische Entscheidung möglich und sinnvoll sei", gestehen wieder andere milde zu.[12] Konsequent verortet man Windscheid dicht vor dem satirischen „Begriffshimmel" seines Freundes *Jhering*,[13] in der „Absurdität dieser abstrakten und komponierten Begriffswelt", eben als Rechtsformalist im konservativ-bürgerlichen Rechtsstaat.[14]

Man könnte dies alles als eine seit mehr als 100 Jahren erstarrte und offensichtlich politisierende und unzutreffende Polemik aus zweiter und dritter Hand übergehen. So ging es im Genre eines Pandektenlehrbuchs einfach nur um Dogmatik und anderswo um Sozialpolitik, dass sein Menschenbild veraltet sei, ist ein wenig zu einfach, und dass eine Rechtsentscheidung ohne politische Entscheidung möglich sei, steht nirgends bei Windscheid. Aber die **Sachfragen** sind zu wichtig, um die Polemik schlicht zu übergehen. Warum soll es so schlimm gewesen sein, nur das gesetzte positive Recht gelten lassen zu wollen? Immerhin war damit das vom erstmals allgemein und gleich gewählten Reichstag seit 1871 gesetzte Recht gemeint. Wenn juristische Methodenfragen Verfassungsfragen sind, wie das hier vertreten wird, ist das umso relevanter. Können „Tiefe" und „Komplexität" nicht auch Untiefen sein, die man klugerweise ausspart? Hat er wirklich „die sozialpolitischen Grundlagen" ausgespart? Was wäre an einem liberal-freiheitlichen Menschenbild in der Monarchie so schlimm und inzwischen uninteressant veraltet? Hat ein so anerkannter und leistungsfähiger Mann wie Windscheid einfach so geirrt? Jagte er wirklich ein Leben lang in einer „absurden ... Begriffswelt" herum? Und alle seine zahllosen Verehrer mit ihm? Verstehen wir einfach seine Leistung nicht mehr, weil uns die Voraussetzungen entfallen sind? – er arbeitete z.B. am rezipierten römischen Recht seiner Zeit und nicht am fertigen BGB. Heißt die Lösung vielleicht „viel Feind – viel Ehr"? Das gewohnte Bild gibt zumindest Rätsel auf.

---

8 *H. Schlosser*, Grundzüge der Neueren Privatrechtsgeschichte (1949, 1975), 7. Aufl. 1993, S. 129, aber auch 154; abgeschwächt in 10. Aufl. 2005, S. 154 f. und bes. die teilweise positive Neubewertung S. 184; parallel *ders.*, Neuere europäische Rechtsgeschichte, 2012, S. 254 f. zu Puchta, 286 f. zu Windscheid.
9 *Schlosser* 1993 (Fn. 8), S. 154.
10 So die modifizierte, konkretere Fassung *Schlosser* 2005 (Fn. 8), S. 184.
11 So Bork 2001 (Fn. 1) in der Nachfolge des klassischen *Enneccerus/Nipperdey*-Buches zum BGB-AT (zuletzt 15. Aufl. 1959), hier Rz. 101, aber gerade hier bemerkenswert anders; das BGB war, wie Windscheid, im Gegenteil eher ‚zu jung' als von „veraltetem" Menschenbild; anders war natürlich sein Wirtschaftsbild; zu alledem näher unten bei Fn. 91 ff.
12 *J. Esser*, Vorverständnis und Methodenwahl, 1970, S. 174. Analog R. Dreier, Zur Problematik und Situation der Verfassungsinterpretation (1976), in: ders., Recht-Moral-Ideologie, 1981, S. 111.
13 So *Jhering* in legendärer Satire 1884: Scherz und Ernst in der Jurisprudenz. Eine Weihnachtsgabe für das juristische Publikum, 4. Aufl. 1891, S. 245 ff.; dazu unten *Seinecke* über Jhering, Rn. 352 ff., und unten Rn. 1367 ff. zur Begriffsjurisprudenz.
14 Rinken (Fn. 1).

III. Windscheid – ein Rätsel

283 Ein Blick auf sein **Leben und Werk** müsste das Rätsel lösen können. Das erscheint hier umso naheliegender und notwendiger als sonst, da Fragen wie „unpolitisch", „lebensfremd" nicht nur den Wissenschaftler, sondern den ‚ganzen Mann', seine Haltung und eben sein Leben betreffen.

284 Als junger Mann bekennt sich der geborene Katholik offiziell als völlig kirchenfern. Das war 1847 im katholischen Rheinland sehr mutig, obwohl man Verständnis zeigte.[15] Als frischer Professor des römischen Rechts erklärt er 1856, die „große Aufgabe" der „heutigen Rechtswissenschaft" sei, in Deutschland „das römische Recht auf seinem eigenen Boden zu überwinden".[16] Auch das war mutig. Es bedeutete nicht weniger als die Aufforderung, dem juristischen Hauptfach der Zeit seinen Boden zu entziehen. Im deutschen Sprachraum lehrte man überall vor allem Römisches Zivilrecht, die Gerichte wendeten es bis 1900 als allgemeines Recht in allen sog. gemeinrechtlichen Gebieten an, d.h. im immerhin zweitgrößten Geltungsbereich nach dem preußischen Allgemeinen Landrecht von 1794 und für etwa 17 Millionen Einwohner.[17] Seit dem Mittelalter immer klarer war dieses sog. *Ius Commune* oder Gemeine Römische Recht in Gestalt der seit Kaiser Justinian aus dem 6. Jahrhundert überlieferten großen Rechtstextsammlung, dem *Corpus Iuris* und seinem Hauptteil, den *Pandekten* (griechisch) oder *Digesten* (lateinisch), nicht nur im deutschen Sprachraum als nützlich und gültig anerkannt worden (sog. Rezeption).[18] Das *Corpus Iuris* war die Bibel der Juristen und wurde bei uns erst durch das BGB abgelöst. Davon forderte Windscheid Abschied zugunsten der Gegenwart. Von 1874–1883 beteiligte er sich freudig und besonders aktiv an dieser Abschaffung, indem er in der maßgebenden 1. Kommission zur Schaffung des BGB mitarbeitete.[19] Das ließ sich nicht nebenbei am Schreibtisch erledigen, sondern bedeutete u.a. zwei Jahre Umsiedlung nach Berlin zur Plenarberatung und eine Fülle von rechtspolitischer Entscheidungsarbeit. Jhering schien dafür „kein anderer geeigneter".[20] Das konnte kaum ganz weltfremd ablaufen. Der später gefeierte ‚Zweckjurist' Jhering mit seiner heute so viele ansprechenden angeblich besonders ‚lebensnahen' Richtung fand 1865 ausgerechnet bei Windscheid jene „ungleich gesundere", lebensnahe Richtung, ja Windscheid habe sogar das „formal-juristische Element zu gering angeschlagen".[21] Die Kenner schildern Windscheid zudem als Vorbild in Sachen Gerechtigkeit, als jemand, „dessen Persönlichkeit, was Gerechtigkeitssinn und

---

15 S. bei Fn. 36.
16 Zuerst in Die Actio des römischen Civilrechts vom Standpunkte des heutigen Rechts, 1857, Vorwort S. IV. Weitere vier Nachw. schon bei *M. Rümelin*, Bernhard Windscheid und sein Einfluß auf Privatrecht und Privatrechtswissenschaft. Rede, 1907, dort in Fn. 26.
17 Dazu die Übersicht und Erläuterung etwa bei *F. Endemann*, Lehrbuch des bürgerlichen Rechts I, 9. Aufl. 1903, S. 8 f.; ausführlich bei *D. Klippel*, Deutsche Rechts- und Gerichtskarte (1896), Nachdruck Goldbach 1996.
18 Dieses europäische Großthema sollte vertieft werden an irgendeinem Lehrbuch zur Rechtsgeschichte oder mit dem Handwörterbuch zur deutschen Rechtsgeschichte, 5 Bde. 1971–1997, unter „Rezeption".
19 Das BGB von 1900 wurde seit 1874 vorbereitet mit dem 1. Entwurf von 1888 und zwei weiteren usw. bis zum Reichstagsbeschluss 1896, zu alledem jetzt maßgebend *Jakobs/Schubert*, Die Beratung des BGB I: Einführung, 1978.
20 Brief vom 8.7.1874 an *Windscheid*, am besten jetzt in der Ausgabe von *Kroeschell*, Jherings Briefe an Windscheid. 1870–1891, 1988, hier S. 38.
21 Vielzitierter Brief v. 18.4.1865, in: R. v. Jhering in Briefen an seine Freunde, hg. von H. Ehrenberg, 1913, hier S. 176.

allgemein ethischen Gehalt anlangt, sich jeder Jurist als nachahmenswertes Vorbild vor Augen halten kann".[22]

Wie soll das alles zusammengehen mit obigen Bildern? Vorbild – Schreckbild? Gewiss, es gibt gegenläufige Indizien. Aber der Mann wird damit nur noch mehr zum Rätsel. Man muss ihn genauer kennen lernen, will man ihn überhaupt kennen lernen. Man muß die Brillen der Schreckbilder ablegen und selbst nachsehen. Der erste flüchtige Blick klärt nichts, sondern macht erst neugierig.

IV. Lebensstationen und Werkakzente

Man müsste also den ganzen Menschen und Juristen betrachten. Denn Jurisprudenz lebt zutiefst aus den Werthaltungen der Menschen, die sie leben, bis in den Rechtsbegriff und die Methode. Es ist kein Biographismus, wenn man sich die Menschen näher ansieht, sondern geradezu notwendig und zumal bei solchen polemisch erstarrten Rätselbildern wie Windscheid. Immerhin Stationen und Akzente lassen sich geben. Unsere Informationen über Leben und Werk könnten nämlich besser sein, besonders die zum Leben.[23] Außer seinem Lebenslauf in der Dissertation von 1838 waren zumeist nur Berichte von fremder Hand zugänglich, die nicht immer treu, und selten ohne Tendenz Zeugnis geben.[24] Sie bestimmen das überlieferte Bild, zeigen aber bei erneuter Lektüre auch ganz andere Seiten.

1. Lebensstationen

Im damals preußisch-rheinischen Düsseldorf wurde er 1817 geboren als drittes von elf Kindern eines Steuerrats. Keine überwältigenden Verhältnisse also, eher einfach und drangvoll. Ebenfalls im damals rheinischen Preußen, geboren in Trier, begann 1818 fast zugleich *Karl Marx* sein folgenreiches Leben. Das frühindustrielle Elberfeld, aus dem sein Förderer *Friedrich Engels* stammte und dessen drückende Arbeitsverhältnisse Engels aufstachelten zu einer berühmten sozialkritischen Schrift,[25] kannte auch Windscheid.[26] Diese Zeitfragen standen ihm nicht fern. Auch die politisch-sozialen Gegensätze zwischen **Rheinpreußen und Preußen** blieben ihm gewiss nicht fremd. Welten,

---

22 Formulierung des Zeitgenossen *Rümelin* (Fn. 16), S. 8; in der Sache so die Nachrufe durchweg, s. Fn. 24.
23 2014 erschien die lang erwartete umfassende Biographie von *F. Klein*, Bernhard Windscheid: 26.6.1817–26.10.1892. Leben und Werk, 546 S.
24 Vielfach klärend nun aber *Klein*, 2014, wie Fn. 23; wichtig bleiben für die wissenschaftsgeschichtliche Verortung besonders „Windscheids Lebensgang", anonym in *P. Oertmann* (Hrsg.), Bernhard Windscheid. Gesammelte Reden und Abhandlungen, 1904, S. IX–XX und *Oertmann*, ebd. XXI–XXVI. Das dortige Schriftenverzeichnis nun überholt durch *Klein*. . Ebenso nicht ganz zuverlässig die sonst nützliche Neudruckedition Bernhard Windscheid, Kleine Schriften, Reden und Rezensionen, 2 Bde. (= Opuscula Juridica), Leipzig 1984. Zur Kontrolle bleiben wesentlich die zeitgenössischen Nachrufe, besonders durch den gut informierten Leipziger Kollegen *J.E. Kuntze*, in: Sächsisches Archiv für bürgerliches Recht 2 (1892) 673–685 (identisch in *ders.*, Jhering, Windscheid, Brinz, 1893, S. 13–25); weiter *R. Leonhard*, in: Rechtsgeleerd magazin 12 (1892) 249–283 (m.w.Nachw., die hier nicht alle verwendet werden konnten); weniger ergiebig *E. Eck*, in: Juristisches Literaturblatt IX, Nr. 40, v. 1.12.1892, S. 185 f.; folgenreiche Polemik bei *J. Kohler*, in: Die Zukunft 2 (1893) 54–63; heterogenes, aber wichtiges Material in der erwähnten DJZ Jubiläumsnummer 1909 (Fn. 4); durchdachter, noch zeitgenössischer Würdigungsversuch bei *M. Rümelin* 1907 (Fn. 16), und bes. bei *Landsberg*, Geschichte der deutschen Rechtswissenschaft, III/2, 1910, S. 854–865. Nicht zuverlässig verwendbar ist das sog. Tagebuch 1837–43, hg. von *Lesener*, in SavZRG (Rom. Abt.) 83 (1966) 382–396. Die Daten sind unstimmig mit denen bei *Oertmann* und daher die Herkunft von Bernhard Windscheid selbst doch zweifelhaft.
25 1845 erschien seine sehr bekannt gewordene Schrift „Über die Lage der arbeitenden Klassen in England", später ein marxistischer Klassiker.
26 Entweder selbst oder über einen Bruder, vgl. das Tagebuch bei *Lesener* (Fn. 24).

auch juristische, lagen zwischen den freieren **rheinisch-französischen** „Institutionen" wie Jury, Öffentlichkeit und Mündlichkeit, Anklageprinzip, freie Verteidigung, seinem verfassungsersetzenden neuen „französischen" bürgerlichen Recht, Handelsrecht und Strafrecht und den rheinischen Industriebürgern hier und der verfassungslosen, standespolitischen und ländlichen Adelsenge in Preußen, dessen partikularen Rechten und selbst dem allgemeinen ALR und dem einzigen, gärend-modernen Berlin darüber. Nach Berlin hat Windscheid denn auch mehrere Rufe ausgeschlagen, ebenso nach Wien und Straßburg,[27] während er München (1858–72), Heidelberg (1871–74) und Leipzig (1874–92) annahm – alles damals sehr bedeutende Fakultäten. Auch im kleinen Greifswald (1852–58) ging es nicht preußisch zu. Man muss an dieses noch nicht zentralisierte, sehr vielfältige Deutschland erinnern, das den Zeitgenossen bei allem ‚Einheitsdrang' um 1848 selbstverständlich war. Nationaler Einheitsdrang war progressiv gegen die territorialen Fürsten gerichtet, er ging noch keineswegs wie später im „Reich" ins Imperiale, das liberale Element gehörte gleichmäßig dazu, es war noch kaum national-liberal umgeformt. Für das liberale Baden und als Heidelberger Professor, nicht als Leipziger, war Windscheid 1874 in die BGB-Kommission (1874–1883) gekommen. Man erkennt schon einige Bedingungen für seine Haltung zu Recht und Methode, eine gewisse Liberalität, ökonomische Nüchternheit, soziale Aufgeschlossenheit.

288   Zu seinen engen **Zeitgenossen** zählen der ausgesprochene Freund *Rudolf Jhering* (1818)[28] und nicht zufällig auch *Theodor Fontane* (1819), der Begründer der „sozialen Romankunst in Deutschland".[29] Mit dem älteren Dichterjuristenfreund *Karl Immermann* (1796–1840) stand ihm ein großer kultur- und frühkapitalismuskritischer Publizist nahe.[30] Auch ein *Alfred Krupp* (1812) und *Ferdinand Lassalle* (1825) und *Rudolf von Bennigsen* (1824), die Begründer der Schwerindustrie, des Parteisozialismus und Parteiliberalismus, wirkten prominent in der Windscheid-Zeit. Sein Lebenspanorama zwischen preußischen und nichtpreußischen Landen, zwischen vielfältigen Konservativismen und aufgeschlossenem rheinischen und süddeutschem Liberalismus, zwischen freiheitlich-individuellen und ständisch-gebundeneren traditionalen Haltungen und zwischen politisch wie ökonomisch und sozial disparaten modernen Erfahrungen sollten damit einigermaßen eröffnet sein.

289   Zur **Jurisprudenz** kam Windscheid nur zögernd. Erst *Savignys* großer Atem, den er zu dessen bester Spätzeit 1835–37 in den Berliner Vorlesungen erlebte, gab ihm dazu Lust und Liebe. In Savigny verband ein Jurist überzeugend das Detail der Exegese am römischen Fallfragment und die systematische Kraft, prinzipielle Energie und Treue zum Rechtstext – ‚Gesetz' in unserem Sinne kann man die Digesten-Fallfragmente nicht nennen – in anziehender Meisterschaft.[31] Ihm als „dem Erneuerer der Wissenschaft des römischen Rechts" widmete Windscheid 1850 von Basel aus das scharfsinnige Buch über „Die Lehre des römischen Rechts von der Voraussetzung" – dem Dauerproblem der heute sog. Geschäftsgrundlage, nun doch auch im BGB § 313. Im heimatlichen

---

27   Dazu bei *Oertmann* (Fn. 24), S. XVI f. In Berlin nahm man ihm das nach 1874 doch etwas übel.
28   Für alle diese und noch erwähnten, oft weltberühmten Juristennamen empfiehlt sich die vorzügliche Information bei *Kleinheyer/Schröder*, Deutsche und europäische Juristen aus neun Jahrhunderten, 5. Aufl. (2008).
29   Siehe das unentbehrliche Buch von *W. Müller-Seidel*, Theodor Fontane. Soziale Romankunst in Deutschland, 1975.
30   Dazu ebenso unentbehrlich wie anregend *F. Sengle*, Biedermeierzeit III: Die Dichter, 1980, S. 815–887.
31   Siehe oben Rn. 76 ff. zu Savigny.

Bonn hatte er sich 1840 mit 23 Jahren für **römisches und französisch-rheinisches Recht** habilitiert, eine seltene Mischung aus Tradition und Moderne, aus Rom und Paris. Man kann sie mutig und explosiv nennen. Mit dreißig wurde er 1847 in Basel Professor – der deutsche Sprachraum und Juristenbetrieb waren unter dem Mantel des römischen Generalrechts durchlässiger als heute. Es wurde eine heitere Zeit in der staatsbürgerlich entwickelteren Schweiz. Dorthin hatte man ihn nach dem Rat des gut beobachtenden *J.J. Bachofen* geholt. Man wollte so „durch gelehrtes Rechtsstudium dem oberflächlichen grundsatzlosen Raisonniren in Rechtssachen, das bei uns [d.h. in Basel] in und außerhalb der Gerichte mehr und mehr um sich frißt, einen heilsamen Damm entgegensetzen" und sah „in Hern (!) Professor Windscheid den Mann, der nach dieser Seite hin auch außerhalb des Hörsales (!) Ersprießliches zu leisten vermag".[32] „Grundsatzlos" – das benennt ein Dauerthema und wirkt nachgerade aktuell angesichts unserer inzwischen auch im Zivilrecht sich etablierenden Abwägungs-Jurisprudenz.[33]

Bachofen hatte einen Charakter erkannt: **Festigkeit als Person und Jurist** sollten überall hervorgehobene Züge Windscheids werden. Nicht nur der langjährige Leipziger Kollege *Kuntze* nennt ihn ein „Muster der Pflichttreue", „fest in Überzeugung", zugleich „stahlharter Jurist" und von großer sozialer, rührend „weicher Seite".[34] *Leonhard* unterstreicht eine besondere „Liebe zur Festigkeit des Rechts".[35] Der Bonner Universitätskurator *Bethmann-Hollweg* hatte diesen Ernst schon 1840 bemerkt, als er für Windscheids riskante, ungewöhnlich ehrliche Erklärung zu seiner Ernennung zum außerordentlichen Professor dankte, er, hatte Windscheid erklärt, stehe losgelöst von den Dogmen der Kirche nur auf dem Boden ethisch-religiöser Weltanschauung.[36] Windscheid nahm die religiöse Seite ernst, aber ohne Kirche.[37] Der sozialpolitisch erfahrene Nationalökonom *Lujo Brentano* erinnert sich lebhaft an ihn als „Apostel der Rechtlichkeit", ja an „unerbittliche Rechtschaffenheit", und resümiert: „Er war eine Verkörperung des idealistischen Liberalen in der klassischen Zeit des Liberalismus".[38] Sittlicher Ernst und juristischer Ernst gingen also Hand in Hand, politische Liberalität kam dazu, Pflichtgefühl und Strenge gegen sich selbst, eine ungeheure Arbeitsleistung – *Jhering* schreibt 1870 besorgt „Du darfst nicht mehr so viel arbeiten".[39] – und Zügelung jedes persönlichen Erfolgsstrebens kennzeichnen ihn.[40] In der BGB-Kommission erklärte er 1874 verbürgtermaßen zu Beginn, man möge „seine Pandekten bei der Diskussion beiseite lassen".[41] Seine erdrückende Buchautorität versuchte er damit sogleich

---

32 So *Bachofen* 1850, nach DJZ 1909, 959 f., die Schreibweise folgt dem Original.
33 Dazu *mein* Überblick „Abwägung – die juristische Karriere eines unjuristischen Begriffs, in JZ 66 (2011), 913–923, und der Überblick unten Rn. 1362 ff. und 1457ff.
34 *Kuntze* (wie Fn. 24); auch *Eck* betont „heiligen Ernst" (wie Fn. 24), ebenso *Siber*, DJZ 1909, 964. *R. Schmidt* hält seine unpedantischen „Ernst" für charakteristisch und seine „wahrhafte Güte" (DJZ 1909, 950).
35 AaO (Fn. 24), S. 269.
36 Berichtet im Lebensgang bei *Oertmann* (Fn. 24), S. XII. Das war damals mutig, denn die Stimmung in regierenden Berlin war ausgesprochen religiosnah.
37 In München wurde er Altkatholik, also Anhänger der dogmenkritischen Sezession im Katholizismus, am Ende 1890 in Leipzig wieder Protestant, da ihm dazu seine Weltanschauung und die freie wissenschaftliche Forschung am ehesten zu passen schienen, s. Lebensgang bei *Oertmann* (Fn. 24), S. XIX.
38 *Schmidt* und *Brentano*, DJZ 1909, 949, 965.
39 Bei *Kroeschell* (Fn. 20), S. 20.
40 Als er 1858 nach *Jherings* Ablehnung nach München berufen wird, schreibt er dem Vater, er habe auf jeden Fall „viel mehr Ursache, stolz darauf zu sein, daß ich nach einem solchen Sterne erster Größe in zweiter Linie in Betracht gekommen bin, als gedrückt darüber, daß er ihm nachgesetzt worden bin." Nach DJZ 1909, 968.
41 Nach DJZ 1909, 954.

wegzuschieben. „Er wollte offenbar in drastischer Weise den Gedanken an eine Voreingenommenheit seinerseits gegen abweichende Ansichten ablehnen und zugleich den freien Standpunkt kennzeichnen, den er bei der Beratung einzunehmen gedachte".[42] Die Zeugnisse beeindrucken.

291 In diesem allen gilt er als Jurist durch und durch[43] – aber was heißt hier Jurist? Welche **Werthaltungen** zeigen diese Lebensstationen? Man findet Unvoreingenommenheit, Selbstständigkeitsdrang, Wille und Fähigkeit zur Selbstbindung in der anerkannten Pflicht, Ernst und Konsequenz, Bescheidenheit und Strenge, Arbeit und wieder Arbeit.[44] Kants „kategorischen Imperativ" nahm er als Pflicht zur Pflicht offenbar wörtlich und forderte dies auch den Studierenden als begeisterter Rechtslehrer ab.[45] Jedenfalls: Die individuelle vernunftgeleitete Person fundiert hier die Werthaltung. Ihre Verantwortung anerkennt allein die Person selbst. Das ergibt keinen Freibrief, sondern Pflicht. „Klassisch liberal" nannte *Brentano* diese Haltung treffend. **Soziale Verantwortung** gehörte selbstverständlich dazu. Nur wieviel davon tätig konkret verbunden wird, ist nicht ausgemacht, da jeder diese Pflicht selbst anerkennen muss. Windscheid jedenfalls hat sie anerkannt und betätigt. Von 1876 bis 1892 gehörte er der Leipziger Gemeinnützigen Gesellschaft an, wiederholt gab er das Beispiel der ersten wirkenden Tat, etwa für das Amt des Armenpflegers.[46] Das waren keine ganz kleinen Schritte. In „regem Gemeinsinn" engagierte er sich politisch bei den Nationalliberalen.[47] Leider weiß man nichts Näheres, etwa über Stellungnahmen zum Arbeiterschutzrecht der Gewerbeordnung seit 1869, zum Sozialistengesetz (1878), zur Sozialversicherung (ab 1883) usw. Seine Werthaltung lässt sich jedenfalls als freiheitlich-liberal und aufgeschlossen human kennzeichnen. Was für ein Durch-und-durch-Jurist wird daraus? Seine hochgerühmten Vorlesungen können wir nicht mehr hören, aber seine Schriften können wir lesen.

2. Werkakzente: ein Lehrbuch als „Gesetz"?

292 Er beginnt lateinisch „*De valida mulierum intercessione*", 61 Seiten, lateinisch über römisches Recht, Bonn 1838.[48] Niemand liest das noch.[49] Aber Besonderes lag darin wohl nicht, wenn man sich eben im Römischen Recht qualifizieren wollte. Es ging um „Die Gültigkeit einer Interzession der Frauen", d.h. das Verbot im römischen Recht, dass sie Bürgschaften oder Ähnliches übernehmen. Windscheid versucht hier, für komplizierte Fragen der rechtlichen Stellung der Frau ein Abgrenzungsprinzip zu

---

42 DJZ 1909, 954.
43 *Kuntze* 1892 (Fn. 24), S. 675. Ähnlich *Brentano* (Fn. 38).
44 Dazu fast übertrieben besonders die Abschiedsrede an die Münchener Studenten 1874, DJZ 1909, 956.
45 In DJZ 1909, 957, z.B. beruft er sich darauf. Paralleler Bericht bei *Rümelin* (Fn. 24), S. 10. Gemeint ist *Kant*: Handle nur nach derjenigen Maxime, durch die du zugleich wollen kannst, daß sie ein allgemeines Gesetz werde (Grundlegung zur Metaphysik der Sitten, 1785). Wieviel Kant Windscheid nimmt, wäre freilich zu klären, vorzüglicher Einstieg dazu ist das Historische Wörterbuch der Philosophie, IV 1976, unter „Imperativ, kategorischer." Siehe andererseits *Windscheid* 1884 (bei *Oertmann*, Fn. 24), S. 115: Freiheit sei Zwang für den Edlen.
46 Dazu Bericht in DJZ 1909, 961; bekräftigend auch *Kuntze* 1892 (Fn. 24); etwas näher jetzt *Klein* (Fn. 23) 216; 1875 gründete er einen Tierschutzverein, 1876 trat er in die nationalliberale Partei und die Gemeinnützige Gesellschaft ein, 1886 war er Armenpfleger.
47 *Kuntze* (Fn. 24), S. 676.
48 Ich nenne die Schriften hier nur teilweise, mit Jahr und Kurztitel, alles Genauere bei *Oertmann* oder *Falk* oder *Ober* oder in *Windscheid*, Kleine Schriften (alle in Fn. 24).
49 Nicht einmal *Falk* (Fn. 6), s. S. 247.

finden. 1849 geht er dazu erneut auf „**Prinzip**"-Suche, jetzt schon im Titel.[50] Wie er im „Lehrbuch des Pandektenrechts" gegen Polemik festhält, bedeutet „Princip" ihm hier die folgende Festlegung: „Welches sind die charakteristischen Eigenschaften derjenigen Rechtsgeschäfte, auf welches sich die Bestimmung des Senatsbeschlusses bezieht?"[51] Der römische Senatsbeschluss traf eine Ausnahmeregelung, es ging um deren genauere Fixierung für bestimmte Fallgruppen. Windscheid arbeitet hier also für praktische Rechtsklarheit, für Entscheidungssicherheit und -gleichheit und damit für bewusstere Gerechtigkeit. Er sucht dazu „charakteristische Eigenschaften" der fraglichen Rechtsgeschäfte, fixiert sie sprachlich und begrifflich, und bietet so eine abgekürzte, vorwegbedachte normative Orientierung – ‚Begriffsjurisprudenz'? Das war normale Juristenarbeit zwischen Einzelfall und Einzelregel, Fallgruppen und Gruppenregel, in immer breiterer Falldeckung und Regelbildung bis hin zu Prinzipien. Genau dieser Juristenarbeit bedurften offenbar besonders die auf das *Corpus Iuris* verwiesenen gemeinrechtlichen Lande und Gerichte dringend. Das *Corpus Iuris* bot ja nur Fälle und Lösungen, keine abstrakten Regeln oder gar Prinzipiensätze. Sonst hätte man nicht so begierig zu Windscheids Lebenswerk zu greifen brauchen, das genau das leistete. Es erschien seit 1862 und lag 1870, zur ersehnten Reichseinigung, in drei Bänden auf rund 1800 Seiten komplett vor, das ***Lehrbuch des Pandektenrechts***. Es wurde stets verbessert und vermehrt in enormen sieben Auflagen bis 1891 durch Windscheid selbst und in zwei weiteren postum durch *Theodor Kipp* 1900–1906 „unter vergleichender Bearbeitung des deutschen bürgerlichen Rechts" auf inzwischen gut 3000 Seiten. Mindestens drei neuere Nachdrucke und eine Übersetzung bezeugen die Bedeutung.[52] Jeder Weg zum Privatrecht des 19. Jahrhunderts führt immer noch durch diese Quintessenz zurück.

Mit seiner Dissertation hat Windscheid ein Lebenswerk auf der Bahn zum anerkannten Meister der praktisch-wissenschaftlichen Rechtsklarheit eröffnet. Er nennt sein Hauptwerk mit wohl bewusster Betonung nicht einfach „Pandekten" wie *Puchta* oder „Lehrbuch" oder „System der Pandekten" wie seine Konkurrenten *Arndts*, *Brinz*, *Keller*, *Baron*, sondern wie zuerst *Thibaut* seit 1803 und *Seuffert* 1825 „**Pandektenrecht**". Auch dies weist auf seine positivrechtliche Rechtlichkeit hin, die Pandekten werden **streng als geltendes Recht** verstanden. Das war nicht selbstverständlich. Man hatte sie historisch-römisch (als klassisches Pandektenrecht) und philosophisch angereichert erläutert oder bloß aktuell pragmatisch-praktisch und in weiteren Varianten. Vor allem Windscheid machte daraus strikt geltendes, wohlgeordnetes, unmittelbar anwendbares Zivilrecht. Juristen von heute, die im BGB oder StGB oder GG usw. die Masse ihrer Entscheidungsregeln nachschlagen, muss man diese Leistung eigens erläutern. Windscheid goss die höchst unübersichtlichen rund 9100 Fallfragmente der Digesten,[53] über die zudem mehr als 1000 Jahre immer wieder diskutiert worden war, in Entscheidungsregeln, spezifizierte sie in genauen Begriffen und verband sie in gestuft abstrakteren Regeln zu einem brauchbaren System. Welcher Jurist und Richter und Bürger wünschte sich nicht die ausfernde Kasuistik unseres Haftungsrechts, Sozialrechts, Steuerrechts oder Umweltrechts derart gebändigt? Ähnlich mag es damals im

---

50 Über das Princip des SC [Senatus consultum] Velleianum, AcP 32 (1849) S. 283–324.
51 Pandekten II, 5. Aufl. 1879, § 485 Fn. 3 (S. 832).
52 Nachdrucke 1963, 1984 und 1997; auch übersetzt ins Italienische.
53 Nach *G. Köbler*, Zielwörterbuch europäischer Rechtsgeschichte, 4.Aufl. Gießen 2007, unter Digesten.

Zivilrecht der Territorien ohne neue Gesetzgebung gestanden haben. *Rümelin* erklärt das 1907 anschaulich:

> „Von dem Einfluß, den das Windscheid'sche Pandektenlehrbuch in den Gebieten des sog. gemeinen Rechts gehabt hat, macht man sich heute kaum mehr eine richtige Vorstellung. Es wird nicht zu viel gesagt sein, wenn ich behaupte, daß im letzten Drittel des vorigen Jahrhunderts in Württemberg und gewiss ebenso an vielen anderen Orten, die Mehrzahl der Streitigkeiten schlichtweg nach dem Windscheid'schen Lehrbuch entschieden worden ist. Nicht als ob die höheren Gerichte ... keine Selbständigkeit gezeigt ... hätten. Selbstverständlich auch, daß wo eine konstante obergerichtliche Praxis vorhanden war, diese von den unteren Instanzen ... vorgezogen wurde. Aber in den zahlreichen Fällen, wo es den Untergerichten sowohl an Präjudizien als an der Möglichkeit der Entwicklung des Resultats aus den Quellen [d.h. dem Corpus iuris] fehlte, wurde ohne Weiteres Windscheid zu Grunde gelegt."[54]

294 Das Lehrbuch diente in der Tat als ein **Regelvorrat wie ein Gesetz**. Ganz ähnlich nennt *Kuntze* das Buch eine „Großthat", die „der Nation Richtpunkte des Handelns" gegeben habe, eine zugleich kulturelle und nationale Tat.[55] Von welchem Juristenbuch ließe sich das heute sagen? Trotz spröder Sprache und Massenhaftigkeit der Fußnoten, so Kuntze, sei es *der* Führer durch das „Labyrinth des Rechtsverkehrs" – und der „Literatur" fügt *Leonhard* hinzu. Ganze Bibliotheken zum *Corpus Iuris*, die die Rechtsanwender sonst hätten lesen müssen, sind darin zu einem Buch konzentriert. Windscheid war berühmt und gefürchtet wegen seiner präzisen Literaturverarbeitung. Er verwandelte die vielen Juristenstimmen seines fruchtbaren Jahrhunderts zu einem gewaltigen Chor. Erstmals verarbeitete er auch die zeitgenössische Rechtsprechung, die erst seit 1847 in *Seufferts* „Archiv für Entscheidungen der obersten Gerichte in den deutschen Staaten" (1847–1944) gesammelt vorlag. „**Begriffsergründung**" war im Rahmen dieser Richtung ein wichtiges „Mittel zum Zweck".[56] Ein zweites war die bei Windscheid mustergültige **Trennung** von **Politik und Recht**, von wünschenswertem und geltendem Recht.[57]

295 „Jurisprudenz, das heißt Pandekten – Pandekten, das heißt Windscheid" – nun leuchtet die Formel ein.[58] Das war der *Palandt* des Kaiserreichs, aber viel mehr noch: Es war nicht ein Kommentar, davon hatte man in den zuletzt, 1896, 63 Bänden der 1790 von *Christian Friedrich Glück* begonnenen „Ausführlichen Erläuterung der Pandekten nach Hellfeld. Ein Commentar" gewissermassen genug. Windscheid bot etwas Neues, ein **durchgeformtes „System"**. Und das hieß: Im Zusammenspiel von Prinzipien, allgemeinen und konkreten Rechtssätzen hatte er diejenige einzige Art von juristischer „Vollständigkeit" erreicht, die nur so, mit einem nach Prinzipien geordneten Ganzen, und weder durch Kommentar noch durch Kasuistik erreichbar war und ist. Klassisch hatte dazu Savigny 1814 die Richtung bezeichnet: „Allein es gibt allerdings eine solche Vollständigkeit in anderer Art" als mit Kasuistik, nämlich durch die Auffindung „leitender Grundsätze" oder Prinzipien.[59]

---

54 *Rümelin* (Fn. 16) S. 4; s. Fn. 17 zur territorialen Geltung des Gemeinen Rechts.
55 *Kuntze* (Fn. 24) S. 681.
56 *Windscheid* 1884, bei *Oertmann* (Fn. 24), S. 109.
57 Nach der Betonung bei *Leonhard* (Fn. 24), S. 273.
58 Vgl. o. bei Fn. 4.
59 F.C. *von Savigny*, Vom Beruf unserer Zeit für Gesetzgebung und Rechtswissenschaft, 1814 (viele Neudrucke, mit den Originalseitenzahlen, s. o. Rn. 204), S. 22.

Jeder Jurist wie jede Juristin kann an Windscheids Umsetzung daher noch heute lernen, was hier möglich ist, und die unvergleichlich disziplinierte Präzision der Sprache, der Begriffsbildung und Systemformung bewundern. Umso mehr darf man dies, da Windscheid selbst erst eine durchgehende deutsche Zivilrechtssprache mit ausgebildet hat.

Aber warum dann solche Schreckbilder von seiner Jurisprudenz? Die **Kritiker** monieren Sprödigkeit, nennen das Buch gar ein bloßes „Herbarium mit sauberen, hübsch ausgetrockneten und gut präparierten Pflanzeneinlagen"[60] – eine Kritik also wie zum BGB selbst, an dem er so beneidet und beargwöhnt mitarbeitete. Es lohnt nicht, diesen allzu oft traktierten Polemiken um verständlich und unverständlich, um deutsch und römisch, um lebensnah und lebensfern hier nachzugehen. Diese Zugriffe auf Recht sind ebenso beliebt, bis heute, wie so pauschal nicht sinnvoll diskutierbar. Meist werden nur die eigenen Sprach- und Normwünsche modisch ins „Verständliche", ins „Leben", die „Nation" oder das „Volk" hineingelegt, um sie mit großer Geste darin zu „finden". Wie das BGB richtet sich Windscheids Buch an die Rechtsanwender und nicht an die Professoren. Es will und kann dabei nicht primär volkstümlich sein. Das ist nicht volksfeindlich oder wissenschaftsfeindlich gedacht. Maßgebend ist einfach die gesicherte Erfahrung, dass Zivilrecht die Betroffenen entweder interessiert als Fachleute in Handel und Verkehr oder als Laien aber erst, wenn es zum Streit kommt. Den einen genügen Fachkenntnis und Beratung, den anderen genügen im Rechtskonflikt Eigenlektüre oder bloße Wissenschaft ohnehin nicht zur adäquaten Vertretung.[61] Zivilrecht, das sich belehrend in den Alltag einmischt, war nicht Windscheids Sache. Was es an Verständlichkeit und Volkstümlichkeit vielleicht gewinnt, verliert es an Präzision und Juristenbindung. Auch Zivilrechtsarbeit, die bloße Kritik oder Geschichte oder Philosophie bleibt, war nicht seine Sache. Man hatte nach 1850 zu wählen. Windscheid hat für sein Buch das damals Dringendste gewählt: nur das **geltende Zivilrecht** darzustellen und die **Juristenbindung als rechtsstaatlich** geboten ernst zu nehmen.

Das wird so erzählt: Er habe einmal seinen Hörern einen von ihm redigierten Paragrafen des entstehenden BGB vorgelegt und einen Gegenentwurf danebengestellt, der erheblich eleganter aussah. Aber rasch habe er nachgewiesen, dass dieser fünf bedeutsame Rechtsfragen offenließ, während sie sein eigener Vorschlag beantwortete.[62] Es geht bei dieser Leistung nicht um ein Besser-Wissen und auch nicht um einen bestimmten Rechtsbegriff oder eine bestimmte Methode. Dennoch ist sie für beides von Bedeutung. Denn das **Hauptanliegen**, die große Begriffs-, Ordnungs- und Systemarbeit bis ins einzelne durchzuführen, das musste auch Rechtsbegriff und Methode prägen. System nach Prinzipien sollte Willkürabwehr dienen, nicht Begriffspräzision als solcher. Auch beim Begriff des Rechts ging es um abgegrenzte Festigkeit. Und ebenso ging es um eine Methode, die diese Festigkeit in der Rechtsanwendung möglichst bewahren konnte – selbst wenn das Anliegen letztlich Ideal bleiben müsste. Und dieses Anliegen ist Sache jeder Jurisprudenz. Heute hat es unter den Stichworten Rechtsstaat und Rechtsbestimmtheit Eingang in die modernen Verfassungen gefunden.

---

60 So der ‚Universaljurist' *Kohler* (Fn. 24) S. 59, in einem freilich bemerkenswert eitlen Nachruf.
61 So auch die heutige Gesetzgebungslehre, vgl. nach wie vor bes. *P. Noll*, Gesetzgebungslehre, 1973, S. 171 ff., 177 ff.
62 Nach *Rabel*, DJZ 1909, 962.

3. Werkakzente: die Grundsatzreden und der Rechtsbegriff

299 Windscheid bleibt fest, ja hart in diesem Punkt und erregt Anstoß. Er verteidigt seinen Standpunkt in mehreren Grundsatzreden über „Recht und Rechtswissenschaft" 1854, „Das römische Recht in Deutschland" 1858, „An die Münchener Studierenden" 1867, über „Die geschichtliche Schule der Rechtswissenschaft" 1878, „Zum Gedächtnis von Savignys" 1879, und „Die Aufgaben der Rechtswissenschaft" 1884.[63] Sie werden ebenso viel zitiert wie missdeutet. Schon der Plural bei „Aufgaben" geht meist unter. Diese Reden bilden den **zweiten Schwerpunkt** seines Werks. Der wortgewaltige *Jhering* hatte 1865 gefordert:

> „Das Leben ist nicht der Begriffe, sondern die Begriffe sind des Lebens wegen da. Nicht was die Logik, sondern was das Leben, der Verkehr, das Rechtsgefühl, postuliert, hat zu geschehen, möge es logisch deduzierbar oder unmöglich sein".[64]

300 Was rechtlich „zu geschehen" hatte, war schnell gefordert, nur was hatte rechtlich zu gelten? *Jhering* trat eine ‚Lebens'-Lawine los, in der diese Unterscheidung immer wieder unterging. Seine Epigonen behaupteten konsequent einen fundamentalen **Gegensatz** zwischen lebensfremden Begriffsjuristen und lebensnahen Zweckjuristen. Aber welches Leben? Eine **lange Geschichte** begann, viel Polemik floss, bisweilen auch Demagogie. Windscheid widersprach, zuletzt am Lebensende, 1889: In seinen Augen seien „das keine Gegensätze".[65] Alles Recht verfolge Zwecke. Das sei keine neue Entdeckung. Aber deswegen sei es doch nicht weniger wahr,

> „daß alle Wissenschaft des Rechts sich in scharfen Begriffen bewegt, ihre Aufgabe keine andere ist, als scharfe Begriffe zu fassen und den Inhalt derselben darzulegen."

301 Er dachte an die Wissenschaft seines Pandektenrechts, die unmittelbar der Rechts*anwendung* vorarbeitete. Das war entscheidend. Denn hier waren allerdings scharfe Begriffe ein erwünschtes Mittel zum Zweck der Rechtsfestigung und Juristenbindung. Diese Position hatte **eminenten verfassungspolitischen Sinn**. Auch den „Takt" des Richters hatte man Windscheid entgegengehalten. Er hielt ihn für etwas sehr Wertvolles, nur: „Ich will nur nicht, daß er die Quelle der richterlichen Entscheidung sei. Die Quelle kann nur das juristische Denken sein".[66] Wieder geht es um Entscheidungsbindung durch juristisches „Denken". Man hat ihm vorgehalten, die Verkehrsinteressen zu vernachlässigen. Er antwortete trocken: „Das Bedürfnis des Verkehrs ist keine Rechtsquelle"[67] und noch deutlicher 1887 im Lehrbuch:

> „Was der Natur der Dinge, dem Bedürfnis des Verkehrs entspreche, darüber kann man verschiedener Ansicht sein; es kommt nicht darauf an, was wir darüber denken, sondern was der Gesetzgeber darüber gedacht hat." (I § 22)[68]

---

63 Vgl. jeweils bei *Oertmann* oder in: Kleine Schriften usw. (Fn. 24).
64 Geist des römischen Rechts III/1, S. 321; zum Kontext auch der Überblick Rn. 1370 ff.
65 In einer Rede vor Praktikern, abgedruckt in DJZ 1909, 955 (in direkter Anspielung auf Jherings polemische Schrift „Der Besitzwille. Zugleich eine Kritik der herrschenden juristischen Methode", 1889, und dessen unvollendetes philosophisches Werk „Der Zweck im Recht", Bd. 1 u. 2, 1877 u. 1883, 2. Aufl. 1884 u. 1886).
66 *Windscheid*, DJZ 1909, ebd.
67 1880, vgl. dazu *Falk* (Fn. 6), S. 35.
68 Nach *Falk* (Fn. 6), S. 36.

Auch im **Konflikt** zwischen Gerechtigkeitsgefühl und juristischem Denken bleibt er fest: 302

> „Wenn trotz alledem [d.h. nach zwei- und dreimaligem Nach-Denken] das juristische Denken von seinem Resultat nicht ablassen will, dann soll der Richter entscheiden, wie er gedacht hat, nicht wie er fühlt. Abhilfe ist dann nur von der Gesetzgebung zu erwarten – an das gesetzte Recht sind wir alle gebunden".[69]

Wieder geht es nur um die Rechtsanwendung, aber jetzt ist **das ganze Modell** ausgesprochen: treue Anwendung als Methode, nur vorsichtige Lückenfüllung, am Ende Abhilfe von der Gesetzgebung. Es ist das Modell schon *Thibauts* von um 1800, immer noch getragen von der aufklärerischen Hoffnung auf einen vernünftigen Gesetzgeber und loyalen Richter[70] – wohlgemerkt ein Modell, dessen Prämissen noch betrachtet werden müssen. Welche juristische Werthaltung, welchen Kontext für Rechtsbegriff und Methode, zeigen diese Positionen? 303

Dazu muss man konkret werden, sonst gerät man in haltlose, politisierende Geschichtsphantasmen. Betroffen sind **drei Gruppen**, Gesetzgeber, Richter und Rechtsbetroffene. „**Gesetzgeber**" meinte konkret den 1871 erstmals installierten Reichstag mit allgemeinem Männer-Wahlrecht, immerhin. Er war trotz aller Hemmnisse durch Verfahren und die Vetoposition des Bundesrats damals *das* Instrument politischen Fortschritts. Hier hatte verfassungsgemäß die „Rechtsordnung" zu entstehen, nicht einfach „im Staat" als zur Person erhobener öffentlicher Gewalt. Wie wenig einfach der „Staat" als öffentliche Gewalt maßgebend sein soll, ergibt Windscheids stete Anbindung der Gesetzgebung, also der Rechtspolitik, an die „Rechtsvernunft der Völker" als „Quelle alles positiven Rechts". Gesetzgebung sei (nur) der „mittelbare" und historisch späte Ausdruck dieser Rechtsvernunft, Gewohnheitsrecht der „unmittelbare". Im ganzen sei Recht primär Anerkennung der menschlichen Freiheit - dieser wesentliche Zusammenhang wird abwertend missdeutet, wenn man dies „rationalistischen Gesetzespositivismus" nennt.[71] 304

„**Richter**" meinte die kaiserlich-königlichen, herzoglich-fürstlichen usw. Justizorgane, deren Unabhängigkeit nur lückenhaft garantiert war trotz § 1 GVG 1877, deren Gehälter zurückstanden, deren altliberale „Aufrührer" nach 1848 systematisch unterdrückt worden waren, und deren Neuanstellung sorgfältig konservativ reguliert wurde.[72] 305

„**Rechtsbetroffene**" wurden in sehr unterschiedlichen Lagen berührt, das lässt sich nicht leicht generalisieren. Windscheid nahm als Nationalliberaler nicht überraschend 306

---

69 1890, nach DJZ 1909, 955. Irreführend gekürzt bei *Kleinheyer/Schröder* (Fn. 28).
70 Zu den drei Modellen in diesen Fragen *Rückert*, Autonomie des Rechts in rechtshistorischer Perspektive, 1988, S. 63 ff.; zu Windscheids passendem Richterideal *Falk* (Fn. 6), S. 221.
71 *Hattenhauers* Satz; „Wer aber war ‚die Rechtsordnung' anderes als der Staat, die zur Person erhobene öffentliche Gewalt?" – das trifft Windscheid nicht, und daher passt auch dieser Aspekt, anders als er inH. Hattenhauer, „Die geistesgeschichtlichen Grundlagen des deutschen Rechts", 3. Aufl. 1983, S. 149, annimmt, zu dem klassisch-liberalen Bild von Windscheid. Die Sätze zur Rechtsvernunft der Völker und der Gesetzgebung als ihrem mittelbaren Ausdruck stehen unverändert von 1862–1906 im Lehrbuch der Pandekten I § 15 zu Beginn. Hinzuzunehmen ist *Windscheid* 1884 (bei Oertmann [Fn. 24], S. 102): Recht sei primär Anerkennung der menschlichen Freiheit. Das mag spannungsreich sein, ist aber unrichtig verkürzt bei *Larenz*, Methodenlehre (wie Fn. 86) 28 und mit ihm bei *Kaufmann* (s. Fn. 5) und dann vielen anderen zu einem „rationalistischen Gesetzespositivismus" und einem Gesetzeswillen als bloß „historisch-psychologischem Faktum" – leider sehr folgenreich, s. Rn. 318. Es handelt sich um ethisch verankerten Rechtspositivismus.
72 Dazu näher *Rückert* (Fn. 70), S. 38 ff.

Partei für Gesetz und Gesetzgeber, gegen die relativ verdächtigeren Justizorgane. *Leonhard* gibt zu den Rechtsbetroffenen den zusätzlichen Hinweis, es seien „doch vornehmlich die Armen und Schwachen, Windscheid's Freunde, die überall und jederzeit, das freie Belieben des Richters fürchten".[73] Dass dies nicht übertrieben gewesen sein dürfte, bestätigt die parallele Besorgnis aufrecht sozial denkender Juristen wie *Lotmar* und *Loewenfeld* und betont rechtsstaatlicher wie *Max Weber*.[74] An *Bismarck* lobte Windscheid auch den Sozialpolitiker, der seit 1883 die Sozialversicherung in Gang gebracht hatte, hier anders als und gegen viele seiner liberalen politischen Freunde.[75]

307 Einige Beispiele zu **sozialpolitischen Rechtsfragen** bestätigen das. Windscheids Misstrauen gegen die ‚Bedürfnisse des Verkehrs' erscheint in schärferem Licht, wenn man weiß, dass es gegen den Hintergrund einer zeitgenössischen AGB-Propaganda geäußert wurde.[76] Ein zentrales Beispiel bilden auch die Arbeitsvertragskonzeptionen. Windscheid hat daran zum – entgegen einer interessierten Legende aus angeblich ‚sozialethisch' klügeren Zeiten –– hier keineswegs indifferenten BGB mitgewirkt.[77] Die soziale Seite der hart umkämpften gemeinrechtlichen Regel „Kauf bricht Miete" verstand Windscheid subtil zu mildern im Rahmen seiner Maximen von festem Recht.[78]

> „Ich gebe ‚Kauf bricht Miete' und ich weiß nicht wie vieles andere preis; man sage nur nicht, daß das, was man nicht mag, das Resultat engherzigen romanistischen Denkens sei – die romanistischen Mittel reichen völlig aus, um auch dem Satz ‚Kauf bricht nicht Miete' gerecht zu werden".[79]

308 „Engherzig" sollte es also nicht zugehen – das berührt die Frage der juristischen Methode. Um seine energisch vertretene „Festigkeit des Rechts" kristallisierte sich also eine **ganze *juristische Werthaltung*,** die die Festigkeit auch wieder lockern konnte. Sie setzt freiheitlich beim Individuum an, sucht Garantie gegen den immer noch gefährlichen Staat im rechtsstaatlichen allgemeinen Gesetz und verteidigt dieses Gesetz auch gegen wohl- oder übelwollende juristische Selbsthilfe. Noch jedenfalls erschienen das Gesetz und eine loyale Methode als der bessere Schutz. In diesem Sinne also war Windscheid „durch und durch" Jurist: liberal und sozial aufgeschlossen, im werdenden Rechtsstaat des Reiches zwischen 1871 und 1892 und erst recht in den liberaleren

---

73 *Leonhard* (Fn. 24), S. 275.
74 Dazu näher *Rückert* (Fn. 70), S. 47 f., 72.
75 Bei *Oertmann* (Fn. 24), S. 122. Zum durchweg unterschätzten, breiten sozialpolitischen Spektrum des Liberalismus im Kaiserreich an einem signifikanten Beispiel *Rückert*, Entstehung und Vorläufer der gesetzlichen Rentenversicherung, in: Handbuch der gesetzlichen Rentenversicherung, 1990, S. 1–50, hier S. 20 f.; sowie am Paradefall Otto von Gierke *Rückert*, Gierke zwischen Freiheit und Sozialität, in: P. Schröder (Hrsg.), Der Staat als Genossenschaft. Zum rechtshistorischen und politischen Werk Gierkes, Baden-Baden 2021, S. 59–112.
76 Dazu *R. Pohlhausen*, Zum Recht der allgemeinen Geschäftsbedingungen im 19. Jahrhundert, 1978, S. 186 f., und *Falk* (Fn. 6), S. 40 Fn. 205.
77 Ausf. zur verzerrten Wahrnehmung des BGB am sozialen Kernproblem Dienstvertrag *Rückert*, Dienstvertrag mit Arbeitsvertrag, in: Historisch-kritischer Kommentar zum BGB, hg. von M. Schmoeckel, J. Rückert und R. Zimmermann, Tübingen 2003 ff., Bd. 3, 2013, bes. vor § 611 Rn. 57 ff., 92, sowie § 611 Rn. 45, 70, 83–87, 261; kurz auch schon in: Unmöglichkeit und Annahmeverzug im Dienst- und Arbeitsvertrag, in ZfArbR 14 (1983) S. 1–29, 12 f., und generell in: „Frei und Sozial". Arbeitsvertragskonzeptionen um 1900 zwischen Liberalismus und Sozialismen, in ZfArbR 23 (1992) S. 225–294; allgemein treffend zum BGB jetzt *H.-P. Haferkamp*, Wege in die Rechtsgeschichte. Das BGB, Köln-Wien 2022, hier S. 108–117.
78 Dazu vorzüglich *Falk* (Fn. 6), S. 111 ff. Das BGB 1900 hat bekanntlich in § 571 die umgekehrte Regel aufgestellt, die seit 2002 mit den §§ 563 f. noch erweitert wurde.
79 Aus der Frankfurter Rede von 1889, DJZ 1909, 955 (Fn. 65). Zum ganzen jetzt grundlegend *Tilman Repgen*, Die soziale Aufgabe des Privatrechts. Eine Grundfrage in Wissenschaft und Kodifikation am Ende des 19. Jahrhunderts, 2001, zu „Kauf bricht Miete" S. 231 ff.

Verfassungsstaaten Bayern, Baden, Sachsen, in denen er wirkte und lebte. Seine juristische Werthaltung passt damit vollkommen zu seiner persönlichen.

Juristisch konkreter wirkt sie in einigen **juristischen Grundbegriffen**, z.B. in seinem eng gefassten Rechtsquellenbegriff. Er anerkennt nur Gesetz und Gewohnheit, kein Naturrecht, Vernunftrecht und bloß politisches und soziales Recht. Diese Haltung prägt seinen Begriff von Recht und Rechtsordnung als anerkannte Freiheiten (im gesellschaftlichen Plural) und von den subjektiven Rechten als koexistierenden Willensherrschaften. Sie bestimmte seinen streng angelegten Auslegungsbegriff, der am Wort und Gesetzgeberwillen und „logisch", nicht material, operieren will, seine Zurückhaltung bei Nichtigkeit wegen Sittenwidrigkeit (seit 1900 BGB § 138), sein „ultrakonservatives" Festhalten[80] auch an vielleicht überholten, aber klaren Formalregeln zum Noterbrecht, Dotalrecht und zur Wiedereinsetzung. Darüber ist im Einzelnen heute schwer zu rechten. Es kommt auch nicht sehr darauf an. Denn der Hauptanstoß lag in seiner **Festigkeit am parlamentarischen Gesetz als Werthaltung.**

Diese Richtung haben auch seine berühmten frühen Monographien über die *Actio* (1856) und die *Voraussetzung* (1850). Es waren wieder **Grundsatzthemen**. Die Arbeiten gelten manchen als unhistorisch und damit unrömisch. Zur *Actio*, also zum Thema **Anspruch**, hat er in der Tat die Differenz von ‚moderner' und römischer Auffassung über Klagrecht und materiellen Anspruch ins Zentrum gestellt. Es lag aber eminentes Geschichtsbewusstsein darin, dieses Verschiedene auseinanderzuhalten und allen Konsequenzen nachzugehen. *Kuntze* nennt das treffend „Befreiung ... ohne Fälschung".[81] Windscheid hat die damals längst durchgesetzte Auffassung von der Klagbarkeit aller Ansprüche und das hochbedeutsame Prinzip des Vorrangs des materiellen Rechts für die Rechtsdurchsetzung auf den Begriff gebracht, bis heute. Rund 1000 Jahre waren Rechtssystem und -tatbestände vom Prozess her gedacht worden, von der *actio* oder der Klage. Noch bei Savigny um 1840 zeigte sich dies. Windscheid hat mit seiner Trennung eine ganze Rechtswelt, die fortdauernde römisch-rezipierte wie die einheimische, verabschiedet.

Mit ähnlichem Effekt entnimmt er aus einer eindringenden Durchsicht der Fallgruppen zu „Voraussetzungen" das allgemeine Prinzip, es seien neben echten rechtsgeschäftlichen Bedingungen auch „unentwickelte Bedingungen" rechtlich anerkannt. Das war der romanistisch texttreue Versuch, die wuchernden Regeln der *clausula rebus sic stantibus* zu bändigen, ein Versuch, der heute unter dem *Oertmann'schen* Stichwort „**Geschäftsgrundlage**" fortdauert. Windscheid hat recht behalten mit seiner noch 1892 geäußerten Skepsis gegenüber der Ablehnung im BGB:

> „Es ist meine feste Überzeugung, daß die stillschweigend erklärte Voraussetzung, was man auch gegen sie einwenden mag, sich immer wieder geltend machen wird. Zur Türe hinausgeworfen, kommt sie zum Fenster wieder herein".[82]

Das Fenster war zuerst die Rechtsprechung, 2002 öffnete die Schuldrechtsreform dann die Türen des Gesetzes, in dem neuen § 313 . Bändigung der *clausula* (oder Voraussetzung oder Geschäftsgrundlage) als „stillschweigend erklärt" wäre realistischer gewesen

---

80 So *Rümelin* (Fn. 24), S. 31.
81 *Kuntze* (Fn. 24), S. 683, zu den Pandekten, aber auch hier passend.
82 Dazu jetzt *Falk* (Fn. 6), S. 218.

als völlige Ablehnung. Auch hier also Festigkeit am Gesetz als Leitlinie Windscheids. Sie ist längst verloren.[83]

313 Ein Paradezitat dazu steht noch an. Den **Gipfel der Verirrung** soll Windscheid nämlich, wie eingangs erwähnt, 1884 erklommen haben, als er in seiner Rede über „Die Aufgaben der Rechtswissenschaft" auch zu seiner BGB-Tätigkeit Bilanz zog. Diese Stelle vom „**Juristen als solchen**" ist in den meisten Exemplaren heutzutage längst angestrichen und ein geflügeltes Kritikwort geworden. Dennoch wurde die Stelle meist einäugig falsch verwendet. Sie lautet:

„Die Gesetzgebung steht auf hoher Warte! Sie beruht in zahlreichen Fällen auf ethischen, politischen, volkswirtschaftlichen Erwägungen oder auf einer Kombination dieser Erwägungen, welche nicht Sache des Juristen als solche sind".[84]

314 Windscheid bezieht sich offensichtlich u.a. auf einen ebenfalls berühmten Text *Gierkes* vom Jahr zuvor. Gierke hatte 1883 in seiner sog. *Laband*-Kritik[85] energisch für ein „wissenschaftliches Begreifen der Rechtsgebilde ... die Ergründung (ihres) Konnexes" mit „religiösen und ethischen Anschauungen einerseits, wirtschaftlichen und sozialen Verhältnissen andererseits" plädiert, wie übrigens in der Abwehr gegen *Jhering* auch schon *Rudorff* in Puchtas fortgeführtem Pandektenlehrbuch von 1871. Windscheid differenziert dagegen **modern rechtsstaatlich**. Denn sein Satz handelt **nur von „Gesetzgebung"** – das wird merkwürdig selten beachtet, ist aber entscheidend. Sein Satz betrifft nur eine von *zwei* Aufgaben der Rechtswissenschaft, ihre „Aufgabe ... bei der Schaffung neuen Rechts". Daneben stellt er die Aufgabe, „das vorhandene Recht zu erkennen". Diese beiden Zugriffe trennt er nun in rechtsstaatlicher Absicht. Die geschichtliche und philosophische Ergründung des vorhandenen Rechts im Sinne von Gierke sind ihm dabei selbstverständliche Voraussetzungen für eine „volle Erkenntnis des Produkts", nur nicht die Hauptsache. Auch dieses Element bleibt aus dieser Paraderede meist unzitiert. Das wissenschaftstheoretische Fundament reicht übrigens zurück bis zum Kantianer Gustav Hugo und seiner entscheidenden Trias von Dogmatik. Geschichte und Philosophie/Politik für jedes positiv gewordene Recht.[86]

315 Vollends deutlich sind Windscheids Beispiele im Text unmittelbar vor dem Satz vom „Juristen als solchen": Es sind **rechts*politische*** Streitpunkte wie Ehescheidung, Wirtschaftsordnung, Gesetze zur Abhilfe der sozialen Not, das Verhältnis von Staat und

---

83 Eindrücklich soeben die Tagung der Zivilrechtslehrervereinigung 2022, Tübingen 2023, und unter dem Generalthema „Privatrecht und Ungewissheit" der Vortrag von *Th. Finkenauer*, Die Kodifikation der Geschäftsgrundlage – eine Erfolgsgeschichte?, S. 350–403 und Diskussionsbericht S. 404–411.
84 Bei *Oertmann* (Fn. 24), S. 122. Dort auch die folgenden Zitate. Ich übernehme i. f. die Ergebnisse *meines* Autonomie-Buches (Fn. 70), S. 96, dort auch zum Kontext der berühmten Diskussion mit *Gierke*, *Laband* usw. Vgl. auch *Windscheid* (bei Oertmann, Fn. 24), S. 111: „liegt es mir vor allem am Herzen, auszusprechen, daß die Rechtswissenschaft, die ihr der Gesetzgebung gegenüber angewiesene Stellung nicht überschätzen soll.".
85 *O. Gierke*, Laband's Staatsrecht und die deutsche Rechtswissenschaft, in (Schmollers) Jb.f. Gesetzgebung und Verwaltung, n.F. 7 (1883) 1097–1195, separater Nachdruck Darmstadt 1961. Gierke, 1841–1921, war eine knappe Generation jünger als Windscheid und ein mit Recht berühmter Germanist und Deutschrechtler, auch scharfer Konkurrent um die Professorenplätze in den BGB-Kommissionen seit 1874.
86 Siehe *G. Hugo*, Juristische Encyklopädie, Berlin, seit 2. Aufl. 1799, S. 15: „Es sind genau genommen nur drey Punkte, welche bei irgendeinem Unterricht in der Jurisprudenz betrachtet werden können, seine Form und sein Umfang mag noch so verschieden, und diese drey Punkte sind durch den Begriff des positiven Rechts ... gegeben: I. Was ist rechtens? – Die juristische Dogmatik ... II. Ist es vernünftig, dass es so sey? Philosophie des Rechts ... III. Wie ist es rechtens geworden? Die Rechtsgeschichte ..."; und so analog bis 8. Aufl. 1835, S. 33; zum philosophischen Kontext nun *W. Bock*, Neukantianismus und rechtswissenschaftliche Trialismus im Lichte Kants, in: Festschrift für Horst Dreier, 2024 (im Erscheinen).

Kirche (u.a. Zivilehe! damals sehr streitig). Hier nennt der angeblich lebensfremde Pandektist die großen Fragen seiner Zeit. Seine Anspielungen beziehen sich konkret auf die Religion im Recht, das so hart umkämpfte weltliche Scheidungsrecht im BGB, auf die ökonomisch und sozial umstürzenden Gewerbeordnungen seit 1869, gerade reformiert 1878, auf die ganz neue Sozialversicherung seit 1883–1889, auf das 1894 gelöste Problem der Abzahlungsgeschäfte und auf das ganze nun fundamental weltliche Familienrecht des BGB. Und es folgt der entscheidende Appell:

> „Welcher Jurist hätte den Mut zu sagen, daß ihm bei Gesetzen dieser Art eine ausschlaggebende Stimme zukomme?"

Offenbar haben die meisten der vielen **Windscheid-Kritiker** diesen politischen „Mut". Damals war es ein doppelter Mut: zum einen ein Mut *gegen*: gegen das parlamentarische Gesetz, gegen diese rechtspolitische institutionelle Hoffnung der Liberalen, Sozial-liberalen, Liberal-Sozialisten und Rechtstaatlichen, ein Mut gegen die grundsätzliche Gleichgewichtigkeit der Stimmen bei der Gesetzgebung; zum anderen war es ein ‚Mut' *für*: für die immer noch persönlich recht abhängigen kaiserlichen, königlichen, großherzoglichen usw. Richter in deutschen Landen und den nicht gerade progressiven Juristenstand, für die besondere politische Rolle der Juristen. Nach Windscheid hatten Wissenschaftler, seien es Juristen, Volkswirte, Ethiker und andere Fachleute, hier nur eine prinzipiell gleiche Stimme mit allen anderen Abgeordneten, bei allem selbstverständlich geschätzten Fachwissen. Man streitet also nicht nur um Theorie, sondern zugleich um **zentrale Verfassungsfragen**, das parlamentarische Stimmrecht, die Abstimmung, um das demokratische Prinzip, um die Verfassungsstellung der Rechtssubjekte im Neuen Reich. Und diese war als frei und gleich festgelegt. Was sollte also an Windscheids Formel so schlimm sein? In Wahrheit wendete er sich gegen alte Standesvorrechte in neuem Gewande, die im werdenden Rechtsstaat von 1871 rechtlich obsolet geworden waren. Wieder war er der Nur-Jurist, aber jetzt ungelitten. Er stellte sich nicht gegen gesetzlichen Fortschritt und freie, breite Rechtswissenschaft, sondern gegen Anmaßungen auf die „ausschlaggebende" Stimme. Man konnte natürlich umstandslos den Fortschritt den Juristen überlassen oder der „Gesellschaft". Windscheid differenzierte dagegen, und dies war für seine Zeit gewiss nicht reaktionär und unbegründet, im Gegenteil. Später wurde aus der Kritik an Windscheids Mahnung ein Juristen-Mut *gegen* das demokratische Parlament und ein Mut für den politischen Juristen; geschehen in sehr verschieden motivierten Wellen, nach 1919, nach 1933 und auch noch nach 1945 – das indiziert ein Dauerproblem. Man sieht hier die Jurisprudenz auf der Suche nach ihrem neuen Ort in der werdenden demokratisch-pluralistischen Gesellschaft. Ausgespielt sind jedenfalls ihre im ganzen elitäre, ständisch gesicherte Rolle im Ancien Régime vor 1800, ebenso die überwiegend elitär-patriarchale Rolle nach 1850 bis 1918. Leidvoll erfahren hat sie dann ihre für einen Windscheid gewiss unvorstellbare Korrumpierung nach 1933 und die mühsame Neubegründung ihrer „Identität und Autorität" nach 1945.[87]

Ein Blick in Windscheids Grundsatzreden seit 1854 belegt auch ein nicht mehr überraschendes, dauerndes Engagement für die **Sache der Gerechtigkeit** als Sache auch

---

[87] Dazu wesentlich *L. Foljanty*, Recht und Gesetz. Juristische Identität und Autorität in den Naturrechtsdebatten der Nachkriegszeit, Tübingen 2013, und konkret zum Zivilrecht *I. Kauhausen*, Nach der ‚Stunde Null'. Prinzipiendiskussionen im Privatrecht nach 1945, Tübingen 2007 (= Beiträge zur Rechtsgeschichte des 20. Jahrhunderts, Bd. 73 und 52).

des Juristen, sei es als solchen oder als Menschen.[88] Seine Zurückhaltung war nicht billige Flucht. Sie war Ausdruck eines neuen Verständnisses von Recht und Methode, eines konstitutionell- verfassungsmäßig gebundenen Verständnisses. Windscheid hat dies erstmals so umfassend gelebt, gedacht und juristisch durchgeführt, vor allem im Zivilrecht, und dies als *pars pro toto* für das Recht überhaupt. Wie kann man das alles „blutleer" nennen? Das hat natürlich zu tun mit unserer schwierigen Geschichte nach 1933, die auch die Jurisprudenz massiv veränderte.

V. Auflösung

318   Als man nach 1933 nach ‚Blut und Boden' rief, gedachte man im noch lebendigen Bewusstsein seiner Bedeutung auch Windscheids. Das Resultat lässt sich denken. So viele und ausgerechnet die besten und geistvollsten unserer Darstellungen der erwähnten immer aktuellen Grundprobleme, Rückfragen, Bewertungen und wichtigen Erfahrungen seit 1800 stammen gerade von den **jungen Gipfelstürmern**, denen nach 1933 freie Bahn verschafft wurde. Prägnante Bilder eines ‚blutleeren' Windscheid gaben in berühmten Titeln *Wieacker*, *Larenz* und *Dahm*, *Erik Wolf* und *Schönfeld* und zumal der schon ältere *Carl Schmitt*.[89] Die Methodenkritik von Seiten Gierkes vor 1900 und der Freirechtsbewegung vor 1910 wurde damit scharf verallgemeinert.[90] Eine ganze Generation urteilte vernichtend. Sie verurteilte mit genauem Gegnergespür und am Maßstab ihrer strikt antiliberalen und antiparlamentarischen Prämissen, unbeschadet sonstiger politischer Richtungsunterschiede. Viele der eingangs erwähnten Schreckbilder folgten,[91] einige waren schon vorangegangen.[92] Man klagte über **Positivismus, Formalismus, Materialismus, Mechanismus, Atomismus, Individualismus**, oder wenigstens über eine bedeutsame „Abneigung gegen politisches Handeln" (*Wieacker* 1952), oder doch gegen „tagespolitisches Handeln" (ders. 1967) usw. Der „rationalistische *Gesetzes*positivismus", dem die „geistige ‚Substanz' fehle", der also bloß Zufallspro-

---

88   Vgl. (bei *Oertmann* [Fn. 24]) 1884, S. 110, 1854, S. 6, 1867/68, S. 58: lernen, das Recht anzuwenden und das Recht zu verbessern, auch 1878, S. 77.

89   *Wieacker*, Bernhard Windscheid zum 50. Todestage, DR 1942, 1440–1443 (W. „verantwortungslos"); erneut in *ders*., B. Windscheid, in: Gründer und Bewahrer, 1959, S. 181–196 (aber ohne Hinweis in der Kritik abgeschwächt!); *ders*., Privatrechtsgeschichte der Neuzeit, 1. Aufl. 1952, S. 262 f. (Abneigung gegenüber politischem Handeln), 2. Aufl. 1967, S. 445–447 (analog, aber etwas differenzierter); *Larenz*, Methodenlehre der Rechtswissenschaft, 1. Aufl. 1960, S. 25–30: Der rationalistische Gesetzespositivismus Windscheids, 5. Aufl. 1983, S. 27–31 (dto); *G. Dahm*, Deutsches Recht, 2. Aufl. 1963, S. 124 ff. – die 1. Aufl. 1951 lag mir nicht vor; analog aber schon die Fassung von 1944, S. 73; *C. Schmitt*, Über die drei Arten des rechtswissenschaftlichen Denkens, 1934, S. 29 ff., 38 f. in der Sache. *Ders*., Die Lage der europäischen Rechtswissenschaft, 1950, S. 14 f.; *Erik Wolf*, Große Rechtsdenker der deutschen Geistesgeschichte, 1. Aufl. 1939, S. 457–489, 4. Aufl. 1963; *W. Schönfeld*, Die Geschichte der deutschen Rechtswissenschaft im Spiegel der Metaphysik, 1943, S. 75, 182, 244; 2., nur scheinbar stark veränderte Auflage 1952 unter dem Titel „Grundlegung der Rechtswissenschaft".

90   „Blutleere Gebilde" nennt *Eugen Ehrlich* 1913 die allgemeinen Rechtssätze der Jurisprudenz seiner Zeit, s. *ders*., Grundlegung der Soziologie des Rechts, 1913, S. 6 (= 4. Aufl. S. 20); s. zur Freirechtsbewegung unten Rn. 1407 im historischen Überblick; zu Gierke *J. Rückert*, 100 Jahre Gierke, 1841–1921 – Abschiede von der Welt der Schlafwandler, in: Rechtswissenschaft. Zeitschrift für rechtswissenschaftliche Forschung, 12 (2021) S. 291-334. In *Jherings* Kritik in Scherz und Ernst (Fn. 13), 1884, hier S. 337–383, kommt „blutleer"(noch) nicht vor, nur „ungesund" (356, 365). Das Grimm'sche Wörterbuch der deutschen Sprache kennt das Wort (Bd. 2, 1860, Sp. 186), gibt aber keine Verwendungsnachweise.

91   S. o. Rn. 281; i.E. auch *Kleinheyer-Schröder* (Fn. 24).

92   Aus verschiedenen Motiven wohlgemerkt, teilweise *Jhering*, vor allem *Kohler* 1893, *Ehrlich* und *Fuchs* (vgl. nur *Falk*, Fn. 6), *Oertmann* und *Sinzheimer*, teilweise *Gierke*.

dukt sein soll , stammt von *Larenz,* noch 1960.[93] Ob es vielleicht „nur" *wissenschaftlicher* Positivismus war, bleibt streitig, ist aber kaum relevant. Die Liste der Vorwürfe, bloße Einwände sind es ja nicht, ist so lang wie alt und bekannt.[94]

Der juristische Sinn dieser neuen **Substanz-Integrationen** erscheint zunächst sehr allgemein und dunkel. Er klärt sich aber schnell im damals klaren Kontext. Jeder damalige Leser wusste um die Maßgeblichkeit der völkischen Substanz im neuen völkischen Recht. Der normativ entscheidende verfassungspolitische Sinn der **Substanz-Distanz** bei Windscheid wird von *Larenz* als Oberflächenfrage beiseite geschoben, von anderen verschwiegen oder offen verworfen. „Formalismus" z.B. meinte zeitgenössisch gegenüber Windscheid u.a. nur logische Stringenz, nicht aber überholten metaphysischen Begriffsrealismus wie später (d.h., als ob einfach im Sein die Begriffe des Gesollten steckten) oder gar ein Absehen von der Wertung. Windscheid schrieb nicht *Sohm'sche* Sätze[95] folgender Art: „Die Grundbegriffe wohnen in den Tiefen des Rechts, die von Wind und Wellen der Gegenwart nicht bewegt werden".[96] Die notwendigen Spielräume wusste er dem Richter vorsichtig und unpathetisch zu öffnen.[97] Zum Vorbild des Juristen in der Volksgemeinschaft taugte *Windscheid* dann in der Tat doppelt nicht: zum einen nicht als sittlich autonomer, fester, individualer Liberaler; zum andern nicht als scharfer Kritiker des geheimen politischen Vorrangs des Juristenstandes, d.h. nach 1933 der „Rechtswahrer", den er mit seiner Jurist-als-solcher-Beschränkung gerade verworfen hatte.[98]

Diese zeitbedingten Verzerrungen und Polemiken liegen hinter uns. Man muss sie aber kennen, um ihnen nicht ausgeliefert zu sein. Uns kann *Windscheid* endlich nicht

---

93 AaO (Fn. 89), im Text heißt es dann „gemilderter Gesetzespositivismus". Wie wenig *Larenz* davon hielt, hat er nach 1933 deutlich gesagt, vor allem in: Rechts- und Staatsphilosophie der Gegenwart, 2. Aufl. 1935, Teil I 1. I: Der Positivismus, S. 11–25: „Nichts" sei „oberflächlicher", als sein Wesen im Anliegen der Rechtssicherheit, Gewaltenteilung und Richterbindung zu sehen – das interessiert Larenz offenbar nicht. Wichtig ist ihm das Fehlen einer „metaphysischen Rechtsbegründung", einer „Ausrichtung an der Rechtsidee", das angeblich bloß kausale, soziologische oder psychologische Vorgehen, die bloß „psychologische" Auffassung des Gesetzgeberwillens, die „Zersetzung des Volksgeistbegriffs der Historischen Schule" und damit des „metaphysischen Substanzverhältnisses" dabei (S. 15–17) usw. Larenz' kritische Analyse zum Eigentumsbegriff bei Windscheid enthält 1960 in dem Einwand zum „ursprünglichen und ersten Sinn" von Eigentum eine alte *petitio.* Denkt man die Rechtsordnung aus den legal vermittelten Freiheiten und nicht aus einer heteronomen „Substanz", so kann beim Eigentum durchaus das Fernhalten-Dürfen statt dem Verfügen-Dürfen zentral werden. Anders die vereinzelt positive Verwendung der gleichen Larenz-Stelle für einen „legitimen Positivismus" bei Windscheid, da W. auf einen „vernünftigen" Gesetzgeber vertraue, bei *Arthur Kaufmann* in *Kaufmann/Hassemer/Neumann(/Saliger)* (wie Fn. 5).
94 Siehe die Liste bei *Falk* (Fn. 6) 4; ganz analog die Vorwürfe Gierkes (wie Fn. 85) und dann ans BGB, dazu *Rückert,* Das Bürgerliche Gesetzbuch – ein Gesetzbuch ohne Chance?, in JZ 58 (2003), 749–760.
95 *Rudolf Sohm,* 1841–1917, wie Gierke eine Generation jünger als Windscheid, ebenfalls einer der berühmtesten Juristen dieser Zeit, Mitglied der 2. BGB-Kommission 1891, Kirchenrechtler und Germanist.
96 Dazu klärend *Rümelin* (Fn. 16), S. 36 ff.: Problem sei die falsche Verallgemeinerung synthetischer Rechtsbegriffe, die ungenügende Induktion und besonders die Ewigstellung. Für letzteres das Sohm-Zitat, dort S. 44 in der Fn. Auch Sohm erscheint dabei freilich zu einseitig, dazu kurz *Rückert* im HISTORISCHEN ÜBERBLICK, Rn. 1381.
97 Dazu jetzt zentral die Arbeiten von *Falk* und *Ober* (beide Fn. 6).
98 Dass die substantialistischen NS-Formeln von „völkisch" und „Volksempfinden", „konkrete Ordnung" usw. auf Selbstermächtigungen hinausliefen, ist inzwischen klar; genauer dazu *Rückert,* Das „gesunde Volksempfinden – eine Erbschaft Savignys?, in: ZRG GA 103 (1986), S. 199–247.

einfach nur Vorbild oder Schreckbild sein.[99] Unsere Wertung schaut vor allem auf den verfassungspolitischen Sinn seines Rechtsbegriffs und seiner Methode und auf das soziale Element in seinem Privatrecht. Ohnehin leicht anerkennen lässt sich seine Versiertheit als dogmatischer Jurist.

321 Das **soziale Element** erscheint, vom Persönlichen abgesehen, als zu schwach ausgeprägt. Die geschichtliche Frage aber muss lauten, wieweit wir es bei Windscheid im Privatrecht selbst erwarten dürfen. Windscheid hatte offenbar, wie u.a. seine erwähnten gesetzgebungspolitischen Beispiele zeigen, viel Verständnis für soziale Stützung durch spezielles Recht neben dem allgemeinen gleich freien Privatrecht. Damit folgte er einer recht breiten sozialen Strömung und, hier wesentlich, einer sehr anerkannten juristischen Arbeitsteilung im Kaiserreich.[100] Es handelt sich um einen **emanzipatorisch-sozialen Liberalismus,** der das gerade erst errungene allgemeine und gleiche Recht im BGB wahren wollte, aber deswegen keineswegs die soziale Aufgabe verkannte. Sie sollte gelöst werden mit besonderer, nun rechtlich ungleicher Stützung. Die Voraussetzungen für Freiheitsentfaltung sollten nicht allgemein und pauschal, sondern speziell dort geschaffen werden, wo sie objektiv und typisch fehlten, etwa durch Arbeiterschutz seit 1869 (Gewerbeordnung und Gewerbegerichte) oder Sozialversicherung (seit 1881) oder Verbraucherschutz seit 1894 (AbzahlungsG). Das war im Horizont der zeitgenössischen Erfahrungen mit der neuen industriellen Welt, die ja nicht schon unsere waren, verständlich. Der soziale Kern des Personalen, konkret Existenz, Leib, Leben, allgemein die Würde des Menschen, muss vor bloßer gesellschaftlicher Freisetzung geschützt werden, auch durch untypisch zwingendes Recht im grundsätzlich dispositiven Privatrecht. Das begann im Arbeiterschutzrecht. Heute nennen wir als Anlass für Schutz Ungleichgewichte am Markt, Informationsnachteile u.ä. Sie indizieren soziale Probleme, sie sind aber ebenso wenig entscheidend wie Schwäche per se. Was zählt ist die **Mensch-Würde-Berührung,** präziser: die ungleiche Berührung. Hier setzte das Spezialrecht des Kaiserreichs an, mit Gewerbeordnung, Sozialversicherung, Verbraucherrecht u.a.; es ist im normativen Ansatz und Grundsatz so bis heute bewahrt, auch wenn das allgemeine Verbraucherrecht nun im BGB selbst steht. Es ist emanzipatorisch gedacht, nicht paternalistisch, wie auch die Interventionen im sog. Interventionsstaat, die daraus folgten und die neben anderen standen, die durchaus paternalistisch waren. Es führt auf falsche Erzähllinien, die beides zu einem schlichten Interventionsstaat bis heute verwischen. Das Maß dieser speziell ausgleichenden rechtlichen Hilfen zur gleichen Würde muss freilich jede Zeit konkret-legal bestimmen. Es liegt weder ewig, noch auf Dauer fest. Auch an den Menschenrechten ist alles geschichtlich. Zu Windscheids Zeit waren sie allenfalls in den USA und jedenfalls nicht im europäischen und deutschen Rechtsraum rechtlich effektiv, d.h. mit Rechtschutz, positiviert. In Windscheids Privatrecht sucht man also das soziale Element im heutigen weiten Sinn ganz konse-

---

99 Schon länger läuft daher eine Tendenzwende der Bewertung, s. bes. *Schubert* 1978, *Jakobs* 1983, *J. Schröder* 1985, *Ogorek* 1986, *Picker* 1986 (alle genannt bei *Falk* [Fn. 6], S. 21); außerdem *R. Schröder,* Abschaffung oder Reform des Erbrechts, 1981, S. 73., 124, 380 ff., *Rückert* 1983 (Fn. 77), 13; zus.fassend *Kroeschell,* Deutsche Rechtsgeschichte III, 1989, S. 266 f.: Der Positivismus und seine Gegner. Daß *Coing,* Europäisches Privatrecht II, 1989, S. 39 ff. unter „Die Rechtswissenschaft im deutschen Rechtskreis" Windscheid nur streift mit einem Zitat zur Zeit *vor* 1847 und einer Fußnote (kein „strikter Positivist", s. *Falk*), erscheint merkwürdig. Es überzeugt nicht, alles aus *Jherings* polemischer und teilweise viel spekulativerer Perspektive darzustellen (S. 47 f., 51). Fairere Berichte nun etwa bei *Horn,* Einführung in die Rechtswissenschaft und Rechtsphilosophie (1996), 4. Aufl. 2007, Rn. 149–151; *Rüthers,* Rechtstheorie (1999), 5. Aufl. 2010, s. Reg.; *Vesting,* Rechtstheorie, 2007, s. Reg., bes. 94 f.
100 Dazu *Rückert,* 2003 (Fn. 94), S. 751.

quent vergebens. Denn Menschenrechte und soziale Rechte *im* Privatrecht waren nirgends anerkannt. Gerade erst waren die allgemeine und gleiche Rechtsfähigkeit als Mensch, die Vertragsfreiheit, die weltliche Ehefreiheit und die Testierfreiheit erkämpft. Und wegen der Arbeitsteilung mit dem erwähnten, schützenden Spezialrecht hatte auch die zwingende soziale Stützung einen Ort, nur nicht im Privatrecht selbst, außer etwa in §§ 615, 616, 618, 624 für generelle Probleme.

Der **verfassungspolitische Sinn** von Windscheids freiheitlich-rechtstaatlicher Haltung im Recht kommt uns seit dem Grundgesetz und seinem Art. 2, der die allgemeine Entfaltungsfreiheit garantiert, sehr entgegen. In Sachen Gewaltenteilung und Richterbindung sind wir inzwischen weniger empfindlich. Denn die Funktion praktischer Jurisprudenz in der heutigen parlamentarischen Demokratie ist eine andere als die von Windscheids kaiserlichen Justizorganen (dazu Rn. 1358c). Heute scheinen mehr Vertrauen und mehr flexibles Recht erträglich und erlaubt. Aber die Warnungen Windscheids und anderer vor dem ermächtigten, selbstzuständigen Juristen bleiben berechtigt. Denn „als Rechtsanwendender ist er zwangsläufig dem Allgemeinen verpflichtet. Mit seiner Subjektivierung wird er als Jurist funktionslos, er ist überflüssig, weil er nicht mehr Frieden zu stiften vermag, sondern nur seine eigene politische Ansicht durchsetzt."[101] Der Rechtszwang darf auch im heutigen Rechtsstaat kein Juristensondergut werden. So sah es auch Windscheid in seinem werdenden Rechtsstaat. Deswegen kann man bei ihm immer noch viel dazu lernen, wie genau man mit den juristischen Hauptinstrumenten geltendes Recht, loyale Rechtsanwendung und Rechtssprache umgehen kann und soll.

VI. Methodenfragen

Was folgt aus alledem für Windscheids juristische Methode, die vieldiskutierte Begriffsjurisprudenz? Die Auflösung der erstarrten Polemiken aus dem Zusammenhang seines Lebens und seiner Haltungen ermöglicht einen hoffentlich offeneren Blick dafür. Ein eigenes Methodenwerk oder eine längere Abhandlung dazu hat Windscheid nicht geschrieben. Die großen allgemeinen **Methodendebatten** der Jurisprudenz bei Savigny seit 1814, Puchta seit 1838 oder Jhering seit 1852, hat er eher vermieden. Doch schrieb er rund 15 gewohnt dichte und prägnante Seiten in seinem Lehrbuch unter dem Titel „**Auslegung und wissenschaftliche Behandlung des Rechts überhaupt**".[102] Das ist also sehr einschlägig, aber eben auch sehr dicht. Es muss genauer zur Sprache kommen, was da eigentlich steht. Auslegung wird sogar als ein Fall von *Kunst* gesehen.

Diese Methoden-Seiten enthalten lapidare Sätze wie schon diese ersten beiden zum „**Begriff der Auslegung**":

> „Auslegung ist Darlegung des Inhalts des Rechts. Der Inhalt des Rechts kann mehr oder minder offenbar sein; je weniger er offenbar ist, desto bedeutender ist die Aufgabe der Auslegung." (§ 20/S. 81)

---

101 *Ramm* (Fn. 1) III, S. 753.
102 *Windscheid*, Lehrbuch, 8. Aufl. 1900, §§ 20–24/S. 81–95; 11 Seiten in der 1. Aufl. 1862, alles Wesentliche ist schon identisch da; zum Ganzen gründlich *Falk* (Fn. 24), S. 137–157.

325 Auslegung ist dabei „freie Untersuchung" (82).[103] Sie ist nicht so sehr „Wissenschaft, welche gelehrt werden kann, als eine Kunst, welch gelernt werden muss" (82). Das erscheint einfach. Aber warum ist von *Kunst* die Rede – wieso das?

326 Windscheid bildet dann eine Art **Rangfolge der Methoden**, also etwas was heute oft vermisst wird: Die „Auslegung der Gesetze hat es ... zuerst zu thun mit der Feststellung des Sinnes, welchen der Gesetzgeber mit den von ihm gebrauchten Worten verbunden hat."(§ 21/S. 82). Dabei sei „natürlich auszugehen von den Sprachgesetzen ... grammatische" Auslegung (82). Ist „das Resultat" aber unverständlich oder offen, so ist „zunächst zu sehen auf den übrigen feststehenden Inhalt des auszulegenden Gesetzes; ferner kann eine Erklärung zu gewinnen sein aus anderen Gesetzen desselben Gesetzgebers, oder auch verschiedener Gesetzgeber, insofern eine geistige Einheit zwischen diesen anderen Gesetzen und dem auszulegenden Gesetz angenommen werden kann." (83)

327 „Führt dieses Hilfsmittel nicht zum Ziele", so steht man vor einer **letzten Auslegungsetappe**, und nun

> „kann dem Ausleger im allgemeinen keine andere Anweisung gegeben werden, als die, sich unter Beachtung aller erreichbaren Momente möglichst vollständig in die *Seele des Gesetzgebers* hinein zu denken; je vollständiger dies gelingt, mit desto größerer Sicherheit wird er den Sinn der von dem Gesetzgeber gebrauchten Worte zu bestimmen im Stande sein." (84, Hervorhebung hier hinzugefügt)

328 Dabei könne dann auch der Vergleich mit dem „Rechtszustand" zuvor, der allgemeine „Zweck" des Gesetzgebers und der „Werth des Resultats" von Bedeutung sein (84).

329 Es geht also um eine **Kunst**, um die **Sprachgesetze**, um die **Rechtsordnung im Ganzen**, um **Zweck** und **Resultat**, ja um die „Seele des Gesetzgebers", in der Tat eine etwas psychologisierende Wendung, zumal im Vergleich mit Savignys „Reconstruction des Gedankens",[104] aber keineswegs eine Aufforderung zur Psychologie, nicht um Logik, Deduktion aus Begriffen, – diesen Windscheid kennt man im Allgemeinen nicht. Es ist aber der authentische. An ihn müssen wir uns halten, wenn wir ihn verstehen wollen. Er geht noch weiter:

> „Die Auslegung hat aber nicht nur die Aufgabe, den von dem Gesetzgeber gebrauchten Worten gegenüber den Sinn zur Geltung zu bringen, welche er mit diesen Worten hat verbinden wollen; sie hat ferner die Aufgabe, hinter dem Sinne, welchen der Gesetzgeber hat ausdrücken wollen, dessen *eigentlichen Gedanken* hervorzuziehen. Es kann nämlich vorkommen, und es kommt häufig vor, dass der Gesetzgeber sich diesen Gedanken selbst nicht vollständig klar gemacht hat, dass er bei einer Erscheinungsform des Gedankens stehen geblieben ist, welche dessen wahrem Gehalt nicht vollständig entspricht. Es ist die höchste und *edelste Aufgabe* der Auslegung, in einem solchen Falle dem Gesetzgeber zu Hilfe zu kommen und dessen ausgedrücktem Willen gegenüber seinen eigentlichen zur Geltung zu bringen. Indem sie das thut, überschreitet sie nicht ihre Befugnisse: Sie handelt ganz in dem Sinne des Gesetzgebers, sie spricht nur aus, was derselbe selbst ausgesprochen haben würde, wenn er auf die Punkte welche er sich nicht zum Bewußtsein gebracht hat, aufmerksam geworden wäre." (86, Hervorhebung hier hinzugefügt)

---

103 Im Folgenden jeweils die Seitenzahlen so im Text.
104 Dazu oben bei Savigny, Rn. 76.

Das knüpft offensichtlich an Savignys wichtigen Fall „mangelhaften" Ausdrucks an (dazu Rn. 145). Es gibt in diesem Fall also neben dem Gedanken einen „**eigentlichen Gedanken**". Eine **subtil abgestufte Auslegungstechnik** deutet sich an, ganz ähnlich wie bei Savigny zwischen Auslegung und Fortbildung. Windscheid fügt als Grenzbestimmung immerhin an, es müsse doch „jedenfalls ein Ausdruck überhaupt" des gefundenen wahren Gedankens in dem Gesetz vorliegen (§ 22/S. 86). „Eigentlich", „Ausdruck", „wahr" – so würden wir kaum noch reden. Es sind Figuren des Idealismus, die erlauben, hinter der sichtbaren Welt noch eine weitere, eine eigentliche zu behaupten, hinter dem sichtbaren Buchstaben des Gesetzes also noch einen eigentlichen, unsichtbaren Gehalt. Der nüchterne, eigentlich unmetaphysische Windscheid bedient sich hier doch älterer und immer wieder verführerischer Techniken. Auch diesen Windscheid, der in „edelster" Auslegung den „eigentlichen Gedanken" hervorziehen will, kennt man nicht. 330

Erst in § 24 unter „**Wissenschaftliche Behandlung** des Rechts" scheint man Bekannteres zu finden, die „**Entwickelung der Begriffe**". Die Auslegung, heißt es dort, 331

> „bildet keinen Gegensatz zu der wissenschaftlichen Behandlung des Rechts; ... aber ... wenn die Auslegung ihr Geschäft beendigt hat, handelt es sich um die *Entwickelung der Begriffe*, welche in den durch sie gewonnenen Rechtssätzen enthalten sind. Auch der eigentliche Gedanke des Rechtssatzes stellt sich noch dar in Begriffen, d.h. in Zusammenfassungen von Denkelementen; es kommt darauf an, die Begriffe in ihre Bestandtheile aufzulösen, die in ihnen enthaltenen Denkelemente aufzuweisen. Man kann in dieser Operation mehr oder weniger weit gehen; denn die gefundenen Elemente können sich selbst wieder als Zusammensetzungen anderer, einfacherer Elemente ausweisen, und so fort" (93, Hervorhebung hier hinzugefügt).

Er gibt dazu ein nach wie vor gutes **Beispiel**: 332

> „*Kaufvertrag* ist ein Vertrag durch welcher eine Sache gegen Geld abgetreten wird – *Vertrag* ist ein Rechtsgeschäft welches dadurch zu Stande kommt daß zwei (oder mehrere) übereinstimmende Willenserklärungen in ein gewisses Verhältnis zueinander treten – *Rechtsgeschäft* ist die Privatwillenserklärung, daß eine gewisse rechtliche Wirkung eintreten solle – *Erklärung* eines Willens ist was? – *Wille* ist was? – *Übereinstimmung* ist was? – das *erforderliche Verhältnis* der beiden übereinstimmenden Willenserklärungen ist welches? – *Sache* ist was? *Abtretung* ist was?" (S. 93 in der Fn. dazu)

Alle diese Rechtsbegriffe erscheinen als erklärungsbedürftige Elemente des ersten Rechtssatzes. Diese **Entwicklung der Begriffe** setzt also die Auslegung fort, und ist sie erfolgt, so stützt sie diese zugleich. Und nun lässt Windscheid ein Bild folgen, das die Polemik bis heute sehr bekannt gemacht hat: 333

> „Selten entspricht der Thatbestand eines zu entscheidenden Falles dem Thatbestand eines einzigen Rechtssatzes; regelmäßig stellen die verschiedenen Teile des Thatbestandes sich unter verschiedene Rechtssätze. Die von diesen Rechtssätzen geordneten rechtlichen Wirkungen bestimmen und durchkreuzen sich; die Endentscheidung ist das *Resultat einer Rechnung*, bei welcher die Rechtsbegriffe Factoren sind; die Rechnung muss natürlich ein umso sichereres Facit ergeben, je fester der Wert der Factoren steht. Es liegt zugleich auf der Hand, daß erst aus der vollen Erfassung der Rechtsbegriffe sich das wahre System der Rechte, die innere Zusammengehörigkeit seiner Sätze, ergeben kann." (94, Hervorhebung hier hinzugefügt)

334 Hier „stellen sich" Tatbestände „unter" Rechtssätze, es wird subsumiert. Und es wird gerechnet, mit „Rechtsbegriffen" als „Factoren". Ist das die berühmt-berüchtigte Windscheid'sche **Begriffsjurisprudenz**? Ist die juristische „Endentscheidung" also stets **Rechnung**? Wie schon berühmt bei Savigny?[105] Beide wurden damit gerne polemisch missverstanden oder verzerrt. Die Deutung als ‚Begriffsrechner' passte nur zu gut zu den Vorwürfen als formal, lebensfremd, konservativ, reaktionär usw. Dabei ist von wirklichem Rechnen bei beiden nicht die Rede. Beide sprechen in Bildern, die die angestrebte, ihnen in diesem Zusammenhang besonders wichtige Rechtsfestigkeit oder -sicherheit veranschaulichen sollen. Savigny spricht vorsichtiger als Windscheid nur von einer Sicherheit *wie* in der Mathematik. Natürlich weiß er, dass man mit Begriffen nicht rechnen kann. Es geht um eine *ähnliche* Sicherheit in der Rechtsanwendung, als ob man rechnen könnte wie in der Mathematik. Windscheid spricht direkt von Rechnen mit Begriffen „als Factoren" – Faktor kann heißen Einzelteil oder mathematisch Multiplikator. Gemeint ist offenbar, Begriffe als Teil einer Rechnung aufzufassen. Aber das ist nicht das einfache Rechnen mit Zahlen, sondern das mit dem Wort „Factoren" erst geschaffene, unbestimmte Bild, als ob man mit Begriffen rechnen könnte, wenn sie denn Faktoren wären. Auch Windscheid weiß natürlich, dass man mit Rechtsbegriffen nicht rechnen kann. Sein soeben zitiertes Beispiel zum Kaufvertrag zeigt das **sachliche Anliegen**: Rechtsbegriffe können recht präzise ineinander greifen und so einen Tatbestand ausfüllen. Das kann Präzision sein, aber es ist kein Rechnen.[106] Nach unserem Geschmack übertreibt die Rechen-Metapher das **Präzisionsanliegen** und besorgt wird erwogen, ob denn auch das „Leben" eingerechnet werde. Aber „das Leben" wird sehr wohl in die Windscheid'schen Begriffe hineingenommen. Darüber, *was wo* hinein gehört und damit normative Bedeutung gewinnt, streiten dann die Juristen – und die ‚Laien' wohl noch mehr. Jedenfalls muss das Präzisionsanliegen dabei auch noch unseres sein. Das gehört zur Rechtsfunktion in entwickelten Gesellschaften. Bei der Begriffsarbeit können die Juristen dann „mehr oder weniger" leisten – das zeigt dann nur, wie weit sie das Festigkeitsanliegen ernst nehmen und beherrschen.

335 An einer Fülle von immer noch sehr lehrreichen **dogmatischen Beispielen** hat Falk sehr einleuchtend gezeigt, wie dieses Ideal möglichster Rechtsfestigkeit stets über Windscheids Juristenarbeit schwebt, aber doch sehr elastisch gehandhabt wurde, von ihm selbst und von den dazu ohne Weiteres ermächtigten Richtern.[107] Die abstrakten Sätze seiner Methodentheorie machen eben nur, wie er zu Beginn gleich sagt, „auf die leitenden Gesichtspunkte aufmerksam" (82). Dafür können nun gerade keine scharfen Begriffe und Regeln wie bei juristischen Sachfragen gegeben werden, da es, wie schon erwähnt, um die **Theorie einer Kunst**, der Kunst der Rechtsauslegung, geht. Windscheid weiß also noch um das wissenschaftstheoretische **Problem der Urteilskraft**, wie Kant und Savigny.[108] Auslegende Rechtsanwendung muss immer die allgemeine Regel mit dem konkreten Fall korrelieren, und das kann nie logisch begrifflich scharf, sondern immer nur relativ unscharf vergleichend, relational geschehen. Dennoch, und das ist wichtig gegen den Methodenzynismus, handelt es sich nicht um ein unbestimmbares,

---

105 *Savigny*, Vom Beruf, 1814, S. 29.
106 So auch *Falk*, Windscheid (Fn. 6), S. 19 f.; wie auch nicht bei Savigny, s.o. Rn. 147.
107 Zur Vertiefung des Dauerproblems Gesetzgeber – Richter jetzt besonders klar und anschaulich *H. Mohnhaupt*, Das Verhältnis zwischen Gesetzgebung, Rechtsprechung und Rechtswissenschaft als Rechtsquellenproblem (18.–20. Jahrhundert), in: Quaderni fiorentini per la storia del pensiero giuridico moderno 40 (2011) S. 19–52.
108 Siehe oben bei Savigny, Rn. 76 ff.

ganz regelloses oder willkürliches Geschäft. Aus der Unmöglichkeit voller Präzision ergibt sich noch nicht die Unmöglichkeit einer gewissen Präzision, wie sie jedenfalls im modernen Verfassungsstaat der Rechtsbetrieb den Rechtsbetroffenen schuldet und weitgehend gewährt, etwa im Steuerrecht, Verkehrsrecht, Verjährungsrecht, und vielen ‚einfachen' Rechtsfragen überhaupt.

In diesem Bewusstsein schrieb Windscheid. Seine Methodenregeln sind daher streng im Ganzen, aber flexibel im Konkreten. Diese **Paradoxie war zeitgemäß**. Sie wahrte dem Rechtsbetrieb das Ideal der Rechtsfestigkeit und erlaubte doch die für nötig gehaltenen Anpassungen und Fortbildungen. Windscheid setzte also das klare Ziel möglichster Gesetzesnähe und stufte in diesem Sinne das methodische Vorgehen ab. Er vermeidet für seine *Kunst* jede dogmatische und theoretische Übertreibung mit lehrhaften Zuspitzungen auf subjektiv, objektiv, systematisch, teleologisch, echte und unechte Lücke, scharfe Rangfolge usw., wie sie uns so sehr beschäftigen. Auch findet er „Wissenschaft" in dieser Kunst. Die Auslegung kann und soll jedenfalls in ihren Elementen wissenschaftlich, d.h. zumal nicht politisch, betrieben werden, etwa bei der Bestimmung des Wortlautsinns oder des *eigentlichen* Gedankens.[109]

Seine *Kunst* ist sparsam in Worten und stark im Effekt. Probleme werden minimiert, denn er geht aus von loyalen Juristen im Rechtsstaat. Das war offenbar etwas optimistisch. Aber in diesem Kontext muss man seine juristische Methode in seiner Theorie und Praxis verstehen und kann sie dann respektvoll anerkennen. Vergessen wir also die Polemik Jherings und seiner Epigonen und ebenso die starren Methodisten, die sich fälschlich auf Windscheid berufen. Seine Methodenkunst könnte immer noch leicht belehren, wenn uns nicht ihr Ansatz beim römischen Recht so fern und schwer geworden wäre.

VII. Das Beispiel culpa in contrahendo / Vertrauenshaftung

Als Beispiel für Windscheids juristische Methode eignet sich eine auch uns vertraute Diskussion. Dieses relativ einfache Beispiel ist neben vielen anderen etwas komplizierteren gut dokumentiert in der grundlegenden Untersuchung von Falk. Die Diskussion drehte sich gerade damals, seit Jherings sogenannter Entdeckung im Jahre 1860, die nur für ihn eine war,[110] um die sog. *culpa in contrahendo*, heute generalisierend bekannt als **Vertrauenshaftung**. Mit einer bloß „quellenmäßigen" Begründung war es hier nicht getan, da die rezipierten römischen Rechtsquellen zu diesem Problem keine direkten Entscheidungen enthielten. Eine höchst disparate, vielfältige Diskussion um die Quellen und die Lösungsmöglichkeiten war die Folge: von Vertragsverschulden über vermutetes Verschulden zu Verschuldensfiktionen und verschuldensunabhängiger Haftung, über Willens- und Erklärungsprinzip schon bei der Willenserklärung sowie um Vertrauens- oder Erfüllungshaftung. Windscheid hat diese Diskussion in einer langen Anmerkung umfassend dokumentiert.[111] Er selbst stellte recht kühn eine allge-

---

109 So *Windscheid* ausdrücklich in Lehrbuch II § 24.
110 In der jüngeren Dogmengeschichte vor Jhering war das Problem bekannt und zum Beispiel im Naturrecht und preußischen Allgemeinen Landrecht von 1794 gelöst, dazu jetzt statt aller *J.D. Harke*, § 311 a Rn. 5 in: HKK (wie Fn. 77) Bd. II, 2007.
111 *Windscheid*, Lehrbuch der Pandekten, Bd. II, 9. Aufl. 1906, § 307 in Fn. 5. Im Folgenden wird, wie bei solchen Standardwerken üblich, systematisch, d.h. nach Paragraphen, Ziffern und Fußnoten zitiert, die anders als die Seitenzahlen in allen Auflagen verifizierbar sind. In der Sache folge ich im Kern der Darstellung von *Falk* (Fn. 6) S. 41–50.

meine Regel auf, nach der eine verschuldensunabhängige Haftung auf den Vertrauensschaden, jedoch nicht auf den Erfüllungsschaden, anzunehmen sei:

> „Was die Begründung der Entschädigungspflicht angeht, so darf man den allgemeinen Satz aufstellen, daß jeder Vertragsschließende einstehen muss für die nachteiligen Folgen des durch seine Erklärung in dem Gegner erregten Vertrauens auf den Erwerb eines Forderungsrechts aus dem Vertrag, insofern dieser Erwerb durch einen Grund ausgeschlossen wird, den der Gegner nicht kennt und nicht zu kennen verpflichtet ist."(II, 9. Aufl. 1906, § 307)

339 Das war deutlich und es ist ein Beispiel für die Art und Qualität, mit der Windscheid Rechtssätze formulierte. Der Text ab „daß jeder ..." lässt sich ohne Weiteres als Gesetzestext lesen. Die Argumente aus Wortlaut und Grammatik, aus Historie und System der römischen Fallfragmente waren erschöpft. Es blieben damit **zwei methodische Möglichkeiten**: einmal die Prinzipienbildung, d.h. die Begründung einer Regel, eines „allgemeinen Satzes", die auch diesen Fall decken konnte, oder eine offene Rechtsfortbildung.

340 Windscheid bevorzugte die **Prinzipienbildung**. Er nahm sie vor im Hinblick auf das von ihm anerkannte neue „Bedürfnis des Verkehrs".[112] Er wendet sich dabei (in § 307 Fn. 10) gegen Jherings „gewaltsamste Anstrengungen", in diesen Fällen ein Verschulden zu finden. Eine Hauptstütze für seine Regel findet er in einer weitgespannten Wertungsparallele: Die römischen Quellen boten eine verschuldensunabhängige Haftung bei der anfänglichen objektiven Unmöglichkeit der Lieferung bestimmter Sachen, wie sie bis 2001 auch in § 306 BGB stand und nun umgestellt ist auf eine Verschuldenshaftung in § 311a – es handelt sich um einen alten Wertungsstreit. Dabei nimmt Windscheid den Wortlaut dieser römischen Quelle in seinem Sinne (Dig. 11.7.8.1.[113] und 18.1.62.1), aber etwas ungewohnt, eng, da man darin meist ein Verschulden gesehen hatte. Das Beispiel zeigt zugleich schön, wie kühn-abstrakte Sätze man ohne große Probleme aus den Fallfragmenten ableitete. Hinzu nahm Windscheid zunächst auch die willensorientierte Deutung solcher Erklärungen. Sie erweckten als stillschweigende Garantieübernahme eben Vertrauen. Zuletzt verwies er auf die römische *bona fides* in Verträgen, grob gesagt das Treu-und-Glauben Argument – das alles zusammen ergibt für ihn hier „das Recht". Er resümiert:

> „Die Entschädigungspflicht des Urhebers der Willenserklärung beruht nicht auf seinem Willen, sondern das Recht legt sie ihm ohne seinen Willen auf. Das Recht ist es, welches will, daß der Empfänger einer Willenserklärung sich darauf muß verlassen können, daß durch sie ein Vertrag durch Annahme entstehen könne bzw. daß durch sie ein Vertrag zu Stande gekommen sei." (II, 9. Aufl. 1906, § 307, S. 251, insoweit noch nicht in der 5. Aufl. 1875, Abkürzungen hier aufgelöst)

341 Windscheid statuiert also eine **objektive Haftung** und **zwingende Privatrechtsregel**. Das BGB 1900 hat das nicht als Regel übernommen, sondern nur in den §§ 122, 179 II

---

112 In § 307 Fn. 5; siehe das Zitat bei Fn. 68. Auslöser war der sog. Kölner Telegrafenfall, dazu *Haferkamp*, Der Kölner Telegrafenfall, in: Fälle aus der Rechtsgeschichte, hg. v. Falk /Luminati/ Schmoeckel, München 2008, S. 254–265.
113 Siehe dazu die Ausgabe: Corpus Iuris Civilis, Text und Übersetzung, Bd. III, Heidelberg 1999, von O. Behrends u.a., S. 31: Wenn vorgetragen wird, ein religiöser Ort sei als reines Grundstück verkauft worden, dann gewährt der Praetor demjenigen, der die Sache betrifft, gegen den Verkäufer eine auf den Sachverhalt abgestellte Klage.

und 307 als Einzellösung.[114] Erst mit § 311 II von 2002 wurde daraus ein Prinzip im Gesetz. Pathetisch nennt Windscheid „das Recht" als Grundlage. Gestaltet hat dieses objektive Recht maßgebend er selbst im Rahmen der juristischen Fachdiskussion und damaligen Methode. Man kann sein Vorgehen relativ freizügig nennen. Dazu passt, dass es um eine Prinzipienbildung auf der Grenze zur Rechtsfortbildung ging. Windscheid argumentiert hier mit seinen Materialien so, wie es wohl jeder Jurist auch noch heute gut nachvollziehen kann. Von „**Begriffsjurisprudenz**" jedenfalls keine Spur. Allenfalls fällt eine stärkere Orientierung an **Regel- und Ausnahmebildung** auf. Der beste Kenner dieser Fragen urteilt treffend: „Man mag über den Wert und die Berechtigung dieser Entscheidung sehr verschieden urteilen, einen begriffsjuristischen, formalistischen oder positivistischen Einschlag besitzt sie nicht."[115] Allerdings haben diese materiellrechtlichen Dogmatiken eine Achillesferse – bis heute. Für die Durchsetzung einer solchen objektiven Haftung muss nämlich der Kläger seinen konkreten Vertrauensschaden beweisen, also wie die Lage ohne das Vertrauen gewesen wäre. Das fällt in der Regel nicht leicht.

Lehrreich zu Problem und Lösungstechnik ist ein vergleichender **Blick auf unsere aktuelle Lösung**. Denn im Jahre 2001 wurden im Rahmen der Schuldrechtsreform Regel und Ausnahme gewissermaßen verkehrt: Bei der BGB-Lösung bis 2002 gab es gemäß dem strikt individuell zurechnenden **Verschuldensprinzip** und wie bei Windscheid **grundsätzlich** keine Haftung, aber ausnahmsweise doch eine Vertrauenshaftung. Zu beweisen war vom Gläubiger vor allem der Vertrauensschaden; der Schuldner konnte dagegen sein Nichtvertreten-Müssen beweisen. Nun gibt es grundsätzlich eine **Vertrauenshaftung** (§§ 311 I mit 280), aber ausnahmsweise doch keine; die Beweislage ist parallel – die Unterschiede im Ergebnis dürften also minimal sein. Bemerkenswerterweise muss das entscheidende Vertrauen nicht bewiesen werden. Und doch hat die systematische Ausbildung von Regeln und Ausnahmen eine hohe dogmatische und rechtsklärende Funktion. Die Debatte ist zugleich höchst aufschlussreich für die Bedeutung von Begriffen, Prinzipien, Regel-Ausnahme-Strukturen und Dogmatik überhaupt. Es macht einen großen Unterschied, wie eine Rechtsordnung betrieben wird, auch wenn man das Alltagsbetrieb vielleicht kaum bemerkt. D.h. am Beispiel Vertrauenshaftung, ob eine Rechtsordnung grundsätzlich, also generell und im Zweifel, individuell zurechnet und nur ausnahmsweise objektiv, oder ob sie voll parallel auch objektiv, also nach zwei Grundsätzen arbeitet.

VIII. Vorbild, Schreckbild, neues Bild

Vorbild wäre zu viel, *Schreckbild* wäre zu billig, ein neues Bild ist fällig. Windscheids Umgang mit den als geltendes Recht zitierten römischen Fallfragmenten lässt sich natürlich nicht unbesehen übertragen auf unseren Umgang mit Gesetzen. Aber er ist doch lehrreich. Denn er verwendet die Fragmente fast wie Gesetzesstellen. Das passt auch genau in seine Zeit, die unter seiner maßgebenden Mitwirkung aus der römisch-rezipierten und der einheimischen Tradition das neue Bürgerliche Gesetzbuch schuf. Windscheid argumentiert im Ganzen durchaus häufig mit dem Wortlaut, dem gesetzgeberischen Gedanken, dem System und Sinn seiner auszulegenden Rechtssätze. Auffallend sind dabei seine **Orientierung an Prinzipien und Prinzipienbildung** und sei-

---

114 Dazu präzise *D. Medicus*, Zur Entdeckungsgeschichte der *culpa in contrahendo*, in Iuris Professio, Festschrift für M. Kaser, 1986, S. 168–181.
115 *Falk* (Fn. 6) 46 f.

ne **Offenheit**. Denn er praktiziert zugleich einen sehr fließenden Übergang zur offenen Wertungsarbeit und Rechtsfortbildung.

344 Sein relativ offenes Vorgehen hielt er im konstitutionell-rechtsstaatlichen Kaiserreich von 1871 mit einigem Recht für **institutionell unproblematisch**. Daher finden wir bei ihm keine der heute oft hartnäckig geführten Diskussionen um subjektive und objektive Auslegung, um Rang und Vorrang der Elemente, um Lücken und System usw., in denen die genauen Grenzen der Gewaltenteilung in Streit geraten sind. Sein Begriff von **Gewaltenteilung** in **Recht und Politik** war optimistischer und vertrauensvoller als unserer. Er hat dies auch loyal vorgelebt.

345 Seine juristischen Aufgaben fasste er umfassender auf als wir, **Begriffsentwicklung und Systempflege** gehörten dazu.

346 Seine Lösungen zielten auf Integration und Harmonie im zugleich **praktischen System**. Sein Rechtsbegriff war dezidiert positivrechtlich, aber bereits sichtlich verfassungsbezogen. Seine juristische Methode war begrenzt auf Rechtsanwendung, ohne eigentliche Rechtsgeschichte und Rechtsphilosophie, aber konkret doch sehr offen für Gerechtigkeits- und Billigkeitserwägungen. Er vertraute dabei den Erwägungen der für ihn im Wesentlichen sittlich verantwortungsbewussten Juristen und Richter seiner Zeit.

347 Windscheid bietet gerade keine übertriebenen Rezepte, sondern einige wesentliche und erfahrungsgesättigte Ratschläge für eine **wohltemperierte Auslegungskunst**. Dass es in der Tat bei Auslegung mehr um eine normativ-praktische Kunst als um eine freie Wissenschaft geht, lässt sich bei ihm beobachten und lernen, obgleich er selbst dabei nicht selten eine Seins-Sprache verwendet, die die juristischen Begriffe wie Sachen im Raume erscheinen lässt. Dies schuldet sich dem Versuch, die Jurisprudenz auf der **Darstellungsebene** wie eine feste, präzise Wissenschaft erscheinen zu lassen. Das erscheint uns fremd, wurde schon zeitgenössisch als **formal** angegriffen und führte gleich beim nächsten Systembruch, in der Freirechtsdiskussion nach 1900,[116] zu heftigen Anklagen als Begriffsjuristerei. Es handelte sich aber um verzerrende Polemik von gesetzgebungskritischer Seite. Erst recht nach 1933 saß Windscheid dann ganz vorne auf der Anklagebank, und dies bis in die 1980er Jahre.

348 Auf der **Ebene der Begriffs- und Prinzipienbildung** lagen ‚die Dinge' freilich auch für Windscheid ausdrücklich anders. Interessenanalyse der „Bedürfnisse des Verkehrs", Billigkeits- und Gerechtigkeitserwägungen waren auch ihm dabei selbstverständlich, nur eben als getrennte Aufgabe.

349 Sein Werk bleibt ein sehenswertes Denkmal für diese beiden Seiten der Jurisprudenz und für den Zusammenhang von Rechtsbegriff, Methode, Systemharmonie und Verfassung. Man verlässt es nie ohne Belehrung. Die allzu zeitbedingten, polemisch erstarrten Texte über ihn haben dies lange verstellt.

IX. Quellen und Literatur

1. Zum Einstieg in die Windscheid-Texte

350 Von Windscheid sollte man die nur rund 15 Seiten der §§ 20–24 über Auslegung in seinem „Lehrbuch der Pandekten", Bd. 1, lesen, in einer der Auflagen ab 5. Aufl. 1879 – 9. Aufl. 1906, sowie die kurzen § 15 zu Gewohnheitsrecht und Gesetz und § 37 zum

---

116 Siehe dazu den HISTORISCHEN ÜBERBLICK, Rn. 1407 ff.

Begriff des Rechts. Daneben ist immer spannend seine Rede von 1884 über „Die Aufgaben der Rechtswissenschaft" u.a. in der Gesetzgebung, in *Oertmann* oder *Opuscula* (beide Fn. 24) – zumal in unserer so gesetzgebungs-, verordnungs-, richtlinien- usw. -reichen Rechtswelt.

2. Zum Einstieg in die Sekundärliteratur

Über Windscheids Methode und Zivilrecht empfiehlt sich eigentlich nur die auch hier gern verwendete Monographie von

Falk, Ulrich, Ein Gelehrter wie Windscheid. Erkundungen auf den Feldern der sog. Begriffsjurisprudenz, Frankfurt am Main 1989, 2. Aufl. 1999.

Gute kurze Einführungen geben

Schröder, Jan in *Kleinheyer/Schröder*, Deutsche und europäische Juristen aus neun Jahrhunderten, 9. A. 2017, S. 472–476.; mit etwas mehr Kontext *J. Rückert*, Windscheid – verehrt, verstoßen, vergessen, rätselhaft, in: JZ 72 (2017) S. 662–670; zuletzt *U. Falk*, Art. Windscheid, in Neue Deutsche Biographie 28 (2023) Sp. 423–425.

Biographisch und werkgeschichtlich umfassend informiert nun

Klein, Friedrich, Bernhard Windscheid: 26.6.1817–26.10.1892. Leben und Werk, Berlin 2014, 546 S.

3. Eine besondere Lektüre

1867 hielt Windscheid eine „Rede an die Studierenden" in München. Sie beeindruckt und bewegt noch immer, teils über den großen Abstand hinweg, teils wegen der zugleich doch erstaunlichen Nähe der Probleme, und vor allem wegen seiner ungemein ernsten menschlichen Zuwendung an seine Hörer. Der ‚ganze' Windscheid steckt in diesen wenigen Seiten, siehe den Abdruck in *Windscheid*, Kleine Schriften, S. 140–156 oder bei *Oertmann*, S. 50–65 (beides in Fn. 24).

Methode und Zivilrecht beim „Begriffsjuristen" Jhering (1818–1892)

von Ralf Seinecke

Übersicht

I.	Die „Begriffsjurisprudenz" und Rudolf von Jhering	158
II.	Kontexte der „Begriffsjurisprudenz"	161
III.	Methode und Interpretation	162
IV.	Dogmatik und Konstruktion	164
V.	Recht und Recht und Recht	169
VI.	Gesetz und Wissenschaft	172
VII.	Metaphysik und Praxis	174
VIII.	Sechs Thesen zu Jherings „Begriffsjurisprudenz"	178
IX.	Zum Beispiel die „Gefahr beim Kaufcontract"	180
X.	Die sechs Thesen nach dem Beispiel	185
XI.	Quellen und Literatur	186

I. Die „Begriffsjurisprudenz" und Rudolf von Jhering

352　Um Rudolf von Jhering (1818–1892) wird es wieder lauter. Seit seinem 200. Geburtstag erinnern immer mehr Schriften an ihn.[1] Jhering war vielen vieles – vor allem ein Wegbereiter der gegenwärtigen Jurisprudenz. Bis heute ist Jhering aber auch *der* Jurist der „Begriffsjurisprudenz". Er hatte sie 1884 in allem „Scherz und Ernst in der Jurisprudenz" auf den Begriff gebracht und zur „Scholastik in der heutigen romanistischen Wissenschaft" erklärt.[2] Dabei hatte Jhering sein vergangenes Alter Ego von der Kritik nicht ausgenommen (vgl. Scherz 338).[3] Ausdrücklich verwies er auf seinen berühmten programmatischen Aufsatz „Unsere Aufgabe" aus dem ersten Jahrgang der „Jahrbücher für die Dogmatik des heutigen römischen und deutschen Privatrechts"

---

[1] *Jansen/Reimann*, Begriff und Zweck in der Jurisprudenz – Ein Geburtstagsblatt für Rudolf von Jhering, in: ZEuP 26 (2018), 89–129; *Kunze*, „Lieber in Gießen als irgendwo anders …". Rudolf von Jherings Gießener Jahre, Baden-Baden 2018; *Rückert*, Das Methodenorakel Rudolf von Jhering (1818–1892), in: AcP 219 (2019), 457–487; Jhering heute. Rudolf von Jhering (1818–1892), hrsg. v. Het Groningsch Rechtshistorisch Fonds, Groningen 2018; weiter *Benedict*, Culpa in Contrahendo. Band I. Historisch-kritischer Teil: Entdeckungen – oder zur Geschichte der Vertrauenshaftung, Tübingen 2018, mit Bild von und Widmung für Jhering auf S. IV f.; *Meder*, Rudolf von Jhering und der Aufstand gegen den rechtswissenschaftlichen Formalismus, in: JZ 74 (2019), 689–696; Jhering global. Internationales Symposium zum 200. Geburtstag von Rudolf von Jhering (1818–1892), hrsg. v. Meder u. Mecke, Göttingen 2023; weiter *Mecke*, Begriff des Rechts und Methode der Rechtswissenschaft bei Rudolf von Jhering, Göttingen 2018. Zur internationalen Rezeption auch *Lloredo Alix*, From Europe but beyond Europe: The Circulation of Rudolf von Jhering's Ideas in East Asia and Latin America, in: Max Planck Institut for European Legal History research paper series, No 2016–11.

[2] *Jhering*, Scherz und Ernst in der Jurisprudenz. Eine Weihnachtsgabe für das juristische Publikum, Nachdruck der 13. Aufl. Leipzig 1924, Darmstadt 1992 (1. Aufl. 1884), 337, im Folgenden mit dem Kurztitel *Scherz* im Text zitiert. Hervorhebungen von Jhering werden wie bei allen übrigen Zitaten grundsätzlich dem Original entsprechend wiedergegeben. Zu Jherings *Scherz* in diesem Band auch *Rückert*, Die Schlachtrufe im Methodenkampf – ein historischer Überblick, unten insb. Rn. 1362–1375.

[3] Vgl. statt vieler nur die Kritiken von *Larenz*, Methodenlehre der Rechtswissenschaft, 6. Aufl. Berlin 1991, etwa 25; *Wieacker*, Rudolph von Jhering, in: Gründer und Bewahrer. Rechtslehrer der neueren deutschen Privatrechtsgeschichte, Göttingen 1959 (zuerst 1957), 197–212, hier 204, u. *Ehrlich*, Die juristische Logik, 2. Aufl. Tübingen 1925 (1. Aufl. 1918), 130.

und meinte auch die Konstruktionspassagen der zweiten Abteilung des zweiten Teils zum „Geist des römischen Rechts auf den verschiedenen Stufen seiner Entwicklung".[4]
Dadurch wurde „**Begriffsjurisprudenz**" zu *dem* Methodenstichwort des ausgehenden 19. und des ganzen 20. Jahrhunderts noch bis heute ins 21. Jahrhundert – natürlich nicht im Guten.[5] „Begriffsjurisprudenz" bietet die Negativfolie jeder Methodenrichtung, um sich ihrer selbst zu versichern; auch in diesem Band: ob Philipp Heck, Josef Esser oder Karl Larenz, jeder der das 20. Jahrhundert dominierenden Interessen- und Wertungsjuristen macht die „Begriffsjurisprudenz" zum schlimmsten theoretischen Widerpart. „Alles, nur nicht Begriffsjurisprudenz" – so hätte das Motto des ganzen vergangenen Jahrhunderts lauten können. Und unter diesem „Alles" hat man sich allerhand einfallen lassen. Die Kritik ist meist von wenig sachlicher Polemik getragen. „Begriffsjuristen" seien „lebensfremd", „formalistisch", „positivistisch", „praxisfern", „gerechtigkeitsignorant" usw. Die Schmähworte klingen meist scharf und zwingend, aber sie sagen nicht viel. Fragt man nämlich nach dem schöneren (nicht entfremdeten) Leben, dem besseren Inhalt (gegenüber der Form) und der höheren Gerechtigkeit (neben dem Gesetz), so zeigt sich die Relativität und Standpunktabhängigkeit der Vorwürfe gegen die verfehmte „Begriffsjurisprudenz".

Neben die sachlichen Probleme um die sog. „Begriffsjurisprudenz" treten personale Schwierigkeiten. Die neuere Forschung entlastet ihre Haupttäter. Die klassische Traditionslinie zur „Begriffsjurisprudenz" mit ihrem unschuldig-schuldigen Ahnherren Friedrich Carl von Savigny (1779–1861), ihrem Vordenker Georg Wilhelm Puchta (1798–1846), ihren Nachdenkern Rudolf von Jhering und Carl Friedrich von Gerber (1823–1891), schließlich ihrem Vollstrecker Bernhard Windscheid (1817–1892) hat sich als höchst verzerrt erwiesen.[6] Eben deshalb lohnt der Blick in der Methodengeschichte auf das Original „Begriffsjurisprudenz", das ihr Prophet Jhering um das Jahr 1858 der Rechtswelt verkündet hatte.

In diesem Stück „Begriffsjurisprudenz" ist Jhering ein **vielgestaltiger Protagonist**. Jhering hat diese „Begriffsjurisprudenz" nicht nur 1884 auf den Begriff gebracht, er soll sich auch um 1860 auf dem Weg nach „Damaskus" vom Begriffsaulus zum Zweck-

---

4 *Jhering*, Unsere Aufgabe, in: Jahrbücher für die Dogmatik des heutigen römischen und deutschen Privatrechts 1 (1857), 1–52, im Folgenden mit dem Kurztitel *Aufgabe* im Text zitiert. Die Konstruktionspassagen finden sich bei *Jhering*, Geist des römischen Rechts auf den verschiedenen Stufen der Entwicklung, Bd. II, Teilband 2, 5. Aufl. Leipzig 1898, 357–389. Dieser Band und die übrigen Bände des „Geists" werden im Folgenden nach der 6. Aufl. des Bandes I von 1907, der 5. Aufl. des Bandes II-1 von 1894 und der 5. Aufl. des Bandes III von 1906 mit dem Kurztitel *Geist* im Text zitiert.
5 Zu Begriffsjurisprudenz *Haferkamp*, Die sogenannte Begriffsjurisprudenz im 19. Jahrhundert – „reines" Recht?, in: Reinheit des Rechts. Kategoriales Prinzip oder regulative Idee, hrsg. v. Depenheuer, Wiesbaden 2010, 79–99, hier 79–81, u. *ders.*, Art. „Begriffsjurisprudenz", in: Enzyklopädie zur Rechtsphilosophie (http://www.enzyklopaedie-rechtsphilosophie.net, 1.7.2022); *J. Schröder*, Art. „Begriffsjurisprudenz", in: Handwörterbuch zur deutschen Rechtsgeschichte, Bd. I, hrsg. v. Cordes, Lück u. Werkmüller, 2. Aufl. Berlin 2008, Sp. 500–502. Vgl. aus dem älteren Schrifttum *Krawietz*, Zur Einleitung: Juristische Konstruktion, Kritik und Krise dogmatischer Rechtswissenschaft, in: Theorie und Technik der Begriffsjurisprudenz, hrsg. v. Krawietz, Darmstadt 1976, 1–10, u. *ders.*, Art. „Begriffsjurisprudenz", in: Historisches Wörterbuch der Philosophie, Bd. 1, hrsg. v. Ritter, Basel u. Stuttgart 1971, Sp. 810–813. Mit Blick auf Jhering jetzt *Jansen/Reimann*, Begriff und Zweck, ZEuP 26 (2018, Fn. 1), 104–106.
6 Vgl. nur die Beiträge in diesem Band von *Rückert*, Methode und Zivilrecht beim Klassiker Savigny (1779–1861), Rn. 76–212, u. *Haferkamp*, Rechtslehre und Methode bei Georg Friedrich Puchta (1798–1846), Rn. 213–279. Zu Windscheid immer noch wichtig *Falk*, Ein Gelehrter wie *Windscheid*. Erkundungen auf den Feldern der sogenannten Begriffsjurisprudenz, Frankfurt am Main 1989 sowie in diesem Band *Rückert*, Methode und Zivilrecht bei Bernhard Windscheid (1817–1892), Rn. 280–351.

paulus bekehrt haben.[7] Dazu kommen verwirrende Schwierigkeiten in der Rezeption dieses unruhigen Geists. Schon sein Name kennt viele Varianten (etwa Rudolph oder Ihering): heute nennt man ihn einhellig und spricht den Nachnamen zweisilbig *Rudolf von Jhering*.[8] Den Adelstitel gewann er bei seinem Weggang aus Wien nach Göttingen 1872; er war ein gefeierter Gelehrter seiner Zeit.[9] Doch nicht nur Jherings schwieriges Selbstverhältnis im Begriffsjuristischen bereitet Deutungsprobleme. Vor allem seine metaphernreiche Sprache ist nur schwer zu durchschauen.[10] Immer wieder erklärt er seine Thesen in kräftigen Bildern und überraschenden Gleichnissen, die seine Arbeiten zwar unscharf, aber in ihrer beispielsreichen Unschärfe oft geradezu prophetisch werden lassen. Daneben ist auch Jherings Werk selbst ein Interpretationshindernis. Unzählige Brüche und Neuorientierungen prägen es. Seine Hauptwerke zum „Geist des römischen Rechts" (1. Aufl. 1852–1865) in drei Teilen und vier Bänden mit fast 1500 Seiten wie auch „Der Zweck im Recht" (1. Aufl. 1877 und 1883)[11] in zwei Bänden mit fast 1300 Seiten blieben trotz gewaltiger Textmassen unvollendet. Daneben stehen wichtige und vielgelesene kleinere Schriften wie der Weltbestseller „Der Kampf ums Recht" von 1872,[12] die juristische Weihnachtsgabe „Scherz und Ernst in der Jurisprudenz" von 1884, auch seine Wiener Antrittsvorlesung von 1868 „Ist die Jurisprudenz eine Wissenschaft" oder der Wiener Vortrag von 1884 „Ueber die Entstehung des Rechtsgefühles".[13] Neben diesen epochalen methoden- und rechtstheoretischen Arbeiten bietet Jhering auch ein reiches Oeuvre an rechtsdogmatischen Schriften, von denen viele in Jherings „Jahrbüchern für die Dogmatik des heutigen römischen und deutschen Privatrechts" erschienen. Heute am bekanntesten ist seine ‚Entdeckung' der *culpa in contrahendo* um 1860.[14]

---

7 Statt vieler *Wieacker*, Privatrechtsgeschichte der Neuzeit, 2. Aufl. Göttingen 1967 (1. Aufl. 1952), 450. Von „Bekehrung" spricht *Kantorowicz*, Iherings Bekehrung, in: Deutsche Richterzeitung 6 (1914), 84–87. Diese Deutung Jherings verteidigt unter dem Stichwort „Umschwung" jüngst wieder *Behrends*, Jherings „Umschwung", in: ZRG RA 134 (2017), 539–557. Dagegen *Lahusen*, Rechtspositivismus und juristische Methode. Betrachtungen aus dem Alltag einer Vernunftehe, Weilerswist 2011, 176; *Seinecke*, Rudolf von Jhering anno 1858. Interpretation, Konstruktion und Recht der sog. „Begriffsjurisprudenz", in: ZRG GA 130 (2013), 238–280, hier 244 f. u. 279 f.; *Benedict*, Culpa in Contrahendo (2018, Fn. 1), 27–32; *Jansen/Reimann*, Begriff und Zweck, ZEuP 26 (2018, Fn. 1), 127; und *Rückert*, Art. Rudolf von Jhering, in: 600 Jahre Niedersächsische Juristen, hrsg. v. Rückert u. Vortmann, 2. Aufl. Halle (Saale) 2021, 239–272, hier 260 f. Von einer „wissenschaftskritischen Wende" spricht *Mecke*, Begriff des Rechts (2018, Fn. 1), 242–260.
8 Zur Aussprache des Namens siehe *Jhering* in Briefen an seine Freunde, hrsg. v. Ehrenberg, Leipzig 1913, Selbstzeugnis, nach Nr. 66, S. 217.
9 Zur Biographie Jherings vor allem *Kunze*, Rudolf von Jhering – ein Lebensbild, in: Rudolf von Jhering. Beiträge und Zeugnisse, hrsg. v. Behrends, Göttingen 1992, 11–28; zur Gießener Zeit weiter *ders.*, „Lieber in Gießen als irgendwo anders …" (2018, Fn. 1).
10 Dazu jetzt *Möller*, Die juristische Konstruktion im Werk Rudolf von Jherings – vom universellen Rechtsalphabet bis zur juristischen Schönheit, in: JZ 72 (2017), 770–777, hier 775 f.
11 *Jhering*, Der Zweck im Recht, 1. Aufl. Bd. I Leipzig 1877 u. Bd. II 1883, 2. Aufl. Bd. I 1884 u. Bd. II 1886, 5. danach unveränderte Aufl. Bd. I u. II 1916, im Folgenden wird die 2. Aufl. mit dem Kurztitel *Zweck* im Text zitiert. Vgl. zum Spätwerk Jherings vor allem *Behrends*, Rudolph von Jhering (1818–1892). Der Durchbruch zum Zweck des Rechts, in: Rechtswissenschaft in Göttingen. Göttinger Juristen aus 250 Jahren, hrsg. v. Loos, Göttingen 1987, 229–269.
12 Zu den biographischen Hintergründen des „Kampfs" jetzt sehr lesenswert *Hanewinkel/Linder*, „Ein Mann von kräftigem Rechtsgefühle". Rudolf von *Jherings Prozess* gegen seine Hausangestellte und der *Kampf um's Recht*, in: ZNR 42 (2020), 61–76.
13 *Jhering*, Ist die Jurisprudenz eine Wissenschaft?, hrsg. v. Behrends, Göttingen 1998 (zuerst 1868); *ders.*, Ueber die Entstehung des Rechtsgefühles, hrsg. v. Behrends, Neapel 1986 (zuerst 1884).
14 *Jhering*, Culpa in contrahendo oder Schadensersatz bei nichtigen oder nicht zur Perfection gelangten Verträgen, in: Jahrbücher für die Dogmatik des heutigen römischen und deutschen Privatrechts 4 (1861), 1–112; dazu jetzt *Benedict*, Culpa in Contrahendo (2018, Fn. 1), 17–133; und in diesem Band *Rückert*, Methode und Zivilrecht bei Bernhard Windscheid (1817–1892), Rn. 338–342.

Diese Vielfalt aus Jherings Werk kann hier getrost außer Acht gelassen werden. Sie verwirrt und versperrt in ihrer Vielheit und Komplexität den Blick auf Jherings Theorie der Konstruktionsjurisprudenz, also seine Methode um 1858, die Jhering erst 1884 als „Begriffsjurisprudenz" diffamierte. Diese Begriffsjurisprudenz soll in fünf Doppelthemen behandelt werden: Interpretation und Methode (III.), Konstruktion und Dogmatik (IV.), Recht und Rechtsbegriff (V.), Gesetz und Wissenschaft (VI.), schließlich Praxis und Metaphysik (VII.). Hilfreich für das Verständnis von Methode und Zivilrecht beim Begriffsjuristen Jhering ist aber zunächst der **Kontext** seiner Zeit. Die Rechtszeit der 50er Jahre des 19. Jahrhunderts nämlich unterscheidet sich von unserer in vielen Hinsichten.

II. Kontexte der „Begriffsjurisprudenz"

Jherings Abschnitte zur Theorie der juristischen Konstruktion als „Begriffsjurisprudenz" entstammen dem zweiten Teilband des zweiten Teils seines „Geist des römischen Rechts". Das **römische Recht** war dem 19. Jahrhundert nicht nur das Recht einer vergangenen Epoche, sondern zugleich das Recht der eigenen Zeit. Wie schon Friedrich Carl von Savigny in seinem „System des heutigen Römischen Rechts" (1840–1849)[15] ein „*heutiges*" Recht in systematischen Zusammenhang brachte, spürte Jhering in seinem „Geist des römischen Rechts" nicht der Geschichte aus zweckfreiem Müßiggang nach, sondern er wollte aus dieser Geschichte ein zeitgemäßes und zugleich ewiges Destillat brennen. Deshalb nannte er den Drucktitel des „Geist" schon im Vorwort zur 2. Auflage von 1866 „den ersten groben Fehler des Buches!" (Geist I VIII) Jhering suchte den *Geist* des Rechts, nicht das Recht des vergangenen Roms. Wie immer etwas überspitzt schrieb Jhering seinem Freund Bernhard Windscheid: „Mir liegt an der römischen Jurisprudenz nichts".[16] So wie im bald 500 Jahre alten Petersdom oder in der über 1500 Jahre alten Basilika San Pietro in Vincoli noch *heute* gepredigt wird und so wie das „Heilige Römische Reich" in seiner Geschichte zu einem der „Deutschen Nation" gemacht wurde, predigte auch Jhering seinem Zeitgeist den „Geist des römischen Rechts".[17]

Dabei war das römische Recht im 19. Jahrhundert nur eine von vielen **Rechtsquellen**, derer sich Gerichte und Gelehrte bedienten – freilich eine besonders prominente. Auf dem Flickenteppich der deutschen Kulturnation galten verschiedene Partikular- oder Gesetzesrechte (etwa das preußische Allgemeine Landrecht von 1794, der französische Code civil von 1804 oder das österreichische Allgemeine Bürgerliche Gesetzbuch von 1811), sehr viel Gewohnheitsrecht und schließlich das sog. gemeine, d.h. allgemeine Recht, zu dem neben den römischen auch einheimische Rechtsquellen wie der mittelalterliche Sachsenspiegel zählten. In jedem deutschen Land oder Fürstentum entsprang das Recht unterschiedlichen Quellen. Und selbst die römische ‚Kodifikation', das *corpus iuris civilis*, war kein ‚lückenloser' Kodex wie die modernen Gesetzbücher des 19. Jahrhunderts. Ihr wichtigstes Buch, die Pandekten bzw. Digesten, war eine „Art

---

15 *Savigny*, System des heutigen römischen Rechts, 8 Bände, Berlin 1840–1849.
16 *Jhering* in Briefen (1913, Fn. 8), Brief Nr. 20 v. 29.7.1856 an Windscheid, 65 f.
17 Die drei großen Erbschaften Roms, also Reich, Religion und Recht, preiste *Jhering* seit der dritten Auflage, 1866, in den ersten Sätzen vom „Geist" I 1: „Drei Mal hat Rom der Welt Gesetze dictiert, drei Mal die Völker zur Einheit verbunden, das erste Mal, als das römische Volk noch in der Fülle seiner Kraft stand, zur Einheit des *Staats*, das zweite Mal, nachdem dasselbe bereits untergegangen, zur Einheit der *Kirche*, das dritte Mal in Folge der Reception des römischen Rechts im Mittelalter zur Einheit des *Rechts*; das erste Mal mit äußerm Zwange durch die Macht der Waffen, die beiden andern Male durch die Macht des Geistes."

Entscheidungssammlung mit etwa 9000 Fall-Fragmenten."[18] Hier blieb viel Raum für „Geist" und „System" als Stichworten der Zeit.[19]

359 Weitere Rahmenbedingungen sind wichtig für das Verständnis des Rechts in der Mitte des 19. Jahrhunderts.[20] So war das öffentliche Recht vor allem im Vergleich zum Privatrecht nur wenig ausgebildet und hat den Staatsbürgern kaum Schutz vor dem Staat verbürgt. Eng damit zusammen hängt das Verständnis vom bürgerlichen Privatrecht als Verfassung.[21] Der Staat wurde aus Markt, Produktion und Wirtschaft, aus Miete, Arbeit, Familie und Erbe grundsätzlich ausgeschlossen, so dass den Bürgern ein politisch freier Raum garantiert und die monarchischen Gewalten in ihre Grenzen gewiesen wurden. Die Rechtswissenschaft der Zeit stand noch unter dem Stern Savignys und der „historischen Rechtsschule", philosophische „Naturrechte" à la Kant oder Hegel hingegen waren *out*.[22]

360 Auch die allgemeinen Stimmen und Stimmungen der Jahrhundertmitte helfen auf der Suche nach Jherings „Geist". Politisch waren die national-liberalen Bewegungen der deutschen 1848er Revolution vorerst gescheitert – sicher nicht ohne Spuren zu hinterlassen. Die deutsche Nation sollte sich um 23 weitere Jahre verspäten, erst 1871 entstand das Deutsche Reich. Ein deutsches demokratisches Parlament (Paulskirche 1848) gab es nicht mehr. Es herrschten weiter die Landesfürsten mit mehr oder weniger starken Landesparlamenten. Auch philosophisch war das 19. Jahrhundert im Umbruch. Mit Hegel starb bald der Glaube an die idealistischen Systeme und die Hoffnung, das empirisch-weltliche Chaos in metaphysisch-spekulative Ordnung bringen zu können.[23] An die Stelle des spekulativen Systemglaubens traten vor allem die vielen Strömungen im Fluss der häufig negativ verwendeten Parole „Positivismus" und die Hoffnung auf die sichereren Errungenschaften der Naturwissenschaften, natürlich auch Gegenbewegungen wie Materialismus, Lebensphilosophie usw.

III. Methode und Interpretation

361 Jherings Methodenlehre findet meist wenig Beachtung. Das ist nicht verwunderlich, hatte doch Jhering selbst nicht viel für Interpretation, Hermeneutik oder Methode übrig. Vom schlichten Wort und den einfachen Buchstaben der Gesetze hielt Jhering nicht viel. Ihm ging es mehr um „**Geist**", eben den „Geist des (römischen) Rechts".

---

18 Sehr prägnant *Rückert*, Savignys Dogmatik im „System", in: Festschrift für Claus-Wilhelm Canaris zum 70. Geburtstag, hrsg. v. Heldrich, Prölss u.a., München 2007, 1263–1297, hier 1272 auch mit Hinweisen zur allgemeinen Rechtsquellenlage in Deutschland.
19 Vgl. zu „System" in der ersten Hälfte des 19. Jahrhunderts J. *Schröder*, Recht als Wissenschaft. Geschichte der juristischen Methode in der Neuzeit, 3. Aufl. München 2020, 251–253, u. *Rückert*, Heidelberg um 1804 – oder: die erfolgreiche Modernisierung der Jurisprudenz durch Thibaut, Savigny, Heise, Martin, Zachariä u.a., in: Heidelberg im Umbruch. Traditionsbewußtsein und Kulturpolitik um 1800, hrsg. v. Strack, Stuttgart 1987, 83–116, wiederabgedruckt in *ders.*, Ausgewählte Aufsätze, Goldbach 2012, 39–72.
20 Hierzu sehr aufschlussreich K. W. *Nörr*, Eher Hegel als Kant. Zum Privatrechtsverständnis im 19. Jahrhundert, Paderborn u.a. 1991, insbes. 11–15.
21 Dazu grundlegend *Grimm*, Verfassung und Privatrecht im 19. Jahrhundert, Tübingen 2017, 35: „Darin liegt der Hauptgrund für die Verkennung des materiellen Zusammenhangs von Verfassung und Privatrecht. Inhaltliche Relevanz für das Privatrecht besaß die Verfassung weniger durch das, was sie anordnete, als durch das, was sie ausschloss."
22 Zur historischen Rechtsschule grundlegend *Haferkamp*, Die historische Rechtsschule, Frankfurt am Main 2018, u. *Rückert*, Die Historische Rechtsschule nach 200 Jahren – Mythos, Legende, Botschaft, in: JZ 65 (2010), 1–9.
23 Zu den vielen philosophischen Umbrüchen und Wendungen im 19. Jahrhundert nach Hegel sehr lehrreich *Schnädelbach*, Philosophie in Deutschland 1831–1933, 6. Aufl. Frankfurt am Main 1999 (zuerst 1983); vgl. für Jhering *Wieacker*, Rudolph von Jhering (1957, Fn. 3), 197 f.

Schon die Überschriften der Interpretationslehre verheißen dieser nichts Gutes: „Das Haften am Wort" ist Unterabschnitt zum „Haften des Rechts an der Aeußerlichkeit". Und wer lässt sich gern vorwerfen, er ‚hafte' (unaufgeklärter-, unrichtiger- oder unüberlegterweise) an einem Wort oder an Äußerlichkeiten?

Diese grundsätzliche Skepsis gegenüber Worten kleidete Jhering in die bereits zu seiner Zeit alt-idealistischen Doppelspiele von innen und außen, objektiv und subjektiv, geistig und bloß buchstäblich oder auch von wesentlich und scheinbar. Diese (metaphysische) **Doppelungstechnik** oder Dialektik begleitete Jherings ganzen „Geist" des Rechts. Ein (ontisch) Gutes steht einem (ontisch) Schlechten gegenüber. Das Wesen unterscheidet sich wesentlich von seinen Erscheinungen. Auf die Interpretation gemünzt heißt das: Gedanke vor Wort, Denken vor Sprechen (vgl. Geist II-2 444 f.). Kein Gedanke lässt sich voll in Worten fassen. Kein wahres und richtiges Recht ist in Formeln und Sprüchen, in Sätzen und Worten zu bändigen. Aus dieser (spekulativen) Einsicht folgte für Jhering der Vorrang der **logischen Interpretation** vor der **grammatischen**.[24] Das leuchtet ein, sobald seine scharfe Formulierung der Wortlautinterpretation betrachtet wird: „Oberster Grundsatz der Wortinterpretation ... ist, daß alles, was gewollt, ausdrücklich gesagt werden muß; was gewollt, aber nicht gesagt ist, kommt nicht in Betracht" (Geist II-2 450). Die Grammatik kann weder Text noch Nicht-Text hinter sich lassen. Geistlos war sie bei Jhering an die Buchstaben gefesselt. Sie haftet eben am Wort.

362

Während die grammatische Interpretation bei „*den Worten stehen*" bleibe (Geist II-2 446), gehe die logische Interpretation „*über die Worte hinaus*" (Geist II-2 446). Sie versetze sich „in die Seele des Redenden" (Geist II-2 446) und suche den „Gedanken gewissermaßen in seiner Heimath auf" (Geist II-2 446). Logik hieß 1858 also keinesfalls formale Logik, d.h. das denknotwendige Relationieren von (Aussage-)Sätzen, sondern Verstehen von Bedeutungen, Nachdenken von Gedachtem, kurz: inhaltliche Logik.

363

Aber auch Interpretation war für Jhering nicht gleich Interpretation. Vor allem die Auslegung von Rechtsgeschäften unterschied er von der Auslegung von Gesetzen. Während die Teilnehmer des Rechtsverkehrs etwa im Vertragsschluss für ihr Handeln und ihre Wortwahl selbst verantwortlich sind, haben sie auf die Formulierungen von Gesetz und Gesetzgeber keinen Einfluss. Deshalb folgte Jhering dem Weg des Wortes zumindest auf halber Strecke. Wenn auch nicht uneingeschränkt, so betonte Jhering doch die Vorzüge der Wort-Geltung bei der **Auslegung der Rechtsgeschäfte**:

364

> „Wo das Wort und nichts als das Wort gilt, vermag keine Kunst, keine Deutung ein richtig gewähltes Wort zu entkräften, das Resultat der Interpretation ist hier im voraus mit aller Gewißheit zu berechnen, während dies bei der logischen Interpretation keineswegs der Fall ist, da die Subjektivität des Richters hier einen ungleich größeren Spielraum hat. Gefährlich für den Unkundigen und Unvorsichtigen, war jene Strenge der Interpretation für den Kundigen und Vorsichtigen eher vortheilhaft als nachtheilig." (Geist II-2 455)

Berechenbare „Gewissheit" und Objektivität des Richters stehen der gefährlichen Strenge der Interpretation auf der anderen Seite gegenüber. Weil der Rechtsverkehr und die Rechtsbetroffenen sich aber auf Chancen und Gefahren des Wortes einstellen

365

---

24 Zur logischen Interpretation bei Savigny vgl. in diesem Band *Rückert*, Methode und Zivilrecht beim Klassiker Savigny (1779–1861), Rn. 76 f. u. 143 f.

können und hier des einen Freud mit des anderen Leid verknüpft ist (und *vice versa*), hielt Jhering im Gegensatz zum heutigen Recht bei der Auslegung von Willenserklärungen (§ 133 BGB) nicht am „wirklichen Willen", sondern am ‚wirklichen Wort' fest.

366 Anders bewertete Jhering die Aufgabe der Auslegung bei der **Interpretation von Gesetzen**. Hier lobte er die Kunst der römischen Juristen, sich mit keinem Wort vom Richtigen abbringen zu lassen. Nicht der Gesetzestext war bei Jhering das Maß der Auslegung, sondern „das praktische Bedürfnis" (Geist II-2 463) oder „die Interessen des Lebens" (Geist II-2 461). Während der Dichterjurist Goethe noch spöttisch schrieb: „Im Auslegen seid frisch und munter! Legt ihr's nicht aus, so legt was unter",[25] wandte Jhering diese Polemik in seinem Lob der römischen Jurisprudenz in Apologetik:

> „Denn sie [sc. die römische Jurisprudenz] beschied sich nicht bloß *aus*zulegen, sondern sie legte *unter*, sie drehte und deutete das Gesetz, wie sie es haben *wollte*, sie stellte sich, wenn auch der Form nach *unter*, doch der Sache nach *über* das Gesetz. ... Nicht die Frage nach der *Richtigkeit* der Auslegung, sei es der bloßen Worte, sei es des legislativen Gedankens, entschied über die Annahme oder Verwerfung derselben, sondern die Frage von der praktischen *Angemessenheit* derselben." (Geist II-2 463)

367 „Praktische Angemessenheit" und „Interessen des Lebens" oder „das praktische Bedürfnis" waren also die Stichworte von Jherings Gesetzesinterpretation schon 1858. Es ging Jhering mehr um „Gedanke" und „Logik", weniger um „Gesetz", „Wort" und „grammatische Interpretation", nie um „Buchstaben-Fanatismus" (Aufgabe 38). Diese Alternativen von Grammatik und Logik, Auslegung und Angemessenheit waren bei Jhering aber keineswegs einseitig und ausschließlich gedacht. Jhering, der von sich selbst sagte, er wolle den „Charakter eines Rechts" keinesfalls „auf eine kurze Formel" reduzieren (Geist II-2 IX), suchte in seinen vielen Metaphern und Sprach-Bildern eben die Zwischen-Räume eines „Mehr" oder „Weniger" an Interpretations-Recht zu durchschreiten.

IV. Dogmatik und Konstruktion

368 Jherings Methode erschöpft sich aber nicht in dem, was wir heute unter das Stichwort „Methodenlehre" fassen. Nicht nur Auslegungsregeln und *canones*, Argumentation und Rhetorik, also die ‚einfachen' Mittel der Rechtsfindung, haben bei Jhering Methode. Methode fällt bei ihm vor allem mit Dogmatik als **Konstruktion** zusammen. Beide sind bei Jhering voneinander nicht zu trennen. Das gegebene Recht (Dogmatik bzw. Konstruktion) und die aufgegebene Rechtsfindung (Methode) synthetisiert Jhering in einer Theorie der „Recht-Fertigung",[26] die beides umfasst – Methode und System, Dynamik und Statik, Praxis und Begriff des Rechts. Jherings Konstruktion als „**naturhistorische Methode**" ist gleichzeitig beides.[27]

---

25 Vgl. *Goethe*, Zahme Xenien II (1821), in: Johann Wolfgang Goethe, Sämtliche Werke nach Epochen seines Schaffens. Münchner Ausgabe, hrsg. v. Richter, Bd. 13.1, München 1992, 53.

26 Zum Begriff der Recht-Fertigung *Wiethölter*, Zum Fortbildungsrecht der (richterlichen) Rechtsfortbildung. Fragen eines lesenden Recht-Fertigungslehrers, in: KritV 3 (1988), 1–28, u. *ders.*, Recht-Fertigungen eines Gesellschafts-Rechts, in: Rechtsverfassungsrecht. Recht-Fertigung zwischen Privatrechtsdogmatik und Gesellschaftstheorie, hrsg. v. Teubner u. Joerges, Baden-Baden 2003, 13–21.

27 Siehe zum Begriff der „naturhistorischen Methode" im Kontext von „System" und Kant *Kambartel* in der Diskussion zu *Coing*, Der juristische Systembegriff bei Jhering, in: Philosophie und Rechtswissenschaft. Zum Problem ihrer Beziehung im 19. Jahrhundert, hrsg. v. Blühdorn u. Ritter, Frankfurt am Main 1969, 149–171 und die Diskussion, 172–184, hier 178 f.

Zählten einfache Interpretation und Auslegung für Jhering zur „niederen Jurisprudenz" (Geist II-2 358), also einer Jurisprudenz die sich mit Rechtssätzen in ihrer ursprünglichen „Form des Verbots oder Gebots" auseinandersetzt (Geist II-2 358), so eröffnete die juristische Konstruktion ihm den Weg zur „höheren Erscheinungsform des Rechts" (Geist II-2 358). Die methodische Forderung dieser „höheren Jurisprudenz" (Geist II-2 358) lautete „**Production**" (Aufgabe 3 u. ö.). Damit meinte Jhering ein Schaffen und Arbeiten am „absolut neuen Stoff" (Aufgabe 8), das er der untätigen Tätigkeit einer nur „receptiven Jurisprudenz" (Aufgabe 4 u. ö.) entgegensetzte. Mit dieser produktiven Jurisprudenz proklamierte Jhering eine Jurisprudenz als Rechts-Wissenschaft, die das Recht aus den Verlegenheiten der Geschichte befreit.[28] Diese „höhere Jurisprudenz" kennt nun viele Gesichter: „Naturhistorische Methode", **juristische Construction**" und „**System**" sind nur verschiedene Aspekte ein und derselben Sache. Zur naturhistorischen Methode und Konstruktion schrieb er:

369

> „Wir sind an dem Punkt angelangt, um zu der juristischen Construction zurückzukehren und sie mit *Einem* Wort definiren zu können, nämlich als *Gestaltung des Rechtsstoffs im Sinn der naturhistorischen Methode*. Die juristische Construction ist, so zu sagen, die bildende Kunst der Jurisprudenz, ihr Gegenstand, ihr Ziel ist der juristische Körper." (Geist II-2 370)

Naturhistorische Methode und Konstruktion sind also eng miteinander verknüpft. Während Jhering die Konstruktion als Produkt schilderte, dient ihr die naturhistorische Methode als bewegte Produktion, sie arbeitet, sie operiert, sie schafft die Konstruktion als Dogmatik. Als Verfahren zur Gewinnung von Recht gestaltet sie den Rechtsstoff und verändert ihn: „Die naturhistorische Methode bedeutet *die Erhebung des Rechtsstoffes in einen höhern Aggregatzustand*" (Geist II-2 361). Doch schon hier drängen sich Folgefragen auf: Was kennzeichnet diesen Aggregatzustand? Und wie hoch hebt ihn die naturhistorische Methode? Die Antwort auf diese Fragen hängt eng mit Jherings Verständnis von Konstruktion und **System** zusammen:

370

> „Wir wollen das durch die Construction im Sinn der naturhistorischen Methode gestaltete Recht das System nennen und fassen den Inhalt der folgenden Ausführung in die beiden Sätze zusammen: das System ist die praktisch vortheilhafteste Form des *positiv gegebenen* Stoffs – und: es ist die Quelle *neuen* Stoffs." (Geist II-2 383)

Jhering identifizierte hier „System" und „Constructionen" miteinander. Und er erhob System und Konstruktion zur Form, zu der die naturhistorische Methode drängte. In diesem *corpus* gewann der naturhistorisch bearbeitete Stoff seine Struktur, seine Elemente, seine Gestalt. Er ruhte nun im „juristischen Körper" als juristischem *System*, nachdem er zuvor natürlich-historisch am Rechtsstoff erarbeitet wurde.

371

Dem naturhistorisch konstruierten System wies Jhering zwei **Funktionen** zu: eine pragmatische und eine produktive. System als Ordnung des Stoffes ist zunächst eine höchst praktikable Form für den Umgang mit Recht. Sie speichert wissenschaftliche, richterliche oder legislative Entscheidungen über Recht in ihrem „Gedächtnis" (Geist II-2 383) und ermöglicht einen einfachen Überblick über die verschiedenen Teile der

372

---

28 Vgl. das berühmte Wort in Aufgabe 16: „Eine Jurisprudenz, die seit Jahrtausenden arbeitet, hat die Grundformen oder Grundtypen der Rechtswelt entdeckt, und in ihnen hält sich auch alle fernere Bewegung, so sehr sie im Uebrigen von der bisherigen divergiren möge; eine solche Jurisprudenz läßt sich nicht mehr durch die Geschichte in Verlegenheit setzen."

systematischen Ordnung. Es sei „die *bequemste*, weil *kürzeste*, *concentrirteste* Form des Stoffs" (Geist II-2 384). Vor allem aber biete das System „die durchsichtigste Form" des Rechts (Geist II-2 385), da es zum einen die Aufmerksamkeit des Rechtssuchenden auf „die feinsten Unterschiede und Ähnlichkeiten" (Geist II-2 385) lenke und zum anderen „die stillschweigenden Voraussetzungen" von Gesetzen und Recht explizit mache (Geist II-2 385). Interessanter als diese rezeptive Seite des Systems ist seine produktive. Das System sei „unversiegbare Quelle neuen Stoffs" (Geist II-2 386). Jhering gewann Recht also nicht nur aus vorgegebenen Rechtssätzen, wie etwa Gesetzen, sondern vor allem aus der Logik des Systems. Nicht nur die singuläre *lex* aus dem *corpus iuris* ermöglicht die Bildung von Rechtssätzen, sondern vor allem die Zusammensetzung der verschiedenen *leges* zu einem System schafft die Sätze des Rechts. Die Verallgemeinerung durch das oder im System wird zur selbstständigen Rechtsquelle. Dabei blieb Jhering die Erklärung der normativen Kraft des Systems im System, also die Legitimation der Systemmacht, schuldig. Dunkel wich er aus auf metaphysische Begründungen und sprach von *„juristischer Speculation"* (Geist II-2 387) oder beschwor eine *„Natur der Sache"* (Geist II-2 388) und die „Natur der Dinge" (Geist II-2 342).

373 Diese spekulative Metaphysik lässt sich in Jherings Lehre von den „**juristischen Körpern**" besonders anschaulich nachweisen. Vor allem in dem von ihm verwendeten Bild der bildenden Kunst, also dem des Bildhauers, wird sie offensichtlich. So wie der Bildhauer seinen Marmor beschlägt und aus dem Stein die Skulptur herausbricht, so behaut der Rechtsgelehrte die unbearbeiteten Rechtsmassen und ringt ihnen das geltende Recht in Form des Rechtskörpers ab. Wichtig ist in diesem Bild: Das Bildnis steckt (als Wesen) immer schon im Marmor, der Rechtskörper also immer schon im Rechtsstoff. So wie der erfahrene Bildhauer seine Skulptur schon beim Anblick des nackten Steines vorstellen kann, muss auch der Jurist mit seinem Judiz das Recht im Recht sehen können. Erst mithilfe dieses Körper-Bildes wird Jherings begriffsmetaphysische Körperlehre leichter verständlich. Seine eigene Erklärung nämlich beschränkte sich auf wenig aussagekräftige metaphysische Behauptungen:

> „Die Angabe dessen, was der Körper ist, ist gleichbedeutend mit dem *Begriff* desselben, der Begriff ,begreift', d.h. ergreift ihn in seiner Wesenheit, er ,definirt' ihn, d.h. gränzt ihn von andern ab, gibt ihm ein logisches ,Für sich sein'" (Geist II-2 363).

374 Jherings Begriff des Körpers kleiden die Gewänder einer **spekulativen Metaphysik**. Er sprach nicht nur von „begreifendem Begriff", „Wesenheit", „Für sich sein", sondern weiter von „innerstem Kern" oder einer „Quintessenz des Körpers" (Geist II-2 363) auch von „juristischen Existenzen" (Aufgabe 10). Kaum zu überbieten ist Jherings Vorstellung von der Zeugungskraft der Begriffe und der „Möglichkeit einer *Vermehrung* des Rechts aus sich selbst" (Geist I 40): „Durch Kombination der verschiedenen Elemente kann die Wissenschaft *neue* Begriffe und Rechtssätze bilden; die Begriffe sind produktiv, sie paaren sich und zeugen neue." All diese Bilder und Sprachspiele sind nur in einer metaphysischen Rationalität zu fassen; einer Rationalität, die das positive aus Jherings (römischem) Recht in seinem „Geist" ,aufhebt'. Es ist diese Erhebung des materiellen Rechtsstoffs in den ,geistigen' „Aggregatzustand", das (metaphysische) Recht des (positiven) Rechts, das Jherings System und Konstruktion die produktive Kraft verleiht und gewährleistet.

Diesen spekulativen Kern einer metaphysischen Rationalität aber fing Jhering in seinen 375
drei **Gesetzen der juristischen Konstruktion** wieder (positiv-orientiert) auf.²⁹ Jhering
unterschied ein „positives", ein „logisches" und ein „ästhetisches" Gesetz (Geist II-2
379), denen jede Konstruktion gehorchen müsse: (1.) das „Gesetz der Deckung des positiven Stoffs" (Geist II-2 371–374), (2.) das „Gesetz des Nichtwiderspruchs" (Geist
II-2 374–379) und schließlich (3.) das „Gesetz der juristischen Schönheit" (Geist II-2
379–382). Das **„Gesetz der Deckung"** forderte zunächst die Bindung der Konstruktion
an die positiven Grundsätze (Geist II-2 371). Hier waren einer kruden Metaphysik erste Grenzen gezogen. Die juristische Spekulation dürfe vor allem nicht zu „Resultaten"
führen, „welche dem positiven Recht nicht entsprechen" (Geist II-2 374). Sie darf sich
also nicht mit dem positiven Recht in Widerspruch setzen und dieses überformen. Das
ist aber nur die eine Seite des Gesetzes. In der Anordnung der positiven, „gegebenen
Punkte" sei die Jurisprudenz als Rechtswissenschaft „völlig frei" (Geist II-2 371 f.).
Damit war das Verhältnis von positivem Recht und Metaphysik dialektisch konstruiert. Sein positives Gesetz zielte auf Bindung in Freiheit oder Freiheit in Bindung – immer aber mit einem Vorrang der Freiheit.

Jherings zweites Konstruktionsgebot, das **„Gesetz des Nichtwiderspruchs"**, befasste 376
sich demgegenüber nicht mit dem Verhältnis von begrifflicher Produktion und positivem Recht. Es zielte auf „Widersprüche der Wissenschaft mit sich selbst" (Geist II-2
374). Das begriffliche System und seine Körper durften keine sich widersprechenden
Rechtssätze zur Folge haben. Der Konstrukteur müsse die „juristischen Körper" in
allen „erdenklichen Lagen" (Geist II-2 375) ihrer Anwendungsbereiche inspizieren und
ihr Recht vergleichen. Dabei sollte gleichgültig sein, ob es sich um „eine ungewöhnliche und praktisch belangreiche" Lage handele oder nicht (Geist II-2 375). Es gehe
„bei der ganzen Aufgabe nicht um ein praktisches, sondern um ein logisches Problem"
(Geist II-2 375). Gemeint war aber kein formallogischer Vergleich von konstruierten
Rechtssätzen. „Logik" ist wieder nicht formal, sondern inhaltlich zu verstehen. Das
Gebot des Nichtwiderspruchs meint in einer uns vertrauteren Sprache lediglich „Wertungswidersprüche" und hängt an der sog. „Einheit der Rechtsordnung".

Jherings drittes Gesetz war schließlich ein „ästhetisches", das **„Gesetz der juristischen** 377
Schönheit". Und es lautete: „Je *einfacher* die Construction, um so vollkommener ist
sie, d.h. um so anschaulicher, durchsichtiger, natürlicher; in der höchsten Einfachheit
bewährt sich auch hier die höchste Kunst." (Geist II-2 381) Wichtig ist hier nicht
Jherings Vorstellung von der Schönheit der *ars iuris*, sondern Jherings **normativ-praktische** (nicht ästhetische) **Maßstabslosigkeit**. Der Konstrukteur ist zwar an ein positivpointillistisches Recht gebunden und darf sich nicht in Widersprüche verstricken, in
seiner Konstruktion ist er hingegen normativ frei und höchstens ästhetisch gebunden.
Um dies in einem Bild zu veranschaulichen: Jherings juristische Konstruktion erinnert
an einen Architekten, der die Materialien für ein Gebäude vorfindet, also dem Steine,
Balken, Träger usw. zur Verfügung stehen, dem aber alles andere freigestellt ist: Was

---

29 Selbst Jherings Bild von der „Begriffspaarung" folgt auf eine Analyse der Gesetzgebung. Während der
„Gesetzgeber ... uns sozusagen zusammengesetzte Körper" gebe, müsse „die Wissenschaft hingegen ...
eine Analyse derselben" vornehmen und sie „in einfache Körper" zerlegen (Geist I 39). Aus diesen einfachen Körpern können dann selbstverständlich wieder neue Rechtssätze zusammengesetzt werden, das ist
rechtstechnisch nicht ungewöhnlich (so kombiniert heute z.B. die sog. Anscheinsvollmacht, einerseits einen
Rechtsscheintatbestand und andererseits die Vertretungsrechtsfolge). Aus diesem Blickwinkel betrachtet
scheint die Paarungskraft in Jherings Bild deutlich metaphysischer ausgedrückt als sie am Ende von Jhering
vielleicht gemeint war.

für ein Haus er baut, zu welchem Zweck (ein Wohn-, Geschäfts- oder Lagerhaus), in welchem Baustil – all dies darf er als Architekt selbst entscheiden. Nur schön müsse das Haus eben sein.

378 In diesen drei Gesetzen der juristischen Konstruktion und der Theorie der juristischen Körper erschöpfte Jhering seine dogmatischen Mittel aber nicht. Zwischen Konstruktionskunst und Interpretationsarbeit erläuterte er noch zwei weitere Techniken: die „juristische Analyse" (Geist II-2 334–352) und die „logische Concentration" (Geist II-2 352–357). Beide Methoden, die wohl auf der Ebene einer ‚mittleren Jurisprudenz' (zwischen höherer und niederer) anzusiedeln sind, verfolgten „denselben Zweck", doch „auf gerade entgegengesetzten Wege" (Geist II-2 352). Die **juristische Analyse** schürft zunächst durch „Abstraction" (Geist II-2 336) und „logische Zersetzung" (Geist II-2 343) ein „Rechtsalphabet" aus dem Rechtsstoff (Geist II-2 334),[30] also „Grundbegriffe" (Geist II-2 335), „Grundlaute" (Geist II-2 334) oder „einfache Elemente des Rechts" (Geist II-2 335). Dabei meinte Abstraktion bei Jhering die „Ausscheidung des Allgemeinen aus dem Einzelnen", also die Verallgemeinerung der allgemeinen ‚Teile' des Rechtssatzes (Geist II-2, 336) zu allgemeinen Grundbegriffen. Die dadurch ermöglichte und behauptete „*Möglichkeit eines universellen Rechtsalphabets*" (Geist II-2 336) setzte dann die produktive Kraft der Analyse frei. Die analysierten Rechtsbuchstaben und Rechtselemente können immer wieder zu neuen Rechtsbegriffen und -instituten, zu neuen Rechtssätzen und -prinzipien kombiniert werden. Gerade am Beispiel der Analogie wird dies besonders deutlich (vgl. Geist II-2 341 f.). So partizipiert die Analyse an der produktiven Gewalt der Konstruktion, ohne sich selbst in diese höheren Aggregatzustände zu verflüchtigen.

379 Die zweite Methode der mittleren Jurisprudenz war die „**logische Concentration**". In ihr ging es nicht um „Zersetzen" oder Analysieren, sondern ganz im Gegenteil um „Verbinden und Zusammendrängen" (Geist II-2 352). Doch auch in der Konzentration schlummert eine produktive Kraft. Durch die Verdichtung des Rechtsstoffs in „Princip" (Geist II-2 353 u.ö.) und Grund-„Gedanken" (Geist II-2 353) können nun wieder neue Rechtssätze aus dem Prinzip gesponnen werden. Anders als in der Analyse, die den Vergleich von verallgemeinerbaren Besonderheiten des Rechtssatzes in Rechtsbegriffen suchte und Analogien bildete, schaffte die Konzentration neues Recht durch Ableitung aus besonderen Allgemeinheiten, die im Prinzip zusammengezogen wurden. Während die Analyse abstrahiert, synthetisiert die Konzentration ihre Rechtsquellen auf der Suche nach dem Recht im Recht.

380 Genauso wenig wie Jherings Interpretationslehre können auch seine Dogmatik und Konstruktion auf eine „kurze Formel" gebracht werden. Schon das Verhältnis von „System", „Konstruktion", „naturhistorischer Methode" und „höherer Jurisprudenz" ist nicht eindeutig verfasst. Zwar bekannte Jhering sich deutlich zur produktiven Kraft dieser (spekulativen) Konstruktion und Methode, doch genauso mahnte er etwa mit dem „Gesetz der Deckung" zur Achtung der Positivität des Rechts. Dies bezeugt auch sein berühmtes Wort zu Form-Freiheit und Freiheits-Form: „*Die Form ist die geschworene Feindin der Willkür, die Zwillingsschwester der Freiheit*" (Geist II-2 471).[31] Jhering will immer beides: Spekulation und Positivität, Freiheit und Form, Produktion

---

30 Zum „Alphabet des Rechts" schon Geist I 41.
31 Vgl. hierzu *Oestmann*, Zwillingsschwester der Freiheit, in: Zwischen Formstrenge und Billigkeit. Forschungen zum vormodernen Zivilprozeß, hrsg. v. Oestmann, Köln u.a. 2009, 1–54, insbes. 20–23; zu dieser Dialektik weiter Geist III 9: „Der Weg zur Freiheit in der Kunst geht durch die Unfreiheit."

und Rezeption, Geist und Gesetz – auch wenn er die Akzente immer auf Freiheit, Produktion und Geist legt. Genau dafür steht Jherings paradoxes Motto: *„durch das römische Recht über das römische Recht hinaus"* (Aufgabe 52).[32]

V. Recht und Recht und Recht

Neben dem Blick auf Methode und Dogmatik, auf Interpretation und Konstruktion lohnt der Blick auf Jherings Rechtsbegriff. In diesem steckt sein **Recht im Recht**,[33] das Interpretation und Konstruktion zu erkennen versuchen. Natürlich brachte Jhering auch „Recht" nicht „auf eine kurze Formel". Mit einem janusköpfigen Rechtsbegriff öffnete er das Tor in seine spekulativ-praktische Rechtswelt. Die beiden Gesichter skizzierte Jhering als Rechte des Rechts „anatomisch" und „physiologisch", während er zwischen beide noch eine „psychische" Betrachtung einfügte. Dabei fokussiert der anatomische Blick zunächst die Dogmatik oder „Struktur" des Rechts, während die psychische Betrachtung sich an Spekulation und „Geist" orientiert. Die physiologische Untersuchung schließlich widmet sich Praxis und „Funktion" des Rechts.[34]

381

Wichtig ist in allen drei Perspektiven aber auch die **Einheit dieser Rechte** in einem vorgegebenen Recht. Dieses müsse nur richtig erkannt oder formuliert werden – ob „aus dem Volke heraus", „durch den Gesetzgeber" oder „durch Doktrin und Praxis" (Geist I 27). Es ist ein „tatsächliches" (Geist I 31) oder **„objektives Recht"** (Geist I 33), das den Kern der Jurisprudenz bildet. Neben die formulierten, also „ausgesprochenen Rechtssätze" treten so „noch latente Rechtssätze" (Geist I 31). Diese latenten, also die stillschweigend vorhandenen, aber noch nicht erkannten Rechtssätze waren Jherings „unversiegbare Rechtsquelle" (Geist I 32). Sie liegen (unverfügbar) unter den historischen Erscheinungen aller Formulierungen und Beobachtungen des Rechts.

382

Nachdem Jhering dieses Recht einführend zum „objektiven Organismus der menschlichen Freiheit" (Geist I 25) erklärt hat, näherte er sich der **Anatomie** und Psyche von außen, beginnend in den „äußeren, praktischen Spitzen des Rechts" (Geist I 28, 34). Als „äußere sichtbare Oberfläche" des Rechts (Geist 1. Aufl. I 25) sind hier „die Rechtssätze" (Geist I 28) zu sehen. Sie sind rein praktisch und einfach formuliert, also in imperativischer Gestalt. Ein juristisches oder philosophisches System bilden sie nicht aus, sondern repräsentieren (im janusköpfigen Rechtsbegriff) lediglich „das *Bewußtsein* der Zeit *über* ihr Recht, nicht das Recht selber" (Geist I 35), also das äußere Recht des Rechts.

383

Unter den Rechtssätzen legte Jhering das **Recht der Dogmatik** frei, also das Recht der Rechtsbegriffe, der Rechtsinstitute und des Rechtssystems. Sie seien das „Knochengerippe des Rechts", „an das die ganze Substanz desselben an Rechtssätzen sich anschließt" (Geist I 36). Als Struktur verleihen sie dem Körper des Rechts Stabilität und geben dem Geist des Rechts Knochen und Fleisch. Während die Rechtssätze die äußere Seite des Rechts abbilden, bildet das „System" die „innere Ordnung der Sache selbst" (Geist I 37). Das bedeutet aber keinen Verlust an praktischer Qualität gegenüber

384

---

32 Vgl. weiter auch Geist I 14.
33 Vgl. den griffigen Titel von *W. Wilhelm*, Das Recht im römischen Recht, in: Jherings Erbe, hrsg. v. Wieacker u. Wollschläger, Göttingen 1970, 228–239.
34 Vgl. insbes. Geist I 26 f.: „Jeder Organismus macht eine doppelte Betrachtung möglich, eine *anatomische* und eine *physiologische*; jene hat die Bestandteile desselben und ihr Ineinandergreifen, also seine Struktur, diese die Funktionen desselben zum Gegenstand." Zu Anatomie und Physiologie weiter Geist I 27–48 u. 48–58. Zur psychologischen Betrachtung schließlich Geist I 44 f.

den als „Gebot und Verbot" formulierten Rechtssätzen (Geist I 37). Der „dogmatischen Logik" könne gar eine „intensivere praktische Bedeutung innewohnen" als „den Rechtssätzen" (Geist I 37): „in einen einzigen richtig gefaßten *Begriff* ist vielleicht der praktische Inhalt von zehn früheren Rechtssätzen aufgenommen" (Geist I 37). Obwohl Jhering auf beiden Stufen der Anatomie die Praktikabilität des Rechts betonte, trug ihn die pointierte Zusammenfassung dieses anatomischen Rechts wieder ins Reich der Metaphysik:

> „Dem geübten Auge erscheint das Recht als ein logischer Organismus von Rechtsinstituten und Rechtsbegriffen, dem ungeübten als ein Komplex von Rechtssätzen; jenes ist die innere Natur des Rechts, dieses die dem praktischen Leben zugewandte Außenseite."
> (Geist I 42)

385 Jherings Dialektik erreichte hier wieder einen Höhepunkt: innen Natur und logischer Organismus, außen praktisches Leben und imperativische Rechtssätze. Jherings Trick dabei: Innen und Außen, Logik und Praxis sind zwei Seiten einer Medaille, eines Rechts. Trotz der metaphysischen Sprachspiele gibt es hier noch keinen Rechtshimmel, aus dem die Rechte fallen, sondern beide anatomischen Ebenen des Rechts bleiben einander zweiseitig verbunden. Sie sind jeweils die Rückseite des anderen.

386 In einem Zwischenspiel zwischen Anatomie und Physiologie des Rechts aber betrat Jhering offen metaphysisches Terrain. Im **„psychischen Moment des Rechts"** (Geist I 44 f.) berichtete Jhering aus dem „Geist des Rechts" (Geist I 45), aus seiner „Seele" (Geist I 45) oder dem „Herz des Rechtsorganismus" (Geist I 44) und er verlor hier allen Bezug zu Praktischem, Anwendbarem und Lebendigem. Diese Rechtswelt war eine rein vergeistigte:

> „Soviel schwieriger nun die Erkenntnis des Geistes ist als die des Körpers, soviel schwieriger ist die Erforschung dieses psychischen Moments – des *Geistes des Rechts* – gegenüber der des Körpers des Rechts. Während die Rechtssätze sichtbar auf der Oberfläche liegen, während die Rechtsinstitute und Rechtsbegriffe durch ihre praktische Anwendung sich fast von selbst dem Bewußtsein aufdrängen, ruhen jene treibenden Kräfte des Rechts im tiefsten Innern, wirken höchst allmählich, durchdringen zwar den ganzen Organismus, aber treten regelmäßig an keinem einzigen Punkte so deutlich hervor, daß man sie notwendigerweise wahrnehmen müßte. Kein praktisches Bedürfnis zwingt dazu, sich ihrer bewußt zu werden, denn sie sind nichts Praktisches, keine Rechtssätze, sondern nur *Qualitäten, Charakterzüge* der Rechtsinstitute, allgemeine Gedanken, die als solche gar keiner Anwendung fähig sind, sondern nur auf die Gestaltung der praktischen Sätze des Rechts einen bestimmenden Einfluß ausgeübt haben." (Geist I 45)

387 Damit war Jhering in seinen **„Begriffshimmel"** aufgestiegen.[35] ‚Anwendungsfreie Rechtsgedanken' wie „Qualitäten" und „Charakterzüge der Rechtsinstitute" behauptete Jhering fern von Rechtspraxis und juristischem Gebrauch. Aber freilich ist dieses rein innerliche Recht nicht das ganze Recht. Es bietet lediglich die „treibende Kraft", die die Begriffsbildung und Institutskonstruktion anregt, genauso wie es die Praxis (innerlich) prägt und trägt. Trotz seiner spekulativ-geistigen Gestalt war Jherings „Geist des Rechts" nur in seinem Treiben, nicht in seinem Geiste wirklich.

---

35 Zum Bild des Begriffshimmels Scherz 245–333.

Kaum hatte Jhering die Gipfel dieses praxisfernen Rechts erklommen, stieg er aus diesen Höhen hinab und suchte „Funktionen" und „praktische Brauchbarkeit" des Rechts in den Tälern der **physiologischen Rechtsbetrachtung** (Geist I 48). Das war eine Kehrtwende um 180 Grad. Ohne „Kenntnis der Funktionen des Rechts" sei kein Verständnis von Dogmatik und Geist zu erwarten (Geist I 48). Erst die „Physiologie" helfe „zum wahren Verständnis der Anatomie" (Geist I 48). Plötzlich weichen Logik, Begriffe und Abstraktionen der Praxis und dem Leben des Rechts. Die *„logische* Prüfung" des Rechts wird ersetzt von „einer Betrachtung ihrer *praktischen* Brauchbarkeit" (Geist I 49). Nun regiert der „Standpunkt des wirklichen Lebens" (Geist I 50). Aber was heißt hier „Funktion", was „Leben"? Jhering antwortete:

> „Die Funktion des Rechts im allgemeinen besteht nun darin sich zu verwirklichen. Was sich nicht realisiert, ist kein *Recht*, und umgekehrt was diese Funktion ausübt, ist Recht, auch wenn es noch nicht als solches anerkannt ist (Gewohnheitsrecht). Die Wirklichkeit *beglaubigt* erst den Text, den das Gesetz oder eine andere Formulierung des Rechts aufstellt, als wahrhaftes Recht, sie ist mithin das einzige sichere Erkenntnismittel desselben." (Geist I 49)

Auch wenn sich Jhering von juristischer Spekulation und begrifflicher Logik entfernte, sprach er weiter in ihren metaphysischen Sprachspielen. Es ging immer noch um Erkenntnis, Wirklichkeit und Wahrheit – das sind klassische Themen der Metaphysik und Ontologie. Jhering aber meinte dies ganz und gar pragmatisch. Wenn er die Wirklichkeitsfunktion des Rechts erläuterte, zeigte sich unter dem Stichwort *„formale Realisierbarkeit"* (Geist I 51) der Kanon der Rechtsklarheit und Rechtsbestimmtheit. Er sprach von *„Leichtigkeit* und *Sicherheit* der Anwendung des abstrakten Rechts auf die konkreten Fälle" (Geist I 51), der Beschleunigung der Rechtsanwendung, schließlich der *„gleichmäßigen* Verwirklichung des Rechts" (Geist I 53). Das hatte mit kruder Metaphysik nicht mehr viel zu tun, selbst wenn sich hierin die „Wahrheit" des Rechts offenbarte.

Aber wie löste Jhering den Widerspruch von anatomischer und physiologischer Betrachtung des Rechts? Wie können metaphysischer Kern und pragmatische Schale miteinander versöhnt werden? Überraschenderweise präsentierte Jhering keine Lösung. Stattdessen macht er den Widerspruch als Aporie zur *symptomatischen* **Weglosigkeit** juristischer Kunstfertigkeit. Man könnte das eine Form *pragmatischer Metaphysik* nennen, wenn dieser Begriff nicht so hoffnungslos widersprüchlich wäre. Auch wenn die Außen- und Innenseite, die Praxis und der Geist des Rechts verschiedenen Zielen verpflichtet sind, müssen sie aufeinander eingestellt werden:

> „Der Gedanke der formalen Realisierbarkeit des Rechts ist also ein der logischen Innerlichkeit der Rechtsbegriffe fremdes Prinzip, das die freie Entwicklung derselben vielfach modifiziert und beeinträchtigt. Dieses Prinzip zwingt dazu, die Innerlichkeit des Begriffes auf die Außenseite zu verlegen, für die inneren Unterschiede und Begriffe äußere möglichst zutreffende Kriterien aufzusuchen, kurz es führt zur Ausbildung einer *juristischen Symptomatik.*" (Geist I 54)

Das Verhältnis von innerer Logik des Rechts und äußerlich-praktischen Notwendigkeiten wird so zum chronischen Symptom der Jurisprudenz. Jherings Rechtsbegriff beschrieb das Grundproblem, die Aporie des Rechts zwischen Dogmatik, Konstruktion und Begriff einerseits, Praxis, Leben und Funktion andererseits ohne sie dabei zu lösen. Jhering beschränkte sich darauf, die **Symptomatik** der Jurisprudenz in seiner *pragmatischen Metaphysik* zu diagnostizieren und in ein „Bild des lebendigen Rechts" zu überführen (Geist I 57). Er gewann sein (Geist-)Recht als (Begriffs-)Recht durch (Praxis-)Recht gegen (rein-historisches und rein-begriffliches) Recht.[36]

VI. Gesetz und Wissenschaft

393 Neben Dogmatik, Konstruktion und Recht im Recht vernachlässigte Jhering allerdings das Gesetz. Die Sache des Gesetzes war Jherings Sache nicht. Jhering ging es um Konstruktion und Geist, nicht um Wort und Buchstabe. Dogmatik ist nicht Teil des Gesetzes, sondern ihr Gegenspieler. Unverblümt ersetzt er den Gesetzgeber durch einen **Gesetzgerber**. Das zeigte sich schon in seiner Interpretationslehre, wenn er Juristen und Richter und deren höhere Vernunft gegen das Gesetz ausspielte:

> „*dem Verdammungsurtheil der Juristen ist auf die Dauer kein Gesetz gewachsen*. Absichtlich oder unabsichtlich wird die Hand des Richters läßig, der Arm der Gerechtigkeit erlahmt, und der Scharfsinn des Exegeten bietet alle Mittel auf, das Gesetz zu durchlöchern und zu unterminiren, Voraussetzungen hineinzutragen, von denen das Gesetz nichts weiß, die Worte, je nachdem es Noth thut, im weitern oder engern Sinn zu deuten, und wie durch stillschweigende Verschwörung finden auch die erzwungensten Deduktionen Eingang und willigen Glauben – *auch die Logik fügt sich dem Interesse.*" (Geist II-2 465)

394 Jhering wusste um die vielen Wege der Rechtsgewinnung, wenn Juristen ein Ergebnis nicht passt, ein Rechtssatz verstört oder ein Gesetz unzweckmäßige Urteile fordert. Und er wusste, wie wenig Juristen ein Gesetz brauchen, um Recht zu produzieren. Deutlich bekannte er: „Die Jurisprudenz stellt Rechtssätze auf ohne allen Anhaltspunkt im Gesetz."[37] Das ist eben die „**Nicht-Quellenmäßigkeit**" (Aufgabe 5) der höheren Jurisprudenz.

395 Diese Freiheit vom Gesetz lässt sich nicht nur in Jherings Methodentheorie nachweisen. Sie war auch wichtiger Bestandteil von Jherings Konstruktionslehre. Dogmatik liegt in der Kompetenz der Wissenschaft, nicht der Macht der Legislative: „Der Gesetzgeber soll nicht construiren", fordert er scharf. Seine Begründung scheint vorgeschoben: „er greift damit in die Sphäre der Wissenschaft über, entkleidet sich seiner Autorität und Macht als Gesetzgeber und stellt sich mit dem Juristen auf eine Linie." Klar galt demgegenüber für die Konstruktions-Wissenschaft: „im übrigen ist sie dabei [sc. im Konstruieren] völlig frei, die eignen Constructionen des Gesetzgebers besitzen für sie keine verpflichtende Kraft" (Geist II-2 371 f.). Diese **Konstruktionsmacht** der Wissenschaft ist per se noch keine Missachtung des Gesetzes. Immerhin ist der Konstrukteur an das positive Recht und das „Gesetz der Deckung" gebunden. Solange Dogmatik und Konstruktion sich auf die Rezeption politischer oder gesetzlicher Direktiven beschränken oder das System technisch der Lehre, Darstellung oder Klärung des Rechts dient, liegt darin keine Herausforderung des Gesetzes. Solange Jherings Dogmatik rezeptiv verharrt, wird das Gesetz von ihr nicht überformt. Doch als „höhere Jurisprudenz", das heißt als produktive Wissenschaft erhebt sich Jherings Dogmatik im Namen des Rechts über das Gesetz. Aus der Dienerin des Gesetzes wird seine Her-

---

[36] Zur Formel „Recht als Recht durch Recht gegen Recht" *Wiethölter*, Zur Argumentation im Recht: Entscheidungsfolgen als Rechtsgründe?, in: Entscheidungsfolgen als Rechtsgründe, hrsg. v. Teubner, Baden-Baden 1995, 89–120, hier 94 u.ö., u. *ders.*, Zum Fortbildungsrecht (1988, Fn. 26), 1 u.ö.
[37] *Jhering*, Pandektenvorlesung nach Puchta. Ein Kollegheft aus dem Wintersemester 1859/60, hrsg. v. Jäde, Göttingen 2008, § 17, S. 68.

rin. Das war bei Jhering keine verstohlene Unterwanderung des Gesetzes, sondern eine offene Forderung:

> „Diese Erhebung des Stoffs ist zugleich die Erhebung der Jurisprudenz selbst. Von einer Lastträgerin des Gesetzgebers, einer Sammlerin positiver Einzelheiten schwingt sie sich auf zur freien Kunst und Wissenschaft; zu einer Kunst, die den Stoff künstlerisch bildet, gestaltet, ihm Leben einhaucht, zu einer Wissenschaft, die trotz des Positiven in ihrem Gegenstande sich als Naturwissenschaft auf geistigem Gebiet bezeichnen läßt." (Geist II-2 361)

Freilich war auch dieses Verhältnis bei Jhering nicht nur einseitig zulasten des Gesetzgebers konstruiert. Immerhin gab Jhering dem **positiv Politischen** mit dem „Gesetz der Deckung" einen Platz in seiner Konstruktionslehre. Und er schaffte so eine gewisse Dialektik zwischen dem „Recht der inneren Autoritaet" (Recht) und dem „Recht der äußeren" (Politik).[38] In dieser Zweiseitigkeit des Rechts zwischen dem Recht der Konstruktion und dem Recht des Gesetzes steht dem Gesetzgeber der singuläre Rechtssatz als Regelungs- oder Steuerungsmittel weiter zur Verfügung, während die wissenschaftliche Konstruktion nur der Rechtsfort- und Systemnachbildung zu dienen scheint. Doch in der plural-fragmentierten Rechtsquellenlage der deutschen Dogmatik 1858, die sowohl das systemlose *corpus iuris civilis* oder germanistische Quellen *produktiv konstruiert*, ruht der Körper des Rechts in seinen Lücken. Umgeben von einer fragmentierten Positivität wird die Lücke zur Regel und die Regel zur Ausnahme. Die wissenschaftlich-dogmatische Konstruktion liefert den Schlüssel zum Kern des Rechts und den Dittrich für seine Politik.[39]

Diese dialektisch-freie Relation von Wissenschaft und Gesetz ist nicht zuletzt Jherings **Rechtsbegriff** geschuldet. In Jherings Begriff des Rechts als etwas Vorgegebenem, dass sich zwar positiv wandelt, aber doch ein *telos* kennt oder zumindest einen weichen *Kern* verbirgt, blieb wenig Platz für politische Steuerung und gesetzlichen Eingriff in die vorrangige Rechtspraxis und Lebenswelt. Für Jhering war Recht eben ein „innerlich abgeschlossenes Produkt der Geschichte" und nicht „Aggregat willkürlicher Bestimmungen ..., welches der Reflexion der Gesetzgeber seinen Ursprung verdankt" (Geist I 26). Wenn Recht über Jahrhunderte geschliffen und entdeckt wird, bedarf es keines äußerlichen Gesetzes, um dieses Recht zu beweisen. Das *wirkliche* **Recht** ist deshalb unabhängig von seinen Urhebern und Adressaten und immer schon *gegeben*.[40]

---

[38] So die Überschriften A. und B. im ersten Buch von *Jhering*, Pandektenvorlesung (1859/60, Fn. 37), vor § 12, S. 61 u. vor § 17, S. 67. In Jherings Vorlesung, die Puchtas Pandekten grundsätzlich folgt, werden diese Überschriften und Kennzeichnungen neu hinzugefügt, vgl. etwa die leicht verfügbare Ausgabe *Puchta*, Pandekten, fortg. v. Schirmer nach der Bearbeitung v. Rudorff, 12. Aufl. Leipzig 1877, §§ 10–16, S. 19–30. Im Text hingegen finden sich die Ausdrücke schon in der 1. Aufl. Leipzig 1838, I. Buch, S. 22. Zu Jherings „Pandektenvorlesung" vgl. *Jäde*, Einführung und Erläuterungen zu Jherings Pandektenvorlesung nach Puchta (2008), in: Jhering, Pandektenvorlesung (1859/60, Fn. 37), 21–32.

[39] Vgl. auch *W. Wilhelm*, Zur juristischen Methodenlehre im 19. Jahrhundert. Die Herkunft der Methode Paul Labands aus der Privatrechtswissenschaft, Frankfurt am Main 1958, 121–124; weiter *Ekelöf*, Zur naturhistorischen Methode Jherings, in: Jherings Erbe, hrsg. v. Wieacker u. Wollschläger, Göttingen 1970, 27 f., hier 28: „Verschleierung der Verhältnisse". Zur rechtsfortbildenden Funktion des „Systems" Coing, Der juristische Systembegriff (1969, Fn. 27), 164, u. Fikentscher, Methoden des Rechts in vergleichender Darstellung. Bd. III. Mitteleuropäischer Rechtskreis, Tübingen 1976, 200.

[40] Auf interessante Parallelen zwischen Jhering und der rechts-ethischen Anreicherung des „rechtlich geltenden Rechts" in der neueren sog. „Prinzipientheorie" und der sog. „Geschlossenheitsthese" bei Dworkin, Bydlinski und Alexy weist hin *R. Dreier*, Jherings Rechtstheorie – eine Theorie evolutionärer Rechtsvernunft, in: Jherings Rechtsdenken. Theorie und Pragmatik im Dienste evolutionärer Rechtsethik, hrsg. v. Behrends, Göttingen 1996 (zuerst 1993), 222–234, hier 231.

Unter den vielen ‚Erkennern' und ‚Formulierern' des Rechts waren nun die Juristen und Professoren Könige.[41] Sie waren die gebildetsten und erfahrensten im Formulieren und Fabulieren des Rechts – und ihr Prophet hieß Jhering.[42] Das bestätigte auch Jherings Polemik gegen die „politischen" Grenzen eines Rechts, die er als eine „demütigende, unwürdige Form für eine Wissenschaft" bezeichnete. Schließlich waren die Juristen auch in der Aneignung der Geschichte frei. Maßstab war nur *das Recht* selbst, nicht die positiven Formulierungen und Versuche über das Recht:

> „Die überlieferten Formulierungen des Rechts der Vergangenheit sind die *Wegweiser*, nicht die *Grenzpfähle* seiner Forschung." (Geist I 35)

398 So wichtig klare Begriffe und das widerspruchsfreie System für Jhering waren, so wenig interessierte er sich für Politik und Gesetzgebungslehre. Eine Analyse der politischen Herstellung von Recht fehlt ganz. Jhering bietet keine Rechtstheorie für eine parlamentarische Demokratie, seine Zeit war die des freien Bürgertums, das sich im Privatrecht als bürgerlichem Recht gegen die Zugriffe der monarchischen Politik zu allererst durch die **Autonomie** des Rechtssystems schützen musste. Diese Autonomie garantiert die wissenschaftliche Konstruktion und Dogmatik des Rechts. Nur eine freie Wissenschaft mit freiem Recht kann diese Aufgaben erfüllen. Der liberale Stern des freien und ungebundenen Rechts steht so auch über Jherings freier und autonomer Rechtswissenschaft.[43]

VII. Metaphysik und Praxis

399 Anders als die schwierigen Verhältnisse von Methode und Interpretation, Dogmatik und Konstruktion, Recht und Recht oder Gesetz und Wissenschaft, bleibt das Verhältnis von Praxis und Metaphysik bei Jhering **chronisch unterbestimmt**.[44] Genauso wie er durchgängig von Praxis und Verkehrsbedürfnissen sprach, versprach er andererseits ein Kern-„Recht im römischen Recht".[45] Seine an Metaphern reiche Sprache bewegte sich in idealistischen, naturwissenschaftlichen, geschichtsphilosophischen, evolutionistischen und schließlich auch juristischen Sprachspielen, die aber in keiner kohärenten Idealsprache ‚aufzuheben' sind. Jherings Sprachspielpluralismus bestimmte so schließlich auch das Verhältnis von Praxis und Metaphysik in seinem Konzept des Rechts, seiner Konstruktion und Interpretation.

400 Jherings **praktische Ausrichtung** lässt sich zunächst biographisch oder **werkbiographisch** belegen.[46] Als erstes bezeugt dies seine Berufswahl. Jhering hatte die wissenschaftliche Laufbahn erst eingeschlagen, nachdem seine Wahl des Richteramts aus politisch-familiären Gründen abgelehnt worden war. Als Sohn einer ostfriesischen Fa-

---

41 Vgl. zum Selbstverständnis der Rechtswissenschaft im 19. Jahrhundert *J. Schröder*, Recht als Wissenschaft (³2020, Fn. 19), 254–256.
42 Vgl. auch *A. Merkel*, Jhering, in: Jahrbücher für die Dogmatik des heutigen römischen und deutschen Privatrechts 32 (1893), 6–40, hier 12: „Hohepriester".
43 Vgl. hierzu *Rückert*, Autonomie des Rechts in rechtshistorischer Perspektive, Hannover 1988.
44 Vgl. zur „Metaphysik" bei Jhering *Rückert*, Der Geist des Rechts in Jherings „Geist" und Jherings „Zweck", in: Rg 5 (2004), 128–146, u. Rg 6 (2005), 122–139, hier Rg 5, 135–140; jetzt auch *ders.*, Das Methodenorakel, AcP 219 (2019, Fn. 1), 474 f. Zu Jhering und „Praxis" *Lahusen*, Rechtspositivismus (2011, Fn. 7), 175–178.
45 So die griffige These von *W. Wilhelm*, Das Recht im römischen Recht (1970, Fn. 29). Kritisch gegen Wilhelms These eines zeitlosen „Rechts im Recht" *Fikentscher*, Methoden des Rechts III (1976, Fn. 35), 223, der die Entwicklungsperspektive des Rechts in Jherings „Geist" betont.
46 Praktisch erfolgreich war Jhering freilich nicht immer; zu einer persönlichen juristischen Niederlage *Hanewinkel/Linder*, „Ein Mann von kräftigem Rechtsgefühle", ZNR 42 (2020, Fn. 12), 71–74.

milie war ihm der Zugang zum Richteramt versperrt, nachdem sein älterer Bruder diesen Weg bereits eingeschlagen hatte.⁴⁷ Erst als Professor wurde er Teil von Spruchfakultäten, schrieb Rechtsgutachten und legte in seinem Unterricht großen Wert auf Fall- und Anwendungsübungen.⁴⁸ Aus diesen Übungen war schon 1847 die Sammlung „Civlrechtsfälle ohne Entscheidungen" entstanden, ein praktisches Studienbuch mit Fällen zur Eigenlösung ohne Lösungsvorgaben.⁴⁹ Auch für seine erste Monographie, die „Abhandlungen aus dem römischen Recht" von 1844, hatte Jhering seinem Verleger beteuert, dass er „nur solche [sc. Abhandlungen] aufgenommen" habe, an denen „ein praktisches Interesse" bestünde.⁵⁰ Zu den wichtigen praktischen Arbeiten gehören auch die zahlreichen und umfangreichen dogmatischen Aufsätze mit ihren Innovationen in den von Jhering seit 1857 herausgegebenen „Jahrbüchern für die Dogmatik des heutigen römischen und deutschen Privatrechts".

Jherings **spekulatives Faible** hingegen manifestiert sich auf der anderen Seite deutlich in seinen **Titeln und Überschriften**. Der geistreich-metaphysische und philosophischgeschichtliche Titel „Geist des römischen Rechts auf den verschiedenen Stufen seiner Entwicklung" spricht für sich. Noch in den Korrekturbögen zur ersten Auflage hatte Jhering den fast naturrechtlichen Untertitel „Ein Beitrag zur Naturlehre des Rechts" gestrichen.⁵¹ In den Kapitelüberschriften stehen dann Metaphysik und Praxis nebeneinander. Im ersten Teil des „Geists" behandelte Jhering z.B. die „Anforderungen, die in der Natur des Rechts enthalten sind" oder die „Anforderungen, die in dem Begriff der Geschichte liegen" (Geist I 25–58, 58–85). Im zweiten Teilband des zweiten Teils diskutierte er dann den „Praktischen Werth des Formalismus" innerhalb des § 45 (Geist II-2 478–504) oder die „Praktikabilität des Rechts" im Rahmen von § 38 (Geist II-2, Inhalt XXI).

---

47 Statt vieler nur *Kunze*, Rudolf von Jhering (1992, Fn. 9), 12 f.; s. auch *Jhering* in Briefen (1913, Fn. 7), Brief Nr. 1 v. 5.4.1844.
48 Vgl. *Klippel/Kröger-Schrader*, Rudolf von Jhering an der Juristischen Fakultät der Ludwigs-Universität Gießen, in: Rudolf von Jhering. Beiträge und Zeugnisse, hrsg. v. Behrends, Göttingen 1992, 31–37, hier 34, u. *A. Merkel*, Jhering (1893, Fn. 42), 14. Einen Rechtsfall, an dem Jhering als Gutachter beteiligt war, schildert sehr anschaulich *Fögen*, Lob der Pandektistik, in: Summa. Dieter Simon zum 70. Geburtstag, hrsg. v. Kiesow, Ogorek u. Simitis, Frankfurt am Main 2005, 179–205. Zu Jhering als Gutachter weiter *Falk*, Jherings Kampf um die Festungsbollwerke – Eine Rechtsgeschichte zur Praxis der Parteigutachten, in: NJW 2008, 719–722. Zum Rechtslehrer Jhering *Jäde*, Einführung (2008, Fn. 38), 13–21, u. *Hirsch*, Jhering als Reformator des Rechtsunterrichts (Die Jurisprudenz des täglichen Lebens), in: Jherings Erbe, hrsg. v. Wieacker u. Wollschläger, Göttingen 1970, 89–100.
49 *Jhering*, Civilrechtsfälle ohne Entscheidungen, Leipzig 1847, ab der 2. Aufl. Jena 1870, 5. letzte zu Lebzeiten erschienene Aufl. Jena 1888. Fortgeführt wurde der Band dann ab der 8. Aufl. 1897 bis zur 11. Aufl. 1909 von Ferdinand Regelsberger, in der 12. Aufl. 1913 von Theodor Kipp, ab der 13. Aufl. 1925 von Paul Oertmann, letzte 14. Aufl. 1932. Ab der 11. Aufl. änderte sich der Titel in „Zivilrechtsfälle ohne Entscheidungen". Dazu jetzt *Rempel*, Jherings Juristisches Kabinett, Hamburg 2018. Aus einem Anhang zur 2. Aufl. der „Civilrechtsfälle" von 1870 macht Jhering dann eine weiteres Fallbuch: „Die Jurisprudenz des täglichen Lebens", Jena 1870, die zu seinen Lebzeiten in neun Auflagen erschien: Fortgeführt wurde diese Fallsammlung in der 11. Aufl. 1897 von Otto Lenel, in der 12. Aufl. 1903 und der 13. Aufl. 1908 von G. Detmold und schließlich in der 14. Aufl. 1921 und der 15. Aufl. 1927 von Paul Oertmann. Einschränkend muss angemerkt werden, dass Jhering seine Pandekten-Praktika und auch die Fallsammlungen theoretisch-universitären Zwecken unterordnete: *„Ihr Nutzen für das spätere praktische Leben berechnet, sondern noch für die Universität; anstatt den theoretischen Studien gegenüber als Zweck zu erscheinen, sollen sie umgekehrt ein bloßes Mittel derselben sein, ihnen dienen."* (siehe *Jhering*, Civilrechtsfälle, 1. Aufl. 1847, X; ähnlich auch noch in der 5. Aufl. 1888, VIII).
50 *Jhering* in Briefen (1913, Fn. 8), Brief Nr. 1 v. 5.4.1844 an die Firma Breitkopf und Härtel, 1.
51 Zur Signifikanz dieses Titels vgl. die Titel-Analyse bei *Rückert*, Kant-Rezeption in juristischer und politischer Theorie (Naturrecht, Rechtsphilosophie, Staatslehre, Politik) des 19. Jahrhundert, in: John Locke und/and Immanuel Kant. Historische Rezeption und gegenwärtige Relevanz, hrsg. v. M.P. Thompson, Berlin 1991, 144–215, hier 145–152, insbes. 149.

402 Das Verhältnis von Praxis und Metaphysik blieb bei Jhering kein äußerliches, sondern es war ein ‚irgendwie' innerliches. Praxis und Metaphysik wurden einander von Jhering nie entgegengesetzt. Beide Pole prägten sein Recht und seine Konstruktion gleichermaßen. Obwohl Jhering in seiner **Interpretationslehre** zunächst „Gedanken", „Geist" und vor allem „Logik" (und zwar inhaltliche) gegen das „Haften am Wort" ausspielte, betont er: *„auch die Logik fügt sich dem Interesse".*[52] Das galt auch für das ‚Wesen' der Methode, das er als praktisches beschrieb:

> *„Die juristische Methode ist nicht etwas von außen ins Recht hineingetragenes, sondern die mit innerer Nothwendigkeit durch das Recht selbst geforderte einzige Art und Weise einer sicheren praktischen Beherrschung desselben."* (Geist II-2 312)

403 Diese Dialektik von Praxis und Metaphysik, die bei Jhering keinesfalls ‚klassisch' metaphysisch im Sinne einer versöhnlichen Einheit von Theorie und Praxis unter Führung der Theorie gedacht war, sondern immer brüchig blieb,[53] prägte auch Jherings Theorie der **Konstruktion**. Auch in seiner „juristischen Analyse" wies er, nachdem er das „Rechtsalphabet" freigelegt hatte, auf das „praktische Bedürfniß (utilitas)" hin (Geist II-2 337). Und selbst in den höchsten Höhen der „höheren Jurisprudenz" vergisst er die Praxis nicht. Die „praktische Aufgabe" und „das Zweckmoment" seien „höchst wichtig, ja unerläßlich" für das „Verständnis" der „juristischen Körper" (Geist II-2 364).[54] Im Schlusswort zur juristischen Technik nannte Jhering dies dann: *„die Philosophie des praktischen Zwecks"* (Geist II-2 389).

404 Schließlich zeugt auch das **Recht im Recht** von der **unbestimmten Dialektik** in Jherings Praxis und Metaphysik. Er entwickelte es zunächst (anatomisch) in den „äußersten Spitzen" des Rechts (Rechtssätze) und führte es bis in die Tiefen der juristischen Konstruktion (Rechtsbegriff und -institut). Erst dann verflüchtigte er das Recht in seinem „Geist", seiner „Seele" und seiner „Psyche" in ein metaphysisches Recht, das zur Triebkraft des ganzen Rechts wurde, um es dann in den Funktionen des Rechts (physiologisch) an praktische Zwecke und Brauchbarkeit im Leben zurückzubinden. Jherings „juristische Symptomatik" in der er die „Innerlichkeit des Begriffes auf die Außenseite" verlegte, wurde zu einer *pragmatischen Metaphysik.*[55]

405 In Interpretationslehre, Konstruktionsjurisprudenz und Rechtsbegriff kreuzte Jhering durchgehend pragmatische, idealistische, praktische oder metaphysische Sprachspiele, die aber verschiedene Sprachen sprechen. „Innere Nothwendigkeit" zur „praktischen Beherrschung" (Methode), „Philosophie des praktischen Zwecks" (Konstruktion) und „Innerlichkeit des Begriffes auf der Außenseite" (Recht) – überall operiert Jhering in einer **pragmatischen Metaphysik**. Er wollte zwei Dinge, die aber gemeinsam und gleichzeitig nicht zu haben sind. Als praktisch informierter Jurist konnte Jhering die Praxis nicht ausblenden. Als philosophisch ambitionierter Jurist wollte er die Praxis nicht zum letzten Maß seiner Theorie erheben.

---

52 Vgl. oben III., Rn. 361–367 u. VI., Rn. 393.
53 Zum Einstieg in den Begriff der Metaphysik sehr anschaulich *Lutz-Bachmann*, Postmetaphysisches Denken? Überlegungen zum Metaphysikbegriff der Metaphysikkritik, in: Zeitschrift für philosophische Forschung 56 (2002), 414–425. Die ganze Vielgestaltigkeit des Begriffs „Metaphysik" eröffnen die Art. „Metaphysik" und „Metaphysikkritik" von *Oeing-Hanhoff*, *Kobusch* und *Cloeren* im Historischen Wörterbuch der Philosophie. Bd. 5, hrsg. v. Ritter u. Gründer, Basel 1980, Sp. 1186–1279 u. 1280–1294.
54 Anders die Interpretation von *Coing*, Der juristische Systembegriff (1969, Fn. 27), 166.
55 Vgl. oben V., Rn. 390 f.

Diese permanente Ambivalenz trat schließlich in Jherings Forderungen an seine „heutige **Wissenschaft**" offen zu Tage (Geist I 16–25). Deutlich warnte er vor einer Hypostasierung der Wissenschaft, die seine offensichtlich spekulativen Körperwelten allzu wörtlich nähme:

> „Die Wissenschaft des Rechts statuirt keine *Organismen*, so wie die organische Chemie – sie löst dieselben auf; aber daraus zu folgern, daß die praktische Function der Rechtsverhältnisse dadurch beeinträchtigt werde, wäre um nichts besser als zu glauben, daß die Analyse des Chemikers, statt die Natur zu verstehen, sich mit ihr in Widerspruch setzen wollte." (Geist II-2 351)

So sehr er sich von einer juristischen Ontologie distanzierte, die praktische Funktion des Rechts und wissenschaftliche Begriffe miteinander vermengte, bekannte er sich zur Rechtswissenschaft als Jurisprudenz und Praxis, ohne sie aber auf das Praktische beschränken zu wollen. Durchgängig nannte er sie eine „praktische Wissenschaft" oder sprach von „ihrer praktischen Tendenz" (Geist I 19, 22), während er gleichzeitig „eine Kritik des *Rechts* überhaupt" und eine „allgemeine Lehre" von der „Natur und Erscheinungsform des Rechts überhaupt" offenzulegen versuchte (Geist I 23). Programmatisch erhob er diese **Zweiseitigkeit des Rechts** auch zur Aufgabe der Rechtswissenschaft:

> „Sie ist *die* practische Wissenschaft, wo das speculative Talent sich wie in keiner anderen verwerthen läßt, *die* Wissenschaft, wo wenn irgendwo die dialectische Methode, die treibende Kraft des Begriffs zur Wahrheit wird. Nur der Unkundige kann es belächeln, wenn die Jurisprudenz, ich meine nicht die Rechtsphilosophie, sondern jene von den Philosophen oft über die Achsel angesehene practische Jurisprudenz, die *Dogmatik*, sich, wie *Ulpian* … es thut, Philosophie nennt." (Aufgabe 19)[56]

„Dogmatik" als „Philosophie"? „Philosophie" als „Dogmatik"? „Practische Wissenschaft" mit „speculativem Talent" und „dialektischer Methode", das ist gemeinsam genauso wenig zu haben wie Recht „überhaupt" zusammen mit „praktischer Tendenz". Dennoch projizierte Jhering diese Hoffnung in ein Lob der römischen Jurisprudenz:

> „Sie betätigte sich nicht minder in der Gesetzgebung als in der Jurisprudenz, in der Sammlung und Verwertung der praktischen Erfahrungen nicht minder als in den theoretischen Formulierungen, in der Erfindung und der Umgestaltung der Rechtslage nicht minder als in ihrer Anwendung. Ein klares Auge für das, was dem Leben not tat, eine sichere und geschickte Hand in der Wahl der richtigen Mittel, ein offenes Ohr für die Anforderungen der Gerechtigkeit und Billigkeit, der Mut, den Lockungen der Konsequenz zu widerstehen, wo sie mit den realen Interessen in Widerspruch gerät …" (Geist I 20).

„Gesetzgebung" und „Jurisprudenz", „praktische Erfahrungen" und „theoretische Formulierungen", „Umgestaltung der Rechtslage" und „Anwendung" derselben, „Leben", „Gerechtigkeit", „Billigkeit", „Mut" und „reale Interessen", freilich auch „juristische Methode" (Geist I 20) – all das hätten die römischen Juristen gleichermaßen

---

[56] Siehe hierzu den römischen Klassiker Ulpian in den Digesten 1.1.1. principium 1.: „Mit Grund kann man uns Priester der Gerechtigkeit nennen. … Damit streben wir, wenn ich mich nicht täusche, wahrhaft nach Philosophie, nicht nur dem Anschein nach." Übersetzung nach *Behrends, Knütel, Kupisch u. Seiler*, Corpus Iuris Civilis. Text und Übersetzung, Bd. II, Digesten 1–10, hrsg. v. dens., Heidelberg 1995. Selbstverständlich spricht die Stelle anders als Jhering nicht von Dogmatik.

geleistet. Jhering kannte keinen Kompromiss, sondern nur fragmentierte ‚Versöhnung' und gekittete Brüche. Ob in seiner Biographie, seinem Werk, seiner Methodenlehre und seiner Dogmatik, in seinem Rechtsbegriff und seinen Forderungen an die Wissenschaft, es bleibt dabei: Jhering wollte den „Charakter eines Rechts" nicht „auf eine kurze Formel" zurückführen (Geist II-2 IX). Als „durch die Praxis über die Praxis hinaus" oder als „in der Metaphysik aus der Metaphysik heraus" ließe sich das berühmte Bonmot von Jhering abwandeln,[57] wenn er es nicht selbst gesagt hätte: Die Rechtswissenschaft dürfe sich, „um practisch zu sein, ... nicht auf das Practische beschränken" (Aufgabe 18).[58]

So wie der späte Jhering zugleich „theoretischer Utilitarist" und „praktischer Idealist" sein konnte,[59] war der frühe Jhering weder nur Praktiker, noch nur metaphysischer „Begriffsjurist", nicht nur Positivist und auch nicht nur Naturalist, weder nur Materialist, noch nur Formalist.[60] Jherings „Entwicklungszeit" fiel, wie er selbst schrieb, „in eine Periode ... wo die Philosophie in Misscredit" gefallen war und er nannte sich deshalb auf dem „Gebiet" der Philosophie einen „Dilettant" (Zweck I IX).[61] Nach dem Tod Hegels war das 19. Jahrhundert ein Jahrhundert voller Philosophie und keiner. Gerade deshalb muss man sich nicht scheuen, diesen philosophischen Dilettanten und Eklektiker, der zu viel vom Recht wusste, als dass er es in eine „kurze Formel" pressen wollte, einen **praktischen Metaphysiker** oder **metaphysischen Pragmatiker** zu nennen. Praxis und Metaphysik ‚versöhnte' Jhering und hob sie in seiner „Philosophie der praktischen Jurisprudenz" auf, ohne dass er die notwendige synthetische Leistung überzeugend darlegen konnte – er kam über eine *pragmatische Metaphysik* nicht hinaus.

VIII. Sechs Thesen zu Jherings „Begriffsjurisprudenz"

1. Jhering setzte in seiner **Methodenlehre** auf „Geist" und (inhaltliche) „Logik", nicht auf Wortlaut und Buchstabenbindung. Zwar unterschied er die Auslegung von Rechtsgeschäften und die Auslegung von Gesetzen und betonte die Sicherheit, die die Wort-Bindung dem Rechtsgeschäftsverkehr gerade gegenüber subjektiven Ansichten von Richtern gewährleistete; doch in der Auslegung des Gesetzes, wandte er sich offen vom Gesetz ab. Sein Herz schlug für den Geist und Geister lassen sich nicht in Buchstaben pressen. An die Stelle der Berechenbarkeit des Wortes setzte er ein „praktisches Bedürfnis", die „Interessen des Lebens" oder eine „praktische Angemessenheit".

2. Wichtiger als Jherings Methodenlehre i.e.S. ist seine Konstruktionsjurisprudenz oder **Theorie der Dogmatik**. Auch hier ging es um Methode, genauer um „**naturhistorische Methode**". Sie bildete den methodischen Kern von „System", „Konstruktion" und „juristischem Körper", die als produktive Jurisprudenz in einem „höheren Aggregatzustand" schwebten. Diese Methode war höchst spekulativ, weil ihre Metaphern „Rechtsbegriffe" und „Rechtsinstitute" zu „juristischen Existenzen" hypostasierten und dadurch der Einsichtskraft eines Sehers bedurften. Jhering band seine Konstruktion und sein System aber auch an Praxis und positives

---

57 Siehe oben IV., Rn. 380.
58 Vgl. auch Geist II-2 386, 388 f.
59 So sein Schüler *A. Merkel*, Jhering (1893, Fn. 42), 30.
60 Von einer „doppelten Aufgabe" spricht *Rückert*, Der Geist des Rechts, Rg 6 (2005, Fn. 44), 129–131.
61 Hierzu auch *Rückert*, Das Methodenorakel, AcP 219 (2019, Fn. 1), 458, 480–484.

Recht. Trotzdem blieb der produktive Kern dieser Jurisprudenz bis zum Schluss dunkel und durchsetzt von metaphysischen Resten (also Möglichkeiten), die ohne Spekulation nicht zu durchschauen sind.
3. Jherings **Rechtsbegriff** war hoffnungslos **janusköpfig** verfasst. Seine „anatomische Betrachtung" des Rechts führte ihn über die praktische Logik von Rechtssatz und Rechtsbegriff in einem „psychischem" Exkurs zum „Geist" des Rechts. In diesem Geist stieg Jhering in den von ihm später verspotteten „Begriffshimmel" hinauf. Das ist aber nur das eine Gesicht von Jherings Recht. In der „physiologischen Betrachtung" band er das Recht maßgeblich an seine „formale Realisierbarkeit" und Praktikabilität und provozierte einen Widerspruch zu seiner ersten Rechtsbetrachtung, den er nur ‚dialektisch' auflösen konnte. Jhering musste sein doppeltes Recht, also anatomische Begriffslogik und physiologische Pragmatik in einer „juristischen Symptomatik" befrieden und ergab sich einer pragmatischen Metaphysik.
4. **Gesetz und Wissenschaft** konstruierte Jhering **zulasten des Gesetzes**. Das Gesetz ging im Geiste des Juristenrechts unter. Das Motto der Dogmatik lautete: „Nicht-Quellenmäßigkeit". Zwar bestreitet er die Macht des Politisch-Positiven nicht, doch er beschränkte sie auf einen juristischen Pointillismus. Die Kraft des Rechts lag nicht in der *lex*, sondern im *corpus iuris* als geschlossenem Rechtskörper, der allein von der Jurisprudenz als Rechtswissenschaft produziert und kontrolliert wird. Mit dieser konstruktiven Jurisprudenz begründete Jhering die Autonomie seiner Rechtswissenschaft, die ihn und sein bürgerliches Recht von allen Politiken seiner Zeit (vor allem von der Monarchie, später auch dem Parlament) befreite. Die Jurisprudenz als praktische Wissenschaft thronte über dem Gesetz und lieferte dem Privatrecht das kritische Potential gegen seine Polis.
5. Unscharf und dunkel ist schließlich das Verhältnis von **Praxis und Metaphysik** bei Jhering. Der praktisch veranlagte und ambitionierte, aber philosophische „Dilletant" Jhering rettete sich aus der Praxis immer wieder in Metaphysik und *vice versa*. Seine Interpretationslehre, seine Konstruktionstheorie und auch sein Rechtsbegriff waren sowohl pragmatisch als auch metaphysisch verfasst. Dementsprechend widersprüchlich fielen seine Forderungen an die Jurisprudenz als Rechtswissenschaft aus: „spekulativ", „dialektisch", „philosophisch" aber auch „dogmatisch", „praktisch", „anwendungsorientiert" sollte sie sein – das geht nicht zusammen und zeugte die vermeintlich widersprüchliche Rechtsphilosophie einer **pragmatischen Metaphysik**.
6. Mit dieser These einer pragmatischen Metaphysik bei Jhering ist die berühmte „**Damaskus**"-Behauptung von und über Jhering zur Hälfte widerlegt. Zwar hat sich der Jhering der 1850er Jahre immer fleißig um metaphysische Sprachspiele bemüht, er hat dabei aber nie die Praxis und das Praktische aus den Augen verloren. Jherings „praktische Bedürfnisse", sein Sinn für die „Interessen des Lebens" oder die „praktische Angemessenheit" und selbst sein ambivalenter Respekt vor dem Gesetz haben seine metaphysischen Begriffsanwandlungen *nie* überhand nehmen lassen. Das belegt auch das folgende berühmte Beispiel, durch das er, wie er selbst behauptet, von der Begriffsjurisprudenz zur Zweckjurisprudenz bekehrt worden sein soll. Jherings pragmatische Metaphysik saß nie dem reinen Eigenleben oder der puren Eigenlogik der Begriffe auf – und nur das wäre „Begriffsjurisprudenz" im idealen Sinne.

IX. Zum Beispiel die „Gefahr beim Kaufcontract"

411 Jherings Beispiel ist ein aus dem Leben gegriffener Fall. Es ist der Fall, den Jhering auf seine Begriffsjurisprudenz zurückblickend zu seinem Damaskuserlebnis stilisierte. Der Praktiker Jhering hatte ihn als Teil der Gießener Spruchfakultät zu entscheiden:[62] In den 50er Jahren des 19. Jahrhunderts bot ein „englisches Handlungshaus X" einem anderen „englischen Hause B" mehrere „Schiffsparten"[63] an „Rostocker Schiffen" zum Verkauf an, ohne dass es zu einem Vertragsschluss kam. Am 27. August desselben Jahres verkaufte das Handelshaus X „eins dieser Schiffsparten, das an dem Schiffe Z" an den „Kaufmann A". Am 24. September verkaufte X nun seine „sämmtlichen Schiffsparten" an das Handelshaus B, also die Anteile an dem Schiff Z ein zweites Mal. Erst am 21. Oktober erfuhr X, dass dieses Schiff Z „in der Nacht vom 1. auf den 2. October untergegangen sei".[64] Kurz: ein Doppelverkauf: X hatte seine Anteile an dem Schiff Z sowohl an A als auch an B verkauft. Noch bevor X und A den Vertrag rückgängig machten, war das Schiff Z im wörtlichen Sinne untergegangen.[65] Die *quaestio iuris* lautet nun: Wer trägt die Gefahr für diesen *casus*?[66] Wer haftet für den zufälligen Untergang einer verkauften, aber noch nicht übergebenen Sache? An wem haftet der unverschuldete Schaden? Konkreter am Fall heißt das: Muss A oder muss B oder müssen gar beide den Kaufpreis zahlen, auch wenn sie keine Gegenleistung mehr erhalten, weil das Schiff vor Übergabe untergegangen ist?

412 Heute wird die Frage in § 446 S. 1 BGB geregelt: „Mit der Übergabe der verkauften Sache geht die Gefahr des zufälligen Untergangs und der zufälligen Verschlechterung auf den Käufer über." Bis zur Übergabe trägt also grundsätzlich der Verkäufer das Risiko. Im Falle des zufälligen Untergangs der Kaufsache erhält er weder Kaufpreis noch Schadensersatz. Ähnlich lag das englische Recht der Zeit. Das ist wichtig für Ansprüche im Verhältnis der beiden englischen Handelshäuser X und B. Denn zwischen beiden galt englisches Recht, so dass X gegen B keinen Kaufpreisanspruch geltend machen konnte.[67]

413 Nach dem rezipierten **gemeinem römischen Recht**, also Jherings Recht der Pandekten, galt hingegen eine andere Verteilung der Gefahr für den *casus*. Vom Vertragsschluss bis

---

62 Das Gutachten Jherings ist abgedruckt in: *Kroppenberg*, Die Plastik des Rechts. Sammlung und System bei Rudolf v. Jhering, Berlin 2015, 60–88.
63 Bei Schiffsparten (von lat. *pars*, d.h. Teil) handelt es sich um die Anteile, die ein Mitreeder an einem Schiff hält (vgl. heute §§ 389, 391 HGB).
64 Der ausführliche Sachverhalt findet sich bei *Jhering*, Beiträge zur Lehre von der Gefahr beim Kaufcontract, in: Jahrbücher für die Dogmatik des heutigen römischen und deutschen Privatrechts 3 (1859), 449–488, u. 4 (1861), 366–438, hier Bd. 3 (1859), 451 f. Im Folgenden werden Passagen aus dem ersten Teil des Aufsatzes mit dem Kurztitel *Gefahr* im Text zitiert. Zum Sachverhalt auch *Kroppenberg*, Die Plastik des Rechts (2015, Fn. 62).
65 Weitere wichtige aber nicht unstrittige Probleme des Sachverhalts wie die einverständliche Auflösung des Kaufvertrags zwischen X und A am 18. Oktober, die mögliche Redlichkeit des Verkäufers, die mögliche Kenntnis des A vom Untergang des Schiffes schon am 13. Oktober und die Verhinderung der vollständigen Tradition des Eigentums an den Zweitkäufer B durch A bleiben in diesem Beispiel außen vor (vgl. Gefahr 452 f.). Sie lenken von der juristischen Rechtsfrage ab.
66 Zum Problem der Gefahrtragung beim Kauf in historischer Perspektive jetzt vor allem *Ernst*, in: Historisch-Kritischer Kommentar zum BGB, Bd. III-1, hrsg. v. Schmoeckel, Rückert u. Zimmermann, Tübingen 2013, §§ 446, 447, Rn. 5; *ders.*, Der zweifache Verkauf derselben Sache – Betrachtungen zu einem Rechtsproblem in seiner europäischen Überlieferung, in: Kaufen nach römischem Recht. Antikes Erbe in den europäischen Kaufrechtsordnungen, hrsg. v. Jakab u. Ernst, Berlin u. Heidelberg 2008, 83–103, insbes. 100 f., u. *H. H. Jakobs*, Lucrum ex negotiatione. Konditionsrechtliche Gewinnhaftung in geschichtlicher Sicht, Tübingen 1993, 54–86, insbes. 69–74.
67 So die von Jhering wiedergegebene Behauptung des X, vgl. Gefahr 452 f.

zur Übergabe der Kaufsache (und danach sowieso) haftete (anders als im heutigen Recht) der Käufer (nicht der Verkäufer) für den zufälligen Untergang der Kaufsache. Wenn also eine verkaufte Sache beim Verkäufer vor der Übergabe zufällig untergegangen war, konnte dieser vom Käufer weiter den Kaufpreis fordern, auch wenn der Anspruch des Käufers auf Übergabe und Übereignung gemeinsam mit der Sache untergegangen war. Deswegen klagte X, der Verkäufer der Schiffsparten, nun gegen A, den Erstkäufer der Schiffsparten, auf Zahlung des Kaufpreises. Dieser stand ihm nach dem zufälligen Untergang der Kaufsache am 1. bzw. 2. Oktober zunächst auch weiter zu. In letzter Instanz lag die Sache der Gießener Spruchfakultät vor und Rudolf von Jhering führte das „Referat" in diesem Fall (Gefahr 451, 453).

Mit dieser Rechtssache setzte sich Jhering nicht zum ersten Mal auseinander. Zu dem Rechtsproblem hatte er sich „im Vorbeigehen" (Gefahr 450) schon **1844 an zwei Stellen** in seinen „Abhandlungen aus dem Römischen Recht" geäußert.[68] Die Quintessenz mit Blick auf unser Beispiel lautete: „Wenn der Verkäufer aus eigennütziger Absicht die verkaufte Sache noch einmal veräußert, so braucht er, selbst wenn die Sache durch casus untergegangen ist, der Käufer also den Kaufpreis zahlen muß, ohne die Sache zu bekommen, dennoch den vom zweiten Käufer erhaltenen Preis nicht zu restituiren" (Abhandlungen 59). Jherings Antwort bezog sich mit diesem Rechtssatz aber auf ein anderes Rechtsproblem als das oben geschilderte.[69] Er besprach nicht den durch einen *casus* begünstigten (unredlichen) Verkäufer, der von zwei Käufern *einer* Sache *zweimal* den Kaufpreis einforderte. Jhering behandelte vielmehr die Frage des *lucrum propter negotiationem perceptum*, d.i. die Frage nach der *Herausgabe des Gewinns*, den jemand aus dem Geschäft mit einer (sachen- oder schuldrechtlich) herauszugebenden Sache macht (vgl. Abhandlungen 58–86). Jherings These lautete, „daß der, welcher blos zur Herausgabe einer Sache, nicht aber zu einem positiven Handel verpflichtet ist, das durch irgend eine Disposition mit der Sache gewonnene nicht herauszugeben braucht" (Abhandlungen 59). Stattdessen hafte dieser, sofern er haftet, nur auf den (objektiven) Sachwert.

414

In Jherings Abhandlung von 1844 stand also nicht die Leistung des Käufers im Vordergrund, sondern die **Ersatzpflicht des Verkäufers**, etwa gegenüber einem Eigentümer.[70] Jhering baute dabei vor allem auf das Argument, dass „der Verpflichtete sich nicht durch das Anbieten des für die Sache erhaltenen Preises befreien" dürfe (Abhandlungen 59). Dies würde „anstatt dem Vindicanten einen Vortheil zu gewähren, ihm in den meisten Fällen schaden" (Abhandlungen 72). Nicht nur dass Jhering 1844 eine andere Fragestellung verhandelte, er argumentierte auch nach heutigen Maßstäben nicht sonderlich ‚begriffswütig', sondern mit Blick auf die Interessen der an dem Rechtsverhältnis typischerweise Beteiligten. Wenn Jhering sich zudem mehrfach gegen falsche „Milde" und zugunsten „juristischer Consequenz" aussprach (Abhandlungen 71 f.), geschah dies nicht zum Selbstzweck, sondern mit dem Ziel, eine bestimmte Wertung in einen Rechtssatz zu übersetzen.

415

---

68 Vgl. Jhering, Abhandlungen aus dem Römischen Recht, Leipzig 1844, 59, 71, im Folgenden mit dem Kurztitel *Abhandlungen* im Text zitiert. Jhering verweist auf beide Stellen, vgl. Gefahr 450, Anm. 2. Zu Jherings Lösung des Problems von 1844 ausführlich *Falk*, Windscheid (1989, Fn. 6), 52–63.
69 In dieser Verwechslung der Fragestellungen sieht auch Jhering den Grund für die ihm später abwegig erscheinende Ansicht, vgl. Gefahr 454. Dies wird auch in beiden von Jhering genannten Stellen deutlich, vgl. Abhandlungen, 58 f. u. 70–73.
70 Vgl. zu der zentralen Digestenstelle *Falk*, Windscheid (1989, Fn. 6), 57.

III. Sechzehn Exempel und drei Berichte

416 Diese nur „im Vorbeigehen" getroffenen Aussagen aus dem Jahr 1844 bewertete Jhering im Angesicht des ihm zur Entscheidung vorliegenden Falles nun neu. Und er stilisierte diesen ‚Meinungsumschwung' zu einer Bekehrung in doppelter Weise. 1859 nutzte er ihn als rhetorisches Mittel, um das Aufbegehren seines Rechtsgefühls[71] zu unterstreichen: „Nie in meinem Leben hat mich ein Rechtsfall in dem Maße ... in Gemüthsaufregung versetzt ... Meine eigene ... Ansicht zur Anwendung zu bringen, dagegen lehnte sich Alles, was von Rechtsgefühl und juristischem Takt in mir war, auf's Entschiedenste auf" (Gefahr 451). 1884 deutete Jhering den „Umschwung" methodisch, um seiner zweiten Methodenphase einen historischen Anfang zu geben: „Der in meiner Abhandlung ... berichtete Fall ..., öffnete mir die Augen, ... die Worte, mit denen ich die Zurücknahme der von mir früher verteidigten Ansicht begleitete ..., ... enthalten den ersten öffentlichen Schritt in die neue Bahn." (Scherz 339, Anm. 1)

417 Vergleicht man nun Jherings Darstellung der „Gefahr beim Kaufcontract" in dem zweiteiligen Aufsatz im dritten und vierten Band der „Jahrbücher" von 1859 und 1861 mit den beiden dogmatischen Abhandlungen im ersten und zweiten Band der „Jahrbücher" von 1857 und 1858 zur „Uebertragung der Reivindicatio" und zur „Mitwirkung für fremde Rechtsgeschäfte"[72] oder auch zu Abhandlungen aus den folgenden Jahren, etwa dem großen Aufsatz zur „Culpa in contrahendo",[73] so ist bei flüchtiger Durchsicht **kein grundsätzlicher Umschwung** festzustellen.[74] Als praktischer Dogmatiker blieb sich Jhering wohl noch viel mehr treu als er es als Theoretiker tat, selbst wenn Jhering gerne Gegenteiliges behauptete. Wie aber löste Jhering den Fall methodisch-dogmatisch? Wie entschied er die *quaestio iuris* zum casus bei einer Verkauften, aber noch nicht übergebenen Sache? Kann der Verkäufer, der eine Sache doppelt verkauft hatte, den Kaufpreis auch nach Untergang der Sache von beiden Käufern fordern?

418 Der erste Teil der „Beiträge zur Lehre von der Gefahr beim Kaufcontract" steht unter der Überschrift: „Ueber den Sinn des Satzes: Der Käufer trägt die Gefahr, mit besonderer Beziehung auf den Fall des mehrfachen Verkaufs". Nur dieser Teil interessiert hier.[75] Jhering analysierte und konstruierte das Problem in sechs Schritten: (1.) Einleitung, Rechtsproblem und -fall (Gefahr 449–453), (2.) Lösungsalternativen (Gefahr 453–461), (3.) Zweck und Grund des problemlösenden Rechtsprinzips (Gefahr 461–

---

71 Für Jherings Culpa Aufsatz deutet Schanze die Topoi der „Unbilligkeit", der „praktischen Trostlosigkeit" und des „richtigen praktischen Gefühls" gegen Larenz und Esser nicht als „Rekurs auf ‚rechtsethische Prinzipien', sondern" als „eine Darstellung *eines ästhetischen Makels am System*, der *konstruktiv* zu beseitigen ist" (siehe *Schanze*, Culpa in contrahendo bei Jhering, in: Ius Commune 7 (1978), 326–357, hier 336). Auch wenn Schanzes Kritik an Larenz und Esser zutrifft, so schießt er mit seiner Deutung von „Billigkeit" und „Gefühl" als „ästhetische Makel" über das Ziel hinaus.

72 *Jhering*, Uebertragung der Reivindicatio auf Nichteigenthümer (Cession derselben, reiv. utilis, Conossement), in: Jahrbücher für die Dogmatik des heutigen römischen und deutschen Privatrechts 1 (1857), 101–188; ders., Mitwirkung für fremde Rechtsgeschäfte, in: Jahrbücher für die Dogmatik des heutigen römischen und deutschen Privatrechts 1 (1857), 273–350, u. 2 (1858), 67–180. Gut verfügbar sind die dogmatischen Aufsätze in *Jhering*, Gesammelte Aufsätze. 3 Bände, Jena 1881, 1882, 1886, 2. Neudruck Aalen 1981 oder in der digitalisierten Zeitschriftensammlung des Max-Planck-Instituts für Rechtsgeschichte und Rechtstheorie.

73 Vgl. *Jhering*, Culpa (1861, Fn. 14).

74 Vgl. auch *A. Merkel*, Jhering (1893, Fn. 42), 12 f. Für die *culpa in contrahendo* zeigt dies *Schanze*, Culpa (1978, Fn. 71), 331–340; vgl. weiter *Choe*, Culpa in Contrahendo bei Rudolph von Jhering, Göttingen 1988, u. *Medicus*, Zur Entdeckungsgeschichte der *culpa in contrahendo*, in: Iuris Professio. Festgabe für Max Kaser zum 80. Geburtstag, hrsg. v. Benöhr, Hackl u.a., Wien u.a. 1986, 169–181. Den „Umschwung" verteidigt hingegen jüngst *Behrends*, Jherings Umschwung, ZRG RA 134 (2017, Fn. 7).

75 Vgl. hierzu auch die knappen Ausführungen bei *Kroppenberg*, Die Plastik des Rechts (2015, Fn. 62), 26 f.

466), (4.) Sinn bzw. Bedeutung des Rechtsprinzips (Gefahr 466–476), (5.) Argumentative Rechtfertigung des Rechtsprinzips (Gefahr 476–484), schließlich (6.) dogmatische Konstruktion der Lösung (Gefahr 484–488).

Nachdem Jhering (1.) im einleitenden Abschnitt das Rechtsproblem, sein Rechtsgefühl, seinen Umschwung und den Sachverhalt geschildert hatte, wandte er sich (2.) den Lösungsalternativen zu. Er diskutiert römische Quellen, „allgemeine Principien" (Gefahr 455), die gelehrte Literatur seiner Zeit sowie die Lösung des Gerichts zweiter Instanz. Keine der dogmatischen Lösungen überzeugte Jhering. Sicher ist er sich in diesen beiden ersten Schritten nur des Ergebnisses: der Verkäufer musste den Kaufpreisanspruch gemeinsam mit der Sache verlieren.

Von hier an suchte Jhering nach einer *systemverträglichen* Lösung. Dieser Anspruch darf nicht unterschätzt werden. System und Systemverträglichkeit waren der Maßstab, an dem Jhering die konkrete Falllösung maß. Die Regeln der Konstruktion galten auch für den Ort der Gefahrtragungsregel im System. Sie musste mit positiven Sätzen in Einklang gebracht werden können, durfte keine Wertungswidersprüche zur Folge haben und sollte auch hübsch ins System passen. Auf dem Weg zu einer solchen Lösung erläuterte Jhering (3.) Zweck und Grund der (positiven) römischen Regel (periculum est emptoris), die die Gefahr des zufälligen Untergangs einer Sache auch vor Übergabe dem Käufer zuschob (Gefahr 461–466). Hierfür erklärte er die typische Kaufsituation, auf der die einfache Gefahrtragungsregel zulasten des Käufers beruht:

> „Ein Aufschub der Leistung nach Abschluß des Contracts kann allerdings zufällig in den concreten Verhältnissen der Personen und der Sache begründet sein, in dem Begriff des Kaufcontracts als solchem liegt er nicht. Die natürlich-einfache – und wie ich glaube, auch die historisch-ursprüngliche – Form desselben besteht darin, daß Abschluß und Erfüllung zusammenfallen; Kaufen und Verkaufen ist sofortiges Nehmen (emere) und Geben (venum dare). Bei dieser einfachsten Gestalt des Geschäfts geht mit dem Abschluß desselben die Gefahr auf den Käufer über, die Frage von der Gefahr beantwortet sich hier von selbst oder richtiger sie wirft sich gar nicht einmal auf. Anders aber, wenn jene beiden Momente: Abschluß und Erfüllung des Contracts, auseinanderfallen und dadurch der Einwirkung des Zufalls in der Zwischenzeit Raum geboten wird." (Gefahr 463 f.)

Ausgangspunkt sind also Barkäufe. Erst durch eine andere Form des Warenkaufs entsteht die Notwendigkeit einer besonderen Verteilung der Gefahr. Wenn Kauf und Übergabe der Sache auseinanderfallen, also in komplexeren Kaufverhältnissen, muss der *casus* des unverschuldeten Untergangs neu verhandelt werden: „Wer hat hier, wenn die Parteien darüber kein Uebereinkommen getroffen, die Gefahr des Zufalls zu tragen?" (Gefahr 464) Normativ behauptete Jhering: „Wer den Aufschub verschuldet, hat den Schaden zu tragen." (Gefahr 464) Und das sei im Regelfall der Käufer (vgl. Gefahr 465). Der Verkäufer werde durch diese Verschiebung der Gefahrtragung für die „Entziehung der weitern Verkaufsbefugnis" entschädigt (Gefahr 465).

Nachdem Jhering Zweck und Grund der römischen Gefahrtragungsregel erklärt hatte, wandte er sich (4.) deren Sinn und Bedeutung zu. An dieser Stelle demonstrierte Jhering seine ganze juristische Phantasie und seine originelle Lösung. Der Sinn der Gefahrtragungsregel, die den Kaufpreisanspruch trotz *casus* aufrecht erhielt, habe „nicht den Charakter einer gewöhnlichen Geldforderung, welche nichts soll als dem Berechtigten Geld verschaffen, sondern den einer *Ersatzforderung*" (Gefahr 467 f.). Jhering machte aus der Regel über die Gefahrtragung für die Gegenleistung eine Schadensersatznorm und gab ihr dadurch einen vollkommen neuen Platz im System. Sie gehörte nun nicht mehr zum Regelungsgebiet der Unmöglichkeit und war damit aus dem System des Kaufrechts herausgelöst. Stattdessen ordnete er sie dem Schadensersatzrecht zu. Und diese Forderung „fällt weg, wenn der Verkäufer durch den Untergang der Sache keinen Schaden erlitten hat" (Gefahr 468). Der Sinn der Gefahrtragung als Schadensregel, also ihr Geist und ihr neues System, überformen ihre einfache Gestalt, d.h. ihren Buchstaben. Nicht in jedem *casus* bleibt danach dem Verkäufer der Kaufpreisanspruch erhalten, sondern nur, wenn er einen Schaden erlitten hat. Die verschiedenen Fälle schadloser Verkäufer erörterte Jhering dann ausführlich (vgl. Gefahr 468–476) und natürlich auch den Fall des mehrmaligen Verkaufs (Gefahr 474–476). Verwunderlich ist hierbei, dass die von Jhering vorgeschlagene Lösung nicht zu dem von ihm zu Beginn der Abhandlung heftig beschworenen Rechtsgefühl passt. Da das englische Handelshaus X in dem Fall eben nicht schadlos blieb und es keinen Anspruch gegen B hatte, müsste der Kaufpreisanspruch gegen A also weiter Bestand haben. Diese Frage aber ging trotz Jherings vieler Bemerkungen zu Leben, Rechtsgefühl und juristischem Takt in Jherings dogmatischem Eifer unter.

423   Den besonderen Sinn der Gefahrtragungsregel sicherte Jhering (5.) mit allgemeinen Argumenten, Wertungen und Quellenstellen weiter ab (Gefahr 476–484). Schon das „Resultat" genüge „den Anforderungen des natürlichen Rechtsgefühls", sei „praktisch" erträglich und schütze „das römische Recht vor dem doppelten Vorwurf der Unbilligkeit und Inconsequenz" (Gefahr 477). Wieder scheute Jhering die einseitige Begründung und rechtfertigte seine neue Dogmatik der Gefahrtragung als gleichzeitig, „praktisch", „billig" und „konsequent". Auch „der quellenmäßigen Begründung" aus den Digesten als „dem eigentlich entscheidenden Punkt" des juristischen Begründens wandte sich Jhering zu, selbst wenn er nur spärliche Anhaltspunkte für seine Rechtsauffassung fand (vgl. Gefahr 478 f.) und nur feststellen konnte, „daß uns die Quellen wenigstens nicht *entgegenstehen*" (Gefahr 480). Dann entblößte Jhering den Kern seiner Begründung:

> „Wer unter Begründung ausdrückliche Quellenäußerungen versteht, wer nur Stellen, nicht aber die Deduction aus der innern Consequenz eines Rechtsinstituts als Beweismittel anerkennt, den zu gewinnen werden wir freilich von vornherein verzichten müssen. Denn Stellen gibt es hier nicht; sonst wäre die hier aufgestellte Theorie wohl schon längst vorgetragen worden. Für den aber, der mit mir darin einverstanden ist, daß unsere Quellen bei gar vielen Rechtssätzen es unterlassen haben, ihren eigentlichen Grund und Zweck näher anzugeben, und daß es unsere Aufgabe ist, ihn aufzusuchen und danach den wirklichen Sinn des Rechtssatzes gegenüber einer vielleicht zu weiten oder engen Fassung festzustellen – für denjenigen hoffe ich den mir obliegenden Beweis allerdings erbringen zu können." (Gefahr 480)

424   „Deduction aus der innern Consequenz" und „eigentlicher Grund und Zweck" sind die tragenden Stichworte dieser Begründung. Besonders das „Eigentliche" stammt aus dem Wörterbuch der metaphysischen Doppelungen. Eine positive Erklärung der „innern Consequenz" enthielt Jhering dem Leser freilich vor – man muss die Evidenz schon selbst spüren. Dafür sicherte Jhering sich negativ ab (vgl. Gefahr 482–484) und warf der Gegenansicht einen „Widerspruch" des „Rechts mit sich selbst!", also einen Wertungswiderspruch vor (Gefahr 477). Die bekämpfte Auffassung ruhe auf „einem Rechtssatz, dessen *Grund* nicht abzusehen, dessen *Resultate* im äußersten Grade anstößig, dessen *Inhalt* mit dem Wesen der bona fidei und dem Charakter

des Kaufcontracts in offenbarsten Widerspruch tritt" (Gefahr 482). Sie spreche „allen Begriffen von Recht und Gerechtigkeit geradezu Hohn" (Gefahr 482).

Erst in seinem (6.) Abschnitt (Gefahr 484–488) fasste Jhering den mühsam ohne Quellen und nur mithilfe von Prinzipien und innerer Konsequenz ermittelten Satz: *„daß die Haftung des Käufers für die Gefahr nur die Schadloshaltung des Verkäufers bezweckt"* in eine „juristische Construction" (Gefahr 484 f.). Jhering nannte sie eine „völlig einflußlose Frage" (Gefahr 485): Hat der für den Schaden aufkommende Käufer den Kaufvertrag erfüllt? Kann die Erfüllung seitens des Verkäufers fingiert werden? Oder bleibt nur Raum für eine einseitige Erfüllung? (Gefahr 485 f.) Jhering wählte eine andere, wenig spektakuläre Lösung: Die Erfüllung des Vertrages sei unmöglich geworden (heute § 275 BGB) und der Kaufpreis- bzw. Schadensersatzanspruch wandle sich in eine gesetzliche Versicherung. Der „Kaufpreis ist eine *Versicherungssumme*" (Gefahr 486), der Versicherungsvertrag eine „Neben*obligation*" (Gefahr 487). Damit hatte Jhering seine Metamorphose der Regel der Gefahrtragung in eine versicherungsrechtliche Schadensersatznorm im System vollzogen.

X. Die sechs Thesen nach dem Beispiel

Das Beispiel zur „Gefahr beim Kaufcontract" bestätigt die sechs Thesen zu Jhering. Jhering hielt (1.) nicht viel vom „Haften am Wort" der römischen Regeln zur Gefahrtragung. Stattdessen unterlegte er ihnen eifrig einen Zweck als „eigentlichen Grund", um sie dann neu und anders auslegen und verstehen zu können. Mit (2.) der Neuordnung der Gefahrtragung als Schadensersatznorm gewann Jhering einen neuen Systemzusammenhang, der der Norm ein völlig neues Gesicht gab bzw. die Anweisungen der Norm obsolet machte. Stattdessen prüfte Jhering dem „Gesetz der Deckung" gemäß das Entgegenstehen positiver Quellen. Zum „Gesetz des Nichtwiderspruchs" zählten dann Jherings zahlreiche Wertungsargumente und seine Kritik entgegenstehender Auffassungen. Das entsprach freilich auch (3.) Jherings Konzept des Rechts zwischen den anatomisch-äußeren Spitzen der Rechtssätze bzw. Quellenstellen, der anatomisch-innerlichen Konstruktion, seinem Geist im System und der physiologisch-pragmatischen Falllösung. Im Beispiel wurde (4.) Jherings Skepsis gegenüber der *lex* deutlich. Nicht das Gesetz, sondern das wissenschaftlich abgesicherte Juristenrecht und die wissenschaftliche Konstruktion des Falles im System waren Maß der Entscheidung. Dieses Verhältnis von Entscheidung, Fall, Gesetz, Konstruktion und Recht konzipierte Jhering (5.) keinesfalls metaphysisch, auch wenn die normative Kraft des Systems letztlich eine irgendwie metaphysische blieb. Die treibenden Kräfte der Falllösung waren keine nur metaphysisch-systematischen (das natürlich auch), sondern vor allem auch das praktische Rechtsgefühl und die pragmatische Anschauung des Falles. Dieser außerdogmatische Gerechtigkeitsanspruch konstruierte die immer auch systematische Lösung nicht allein. Jherings Lösung des Beispiels war sowohl systematisch als auch pragmatisch determiniert. Dadurch geriet (6.) auch Jherings eigene „Damaskus"-Behauptung unter Druck. So wenig wie der späte Jhering der Zwecke seine Theorie der Konstruktion aufgab, verzichtete Jhering um das Jahr 1860 auf pragmatische, zweck-oder gerechtigkeitsorientierte Argumente.

Der „Begriffsjurist" Jhering entpuppt sich so als ein verzerrter Schatten seiner selbst. Ein einseitiger „Begriffsjurist", also ein begriffshöriger und begriffsgläubiger Wortakrobat im schlechten Sinne, war auch der frühe Jhering nicht. Stattdessen jonglierte er lieber mit Zwecken und System, um so seine praktisch brauchbaren und interessenadäquaten Ergebnisse herzustellen. Für genau diese **zweiseitige Methode**, die dem Recht, seiner Methode und Dogmatik eine „kurze Formel" versagte, stand schon der Jhering der „Begriffsjurisprudenz", die dann freilich nie eine Begriffsjurisprudenz war. Als Begriffsjurisprudenz existierte auch die Begriffsjurisprudenz nur in Jherings Begriffshimmel und in der idealen Welt derjenigen, die gegen ihre gewaltigen Windmühlenflügel kämpfen müssen.

XI. Quellen und Literatur

1. Zum Einstieg in die frühen Jhering-Texte

Zu Methodenlehre und Dogmatik

Geist des römischen Rechts auf den verschiedenen Stufen seiner Entwicklung. Zweiter Theil. Zweite Abtheilung, 5. Aufl. Leipzig 1898, S. 323–389;

Unsere Aufgabe, in: Jahrbücher für die Dogmatik des heutigen römischen und deutschen Privatrechts 1 (1857), S. 1–52.

Zu Begriff und Betrachtung von Recht und Rechtswissenschaft

Geist des römischen Rechts auf den verschiedenen Stufen seiner Entwicklung. Erster Theil, 6. Aufl. Leipzig 1907, S. 1–58, u. Dritter Theil, 5. Aufl. Leipzig 1906, S. 311–368.

Zu zwei exemplarischen dogmatischen Fragen

Beiträge zur Lehre von der Gefahr beim Kaufcontract, in: Jahrbücher für die Dogmatik des heutigen römischen und deutschen Privatrechts 3 (1859), S. 449–488, u. 4 (1861), S. 366–438;

Culpa in contrahendo oder Schadensersatz bei nichtigen oder nicht zur Perfection gelangten Verträgen, in: Jahrbücher für die Dogmatik des heutigen römischen und deutschen Privatrechts 4 (1861), S. 1–112.

2. Zum Einstieg in die Sekundärliteratur

Biographisch zu Jherings Gießener Zeit

Kunze, Michael, „Lieber in Gießen als irgendwo anders …". Rudolf von Jherings Gießener Jahre, Baden-Baden 2018.

Für einen allerersten Einstieg noch immer

Losano, Mario G., Studien zu Jhering und Gerber, Teil 2, Ebelsbach 1984, Kap. 4, S. 53–89, u. Kap. 6, S. 114–129.

Überblicke aus der jüngeren Zeit

Hofmann, Hasso, From Jhering to Radbruch: On the Logic of Traditional Legal Concepts to the Social Theories of Law to the Renewal of Legal Idealism, in: A History of the Philosophy of Law in the Civil Law World, 1600–1900 (=A Treatise of Legal Philosophy and General Jurisprudence, Vol. 9), hrsg. v. Damiano Canale, Paolo Grossi und Hasso Hofmann, Dordrecht u.a. 2009, S. 301–354, zu Jhering S. 302–319.

Jansen, Nils/Reimann, Mathias, Begriff und Zweck in der Jurisprudenz – Ein Geburtstagsblatt für Rudolf von Jhering, in: ZEuP 26 (2018), S. 89–129.

Rückert, Joachim, Das Methodenorakel Rudolf von Jhering (1818–1892), in: AcP 219 (2019), S. 457–487.

Zu Jherings Methodik im Geist

Kroppenberg, Inge, Die Plastik des Rechts. Sammlung und System bei Rudolf v. Jhering, Berlin 2015.

Seinecke, Ralf, Rudolf von Jhering *anno* 1858. Interpretation, Konstruktion und Recht der sog. „Begriffsjurisprudenz", in: ZRG GA 130 (2013), S. 238–280.

Zu Jherings Philosophie

Rückert, Joachim, Art. Rudolf von Jhering (1818–1892). Professor, in: 600 Jahre Niedersächsische Juristen, hrsg. v. Rückert u. Vortmann, 2. Aufl. Halle (Saale) 2021, S. 239–272.

3. Weitere Literatur

Eine neue und umfassende Jhering-Bibliographie bietet

Pierson, Thomas, Bibliographie zu Rudolf von Jhering, in: Michael Kunze, „Lieber in Gießen als irgendwo anders …". Rudolf von Jherings Gießener Jahre, Baden-Baden 2018, S. 41–85.

Eine umfassende Studie zu Jherings Methode und seinem Rechtsbegriff bietet

Mecke, Christoph-Eric, Begriff des Rechts und Methode der Rechtswissenschaft bei Rudolf von Jhering, Göttingen 2018.

Methode und Zivilrecht bei Philipp Heck (1858–1943)

von Jutta Manegold (geb. Oldag)*

Übersicht

I.	Philipp Heck – zu Leben und Werk	188
II.	Die interessenjuristische Methodenlehre	190
III.	Der Zweifrontenkampf der Interessenjurisprudenz	204
IV.	Ein berühmtes Beispiel: das Aufwertungsurteil von 1923	206
V.	Resümee	209
VI.	Quellen und Literatur	211

Auch für Philipp Heck, den scharfsinnigen und energischen Interessenjuristen, kann man wie für Savigny und Windscheid eine gewisse Renaissance feststellen. Unstreitig galt Philipp Heck schon immer als einer der besonderen Meister der zivilrechtlichen Methodenlehre. Er hat sie besonders intensiv und konkret durchdacht und mit den verfassungspolitischen Voraussetzungen im Blick gehabt. Wer war also dieser Heck und was hat er für die Methodenlehre geleistet?

I. Philipp Heck – zu Leben und Werk

428 *Philipp Heck* (1858–1943) folgte 1901 nach Professuren in Greifswald und Halle dem Ruf an die Universität Tübingen.[1] Diese sollte für viele Jahre der Ort seines Wirkens bleiben. Dort erfüllte er seinen Lehrauftrag als Professor für Deutsches Recht, Handels- und Wechselrecht, Bürgerliches Recht und deutsche Rechtsgeschichte.[2] Er gilt als einer der prominenten Denker auf dem Gebiet der juristischen Methodenlehre. Das allgemein bekannte und anerkannte Werk des Tübinger Rechtslehrers ist die Begründung der **Interessenjurisprudenz** und die Ausprägung derselben zu einer festumrissenen Theorie. Hierbei geht es um das juristisch-technische Verfahren, das die Berücksichtigung der menschlichen Interessen für die Rechtsprechung und die Wissenschaft als Programm proklamiert. Es war dies der Schritt hin zu dem von Heck erstrebten Ziel einer lebensnahen Erfassung des Rechts und des Rechtslebens. In diesem Sinne stellte er das Goethe-Zitat

---

* Für diese Auflage erneut durchgesehen und aktualisiert von J. Rückert. Die Kurztitel in den Fn. finden sich am Ende unter Literatur.

1 Seine Lebensstationen im Einzelnen: *Heck* ist am 22.7.1858 in St. Petersburg geboren; 1872 Übersiedlung der Familie nach Wiesbaden; 1879 beginnt er ein Mathematikstudium in Leipzig, bald darauf wechselt er in die juristische Fakultät über; 1889 Promotion und noch in demselben Jahr Habilitation in Berlin; 1891 Professor in Greifswald und 1892 Wechsel nach Halle; 1911/12 Rektor in Tübingen; 1928 Emeritierung. *Heck* ist am 28.6.1943 in Tübingen verstorben. Zum Namen: Die Treue, die er Tübingen hielt, dankte ihm der württembergische König durch Verleihung des Ehrenkreuzes der württembergischen Krone, womit der persönliche Adel verbunden war. Dieses Adelsprädikat benutzte *Heck* selbst jedoch idR nicht. Siehe *Kleinheyer/Schröder*, Deutsche Juristen, 194; *Bader*, In memoriam Ph. v. Heck, S. 544 f.; *Kreller*, Lebenswerk, S. 469 fbf.; umfassend nun *Schoppmeyer*, Heck, 2001.

2 Neben seinen bahnbrechenden Arbeiten für die zivilistische und methodologische Lehre galt seine Aufmerksamkeit insbesondere der germanistischen Richtung der Rechtsgeschichte. Auch als Rechtshistoriker hat er sich mit respektablen Arbeiten Verdienste erworben, u.a. Arbeiten zum altfriesischen und altsächsischen Recht; vgl. hierzu die Darstellung bei *Bader*, In memoriam Ph. v. Heck, S. 538 ff.

„Greift nur hinein ins volle Menschenleben,
Ein jeder lebt's, nicht vielen ist's bekannt.
Und wo ihr's packt, da ist's interessant"

ins Vorwort zu seinem Sachenrecht.³ Heck zitiert das prominent, denn das Recht solle die Probleme der Menschen lösen und ihnen helfen. In dieser Lebensbedeutung des Rechts liege gerade der Reiz für den Juristen.

Er hat als erster in seiner Rektoratsrede „Das Problem der Rechtsgewinnung"⁴ aus dem Jahre 1912 eine programmatische Zusammenfassung seiner in der Zielrichtung der neuen Interessenjurisprudenz liegenden methodischen Ansichten erstellt. Aufbauend hierauf hat er die beiden dort skizzierten zentralen Problemkreise der richterlichen Fallentscheidung sowie der Begriffs- und Systembildung in zwei einander ergänzenden kleinen Monographien, nämlich „Gesetzesauslegung und Interessenjurisprudenz" (1914) und „Begriffsbildung und Interessenjurisprudenz" (1932) behandelt. Der exemplifizierten Darstellung zur Lösung juristischer Konfliktfälle nach der interessenjuristischen Arbeitsweise dienen seine beiden immer noch sehr lehrreichen Lehrbücher, der „Grundriss des Schuldrechts" (1929) und der „Grundriß des Sachenrechts (1930). Sie sind zu dem Zweck gearbeitet, die folgerichtige Durchführung seiner Methode sowie deren praktische Brauchbarkeit zu demonstrieren.⁵ Wenngleich das Jahr 1912 als **Geburtsjahr** der Interessenjurisprudenz bezeichnet werden kann,⁶ weil Heck mit seiner Schrift zur Rechtsgewinnung erstmals fundiert und generell seine dogmatische Richtung beschreibt und alle darauffolgenden Arbeiten diese konsequent weiterverfolgen und ausbauen, liegen die Anfänge der Interessenjurisprudenz bei Heck doch weiter zurück. So ist er schon mit seiner handelsrechtlichen Habilitationsschrift „Das Recht der großen Haverei" (1889) faktisch mit seiner Methode hervorgetreten und hat namentlich die richterliche Rechtsschöpfung durch Lückenergänzung in Gesetzgeberart verlangt.⁷ Ebenso enthält auch eine Reihe vor dem Jahre 1912 veröffentlichter Aufsätze bereits die Anwendung und teilweise Erläuterung seiner Methodik.⁸ Heck hat auch in dem von ihm lange Jahre hindurch mitherausgegebenen „Archiv für die civilistische Praxis" viele Einzeluntersuchungen veröffentlicht, die in methodologischer Hinsicht exemplarische Bedeutung besitzen.⁹

Seine Arbeiten sind gekennzeichnet durch die **oppositionelle Haltung** gegenüber der in der zweiten Hälfte des 19. Jahrhunderts immer noch vorherrschenden „Begriffsjurisprudenz", wie sie von ihren Gegnern bezeichnet wurde. Nach eigenen Angaben¹⁰ stand Heck unter dem Eindruck des späten *Jhering*.¹¹ In dessen Werk „Geist des römischen Rechts", Bd. II 2. Abtlg., 1865, sah er erstmals die lebensnahe Erfassung des Rechts und Umgestaltung der Wissenschaft durch Verwendung von Interessenbe-

---

3 *Goethe*, Faust I, Vers 167 ff.; von *Heck* in seinem Vorwort zum Sachenrecht, S. V aufgegriffen.
4 Akademische Rede v. 6.2.1912 als „Rede am Geburtstag des Königs" (Angabe aus: *Dubischar*, Studien, S. 9); 2. Auflage 1932, Tübingen.
5 So *Heck* in den Vorworten beider Grundrisse.
6 Vgl. *Heitmann*, Stellung der Interessenjurisprudenz, S. 36.
7 *Heck* zurückblickend 1932 in: Begriffsbildung, S. 34.
8 *Heck* in: DJZ 10 (1905), Sp. 1140–1142; DJZ 14 (1909), Sp. 1457–1461.
9 Z.B.: AcP 122 (1924), S. 203 ff.; AcP 137 (1933), S. 259 ff. (siehe ferner: *Esser*, Nachwort, S. 214, Anm. 4).
10 So entnommen aus *Hecks* autobiographischer Schilderung in: Begriffsbildung, S. 32 ff.
11 *Rudolf Jhering* (1818–1892).

griffen in Aussicht gestellt. Den Ausführungen Jherings verdankt Heck entscheidende Anregungen für die Entwicklung seiner eigenen Betrachtungsweise.[12]

431 In Tübingen fand Heck in *Max Rümelin* und *Heinrich Stoll* Fakultätskollegen mit ähnlichen methodischen Ansichten, die beide bei Ausbau, Erklärung, Verbreitung und Verteidigung dieser Lehre eng mit Heck zusammenarbeiteten.[13] Das enge Zusammenwirken dieser Hauptvertreter der Interessenjurisprudenz in Tübingen verschaffte der Lehre daher auch die Bezeichnung „**Tübinger Schule** der Interessenjurisprudenz". Im Folgenden sollen nun die tragenden Elemente der Erkenntnisse Hecks, welche er selbst als den Gegenstand seiner Lebensarbeit bezeichnet,[14] dargestellt und nachvollzogen werden.

II. Die interessenjuristische Methodenlehre

1. Die Interessenjurisprudenz als Methodenlehre für die Praxis

432 Die Interessenjurisprudenz ist eine Methodenlehre für die praktische Rechtswissenschaft. Nach Ansicht Hecks steht im Zentrum einer jeden juristischen Methodenlehre das Problem der Rechtsgewinnung durch Richterspruch, denn damit erfolgt die maßgebliche Einwirkung des Rechts auf das Leben: „Der Richterspruch ist es in erster Linie, der dem Rechte die Wirkung auf das Leben verschafft. Er bringt erst lebendiges Recht."[15] „Das Gesetzesrecht erlangt nur durch den Richterspruch die autoritative Macht, die dem Recht seinen Wert gibt."[16] Von grundlegender Bedeutung für die Interessenjurisprudenz ist daher, dass sie den Zusammenhang des Rechts mit den **Interessen des Lebens**, den Zweck im Recht, betont und das teleologische Element in den Vordergrund stellt.[17] Dadurch will sie diejenigen Interessen, welche eine Rechtsordnung schützen will, wirksamer schützen, als dies nach der bis dahin vorherrschenden formaljuristisch genannten Methode der Begriffsjurisprudenz nach Hecks Überzeugung geschehen konnte.[18] Die Interessenjurisprudenz versucht Leitsätze aufzustellen, die der Richter bei seiner Entscheidung befolgen soll und die auch für die Rechtswissenschaft bedeutsam sind, da sie die Arbeit des Richters vorbereiten soll. Einen großen Stellenwert hat die grundsätzliche Beibehaltung der Bindung des Richters an das Gesetz. Dem Richter wird aber auch größere Verantwortung übertragen, indem ihm die Kompetenz zur Vervollständigung und Verbesserung der vorhandenen Gesetze zugeschrieben wird. In der Konsequenz führt dies dazu, dass der Richter dazu angewiesen wird, Gesetzeslücken nach teleologischen Gesichtspunkten zu ergänzen, also nicht nur unter Gebote zu subsumieren, sondern auch subsidiär Gebote zu schaffen.[19]

433 Die Betonung des Praktischen zeigt sich auch gegenüber philosophischen Einordnungsversuchen. Heck wendet sich entschieden gegen die Einordnung der Interessenjuris-

---

12 Vgl. Leugnung, S. 244; Begriffsbildung, S. 32: „*Jhering* hat mich zum Interessenjuristen gemacht, noch bevor ich überhaupt Jurist war ... Dieser Band [d.h. Geist II 2, 1865] ist das erste juristische Buch, das ich gelesen habe ..."; näher dazu jetzt *J. Rückert*, Art. Interessenjurisprudenz (2019), unter 3.; und jetzt *Seinecke*, oben Rn. 352 ff.
13 *Heck* blieb jedoch nach Lebensalter, früher Erarbeitung, vieljähriger Fortentwicklung sowie Pflege und Verteidigung nach allen Seiten der „primus inter pares" (*v. Hippel*, Interessenjurisprudenz, S. 84).
14 Vgl. Interessenjurisprudenz, S. 7.
15 Vgl. Interessenjurisprudenz, S. 15; siehe hierzu ferner: Rechtsgewinnung, S. 3.
16 Rechtsgewinnung, S. 4.
17 Ebd. S. 1.
18 *Heitmann*, Stellung der Interessenjurisprudenz, S. 36.
19 Siehe Rechtsgewinnung, S. 1; vgl. ferner Reine Rechtslehre, S. 177.

prudenz als Lebensphilosophie – eine damals aktuelle Strömung. Sie sei auch nicht derjenige Teil der Philosophie, den man als Rechtsphilosophie bezeichnet.[20] Die Interessenjurisprudenz nach Heck will keine wissenschaftliche Disziplin sein, die der Befriedigung des Erkenntnistriebes in philosophischer Hinsicht dient, sondern vielmehr derjenige Teil der Rechtswissenschaft, welcher unter methodischen Fragestellungen die Wege zu einem einzigen Endziel, nämlich Interessenschutz und Interessenberücksichtigung, erforschen will.[21] Auf diese Weise soll das Recht gewonnen werden, so „wie es das Leben fordert".[22] Seine Methode hat freilich philosophische Prämissen, wie jetzt Schulz zeigt. Heck folgt einer „realistischen", empirisch kausalforschenden Methode für die Auffindung der Interessenlagen und -entscheidungen.

Der Illustration für die Wesenszüge der Interessenjurisprudenz diene das der Justiz seit alters her zugeschriebene Symbol der Justitia mit Waage und Binde: „Diese steht für die unvoreingenommene Bereitschaft zum Recht und dem offenen Sich-Einlassen auf die jeweils abzuwägende Wirklichkeit, bei deren Regelung man ausgeht von der typischen natürlichen Interessenlage der Beteiligten, um sie dann anschließend auf ihr Gewicht und ihre Bedeutung hin zu untersuchen und ins richtige soziale Verhältnis zu setzen. Es ist dies das Spiel der natürlichen Interessen und das Hinlenken der Aufmerksamkeit auf ihre jeweilige Vereinbarkeit und Vorzugswürdigkeit."[23]

2. Die methodischen Grundanschauungen

Es gilt nun die interessenjuristische Vorgehensweise der Rechtsfindung in ihren theoretischen Grundzügen zu präzisieren. In der Entwicklung dieser Schulrichtung lassen sich **zwei Stufen** unterscheiden, nämlich die „genetische" und die „produktive" Interessentheorie.[24] Erstere hat die Entstehung und die Aufgabe des positiven Rechts, letztere die Gesamtheit der methodischen Schlussfolgerungen für die richterliche Fallentscheidung sowie die Gestaltung der wissenschaftlichen Arbeit zum Inhalt.

Da Heck seine Ansichten aus einer kritischen Stellungnahme gegen die „Begriffsjurisprudenz" heraus entwickelt hat, soll in vergleichender Darstellung auch der Bezug zum für ihn begriffsjuristischen Verfahren beachtet werden.

a) Genetische Interessentheorie

aa) Interessen als kausale Elemente des Rechts

Ausgangspunkt der Interessenjurisprudenz bildet das um Interessen im weitesten Sinn kämpfende Leben, dessen individuelle Träger das von ihnen jeweils Erwünschte begehren und dabei in mannigfache Konstellationen von Interessenkonflikten zueinander geraten.[25] Dies sind die soziologischen Erkenntnisse, die den Gedankengängen der Interessenjurisprudenz zugrunde liegen und die zu einer besseren Anpassung des Rechts an die Vielgestaltigkeit des Lebens verhelfen sollen. „Leben", erklärt Heck,[26] „ist nur eine zusammenfassende Bezeichnung für eine unendliche Mannigfaltigkeit (…) von verschiedenen Beziehungen, die zwischen den einzelnen Menschen, den Men-

---

20 Interessenjurisprudenz, S. 7; eingehend zur Philosophie bei Heck jetzt *Schulz*, Heck, S. 37 ff.
21 Begriffsbildung, S. 17, 25.
22 Vgl. Rechtsgewinnung, S. 4.
23 So in: *von Hippel*, Interessenjurisprudenz, S. 94.
24 Vgl. zu dieser Begriffsprägung: Begriffsbildung, S. 30 f.
25 Ebd., S. 87.
26 Begriffsbildung, S. 38.

schengruppen und der Rechtsgemeinschaft zu den einzelnen Teilen des Lebens, den Lebensgütern bestehen". Diese Beziehungen bezeichnet Heck als „Begehrungsdispositionen", also latente Wünsche oder Neigungen, die nicht fortdauernd in unserem Bewusstsein gegenwärtig sind, aber durch irgendwelche Reizvorgänge wachgerufen, ein aktuelles Begehren erzeugen.[27] Die Interessenjurisprudenz geht empirisch vor und setzt voraus, dass dieses Begehren als psychologischer Vorgang jedem bekannt, aber nicht unmittelbar beobachtbar ist. Sie erschließt es aus den verursachten Handlungen. Diese Begehrungsdispositionen bezeichnet diese Lehre als „Interessen". Das **Wort „Interesse"** wird in einem umfassenden Sinn gebraucht und bezieht sich auf die Subjekte, also die Interessenträger, wie die Objekte des Begehrens.[28] Dabei ist nicht nur an die Wahrung materieller Güter zu denken, sondern ebenso an das Streben nach Verwirklichung von ideellen, religiösen, nationalen oder ethischen Interessen.[29] Bezugspunkte sind die Interessen Einzelner, von Gruppen oder der Rechtsgemeinschaft.[30] Die Interessen in ihrer vielgestaltigen Ausprägung werden als die treibende Kraft des menschlichen Lebens angesehen. Wie werden daraus rechtlich relevante Interessen?

438 Die sachliche Besonderheit der Interessenjurisprudenz besteht darin, dass sie die **Interessen als kausal** für die Bildung der Rechtsgebote ansieht, diese also auf das Ineinandergreifen dieser Begehrungsdispositionen zurückführen will.[31] Dies läuft darauf hinaus, dass die Rechtssätze zweckbewusst von Menschen geschaffen werden, um die Interessen, welche nicht beziehungslos nebeneinander herlaufen, sondern wegen ihrer verschiedenen Zielrichtungen gerade einander konfligieren, zu werten und zu ordnen. „Interessenkonflikt" im Sinne Hecks meint mithin ein natürliches Spannungsverhältnis verschiedener Interessen, weil es niemals möglich ist, alle bestehenden Wünsche und Bestrebungen zugleich zufriedenzustellen, so dass die Notwendigkeit eintritt, auf gewisse Wünsche zugunsten anderer zu verzichten.[32]

439 Für die **Divergenz zur begriffsjuristischen Methode** ist nach Hecks Beschreibung die Frage der kausalen Rechtselemente konstituierend. Den Ausgangspunkt der Begriffsjurisprudenz bildet dabei für ihn die Annahme, dass sich die Gebotsbegriffe, wie beispielsweise „Eigentum", im Volksgeist[33] bilden und ihrerseits Rechtsgebote erzeugen.[34] Das Ergebnis der Volksüberzeugung waren damit nicht nur Wertungen und Wertideale, sondern unmittelbar auch die Rechtsbegriffe als juristische Vorstellungen.[35] Dies bedeute, dass den Rechtsbegriffen nicht lediglich die Funktion einer sprachlichen Zusammenfassung für die hinter dem Begriff stehenden Gebotskomplexe zukomme.

---

27 Rechtsgewinnung, S. 27.
28 Siehe Begriffsbildung, S. 39.
29 Rechtsgewinnung, S. 7.
30 Dabei sind für die einander gegenübertretenden Interessen verschiedene Konstellationen möglich: Bei privaten Konflikten können sich z.B. Individualinteressen gegenüberstehen, ferner kommen auch Konflikte zwischen den Gesamtinteressen einer Personenmehrheit (Gesellschaften, Vereine, Erbengemeinschaft, usw.) und Individualinteressen in Betracht. Es können auch private Interessen mit öffentlichen Interessen und diese wiederum zueinander in Konflikt geraten.
31 Rechtsgewinnung, S. 28.
32 Siehe Neue Gegner, S. 180, 303; ferner Rechtsgewinnung, S. 19.
33 „Volksgeist" nicht lediglich im Sinne einer kollektiven Bezeichnung für die übereinstimmenden und sich gegenseitig beeinflussenden Bewusstseinsinhalte der das Volk bildenden Individuen, sondern vielmehr als psychische Einheit höherer Art, als dessen Organe das Gewohnheitsrecht, der Gesetzgeber und die Wissenschaft erscheinen (dazu: Rechtsgewinnung, S. 14); für den Bezug auf Savigny und Puchta s. hier Rn. 159, 164, 169, 175 und 217, 226, 231 f., 242 ff., 278 f.; zum unmittelbaren Kontext Hecks dabei nun *Haferkamp*, BGB, 2022, S. 143.
34 Schuldrecht, S. 474; Rechtsgewinnung, S. 14; Interessenjurisprudenz, S. 11.
35 Interessenjurisprudenz, S. 11.

Sie würden vielmehr als selbstständige Wesen in der Volksüberzeugung, als „Rechtskörper", denen eine objektive Beschaffenheit zugeschrieben werde, behandelt.[36] Sie galten somit als Quelle der Rechtssätze, waren quasi vor ihnen da, und mithin kausal für das gesamte positive Recht.[37] Heck bezeichnet diese Form der Kausallehre als **Inversionsverfahren**. Er ist der Meinung, dass damit die wirkliche Beziehung zwischen den Rechtssätzen und den zusammenfassenden Gebotsbegriffen verkehrt werde und dadurch eine Vertauschung der Rollen dieser Rechtselemente stattfinde.[38] Im Gegenteil gehen seiner Ansicht nach die Rechtsgebote geschichtlich der Einordnung in die Allgemeinbegriffe voraus. Die Gebote werden demnach durch die Lebensbedürfnisse und ihre Wertung selbst verursacht und nicht erst durch die Vorstellungen von Allgemeinbegriffen.[39]

bb) Konflikttheorie

Interessengegensätze der beschriebenen Art liegen nach Ansicht Hecks jedem einzelnen selbstständigen Rechtssatz zugrunde.[40] Der **Gesetzgeber** überschaut das „bunte Getriebe" der Menschen von einem möglichst umfassenden Blickpunkt aus, erkennt die Belange der einzelnen Glieder der Rechtsgemeinschaft und die Belange der Rechtsgemeinschaft selbst, bewertet sie und grenzt sie gegeneinander ab.[41] Die sich ergebenden Gesetze sind „gleichsam die **Resultanten** oder Kraftdiagonalen der in jeder Rechtsgemeinschaft einander gegenübertretenden und um Anerkennung ringenden Interessen".[42] Die Gesetze entfalten somit eine befriedende Wirkung. Das Streben nach einer gesetzlichen Regelung, sagt Heck, folgt ebenfalls einem Interesse, nämlich dem „öffentlichen Friedens- und Ordnungsinteresse", das als Normierungsgrund bei allen Rechtsgeboten vorliege.[43] Hinsichtlich der Qualität der gesetzlichen Konfliktentscheidung geht Heck von der autoritativen Regelungswirkung aus,[44] durch die die Interessen verbindlich und im Voraus erkennbar gegeneinander abgegrenzt werden.[45]

440

Entscheidend ist, wie die **Rechtsetzungsorgane** den Inhalt der Rechtsnorm festlegen. Das Ergebnis, der Inhalt und Zweck des Gesetzes zeigten schlechthin nur, dass ein Interesse höher zu bewerten ist und diesem durch die Norm Rechtsschutz verliehen werden soll („siegendes Interesse").[46] Die Wahrung gewisser Interessen kann nur durch Zurückstellung anderer Interessen erreicht werden.[47] Diese Befriedigung des einen Interesses erscheint bei nachträglicher Betrachtung als der Zweck des Gesetzes.

441

---

36 Schuldrecht, S. 474.
37 Ebd.
38 Begriffsjurisprudenz, S. 42.
39 Interessenjurisprudenz, S. 12.
40 Dies betont *Heck* mehrfach: Begriffsbildung, S. 41, Anm. 2; Interessenjurisprudenz, S. 13; Neue Gegner, S. 185.
41 *Heitmann*, Stellung der Interessenjurisprudenz, S. 36; ferner Begriffsbildung, S. 41.
42 Gesetzesauslegung, S. 17; Begriffsbildung, S. 74.
43 Begriffsbildung, S. 39.
44 *Heck* spricht von der imperativen Natur des Rechts: „Nach den Geboten des Gesetzes hat sich das Leben und hat sich der erkennende Richter zu richten" („Gebotstheorie") (in: Gesetzesauslegung, S. 16).
45 *Heck* in: Begriffsbildung, S. 41, Anm. 2: „Der Schutz von Interessen durch das Gesetz vollzieht sich nicht im leeren Raume, sondern in der interessenerfüllten Welt und daher stets zum Nachteil anderer Interessen.".
46 Interessenjurisprudenz, S. 13.
47 Siehe Rechtserneuerung, S. 19.

III. Sechzehn Exempel und drei Berichte

442 Die Interessenjurisprudenz führt die gesetzgeberische Entscheidung des Interessenkonflikts auf die vorangegangene **Abwägung** der beteiligten Interessen zurück.[48] Diese ist nachzuvollziehen. Dabei werden die kollidierenden Interessen auf ihr „Gewicht" hin untersucht („Maxime der Interessengliederung" bzw. „Konfliktstheorie").[49] Die Abwägung ist ein komplexer Vorgang, bei dem unter Berücksichtigung von „Wertideen" als Ergebnis ein „Werturteil" hervorgebracht werden soll, das im Einklang mit den allgemeinen Vorstellungen einer zu verwirklichenden Ordnung stehen soll („soziales Ideal").[50] Die im jeweiligen Wertungsprozess bestimmenden Wertideen sind ihrerseits mannigfaltig und verschiedenen Ursprungs. In erster Linie erfolgt die Rechtsbildung durch die Abwägung des Gesetzes zwischen den Interessen der beteiligten Parteien. Will man das Recht aber zugleich entsprechend den gesellschaftlichen Ordnungsvorstellungen gestalten, so müssen objektive, der Gemeinschaft wichtige Rechtswerte („öffentliche Interessen") mit in den Abwägungsprozess einfließen. Heck definiert sie auch als „Entscheidungsinteressen" bzw. „tiefer liegende Gemeinschaftsinteressen".[51] Gemeint sind damit z.B. solche rechtspolitischen Zielsetzungen, die die Rechtsgemeinschaft zu ihrer eigenen Funktionsfähigkeit ausgeprägt hat und die allgemein anerkannt sind, z.B. der Gutglaubensschutz zur Erleichterung des Rechtsverkehrs, Festlegung einer Altersgrenze bei der Volljährigkeitsregelung zugunsten leicht anwendbarer und klare Verhältnisse schaffender Normen.[52] Mitunter konfligieren auch diese Entscheidungsinteressen, so dass der Gesetzgeber vor dem Problem steht, zwischen verschiedenen für erstrebenswert erachteten Ordnungszielen zu wählen („innerer Konflikt").[53] Die Interessenjurisprudenz verkennt an dieser Stelle nicht, dass die von ihr geforderte Abwägung mit einer wertenden Stellungnahme abschließen muss, da es sich keineswegs so verhält, „daß die in einer bestimmten Wirklichkeitssituation vorgefundenen Interessen sich selbst durch ihren Kräfteaustrag, sozusagen in einem mechanischen Transformationsakt, in die Rechtsnorm umsetzen".[54]

443 Allerdings enthält sich Heck einer Antwort auf die Frage, welche konkreten Maßstäbe für die Wertung anzuwenden sind. Das ist konsequent, denn die Interessenjurisprudenz will keine materiale Wertlehre sein, die eine Aussage über eine schematische Rangordnung der Lebensgüter geben müsse; vielmehr gälten – historisch bedingt – die in einer Rechtsordnung jeweils **anerkannten Ideale**.[55]

444 Durch das in ihnen enthaltene Werturteil haben die Rechtsnormen nach Heck eine sog. „Interessenwirkung". Die Beziehung der Rechtsnorm auf diese Voraussetzungen ergibt den spezifischen „Interessengehalt".[56]

---

48 Vgl. nur Begriffsbildung, S. 41; in Leugnung, S. 244, stellt *Heck* klar, dass der psychologische Vorgang der Interessenabwägung keine neue Erfindung der Interessenjurisprudenz sei. Dieser Vorgang habe in der Tätigkeit des Richters, Gesetzgebers und Rechtswissenschaftlers stets seine Bedeutung gehabt. Seit es Recht gebe, sei es Ausgleich der Interessenkonflikte. Jedoch habe sein Bestehen es nicht verhindern können, dass die Vorstellung von der Entstehung der Rechtsnorm und die Zielsetzung für die Rechtspflege und Wissenschaft zur Zeit der Begriffsjurisprudenz eine ganz andere gewesen sei.
49 Interessenjurisprudenz, S. 13.
50 Begriffsbildung, S. 41.
51 Gesetzesauslegung, S. 232, Anm. 357; Neue Gegner, S. 168.
52 Vgl. Darstellung bei *Kallfass*, Tübinger Schule der Interessenjurisprudenz, S. 15, Anm. 50.
53 Neben dieser Wahl zwischen legislativen Idealen unterscheidet *Heck* noch andere Konflikte unter Beteiligung öffentlicher Interessen, dazu: Begriffsbildung, S. 39, Anm. 2.
54 *Kallfass*, Tübinger Schule der Interessenjurisprudenz, S. 16.
55 Interessenjurisprudenz, S. 7 f.; Begriffsbildung, S. 28.
56 Begriffsbildung, S. 41.

b) Produktive Interessentheorie

Diese Teillehre behandelt die methodischen Problemstellungen und Problemlösungen, welche auf der beschriebenen „genetischen Grundlage" von der Interessenjurisprudenz entwickelt worden sind. Da die maßgebliche Einwirkung auf das Leben nach der Ansicht der Interessenjurisprudenz durch den **Richterspruch** erfolgt, geht es zum einen um die erschöpfende Untersuchung und Entwicklung einer zutreffenden und zuverlässigen richterlichen Fallentscheidung. Zum anderen hat die **Rechtswissenschaft** gewisse Aufgaben begrifflicher, systematischer und konstruktiver Art. Die primäre Aufgabe ist, im Hinblick auf die mögliche Vielfalt der vom Richter vorgefundenen, typisch-positivrechtlichen Ausgangssituationen eine praktikable Lehre von der richtigen Normanwendung zu entwickeln.[57] Dazu kommen Aufgaben der systematischen Ordnung und Darstellung des vorhandenen Normenmaterials sowie die Arbeit zusätzlicher Normgewinnung und Normvorbereitung de lege ferenda (lateinisch für das zu schaffende Gesetz).

445

aa) Die richterliche Fallentscheidung

Das Charakteristische der richterlichen Tätigkeit sieht Heck darin, dass der Richter ebenso wie der Gesetzgeber konfligierende Interessen der streitenden Parteien auseinander zu erkennen hat. Dabei hat der Richter zuerst den Interessengehalt der anzuwendenden Norm zu prüfen. Bei jeder einzelnen Operation der Rechtsfindung hat der Richter das eigentliche Ziel seiner Arbeit, die Befriedigung der Lebensbedürfnisse, im Auge zu behalten.[58] Als Ausgangspunkt für die Grundlagen richterlicher Entscheidungsfindung sind **zwei Einsichten** kardinal.

446

aaa) Bindung des Richters an das Gesetz

Die erste Einsicht geht dahin, dass der Richter aus Gründen der Rechtsstaatlichkeit und der Gewaltenteilung unter dem Gesetz steht, d.h. er darf bei der Entscheidung nicht frei vorgehen. Diese Bindung ist verfassungsrechtlich verankert. Es sind mithin nicht die eigenen Wertideen und Werturteile des Richters, die den Maßstab für die Abwägung liefern, sondern er ist an die Werturteile gebunden, die sich aus dem Gesetz ergeben und an diejenigen, die in Form ethischer und sozialer Anschauungen in der Rechtsgemeinschaft vorherrschen. Deshalb kann eine freie Eigenwertung des Richters nach Ansicht Hecks nur subsidiär eingreifen.[59] Die in Gesetzesform ausgedrückten Werturteile stehen für den erklärten Willen der Rechtsgemeinschaft, die „nicht nur nach außen hin souverän, autonom ist, sondern auch nach innen, in ihrem Verhältnis zum Richter" (Autonomie der Rechtsgemeinschaft).[60] Da der erklärte Wille der Gemeinschaft dem Willen des einzelnen Staatsbürgers vorgeht, ergibt sich die Unterordnung jedes Staatsuntertanen und damit, ohne jede Ausnahme, auch des Richters.[61] Der Richter hat das Gesetz dort anzuwenden, „wo es angewendet sein will, auch dann, wenn er das Gebot mißbilligt".[62] Er soll **Diener des Gesetzes** sein. Diese Bindung

447

---

57 Vgl. Interessenjurisprudenz, S. 7; Rechtsgewinnung, S. 3; Gesetzesauslegung, S. 3; Begriffsbildung, S. 2 f., S. 91.
58 Gesetzesauslegung, S. 11.
59 Vgl. nur: Rechtsgewinnung, S. 30.
60 Gesetzesauslegung, S. 13; Schuldrecht, S. 14; Rechtserneuerung, S. 16.
61 Gesetzesauslegung, S. 13.
62 Siehe Aufwertung, S. 224; Rechtserneuerung, S. 9.

des Richters an das Gesetz stellt für die Interessenjurisprudenz eine unabdingbare Notwendigkeit dar, insofern eine Instanz vorhanden sein muss, welche im Interesse eines geordneten Zusammenlebens die auftretenden Konflikte einheitlich und definitiv schlichtet. Diese Instanz, so Heck, ist die Gesetzgebung. Sie kann ihre Aufgaben nur dadurch erfüllen, dass die in den Rechtssätzen zum Ausdruck gekommenen Entscheidungen der Rechtsgemeinschaft auch den Richter binden.[63] Nicht zuletzt im Interesse der Rechtssicherheit soll durch diese bindende Kraft des Gesetzes gerade auch für den Richter die Gewissheit geschaffen werden, dass die Gerichte das Gesetz auch ausführen. Der Inhalt künftiger Urteile soll voraussehbar sein und garantiert werden.[64] Die verfassungspolitische Bedeutung dieser Sätze liegt auf der Hand.

bbb) Unzulänglichkeit der Rechtsordnung

448 Die zweite Einsicht betrifft die Unzulänglichkeit der Rechtsordnung. Dies bedeutet, dass es Fälle gibt, in denen das Rechtssystem auf eine sich im Zusammenhang mit einem konkreten Fall stellende Frage keine eindeutige Antwort gibt. Sie ist auf das Unvermögen des Gesetzgebers, die Fülle des Lebens zu überblicken, zurückzuführen. Die Vielgestaltigkeit der Lebensanschauungen und Lebensverhältnisse ist unübersehbar und noch dazu stetem Wandel unterworfen. Dem Gesetzgeber ist es mithin gar nicht möglich, alle Einzelfallkonstellationen im Vorfeld zu überblicken. Schwierigkeiten können sich beim Erlass von Gesetzen insbesondere dann ergeben, wenn sie für ein umfangreiches Gebiet berechnet sind. Dann erweist es sich als nicht möglich, die Anordnungen im vorhinein erschöpfend und völlig zutreffend zu geben.[65] Dies hat zur Folge, dass die Gesetze im Verhältnis zur Zahl der Lebensprobleme mangelhaft, unvollständig und widersprüchlich sind. Diese These von der **Lückenhaftigkeit des Gesetzes** („Lückentheorie") ist ein Kernpunkt der Lehre Hecks.[66] Heck gewinnt unter Hervorhebung unterschiedlicher Merkmale ein System von Lückenbegriffen.[67] Beispielsweise unterteilt er nach dem genetischen Unterschied in primäre, also schon mit Entstehung des Gesetzes gegebene, und sekundäre Lücken, solche die dadurch entstehen, dass sich die Lebensverhältnisse oder Lebensbedürfnisse im Laufe der Zeit ändern.[68] Aus der Einteilung Hecks in Lückenbegriffe sind ferner die Begriffe „echte Lücke" und „unechte Lücke" hervorzuheben. Sog. **echte Lücken** entstehen dadurch, dass ein Interessenkonflikt vom Gesetzgeber ungeregelt geblieben ist, d.h. es existiert gar kein Gebot, sei es, weil der Gesetzgeber den Konflikt übersehen hat oder Konflikte dieser Art zur Zeit der Gesetzgebung noch nicht auftreten konnten. Außerdem können die Begriffe eines Gebots unklar sein, so dass sich nicht feststellen lässt, ob ein bestimmter Sachverhalt von einem Gebot erfasst wird.[69] Im Fall der **unechten Lücken** verhält es sich so, dass der Gesetzgeber zu umfassende Gebotsvorstellungen entwickelt hat, die Tatbestände somit auch Sachverhalte erfassen, für die sie nicht berechnet waren.[70] Schließlich soll noch auf die sog. „Kollisionslücken" hingewiesen werden. Sie gehen aus der Widersprüchlichkeit der Gebotsnormen und Werturteile hervor, was da-

---

63 Vgl. Aufwertung, S. 224.
64 Aufwertung, S. 224, Anm. 37; ferner in Interessenjurisprudenz, S. 20; Gesetzestreue, S. 34 f.
65 So in Gesetzesauslegung, S. 19.
66 Vgl. Gesetzesauslegung, S. 21.
67 Zur Lückenterminologie im Einzelnen: Gesetzesauslegung, S. 168 f.
68 Ebd.
69 Gesetzesauslegung, S. 169.
70 Ebd.

zu führen kann, dass die Subsumtion bei demselben Sachverhalt zu unterschiedlichen Ergebnissen führen kann.[71]

Hinzutreten können Unklarheiten redaktioneller Art. Dies bedeutet, dass mit begrifflichen oder sprachlichen Ausdrucksfehlern gerechnet werden muss.[72]

ccc) Historische Vorstellungs- und Interessenforschung

In Kenntnis der Grenzen legislativer Tätigkeit und der infolgedessen fehlenden Lückenlosigkeit des Rechtssystems fordert Heck den Richter zur Mitarbeit auf. Er erwartet aber von ihm völlig realistisch nicht „blinden Gehorsam" und bloß logische Subsumtion, sondern „denkenden (interessegemäßen) Gehorsam"[73] im Sinne einer sinngemäßen Ergänzung fehlender bzw. Berichtigung mangelhafter Gebote.[74] Zur Veranschaulichung des **interessegemäßen Gehorsams** verweist Heck auf die Gebotsauslegung des Alltags im Verhältnis zwischen Herr und Diener: Der Herr mag zwar für eine längere Zeit und im voraus seinem Diener Instruktionen gegeben haben, aber es können immer wieder unvorhergesehene Umstände eintreten, die von den Instruktionen nicht gedeckt sind. Der Herr wird auch daher Anweisungen geben, die dem Diener eine freiere Stellung einräumen und interessegemäßen Gehorsam wünschen, was bedeutet, dass der Diener auftretende Lücken zu ergänzen und die gebotenen Handlungen den Umständen anzupassen hat. Dabei wird sich der Diener in die Interessenlage und die Absichten des Herrn hineindenken und entsprechend handeln.[75] Heck fordert darüber hinaus, der Richter solle bei jeder Normanwendung das einzelne Gebot nicht einfach wortlautgetreu anwenden, sondern sich stets unter Berücksichtigung aller legislativ als schutzwürdig erachteten Interessen, also unter Beachtung der gesamten Rechtsordnung, die Absichten des Gesetzgebers veranschaulichen, um dadurch die Werturteile des Gesetzgebers in den Einzelfällen verwirklichen zu können („Maxime der Generalbeobachtung").[76] „Ein Rechtssatz ist erst dann verstanden, wenn seine Tragweite für die Lebensinteressen klarliegt".[77] Somit soll der Richter nicht auf die vorhandenen Gebote beschränkt sein, sondern es soll ihm auch eine rechtschöpfende Tätigkeit zugestanden werden, allerdings in begrenztem Umfang.[78]

Die von Heck geforderte Feststellung der gesetzlichen Interessenwertungen wirft die Frage auf, wie denn der Richter zu ermitteln hat, welchen Interessenkonflikt das jeweilige Gesetzesgebot wie entscheidet. Heck verweist hier auf die historische Vorstellungs- und Interessenforschung. Die Erwägung, die seiner Ansicht nach entscheidend für die **subjektiv-historische Auslegung** der Gesetze spricht, ist, dass alle Interessen, welche für das Gesetz kausal waren und auch durch das Gesetz geschützt werden sollen, dann am sichersten gewahrt blieben, wenn man das Gesetz aus der Sicht des Gesetzgebers auslegt.[79] Durch die Orientierung des Richters an den Zwecküberlegungen des Gesetzgebers könne er z.B. entscheiden, ob eine Norm eher restriktiv oder extensiv anzuwenden sei oder was in den Fällen zu tun sei, die der Gesetzgeber nicht

---

71 Ebd.
72 Gesetzesauslegung, S. 20 f.
73 Gesetzesauslegung, S. 20.
74 Vgl. Interessenjurisprudenz, S. 20; Begriffsbildung, S. 106 f.
75 Siehe Gesetzesauslegung, S. 19 f., 49 f.
76 Begriffsbildung, S. 107.
77 Gesetzesauslegung, S. 96.
78 Gesetzesauslegung, S. 60.
79 Vgl. Gesetzesauslegung, S. 59 f.

vorher gesehen habe. Durch diesen Anspruch an den Richter, den Willen der mit der Gesetzgebung beauftragten Menschen zu erforschen, wird nach Ansicht Hecks die Treffsicherheit der Gesetze eher gefördert, als wenn man unter Zugrundelegung der sog. objektiven Theorie lediglich nach dem Sprachgebrauch und den Auffassungen der Anwendungszeit auslege.[80] „Diese Wünsche und Bestrebungen waren als reale Größen in dem Bewusstsein wirklicher Menschen vorhanden. Sie haben das Gesetz verursacht und können nur durch eine Methode der Gesetzesauslegung befriedigt werden, welche den Rechtsanwender dazu führt, diese historisch zu erkennen und zu berücksichtigen".[81] Die Rechtsgemeinschaft habe auch ein Interesse daran, mit den Gesetzen gerade den Erfolg herbeizuführen, um dessentwillen sie gebildet wurden. Auch hier liegt der verfassungspolitische Zusammenhang auf der Hand. Es geht um den Vorrang des Parlaments. Heck hat dabei keine Illusionen über psychologische Forschungsmöglichkeiten zum Gesetzgebungsprozess, wie gerne immer wieder eingewendet wird, sondern er verlangt lediglich eine im Rahmen des jeweils Möglichen loyale Erforschung und Berücksichtigung.

452 Innerhalb des Gesamtvorgangs der Rechtsgewinnung sind bei der Auslegung dann **zwei Teilakte** zu unterscheiden. Zunächst hat der Richter diejenigen Vorstellungen von Tatbestand und Rechtsfolge zu erforschen, die den Gebotsbegriffen, also den einzelnen in der Norm enthaltenen Worten, bei Erlass der Gesetze beigelegt wurden (Vorstellungsforschung). Sodann muss der Richter die vom Gesetzgeber angeschauten Interessenlagen prüfen.[82]

453 Die in einer Norm verwendeten **Begriffe** sind für Heck „gedanklich bearbeitete, an Worte gebundene Bewußtseinsinhalte allgemeiner Art".[83] Dies bedeutet, dass hinter jedem Gesetzesbegriff ein Sinn steht, also ein Komplex von Vorstellungen, für die der Begriff die sprachliche Formulierung, d.h. ein abgekürzter Ausdruck ist. Die Sprache ist mithin für Heck lediglich ein Hilfsmittel, um Gedankengängen eine sprachliche Fassung zu geben und sie zu assoziieren.[84] Diese **sprachlichen Hilfsmittel** haben zwar, will man Recht überhaupt kodifizieren, eine große heuristische Bedeutung, aber für die Auslegung der Gesetze können sie, so Heck,[85] keine entscheidende normative Wirkung beanspruchen. Sie stellen lediglich im Rahmen der Auslegung eine erste Erkenntnisquelle dar. Doch über diese Wortbedeutung hinaus muss der Rechtsanwender den ganzen Komplex der vom Begriff erfassten Vorstellungen vor sich ausbreiten („Prinzip der freien Forschung").[86] Schließlich gilt, dass sich die Verständigung des Lebens niemals in isolierter Sprache vollzieht.[87] Stets werden vorhandene Umstände mitbewertet. Dies gilt demnach ebenso für das Verständnis der Gesetzesworte.[88]

454 Da die Gesetzesnormen der genetischen Interessentheorie zufolge auf Interessenabwägungen beruhen, muss der Richter im Anschluss über die Begriffe hinaus und mit ihrer

---

80 Ebd.; ferner Rechtsgewinnung, S. 37.
81 Gesetzesauslegung, S. 60.
82 Vgl. Gesetzesauslegung, S. 95.
83 So in Begriffsbildung, S. 52.
84 Vgl. Gesetzesauslegung, S. 156.
85 Gesetzesauslegung, S. 120.
86 Ebd., S. 94, 156.
87 Ebd., S. 157.
88 Zur Interpretation der historischen Vorstellung, um also eine Einfühlung in den Gedankengang, der die Entstehung der Gesetzesworte begleitet hat, zu erreichen, sind außer dem Wortlaut die veröffentlichten sowie die unveröffentlichten Gesetzesmaterialien aufschlussreich (sämtliche Aufzeichnungen über den internen Entstehungsvorgang eines Gesetzes), vgl. Gesetzesauslegung, S. 105 ff.; s. a. S. 107, Anm. 155.

Hilfe zu den vom Gesetz angeschauten Interessenlagen, den gesetzlichen Werturteilen und Wertideen, vordringen („Konfliktschau").[89] Dies bedeutet, dass er zu klären hat, welche Interessen das Gesetz vor Augen hatte, wie und aus welchem Grund es sie gewürdigt hat und wie die Interessenwirkung der Norm sein sollte. Darin liegt, wie Heck ausdrücklich erklärt, die **„praktische Spitze der Interessenjurisprudenz"**.[90] Die Interessenforschung zielt zwar zunächst auf die Ermittlung des Gesetzeszwecks (Förderung des „überwiegenden Interesses"). Um den Inhalt einer Rechtsnorm aber vollständig als Resultat einer Interessenabwägung zu verstehen, muss sich der Richter auch die Gegeninteressen verdeutlichen („Maxime der Interessengliederung").[91] „Der Zweck ist die Förderung der überwiegenden Interessen. Nur diese Interessen lassen sich in ihrer Richtung, bei nachträglicher Betrachtung, aus dem Gesetz erkennen. Aber der Inhalt der Rechtsnorm, der Grad der Zweckverwirklichung, ist auch von der Stärke der überwundenen Gegeninteressen abhängig. Der Inhalt der Rechtsnorm kann nur ›begriffen‹ werden, wenn auch diese Gegeninteressen erkannt sind."[92] Als Beispiel führt Heck an: Der Zweck eines jeden Steuergesetzes sei die Mittelbeschaffung für die Gemeinschaft. Aber die Eigenart des einzelnen Gesetzes ergebe sich aus der Rücksicht auf die Steuerzahler.[93] Dieses Postulat der **interessengliedernden Auslegung der Gesetze** erschöpfe sich nicht in einer bloßen Ermittlung der gegeneinander abgegrenzten Belange und Interessenträger, vielmehr sei der Richter auch gefordert, die jeweils für die erfolgte Bewertung maßgeblichen Gründe aufzudecken und herauszuarbeiten. Nur so könne es gelingen, das zugrundeliegende Werturteil zu erkennen und die Schutzwürdigkeit des einen Interesses gegenüber dem anderen zu erklären.[94]

ddd) Ergebnisse der interessengemäßen Gesetzesauslegung

Ansatzpunkt jeder Fallentscheidung ist ein Vergleich zwischen demjenigen Interessenkonflikt, der im Streitfall vorliegt und demjenigen, der in der Form eines in Frage kommenden gesetzlichen Tatbestandes entschieden ist. Vor diesem Hintergrund kann die historische Gesetzesauslegung zu unterschiedlichen Ergebnissen führen, die sich Heck zufolge zu **drei großen Fallgruppen** zusammenfassen lassen, relativ einfache Normalfälle, schwierigere Fälle und Lückenfälle.[95]

455

In den sog. **Normalfällen** stellt sich die Lage so dar, dass der Sachverhalt, über den der Richter zu entscheiden hat, durch die Interessenkonflikte veranlasst ist, die der Gesetzgeber gesehen und geregelt hat. Dann beschränkt sich die richterliche Tätigkeit auf die logische Deduktion (Subsumtion), also die Erkenntnis, dass die Merkmale des hypothetischen Tatbestandes in dem prozessualen Sachverhalt vorhanden sind.[96] Auf diese Weise kann mithin das Werturteil des autoritativ entschiedenen auf den entscheidungsbedürftigen Interessenkonflikt übertragen werden.[97] Als Besonderheit kommt nach der interessenjuristischen Lehre aber hinzu, dass eine Interessenprüfung immer und ohne Ausnahme vorauszugehen hat, wenngleich sich diese bei einfachen

456

---

89 Vgl. Begriffsbildung, S. 107; Gesetzesauslegung, S. 94 f.
90 Siehe Gesetzesauslegung, S. 96.
91 Siehe Begriffsbildung, S. 96; Interessenjurisprudenz, S. 20.
92 Begriffsbildung, S. 46.
93 Interessenjurisprudenz, S. 13.
94 Siehe hierzu auch: Lebensversicherung, S. 24 f.
95 Dazu Begriffsbildung, S. 109.
96 Ebd., S. 109; Gesetzesauslegung, S. 90.
97 Rechtsgewinnung, S. 30.

Sachlagen unterschwellig vollzieht. Der rein formal-logischen Subsumtion geht eine intuitive Interessenwürdigung parallel, „die zwar nicht in das Bewußtsein tritt, aber als Alarmapparat wirkt und bei interessewidrigen Ergebnissen der Subsumtion eingreift" („Beobachtung der intuitiven Kontrolle").[98]

457 Die im Folgenden behandelten **schwierigeren Fälle** erfordern laut Heck eine „wertende Gebotsbildung", durch die der Richter Rechtsschutz gewähren soll, obgleich die Subsumtion nicht unter eine primäre oder ergänzte Norm möglich ist; es fehlt folglich eine Decknorm.[99] Hierbei sieht Heck, dass durch das Anerkennen der richterlichen Befugnis zur Gebotsbildung auf der einen Seite die sachliche Angemessenheit der Entscheidung gefördert, auf der anderen Seite die Voraussehbarkeit der Rechtsprechung und damit die Rechtssicherheit gemindert wird.[100] Deshalb gibt Heck dem Richter in diesem Punkt die Maxime vor, zwischen dem „Fortbildungsinteresse" und dem „Stabilitätsinteresse" an der einmal zur Geltung gelangten Ordnung im Einzelfall abzuwägen.[101]

458 Es sind schließlich Fälle möglich, in denen der Gesetzgeber die Notwendigkeit wertender Gebotsbildung vorausgesehen und besonders angeordnet hat („Lücken" i.w.S.).[102] Er hat das Gebot nicht selbst oder nicht in bestimmten Begriffen ausgesprochen, sondern die Bildung des Gebots oder die nähere Ausfüllung des Begriffs dem Richter übertragen: **Delegationsfälle** bzw. **Ventilbegriffe**.[103] Der Richter bekommt hier einen gewissen Ermessensspielraum, innerhalb dessen er unter Rekurs auf die sonst erkennbaren Werturteile des Gesetzgebers, die sich in den vorhandenen gesetzlichen Normen niedergeschlagen haben, genügend Kriterien an die Hand bekommt, die ihm diese Ergänzungsarbeit ermöglichen. Wichtig ist auch hierbei die Abstimmung mit dem gesamten Wertungsgefüge der positiven Rechtsordnung.[104]

459 Die dritte Fallgruppe bezieht sich auf solche Fälle, bei denen sich als Ergebnis der historischen Interessenforschung ergibt, dass eine **Lücke** („Lücke" ieS)[105] vorliegt. Die wertende Gebotsbildung wird vollzogen, indem der Richter diejenigen Interessen ins Auge fasst, die sich in der Entscheidung gegenüberstehen, sie miteinander vergleicht und nach einem Werturteil gegeneinander abwägt.[106]

460 Es gibt nun nach der Methode Hecks zwei Grundlagen für die Behandlung festgestellter Lücken, **Gesetzesfernwirkung und richterliche Eigenwertung**. Zum einen kann der Richter im Wege der historischen Interessenforschung ganz allgemein die Wertungstendenzen und die Rangordnung der verschiedenen Interessen in der Gesetzgebung erkennen („Fernwirkung des Gesetzes"),[107] zum anderen kann der Richter auch aus seiner eigenen Kenntnis und Lebenserfahrung heraus Interessen für schutzwürdig erklären.[108] Letzteres greift allerdings nur subsidiär dann ein, wenn ein gesetzliches Werturteil fehlt

---

98 In: Leugnung, S. 246; Begriffsbildung, S. 116 f.
99 Siehe Gesetzesauslegung, S. 161.
100 Ebd., S. 172.
101 Ebd., S. 180.
102 Ebd., S. 161.
103 Begriffsbildung, S. 109; Beispiele hierfür stellen etwa § 242 BGB oder das vom Gesetzgeber verwendete Wort „wichtiger Grund" dar.
104 Ebd.
105 Siehe Gesetzesauslegung, S. 161.
106 Ebd., S. 225.
107 Gesetzesauslegung, S. 230.
108 Ebd., S. 227.

(„Wertungslücke"). [109] Die richterliche Eigenwertung darf nämlich nur dann einsetzen, wenn weder das Gesetz selbst, noch die Verkehrssitte oder die Verfassung dem Richter Bewertungsmaßstäbe an die Hand geben.

Für die Gebotsbildung bei den echten Lücken, seien sie primär oder sekundär begründet, weist Heck den Richter an, das fehlende Gebot zu ergänzen, indem er prüft, ob derselbe oder ein ähnlicher Interessenkonflikt in der Form anderer Tatbestände im Gesetz entschieden ist; die Gesetzeswertung ist dann wegweisend und der Richter hat im Falle der Bejahung das Werturteil im Wege des **Analogieschlusses** zu übertragen.[110] Ist dies nicht so ohne Weiteres erkennbar, so muss der Richter darüber hinaus versuchen, einen Anhaltspunkt aus den in der Rechtsgemeinschaft herrschenden Anschauungen zu gewinnen. Ferner geben ihm die Wertungen aus der Verfassung, also dem übergeordneten Wertgebilde, Kriterien an die Hand.

Neben der Befugnis, Gebote zu ergänzen, hat der Richter unter Umständen auch die Kompetenz, bei seinem Urteil von dem geltenden Gesetz abzuweichen, **contra legem** zu entscheiden.[111] Dies ist der Fall bei den unechten Lücken, unabhängig davon, ob sie primär oder sekundär verursacht sind. Ein Einzelfallgebot erfasst demnach Sachverhalte, die, wenn sie vom Gesetzgeber bedacht worden wären, anders geregelt worden wären,[112] oder die Gebote sind infolge zeitlich bedingter Änderungen nicht mehr geeignet, den von ihnen verfolgten Interessenschutz zu bewirken, weil die Interessen weggefallen sind oder sich die kausale Interessenlage verschoben hat.[113] Das Vorgehen des Richters, eine sprachlich wie logisch eigentlich mögliche Subsumtion abzulehnen, fällt dann unter die Kategorie der wertenden Gebotsbildung, und zwar unter den Unterbegriff der **Gebotsberichtigung** („Abweichungstheorie").[114]

Die Grenze für die Gebotsberichtigung durch den Richter ergibt sich aus dem Grundsatz der **Autonomie der Rechtsgemeinschaft**. Grundsätzlich ist der Richter an das Gesamtbild der für schützenswert erklärten Interessen gebunden, eine Zurückdrängung desselben ist unzulässig und ließe sich als Gesetzesvereitelung darstellen.[115] Die Berichtigungsbefugnis erstreckt sich also ausschließlich auf die Fälle, die aus einer mangelhaften Anschauung der tatsächlichen Verhältnisse folgen. Heck führt zur Berichtigung unpassender Gebote aus, dass es sich hierbei in der Regel um „Randberichtigungen" insofern handele, als die Wahrscheinlichkeit einer Anschauungslücke oder eines Gebotsfehlers bei denjenigen Sachlagen, die im Mittelpunkt der legislativen Arbeit gestanden haben („Kernbereich"), geringer sei, als bei denjenigen, die nur peripher betrachtet wurden.[116]

Heck resümiert, dass der Richter trotz des Primats der Fernwirkung der Gesetze eine rechtschöpfende Tätigkeit ausübe, da auch das Erkennen und Verarbeiten historischer Vorstellungen als schöpferisch angesehen werden könne.[117]

---

109 Ebd., S. 238.
110 Vgl. nur Interessenjurisprudenz, S. 20; siehe das Beispiel bei *Heck*: „Platinaproblem" in: Gesetzesauslegung, S. 190.
111 Gesetzesauslegung, S. 197 ff.
112 Siehe hierzu: RGZ 68, 317 ff.
113 Hierzu: Aufwertung, S. 203 ff.
114 Gesetzesauslegung, S. 201.
115 Ebd.; näher dazu jetzt *Schulz*, Heck, S. 274 ff. und Rez. *Rückert* in ZRG GA 141 (2024), S. 634–638.
116 Ebd., S. 206 f.
117 Ebd., S. 250.

465 Anzufügen bleibt ein kurzer **Vergleich des begriffsjuristischen Verfahrens** zur Lückenschließung, so wie es Heck gesehen und zur Grundlage seiner Angriffe gemacht hat.[118] Er bezeichnet es als „Lückenergänzung durch Konstruktion" bzw. „Inversionsmethode". Ausgangspunkt sei, dass das Rechtssystem als geschlossen angesehen werde. Deshalb solle es möglich sein, allgemeine Rechtssätze zwar nicht aus dem Gesetz, aber aus dem Rechtssystem auf kognitivem Wege zu gewinnen, welche dann wieder den Idealtypus der juristischen Rechtsanwendung, den logisch-dekuktiven Subsumtionsschluss ermöglichten. Deshalb konnte man sagen, dass es wohl Gesetzeslücken, aber keine Rechtslücken gebe. Als Quelle für das neue Gebot dienten die Inhalte der aus den vorhandenen Rechtssätzen abstrahierten Begriffe. Die jeweils gemeinsamen Elemente dieser Begriffe würden zu allgemeineren Begriffen zusammengefasst und diese wiederum genau definiert. Diese „Oberbegriffe" würden dann zum Ausfüllen der Lücke verwandt, indem man aus der Definition die Entscheidung des neuen Falles herleitete.[119] Es ist klar, dass Heck demgegenüber eine ungemein differenzierte und normativ sehr genau nach dem Vorrang des Gesetzes abgestufte Methodenlehre vorgelegt hat. Darin ist er noch heute unüberholt. Der Gegenstand Gesetz, an den er anknüpft, mag inzwischen ein etwas anderes Aussehen haben. Aber auch Heck hat schon wesentliche Veränderungen der Gesetzgebung vom Kaiserreich vor 1914 zur Weimarer Republik und gar zum Nationalsozialismus miterlebt.

bb) Aufgaben und Wege der praktischen Rechtswissenschaft

466 Die praktische Rechtswissenschaft hat die richterliche Fallentscheidung vorzubereiten, ihr also wirkungsvolle Hilfestellung für die Entscheidungssituation zu leisten. Dafür ist es zunächst ihre Aufgabe, Methodendogmen aufzustellen, die den Richter befähigen sollen, möglichst zielbewusst und regelgerecht das Urteil zu finden.

467 Darüber hinaus hat sie die Aufgabe der Normgewinnung zu bewältigen, indem sie für verschiedene Konfliktfälle zutreffende Normen vorschlägt. Hinzu kommt die systematische Darstellung des normativen Materials.

aaa) Aufgaben der Normgewinnung

468 Im Grunde stimmt die Tätigkeit des Wissenschaftlers bei der Normgewinnung mit derjenigen des Richters überein, sie geht aber hinsichtlich der Breite der Untersuchungen darüber hinaus.[120] Aufgabe der Wissenschaft ist die ständige Arbeit an der Auslegung der bestehenden Gesetze sowie das Unterbreiten von Vorschlägen für vorausgesehene Lücken. Darüber hinaus spielt die Normgewinnung de lege ferenda eine große Rolle, d.h. der Rechtswissenschaftler hat sich nicht nur mit empirischen Fällen zu beschäftigen, sondern auch mit Zukunftsfällen.[121] Die Forschungsergebnisse sind kontinuierlich in das vorhandene Normenmaterial einzuarbeiten.[122]

469 Zur Erfüllung dieser Aufgaben, Gewinnung neuer und Verbesserung vorhandener Normen, sind eine Reihe von Vor- und Hilfsuntersuchungen erforderlich.

---

118 Dazu seine Darstellung in: Rechtsgewinnung, S. 9 ff.
119 Ebd., S. 10; Beispiele hierfür: „Rechtsgeschäft" – siehe Rechtsgewinnung, S. 10; ferner „Restaurationsgleichnis", Begriffsbildung, S. 93, Anm. 2; anschaulich ferner *Pawlowski*, Einführung, Rn. 158 f.
120 *Kallfass*, Tübinger Schule der Interessenjurisprudenz, S. 62.
121 Vgl. *Kallfass*, Tübinger Schule der Interessenjurisprudenz, S. 62.
122 Rechtsgewinnung, S. 37.

Das **Leben** ist nach der interessenjuristischen Lehre nicht nur Anwendungsgebiet der   470
Rechtsgebote, sondern zugleich auch ihre **Quelle**.[123] Deshalb ist es in erster Linie Gegenstand der wissenschaftlichen Arbeit, die Lebensverhältnisse und Lebensbedürfnisse zu erforschen.[124] Diese Erkenntnis der Lebensverhältnisse wird auch als „Interessenforschung", „Rechtssoziologie" oder „Feststellung der Rechtstatsachen" bezeichnet.[125] Die wichtigste Forderung an den Wissenschaftler ist es, bei jeder Norm nach dem Prinzip der Interessenabgrenzung vorzugehen. Eine wesentliche Rolle spielt hierbei die Kasuistik: Da die Gesetzesbegriffe die Umschreibung für dahinterstehende Lebensverhältnisse sind, ergibt sich eine weitergehende Konkretisierung der Begriffe erst durch die Veranschaulichung und Erörterung von Einzelfällen.[126]

Weitere Voruntersuchungen zur Aufbereitung des Normenmaterials stützen sich auf   471
Teilgebiete der Philosophie. Diese Verbindung ergibt sich daraus, dass das Gesetz ein System von Werturteilen und Wertideen ist, dieses aber nicht ohne Widersprüche.[127] Es gilt daher Werturteile gegeneinander abzuwägen und miteinander auszugleichen, sowie jeweils die in einer Rechtsgemeinschaft vorherrschenden Ideale in eine Art Rangordnung zu bringen. Es ist hier wichtig, dass die Interessenjurisprudenz als **reine Methodenlehre** konzipiert ist, nicht als Philosophie oder politische Philosophie. Zu der Frage, welche Werturteile in welcher Rangfolge jeweils als Maßstab fungieren, braucht sie sich, so Heck,[128] deshalb nicht zu äußern. „Sie ist keine materielle Wertlehre. Wir denken nicht daran, der Rechtsgemeinschaft vorzuschreiben, welche Interessen sie vor anderen bevorzugen soll." Die Interessenjurisprudenz will eine „von einer Weltanschauung ganz unabhängige und für jede Weltanschauung gleich wertvolle Methodenlehre aufstellen."[129] Nur die **Aufgabe der Konkretisierung** der in einer Rechtsgemeinschaft anerkannten Wertideen und der Rangordnung der verschiedenen Lebensgüter schreibt diese Lehre der Wissenschaft als praktischer Wissenschaft zu. Adressat dieser Lehre ist also der Richter, dem die Interessenjurisprudenz ein Verfahren an die Hand geben möchte, das es ihm ermöglicht, an der Verwirklichung anerkannter Ideale mitzuarbeiten.[130]

Nach Heck kann die Rechtswissenschaft insbesondere auch aus anderen Disziplinen   472
Hinweise für die Normgewinnung bekommen. Heck nennt hier vor allem die Rechtsvergleichung und die Rechtsgeschichte.[131] Gerade auch das Verständnis für andere Lebensverhältnisse und die Entstehung des Rechts in der Vergangenheit schärfe, so sagt er,[132] den Blick für die Aufgaben der Gegenwart.

bbb) Aufgaben der Darstellung

Nach Ansicht Hecks braucht jede Methode Übersicht und Ordnung, denn wissen-   473
schaftliche Arbeit vollzieht sich überall durch die **Bildung und Ausarbeitung von Ordnungsbegriffen**.[133] Die Betrachtung des Forschers ergibt Vorstellungen, die an die

---

123 So in Interessenjurisprudenz, S. 27.
124 Vgl. nur Begriffsbildung, S. 130 f.
125 Begriffsbildung, S. 131.
126 Ebd., S. 133.
127 Ebd., S. 131 f.
128 Interessenjurisprudenz, S. 7.
129 Begriffsbildung, S. 28.
130 Interessenjurisprudenz, S. 7.
131 Begriffsbildung, S. 19.
132 Ebd., S. 19.
133 Schuldrecht, S. 472; Interessenjurisprudenz, S. 28.

Worte oder Wortkomplexe gebunden werden, welche aber nur ein verkürzter Ausdruck für den dahinterstehenden Bewusstseinsinhalt sind.[134] Die Bildung der Begriffe ist nach dieser Lehre allerdings keine Kausalforschung in dem Sinn, dass die Begriffe Grundbegriffe sind, aus denen sich die Rechtsnormen erklären lassen und somit am Anfang der Betrachtung stehen. Vielmehr sind zuerst die Normen inhaltlich nach ihrem praktischen Motiv zu bestimmen, um sie dann mit einem sprachlichen Ausdruck zu belegen und zusammenzufassen.[135]

474   Aus dieser Beschränkung der Ordnungsbegriffe auf den **Übersichtszweck**, die systematisierte Darstellung, ergibt sich laut Heck eine weitgehende Freiheit der Formung dieser Begriffe. Für dieselbe Interessenabgrenzung, für denselben Gebotskomplex können deshalb verschiedene Formulierungen zugleich richtig und zulässig sein. Heck bezeichnet diese Freiheit als „Äquivalenz wissenschaftlicher Konstruktionen".[136] Diesen Gesamtvorgang der Ordnung fertiggestellter Gedanken, die der Wissenschaftler im Interesse der Darstellung und Gebrauchserleichterung vornimmt, bezeichnet Heck als das „**äußere System**".[137] Die Begriffe, welche die Gesamtheit des normativen Materials wiedergeben, können nach verschiedenen Kriterien unterschieden werden. Im Hinblick auf den Vorstellungsinhalt hält *Heck* die Gebotsbegriffe und Interessenbegriffe auseinander.[138]

475   Heck kennt ferner das „**innere System**" der einzelnen Problemlösungen: Darunter versteht er den sachlichen Zusammenhang zwischen den verschiedenen Konfliktentscheidungen, also diejenige Ordnung, die den Normen aufgrund des Einhaltens bestimmter methodischer Vorgaben immanent ist; das „innere System" entsteht durch den Inhalt der Forschungsergebnisse.[139] Da die Interessenjurisprudenz in den Gesetzesnormen jeweils Konfliktentscheidungen sieht, sind induktiv die übereinstimmenden Merkmale aus der Vielzahl der Konfliktentscheidungen zu bestimmen und daraus wiederum eine Einteilung in Problemkomplexe und Entscheidungsgruppen zu erstellen („Klassifikation").[140] Auf diese Weise ergibt sich die Möglichkeit, alle vorhandenen sachlichen Beziehungen in der Form eines Begriffssystems darzustellen.[141]

III. Der Zweifrontenkampf der Interessenjurisprudenz

476   Die interessenjuristische Lehre hat sich aus der ständigen Konfrontation mit der nach Heck bis dahin in der Rechtswissenschaft und Rechtspflege vorherrschenden sog. **Begriffsjurisprudenz** entwickelt. Es ist notwendig darauf hinzuweisen, dass sich die Angriffe Hecks auf die „technische Begriffsjurisprudenz"[142] bezogen haben. Seine Kritik richtet sich nicht gegen eine mit Begriffen arbeitende Jurisprudenz oder die wissenschaftliche Begriffsbildung.[143] Im Gegenteil: „Ohne Begriffe ist kein Denken möglich. Auch die Rechtswissenschaft soll selbstverständlich Begriffe bilden."[144] Allerdings treten nach seiner Lehre zu den Gebotsbegriffen die Interessenbegriffe hinzu, um die

---

134   Begriffsbildung, S. 53.
135   *Edelmann*, Entwicklung, S. 72.
136   Schuldrecht, S. 473, Anm. 2.
137   Begriffsbildung, S. 143.
138   Schuldrecht, S. 472.
139   Begriffsbildung, S. 143.
140   Ebd., S. 150.
141   Ebd.
142   Diesen Ausdruck benutzt *Heck* in: Begriffsjurisprudenz, S. 42.
143   Ebd., S. 42.
144   Ebd., S. 42.

Vorstellungen von Gesetzeszwecken, Interessenlagen und ihrer Wertung ausdrücken zu können.[145] Unter jener „technischen Begriffsjurisprudenz", die Heck beanstandet, ist demnach die Richtung zu verstehen, die vom Standpunkt der Kausaltheorie aus die Rechtsgebote als Folgerungen zugrundeliegender Rechtsbegriffe auffasste und daraus neue Normen schuf. Durch Abstraktion und Definition wurde eine „Begriffspyramide"[146] geschaffen. Diese Normenbeschaffung durch Begriffskonstruktion lehnt Heck wegen ihrer Lebensferne energisch ab und bezeichnet diese Methode als „naiven **Begriffsrealismus**", eine „juristische Kunstlehre".[147] Die Lebensferne, an der Heck Anstoß nimmt, ergebe sich daraus, dass die so gewonnenen Begriffe auch für die Entscheidung solcher Fälle herangezogen werden, die bei der Bestimmung der Begriffe gar nicht ins Auge gefasst waren.[148] Die Lebensrichtigkeit der Entscheidung war, so Heck, von nur sekundärer Bedeutung, da der Richter das Gesetz nach dem Maßstab der kognitiven Logik anzuwenden hatte; er hatte sozusagen mit den Begriffen zu „rechnen".[149] Heck verstand die Position dieses Richters deshalb als „Automat, der bei Einwurf der Sachlage das Urteil abgab", die schwierige und verantwortungsvolle Erforschung des sachlich Richtigen bleibe ihm erspart.[150] Heck hat es sich mit dieser Kritik gewiss etwas zu einfach gemacht. Sichtlich ungeprüft ist er beeinflusst von der einseitigen Polemik des späten Jhering gegen die von diesem sog. Begriffsjurisprudenz. Eigene Methodenanalysen etwa zu Savigny oder Windscheid oder dem frühen Jhering hat Heck nicht vorgelegt.

Nach der anderen Seite hin grenzte er sich ab gegen die sog. **Freirechtsbewegung**.[151] Deren Eigenart sehen die Interessenjuristen durch die Tendenz charakterisiert, die bindende Wirkung des positiven Rechts allgemein oder unter gewissen Umständen zugunsten einer freien Wertung des Richters zurückzudrängen („richterliches Ermessen").[152] In Übereinstimmung mit den Interessenjuristen gehen die Anhänger der Freirechtslehre davon aus, dass es Rechtslücken gibt und dass diese nicht durch Konstruktion von Begriffen, sondern durch eine Interessenprüfung auszufüllen sind.[153] Die Behandlung der **Gesetzeslücken** steht hier wie dort im Zentrum der Erörterungen. Doch wird die richterliche Machtbefugnis dahin erweitert, dass der Richter bei einer Lücke nicht an die Wertideen und Werturteile des Gesetzes gebunden sein soll, sondern, so Heck kritisch, es sind diejenigen des Richters, die den Maßstab für die Abwägung liefern.[154] Der Richter ist in diesem Sinne nicht nur „denkender Gehilfe" des Gesetzgebers anhand der gesetzlichen Werturteile, sondern „weitschauender **Richterkönig**".[155] Dieses Vorgehen sei auf die Grundanschauung zurückzuführen, dass der Einzelfall dann am besten entschieden werde, wenn ihn der Richter ungebunden durch generelle Vorschriften nur in seiner Eigenart würdigen könne.[156] Die Gründe der Entscheidung seien dabei aus dem Einzelfall selbst zu entnehmen, jeder Einzelfall trage praktisch sein

---

145 Begriffsbildung, S. 10.
146 Vgl. *Dombek*, Tübinger Schule, S. 13.
147 So in Interessenjurisprudenz, S. 16 f.
148 Ebd.
149 Ebd., S. 15; vgl. aber für Savigny und Windscheid oben Rn. 334.
150 Rechtsgewinnung, S. 14.
151 Hierzu: Begriffsbildung, S. 9 ff.; vgl. den Überblick dazu unten Rn. 1407–1412.
152 Rechtsgewinnung, S. 23.
153 Gesetzestreue, S. 32.
154 Rechtsgewinnung, S. 30.
155 Ebd., S. 24.
156 Ebd., S. 7, 23.

Gesetz in sich, „sua lex".[157] Die konkrete Angemessenheit des Urteils wird demnach stark betont. Heck hält dem entgegen, dass die Ergebnisse dieser freien Rechtsfindung ganz individuell bedingt und abhängig von persönlichen Erfahrungen und Lebensanschauungen des Richters seien; deshalb biete das freie Ermessen des Richters keine Garantie für die Gleichförmigkeit der Entscheidungen mehrerer Richter und auch nicht für die Voraussehbarkeit (Rechtssicherheit).[158] Die Interessenjurisprudenz habe demgegenüber den Vorteil, durch die sinngemäße Anwendung des Gesetzes die Ideale der Angemessenheit, Gleichförmigkeit und Rechtssicherheit in Einklang zu bringen.[159] Deshalb sei die prinzipielle Bindung des Richters an den Gesetzesinhalt, bzw. bei der Ergänzung von Lücken an den mittelbaren Inhalt, notwendig.[160] Hinzu kommt, dass Heck seine Lehre auf den Grundsatz der historischen Auslegung stützt. Dagegen beschränkt die Freirechtslehre die Gesetzeswirkung eng auf den Wortlaut und erweitert so ihren Freiraum. Da Heck jedoch dem Wortlaut als solchen keine entscheidende normative Wirkung zuschreibt, liegt hier ein Kernpunkt für die Unvereinbarkeit dieser beiden Richtungen. Klar ist wiederum, dass verfassungspolitische Gründe hier eine wesentliche Rolle spielen.

IV. Ein berühmtes Beispiel: das Aufwertungsurteil von 1923

478 Ein aufschlussreiches Beispiel für die Diagnose eines Falles, in dem sich die kausale Interessenlage infolge zeitlich bedingter Änderungen verschoben hat und deshalb die Gebote nicht mehr geeignet sind, den von ihnen verfolgten Interessenschutz zu bewirken, bietet Hecks Behandlung der Währungsgesetze vom August 1914 in seiner Besprechung[161] des wohl „politisch bedeutsamsten Urteils in der Geschichte des Reichsgerichts", das am 28.11.1923, also auf dem Höhepunkt der Inflation, erstmals die Aufwertung der Hypothekenschulden zugunsten der Gläubiger zuließ.[162]

479 Der Kläger war Eigentümer eines Grundstücks und hatte dieses mit einer Hypothek zugunsten des Gläubigers belastet. Bei Fälligkeit der Hypothekenforderung am 1.4.1920 hatte er diesen Betrag nebst Zinsen „billig" zum alten Nominalwert bezahlt, der Hypothekengläubiger verweigerte daher die Herausgabe des Hypothekenbriefs und die Löschungsbewilligung.

480 Durch die erwähnten **Währungsgesetze** war Papiergeld zum gesetzlichen Zahlungsmittel erhoben worden. Vor dem 1. Weltkrieg war die Wertbeständigkeit der Mark durch die Bindung an den Goldwert gesichert. Bei Kriegsbeginn wurde die Pflicht zur Einlösung von Geldschulden in Goldmünzen aufgehoben. Von da an musste sich jeder Gläubiger mit der Zahlung des Nennbetrages der Schuld in Papiermark zufriedengeben (Zwangskurs); es galt der Grundsatz **„Mark gleich Mark"**. Dies galt rückwirkend insofern, als auch Forderungen betroffen waren, die vor Erlass der Gesetze von 1914 begründet worden waren. Durch den seit Kriegsende immer größere Ausmaße anneh-

---

157 Vgl. Begriffsbildung, S. 105.
158 Interessenjurisprudenz, S. 7; vgl. Gesetzestreue, S. 34.
159 Ebd., S. 24.
160 Gesetzestreue, S. 34.
161 Siehe: Aufwertung, AcP 122 (1924) 203–226.
162 RGZ 107, 78–94 (Lüderitzbucht), zum ganzen hochbrisanten Vorgang jetzt grundlegend *M. Klemmer*, Gesetzesbindung und Richterfreiheit. Die Entscheidungen des RG in Zivilsachen während der Weimarer Republik und im späten Kaiserreich, Baden-Baden 1996, hier S. 217 ff. und *K.W. Nörr*, zwischen den Mühlsteinen. Eine Privatrechtsgeschichte der Weimarer Republik, Tübingen 1988, daraus S. 30 das Zitat zum Urteil und S. 55 ff., 65 f. zum sachlichen Kontext der Entscheidungen; jetzt übersichtlich und plastisch zum Kontext *Haferkamp*, BGB, 195 ff.

menden Geldwertverfall konnten sich die Schuldner mit der Leistung von Nennwertbeträgen befreien, die in keiner Wertrelation mehr zum ursprünglichen Goldmarktwert standen. Der sinkende Geldwert bedeutete eine entsprechende Entwertung der Gläubigerrechte, so etwa auch der Hypothekenansprüche.

Den Grundsatz „Mark gleich Mark" gab das RG in dieser Entscheidung auf, indem es entschied, dass der Gläubiger für die vor dem Weltkrieg begründete Darlehenshypothek bei Zahlung des bloßen Nennwertes in Papiermark berechtigt sei, die Löschungsbewilligung zu verweigern. Das RG stützte sich bei der Festsetzung eines **Aufwertungsanspruchs** auf § 242 BGB und sprach damit dem Richter die Befugnis zu, einen neuen Währungskurs festzusetzen. Zu bedenken ist hierbei vor allem, dass bis zum Urteilszeitpunkt der vorerwähnte Grundsatz trotz des explosiven Ausmaßes des Geldwertverfalls in der Rechtsprechung gültig geblieben war.[163]

Heck äußert sich hinsichtlich der Aufwertung zustimmend: Sie sei ein Gebot der Ethik und eine dringende Forderung des Rechtsgefühls.[164] Er stellt die Überlegung an, ob ein Fall der wertenden Gebotsbildung in Form der richterlichen Abänderung eines überalterten Gesetzes (also die Behandlung einer unechten sekundären Lücke) vorgelegen haben könnte. Die Urteilsbegründungen des RG überzeugten ihn nicht, er ist der Ansicht, dass das RG die Währungsgesetze unter historischen Gesichtspunkten falsch ausgelegt habe und die richterliche Kompetenz zur Gebotsänderung in diesem Fall überschritten habe.[165]

Instruktiv ist in diesem Zusammenhang vor allem Hecks Auseinandersetzung mit den Ausführungen des RG über die Währungsgesetze, hier wiederum der Gedankengang, dass die **Währungsgesetze** die Erhaltung des Papiergeldwertes vorausgesetzt und die bei einer Entwertung eintretende Schädigung der Gläubiger nicht gewollt hätten.[166] Heck erforscht konsequent historisch die bei Erlass der Währungsgesetze von 1914 kausale Interessenlage. Unter Einhaltung seiner methodischen Vorgabe der Interessengliederung bzw. Konfliktschau vergegenwärtigt er sich das Interesse des Staates an einem Zwangskurs („Währungsinteresse") einerseits und das Interesse der Gläubiger an finanzieller Wertbeständigkeit (Gläubigerinteresse) andererseits.[167] Das Währungsinteresse des Staates ging dahin, den Papiergeldwert zu stützen, da infolge des Zwangskurses das Papiergeld zur Abgeltung von Geldforderungen der Staatsgläubiger zum Nennwert verwendet werden, seine Brauchbarkeit für den Innenverkehr erhalten und die Entwertung zumindest verlangsamt werden konnte.[168] Der Staat habe auch bei Erlass der Währungsgesetze schon mit einer Entwertung für den Fall gerechnet, dass Deutschland den Krieg verlieren würde, der Zwangskurs war somit auch für den Fall des Wertverlusts berechnet. Die Prognose der Wertbewegung seitens des Gesetzgebers stand also unter der Einwirkung des Krieges und seines ungewissen Ausgangs. Infolgedessen sah man, so analysiert Heck weiter, den Zweck dieser Gesetze gerade in der **Stützung des Papiergeldwertes**, bei gesicherter Wertkonstanz hätte das Währungsgesetz

---

163 Zur Verdeutlichung der Geldwertsituation sei folgendes angeführt: Im November 1923 wurde eine Goldmark mit 522 Mrd. Papiermark gehandelt, im Dezember war der Preis auf 1 Billion Papiermark gestiegen, s. *Rüthers*, Unbegrenzte Auslegung, S. 66.
164 Aufwertung, S. 204, S. 208.
165 Eingehend zur Frage nach dem Rollenverständnis der Richter in den zwanziger Jahren und insbesondere zu der Aufwertungsrechtsprechung *Rückert* 1994, S. 281 ff.
166 RGZ 107, 78 (88 f.).
167 Aufwertung, S. 211 f.
168 Ebd., S. 211.

gar keinen Zweck gehabt. Als weiterer Grund spielte in die Interessenabgrenzung hinein, dass es anerkannt war, dass es Notlagen des Staates gebe, in denen eine Opferung von Gläubigerinteressen zugunsten der nationalen Interessen in Kauf genommen werden müsse.[169] Die Kriegsaussichten für Deutschland waren ungewiss und für den Verteidigungsausbau brauchte der Staat Geld, welches er sich in besonders starkem Ausmaß über Kriegsanleihen beschaffte. Somit lag es gerade im Interesse des Staates, sich für deren Rückzahlung über den Zwangskurs abzusichern und die allgemeinen Gläubigerinteressen zurückzustellen. Außerdem mussten die finanziellen Interessen umso mehr an Gewicht verlieren, je mehr man sich die Zahl der Menschenleben klar macht, die dem Staatsinteresse zum Opfer gegeben wurden.[170] Sie wurden als Kriegsopfer im nationalen Interesse angesehen. Heck zieht hieraus den Schluss, dass die Zurückdrängung der Gläubigerinteressen zugunsten der Währungsinteressen den Vorstellungen der Entstehungszeit und der kausalen Interessenlage entspreche.[171] Folglich habe das Währungsrecht nicht die Intention gehabt, eine Schädigung der Gläubiger zu vermeiden und gehe auch nicht von der Wertkonstanz des Geldes aus.

484 Im Anschluss untersucht Heck die nachträglich eingetretenen Veränderungen und führt aus, dass die **Interessenlage**, welche für den Erlass der Gesetze maßgebend gewesen sei, zum Zeitpunkt des Urteils **entfallen sei**. Die Fortschritte der Entwertung hätten die Interessen der Gläubiger schließlich vernichtet und das staatliche Interesse sei im Laufe der Zeit immer schwächer geworden.[172] Deshalb sei inzwischen das Währungsgesetz an sich auch zwecklos geworden.

485 Unter diesen Umständen hält Heck ein **Fortbildungsinteresse** für gegeben. Prinzipiell sei damit die Anpassung dieses überalterten Gesetzes an die zeitlichen Verhältnisse im Wege der wertenden Gebotsbildung durch den Richter möglich. Aber Heck sieht dieses Interesse von einem noch gewichtigeren Stabilitätsinteresse übertroffen. Deswegen sei der Richter daran gehindert, Aufwertungsrecht zu schöpfen.[173] Zur Begründung dieses **Stabilitätsinteresses** führt Heck an, dass eine langjährige Rechtsübung, welche die Gläubigerforderungen als Papierforderungen behandelt habe, nicht plötzlich per Richterspruch für rechtswidrig erklärt werden dürfe. Dies provoziere eine allgemeine Rechtsunsicherheit. Daher will er die schwierige Aufgabe der Abwägung der beteiligten Interessen durch einen neuen legislativen Akt gelöst wissen,[174] da insbesondere auch ein objektiver, die finanziellen Opfer gleichmäßig verteilender Maßstab fehle, auf den sich die Rechtsprechung hier stützen könne.[175]

486 Ferner habe der Richter mit der Zubilligung des Aufwertungsanspruchs die Autonomie, d.h. den verfassungsrechtlichen Vorrang der **Rechtsgemeinschaft übergangen**, denn im November 1923 seien die gesetzgebenden Organe bereits mit dieser Frage beschäftigt gewesen. Deshalb dürfe der Richter nicht einer legislativen Entscheidung vorgreifen.[176] Daher kommt Heck zu dem Ergebnis, dass der Richter bis zur gesetzlichen Regelung eine Aufschiebung des Anspruchs auf Löschung hätte aussprechen müssen. Das Beispiel zeigt eine musterhafte Analyse der gesetzgeberischen Interessen-

---

169 Ebd.
170 Ebd., S. 212.
171 Ebd.
172 Ebd.
173 Ebd., S. 217.
174 Ebd., S. 217.
175 Ebd., S. 220 f.
176 Ebd., S. 222.

entscheidung, ihrer Fortwirkungen unter neuen Umständen und einer transparenten Abwägung, sowie nicht zuletzt eine salomonische Lösung. Es ist eine große Empfehlung für Hecks Methode und erklärt auch deren immer wieder große Anziehungskraft.

V. Resümee

Mit ihrer Hinwendung zur sozialen Wirklichkeit und zum Leben als Hauptansatzpunkt der Rechtsanwendung wurde die Interessenjurisprudenz in größerer Ideen-Perspektive oft als eine Strömung des sog. juristischen Naturalismus erfasst.[177] Der soziale Zweck des Rechts sei fortan bei der Auslegung und Anwendung des Rechts nicht nur von sekundärer Bedeutung gewesen, sondern vor allen formalen Kriterien der juristischen Konstruktion der primäre Gesichtspunkt, an dem sich Jurisprudenz und Rechtspraxis orientieren müssten.[178] Unabhängig von dieser wiederum zeitbedingten Bilanz ist es allgemein anerkannt, dass die Interessenjurisprudenz eine fruchtbare **Neuorientierung** eingeleitet hat.[179] Sie brachte allerdings auch die immer vorhandene Aporie der Rechtswissenschaft, nämlich „die Frage, was denn hier und jetzt jeweils gerecht sei" in Erinnerung.[180] Die Interessenjurisprudenz hat eine Bewegung weg vom bloßen Gesetzeswort initiiert. Sie sieht im Gesetz nicht nur Normen, die sich mit den Mitteln der formal-juristischen Logik auf den Einzelfall übertragen lassen, sondern Entscheidungen des Gesetzgebers über bestimmte gesellschaftliche Interessenlagen, die vom Richter verwirklicht werden sollen.[181] In diesem Sinn werden Justiz und Gesetzgebung als staatlich-politische Mittel verstanden, durch die die pluralistischen gesellschaftlichen Interessen ausgeglichen und ausbalanciert werden.[182] Zur Geburt des BGB gab sie der Jurisprudenz diese neue Richtung.

487

Es drängt sich allerdings die Frage auf, ob die hinter einer Norm stehende Entscheidung des jeweiligen Gesetzgebers immer in der **Neutralität und Objektivität**, wie es die Interessenjurisprudenz meint, erklärt werden kann. Denn soweit die Interessenten an der Gesetzgebung selbst mitwirkten, ist der Interessengehalt mitunter nicht so eindeutig, dass er einen zweifelsfreien Entscheidungsmaßstab abgeben könnte.[183] Problematisch gerade in Bezug auf ältere Gesetze ist auch die sinngemäße Übertragung der intendierten Interessenabwägung auf eine gesellschaftliche Realität, die sich seit der Gesetzgebung womöglich wesentlich verändert hat.[184]

488

Auch liegt der Schluss nahe, dass der damit geforderte Übergang vom blinden zum denkenden Gehorsam auf eine recht **komplizierte Handhabung** der Norm hinausläuft. Bedenken könnten sich daher gerade vor dem Hintergrund ergeben, dass durch die Aufstellung eines Konditionalprogramms in Form der gesetzlichen Normsetzung eigentlich eine Entlastung des Normanwenders erstrebt wird, man ihn also von Bewertungsproblemen freihalten möchte. Dies ist ein Erfordernis, welches sich auch gerade im Hinblick auf die aus Zeitgründen begrenzte Bearbeitungsmöglichkeit der

489

---

177 Siehe *Wieacker*, Privatrechtsgeschichte, S. 574; das ist freilich auch kritisch gemeint; neutraler *J. Schröder*, HRG: Variante des Voluntarismus.
178 *Rosenbaum*, Naturrecht, S. 75.
179 So auch *Esser*, Nachwort, S. 224; Wieackers einflussreiches Urteil übergeht die betonte Gesetzesbindung und will offensichtlich spätere Abwendungen vom Gesetz historisch legitimieren. Es muss daher kritisch eingeschränkt werden, s. zum Kontext oben Rn. 10 ff. und zu Wieacker unten Rn. 656 ff.
180 *Kallfass*, Tübinger Schule der Interessenjurisprudenz, S. 90.
181 Statt vieler etwa *Rosenbaum*, Naturrecht, S. 76.
182 Ebd.
183 *Rosenbaum*, Naturrecht, S. 77.
184 Ebd.

einzelnen Fälle ergibt. Denn die alltägliche Rechtsanwendung braucht ein relativ einfach anwendbares Instrumentarium, das nicht dazu zwingt, in jedem Einzelfall alle Wertungskriterien erneut zu durchdenken. Auf der anderen Seite wird aber erst durch die im Wege der Interessenforschung konkretisierte Norm eine gleichmäßige Auslegung und Anwendung der Gesetze garantiert, sowie die Gefahr der Starrheit und Lebensfremdheit, die von der notwendigerweise generalisierenden und typisierenden Tatbestandlichkeit der Normen ausgeht, vermieden.

490 Historisch betrachtet fragt sich, ob Heck in seiner Darstellung des **begriffsjuristischen Verfahrens** der Lückenschließung durch Konstruktion „schwarz-weiß gemalt" hat, um selbst umso näher zum Leben zu erscheinen. Jhering, auf dessen Darstellung sich Heck vor allem bezieht, ging es um Konstruktion im weitesten Sinne, um die Gestaltung des Rechtsstoffes. Er erstrebte allgemein die systematische Ordnung und Erkenntnis des Rechts, wobei ihm das System nicht Selbstzweck war, sondern eine „praktisch vorteilhafte Form des positiv gegebenen Stoffs".[185] Aber auch Heck erstrebte, wie oben beschrieben, aus Praktikabilitätsgründen und zur Gebrauchserleichterung ein „Begriffssystem". Es lässt sich erkennen, dass eine verkürzte Darstellung dieses Konstruktionsgedankens von Jhering das Verständnis für seine wahren Intentionen, „die feste, starre Masse der Gesetze, Rechtssätze, Prinzipien zum Zwecke der Emanzipation der Jurisprudenz von dem Zufall des unmittelbaren Bedürfnisses in einen höheren Zustand zu versetzen", einengt.[186]

491 Im Hinblick auf den **Nationalsozialismus**, welcher sich als eine neue Weltanschauung begriff,[187] stellt sich die Frage, inwieweit die Interessenjurisprudenz geeignet war, der Durchsetzung dieses Systems als ein Instrument zu dienen. Bei den Erörterungen um die Rechtserneuerung aus dem Geiste des Nationalsozialismus geriet die Interessenjurisprudenz in Bedrängnis. Die Gegner wie etwa *Larenz* hielten Heck entgegen, dass sein Begriff des Interesses individualistisch ausgerichtet sei und die nationalen Gemeinschaftsinteressen mit den materiellen Sonderinteressen zu Unrecht auf eine Stufe gestellt würden.[188] Außerdem duldete der Nationalsozialismus keine Neutralität gegenüber einer Vorordnung völkischer Ideale. Hecks Kritiker strebten gerade nach einer Methode, welche die nationalsozialistische Weltanschauung für alle Rechtsanwender zur verbindlichen philosophischen Grundlage machte.[189] Heck hingegen betrachtete seine Lehre sehr wohl als geeignetes Instrument zur Umwertung der Rechtsordnung: „Die historische Forschung gestaltet sich bei den neuen Gesetzen ergiebiger, weil die Einheit der Ziele, die Geschlossenheit des legislativen Denkens in höherem Grade vorhanden ist (...). Zweitens deshalb, weil in den Erklärungen des Führers, der Partei und in den gesetzlichen Erläuterungen dem Rechtsanwender Hilfsmittel gegeben werden, welche die Motive der Gesetzesentscheidung klarer erkennen lassen, als früher."[190] Auch Hecks Lehre zur Anpassung veralteten Rechts und zur Lückenausfüllung öffnete den neuen Rechtsgedanken den Weg in die alten Gesetze,[191] denn, wie oben dargestellt, waren in jedem Abwägungsprozess auch die jeweiligen rechtspolitischen Ordnungsbestrebungen miteinzubeziehen. Heck erklärt hierzu, dass zu jener Zeit der-

---

185 Entnommen aus *Dubischar*, Studien, S. 20 f., Anm. 10.
186 Ebd.
187 Vgl. *Rüthers*, Unbegrenzte Auslegung, S. 271.
188 Ebd., S. 274; vgl. auch *Frassek* zu Larenz' Kritik, unten Rn. 602, sowie 1418 u. 1427.
189 Ebd., S. 274.
190 Rechtserneuerung, S. 18.
191 *Rüthers*, Unbegrenzte Auslegung, S. 275.

jenige Gesetzgeber, in dessen Wollen sich der Richter hineinzuversetzen hatte, eben nicht ein beliebiger, sondern ein nationalsozialistischer gewesen sei. Deshalb sei es auch die Zielwelt des Nationalsozialismus, der der Richter zu dienen habe.[192] Heck hat damit die verfassungspolitisch **rechtsstaatlich-liberalen Prämissen** seiner ursprünglichen Methodenorientierung **aufgegeben**. Er gab damit einer Weltanschauung auch rechtlichen Vorrang, die genau diese alten Prämissen gezielt zerstörte. Auch dieser durchaus erschütternde Vorgang bestätigt, wie entscheidend in Sachen Methodenlehre der verfassungspolitische Kontext ist. Methodenfragen sind eben Verfassungsfragen.

Abschließend lässt sich bemerken, dass die Überzeugtheit und Beharrlichkeit, mit der Heck seine methodischen Ansichten propagiert, auffällt, und dass er für *seine* Interessenjurisprudenz einen gewissen Anspruch auf **Absolutheit** erhebt. Ein Rechtssystem ist aber niemals perfekt und befindet sich stets in der Entwicklung. Davon sind auch die juristischen Methodenfragen nicht ausgenommen. Sie stehen nicht rein theoretisch im Raum. Deshalb sollte man auch anerkennen, dass jede Entwicklungsstufe des Rechts auf Teileinsichten einer Generation beruht, die man jeweils nicht so einfach beiseite schieben darf. Letztlich leistet jede Teileinsicht ihren Beitrag, den jeweiligen Bedürfnissen nach Recht und Gerechtigkeit näher zu kommen. Einen gewichtigen Beitrag in dieser Richtung hat Philipp Heck geleistet.

492

VI. Quellen und Literatur

1. Zum Einstieg in die Heck-Texte

Besonders geeignet sind die beiden kürzeren Texte von 1932 und 1933 über „Begriffsbildung und Interessenjurisprudenz" und vor allem der Methoden-Anhang in seinem „Grundriss des Schuldrechts" von 1929 (verschiedene Nachdrucke sind leicht verfügbar, siehe sogleich). Weitere hier wichtige und oben verwendete Beiträge Hecks sind chronologisch, mit *Kursiven* für die Kurztitel oben in den Fußnoten:

1890: Die *Lebensversicherung* zu Gunsten Dritter, eine Schenkung auf den Todesfall, Archiv für Bürgerliches Recht 4 (1890) S. 17–123;
1905: Interessenjurisprudenz und *Gesetzestreue*, DJZ 10 (1905) Sp. 1140–1142; auch in *Ellscheid/Hassemer* (su), S. 32–35, und in *Gängel/Mollnau* (su), S. 77–81;
1909: Was ist diejenige *Begriffsjurisprudenz*, die wir bekämpfen?, DJZ 14 (1909) Sp. 1457–1461; auch in *Ellscheid/Hassemer* (su), S. 41–46, und in *Gängel/Mollnau* (su), S. 124–131;
1912: Das Problem der *Rechtsgewinnung. Rektoratsrede*, 2. (abgesehen von einigen Verweisungen uvä.) Aufl., Tübingen 1932 (zuerst 1912, etwas redigiert auch in *Studien* 1968);
1914: *Gesetzesauslegung* und Interessenjurisprudenz, AcP 112 (1914), S. 1–318; auch separat Tübingen 1914 und redigiert in *Studien* 1968;
1924: Die *reine Rechtslehre* und die jungösterreichische Schule der Rechtswissenschaft, AcP 122 (1924), S. 173–194;
1924: Das Urteil des Reichsgerichts vom 28.11.1923 über die *Aufwertung* von Hypotheken und die Grenzen der Richtermacht, AcP 122 (1924), S. 203–226;
1929: Grundriß des *Schuldrechts*, Tübingen 1929, darin: Begriffsjurisprudenz und Interessenjurisprudenz, S. 471–482 (Auszug);
1930: Grundriß des *Sachenrechts*, Tübingen 1930;
1932: *Begriffsbildung* und Interessenjurisprudenz, Tübingen 1932 (gekürzt auch in *Studien* 1968);
1933: *Interessenjurisprudenz*. Gastvortrag an der Universität Frankfurt am Main, gehalten am 15. Dezember 1932, Tübingen 1933;

---

192 Rechtserneuerung, S. 19.

1933: Die *Leugnung* der Interessenjurisprudenz durch Hermann Isay. Eine Erwiderung, AcP 137 (1933) S. 67–65 (auch in *Ellscheid/Hassemer* S. 235–253);

1934: Die logische Analyse des juristischen Methodenstreits durch Richard Hoenigswald. Eine Nachprüfung, AcP 138 (1934) S. 129–143 (auch in *Ellscheid/Hassemer* S. 269–283);

1936: Die Interessenjurisprudenz und ihre *neuen Gegner*, AcP 142 (1936) S. 129–202 und 297–332, auch separat Tübingen 1936;

1968: Das Problem der Rechtsgewinnung und andere Abhandlungen [Gesetzesauslegung und Interessenjurisprudenz; Begriffsbildung und Interessenjurisprudenz], (= *Studien* und Texte zur Theorie und Methodologie des Rechts), redigiert von *R. Dubischar*, Bad Homburg v.d. H./Berlin/Zürich 1968 (die Texte sind teilweise gekürzt und redigiert und leider ohne die Originalseitenzahlen).

2. Zum Einstieg in die Sekundärliteratur

Besonders ergiebig und doch knapp sind die Lexikonartikel über Heck und Interessenjurisprudenz in

Kleinheyer, G./Schröder, J.: Deutsche und europäische Juristen aus neun Jahrhunderten, 6. Aufl. Tübingen 2017, S. 194–199 (der Nw. zum HRG ist hier unrichtig);

Schröder, J.: Interessenjurisprudenz, in: Handwb. zur dt. Rechtsgeschichte, Bd. 2, 2. Aufl. Berlin 2012, Sp. 1267 b–1269;

Rückert, J., Interessenjurisprudenz, in: Staatslexikon (der Görres-Gesellschaft), Bd. 3, Freiburg 2019, Sp. 365–369;

Ein Überblick im Gesamtkontext der Methodengeschichte steht unten im HISTORISCHEN ÜBERBLICK, Rn. 1413–1431, besonders auch zu den Verwicklungen in der NS-Zeit.

Im Ganzen grundlegend sind nun die Monographien von

Schoppmeyer, H., Juristische Methode als Lebensaufgabe. Leben, Werk und Wirkungsgeschichte Philipp Hecks (= Beiträge zur Rechtgeschichte des 20. Jhs., 29) Tübingen 2001 (mit sorgfältigem Schriftenverzeichnis zu Heck), und

Schulz, M., Philipp Hecks Rechts- und Begriffstheorie und ihre erkenntnistheoretischen Voraussetzungen, Baden-Baden 2022 (= Studien zur Rechtsphilosophie und Rechtstheorie, 81) (bes. zur theoretisch-philosophischen Seite Hecks und zur Wirkungsgeschichte), mit der Rezension von *Rückert* in ZRG GA 141 (2024), S. 634–638, die den Zugang zu der wichtigen, aber umfangreichen Studie erleichtern kann.

3. Weitere hier ergiebige Literatur

Auer, Marietta: Methodenkritik und Interessenjurisprudenz. Philipp Heck zum 150. Geburtstag, in Zeitschrift für europäisches Privatrecht 2008, S. 517–533.

Bader, Karl S.: In memoriam Ph. v. Heck, in ZRG GA 64 (1944) S. 538–545;

Dombek, B.: Das Verhältnis der Tübinger Schule zur deutschen Rechtssoziologie, Berlin 1969;

Dorndorf, E.: Zu den theoretischen Grundlagen der Interessenjurisprudenz: Die Beziehungen von Philipp Hecks allgemeiner Auslegungstheorie zu Max Weber und Heinrich Rickert, in ARSP 81 (1995) S. 542–562;

Dubischar, R.: Einleitung zu Heck, Das Problem der Rechtsgewinnung und andere Abhandlungen, red. v. dems., 1968, s. hier unter 1.

Edelmann, J: Die Entwicklung der Interessenjurisprudenz, eine historisch-kritische Studie über die deutsche Rechtsmethodologie vom 18. Jahrhundert bis zur Gegenwart, Bad Homburg v. d. H./Berlin/Zürich 1967;

Ellscheid, G./ Hassemer, W. (Hrsg): Interessenjurisprudenz (= Wege der Forschung 345), Darmstadt 1974;

Esser, J.: Nachwort in: Dubischar (Hrsg.) s. hier in 1.;

Gängel, A./ Mollnau, K.A. (Hrsg.), Gesetzesbindung und Richterfreiheit. Texte zur Methodendebatte 1900–1914;

Haferkamp, H.-P., Wege zur Rechtsgeschichte. Das BGB, Köln/Wien, 2022;

Heitmann, H.: Die Stellung der Interessenjurisprudenz innerhalb der Geschichte der juristischen Methodenlehre, Diss iur. Tübingen 1936;

Hippel, Fritz von: Die Tübinger Schule der Interessenjurisprudenz, in FS f. R. Reinhardt, Köln-Marienburg 1972, S. 83–94;

Kallfass, Wilfried: Die Tübinger Schule der Interessenjurisprudenz, Frankfurt am Main 1972;

Klemmer, M.: Gesetzesbindung und Richterfreiheit. Die Entscheidungen des RG in Zivilsachen während der Weimarer Republik und im späten Kaiserreich (= Fundamenta Juridica 30), Baden-Baden 1996;

Kreller, H.: In memoriam: Philipp Hecks Lebenswerk und die Romanistik, in Zs. der Savigny-Stiftung für Rechtsgeschichte. Romanistische Abt. 64 (1944) S. 469–476;

Pawlowski, H.-M.: Einführung in die Juristische Methodenlehre, Heidelberg 1986;

Rosenbaum, W.: Naturrecht und positives Recht, Neuwied und Darmstadt 1972;

Rückert, J.: Richtertum als Organ des Rechtsgeistes: Die Weimarer Erfüllung einer alten Versuchung, in Nörr K.W./Schefold B./Tenbruck F. (Hrsg.), Geisteswissenschaften zwischen Kaiserreich und Republik: Zur Entwicklung von Nationalökonomie, Rechtswissenschaft und Sozialwissenschaft im 20. Jahrhundert, Stuttgart 1994, S. 267–313;

Rüthers, B.: Die unbegrenzte Auslegung, Tübingen 1968, 9. uvä. Aufl. 2012;

Wieacker, F.: Privatrechtsgeschichte der Neuzeit, 2. Auflage, Göttingen 1967;

Wolf, M., Philipp Heck als Zivilrechtsdogmatiker. Studien zur dogmatischen Umsetzung seiner Methodenlehre, Diss. iur München, Ebelsbach 1996 (mit vielen Beispielen und im Ergebnis dezidiert kritisch; der Autor ist nicht zu verwechseln mit dem gleichnamigen bekannten Sachenrechtler, AT-Autor und Prozessualisten).

4. Weiterführendes mit Vergleichen zu Hecks Richtung

Sessler, A., Die Lehre von den Leistungsstörungen. Heinrich Stolls Bedeutung für die Entwicklung des allgemeinen Schuldrechts, Berlin 1994.

Duve, Th., Normativität und Empirie im öffentlichen Recht und der Politikwissenschaft um 1900. Historisch-systematische Untersuchung des Lebens und Werks von Richard Schmid (1862–1944) und der Methodenentwicklungen seiner Zeit, Ebelsbach 1998 (= Münchener Universitätsschriften. Juristische Fakultät. Abhandlungen zur rechtswissenschaftlichen Grundlagenforschung, 81) (besonders S. 312 ff. für die Parallelen zur Methodenentwicklung im öffentlichen Recht).

Haßlinger, N., Max von Rümelin (1861–1931) und die juristische Methode (=Beiträge zur Rechtsgeschichte des 20. Jhs., 81), Tübingen 2014 (ein etwas jüngerer Anhänger der Interessenjurisprudenz, s. oben Rn. 431).

Methode und Zivilrecht bei Hans Carl Nipperdey (1895–1968)

von Thorsten Hollstein

Übersicht

I.	Einleitung	214
II.	Leben und Werk – Jena, Köln, Köln und Kassel	215
III.	Enneccerus' Ausgangspunkt	218
IV.	Weimarer Republik: Nipperdeys Weg zur Wertungsjurisprudenz	219
V.	NS-Zeit: der Primat der nationalsozialistischen Werte	221
VI.	Bundesrepublik: das Grundgesetz als ‚Allgemeiner Teil'	223
VII.	Nagelprobe: Nipperdeys Korrekturen der Vertragsfreiheit	225
VIII.	Resümee	229
IX.	Quellen und Literatur	229

I. Einleitung

493   In einem Band, der sich die Analyse einflussreicher Methodenkonzepte seit Savigny zum Ziel gesetzt hat, darf ein Artikel über juristische Methode und Zivilrecht bei Hans Carl Nipperdey nicht fehlen. Diese Feststellung erscheint bei unbefangener Betrachtung vielleicht überraschend, da Nipperdey – anders als z.B. seine Zeitgenossen Larenz, Wieacker oder Esser – nicht prominent durch explizit und allein methodologisch ausgerichtete Veröffentlichungen hervorgetreten ist. Bei genauerer Betrachtung seines Werks von der Weimarer Republik über die NS-Zeit bis in die frühe Bundesrepublik erscheint sie jedoch umso einleuchtender. Allein schon die zeitliche Dimension eröffnet die Chance, der Frage nach Kontinuitäten und Diskontinuitäten in der Methodenlehre über die in vielen Punkten nur vermeintlichen Epochengrenzen nachzugehen.[1] Daneben war Nipperdey einer der einflussreichsten und prominentesten Juristen des 20. Jahrhunderts.

494   Im Folgenden gilt mein erster Blick Nipperdeys Leben und Werk im Überblick (II.), in einem zweiten Blick wende ich mich seinem methodologischen Konzept im historischen Kontext zu (III.–VI.). Den praktischen „Testpunkt" für die herausgearbeiteten Linien bildet schließlich Nipperdeys Korrektur der Vertragsfreiheit, der ich mich in einem abschließenden „Schlaglicht" (VII.) zuwende.

---

1 Ausführlich und umfassend zu unter anderem dieser Frage *meine* Monographie „Die Verfassung als ‚Allgemeiner Teil': Privatrechtsmethode und Privatrechtskonzeption bei Hans Carl Nipperdey (1895–1968)", Tübingen 2007. Im Rahmen des vorliegenden Beitrags beschränke ich mich auf eine Skizzierung und Zusammenfassung wesentlicher Linien. Für Nipperdeys Methodologie mit dem oben genannten Ansatz bereits *J. Rückert*, Zu Kontinuitäten und Diskontinuitäten in der juristischen Methodendiskussion nach 1945, in: Acham u.a. (Hrsg.), Erkenntnisgewinne, Erkenntnisverluste: Kontinuitäten und Diskontinuitäten in den Wirtschafts-, Rechts- und Sozialwissenschaften zwischen den 20er und 50er Jahren, Stuttgart 1998, S. 113–165.

II. Leben und Werk – Jena, Köln, Köln und Kassel

Hans Carl Nipperdey wurde 1895 im thüringischen Bad Berka geboren.[2] Sein familiärer Hintergrund war typisch bildungsbürgerlich-protestantisch. Nach dem Jura-Studium in Heidelberg, Leipzig und vor allem Jena absolvierte er 1916 das erste Staatsexamen. Im gleichen Jahr wurde er dort mit einer strafrechtlichen Arbeit promoviert. 1919 beendete er den Referendardienst, jedoch ohne das Assessorexamen abgelegt zu haben und entschloss sich zu einer Habilitation im Bereich des gerade entstehenden Wirtschaftsrechts (bei Heinrich Lehmann[3] und Justus Wilhelm Hedemann[4]). Bereits 1920 wurde er mit der wirtschaftsrechtlichen Schrift „Kontrahierungszwang und diktierter Vertrag"[5] habilitiert. Nach vierjähriger Wartezeit wurde er 1925 an die Universität Köln berufen, der Beginn einer steilen Karriere. In Köln hatte sich Lehmann, mit dem Nipperdey in dessen Zeit als Ordinarius in Jena bereits Kontakte geknüpft hatte und der am Aufbau der Kölner juristischen Fakultät großen Anteil hatte, für Nipperdeys Berufung eingesetzt. Nipperdey lehrte dort vor allem Zivil-, Handels-, Wirtschafts- und Arbeitsrecht. Der Kölner Universität blieb er bis zu seiner Emeritierung 1963 trotz mehrerer Rufe treu. Bis in die Mitte der 1920er Jahre war Nipperdeys politische Einstellung betont national-konservativ, wohl vor allem bedingt durch seinen familiären Hintergrund und das entsprechende politische Klima an der Jenaer Universität. Spätestens seit seinem Wechsel in das liberalere Köln stand er jedoch der Weimarer Republik und ihren Institutionen grundsätzlich positiv gegenüber und gehörte zu den wenigen republikanischen Professoren und Juristen. So war er von 1929 bis 1933 Mitglied der bürgerlich-nationalliberalen Deutschen Volkspartei.[6]

In der Zeit des Nationalsozialismus führte Nipperdey seine Lehrtätigkeit an der Universität Köln fort. Im persönlichen und zwischenmenschlichen Bereich zeigte sich große Distanz zur NS-Rassen- und Kriegspolitik. Diese kommt vor allem in seinem in den Entnazifizierungsakten bezeugten vehementen Engagement gegen die Entlassung und Vertreibung von Freunden und Kollegen und deren tatkräftiger Unterstützung zum Ausdruck. Aufgrund seiner jüdischen Großmutter väterlicherseits wurde Nipperdey als „jüdischer Mischling 2. Grades" eingestuft und lebte schon daher unter einer gewissen Bedrohung. Zu konkreten negativen Konsequenzen kam es jedoch nicht. In gewissem Kontrast dazu steht seine Mitwirkung in der Akademie für Deutsches Recht, in de-

---

2 Ausführlich und mit weiteren Nachweisen zu Leben und Werk siehe *Hollstein*, Allgemeiner Teil (Fn. 1), S. 13–120. Knapp als Überblick – und erstmals auch unter Einbeziehung von Archivalien – *J. Rückert*, Hans Carl Nipperdey, in: NDB, Band 19, 1999, S. 280–282, daneben *Adomeit*, Hans Carl Nipperdey, in: DBE, Band 7, München 1998, S. 421–422 sowie *Hollstein*, Um der Freiheit willen – die Konzeption der Grundrechte bei Hans Carl Nipperdey, in: *Henne/Riedlinger* (Hrsg.), Das Lüth Urteil aus (rechts-)historischer Sicht, Die Konflikte um Veit Harlan und die Grundrechtsjudikatur des Bundesverfassungsgerichts, Berlin 2005, S. 249–269. Nach 2007 zu erwähnen *Adomeit*, Hans Carl Nipperdey als Anreger für eine Neubegründung des juristischen Denkens, in: *Grundmann/Riesenhuber* (Hrsg.), Deutschsprachige Zivilrechtslehrer des 20. Jahrhunderts in Berichten ihrer Schüler, Band 1, Berlin 2007, S. 149–165. *Hollstein*, Hans Carl Nipperdey: Kölner Rechtswissenschaftler, Präsident des BAG und juristisches Chamäleon? in: *Augsberg/Funke* (Hrsg.), Kölner Juristen, Tübingen 2013, S. 197–209 und sehr knapp aus arbeitsrechtlicher Perspektive *U. Preis*, Hans Carl Nipperdey – mythische Leitfigur des herrschenden deutschen Arbeitsrechts, AuR 5/2016, S. G9–G12; hier unergiebig *Cl. Höpfner*, Die Tarifgeltung im Arbeitsverhältnis: historische, ökonomische und legitimatorische Grundlagen des deutschen Koalitions- und Tarifvertragsrechts, Baden-Baden 2015.
3 Zu diesem *Depping*, Das BGB als Durchgangspunkt: Privatrechtsmethode und Privatrechtsleitbilder bei Heinrich Lehmann (1876–1963), Tübingen 2002.
4 Zu diesem *Ch. Wegerich*, Die Flucht in die Grenzenlosigkeit: Justus Wilhelm Hedemann (1878–1963), Tübingen 2004.
5 Schriften des Instituts für Wirtschaftsrecht an der Universität Jena Nr. 1, Jena 1920.
6 Detailliert dazu *Hollstein*, Allgemeiner Teil (Fn. 1), S. 13–44.

ren Rahmen er sich als Vorsitzender zweier Ausschüsse engagierte. Es zeigt sich eine grundsätzliche Tendenz, auf Mitwirkung nicht verzichten zu wollen. Gleichzeitig muss jedoch erwogen werden, dass sich Nipperdey wegen seiner jüdischen Abstammung und der engen Beziehung zu Lehmann und Hedemann, die in der Akademie führende Positionen einnahmen, nicht ohne Weiteres zu entziehen wagen konnte. Im Vergleich zeigt sich jedenfalls, dass Nipperdey ein Aktivist oder Vordenker der nationalsozialistischen Ideologie nicht gewesen ist.[7]

497 Nachdem Nipperdeys Karriere nach dem Zweiten Weltkrieg zunächst durch ein neunmonatiges Entnazifizierungsverfahren ins Stocken geraten war, aus dem er am Ende als entlastet hervorging, erreichte sie mit seiner Berufung zum ersten Präsidenten des Bundesarbeitsgerichts (1954–1963) ihren glanzvollen Höhepunkt. Diese Tätigkeit verband er mit seiner Kölner Professur, die er trotz der großen Arbeitsbelastung auf eigenen Wunsch beibehielt. Als Präsident des Bundesarbeitsgerichts prägte er die Entwicklung des Arbeitskampfrechts[8] – die richterrechtliche Gestaltung eines kompletten Rechtsgebiets – entscheidend.[9] Vor seiner Berufung ans Bundesarbeitsgericht hatte sich Nipperdey einige Jahre in der SPD engagiert. Seine politische Einstellung ist als liberal-sozial zu bewerten. Auch nachdem er 1963 aus Altergründen emeritiert wurde und als Präsident des Bundesarbeitsgerichts in den Ruhestand ging, blieb er weiterhin rechtswissenschaftlich aktiv. Er starb am 21.11.1968 in Köln.

498 Thematisch galt Nipperdeys Interesse von jeher vor allem dem Arbeitsrecht, dem Wirtschafts- und Wirtschaftsverfassungsrecht, dem Verfassungsrecht und dem allgemeinen Zivilrecht. Zu diesen Bereichen legte er zahlreiche Veröffentlichungen vor.[10] Wirtschaftsrechtliche, wirtschaftsverfassungsrechtliche und verfassungsrechtliche Fragen waren oftmals miteinander verbunden und gingen nahtlos ineinander über.

499 Er war einer der besten Kenner der arbeitsrechtlichen Rechtsprechung seiner Zeit und einer der **Begründer des Arbeitsrechts** als wissenschaftliche Disziplin. Mit insgesamt fast 300 Schriften und rund 800 Urteilsanmerkungen schuf er ein wissenschaftliches Werk von bemerkenswertem Umfang und thematischer Bandbreite. Daneben beschäftigte sich Nipperdey als einer der ersten Rechtswissenschaftler mit der dogmatischen

---

7 Ausführlich *Hollstein*, Allgemeiner Teil (Fn. 1), S. 44–76. Wie angesichts seiner zentralen Fächer, grundlegenden Einmischungen und großen Karriere bis zum BAG zu erwarten, ist die Literatur zu N. nach wie vor gespalten. Aus späterer, parteiisch engagierter Sicht werden die NS-Zeit und die BAG-Position einseitig kritisch betont. Lehrreich ist dazu die selten beachtete umfassende Kommentierung Nipperdeys noch 1939 in: *J. Staudinger*, Kommentar zum BGB, 10. Aufl. 1939, zu vor § 611 und zu §§ 611–616, s. dazu mit breitem zeithistorischem Kontext und reichen Nachweisen *J. Rückert*, in: *Schmoeckel/Rückert/Zimmermann* (Hrsg.), Historisch-kritischer Kommentar zum BGB, Bd. 3, Tübingen 2013, bes. zu §§ 611, Rn. 284–297, 319.
8 Am bekanntesten BAG GS AP Nr. 1 zu Art. 9 Arbeitskampf = BAGE 1, 291 (1955).
9 Aus der Perspektive von 1979 *Weitnauer*, Zwischen Zwang und Mut zum Richterrecht, in: *Gamillscheg* u.a. (Hrsg.), 25 Jahre Bundesarbeitsgericht, München 1979, S. 617–633 (623). Zur Rechtsprechung des Bundesarbeitsgerichts bis in die Mitte der 1980er Jahre z.B. *M. Weiss*, Die neue Arbeitskampfrechtsprechung des BAG, KritV 1986, 366–383. Vgl. grundsätzlich auch *M. Kittner*, Arbeitskampf: Geschichte, Recht, Gegenwart, München 2005. Zum kollektiven Arbeitsrecht von der Weimarer Republik bis in die Bundesrepublik nunmehr *B. Rehder*, Rechtsprechung als Politik: der Beitrag des Bundesarbeitsgerichts zur Entwicklung der Arbeitsbeziehungen in Deutschland, Frankfurt am Main 2011 und *J. Rückert*, Koalitionsrecht, Tarifverträge, kollektives Arbeitsrecht und ihr Prinzip in Deutschland, in ZfA 2019, S. 515–578. Instruktiv ebenfalls *L. Raphael*, Krise und Stabilisierung des Tarifvertragssystems in der Bundesrepublik 1980–2005: Autonomie des Arbeitsrechts gegenüber Wirtschaft und Politik? in: *Rückert/Raphael* (Hrsg.), Autonomie des Rechts nach 1945: Eine Veröffentlichung aus dem Arbeitskreis für Rechtswissenschaft und Zeitgeschichte an der Akademie der Wissenschaften und der Literatur, Mainz u.a. 2020, S. 151–173, und zu Kontinuität und Brüchen im genannten Zeitraum *J. Rückert*, Kommentar zu Lutz Raphael, ebd., S. 175–184.
10 Umfassende Werkübersicht in *Hollstein*, Allgemeiner Teil (Fn. 1), S. 327–351.

Verarbeitung der Frage nach dem Verhältnis zwischen **Privatrecht und Verfassung** und legte dazu originelle und schlüssige Lösungskonzepte vor, die er energisch auch gegen einflussreiche Gegner aus Wissenschaft und Rechtsprechung vertrat. In der frühen Bundesrepublik beeinflusste er mit seiner These von der Verankerung der Sozialen Marktwirtschaft im Grundgesetz (ab 1954)[11] und der unmittelbaren Drittwirkung der Grundrechte im Privatrecht (ab 1949)[12] zwei kardinale Rechtsprobleme des noch jungen Staates. Diese zentralen Fragen diskutierte er auch mit dem Bundesverfassungsgericht.[13] Unter den Privatrechtlern wurde Nipperdey so zu *dem* „Grundrechte-Juristen".[14]

Inhaltlich tritt als roter Faden geradezu plastisch der Topos der **sozialen Korrektur des Privatrechts** hervor. In der Weimarer Republik bezog Nipperdey einen konservativen Standpunkt, indem er unter „sozial" in erster Linie die Förderung der Gemeinschaftsinteressen verstand. Im Nationalsozialismus wurde der Vorrang der Gemeinschaft vor dem Individuum schließlich zum eigentlichen Zentrum seiner Privatrechtskonzeption. Juristische Anknüpfungspunkte bot der Gemeinschaftsgedanke, den Nipperdey nach 1933 immer wieder und mehr als vorher betonte. In der Bundesrepublik verschob er dann die entscheidenden Gewichte seiner Privatrechtskonzeption. Er löste die Dichotomie zwischen „frei" und „sozial" durch eine dezidiert individuell-freiheitliche Interpretation der Grundrechte des Grundgesetzes auf und stellte sich damit explizit gegen den vorherrschenden Trend in Wissenschaft und Rechtsprechung der 1950er und frühen 1960er Jahre.[15]

Sein **Einfluss** auf das Zivilrecht und die Methodenlehre seit der Weimarer Republik wird insbesondere daran deutlich, dass er seit der 13. Auflage von 1931 das von Ludwig Enneccerus (1843–1928) 1898 begründete „Lehrbuch des Bürgerlichen Rechts, Teil I 1: Einleitung. Allgemeiner Teil" bearbeitete und bis zur 15. Auflage (1959/1960) weiterführte.[16] Dieses Lehrbuch enthielt sowohl die methodischen als auch die dogmatischen Grundlagen des gesamten Zivilrechts und hatte sich bereits zu Enneccerus' Lebzeiten zu *dem* „book of authority" im Bereich des Zivilrechts entwickelt.[17] Hier ging es primär nicht um einen wissenschaftlich-theoretischen Ansatz, sondern um ganz „konkrete Methodendogmen für Rechtsanwender".[18] Bisweilen wirkt es bis in die

---

11 Zuerst *Nipperdey*, Die soziale Marktwirtschaft in der Verfassung der Bundesrepublik. Vortrag gehalten vor der Juristischen Studiengesellschaft in Karlsruhe am 5.3.1954. (Schriftenreihe der Juristischen Studiengesellschaft Karlsruhe 10) Karlsruhe 1954, danach z.B. *ders.*, Bundesverfassungsgericht und Wirtschaftsverfassung, in: Wirtschaftsordnung und Menschenbild. Geburtstagsgabe für Alexander Rüstow, Köln 1960, S. 39–59; *ders.*, Soziale Marktwirtschaft und Grundgesetz, Köln 1961; *ders.*, Soziale Marktwirtschaft und Grundgesetz, Köln 1965. Dazu im Einzelnen *Hollstein*, Allgemeiner Teil (Fn. 1), S. 268 ff.
12 Z.B. *Nipperdey*, Arbeitsrecht im Grundgesetz, RdA 2 (1949), S. 214–216 (216); *ders.*, Gleicher Lohn der Frau für gleiche Leistung. Ein Beitrag zur Auslegung der Grundrechte, RdA 3 (1950), S. 121–128 (121 ff.); *ders.*, Gleicher Lohn für gleiche Leistung, BB 6 (1951), S. 282–284; *Enneccerus-Nipperdey*, AT, 14. Aufl., 1. Hlbbd., 1952 (Fn. 16), S. 57 f. Ausführlich dazu *Hollstein*, Allgemeiner Teil (Fn. 1), S. 305 ff.
13 Jeweils im Ergebnis ablehnend ‚Lüth'-Urteil: BVerfGE 7, 198 (1958) und ‚Investitionshilfe'-Urteil: BverfGE 4, 7 ff. (1954).
14 *J. Rückert*, Weimars Verfassung zum Gedenken, Rechtshist. Journal 18 (1999), S. 215–244 (238).
15 Dazu im Einzelnen *Hollstein*, Allgemeiner Teil (Fn. 1), S. 225–323.
16 *Nipperdey*, Lehrbuch des Bürgerlichen Rechts. Begründet von Ludwig Enneccerus. Bd. 1: Einleitung, Allgemeiner Teil. 13. Aufl., Marburg 1931; *ders.*, Lehrbuch des Bürgerlichen Rechts. Begr. Von Ludwig Enneccerus. Bd. 1, 14. Aufl., 1. Hlbbd. Tübingen 1952; 2. Hlbbd. Tübingen 1955; *ders.*, Lehrbuch des Bürgerlichen Rechts. Begr. Von Ludwig Enneccerus. Bd. 1: Einleitung, Allgemeiner Teil, 15. Aufl., 1. Hlbbd. Tübingen 1959, 2. Hlbbd. Tübingen 1960.
17 *Rückert*, Kontinuitäten und Diskontinuitäten (Fn. 1), S. 122.
18 *Rückert*, Kontinuitäten und Diskontinuitäten (Fn. 1), S. 125.

Gegenwart fort, zitiert als das klassische Lehrbuch zum Allgemeinen Teil. Aus diesen Gründen greife ich auf dieses Werk im Folgenden immer wieder zurück, gleichsam als Ausgangspunkt zur Erschließung von Nipperdeys Methodologie. Um ein Gesamtbild entwerfen zu können, werden ergänzend weitere Veröffentlichungen einbezogen.

III. Enneccerus' Ausgangspunkt

502 Was Nipperdey in der 12. Auflage des „Allgemeinen Teils" vorfand, war ein methodologisches System zwischen Gesetzestreue und Juristenrecht. **Enneccerus** hatte seit der 1. Auflage 1898 einen methodologisch recht undoktrinären, möglichst gesetzestreuen Kurs eingeschlagen, mit dem er sich zwischen den Polen ‚Begriffsjurisprudenz' und ‚Freirechtsbewegung' positionierte.

503 Es ging ihm um eine möglichst **enge Bindung an das Gesetz** als Ausdruck des historischen Gesetzgeberwillens als Regel. Bei aller Abgrenzung gegenüber einer negativ verstandenen ‚Begriffsjurisprudenz' stand die Norm- und Textsystematik des Gesetzes im Zentrum. Gleichzeitig war Enneccerus um eine Abgrenzung seiner Position von der polemischen Kritik der Freirechtsbewegung am lebensfremden Recht bemüht. Er eröffnete jedoch Rechtswissenschaft und Rechtsprechung als Ausnahme zur Regel in eng umgrenzten Fallgruppen die Möglichkeit der Anpassung des Rechts an gewandelte gesellschaftliche Zustände und Bedürfnisse und ermöglichte damit eine Anknüpfung an die soziale Funktion der Rechtssätze. Doch gerade auf die Betonung des Regel-Ausnahme-Verhältnisses kommt es an.[19]

504 Begrifflich unterschied er zwischen **„Auslegung" und „Rechtsfindung"**. Bei der Rechtsfindung trennte er zwischen „abändernder" und „ergänzender" Rechtsfindung. Nach der Auslegung nach dem Wortlaut, der Auslegung nach Logik und System des Gesetzes und der historischen Auslegung habe gegebenenfalls noch eine Ergebniskorrektur durch die Berücksichtigung des „Wertes des Ergebnisses" („Zweckmoment") zu erfolgen. Grundsätzlich folgte Enneccerus im Rahmen der Auslegung der subjektiven Auslegungstheorie, es sei „[...] der im Gesetz zum Ausdruck gelangte Wille des Gesetzgebers, also der Sinn, den der Gesetzgeber mit seinen Worten verband, vorausgesetzt, daß er in den Worten auch einen (wenngleich unvollkommenen) Ausdruck gefunden hat", zu erforschen.[20] Erst bei der Berücksichtigung des „Wertes des Ergebnisses" bezog er objektiv-teleologische Elemente in die Auslegung mit ein:

> „Ganz besondere Bedeutung ist endlich beizumessen dem Werte des Ergebnisses, das bei der einen oder anderen Auslegung entsteht. Das Recht ist nur ein Teil unserer Gesamtkultur, der insbesondere mit den *ethischen und wirtschaftlichen Anschauungen und Bedürfnissen* untrennbar verbunden ist. Deshalb ist es im Zweifel so auszulegen, *daß es den Anforderungen unseres Gesellschaftslebens* und der Entwicklung unserer gesamten Kultur *möglichst gerecht* wird, und zugleich ist die leichte Erkennbarkeit und Durchführbarkeit des Rechts (Praktikabilität) zu erstreben."[21]

505 Hier verwies Enneccerus auch auf das mit einer empirisch-soziologischen Methode erkennbare **„Idealbild des Rechts"**, das für ihn jedoch gerade keine neben dem positiven

---

19 Ausführlich *Hollstein*, Allgemeiner Teil (Fn. 1), S. 124–139; grundlegend zu Enneccerus bereits *Rückert*, Kontinuitäten und Diskontinuitäten (Fn. 1), S. 122 ff.
20 *Enneccerus*, Lehrbuch des Bürgerlichen Rechts, Erster Band, erste Abteilung: Einleitung, Allgemeiner Teil, Zwölfte Bearbeitung, Marburg 1928, S. 106, dazu *Hollstein*, Allgemeiner Teil (Fn. 1), S. 127.
21 Ibid.; Hervorhebungen bereits im Original.

Recht objektiv existierende metaphysische Rechtsebene darstellte, sondern lediglich die Vorstellung eines idealen Rechts bildete.[22] Bezeichnend ist ebenfalls, dass Enneccerus von einer weitgehenden Übereinstimmung des positiven Rechts mit dem Idealrecht ausging. Im Zweifel räumte er dem „Zweckmoment" den Vorrang gegenüber den anderen Auslegungsgründen ein und legte die „richtige Abwägung aller Auslegungsgründe" in die Hände von Rechtswissenschaft und Rechtsprechung, obwohl ihm die Brisanz des „Zweckmoments" durchaus bewusst war.[23] Damit wurden Handlungsspielräume für Rechtswissenschaft und Rechtsprechung geschaffen. Allerdings darf man nicht aus den Augen verlieren, dass die Ergebniskorrektur gegenüber der Anknüpfung an das Gesetz und den historischen Gesetzgeberwillen lediglich als Ausnahme konzipiert war.[24]

Im Rahmen der „ergänzenden Rechtsfindung" war ebenfalls das „Idealbild des Rechts" zu erforschen. Die erneute Orientierung an Gesetz und Gesetzgeberwillen wird jedoch bereits am Ziel der „ergänzenden Rechtsfindung", der Entscheidung nach „der Regel, die wir als Gesetzgeber aufstellen würden",[25] deutlich. Ein Abweichen vom Gesetz als „abändernde Rechtsfindung" war ebenfalls nur in eng begrenzten Ausnahmefällen möglich:

> „Sofern eine Vorschrift Fälle umfaßt oder Folgen herbeiführt, die vom Gesetzgeber nicht erkannt oder bedacht sind und sonst vernünftigerweise nicht in dieser Weise geordnet sein würden, sind wir berechtigt, das Gesetz nach dessen eigenen Grundgedanken und unter Berücksichtigung der Bedürfnisse und Erfahrungen des Lebens fortzuentwickeln."[26]

IV. Weimarer Republik: Nipperdeys Weg zur Wertungsjurisprudenz

Rückblickend mutet es wie ein Generationenwechsel an, dass der 33jährige Nipperdey, nachdem Enneccerus 1928 im hohen Alter von 85 Jahren gestorben war, die Bearbeitung des ersten Bandes des „Lehrbuchs des Bürgerlichen Rechts" übernahm. Für die 13. Auflage des Enneccerus-Nipperdey begnügte er sich mit nur wenigen Änderungen, die allerdings einige zentrale Schaltstellen betrafen. Zu einer vollkommenen Neuausrichtung des methodologischen Systems kam es insgesamt nicht.[27]

Die wohl auf den ersten Blick bedeutendste Änderung bestand darin, dass Nipperdey nun dort, wo sich Enneccerus auf ein „Idealbild des Rechts" bezogen hatte, vielfach auf ein „Rechtsideal" oder eine „Rechtsidee" und in diesem Zusammenhang auch auf die Gerechtigkeit verwies. Im Gegensatz zu Enneccerus' „Idealbild des Rechts" war Nipperdeys „Rechtsidee" jedoch nicht auf eine Vorstellung beschränkt, sondern existierte als selbstständige, **objektive metaphysische Ebene** neben dem positiven Recht. Bis auf diese andere rechtsphilosophische Fundierung blieben die wesentlichen Weichenstellungen erhalten. Das „Rechtsideal" war weiterhin mit der bekannten empirisch-soziologischen Methode erkennbar und auch Nipperdey ging von einer weitgehenden Übereinstimmung von „Rechtsideal" und positivem Recht aus. Wichtig blieb in diesem Zusammenhang die Anpassung des Rechts an gewandelte gesellschaftliche

---

22 *Enneccerus*, AT (Fn. 20), 12. Aufl., 1928, S. 70.
23 *Enneccerus*, AT (Fn. 20), 12. Aufl., 1928, S. 113. Zum „Idealbild" *Hollstein*, Allgemeiner Teil (Fn. 1), S. 130 ff.
24 Zum Ganzen *Hollstein*, Allgemeiner Teil (Fn. 1), S. 130 ff.
25 *Enneccerus*, AT (Fn. 20), 12. Aufl., 1928, S. 119; hier offensichtlich in Anlehnung den vielzitierten Art. 1 ZGB Schweiz von 1907, s. u. Rn. 855.
26 *Enneccerus*, AT (Fn. 20), 12. Aufl., 1928, S. 119.
27 *Hollstein*, Allgemeiner Teil (Fn. 1), S. 139–168.

Zustände. Dementsprechend blieb auch die Stellung des „Rechtsideals" im Rahmen des Auslegungskanons und der „ergänzenden" und „abändernden" Rechtsfindung" unangetastet.

509 Doch viel weitreichender als die neue Fundamentierung der Rechtsidee war, dass Nipperdey im Rahmen der Auslegung und Rechtsfindung nun auf den „**Geist, die Wertungen und Interessenabwägungen des Normensystems**" zurückgriff und so ein gegenüber Enneccerus' Methodologie völlig neues Moment einführte, das das richterliche Ermessen kanalisierte und bändigte:

> „Für eine geordnete Rechtspflege und für die notwendige Rechtssicherheit wäre es *unerträglich*, wenn die Anwendung der Grundsätze des § 242 und des Art. 151 RV dazu führen dürfte, *daß der Richter nach seinem subjektiven Rechtsgefühl, nach seinem Gerechtigkeitsideal die Entscheidung treffen könnte*. Deshalb besteht der gewohnheitsrechtlich anerkannte und daher den Richter bindende Satz, daß *bei der Rechtsfindung (und der Auslegung) die Entscheidung aus dem Geist, den Wertungen und Interessenabwägungen des Normensystems gefunden werden muß*, daß sie sich nicht über bewährte Lehren und Überlieferungen hinwegsetzen darf und im Einklang mit den *herrschenden Kultur- und Wirtschaftsanschauungen* der Gesamtheit zu stehen hat."[28]

510 Hier klang schon in der Formulierung an, dass es Nipperdey bei der Betrachtung der Systemebene um eine anhand objektiv-teleologischer Gesichtspunkte durchzuführende Ermittlung des Willens eines fiktiven, aktuellen und vernünftigen Gesetzgebers ging. Die Ermittlung des historischen Gesetzgeberwillens bildete dafür einen Anhaltspunkt, keineswegs jedoch den alleinigen Maßstab. Berücksichtigt man an diesem Punkt, dass Nipperdey bereits in der Weimarer Republik die Verfassung als Spitze der Normenhierarchie begriff, so ergibt sich eine besondere, **steuernde Rolle der Verfassung** für die Auslegung des Privatrechts. Der Rückgriff auf Verfassungswertungen war bei Nipperdey in der Weimarer Republik allerdings noch nicht in größerem Rahmen ausgeprägt und blieb insgesamt noch wenig konkret. Dazu kommt, dass konkrete Ausführungen zur Verfassungsauslegung fehlen. Inhaltlich betonte er zur WRV die soziale Korrektur des prinzipiell freien Privatrechts, wobei er in konservativer Deutung unter ‚sozial' vor allem das verstand, was den Interessen der Gemeinschaft entsprach.[29] Am entscheidenden Punkt ergaben sich damit größere Handlungsspielräume für Rechtswissenschaft und Rechtsprechung.

511 Dieser methodologische Ansatz Nipperdeys ist bereits der breiten Strömung der sog. ‚Wertungsjurisprudenz' zuzuordnen, die in der Bundesrepublik schließlich zur ‚herrschenden' Methode im Bereich des Zivilrechts avancierte. Dabei muss man sich jedoch vor Augen halten, dass es sich bei der ‚Wertungsjurisprudenz' zu keinem Zeitpunkt um eine völlig homogene Richtung innerhalb der juristischen Methodenlehre handelte. Jenseits der inhaltlich nicht weiterbringenden pauschalen Anknüpfung an „Werte"

---

28 *Enneccerus-Nipperdey*, AT (Fn. 16), 13. Aufl., 1931, S. 141; Hervorhebungen hinzugefügt.
29 Im Einzelnen dazu mit weiteren Nachweisen *Hollstein*, Allgemeiner Teil (Fn. 1), S. 225 ff. Grundlegend zu ‚frei' und ‚sozial' aus unterschiedlichen Perspektiven *J. Rückert*, „Frei" und „Sozial": Arbeitsvertrags-Konzeptionen um 1900, ZfA 23 (1992), S. 225–294; *ders.*, Das BGB und seine Prinzipien: Aufgabe, Lösung, Erfolg, in: Schmoeckel/Rückert/Zimmermann (Hrsg.), Historisch-kritischer Kommentar zum BGB, Band I, Tübingen 2003, vor § 1, Rn. 35–122; *ders.*, „Sozialstaatsprinzip" – Neuer Mut in alten Fragen, in: *Acham* u.a. (Hrsg.), Der Gestaltungsanspruch der Wissenschaft, Stuttgart 2006, S. 643–726; zus.fassend *ders.*, "Frei und sozial" als Rechtsprinzip, Baden-Baden 2006 (= Würzburger Vorträge zur Rechtsphilosophie, Rechtstheorie und Rechtssoziologie 34), *ders.*, Koalitionsrecht, 2019 (Fn. 9), S. 572 ff.

und „Wertungen" lag der methodologisch-praktische Unterschied zwischen Wertungs- und Interessenjurisprudenz, aus der erstere hervorgegangen war, vor allem in der Konstruktion des Verhältnisses von Rechtsprechung und Rechtswissenschaft zum Gesetzgeberwillen und im Vorgehen bei Lückenfüllung und Rechtsfortbildung. Die „methodische Leistungsfähigkeit der Interessenjurisprudenz" mit ihrem konsequenten Rückgriff auf eine subjektive Auslegungstheorie war dort an ihre Grenzen gestoßen, „wo die historische ratio legis bei der Gesetzesanwendung und -ergänzung" nicht mehr weiterhalf.[30] Gerade an diesem Punkt ging es den Vertretern der Wertungsjurisprudenz um eine **Erweiterung** des zur Verfügung stehenden Instrumentariums. Die Fälle der nicht mehr im Wege der Analogie schließbaren Gesetzeslücke und der Auslegung sehr vager Rechtsbegriffe, in denen kausale Interessenbewertungen nicht mehr weiterhelfen, sollten besser bewältigt werden können. Zentrale Frage der ‚Wertungsjurisprudenz' war damit, wie und woher die zur Lösung dieser Fälle heranzuziehenden Wertungen zu gewinnen waren.[31]

Grundsätzlich verlor bei der ‚Wertungsjurisprudenz' die subjektive Auslegung im Sinne der Ermittlung der historischen Interessenbewertungen, die den konkreten Gesetzesnormen zugrunde liegen, an Bedeutung, auch wenn sie im ersten Schritt durchaus zu berücksichtigen war.[32] Stattdessen kam es zu einer verstärkten Einbeziehung **objektiv-teleologischer Kriterien**.[33] Die Frage, ob diese Maßstäbe notwendigerweise dem positiven Recht entnommen sein mussten oder ob und inwieweit sie auch außerhalb des Gesetzes gesucht werden durften, wurde von den Vertretern der ‚Wertungsjurisprudenz' allerdings sehr unterschiedlich beantwortet. Die Konzepte reichten von der Beschränkung auf Gesetz und Verfassung als Wertungsquelle[34] bis hin zu einer Öffnung der Auslegung und Rechtsfindung für außergesetzliche Wertungen[35].

V. NS-Zeit: der Primat der nationalsozialistischen Werte

Im Nationalsozialismus erschien keine Neuauflage des Enneccerus-Nipperdey, was angesichts der vielfach vorgetragenen Kritik am Allgemeinen Teil des BGB auch nicht verwundert. Da die Hauptquelle für Nipperdeys Methodologie also schweigt und er

---

30 *Bydlinski*, Juristische Methodenlehre und Rechtsbegriff, 2. Aufl., Wien u.a. 1991, S. 127; *Fikentscher*, Methoden des Rechts in vergleichender Darstellung, Band III: Mitteleuropäischer Rechtskreis, Tübingen 1976, S. 405, formuliert: „Die Interessenjurisprudenz war notwendig in der Wertfrage ausgemündet."
31 Z.B. *Bydlinski*, Methodenlehre (Fn. 30), S. 127. Vgl. jetzt zur ‚Wertungsjurisprudenz' im Überblick unten Rn. 1432 ff. und früher z.B. *Fikentscher*, Methoden (Fn. 30), S. 406 ff.; *Pawlowski*, Methodenlehre für Juristen: Theorie der Norm und des Gesetzes, ein Lehrbuch, Heidelberg 1981, Rn. 119 ff.; auch *J. Petersen*, Von der Interessenjurisprudenz zur Wertungsjurisprudenz, dargestellt an Beispielen aus dem deutschen Privatrecht, Tübingen 2001. Wertvolle Einzelblicke bei *Kauhausen*, Nach der ‚Stunde Null', Prinzipiendiskussionen im Privatrecht nach 1945, Tübingen 2007, auch mit dem Register unter „Wertungsjurisprudenz". In vielen Punkten und der großen Linie nunmehr klärend *J. Rückert*, Vom „Freirecht" zur freien „Wertungsjurisprudenz" – eine Geschichte voller Legenden, ZRG GA 125 (2008), S. 199–255.
32 So für Larenz als angeblich „führenden Vertreter der heutigen Wertungsjurisprudenz" *Bydlinski*, Methodenlehre (Fn. 30), S. 130 f.; s. unten Rn. 580 ff. *Frassek* zu Larenz.
33 Vor allem am Beispiel von Larenz *Bydlinski*, Methodenlehre (Fn. 30), S. 131 ff.; s. auch unten Rn. 580 ff. zu Larenz.
34 Wie beispielsweise bei *H. Westermann*, Person und Persönlichkeit als Wert im Zivilrecht, Köln u.a. 1957, S. 52. Zu Westermann und Wertungsjurisprudenz vgl. *Fikentscher*, Methoden (Fn. 30), S. 406 f., der Westermanns Methodologie als „gesetzesimmanente Wertungsjurisprudenz" bezeichnet. Vgl. mit Beispielen *Hollstein*, Allgemeiner Teil (Fn. 1), S. 162–168 und 221 f.; daneben *Rückert*, Vom „Freirecht" (Fn. 31), S. 233, und unten im Überblick Rn. 1432 ff.
35 Wie zum Beispiel bei *Larenz*, Methodenlehre der Rechtswissenschaft, 2. Aufl., Berlin u.a. 1969, S. 315. Ausführlich zum Ganzen mit Beispielen *Hollstein*, Allgemeiner Teil (Fn. 1), S. 162–168.

auch keine ausdrücklich methodologischen Schriften veröffentlichte, ist seine Methodenlehre gleichsam aus einzelnen Mosaikstücken zusammenzusetzen. Dabei werden folgende Eckpunkte sichtbar.[36]

514 Auch in der Zeit des Nationalsozialismus blieben für Nipperdey das positive Gesetz und der Gesetzgeberwille im Zentrum der Betrachtungen. Die grundsätzliche Bindung an das Gesetz sollte sich dabei auch auf vor 1933 erlassene Gesetze beziehen. Entscheidend und wegweisend waren jedoch zum einen die Aufwertung der Stellung der Gerechtigkeit innerhalb seines methodologischen Systems und zum anderen die Implantierung ideologischer Positionen in die Gerechtigkeit. Damit entwertete er letztlich die von ihm weiter betonte Bindung an Gesetz und Gesetzessystematik. Für die Auslegung der Generalklauseln stellte Nipperdey ganz im Mainstream der Zeit klar, dass er von einer Durchdringung des Privatrechts durch das „neue Rechtsideal" durch „die Einfallspforten der §§ 242 und 138" ausging.[37] Das „neue Rechtsideal" setzte er mit der „nationalsozialistischen Weltanschauung" gleich; das vertrat er auch in Vorträgen.[38] Da davon auszugehen ist, dass *Nipperdey* die Begriffe „Rechtsideal" und „Gerechtigkeit" weiterhin synonym verwendete, bezog er damit die **nationalsozialistische Weltanschauung** in den gesamten Bereich der Auslegung ein. Die Einbeziehung ideologischer Positionen wird auch plastisch, wenn er im Rahmen der Diskussionen um die Einführung einer deliktischen Generalklausel bei der Reform des Deliktsrechts ausführte:

> „Eine Einführung einer Generalklausel entspricht der *allgemeinen Rechtsentwicklung, die das weltanschauliche Schwergewicht* gegenüber der gesetzlichen Kasuistik in den Vordergrund rückt und dem deutschen Richter auf diesem wichtigen Rechtsgebiet die Stellung gibt, die ihm gebührt."[39]

515 Die in dieser Weise ideologisierte Gerechtigkeit bildete damit nicht mehr wie in Weimar ein bloß korrigierendes Moment, sondern wurde zum primären Ziel.

516 Demgegenüber trat das **Normensystem strukturell zurück**. Sein Konzept der steuernden Prinzipiennormen gab Nipperdey jedoch nicht vollständig auf. Zeittypisch wurde die WRV nicht mehr aufgegriffen. Nur in Rechtsbereichen, in denen ideologische Positionen durch die ‚nationalsozialistische Rechtserneuerung' bereits in Gesetzesform gegossen worden waren, sollten diese eine steuernde Funktion im Rahmen der Auslegung und Rechtsfindung entfalten. Diese Tendenz zeigt sich auch in Nipperdeys

---

36 Vgl. dazu umfassend *Hollstein*, Allgemeiner Teil (Fn. 1), S. 168–176.
37 *Nipperdey*, Das System des bürgerlichen Rechts, in: Zur Erneuerung des Bürgerlichen Rechts. (Schriften der Akademie für Deutsches Recht, Gruppe Rechtsgrundlagen und Rechtsphilosophie 7) München u.a. 1938, S. 97. Zur Argumentation mit der Rechtsidee im Nationalsozialismus *O. Lepsius*, Die gegensatzaufhebende Begriffsbildung. Methodenentwicklungen in der Weimarer Republik und ihr Verhältnis zur Ideologisierung der Rechtswissenschaft im Nationalsozialismus, München 1994, S. 140 ff.
38 *Nipperdey*, System (Fn. 37), 1938, S. 97; siehe den „Bericht, Hamburg, den 10.10.1938" von LG-Direktor „Freytag" aus Plauen über Nipperdeys Vortrag „Zur Erneuerung des Gemeinrechts" am 9.9.1938 im OLG-Gebäude Nürnberg auf der „Gemeinschaftsleitertagung 1938" (26 Seiten, fol. 1–13 Vorder- und Rückseite, unter: Generalakten „Arbeitsgemeinschaften und Übungen der Referendare", Az. 2221, Bd. 2, Bl. 10 ff., OLG Frankfurt am Main, Archiv, dankenswerter Hinweis von Georg D. Falk. Der Bericht entspricht im Wesentlichen und teilweise wörtlich den Ausführungen von Nipperdey in „System".
39 *Nipperdey*, Die Generalklausel im künftigen Recht der unerlaubten Handlungen, in: *ders.* (Hrsg.), Grundfragen der Reform des Schadensersatzrechts, Arbeitsberichte der Akademie für Deutsches Recht 14, München u.a. 1940, S. 36–49 (42); Hervorhebungen hinzugefügt. Zum Kontext *U. Mohnhaupt-Wolf*, Deliktsrecht und Rechtspolitik. Der Entwurf einer deutschen Schadensordnung (1940/1942) im Kontext der Reformdiskussion über die Konzeption des Deliktsrechts im 20. Jahrhundert, Baden-Baden 2004.

Stellungnahme zur Neukodifikation des Bürgerlichen Rechts im Rahmen seiner Tätigkeit in der Akademie für Deutsches Recht.[40] Hier hatte er sich für die Kodifikation von „Privatrechtsprinzipien" ausgesprochen, die „,Verfassungsrecht' innerhalb des Privatrechts" darstellen sollten.[41] Als Prinzipien nannte er Privateigentum, Vertragsordnung, Vertragsfreiheit, Leistungswettbewerb und das private Vereinigungsrecht.[42] Diese rechtfertigte er jedoch allein aus der Gemeinschaftsbezogenheit und stellte so einen Bezug zum Nationalsozialismus her.[43] Sie sollten für den Bereich des Privatrechts – ähnlich wie vor 1933 die Normen der WRV – einen steuernden Charakter entfalten.[44]

Die Umsetzung der ‚nationalsozialistischen Rechtserneuerung' sah Nipperdey damit sowohl als Aufgabe des Rechtsanwenders als auch des Gesetzgebers an.

VI. Bundesrepublik: das Grundgesetz als ‚Allgemeiner Teil'

Insbesondere die in vielen Punkten nur vermeintliche Epochengrenze zwischen NS-Zeit und Bundesrepublik hat bereits eine ganze Generation von Rechtshistorikern fasziniert. Für Nipperdeys Methodenlehre lässt sich festhalten, dass zumindest **auf dieser methodisch-strukturellen Ebene Kontinuität** zu seinen Konzepten aus der Weimarer Republik, aber auch aus der NS-Zeit vorherrscht. Nipperdey verfolgte die schon in Weimar begonnene Hinwendung zur Wertungsjurisprudenz entschieden weiter und baute sein methodologisches Konzept konsequent aus.

In der Bundesrepublik traten die **Grundrechte als positivierte Teile der Rechtsidee** ins Zentrum, die als Auslegungsprinzipien und teilweise auch mittels Nipperdeys These von der unmittelbaren Drittwirkung als Anspruchsgrundlagen und Verbotsnormen mit Nichtigkeitsfolge das Privatrecht beeinflussten und so letztlich zum ‚Allgemeinen Teil' der gesamten Rechtsordnung wurden. Spitze des Normensystems war nunmehr das Grundgesetz. Zur Menschenwürde betonte Nipperdey beispielsweise:

> „Art. 1 Abs. 1 ist ein *maßgebendes Auslegungsprinzip* für Gesetze und Rechtsgeschäfte und ein Prinzip der Rechtsfindung bei Lücken."[45]

Auch Art. 2 Abs. 1 GG sah er als wichtige Auslegungsregel für die gesamte Rechtsordnung an.[46] Auf dieser zentralen Steuerungsebene waren Rechtswissenschaft und Rechtsprechung allein schon durch den vagen Wortlaut der Grundrechte **weite Handlungsspielräume** eröffnet, gleichzeitig war jedoch eine positivrechtliche Rückbindung gegeben. Die nicht positivierten Teile der Rechtsidee traten für Nipperdey gegenüber den in

---

40 *Nipperdey*, System (Fn. 37), 1938, S. 95 ff.
41 *Nipperdey*, System (Fn. 37), 1938, S. 100.
42 Z.B. *Nipperdey*, System (Fn. 37), 1938, S. 99 f.
43 Zum Gemeinschaftsgedanken, der Anknüpfung ermöglichte, der gleichwohl nicht zum materiellen Kernbereich der nationalsozialistischen Ideologie gezählt werden kann, grundlegend *O. Lepsius*, Personengebundene oder strukturorientierte Bewertungskriterien für juristisches Verhalten im Nationalsozialismus, in: *Nehlsen/Brun* (Hrsg.), Münchener rechtshistorische Studien zum Nationalsozialismus, Frankfurt am Main 1996, S. 63–102.
44 Z.B. *Nipperdey*, System (Fn. 37), 1938, S. 100.
45 *Nipperdey*, Die Würde des Menschen. Kommentierung des Art. 1 Abs. 1 GG, in: *Neumann/Nipperdey/Scheuner* (Hrsg.), Die Grundrechte. Handbuch der Theorie und Praxis der Grundrechte, Bd. 2, Berlin 1954, S. 1–50 (23); Hervorhebungen hinzugefügt. Zur besonderen Bedeutung der Würde für die Auslegung vgl. dort auch S. 8.
46 Z.B. *Nipperdey*, Freie Entfaltung der Persönlichkeit. Kommentierung des Art. 2 GG. Unter Mitarbeit von Wiese, in: *Bettermann/Nipperdey* (Hrsg.), Die Grundrechte. Handbuch der Theorie und Praxis der Grundrechte, Bd. 4, Berlin 1962, S. 741–909 (757).

der Verfassung positivierten Teilen fast vollständig in den Hintergrund. Dies verdeutlicht folgende Textstelle:

> „Die Naturrechtsdoktrin in ihrem Bestreben, über dem positiven Recht stehende Rechtssätze zu entwickeln, aber auch die positivistische Rechtswissenschaft und Rechtspraxis mit ihren Bedenken [...] gegen solche ‚aus den Sternen' geholte Normen, sie beide übersehen, daß *die bedeutsamsten allgemeingültigen Rechtsprinzipien positiviert* sind. *Sie sind in Deutschland inzwischen integrierender Bestandteil der positiven Rechtsordnung, und zwar vor allem der verfassungsmäßigen Ordnung.*"[47]

521　Die zeittypische Frage nach dem Rückgriff auf Naturrecht wurde durch diesen Ansatz von vornherein in den Hintergrund gedrängt. Die Verknüpfung von Rechtsidee und Verfassung wurde zum entscheidenden Punkt. Mit der Menschenwürde war für Nipperdey gerade das „Zentrum der Rechtsidee" im Grundgesetz positiviert worden.[48] Doch obwohl er den Text des Grundgesetzes dergestalt in Anspruch nahm, stellt diese Argumentation keineswegs eine Hinwendung zum ‚Positivismus' dar. Vor allem angesichts des außerordentlich weiten Wortlauts der in der Verfassung positivierten Naturrechtssätze stellt sich die Frage nach deren Gehalt. Dies war der Punkt, an dem umfassend metaphysische Positionen einbezogen werden konnten. Gleichwohl blieb die Möglichkeit der Einbeziehung metaphysischer Überlegungen bei der Auslegung der Grundrechte selbst wieder in gewisser Weise durch den Gesetzestext kanalisiert. Gerade am entscheidenden Punkt der Auslegung der Verfassung wandte Nipperdey nun eine **objektiv-teleologische Auslegungsmethode** an, was unter anderem an seiner Anknüpfung an die materiale Wertphilosophie Hartmanns und Schelers im Rahmen der Grundrechtsinterpretation deutlich wird (Stichwort „objektive Wertordnung"). Insgesamt nahm Nipperdey den Text des Grundgesetzes zwar in Anspruch, relativierte ihn jedoch zugleich. Letztlich ging es ihm auch hier um eine praktikable Position zwischen Gesetzestreue und Juristenrecht.[49]

522　Die **konkrete inhaltliche Richtung** der zentralen Steuerungsprinzipien kann ich an dieser Stelle nur kurz umreißen. Nur soviel: Nipperdey entschied in der frühen Bundesrepublik die Frage nach einer individualistischen oder überindividuellen Orientierung des Rechtssystems gegen jegliche Art von Kollektivismus und zugunsten einer grundsätzlich individuell-freiheitlichen Orientierung. Damit grenzte er sich klar vom juristischen Mainstream der 1950er und frühen 1960er Jahre ab, der vor allem das Grundgesetz eher unter kollektivistischen Vorzeichen interpretierte.[50] Dies wird eindrucksvoll klar, wenn Nipperdey betonte:

> „An der Spitze der Rechtsordnung steht als höchster Wert: Die Würde des Menschen. Die Abgrenzung der einzelnen Machtbereiche und die Beachtung der damit gesetzten Grenzen, die dem Recht wesentlich sind, gründet sich ursprünglich auf den Willen zu Frieden und Ordnung. Sobald das Recht sich versittlicht, erhalten sie ein neues sittliches Fundament: die Forderung des ‚neminem laedere', ursprünglich ein Friedensgebot (Verbot

---

47　*Enneccerus-Nipperdey*, AT (Fn. 16), 14. Aufl., 1. Hlbbd., 1952, S. 135; *ders.*, AT (Fn. 16), 15. Aufl., 1. Hlbbd., 1959, S. 221; Hervorhebungen hinzugefügt.
48　Z.B. *Nipperdey*, Würde (Fn. 45), S. 9.
49　Dazu ausführlich *Hollstein*, Allgemeiner Teil (Fn. 1), S. 177–224.
50　Vgl. zum Ganzen mit vergleichenden Beispielen *Hollstein*, Allgemeiner Teil (Fn. 1), S. 275 ff.; apodiktisch und zu Nipperdey nicht überzeugend *Th. Henne*, Die neue Wertordnung im Zivilrecht – speziell im Familien und Arbeitsrecht, in: *Stolleis* (Hrsg.), Das Bonner Grundgesetz, Altes Recht und neue Verfassung in den ersten Jahrzehnten der Bundesrepublik Deutschland (1949–1969), Berlin 2006, S. 13–37 (22).

der Eigenmacht), erscheint jetzt als Ausfluß der Achtung vor der Personenwürde des Mitmenschen. Diese ist das Zentrum der Rechtsidee als der versittlichenden Kraft im Recht. Sie bestimmt die Grundlage für die rechtliche Bewertung des Menschen (Coing). In der Rechtsordnung ist die Menschenwürde dann verwirklicht, wenn sie dem Menschen eine Sphäre sichert, in der er als selbständiges und sittlich selbstverantwortliches Wesen wirken kann, in der er weder dem Machtanspruch eines anderen Menschen unterworfen noch zum bloßen Mittel von Gemeinschaftszwecken gemacht wird, sondern freier selbstverantwortlicher Mensch ist. Darum ist Freiheit das höchste Gut, das weltliche Gerechtigkeit dem Menschen zuteilen kann. [...] Die Rechtsidee fordert, daß die Würde der Person gerade auch gegenüber den Gruppen, dem Staat, der Nation gewahrt werde. [...] Die Gruppe steht unter der Rechtsidee."[51]

VII. Nagelprobe: Nipperdeys Korrekturen der Vertragsfreiheit

Die Wahl eines aussagekräftigen praktischen Beispiels für Nipperdeys Methodenlehre ist nicht unbedingt einfach. Wenn man bewusst gerade nicht im Bereich des Arbeitsrechts suchen will, sondern sich im Bereich des allgemeinen Zivilrechts auf die Suche begibt, so fällt der Blick nicht zufällig ausgerechnet auf dessen Kernbereich, nämlich den Vertrag bzw. die **Vertragsfreiheit**. Zu dieser und deren Beschränkung unter dem Gesichtspunkt der ‚sozialen' Korrektur nahm Nipperdey über die Zeit immer wieder Stellung, wenn auch dogmatisch mit verschiedenen Ansatzpunkten.

Bereits in Weimar beschäftigte sich Nipperdey, angeregt durch seine akademischen Lehrer Hedemann, Lehmann und Rauch, kontinuierlich mit Fragen der industriellen Massengesellschaft und der Kriegs- und Mangelwirtschaft. Diese verknüpfte er vielfach mit Fragen der klassischen Zivilrechtsdogmatik. Sein grundsätzlicher Ausgangspunkt wird plastisch, wenn er in seiner Untersuchung über den **Kontrahierungszwang** ausführte:

„Die vielfach gehegte Hoffnung, daß man nach Kriegsende in der Privatrechtsordnung sobald als möglich zu den verlassenen *individualistischen Prinzipien* zurückkehren werde, wird sich nach menschlichem Ermessen nicht erfüllen. Die Notlage, die während des Krieges in Verfolg einer schon vorher begonnenen oder doch wissenschaftlich vorbereiteten *antiindividualistischen Entwicklung* zu einer fortschreitenden *Sozialisierung des Privatrechts* zwang, besteht, und wird vor allem wegen der Zerrüttung des deutschen Wirtschaftslebens noch lange Zeit andauern. Es kommt hinzu, daß infolge der politischen Umwälzung ein weiterer Abbau an *privatrechtlicher Freiheit* für das Übergangsrecht und darüber hinaus von den maßgebenden Faktoren der Gesetzgebung und Verwaltung offenbar für notwendig gehalten wird."[52]

Den Kontrahierungszwang selbst rechtfertigte er letztlich aus dem „**soziale(n) Interesse an einer bestimmten Wertbewegung**",[53] dieses war der „innere Rechtsgrund" des Kon-

---

51 *Nipperdey*, Würde (Fn. 45), 1954, S. 9 und 10; Hervorhebungen hinzugefügt. In weiten Teilen identisch *Nipperdey*, Grundrechte und Privatrecht (Kölner Universitätsreden 24), Krefeld 1961, S. 6 f.
52 *Nipperdey*, Kontrahierungszwang (Fn. 5), 1920, § 1 „Das Problem", S. 1; Hervorhebungen im Original.
53 Als Synonym zum Begriff Wertbewegung verwendete Nipperdey auch die Begriffe „Güterumsatz", „Güterbewegung" und „Güteraustausch", dazu ausdrücklich *Nipperdey*, Kontrahierungszwang (Fn. 5), 1920, S. 5 Fn. 2.

trahierungszwangs.⁵⁴ Neben spezialgesetzlich geregelten Fällen des Kontrahierungszwangs leitete Nipperdey einen allgemeinen Kontrahierungszwang aus § 826 BGB her:

> „Das Nichtkontrahieren, oder besser, das Nichtkontrahierenbrauchen, die Abschlußfreiheit stellt sich [...] als Ausfluß der allgemeinen Vertragsfreiheit dar [...]. Also muß eine allgemeine Norm, die das Nichtkontrahieren verbietet, und damit die Abschlußfreiheit aufhebt, eine solche sein, die eine grundlegende und bedeutende Beschränkung der Vertragsfreiheit oder des ihr übergeordneten Grundsatzes der allgemeinen Handlungsfreiheit enthält. Diese allgemeine Norm ist die Bestimmung des § 826 BGB., nach der die vorsätzliche gegen die guten Sitten verstoßende Schädigung eines anderen zum Schadensersatz verpflichtet."⁵⁵

526 Letztlich **funktionalisierte** Nipperdey **das Privatrecht** partiell zur Erreichung von Gemeinschaftsinteressen, nämlich zur Sicherstellung des Güteraustausches im Wirtschaftsleben. Dieses Ziel korrespondierte für ihn auch mit den noch vagen Vorgaben des Verfassungsrechts:

> „Eigentum, Wirtschaftsfreiheit, Vertragsfreiheit, Vereinsfreiheit und Erbrecht werden anerkannt (Artt. 151, 152, 153, 154). Das Prinzip der Gerechtigkeit wird für die Ordnung des Wirtschaftslebens proklamiert, Wucher und unsittliche Geschäfte werden verboten."⁵⁶

527 Die ‚soziale Korrektur' des Privatrechts deutete er im Ergebnis konservativ, Individualinteressen traten hinter den Interessen der Gemeinschaft zurück.⁵⁷

528 Von einem methodologischen Standpunkt aus betrachtet wird klar, dass Nipperdeys Ausgangspunkte zur Ausformung des Kontrahierungszwangs zum einen gewandelte gesellschaftliche und wirtschaftliche Realitäten (Stichworte „Massengesellschaft" und „Kriegswirtschaft") waren. Es ging ihm also deutlich um eine **Anknüpfung an die Lebenswirklichkeit** und die Verarbeitung aktueller Phänomene. Gleichzeitig wird deutlich, dass sich die ‚soziale Korrektur' des Privatrechts schon in Weimar aus Wertungen speiste, die ihren Anknüpfungspunkt auch in der Verfassung fanden. Dass sich an diesem Punkt weite Handlungsspielräume für Rechtswissenschaft und Rechtsprechung eröffneten, ist offensichtlich und zeigt sich an Nipperdeys ‚sozialer Korrektur' des Privatrechts bereits in der Weimarer Republik eindrucksvoll.

529 Wie oben bereits angedeutet, waren im **Nationalsozialismus** die Generalklauseln des BGB „die Einfallspforten" für „das neue Rechtsideal".⁵⁸ Vor diesem Hintergrund war klar, was nun die entscheidenden Wertungen sein sollten. Hinsichtlich des Volksgesetzbuchs betonte Nipperdey zwar die Grundprinzipien Privateigentum, Vertragsfreiheit,

---

54 *Nipperdey*, Kontrahierungszwang (Fn. 5), 1920, S. 33.
55 *Nipperdey*, Kontrahierungszwang (Fn. 5), 1920, S. 54.
56 *Enneccerus-Nipperdey*, AT (Fn. 16), 13. Aufl., 1931, S. 41.
57 Zum Ganzen *Hollstein*, Allgemeiner Teil (Fn. 1), S. 232–245. Zum „Leitbegriff" der Sozialisierung nun auch H.-P. *Haferkamp*, Wege zur Rechtsgeschichte: Das BGB, Köln 2022, S. 172 f.
58 *Nipperdey*, System (Fn. 37), 1938, S. 97. Zur Argumentation mit der Rechtsidee im Nationalsozialismus *Lepsius*, gegensatzaufhebende Begriffsbildung (Fn. 37), S. 140 ff.; das Bild vom Einfallstor wurde bekanntlich höchst folgenreich über *G. Dürig*, FS Nawiasky, 1956, S. 157 ff.; Überblick etwa bei *J. Hager*, Grundrechte und Privatrecht, JZ 1994, S. 373–383; *H. Dreier*, in: *ders.*, Grundgesetz. Kommentar, 3. Aufl., München 2013, Vorb. 57 ff.

Leistungswettbewerb und private Vereinigungsfreiheit,[59] gegenüber dem BGB schienen die Gewichte jedoch deutlich verschoben:

> „Aber diese Prinzipien haben einen *entscheidenden Bedeutungswandel* erfahren, indem sie von vornherein substantiell inhaltlich durch die Pflichtgebundenheit und Verantwortlichkeit gegenüber der Gemeinschaft gestaltet werden und allein aus dieser Gemeinschaftsbezogenheit ihr (sic!) innere Rechtfertigung und ihren staatlichen Schutz erfahren."[60]

Damit war die individuelle Freiheit auf dem gesamten Bereich des Privatrechts durch die Pflichtgebundenheit und Verantwortlichkeit des Individuums gegenüber der Gemeinschaft **immanent beschränkt**. Privatrechtskonform war von vornherein nur das, was der Gemeinschaft nutzte.[61] Vor diesem Hintergrund war die ‚soziale Korrektur' des Privatrechts weniger relevant.

In der **Bundesrepublik** waren schließlich das Grundgesetz und vor allem die **Grundrechte zentrale Quelle für steuernde Wertungen** und somit auch für soziale Korrekturen im Bereich des Privatrechts. Als Auslegungsregeln und über die von Nipperdey ab 1949 vertretene Theorie von der unmittelbaren Drittwirkung bestimmter Grundrechte beeinflussten die Grundrechte das Privatrecht unmittelbar.[62] Konkret zivilrechtlich bedeutete Nipperdeys These von der absoluten Wirkung der Grundrechte, dass bestimmte Grundrechte im deliktischen Bereich absolute Rechte im Sinne des § 823 Abs. 1 BGB („sonstiges Recht") darstellten[63] und als Schutzgesetze im Sinne des § 823 Abs. 2 BGB anzusehen waren.[64] Über eine grundgesetzkonforme Auslegung des § 847 BGB aF hielt Nipperdey den Ersatz von immateriellen Schäden entgegen der Regel des § 253 BGB aF für möglich.[65] Im rechtsgeschäftlichen Bereich konnten manche Grundrechte als gesetzliche Verbote im Sinne des § 134 BGB wirken.[66] Auch im Bereich des Vertragsrechts waren sie damit unmittelbar relevant.

Zentraler Ausgangspunkt für Nipperdey war ein „**Bedeutungswandel der Grundrechte**"[67] als objektiv-teleologisches Argument. Vor dem Hintergrund eines dynamischen Verfassungsverständnisses ging es um die Ermittlung des aktuellen, objektiven Sinns und Zwecks der Grundrechtsbestimmungen.[68] Die Grundrechte seien nicht mehr nur aus der historischen Perspektive des 19. Jahrhunderts als reine Abwehrrechte gegen den Staat zu interpretieren.[69] Stattdessen bedürfe der Einzelne in der „industriellen

---

59 Z.B. *Nipperdey*, System (Fn. 37), 1938, S. 100.
60 Z.B. *Nipperdey*, System (Fn. 37), 1938, S. 99 f.; Hervorhebungen im Original.
61 Ausführlich *Hollstein*, Allgemeiner Teil (Fn. 1), S. 253–260.
62 Zu Nipperdeys Grundrechtstheorie *Hollstein*, Allgemeiner Teil (Fn. 1), S. 196 ff.; zu den Folgen Einiges unten Rn. 1459 ff. Zu Nipperdeys These von der unmittelbaren Drittwirkung neuerdings auch *Kulick*, Horizontalwirkung im Vergleich. Ein Plädoyer für die Geltung der Grundrechte zwischen Privaten, Tübingen 2020, S. 55 ff. Zum privatrechtlichen Kontext zusammenfassend übersichtlich nun *Haferkamp*, Das BGB (Fn. 57), S. 328 ff.
63 Z.B. *Nipperdey*, Würde (Fn. 45), 1954, S. 13, 37, 40 ff.; *Enneccerus-Nipperdey*, AT (Fn. 16), 15. Aufl., 1. Hlbbd., 1959, S. 95.
64 *Nipperdey*, Gleicher Lohn (Fn. 12), 1950, S. 125.
65 Z.B. *Nipperdey*, Würde (Fn. 45), 1954, S. 46; *Enneccerus-Nipperdey*, AT (Fn. 16), 15. Aufl., 1. Hlbbd., 1959, S. 95.
66 Z.B. *Nipperdey*, Würde (Fn. 45), 1954, S. 36; *Enneccerus-Nipperdey*, AT (Fn. 16), 15. Aufl., 1. Hlbbd., 1959, S. 597.
67 Z.B. *Nipperdey*, Boykott und freie Meinungsäußerung, DVBl 73 (1958), S. 445–452 (447); *Enneccerus-Nipperdey*, AT (Fn. 16), 15. Aufl., 1. Hlbbd., 1959, S. 96.
68 Zur Verfassungsauslegung bei Nipperdey *Hollstein*, Allgemeiner Teil (Fn. 1), S. 194 ff.
69 Z.B. *Nipperdey*, Boykott (Fn. 67), 1958, S. 447; *Enneccerus-Nipperdey*, AT (Fn. 16), 15. Aufl., 1. Hlbbd., 1959, S. 96.

Massengesellschaft" eines grundrechtlichen Schutzes gegenüber „Gruppen, Verbänden, großen Unternehmen und einzelnen Mächtigen".[70] Unter Anknüpfung an Sinzheimer und die Beratungen zur Weimarer Reichsverfassung sprach er auch von einem Schutz vor „sozialen Gewalten",[71] zu denen er ausdrücklich auch „die mit Rechtssetzungsgewalt ausgestatteten Kollektive" zählte.[72] Diesen Schutzaspekt bezeichnete er als eigentlichen „Ansatz- und Ausgangspunkt" seiner Lehre von der absoluten Wirkung der Grundrechte.[73] Es handele sich insgesamt um eine „Anpassung der Funktion der Grundrechte an eine gewandelte historische Situation".[74] Daneben waren jedoch auch Nipperdeys Verständnis der Grundrechte als Höchstwerte und die Anknüpfung an die materiale Wertphilosophie gedanklicher Hintergrund seiner Theorie.[75]

533 Im Bereich des Vertragsrechts wollte Nipperdey letztlich mit seiner Theorie das Individuum im Falle eines Kräfteungleichgewichts vor einem Disponieren über den eigenen Freiheitsraum schützen. Die Stoßrichtung wird deutlich, wenn er betonte:

> „Hier besteht nur eine *fiktive Gleichheitslage*, die insbesondere auf der Vorstellung beruht, die Freiheit der Willensentschließung bei Eingehung von Verpflichtungen reiche aus, den einzelnen vor unzumutbaren Beschränkungen seiner Freiheit zu sichern. Man glaubt, die Freiheit sei im Prinzip gewahrt, wenn jemand derartige Beschränkungen auf sich nehme. *Man faßt die Vertragsfreiheit formal, aber nicht real, nicht sozial auf.* Diese Betrachtungsweise verkennt die soziale Wirklichkeit, die häufig genug den sozial Unterlegenen in Abhängigkeiten zwingt, die nicht den Grundvorstellungen der Verfassung entsprechen. Auf einen solchen Tatbestand, der faktisch der Unterworfenheit des einzelnen gegenüber hoheitlicher Macht entspricht, müssen die Grundsatznormen der Verfassung unmittelbar angewendet werden. *Dieser Schutzzweck der Grundrechte entfällt jedoch bei völliger oder jedenfalls annähernder rechtlicher und tatsächlicher Gleichheitslage (realer Koordination) der Vertragspartner.* Dann können Privatautonomie und die Vertragsfreiheit ihre Wirkung als Freiheitsnorm im echten Sinne entfalten. Die durch Art. 2 I gewährleistete Freiheit zeigt sich gerade auch darin, Beschränkungen der eigenen Freiheitssphäre wirksam einzugehen. Verpflichtende Verträge sind daher durch die Verfassung gedeckt. Die Vertragspartner können sich grundsätzlich zu allen Handlungen oder Unterlassungen verpflichten [...]."[76]

534 Vom methodologischen Standpunkt aus gesehen wird klar, dass Nipperdey nun an dem entscheidenden Punkt der Verfassungsauslegung ein **dynamisches Verfassungsverständnis** vertrat und eine **objektiv-teleologische Auslegungsmethode** anwandte. Der historische Gesetzgeberwille trat zurück, Rechtswissenschaft und Rechtsprechung erhielten weitgehende Gestaltungsmöglichkeiten und wurden insgesamt aufgewertet. Dies kommt auch in der Einbeziehung der materialen Wertphilosophie im Rahmen der Verfassungsinterpretation zum Ausdruck. Gleichzeitig blieben Rechtswissenschaft und Rechtsprechung jedoch an das normative System des Grundgesetzes zurückgebunden,

---

70 Z.B. *Nipperdey*, Grundrechte und Privatrecht (Fn. 51), 1961, S. 16 f.; *ders.*, Entfaltung (Fn. 46), 1962, S. 749.
71 Z.B. *Nipperdey*, Würde (Fn. 45), 1954, S. 19; *Enneccerus-Nipperdey*, AT (Fn. 16), 15. Aufl., 1. Hlbbd., 1959, S. 96.
72 *Nipperdey*, Gleicher Lohn der Frau für gleiche Leistung. Rechtsgutachten, Köln 1951, S. 15.
73 *Nipperdey*, Entfaltung (Fn. 46), 1962, S. 753.
74 *Enneccerus-Nipperdey*, AT (Fn. 16), 15. Aufl., 1. Hlbbd., 1959, S. 96; *Nipperdey*, Grundrechte und Privatrecht (Fn. 51), 1961, S. 17.
75 Zum Ganzen *Hollstein*, Allgemeiner Teil (Fn. 1), S. 196 ff. und S. 305 ff.
76 *Nipperdey*, Entfaltung (Fn. 46), 1962, S. 753; Hervorhebungen hinzugefügt. Ähnlich bereits *ders.*, Grundrechte und Privatrecht (Fn. 51), 1961, S. 19 f.

ein direkter Rückgriff auf naturrechtliche Positionen außerhalb der Verfassungsinterpretation war damit unmöglich.[77]

VIII. Resümee

Insgesamt zeigt sich für Nipperdeys Methodenlehre weitgehende **strukturelle Kontinuität** von der Weimarer Republik über die NS-Zeit bis in die Bundesrepublik. Nipperdey schuf durch nicht bloß eklektische Kombination verschiedener methodologischer Ansätze ein originelles Konzept mit bemerkenswerter Flexibilität, einen pragmatischen Mittelweg zwischen Gesetzestreue und Juristenrecht. Entscheidend steuernd wirkte das positive Normensystem, allerdings räumte er bei dessen Auslegung Rechtswissenschaft und Rechtsprechung erhebliche Freiräume ein. Maßgeblichen Einfluss auf das Privatrecht gewann die Verfassung als zentrales Steuerungselement. Ebenfalls deutlich wird, dass das zentrale Steuerungselement grundsätzlich austauschbar war: Weimarer Reichsverfassung, im Zuge der ‚nationalsozialistischen Rechtserneuerung' erlassene Prinzipiennormen und schließlich das Grundgesetz waren problemlos integrierbar. Es zeigt sich enorme inhaltliche Flexibilität bei struktureller Kontinuität.[78]

IX. Quellen und Literatur

1. Zum Einstieg in die Nipperdey-Texte

Geeignet zum Einstieg sind aus seinem Lehrbuch zum Allgemeinen Teil des Bürgerlichen Rechts, siehe sogleich, die §§ 51–59 und § 15 sowie seine Kommentierung zu Art. 1 GG von 1954, siehe ebenso sogleich. Weitere hier wichtige Werke sind:
Lehrbuch des Bürgerlichen Rechts. Begr. von Ludwig Enneccerus. Bd. 1: Einleitung, Allgemeiner Teil. 13. Aufl., Marburg 1931.
Lehrbuch des Bürgerlichen Rechts. Begr. von Ludwig Enneccerus. Bd. 1, 14. Aufl., 1. Hlbbd., Tübingen 1952.
Die Würde des Menschen. Kommentierung des Art. 1 Abs. 1 GG, in: *Neumann/Nipperdey/Scheuner* (Hrsg.), Die Grundrechte. Handbuch der Theorie und Praxis der Grundrechte, Bd. 2, Berlin 1954, S. 1–50.
Lehrbuch des Bürgerlichen Rechts. Begr. von Ludwig Enneccerus. Bd. 1: Einleitung, Allgemeiner Teil, 15. Aufl., 1. Hlbbd. Tübingen 1959.
Grundrechte und Privatrecht. (Kölner Universitätsreden 24) Krefeld 1961.
Freie Entfaltung der Persönlichkeit. Kommentierung des Art. 2 GG. Unter Mitarbeit von Günther Wiese, in: *Bettermann/Nipperdey* (Hrsg.), Die Grundrechte. Handbuch der Theorie und Praxis der Grundrechte, Bd. 4, Berlin 1962, S. 741–909.

2. Zum Einstieg in die Sekundärliteratur

Grundlegend ist jetzt

Hollstein, Thorsten, Die Verfassung als ‚Allgemeiner Teil': Privatrechtsmethode und Privatrechtskonzeption bei Hans Carl Nipperdey (1895–1968), Tübingen 2007. Dort auch ein umfassendes Werkverzeichnis zu Nipperdey.

Im Übrigen zu **Nipperdey generell**

Adomeit, Klaus, Hans Carl Nipperdey, in: Dt. Biogr. Enzyklopädie, Bd. 7, München 1998, S. 421–422 und *ders.*, Hans Carl Nipperdey als Anreger für eine Neubegründung des juristi-

---

77 *Hollstein*, Allgemeiner Teil (Fn. 1), S. 196 ff.
78 *Hollstein*, Allgemeiner Teil (Fn. 1), S. 223 f., im Ergebnis auch *Rückert*, Kontinuitäten und Diskontinuitäten (Fn. 1), S. 127, 143.

schen Denkens, in: *S. Grundmann, K. Riesenhuber* (Hrsg.): Deutschsprachige Zivilrechtslehrer in Berichten ihrer Schüler. Eine Ideengeschichte in Einzeldarstellungen, Bd. 1, Berlin 2007, S. 148–165.

Rückert, Joachim, Hans Carl Nipperdey, in: Neue Deutsche Biographie, Bd. 19, 1999, S. 280–282, und in Handwb zur dt. Rechtsgeschichte, 2. Aufl., Bd. 3, Berlin 2016, Sp. 1940–1943.

Siebinger, Martin, Hans Carl Nipperdey (1895–1968), in: *G. Lingelbach* (Hrsg.), Rechtsgelehrte der Universität Jena aus vier Jahrhunderten, Jena u.a. 2012, S. 309–327 (biografisch ergänzend).

Zu Nipperdey und **Methodenlehre**

Rückert, Joachim, Zu Kontinuitäten und Diskontinuitäten in der juristischen Methodendiskussion nach 1945, in: *Acham* u.a. (Hrsg.), Erkenntnisgewinne, Erkenntnisverluste: Kontinuitäten und Diskontinuitäten in den Wirtschafts-, Rechts- und Sozialwissenschaften zwischen den 20er und 50er Jahren, Stuttgart 1998, S. 113–165.

Zum **Dienstvertrags- und Arbeitsvertragsrecht** und zu verschiedenen dogmatischen Fragen im BGB

Rückert, Joachim, Kommentierung zu §§ 611 ff., in: *Schmoeckel/Rückert/Zimmermann* (Hrsg.), Historisch-kritischer Kommentar zum BGB, Bd. 3, Tübingen 2013.

Außerdem in diesem Kommentar die etlichen Nachweise zu verschiedenen dogmatischen Beiträgen Nipperdeys seitens verschiedener Autoren, etwa zu § 823, die ein bemerkenswertes Bild etlicher seiner Dogmatica ermöglichen.

Methode und Zivilrecht bei Heinrich Lange (1900–1977)

von Wilhelm Wolf

Übersicht

I.	Einleitung	231
II.	Zur Biographie Heinrich Langes	232
III.	Langes Methodenlehre zur Zeit des Nationalsozialismus	234
IV.	Langes Methodenlehre nach 1945	244
V.	Langes Lehre von der Geschäftsgrundlage	245
VI.	Fazit	251
VII.	Quellen und Literatur	251

I. Einleitung

Wer sich mit zivilrechtlicher Methodenlehre beschäftigt, dem muss der Name Carl Heinrich Lange nicht unbedingt geläufig sein. Im Gegensatz zu seinen Zeitgenossen Karl Larenz, Franz Wieacker, Helmut Coing und Josef Esser ist Lange nicht durch seine methodischen Arbeiten hervorgetreten.[1] Vielmehr gründet sich sein Ruf auf mannigfaltige Publikationen, die thematisch im Wesentlichen die Dogmatik[2] und rechtspolitische Fragestellungen[3] des Bürgerlichen Rechts erfassen. Gleichwohl erfährt er mit seinen methodischen Ansätzen durchaus Beachtung in der neueren rechtshistorischen Literatur[4], die in der Ein- und Zuordnung vorsichtig bleibt, Lange etwa als prominentesten Vertreter einer Gruppe „Andere(r) Juristen" sieht, die eine Abneigung gegen das Fallrechtsdenken verbinde. Diese Zivilrechtslehrer, die an dem von Hedemann geleiteten Projekt eines „Volksgesetzbuchs" mitarbeiteten, verteidigten trotz der allgegenwärtigen Forderung nach Volkstümlichkeit auch die „allgemeinen Begriffe", die dem konkreten „an ordnender und leitender Kraft überlegen sei"[5].

Die methodischen Ansätze Langes verdienen aus drei Gründen, die letztlich alle in seiner Biographie wurzeln, Beachtung. Als Rechtswissenschaftler in zwei politischen Systemen tätig, verkörpert Lange ein Moment der personellen Kontinuität in der Jurisprudenz über den Systemwechsel im Jahre 1945 hinweg. Ob dieser Kontinuität eine methodische Diskontinuität gegenübersteht, ist nicht nur wegen der in Anbetracht der teilweise hohen Auflagenzahlen zu vermutenden publizistischen Wirkungen auf die ju-

---

[1] Was sich unter anderem darin ausdrückt, dass in keiner der gängigen Monographien zur Methodenlehre *Lange* explizit erwähnt wird. Vgl. nur *Bydlinski*, Methodenlehre; *Kaufmann/Hassemer*, Einführung; *Larenz*, Methodenlehre; *Pawlowski*, Methodenlehre; *Zippelius*, Methodenlehre.
Unten in VII. Quellen und Literatur voll angegebene Titel werden hier und im Folgenden nur abgekürzt zitiert.
[2] Exemplarisch seien hier genannt seine Lehrbücher zum Erbrecht, zum Allgemeinen Teil des BGB und zum Sachenrecht sowie in der Zeit des Nationalsozialismus das dreiteilige Lehrbuch Boden, Ware und Geld, Tübingen 1937–1943.
[3] Hier sind vor allem zu nennen: die fünf Denkschriften des Erbrechtsausschusses der Akademie für Deutsches Recht, Tübingen 1937–1942; Vom alten zum neuen Schuldrecht, Hamburg 1934; Lage und Aufgabe der deutschen Privatrechtswissenschaft, Tübingen 1937; Eine Privatrechtsgeschichte der neuesten Zeit, Tübingen 1941.
[4] *Schröder*, Recht als Wissenschaft, Bd. 2, S. 55.
[5] So *Schröder*, Recht als Wissenschaft, Bd. 2, S. 55 f., Fn. 308, unter Bezugnahme u.a. auf *Lange*, Wesen und Gestalt, S. 244 f.

ristische Nachkriegsgeneration, sondern vor allem im Rahmen der generellen Diskussion um Kontinuitäten in der Methodenlehre,[6] die sich derzeit nur auf wenige Einzeluntersuchungen[7] stützen kann, von einem gewissen Erkenntnisinteresse. Dies gilt umso mehr – und darin liegt das zweite Motiv – als Lange im Laufe des „Dritten Reichs" relativ deutlich Gegenpositionen gerade in methodischen Fragen zu der sog. Kieler Schule, auf deren Vertreter sich die neuere methodenhistorische Forschung im Wesentlichen konzentrierte, bezogen hat.[8] Drittens lohnt die Auseinandersetzung mit Langes Ansichten zur Methodik vor dem Hintergrund der Tatsache, dass er in seinen diversen Funktionen an der „Akademie für Deutsches Recht"[9] in einem Zentrum der damaligen rechtspolitischen Aktivitäten stand und diese in starkem Maße beeinflusste. Das legt viertens nicht nur die Vermutung nahe, dass Langes methodische Einsichten Eingang in seine rechtspolitischen Arbeiten an der Akademie und in die Auseinandersetzung mit anderen Akteuren der nationalsozialistischen Rechtspolitik gefunden hatten, sondern erlaubt die These, dass Langes Methode weniger von erkenntnistheoretischen Überlegungen getragen wurde als von der Absicht, die Rechtsanwendung in den Dienst der Rechtspolitik zu stellen. In diesem Sinne vertrat er eine eigene Wertungsjurisprudenz vor der Wertungsjurisprudenz nach 1945 (unten Rn. 559).

538   Dies abschließend zu ergründen, fehlt hier der Raum. Er soll stattdessen genutzt werden, um nach einigen biographischen Anmerkungen den methodischen Ansatz Langes in seinen Grundzügen darzulegen, die Kontinuitätsproblematik zumindest anzureißen sowie die Umsetzung am konkreten dogmatischen Problem zu überprüfen.

II. Zur Biographie Heinrich Langes[10]

539   Carl Heinrich Lange erblickte am 25.3.1900 als Sohn des Bankprokuristen Ernst Hermann Lange und Frau Elsa Rosine Lange, geb. Krüger, in Leipzig das Licht der Welt, wo er seine Kindheit und Jugend verlebte und 1919 das Studium der Rechte aufnahm. Unterbrochen durch einen einjährigen Studienaufenthalt in München im Jahre 1920 erhielt Lange seine akademische Ausbildung, die er 1922 mit dem ersten juristischen Staatsexamen beendete, ausschließlich in Leipzig. Anschließend trat er in den sächsischen Vorbereitungsdienst ein, den er im Jahre 1925 mit dem Assessorexamen abschloss. Im selben Jahr wurde er mit seiner Dissertation „Die theoretische Begründbarkeit der vom Reichsgericht entwickelten Unterlassungsklage bei unerlaubten Handlungen" promoviert. Seine juristische Karriere setzte Lange ab 1926 als Gerichtsassessor fort, bevor er 1928 Assistent an der Leipziger Juristenfakultät wurde.

---

6 Siehe hierzu vor allem jüngst im privatrechtlichen Kontext *Joerges*, Privatrecht, S. 311–363, S. 332 mwN, aus rechtsphilosophischer Perspektive *Neumann*, Rechtsphilosophie, S. 145–187, 147–152.
7 Exemplarisch für das Institut der Ehe *Rüthers*, Rechtsbegriffe, S. 45 ff.
8 *Lange*, Privatrechtsgeschichte; jetzt *Frassek*, Lebenssachverhalt; zur Kieler Schule nach 1933 zählt man Karl Larenz (Zivilrecht und Rechtsphilosophie), Ernst Rudolf Huber (Staatsrecht), Georg Dahm (Strafrecht), Karl Michaelis (Zivilrecht), Franz Wieacker (Zivilrecht), Karl August Eckhardt (Rechtsgeschichte), Friedrich Schaffstein (Strafrecht), Paul Ritterbusch (Verfassungs-, Verwaltungs- und Völkerrecht) und Wolfgang Siebert (Zivilrecht und Arbeitsrecht).
9 Zur Struktur und Geschichte der 1933 gegründeten Akademie für Deutsches Recht *Pichinot*, Akademie; *Hattenhauer*, NS-Volksgesetzbuch; *Schubert*, Volksgesetzbuch; *Anderson*, Academy.
10 Die folgenden Angaben sind weitgehend entlehnt von *Kuchinke*, Heinrich Lange, NJW 1978, 309; *Habscheid*, NJW 1970, 552 f.; *Schubert*, Ausschuß für Personen-, Vereins-, und Schuldrecht, S. 68. Zu *Langes* Wirken auf dem nationalsozialistischen Deutschen Juristentag 1933 in Leipzig *Landau*, Juristen, ZNR 1994, 373 ff. Näheres bei *W. Wolf*, Vom alten zum neuen Privatrecht. Das Konzept der normgestützten Kollektivierung in den zivilrechtlichen Arbeiten Heinrich Langes (1900–1977), Diss. iur. Frankfurt am Main 1997, Tübingen 1998 (Beiträge zur Rechtsgeschichte des 20. Jhs., 21).

Gleichzeitig arbeitete er an seiner Habilitationsschrift über „Das kausale Element im Tatbestand der klassischen Eigentumstradition",[11] nach deren Vollendung ihm am 19.12.1929 die venia legendi für die Fächer römisches und deutsches bürgerliches Recht verliehen wurde. Im selben Jahr zum Landgerichtsrat ernannt, aber weiterhin bis 1933 als Assistent im akademischen Dienst tätig, wechselte er unmittelbar nach der Machtergreifung der Nationalsozialisten im Frühjahr 1933 als Hochschulreferent im Range eines Oberregierungsrates ins sächsische Volksbildungsministerium, wo er nicht unwesentlichen Einfluss auf die Berufungspolitik der sächsischen Universitäten nahm. Ihren weiteren Fortgang fand Langes akademische Karriere mit dem Ruf auf die ordentliche Professur für Bürgerliches Recht, römisches Recht und Zivilprozessrecht als Nachfolger Richard Schotts an der Universität Breslau, den Lange mit Wirkung vom 1.4.1934 auch annahm. Seinen ersten Ruf, an die Columbia University, New York, hatte Lange bereits vor seiner Habilitation erhalten, jedoch aus Gründen, die bis heute im Verborgenen liegen, abgelehnt.

Seit 1933 Mitglied der Akademie für Deutsches Recht wirkte Lange dort als Vorsitzender des Erbrechtsausschusses sowie als Koordinator und Initiator der Arbeiten am Volksgesetzbuch, bevor er sich im Herbst 1939 auf die Leitung des Erbrechtsausschusses beschränkte[12] und im Übrigen die Arbeiten am VGB nicht unkritisch kommentierte.[13]

Am 1. Oktober des gleichen Jahres trat Lange mit der Annahme des Rufs auf den Lehrstuhl für römisches und bürgerliches Recht[14] an der juristischen Fakultät der Universität München die Nachfolge von Rudolf Müller-Erzbach an. Später erblickte er hierin den Höhepunkt seines akademischen Lebens,[15] das wohl mit seiner Entlassung aus dem Hochschuldienst durch Anordnung der Militärregierung vom 4.11.1945 seinen Tiefpunkt erreichte. Bis zu seiner völligen Rehabilitierung durch Berufung zum Ordinarius für römisches und bürgerliches Recht an der Universität Würzburg verdiente sich Lange seinen Lebensunterhalt als selbstständiger juristischer Gutachter und Rechtsanwalt in München. Seinen wissenschaftlichen Ambitionen trug Lange von Mai 1948 bis Oktober 1951 als Lehrbeauftragter an der philosophisch-theologischen Hochschule Bamberg sowie bis 1955 als einer der beiden Direktoren[16] des Instituts für Vergleichung und Annäherung des europäischen Rechts an der juristischen Fakultät der Universität des Saarlandes Rechnung.

Den Studenten der Nachkriegszeit dürfte Lange vor allem durch seine Lehrbücher zum Erbrecht,[17] zum Sachenrecht[18] und zum Allgemeinen Teil des BGB[19] bekannt geworden sein.

---

11 In: Leipziger Juristen-Fakultät (Hrsg.), Leipziger rechtswiss. Studien, Heft 53, Leipzig 1930.
12 Näheres hierzu bei *Schubert*, Volksgesetzbuch, S. 6 ff., 13, der an einigen Stellen jedoch statt von *Heinrich Lange* von *Hermann Lange* spricht.
13 So vor allem in: *Lange*, Volksgesetzbuch, S. 208 ff., 213–223.
14 Noch unter *Rudolf Müller-Erzbach* trug der Lehrstuhl die Widmung „Deutsche Rechtsgeschichte, deutsches Privatrecht, bürgerliches Recht, Handels- und Wechselrecht, Industrie- und Gewerberecht". Er wurde erst auf Wunsch von *Lange* umgewidmet.
15 Dies berichtet zumindest *Kuchinke*, Heinrich Lange, NJW 1978, 309.
16 Ihm zur Seite stand der Staats- und Verwaltungswissenschaftler *Georges Langrod*.
17 In 2 Auflagen: 1. Aufl. München und Berlin 1962, 2. Aufl. zusammen mit Kuchinke, München 1978.
18 Lediglich in einer Auflage, Stuttgart 1967.
19 Von der 1., München und Berlin 1952, bis zur 14. Aufl., München 1973, ab der 15. Aufl., München 1977 von *Helmut Köhler* fortgeführt.

543 Nach seiner Emeritierung im Jahre 1967 waren Lange noch zehn Jahre des Ruhestandes vergönnt, bevor er am 17.9.1977 in Starnberg bei München verstarb.

III. Langes Methodenlehre zur Zeit des Nationalsozialismus

544 Die zeitliche Differenzierung in der Untersuchung der Methodenansätze Langes impliziert nicht eine Diskontinuität in den Aussagen. Vielmehr rechtfertigt sie sich durch das Anliegen, Unterschiede in Langes Methode stärker zu kontrastieren und Übereinstimmungen deutlicher hervortreten zu lassen.

1. Rechtsanwendung und Gerechtigkeitsbegriff

545 In seiner wohl einzigen Abhandlung,[20] in der Lange sich ausschließlich Fragen der Methodik widmet, definiert er als Ziel der Rechtsanwendung nicht die „individuelle Billigkeit, sondern die **gemeinschaftsbestimmte Gerechtigkeit**".[21] Diese im konkreten Einzelfall herzustellen, gibt er den Richtern auf, zieht ihren Kompetenzen jedoch im gleichen Atemzug enge Grenzen, indem er „die Umgestaltung des Rechts in den großen Fragen, die Aufstellung von Grundentscheidungen, die Rechtspolitik, die Gestaltung des technischen Verlaufs des Rechtslebens"[22] nicht in ihre Macht stellen will. Ziel jeden richterlichen Umgangs mit Recht ist somit die gerechte Entscheidung des einzelnen Falles, nicht jedoch die individuell billige Einzelfallentscheidung. Für den Richter ergibt sich hieraus notwendig die Frage, was Gerechtigkeit im Sinne Langes ist und worin sie zur individuellen Billigkeit kontrastiert.

a) Das liberale „idem cuique"

546 Das Kriterium der Gemeinschaftsbestimmtheit bleibt für die Definition des Gerechtigkeitsbegriffs Langes ebenso blass wie das aristotelisch-klassische Ideal des „suum cuique".[23] Farbiger und präziser wird der Begriff jedoch, wenn man die Kontrastierung des liberalen „idem cuique" zu dem nationalsozialistischen „suum cuique" rezipiert, die Lange in seiner Monographie „Vom alten zum neuen Schuldrecht"[24] vornimmt.

547 Jedem das Gleiche zukommen zu lassen, ist für Lange das Gerechtigkeitsideal des Liberalismus, das auf der Berechenbarkeit beruhe, die ihrerseits ein Kind der Freiheit sei.[25]

548 Ohne diesen Freiheitsbegriff im Einzelnen zu analysieren, lässt sich festhalten, dass hiermit die Betätigungsfreiheit des Einzelnen gemeint ist, die als Spätfolge der französischen Revolution dem Individuum die Verfolgung seines Eigennutzes unter Hintanstellung der Erfordernisse des Gemeinnutzes erst ermöglicht habe.[26] Diese Herrschaft des Individualismus und Materialismus[27] „forderte klare Maße, Rechtssicherheit; verlangte Berechenbarkeit der Folgen eigenen wie fremden Handelns, diese forderte ein folgerichtig aufgebautes Rechtssystem".[28] Lange zieht hieraus die Konsequenz, wenn

---

20 Mittel und Ziel der Rechtsfindung im Zivilrecht, 1936.
21 Mittel und Ziel, S. 925 (Hervorhebung hinzugefügt).
22 Mittel und Ziel, S. 925.
23 Schuldrecht, S. 38.
24 Hamburg 1934.
25 Schuldrecht, S. 38.
26 Schuldrecht, S. 8 f.
27 Schuldrecht, S. 9.
28 Schuldrecht, S. 9.

er feststellt, dass die **Berechenbarkeit im Liberalismus** die strikte Gleichschaltung des einzelnen Falles bedinge.²⁹ An diesem Ausgangspunkt der liberalen Rechtsidee, dass gleiche Fälle gleiche Entscheidungen verlangten, setzt Lange mit seiner **Kritik** ein, indem er dem Liberalismus ein Wahrnehmungs- und Wertungsdefizit vorwirft: „Gerechtigkeit und Berechenbarkeit [sc: des Liberalismus] werten nicht den Lebensvorgang in seiner Ganzheit, sondern nur den Ausschnitt, der durch den juristischen Tatbestand vorgegeben wird.".³⁰ Diese Einzwängung der Vielfalt des Lebens in den zu engen Käfig der Gesetze als Maßstäbe der Gerechtigkeit könne zu äußerer Gleichheit bei innerer Ungleichheit führen. Der Liberalismus schreite so um der Rechtssicherheit willen über das Einzelschicksal hinweg.³¹

Diese Verwerfung des liberalen Gerechtigkeitsideals impliziert einen **Fundamentalangriff** auf den „hohlen **Positivismus**".³² Es wird nicht nur die rechtliche Gleichheit der Rechtssubjekte bestritten, die lediglich eine äußere sei, sondern auch die grundsätzliche Eignung des Gesetzes als Kriterienkatalog der juristischen Bewertung von Lebenssachverhalten. Erweitert man die Analyse auf die methodischen Implikationen, so ist nicht zu verkennen, dass nach Langes Vorgaben der rationale Vorgang der Subsumtion eines Sachverhaltes unter einen juristischen Tatbestand nicht ausreichen kann, um eine gerechte Entscheidung zu erreichen. Denn seine Merkmale werden nicht in der Lage sein, den Lebensvorgang in seiner gesamten Komplexität zu erfassen. Dabei kann zunächst außer Acht bleiben, wie die Merkmale des jeweiligen Tatbestandes inhaltlich gestaltet werden. Denn am Ende der Subsumtion kann – unabhängig vom konkreten Tatbestandsmerkmal – nur die Frage nach der gesetzeskonformen Entscheidung beantwortet werden. Diese muss nach Lange nicht die gerechte sein. Der Buchstabe des Gesetzes taugt mithin für sich allein nicht zur Findung eines gerechten Urteils im Einzelfalle. Damit stellt sich jedoch zwangsläufig die Frage, welche Entscheidung eine im nationalsozialistischen Sinne gerechte ist, und wie der Rechtsanwender im konkreten Fall zu ihr gelangt, wenn nicht durch bloße Gesetzesanwendung.

b) Das nationalsozialistische „suum cuique"

Das Gerechtigkeitsideal des Nationalsozialismus „verlangt die Unterordnung des einzelnen unter die Gesamtheit, die kein Unglück darstellt, sondern Sinn des Lebens ist".³³ Lange hat die Notwendigkeit einer Einschränkung dieser Definition seines Gerechtigkeitsbegriffs klar erkannt, wenn er betont, Recht und Staat seien nicht Selbstzweck und fänden ihren Inhalt und ihre Grenzen im Volksganzen, aus der Unterordnung des einzelnen unter den Staat könne somit nicht ein Deckmantel für schlechte Gesetze und schlechte Verwaltung resultieren.³⁴ Vielmehr stelle die Verwirklichung dieser Forderung einen völligen Bruch mit der veräußerlichten Gleichheitsillusion des Liberalismus dar, da nun keine Zusammenfassung des Verbrechers mit dem Ehrbaren unter dem Begriff des Staatsbürgers erfolgen könne. An die Stelle der Summe unverbundener einzelner trete die Volksgemeinschaft, die Wertung des einzelnen erfolge

---

29 Schuldrecht, S. 38.
30 Schuldrecht, S. 38. Ergänzung des Verf.
31 Schuldrecht, S. 38.
32 Schuldrecht, S. 40.
33 Schuldrecht, S. 38.
34 Schuldrecht, S. 38.

nach seiner Bedeutung für das Ganze.³⁵ Dieser **kollektivistische Ansatz** gibt den Grundsatz der rechtlichen Gleichheit auf und kategorisiert die rechtliche Stellung des Individuums nach politischen Wertmaßstäben, die von der nationalsozialistischen Ideologie vorgegeben werden. „Volksfeinde und Artfremde erhalten so ihr Recht, aber nicht das gleiche Recht wie der ehrbare Volksgenosse".³⁶ Hierin liege die wahre Bedeutung des „suum cuique". Für den Richter stellt sich im konkreten Fall die Aufgabe, den Wert des Individuums für die Volksgemeinschaft nach nationalsozialistischen Maßstäben zu ermessen, um seinem Fall Gerechtigkeit widerfahren zu lassen. § 1 BGB dient ihm nur noch zur Feststellung der Rechtsfähigkeit der Parteien, gilt ihm jedoch nicht als Fundamentalnorm der rechtlichen Gleichheit der Parteien und Wegweiser zu einer gerechten Entscheidung.

551 Vielmehr habe nun die **wahre Gerechtigkeit** teilnahmsvoll die Gesamtheit des Geschehens zu werten.³⁷ Hierzu „gesellt sie jedoch zum klaren Verstand das warme Rechtsgefühl, belebt die nüchtern gegliederten Fälle und wertet so äußerlich gleiche nach ihrem inneren Gehalte dennoch ungleich."³⁸ Anders ausgedrückt: „Die Gerechtigkeit wurzelt im Rechtsgefühl, nicht nur im Rechtsverstand."³⁹ Auf dem Weg zur gerechten Entscheidung hat mithin der Richter mit dem Ergebnis der Subsumtion erst die halbe Strecke zurückgelegt, bis hier nur seinen Rechtsverstand angewandt. Der zweite Teil der Strecke wird vom **Rechtsgefühl** bestimmt.⁴⁰ An ihrem Ende findet sich die gerechte Entscheidung, wobei nicht auszuschließen ist, dass die verstandesmäßige Subsumtion und das Rechtsgefühl zu gleichen Gerechtigkeitsvorstellungen gelangen. Wenn „die Gerechtigkeit so Ausdruck deutschen Volksempfindens, blut- und bodengebunden, aber auch entwicklungsbestimmt und darum dem deutschen Volke allein zugehörig ist",⁴¹ lässt sich die methodische Funktion des Rechtsgefühls als Einfallstor für nationalsozialistische Wertungen ermessen, das rationaler Begründung und damit auch Kritik entzogen ist. Ist dem Rechtsanwender mit diesem Begriff der gemeinschaftsgebundenen Gerechtigkeit gewiss eine Zielorientierung gegeben, liegen die Methoden, dorthin zu gelangen, doch weitgehend im Dunkel des Rechtsgefühls, zumindest aber jenseits des rationalen textorientierten Subsumtionsvorganges.

---

35 Analytisch und in der Sprache der modernen rechtshistorischen Forschung liegt in dieser Programmatik die Verabschiedung des „klassisch liberalen Privatrechts". Stattdessen rückte „jetzt der Interventionsstaat mit seinem Arsenal von Geboten und Verboten nach vorne und versuchte, alle Privatrechtssubjekte ... in ein Netzwerk öffentlicher Pflichten einzubinden, den Güteraustausch zu lenken und Güter hoheitlich zuzuteilen", so Stolleis, Geschichte des öffentlichen Rechts in Deutschland: Weimarer Republik und Nationalsozialismus, München 2002, S. 341.
36 Schuldrecht, S. 39.
37 Schuldrecht, S. 39.
38 Schuldrecht, S. 39.
39 Schuldrecht, S. 39.
40 In Anbetracht von *Langes* Ausführungen in: Liberalismus, S. 37: „Die Durchführung des Pflicht- und Gemeinschaftsgedankens zerstört die Form des Rechtes. Der klare, scharf gegliederte, folgerichtige und starre Aufbau eines verstandesmäßigen Rechtssystems weicht dem fließenden, in sich übergreifenden, folgewidrig abbiegenden, vom Billigkeitsgefühl getragenen lebenden Organismus. Der Verstand muss sich mit dem Gefühl verschmelzen", scheint diese Einschätzung die Bedeutung des Rechtsgefühls eher zu gering zu veranschlagen. Sie rechtfertigt sich jedoch aus der im Vorwort von *Lange* für diesen ganzen Vortrag reklamierten Überzeichnung, die wohl auch den eben zitierten Auszug aus dem Vortrag umfasst.
41 Schuldrecht, S. 39; zum Begriff des Volksempfindens siehe grundlegend *Rückert*, Volksempfinden, ZRG GA 103 (1986), S. 199–247.

2. Der Weg zur Gerechtigkeit für den Richter

Lange erkennt diese Unsicherheit für den Rechtsanwender und formuliert als Problemschwer- und Kristallisationspunkt der nationalsozialistischen Rechtsanwendung die Situation, dass „dunkeles Billigkeitsempfinden und das geläuterte Rechtsempfinden nicht mehr mit der äußeren Form des Gesetzes in Einklang stehen."[42] Die Auflösung dieses Spannungsverhältnisses hängt in starkem Maße von Langes Gesetzesbegriff ab. Billigkeits- und Rechtsempfinden werden umso weiter in ihrer Funktion eingeschränkt, je stärker die Bindungswirkung des Richters an das Gesetz gestaltet wird. Die Aussagen Langes lassen in diesem Punkt zunächst Ratlosigkeit aufkommen. Der klar ausgesprochenen Lockerung der Bindung des Richters an das Gesetz durch den Vorrang des Rechts[43] folgt die Einschränkung, dass dies nicht in jedem Fall die Überwindung des Gesetzesbefehls durch das Rechtsempfinden des Richters bedeuten müsse,[44] die Gesetzesentscheidung vielmehr in aller Regel über dem Richter als Führerentscheidung stehe.[45] Immerhin lässt sich dem entnehmen, dass Gesetz und Recht in einem **hierarchischen Verhältnis** zueinander stehen, das für die Rechtsanwendung von ausschlaggebender Bedeutung ist, wenn Recht und Gesetz zu verschiedenen Vorstellungen von Gerechtigkeit gelangen.

a) Das Rangverhältnis von Gesetz und Recht

„Das Gesetz ist die Form des Rechts, das Gesetz fließt aus dem Recht, nicht das Recht aus dem Gesetz."[46] Ist hiermit eine Vorrangigkeit des Rechts vor dem Gesetz konstituiert, zeigt sich ein scheinbarer Widerspruch in der Formulierung: „Das Recht ist Lebensform, das Gesetz aber formt das Leben, und damit das Recht. Daher ist im Endeffekt das Rangverhältnis von Gesetz und Recht wieder umgekehrt."[47] Die Inkompatibilität beider Aussagen erklärt sich nach Lange durch ihre historische und politische Bedingtheit. Während der Vorrang des Rechtes vor dem Gesetz der Pragmatik einer um die politische Macht kämpfenden Revolution folgt, die sich auf „ungeschriebenes Recht berufen muss, um den ihr feindlichen Staats- und Gesetzesapparat zu erschüttern",[48] findet die Umkehrung des Rangverhältnisses statt, wenn das alte Wertsystem nach erfolgter Revolution vollständig neu gestaltet, alle Werte umgewertet und neue Ziele erreicht werden sollen. Hier sei das Gesetz Bollwerk gegen ein dunkles, schwankendes Billigkeitsempfinden, Mittel zur Umwertung aller Werte und Führungsmittel, indem es den Führergedanken auf dem Gebiete des Rechts durchsetze.[49] Für das Endstadium dieser Entwicklung prognostiziert Lange, dass der Positivismus des Gesetzes und des Rechtes Sieger sei, wenn Gesetz und Recht eine Einheit geworden seien.[50] Nach diesem Verständnis des Gesetzes dient es keineswegs der Sicherung und Abgrenzung individueller Freiheitssphären, sondern erlangt die Funktion eines **politischen Steuerungs- und Gestaltungsinstruments** zur Erreichung kollektiver und heteronomer

---
42 Mittel und Ziel, S. 922.
43 Mittel und Ziel, S. 924.
44 Mittel und Ziel, S. 924.
45 Mittel und Ziel, S. 925; auch bei Lange findet sich damit ein Spannungsverhältnis wie es jetzt etwas allgemeiner und umfassend *Schröder*, Diktaturen, 2016, betont, etwa S. 14, 117.
46 Schuldrecht, S. 35.
47 Schuldrecht, S. 36.
48 Schuldrecht, S. 36.
49 Schuldrecht, S. 36.
50 *Lange*, Rezension zu Carl Schmitt, JW 1934, S. 1897.

Zielsetzungen. Dieses Gesetzes- und Methodenverständnis lässt sich beschreiben als **normgestützte Kollektivierung** des Privatrechts.[51]

554 Die Entscheidung eines Rechtsstreites muss demnach auch „bei einer Spannungslage zwischen idealem Recht und konkretem Gesetz bis an die Grenze der Tragbarkeit zugunsten des Gesetzes ausfallen".[52] Dies folgt für Lange nicht nur aus einer weitestgehenden Deckungsgleichheit zwischen Gesetzesordnung und Rechtsordnung,[53] die auch die mittelmäßigen und anfechtbaren Gesetze umfasse, sondern vor allem aus der **Ordnungsfunktion des Gesetzes**, das zum einen den Vorteil habe, wie zB bei Fristen und Terminen, überhaupt eine Entscheidung zu dekretieren, und zum anderen dort, wo jede der Prozessparteien nach „gesundem Volksempfinden" Recht habe, dem Richter aus seiner Entscheidungsnot helfe.[54] Die Bindung des Richters an das Gesetz als Grundstein der Rechtsstaatlichkeit und Willkürfreiheit der dritten Gewalt wird explizit nicht thematisiert, vielmehr steht im Vordergrund dieser Betrachtung und Anwendung des Gesetzes seine technische Hilfsfunktion „zu äußerer und innerer Entlastung des Richters".[55] Problematisch wird Lange die Frage der Methode der Gesetzesanwendung erst für den Fall, dass eine Diskrepanz zwischen dem Gesetzesbefehl und dem geläuterten Rechtsempfinden besteht. Als insgesamt untaugliche Lösungsansätze verwirft Lange nicht nur den „extremen Gesetzespositivismus",[56] sondern auch die Begriffsjurisprudenz,[57] die Interessenjurisprudenz[58] sowie die Freirechtsschule.[59] Allen begegnet er mit dem Vorwurf, „sie stellten der Rechtsfindung **keine Wertmaßstäbe** zur Verfügung".[60] „Das Freirecht fußte offen, die zweckbestimmte Begriffsjurisprudenz verdeckt auf der Billigkeit, die Interessenjurisprudenz aber sagte zwar, dass ideelle und materielle Interessen gewertet werden müssten, wollte und konnte aber nicht immer erschöpfend und zwingend angeben, welche Interessen gewertet werden müssten, und konnte nicht entscheiden, wie diese Interessen gewertet werden müssen. Sie beschränkte sich bewusst auf ihre Eigenschaft als Werkzeug.".[61] Die Kritik richtet sich somit im Wesentlichen auf die **Maßstabsdefizite** und damit auf einen Mangel fester Kriterien, an Hand derer die Begriffsjurisprudenz ihre Zwecke bestimmen, die Interessenjurisprudenz ihre Interessen gewichten und die Freirechtsschule ihre Billigkeiten erläutern könnte. Diesen strukturellen Fehler der drei seinerzeit prominenten Methodenlehren führt Lange auf „die weltanschauliche Gleichgültigkeit des früheren

---

51 *Stolleis*, wie Fn. 35, S. 341 übernimmt diesen Begriff, meint aber, der Verfasser verwende diesen von ihm geprägten Terminus ganz global und unhistorisch für alles, was seiner normativen Vorstellung von ökonomischem Liberalismus widerspreche. Der Verfasser bezieht aber den Begriff der normgestützten Kollektivierung ausdrücklich zunächst auf die zivilrechtlichen Arbeiten Heinrich Langes – so schon im Untertitel der Untersuchung (wie Fn. 10) – dagegen verwendet Stolleis den Terminus ungleich globaler gleichsam als Überschrift für diese ganze Epoche der nationalsozialistischen Verabschiedung des klassisch liberalen Privatrechts.
52 Mittel und Ziel, S. 922.
53 Mittel und Ziel, S. 922.
54 Mittel und Ziel, S. 922.
55 vMittel und Ziel, S. 922.
56 Mittel und Ziel, S. 922.
57 Mittel und Ziel, S. 922 f.
58 Mittel und Ziel, S. 923 f.
59 *Lange*, Mittel und Ziel, S. 924, für die er jedoch an anderer Stelle insoweit Sympathie erübrigt, als sie ebenso wie der Nationalsozialismus gegen den hohlen Positivismus angekämpft habe. Die wesentliche Differenz sieht *Lange* in der Wertung von Recht und Gesetz, von Berechenbarkeit und Gerechtigkeit. Siehe Schuldrecht, S. 40.
60 Mittel und Ziel, S. 924.
61 Mittel und Ziel, S. 924.

Staates"⁶² und seine damit verbundene Wertneutralität zurück. Genau diese habe durch den Nationalsozialismus ein Ende gefunden, indem Grundwertungen geschaffen und ermöglicht wurden. „Volk, Rasse, Gemeinschaft, Treue und Ehre und die Grundforderung des Rechtes – Gemeinnutz geht vor Eigennutz – gestatten eine klarere Wertfolge."⁶³ Mit diesen **neuen und festen Wertungen** erhielten auch die Rechtsfindungs- und Rechtsanwendungsverfahren eine „einheitliche Führung".⁶⁴ Denn „unter dieser neuen Betrachtung und Wertung von Recht und Gesetz ist der jahrzehntealte Streit über den richtigen Weg der Rechtsfindung weitgehend gegenstandslos geworden."⁶⁵ Ist der Rechtsanwender also im Falle seines dem Wortlaut widerstrebenden Rechtsempfindens einem besonderen Argumentationsaufwand unterworfen, kann er sich in freier Beliebigkeit einer der Methoden bedienen, die, alle den nationalsozialistischen Grundwertungen unterworfen, „nur **Mittel** zur Verwirklichung des Rechtes"⁶⁶ sind. Dieser **Methodenindifferenz** entspricht die generelle Anforderung an den Rechtsanwender, unabhängig von der gewählten Methode stets Gemeinschafts- und Einzelinteresse abzuwägen, wenn das geläuterte Billigkeitsempfinden dies verlange. Ohne Widerspruch desselben hingegen könne der deutsche Rechtswahrer auch dem Gesetze vertrauen. Das stellt klar, dass Lange der Methode der Rechtsfindung keinen eigenen, von rechtspolitischen Wertungen unabhängigen Stellenwert einräumt. Sie ist **Instrument der Umsetzung** abstrakt-generell formulierter Rechtspolitik in konkret-spezielle Einzelfälle.

Damit endet die Bindung des Richters an das Gesetz erst mit einem dem Gesetz entgegenstehenden geläuterten Rechtsempfinden des Richters. Mag das Rechtsgefühl auch als Grenzziehung zwischen Verbindlichkeit und Unverbindlichkeit des Gesetzesbefehls genügen, bleibt an dieser Stelle doch unklar, ob das Rechtsgefühl in dem Sinne ein freies ist, dass der einzelne Richter seiner individuellen Rechtsüberzeugung ohne Einschränkung folgen kann und darf oder seine Umsetzung in Rechtsanwendung und damit Rechtsprechung gewissen Regeln unterworfen ist.

b) Die Funktion des Rechtsgefühls

Die Lockerung der Bindung des Richters an das Gesetz bedeutet nicht die Vergrößerung des richterlichen Freiraumes, der Richter ist vielmehr „nicht Herr, sondern Diener des Rechtes".⁶⁷ Als solcher ist er lediglich **Verwirklicher der Wertungen der Gemeinschaft**.⁶⁸ Insoweit wird auch „die Bindung an das Recht umso schärfer gestaltet".⁶⁹ Die hiermit unverhohlen ausgesprochene Kontroll- und Korrekturfunktion des Rechtsgefühls, die die Umsetzung der nationalsozialistischen Grundwertungen in die Rechtsprechung sichern soll, setzt voraus, dass der Rechtsanwender im konkreten Fall das Auseinanderfallen von Gesetzesbefehl und nationalsozialistischer Wertung erfasst oder wenigstens für möglich hält, um kontrollierend und korrigierend eingreifen zu können. Zumindest vor dem korrigierenden Eingriff errichtet Lange jedoch gewisse Hürden, vor deren Überspringen der Richter kurz innehalten soll. So wird zu bedenken gegeben, dass die Gesetze als solche die gesammelte Rechtsweisheit der Vorfahren

---

62 Mittel und Ziel, S. 924.
63 Mittel und Ziel, S. 924.
64 Mittel und Ziel, S. 924.
65 Mittel und Ziel, S. 924.
66 Mittel und Ziel, S. 924 (Hervorhebung hinzugefügt).
67 Mittel und Ziel, S. 924.
68 Mittel und Ziel, S. 924.
69 Mittel und Ziel, S. 924.

verkörperten, und sich daher oft in der scheinbaren Unbilligkeit eines Gesetzes eine höhere Gerechtigkeit finden ließe, die zu ergründen dem Richter aufgegeben sei.[70] Den Richtern dies zuzutrauen, bedeutet, ihnen eine entsprechende **politische Grundhaltung** zu attestieren. In der Tat fordert Lange den „volksverbundenen und volksgebundenen Richter".[71] Dass es an eben solchen Richtern mangeln könnte, scheint Lange nicht befürchtet und deshalb auch nicht thematisiert zu haben. Vielmehr glaubte er, das methodische und zumindest auch in Ansätzen das politische Rüstzeug, wenn auch auf „national-liberal-konservativer Grundlage",[72] in der deutschen Rechtsprechung vorzufinden, wenn er der Judikatur in der Weimarer Zeit zugibt, sie habe in einer reichen Kasuistik ein Wertsystem aufgebaut und in der Anschauung aller billig und gerecht Denkenden sinnfällig gemacht, und ferner einräumt, „daß sie in der Idee einer einheitlichen Anschauung zugleich die Einheitlichkeit und Verbindlichkeit sittlicher Maßstäbe für das ganze Volk in einer Zeit betont hat, in der eine echte Volksgemeinschaft noch nicht bestand."[73]

557 Es erstaunt so vielleicht nicht mehr, dass Lange in das Rechtsgefühl der Richter vertraut, „um das alte gesetzte Recht mit dem Rechtsempfinden des neuen Staates zu durchdringen, Unvereinbares zu beseitigen, Veraltetes zu unterhöhlen, Lebensvolles zu entwickeln, Gesetz und Recht im Alltag nahezubringen".[74]

558 Das Rechtsgefühl ist mithin die Instanz, in der die Wertungen des Gesetzes auf ihre Übereinstimmungen mit den Wertungen des Nationalsozialismus überprüft und gegebenenfalls korrigiert werden.

3. Wertungsjurisdiktion

559 Will man den Weg der Rechtsfindung und Rechtsanwendung Heinrich Langes auf einen Begriff bringen, bietet sich der der **Wertungsjurisdiktion** an. Maßgebend für das Ergebnis jeder judikativen Tätigkeit sind ihm Wertungen, die, abstrahiert von dem historischen Argumentations- und Erkenntniszusammenhang, nicht aus dem juristischen Bereich stammen, sondern aus dem politischen. Sie erhalten gleichsam konstitutiven Charakter für das Recht, sind die Grundforderungen des Rechts als Lebensordnung des Volkes, die auch dort ihre Durchsetzung verlangen, wo die Gesetze lückenhaft sind oder dem Recht nicht entsprechen. Sie nivellieren jede Methodenlehre, da sie dort, wo rechtliche Argumentations- und Entscheidungsprozesse ablaufen, unbedingte Beachtung verlangen und als dem einzelnen Gesetz **übergeordnete Wertungen** dieses im Zweifel derogieren, so dass die Argumentation aus Text und Systematik einer Kodifikation immer nur vorbehaltlich der grundlegenden Wertungen greifen kann. Gleichwohl besteht die Gefahr, die Einschätzung Langes von der Bedeutung der dem Gesetz übergeordneten Wertungen für die Rechtsanwendung im nationalsozialistischen Staat falsch zu interpretieren. Erscheint ihm dieser Fall richterlicher Korrektur gesetzlicher Vorgaben insbesondere in der historischen Umbruchsituation, die mit einem im Wesentlichen bürgerlich-rechtsstaatlich geprägten Gesetzesbestand im Bereich des Privatrechts umgehen muss, von besonderer Relevanz, entschärft sich dieses Problem mit der im Geiste der „nationalsozialistischen Revolution" zunehmend zu erwartenden

---

70 Mittel und Ziel, S. 924.
71 Mittel und Ziel, S. 924.
72 Mittel und Ziel, S. 924.
73 Mittel und Ziel, S. 924.
74 Schuldrecht, S. 41, ähnlich: Mittel und Ziel, S. 925.

neuen Gesetzgebung. Dieser gegenüber vertritt Lange eine **strikte Bindung**, die als positivistisch zu bezeichnen dennoch verfehlt erscheint. Denn Lange ist jede Methode, unabhängig von ihrem Ansatz, nur Begründungswerkzeug, nicht selbstständig-rationaler Rechtsfindungsmodus. Damit ist der einzelne Rechtsanwender nicht nur selbst methodischer Sicherung und Selbstüberprüfung beraubt[75] – oder anders gewendet: von der Last der methodischen Vergewisserung befreit –, sondern auch zum Vollstrecker der herrschenden Rechtspolitik degradiert. Es ist symptomatisch, dass Lange explizit „die Umgestaltung des Rechts in den großen Fragen, die Aufstellung von Grundentscheidungen, die Rechtspolitik und die Gestaltung des technischen Verlaufs des Rechtslebens"[76] aus dem Aufgabenbereich des Rechtsanwenders und Richters herausnimmt. In diesen Bereichen fallen – zumindest für Lange – die eigentlichen das Rechtsleben gestaltenden Entscheidungen, dort wird die „Umwertung aller Werte"[77] vollzogen.[78] Hierzu berufen sind nicht die Richter in ihrer Funktion als Rechtsanwender. Die ihnen abverlangte Arbeitsweise beschränkt sich auf die Rechtsprechung im Einzelfall jenseits des „Berufs der Revolution zur Gesetzgebung"[79] – daher meine Kennzeichnung als Wertungsjurisdiktion. Langes Vorschlag einer juristischen Methode erschöpft sich daher nicht in methodischen Anweisungen an den Rechtsanwender. Es erscheint sogar fraglich, ob Langes Hauptinteresse in der Zeit von 1933 bis 1945 der Jurisdiktion und ihrer methodischen Neuausrichtung galt. Zweifel hieran lassen sich mit seiner an mehreren Stellen deutlich zu Tage tretenden Sympathie für die Rechtsprechung in der Weimarer Republik[80] und mit dem Hauptgegenstand seiner Arbeiten vor allem in der Anfangsphase des Nationalsozialismus[81] begründen. Damit ist gleichzeitig die Vermutung gestützt, dass Langes **wesentliches Interesse der Rechtserneuerung** und damit der Rechtspolitik galt, was in Zeiten, die Lange selbst als revolutionär einschätzt,[82] kaum verwundert.

4. Vom Beruf der Gesetzgebung

Dass die Gesetzgebung der Beruf der Revolution ist,[83] wurde bereits oben mitgeteilt. Bekannt ist ferner, dass die Gesetzgebung ein Instrument der Umwertung aller Werte sein soll.[84] Weiter war zu erwarten, dass „Gesetz nicht das formelle, parlamentarisch

---

75 Konsequent führt *Lange*, Schuldrecht, S. 41, aus: „dort, wo das gemeinschaftsgebundene Gerechtigkeitsgefühl eine klare Entscheidung fällt, da gewährleistet die gesetzestreue Konstruktion die Möglichkeit einer Selbstprüfung." Systemimmanent kann dies letztlich nur eine Prüfung und Anpassung der gesetzestreuen Konstruktion an die Entscheidung des gemeinschaftsgebundenen Gerechtigkeitsgefühls als Ziel nationalsozialistischer Gerechtigkeitsvorstellungen sein.
76 Mittel und Ziel, S. 925.
77 *Lange*, Schuldrecht, S. 36, mit der bekannten radikalen Formel, die zuerst von Nietzsche seit 1886 für eine neue Moral geprägt worden war.
78 In diesem Sektor juristischer Tätigkeit ist *Heinrich Lange* als Ordinarius und Vorsitzender des Erbrechtsausschusses sowie als Generalberichterstatter für das Volksgesetzbuch und als Vorsitzender im Zentralausschuß der Akademie für Deutsches Recht auch überwiegend tätig. Selbst als ihm die Koordinierung der Arbeiten der Akademie an einem neuen Volksgesetzbuch von deren Präsidenten, *Hans Frank*, entzogen wurde, nimmt er lebhaft an der Diskussion um den ersten Entwurf von *Hedemann*, *Lehmann* und *Siebert* (leicht zugänglich bei *Schubert*, Volksgesetzbuch, S. 513–540) teil, siehe vor allem *Lange*, Volksgesetzbuch, S. 208–259.
79 *Lange*, Schuldrecht, S. 36.
80 Exemplarisch: Mittel und Ziel, S. 924 sowie Schuldrecht, S. 46 f.; auch in Justizreform, S. 185.
81 Vor allem: Liberalismus; Schuldrecht; Nationalsozialismus; aber auch in der Rezension zu Carl Schmitt, JW 1934, 1896 f.
82 Schuldrecht, S. 36.
83 Schuldrecht, S. 36.
84 Schuldrecht, S. 36.

zustandegekommene Gesetz ist, vielmehr muss das Gesetz im Rechtsleben wurzeln und von ihm aufgenommen werden."[85] Von Interesse in unserem Zusammenhang ist die Beantwortung der Frage, wer in persona die Aufgabe der Gesetzgebung zu erfüllen hat und wie – zumindest in den Grundzügen – diese Aufgabe angegangen werden soll.

a) Die Berufenen

561 „Der Führer bestimmt Zeitabschnitte und Ziele der Rechtserneuerung im Rahmen des Rechtes des deutschen Volkes."[86] Die rechtspolitisch abschließende Entscheidungsbefugnis weist Lange damit dem Staatsoberhaupt zu, ohne den Umfang dieser Kompetenz und ihrer praktischen Relevanz näher zu charakterisieren. „Rechtsschöpfung und Rechtsverwirklichung gehören in die Hände der dazu Berufenen."[87] Die die Gesetzgebung vorbereitenden Arbeiten überantwortet Lange hingegen einer gesellschaftlichen Gruppierung, die „ihre innere Berufung aus dem Vertrauen der Volksgemeinschaft ableitet".[88] Welcher Art die äußere Berufung sein soll, lässt sich nur vermuten, eine klare Aussage hierzu fehlt. Langes vehementes Eintreten für das Gesetz als Instrument der Rechtserneuerung[89] erfordert tatsächlich einen professionalisierten **Juristenstab**, um ein komplexes Normgebäude, dessen liberale Architektur von der „nationalsozialistischen Revolution" nicht vollständig eingerissen wurde, im Sinne der „nationalsozialistischen Revolution" umzubauen oder gar durch ein neues zu ersetzen. Insoweit wird es wohl auch Lange eine Selbstverständlichkeit gewesen sein, die offen auszusprechen daher weder notwendig, noch politisch unbedingt geschickt gewesen wäre, dass die grundlegende Gestaltung der neuen nationalsozialistischen Gesetze Aufgabe der hierzu befähigten Juristen sein musste. Kehrt man den Gedanken um, gelangt man zu einem ähnlichen Ergebnis. Der zu Beginn des Nationalsozialismus voll ausgebildete Jurist war dazu erzogen worden, als entscheidende Grundlage seiner dogmatischen Arbeit das Gesetz zu benutzen, Sachverhalte hierunter zu subsumieren und mit dem Gesetz zu Urteilen und Falllösungen zu gelangen. Das juristische Gestaltungsmittel und die Ausbildung des juristischen Personals harmonieren mithin in Langes Konzeption einer Rechtserneuerung.

b) Grundlage und Ziele der Rechtserneuerung

562 Die Zielsetzung der von Lange propagierten Rechtserneuerung ist auf das Engste mit seinem Rechtsanwendungsideal verbunden. Aufgabe der Rechtserneuerung sei es, dem Gerechtigkeitsgedanken gegen den leeren Rechtssicherheitsgedanken, dem Recht gegen das von ihm abweichende Gesetz zum Sieg zu verhelfen. Die Kluft zwischen dem Rechtsempfinden und der Rechtshandhabung müsse geschlossen werden.[90] Gleichzeitig werden die Fronten bestimmt, an denen die nationalsozialistische Rechtserneuerung anzusetzen hat: „Der Nationalsozialismus kämpft nicht gegen Rechtssicherheit, son-

---

85 Schuldrecht, S. 36.
86 Mittel und Ziel, S. 925.
87 Schuldrecht, S. 36.
88 Schuldrecht, S. 36.
89 Siehe besonders Rezension zu Carl Schmitt, JW 1934, S. 1897, aber auch im Schuldrecht, S. 36.
90 Lange, Schuldrecht, S. 40.

dern gegen Unrechtssicherheit, nicht gegen das Gesetz,[91] nicht gegen die Gesetzestreue, sondern gegen den leeren Positivismus."[92]

Wie sich das in der Charakteristik eines Normgefüges als umfänglich angelegte Kodifikation[93] niederschlagen soll, konturiert Lange ebenfalls schon 1934. Danach solle das neue Recht weder allein aus starren Rechtssätzen, noch bloß aus Generalklauseln bestehen, weder ausschließlich die Rechtssicherheit, noch lediglich die billige Lösung des Einzelfalles im Blick haben. Vielmehr müssten beide verbunden werden, um dem Gedanken der Gerechtigkeit zu dienen. Entscheidend sei die **Überwindung des starren Gegensatzes** von starren Einzelsätzen und völlig gestaltlosen Generalklauseln. Die großen Leitsätze von Treu und Glauben müssten in den einzelnen Fällen stärker ausgemünzt werden. Dann seien starres Recht und Billigkeitsrecht nicht mehr zwei Rechtsschichten, Treu und Glauben nicht mehr Ventile der Billigkeit gegen das Gesetz, sondern Grundgesetz des Rechts, das die Einzelbestimmungen nur auswerten.[94] Will man das Grundsätzliche dieses Umwertungsprozesses durch Gesetzgebung kurz charakterisieren, so geht es Lange um die Konkretisierung von Generalklauseln unter gleichzeitiger Flexibilisierung relativ starrer Einzelsätze, wobei entscheidend ist, dass allen Normen die Wertfolge des Nationalsozialismus implementiert wird.

563

c) Der rechtspolitische Hintergrund

Unter der Prämisse, dass Lange bei der Gesetzgebungsarbeit die Mitwirkung von Juristen für essentiell erachtet, scheint der Gedanke nicht von vornherein abwegig, dass so der Prozess der Umwertung aller Werte aus der Ebene des Nur-Politischen herausgelöst werden sollte, indem man **juristischen Sachverstand** an ihm teilnehmen lässt. Zudem bekennt sich Lange mit seinem Eintreten für das Gesetz als Führungs- und Gestaltungsmittel gegen die Einzelfallentscheidung und für die generell-abstrakte Regelung eines Rechtsproblems. Mit der Stellungnahme für die generell-abstrakte Norm werden deren genuine Entstehungsprobleme in Kauf genommen, die Lange später selbst beschreibt: „Je tiefer man in die Fragen eindringt, umso mehr erkennt man das technische Meisterwerk des geltenden Rechts in seiner ganzen Größe und Verflochtenheit; Gegenlösungen, für die man zunächst mit voller Wärme eingetreten war, zeigen ihre Grenzen und Schattenseiten. Auf den rechtspolitischen Schwung folgt die rechtspolitische Müdigkeit, auf die Intuition die Technik; mehr und mehr breitet sich dann die Ansicht aus, dass man am bewährten Alten solange festhalten solle, bis das Neue sein besseres Daseinsrecht voll bewiesen habe."[95] Trägt also die Propagierung einer neuen Gesetzgebung durch Lange den Gedanken der Bewahrung der alten Gesetzgebung in sich, und ist sie damit auch eine blendende Strategie eines rechtspolitischen Konservativismus? Die Frage scheint umso berechtigter, wenn man sich die Probleme einer spezifisch nationalsozialistischen Gesetzgebung, die aus der Unschärfe der rechtspolitischen Zielvorstellungen und ideologischen Fundamente re-

564

---

91 Zieht man *Lange*, Rezension zu Carl Schmitt, JW 1934, 1896 f. hinzu, lässt sich diese Aussage sogar dahin verstärken, dass der Nationalsozialismus für das – wenn auch nationalsozialistische – Gesetz kämpfe, nicht jedoch für das von *Schmitt* favorisierte Gestaltungs- und Ordnungsdenken.
92 *Lange*, Schuldrecht, S. 40.
93 Der Kodifikationsgedanke wird von *Lange* nur indirekt formuliert, indem er konstatiert, dass die Aufgabe einer Rechtserneuerung nicht durch eine inhaltlich teilnahmslose Novellengesetzgebung gelöst werden könne, sondern nur durch eine große Tat des deutschen Rechtsempfindens. Schuldrecht, S. 83.
94 Schuldrecht, S. 45.
95 *Lange*, Volksgesetzbuch, S. 216 f.

sultieren, vor Augen führt: „Waren sich auch so gut wie alle, die öffentlich auftraten, im Kampf gegen das Alte einig, so kamen die Angreifer doch aus verschiedenen politischen und wissenschaftlichen Lagern, kämpften sie für ganz verschiedene Ziele. Sie waren ‚Nebentäter', nicht ‚Mittäter'. Kämpfer wie Literaten, Gefühl wie Intellekt, dunkel Empfundenes wie spitzfindig Ersonnenes, praktischer Verstand wie zergliederndes Denken standen unverbunden nebeneinander. Der Wille zum neuen Werke aber verband alle."[96] Nicht zu verkennen ist, dass diese kritischen Anmerkungen Langes zur Rechtserneuerung nach 1933 erst zehn Jahre später von ihm publiziert werden. Sie können daher nicht nur als uU positive – freilich nur verborgen zwischen den Zeilen zu lesende – Bilanz eigenen rechtspolitischen Strebens verstanden, sondern auch als rückwärtsgewandtes resignatives Eingestehen konzeptioneller Unzulänglichkeiten des eigenen rechtspolitischen Idealismus gelesen werden, der auf die Möglichkeit einer nationalsozialistischen **Rechtserneuerung auf Gesetzesbasis** vertraut hat. Beide wegen ihrer Polarisierung geeigneten Ansätze verdienen eine weitere Untersuchung und Präzisierung.

565 Klar dürfte aber sein, dass Heinrich Lange während des Nationalsozialismus den Schwerpunkt seiner zivilrechtlichen Methodik nicht im Bereich der Rechtsanwendung gesetzt hat, sondern im Sektor der Gesetzgebung, bzw. Rechtssetzung. Der Grund hierfür könnte zum einen in der besonderen politischen Sensibilität Langes zu finden sein. Eine nicht so weit ausholende Begründung liegt wohl in der Tatsache, dass Lange davon ausging, jede Form der Rechtsanwendung müsse auf Wertungen zurückgreifen, die aus dem jeweiligen politischen System vorgegeben werden und für das Rechtssystem umgesetzt werden müssen. Danach ist für das Ergebnis juristischer Tätigkeit die Umsetzung politischer Wertungen in rechtliche Regelungen entscheidend, die Anwendung der rechtlichen Regelungen ist lediglich der Vollzug der in rechtliche Regeln umgesetzten Politik im Einzelfall.

566 Sollte diese Einschätzung trotz ihrer Kürze im Kern zutreffen, spricht eine gewisse Wahrscheinlichkeit dafür, dass sich in Langes Ansichten zu Problemen der **Zivilrechtsmethodik nach 1945** wenig verändert haben wird. Denn prinzipiell kann sie, ohne ihre Struktur verändern zu müssen, einem totalitären Staat ebenso dienen wie einem demokratischen. Es genügt eine erneute Umwertung, die ausgehend vom politischen System die Rechtsanwendung wie selbstverständlich in eine andere Richtung und zu anderen Ergebnissen steuert. Das juridische Instrumentarium bliebe das Gleiche.

IV. Langes Methodenlehre nach 1945

567 Äußerungen Langes zu Fragen der Zivilrechtsmethodik finden sich in einem größeren Zusammenhang lediglich in seinem Lehrbuch zum Allgemeinen Teil des BGB.[97] Dort jedoch sind Unterschiede zwischen den einzelnen Auflagen von 1952 bis 1973 kaum auszumachen und in diesem Zusammenhang unerheblich. Doch auch Unterschiede in den inhaltlichen Aussagen zu der Zeit vor 1945 sind kaum zu finden.

568 Ziel der Methode ist immer noch die gerechte Entscheidung. Diese ergebe sich durch die begriffliche Subsumtion und Deduktion unter den Gesetzestext, der die gerechte Entscheidung in Form einer abstrakten Norm verkörpere.[98] So ergebe sich durch

---

96 *Lange*, Volksgesetzbuch, S. 218 f.
97 *Lange*, BGB AT, Lehrbuch in 14 Auflagen seit 1952.
98 BGB AT, § 9 II 1., S. 60.

die Begriffsjurisprudenz im Alltag des Rechtslebens eine rasche und doch richtige Entscheidung der regelmäßig auftretenden Fälle. „Gesetzesanwendung und Rechtsgefühl"[99] bilden immer noch eine Einheit. Denn hinter der verstandesmäßigen Tätigkeit der Deduktion und Subsumtion müsse das Rechtsgefühl wachen und die Entscheidung kontrollieren.[100] Diese Kontrolle erfordere im Falle eines Auseinanderfallens der Ergebnisse der begrifflichen Subsumtion und des Rechtsgefühls des Urteilenden eine nähere Nachprüfung. Diese habe die Frage zu beantworten, ob der typische vom Gesetz entschiedene Fall insoweit mit dem konkret zu entscheidenden vergleichbar sei, als die Abwägungen des Gesetzes auch auf diesen zuträfen.[101] Lange bezeichnet dies als die „zweckgerichtete, finalistische Methode, die auch in regelwidrigen Fällen eine dem Gesetz entsprechende gerechte Entscheidung gewährleistet."[102] Zusammenfassend lernt der Student der Rechtswissenschaft bei Lange zur Rechtsfindung dann, dass sie im Regelfalle auf der Begriffsjurisprudenz aufbaue, die Grenze des Gesetzes im Zweifelsfalle durch die Interessenjurisprudenz finde, bei Untragbarkeit der Gesetzesregelung im Einzelfalle mit der Einrede gegenwärtiger Arglist dem Gesetzgeber mittelbar entgegentrete und mit all diesen Methoden ihr Ziel verwirkliche, die gerechte Entscheidung des Einzelfalles.[103] Die Bindung des Urteilenden bei dieser Methode umfasse die Gerechtigkeitsmaßstäbe, die Interessenwertung und das rechtspolitische Ziel des Gesetzes. Haben bei der Gesetzesanwendung die Auslegungsmethoden versagt, „so hat der Urteilende auf den Grundgedanken des Gesetzes und die Grundregeln unserer Rechtsordnung zurückzugehen."[104] Letztlich verweist Lange also auch den bundesrepublikanischen Juristen auf die Grundregeln unserer Rechtsordnung, mithin auf die konsentierten Werte der Gesellschaft. Dass diese sich nach 1945 gewandelt haben, spielt für die Methode der Rechtsfindung nur insoweit eine Rolle, als ohne größere gesetzgeberische Aktivitäten schon durch die Anwendung der von ihm sog. begriffsjuristischen Methode die Entscheidung gefunden werden dürfte, die in den meisten Fällen auch dem Rechtsgefühl entspricht. Der Grund hierfür ist jedoch nicht eine andere Methode, sondern ein verändertes „Rechtsgefühl". Dieser **Methodenrelativismus** erscheint keineswegs naiv. Selbstverständlich sind Lange die zentralen Lehren der Begriffs- wie der Interessenjurisprudenz ebenso geläufig wie die Kritik an ihnen. Er begreift sie indes lediglich als beliebig verfügbare Instrumente im Vollzug rechtspolitischer Dezision. Die rechtssichernde, staatliche Intervention begrenzende und damit Freiheitsräume schützende Funktion gegenüber gesetzgeberischen wie justiziellen Hoheitsakten findet demgegenüber keine Erwähnung. Dieser **rechtsstaatlich zentrale Aspekt** moderner juristischer Methodenlehre findet in Langes Arbeiten **keine Beachtung**.

V. Langes Lehre von der Geschäftsgrundlage

Das abschließende Kapitel versucht einen Test, ob und inwieweit Lange seine eigenen methodischen Vorgaben bei seiner dogmatischen Auseinandersetzung mit zivilrechtlichen Problemstellungen befolgt und mit ihrer Hilfe Lösungsansätze entwickelt. Exemplarisch soll dies an Langes Lehre vom Fehlen und Wegfall der Geschäftsgrundlage

---

99 So die Überschrift in BGB AT, § 9 II 4., S. 61.
100 BGB AT, § 9 II 4., S. 61.
101 BGB AT, § 9 II 4.d), S. 61 f.
102 BGB AT, § 9 II 4.e), S. 62.
103 BGB AT, § 9 II 6.e), S. 64.
104 BGB AT, § 9 II 6.f), S. 64.

von 1958[105] gezeigt werden. Denn dieses rechtliche Institut bietet wegen seiner fehlenden expliziten Normierung im BGB[106] ein ideales Prüffeld für den Bereich von Langes Methodik, der über die von ihm so bezeichnete begriffsjuristische Gesetzesanwendung hinausgeht.

570   Dass das Fehlen oder der Wegfall der Geschäftsgrundlage überhaupt einer juristischen Berücksichtigung bedürfen, scheint für Lange ohne Weiteres festzustehen und wird unter Rückgriff auf die Formulierungen von Karl Larenz und Walther Schmidt-Rimpler in einem Satz damit begründet, die Geschäftsgrundlage sei Wesensinhalt des Vertrages, Ausdruck immanenter Vertragsgerechtigkeit[107] sowie Richtigkeitsgrundlage des Vertrages.[108] Den Vorwurf Essers,[109] es handele sich hierbei um reichlich metaphysische Begründungsmuster, kann Lange nicht nachvollziehen.[110] Stattdessen sucht er im Folgenden nach Kriterien, an Hand derer zu entscheiden ist, wo die Grenze zwischen Berücksichtigung und Nichtberücksichtigung des Wegfalls oder des Fehlens der Geschäftsgrundlage verläuft. Die Suche setzt dabei mit den Erwägungen der Praxis an, die sich mit dem Merkmal der Unzumutbarkeit des Festhaltens am ursprünglichen Vertrag behelfe. Der Kritik an diesem Abgrenzungskriterium vor allem von Seiten der Rechtslehre, es sei verschwommen,[111] setzt Lange entgegen, dass auch die Kritiker kein präziseres Kriterium zur Verfügung stellen könnten und darüber hinaus die Generalklausel der Unzumutbarkeit den zutreffenden Gerechtigkeitsmaßstab liefere.[112] Erst in dem nun folgenden Begründungsversuch für diesen Ansatz wird auf die gesetzliche Fundamentalregel des „pacta sunt servanda" eingegangen, der die Grenzziehung der Unzumutbarkeit innewohne. Es sei ein Grundprinzip der Risikoverteilung, das alle Fälle einer anormalen Entwicklung eines Schuldverhältnisses beherrsche, dass der Gedanke der **Verpflichtung zu einer gewissen Rücksichtnahme** zwischen Schuldner und Gläubiger eben dann eingreife, wenn sich die Verpflichtung aus dem Schuldverhältnis infolge objektiver Umstände zur untragbaren Härte entwickele.[113] Schon an dieser Stelle drängt sich die Frage auf, warum sich aus der vertraglichen oder dispositiv-gesetzlichen Risikoverteilung in bestimmten Fällen der Risikoverwirklichung gleichsam eine Pflicht – nichts anderes bewirkt eine rechtlich durchsetzbare Rücksichtnahme – zur Auflösung der risikoverteilenden Vereinbarung oder zur Nichtbeachtung der entsprechenden Normen ergeben soll. Nach einigen kasuistisch geprägten Überlegungen konzentriert Lange seine Antwort auf den ausschlaggebenden Ansatz: „Für das Ausmaß der Pflicht zur Rücksichtnahme ist im letzten entscheidend, inwieweit man die Vertragsteile als ‚Vertragsgenossen' ansieht und an die Stelle des isolierten Risikos jedes Vertragsteils eine Beteiligung am Risiko des anderen oder gar eine Aufteilung eines Gesamtrisikos treten lassen will. Nachdem die Vertiefung der Pflichtbindung aus dem Gedanken der Volksgemeinschaft heraus durch die politische Entwicklung entwertet

---

105   Grundlegend für die folgenden Ausführungen *Lange*, Geschäftsgrundlage, S. 21–59.
106   Obwohl das Bestehen von Unterschieden zwischen den Vorstellungen und Erwartungen der Parteien in nicht wenigen Vorschriften des BGB durchaus Berücksichtigung findet, siehe hierzu knapp und prägnant *Medicus*, BR, Rn. 153.
107   *Lange*, Geschäftsgrundlage, S. 34, Fn. 71 verweist insoweit auf *Larenz*, Geschäftsgrundlage, S. 161.
108   *Lange*, Geschäftsgrundlage, S. 35, Fn. 72 verweist hier auf *Schmidt-Rimpler*, Geschäftsgrundlage, S. 3 ff., 10 f.
109   *Esser*, Geschäftsgrundlage bei Larenz, JZ 1958, S. 115.
110   *Lange*, Geschäftsgrundlage, S. 35, Fn. 73.
111   *Lange*, Geschäftsgrundlage, S. 36, Fn. 79 zählt zu diesen Kritikern vor allem *Larenz*, Geschäftsgrundlage, S. 117 ff. sowie *Schmidt-Rimpler*, Geschäftsgrundlage, S. 3, Anm. 3.
112   *Lange*, Geschäftsgrundlage, S. 36.
113   Geschäftsgrundlage, S. 36.

worden ist, kann diese am besten aus einer Verstärkung der ethischen Anforderungen an das Rechtsleben und die Rechtsfindung gerechtfertigt werden.".[114] Die **Vertiefung der Pflichtbindung** bildet also die eigentliche Legitimation für die Berücksichtigung des Fehlens und des Wegfalls der Geschäftsgrundlage. Klar ist auch, dass diese Pflichten ihren Ursprung nach 1945 nicht mehr in der Lehre von der Volksgemeinschaft haben können. Deren Entwertung soll aufgefangen werden durch gesteigerte „ethische Anforderungen", deren Konturen nicht näher gezeichnet werden.

Hieraus folgt zunächst, dass die neu zu formulierenden **ethischen Kriterien**, denen Rechtsfindung und Rechtsanwendung entsprechen sollen, analog zur politischen Entwertung der Volksgemeinschaft durch die Wertungen der neuen politischen Struktur einen Rahmen erhalten. Dieser jedoch erstreckt sich über die Grenzen des Gesetzeswortlauts, dem die Eignung einer Rechtfertigung für die verstärkte Pflichtenbindung fehlt, hinaus. Somit stellt sich die Frage, welche Postulate die „gesteigerten ethischen Anforderungen" im Rechtsleben und in der Rechtsfindung einfordern, die sich im Rahmen des neuen politischen Systems halten, aber über dessen gesetztes Recht hinausgehen. Liest man sie im Kontext mit Langes Forderung, in den Fällen der Geschäftsgrundlage bestimme zunächst einmal ein Rechtssatz außerhalb des Gesetzes, wann diese zu berücksichtigen sei, wobei bereits die Frage der Unzumutbarkeit einen breiten Entscheidungs- wie Ermessensspielraum lasse,[115] gelangt man zunächst zu der Annahme, der Geltungsgrund der Volksgemeinschaft werde ersetzt durch naturrechtliche Werte nicht nur außerrechtlichen, sondern außerpolitischen Charakters. Damit würde jedoch die Notwendigkeit eines differenzierten Umgangs mit dem **Begriff des Naturrechts** übersehen. Es ist symptomatisch für die Naturrechtsdiskussion nach 1945,[116] dass sie sich auf eine **materiale Wertethik** beschränkt, ohne eine genauere Bestimmung des Geltungsgrundes und der Maßstäbe der rechtsethischen Anforderungen zu liefern.[117] Die Wertethik dieses Naturrechtsverständnisses ist im Sinne einer vorgegebenen und unverrückbaren Ordnung der Werte eine überindividuelle, die mit ihren „Anforderungen" an die Individuen und – im Falle der Geschäftsgrundlage – an die Vertragspartner von außen herantritt. Davon unterscheidet sich der „klassische Naturrechtsbegriff". Er operiert nicht mit externen Anforderungen an die Rechtssubjekte, sondern ihm „erscheint nach dem Zerfall der alten gemeinsamen Glaubensüberzeugungen, Autoritäten und Traditionen die Gerechtigkeit als immanente Wirklichkeit nur mehr im persönlichen Rechtsgewissen".[118] Langes „ethische Anforderungen" unterfallen somit auch nicht diesem enger geführten Sinn von „klassisch naturrechtlich", vielmehr teilte er seine Überzeugung von einer extern auf die Rechtssubjekte einwirkenden Wertethik mit Teilen der Rechtsprechung[119] und der Literatur[120] nach 1945, die von einer absoluten Geltung übergesetzlicher und überindividueller Rechtsgrundsätze ausgingen.

Erbrachte die Wertung[121] das Ergebnis, die Geschäftsgrundlage zu berücksichtigen, geht es für Lange primär darum zu klären, ob der Vertrag aufgrund Fehlens oder Weg-

---

114 Geschäftsgrundlage, S. 41.
115 Geschäftsgrundlage, S. 53.
116 Als Überblick sehr gut *Wieacker*, Privatrechtsgeschichte, S. 603–609.
117 *Wieacker*, Privatrechtsgeschichte, S. 605.
118 *Wieacker*, Privatrechtsgeschichte, S. 610.
119 BGH NJW 64, 29 (Blinkfüer); BVerwGE 10, 164 ff., 167; BGHSt 4, 24 ff., 32.
120 *Weinkauff*, Der Naturrechtsgedanke, NJW 1960, 1689; dazu jetzt klärend *Herbe*, Weinkauff, 2008.
121 *Lange*, Geschäftsgrundlage, S. 42.

falls der Geschäftsgrundlage gelöst oder abgeändert werden solle. Entgegen der Rechtsprechung[122] votiert Lange insoweit für die grundsätzliche Vertragsauflösung[123] und sucht nach einem die entscheidende Wertung tragenden dogmatischen Gerüst, also nach einem Mittel zur Vernichtung des Geschäfts. Nach Diskussion und endlich der Verwerfung der Nichtigkeit ipso iure,[124] der Anfechtung wegen Irrtums[125] und der analogen Heranziehung der Wandlung[126] als dogmatische Begründungsansätze, gelangt Lange zum Leistungsstörungsrecht. Hier findet sich aus der Anwendung des Gedankens der **gesteigerten Pflichtenbindung** auf das Recht der Unmöglichkeit der Ansatz für die „gesetzestreue"[127] Konstruktion der Berücksichtigung des Fehlens und des Wegfalls der Geschäftsgrundlage. Als Ausgangspunkt für eine gesetzestreue Lösung betrachtet Lange die Regelungen des BGB für die Fälle der zufälligen Unmöglichkeit, wobei er die anfängliche von vornherein ausscheidet.[128] Entscheidend für diese Verengung des Lösungsansatzes ist die Überlegung, dass die Wertung, die zur Unzumutbarkeit und damit zur Berücksichtigung des Fehlens oder des Wegfalls der Geschäftsgrundlage führt, erst nach Vertragsschluss erfolgt. Im Zusammenwirken von § 323 I BGB aF und § 275 I BGB aF soll dann das Freiwerden des Schuldners und der Gegenseite von ihren Leistungsverpflichtungen erzielt werden. Da dieses Freiwerden jedoch nicht ipso iure[129] eintrete, könne das Erfordernis der Geltendmachung aus § 325 I S. 3 BGB aF entnommen werden,[130] der die Erledigung des Vertrages von einer konkreten Erklärung abhängig mache. Gewünschte Rechtsfolge dieser Erklärung sei die Abstandnahme vom Vertrag, die im Vergleich zu dem Rücktritt wesentliche Vorteile für sich habe. Sie führe zu einem Ausgleich der bereits bewirkten Leistungen nach kondiktionsrechtlichen Vorschriften, führe auch zwangloser zur Beendigung mit ex-nunc-Wirkung und lasse bereits entstandene Folgen von Vertragsverletzungen unberührt.[131] Diesen Weg der dogmatischen Begründung der Berücksichtigung des Wegfalls und des Fehlens der Geschäftsgrundlage zieht Lange „einer Verselbstständigung der Ablehnung der Erfüllung",[132] die aus § 242 BGB hergeleitet werde, wegen der **größeren Gesetzestreue** seines Ansatzes vor.

573   Von der grundsätzlichen Auflösung des Vertrages will Lange nur dann abgehen und zu einer Änderung des Inhalts des Vertrages gelangen, wenn die Lösung des Vertrages wegen der fortdauernden Bedeutung der Ziele, die mit ihm verfolgt werden, unzumutbar ist.[133] Vor dem Bemühen um eine Gesetzesanwendung steht also auch in diesen Fällen eine Wertung, die den dogmatischen Erwägungen nicht nur vorgelagert ist, sondern auch die Zielsetzung der dogmatischen Konstruktion bestimmt.

---

122 Unter Berufung auf RG JW 37, 2036; 38, 1647; BGH NJW 52, 137; LM § 779 Nr. 2; NJW 53, 1585; NJW 58, 297; 339; 785.
123 *Lange*, Geschäftsgrundlage, S. 50.
124 Geschäftsgrundlage, S. 42 f.
125 Geschäftsgrundlage, S. 43.
126 Geschäftsgrundlage, S. 43 f.
127 Geschäftsgrundlage, S. 47.
128 Geschäftsgrundlage, S. 46.
129 Dies begründet *Lange*, Geschäftsgrundlage, S. 42 f. mit der zu fordernden Rechtsklarheit, die im Fall einer streitigen Auseinandersetzung über die Berücksichtigung der Geschäftsgrundlage im Interesse der beteiligten Parteien liege.
130 Geschäftsgrundlage, S. 46.
131 Geschäftsgrundlage, S. 46.
132 Geschäftsgrundlage, S. 47.
133 Geschäftsgrundlage, S. 50.

Die Umgestaltung des Vertragsinhalts will Lange nach § 157 BGB oder § 242 BGB dem Richter anheimstellen. Grundsätzlich sieht er dabei in den beiden Normen Generalklauseln, denen dieselbe Wertung zu Grunde liege.[134] Einen Unterschied vermag Lange nur in der Perspektive der beiden Normen auf den Tatbestand zu erblicken. Während § 157 BGB aus dem Blickwinkel des Vertrages selbst versuche, Unvollkommenes weiterzubilden, verfolge § 242 BGB dasselbe Anliegen von der guten Ordnung her.[135] Die Abgrenzung der Anwendungsbereiche der beiden Normen will Lange „mehr gefühlsmäßig"[136] vornehmen. Wenn sich die Umformung des Vertrages bei vernünftiger Betrachtung nicht nur als von beiden Parteien gewollt, sondern auch mit ihren Interessen vereinbaren ließe, könne man sie noch dem § 157 BGB unterstellen. § 242 BGB verlange jedoch dann Befolgung, wenn „unter dem Pflichtgedanken der Rechtsordnung ein Teil oder gar beide Teile zu erheblichen Opfern genötigt werden".[137] Hier müssten Auslegung und Vertragskorrektur getrennt und auf die Vertragskorrektur übergegangen werden. Dass diese Abgrenzung weitgehend unklar bleibt, da sie kaum subsumierbare Begriffe liefert, schadet weiter nicht. Denn entscheidend ist letztlich nicht die herangezogene Norm, sondern die Tatsache, dass die Gestaltung des Vertragsverhältnisses im Rahmen der Rechtsanwendung erfolge, möge ihr Anteil auch verschieden sein; er bestehe jedoch sowohl bei der Auslegung nach § 157 BGB wie bei der Anwendung des § 242 BGB.[138] Die enorme Gestaltungsbefugnis des Richters, die Lange explizit nicht auf die Wertung und Abwägung der Elemente des konkreten Vertrages begrenzen will,[139] hält er für unbedenklich und rechtlich geboten.[140]

In Langes methodischem Umgang mit dem Problem der Geschäftsgrundlage sind **drei Lösungsstufen** zu unterscheiden, die eine **Gemeinsamkeit** besitzen. Auf der ersten Stufe wird die Frage gestellt, ob eine unveränderte Beibehaltung des Vertrages zumutbar, respektive eine Lösung oder Abänderung des Vertrages unzumutbar ist. Im Falle der Unzumutbarkeit der unveränderten Fortsetzung des Vertrages wird mittels des Kriteriums der Unzumutbarkeit der Lösung des Vertrages wegen der fortdauernden Bedeutung seiner Ziele auf der zweiten Stufe geprüft, ob er zu lösen oder umzugestalten ist. Im Falle der Notwendigkeit einer Umgestaltung ist auf der dritten Stufe „mehr gefühlsmäßig" festzustellen, ob diese Umgestaltung im Wege der Auslegung oder der Vertragskorrektur zu erfolgen hat. Allen drei Stufen ist gemein, dass die **jeweilige Entscheidung von Wertungen abhängt**. Die Wertung der ersten Stufe steht in Abhängigkeit von der Annahme einer gesteigerten Pflichtbindung der Parteien, die sich nicht aus dem Gesetz und wegen politischer Gründe ebensowenig aus dem Gedanken der Volksgemeinschaft entwickeln lässt, sondern „bestimmt wird durch einen Rechtssatz außerhalb des Gesetzes".[141] Zwar indiziert diese Formulierung wiederum einen Rückgriff auf naturrechtliche Kategorien, jedoch ist auch hier davon auszugehen, dass die „Verstärkung der ethischen Anforderungen an das Rechtsleben

---

134 Geschäftsgrundlage, S. 52.
135 Unter Berufung auf *Kaufmann*, Völkerrecht, S. 214 und BGHZ 9, 273 (278) vom 22.4.1953 (Schwanenbilder).
136 *Lange*, Geschäftsgrundlage, S. 52.
137 Geschäftsgrundlage, S. 52.
138 Geschäftsgrundlage, S. 53.
139 Gegen den Leitsatz 4 der Empfehlungen des 40. DJT, *Lange*, Geschäftsgrundlage, S. 56.
140 Geschäftsgrundlage, S. 56.
141 Geschäftsgrundlage, S. 53.

und die Rechtsfindung"¹⁴² auf eine materiale Ethik hinweist, die ihre Anforderungen an die Rechtssubjekte aus einer **überindividuellen Wertordnung** entwickelt, die in ihren Konkretisierungen weitgehend unbestimmt bleibt.

576 Obwohl die verstärkte Orientierung der Zivilrechtsmethodik an einer materialen Wertethik nach 1945 allgemein nichts Besonderes¹⁴³ ist, so ist doch für Lange speziell zu konstatieren, dass er seine **Wertungen zumindest nominell umorientiert**, weg von der herrschenden politischen Ideologie, hin zu einer materialen Ethik. Die Ursachen sind derzeit noch nicht im Einzelnen nachweisbar. Sie mögen in der auf alle politischen Ideologien abstrahierten Erfahrung begründet sein, dass politisch motivierte Werte auf einer labilen und mitunter verbrecherischen Grundlage ruhen können und somit keine ausreichende Sicherheit und Kontinuität für juristische und gerechte Entscheidungen bieten. Denkbar ist auch, dass Lange in der Bundesrepublik mit ihrem Grundgesetz einen Staat sah, der ähnlich wie die Weimarer Republik als wertneutral anzusehen und daher kaum in der Lage sei, feste Werte, an denen sich auch die Rechtsfindung und -anwendung orientieren könnte, vorzugeben. Schließlich kann nicht ausgeschlossen werden, dass Lange auch in der Bundesrepublik eine durch das Grundgesetz konstituierte objektive Wertordnung¹⁴⁴ erkannte, diese jedoch für seine Zielsetzungen als wenig ergiebig ansah. Verlässt man diese Ebene der Erklärungsansätze wieder, bleibt die Erkenntnis, dass bei der Feststellung der Unzumutbarkeit auf der ersten Stufe ein **kaum eingegrenzter Entscheidungs- und Ermessensspielraum** für den Richter bleibt.¹⁴⁵ Gleiches gilt für die Prüfung auf der zweiten und dritten Stufe, wobei die Entscheidung, ob die Inhaltsänderung des Vertrages nach § 157 BGB oder § 242 BGB vorzunehmen ist, wegen fehlender Konsequenzen der Differenzierung nur noch akademisches Interesse weckt.

577 Ist damit dem Richterrecht kaum mehr eine Grenze gezogen, fragt sich, welche Funktion die dogmatischen Ansätze und Überlegungen Langes für die Lösung der Probleme der Geschäftsgrundlage ausüben. Nicht nur der Aufbau des hier untersuchten Aufsatzes, sondern auch die die dogmatischen Überlegungen einleitenden Bemerkungen Langes ergeben, dass es ihm darum geht, die dogmatischen **Werkzeuge bereitzustellen**, um die vorher durch „ethische" Wertungen präjudizierten Entscheidungen in den oben beschriebenen drei Stufen weitgehend mit dem Gesetzestext kompatibel zu machen. Um es mit den Worten Langes zu formulieren: „Dort wo das gemeinschaftsgebundene Gerechtigkeitsgefühl eine klare Entscheidung fällt, gewährleistet die gesetzestreue Konstruktion die Möglichkeit einer Selbstprüfung."¹⁴⁶ Diesem aus dem Jahre 1934 stammenden Kernsatz folgt Lange also auch noch 1958 in seinen Ausführungen über „Ausgangspunkte, Wege und Mittel zur Berücksichtigung der Geschäftsgrundlage".

---

142 Geschäftsgrundlage, S. 41.
143 *Neumann*, Rechtsphilosophie, S. 148–152; *Wieacker*, Privatrechtsgeschichte, S. 603–609; zu ihrem Kern nicht als Philosophie, sondern als allgemeine und juristische geistige Krise und Bewältigungsproblem jetzt wichtig *Foljanty*, Naturrechtsdebatten, 2013; zur Kontinuität dieser Wertungsjurisprudenz noch unten Rn. 1428 ff., 1501, und nun *Haferkamp*, BGB, 306 ff.
144 Im Sinne der Rechtsprechung des Bundesverfassungsgerichts in BVerfGE 7, 198 (205 ff.) v. 15.1.1958 (Lüth-Urteil) und BVerfGE 6, 55 ff., 72 v. 17. 1 1957 und der herrschenden Lehre im Staatsrecht, siehe hierzu nur die Nachweise bei *Böckenförde*, Grundrechtsdogmatik, S. 22–41. Zur Thematik jüngst auch *Dreier*, Grundrechte, der den Einfluss der materialen Wertethik auf die Bundesverfassungsgerichtsjudikatur zu den objektiv-rechtlichen Grundrechtsgehalten nicht für entscheidend hält. Er sieht die Ursache für die Wertordnungslehre des BVerfG vielmehr in einer ablehnenden Reaktion des BVerfG auf den „vorgeblich schrankenlosen Wertrelativismus der Weimarer Zeit", siehe S. 21 f.
145 Dies sieht *Lange*, Geschäftsgrundlage, S. 53 selbst.
146 *Lange*, Schuldrecht, S. 41.

VI. Fazit

Bei diesem ersten Zugriff auf die Thematik ist vorläufig festzuhalten, dass die Methodik von Heinrich Lange ihren eigentlichen Schwerpunkt nicht in der Anwendung des Gesetzestextes findet, sondern in der Frage der diese steuernden Wertungsmaßstäbe. Für die Zeit des Nationalsozialismus lässt sich zeigen, dass Lange diese Maßstäbe der politischen Sphäre und dort vor allem der Ideologie des Nationalsozialismus entlehnt. Seine Hauptaktivitäten in dieser Phase der deutschen Rechtsgeschichte liegen daher konsequenterweise auf rechtspolitischem Gebiet. Hiermit kann derzeit jedoch noch keine Aussage über die Intentionen Langes in konkreten rechtspolitischen Fragestellungen verknüpft oder auch nur die These vertreten werden, dass diese Absichten während der gesamten Dauer des Dritten Reiches gleichgerichtet gewesen wären.

Für die Zeit nach 1945 ist methodische Kontinuität zu konstatieren.[147] Es muss jedoch betont werden, dass die die Rechtsanwendung leitenden Wertmaßstäbe nicht mehr der politischen Ideologie entnommen werden, sondern unter Rekurs auf sog. ethische Anforderungen Eingang finden. Ob sich hierdurch die Maßstäbe inhaltlich verändert haben, bedarf weiterer Untersuchung. Am Beispiel der Geschäftsgrundlagendogmatik zeigte sich kein wesentlicher Wandel in Methode oder inhaltlicher Tendenz. Unternimmt man den Versuch, Langes Methode im Rahmen des übergeordneten Erklärungsansatzes zur Entwicklung der Methodengeschichte der Rechtswissenschaft im 20. Jahrhundert als dauerhafte Diskussion zwischen Idealisten und Positivisten mit ungelösten Differenzen[148] zu verorten, dürfte das idealistische Moment überwiegen, ohne dass besondere Hinweise darauf zu verzeichnen wären, dass an die Stelle überindividueller politisierter Vorgaben die stärkere Bedeutung des individuellen Gewissens des Rechtsanwenders Eingang in das Rechtsfindungskonzept Langes gefunden hätte.

VII. Quellen und Literatur

1. Zum Einstieg in die Lange-Texte

Sehr geeignet ist sein kurzer Text von 1936, *Mittel und Ziel* der Rechtsfindung im Zivilrecht, in: Zeitschrift der Akademie für Deutsches Recht 1936, S. 922–925.

Weitere hier wichtige Werke von Lange sind:

Das kausale Element* im Tatbestand der klassischen Eigentumstradition, in: Leipziger Juristen-Fakultät (Hrsg.), Leipziger rechtswissenschaftliche Studien, Heft 53, Leipzig 1930.

Liberalismus, Nationalsozialismus und bürgerliches Recht (Recht und Staat in Geschichte und Gegenwart, Heft 102), Tübingen 1933.

Justizreform und der deutsche Richter, Deutscher Juristentag 1933, 4. Reichstagung des BNDJ, Ansprachen und Vorträge, S. 181–189.

Vom alten zum neuen Schuldrecht. Hamburg 1934.

Rezension zu Carl Schmitt: Über die drei Arten des rechtswissenschaftlichen Denkens, JW 1934, S. 1896 f.

Nationalsozialismus und bürgerliches Recht, in: Frank, Hans (Hrsg.), Nationalsozialistisches Handbuch für Recht und Gesetzgebung, 2. Aufl., München 1935, S. 931 ff.

---

147 Siehe hierzu grundlegend *Haferkamp*, Wege zur Rechtsgeschichte: Das BGB, unter 4.5.1.2 „Versöhnung mit dem BGB? – Die Privatrechtswissenschaft und das Erbe der NS-Zeit", S. 299 – 306 und 4.5.1.3 „Wertungsjurisprudenz II", S. 306 – 313.
148 *Schröder*, Recht als Wissenschaft, Bd. 2, S. 295.
* Die in den Fußnoten verwendeten Kurztitel sind im Folgenden kursiv gesetzt.

Die Entwicklung der Wissenschaft vom bürgerlichen Recht seit 1933. Eine *Privatrechtsgeschichte* der neuesten Zeit (Recht und Staat in Geschichte und Gegenwart, Heft 128), Tübingen 1941.
Wesen und Gestalt des *Volksgesetzbuch*es, Zeitschrift für die gesamte Staatswissenschaft, Bd. 103 (1943) S. 208 ff.
BGB Allgemeiner Teil. Ein Studienbuch. 5. Aufl., München, Berlin 1961 (1. Aufl. 1952).
Ausgangspunkte, Wege und Mittel zur Berücksichtigung der *Geschäftsgrundlage*, in: FS für Paul Gieseke zum 70. Geburtstag, Karlsruhe 1958, S. 21 ff.
Erbrecht. Ein Lehrbuch. München, Berlin 1962.

2. Zum Einstieg in die Sekundärliteratur

Grundlegend

Wolf, Wilhelm, Vom alten zum neuen Privatrecht. Das Konzept der normgestützten Kollektivierung in den zivilrechtlichen Arbeiten Heinrich Langes (1900–1977), Tübingen 1998 (= Beiträge zur Rechtsgeschichte des 20. Jahrhunderts 21).

Zu Lange im Zusammenhang der Wertungsjurisprudenz schon seit dem „Freirecht"

Rückert, Joachim, Vom „Freirecht" zur freien „Wertungsjurisprudenz" – eine Geschichte voller Legenden, in: ZRG GA 125 (2008), S. 199–255, insb. 227–232, vgl. auch unten im HISTORISCHEN ÜBERBLICK Rn. 1428 ff., 1501.

3. Weitere hier wichtige Literatur

Anderson, Dennis Le Roy: The *Academy* of German Law. Diss. phil., Michigan 1982, gedruckt London 1987.
Böckenförde, Wolfgang: Zur Lage der *Grundrechtsdogmatik* nach 40 Jahren Grundgesetz, in: Meier, Heinrich (Hrsg.), Carl Friedrich von Siemens-Stiftung – Themen XLVII, München 1989.
Bydlinski, Franz: Juristische *Methodenlehre* und Rechtsbegriff, 2. Aufl., Wien, New York 1991.
Dreier, Horst: Dimensionen der *Grundrechte*. Von der Wertungsjudikatur zu den objektiv-rechtlichen Grundrechtsgehalten (Schriftenreihe der Juristischen Studiengesellschaft Hannover, Heft 23), Hannover 1993.
Esser, Josef: Fortschritte und Grenzen der Theorie von der *Geschäftsgrundlage* bei Larenz. Zu Larenz' Buch „Geschäftsgrundlage und Vertragserfüllung", JZ 1958, S. 113 ff.
Foljanty, Lena: Recht oder Gesetz. Juristische Identität und Autorität in den *Naturrechtsdebatten* der Nachkriegszeit, Tübingen 2013 (= Beiträge zur Rechtsgeschichte des 20. Jahrhunderts 73).
Frassek, Ralf : Vom *Lebenssachverhalt* zur Regelung. Die Umsetzung weltanschaulicher Programmatik in den schuldrechtlichen Schriften von Karl Larenz (1903–1993), Diss. jur. Universität Hannover 1994, erschienen mit dem Haupttitel: Von der „völkischen Lebensordnung" zum Recht, Baden-Baden 1996 (= Fundamenta Juridica 29).
Haferkamp, Hans-Peter: Richter, Gesetz und juristische Methode in der Wertungsjurisprudenz, in: Zs für die gesamte Privatrechtswissenschaft 2016, S. 319–334.
ders.: Wege zur Rechtsgeschichte. Das *BGB*, Köln 2022.
Hattenhauer, Hans: Das *NS-Volksgesetzbuch*, in: Buschmann, Arno/Knemeyer, Franz-Ludwig/ Otte, Gerhard/Schubert, Werner (Hrsg.), Festschrift für Rudolf Gmür zum 70. Geburtstag am 28. Juli 1983, Bielefeld 1983, S. 255 ff.
Herbe, Daniel: Hermann *Weinkauff* (1894–1981). Der erste Präsident des Bundesgerichtshofs, Tübingen 2008 (= Beiträge zur Rechtsgeschichte des 20. Jahrhunderts 55).
Joerges, Christian: Die Wissenschaft vom *Privatrecht* und der Nationalstaat, in: Simon, Dieter (Hrsg.), Rechtswissenschaft in der Bonner Republik. Studien zur Wissenschaftsgeschichte der Jurisprudenz, Frankfurt am Main, 1994, S. 311 ff.
(Kaufmann, Arthur)/Hassemer, Winfried/Neumann, Ulfried/Saliger, Frank (Hrsg.): Einführung in die Rechtsphilosophie und Rechtstheorie der Gegenwart, 9. Aufl., Heidelberg 2016.

Kaufmann, Erich: Das Wesen des *Völkerrechts* und die clausula rebus sic stantibus. Rechtsphilosophische Studie zum Rechts-, Staats- und Vertragsbegriffe, Tübingen 1911.
Kuchinke, Kurt: Nachruf auf Heinrich Lange, NJW 1978, S. 309.
Landau, Peter: Die deutschen *Juristen* und der nationalsozialistische Deutsche Juristentag in Leipzig 1933, Zs für Neuere Rechtsgeschichte 16 (1994), S. 373 ff.
Larenz, Karl: *Geschäftsgrundlage* und Vertragserfüllung. 2. Aufl., München und Berlin 1957.
ders.: *Methodenlehre* der Rechtswissenschaft, 6. Aufl., Berlin, New York 1991.
Medicus, Dieter: Bürgerliches Recht. 16. Aufl., Köln 1994.
Neumann, Ulfried: *Rechtsphilosophie* in Deutschland seit 1945, in: Simon, Dieter (Hrsg.), Rechtswissenschaft in der Bonner Republik. Studien zur Wissenschaftsgeschichte der Jurisprudenz, Frankfurt am Main 1994, S. 145 ff.
Pawlowski, Hans-Martin: *Methodenlehre* für Juristen. Theorie der Norm und des Gesetzes, 2. Aufl., Heidelberg 1991.
Pichinot, Hans-Rainer: Die *Akademie* für Deutsches Recht – Aufbau und Entwicklung einer öffentlich-rechtlichen Körperschaft des Dritten Reichs. Diss. jur., Kiel, 1981.
Rückert, Joachim: Das „gesunde *Volksempfinden*" – eine Erbschaft Savignys?, SZGerm 103 (1986), S. 199 ff., jetzt auch in *ders.*, Ausgewählte Aufsätze in 2 Bänden, Bd. 1, Keip Goldbach 2012, Nr. 15.
ders.: Unrecht durch Recht, – zum Profil der Rechtsgeschichte der NS-Zeit, in: JZ 70 (2015) S. 793–804; jetzt auch in *ders.*, Unrecht durch Recht. Zur Rechtsgeschichte der NS-Zeit, Tübingen 2018.
Rüthers, Bernd: Wir denken die *Rechtsbegriffe* um. Weltanschauung als Auslegungsprinzip, Zürich 1987.
Schmidt-Rimpler, Walter: Zum Problem der *Geschäftsgrundlage*, in: Dietz, Rolf / Hueck, Alfred / Reinhardt, Rudolf (Hrsg.), Festschrift für Hans Carl Nipperdey zum 60. Geburtstag am 21. Januar 1955, München und Berlin 1955, S. 1 ff.
Schröder, Jan, Rechtswissenschaft in Diktaturen. Die juristische Methodenlehre im NS-Staat und in der DDR, München 2016.
Schröder, Jan, *Recht als Wissenschaft*. Geschichte der juristischen Methodenlehre in der Neuzeit (1500–1990), Bd. 2: 1933–1990, 3. Aufl., München 2020.
Schubert, Werner (Hrsg.): Akademie für Deutsches Recht, 1933–1945, Protokolle der Ausschüsse, Bd. 3., Berlin, New York:
1. *Volksgesetzbuch*: Teilentwürfe, Arbeitsberichte und sonstige Materialien. 1988.
3. Ausschuß für Personen-, Vereins- und Schuldrecht 1934–1936: (Mietrecht. Recht der Leistungsstörungen. Sicherungsübereignung, Eigentumsvorbehalt und Sicherungszession. Luftverschollenheit.), 1990.
Weinkauff, Hermann: Der *Naturrechtsgedanke* in der Rechtsprechung des Bundesgerichtshofes, NJW 1960, S. 1689 ff.
Wieacker, Franz: *Privatrechtsgeschichte* der Neuzeit unter besonderer Berücksichtigung der deutschen Entwicklung, 2. Aufl., Göttingen 1967.
Zippelius, Reinhold: Juristische *Methodenlehre*, 11. Aufl., München 2012.

Methode und Zivilrecht bei Karl Larenz (1903–1993)

*von Ralf Frassek**

Übersicht

I.	Einleitung	254
II.	Zu Leben und Werk von Karl Larenz	255
III.	Die Vorgaben der Methodenlehre	257
IV.	Die praktische Umsetzung – Vertragsbegründung durch sozialtypisches Verhalten	263
V.	Ergebnis	273
VI.	Quellen und Literatur	273

I. Einleitung

580   Der Name Karl Larenz ist wie kaum ein anderer mit der Zivilrechts- und Methodenlehre der deutschen Rechtswissenschaft des 20. Jahrhunderts verknüpft. Vom Beginn seiner wissenschaftlichen Tätigkeit an nahm die theoretische Auseinandersetzung mit den Fragen des Rechts und der Rechtsgewinnung eine ebenso große Stelle im Rahmen seines Schaffens ein wie die Zivilrechtsdogmatik selbst. Die große Anerkennung, die sein Werk in der deutschen Rechtswissenschaft fand, und die weite Zeitspanne seiner Tätigkeit lassen ihn wie kaum einen anderen Juristen als charakteristisch und lehrreich für die Entwicklung in diesen Rechtsbereichen erscheinen.

581   Primäre Aufgabe dieses Beitrags ist es, die von Larenz gesetzten zivilrechtsmethodischen Vorgaben darzustellen und die Umsetzung dieser Vorgaben anhand eines konkreten dogmatischen Beispiels zu überprüfen. An zwei Punkten überschreitet die Untersuchung den hierdurch gesteckten Rahmen. Zum einen ist es zum besseren Verständnis seiner in den 1930er Jahren vertretenen Positionen angezeigt, Larenz' wissenschaftlichen Weg in dieser Zeit auch unter Einbeziehung des weiteren Umfeldes darzustellen. Zum anderen fordert die Wahl des dogmatischen Beispiels, der „Vertragsverhältnisse aus sozialtypischem Verhalten", die zumindest skizzenhafte Darlegung der Bedeutung dieser Rechtsfigur im historischen Kontext.

582   Die **Quellenlage** für die Untersuchung der Larenz'schen Zivilrechtsmethodik stellt sich als besonders günstig dar. In seinen dogmatischen Schriften lässt sich in der Zeitabfolge 1936, 1944, 1953, 1956 und 1958 die schrittweise Entwicklung der Lehre vom „sozialtypischen Verhalten" als Begründungstatbestand vertraglicher Rechtsfolgen aufzeigen.[1] Die Eckpunkte der Entwicklung seiner Methodenlehre sind, zeitlich ebenso

---

* Für die 3. und 4. Auflage durchgesehen von J. Rückert.
1 Vertrag und Unrecht, Bd. 1, 1. Aufl. 1936, 2. Aufl. vorgesehen für 1944; Lehrbuch des Schuldrechts, Bd. 1, 1. Aufl. München 1953; Die Begründung von Schuldverhältnissen durch sozialtypisches Verhalten, NJW 1956, 1897 ff.; Sozialtypisches Verhalten als Verpflichtungsgrund, DRiZ 1958, 245 ff. – Die zweite Auflage von *Larenz' Vertrag und Unrecht* sollte im Jahr 1944 erscheinen. Sie konnte jedoch nicht mehr an den Buchhandel ausgeliefert werden, da die gesamte Auflage kurz zuvor bei einem Luftangriff auf Leipzig vernichtet wurde. Lediglich ein ungebundenes Druckexemplar, das sich zu dieser Zeit bei *Larenz* befand, ist noch verfügbar. – Zu den formalen und inhaltlichen Differenzen zwischen den beiden Auflagen des Werkes sowie generell in-

weit gespannt, aus seiner zeittypischen Schrift „Über Gegenstand und Methode des völkischen Rechtsdenkens" von 1938 und der erstmals 1960 veröffentlichten „Methodenlehre der Rechtswissenschaft" zu erarbeiten.[2]

Die Untersuchung wird aufzeigen, dass in Larenz' Methodik über den Umbruch von 1945 hinweg trotz einzelner Modifikationen kontinuierliche Elemente vorherrschen und dass die Umsetzung im Bereich der Zivilrechtsdogmatik den methodischen Vorgaben folgt.

II. Zu Leben und Werk von Karl Larenz

Karl Larenz wurde am 23.4.1903 in Wesel am Rhein geboren. Sein Vater Karl Larenz war ebenfalls Jurist und zuletzt als Senatspräsident am Preußischen Oberverwaltungsgericht in Berlin tätig.

Vom Wintersemester 1921/22 bis zum Januar 1926 studierte Larenz in Berlin, Marburg, wiederum Berlin, München und zuletzt Göttingen.[3] Nach einem Hinweis auf den in Göttingen lehrenden Rechtsphilosophen Julius Binder[4] war Larenz an die dortige Universität gewechselt. In Binder fand er den ihn prägenden akademischen Lehrer, bei dem er 1926 zu dem rechtsphilosophischen Thema „Hegels Zurechnungslehre und der Begriff der objektiven Zurechnung" mit *Summa* promovierte. Hier liegt auch der Ursprung für die Übernahme zentraler hegelianischer Positionen und Denkweisen, etwa bei dem konkret-allgemeinen Begriff, dem Typusbegriff und dem sog. Konkreten Ordnungsdenken der NS-Zeit.[5]

Am 25.2.1929[6] wurde Larenz an der Universität Göttingen mit der venia legendi für Bürgerliches Recht und Rechtsphilosophie habilitiert, ohne zuvor die zweite juristische Staatsprüfung abgelegt zu haben. Gutachter waren Julius Binder und Paul Oertmann. Die Habilitationsschrift, die 1930 unter dem Titel „Die Methode der Auslegung des Rechtsgeschäfts" veröffentlicht wurde, hat auch heute, nach mehr als 80 Jahren, ihre Bedeutung in der Diskussion nicht eingebüßt.

Nachdem Larenz fortan als Privatdozent in Göttingen und Lehrstuhlvertreter in Bonn tätig gewesen war, wechselte er im April 1933 an die Universität Kiel, wo er mit einer Unterbrechung Ende der 1940er Jahre verblieb, bis er 1960 einem Ruf nach München folgte. In Kiel trat er zunächst als Vertreter, seit Oktober 1933 als ordentlicher Profes-

---

zwischen *meine* Arbeit: Von der „völkischen Lebensordnung" zum Recht. Die Umsetzung weltanschaulicher Programmatik in den schuldrechtlichen Schriften von Karl Larenz (1903–1993), Baden-Baden 1996. – Zum Thema „faktische Vertragsverhältnisse" umfassend: *Lambrecht*, Die Lehre vom faktischen Vertragsverhältnis, Entstehung, Rezeption, Niedergang, Tübingen 1994. – Unten in VI. Quellen und Literatur voll angegebene Titel werden hier und im Folgenden nur abgekürzt zitiert.

2 Weitere Auflagen der „Methodenlehre" erschienen in den Jahren 1969 bis 1991; das Werk erschien außerdem in spanischer, portugiesischer und italienischer Übersetzung. – *Larenz'* rechtstheoretisches Werk wurde vor allem von *Frommel*, Die Rezeption der Hermeneutik bei Karl Larenz und Josef Esser, 1981, gewürdigt.

3 *Diederichsen*, Karl Larenz †, S. 902; teilweise anders lautende Angaben bei *Kim*, Zivilrechtslehrer deutscher Sprache, S. 244.

4 Jahrgang 1870, Rechtsphilosophie, Römisches Recht, Bürgerliches Recht, Zivilprozeßrecht, o. Prof. 1903 in Rostock, später Erlangen, Würzburg und Göttingen; über ihn *R. Dreier*, Julius Binder (1870–1939). Ein Rechtsphilosoph zwischen Kaiserreich und Nationalsozialismus, in: *Loos* (Hrsg.), Rechtswissenschaft in Göttingen, Göttinger Juristen aus 250 Jahren, 1987, S. 435 ff.

5 Ergebnis: m.-s. c. l., *Diederichsen*, Karl Larenz †, S. 902; der Hegelbezug muss hier nicht weiter vertieft werden, er bildet die lebenslang wichtige Prämisse für Larenz' Rechtslehre, s. nur *Rüthers/Fischer/Birk*, Rechtstheorie mit Juristischer Methodenlehre, 12. Aufl. München 2022, Rz. 563 ff., 931; und zum ideengeschichtlichen Hintergrund zwischen Kant und Hegel *Rückert*, Volksempfinden, 1986, S. 224–235.

6 *Volbehr/Weyl*, Professoren und Dozenten der Christian-Albrechts-Universität zu Kiel, S. 45.

sor die Nachfolge des von den Nationalsozialisten vertriebenen *Gerhart Husserl* auf dem Lehrstuhl für Bürgerliches Recht und Rechtsphilosophie an.

588 Die Universität Kiel nahm nach der „Machtergreifung" der Nationalsozialisten zusammen mit den Universitäten Breslau und Königsberg eine Sonderstellung unter den Universitäten des Reiches ein. In diesen „Grenzlanduniversitäten" wurden durch eine gezielte Berufungs- und Entlassungspolitik von seiten des Preußischen Kultusministeriums sog. „Stoßtruppfakultäten" mit politisch konformen Nachwuchskräften aufgebaut. Innerhalb der drei genannten Universitäten war man in Kiel am konsequentesten vorgegangen.[7]

589 Die hierdurch zusammengeführten Hochschullehrer, fortan als „Kieler Schule", „Kieler Gruppe" oder „Kieler Arbeitskreis" bezeichnet, betrieben nach 1933 neben der Lehrtätigkeit in ihrer wissenschaftlichen Arbeit auf den meisten Rechtsgebieten die Durchdringung der Rechtswissenschaft im nationalsozialistischen Sinn.[8] Es wurde versucht, das neue Recht und damit auch das bisherige Bürgerliche Recht auf neuer Grundlage mit neuer Methode zu errichten. Im Gesamtrahmen der nationalsozialistischen Rechtswissenschaft repräsentierte die **Kieler Schule** allerdings nur eine von mehreren Strömungen zwischen denen in der Zeit bis 1945 teilweise erhebliche Meinungsunterschiede und Einflussverschiebungen festzustellen sind (s. Rn. 1428).

590 Betrachtet man die Arbeit von Karl Larenz in diesem Kontext, so ist festzustellen, dass er zwar nie selbst an den „Schaltstellen" des nationalsozialistischen Machtapparates operierte, jedoch an den jeweils aktuellen Punkten der Rechtsentwicklung grundlegende Arbeiten der geistigen Vertiefung und Systematisierung leistete. Neben einer Vielzahl weiterer Veröffentlichungen erschien 1938 die auf einem Vortrag basierende Schrift „Über Gegenstand und Methode des völkischen Rechtsdenkens", in der Larenz die Grundzüge einer Methodenlehre im Geiste der nationalsozialistischen Rechtserneuerung darlegte. Die von ihm entwickelten Positionen waren in dieser und anderen Schriften geeignet, dem nationalsozialistischen Einfluss auf das Recht Vorschub zu leisten.

591 Larenz' Einfluss im Nachkriegsdeutschland gründete sich in erster Linie auf sein zweibändiges „Lehrbuch des Schuldrechts", das seit 1953 bzw. 1956 bis zu Larenz' Tod am 24.1.1993 diverse Neuauflagen und Erweiterungen erfuhr. 1960 folgte dem Schuldrechtslehrbuch Larenz' „Methodenlehre der Rechtswissenschaft". Larenz entwickelte hier nicht nur im „systematischen Teil" des Werkes seine Methodenlehre, sondern bot im „historisch-kritischen Teil" eine eingehende Darstellung der Entwicklung seit Savigny.

592 Eine Würdigung von Larenz' Zivilrechtsmethodik wäre unvollständig ohne einen Hinweis auf sein erstmals 1966 erschienenes Lehrbuch zum „Allgemeinen Teil des deutschen Bürgerlichen Rechts". Das Werk entstand in ständiger Auseinandersetzung[9] mit dem Lehrbuch zum Allgemeinen Teil Werner Flumes, dessen zweiter Band „Das

---

[7] *Döhring*, Geschichte der juristischen Fakultät 1665–1965, in: Geschichte der Christian-Albrechts-Universität Kiel 1665–1965, Bd. 3, Teil 1, S. 208.

[8] *Rüthers*, Entartetes Recht, S. 43 ff.; *Wagner*, Kontinuitäten in der juristischen Methodenlehre am Beispiel von Karl Larenz, DuR 1980, 246–247; in diesem Sinne *Larenz*, in: *Dahm, Huber, Larenz, Michaelis, Schaffstein, Siebert* (Hrsg.), Grundfragen der neuen Rechtswissenschaft, Vorwort; *Lange*, Die Entwicklung der Wissenschaft vom Bürgerlichen Recht. Eine Privatrechtsgeschichte der neuesten Zeit, S. 11.

[9] *Diederichsen*, Karl Larenz, in: Juristen im Porträt, Festschrift zum 225jährigen Bestehen des Verlages C.H.Beck, S. 506 ff.

Rechtsgeschäft" 1965 erschienen war. In den unterschiedlichen Positionen dieser beiden Autoren zu den aktuellen Rechtsfragen der Nachkriegszeit spiegelt sich in anschaulicher Weise die Entwicklung der deutschen Rechtswissenschaft nach dem Ende des sog. Dritten Reiches.

III. Die Vorgaben der Methodenlehre

1. Das Methodenkonzept von 1938

Larenz' 1938 verfasste Schrift zur Methodenlehre stand unter dem Eindruck der „Abkehr von einer lebensfremden sog. ‚Begriffsjurisprudenz'" und der „Hinwendung zu einer ‚teleologischen' Gesetzesauslegung" sowie der „Erkenntnis von der rechtsschöpferischen Tätigkeit der Rechtsprechung unbeschadet der richterlichen Bindung an das Gesetz".[10] Ausgehend von dieser Grundlage machte es sich Larenz zur Aufgabe, zu einer Zeit, in der „Sinn und Funktionen des Rechts" eine „tiefgreifende Wandlung" durchmachen, eine Methode zu erarbeiten, die diesen Veränderungen gerecht zu werden versprach.

An erster Stelle griff Larenz das Verhältnis von **Recht und Gesetz** auf und erweiterte den Katalog der zugrundezulegenden **Rechtsquellen**. Bisher habe man neben dem Gesetzesrecht nur „das Gewohnheitsrecht und teilweise auch ein Richterrecht" gekannt. „Das **völkische Rechtsdenken**" kenne neben diesen Rechtsquellen „noch eine weitere, die man als die ‚gesunde Volksüberzeugung'[11] oder das Rechtsgewissen des Volkes" bezeichnen könne. Das ‚völkische Rechtsdenken' belasse das Gesetz nicht „in seiner isolierten Stellung, sondern" stelle es „in den Gesamtzusammenhang einer Ordnung hinein, deren Grundgedanken übergesetzlicher Natur" seien.[12]

Diese neue Rechtsquelle ist, wie sich aus dem Gesagten ergibt, nicht nur neu, sondern in ihrer Funktion auch den weiteren Rechtsquellen übergeordnet, als die **„eigentliche Rechtsquelle"**, wie Larenz sagt.[13] Das führt vor allem zu einer **Abwertung des Gesetzes**. Für dieses spreche zwar seine leichtere Handhabung und erhöhte Rechtssicherheit, doch erweise sich dessen feste Begrenzung der Tatbestände „irgendwann gegenüber den fließenden Übergängen der Lebensvorgänge ... als gewaltsam, als unzulänglich".[14] Vielfach enthalte es auch ohnehin unbestimmte Rechtsbegriffe, die ebenso aus dem „konkretisierten Recht der Gemeinschaft" hergeleitet werden müssten. Das Gesetz sei insoweit „ergänzungsbedürftig" und müsse „aus dem ungeformten Recht der Gemeinschaft im Wege richterlicher Konkretisierung ergänzt und fortgebildet werden".[15] Auch die Beantwortung der Frage, ob das Gesetz im einzelnen Fall als lückenhaft anzusehen sei, bestimme sich danach, „ob das Rechtsbewusstsein der Gemeinschaft eine im Gesetz nicht enthaltene Regelung eindeutig" fordere.[16] „Schon die *Feststellung* einer Gesetzeslücke" setze also eine „*Bewertung* des Gesetzes voraus, deren Maßstab nur im *Recht*, in den tragenden und bestimmenden Grundgedanken des Gemeinschaftslebens gefunden werden" könnte.[17] Larenz kalkulierte hierbei durchaus

---

10 *Larenz*, Über Gegenstand und Methode des völkischen Rechtsdenkens, S. 8.
11 Ausführlich zu Begriff und Rechtsquellenfunktion des „gesunden Volksempfindens" *Rückert*, Das „gesunde Volksempfinden" – eine Erbschaft Savignys?, ZRG GA 103 (1986), S. 199 ff., explizit S. 223.
12 *Larenz*, Methode, S. 10.
13 *Larenz*, Methode, S. 11.
14 *Larenz*, Methode, S. 12.
15 *Larenz*, Methode, S. 13.
16 *Larenz*, Methode, S. 16.
17 *Larenz*, Methode, S. 17.

Einzelfallentscheidungen contra legem ein und legte dem Richter lediglich auf, „seine Entscheidung gerade dann besonders sorgfältig" zu begründen, „wenn er sie nicht lediglich dem Gesetze" entnehme.[18]

596 Diese Relativierung des positiven Rechts geht Hand in Hand mit einer **Höherbewertung der richterlichen Position**. Die von ihm vorgetragene Methode setze „freilich ... Richterpersönlichkeiten voraus, die im Sinne der Gemeinschaft" urteilten und dabei „Verantwortung zu tragen bereit" seien. Dem Einwand, dass diese **gestärkte Stellung des Richters** eine „unerträgliche Erschütterung der Rechtssicherheit" zur Folge haben könne, hielt Larenz entgegen, dass „die Gewähr für die Erhaltung des Rechts wie überhaupt für die Erhaltung einer jeden Ordnung und Institution ... letzten Endes immer nur in den Menschen" liege. Die Rechtssicherheit, die zu erstreben sei, habe nicht die äußere Übereinstimmung mit dem Buchstaben des Gesetzes, sondern mit dem „Sinn und Zweck der Gesetze und darüber hinaus mit den tragenden Rechtsgedanken des völkischen Lebens" zu beachten. „Diese Rechtssicherheit" werde „nur durch einen Richterstand verbürgt, der durchdrungen ist von den lebendigen Grundwerten unserer Gemeinschaft und ihnen auch in seiner Rechtsanwendung Ausdruck zu geben" wisse.[19] Larenz führt zwar nicht im einzelnen aus, ob die Richterschaft seiner Zeit bereits diesem Ideal entspreche, doch impliziert seine Forderung, dass ein solcher „Richterstand" möglicherweise auf dem Wege einer entsprechenden Personalpolitik und Nachwuchsausbildung zu schaffen ist.[20]

597 Die Bindung des Richters an das Gesetz sei danach zwar nicht grundsätzlich aufgehoben, doch könne „die Bindung des Richters an ein Gesetz aus der Zeit vor der Machtergreifung ... nicht so weit gehen, daß es der Richter auch da noch anzuwenden" habe, „wo seine Anwendung zu einem vom Standpunkt der völkischen Gesamtordnung aus *schlechthin unerträglichen* Ergebnis führen würde". Der Richter als „Sachwalter der höchsten Grundsätze unseres Gemeinschaftslebens" dürfe und solle dann „das Gesetz nicht nur ergänzen, sondern *korrigieren*".[21]

598 Den Maßstab der neuen Methode bildet die „gesunde Volksüberzeugung", die ihrerseits auf der „**Ordnung des Volkes**" beruht. Diese Ordnung wird von Larenz in einem umfassenden, weit über die Grenzen der positiven Rechtsordnung hinausreichenden Sinn verstanden. „Die Einheit des völkischen Rechts in der Vielheit seiner verschiedenen Erscheinungsformen" könne „nur auf der Einheit seiner sinngebenden Idee, der sittlichen und rechtlichen Grundanschauung unseres Volkes beruhen". „Das Recht als die völkische Gesamtordnung" sei „daher nicht nur umfassender als das Gesetzesrecht, sofern es neben den Gesetzen auch das Gewohnheitsrecht, die Rechtsüberzeugung der

---

18 *Larenz*, Methode, S. 20.
19 *Larenz*, Methode, S. 22.
20 Zum Verhältnis von Richterschaft und Rechtsordnung *Rückert*, Richtertum als Organ des Rechtsgeistes: Die Weimarer Erfüllung einer alten Versuchung, in: Geisteswissenschaften zwischen Kaiserreich und Republik, S. 267 ff., wonach die Entwicklung der Rechtsprechung der Weimarer Zeit in einen bereits in der Zeit vor 1900 einsetzenden „breiten Strom einer Hinwendung zu einem sinnerfüllten Realen" einzuordnen und eine „ausbaufähige juristische Weltanschauung" feststellbar ist, „die der alten strengeren Gesetzesorientierung konkurriert" (S. 311); zur besonderen Wichtigkeit der Personalpolitik *Rückert*, Volksempfinden, S. 234 f.; *Landau*, Die deutschen Juristen und der nationalsozialistische Deutsche Juristentag in Leipzig 1933, ZNR 1994, 388 ff.
21 *Larenz*, Methode, S. 25. Als Beispielsfall führte *Larenz* eine Ausweitung der Ehelichkeitsanfechtungsfrist des § 1594 BGB für ein „halbjüdisches" Kind an. Er befürwortet also einen Eingriff in den klassischerweise besonders starren Regelungsbereich der Fristbestimmungen. Durch die ausdrückliche Bezugnahme auf die „halbjüdische" Abstammung des Kindes ist ebenso die Zielrichtung möglicher „*Gesetzeskorrekturen*" vorgezeichnet.

Volksgenossen und das Richterrecht" umfasse, sondern auch „im Unterschied zu der bloßen *Summe* aller Rechtssätze eine *innere Einheit*, ein Ganzes als der Ausdruck der ihm zugrunde liegenden Rechts- und Weltanschauung, seiner sittlichen Idee". Die der Einheit zugrundeliegende „Idee" sei zu verstehen als die dem „Volke eigentümliche, seinem Gemeinschaftsleben immanente ... Anschauung vom Wesen rechter Ordnung und Gemeinschaft".[22] Auffällig ist, dass Larenz nicht nur die Begriffe der „Ordnung" und des „Rechts" gleichsetzt, sondern zudem den außerrechtlichen Faktoren den eigentlich bestimmenden Einfluss zuspricht.[23] Offen bleibt danach noch, in welcher Form der Inhalt dieser „Ordnung" konkret festzustellen ist.

Larenz führt hierzu aus, dass es sich dabei nicht etwa bloß „um eine durchschnittliche Meinung, um eine bloß tatsächliche Überzeugung einiger oder vieler oder aller, sondern um die innere geistige Ausrichtung und Haltung unseres völkischen Gesamtdaseins" handele.[24] Damit ist im Ergebnis jedoch noch nicht viel mehr gesagt, als dass Larenz eine Konkretisierung durch parlamentarische oder wesensgleiche empirische Mittel ablehnt. Weltanschaulich deutlicher wird sein Verständnis in einem von ihm angeführten Wort *Rothenbergers*:

> „Der Richter ist nicht mehr nur Staatsorgan zur Entscheidung privater Interessenkonflikte, sondern er ist souveräner Wahrer der Lebensgesetze der Gemeinschaft und damit einer der vornehmsten Vollstrecker des Führerwillens. Seine Tätigkeit ist ein wahres ‚Richten' der Ordnung geworden, ein Ausrichten der gestörten Gemeinschaftsordnung".[25]

Es wird also klar, wen Larenz letztendlich als berufen ansieht, die neue Rechtsquelle des „völkischen Rechtsdenkens" inhaltlich auszufüllen. Es ist der **Führer** selbst. **Möglichen Widersprüchen**, die durch die Verbindung einer dauerhaft gedachten „völkischen Ordnung" und der jeweiligen punktuellen Ausformung des Führerwillens erwachsen könnten, beugt Larenz dadurch vor, dass er dem Führer immanent die Fähigkeit zuspricht, die Gedanken der „völkischen Ordnung" situationsbezogen zu formulieren.[26] Die Persönlichkeit des Führers verkörpere „an der entscheidenden Stelle den Willen der Gesamtheit".[27] Dass die situationsbezogene Formulierung des Führerwillens dabei nicht einmal durch frühere Ausformulierungen beschränkt ist, wird in Larenz' Worten deutlich, wonach es „den Willen des Führers" verkennen hieße, ihn an einem Ausdruck festhalten zu wollen, „der zu einer dem Sinn und dem Geist der völkischen Rechtsordnung nicht entsprechenden Bedeutung" führe.[28]

---

22 *Larenz*, Methode, S. 11.
23 Zur Funktion der solchermaßen vermittelten Vorstellung einer Einheit von Recht und Leben *Rückert*, Der Sieg des „Lebens", 1995, hier 188–193.
24 *Larenz*, Methode, S. 12.
25 *Larenz*, Methode, S. 41 Fußnote 10: „Ich kann es mir nicht versagen, hier das Wort eines Richters anzuführen; in der Zs. d. Akad. f. dt. Recht 1937, 638 sagt Rothenberger ...". R., 1896–1959, war ein führender NS-Jurist, 1935 Präsident des OLG Hamburg, 1942 Staatssekretär im Reichsjustizministerium, 1947 im Nürnberger Juristenprozess zu 7 Jahren Zuchthaus verurteilt.
26 *Rückert* hat diesen Vorgang treffend mit den Worten beschrieben, „der Führer" werde als „Inkarnation des Volkes gedacht" (Volksempfinden, S. 224). – Im Ergebnis ebenso: *Landau*, Juristentag, S. 378 (mit besonderem Hinweis auf mögliche Inkonsistenzen zwischen „völkischem" und „Führerprinzip"); *Willoweit*, Deutsche Rechtsgeschichte und „nationalsozialistische Weltanschauung": das Beispiel Hans Frank, S. 28; *Anderbrügge*, Völkisches Rechtsdenken, S. 161 f.; *J. Schröder*, Diktaturen, findet darin eine grundlegende Antinomie, S. 5, 14 f., 57, 117.
27 *Larenz*, Deutsche Rechtserneuerung und Rechtsphilosophie, S. 44.
28 *Larenz*, Rechtsphilosophie, S. 35.

601 Die Grundlinien der von Larenz 1938 aufgestellten Methodenkonzeption liegen danach in folgenden **vier Punkten:**
1. Die Anerkennung einer über dem konkreten Gesetz und dem Gewohnheitsrecht stehenden höheren Rechtsquelle, wodurch beiden ein geringerer Stellenwert eingeräumt wird als nach anderen Methoden.
   – Konkrete Positionen werden danach nicht mehr vorrangig aus gesetzlichen Vorschriften, sondern auf der Grundlage „tatsächlicher Lebensverhältnisse" formuliert.
   – Verbunden damit ist eine hohe Bereitschaft, das Gesetz als lückenhaft zu betrachten, sobald es den aus der neuen Rechtsquelle hergeleiteten Vorgaben nicht entspricht.
2. Die Auslegung des positiven Rechts im Lichte dieser Rechtsquelle, die erforderlichenfalls bis zu einer Aufhebung der im konkreten Gesetz ausgesprochenen Rechtsanordnungen führen kann.
3. Eine Höhergewichtung der richterlichen Verantwortung in dem dadurch begründeten Zwiespalt zwischen dem positiven Recht und der übergeordneten Volks- bzw. Gemeinschaftsanschauung.
4. Eine Rückbindung des Richters und des Rechts an den Führerwillen.

602 Larenz vervollständigte seine Schrift mit einer privatrechtlich orientierten Umsetzung des von Carl Schmitt formulierten „**konkreten Ordnungs- und Gestaltungsdenkens**" (s. Rn. 1425). Besonders wichtig war ihm auch eine Abgrenzung seiner Methode von der durch Heck begründeten Interessenjurisprudenz. Diese kritisierte Larenz vor allem darin, dass sie den Begriff des Interesses „wertneutral" gebrauche. Trotz vielfach ähnlicher Einzelbetrachtungen lasse sich so der von ihm postulierte Primat der Volksanschauung nicht begründen. Zugleich zeigt sich hier aus heutiger Sicht der grundlegende weltanschauliche Unterschied beider Lehren. Heck selbst nahm die Ablehnung seiner Lehre „mit einer gewissen Verwunderung" auf, da sie ihm „für einen autoritären Führerstaat besonders geeignet erschien".[29] Die Kontroverse zwischen Larenz und Heck spitzte sich 1937 zu, als Heck Larenz vorwarf, er habe in seinem Schuldrechtsgrundriss *Vertrag und Unrecht*, „dieser für den Aufbau der neuen Rechtswissenschaft bestimmten Schrift, diejenige ‚Jurisprudenz' vertreten, die nach seinen früheren Ausführungen unserer Volksart" widerspreche und „überwunden werden" solle.[30] Larenz drängte bei den Herausgebern der Zeitschrift auf eine Erwiderungsmöglichkeit, die ihm umgehend gewährt wurde.[31]

2. Das Methodenkonzept von 1960

603 An erster Stelle im „systematischen Teil" der Methodenlehre legte Larenz sein Grundverständnis der Jurisprudenz als „verstehender Wissenschaft" dar. Die **Hermeneutik** wird beherrschendes Methodenkonzept – in einem grundsätzlichen philosophischen Sinne (s. Rn. 837, 1441). Auffällig sind die relativ breite Erörterung eines zum Textver-

---

29 *Rüthers*, Auslegung, S. 274 f. – Weiterführend zu den Angriffen auf die Interessenjurisprudenz in den 1930er Jahren dort S. 270–277, und hier Rn. 491 u. 1418.
30 *Heck*, Rechtsphilosophie und Interessenjurisprudenz, AcP 143 (1937), S. 180 f., Fußnote 72 a.
31 *Larenz*, Rechtswissenschaft und Rechtsphilosophie. Eine Erwiderung, AcP 143 (1937), S. 257 ff.; zu diesem durchaus brisanten Vorgang jetzt näher *H. Schoppmeyer* 2001 (s. o. die Lit. bei Heck, nach Rn. 491) S. 183 ff.

ständnis erforderlichen „Vorverständnisses" sowie die Entwicklung eines „wertorientierten Denkens" zur Konkretisierung der allgemeinen hermeneutischen Vorgabe.
In wesentlichen Zügen erinnert die nun von Larenz vorgetragene Methode an diejenige der Interessenjurisprudenz. Im Gegensatz zu der dort in den Vordergrund gestellten *Interessenlage* aufgrund derer die richterliche *Beurteilung* zu erfolgen hat, kehrte Larenz dieses Verhältnis aber um. Er setzte den Begriff des **Werturteils als Ausgangspunkt**, wodurch die Bedeutung der *Interessenlage* als eigentlicher Grundlage des Werturteils in den Hintergrund gerät. Ebenso tritt bei ihm die gesetzgeberische Entscheidung, die für Heck wesentlich war, zurück. Larenz' beispielsreiche Darstellung, die in einigen Bereichen an die Ausführungen von 1938 erinnert („Typus" contra „Begriff"), lässt letztendlich die Grundlagen, auf denen die erforderlichen Werturteile zu bilden sind, weitgehend im Dunkeln. Nicht die Interessen der betroffenen Individuen, sondern allgemeine Erörterungen auf abstrakter Ebene prägen neben den Beispielen den Text:

> „Durchaus nicht alle gesetzlichen Tatbestände sind aber begrifflich ausgeformt. Vielfach bedient sich das Gesetz zur Kennzeichnung eines Sachverhaltes statt eines Begriffs eines ‚Typus', der nicht so wie ein Begriff durch unverzichtbare Merkmale abschließend festgelegt ist. Oder es enthält einen ‚ausfüllungsbedürftigen' Wertungsmaßstab, der erst in seiner ‚Anwendung' auf den einzelnen Fall voll ‚konkretisiert' werden kann. In beiden Fällen geht es nicht einfach um ‚Anwendung' der Norm, sondern darum, eine Bewertung vorzunehmen, die der von der Norm oder dem Maßstab ‚gemeinten' entspricht. Eine solche ‚Entsprechung', die also nicht, wie bei der Vornahme einer Subsumtion, Gleichsetzung bedeuten kann, bedarf, soll sie überzeugen, mannigfacher Vermittlungen. Um solche Vermittlungen, die nicht den Charakter von ‚logisch zwingenden' Schlüssen, wohl aber den von nachvollziehbaren und (innerhalb gewisser Grenzen) überzeugenden Denk-Schritten haben, geht es vornehmlich in der Jurisprudenz."[32]

Im Ergebnis erscheinen damit die Ausführungen der 60er Jahre wie eine von weltanschaulichem Beiwerk „gereinigte" Version der 1938 vorgenommenen Unterscheidung zwischen Larenz' Methode und der Interessenjurisprudenz. Wurde dort die „mangelnde Wertung" der einzelnen Interessen gerügt, so ist diese nunmehr didaktisch in den Vordergrund gerückt, ohne eine eventuelle „Interessenhierarchie" näher zu spezifizieren. Möglicherweise war dies bei Zugrundelegung des „richtigen" Vorverständnisses auch nicht notwendig. In der zentralen Stellung von Wertung zeigt sich der Zusammenhang mit damaliger und neuer Wertungsjurisprudenz.[33]

Der **Rang des Gesetzes** scheint in den Ausführungen des entsprechenden Kapitels[34] zunächst höher als in der Schrift von 1938. Zur Frage des Vorrangs des Willens des Gesetzgebers oder des normativen Gesetzessinns nahm Larenz nun eine vermittelnde Position ein,[35] um anschließend die verschiedenen Auslegungskriterien vom Wortsinn bis zum Gebot der Verfassungskonformität nebeneinander darzustellen. Auffällig ist jedoch, dass Larenz der Darstellung dieser einzelnen Auslegungskriterien auf gleicher Ebene einen Abschnitt gegenüber stellte, der die „die Auslegung mitbestimmenden Faktoren" behandelt. Der Leser muss sich also fragen, ob es etwa eine ‚Auslegung

---

32 *Larenz*, Methodenlehre, S. 194.
33 Dazu im Überblick unten Rn. 1428 und 1432 ff.
34 *Larenz*, Methodenlehre der Rechtswissenschaft, II. Systematischer Teil, Kapitel 4, Die Auslegung der Gesetze.
35 *Larenz*, Methodenlehre, S. 303.

neben der Auslegung' geben solle. In zwei Unterabschnitten spezifizierte Larenz diese „die Auslegung mitbestimmenden Faktoren" d.h. „das Streben nach einer gerechten Fallentscheidung" und den „Wandel der Normsituation".

607 Allein diese durch den Aufbau der Darstellung begründete Nebeneinanderstellung, überspitzt formuliert, gesetzesimmanenter und außergesetzlicher Kriterien spricht für eine **Relativierung des Gesetzes**, auch wenn die Ausführungen in den entsprechenden Abschnitten keine direkten inhaltlichen Kontinuitäten zur neuen Rechtsquelle von 1938 zeigen.

608 Es ist in gewisser Weise als ein ‚Aufgehen der Saat' der Relativierung des positiven Rechts der 1930er Jahre anzusehen, wenn Larenz nun den „Autoritätsverlust des heutigen Gesetzgebers" beklagt, „der sich nur selten noch die nötige Zeit" nehme „und die Mühe" mache, „seine Formulierungen sorgfältig zu überdenken, und nicht selten eine Regelung überhaupt" unterlasse, „wo sie von ihm erwartet werden" könne und müsse.[36] Im Ergebnis schloss Larenz das „Gerechtigkeitsstreben" als Auslegungskriterium zwar aus[37] und mahnte unter Berufung auf den „demokratischen Rechtsstaat" und dessen „grundlegende Verfassungsvorschriften" zur Vorsicht bezüglich der Annahme eines „Bedeutungswandels",[38] doch zeichnet sich die 1938 eingeschlagene „Denkrichtung" zumindest im Ansatz noch ab.

609 Dass Larenz die hohe Gewichtung der richterlichen Tätigkeit im Verhältnis zum Einfluss des Gesetzes beibehalten hat, deutet sich darin an, dass das entsprechende Kapitel mehr als doppelt so umfangreich ausgeführt ist. Minutiös erörtert Larenz hier die verschiedenen Arten von Gesetzeslücken sowie deren Feststellung und Ausfüllung durch die richterliche Tätigkeit. Charakteristisch ist, dass innerhalb des Kapitels wiederum ein Abschnitt über die „Rechtsfortbildung über den Plan des Gesetzes hinaus" erheblichen Raum einnimmt.

610 Zwar angebunden an die Rechtsprechung des Bundesgerichtshofes, jedoch deutlich seiner oben aufgezeigten Gewichtung von Richter und Gesetz angemessen, legte Larenz hier wiederum **außergesetzliche Kriterien** dar, unter denen der Richter eine Modifizierung der gesetzlichen Regelungen vornehmen können solle. Larenz führte die „Rechtsfortbildung mit Rücksicht auf die Bedürfnisse des Rechtsverkehrs", „mit Rücksicht auf die Natur der Sache" sowie „mit Rücksicht auf ein rechtsethisches Prinzip" auf. Im Gegensatz zu dem oben betrachteten Kapitel zum Gesetz, in dem dessen mögliche Einschränkung nur schwach angedeutet ist, wird hier der Einfluss außergesetzlicher Einflussfaktoren erheblich erweitert. Jeder dieser Aspekte stellt für sich betrachtet eine Generalklausel mit beinahe beliebig zu füllendem Inhalt dar. Die wiederum recht einzelfallbezogene Darstellung Larenz' vermag aus sich selbst heraus keine befriedigende Einschränkung der Einschränkungskriterien vorzugeben. Larenz führte dazu aus:

> „Die Grenze der gesetzesübersteigenden Rechtsfortbildung durch die Gerichte liegt dort, wo eine Antwort vom Boden der geltenden Rechtsordnung insgesamt und daher *mit spezifisch rechtlichen Erwägungen* nicht möglich ist, insbesondere daher dort, wo es nur um Fragen der Zweckmäßigkeit geht oder eine politische Entscheidung des Gesetzgebers

---

36 *Larenz*, Methodenlehre, S. 338.
37 *Larenz*, Methodenlehre, S. 337.
38 *Larenz*, Methodenlehre, S. 341.

erforderlich ist, weil die Verfassung hierfür verschiedene Möglichkeiten offen läßt, von denen keine allein aus rechtlichen Gründen allen anderen vorzuziehen ist."[39]

Bei Betrachtung dieser Grenzziehung für eine zulässige Auslegung lässt sich nur schwer eine Sachverhaltskonstellation erdenken, in der die fortbildende Auslegung nicht zulässig wäre.

Im Vergleich mit den oben aufgeführten Grundlinien der von Larenz 1938 aufgestellten Methodenkonzeption lässt sich festhalten:

1. Eine über dem positiven Recht stehende Rechtsquelle wird in den 60er Jahren zwar nicht mehr ausdrücklich befürwortet, doch finden sich an mehreren Punkten der Darstellung Hinweise auf eine Befürwortung des Einflusses außergesetzlicher Faktoren. Diese Faktoren sind ihrerseits so unbestimmt gehalten, dass sich theoretisch ähnliche Ergebnisse erzielen lassen wie nach der 1938 postulierten Methode.
2. Eine hermeneutisch-philosophische Methode steht im Mittelpunkt der Darstellung.
3. Die hohe Einschätzung der richterlichen Verantwortung ist ebenfalls erhalten.
4. Bezugspunkt ist nun nicht mehr der Führerwille, sondern eine sehr weit verstandene „geltende Rechtsordnung" und Verfassung.

Lässt man die nach Ende des sog. Dritten Reiches zu erwartende sprachliche und inhaltliche Anpassung an das demokratische System im Nachkriegsdeutschland beiseite, so zeigt sich, dass Larenz' seine Position im Ergebnis nur wenig modifiziert hat. Die alleinige Betrachtung seiner nach 1945 aufgezeichneten Denkfiguren kann hierbei jedoch den Blick auf die möglichen Konsequenzen ihrer Anwendung verstellen. Welche Konsequenzen die Gewichtsverschiebung zwischen dem geltenden Gesetz und der richterlichen Umgestaltung desselben (zulasten des Erstgenannten) nach sich ziehen kann, haben die Erfahrungen aus der Zeit vor 1945 gezeigt.

IV. Die praktische Umsetzung – Vertragsbegründung durch sozialtypisches Verhalten

1. Die Lehre von den sog. faktischen Vertragsverhältnissen

Der Begriff des faktischen Vertrages ist in erster Linie mit dem Namen Günter Haupts bzw. dessen erstmals 1941 erschienener Schrift „Über faktische Vertragsverhältnisse"[40] verbunden. Zentraler Gesichtspunkt der Lehre Haupts ist die über die gesetzlichen Bestimmungen des BGB hinausreichende Anerkennung tatsächlicher Begründungstatbestände für Verträge neben bzw. an Stelle der rechtsgeschäftlichen Einigung. Haupt wird allgemein als Begründer dieser Lehre angesehen. Von großer Wichtigkeit für das Verständnis der Begründung und späteren Entwicklung der Lehre ist aber, **zwei Hintergrundaspekte** mit zu berücksichtigen. Zum einen entstand Haupts Lehre in einem längeren Entwicklungszusammenhang der Privatrechtsdogmatik, der tendenziell eine Bewegung von einer vorrangig willensorientierten Betrachtung zugunsten einer objektivierten Anschauung zeigt.[41] Gerade in der Zeit nach 1933 war das Klima für solche Entwicklungstendenzen besonders günstig. Zum zweiten stellte Haupts Schrift

---

39 *Larenz*, Methodenlehre, S. 418. – Zum Begriff der Rechtsordnung bei *Larenz*: *Fikentscher*, Methoden des Rechts, Bd. 3, S. 410 f.; *Frommel*, Rezeption, S. 234 f.
40 Veröffentlicht auch als Heft 124 der „Leipziger rechtswissenschaftlichen Studien" als „Festschrift der Leipziger Juristenfakultät für Dr. Heinrich Siber zum 10.4.1940", Band II, Leipzig 1943 (mit der Monographie übereinstimmende Seitenzählung).
41 Im einzelnen *Lambrecht*, Lehre, S. 19–68.

zunächst nur ein dogmatisches Fragment dar, das sich auf eine Skizzierung des Themenbereiches und die Konstituierung dreier Fallgruppen als Anwendungsbereich der Lehre beschränkte. Die Praktikabilität in der juristischen Praxis erforderte weiterführende Ausdifferenzierungen bzw. Einschränkungen.

615 Einzelne Ansätze zur Konstituierung von vertraglichen Begründungstatbeständen neben der rechtsgeschäftlichen Einigung lassen sich bis in die zweite Hälfte des 19. Jahrhunderts zurückverfolgen. Aus den verschiedensten rechtlichen Gesichtspunkten heraus entwickelt zeigen sich einzelne Aspekte der späteren Lehre zunächst bei Otto von Gierke, Eugen Ehrlich, Andreas von Tuhr und später während der 30er Jahre vor allem bei Wolfgang Siebert. Otto von Gierke hatte mit seiner Gesamtaktstheorie, wonach körperschaftliche Vereinigungen durch einen „sozialrechtlichen Konstitutivakt", der ausdrücklich kein rechtsgeschäftlicher Vorgang sei, begründet werden könnten, als erster dem Rechtsgeschäft einen weiteren Begründungstatbestand zur Seite gestellt.[42]

616 Gemeinsam ist den verschiedenen Ansätzen, dass sie sich zwar meist nur auf begrenzte Anwendungsgebiete erstreckten, doch jeweils auf die **Beschränkung der rechtsgeschäftlichen Einigung** als Begründungstatbestand abzielten. Es bestand die Tendenz, die Eingliedrigkeit des vertraglichen Entstehungstatbestandes aufzulösen und die Verwirklichung bestimmter Tatsachen dem Vertragsschluss in seiner Wirkung gleichzustellen.[43] Notwendig mit dieser Tendenz verbunden ist die Ablehnung, zumindest aber die Lösung von der durch das Bürgerliche Gesetzbuch vorgegebenen gesetzlichen Konzeption.

617 Im frühen 20. Jahrhundert stehen „Interessenjurisprudenz" und „Freirechtsschule" als Stichworte für eine **Lockerung der Gesetzesbindung im Privatrecht**, womit untrennbar eine Stärkung der Richterstellung, konkret der richterlichen Freiheit impliziert ist. Diese theoretischen Strömungen zogen auch Auswirkungen auf die juristische Praxis, vor allem für den Bereich des Allgemeinen Teils nach sich.[44] Die katastrophale Wirtschaftsentwicklung nach dem ersten Weltkrieg trug ein übriges dazu bei, sich von der gesetzlichen Konzeption des Bürgerlichen Gesetzbuches zu verabschieden, bei deren Aufstellung der Gesetzgeber ja angeblich „gar nicht habe erahnen können", vor welche Probleme die Entwicklung der tatsächlichen Verhältnisse die Rechtswissenschaft stellen würde.

618 Mit den politischen Umwälzungen des Jahres 1933 erfuhr diese Bewegung eine entscheidende Stärkung. Carl Schmitts Lehre vom „konkreten Ordnungs- und Gestaltungsdenken", wonach **bestimmte Ordnungen** (Staat, Betrieb, Familie) das Recht in sich trügen und daher auch sie (die tatsächlichen Lebensverhältnisse) über den Inhalt des Rechts bestimmen sollten, erhielt eine bestimmende Funktion im Rahmen der nationalsozialistischen Rechtswissenschaft.[45]

619 Die Anerkennung der sog. **Lebenswirklichkeit als rechtsetzender Faktor** stellte ein charakteristisches Merkmal in der juristischen „Reformliteratur", im damaligen Sprachgebrauch der „Rechtserneuerung", der 30er und 40er Jahre dar. Einer der maßgebenden Vertreter dieser Strömung war für den Bereich des Privatrechts Karl Larenz. Die Konzeption Haupts von 1941 und die weitere Entwicklung der Lehre von den faktischen

---

42 *Lambrecht*, Lehre, S. 20, 44. Im Ergebnis ebenso *Wolf*, Zivilrechtswissenschaft, S. 417 ff. und *Deyerling*, Vertragslehre, S. 122 ff.
43 *Lambrecht*, Lehre, S. 44.
44 *Lambrecht*, Lehre, S. 52. – Zu den Tendenzen der Rechtsprechung der Weimarer Zeit *Rückert*, Richtertum.
45 Weiterführend *Rüthers*, Die unbegrenzte Auslegung, S. 277 ff.; auch unten Rn. 1421 ff.

Vertragsverhältnissen wird in ihrer vollen Tragweite erst in diesem Kontext verständlich.

Aus heutiger Sicht muss daher Haupts Theorie in mehrfacher Hinsicht auf Ablehnung stoßen. Zuerst ist der **Widerspruch** der Lehre **zur Konzeption des BGB** anzuführen, wonach Vertragsverhältnisse ausdrücklich durch Angebot und Annahme, also rechtsgeschäftlich zu begründen sind. Daneben ist weder im Rahmen einer gesetzesimmanenten noch einer gesetzesübersteigenden Rechtsfortbildung Raum für die Konstituierung weiterer Begründungstatbestände. Weiterhin widerspricht die Konzeption Haupts dem gesetzlichen und übergesetzlichen Grundsatz der Vertragsfreiheit, da durch sie Rechtspersonen ohne Wissen und Willen in das Leistungsverhältnis einer vertraglichen Bindung gedrängt werden können.[46] Von besonderer Wichtigkeit ist dieser Umstand vor allem vor dem Hintergrund des Art. 152 Abs. 1 WRV, durch den die Vertragsfreiheit zumindest formal zur Zeit der Entstehung der Lehre geschützt war.[47]

Vertretbare Ergebnisse für die im Rahmen der Lehre angeführten Problemfälle lassen sich ausnahmslos auch durch anderweitige juristische Konstruktionen in Übereinstimmung mit den geltenden Privatrechtsgrundsätzen erzielen.[48] Haupts Theorie kann demgegenüber nur für sich reklamieren, die Probleme „sowohl einheitlich als auch möglichst einfach zu bewältigen", worin seine eigentliche dogmatische Leistung zu sehen ist.[49] Darüber hinaus ist seine Argumentation weitgehend von den „‚Geboten' der Zweckmäßigkeit und Angemessenheit" geleitet,[50] wodurch sich Haupt mit seiner Lehre sowohl argumentativ als auch inhaltlich in den Kontext der nationalsozialistischen Rechtswissenschaft einfügte, die auf eine Zurückdrängung liberaler Prinzipien zugunsten einer naturalistisch wirklichkeitsbezogenen Rechtsauffassung abzielte.[51] Es kann danach auch nicht überraschen, dass Haupts Konzeption auf fruchtbaren Boden traf. Die neutrale Darstellungsweise Haupts im Jahre 1941 darf über diesen Hintergrund nicht hinwegtäuschen.

Haupts Begründung beruht unter anderem darauf, dass er den **Geltungsgrund** für vertragsrechtliche Bestimmungen nicht in der Privatautonomie, sondern in der **Sachgerechtigkeit des Regelungsbereiches** sieht.[52] Die Argumentation mit der Sachgerechtigkeit als Gegenteil „rechtsgeschäftlicher Fiktionen" durchzog später auch die Diskussion der 50er und 60er Jahre, worin sich auch Kontinuitäten in der deutschen Rechtswissenschaft vor und nach 1945 widerspiegeln.

2. Die Rezeption der Lehre bei Larenz

Larenz' 1936/37 erschienener Schuldrechtsgrundriss *Vertrag und Unrecht* zeigt noch keine spezifische Auseinandersetzung mit den Aspekten der späteren sog. Lehre von den faktischen Vertragsverhältnissen. Ein Anhaltspunkt für seine damalige Position

---

46 In seiner kritischen Erörterung der „Hoferben-Entscheidung" (BGHZ 23, 249 ff.) führt *Flume* aus, „in Wahrheit" setze der BGH „die Bestimmung des Richters an die Stelle der privatautonomen Gestaltung", die in diesen Fällen als einzige Möglichkeit nach dem Gesetz vorgesehen sei, s. Allgemeiner Teil II, S. 104.
47 *Lambrecht*, Lehre, S. 14 ff.; formal, da nur „nach Maßgabe der Gesetze", nur für den „Wirtschaftsverkehr" und nur in den Grenzen des Art. 151 I.
48 Im Ergebnis so vor allem *Flume*: „In Wirklichkeit besteht für die Lehre von den faktischen Vertragsverhältnissen kein Bedürfnis und kein Raum." Allgemeiner Teil, S. 97.
49 *Lambrecht*, Lehre, S. 45.
50 *Lambrecht*, Lehre, S. 12.
51 Im Ergebnis ebenso *Lambrecht*, Lehre, S. 73, 121 ff.
52 *Haupt* 1943, zitiert nach *Lambrecht*, Lehre, S. 12.

III. Sechzehn Exempel und drei Berichte

zeigt sich jedoch in seinen Ausführungen zur „Annahme durch Erfüllungs- und Aneignungshandlungen".[53]

624 Larenz führte dort aus, es müsse erkannt werden, „daß das Gesetz die Vertragswirkung weder deshalb eintreten" lasse, „weil ein Annahmewille vorhanden" sei, „noch deshalb, weil eine Erklärung vorläge, auf deren Wirksamkeit der Empfänger regelmäßig müßte vertrauen können". „Der Grund der Vertragswirkung" liege „im Falle der Erfüllungshandlungen vielmehr darin, daß es billig und gerecht" sei, „demjenigen, der durch die Erfüllungshandlung die ihm angesonnene Vertragsleistung ganz oder zum Teil erbracht" habe, „nun auch ein Recht auf die vertragliche Gegenleistung zu geben", also nicht nur auf Ausgleich durch Ersatz oder Kondiktion.[54]

625 Obwohl Larenz' Ausführungen sich primär auf Annahmehandlungen im Rahmen der gesetzlichen Vorschriften beziehen, zeichnet sich doch die oben skizzierte Zeittendenz zur Relativierung der willensorientierten Konzeption des BGB ab. Larenz führte mit seinen Ausführungen einen Angriff auf den Geltungsgrund des Vertrages, indem er die Konstruktion einer rechtsgeschäftlichen Einigung von vornherein beiseite ließ und außerhalb des spezifischen gesetzlichen Systems allein auf allgemeine Billigkeitserwägungen abstellte. Charakteristisch ist, dass sich Haupt in seiner Abhandlung 1941 explizit auf diesen Aspekt der Larenz'schen Ausführungen bezog.[55]

626 In der **zweiten Auflage 1944** seines Schuldrechtsgrundrisses zeigt sich bereits ein differenzierteres Bild. In direktem Anschluss an den oben zitierten Abschnitt des Grundrisses ist ein neuer Abschnitt aufgenommen, der die Überschrift „Die Begründung eines Vertragsverhältnisses durch Inanspruchnahme einer öffentlichen Versorgungsleistung" trägt. Im Ergebnis lässt sich festhalten, dass Larenz seine Position, wie sie aus seinen in den 50er Jahren erschienenen Texten bekannt ist, bereits zu diesem Zeitpunkt formuliert hatte.

> „Wenn jemand eine Straßenbahn, einen Autobus, eine Fähre oder ein ähnliches öffentliches Verkehrsmittel benutzt, dann kommt dadurch ein Beförderungsverhältnis zustande, dessen Inhalt sich in erster Linie nach dem bekanntgemachten Tarif, den Beförderungsbedingungen der Straßenbahn- oder sonstigen Beförderungsgesellschaft, darüber hinaus aber nach den gesetzlichen Vorschriften über den Werkvertrag und über ‚gegenseitige' Verträge richtet. Dieses Beförderungsverhältnis beginnt nicht erst dann, wenn der Fahrgast beim Schaffner eine Fahrkarte löst – worin allenfalls der Abschluß eines Beförderungsvertrages gefunden werden könnte –, sondern mit dem Besteigen der Bahn, d. h. mit der Inanspruchnahme der der Öffentlichkeit zur Verfügung gestellten Leistung des Unternehmers durch einen Einzelnen."[56]

627 Knapp und deutlich ist in diesen Sätzen Larenz' Position, seine Interpretation der von Haupt formulierten Lehre, umrissen. Larenz rezipierte lediglich *eine* der von Haupt formulierten Fallkonstellationen, nämlich die Inanspruchnahme „öffentlicher Versorgungsleistungen". Diese nur teilweise erfolgte Rezeption lässt jedoch nicht auf grundsätzliche Bedenken gegen die Lehre schließen, sondern deutet im Gegenteil auf das Bestreben nach dogmatischer Sicherung und Festigung des neuen Rechtsinstituts hin. Durch die Beschränkung des Anwendungsbereiches war, im Gegensatz zur

---

53 *Larenz*, Vertrag und Unrecht, Bd. 1, S. 75 ff.
54 *Larenz*, Vertrag, S. 77.
55 *Haupt*, Vertragsverhältnisse, S. 27 Fn. 68.
56 *Larenz*, Vertrag, 2. Aufl., S. 94.

Haupt'schen „Einheitslösung", ein Großteil theoretischer Angriffspunkte der Kritik entzogen.

Die Plastizität des gewählten Fallbeispiels trägt ein übriges dazu bei, Zustimmung für Larenz' Position zu erheischen. Weiterhin zeigen die Ausführungen ein charakteristisches didaktisches Merkmal Larenz'scher Rechtsdarstellung. Nicht eine rechtliche Norm, sondern ein tatsächlicher Lebensvorgang bildet den Ausgangspunkt der Darstellung. Durch die Eindringlichkeit des Lebenssachverhaltes wird das gewählte Ergebnis impliziert, ohne den Blick auf eventuell vorhandene gesetzeskonforme Lösungen des Problems zu eröffnen. Im gesamten Abschnitt finden sich nicht einmal angedeutet Hinweise auf mögliche Lösungsalternativen z.B. nach §§ 812 ff. oder 823 ff. BGB bzw. das Bestehen von Regelungsdefiziten bei Anwendung dieser Normen. Auf diese Weise umgeht es Larenz, sich eingehend mit diesen Lösungswegen auseinanderzusetzen und Vor- und Nachteile einander gegenüberzustellen. Seine Lösungsbegründung zugunsten der nicht-rechtsgeschäftlichen Lösung beschränkt sich darauf, dass sich eine rechtsgeschäftliche Konstruktion in ihrer „Deutung" des Lebensvorgangs „doch sehr weit von dem sozialen Sinn der betreffenden Vorgänge" entferne.[57] Man fragt sich, wieso der soziale Sinn nicht durch konkludente Einigung erfasst wäre und warum eventuelle Irrtums- und Geschäftsfähigkeitsprobleme konsequent keine Rolle spielen sollen. Es kommt zu einer Art Vertragszwang.

Bedenkt man die grundlegende Bedeutung der privatautonomen Einigung für die Privatrechtsordnung, die im Rahmen der Larenz'schen Lösung schlicht beiseite gerückt wird, so vermag dieses Sozial-Argument kaum zu überzeugen. Dass Larenz diesen Hintergrund nicht mitbedacht haben sollte, ist kaum denkbar. Aufschlussreich ist diesbezüglich sein Hinweis, dass „jemand – übrigens aufgrund eigenen Entschlusses –" die entsprechende Versorgungsleistung in Anspruch nehme.[58]

Wie oben bereits angedeutet, gleichen Larenz' Ausführungen der 1950er Jahre im wesentlichen seinen bereits 1934/44 bezogenen Positionen. Inhaltlich und didaktisch zeigt sich in der ersten Auflage seines Schuldrechtslehrbuches von 1953 ein ähnliches Bild, wenn auch die Formulierungen im einzelnen überarbeitet worden sind:

> „Der moderne Massenverkehr bringt es mit sich, daß in manchen Fällen nach der Auffassung des Verkehrs Verpflichtungen eingegangen, Schuldverhältnisse begründet werden, ohne daß dahin zielende Erklärungen abgegeben werden. An die Stelle der Erklärungen tritt das tatsächliche öffentliche Angebot einer Leistung und die tatsächliche Inanspruchnahme dieser Leistung durch einen Verkehrsteilnehmer. Beides, das tatsächliche öffentliche Angebot und die tatsächliche Inanspruchnahme der Leistung, stellen zwar (mangels eines entsprechenden Erklärungsbewußtseins) keine Willenserklärungen, wohl aber ein Verhalten dar, das nach seiner *sozial-typischen Bedeutung* die gleichen Rechtsfolgen wie ein rechtsgeschäftliches Handeln hat."[59]

Für sich betrachtet scheinen die Ausführungen schlüssig und überzeugend, im Detail stellen sich jedoch mehrere Fragen, die das Ergebnis höchst zweifelhaft werden lassen. Zuerst ist zu hinterfragen, ob „der moderne Massenverkehr" tatsächlich eine allgemeingültige „Auffassung", möglicherweise verstanden im Sinne einer Verkehrssitte, entwickelt hat, nach der Vertragsverhältnisse ohne rechtsgeschäftliche Einigung

---

57 *Larenz*, Vertrag, 2. Aufl., S. 94. – Zur Funktionsweise *Rückert*, Sieg des „Lebens", s. o. Fn. 23.
58 *Larenz*, Vertrag, 2. Aufl., S. 94.
59 *Larenz*, Lehrbuch des Schuldrechts, Bd. 1, 1. Aufl., S. 27.

begründet werden können. Sicherlich ist durch die allgemeine Vermehrung bestimmter Verkehrsgeschäfte des täglichen Lebens ein Rückgang der Vertragsabschlüsse durch Abgabe zweier ausdrücklicher Willenserklärungen, zu beobachten. Der Kauf einer Eintrittskarte an einer Konzertkasse, das Erwerben einer Fahrkarte beim Schaffner eines Autobusses oder gar am Automaten sind ohne Weiteres im Rahmen nonverbaler Gesten vorstellbar und üblich. Die rechtliche Beurteilung derartiger Sachverhalte, die im übrigen keineswegs so neu sind, dass sie im Bürgerlichen Gesetzbuch nicht berücksichtigt worden wären, erfolgt jedoch regelmäßig und sachgerecht mithilfe bekannter juristischer Institute wie der *invitatio ad offerendum* oder der konkludenten Handlung.

632 Die Antwort darauf, aus welchem Grunde sich diese Betrachtungsweise in seinem Sinn verändert haben sollte, bleibt Larenz schuldig. Das Auseinanderklaffen des laienmäßigen Verständnisses und der juristischen Begutachtung des Sachverhaltes – wenn es hier überhaupt vorliegt – vermag diese Begründung kaum zu geben, da dieses wohl für die meisten Rechtsfragen eher den Regel- als einen Ausnahmefall darstellt. Nach Larenz scheint jedoch genau dieser Umstand die entsprechende Begründung zu geben. Die Rechtsinstitute, mit denen „man *früher* versucht hat", entsprechende Sachverhalte zu erfassen, werden als „fiktiv" disqualifiziert.[60] An die Stelle der gesetzlich vorgeschriebenen Abgabe von Willenserklärungen tritt die dem unterstellten „Leben" entnommene, angeblich „*sozial-typische Bedeutung*" eines Verhaltens, die zudem, wie nachfolgend aufzuzeigen ist, nicht geeignet ist, die von Larenz vorgetragenen Schlussfolgerungen zu stützen.

633 Die von Larenz mehrfach im Text aufgestellte Behauptung des Bestehens einer entsprechenden **Verkehrssitte** wirkt zwar eindringlich, in diesem Kontext jedoch nicht überzeugend. Es bleibt bei Zugrundelegung der Larenz'schen Lehre unverständlich, warum rechtlich kongruente Vorgänge einer unterschiedlichen Bewertung unterfallen sollen, je nachdem ob beispielsweise eine Person eine Fahrt in einem öffentlichen Verkehrsmittel oder in einem Taxi unternimmt. Den Ausschluss der Irrtumsanfechtung im Rahmen der Schuldverhältnisse aus sozialtypischem Verhalten begründet Larenz beispielsweise in schlichter Petitio damit, dass „die Zulässigkeit solcher Einwände ... dem Wesen des Vorgangs in seiner sozial-typischen Bedeutung nicht gerecht" würde.[61] Die widersprüchliche Beurteilung rechtlich gleichförmiger Vorgänge stellte einen der Ansatzpunkte von Larenz' Kritikern dar, den er auch später nicht auszuräumen vermochte.

634 Ebenso bleibt die Begründung für das von Larenz schlicht behauptete Fehlen eines **Erklärungsbewusstseins** bei der tatsächlichen Annahme der Leistung offen. Es ließen sich auch hier die oben bezüglich des Bestehens einer allgemeinen Verkehrsanschauung vorgebrachten Bedenken wiederholen. Das Argument der juristischen Fiktion ging auch hier ins Leere. Die tatsächlichen Vorstellungen der beteiligten Personen sind kaum geeignet, als Quelle rechtlicher Begutachtungen zu dienen. Treffend legt Flume dar, dass, folgte man der Ansicht Larenz', „auch zwischen Arzt und Patient kein Vertrag abgeschlossen" würde, „da hier der Wille des Patienten sicher noch viel mehr auf einen ‚tatsächlichen Erfolg', nämlich die erfolgreiche Heilbehandlung, gerichtet" sei.[62]

---

60 *Larenz*, Lehrbuch, S. 27 – Hervorhebung von mir.
61 *Larenz*, Lehrbuch, S. 28.
62 *Flume*, Allgemeiner Teil, S. 98.

Auftrieb erhielt die von Larenz formulierte Lehre durch ein damals sensationelles Urteil des Bundesgerichtshofes aus dem Jahr 1956, die sog. Parkplatz-Entscheidung.[63] Die Übernahme der Lehre durch den fünften Zivilsenat des BGH überrascht insoweit nicht, als der damalige Präsident des Senates, Friedrich Tasche, bereits 1942 in einer Veröffentlichung positiv zur Lehre Haupts Stellung bezogen hatte. Larenz nahm das Urteil zum Anlass, sich im Rahmen eines Aufsatzes erneut zu diesem Themenbereich zu äußern.[64] Die Einleitung des Aufsatzes ruft, weit mehr als die Ausführungen des Lehrbuches, die Erinnerung an die Darstellung in *Vertrag und Unrecht* von 1944 wach:

> „Ein Mann steigt in eine stark besetzte Straßenbahn. Der Schaffner bemerkt ihn zunächst nicht. Erst als er, an seinem Ziel angelangt, den Wagen verlassen will, fordert ihn der Schaffner zur Zahlung des Fahrgeldes auf. Er erwidert: er habe einen Beförderungsvertrag bisher nicht geschlossen und gedenke ihn auch nicht mehr zu schließen, da er aussteigen wolle. Keiner der Mitfahrenden wird daran zweifeln, daß der Mann das Fahrgeld bezahlen müsse. Nur der Jurist gerät in Verlegenheit."[65]

Treffend und einprägsam beschrieb Larenz in diesem Beispielfall die Problemlage und impliziert mit den beiden Schlusssätzen, dass eine vertretbare Lösung eher dem tatsächlichen Lebenssachverhalt selbst innewohne, als dass sie durch (herkömmliche) juristische Betrachtung gewonnen werden könne. Der dargestellte Widerspruch ist jedoch nur ein scheinbarer und damit keineswegs geeignet, das von Larenz vertretene Ergebnis zu stützen. Aus dem Beispiel ist mit der altbekannten Rechtsfigur der *protestatio facto contraria* zum widersprüchlichen Verhalten lediglich zu folgern, dass der Fahrgast *aufgrund seines Verhaltens* verpflichtet sein müsse, die schuldrechtliche Leistung zu erbringen. Die Tat zählt mehr als die Worte. Weitergehende Schlussfolgerungen, etwa dass diese Leistung im Rahmen eines schuldrechtlichen Vertrages erfolgen müsse, sind dagegen nicht mehr durch die Fallkonstellation vorgegeben. In der juristischen Beurteilung ist eher zu bedenken, ob die beschriebene Sach- und Interessenlage nicht größere Nähe zu bereicherungsrechtlichen als zu vertraglichen Lösungsansätzen zeigt.[66] Dem beispielhaft herangezogenen Rechtsgefühl der übrigen Fahrgäste würde eine derartige Lösung sicherlich nicht zuwiderlaufen, solange nur der bis dato entgeltlos Beförderte verpflichtet bliebe, einen Betrag zu zahlen, der ihn im Ergebnis nicht günstiger stellt als die sonstigen Fahrgäste. Andererseits ist auch zu bedenken, dass dann nicht Entgelt, sondern Wertersatz nach § 818 Abs. 3 geschuldet wäre.

Ein zugestandener, aber hintergründig doch in Frage gestellter Konsens zwischen Larenz' Lehre und den allgemeinen bürgerlich-rechtlichen Bewertungsmaßstäben besteht insoweit, als der Betrieb eines öffentlichen Verkehrsmittels als Vertragsangebot gegenüber möglichen Fahrgästen beurteilt wird.

> „Man hat nun gesagt, in dem Betriebe der Bahn, als ‚schlüssigem Verhalten', komme, für jedermann erkennbar, der Wille des Unternehmers zum Ausdruck, Beförderungsverträge mit jedem abzuschließen. Dies mag noch angehen."[67]

---

63 Urteil des V. ZS v. 14.7.1956, BGHZ 21, 319 ff. = NJW 1956, 1475.
64 *Larenz*, Die Begründung von Schuldverhältnissen durch sozialtypisches Verhalten, NJW 1956, 1897 ff.
65 *Larenz*, Begründung, S. 1897.
66 Vor allem stellt sich diese Frage für die Beurteilung des Sachverhaltes der im weiteren von *Larenz* erörterten „Parkplatz-Entscheidung".
67 *Larenz*, Begründung, S. 1897.

638 Fraglich erscheint jedoch, worin die Annahme dieses Angebotes gefunden werden könnte. Larenz führte hierzu aus, dass dem „Einsteigen in die Bahn und dem Verbleiben darin bis zur Erreichung des Ziels keinerlei ‚Erklärungswert'" zukomme. Dieses Verhalten genüge „daher als ‚Annahme' *dann* jedenfalls nicht, wenn der Einsteigende einen solchen ‚Annahmewillen' *erkennbar* nicht" habe.[68]

639 Im Umkehrschluss lässt sich Larenz' Aussage entnehmen, dass das fragliche Verhalten dann als Annahme zu bewerten sei, wenn aus dem Verhalten nicht *erkennbar* geworden sei, dass der Betreffende keinen Annahmewillen gehabt habe. Die juristische Betrachtung hat bei der hier entscheidenden Frage nach der Erkennbarkeit den allgemeinen Grundsätzen der Auslegung zu folgen, also mögliche Willenserklärungen so auszulegen, wie es nach Treu und Glauben unter Berücksichtigung der Verkehrssitte angezeigt ist. Danach entspricht es wohl eher den Erfahrungen des Alltags, aus dem Einsteigen und stillschweigenden Benutzen des Verkehrsmittels *gerade* auf das Vorhandensein des Willens zum Abschluss eines Vertrages zu schließen als auf das Gegenteil. Der Fahrgast, der ein Taxi besteigt und dem Fahrer sein Ziel angibt, oder der Gast, der in einem Restaurant Speisen und Getränke bestellt, wird aus solchem Verhalten auf seinen Willen schließen lassen müssen.

640 Zugrunde gelegt ist dieser juristischen Bewertung gerade der jeweilige Schluss von einer verkehrstypischen Verhaltensweise auf einen vorhandenen Willen. Für die Fälle, in denen dieser Wille nachträglich erweisbar nicht vorhanden gewesen ist, greift die Vorschrift des § 116 BGB ein. Für die oben dargestellte Fallkonstellation ergibt sich, dass der nicht geäußerte, tatsächlich aber vorhandene Wille auf Nichtzahlung lediglich als geheimer Vorbehalt zum Tragen kommt. Der Wirksamkeit der äußerlich hervorgetretenen „Erklärung" steht dieser geheime Wille aber nicht entgegen.

641 Entgegen der Larenz'schen Ansicht ist nach der allgemeinen Verkehrsanschauung davon auszugehen, dass gerade aus dem Verhalten des Fahrgastes regelmäßig auf einen vorhandenen Willen zum Abschluss eines Vertrages geschlossen werden kann. Ein gegenteiliges Ergebnis ließe sich in einzelnen Fällen nur dann herleiten, wenn der Betroffene explizit seinen entgegenstehenden Willen zum Ausdruck gebracht hätte, wie im zuerst erwähnten Beispiel (Rn. 635). Das von Larenz herangezogene Argument der Anschauung des täglichen Lebens führt also geradewegs zu einem gegenteiligen Ergebnis.

642 Danach ist festzustellen, dass Larenz' Argumentation nicht geeignet ist, die Konstituierung eines außerrechtsgeschäftlichen Begründungstatbestandes für Vertragsverhältnisse zu stützen. Ebenso fehlt es an einer Begründung für die Inadäquanz der bestehenden schuldrechtlichen Normen im vorgetragenen Beispielfall. Für den von ihm eingeschlagenen Weg über die Annahme eines „faktischen Vertragsverhältnisses" bzw. eines „Vertragsverhältnisses aus sozialtypischem Verhalten" sprechen demgegenüber lediglich die Einfachheit und Einheitlichkeit der angelegten Betrachtungsmaßstäbe. Doch auch diese Einheitlichkeit ist nur eine scheinbare. Es unterliegen danach zwar alle hier aufgezeigten Fallvarianten derselben „vertraglichen" Betrachtung, doch werden diese insgesamt in Relation zu den regelmäßigen Abläufen bei Abschluss eines Beförderungsvertrages in nicht begründbarer Weise unterschiedlich behandelt.

643 Folgt man der Ansicht Larenz', so fährt der Fahrgast, der eine Fahrkarte vor Beginn der Beförderung kauft, aufgrund eines „echten Vertrages'" und kann im Einzelfall mangelnde Geschäftsfähigkeit geltend machen oder anfechten. Wer dagegen eine Fahr-

---

68 *Larenz*, Begründung, S. 1897 – Hervorhebungen von mir.

karte erst während der Beförderung erwerben will, fährt aufgrund eines faktischen Vertragsverhältnisses, wodurch ihm die Geltendmachung dieser Rechte verschlossen ist. Juristisch ist diese Ungleichbehandlung nicht zu rechtfertigen und schlicht willkürlich.[69]

Wie bereits angedeutet, hielt Larenz die gesetzlichen Vorschriften über die Geschäftsfähigkeit und Anfechtung für Vertragsverhältnisse aus sozialtypischem Verhalten nicht ohne Weiteres für anwendbar:

> „Da eine ‚Willenserklärung' in dem sozialtypischen Verhalten nicht zu sehen ist, spielen ‚Willensmängel' keine Rolle. Die Vorschriften über ‚Geschäftsfähigkeit' sind zwar nicht unmittelbar anwendbar, doch fordert der Schutz der Unmündigen auch hier Beachtung."[70]

Eine Anfechtung aus dem Grunde, man habe eine Erklärung dieses Inhaltes nicht abgeben wollen", könne nicht zugelassen werden, da die Rechtsfolgen des Verhaltens unabhängig davon einträten, „ob dieses Verhalten *im Einzelfall als Ausdruck eines bestimmten Geschäftswillens gedeutet werden*" könnten oder nicht.[71] Im Hinblick auf den Minderjährigenschutz werde man lediglich verlangen müssen, „daß der Handelnde die Fähigkeit besitzt, die sozialtypische Bedeutung seines Handelns zu erkennen". „In der Regel" werde „auch schon ein kleines Kind die Einsicht besitzen zu wissen, daß es für die Straßenbahnfahrt etwas bezahlen" müsse.[72] Die Argumentation der nicht zu rechtfertigenden Ungleichbehandlung ließe sich an dieser Stelle fortschreiben.

Zuletzt ist Larenz' Einbindung des neuen Rechtsinstitutes in das allgemeine System der Privatautonomie zu untersuchen. Larenz war sich des Vorhandenseins möglicher Widersprüche in diesem Zusammenhang durchaus bewusst und versuchte gezielt, die jeweiligen Maximen in Einklang zu bringen.

Zunächst scheint hierbei keine gemeinsame Basis erkennbar.

> „Die schuldbegründende Wirkung des Verhaltens des Benutzers beruht, um es nochmals zu sagen, nicht darauf, daß es ihm als Ausdruck eigenen Verpflichtungswillens zuzurechnen wäre, sondern darauf, daß es ohne Rücksicht auf den Willen des Handelnden vom Verkehr als die Verpflichtung begründend gewertet wird. …
>
> Die unausweichliche, vom Willen des Handelnden unabhängige und daher von ihm nicht zu beseitigende Konsequenz seines sozialtypischen Verhaltens ist die, daß er durch die tatsächliche Inanspruchnahme der Leistung zu der tarifmäßigen oder üblichen Gegenleistung verpflichtet wird."[73]

Gleichwohl subsumierte Larenz ein derart bewertetes tatsächliches Verhalten als „im Rahmen der ‚Privatautonomie', also der Freiheit des einzelnen zur Gestaltung seiner rechtlichen Verhältnisse" liegend. „Die sozial-typische Bedeutung seines Verhaltens" sei „dem Handelnden in aller Regel bekannt; zum mindesten" müsse „er sie kennen".

---

69 *Lambrecht*, Lehre, S. 81.
70 *Larenz*, Begründung, S. 1899.
71 *Larenz*, Sozialtypisches Verhalten als Verpflichtungsgrund, DRiZ 1958, 245 ff., S. 247 (Hervorhebung im Original).
72 *Larenz*, Begründung, S. 1899.
73 *Larenz*, Begründung, S. 1899.

> Wolle er „die *unvermeidliche* rechtliche Konsequenz seines Handelns vermeiden", so könne „er es unterlassen".[74]
>> „Seine ‚Privatautonomie' wäre erst dann eingeschränkt, wenn er rechtlich genötigt wäre, sich in dieser Weise zu verhalten, also z. B. diese Straßenbahn zu benutzen oder auf diesem bewachten Parkplatz zu parken. Ein *rechtlicher* Zwang zur Benutzung besteht aber nicht. Daß der Verzicht darauf unter Umständen erhebliche Unbequemlichkeiten zur Folge haben kann, ändert nichts daran, daß der Benutzer sich im Sinne der Rechtsordnung frei entscheiden kann, ob er Gebrauch machen will oder nicht. Nur eines kann er nicht: *wenn* er Gebrauch macht, die Konsequenz, die das hat, von sich weisen. Nur das tatsächliche Gebrauchmachen selbst hängt von seinem Willen ab, nicht die Rechtsfolge."[75]

649 Larenz schloss seine Überlegungen mit der Feststellung ab, dass durch „die Erkenntnis, dass es sich zwar nicht um ein Rechtsgeschäft, aber doch um ein Handeln im Rahmen der Privatautonomie" handele, „manche dogmatische Schwierigkeit" gelöst werde. So seien „die allgemeinsten Grenzen der Privatautonomie", die durch die §§ 134 und 138 BGB umschrieben seien, auch im Rahmen der Schuldverhältnisse aus sozialtypischem Verhalten zu beachten.[76]

650 Die dogmatischen Schwierigkeiten, die Larenz als weitgehend gelöst ansah, folgen jedoch größtenteils erst aus seiner Bewertung. Beispielsweise sind die Tatbestandsvoraussetzungen der vertraglichen und außervertraglichen Haftung nicht ohne Grund unterschiedlich und den jeweiligen Sachverhalten angemessen ausgestaltet. Im selben Sinne differenziert ist im BGB die Ausgestaltung der Haftungsfolge bei vertraglichen Ansprüchen und solchen aus ungerechtfertigter Bereicherung vorgenommen worden. Die Larenz'sche Betrachtung gibt zwar vor, einheitliche Lebenssachverhalte einer einheitlichen Lösung zuzuführen, simplifiziert dagegen tatsächlich nur dogmatisch differenzierte juristische Bewertungen. Larenz' Lösung bricht mit dem zentralen Grundsatz der Privatautonomie, dass vertragliche Rechtsfolgen nur aufgrund einer willensgetragenen Übereinkunft konstituiert werden können. Er beachtete nicht, dass das BGB Rechtsverhältnisse, die diesem Erfordernis nicht genügen, lückenlos im Rahmen außervertraglicher Rechtsinstitute einer adäquaten Bewertung zugänglich macht. Dass diese gesetzliche Bewertung nicht in jedem Einzelfall opportun erscheinen mag, kann ebensowenig wie das Argument der lebensgerechteren Betrachtung als Grund zur Verabschiedung der gesetzlichen Maximen überzeugen.

651 Zumindest im Jahr 1956 zeigten Larenz' Ausführungen in dieser Richtung recht wenig Bedenken. Er sah im Gegenteil durch die Anerkennung des sozialtypischen Verhaltens als Verpflichtungsgrund durch den BGH „eine Entwicklung eingeleitet ..., die eine sachgerechte Würdigung der Erscheinungen des modernen Verkehrs" erlaube. Signifikant ist seine Suche nach einem „gemeinsamen Oberbegriff", der künftig sowohl vertraglich als auch sozialtypisch konstituierte Rechtsverhältnisse erfassen sollte. Er schlug hierfür den Begriff des „Vertrages im weiteren Sinne" vor. Perspektivisch erblickte er mögliche weitere Anwendungsfelder bei der Beurteilung des „Automatenkaufs" oder der „Vorgänge in einem Selbstbedienungsladen".[77]

---

74 *Larenz*, Begründung, S. 1899 (Hervorhebung von mir).
75 *Larenz*, Begründung, S. 1899.
76 *Larenz*, Begründung, S. 1899.
77 *Larenz*, Begründung, S. 1900.

Ob ungeachtet der aufgezeigten dogmatischen Bedenken die Einheitslösung der Vertragsverhältnisse aus sozialtypischem Verhalten gegenüber der differenzierten juristischen Betrachtung zumindest einen praktischen Vorteil barg, ist ebenfalls sehr fraglich und inzwischen wohl durch die allgemeine Verabschiedung dieser Lehre, auch durch Larenz selbst, beantwortet. 652

V. Ergebnis

Larenz bleibt mit der Aufnahme und Befürwortung des Rechtsinstituts der faktischen Vertragsverhältnisse in seinen methodischen Vorgaben. Er akzeptiert damit sowohl vor als auch nach 1945 außergesetzliche Aspekte zur Korrektur ausdrücklicher gesetzlicher Regelungen. Die Problematik dieses Vorgehens wird zum Teil durch ein sehr weit gefasstes Verständnis des Rechts bzw. der Rechtsordnung verdeckt. Die Korrektur der gesetzlichen Vorgaben erfolgt zudem an einem anerkannt grundsätzlichen Punkt des Privatrechts, der Vertragsfreiheit. 653

Die Lehre von den faktischen Vertragsverhältnissen bzw. den Vertragsverhältnissen aus sozialtypischem Verhalten fand zu keiner Zeit eine gesetzliche Grundlage. Sie widerspricht explizit der inhaltlichen Ausgestaltung der Schuldrechtsregelungen des Bürgerlichen Gesetzbuches. Zur Begründung der Lehre wurde demgegenüber auf die Erfordernisse der tatsächlichen Lebensverhältnisse hingewiesen, die in diesem Sinne als eigentliche Rechtsquelle fungierten. Mit dem Argument der Fiktivität der nach der gesetzlichen Lösung notwendigen Gedankenschritte wurde die Lückenhaftigkeit der gesetzlichen Regelung begründet. Eine direkte Gegenüberstellung der jeweiligen Ergebnisse unterblieb, die gesetzliche Regelung trat ohne nähere Untersuchung in den Hintergrund. 654

Dass die höchstrichterliche Rechtsprechung zumindest teilweise der Lehre folgte, fand Larenz' ausdrückliche Zustimmung. Andererseits zeigt die in den 1950er Jahren erfolgte Rezeption der Lehre durch den Bundesgerichtshof, dass Larenz' Positionen, vor allem zur Frage der richterlichen Rechtsfortbildung, durchaus mit der allgemeinen Rechtsentwicklung der Nachkriegszeit in Einklang standen. Die Schlussfolgerungen, die aus dem Erfolg der Lehre zu ziehen sind, sind also nicht nur für Larenz, sondern generell für die deutsche Rechtsentwicklung der 1950er Jahre signifikant. 655

VI. Quellen und Literatur

1. Zum Einstieg in die Larenz-Texte

Für Larenz' frühe Position von 1938 ist wichtig die kleine Schrift „Über Gegenstand und Methode des völkischen Rechtsdenkens" von 1938, siehe sogleich. Nach 1945 ist grundlegend die klassisch gewordene „Methodenlehre der Rechtswissenschaft", am besten in der schlanken Erstauflage von 1960. Weitere hier wichtige Texte von Larenz, mit *Kursiven* für die Kurztitel oben in den Fußnoten, sind:

Deutsche Rechtserneuerung und *Rechtsphilosophie**, Tübingen 1934.
Vorwort, in: *Dahm, Huber, Larenz, Michaelis, Schaffstein, Siebert* (Hrsg.), Grundfragen der neuen Rechtswissenschaft, Berlin 1935, S. 5.
Vertrag und Unrecht, Bd. 1, 1. Aufl. Hamburg 1936 (zur 2. Aufl. 1944 s.o. Fn. 1).
Rechtswissenschaft und Rechtsphilosophie. Eine Erwiderung, AcP 143 (1937), S. 257–281.

---

* Die in den Fußnoten verwendeten Kurztitel sind im Folgenden kursiv gesetzt.

Über Gegenstand und *Methode* des völkischen Rechtsdenkens, Berlin 1938.
Lehrbuch des Schuldrechts, Bd. 1, München 1953, zuletzt 14. Aufl. 1987.
Die *Begründung* von Schuldverhältnissen durch sozialtypisches Verhalten, NJW 1956, S. 1897–1900.
Sozialtypisches Verhalten als Verpflichtungsgrund, DRiZ 1958, S. 245–248.
Methodenlehre der Rechtswissenschaft, Berlin, Göttingen, Heidelberg 1960, zuletzt 6. Aufl. 1991; auch als gekürzte Studienausgabe, 1983, 2. Aufl. 1992, in der 3. Aufl. 1995 bearbeitet von Cl.-W. Canaris.

2. Zum Einstieg in die Sekundärliteratur

Als kurzer Einstieg hilft

Frassek, Ralf, Karl Larenz (1903–1993) – Privatrechtler im Nationalsozialismus und im Nachkriegsdeutschland, in: JuS 1998, S. 296–301.

Grundlegend zu **Larenz als Schuldrechtler** ist ebenfalls

Frassek, Ralf, Von der „völkischen Lebensordnung" zum Recht – Die Umsetzung weltanschaulicher Programmatik in den schuldrechtlichen Schriften von Karl Larenz (1903–1993), Baden-Baden 1996 (= Fundamenta Juridica 29).

Sehr aufschlussreich sind die mit Esser vergleichenden Ausführungen zu Larenz bei

Monika Frommel von 1981, siehe sogleich unter 3.

3. Weitere hier wichtige Literatur

Deyerling, Andrea, Die Vertragslehre im Dritten Reich und in der DDR während der Geltung des Bürgerlichen Gesetzbuchs. Eine vergleichende Betrachtung unter besonderer Berücksichtigung der Diskussion des faktischen Vertrages in der Bundesrepublik, Bayreuth 1996.
Diederichsen, Uwe, Karl Larenz, in: Juristen im Porträt, Festschrift zum 225jährigen Bestehen des Verlages C.H. Beck, München 1988, S. 495–510.
ders., Karl Larenz †, NJW 1993, S. 902–903.
Döhring, Erich, Geschichte der juristischen Fakultät 1665–1965, in: Geschichte der Christian-Albrechts-Universität Kiel 1665–1965, Bd. 3, Teil 1, Neumünster 1965, S. 201–232.
Dreier, Ralf, Julius Binder (1870–1939). Ein Rechtsphilosoph zwischen Kaiserreich und Nationalsozialismus, in: Loos, F. (Hrsg.), Rechtswissenschaft in Göttingen, Göttinger Juristen aus 250 Jahren, Göttingen 1987, S. 435–455.
Eckert, Jörn, Was war die „Kieler Schule"? in: Franz Jürgen Säcker (Hrsg.), Recht und Rechtslehre im Nationalsozialismus. Baden-Baden 1992, S. 37–70.
Flume, Werner, Allgemeiner Teil des Bürgerlichen Recht, Bd. 2, Das Rechtsgeschäft, 4. Aufl. Berlin u. a. 1992 (zum faktischen Vertrag).
Frommel, Monika, Die Rezeption der Hermeneutik bei Karl Larenz und Josef Esser. (Münchener Universitätsschriften Jur. Fak., Abh. zur rechtswiss. Grundlagenforschung, 47), Ebelsbach 1981.
Hartmann, Franz, Das methodologische Denken bei Karl Larenz. Eine Analyse und Kritik, Frankfurt am Main 2001 (Diss. Leipzig 1988).
Haupt, Günter, Über faktische Vertragsverhältnisse, 1941; auch als Heft 124 der „Leipziger rechtswissenschaftlichen Studien" als „Festschrift der Leipziger Juristenfakultät für Dr. Heinrich Siber zum 10. April 1940", Band II, Leipzig 1943 (mit der Monographie übereinstimmende Seitenzählung).
Heck, Philipp, Rechtsphilosophie und Interessenjurisprudenz, AcP 143 (1937), S. 129–196.
Kim, Hyung-Bae, Wolfgang Freiherr Marschall von Bieberstein (Hrsg.), Zivilrechtslehrer deutscher Sprache, Seoul, München 1988.
Kokert, Josef, Der Begriff des Typus bei Larenz, Berlin 1995.

Lambrecht, Peter, Die Lehre vom faktischen Vertragsverhältnis. Entstehung, Rezeption, Niedergang (Beiträge zur Rechtsgeschichte des 20. Jhs. 10), Tübingen 1994.

Lange, Heinrich, Die Entwicklung der Wissenschaft vom Bürgerlichen Recht. Eine Privatrechtsgeschichte der neuesten Zeit, Tübingen 1941.

Rückert, Joachim, Das „gesunde Volksempfinden" – eine Erbschaft Savignys?, ZRG GA 103 (1986), S. 199–247; jetzt auch in *ders.*, Ausgewählte Aufsätze in zwei Bänden, Keip Goldbach 2012, Nr. 15.

ders., Der Sieg des „Lebens" und des konkreten Ordnungsdenkens in der Deutschen Rechtsgeschichte der NS-Zeit, seine Vorgeschichte und seine Wirkungen, in: ders./D. Willoweit (Hrsg.), Die Deutsche Rechtsgeschichte in der NS-Zeit, ihre Vorgeschichte und ihre Nachwirkungen, Tübingen 1995, S. 177–240, jetzt auch in *ders.*, Ausgewählte Aufsätze in zwei Bänden, 2012, Nr. 10.

ders., Richtertum als Organ des Rechtsgeistes: Die Weimarer Erfüllung einer alten Versuchung, in: Nörr, Wolfgang, Bertram Schefold, Friedrich Tenbruck (Hrsg.), Geisteswissenschaften zwischen Kaiserreich und Republik, Stuttgart 1994, S. 267–313; jetzt auch in *ders.*, Ausgewählte Aufsätze, 2012, Nr. 32.

Rüthers, Bernd, Die unbegrenzte Auslegung, Tübingen 1968, 7. uvä. um ein Nachwort erweiterte Aufl. 2012.

ders., Entartetes Recht, 2. Aufl. München 1989.

ders., Anleitung zum fortgesetzten methodischen Blindflug?, in: NJW 1996, S. 1249–1253.

Seinecke, Ralf, Richtige Reinheit oder reine Richtigkeit? Rechtslehren nach Hans Kelsen und Karl Larenz, in: JZ 2010, S. 279–287.

Volbehr, Friedrich, Richard Weyl, Professoren und Dozenten der Christian-Albrechts-Universität zu Kiel, 4. Aufl. Kiel 1956.

Wagner, Heinz, Kontinuitäten in der juristischen Methodenlehre am Beispiel von Karl Larenz, in: Demokratie und Recht 1980, S. 243–261.

Wolf, Wilhelm, Zivilrechtswissenschaft ohne Larenz. Die Positionierung des Privatrechts zwischen 1945 und 1953, KritV 1997, S. 400–425.

Wenigstens hingewiesen sei ausnahmsweise auf eine frühe, grundlegende italienische Arbeit zu Larenz' philosophischem Gebäude: *La Torre, Massimo*, La ‚Lotta contra il diritto soggetivo'. Karl Larenz e la dottrina giuridica nazionalsocialista, Milano 1988, und in dessen Linie knapp und prägnant aus den Larenztexten selbst *Braczyk, Boris A.*, Karl Larenz' völkisch-idealistische Rechtsphilosophie, in: ARSP 79 (1993) S. 99–116.

4. Weitere Literatur zum NS-Kontext dabei

Anderbrügge, Klaus, Völkisches Rechtsdenken. Zur Rechtslehre in der Zeit des Nationalsozialismus, Berlin 1978.

Canaris, Claus-Wilhelm, Karl Larenz (1903–1993), in: Deutschsprachige Zivilrechtslehrer des 20. Jahrhunderts in Berichten ihrer Schüler. Eine Ideengeschichte in Einzeldarstellungen, Bd. 2, hrsg. v. St. Grundmann u. K. Riesenhuber, Berlin 2010, S. 263–307. Anlässlich dieses Aufsatzes kam es zu einer heftigen Kontroverse, die freilich weniger unser Thema Methodenlehre und Zivilrecht betrifft: siehe *Rüthers, Bernd*, Personenbilder und Geschichtsbilder – Wege zur Umdeutung der Geschichte? Anmerkung zu einem Larenz-Portrait, in: JZ 66 (2011), S. 593–601; *Canaris, Claus-Wilhelm*, „Falsches Geschichtsbild von der Rechtsperversion im Nationalsozialismus" durch ein Porträt von Karl Larenz? Wider einen Versuch „unbegrenzter Auslegung" eines wissenschaftlichen Textes, in: JZ 66 (2011), S. 879–888; *Rüthers*, Die Risiken selektiven Erinnerns – Antwort an C.-W. Canaris, in: JZ 66 (2011), S. 1149–1151; *Simon, Dieter*, Des Teufels Advokat, in: Myops, Heft 12, 2011, S. 65–78; *Jakobs, Horst-Heinrich*, Sehr geehrter Herr Canaris, in: Myops, Heft 14, 2012, S. 6–16; *Kaube, Jürgen*, Der Fremde als Gast im Zivilrecht, in: FAZ vom 11.4.2012, Seite N 3; *Schirmer, J.*, Dafür oder dagegen? –

Ein Beitrag zur Debatte über Karl Larenz, sein Verhältnis zum Nationalsozialismus und die Möglichkeit ihn zu interpretieren, Journal der Juristischen Zeitgeschichte 2012/2, S. 62-67.

Fikentscher, Wolfgang, Methoden des Rechts in vergleichender Darstellung, Bd. 3, Mitteleuropäischer Rechtskreis, Tübingen 1976.

Hüpers, Bernd, Karl Larenz – Methodenlehre und Philosophie des Rechts in Geschichte und Gegenwart (Diss. Rostock 2008), 2. unveränderte Aufl., Berlin 2016,

Landau, Peter, Die deutschen Juristen und der nationalsozialistische Deutsche Juristentag in Leipzig 1933, Zs für Neuere Rechtsgeschichte 1994, S. 373–390.

Rückert, Joachim, Unrecht durch Recht – Zum Profil der NS-Zeit in der Rechtsgeschichte, in: JZ 70 (2015) S. 793–804, jetzt auch in *ders.*, Unrecht durch Recht. Zur Rechtsgeschichte der NS-Zeit) (= Beiträge zur Rechtsgeschichte des 20. Jahrhunderts, 96).

Schröder, Jan, Rechtswissenschaft in Diktaturen. Die juristische Methodenlehre im NS-Staat und in der DDR, München 2016; vgl. jetzt *ders.*, Recht als Wissenschaft. Geschichte der juristischen Methodenlehre der Neuzeit (1500-1990), 3. Aufl. 2020, Bd. 2, München 2020.

Willoweit, Dietmar, Deutsche Rechtsgeschichte und „nationalsozialistische Weltanschauung": das Beispiel Hans Frank, in: Stolleis, Michael, Dieter Simon (Hrsg.), Rechtsgeschichte im Nationalsozialismus. Beiträge zur Geschichte einer Disziplin, Tübingen 1989, S. 25–42.

Methode und Zivilrecht bei Franz Wieacker (1908–1994)

*von Marion Träger**

Übersicht

I. Zu Person und Werk Franz Wieackers	278
II. Die juristische Methode Franz Wieackers	281
III. Anwendung der Methode am Beispiel des § 242 BGB	296
IV. Resümee	303
V. Quellen und Literatur	304

Franz Wieacker war einer der prominentesten und international angesehensten deutschen Rechtswissenschaftler seiner Zeit.[1] Er ist vor allem als Rechtshistoriker, insbesondere mit seinem berühmten Buch „Privatrechtsgeschichte der Neuzeit"[2] und als Römischrechtler, aber auch als Zivilrechtler mit wichtigen Abhandlungen zum Bürgerlichen Recht bekannt geworden. Dagegen begegnet Wieacker kaum in der Literatur zur Methodenlehre und Rechtsdogmatik,[3] obwohl er zahlreiche Beiträge zur rechtstheoretischen Diskussion, unter anderem zur Naturrechtsdiskussion,[4] zur Dogmatikkritik und zum Justizsyllogismus,[5] zu Methoden der Rechtsfindung,[6] zur Topikdiskussion,[7] zur Gesetzesbindung und zum Problem der außergesetzlichen Rechtsordnung[8] geleistet hat. Wieacker hat zwar keine eigene juristische Methodenlehre geschrieben. Doch äußert er in seinen rechtstheoretischen Abhandlungen grundlegende Gedanken zur Methode der Rechtsanwendung, zum Verhältnis von Richter, Rechtswissenschaft und Gesetzgeber bei der Entscheidungsfindung, zur Rolle der positiven Gesetze sowie insgesamt zum Prozess der richterlichen Entscheidungsfindung.

656

---

* Für die 3. u. 4. Auflage durchgesehen, ergänzt und aktualisiert von Joachim Rückert.
1 *J. G. Wolf*, Franz Wieacker 70 Jahre, JZ 1978, 578; *Wollschläger*, Franz Wieacker zum 70. Geburtstag, NJW 1978, 1791; *Lange*, Nachruf, JZ 1994, 354.
2 Untertitel: Unter besonderer Berücksichtigung der deutschen Entwicklung, 1. Aufl. Göttingen 1952, 2. Aufl. 1967.
3 Unten in V. Quellen und Literatur voll angegebene Titel werden im Folgenden nur abgekürzt zitiert. *Fikentscher*, Methoden des Rechts III, S. 414, erwähnt Wieacker kurz im Anschluss an Esser und zählt dessen außergesetzliche Wertmaßstäbe auf. Diese sind aus Wieackers Schrift „Gesetz und Richterkunst" übernommen. In bedenklicher Weise wird von der in „Gesetz und Richterkunst" gewählten Anordnung auf eine Rangfolge der Wertmaßstäbe geschlossen, die von Wieacker so nicht vorgenommen wird. *Kaufmann/Hassemer/Neumann/Saliger*, Rechtsphilosophie und Rechtstheorie, zitieren Wieacker nur in ihren Fußnoten und dann meist dessen Privatrechtsgeschichte; in Bezug auf die Dogmatik wird Wieacker nur in wenigen Fußnoten ohne nähere Reflexion seiner Arbeiten erwähnt. *Larenz*, Methodenlehre, zitiert ebenfalls Wieacker meist nur mit dessen Privatrechtsgeschichte; allein zu „Gesetz und Richterkunst" finden sich zwei Fußnoten, die aber nicht näher Wieackers Methode verarbeiten. *Pawlowski*, Methodenlehre für Juristen, geht nur in einer Fußnote zur Topikdiskussion stärker auf Wieacker ein; im Übrigen finden sich nur kurze Bezugnahmen in einzelnen Fußnoten. *D. Simon* (Hrsg.), Ausgewählte Schriften, kritisiert in seinem Vorwort die mangelnde Rezeption der Beiträge Wieackers zur Dogmatik. Über einige Titel berichtet jetzt sein Schüler *J. G. Wolf*, Wieacker, 2007.
4 Naturrechtsdiskussion, 1965; vgl. auch Rechtsprechung und Sittengesetz, 1961; Gesetz und Richterkunst, 1957.
5 Praktische Leistung der Rechtsdogmatik, 1970; vgl. auch Gesetz und Richterkunst, 1957; Rechtsfindung, 1974; Formalismus und Naturalismus, 1982.
6 Rechtsfindung, 1974; Formalismus und Naturalismus, 1982; Szientismus, 1978; Topikdiskussion, 1973.
7 Topikdiskussion, 1973; vgl. auch Praktische Leistung der Rechtsdogmatik, 1970; Rechtsfindung, 1974.
8 Gesetz und Richterkunst, 1957; Rechtsprechung und Sittengesetz, 1961; Naturrechtsdiskussion, 1965.

I. Zu Person und Werk Franz Wieackers

1. Zur Person[9]

657 Diese zahlreichen Beiträge lassen ein methodisches Programm als Rechtstheoretiker und Zivilrechtsdogmatiker erkennen, das hier herausgearbeitet werden soll.

658 Franz Wieacker wurde am 5.8.1908 in Stargard in Pommern als Sohn des Richters Franz Wieacker, zuletzt Landgerichtspräsident in Stade, geboren.

659 Mit siebzehn Jahren begann er das Studium der Rechtswissenschaft in Tübingen, wechselte dann nach München und schließlich Göttingen. Nach dem Referendarexamen wurde er im Sommer 1929 Schüler des Romanisten *Fritz Pringsheim*, bei dem er Ende 1930 in Freiburg i. Br. mit einer Arbeit über die „Lex commissoria", d.h. über den Widerruf und Erfüllungszwang im römischen Kaufrecht, promovierte und Assistent wurde. Referendariat und zweites Examen ließ er dann liegen. Es folgten 1931 und 1932 Studienaufenthalte in Rom und Palermo. Im Februar 1933 habilitierte sich Wieacker in Freiburg i. Br. bei Pringsheim mit einem Vortrag zum „Recht der öffentlichen Rundfunksendung" und erhielt die venia legendi für Römisches Recht, Bürgerliches Recht sowie Urheber- und Patentrecht auf der Basis einer Untersuchung über die römische „Societas". Von 1933 bis 1936 übernahm Wieacker Lehrstuhlvertretungen in Freiburg, Frankfurt am Main und Kiel. Am 1.1.1937 wurde er planmäßiger außerordentlicher, zwei Jahre später ordentlicher Professor an der Universität Leipzig, der er bis zum Kriegsende angehörte. Rufe nach Kiel, Berlin und Straßburg hatte er abgelehnt. Der NSDAP war er am 1.5.1937 nach Aufhebung der bekannten Aufnahmesperre beigetreten. Teilweise diente er dann im Krieg und war im Sommer 1945 Kriegsgefangener in Italien. Von 1945 bis 1948 lehrte Wieacker als Vertreter und Lehrbeauftragter in Göttingen und Freiburg i. Br. 1948 wurde er erneut zum ordentlichen Professor, diesmal an der Universität Freiburg i. Br., ernannt, und zwar für Römisches Recht, Bürgerliches Recht und Privatrechtsgeschichte der Neuzeit. Seit Ende 1953 schließlich war Wieacker als ordentlicher Professor in Göttingen tätig und dort Direktor des für ihn gegründeten Instituts für Gemeines und Römisches Recht. Trotz fünf Rufen blieb er Göttingen treu. Wegen seiner fortdauernden Verbundenheit mit der Freiburger Fakultät wurde er 1970 dort Honorarprofessor. 1973 wurde Wieacker auf eigenen Wunsch vorzeitig emeritiert. Er verstarb am 17.2.1994.[10]

660 Wie schon die vielfachen Rufe zeigen, zählt Wieacker zu den **bedeutendsten** deutschen Rechtswissenschaftlern und zu den führenden Rechtsgelehrten des 20. Jahrhunderts.[11] Sein hohes Ansehen im In- und Ausland bezeugen zum einen eine Reihe von Ehrenpromotionen (Freiburg i. Br., Glasgow, Uppsala, Florenz, Barcelona und Rom), zum anderen seine Wahl zum Mitglied in zahlreiche in- und ausländische Gesellschaften (Akademie der Wissenschaften in Leipzig [1941] und Göttingen [1954], korrespondierendes bzw. auswärtiges Mitglied der Heidelberger Akademie [1952], der Accademia Nationale dei Lincei in Rom [1967], des Istituto Lombardo in Mailand [1970], der Royal Academy of Arts and Science of Uppsala [1972], der Bayerischen Akademie der Wissenschaften in München [1973] und der American Society for Legal History).

---

9 Siehe jetzt die ausführliche „Biographische Tabelle" bei *Winkler*, Wieacker, 2013, S. 569–572, die im folgenden Abschnitt mitverwendet wurde.
10 Zu den biographischen Daten *Kim/Marschall*, Zivilrechtslehrer, S. 479; *Wolf*, Franz Wieacker 70 Jahre, JZ 1978, 578; *Lange*, Nachruf, JZ 1994, 354; *Winkler*, Wieacker, 2013, S. 569 ff.
11 *Wollschläger*, Franz Wieacker zum 70. Geburtstag, NJW 1978, 1791; *Lange*, Nachruf, JZ 1994, 354.

Besondere Auszeichnungen waren seine Wahl in den preußischen Orden „Pour le mérite" für Wissenschaften und Künste als Nachfolger von Karl Jaspers 1969, die Verleihung des großen Verdienstkreuzes mit Stern der Bundesrepublik Deutschland 1978 sowie des „Premio Internazionale per le Scienze Giuridiche della Fondazione Feltrinelli", des „Nobelpreises für Juristen", 1985.[12] Vereinzelt wurden Ehrungen aber auch unterlassen im Hinblick auf die NS-Zeit Wieackers.

2. Zum Werk

In dem sehr umfangreichen Werk Wieackers[13] bildet das **Römische Recht** einen Schwerpunkt. Beginnend mit der Dissertation über die „Lex commissoria" und der Habilitationsschrift über die „Societas", hat Wieacker in den Jahren seiner wissenschaftlichen Arbeit zahlreiche Beiträge dem Römischen Recht gewidmet bis zu seinem letzten großen Werk, dem ersten Band seiner im Handbuch der klassischen Altertumswissenschaften erschienenen „Römischen Rechtsgeschichte". Pionierarbeit hat er hier geleistet durch eine Revision der Textkritik, verbunden mit der Erforschung der allgemeinen Bedingungen der Textüberlieferung. Mit seinem Buch „Textstufen klassischer Juristen" (1960) hat er die romanistische Textkritik auf eine neue Basis gestellt.[14]

Bedeutendes hat Wieacker außerdem für die **neuere Rechtsgeschichte** seit dem mittelalterlichen Bologna geleistet. Mit seiner berühmten, europäisch angelegten „Privatrechtsgeschichte der Neuzeit unter besonderer Berücksichtigung der deutschen Entwicklung" hat er 1952 diese Disziplin mitbegründet.[15] Er zeigt darin die geistesgeschichtlichen und gesellschaftlichen Kräfte der einzelnen Perioden auf, die Rechtsdenken und Privatrechtsgesetzgebung in Deutschland und in Europa bis in die Gegenwart geprägt haben.

Daneben stehen zahlreiche Abhandlungen zum **geltenden Recht**. Im Zivilrecht hat Wieacker bis zuletzt immer wieder zu wichtigen Fragen Stellung genommen, so u.a. zum Bodenrecht und Eigentumsvorbehalt (1938), zu § 242 BGB (1956), zu Funktionen der Forderung (1941), zu Willenserklärung und „sozialtypischem Verhalten" (1943, 1957, 1959, 1961), zu Vertragsbruch (1954), Rechtswidrigkeit und Fahrlässigkeit (1957), Irrtum (1963), Geschäftsgrundlage (1965), Leistungsbegriff (1965), juristischer Person (1973) und Konversion (1990, 1992).[16]

Zur **rechtstheoretischen Diskussion** hat Wieacker in verschiedenen Schriften seit Ende der 1950er, vor allem seit den späten 1960ern und bis in die 1980er Jahre beigetragen.[17] Darunter ist von grundlegender Bedeutung seine 1957 erschienene Schrift „Gesetz und Richterkunst", in der er seine Auffassung zur Methode der Rechtsanwendung, insbesondere in Bezug auf das Verhältnis des rechtsanwendenden Richters zum Gesetz, zum Ausdruck bringt. In seiner wohl bekanntesten rechtstheoretischen Abhandlung „Zur rechtstheoretischen Präzisierung des § 242 BGB" (1956), zeigt Wie-

---

12 *Kim/Marschall*, Zivilrechtslehrer, S. 479; *Wolf*, Franz Wieacker 70 Jahre, JZ 1978, 578; *Lange*, Nachruf, JZ 1994, 354.
13 Beste Bibliographie jetzt von *Behrends* 1995 und *Winkler* 2013.
14 *Wolf*, Franz Wieacker 70 Jahre, JZ 1978, 578 f.; *Lange*, Nachruf, JZ 1994, 354.
15 *Wolf*, Franz Wieacker 70 Jahre, JZ 1978, 578; *Lange*, Nachruf, JZ 1994, 354. Zu diesem Buch jetzt umfassend wissenschaftsgeschichtlich und kritisch *Winkler*, Wieacker, 2013.
16 Siehe die Bibliographien bei *Behrends* 1995 und *Winkler* 2013.
17 Seine wichtigsten rechtstheoretischen Schriften sind gesammelt in *D. Simon* (Hrsg.), Ausgewählte Schriften, Band 2, Theorie des Rechts und der Rechtsgewinnung, Frankfurt am Main 1983.

acker die Möglichkeiten einer präzisierten Ausfüllung einer Generalklausel mithilfe der Dogmatik auf.

665 **Chronologisch** betrachtet begann er 1931 mit 23 Jahren. Es folgten jeweils zwei Schriften 1932, 1933 und in den Jahren 1934–1944 eine größere Zahl von Abhandlungen, und zwar zum großen Teil zum Römischen Recht, aber auch zur neuen Eigentumsverfassung, zum Bodenrecht, zum Eigentumsvorbehalt, zum Erbrecht u.a. In den Jahren 1945–1947 erschien kein, 1948 nur ein Rezensionsbeitrag. Nach 1949, in den 1950er bis 1980er Jahren, lag dann der Schwerpunkt von Wieackers wissenschaftlicher Produktion. Mit einer Vielzahl von Abhandlungen äußerte er sich zu Fragen des Römischen Rechts, des Zivilrechts, der Rechtsgeschichte, insbesondere Privatrechtsgeschichte, sowie der Zivilrechtsdogmatik und Rechtstheorie.

666 Die hier interessierenden **rechtstheoretischen Schriften** fallen in den Zeitraum von der zweiten Hälfte der 1950er bis in die 1980er Jahre, also in einen relativ engen Bereich von 20–30 Jahren. Das Problem eines zeitlichen Wandels seiner Anschauungen stellt sich daher kaum, obgleich nach 1965 eine gewisse Häufung auftritt, mit der Wieacker offenbar auf die vermehrte allgemeine Methodenkritik reagiert. Bei Betrachtung dieser Abhandlungen ist zu erkennen, dass Wieacker immer wieder auf bestimmte **methodische Grundgedanken** zurückgreift. Ein Bruch in seiner juristischen Methode lässt sich nicht feststellen. Nach den gründlichen Untersuchungen von Winkler kann man auch von starken Kontinuitäten zu seinen allgemeineren Grundlagenschriften vor 1945 ausgehen.[18] Im Folgenden dienen die ausdrücklichen Methodenbeiträge nach 1955 als Grundlage.

Freilich sind wesentliche **Kontinuitäten** zu den Elementen seiner Methodenhaltung vor 1945 nicht zu verkennen.[19] Der gerade Dreißigjährige schaltet sich vehement in die damals aktuell gewordene Diskussion[20] über ‚Vertragshilfe' und Vertrags(um)gestaltung ein, wie man es euphemistisch nannte. Das lag in der Tendenz der Zeit zur Vertragskorrektur. Die Tendenz spricht er klar und mit Sympathie an: „Vollends heute [1938], nach der Abdankung des alten Positivismus und dem Zusammenbruch des Gesetzesstaates alten Schlages, scheint der Weg für breitere und freiere Richtermacht offen. Im Kern liegt hierin eine zutreffende Prognose; aber nur sorgfältige Prüfung wird uns davon bewahren, den Umkreis dieser Möglichkeiten zu überschätzen."[21] Die Grenzen für den Richter erwachsen für ihn freilich nicht mehr nur aus der Privatautonomie selbst, sondern teils durch die „Steuerung" durch „gesetztes Sonderrecht" und teils in der Gestaltung durch Staatsverwaltung, ständische Selbstverwaltung und staatliche oder ständische Aufsicht.[22] Eine eigentliche Methodenlehre als Rechtsanwendungslehre hatte in diesem Zusammenhang keinen eigenen Raum und wenig Interesse. Dagegen ist der **verfassungspolitische Hintergrund** von durchgehender Bedeutung. Wieacker stellte dies damals besonders klar in den Zusammenhang der „verfassungspolitischen Entwicklung", d.h. hier der Gewaltenteilung, aber seine richterfreundliche Tendenz vor

---

18 Siehe für vor 1945 und wichtige Kontinuitäten *Winkler*, Wieacker, S. 439 ff., 445 ff. Für vor 1945 kommt im Wesentlichen in Betracht *Wieacker*, Richtermacht und privates Rechtsverhältnis. Eine Übersicht über den Stand der Problematik im Privatrecht, AöR 29 (138) S. 1–39.
19 Dafür nun grundlegend und zugespitzt *Winkler*, Wieacker, S. 439 ff.
20 Vgl. Gesetz über Hypothekenzinsen vom 2.7.1936, G. über eine Bereinigung alter Schulden vom 17.8.1938 (dazu kurz *Rückert*, Das gesunde Volksempfinden ..., ZRG GA 103 (1986) S. 217), Vertragshilfe VO vom 30.11.1939; aufschlussreich auch für vor 1945 *Esser*, Schuldrecht, 2. Aufl. 1960, § 13.4: „Umgestaltung bei ‚Vertragshilfe'".
21 *Wieacker*, Richtermacht, 1938, bei *Wollschläger* (Hrsg.), Zivilistische Schriften, S. 264, auch 294 f.
22 Ebd. 296 f. zusammenfassend.

wie nach 1945 ist durchgehend und davon relativ unabhängig. Sein Motiv ist durchaus sozial. Im Vertragsrecht ging es ihm ganz grundsätzlich „überall" um die „Unzulänglichkeit des liberal gesetzesstaatlichen Regulativs der Privatautonomie" z.B. gegenüber der „ungeschriebenen in den Sondervorschriften des Mietvertrages usw. ausgedrückten Selbstnormierung einer konkreten Lebenslage."[23] Die allgemeine methodische Folge ist: Die „Lebenslagen" werden normativ aufgeladen, präziser: ontologisiert. Folgerichtig kann die bloße Gesetzesnorm nicht der ‚wirklich' maßgebende Anhaltspunkt sein. Nach 1945 nimmt er diese Position zurück, aber sie verschwindet keineswegs ganz. Umso bezeichnender ist es, wie Wieacker nun juristische Methode auffasst.

II. Die juristische Methode Franz Wieackers

1. Grundlagen

Nach Wieacker ist es **Aufgabe der Rechtsdogmatik**, Kriterien für eine rational einsichtige Lösung zwischenmenschlicher Konflikte, d.h. praktische Anweisungen für die Rechtsanwendung zu liefern.[24] Den Kern der Rechtsanwendung bilden rechtliche Entscheidungen, die vornehmlich von den Gerichten, aber auch von der Verwaltung und zum Teil von der Rechtspolitik, insofern sie an verfassungsmäßige Gesetzgebungsverfahren und inhaltlich an das Grundgesetz gebunden ist, getroffen werden.[25] Als Beispiel dienen Wieacker die Entscheidungen des Richters.[26] So betreffen seine dogmatischen Schriften den Prozess der richterlichen Entscheidungsfindung, u.a. deren Charakter,[27] die möglichen Methoden,[28] die Gesetzesbindung und evtl. bestehende Spielräume bei der Rechtsanwendung[29] sowie richterliche Rechtsauslegung und Rechtsfortbildung.[30] Wieackers Methodensätze sind also im Wesentlichen an den das Recht umsetzenden Richter adressiert. Das macht wiederum auf Kontinuitäten in der Sicht der Richterrolle und Methodik aufmerksam.

667

Für das Verständnis der methodischen Gesichtspunkte Wieackers ist ein Blick auf die Ziele und Anforderungen, die an die Rechtsanwendung zu stellen seien, sinnvoll, weil Wieacker hieraus verschiedene **Prämissen seines Methodenkonzeptes** begründet.

668

Ziel des Rechts sei die **Verwirklichung praktischer Gerechtigkeit**.[31] Die richterliche Rechtsanwendung müsse deshalb auf Rechtssicherheit, Gleichbehandlung des Gleichen und Willkürfreiheit ausgerichtet sein.[32] Diese Ziele könnten aber nur erreicht werden, wenn objektivierbare, also rational nachprüfbare, öffentlich einsichtige und kontrol-

669

---

23 Ebd. 269, auch 294 f.
24 *Wieacker*, Praktische Leistung der Rechtsdogmatik, S. 66 f.; vgl. auch *ders.*, Szientismus, S. 127; *ders.*, Formalismus und Naturalismus, S. 139, 148; *ders.*, Gesetzesrecht, JZ 1957, 701 (704).
25 *Wieacker*, Rechtsfindung, S. 101 f.
26 *Wieacker*, Rechtsfindung, S. 101 f.; vgl. auch *ders.*, Gesetz und Richterkunst, S. 3; *ders.*, Recht und Automation, S. 164, 166.
27 *Wieacker*, Gesetz und Richterkunst, S. 4 ff., 7; *ders.*, Gesetzesrecht, JZ 1957, 701 (704); *ders.*, Rechtsgewinnung, S. 176; *ders.*, Topikdiskussion, S. 94.
28 *Wieacker*, Praktische Leistung der Rechtsdogmatik, S. 64 ff., 69 f.; *ders.*, Topikdiskussion, insbes. S. 97 ff.; *ders.*, Rechtsfindung, S. 103 ff.; *ders.*, Formalismus und Naturalismus, S. 140 f., 148 ff.
29 *Wieacker*, Gesetz und Richterkunst, S. 3 ff., 6 ff.,11 ff.; *ders.*, Rechtsprechung und Sittengesetz, S. 28 ff.; *ders.*, Praktische Leistung der Rechtsdogmatik, S. 63 f.
30 *Wieacker*, Rechtsfindung, S. 102; *ders.*, Gesetz und Richterkunst, S. 7.
31 *Wieacker*, Naturrechtsdiskussion, S. 5.
32 *Wieacker*, Praktische Leistung der Rechtsdogmatik, S. 69; *ders.*, Topikdiskussion, S. 98; *ders.*, Rechtsfindung, S. 117; *ders.*, Recht und Automation, S. 165 f.; *ders.*, Rechtsgewinnung, S. 176, 179.

lierbare Kriterien den Prozess der richterlichen Entscheidungsfindung bestimmten.[33] So müsse die Rechtsanwendung möglichst frei von subjektiven Anschauungen und persönlichen sittlichen Wertvorstellungen des Richters sein.[34] Letzteres ergebe sich notwendig auch unter verfassungsrechtlichem Aspekt: Aufgrund des Verbotes der Benachteiligung wegen abweichender weltanschaulicher Meinungen in Art. 3 Abs. 3 GG, aufgrund des Grundrechts der Meinungsfreiheit in Art. 5 Abs. 1 GG und der Gewissensfreiheit in Art. 4 GG sowie aufgrund des Gebots der Achtung der Menschenwürde in Art. 1 GG in Verbindung mit der freien Entfaltung der Persönlichkeit in Art. 2 Abs. 1 GG sei es der Rechtsordnung verwehrt, bestimmte sittliche Wertvorstellungen zwingend durchzusetzen, so dass die Rechtsanwendung stets frei von bloß persönlichen Weltanschauungen bleiben müsse.[35] Schließlich müsse bei jeder rechtlichen Entscheidung die Einzelfallgerechtigkeit beachtet werden,[36] da die Entscheidung stets Anwendung einer allgemeinen Regel auf einen konkreten Fall zur Lösung eines konkreten Konflikts sei.

670 Aus dem Ziel der **Gleichbehandlung** des Gleichen folgt für Wieacker, dass sich jede Entscheidung als Anwendung einer **allgemeinen Regel** darstellen lassen müsse, die – mit den Worten des Art. 1 Abs. 2 Schweizer Zivilgesetzbuch (1907) – der Entscheidende „als Gesetzgeber aufstellen würde".[37]

671 Das Erfordernis einer **allgemeinen Regel** und damit der Rechtssicherheit, Gleichbehandlung des Gleichen und Willkürfreiheit sowie das Ziel der Rationalität und Nachprüfbarkeit der rechtlichen Entscheidung gewährleiste zuerst das allgemeine Gesetz, das „die konkrete Konfliktentscheidung durch eine im vorhinein aufgestellte Regel vorwegnehme".[38] Daher scheine die strikt aus dem allgemeinen Gesetz ableitende Methode des „Gesetzespositivismus", wie er sie unverrückt und durchgehend sieht, besonders gut die geforderte Allgemeingültigkeit, Vorhersehbarkeit, Gleichbehandlung und Rechtssicherheit zu erreichen.

672 Wieacker lehnt aber einen reinen **Gesetzespositivismus** aus verschiedenen Gründen entschieden und durchgehend ab.[39] Zum einen genüge er wie alle deduktiven Verfahren – das sind nach Wieacker Verfahren, welche mit streng logischen Schlüssen aus angenommenen Prämissen ableiten – nicht der **Einzelfallgerechtigkeit**.[40] Wegen des Anspruchs der allgemeinen Einsehbarkeit der logischen Schlüsse gewährleisten diese Verfahren zwar Objektivität, Gleichbehandlung des Gleichen und formale Rechtssicherheit. Die strenge Deduktion biete aber keine Sicherheit für „praktische Angemessenheit" und „praktisch-moralische Richtigkeit" der Entscheidung.[41] Dazu müssten

---

33 *Wieacker*, Topikdiskussion, S. 98; *ders.*, Rechtsfindung, S. 117, 119; *ders.*, Szientismus, S. 129; *ders.*, Formalismus und Naturalismus, S. 148; *ders.*, Rechtsgewinnung, S. 176, 179.
34 *Wieacker*, Rechtsprechung und Sittengesetz, S. 26.
35 *Wieacker*, Rechtsprechung und Sittengesetz, S. 24, 26.
36 *Wieacker*, Recht und Automation, S. 166 f.; *ders.*, Praktische Leistung der Rechtsdogmatik, S. 69.
37 Dies ist ein Grundgedanke in Wieackers Methode: vgl. *Wieacker*, Praktische Leistung der Rechtsdogmatik, S. 77; Topikdiskussion, S. 97; Rechtsfindung, S. 117; Szientismus, S. 128; Rechtsgewinnung, S. 179; Zitat des ZGB unten in Rn. 855.
38 *Wieacker*, Praktische Leistung der Rechtsdogmatik, S. 64; *ders.*, Rechtsgewinnung, S. 177.
39 *Wieacker*, Naturrechtsdiskussion, S. 5; *ders.*, Rechtsprechung und Sittengesetz, S. 19; *ders.*, Gesetz und Richterkunst, S. 5/6; *Winkler*, Wieacker, S. 439 ff.
40 *Wieacker*, Praktische Leistung der Rechtsdogmatik, S. 69; *ders.*, Rechtsgewinnung, S. 182; vgl. auch *ders.*, Recht und Automation, S. 166/167. Streng logisch war freilich keine Methode des Gesetzespositivismus, und das „logische" Auslegungselement im 19. Jh. war eine allgemeine Formel, die nicht wie für uns die formale Logik meinte, vgl. hier Rn. 213 ff. zu Puchta und Rn. 1362 ff. zur sog. Begriffsjurisprudenz.
41 *Wieacker*, Praktische Leistung der Rechtsdogmatik, S. 69/70.

die gerechtigkeitsrelevanten Umstände des Einzelfalls in den Entscheidungsprozess einbezogen werden, was aber beim streng aus dem Gesetz ableitenden Verfahren eines Gesetzespositivismus nicht möglich sei.[42]

Ein weiteres Problem des sog. Gesetzespositivismus sieht Wieacker darin, dass die dort erfolgende Gleichsetzung allen Rechts mit dem Gesetz die Gefahr in sich trage, über dem Perfektionismus eines Gesetzesstaates das eigentliche Ziel praktischer Gerechtigkeit zu verlieren und die elementarste Rechtsvernunft nicht mehr zu beachten. Die Gefahr ungerechten positiven Rechts könne zwar durch Vorkehrungen wie gegenseitige Kontrollen, qualifizierte Mehrheiten und unabhängige Verfassungsgerichtsbarkeit vermindert werden, doch könne die Gefahr nicht gebannt werden in einer Rechtsordnung, die sich allein dem positiven Recht verschreibe und eine **überpositive Kontrolle** der Normen auf ihre Gerechtigkeit nicht zulasse. Deshalb müsse eine Rechtsordnung von vornherein offen für überpositive Maßstäbe bleiben.[43]

673

Schließlich sei ein Gesetzespositivismus auch deswegen abzulehnen, weil bereits die **alltägliche Anwendung** von etlichen Gesetzen überpositiver Maßstäbe bedürfe. So seien Begriffe wie die Menschenwürde, die freie Entfaltung der Persönlichkeit oder der Wesensgehalt eines Grundrechts nicht ohne überpositive Maßstäbe auszufüllen.[44] Dass das Grundgesetz diese Maßstäbe positiviert und damit das Problem verändert hat, wird ebenso übergangen wie die Möglichkeit ungerechter überpositiver Maßstäbe.

674

Der entscheidende Einwand Wieackers gegen einen reinen Gesetzespositivismus ist aber ein empirischer Gesichtspunkt mit normativer Folgerung. Entgegen den Vorstellungen des klassischen Gesetzespositivismus, wie Wieacker ihn sieht, erschöpfe sich die Rechtsanwendung nicht in der **Subsumtion** eines streitigen Sachverhalts unter das in der Gesetzesnorm erscheinende hypothetische Urteil im Wege des logischen Syllogismus.[45] Das dem Gesetzespositivismus zugrundeliegende Ideal der Lückenlosigkeit der Rechtsordnung sei schon wegen der Unausschöpfbarkeit der Fallsituationen nicht erfüllbar.[46] Außerdem führe die Sprachgebundenheit einer geschriebenen Norm dazu, dass ihre Anwendbarkeit außerhalb des eindeutigen Kernbereichs erst ermittelt werden müsse und deshalb in diesen Fällen eine Lösung allein aus dem Gesetz nicht möglich sei.[47] Schließlich bedingten der Zeitablauf und die Alterung der Kodifikationen, dass sich der Richter jeden Tag weiter von dem ursprünglichen Ordnungs- und Bewertungsplan der Kodifikation entferne. Der Wandel der Sozial- und Wirtschaftsstrukturen sowie der Wertvorstellungen führe dazu, dass sich auch der gesetzliche Regelungsplan in ständiger Veränderung befinde.[48] Dann aber könnten rechtliche Entscheidungen nicht allein durch logischen Schluss aus der geschriebenen Norm abgeleitet werden; vielmehr müsse sich der **Rechtsanwendende nach der gegebenen Gesellschafts- und Werteordnung** erst die **allgemeine Regel** erarbeiten, die er auf den Einzelfall anwende.[49]

675

---

42 Einleuchtend betont auch *Winkler*, Wieacker, etwa S. 448, die Rechtsfindung am Fall als Ideal, mit zudem grundsätzlicher Zuspitzung: nicht nur Gesetzesmilderung, sondern dominanter Aspekt.
43 *Wieacker*, Naturrechtsdiskussion, S. 5/6.
44 *Wieacker*, Naturrechtsdiskussion, S. 6.
45 *Wieacker*, Gesetz und Richterkunst, S. 5/6; *ders.*, Rechtsprechung und Sittengesetz, S. 30; *ders.*, Szientismus, S. 128; *ders.*, Topikdiskussion, S. 87; *ders.*, Rechtsfindung, S. 102/103; vgl. auch *ders.*, Recht und Automation, S. 166; *ders.*, Rechtsgewinnung, S. 181, 186/187.
46 *Wieacker*, Szientismus, S. 128; *ders.*, Formalismus und Naturalismus, S. 140.
47 *Wieacker*, Szientismus, S. 128; *ders.*, Formalismus und Naturalismus, S. 140.
48 *Wieacker*, Gesetz und Richterkunst, S. 3/4; *ders.*, Szientismus, S. 128.
49 *Wieacker*, Szientismus, S. 128.

676 Besonders deutlich lässt sich nach Wieacker ein **gewandeltes Verhältnis des Zivilrichters** zur Kodifikation des BGB in der Entwicklung vom klassischen, bürgerlichen Rechtsstaat zum **sozialen Rechtsstaat** beobachten. Während der Richter im traditionellen Normensystem allein streitentscheidend tätig gewesen sei, sei er nun auch „zur **fürsorglichen Gestaltung** von Lebensverhältnissen und zur Wohlordnung sozialer und wirtschaftlicher Zustände" berufen, wenn er z.B. im Mietrecht den Schutz des Mieters stärke oder richterliche Vertragshilfe leiste.[50] Da nun aber die gewandelte Staats- und Gesellschaftsordnung mit einem veränderten Normenverständnis verbunden sei – hier sogar mit einem veränderten Verständnis von der Funktion des Zivilrichters, der nun nicht nur streitentscheidend, sondern als „**sozial gestaltender Richter**" agiere – könne die Methode des Gesetzespositivismus, die rechtliche Entscheidungen allein durch logisch zwingende Schlüsse aus der geschriebenen Norm abzuleiten versuche, keine ausreichende Grundlage für die rechtliche Entscheidungsfindung sein.

677 Wieacker lehnt somit die unbedingte Gesetzesherrschaft über den Richter ab.[51] Eine rein logisch-kognitive Gesetzesanwendung ist für ihn nicht möglich.[52]

678 Vielmehr seien ohnehin bereits jede Interpretation und jede Gesetzesauslegung schon eigene **wertende Entscheidung des Richters**, nämlich Wahl zwischen mehreren möglichen Bewertungen.[53] Außer in ganz engen Bereichen wie z.B. der Feststellung von Steuern, Renten, Gebühren oder bei der Anwendung von Altersgrenzen, wo ein logischer Schluss iS der Subsumtion ausreichend sei, enthalte der Prozess der richterlichen Entscheidungsfindung stets **volitive Elemente**.[54] In diesem Wertungsprozess habe der Richter die Aufgabe, die möglichen Bewertungen aufzufinden und zwischen ihnen auszuwählen. Bestünden mehrere Bewertungsalternativen, müsse eine Optimierung erfolgen.[55] Aber auch bereits die Entscheidung im Rahmen des „Vorverständnisses", welche Tatbestände in Bezug auf die Problemgesichtspunkte des Falles in Betracht kämen, sei kein logischer, sondern ein wertend auswählender Vorgang.[56]

679 Wieacker führt noch einen weiteren Grund an, warum die Rechtsanwendung notwendigerweise wertende Entscheidung des Richters sei. Nach Untersuchungen zum ethischen Verhalten beruhe ethisch relevantes Verhalten nicht auf kognitiven Erkenntnisakten, sondern stets auf einer persönlichen Entscheidung zum Guten in einer konkreten Situation.[57] Dann sei aber auch die **richterliche Urteilsfindung als sittlicher Akt** niemals bloße Normanwendung, sondern Wahl zwischen verschiedenen Wertungsmöglichkeiten.[58]

680 Unter **Wertung** versteht Wieacker sehr weit **alle Bestimmungsgründe einer Entscheidung**, wobei der Begriff der Wertung im Wesentlichen dem Interessenbegriff Hecks und dem Wertbegriff der Wertungsjurisprudenz entsprechen soll.[59] Wieacker sieht hier die **Wertungsjurisprudenz** – von ihm auch jüngere Interessenjurisprudenz genannt –

---

50 *Wieacker*, Gesetz und Richterkunst, S. 4/5; vgl. ähnlich 1938, oben zu Rn. 666.
51 *Wieacker*, Gesetz und Richterkunst, S. 6.
52 *Wieacker*, Gesetz und Richterkunst, S. 6; *ders.*, Praktische Leistung der Rechtsdogmatik, S. 59.
53 *Wieacker*, Gesetzesrecht, S. 701, 704; *ders.*, Gesetz und Richterkunst, S. 6/7; *ders.*, Praktische Leistung der Rechtsdogmatik, S. 59, 63; *ders.*, Szientismus, S. 135.
54 *Wieacker*, Rechtsgewinnung, S. 176, 186 f.
55 *Wieacker*, Szientismus, S. 135; *ders.*, Rechtsgewinnung, S. 176 ff., 183.
56 *Wieacker*, Rechtsgewinnung, 1978, S. 182, 187; „Vorverständnis" war Essers Provokationsformel von 1970, siehe oben Rn. 755 ff.
57 *Wieacker*, Naturrechtsdiskussion, S. 13; *ders.*, Gesetz und Richterkunst, S. 11.
58 *Wieacker*, Gesetz und Richterkunst, S. 11; vgl. auch *ders.*, Gesetzesrecht, JZ 1957, 701 (706).
59 *Wieacker*, Topikdiskussion, S. 94; *ders.*, Rechtsfindung, S. 116.

als Fortsetzung der Interessenjurisprudenz, die den Begriff des Interesses durch den Begriff der Wertung ersetzt habe.[60] Dieser Vergleich Wieackers zu den Begriffen des „Interesses" und der „Wertung" hilft für die Erarbeitung der Methode Wieackers aber nicht viel weiter. Er trägt sogar die Gefahr einer vorschnellen Einordnung Wieackers in eine Methodenrichtung in sich. Zum einen erscheint zweifelhaft, ob Wieacker mit der Gleichsetzung von „Interesse" und „Wertung" den Methoden der Interessen- und Wertungsjurisprudenz gerecht wird. Zum anderen soll in dieser Arbeit gerade das Methodenprogramm Wieackers in seinen Grundlagen kritisch erarbeitet werden. Dazu darf aber nicht die äußerliche Bezugnahme Wieackers auf den Interessenbegriff Hecks oder den Wertungsbegriff der Wertungsjurisprudenz betrachtet werden. Es ist vielmehr zu fragen, was der Richter nach Wieacker denn konkret als Bestimmungsgründe seiner Entscheidung, d.h. als „Wertungen" heranziehen, welchem Bereich er also die möglichen „Wertungen" entnehmen soll.

Daraus, dass jede Interpretation, jede Gesetzesauslegung wertende Auswahl zwischen verschiedenen Bewertungsalternativen sei, ergibt sich für Wieacker, dass jeder rechtsanwendende Akt als **Bewertungswahl zugleich ein Stück „punktueller Rechtsfortbildung"** sei.[61] 681

Wieacker unterscheidet demnach in dem Bereich der Rechtsumsetzung, der über die Subsumtion hinausgeht – und das ist, wie dargestellt, die Mehrzahl der rechtlichen Entscheidungen – nicht deutlich zwischen **Gesetzesauslegung und Rechtsfortbildung**. Vielmehr geht beides für ihn ineinander über. Deshalb sind bei ihm für beide Bereiche auch keine getrennten Verfahren der Rechtsfindung zu erkennen. Wieacker entwickelt vielmehr **einheitliche Maximen** für die richterliche Entscheidungsfindung – in der Tat nur Maximen, Leitsätze, und nicht strengere Regeln oder Normen. Deswegen soll im Folgenden zunächst auch ohne Unterteilung in Rechtsauslegung und Rechtsfortbildung Wieackers Vorstellung von richterlicher Urteilsbildung untersucht werden. 682

Man könnte nach der vernichtenden Kritik Wieackers am Gesetzespositivismus und der starken Betonung des Wertungsprozesses und der volitiven Elemente bei der richterlichen Entscheidungsfindung annehmen, dass sich Wieacker nun weniger für eine Orientierung an den positiven Rechtsnormen ausspricht als vielmehr für einen breiteren Bewertungsspielraum des Richters. Wieacker erinnert aber auch wieder an die zu der Rechtsanwendung aufgestellten Forderungen der Rechtssicherheit, Gleichbehandlung des Gleichen, Vorhersehbarkeit der Entscheidungen, die intellektuelle Überprüfbarkeit und Kontrollierbarkeit der Entscheidungsfindung sowie deren Freihaltung von subjektiven Wertvorstellungen des Richters verlangten. Deshalb hält er an der **grundsätzlichen Bindung** des Richters an Gesetz und Recht fest.[62] Freilich, die Bindungskraft von Grundsätzen kann bekanntlich sehr variieren. 683

Mit Ausnahme evident ungerechter Gesetze, die bereits *per definitionem* nach dem Grundgesetz keine Geltung hätten – das sind Gesetze, die z.B. offensichtlich gegen die in Art. 1 GG garantierte Menschenwürde, gegen das Recht auf Leben, körperliche Unversehrtheit und Freiheit in Art. 2 Abs. 2 GG, gegen das Verbot der Zwangsarbeit in Art. 12 Abs. 3 GG verstoßen oder offensichtlich den Wesensgehalt eines Grundrechts 684

---

60 *Wieacker*, Topikdiskussion, S. 94; vgl. aber unten Rn. 1428 ff., 1432 ff. zur Gesetzesbetonung, d.h. den gesetzlichen Wertungen, bei Heck.
61 *Wieacker*, Gesetz und Richterkunst, S. 7.
62 *Wieacker*, Rechtsprechung und Sittengesetz, S. 28.

entgegen Art. 19 Abs. 2 GG antasten – müsse der Richter jedes Gesetz anwenden.[63] Dies sei schon durch die Bindung der Rechtsprechung an „Gesetz und Recht" in Art. 20 Abs. 3 geboten.[64] Bei Zweifeln an der Vereinbarkeit eines Gesetzes mit dem Grundgesetz stehe dem Richter der Weg zum BVerfG nach Art. 100 Abs. 1 GG offen.[65] Es sei demnach dem Richter nicht gestattet, sich wegen eines vermeintlichen, nicht evidenten Verstoßes einer Norm gegen überpositive Maßstäbe von der Gesetzesbindung zu lösen, indem er dieses Gesetz nicht anwende. Würde man diese **Bindung des Richters** lockern, würde der Richter zu beliebiger Suspension von Gesetzen ermächtigt und der Weg für die Verwirklichung der subjektiven Moral des Richters eröffnet.[66] Die Rechtsanwendung müsse aber gerade rational nachprüfbar und frei von subjektiven Anschauungen sein.[67]

685 Wieacker versucht somit einen **mittleren Weg** zwischen den Extremen eines strengen Gesetzespositivismus und einem freien Bewertungsspielraum des Richters, wobei er immer wieder entscheidendes Gewicht auf die Gesetzesbindung legt, wenn er z.B. den eigentlichen Schutz gegen ungerechte Gesetze nicht in der „Lockerung der Gesetzesbindung, sondern in der Verunmöglichung ungerechter Gesetze" sieht.[68]

686 So sei **einerseits** im Hinblick auf Rechtssicherheit und Gleichbehandlung des Gleichen eine strenge Orientierung des Richters an den Gesetzen zu fordern[69] sowie eine Begrenzung des Bewertungsspielraums, weshalb objektivierbare und nachprüfbare Kriterien für die richterliche Entscheidungsfindung gefunden werden müssten.[70] **Andererseits** verbleibe dem Richter bei der Rechtsanwendung, da es sich um einen Wertungsprozess handle, stets ein Wertungsspielraum, und die Gesetzesbindung solle der Richter so handhaben, dass er die Gesetze nicht starr befolge, sondern stets kritisch auf ihre Gerechtigkeit überprüfe.[71]

687 Man kann die **Stellung des Richters** demnach so beschreiben: Der Richter müsse in dem Prozess der Entscheidungsfindung tunlichst persönliche Wertvorstellungen außer Acht lassen, weltanschaulich offen sein und in Orientierung an der Gerechtigkeit den Gesetzen gehorsam sein, nicht aber im Sinne eines „blinden" Gehorsams, sondern wachsam und denkend, immer in Überprüfung der Normen auf ihre Gerechtigkeit. Die Extrempositionen Gesetzespositivismus und freies Werten sind hier unhistorisch und unrealistisch zugespitzt,[72] die Lösung bleibt recht ambivalent. Wieackers großartige, höchst sensible und flexible Sprachkunst vermeidet nach 1945 scharfe positive Festlegungen. Aber seine Sympathien liegen am Ende beim **sozialethisch gestaltenden Richter**, falls ‚nötig' auch bei überpositiven Elementen, und jedenfalls nicht zunächst beim Parlamentsgesetz und liberalen Rechtsstaat. Aus der Identitäts- und Autoritäts-

---

63 *Wieacker*, Rechtsprechung und Sittengesetz, S. 29 f.
64 *Wieacker*, Rechtsprechung und Sittengesetz, S. 29.
65 *Wieacker*, Rechtsprechung und Sittengesetz, S. 29.
66 *Wieacker*, Rechtsprechung und Sittengesetz, S. 29.
67 *Wieacker*, Szientismus, S. 129; *ders.*, Rechtsgewinnung, S. 176.
68 *Wieacker*, Rechtsprechung und Sittengesetz, S. 19.
69 *Wieacker*, Rechtsprechung und Sittengesetz, S. 28.
70 *Wieacker*, Rechtsfindung, S. 117, 119; *ders.*, Szientismus, S. 129.
71 *Wieacker*, Rechtsprechung und Sittengesetz, S. 40.
72 Es gab als allgemeine methodische Linie, also von besonderen Fällen abgesehen, weder diesen reinen Gesetzespositivismus (Normativismus mit Carl Schmitt 1934), noch das bloß logische Ableiten, noch die bloß wertend freien Richterentscheidungen, usw., siehe unten im Überblick Rn. 1362 ff. zur Begriffsjurisprudenz, 1402 ff. zum Freirecht, 1413 ff. zur Interessenjurisprudenz, usw. Wieackers Geschichtsbild ist insoweit ersichtlich durch die antiliberale Polemikbrille der 1933er Jahre bestimmt, s. oben Rn. 6 ff.

krise der Jurisprudenz nach 1945 nimmt er immer noch ‚den Richter' als sicherste und dynamische Gerechtigkeit mit. Das lockert auch seine Methodik auf.

2. Der Prozess der richterlichen Entscheidungsfindung im Einzelnen

Die entscheidende Frage des richterlichen Entscheidungsfindungsprozesses ist daher, wie der **Bewertungsspielraum des Richters** gehandhabt werden soll, um subjektive Entscheidungen und Willkür zu vermeiden und die notwendige Rechtssicherheit zu gewährleisten. Nach Wieacker müssen objektivierte, intellektuell überprüfbare und öffentlich einsehbare Kriterien aufgefunden werden.[73]

Die Erkenntnis, dass der Richter allein durch Gesetzes*anwendung*, d.h. durch bloße Subsumtion des Streitfalls unter eine gesetzliche Norm die Entscheidung nicht finden könne, führe notwendig, so der Schluss, zur Suche nach verbindlichen außergesetzlichen Richtlinien der Rechtsprechung.[74] Es gehe also um die Auffindung eines **außergesetzlichen Wertungsplans**, d.h. vorpositiver Sätze rechtlichen Sollens.[75]

Dabei müsse das Verfahren zur Auffindung objektivierbarer Kriterien **zugleich soziale Realität und normativ Gesolltes** einbeziehen.[76] Ein Verfahren, das allein das normativ Gesollte beachte und das empirische Sein aus seiner Betrachtung ausschließe – von Wieacker als juristischer **Formalismus** bezeichnet, worunter er verschiedene Spielarten des Positivismus, so u.a. den Legalismus der **école exégétique** und die Begriffsjurisprudenz in Deutschland verstehen will[77] –, könne keine Inhalte eines vorgesetzlichen Sollens angeben.[78] Außerdem sei Recht ein Phänomen sozialer Interaktion,[79] weshalb es notwendig sei, die gesellschaftliche Wirklichkeit zur Auffindung außergesetzlicher Gerechtigkeitswerte heranzuziehen.

Andererseits sei aber auch ein Verfahren, das sich allein auf die gesellschaftliche Wirklichkeit ausrichte und das rechtlich Gesollte außer Betracht lasse, nicht akzeptabel. Denn zum einen sei Recht **per definitionem etwas Gesolltes**; dann dürfe Recht aber nicht als bloß Tatsächliches beschrieben werden.[80] Zum anderen schließe ein solches Verfahren fälschlicherweise vom empirischen Sein auf das normativ Gesollte.[81] Schließlich beinhalte es viele Unsicherheiten und gebe keinen ausreichenden Schutz gegen willkürliche Entscheidungen, nämlich dann, wenn dem Richter durch das Gesetz kein Wertungsprogramm vorgegeben und nun fraglich sei, welche gesellschaftlichen Wertungen er heranziehen solle – z.B. die Wertungen der Mehrheit insgesamt oder nur der Mehrheit der Fachkundigen – und wie er diese Wertungen feststellen solle.[82]

Folglich ließen sich außergesetzliche Gerechtigkeitswerte als Richtlinie für den Wertungsprozess des Richters nur unter Orientierung **sowohl an der sozialen Wirklichkeit**

---

73 *Wieacker*, Rechtsgewinnung, S. 176 f.; *ders.*, Praktische Leistung der Rechtsdogmatik, S. 63; *ders.*, Rechtsfindung, S. 117, 119; *ders.*, Szientismus, S. 129; *ders.*, Formalismus und Naturalismus, S. 148.
74 *Wieacker*, Gesetz und Richterkunst, S. 8, 17; *ders.*, Rechtsprechung und Sittengesetz, S. 30; *ders.*, Formalismus und Naturalismus, S. 140.
75 *Wieacker*, Formalismus und Naturalismus, S. 140 f.
76 *Wieacker*, Formalismus und Naturalismus, S. 150 f.
77 *Wieacker*, Formalismus und Naturalismus, S. 145; diese Topoi verwenden wiederum eine unhistorisch zugespitzte Perspektive.
78 *Wieacker*, Formalismus und Naturalismus, S. 147 f.
79 *Wieacker*, Formalismus und Naturalismus, S. 149.
80 *Wieacker*, Formalismus und Naturalismus, S. 148.
81 *Wieacker*, Formalismus und Naturalismus, S. 148.
82 *Wieacker*, Formalismus und Naturalismus, S. 148.

als auch am normativ Gesollten auffinden – wie erwähnt wird nach 1945 eine genauere positive Festlegung vermieden.

693 Keinen ausreichenden, außergesetzlichen Maßstab für die Rechtsprechung gebe das **subjektive Rechtsgewissen oder Rechtsgefühl**, da es keine objektiven Inhalte liefere und keine rationale Nachprüfbarkeit sowie Allgemeingültigkeit gewährleiste, die aber zum Wesen der Gerechtigkeit gehörten.[83]

694 Einen positiven Ansatz zur Aufstellung von Bewertungskriterien biete die **Interessenjurisprudenz**, wenn sie die vom Gesetzgeber vorgestellten und bewerteten Interessen analysiere.[84] Positiv herauszuheben sei hier die Orientierung an der Gesetzesnorm unter gleichzeitiger Bezugnahme auf die in der Wirklichkeit bestehenden Interessenlagen.[85] Die Interessenjurisprudenz sei allerdings nur im Bereich der Gesetzesanwendung und -auslegung hilfreich. Sobald eine gesetzgeberische Interessenbewertung nicht aufzufinden sei, versage sie als Methode notwendigerweise, weil sie dort keine Maßstäbe für die Bewertungswahl des Richters liefern könne.[86] Nach Wieacker sind daher außergesetzliche, objektiv verpflichtende Maßstäbe zur Handhabung der richterlichen Bewertungsspielraums zu suchen,[87] um die nötige Nachprüfbarkeit und Vorhersehbarkeit der Entscheidungen und damit Rechtssicherheit, Gleichbehandlung des Gleichen sowie Willkürfreiheit zu erreichen. Wieacker spricht sich für die **Anerkennung unbedingt verpflichtender, außergesetzlicher Bewertungsmaßstäbe** aus.[88] Diese seien allerdings **nicht als System allgemeiner Normen** mit unveränderlichem materialen Inhalt zu verstehen.[89] Die Unmöglichkeit einer **absoluten** materialen Wertethik ergibt sich für Wieacker zum einen aus der Geschichtlichkeit der Wertmaßstäbe und der Ethik.[90] Da menschliches Handeln immer persönlich, geschichtlich und situationsbezogen sei, könne es für richtiges Handeln keine allgemeingültige materiale Norm geben, die von Person, Geschichte oder Situation absehen könne.[91]

695 Nach Wieacker spricht noch ein weiterer Grund **gegen eine abstrakte, normative Rechtsethik**. Jedem ethischen Verhalten und damit auch der richterlichen Urteilsfindung als praktisch-ethischem Verhalten liege eine **persönliche Entscheidung** zum Guten in einer konkreten Situation zugrunde.[92] Damit sei aber gerade ein System inhaltlich unveränderbarer Normen als verbindlicher Maßstab für den rechtsanwendenden Richter nicht vereinbar.[93] Daraus ergebe sich die Frage, ob wegen des hier auftretenden Gegensatzes, dass allgemein verbindliche Wertmaßstäbe notwendigerweise abstrakt, verantwortliches Handeln in einer Situation aber immer konkret sei, allgemein verbindliche Maßstäbe für den Richter überhaupt auffindbar seien.[94] Wieacker will dieses Problem lösen, indem er die **Aufgabe der Rechtsethik** nicht in der Vorgabe eines Systems **absoluter** Normencodices von bestimmtem materialen Inhalt sieht – weil eine

---

83 *Wieacker*, Gesetz und Richterkunst, S. 9.
84 *Wieacker*, Gesetz und Richterkunst, S. 9; positive Bewertung auch in *ders.*, Gesetzesrecht, JZ 1957, 701 (704).
85 *Wieacker*, Gesetz und Richterkunst, S. 9.
86 *Wieacker*, Gesetz und Richterkunst, S. 9.
87 *Wieacker*, Gesetz und Richterkunst, S. 9.
88 *Wieacker*, Gesetz und Richterkunst, S. 10.
89 *Wieacker*, Gesetz und Richterkunst, S. 10 f.
90 *Wieacker*, Gesetz und Richterkunst, S. 10.
91 *Wieacker*, Gesetz und Richterkunst, S. 10.
92 *Wieacker*, Gesetz und Richterkunst, S. 11; vgl. oben Rn. 679.
93 *Wieacker*, Gesetz und Richterkunst, S. 10 f.
94 *Wieacker*, Gesetz und Richterkunst, S. 11.

solche nach dem eben Geschilderten gar nicht möglich ist – sondern in der Bereitstellung objektivierbarer und verbindlicher Maßstäbe für die praktische Urteilsfindung, die dem Richter unmittelbar vollziehbare Anweisungen für eine gerechte Urteilskunst geben sollen.[95] So sei es möglich, dem Richter einsehbare, nachprüfbare und unbedingt verpflichtende Maßstäbe zur Handhabung seines Bewertungsspielraums zur Verfügung zu stellen, die Wieacker als **Regeln guter Richterkunst** bezeichnet.[96] Auf diese Weise bestünden zwar keine allgemein verbindlichen Maßstäbe für die inhaltliche Entscheidung des Richters, aber doch objektivierbare, verbindliche Anweisungen für das praktische Handeln, d.h. die praktische Vorgehensweise des Richters in jedem Einzelfall.[97] Woher diese Objektivierbarkeit und Verbindlichkeit herrühren sollen, bleibt freilich zu fragen.

Vor diesem Hintergrund lässt sich auch die Frage nach dem **Verhältnis Wieackers zum Naturrecht** klären. Danach kann es für Wieacker kein Naturrecht im Sinne eines **absoluten** inhaltlichen Systems von Normen geben.[98] In einer gegebenen geschichtlichen Lage ließen sich dagegen durchaus überpositive Maßstäbe und Weisungen der Gerechtigkeit auffinden.[99] Wieacker lässt es offen, ob man diesen Bestand objektivierbarer, methodisch auffindbarer Kriterien eines gerechten Rechts als Naturrecht bezeichnen solle.[100]

696

Wo lassen sich diese objektivierbaren und rational nachprüfbaren Maßstäbe richterlicher Urteilskunst finden? Die verbindlichsten Aussagen, die sich auch am stärksten dem positiven Recht annähern, ergeben sich nach Wieacker aus den ausdrücklichen **Wertungen des Grundgesetzes**.[101] Als Beispiel nennt Wieacker sittliche Grundsatzwertungen wie Menschenwürde oder freiheitliche Grundordnung sowie politische Bekenntnisse der Verfassung zur Gleichberechtigung, zur Sozialstaatlichkeit oder zum Föderalismus.[102] Soweit diese Wertungen allerdings ausdrücklich im Grundgesetz Niederschlag finden, sind diese Wertmaßstäbe aber eigens positiviert und keine Stütze mehr für Außergesetzliches. Wieacker hält demgegenüber an der immer wieder so reizvollen wie gefährlichen **Doppelung der Rechtswelt** fest. Weiterhin sollen Wertungen dem in der Verfassung, den Kodifikationen und den Gesetzen zum Ausdruck kommenden Wertungszusammenhang der Gesamtrechtsordnung entnommen werden.[103] Hier befindet sich Wieacker im Rahmen der systematischen Auslegung und noch in ziemlicher Nähe zu den positiven Normen. Am Beispiel Nipperdey kann man eine schärfere Verarbeitung dieses Aspekts sehen.[104]

697

Als wichtigste außergesetzliche Richtlinie der Urteilsfindung nennt Wieacker die **bewährte Judikatur**, d.h. den anerkannten, von den Fachgenossen und den Gerichten gebilligten und typischerweise befolgten Gerichtsgebrauch. Dieser sei als Maßstab für die richterliche Entscheidungsfindung geeignet, weil sich in richterlicher Kasuistik Erfahrungen ausbilden und unbrauchbare Problemlösungen ausgeschieden würden.

698

---

95 *Wieacker*, Gesetz und Richterkunst, S. 11 f., 17.
96 *Wieacker*, Gesetz und Richterkunst, S. 12.
97 *Wieacker*, Gesetz und Richterkunst, S. 11.
98 *Wieacker*, Naturrechtsdiskussion, S. 12.
99 *Wieacker*, Naturrechtsdiskussion, S. 14.
100 *Wieacker*, Naturrechtsdiskussion, S. 8.
101 *Wieacker*, Gesetz und Richterkunst, S. 12; vgl. auch *ders.*, Szientismus, S. 128; *ders.*, Rechtsprechung und Sittengesetz, S. 30, 38.
102 *Wieacker*, Gesetz und Richterkunst, S. 12.
103 *Wieacker*, Szientismus, S. 128.
104 Siehe oben Rn. 184 ff., auch unten 1435.

Durch den geforderten Konsens der Fachgenossen und Gerichte könnten willkürliche Entscheidungen verhindert und Objektivität und Nachprüfbarkeit der Entscheidungsfindung gesichert werden.[105] Er setzt seine Hoffnungen also in den Juristenstand, dessen Nicht-Bewährung vor 1945 dabei nicht diskutiert wird. Offenbar war sein Vertrauen in den Juristenstand 1958 nach wie vor oder neu gesichert.

699 Als weiterer Maßstab sollen in Zustimmung zu Esser[106] die allgemein anerkannten, geschichtlich vergänglichen **Zeitwahrheiten** einer gegebenen nationalen oder übernationalen Rechtskultur, die von Esser sog. „standards" herangezogen werden. Es handle sich dabei um „positivierbare und eindeutig bestimmbare kulturelle Anschauungen unserer Zeit".[107] Insofern sei auch die Formel des Reichsgerichts vom „Anstandsgefühl aller billig und gerecht Denkenden" durchaus zutreffend.[108] Auch hier biete die geforderte **Konvention**, nämlich der notwendige Konsens der Rechtsdenkenden der Zeit, Schutz gegen Subjektivität der Entscheidungen. Denn der konventionelle Charakter verbiete es dem Richter, Wertvorstellungen seiner Person oder einer bestimmten Volksgruppe zugrundezulegen.[109]

700 Schließlich kämen als verbindliche Regeln praktischer Urteilskunst die anerkannten und in feste und bestimmte Vorschriften gebrachten **Grundsätze richterlicher Billigkeit** in Frage, die im Wesentlichen aus § 242 BGB entwickelt wurden. Darunter zählt Wieacker z.B. das „venire contra factum proprium", also das Verbot, sich nicht in Widerspruch zum eigenen Verhalten zu setzen, der Einwand unredlichen Rechtserwerbs oder die Unzulässigkeit der grob unbilligen, rücksichtslosen Rechtsverfolgung. Ebenso wie bei der bewährten Judikatur und den allgemein anerkannten sozialen, kulturellen und ethischen Anschauungen wirke hier der notwendige Konsens Willkür und Subjektivismus entgegen.[110]

701 Wieacker erwähnt außerdem unter Bezugnahme auf Esser[111] die „**Natur der Sache**" und mit Welzel die „sachlogischen Strukturen" oder eine „Gerechtigkeit der Dinge" als weitere außergesetzliche Maximen für die richterliche Rechtsumsetzung.[112] Die Gefahr, sich damit auf im Vergleich zum parlamentarischen Gesetz gewiss schwere kontrollierbare Weise jeweils sehr zeitgebundenen Maßstäben auszuliefern, wird nicht diskutiert.

702 Schließlich könne noch die **bewährte Lehre** unmittelbar vollziehbare Anweisungen an den Richter enthalten.[113] In Zustimmung zu Esser sollen System, Institution und Rechtsbegriff die notwendigen Maßstäbe für die rechtliche Entscheidungsfindung liefern.[114] Dabei seien System, Institution und Rechtsbegriff nicht als der Subsumtion zugänglicher Normenkomplex zu verstehen, sondern vielmehr als **Repertoire von Problemlösungsvorschlägen**, die bei wiederholter, praktischer Bewährung durch den Kon-

---

[105] Wieacker, Gesetz und Richterkunst, S. 15.
[106] Wieacker, Gesetzesrecht, JZ 1957, 701 (704).
[107] Wieacker, Gesetz und Richterkunst, S. 12 f.; ders., Gesetzesrecht, JZ 1957, 701 (704); vgl. auch ders., Rechtsprechung und Sittengesetz, S. 39; ders., Szientismus, S. 128.
[108] Wieacker, Gesetz und Richterkunst, S. 13; ders., Topikdiskussion, S. 95.
[109] Wieacker, Gesetz und Richterkunst, S. 13.
[110] Wieacker, Gesetz und Richterkunst, S. 13.
[111] Wieacker, Gesetzesrecht, JZ 1957, 701 (704); siehe zu Esser unten Schäfer, Rn. 755 ff.
[112] Wieacker, Gesetz und Richterkunst, S. 13, siehe zu Welzel jetzt näher Winkler, S. 362 ff., auch 450 zu Gerechtigkeit der Dinge.
[113] Wieacker, Gesetz und Richterkunst, S. 14; ders., Rechtsprechung und Sittengesetz, S. 31.
[114] Wieacker, Gesetz und Richterkunst, S. 14; ders., Gesetzesrecht, JZ 1957, 701 (704).

sens der Fachgenossen Verbindlichkeit für die Rechtsprechung gewinnen können.[115] Als Beispiel für die Anwendung dieser Richtlinien nennt Wieacker den Fall, dass ein Vater die Heilkosten für sein durch Drittverschulden verletztes Kind auslege und vom Dritten Schadensersatz verlange. Nach Rechtsprechung und Lehre erhalte der Vater hier Schadensersatz aus Geschäftsführung ohne Auftrag für den Dritten. Wieacker sieht hier den entscheidenden Lösungsschritt in der Zuordnung des Instituts „Geschäftsführung ohne Auftrag" zu einer bestimmten Problemgruppe, hier dem Ausgleich an den unterhaltspflichtigen Vater.[116] An diesem Beispiel zeige sich, wie bestimmte Institute oder Rechtsbegriffe richtungsweisend für die richterliche Entscheidungsfindung sein können.

Betrachtet man die von Wieacker genannten Maßstäbe praktischer richterlicher Urteilskunst, so lässt sich zunächst feststellen, dass Wieacker eine nahezu verwirrende **Vielzahl von Orientierungsfaktoren** für den Entscheidungsfindungsprozess anbietet, sei es in der Judikatur, der Lehre, den gesellschaftlichen Wertvorstellungen oder anderen Bereichen. Es sind Richtlinien guter Urteilskunst ohne nähere Inhalts- oder Verhältnisbestimmung.

Nach Wieacker haben diese Richtlinien guter Urteilskunst aber auch eine **limitierende Wirkung**. Sie schließen nämlich ein Zurückgreifen auf solche allgemeinen Postulate und außerrechtlichen Gebote aus, die nicht durch Verfassungsprinzipien, oder bewährte, durchschnittliche, rechtskulturelle Anschauungen, anerkannte Regeln richterlicher Billigkeit, Sachnatur, bewährte Lehre und Judikatur legitimiert sind.[117] Der Richter sei also bei der Auffindung außergesetzlicher Richtlinien für die gerechte Urteilskunst nicht frei, was auch im Hinblick auf die von Wieacker geforderte Objektivität und Vorhersehbarkeit der Entscheidung sowie Gleichbehandlung und Rechtssicherheit eine konsequente Forderung ist. Ob sie freilich mehr als verbal eingelöst wird, erscheint fraglich.

Von besonderer praktischer Bedeutung ist die Frage, in welchem **Rangverhältnis** die dargestellten außergesetzlichen Richtlinien praktischer Richterkunst zueinander stehen. Wieacker hebt heraus, dass die **verbindlichsten Maßstäbe** aus den „ausdrücklichen Wertungen des Grundgesetzes" zu entnehmen seien.[118] Ansonsten gibt er keine Rangfolge an. Aus der Reihenfolge in der Darstellung allein lässt sich keine Gewichtung entnehmen. Dies wird z.B. daran deutlich, dass Wieacker die bewährte Judikatur als Maßstab erst ganz am Schluss seiner Anordnung nennt,[119] woraus man bei oberflächlicher Betrachtung schließen könnte, dass sie erst in letzter Linie heranzuziehen sei.[120] Er bezeichnet sie dann aber als **wichtigste außergesetzliche** Richtlinie der Urteilsfindung.[121] Die bewährte Judikatur biete dem Richter die unmittelbarste Orientierung.[122] Das bedeutet allerdings nicht, dass sie nun eine höhere Verbindlichkeit als die anderen Richtlinien für sich in Anspruch nehmen könne. Es findet sich demnach bei Wieacker **keine bestimmte Rangfolge** der einzelnen außergesetzlichen Maßstäbe richterlicher Urteilskunst.

---

115 *Wieacker*, Gesetz und Richterkunst, S. 14.
116 *Wieacker*, Gesetz und Richterkunst, S. 8, 14.
117 *Wieacker*, Gesetz und Richterkunst, S. 15.
118 *Wieacker*, Gesetz und Richterkunst, S. 12.
119 *Wieacker*, Gesetz und Richterkunst, S. 15.
120 So fälschlicherweise *Fikentscher*, Methoden des Rechts, S. 414.
121 Vgl. oben Rn. 698 mit Fn.
122 *Wieacker*, Gesetz und Richterkunst, S. 15.

706 Am Ende lässt sich nur soviel festhalten, dass jedenfalls die **Wertungen der Verfassung** vorrangig vor allen anderen Faktoren heranzuziehen seien. Die Verfassung als grundlegende Wertung nimmt also eine wichtige Stellung in Wieackers Methodik ein; so finden sich in verschiedenen Punkten seiner Methodik immer wieder Bezüge auf die Verfassung.[123] Es erscheint mir deshalb als legitim, bei Wieacker von einer **verfassungstheoretischen Einbindung seiner Methode** zu sprechen. Dass auch dieser Bezug seine starken Ambivalenzen hat, ist angesichts der mehrfachen Verfassungswandlungen gerade im deutschen 20. Jahrhundert nicht zu übersehen. Ähnlich wie bei Nipperdey hätte jedenfalls die sog. Konstitutionalisierung auch des Privatrechts in Wieacker wohl keinen Kritiker gefunden.

3. Einordnung

707 Zur Einordnung Wieackers in Kategorien der Methodenlehre soll an eine von ihm vorgenommene Unterscheidung von Rechtsfindungsverfahren angeknüpft werden. Danach bestehen **zwei Grundrichtungen** von Rechtsfindungsverfahren, nämlich die deduktiv-systematische Vorgehensweise als strenges Ableitungsverfahren, wozu für Wieacker Axiomatik und Begriffsjurisprudenz zählen, sowie das induktiv-pragmatische Verfahren, wozu Fallrecht, Interessenjurisprudenz, die Freirechtsschule, der skandinavische Realismus und die juristische Topik gehören sollen.[124]

708 Unter **deduktiven Verfahren** versteht Wieacker Methoden, die sich auf die allgemeine Einsehbarkeit logischer Schlüsse aus angenommenen Prämissen stützen.[125] Positiv an diesen Verfahren sei die Allgemeingültigkeit der die Entscheidung bestimmenden Regeln, welche den an die Rechtsanwendung gestellten Anforderungen der Vorhersehbarkeit, intelligiblen Objektivität, Gleichbehandlung des Gleichen und Rechtssicherheit gerecht werde.[126] Diese Methode des Gesetzespositivismus erfülle die Postulate der Allgemeingültigkeit, Willkürfreiheit und Rechtssicherheit besonders gut. Andererseits wurde aber festgestellt, dass sie aus verschiedenen Gründen als Rechtsfindungsverfahren abzulehnen sei. Denn zum einen berücksichtige sie wie alle deduktiv-axiomatischen Verfahren nicht die Einzelfallgerechtigkeit, die ebenfalls ein Erfordernis jeder Rechtsanwendung sei.[127] Der **wesentliche Einwand** Wieackers gegen die strengen Ableitungsverfahren liegt aber dann darin, dass Rechtsanwendung stets ein Wertungsprozess sei, der sich in der Wahl des Richters zwischen verschiedenen Bewertungsalternativen zeige;[128] und diese wertende Entscheidung entziehe sich notwendigerweise einer rein logischen, begrifflichen Ableitung. Daher kommt ein rein deduktives Rechtsfindungsverfahren für Wieacker nicht in Betracht.

709 Den **induktiven Verfahren** sei gemeinsam, dass sie auf eine strenge Ableitung der Entscheidungen aus bestimmten Axiomen oder Rechtsbegriffen verzichteten.[129] Im Übrigen bestünden viele Unterschiede. Während zum Teil an einer rationalen Ableitung zwar nicht aus bestimmten Axiomen mit festem Stellenwert, aber aus allgemein formulierbaren Grundsätzen festgehalten werde, nehme z.B. der extreme Teil der Freirechtsschule einen „freien Bewertungsspielraum" des Richters ohne allgemeine Maximen

---

123 Vgl. oben Rn. 669, 676, 684.
124 *Wieacker*, Praktische Leistung der Rechtsdogmatik, S. 69; *ders.*, Rechtsfindung, S. 103 f.
125 *Wieacker*, Praktische Leistung der Rechtsdogmatik, S. 69.
126 *Wieacker*, Praktische Leistung der Rechtsdogmatik, S. 69.
127 Vgl. oben Rn. 672.
128 Vgl. oben Rn. 678.
129 *Wieacker*, Praktische Leistung der Rechtsdogmatik, S. 70.

für die richterliche Entscheidungsfindung an.[130] Letztere Richtung wird von Wieacker schon deshalb abgelehnt, weil sich jede rechtliche Entscheidung als Anwendung einer allgemeinen Regel darstellen lassen müsse, die der Entscheidende „als Gesetzgeber aufstellen würde".[131] Eine solche Methode wie die der extremen Freirechtler könne keine Objektivität, Vorhersehbarkeit, Gleichbehandlung und Rechtssicherheit gewähren, was aber zu den Grundanforderungen der Rechtsordnung gehöre.[132]

In Betracht kommen dann noch diejenigen induktiven Verfahren, die den Bewertungsspielraum des Richters durch **allgemeine Maximen** für die richterliche Urteilskunst beschränken. Die **Interessenjurisprudenz** könne in Orientierung an Norm *und* Wirklichkeit die gesetzgeberischen Interessenbewertungen analysieren und durch die Bindung des Richters an diese Allgemeingültigkeit der Entscheidungsgrundlagen auch die Forderung der Rechtssicherheit gewährleisten.[133] Sobald aber keine gesetzgeberischen Interessenbewertungen auffindbar seien, setze sie eigene Interessenbewertungen an die Stelle derjenigen des Gesetzgebers, und zwar vor allem dann, wenn sie den Richter bei Gesetzeslücken ausdrücklich auffordere, nach dem in der konkreten Situation vorzugswürdigeren Interesse zu entscheiden.[134] Dann aber gewährleiste die Interessenjurisprudenz die von Wieacker immer wieder geforderte Objektivität, Einsichtigkeit, Willkürfreiheit und Rechtssicherheit nicht mehr.[135] Ebenso wie die Interessenjurisprudenz sicherten die anderen induktiven Methoden zwar Einzelfallgerechtigkeit, aber dies auf Kosten der objektiven Sicherheit und Einsichtigkeit der Urteilsbegründung.[136]

Wieacker beschäftigt sich näher noch mit der **Leistungsfähigkeit der juristischen Topik** als induktiver Methode. Dabei bezeichnet die Topik ein Verfahren zur Herbeiführung eines Konsenses durch Diskussion der in Betracht kommenden Wertungs- und Lösungsmöglichkeiten eines Falles.[137] Positiv am topischen Verfahren sei, dass es sich zur Auffindung der im Einzelfall relevanten Wertungsmöglichkeiten eigne[138] und außerdem auf die Herbeiführung eines Konsenses gerichtet sei;[139] denn die durch die Konsensbildung gegebene Zustimmung der Rechtsgenossen sei für die Funktionsfähigkeit eines rechtlichen Regelungssystems unerlässlich.[140] Doch lasse sich in der modernen pluralistischen Gesellschaft und zunehmend arbeitsteiligen Welt nur ein sehr geringer Bereich allgemein verfügbarer und anerkannter Gemeinwahrheiten und damit ein Konsens auffinden.[141] In den meisten Fällen könne also die Topik wegen mangelnder Konsensbildung nicht zu Lösungen führen. Noch wichtiger sind allerdings die folgenden **Einwände** Wieackers gegen das topische Verfahren. Die Topik missachte, wenn sie die möglichen Wertungen der freien Diskussion überlasse, die Bedeutung der Verbindlichkeit positiver Normen,[142] die auch durch Art. 20 Abs. 3 GG zwingend vorgegeben sei. Außerdem könne die Topik keine allgemeine Regel angeben, auf welche die Entschei-

---

130 *Wieacker*, Praktische Leistung der Rechtsdogmatik, S. 70.
131 Vgl. oben Rn. 670.
132 Vgl. oben Rn. 669.
133 Vgl. oben Rn. 694; *Wieacker*, Praktische Leistung der Rechtsdogmatik, S. 71 f.
134 *Wieacker*, Praktische Leistung der Rechtsdogmatik, S. 72.
135 *Wieacker*, Praktische Leistung der Rechtsdogmatik, S. 72.
136 *Wieacker*, Praktische Leistung der Rechtsdogmatik, S. 72.
137 *Wieacker*, Praktische Leistung der Rechtsdogmatik, S. 73 f.; *ders.*, Topikdiskussion, S. 82.
138 *Wieacker*, Topikdiskussion, S. 99; *ders.*, Rechtsfindung, S. 118.
139 *Wieacker*, Topikdiskussion, S. 93.
140 *Wieacker*, Topikdiskussion, S. 86, 93.
141 *Wieacker*, Topikdiskussion, S. 94; *ders.*: Rechtsfindung, S. 114.
142 *Wieacker*, Topikdiskussion, S. 97; *ders.*: Rechtsfindung, S. 117.

dung zurückzuführen sei.¹⁴³ Im Hinblick auf die von der Rechtsordnung sicherzustellende Gleichbehandlung des Gleichen, die Vorhersehbarkeit der Entscheidungen, Gerechtigkeit und Rechtssicherheit müsse sich aber unbedingt jede rechtliche Entscheidung als Anwendung einer Entscheidungsmaxime darstellen lassen, die als allgemeine Regel für alle gleich zu bewertenden Fälle formuliert werden könne.¹⁴⁴

712 Die Topik könne deshalb **nicht als alleinige Rechtsfindungsmethode** herangezogen werden;¹⁴⁵ nützlich sei sie allerdings im Vorfeld der eigentlichen Entscheidung. So lege die Topik das „Vorverständnis" des Richters frei und helfe ihm bei der Auffindung des Rechtsproblems, der rechtlich relevanten Elemente des zu beurteilenden Sachverhalts und der verfügbaren Bewertungsalternativen.¹⁴⁶ Trotz der Ablehnung der Topik als alleiniger Rechtsfindungsmethode kann es nach Wieacker Bereiche geben, in denen die Topik die Entscheidung des Richters unmittelbar leiten könne,¹⁴⁷ so u.a. dann, wenn **unbehebbare Wertungswidersprüche** bei der Musterung der Bewertungsalternativen auftreten, d.h. sich aus dem Wertungszusammenhang der Rechtsordnung keine Bevorzugung einer Wertung entnehmen lasse.¹⁴⁸ Es kann also für Wieacker Bereiche geben, in denen die von ihm angeführten allgemeinen Richtlinien für die praktische Urteilsfindung, wie z.B. der Wertungszusammenhang der Gesamtrechtsordnung, zu keiner Lösung führen; in diesen Fällen seien dann die praktischen Vernunftgründe, die sich in der Diskussion als die überzeugendsten herausstellen, als zureichende Bestimmungsgründe der Entscheidung anzusehen.¹⁴⁹

713 Grundsätzlich lässt sich aber sagen, dass als alleinige Methode die Topik von Wieacker nicht als ausreichend angesehen wird. Ebenso genügten die übrigen induktiven Methoden aus den oben genannten Gründen für sich allein nicht den praktischen Anforderungen an die Rechtsdogmatik.¹⁵⁰

714 Nach der von Wieacker vorgenommenen Einteilung entsprechen also weder die deduktiv-axiomatischen noch die induktiv-pragmatischen Verfahren ganz den an die Rechtsanwendung gestellten Anforderungen. Während erstere oft nicht die Einzelfallgerechtigkeit berücksichtigten, genügten letztere oft nicht der Normgerechtigkeit.¹⁵¹

715 Es fragt sich, welches Rechtsfindungsverfahren dann Wieackers Lösung wäre. Betrachtet man noch einmal die Grundlagen seiner Dogmatik, so tritt als **Kern der Rechtsanwendung** immer wieder der **Wertungsprozess** selbst in Erscheinung.¹⁵² Unter diesem Gesichtspunkt scheint Wieacker eher der induktiv-pragmatischen Vorgehensweise zuzuneigen. Ein solches Verfahren muss für ihn aber anders als die bisher genannten induktiven Verfahren Elemente enthalten, die einer Nachprüfung zugänglich sind und Objektivität gewährleisten.

---

143 *Wieacker*, Topikdiskussion, S. 97 f.; *ders.*: Rechtsfindung, S. 117; *ders.*: Praktische Leistung der Rechtsdogmatik, S. 77.
144 *Wieacker*, Topikdiskussion, S. 97 f.; *ders.*: Rechtsfindung, S. 117; *ders.*: Praktische Leistung der Rechtsdogmatik, S. 77; vgl. oben Rn. 670.
145 *Wieacker*, Topikdiskussion, S. 99.
146 *Wieacker*, Topikdiskussion, S. 99; *ders.*, Rechtsfindung, S. 118.
147 *Wieacker*, Topikdiskussion, S. 99.
148 *Wieacker*, Topikdiskussion, S. 100.
149 *Wieacker*, Topikdiskussion, S. 100.
150 *Wieacker*, Praktische Leistung der Rechtsdogmatik, S. 77.
151 *Wieacker*, Praktische Leistung der Rechtsdogmatik, S. 77.
152 *Wieacker*, Rechtsfindung, S. 135.

Wieacker spricht sich schließlich für ein sog. „reduktives Schlußverfahren" aus.[153] Kern dieses Verfahrens sei ein **Ähnlichkeitsurteil**. Wenn sich aus der Erfahrung ergebe, dass in einer Reihe ähnlicher Fälle eine bestimmte Folge eingetreten sei, dann dürfe sie auch für die folgenden gleichartigen Fälle erwartet werden.[154] Dieses Verfahren sei ein Schlussverfahren, das nicht so streng sei wie das deduktive, weil es nur wahrscheinliche Urteile hergebe.[155] Durch die Anknüpfung an positive Normen und Wahrscheinlichkeitsurteile aus langer Erfahrung biete es aber eine Möglichkeit der Nachprüfung und damit Objektivität.[156] Wieacker betont die besondere Leistungsfähigkeit des „reduktiven Schlußverfahrens", die sich aus der Orientierung zum einen an den positiven Normen, die in einer modernen differenzierten und pluralistischen Gesellschaft unverzichtbar seien, und zum anderen am Rechtszweck, dem Interesse, der Bewertung, die der fortschreitenden sozialstaatlichen Entwicklung besonders entgegenkomme, ergebe.[157] Hier bestätigt sich die von Wieacker vertretene Orientierung des Richters an Norm *und* Wirklichkeit, wie sie im Fall zusammenkommen. Etwas traditioneller gesagt, handelt es sich um die Methode der Analogie und des Fallvergleichs.[158]

716

Bezeichnend für Wieacker ist nun allerdings, dass er **keine Rechtsfindungsmethode für zwingend hält**. So sei zwar der Richter zur Begründung seiner Entscheidung verpflichtet, doch sei ihm keine Begründungsmethode vorgeschrieben.[159] Folglich hält Wieacker auch eine Kombination verschiedener methodischer Ansätze für möglich und auch sinnvoll.[160] So schlägt er eine Funktionsteilung zwischen Topik und systematischer Ableitung vor.[161] Die Topik könne zur Auffindung des Einzelfallproblems und der möglichen Bewertungen sowie zum Vorschlag von Lösungsmöglichkeiten, die sich auf allgemein angenommene Maximen stützen können, dienen. Die systematische Ableitung solle dann diese Vorschläge auf ihre Kontingenz im allgemeinen Prinzipien- und Regelungszusammenhang kontrollieren.[162]

717

Das von Wieacker vorgeschlagene „reduktive Schlußverfahren" kann man auch als eine **Kombination von Elementen** deduktiver und induktiver Verfahren sehen. Soweit es das Schlussverfahren betrifft, weist es Merkmale einer systematischen Ableitung auf, soweit es um den Wertungsprozess und die Bezugnahme auf den Rechtszweck, das Interesse bzw. die Bewertung geht, hat es induktiv-pragmatischen Charakter. Die Methode Wieackers lässt sich im Ergebnis kennzeichnen als ein Verfahren, das zwar auf größtmögliche Rechtssicherheit, Gleichbehandlung, Objektivität der Entscheidungen sowie Einzelfallgerechtigkeit zielt, bei dem sich aber die Rechtsanwendung in einem sehr weiten Wertungsprozess vollzieht, und doch wiederum der Bewertungsspielraum des Rechtsanwendenden durch strenge Gesetzesbindung und allgemein verbindliche Regeln richterlicher Urteilskunst beschränkt sein soll.

718

Es ist eine Methode, für welche die **Kombination der Orientierung** an positiven Normen und der Orientierung an der sozialen Wirklichkeit sowie die Kombination systematischer Ableitung zur Sicherung von Objektivität, Rechtssicherheit, Willkürfreiheit

719

---

153 *Wieacker*, Rechtsfindung, S. 105.
154 *Wieacker*, Rechtsfindung, S. 105.
155 *Wieacker*, Rechtsfindung, S. 105 f.
156 *Wieacker*, Rechtsfindung, S. 106.
157 *Wieacker*, Rechtsfindung, S. 106.
158 Siehe dazu unten Rn. 1508 b.
159 *Wieacker*, Praktische Leistung der Rechtsdogmatik, S. 78; *ders.*, Szientismus, S. 129 f.
160 *Wieacker*, Praktische Leistung der Rechtsdogmatik, S. 79.
161 *Wieacker*, Praktische Leistung der Rechtsdogmatik, S. 79.
162 *Wieacker*, Praktische Leistung der Rechtsdogmatik, S. 79.

und induktiv-pragmatischen Vorgehens zur Berücksichtigung der Fallgerechtigkeit charakteristisch ist. Schließlich handelt es sich um eine Methode, die durch verfassungsrechtliche Begründung ihrer Gesichtspunkte eine verfassungstheoretische Grundlegung sucht.

720   Man kann das positiv sehen im Blick auf den besonderen **Reichtum an Zugängen**, den Wieacker bietet und in Balance zu halten sucht. Man kann die Methode Wieackers auch als eine besonders praxisorientierte Methode sehen, da sie ganz den Richter und seine Entscheidung in den Mittelpunkt stellt und dafür detaillierte und schlüssige Begründungen liefert. Sie erscheint in ihren praktischen Anweisungen an den richterlichen Entscheidungsfindungsprozess als brauchbares Verfahren. Dass sich rechtliche Entscheidungen nicht durch bloß logischen Schluss aus dem Gesetz oder sonstigen allgemeinen Normen ableiten lassen, sondern dass Rechtsanwendung stets auch aus einem Wertungsprozess besteht, leuchtet ein und war übrigens stets anerkannt, entgegen manchen wissenschaftsgeschichtlichen Zerrbildern. Damit rechtliche Entscheidungen nicht willkürlich getroffen werden, sondern eine gewisse Objektivität, Gleichbehandlung und Rechtssicherheit gewährleistet werden kann, ist auch eine Begrenzung des Bewertungsspielraums der Rechtsanwendenden notwendig. Die von Wieacker vorgeschlagenen Orientierungsfaktoren geben dafür wiederum praktikable Maßstäbe, die durch ihre Rückbindung an Gesetz, Wertungszusammenhang der Rechtsordnung und den Konsens der Fachgenossen, Gerichte und Rechtsdenkenden eine rationale Überprüfung ermöglichen und damit ein gewisses Maß an Rechtssicherheit gewährleisten können. Als fruchtbarer Ansatz erscheint außerdem die verfassungstheoretische Fundierung der Methodengesichtspunkte durch Wieacker. Denn man kommt unter der Herrschaft des Grundgesetzes nicht umhin, dass sich jede Methode der Rechtsanwendung bzw. jede Art von Rechtsfindungsverfahren als mit der Verfassung vereinbar erweisen muss.

Man kann freilich auch diesen Reichtum und dieses **Balancieren im Verfassungsstaat** für problematisch halten. Wieacker will ohne wirklich dominanten rechtsstaatlichen Gesetzesvorrang auskommen, er lässt erheblichen Raum für außerpositive normative Konkurrenzmaßstäbe, er öffnet die Bewertungstüren außerordentlich weit, er begrenzt die Durchgänge nur vage und belässt die eigentliche Entscheidung in einer Vielfalt von Kriterien, die zwar im Einzelnen, aber im Ganzen kaum rational beherrschbar sein dürfte. Und er setzt sein Vertrauen ganz in ‚sozialethisch' aufgeklärte Richter und Juristen, also den Juristenstand.

III. Anwendung der Methode am Beispiel des § 242 BGB

721   Am Beispiel des § 242 BGB soll nun untersucht werden, ob Wieacker seine methodischen Vorgaben in der Praxis der Rechtsanwendung einhält. Grundlage dafür ist seine Abhandlung „Zur rechtstheoretischen Präzisierung des § 242 BGB". Er stellt in dieser Abhandlung als grundlegenden Aspekt heraus, dass sich die Anwendung des § 242 BGB **nicht im Wege der Subsumtion** durch Vollzug eines logischen Schlusses darstelle,[163] und zwar aus zwei, nun schon bekannten Gründen:

722   Aufgrund der Geschichtlichkeit der Ethik könne es für das immer geschichtliche, persönliche und situationsbezogene Handeln **keine allgemeine materiale Anweisung** geben, die von Geschichte, Situation oder Person absehen könnte. Die Sozialethik könne

---

163   *Wieacker*, § 242 BGB, S. 10 ff.

für soziales Verhalten in einer konkreten Situation wohl Maximen und Richtungstendenzen angeben, nicht aber allgemeingültige Normschemata, unter die subsumiert werden könne. „Treu und Glauben" sowie „die guten Sitten" in § 242 BGB seien deshalb keine fertigen, der Subsumtion zugängliche „Schablonen", sondern eine vom Richter selbst zu realisierende Anforderung in der bestimmten Situation eines Falles.[164]

Schließlich spreche gegen eine Anwendung des § 242 BGB im Wege der Subsumtion, dass Rechtsanwendung sich nicht auf den Vollzug einer logischen Schlussfigur beschränke, sondern **immer schon Interpretation**, d.h. Wahl zwischen mehreren möglichen Bewertungen sei.[165] Besonders stark sei dieses Moment bei so unbestimmten Vorschriften wie den Generalklauseln zu beobachten. Jede Anwendung des § 242 BGB schaffe deshalb am werdenden Recht mit. Da eine Entscheidungslinie nicht vorgegeben sei, würden die Werte, auf die § 242 BGB mit „Treu und Glauben" und der „Verkehrssitte" verweise, erst im Laufe des Entscheidungsfindungsprozesses erarbeitet. § 242 BGB sei demnach nicht als fertige Norm gegeben, vielmehr weise sie auf Erfahrungen, Maximen, Regeln hin, die vom Richter erst in der konkreten Situation aktualisiert werden müssten.[166]   723

Mit der Ablehnung der Urteilsfindung durch reine Subsumtion und der Bezugnahme auf die Geschichtlichkeit der Ethik sowie den Charakter der Rechtsanwendung als Wertungsprozess befindet sich Wieacker ganz im Einklang mit den in seinen anderen rechtstheoretischen Schriften zum Ausdruck kommenden Grundgedanken seiner Methode.[167]   724

Wie soll nun dieser freie Raum der Generalklausel ausgefüllt werden? Die Richtlinien für die Erarbeitung des § 242 BGB seien in dem **Schatz forensischer Erfahrungen und Maximen** zu finden, die Wieacker gegenüber den gesetzlichen Regeln als „ius commune" bezeichnet. Dieses umfasse die Rechtslogik, die naturalis ratio, Natur der Sache und aequitas sowie den Gesamtbestand der anerkannten Entscheidungen, rationes decidendi, Maximen und Leitsätze, die in einer gegebenen Jurisprudenz zu allgemeiner Konvention geworden seien. Zusätzlich sollten auch feste sozialethische Wertungen und tragfähige Prinzipien praktischer Ethik einbezogen werden.[168] Die bei der Anwendung des § 242 BGB herangezogenen Maximen richterlicher Entscheidungskunst müssten entweder auf die erkennbaren und bestimmbaren Anweisungen des Gesetzgebers oder auf praktisch unbestrittene Elementarsätze gerechten Handelns zurückzuführen sein.[169]   725

Die von Wieacker hier aufgeführten Richtlinien für die Anwendung des § 242 BGB stimmen inhaltlich mit den Maximen der bewährten Judikatur, Natur der Sache, sachlogischen Strukturen, allgemein anerkannten Anschauungen und des im Gesetz enthaltenen Wertungsplans überein. Wieacker entspricht hier also auch bzgl. der allgemein verbindlichen Maßstäbe richterlicher Urteilskunst seinen methodischen Vorgaben.   726

Dabei stellt sich die Frage, ob und inwieweit Wieacker bei der praktischen Anwendung des § 242 BGB die von ihm aufgestellten Richtlinien für die richterliche Entscheidungsfindung verwirklicht. Wieacker unterscheidet bei der Anwendung des § 242 BGB **drei**   727

---

164 *Wieacker*, § 242 BGB, S. 12 ff.
165 *Wieacker*, § 242 BGB, S. 14.
166 *Wieacker*, § 242 BGB, S. 14 ff.
167 Vgl. Rn. 675, 678, 694.
168 *Wieacker*, § 242 BGB, S. 17 ff.
169 *Wieacker*, § 242 BGB, S. 19.

Fallgruppen. Da das Grundproblem jeder Generalklausel das Verhältnis des Richters zum geschriebenen Recht sei, wähle Wieacker die drei Fallgruppen je nach dem Verhältnis der Rechtsanwendung nach § 242 BGB zu der sonstigen gesetzlichen Regelung aus.[170]

1. Fallgruppe: „officium iudicis"

728 In der ersten Fallgruppe, die Wieacker als „officium iudicis" bezeichnet, werde der Richter in **Ausfüllung der geschriebenen Rechtsordnung**, d.h. in Verwirklichung des gesetzgeberischen Wertungsplans tätig.[171]

729 Es handle sich hier um den **pflichtmäßigen Urteilsspielraum** – deshalb „officium iudicis" – der sich notwendig aus den Grenzen der Konkretisierung im Schuldrecht ergebe. Der Gesetzgeber habe nämlich nicht alle schuldrechtlichen Grundsätze ausgeformt. § 242 BGB sei deshalb der allgemeine Grundsatz, aus dem sich alle schuldrechtlichen Vorschriften, auch die vom BGB ausformulierten, ableiten lassen müssten. Die durch den Richter erfolgende sinngemäße Entwicklung der Vertragsordnung, die Feststellung des Wie der Leistung sei folglich nur Konkretisierung des gesetzgeberischen Wertungsplans.[172]

730 Den **Sinn des Vertrages** finde der Richter im Gesetz selbst, in der sozialen Konvention, auf die § 242 BGB ausdrücklich mit der „Verkehrssitte" verweise sowie in den „naturalia negotii der gemeinrechtlichen Tradition", sozusagen der Natur der Sache.[173] Aus letzterer ergäben sich z.B. Nebenpflichten eines Vertrages wie die Verpflichtung des Entleihers, die für eine Ausstellung übernommenen Bilder zu versichern, oder das Recht des Verkäufers, vor der Ausübung von Mängelrechten durch den Käufer erst Nachbesserung zu versuchen.[174]

731 Auch bei der Entwicklung der sog. **Schutzpflichten** wie Obhut, Anzeige, Aufklärung uÄ habe der Richter nur die vom Gesetz vorgesehene Leistungspflicht realisiert.[175] Ebenso habe der Richter bei der Entwicklung der positiven Forderungsverletzung nur die Absichten des Gesetzgebers verwirklicht, indem die positive Forderungsverletzung durch Analogie zu den Schadensersatzvorschriften des BGB bei Unmöglichkeit und Verzug begründet wurde, aber noch keine Rechtsschöpfung darstelle.[176]

732 Das Verhältnis der Rechtsanwendung nach § 242 BGB zu den sonstigen gesetzlichen Regelungen ist in der ersten Fallgruppe demnach so zu beschreiben, dass der Richter nur den gesetzgeberischen Wertungsplan vollziehe, und zwar mit fester Richtschnur im Gesetz oder der Verkehrssitte, auf die § 242 BGB verweise.[177]

733 Wieacker betont für diese Fallgruppe ausdrücklich, dass es sich **nicht um Rechtsfortbildung bzw. Rechtsschöpfung** handle.[178] Er trennt folglich hier zwischen Rechtsauslegung und Rechtsfortbildung und setzt sich damit – was er selbst einräumt – in gewissen Widerspruch zu seiner These, dass bereits jede Interpretation als Wahl zwi-

---

170 *Wieacker*, § 242 BGB, S. 21.
171 *Wieacker*, § 242 BGB, S. 21.
172 *Wieacker*, § 242 BGB, S. 21.
173 *Wieacker*, § 242 BGB, S. 21 ff.
174 *Wieacker*, § 242 BGB, S. 23 f.
175 *Wieacker*, § 242 BGB, S. 24.
176 *Wieacker*, § 242 BGB, S. 24.
177 *Wieacker*, § 242 BGB, S. 24 ff.
178 *Wieacker*, § 242 BGB, S. 24 ff.

schen verschiedenen Bewertungsmöglichkeiten ein Akt punktueller Rechtsfortbildung sei.[179] Grundsätzlich sei eine scharfe Trennung zwischen Interpretation und Rechtsfortbildung nicht möglich; trotzdem sei in der ersten Fallgruppe zwischen der Konkretisierungsfunktion des „officium iudicis" und der Funktion der richterrechtlichen Rechtsfortbildung eine Unterscheidung möglich und sogar geboten. Im Bereich des „officium iudicis" realisiere der Richter nämlich nur den gesetzgeberischen Wertungsplan, was wegen der Grenzen der Konkretisierung in den Regeln über Schuldbeziehungen notwendig sei, entscheide aber nicht praeter legem oder contra legem, da er ja gerade nur den gesetzlichen Ordnungs- und Wertungsplan näher ausführe.[180]

Zusammenfassend lässt sich für die erste Fallgruppe als Kennzeichen die Orientierung an der gesetzgeberischen Interessenbewertung, die Realisierung des gesetzlichen Wertungsplans, die Ausrichtung am Gesetz und der sozialen Konvention sowie die Bezugnahme auf die Natur der Sache nennen. Es kommen also die von Wieacker aufgestellten Prämissen von der Orientierung des Richters am Gesetz sowie der Heranziehung des Wertungszusammenhangs, der allgemein anerkannten sozial-kulturellen Anschauungen und der Natur der Sache in der Praxis zur Anwendung.

2. Fallgruppe: „exceptio doli"

Unter der „exceptio doli" fasst Wieacker alle Maximen richterlicher Anforderungen an das **persönliche, rechtsethische Verhalten** der Rechtsparteien zusammen. Es sind die Anforderungen an die Parteien, sich bei der Geltendmachung und Abwehr von Rechten rechtsgenössisch zu verhalten.[181] Dabei handle es sich um feste Traditionen praktischer Ethik, in der gegebenen Jurisprudenz anerkannte und zur Konvention gewordene Grundsätze, d.h. „ius commune" im oben genannten Sinne.[182] Sie haben ihre Rechtfertigung somit als anerkannte, in feste und bestimmte Formen gebrachte **Grundsätze richterlicher Billigkeit**.[183] Wieacker beschränkt sich darauf, Gerechtigkeitselemente zu suchen, auf die sich diese Grundsätze beziehen, um ihre Bestimmtheit zu fördern und sie willkürlichen Entscheidungen zu entziehen.

Als ersten Grundsatz richterlicher Billigkeit nennt Wieacker das „**venire contra factum proprium**", also die Unzulässigkeit des Widerspruchs zum eigenen Verhalten. Dieser Grundsatz wurzele tief in der persönlichen Gerechtigkeit. Er enthalte als Grundgedanken die „constantia", d.h. die Verlässlichkeit, die einen Selbstwiderspruch unzulässig erscheinen lasse.[184] Ausgangspunkt sei der Bedeutungswert, der dem eigenen Verhalten von Rechtsgenossen beigemessen werden dürfe. Deshalb sei das Prinzip des „venire contra factum proprium" als Anwendung der Sätze vom Vertrauen im Rechtsverkehr anzusehen.[185]

Als nächste Maxime richterlicher Anforderungen an das persönliche, rechtsethische Verhalten der Parteien nennt Wieacker das „**dolo agit, qui petit, quod statim redditurus est**", d.h. das arglistige Verhalten desjenigen, der etwas begehrt, was er umgehend zurückgewähren muss. Wieacker sieht die Unzulässigkeit der Geltendmachung

---

179 Vgl. oben Rn. 681.
180 *Wieacker*, § 242 BGB, S. 21 ff., 24 ff.
181 *Wieacker*, § 242 BGB, S. 27.
182 *Wieacker*, § 242 BGB, S. 36, 52; s. oben Rn. 725.
183 Vgl. Rn. 700.
184 *Wieacker*, § 242 BGB, S. 28.
185 *Wieacker*, § 242 BGB, S. 28.

im Fehlen eines „dauerhaften Eigeninteresses".[186] Der Grund dafür liege in der Einheit der bürgerlichen Rechtsordnung. Der Kläger mache hier sein Rechtsschutzbegehren aus einem Mittel zu einem autonomen Selbstzweck. Dies sei ihm von der Rechtsordnung aber nur ausnahmsweise im Wechselprozess, bei der einstweiligen Verfügung und bei den Besitzklagen gestattet. Dort erhielten nämlich einzelne Sicherungsinteressen den Vorrang vor dem Rückgriff auf die Gesamtrechtsordnung. Ansonsten aber verwehre die Rechtsordnung als unteilbare, sofort auf endgültige Zuordnungspunkte zuzugehen, so z.B. wenn der Beklagte nach § 821 BGB dem geltend gemachten Anspruch die Einrede der Bereicherung des Anspruchsgegners entgegenhalten könne.[187]

738 Charakteristisch für das Vorgehen Wieackers ist hier die Orientierung am **Wertungszusammenhang der Gesamtrechtsordnung**, wenn Wieacker z.B. die Wertung des § 821 BGB heranzieht und ihr entgegengesetzte Wertungen im Wechselprozess, bei der einstweiligen Verfügung und den Besitzklagen gegenüberstellt. Es geht dann um die Abwägung dieser Wertungen unter dem Aspekt des Regel-Ausnahme-Verhältnisses, das der Gesamtrechtsordnung entnommen wird.

739 Der „**Einwand des unredlichen Rechtserwerbs**" umfasse die Fälle der Unzulässigkeit der Rechtsausübung, wenn die behauptete Rechtsposition durch eigenes **gesetz- oder vertragswidriges Verhalten** geschaffen worden sei.[188] Den Grund für diese Anforderung an das persönliche, rechtsethische Verhalten der Rechtsparteien sieht Wieacker zum einen in dem Strukturgesetz der **Rechtsgemeinschaft**, wonach die Rechtsgenossen selbst die Maßstäbe setzen, nach denen sie beurteilt werden. Als Voraussetzung der Integration des Rechts bestimmten die Rechtsgenossen selbst die „Standards", an denen ihr Handeln gemessen werde. Wer demnach ein Recht durch gesetz- oder vertragswidriges Verhalten erwerbe, dürfe selbst nicht gesetzes- und vertragsgemäße Achtung dieses Rechts durch den anderen verlangen.[189] Außerdem führe die Gleichheitsforderung als Grundelement der Gerechtigkeit zum genannten Prinzip.[190] Wer nämlich ein Recht trotz eigenen Rechtsverstoßes fordere, verlange Ungleichbehandlung des Gegners zu seinen Gunsten.[191]

740 Wieacker begründet also den „Einwand des unredlichen Rechtserwerbs" mit der Grundstruktur der Rechtsgemeinschaft sowie mit der dem Gerechtigkeitsziel eigenen Gleichheit vor dem Recht, die Wieacker immer wieder als Ziel der Rechtsanwendung herausgehoben hat.

741 Da Wieacker hier nicht an Standards oder Überzeugungen der Jurisprudenz oder der Gesellschaft, sondern an Grundvoraussetzungen der Rechtsgemeinschaft und grundlegende Eigenschaften der Gerechtigkeit anknüpft, handelt es sich bei dem Grundsatz des „Einwandes unredlichen Rechtserwerbs" um eine **zeitlos gültige Anforderung** an das Parteiverhalten.

742 Als letzten Grundsatz richterlicher Billigkeit führt Wieacker die „**grob unbillige, rücksichtslose Rechtsverfolgung**" an. Der Grund für dieses Prinzip sei ebenfalls das Strukturgesetz der **Rechtsgemeinschaft**. Indem der Kläger selbst vom rechtsgenössischen

---

186 *Wieacker*, § 242 BGB, S. 29.
187 *Wieacker*, § 242 BGB, S. 29.
188 *Wieacker*, § 242 BGB, S. 30 f.
189 *Wieacker*, § 242 BGB, S. 32.
190 *Wieacker*, § 242 BGB, S. 32.
191 *Wieacker*, § 242 BGB, S. 32.

Standard abweiche, bringe er sich um die Ausübung seines Rechts.[192] Die Rechtsgemeinschaft setze nämlich die Bereitschaft voraus, sich so zu verhalten, dass Rechtsfriede möglich sei; dem widerspreche aber ein egozentrisches Verhalten des Klägers.[193] Außerdem sei durch die grob unbillige, rücksichtslose Rechtsverfolgung wieder die **Gleichheitsforderung** verletzt, weil der Kläger sich selbst eine solche Rücksichtslosigkeit nicht zumuten lassen würde.[194] Wieacker greift also auch bei der „rücksichtslosen Rechtsverfolgung" auf grundlegende Elemente von Rechtsgemeinschaft und Gerechtigkeitsforderung zurück und begründet somit die untersuchte Maxime als zeitlos gültige Anforderung an das Parteiverhalten.

Alle Maximen des Anwendungsbereiches der zweiten Fallgruppe sieht Wieacker zunächst als anerkanntes und verbindliches „ius commune", nämlich als **feste Tradition praktischer Ethik** legitimiert. Sie sind weiterhin für ihn Elementarsätze praktischen Handelns. Die Zurückführung des „venire contra factum proprium" auf die persönliche Gerechtigkeit, des „unredlichen Rechtserwerbs" und der „rücksichtslosen Rechtsverfolgung" auf die Grundstruktur der Rechtsgemeinschaft und die Gleichheitsforderung als Grundelement der Gerechtigkeit lässt sie zugleich als zeitlos gültige Anforderungen an das Parteiverhalten erscheinen.

Die Annahme einer **zeitlosen Gültigkeit** dieser Maximen könnte im Widerspruch zur Thesen Wieackers von der Geschichtlichkeit der Ethik und der Unmöglichkeit einer absoluten, materialen Ethik stehen. Wieacker spricht dieses Problem hier nicht an. Er unterscheidet aber an anderer Stelle zwischen den zeitlosen Postulaten der Gerechtigkeit und der geschichtlichen Bedingtheit ihrer Realisierung.[195] Daraus könnte sich eine Lösung des Problems ergeben, und zwar deshalb, weil Wieacker die genannten Maximen der zweiten Fallgruppe unmittelbar auf Elemente des Gerechtigkeitspostulats zurückführt und sie unmittelbar daraus begründet und so von dem zeitlosen Gerechtigkeitspostulat auf ihre Zeitlosigkeit kommen könnte.

3. Fallgruppe: Richterliche Neuschöpfung contra legem

In der dritten Fallgruppe, die Wieacker als **rechtsethische Durchbrechung** zu neuem Richterrecht bezeichnet, fasst Wieacker die Entscheidungen zusammen, die den gesetzgeberischen Bewertungen geradezu zuwiderlaufen, also **contra legem** ergehen.[196]

Als Beispiele dafür nennt Wieacker die Aufwertung des Werklohns bei unverhältnismäßig erhöhten Kosten und die Anpassung der Gegenleistung wegen nachträglicher grundstürzender Veränderungen. In fast all diesen Fällen liege eine Störung der wirtschaftlichen Äquivalenz zugrunde. Die Entscheidungen tendierten zur Anerkennung eines materialen Äquivalenzprinzips. Dagegen habe sich der Gesetzgeber gerade ausdrücklich gegen ein solches entschieden, wenn er die Geldschuld im Sinne des Nominalismus als Nennwert-Schuld ausgestaltet und sich – abgesehen von wenigen Ausnahmen – gegen das Erfordernis eines materialen Leistungsgleichgewichts ausgesprochen habe. Für ein solches Verständnis spreche auch die Regelung des § 138 Abs. 2 BGB,

---

192 *Wieacker*, § 242 BGB, S. 34.
193 *Wieacker*, § 242 BGB, S. 34.
194 *Wieacker*, § 242 BGB, S. 34.
195 *Wieacker*, § 242 BGB, S. 40.
196 *Wieacker*, § 242 BGB, S. 36 ff.

wonach die Nichtigkeit der Vereinbarung nur bei einem auffälligen Missverhältnis zwischen beiden Leistungen eintrete.[197]

747 Man könne hier auf keinen Fall von einer Konkretisierung des gesetzgeberischen Ordnungsplans wie bei Fallgruppe 1 ausgehen. Auch handle es sich nicht um persönliche Gerechtigkeitsanforderungen an das Verhalten der Parteien wie in der zweiten Fallgruppe.[198] Kennzeichnend sei hier der **Einbruch der Geschichtlichkeit** ins positive Recht[199] in der Weise, dass bisher gerechte Bewertungen durch soziale Veränderungen unter den gleichen Maßstäben als ungerecht erscheinen, ohne dass sich das Rechtsbewusstsein selbst ändere. Wie in seinen allgemeinen rechtstheoretischen Abhandlungen betont Wieacker hier erneut, dass die Geschichtlichkeit alle zeitlos gültigen materialen Normierungen unmöglich mache. Es sei deshalb nicht ungewöhnlich, ja sogar notwendig, dass das allgemeine sittliche Bewusstsein immer wieder zu neuen Erfahrungsinhalten durchbreche. Im öffentlichen Rechtsbewusstsein fänden ethische Umwandlungen statt. Der Richter nehme rechtsethische Durchbrüche meist erst dann vor, wenn sich die Umstellung im öffentlichen Rechtsbewusstsein vorbereitet habe.[200] Wieacker drückt dies hier zwar nicht deutlich aus, doch kann man hierin eine Orientierung des Richters an den „allgemein anerkannten, vergänglichen Zeitwahrheiten einer gegebenen Rechtskultur" wiedererkennen. Als Beispiel für einen rechtsethischen Durchbruch nennt Wieacker die mit der Entwicklung unserer Rechtsordnung vom liberalen zum sozialen Rechtsstaat einhergehende Forderung material äquivalenter und sozial gerechter Leistungsentgelte.[201]

748 Der Richter handle bei der rechtsethischen Durchbrechung, bei der Rechtsfortbildung, legitim, wenn er in dem Spielraum verbleibe, den ihm die **richterliche Standeskunst** offen halte.[202] Dies bedeute, der Richter solle sich vor allem an die in ständiger Rechtsprechung gebildeten anerkannten Konventionen halten. Bei diesen handle es sich in der Regel um bestimmte inhaltliche Entscheidungen wie für das materielle Äquivalenzprinzip oder für die Berücksichtigung des Wegfalls der Geschäftsgrundlage nach bestimmten näheren Maximen.[203]

749 Nicht deutlich äußert sich Wieacker, wie der Richter vorgehen soll, wenn sich anerkanntes Richterrecht noch nicht ausgebildet hat oder Streitfragen sich nicht durch eine Standeskonvention beantworten lassen. Man könnte nur aus dem eben zur Rechtsfortbildung Gesagten schließen, dass sich der Richter bei geänderten tatsächlichen Verhältnissen, die das Bisherige als ungerecht erscheinen lassen, und bei verändertem Rechtsbewusstsein an den allgemein anerkannten sozial-kulturellen Anschauungen der Zeit orientieren solle, wobei diese – wie Wieacker in seinen allgemeinen methodischen Schriften bemerkt[204] – dann nicht weiterhelfen, wenn sich auch keine anerkannte Konvention auffinden läßt.

---

197 *Wieacker*, § 242 BGB, S. 36 ff.
198 *Wieacker*, § 242 BGB, S. 36 ff.
199 *Wieacker*, § 242 BGB, S. 40.
200 *Wieacker*, § 242 BGB, S. 40 ff.
201 *Wieacker*, § 242 BGB, S. 40 ff.
202 *Wieacker*, § 242 BGB, S. 42.
203 *Wieacker*, § 242 BGB, S. 42.
204 Vgl. *Wieacker*, Rechtsprechung und Sittengesetz, S. 39; *ders.*, Rechtsfindung, S. 116; *ders.*, Topikdiskussion.

IV. Resümee

Wieacker bestätigt in der „Rechtstheoretischen Präzisierung des § 242 BGB" eine seiner grundlegenden Prämissen, dass die Rechtsanwendung nicht in der logischen Subsumtion eines Sachverhalts unter ein hypothetisches Urteil bestehe, sondern vielmehr in einer wertenden Entscheidung zwischen verschiedenen Wertungsalternativen, dass gerade die Generalklausel des § 242 BGB kein fertiges, der Subsumtion zugängliches Normschema bilde. § 242 BGB sei vielmehr nur Richtlinie, die als solche auf einen erst zu findenden Sinn weiterverweise.

750

Wieacker hält seine methodischen Vorgaben außerdem ein, wenn er allgemein verbindliche Richtlinien und Maximen aufweisen kann, aus denen er Falllösungen zu § 242 BGB entwickelt. Diese Maximen findet er in methodischen Vorschlägen im gesetzgeberischen Wertungsplan (1. Fallgruppe und „dolo agit" der 2. Fallgruppe), im Wertungszusammenhang der Rechtsordnung (1. Fallgruppe und „dolo agit"), in der Natur der Sache (1. Fallgruppe), in den anerkannten Regeln richterlicher Billigkeit (2. Fallgruppe), in der bewährten Judikatur (3. Fallgruppe) und wohl auch in den anerkannten Zeitwahrheiten einer gegebenen Rechtsordnung, den sog. „standards" (3. Fallgruppe). Er befolgt dabei sein erwähntes „reduktives" **Verfahren des Fallvergleichs** (Rn. 716).

751

Außerdem nimmt Wieacker, und zwar vor allem in der 2. Fallgruppe, zur Entscheidungsbegründung Bezug auf die **Gleichheitsforderung** und die **Gerechtigkeit**, die er in seinen allgemeinen rechtstheoretischen Schriften immer wieder als Grundziele der Rechtsordnung heraushebt. Auch insofern wird Wieacker seinen methodischen Vorgaben gerecht.

752

Schließlich bestätigt Wieacker auch seine Maxime von der **Geschichtlichkeit** der Wertmaßstäbe und der daraus folgenden Unmöglichkeit einer absoluten materialen Wertethik in seinen allgemeinen Worten zum § 242 BGB wie auch in der 3. Fallgruppe der richterrechtlichen Neuschöpfung, die er als Einbruch der Geschichtlichkeit ins positive Recht beschreibt.

753

Im Ergebnis lässt sich festhalten, dass Wieacker **eine an der richterlichen Entscheidungspraxis orientierte Methode** entwickelt, die von einem Bewertungsspielraum des Richters ausgeht, diesen aber aus Gründen der Rechtssicherheit durch strenge Gesetzesbindung und allgemein verbindliche Maßstäbe praktischer Urteilsfindung zu begrenzen sucht. Wieacker erstellt mit seinen „Regeln guter Richterkunst" selbstständig ein **System praktischer Anweisungen an den Richter**, die es ermöglichen, sowohl den richterlichen Wertungsprozess als auch die notwendige rationale Überprüfbarkeit und Vorhersehbarkeit richterlicher Entscheidungen angemessen zu berücksichtigen. Durch seine zwischen freiem Bewertungsspielraum und strengem Gesetzespositivismus **vermittelnde Lösung** und die **verfassungstheoretische Einbindung seiner Methode** gibt Wieacker einen zeitgemäßen Weg vor, wie praktische Gerechtigkeit unter Wahrung von Gleichbehandlung, Rechtssicherheit und Einzelfallgerechtigkeit in der Rechtsanwendung verwirklicht werden kann.

754

Ob diese Ziele dann damit wirklich erreicht werden und ob dieser Weg zu bevorzugen war und heute zu bevorzugen ist, bleibt zu erwägen. Über den Wortlaut, den gesetzgeberischen Zweck und der systematischen Gehalt des § 242 BGB geht Wieacker damit jedenfalls deutlich hinaus. § 242 BGB enthielt gerade keine „Generalklausel" und keinen „königlichen Paragrafen" (diese Sichtweise entstand erst kurz vor 1914 im Rahmen einer stärker aufkommenden BGB-Kritik); er regelte die Leistungsbewirkung; die allgemeine Missbrauchseinrede wollte er nicht fortführen; und „Treu und Glauben" wurden vor allem nicht als eigenständige, allgemeine sozialethische Norm herangezogen, sondern nur „mit Rücksicht" auf die konkreten „Verkehrssitten".[205] Aus sehr guten Gründen sollte dieser Paragraf gerade nicht, wie teilweise gefordert, „das feurige Schwert werden ... mit dem sie (d.h. die deutsche Praxis) durch alle anderen Paragrafen des Vertragsrechts hindurchzuschlagen im Stande ist, wenn es nötig werden sollte", so der berühmte Rudolf Sohm 1895 in einer problematischen Verteidigung des BGB.[206] Immerhin fing Wieacker aber damit eine seit Weimar 1919 längst geschehene dogmatische Ausweitung wieder einigermaßen ein. Wenn man den Reichtum seiner ‚Methode' so souverän und opportun handhabte wie er, gelang Derartiges entsprechend souverän.

V. Quellen und Literatur

1. Zum Einstieg in die Wieacker-Texte

Besonders geeignet sind „Gesetz und Richterkunst" von 1958 und „Über strengere und unstrenge Verfahren" von 1974, siehe sogleich.

Weitere hier wichtige Werke sind:

Zur rechtstheoretischen Präzisierung des § 242 BGB, Tübingen 1956.
Gesetzesrecht und richterliche Kunstregel. Zu Essers Buch „Grundsatz und Norm", in: JZ 12 (1957) S. 701–706 (erneut 1988, su)
Gesetz und Richterkunst, Zum Problem der außergesetzlichen Rechtsordnung, Karlsruhe 1958 (erneut 1983, su).
Rechtsprechung und Sittengesetz, 1961, in: JZ 337 ff., nach Ausgewählte Schriften, su 1988, 2, S. 17–40.
Zum heutigen Stand der Naturrechtsdiskussion, Köln 1965, nach Ausgewählte Schriften 2, su 1988, S. 1–16.
Recht und Automation, 1969, in: Festschrift für E. Böttcher, nach Ausgewählte Schriften 2, su 1988, S. 152–171.
Zur praktischen Leistung der Rechtsdogmatik, in: Hermeneutik und Dialektik. Aufsätze 2 ..., hrsg. von R. Bubner, K. Cramer u. R. Wiehl, Tübingen 1970, S. 311–336, hier nach Ausgewählte Schriften 2, su 1988, S. 59–80.
Zur Topikdiskussion in der zeitgenössischen deutschen Rechtswissenschaft, 1973, in: Festschrift für J. Zepos, nach Ausgewählte Schriften 2, su 1988, S. 81–100)
Über strengere und unstrenge Verfahren der Rechtsfindung, 1974, in: Festschrift für W. Weber, nach Ausgewählte Schriften 2, su 1988, S. 101–120.
Rechtsgewinnung durch elektronische Datenverarbeitung, 1978, in: Festschrift für E. v. Caemmerer, nach Ausgewählte Schriften 2, su 1988, S. 172–194.
Vom Nutzen und Nachteil des Szientismus in der Rechtswissenschaft, 1978, in: Festschrift für H. Schelsky. nach Ausgewählte Schriften 2, su 1988, S. 121–138).
Formalismus und Naturalismus in der neueren Rechtswissenschaft, 1982, in: Festschrift für H. Coing, nach Ausgewählte Schriften 2, su 1988, S. 139–151).
Ausgewählte Schriften, hrsg. von D. Simon, Band 2, Theorie des Rechts und der Rechtsgewinnung, Frankfurt am Main 1983.

---

[205] Dazu vorzüglich *Al Shamari*, Die Verkehrssitte im § 242 BGB: Konzeption und Anwendung seit 1900, 2006, sowie *Haferkamp*, § 242, in Historisch-kritischer Kommentar zum BGB, hrsg. von Schmoeckel, Rückert und Zimmermann, Bd. II 1, 2007, Rn. 45 ff., 47 ff.

[206] *R. Sohm*, Über den Entwurf eines BGB für das Deutsche Reich, Berlin 1896, auch in (Gruchots) Beiträge zum deutschen Recht 39 (1895), S. 737–766; siehe zum Kontext *Rückert*, Das BGB und seine Prinzipien: Aufgabe, Lösung, Erfolg, in HKK (Fn. 205), Bd. 1, 2003, vor § 1 Rn. 107.

Kleine zivilistische Schriften ..., hrsg. von M. Dießelhorst, Göttingen 1988.
Zivilistische Schriften (1934–1942), hrsg. v. Chr. Wollschläger (= Ius Commune, Sonderheft 137), Frankfurt am Main 2000.
Eine gute „Bibliographie der Schriften Franz Wieackers" gibt *O. Behrends* in ZRG RA 112 (1995), S. 744–769; daneben jetzt *Winkler* 2013, siehe sogleich unter 3.

2. Zum Einstieg in die Sekundärliteratur

Direkt zu Wieackers juristischer Methode gibt es jetzt die wichtigen, so eindringlichen wie provozierenden Seiten bei *Winkler*, siehe sogleich unter 3., S. 439–453.
Als Einstieg eignet sich der Kurzartikel zu Wieacker im Ganzen in

Kleinheyer, Gerd/Schröder, Jan, Deutsche und europäische Juristen aus neun Jahrhunderten, 6. Aufl. Tübingen 2017.
Zur Vertiefung helfen ein Nachruf und ein Sammelband
Rückert, Joachim, Geschichte des Privatrechts als Apologie des Juristen – Franz Wieacker zum Gedächtnis, in: Quaderni fiorentini per la storia del pensiero giuridico moderno 24 (1995) S. 531–562.
Behrends, Okko/Schumann, Eva (Hrsg.), Franz Wieacker – Historiker des modernen Privatrechts, Göttingen 2010.

3. Weitere hier wichtige Literatur

Behrends, Okko/Dießelhorst, Malte/Lange, Hermann/Liebs, Detlef/Wolf, Joseph Georg/Wollschläger, Christian (Hrsg.), Festschrift für Franz Wieacker zum 70. Geburtstag, Göttingen 1978.
Fikentscher, Wolfgang, Methoden des Rechts in vergleichender Darstellung, Bd.d 3, Mitteleuropäischer Rechtskreis, Tübingen 1976.
In memoriam Franz Wieacker. Akademische Gedenkfeier am 19. November 1994 in Göttingen (= Göttinger Universitätsreden 90), Göttingen 1995.
(Kaufmann, Arthur)/Hassemer, Winfried/Neumann, Ulfried/Saliger, Frank, Einführung in Rechtsphilosophie und Rechtstheorie der Gegenwart, 9. Aufl., Heidelberg 2016.
Kim, Hyung-Bae/Marschall von Bieberstein, Wolfgang (Hrsg.), Zivilrechtslehrer deutscher Sprache, München 1988.
Kohlhepp, Ralf, Franz Wieacker und die NS-Zeit, ZRG. Rom. Abt. 122 (2005) S. 203–223.
Lange, Hermann, Nachruf zu Franz Wieacker, in: JZ 1994, S. 354.
Larenz, Karl, Methodenlehre der Rechtswissenschaft, 5. Aufl., Berlin 1983.
Pawlowski, Hans-Martin, Methodenlehre für Juristen, Heidelberg 1981.
Winkler, Viktor, Der Kampf gegen die Rechtswissenschaft. Franz Wieackers „Privatrechtsgeschichte der Neuzeit" von 1967, Hamburg 2014 (bes. umfassend, S. 439–453 auch zur Methode).
Wolf, Joseph Georg, Franz Wieacker 70 Jahre, in: JZ 1978, S. 578–579.
Wolf, Joseph Georg, Franz Wieacker (1908–1994), in: Deutschsprachige Zivilrechtslehrer des 20. Jahrhunderts in Berichten ihrer Schüler. Eine Ideengeschichte in Einzeldarstellungen, Bd. 1, hrsg. v. St. Grundmann u. K. Riesenhuber, Berlin 2007, S. 73–86.
Wollschläger, Christian, Franz Wieacker zum 70. Geburtstag, in: NJW 1978, S. 1791–1792.

Methode und Zivilrecht bei Josef Esser (1910–1999)

von *Birgit Schäfer**

Übersicht

I.	Zu Person und Werk Josef Essers	306
II.	Kritik an den „traditionellen" Methodenlehren	307
III.	Essers eigenes Methodenprogramm	309
IV.	Ein Beispiel: die Problematik der „faktischen Schuldverhältnisse"	324
V.	Quellen und Literatur	329

Josef Esser (geb. 1910) hat immer wieder die Juristenzunft gründlich irritiert und bereichert. Er gehört in seiner Generation mit Karl Larenz (1903), Franz Wieacker (1905) und Helmut Coing (1912) zu den großen, zivilrechtlichen, immer auch methodisch interessierten und ausgewiesenen, besonders wortgewaltigen Juristen der frühen Bundesrepublik bis in die 1980er Jahre, wie sie auch hier behandelt sind. Das begann mit seiner rechtsvergleichenden Untersuchung über „Grundsatz und Norm in der richterlichen Fortbildung des Privatrechts" von 1956 und führte über sein besonders originäres „Lehrbuch des Schuldrechts" in der 2. Auflage von 1960 zu seiner Streitschrift „Vorverständnis und Methodenwahl in der Rechtsfindung" von 1970 und 1972. Im meist weggelassenen Untertitel von 1956 hatte er die fundamentale Dimension und Methode ausgewiesen, nämlich: „Rechtsvergleichende Beiträge zur Rechtsquellen- und Interpretationslehre". Als einziger unter den erwähnten Größen des Zivilrechts legte Esser auch eine umfassende „Einführung in die Grundbegriffe des Rechts und des Staates. Eine Einführung in die Rechtswissenschaft und in die Rechtsphilosophie" vor, schon 1949. Er behandelt hier in fünf Teilen die gesamte Jurisprudenz, d.h. das Wesen von Recht und Staat und die Methoden, die Lehre von den Rechtsquellen, die Stufen der Rechtsverwirklichung, die Rechtsgebiete und den Beruf und das Studium des Juristen.

I. Zu Person und Werk Josef Essers

755 Josef Esser, geboren 1910, war Professor für Bürgerliches Recht, Zivilprozess- und Versicherungsrecht sowie Rechtsvergleichung und Rechtstheorie in Greifswald (1941–1943), Innsbruck (1943–1949), Mainz (1949–1961) und Tübingen (ab 1961).[1] Neben zahlreichen Arbeiten in den verschiedenen Bereichen des Zivilrechts – in den ersten Jahren vor allem des Haftpflichtrechts – und seinem erstmals 1949 erschienenen Lehrbuch des Schuldrechts[2] verfasste Esser eine ganze Reihe von Aufsätzen und Monogra-

---

* Für die 4. Auflage neu durchgesehen und aktualisiert von J. *Rückert*. Unten in Abschnitt V. Quellen und Literatur voll angegebene Titel werden im Folgenden nur abgekürzt zitiert.
1 Weitere Stationen seiner Laufbahn: 1935 Promotion in Frankfurt am Main, Habilitation ebd. über „Wert und Bedeutung der Rechtsfiktionen" (1940, 2. Auflage 1969; beides bei Fritz von Hippel, nicht Ernst v.H., wie Wikipedia meint), 1940 Dozentur in Freiburg, 1958 Direktor der Legal Division der Internationalen Atomenergieorganisation mit Sitz in Wien, 1969 Ehrendoktorwürde der Staatsuniversität Gent, seit 1973 Mitglied der Heidelberger Akademie der Wissenschaften, 1976 Ehrendoktorwürde der katholischen Universität Leuwen (Angaben nach Das Deutsche Who's Who 1989/90 und *Esser*, Antrittsrede 1973, bei der Heidelberger Akademie der Wissenschaften).
2 Ab der 5. Auflage (1975–1979) fortgeführt von *Eike Schmidt* (Allgemeiner Teil) und *Hans-Leo Weyers* (Besonderer Teil).

phien zu Methodenfragen. So befasste er sich 1935 in seiner Promotion (gedruckt 1940) mit der Rolle von Rechtsfiktionen in der Zivilrechtsordnung. 1941 in der Habilitation widmete er sich „Grundlagen und Entwicklung der Gefährdungshaftung. Beiträge zur Reform des Haftpflichtrechts (...)", 1941, 2. Aufl. 1969.

Während es Esser in Sachen Fiktionen vor allem darum ging, sie als Instrumente des Gesetzgebers zu untersuchen und zu bewerten, wendet er sich in späteren Arbeiten zur Methodenlehre mehr der Rolle des Richters und seiner Vorgehensweise bei der Rechtsfindung zu. In seinem Buch „Grundsatz und Norm in der richterlichen Fortbildung des Privatrechts" (1956) versuchte er, die Rolle von Rechtsprinzipien für die richterliche Rechtsfortbildung und den Standort dieser Prinzipien im Rechtssystem rechtsvergleichend darzustellen, um auf diese Weise der Eigenart richterlicher Rechtsfortbildung auf die Spur zu kommen und die Entwicklung einer wirklichkeitsgerechten Rechtsanwendungslehre zu ermöglichen. Dieses Ziel verfolgte Esser auch mit dem Werk „Vorverständnis und Methodenwahl in der Rechtsfindung" (1970, 2. Auflage 1972), wobei hier aber nicht Rechtsquellenfragen im Mittelpunkt stehen, sondern die Bedeutung der Hermeneutik und die Frage der Richtigkeitsgewähr im Rechtsanwendungsprozess. In allen seinen methodischen Schriften greift er außerdem die Frage auf, welche Rolle der Dogmatik bei der Rechtsanwendung zukommt, welche Möglichkeiten sie bietet und wo ihre Grenzen liegen.

Essers Grundanliegen, das in seinen Arbeiten immer wieder anklingt, ist, einem zu starken Auseinanderfallen von Theorie und Praxis entgegenzuwirken. Dies soll geschehen durch eine Methodenlehre, die sich mit den tatsächlichen Gegebenheiten der praktischen Rechtsfindung befasst und auf den dadurch gewonnenen Erkenntnissen aufbaut, anstatt sich im Festhalten an wirklichkeitsfremden und überholten Prämissen immer weiter von der Praxis zu entfremden.

II. Kritik an den „traditionellen" Methodenlehren

Schon der Umstand, dass Esser sich in zahlreichen Aufsätzen und Monographien um die Entwicklung einer solchen wirklichkeitsgerechten Methodenlehre bemüht, zeigt, dass er die bisherigen Richtungen der Methodenlehre nicht für geeignet hält, ausreichende Hilfe und Kontrolle bei der Rechtsfindung zu bieten. Als **Ausgangspunkt** seiner Arbeit kann man daher die **kritische Auseinandersetzung** mit den „traditionellen" Methodenlehren und die Aufdeckung ihrer Schwächen ansehen.

Essers Kritik gilt insbesondere dem Gesetzespositivismus und der Begriffsjurisprudenz. Er hält sie für noch nicht überwunden und macht sie für die Wirklichkeitsferne und Unbeholfenheit der Methodenlehre verantwortlich. In erster Linie wendet er sich immer wieder gegen die, wie er meint, **„Illusion des Gesetzesdenkens"**, der Richter habe grundsätzlich keine rechtsschöpferischen Entscheidungen zu treffen, sondern nur jeweils durch richtige Auslegung neu zu profilieren, was in den vorgegebenen materiellen Rechtsnormen bereits bindend vorgezeichnet sei.[3] Diese Vorstellung entspreche nicht der Wirklichkeit, da viele Institute und Rechtsgrundsätze in Wahrheit nirgendwo im Gesetz geregelt seien.[4] Durch den „Totalitätsanspruch des positiven Systems"[5] werde die Auseinandersetzung mit „außergesetzlichen" Rechtsquellen von

---
3 Einführung (1949), S. 185; Grundsatz und Norm (1956), S. 149, 243; Methodik des Privatrechts (1972), S. 329, 334; Interpretation im Recht (1954), S. 283.
4 Methodik des Privatrechts (1972), S. 334.
5 Grundsatz und Norm (1956), S. 11.

vornherein vermieden. Die bisherige durch das Kodifikationsmodell geprägte Methodenlehre betrachte richterliche Rechtsbildung nur als „leidige[n] Appendix zum Gesetz und schamhaft verheimlichte Prothese seiner Gebresten", anstatt sie als funktionell normalen und notwendigen Teil der Rechtssatzbildung anzuerkennen.[6] Demgegenüber betont Esser angesichts der Fülle faktisch nicht zu leugnender richterlicher Rechtsschöpfung die Notwendigkeit, die „positivistische Enge" zu überwinden und sich mit **Rechtsquellenfragen** eingehend auseinanderzusetzen. Solange dies nicht geschehe, bleibe der kontinentale Jurist[7] unfähig, die Autorität seines eigenen Schöpfungsaktes zu begründen und zu begrenzen.[8]

759 Als weiteren Kritikpunkt an einer gesetzespositivistisch orientierten Methodenlehre führt Esser an, sie sei unfähig, richterliche Wertentscheidungen als solche anzuerkennen und methodisch in den Griff zu bekommen. Esser betont, dass die Praxis ohne Heranziehung von außerdogmatischen Wertungen und Prinzipien schlechterdings nicht zurechtkomme.[9] Rechtsfindung ist für ihn **nie bloße Subsumtionsarbeit**;[10] Begriffe ergäben nicht mehr, als in sie hineingedacht worden sei;[11] sie hätten keine Naturbedeutung, die wertungsfrei durch logische Denkarbeit festgestellt werden könnte.[12] Dies anzuerkennen und daraus die nötigen Konsequenzen zu ziehen, sei der juristische Positivismus nicht in der Lage. Er suche auch in der Interpretationskunst Wege, alle richterlichen Wertentscheidungen letztlich dem Gesetzgeber zuzuschreiben. Das führe zur vermehrten Neigung des kontinentalen Richters, eigene Lösungen und Entschlüsse auf die dem politischen Machtkampf entzogene unpersönliche Autorität des Gesetzgebers zu übertragen.[13] Auf diese Weise werde die offene Diskussion über die aktuellen rechtsethischen Konflikte und die Möglichkeiten dogmatisch gleichwertiger Lösungen abgeschnitten.[14] Um den damit verbundenen Gefahren entgegenzuwirken, fordert Esser, nicht aus Angst vor Rationalitätsverlust die **Wertungsproblematik** aus der Methodenlehre auszuklammern, sondern die notwendige Rationalität dadurch zu gewährleisten, dass man sich diese Problematik bewusst mache und Maßstäbe für die Kontrolle solcher Wertungen ausarbeite. Eine Methodenlehre, die über diese Probleme hinweggehe und sich insbesondere die Erfahrungen der Hermeneutik nicht zu Nutze mache, ist für Esser ein „wissenschaftlicher Anachronismus".[15] An einer Stelle geht er sogar so weit zu behaupten, dass „unsere akademische Methodenlehre dem Richter weder Hilfe noch Kontrolle bedeutet".[16]

760 Esser wendet sich also energisch gegen eine Methodenlehre, die die von ihm als zentral angesehenen Fragen ausklammert, sich auf die Schuldarstellung der klassischen Rechtsfindungstechniken beschränkt[17] und übertriebene Dogmatik-Ambitionen pflegt.[18] Es wäre jedoch voreilig, daraus zu folgern, dass er diese Rechtsfindungs-

---

6 Grundsatz und Norm (1956), S. 23.
7 Kontinental als Gegensatz etwa zum englischen „case-law"-Juristen, der nicht so sehr auf Gesetze, dafür aber auf bindende „precedents" fixiert ist.
8 Grundsatz und Norm (1956), S. 2.
9 Vorverständnis und Methodenwahl (1972), S. 11.
10 Grundsatz und Norm (1956), S. 254.
11 Methodenlehre des Zivilrechts (1959), S. 309.
12 Einführung (1949), S. 179, 187.
13 Interpretation im Recht (1954), S. 283.
14 Interpretation im Recht (1954), S. 281.
15 Vorverständnis und Methodenwahl (1972), S. 10.
16 Vorverständnis und Methodenwahl (1972), S. 7.
17 Methodik des Privatrechts (1972), S. 360.
18 Antrittsrede (1973), S. 450.

techniken und damit verbundenes dogmatisches Arbeiten generell ablehne. Während Esser einerseits eine Überbetonung dieser Aspekte kritisiert, warnt er doch andererseits davor, die notwendigen juristisch-dogmatischen Bindungen richterlicher Arbeit vorschnell abzuwerten und in einer Art rechtlichen Ethisierung alle „Fortschritte des ‚wissenschaftlichen Positivismus'" preiszugeben.[19] In diesem Sinne wendet er sich entschieden **gegen ein Naturrechtsdenken** in der Rechtsprechung, das unter Heranziehung des Billigkeitsgedankens jegliche dogmatische Selbstkontrolle missachtet und dazu führen könne, dass „das Systemgebäude der konstruktiven Jurisprudenz eines Tages unbewohnt und verödet" liegen gelassen bleibt.[20]

Diese Gefahr besteht für ihn nicht nur bei einem Rückgriff auf Naturrecht. Auch die **Interessenjurisprudenz** birgt in Essers Augen die **Gefahr eines gefährlichen Subjektivismus**. Indem sie den Richter an diejenigen Interessen binde, die zur Zeit der Gesetzgebung das Rechtsdenken bestimmten, versage sie, wenn die veränderten Umstände und Einsichten ein Abweichen von der ursprünglichen Wertung des Gesetzgebers erforderten, und liefere deshalb keine wissenschaftliche Begründung für zeitgerechte Wertungen. Wenn der Richter in solchen Fällen ohne den „Ariadnefaden der Dogmatik" Interessen werten solle, helfe der von Heck empfohlene „denkende Gehorsam" gegenüber dem Gesetzgeber auch nicht weiter.[21] Der Interessenjurist sei dann auf seine eigene Wertung angewiesen und sehe es als oberstes Gesetz an, ein „wirklichkeitsfremdes Ergebnis" zu vermeiden, wobei er die Frage der Vereinbarkeit seiner Lösung mit dem dogmatischen System ausklammere.[22] Wenn Esser auch das Verdienst der Interessenjurisprudenz, die Bedeutung von Interessenurteilen herausgestellt zu haben, als Schritt in die richtige Richtung anerkennt, so wirft er ihr doch vor, in der Polemik gegen das begriffsjuristische Denken steckengeblieben zu sein.[23]

Nach dieser Kritik stellt sich die Frage, wie Esser sich eine Methodenlehre ohne die erwähnten Schwächen vorstellt. Eine solche Methodenlehre muss seinen eigenen Vorgaben Doppeltes leisten, zum einen der Wirklichkeit gerecht werden, d.h. für ihn, auf der schöpferischen Tätigkeit des Richters aufzubauen und Wertungen einen Platz im Rechtsfindungsprozess einzuräumen und zum zweiten auch eine Kontrolle richterlicher Arbeit zu bieten, also Rationalität und Rechtssicherheit zu gewährleisten.

III. Essers eigenes Methodenprogramm

1. Richterrecht und Gesetzesrecht

Von der Einsicht ausgehend, dass kein Recht ohne dauernde Lückenfüllung, Auslegung, Ergänzung und Fortbildung durch die Rechtspflege auskomme,[24] stellt Esser sich die Frage, wie diese richterliche Tätigkeit in das Rechtssystem einzuordnen ist, wie sie einerseits legitimiert und andererseits auch begrenzt werden könne. Dabei spielt die **Stellung des Richters zum Gesetz** eine zentrale Rolle. Mit diesem Problemkreis setzt sich Esser vor allem in dem umfangreichen Werk „Grundsatz und Norm in der

---

19 Interpretation und Rechtsneubildung im Familienrecht (JZ 1953), S. 522.
20 Methodenlehre des Zivilrechts (1959), S. 323, 318.
21 Methodenlehre des Zivilrechts (1959), S. 313 ff.; Vorverständnis und Methodenwahl (1972), S. 133.
22 Methodenlehre des Zivilrechts (1959), S. 319 mit Blick auf die Figur des „faktischen Vertrages" als einem Vertrag ohne Willenserklärungen, der mit der Dogmatik des Rechtsgeschäfts nicht zu vereinbaren sei; ähnlich Grundsatz und Norm (1956), S. 6.
23 Methodenlehre des Zivilrechts (1959), S. 326; siehe aber oben den Beitrag zu Heck, der deutlich macht, dass Esser hier durchaus überspitzt und einseitig urteilt.
24 Einführung (1949), S. 117.

richterlichen Fortbildung des Privatrechts" auseinander, das seinen eigenen Angaben zufolge dazu beitragen soll, „durch rechtsvergleichende Betrachtung endlich festen Boden zu gewinnen für eine aus der Rechtswirklichkeit zu entwickelnde Theorie von Gesetz und Richtermacht".[25]

a) Der systematische Standort von Richterrecht im Rechtssystem

764 Welche Tätigkeiten meint Esser eigentlich, wenn er von richterlicher Rechtsfortbildung, richterlicher Rechtsschöpfung oder auch von Richterrecht spricht? Er wehrt sich entschieden gegen die Vorstellung, darunter seien einfach diejenigen Stimmen zu verstehen, die über die Gesetzesanwendung und Lückenfüllung „aus" dem Gesetz im Wege der Analogiebildung hinausgehen und damit außerhalb des Gesetzes stehen.[26] Der Versuch, durch eine strenge Unterscheidung von Interpretation und Lückenfüllung *aus dem* Gesetz einerseits und Lückenfüllung *außerhalb des* Gesetzes und damit freier Rechtsschöpfung andererseits eine Abgrenzung von Gesetzesrecht und Richterrecht zu ermöglichen, wird von Esser scharf kritisiert. Dieser Versuch beruhe auf dem Irrtum, Gesetzesanwendung im Gegensatz zu Rechtsschöpfung stets als schlichte Deduktion aus dem Gesetz anzusehen. Dass diese Vorstellung nicht der Wirklichkeit entspreche, zeigt sich für Esser vor allem am **Beispiel des Lückenproblems**. Während der Gesetzespositivismus bei nicht zu leugnenden Gesetzeslücken versuche, mit der Analogie als angeblich rechtslogischer Ableitungskunst die Brücke zur Gesetzesautorität zu schlagen, bleibe die Analogiebildung und auch schon die davor liegende Überlegung, ob eine „Lücke" im Gesetz angenommen werden soll, doch letztlich eine Entscheidung des Richters, nämlich eine Wert- und Willensentscheidung. Die Analogie, so Esser, ist nicht Erkenntnisquelle, sondern Argument und Rechtfertigung für einen Akt gesetzesfremder Rechtsbildung.[27] Die sog. **Lückenfüllung** durch den Richter ist für Esser also in jedem Fall **Rechtsschöpfung**.

765 Aber auch die Interpretation von gesetzlichen Normen beurteilt er nicht grundsätzlich anders. Da das Gesetz, legte man es stets so aus, wie es sich der Gesetzgeber vor langer Zeit vorgestellt hat, seine Verbindung mit dem Rechtsleben verlöre, müsse der Richter sich vom historischen Willen des Gesetzgebers freimachen und den „objektiven Ordnungssinn" der Norm ermitteln.[28] Das sei jedoch ohne ein Leitbild, ohne Rückgriff auf nicht kodifizierte **Wertprinzipien**, nicht möglich.[29] Besonders deutlich trete dieser Umstand bei Generalklauseln hervor, die wegen ihrer Unbestimmtheit keine subsumtionsfähigen Tatbestände darstellten. Bei ihnen werde die **Normgestaltung dem Richter überlassen**. Dieser greife zum Ausfüllen der Norm nicht auf materielles Regelrecht des Gesetzes zurück, sondern auf außergesetzliche Wertprinzipien.[30] Durch Gesetzesinterpretation in diesem Sinne werde die notwendige Anpassung an die sozialen Verhältnisse der Gegenwart ermöglicht. So könne das Gesetz klüger sein als die,

---

25 Grundsatz und Norm (1956), S. 18.
26 Diese Ansicht werde aber noch im Allgemeinen von der Dogmatik vertreten, vgl. Methodik des Privatrechts (1972), S. 334.
27 Grundsatz und Norm (1956), S. 252 f.
28 Einführung (1949), S. 186; Interpretation im Recht (1954), S. 284 f.; Grundsatz und Norm (1956), S. 257, 263.
29 Grundsatz und Norm (1956), S. 259, 150.
30 Grundsatz und Norm (1956), S. 150, ähnlich auch Einführung (1949), S. 186; Methodik des Privatrechts (1972), S. 337.

die es schufen, ja es müsse sogar klüger sein,³¹ wobei es in Wahrheit allerdings der Richter sei, der den Gesetzgeber an Klugheit übertreffe.³²

Da das **volitive, das Willenselement** auch für die normale Auslegung einer Norm eine bedeutende Rolle spiele³³ und der Richter bei der Auslegung oftmals auf außergesetzliche Grundsätze zurückgreifen müsse, sieht Esser Interpretation und Rechtsfortbildung bzw. Lückenfüllung als in gewissem Sinne ein und dasselbe an.³⁴ Wenn er auch durchaus einräumt, dass es quantitative Unterschiede gebe, betont er doch, dass richterliche Normbildung aus anderen Quellen als dem Gesetz in beiden Bereichen von Bedeutung sei. Lückenfüllung ist für ihn nur der „makroskopisch' auffallendere Grenztatbestand einer kontinuierlichen Rechtsbildung aus nicht geschriebenen Elementen".³⁵

An Essers Konzeption fällt demnach auf, dass er Gesetzesrecht und Richterrecht nicht klar voneinander abgrenzt, indem er jedem seinen eigenen Bereich zugestehen und sie entweder nebeneinander stellen oder in ein Über- und Unterordnungsverhältnis bringen würde. Richterrecht scheint bei Esser nach dem Gesagten – insbesondere dadurch, dass es schon in der „normalen" Gesetzesanwendung auftaucht – vielmehr mit dem Gesetzesrecht verschlungen zu sein. In der Tat hält er nicht viel von dem Versuch, die Geltung von Richterrecht „neben" dem Gesetzesrecht zu erklären. Die Einräumung, „auch" die Rechtsprechung sei Rechtsquelle, bezeichnet er als „widersinnig, mißverständlich und unfruchtbar." Für Esser besteht **kein Gegensatz zwischen legalistischen und dezisionistischen Rechtsquellen**, zwischen Finden und Gestalten, sondern Fallentscheidung, Textverständnis und „Grundgedanken" wirkten zusammen und integrierten auf diese Weise Bekanntes mit Neuem neu zu „dem" Gesetz.³⁶ Damit glaubt Esser, einen „überraschend einfachen Zugang zum Phänomen ‚Richterrecht' gefunden" zu haben, vor allem in Bezug auf das Verhältnis von Richter und Gesetz: „Der Richter ist frei und nur dem Gesetz unterworfen – das Gesetz aber ist das, was er selbst darunter pflichtgemäß versteht."³⁷ Im ersten Halbsatz nimmt er fast wörtlich Bezug auf § 1 GVG 1877 bzw. fast wortgleich Art. 97 I GG, „Die richterliche Gewalt wird durch unabhängige, nur dem Gesetz unterworfene Gerichte ausgeübt". Das war seinerzeit mit dem BGB von 1900 und anderen Kodifikationen (s. Rn. 1402) vor 1918 das Ergebnis harter Kämpfe um eine rechtstaatliche Gewaltenteilung zwischen Justiz und noch monarchisch gebundenen Gesetzgebern. Seine kleine Abweichung zu „der Richter ist frei", statt „unabhängig" ist eine signifikante Umdeutung.

Esser wendet sich deutlich **gegen eine „Kodifikationsgläubigkeit"**, von deren Standpunkt aus der Bestand an Gesetzesrecht statisch festgelegt und in der Weise objektiviert sei, dass jede weitere richterliche Rechtsbildung als etwas Gesetzesfremdes, als sekundäre Rechtsbildung, erscheinen müsse.³⁸ Der Inhalt des Gesetzes werde in Wirklichkeit erst durch die Kasuistik bestimmt.³⁹ Die großen Kodifikationen haben für ihn kein anderes Leben als das, welches Rechtswissenschaft und Richterpraxis ihnen

---

31 Grundsatz und Norm (1956), S. 257 f.; Interpretation im Recht (1954), S. 284.
32 Grundsatz und Norm (1956), S. 178, Fußnote 160.
33 Grundsatz und Norm (1956), S. 256.
34 Grundsatz und Norm (1956), S. 259; ähnlich auch Interpretation im Recht (1954), S. 288, Methodik des Privatrechts (1972), 353.
35 Grundsatz und Norm (1956), S. 255; ähnlich auch Interpretation im Recht (1954), S. 288.
36 Grundsatz und Norm (1956), S. 283 f.; Richterrecht (1967), S. 183 f.
37 Richterrecht (1967), S. 178.
38 Richterrecht (1967), S. 182.
39 Einführung (1949), S. 185; Richterliche Rechtsbildung (AcP 1954), S. 179; Grundsatz und Norm (1956), S. 285.

"einhauchen".⁴⁰ Das hat in seinen Augen zur Folge, dass Richterrecht nicht erst am Rande und in den Lücken des Gesetzes sichtbar ist, sondern dass jede Interpretation eine Verbindung von „lex scripta" und „ius non scriptum" in Form von nicht positivierten Rechtsgrundsätzen darstellt, die die eigentliche positive Norm, das sog. „law in action", erst schafft.⁴¹ Esser sieht Gesetz und Richterrecht also als aufeinander angewiesene **Teile der gleichen Quelle** der Rechtsverwirklichung an und betrachtet sie insofern als **normativ „ebenbürtig"**, nur logisch über- und untergeordnet.⁴² Richterrecht ist für ihn kein „Wildwuchs" außerhalb des Gesetzesrechts, sondern hat seinen Platz im Wachstumsprozess des Gesetzesrechts selbst. Dass es außerhalb der Legislative entsteht, spielt für Esser dabei keine Rolle. Man müsse *Akt* und *Ort*, soziologische Entstehungsweise und funktionsgemäße Zuordnung des Juristenrechts auseinanderhalten. Was rechtssoziologisch einen anderen Quellenweg genommen habe, könne sich doch als integraler Teil dem Gesetz inkorporieren.⁴³

769 Die zunehmende Anerkennung von „judicial legislation", die Esser auch im kontinentalen Rechtskreis beobachtet, muss schließlich auch zu einer **Verschiebung des Gesetzesbegriffs** führen. So weiche die Vorstellung eines kodifizierten Systems allumfassender Tatbestandsnormen dem Bilde einer Gesamtordnung, die auch die richterlichen Lösungen und Rechtsprinzipien, auf die der Richter bei der Rechtsfindung zurückgreift, umfasst.⁴⁴ Bei diesen starken historischen und zeithistorischen („soziologischen") Argumenten, die Esser gerne und kundig einsetzt, muss man freilich bedenken, dass sie von einem bestimmten Stand der herrschenden Geschichtsbilder abhängen, der weitgehend nicht mehr der unsere ist (vgl. Rn. 6 ff.).

b) Die Bedeutung von Rechtsprinzipien für die Tätigkeit des Richters

770 Hier wie schon mehrfach zuvor hebt Esser also die Bedeutung von *Rechtsprinzipien* für die richterliche Tätigkeit, sei es Auslegung oder offene Fortbildung des Gesetzes, hervor und geht sogar so weit, sie als Teil der Gesamtrechtsordnung – von ihm auch als „reales corpus iuris" bezeichnet – zu qualifizieren.⁴⁵ Um Essers Vorstellung von richterlicher Rechtsfindungsarbeit verstehen zu können, muss also geklärt werden, was er unter solchen Rechtsprinzipien oder auch Grundsätzen, Wertprinzipien, *ius non scriptum* (lat., nicht geschriebenes Recht), wie er sie manchmal nennt, versteht. Nicht dazu gehören natürlich die späteren Ideen dazu etwa von Canaris und Alexy (s. Rn. 1028 ff.) oder die Prinzipienjurisprudenz von 1900 (s. Rn. 1387 ff.). Zu diesen **Rechtsprinzipien** gehören für ihn insbesondere die sog. allgemeinen Rechtsgedanken, die Wertungsgrundsätze und Aufbauprinzipien eines Systems, aber auch die rechtsethischen Grundsätze und die Gerechtigkeitsprinzipien eines Rechtskreises.⁴⁶ Viele dieser Prinzipien sind Essers Meinung nach nicht aus dem Gesetz ableitbar, auch wenn die Praxis ständig bemüht sei, sie auf bestimmte Gesetzesstellen zurückzuführen.⁴⁷ Vielmehr seien sie **unabhängig vom Gesetz wirksam** und rechtfertigten sich „aus der Natur

---

40 Grundsatz und Norm (1956), S. 286.
41 Grundsatz und Norm (1956), S. 287.
42 Einführung (1949), S. 185.
43 Richterrecht (1967), S. 184, 194 f.
44 Interpretation und Rechtsneubildung im Familienrecht (JZ 1953), S. 521, Grundsatz und Norm (1956), S. 24 f.
45 Grundsatz und Norm (1956), S. 22, 94, 149; zustimmend *Wieacker*, JZ 1957, 706.
46 Grundsatz und Norm (1956), S. 134.
47 Z.B. die Rückführung des „allgemeinen Rechtsgedankens" des venire contra factum proprium auf § 162 BGB, s. Grundsatz und Norm (1956), S. 5.

der Sache oder der betreffenden Institution".⁴⁸ So entnehme die Jurisprudenz der Gegenwart den Kodifikationen Prinzipien, die kein Gesetzgeber in sie „hineingelegt" habe.⁴⁹ Als Konsequenz dieser Realitätsbeobachtung fordert Esser, das juristische Denken müsse sich daran wagen, von Prinzipien als Argumentationsbasis auszugehen, die zwar kaum aus dem Gesetz nachzuweisen seien, die aber „nach der communis opinio doctorum zum Rechtsganzen gehören".⁵⁰

Zu klären bleibt, woher diese Rechtsprinzipien eigentlich kommen und welche Stellung sie in Essers System haben, insbesondere wie aufgrund oder trotz des Rückgriffs auf solche Prinzipien ein *rationales Verfahren*, das Esser ja immer wieder fordert, garantiert werden kann. Esser unterscheidet zunächst zwischen Prinzipien, die geltendes Recht sind und solchen, die es erst im Rahmen richterlich geschaffener Normen für einen bestimmten Fallbereich werden.⁵¹ Rechtsprinzipien sind für Esser nicht etwa als Naturrecht von Anfang an Teile eines vorhandenen Ordnungssystems, die nur entdeckt werden müssten.⁵² Sie entwickeln sich vielmehr **aus den Bedürfnissen der Praxis**, zunächst also **kasuistisch**, als Lösung einer bestimmten Sachproblematik.⁵³ Dementsprechend haben Rechtsprinzipien im Sinne Essers keine deduktiv auswertbare Eigenbedeutung, die sie befähigen könnte, eine Rechtsbildung derart zu beherrschen, dass die Kasuistik bloßes Produkt folgerichtiger Prinzipienanwendung wäre. Ihre Autorität beruht vielmehr darauf, dass eine ursprünglich nur von der konkreten Angemessenheit her erarbeitete Lösung auf andere Fälle übertragen wird.⁵⁴ Solange das nicht geschehen ist, sind sie nur vorpositive Grundsätze. Damit wird der Richterspruch für Esser zum Transformator von vorpositiven Prinzipien in positive Rechtssätze und Institutionen.⁵⁵ Rechtsprinzipien sind also nach seiner Vorstellung positives Recht, sobald und soweit sie durch rechtsbildende Akte institutionell verkörpert worden sind.⁵⁶ In diesem Sinne spricht er auch von „**institutionell wirksamen**" oder „**normativen**" Prinzipien. Als Beispiele nennt Esser das Bereicherungsprinzip, das der Verschuldenshaftung oder das Prinzip, das als allgemeiner Rechtsgedanke § 162 BGB entnommen wird. Sie gelten unmittelbar nur im Rahmen ihrer institutionellen Anerkennung. Sie können aber im Wege richterlicher Rechtsbildung zu weiteren Rechtsnormen führen. In den noch nicht verkörperten Bereichen sind sie noch nicht positives Recht, sondern nur „informative Prinzipien" oder „guides".⁵⁷

Esser betont auch die Rolle der **Rechtswissenschaft** für die Arbeit mit Rechtsprinzipien. Ihre Aufgabe ist es, die **Prinzipien aus der Kasuistik** herauszuschälen, die Formen, Ziele und Grenzen der juristischen Konstruktion festzulegen und sie mit dem Rechtssystem in Einklang zu bringen.⁵⁸ Auf diese Weise wird das **„Problemdenken" durch „Systemdenken" ergänzt**, und so soll verhindert werden, dass Problemregeln ganz an die Stelle systemgebundener Konstruktion und tatbestandlicher Subsumtion treten. Wenn das „doktrinäre" System mit seiner „Begriffslogik" auch gelegentlich als

---

48 Grundsatz und Norm (1956), S. 5.
49 Grundsatz und Norm (1956), S. 174.
50 Grundsatz und Norm (1956), S. 24 f.
51 Grundsatz und Norm (1956), S. 41.
52 Grundsatz und Norm (1956), S. 120.
53 Grundsatz und Norm (1956), S. 267, 164.
54 Grundsatz und Norm (1956), S. 267.
55 Grundsatz und Norm (1956), S. 52 f.
56 Grundsatz und Norm (1956), S. 132, 70.
57 Grundsatz und Norm (1956), S. 88 f., 134.
58 Grundsatz und Norm (1956), S. 311; ähnlich Methodik des Privatrechts (1972), S. 337.

"Hemmung" der auf rechtsethische Problemerörterung und Grundsatzbildung angewiesenen modernen Jurisprudenz erscheine, so sieht Esser in diesen „Hemmungen" doch „unersetzliche Rechtsgarantien und wichtige Kontrollstationen".[59] Er warnt davor, von der „Illusion bloßer Gesetzesanwendung und rein logischer Auswertung vermeintlich stets vorhandener rationes legis" in das ebenso verhängnisvolle andere Extrem, die „Illusion einer ‚Schöpfung' des Rechts aus ‚seinen' Prinzipien im Wege der ‚libre recherche'" – anspielend auf Francois Geny (Rn. 1408) – zu verfallen. Die Norm sei weder „da", noch werde sie frei „geschöpft". Vielmehr werde sie aus der gegenseitigen Abhängigkeit von aktueller Fallgerechtigkeit und bisher erkannter Zielsetzung als „rule" neu integriert. Esser stellt hier also ein „Zusammenwirken zwischen Freiheit und Bindung" fest, für das das axiomatische Denken der Rechtslogik und das problembewusste *legal reasoning* aus Präzedenzien funktionell gleichwertige Garantien seien. Juristisch im Sinne des „Justiziablen" ist ein Verfahren für ihn nur dann, wenn es nach angebbaren Merkmalen rational nachprüfbar ist, weil es einen eindeutigen Begründungszusammenhang aufweist. Das ist aber nur dann der Fall, wenn es auf Wertungen und der Anwendung von Methodenregeln beruht, die im Rechtssystem bereits Anerkennung gefunden haben.[60]

773 Zu klären bleibt, wie der Richter eigentlich vorgeht, wenn er präjuristische Werturteile und Prinzipien in positives Recht transformiert. Nach Essers Vorstellung sind es **bestimmte Denkformen oder Kategorien**, in denen sich diese Transformierung typischerweise vollzieht. Er nennt die „naturalis ratio", die „Natur der Sache", die „aequitas" und die sog. „Rechtslogik", soweit sie die im Rechtsbegriff konservierte **Sachlogik und Wertung** nachzeichnet. Diese Denkformen geben in seinen Augen eine spezifisch juristische Interpretations- und Argumentationsbasis und erlauben die Anknüpfung rechtstechnischen Denkens an soziale Wertmaßstäbe.[61]

774 Indem Esser auf diese Weise die Integration von vorpositiven Rechtsprinzipien in positive erklärt, glaubt er, den Gegensatz zwischen Naturrechtslehre und Rechtspositivismus überwinden zu können.[62] Richterarbeit bedeutet für ihn „ständig erneuerte Wiederherstellung der Kommunikation zwischen ethischen Substanzwerten (Naturrechtselementen [...]) und juristischen Form- und Institutionswerten". Er spricht in diesem Zusammenhang sogar von einem „**Verschmelzungsvorgang**" von „Recht" und „Moral", der für ihn von großer Bedeutung ist, da die kategoriale Selbstständigkeit juristischer Begriffe und Argumente ein Fluch wäre und die juristische Methode steril bleibt müssste ohne „die Einverleibung jener auf Evidenzen logischer oder sozialer Kraft reduzierten sittlichen Wahrheiten".[63]

---

59 Grundsatz und Norm (1956), S. 6 f.
60 Grundsatz und Norm (1956), S. 85, auch Fußnote 244. Diese Äußerungen stehen im Zusammenhang mit *Essers* Unterscheidung zwischen „justiziablen" Prinzipien (solchen, aus denen der Richter durch spezifisch juristische Interpretationstechniken Entscheidungen ableiten kann) und „nicht justiziablen" Prinzipien. Justiziable Prinzipien stehen am Ende einer Entwicklung, sie sind das Produkt jurisprudentieller Arbeit. Nicht justiziable Prinzipien dagegen stehen am Anfang einer Entwicklung, sie sind Postulate, die nicht ohne weitere rechtspolitische Entscheidungen umgesetzt werden können. Dazu näher in: Interpretation und Rechtsneubildung im Familienrecht (JZ 1953), S. 526 im Hinblick auf Art. 3 Abs. 2 GG; Grundsatz und Norm (1956), S. 69 ff.
61 Grundsatz und Norm (1956), S. 56, 81; Richterliche Rechtsbildung (AcP 1954), S. 179; Interpretation und Rechtsneubildung im Familienrecht (JZ 1953), S. 523.
62 Vgl. *Wieacker*, JZ 1957, S. 702.
63 Grundsatz und Norm (1956), S. 60 f.

Dass Esser „**Naturrechtselementen**" einen Platz in seiner Rechtstheorie einräumt und dass er insbesondere von einer „Positivierung von Prinzipien" oder einer Integration von „vorpositiven" Prinzipien in „positive" spricht,[64] ist von *Kelsen* scharf kritisiert worden. Die Tatsache, dass Prinzipien der Moral, der Politik oder der Sitte die Erzeugung von Rechtsnormen beeinflussten und dass der Inhalt der Normen mitunter dem der Prinzipien entspricht, bedeute nicht, dass die Prinzipien in positives Recht umgewandelt würden. Die Prinzipien behielten vielmehr ihren vom Recht verschiedenen Charakter.[65] Dieser Aspekt wird von Kelsen deswegen so betont, weil bei Esser der Begriff des Rechts über den der „Rechts-Norm" ausgedehnt und auf diese Weise jeder festen Grenze gegenüber den Begriffen der Moral und der Politik entkleidet werde.[66] Indem Esser annehme, dass positive Rechtsnormen einen „Naturrechtsgehalt" haben können, werde seine Transformationstheorie doch zu jener Naturrechtslehre, die er abzulehnen vorgebe.[67]

775

Ob man Essers Vorstellungen von Rechtsnormen und Rechtsprinzipien wirklich als Naturrechtslehre bezeichnen kann, erscheint fraglich. Einzelne Äußerungen und seine Terminologie, die Konzeption von der Positivierung von Rechtsgrundsätzen, weisen zwar in diese Richtung, aber andererseits hält er einer rein naturrechtlich ausgerichteten Rechtslehre doch immer wieder die Verdienste positivistischen Rechtsdenkens entgegen, so zum Beispiel das Verdienst, die Bedeutung der Stabilität des Positiven als Sicherung „gegenüber jedem moralisierenden ethischen Interventionismus"[68] herausgestellt zu haben. Auch wenn Esser von einer Positivierung von Prinzipien spricht, ist das nicht so zu verstehen, dass irgendwelche vagen sittlichen Grundsätze damit zu verbindlichen Rechtsnormen würden. Teile des positiven Rechts sind Prinzipien für ihn nur dann, wenn und soweit sie durch Akte des Gesetzgebers oder Richters anerkannt worden sind. Die **Kasuistik** ist es, wie Esser immer wieder betont, die sagt, was rechtens ist, nicht das Prinzip als solches.[69] Wenn und soweit Rechtsprinzipien noch nicht institutionell verkörpert worden sind, grenzt Esser sie von Rechtsnormen ab, indem er sie als „Inhalt im Gegensatz zur Form" bezeichnet und hervorhebt, dass das Prinzip nicht wie der Rechtssatz selbst Weisung, sondern „Grund, Kriterium und Rechtfertigung der Weisung" sei.[70] Außerdem grenzt er seine Prinzipien des positiven Rechts dadurch von Naturrechtsprinzipien ab, dass er betont, dass sie keineswegs ewig sind, sondern am Wandel der Werteordnung und der Struktur des Systems teilnehmen.[71]

776

Naturrechtselemente spielen also zwar für Esser durchaus eine Rolle, was er ja auch nicht verheimlichen will, aber nicht die, die positiven Rechtssätze zu ersetzen. Die von ihm angestrebte „**Kommunikation**" zwischen „Naturrechtselementen" und „juristischen Form- und Institutionswerten" über „Transformatoren" wie die „Natur der Sache" bleibt allerdings dem Einwand ausgesetzt, dass sich regelmäßig die gegensätzlichsten Meinungen auf die „Natur der Sache" berufen.[72] Die Existenz einer „communis opinio doctorum" (lat., herrschende Meinung) (s. Rn. 770), die diesen unbestim-

777

---

64 Grundsatz und Norm (1956), S. 42, 182.
65 *Kelsen*, Allgemeine Theorie der Normen, S. 94, 96.
66 *Kelsen*, Allgemeine Theorie der Normen, S. 95.
67 *Kelsen*, Allgemeine Theorie der Normen, S. 98.
68 Grundsatz und Norm (1956), S. 61 f.
69 Grundsatz und Norm (1956), S. 132, 137, 151.
70 Grundsatz und Norm (1956), S. 50, 51 f.
71 Grundsatz und Norm (1956), S. 327.
72 *Kelsen*, Allgemeine Theorie der Normen, S. 98 mit der Abwandlung eines *Goethe*-Wortes: „Was man ‚Natur der Sache' heißt, das ist der Herren eigener Geist".

c) Stabilität und Flexibilität des Rechts

778 Zwei Aspekte sieht Esser als besonders wichtig für eine funktionierende Rechtsordnung an: einerseits die **Rechtssicherheit** und andererseits ein gewisses Maß an **Flexibilität**, um eine Anpassung an sich wandelnde Verhältnisse und Wertvorstellungen zu ermöglichen.[73] Da Esser dem Gesetzestext an sich nur eine relativ geringe Aussagekraft zugesteht und immer wieder die Bedeutung von Kasuistik und Rechtsgrundsätzen für die Gestaltung des Gesetzes betont, müssen Stabilität und Anpassungsfähigkeit des Rechts durch einen bestimmten Umgang mit dieser Kasuistik und den Rechtsgrundsätzen gewährleistet werden. In der Tat ermöglicht nach Esser gerade die Arbeit mit Rechtsprinzipien eine den aktuellen Verhältnissen entsprechende Rechtsanwendung. Diese Prinzipien sind ja, wie bereits angesprochen, nicht zeitlos, sondern nehmen am **Wandel der Werteordnung** teil. Aufgrund eines neuen Problem- und Gesetzesverständnisses bilden sich neue allgemeine Rechtsgedanken und Figuren.[74] Indem der Richter bei der Gesetzesanwendung auf diese Rechtsgedanken zurückgreift, aktualisiert er jeweils den Inhalt des Gesetzes. So sieht Esser in der Herausschälung des Rechtsgedankens geradezu den „Schlüssel zur wirksamen Neubelebung erstarrter Gesetzesnormen".[75] Wenn der Richter oder die Jurisprudenz der Gegenwart den Kodifikationen Prinzipien entnehmen, lassen sie gerade die zeitideologischen Grundgedanken eines Textes in dem Maße beiseite, in dem sie veralten.[76]

779 Damit der Richter seine Aufgabe, das System seiner Zeit zu integrieren und die damit verbundene Verpflichtung zur **Überarbeitung der Anachronismen** erfüllen kann, darf die Neu- und Weiterentwicklung von Prinzipien Essers Meinung nach nicht dadurch gehemmt werden, dass man einer ständigen Rechtsprechung im Interesse der Rechtssicherheit und Rechtsstabilität eine materiell bindende Wirkung beilegt.[77] Die bisherigen Ergebnisse der Rechtsprechung seien zwar fraglos bestimmt, der fortschreitenden richterlichen Erkenntnis zu dienen, nicht aber sie zu blockieren. So blieben die Präjudizien Modelle ohne materiellrechtlich eigene Autorität für das zu bildende Prinzip. Richterrecht „entstehe" nicht, es werde erdacht und entschieden und sei nicht für immer „existent" wie ein Gewohnheitsrecht, sondern vielmehr immer noch und jeweils mit jeder Entscheidung im Werden. Das Prinzip ist also für Esser „immer unterwegs".[78] Die regelbildende Kraft einer Judikatur beruhe nicht etwa auf gewohnheitsrechtlichen Elementen, sondern vielmehr auf der fortbestehenden sachlichen Richtigkeit und Übereinstimmung mit der lebenden Rechtsüberzeugung. Diese zu prüfen müsse jederzeit erlaubt sein.[79]

---

73 *Esser* zitiert in diesem Zusammenhang den amerikanischen Juristen *Cardozo*: „Law must be stable and yet it cannot stand still", s. Richterrecht (1967), S. 186, Fn. 69.
74 Richterrecht (1967), S. 179.
75 Grundsatz und Norm (1956), S. 248.
76 Grundsatz und Norm (1956), S. 174.
77 Grundsatz und Norm (1956), S. 262 f. iVm Richterrecht (1967), S. 186.
78 Richterrecht (1967), S. 179 f., 185; Grundsatz und Norm (1956), S. 280. Gerade durch das Verbot, das der kontinentale Gewaltentrennungsgedanke dem Richter auferlege, seinen Spruch als objektive, materielle Norm zu formulieren, werde dieser Unterschied zwischen endgültiger Urteilsfindung und nie endgültiger Wirkung des anerkannten Prinzips deutlich.
79 Richterrecht (1967), S. 194; Grundsatz und Norm (1956), S. 289.

Obwohl Esser, um der Gefahr der „Rechtszementierung"[80] zu entgehen, eine materiell bindende Wirkung von Präjudizien ablehnt und der höchstrichterlichen Rechtsprechung nur eine faktische Präzedenzwirkung zugesteht,[81] ist Richterrechtsbildung für ihn keineswegs mit einem Opfer an Rechtssicherheit verknüpft. Erst die Preisgabe einer einseitigen, vom modernen Gesetzesrecht nicht mehr erfüllten Sekuritätsidee mache den Weg dazu frei, die tieferen Rechtsgarantien juristischen Denkens, dogmatischer Selbstkontrolle und richterlicher leges artis zu erforschen.[82] In der **Dogmatik** sieht Esser einen **Stabilitätsfaktor**, der die Kontinuität und rationale Nachprüfbarkeit der Rechtsanwendung gewährleistet. Durch sie werde ein Lebenskonflikt und sein ursprünglich durch Erfahrung gewonnener Wert- und Lösungsschlüssel in ein „technisches" Wissens- und Sprachgebiet übersetzt, und es würden subsumtionsfähige Tatbestände geschaffen, wie sie die Rechtssicherheit verlange.[83] Außerdem fordert er im Interesse der Rechtssicherheit eine Disziplinierung der jurisprudentiellen Technik in der Benutzung von Vorentscheidungen, Leitsätzen, Lehrmeinungen und Theorien,[84] ohne jedoch näher auszuführen, wie er sich eine solche Disziplinierung vorstellt.

d) Essers Stellung zu Gesetzgeber und Richter und die Verfassungsprinzipien der Gewaltenteilung und Gesetzesbindung

An Essers Konzeption von Gesetzesrecht und richterlicher Rechtsfortbildung fällt auf, dass er dem Richter, um eine den aktuellen Umständen und Gerechtigkeitsvorstellungen entsprechende Rechtsfindung zu ermöglichen, **relativ weitgehende Gestaltungsspielräume** einräumt und immer wieder seine schöpferische Rolle betont. Dem Gesetzgeber hingegen gilt seine Aufmerksamkeit nur in geringerem Maße. Esser würde zwar keinesfalls so weit gehen, Gesetzesrecht weitgehend oder gar fast ganz durch Richterrecht ersetzen zu wollen,[85] aber dem Gesetzestext an sich gesteht er doch nur eine sehr begrenzte Auswirkung auf richterliche Entscheidungen zu. Auch der Umstand, dass Esser der historischen Gesetzesauslegung nur einen ziemlich niedrigen Stellenwert einräumt,[86] deutet darauf hin, dass er sich und den Richter nicht so sehr an die Entscheidung des Gesetzgebers gebunden sieht als an den von einer Norm gegenwärtig zu erfüllenden Zweck. So sagt er auch ganz deutlich, dass die gesetzlichen Institutionen eines Kodex kein endgültiger Wertungsmaßstab für den Richter seien, sondern nur „Werkzeuge für die sozialen Konflikte und die Lösungsmöglichkeiten, die der Gesetzgeber zu *seiner* Zeit nach *seinem* ‚Sozialmodell' als normierungsbedürftig anerkannte." Der Gesetzgeber ist, so Esser, „nicht die Autorität, die das endgültige Wirkungsfeld und die technische Praktikabilität der gesetzlichen Institutionen bestimmen könnte. Es ist die Klinik des Rechts selbst, die am neuen Fall über die Eignung, Tauglichkeit oder Verbesserungsbedürftigkeit der Instrumente entscheidet: verbindlich sind nicht sie, sondern das Operations*ziel*."[87]

---

80 Richterrecht (1967), S. 186.
81 Richterliche Rechtsbildung (1954), S. 178; Grundsatz und Norm (1956), S. 276; Einführung (1949), S. 123.
82 Richterliche Rechtsbildung (1954), S. 177; Grundsatz und Norm (1956), S. 26 f.
83 Grundsatz und Norm (1956), S. 303; Interpretation im Recht (1954), S. 287; vgl. auch Methodik des Privatrechts (1972), S. 337.
84 Richterliche Rechtsbildung (1954), S. 178, 182.
85 Siehe besonders Einführung (1949), S. 120 ff., wo er die Vorzüge des Gesetzesrechts gegenüber dem englischen oder amerikanischen Richterrecht hervorhebt.
86 Einführung (1949), S. 183 f., 186; Methodik des Privatrechts (1972), S. 353.
87 Grundsatz und Norm (1956), S. 285.

782 Für Esser ist es somit die **Rechtspraxis** als die „**Klinik des Rechts**", die die zweckmäßigen Rechtsregeln, die „Instrumente", letztendlich bestimmt – wieder mit einer Anspielung, jetzt auf die jüngst wiederentdeckte freirechtliche Klinik-Idee von *Ernst Fuchs* (s. Rn. 1408). Er meint also nicht, dass die Gesetzgebung, wenn die von ihr gelieferten „Instrumente" sich als nicht mehr tauglich erweisen sollten, neue liefern soll. Auch das wäre ja vorstellbar und entspräche unserer Verfassung, die die Verantwortung für das Erstellen neuer rechtlicher Regelungen in den Vorgang politischer Meinungs- und Willensbildung und die Entscheidungsarbeit der Legislative legt, wohl eher.[88] **Neuerungen durch die Legislative** steht Esser eher **skeptisch** gegenüber, wie sich zum Beispiel an seinen Ausführungen zur Reform des Haftpflichtrechts zeigt. Dort weist er darauf hin, dass man vom Gesetzgeber nicht die Beseitigung innerer Widersprüche erwarten könne und bezweifelt, dass ein Parlamentsbeschluss ausgereifte Regelungen hervorbringe.[89] Auch an anderen Stellen spricht Esser von Fehlvorstellungen des Gesetzgebers, vom immer häufigeren Versagen der Legislative oder von ihren programmatischen und regulativen Insuffizienzen bei fatalem, gleichzeitigem „juristischen Totalitarismus des Staatsgedankens".[90]

783 So beruht Essers Betonung der Rolle von Richtern und Rechtswissenschaft für die Schöpfung und dogmatische Absicherung von rechtlichen Regelungen wohl nicht nur auf der Erkenntnis, dass ein Gesetz niemals lückenlos alles regeln kann, sondern auch auf der Vorstellung, dass eine umfassende Regelung durch die politische Legislative gar nicht so wünschenswert sei. Das passt auch zu seiner Skepsis gegenüber Kodifikationen.

784 Es bleibt daher zu klären, wie Esser seine Konzeption mit der verfassungsrechtlich verankerten **Gewaltenteilung** und der **Bindung des Richters** an das Gesetz (Art. 20 Abs. 3, 97 Abs. 1 GG) in Einklang bringt. Er umgeht das Problem in gewisser Weise, indem er, wie bereits angesprochen (s. Rn. 767), sagt, „Der Richter ist frei und nur dem Gesetz unterworfen – das Gesetz aber ist das, was er selbst darunter pflichtgemäß versteht", und konsequent zu dem Ergebnis kommt, der Richter sei allein seinem Gewissen als letzter Instanz unterworfen.[91] So hatten sich die Verfassungsgeber die Bindung des Richters an das Gesetz wohl nicht vorgestellt. Ganz so schnell erledigt Esser das Problem aber auch wieder nicht. Er räumt ein, dass die Schöpferrolle des Richters nicht zu rechtfertigen sei von einer Rechtstheorie aus, die nur den politischen Willen als Gesetzgeber anerkennt und die Urteilsbildung des Richters für eine rein kognitive Anwendung des Gesetzes erklärt.[92] Diese Vorstellungen würden aber, so Esser, der **Realität nicht gerecht**. Ohne „judicial legislation" komme nun einmal kein Rechtssystem aus, das Gesetz bleibe leblos ohne die jurisprudentiell entwickelten Prinzipien und Theorien.[93] Bei der jurisprudentiellen Rechtsbildung handle es sich folglich nur um eine rea-

---

88 Vgl. *Müller*, Richterrecht, S. 122.
89 Die Zweispurigkeit unseres Haftpflichtrechts (1953), S. 22, 37.
90 Grundsatz und Norm (1956), S. 25, ähnlich S. 258; Vorverständnis und Methodenwahl (1972), S. 84; siehe auch Grundsatz und Norm (1956), S. 285 f., wo *Esser* sich im Grundsatz auch für unsere Rechtsordnung dem Urteil anschließt: „To anyone who reflects on the growth of English Law it may appear a plausible theory that the country would gain much by the extension of judicial and the curtailment of Parlamentary legislation."; jur. Totalitarismus fällt etwa S. 298 f.
91 Richterrecht (1967), S. 178. Was *Esser* mit „pflichtgemäß" meint, erläutert er nicht näher und greift es auch, wenn er im nächsten Satz nur noch vom Unterworfensein des Richters unter sein Gewissen spricht, nicht mehr auf.
92 Grundsatz und Norm (1956), S. 287 f.
93 Grundsatz und Norm (1956), S. 242 f., 109.

listische Funktionsfrage, nicht um eine verfassungsideologische Gewaltenfrage.[94] Essers Argumentation stützt sich also im Grunde darauf, dass das, was faktisch unumgänglich sei, nicht als Verfassungsverstoß angesehen werden könne. Die Ermächtigung zur schöpferischen Rechtsfindung liegt für ihn im Richteramt selbst, so wie er es versteht: die Richter seien „Beauftragte" oder „Organ" der „Rechtsgemeinschaft" selbst, der sie nicht nur „denkenden", wie nach Heck (s. Rn. 450, 477), sondern „sozialen Gehorsam" schuldeten.[95]

2. Hermeneutik, Topik und Dogmatik in der Rechtsfindung

Auch in späteren Arbeiten hat sich Esser eingehend mit der Frage auseinandergesetzt, wie der Richter bei der Rechtsfindung vorgeht, welche Faktoren seine Entscheidung beeinflussen und wie dies kontrolliert werden könne. Er ist dabei von seinen schon geschilderten Vorstellungen, etwa zur Bedeutung von Rechtsgrundsätzen für die richterliche Tätigkeit, nicht abgerückt, hat sie aber ergänzt.

a) Vorverständnis und Rationalität im Rechtsfindungsprozess

Durch die Beobachtung richterlicher Praxis hatte Esser den Eindruck gewonnen, dass Richter bei der Entscheidung von Fällen überwiegend nicht durch schulmäßige Anwendung von Interpretationsregeln zu ihrem Ergebnis kommen, sondern dass das Ergebnis primär auf bestimmten Vorüberlegungen, auf den Vorstellungen des Richters von einer sachgerechten Entscheidung beruhe. Die Praxis gehe in Wirklichkeit nicht von den doktrinären Methoden der Rechtsfindung aus, sondern benutze sie nur, um die nach ihrem Rechts- und Sachverständnis angemessenste Entscheidung *lege artis*, kunstgerecht, zu begründen, wobei sie jeweils diejenigen Auslegungsgesichtspunkte heranziehe, die zu dem gewünschten Ergebnis führten.[96]

Die verschiedenen Vorüberlegungen, Gerechtigkeitsvorstellungen und sonstigen Aspekte, die die Entscheidung des Richters, schon bevor er mit der schulmäßigen Normanwendung beginnt, beeinflussen, fasst Esser dann unter dem Begriff „**Vorverständnis**" zusammen. Er erklärt auch, woraus sich ein solches Vorverständnis des Rechtsanwenders bilde. Es entstamme „*Lernprozessen unterschiedlicher Art* – vom Ausbildungsgang bis zum wichtigsten Lernmaterial, den exemplarisch begriffenen Konfliktfällen, mit denen er persönlich und beruflich, sei es selbst, sei es durch Identifizierung mit den Traditionen seines Gerichts und seiner Rechtsprechung, vertraut wurde".[97] Vorverständnis ist also **denkbar weit gemeint**. Esser versteht darunter nicht etwa ein persönliches Vorurteil, von dem sich der Richter bei der Rechtsfindung besser befreien sollte, sondern sämtliche Erfahrungen, Kenntnisse, dogmatischen Grundvorstellungen und außerdogmatischen Wertungen und Prinzipien, die der Richter im Laufe seines beruflichen „Sozialisationsprozesses" verinnerlicht hat und benötige, um mit dem Rechtstext überhaupt etwas anfangen zu können. Es ist damit eine unerlässliche Be-

---

94 Richterliche Rechtsbildung (1954), S. 178; dagegen meint *Müller*, Richterrecht, S. 13, dass *Esser* einschlägige Verfassungsnormen, von der Gewaltenteilung über die Kompetenzordnung bis zur Bindung der rechtsprechenden Gewalt, übergehe.
95 Einführung (1949), S. 185 f.
96 Vorverständnis und Methodenwahl (1972), S. 7 f.; ein ewiger Paradeeinwand seit Radbruch 1929, s. oben Rn. 32 mit Fn. 1, hier wieder überschießend generell verwendet.
97 Vorverständnis und Methodenwahl (1972), S. 10; ähnlich auch Dogmatik zwischen Theorie und Praxis (1974), S. 407.

788 dingung alles Verstehens und schafft erst die Möglichkeit, dass der Rechtsanwender überhaupt den Zugang zu dem von ihm auszulegenden Text findet.[98]

788 Das Vorverständnis ist also zunächst eine **Vorbedingung adäquaten Verstehens**. Es gehört zu den Grundeinsichten der **Hermeneutik**, die Esser hier rezipiert, dass man einen Text nur verstehen kann, wenn man schon eine gewisse Vorstellung von seinem Sinnzusammenhang hat. Andererseits ergibt sich der Sinnzusammenhang eines Textes erst aus der Bedeutung der einzelnen Wörter. Es ist also unmöglich, einen Teil eines Ganzen zu verstehen, ohne schon eine Vorstellung des Ganzen zu haben, wie es aber auch umgekehrt unmöglich ist, das Ganze ohne Kenntnis der Teile zu begreifen. Diese Eigentümlichkeit des Verstehensprozesses wird als hermeneutischer Zirkel bezeichnet.[99]

789 Esser greift diese Einsicht der Hermeneutik auf, geht aber noch einen wesentlichen Schritt weiter. „Neben oder über dem ‚kognitiven' hermeneutischen Zirkel", der für den Vorgang des Verstehens des Gesetzestextes von Bedeutung sei, gebe es noch einen **„applikativen"** Zirkel, der die Normanwendung bestimme, einen normativen Zirkel sozusagen. Esser betont, dass das juristische Interesse nicht primär ein Verstehensinteresse, sondern ein **Ordnungsinteresse** sei, ein an der rechtlichen Ordnungsaufgabe orientiertes praktisches Interesse.[100] Der Jurist interessiere sich für den Text nicht als Meinungszeugnis, sondern als ein für seine Entscheidung sinnvolles Weisungsmuster. Er wolle nichts anderes, als den Text daraufhin „verstehen", ob er anhand seiner Ratio eine von ihm als befriedigend und sachgerecht angesehene Entscheidung fällen könne oder nicht.[101] Esser betont hier also den Einfluss von finalen Entscheidungsvorstellungen, von normativen Elementen, auf die Rechtsanwendung. Die für das Ergebnis maßgebende Bemühung um das richtige Begriffs- und Normverständnis werde von vornherein bestimmt durch die **Vorstellung des Ergebnisses**, das als rechtsadäquat der Normanwendung zugeschrieben werden müsse und das unter dem Richtigkeitspostulat stehe, welches eben an die Rechtsnorm gestellt werde. Dieses aus dem normativen Vorverständnis hervorgehende Anwendungsziel bestimmt nach Esser schon vor jeder hermeneutischen Frage an den Text die Auswahl der rechtlich „relevanten" Fakten und der „geeigneten" Normen. Es bestimme schließlich auch den Rahmen, in dem die anerkannten Mittel der Gesetzesauslegung zielstrebig eingesetzt würden, um die Entscheidung *lege artis*, kunstgerecht, zu begründen.[102]

790 Dass Esser dem volitiv-normativen Element in der Rechtsfindung einen so hohen Stellenwert einräumt, wird **teilweise heftig kritisiert**. Besonders seine These, dass das Vorverständnis des Richters nicht nur den Verstehensprozess in Gang setze, an dessen Ende die zu findende Entscheidung erst stehen dürfe, sondern über die Methodenwahl diesen Prozess auf das in der „Richtigkeitsüberzeugung" des Richters vorweggenommene Ergebnis hinsteure, stößt auf Ablehnung. Als legitim könne man ein solches Verfahren nicht ansehen, da der Richter sich damit über seine „Bindung an Recht

---

98 Vgl. Vorverständnis und Methodenwahl (1972), S. 10; Möglichkeiten und Grenzen des dogmatischen Denkens (1972), S. 367; so auch *Larenz'* Verständnis von Essers Vorverständnis in Festschrift für *Huber*, S. 297 f.
99 Näheres zum hermeneutischen Zirkel und dem „Ausweg" aus ihm bei *Larenz*, Methodenlehre, S. 206 ff.; s. als Überblick zur juristischen Hermeneutik als Strömung der 1960er Jahre Rn. 1441, sowie konkreter Rn. 603 bei Larenz und bes. Rn. 837 f. bei Coing, aber auch Rn. 99, 149 zu ihrem Begründer Savigny (freilich ohne die Zirkelbehauptung).
100 Methodik des Privatrechts (1972), S. 356 f.
101 Vorverständnis und Methodenwahl (1972), S. 139.
102 Methodik des Privatrechts (1972), S. 357; Vorverständnis und Methodenwahl (1972), S. 10.

und Gesetz" hinwegsetze.¹⁰³ Dem hermeneutischen Programm würde es eher entsprechen, so die weitere Kritik an Esser, das Vorverständnis als vorrechtliche Komponente abzuheben und sich immer wieder kritisch zu vergewissern, dass das eigene Normverständnis nicht durch die zwangsläufig vorhandene Erwartung einer bestimmten Entscheidung getrübt werde. Da Esser dagegen von einem Vorrang des volitiven Elements gegenüber dem bloßen Verstehen ausgehe, übernehme der „hermeneutische" Zirkel bei ihm eine ideologische Funktion, nämlich die wissenschaftliche Rechtfertigung für ihn typischer (aber problematischer) richterlicher Arbeitsweisen.¹⁰⁴

Als Rechtfertigung für jede Arbeitsweise der Praxis und damit auch für ihre Mängel oder für mitunter sogar willkürliche Entscheidungen möchte Esser seine Vorstellungen aber sicher nicht verstanden wissen. Er gibt zwar durchaus nicht nur eine Beschreibung der von ihm beobachteten Vorgehensweisen der Praxis, sondern bewertet die Rolle, die das Vorverständnis seiner Ansicht nach in der Rechtsfindung spielt, grundsätzlich positiv.¹⁰⁵ Das heißt aber nicht, dass er eine richterliche Entscheidung, die allein auf subjektive Empfindungen gestützt ist und die nicht an objektiven Maßstäben gerechtfertigt werden kann, billigen würde. Esser betont ja, dass das Vorverständnis, so wie er es versteht, nicht einem persönlichen Vorurteil gleichgesetzt werden dürfe.¹⁰⁶ Wenn auch nirgends eine Entscheidung schlechthin vom Gesetz geboten sei, sondern der Rechtsanwender stets eigene seinem Vorverständnis entstammende Wertungselemente einbringen müsse, so bedeute das nicht, dass in diesem Wertungsspielraum freie Subjektivität und willkürliche Maßstäbe für die Ermittlung einer „vernünftigen" Lösung herrschen.¹⁰⁷ **Rationalität des Argumentierens** sei nämlich auch außerhalb des dogmatischen Systems und seiner Methoden möglich. Rationalität versteht Esser hier im Sinne von „Ermöglichung von Konsens über Fragen der Gerechtigkeit innerhalb positiv gegebener gesellschaftlicher und gesetzlicher Institutionen".¹⁰⁸

791

Damit nimmt die *Konsensfähigkeit* von Entscheidungen für Esser eine zentrale Bedeutung ein. Die Probe der **Konsensfähigkeit** mittels Durchgriffs auf die „Vernünftigkeit" oder „Unhaltbarkeit" von Erwartungshorizonten sieht Esser geradezu als die „klassische Form rationaler Richtigkeitskontrolle" an.¹⁰⁹ Gerade diese am Konsens ausgerichtete Richtigkeitskontrolle sichere der Interpretation ihren juristisch-objektiven Rang gegenüber politischen und ideologischen Versuchungen zum instrumentalen Normmissbrauch. Die Finalität der Interpretationsakte ist für Esser keineswegs eine Brücke zur Rechtsperversion. Genau das Gegenteil sei der Fall. Die vermeintliche Wertfreiheit des juristischen Denkens ist in seinen Augen notwendig ideologieanfälliger als die Freiheit des Richters zur Wertung, die ihn zwinge, das Ergebnis nicht einfach als logisch und unumgänglich zu präsentieren, sondern es zu rechtfertigen oder doch plausibel zu machen, indem er die Gerechtigkeit und Vernünftigkeit der Lösung, ihre Übereinstimmung mit allgemein anerkannten Rechtsgrundsätzen und damit

792

---

103 *Larenz*, Methodenlehre, S. 210.
104 *Wiederin*, Regel-Prinzip-Norm, S. 151.
105 Das wird z.B. deutlich, wenn er hervorhebt, dass „ohne Vorurteil über die Ordnungsbedürftigkeit und Lösungsmöglichkeit die Sprache der Norm überhaupt nicht das aussagen kann, was erfragt wird: die gerechte Lösung" oder wenn er sagt, „das Vorverständnis von der aktuellen Ordnungsfrage her ist mehr noch als nur Bedingung des Verstehens, es ist Voraussetzung für ein als Entscheidungsgrundlage brauchbares Verstehen.", Vorverständnis und Methodenwahl (1972), S. 137, 138.
106 Zur Unentbehrlichkeit des juristischen Handwerkszeugs (1975), S. 421.
107 Vorverständnis und Methodenwahl (1972), S. 132.
108 Vorverständnis und Methodenwahl (1972), S. 15, ähnlich S. 9.
109 Vorverständnis und Methodenwahl (1972), S. 155.

letztendlich ihre Konsensfähigkeit aufzeigt.[110] Esser fordert daher, die Bedeutung des Vorverständnisses und überhaupt von Wertungen bei der Entscheidungsfindung nicht länger hinter dogmatischer Argumentation zu verbergen und damit Ordnungsziele und Vorstellungen, die sich im Grunde noch weiter ausweisen und einer **rationalen Richtigkeitskontrolle** unterziehen müssten, zu verheimlichen.[111]

793 Dass in einem Verfahren, das den Anspruch erhebt, rational zu sein, Wertungen nicht hinter scheinbar bloß logischen Schlussfolgerungen versteckt werden dürfen, leuchtet ein. Es ist in der Tat nicht wünschenswert, dass Diskussionen über Wertentscheidungen dadurch erschwert werden, dass man Wertungen nicht als solche zu erkennen gibt. Insofern kann man es als Essers Verdienst ansehen, das Vorverständnis-Problem in das allgemeine Bewusstsein gehoben und als zentrales Thema der modernen Dogmatikkritik erkannt zu haben.[112] Ob allerdings die von ihm vorgeschlagene Prüfung der Konsensfähigkeit einer Lösung immer ein zufriedenstellendes Ergebnis liefern kann, erscheint fraglich. In vielen Fällen dürfte es für den Richter nämlich schwierig sein festzustellen, welche Lösung wohl am ehesten konsensfähig ist. Gerade in kritischen Problemlagen wird eine übereinstimmende Meinung darüber, was gerecht und vernünftig ist, kaum vorhanden sein. Als **Universalinstrument der Rechtsfindung** erscheint die Feststellung von Konsensfähigkeit deshalb nicht geeignet.[113]

b) Richtigkeitskontrolle und Stimmigkeitskontrolle

794 Wenn Esser immer wieder betont, der Richter müsse eine konsensfähige und in diesem Sinne vernünftige und gerechte Entscheidung finden, hängt das auch damit zusammen, dass die Rechtsordnung für ihn nicht irgendeine Ordnung, sondern eine **gerechte Ordnung** sein muss. Gerechtigkeit wird in seinen Augen nicht schon durch die positive Rechtsordnung als solche garantiert, sondern muss ein Attribut der Entscheidung sein.[114] Aus diesem Grund ist auch die schon beschriebene „Richtigkeitskontrolle" für ihn von so großer Bedeutung. Da dogmatische Begründungen keine Richtigkeitsgewähr geben könnten,[115] sei ein Durchgriff auf überzeugende Sachargumente bei der auf Konsensfähigkeit gerichteten, rationalen Entscheidung unerlässlich. Auf der anderen Seite betont Esser aber auch die Notwendigkeit der Einheitlichkeit der Rechtsprechung und ihre Bindung an das legislative Regelungsprogramm, um dessen Erhaltung und Verbesserung willen der Rechtsprechung doch gerade ihre Freiheit, Verantwortung und Vermittlerrolle anvertraut werde. Deshalb begnügt Esser sich nicht mit der „Richtigkeitskontrolle", sondern setzt neben sie noch eine „**Stimmigkeitskontrolle**", um die Verträglichkeit der Lösung mit dem positiven System zu gewährleisten.[116] An dieser Stelle kommt bei Esser die **Dogmatik** zur Geltung. Sie stelle im Rahmen eines Systems jene Kontrollinstanz dar, welche die Verträglichkeit von Lösungen mit den vorgegebenen Regelungen sichert. Durch den Zwang, die Lösungsversuche in das System einzugliedern, werde eine Rationalitätsprobe durchgeführt, die, wenn man sie ernst nehme, die Auswirkungen einer Lösung auf das fernere Schicksal des betreffenden

---

110 Vorverständnis und Methodenwahl (1972), S. 119.
111 Vorverständnis und Methodenwahl (1972), S. 15, 141.
112 *Fikentscher*, Methoden des Rechts, S. 438.
113 *Bydlinski*, Juristische Methodenlehre, S. 156.
114 Vorverständnis und Methodenwahl (1972), S. 17.
115 Vorverständnis und Methodenwahl (1972), S. 171; Möglichkeiten und Grenzen des dogmatischen Denkens (1972), S. 377.
116 Vorverständnis und Methodenwahl (1972), S. 19 f.

Systems aufzeige. Sollte die Lösung nicht in das System passen, sei man dann gezwungen, entweder Alternativen aufzubauen oder sich mit allen Konsequenzen, die nun im System auftauchten, auseinanderzusetzen.[117] Indem Esser neben die „Richtigkeitskontrolle" noch diese „Stimmigkeitskontrolle" setzt, ergänzen sich bei ihm topische Gesichtspunkte, nämlich die Suche nach einer konsensfähigen Lösung, und dogmatisch-systematische Gesichtspunkte, um in ihrem Zusammenwirken die Rationalität der Entscheidungsfindung zu ermöglichen.[118]

Essers Konzeption von Richtigkeitskontrolle und anschließender Stimmigkeitskontrolle im Rechtsfindungsprozess und die Rolle, die er der Dogmatik darin zuteilt, sind zum Teil auf deutliche Ablehnung gestoßen. Die **Kritik** meint vor allem, dass sich die Richtigkeitsüberzeugung hinsichtlich der zu treffenden Entscheidung seinen Vorstellungen nach schon bildet, bevor der Richter mit der schulgerechten Gesetzesinterpretation oder mit dogmatischen Erwägungen beginnt. So wie Esser den Rechtsfindungsvorgang in der Praxis beschreibe, wählt der Richter ja einfach diejenige Auslegungsmethode, die es ihm erlaubt, seine Entscheidung als gesetzeskonform hinzustellen. Somit diene die Stimmigkeitskontrolle in Essers Sinn nur dazu, die vom Richter für richtig erachtete Lösung mit einer nachträglichen Begründung zu versehen, die ihr den Anschein der Legalität geben solle.[119] In die gleiche Richtung geht der Hinweis, dass in Essers methodologischen Schriften kein irgendwo erzieltes Rechtsprechungsergebnis aufgrund des Nachweises, dass es der dogmatischen Kontrolle nicht standhalten könne, abgelehnt werde – diese Kontrolle laufe also leer.[120] Schließlich wird seine Konzeption des Rechtsfindungsprozesses mit ihrer Trennung in Richtigkeits- und Stimmigkeitskontrolle sogar den „Theorien normfreien Entscheidens" zugeordnet.[121]

795

Ob diese Beurteilungen Essers Theorie in allen Punkten gerecht werden, erscheint fraglich. So hat Esser – auch als Reaktion auf die Kritik an seinem Werk „Vorverständnis und Methodenwahl" – durchaus die **„Unentbehrlichkeit des juristischen Handwerkszeugs"** betont und die Missachtung elementarer juristischer Argumentationsregeln in Gerichtsentscheidungen an konkreten Beispielen verurteilt.[122] Er hebt in diesem Zusammenhang hervor, dass mit der Erkenntnis der Bedingtheit richterlichen Handelns durch Vorverständnisse nicht die Möglichkeit entfalle, ausreichende Argumentationsleistungen und abruptes Zurechtbiegen zu unterscheiden.[123] Die Befürchtung, dass eine methodenmissbrauchende Praxis durch seine Ausführungen über die Bedeutung des Vorverständnisses ermutigt werden könnte, elementare Argumentationsregeln fortan noch „mutiger" zu übergehen, teilt Esser nicht. Er bezwecke ja genau das Gegenteil, nämlich die Aufhellung der vorrechtlich wirksamen Gründe von **Methodenwillkür**, um ihr wirksam entgegentreten zu können.[124] Dass in seinen Augen sorgfältiges juristisches Argumentieren nicht durch freie Wertung ersetzt werden soll, hat Esser auch in früheren Arbeiten schon deutlich gemacht. Die vom Richter getroffene Wertentschei-

796

---

117 Möglichkeiten und Grenzen des dogmatischen Denkens (1972), S. 370.
118 *Frommel*, Rezeption der Hermeneutik, S. 222 ff.
119 So *Larenz*, Methodenlehre, S. 210 f. und Festschrift für Huber, S. 298 ff., der fordert, die Stimmigkeitskontrolle müsse vor Bildung der Richtigkeitsüberzeugung erfolgen.
120 *Bydlinski*, Juristische Methodenlehre, S. 32.
121 *Fikentscher*, Methoden des Rechts, S. 753 ff.
122 Zur Unentbehrlichkeit des juristischen Handwerkszeugs (1975), S. 420 ff. *Bydlinski*, Juristische Methodenlehre, S. 29, Fußnote 80 gibt sich damit aber nicht zufrieden, da es Esser hier nur darum gehe, die Judikatur zur Abtreibung und zur Einstellung von Radikalen im öffentlichen Dienst zu kritisieren.
123 Zur Unentbehrlichkeit des juristischen Handwerkszeugs (1975), S. 421.
124 Zur Unentbehrlichkeit des juristischen Handwerkszeugs (1975), S. 426.

dung dürfe keine subjektive im Sinne eines instinktmäßigen Judizes oder gar einer auf rechtliche Begründung verzichtenden Billigkeit sein, sondern sie müsse system- und argumentgebunden sein. Wenn sie auch nicht stets Nachwertung eines Vorgewerteten zu sein brauche, müsse sie sich doch anhand der dogmatischen Begründung über ihre Verträglichkeit mit dem betreffenden Gesamtsystem rechtlicher Ordnung ausweisen.[125]

797 Esser selbst nimmt also seine **Stimmigkeitskontrolle** ernst und will keineswegs, dass sie nur pro forma erfolgt. Da sie in seiner Konzeption erst ganz am Ende des Rechtsfindungsprozesses steht, besteht allerdings durchaus die von seinen Kritikern hervorgehobene Gefahr, dass sie in der Praxis doch nicht so sorgfältig, wie Esser sich das wünscht, durchgeführt würde.

IV. Ein Beispiel: die Problematik der „faktischen Schuldverhältnisse"

798 Am Beispiel von Essers Stellungnahme zu den sog. „faktischen Schuldverhältnissen" soll untersucht werden, wie er seine methodischen Vorgaben bei der Lösung zivilrechtlicher Probleme in die Praxis umsetzt. Es handelt sich um eine längere Zeit vieldiskutierte dogmatisch weitreichende Grundsatzfrage.

1. Essers Lösungsvorschläge

799 Bei den unter dem Stichwort „faktische Schuldverhältnisse" oder „Vertragsverhältnisse" diskutierten Fallgruppen handelt es sich um solche, bei denen kein Vertrag durch explizit übereinstimmende, wirksame Willenserklärungen geschlossen wurde, man aber dennoch Leistungsansprüche, die normalerweise nur durch einen nach den Vorschriften des BGB geschlossenen Vertrag entstehen, gewähren möchte. Ein anschauliches Beispiel dafür ist der „Hamburger Parkplatzfall".[126] Dort stellte eine Frau ihr Auto auf einen gebührenpflichtigen Parkplatz, erklärte dabei aber ausdrücklich, dass der Parkplatz dem Gemeingebrauch diene und sie nicht bereit sei, die verlangte Gebühr zu zahlen. Es ist also eindeutig, dass sie keine Willenserklärung, die zu einem Vertragsschluss hätte führen können, abgegeben hat. Trotzdem ist sie zur Zahlung der Parkgebühr verurteilt worden. Schon allein dadurch, dass sie die Parkfläche zum Abstellen ihres Wagens benutzt habe, komme sie in ein Vertragsverhältnis zu dem Unternehmer und sei deshalb verpflichtet, das Entgelt zu zahlen.[127] Das Gericht schließt sich dabei der Ansicht an, dass ein Vertragsverhältnis nicht nur durch Angebot und Annahme zustande komme, sondern dass es auch „faktische" Vertragsverhältnisse gebe, die nicht auf einem Vertragsschluss, sondern auf einer **sozialen Leistungspflicht** beruhten. Diese Leistungspflicht ergebe sich aus einem Verhalten, das nach seiner „sozialtypischen Bedeutung" die gleiche Rechtsfolge habe wie ein rechtsgeschäftliches Handeln.[128] Nach dem Motto „das Leben selbst ordnet zu"[129] wurde so die Dogmatik des Rechtsgeschäfts beiseite gelegt, um ein „wirklichkeitsfremdes Ergebnis" zu vermeiden.

---

125 Methodenlehre des Zivilrechts (1959), S. 323.
126 BGHZ 21, 319 ff. vom 14.7.1956.
127 BGHZ 21, 319 (3). Leitsatz.
128 BGHZ 21, 319 (333 f.) in Anlehnung an *Haupts* Aufsatz „Über faktische Vertragsverhältnisse" (1941) und *Larenz'* Figur der „Schuldverhältnisse aus sozialtypischem Verhalten"; dazu ausführlich oben *Frassek*, Rn. 614 ff.
129 So eine Kernthese *Haupts*, zitiert bei *Esser*, Faktische Schuldverhältnisse (1958), S. 56.

Esser sieht darin „die Kapitulation normativen Rechtsdenkens vor dem politisch-sozialen Faktum".[130] Er räumt zwar ein, dass die gegenwärtige Lehre vom Rechtsgeschäft keine unmittelbare Lösung für die Problematik der „faktischen Schuldverhältnisse" bereit halte, sieht aber trotzdem keinen Anlass dafür, sie preiszugeben. Nicht ein Einbruch des Soziologischen ins Normative sei nun gefragt, sondern eine Lösung müsse durch **dogmatische Fortbildung** gesucht werden. Es sei ein Fehler, den Ergebnissen der Forschung allzu eifrig Raum im dogmatischen Denken zu überlassen, das doch Stabilität verlange.[131] Esser betont, dass das soziale Phänomen keine letzte Autorität, sondern Objekt kritischer Auseinandersetzung zur Verbesserung der Tatbestandsbildung ohne Preisgabe des Errungenen sei. Das Errungene ist für ihn im vorliegenden Fall das Willensprinzip als Ausdruck rechtsgeschäftlicher Privatautonomie, das man nicht wegen einzelner unbewältigter Erscheinungen „über Bord" werfen solle.[132]

800

Auf diesen Überlegungen aufbauend, bemüht sich Esser um eine mit dem Zivilrechtssystem zu vereinbarende und gleichzeitig den praktischen Bedürfnissen entsprechende Lösung. Er unterscheidet dazu **zwei zentrale Fallgruppen** der „faktischen Schuldverhältnisse":

801

1. die sog. „**Eingliederungsverhältnisse**". Dazu zählten vor allem Arbeits- und Gesellschaftsverhältnisse, bei denen sich, nachdem vertraglich an sich vorgesehene Leistungen erbracht wurden, herausstellt, dass der vermeintlich wirksame Vertrag aus irgendwelchen Gründen nichtig ist (z.B. wegen mangelnder Geschäftsfähigkeit des Arbeitnehmers);
2. die unter den Stichworten „**Massenverkehr**" und „Daseinsvorsorge" diskutierten Tatbestände eines modernen Massen- und Anschlussvertrages (z.B. Stromanschluss) ohne individuelle Gestaltung, insbesondere auf dem Gebiet der Verkehrswirtschaft (z.B. Busfahrten) und der Versorgungswirtschaft.[133]

Was die erste Fallgruppe und insbesondere das sog. **faktische Arbeitsverhältnis** betrifft, so betont Esser, dass nicht die Eingliederung in die Betriebsorganisation als solche, nicht das „lebende Sozialverhältnis", das manche darin in einer Art „organizistischem Mythos" sehen wollen, entscheidend sei für die Frage, wie ein solches Verhältnis zu beurteilen ist. Man müsse vielmehr auch in diesen Fällen am Willenselement als Ausdruck der Privatautonomie festhalten. Das Willenselement lasse sich auch im nichtigen Arbeits-, Gesellschafts- oder Mietvertrag aufzeigen, nur eben in juristisch fehlerhafter Form. Auch in diesen Fällen werde ja ein Rechtszweck erstrebt, der sich in realen Willenshandlungen, also etwa der Arbeitsleistung oder der Mitarbeit in der Gesellschaft, ausdrücke. Gerade diese Zwecksetzung müsse, wenn man das zivilrechtlich nichtige Verhältnis aus Gründen des internen Schutzes oder auch des Gläubigerschutzes anerkennen will, den „objektiven Tatbestand" bilden, an den man diese Anerkennung knüpft, nicht das „Phänomen" der „Eingliederung". „Nicht das Leben ordnet zu", so Esser, „sondern immer nur menschlicher Wille".[134] Esser betont,

802

---

130 Faktische Schuldverhältnisse (1958), S. 56; noch nicht so kritisch in der Besprechung von *Haupts* Schrift „Über faktische Vertragsverhältnisse" (1941) in Schmollers Jahrbuch 1942, S. 230 ff.
131 Faktische Schuldverhältnisse (1958), S. 52; vgl. auch Möglichkeiten und Grenzen des dogmatischen Denkens (1972), S. 391.
132 Faktische Schuldverhältnisse (1958), S. 56; weitergehendere Zugeständnisse an die Rechtswirklichkeit macht *Esser* in Schmollers Jahrbuch 1942, S. 234: „Wo die individuelle Vertragsmechanismus nicht mehr brauchbar ist, da können auch seine Formen fallen".
133 Faktische Schuldverhältnisse (1958), S. 53 Nr. c) und d); Schuldrecht, 3. Aufl. 1968, S. 97 f.
134 Faktische Schuldverhältnisse (1958), S. 58, Schuldrecht, 3. Aufl. 1968, S. 98 f.

dass in der rechtlichen Anerkennung solcher Willensbetätigungen die Privatautonomie gerade respektiert und nicht ignoriert werde, wie man meinen könnte, wenn die Frage so gestellt werde, als gelte es, irgendwelchen „faktischen" Verhältnissen „normative" Wirkungen beizulegen.[135] Esser will gerade nicht, dass die Faktizität einer Eingliederung in ein Arbeits- oder Gesellschaftsverhältnisses als „objektiver Tatbestand", der ebenso wie Willenserklärungen einen Vertrag begründen könnte, angesehen wird. Es gehe nur um Zusatztatbestände für die begrenzte Frage, wann ein zwar nicht rechtlich wirksam begründetes, aber doch tatsächlich verwirklichtes Rechtsverhältnis aus bestimmten Schutzgründen (z.B. Entgeltansprüche, Arbeitsschutz) *wie* ein gültiges behandelt werden soll.[136] Der dogmatische Weg, der eine solche Gleichbehandlung in bestimmten Fällen ermöglichen soll, ist für Esser das Absehen von bestimmten Nichtigkeitsgründen. Im Einzelfall müssten die konkreten Schutzaufgaben des jeweils maßgeblichen Nichtigkeitsgrundes mit dem Schutzinteresse an der Anerkennung des de-facto-Verhältnisses abgewogen werden. So soll zum Beispiel ein Geschäftsunfähiger, der aus Gründen des Minderjährigenschutzes keinen wirksamen Arbeitsvertrag schließen kann, dennoch einen Anspruch auf Zahlung der Vergütung für die bereits geleistete Arbeit haben. Die Lösung des Eingliederungsproblems ist für Esser also nicht die Anerkennung neuer konstitutiver Tatbestände, sondern die „Verfeinerung unserer Nichtigkeitslehre". Esser vermeidet damit die Schwächen eines Kondiktionsanspruchs (Wertersatz, Entreicherung), löst sich damit aber vor allem – ohne es auszusprechen – von der dramatisch-grundsätzlichen Weimarer- und NS-Dogmatik der Eingliederung und Betriebsgemeinschaft statt des Vertrages.[137]

803 Bei der **Fallgruppe der „Massenverträge"** (z.B. Parken auf einem gebührenpflichtigen Parkplatz oder Benutzen öffentlicher Verkehrsmittel) helfe dieser Lösungsansatz aber nicht weiter. Hier sei kein „nichtiger" Erklärungsabschluss zu sanieren, sondern es trete offenkundig ein „objektiver" Abschlusstatbestand *ohne* Willenserklärung auf den Plan, der *neben* der bisher allein anerkannten rechtsgeschäftlichen Abschlusstechnik Geltung beansprucht. Hier werde das Schuldverhältnis nicht durch einen Vertragsschluss begründet, sondern durch die Inanspruchnahme einer Leistung, die allgemein nur kraft schuldrechtlicher Sonderverpflichtung verlangt werden könne.[138] Hier scheint Esser nun also doch einen „faktischen" Vertrag durch „sozialtypisches Verhalten" anerkennen zu wollen. Die Frage sei jedoch, in welcher *dogmatischen* Weise sich die Einbeziehung einer solchen Abschlussform in unser BGB-System vollziehen lässt. Esser betont, dass man, wenn man diese Abschlussform als Ausdruck der Privatautonomie werten will, auch diese Tatbestände an die Doktrin der Willenserklärung anlehnen müsse. Auch hier liege ja eine natürliche und zielgerichtete Willensbetätigung vor (wie etwa der Wille, den gebührenpflichtigen Parkplatz zu benutzen), wenn auch keine Willens*erklärung* im hergebrachten dogmatischen Sinne.[139] Die dogmatische Eingliederung in das System erfolgt bei Esser durch „analoge Behandlung von grundsätzlich nicht erklärungsbedürftigen Willensbetätigungen als einer Erklärung". Diese Gleichstellung sei aber nicht global durch Fiktion zu vollziehen, sondern es

---

135 Schuldrecht, 3. Aufl. 1968, S. 99.
136 Schuldrecht, 3. Aufl. 1968, S. 98.
137 Zur Nichtigkeit s. Faktische Schuldverhältnisse (1958), S. 59, Schuldrecht, 3. Aufl. 1968, S. 99; zur Eingliederungs-Geschichte und parallelen Rechtsfiguren näher *J. Rückert*, § 611, in: Historisch-kritischer Kommentar zum BGB, hrsg. von M. Schmoeckel, J. Rückert und R. Zimmermann, Bd. 3, 2013, Rn. 331 ff.
138 Faktische Schuldverhältnisse (1958), S. 60, Schuldrecht, 2. Aufl. 1960, S. 34 f.
139 Faktische Schuldverhältnisse (1958), S. 61.

komme immer auf die Einzelfragen der rechtsgeschäftlichen Bindung an. Der Begriff des „Rechtsgeschäfts" umfasse damit auch die „sozialtypische Inanspruchnahme" von Leistungen des „Massenverkehrs".[140]

Dass das nicht der traditionellen Dogmatik des Rechtsgeschäfts entspricht, räumt Esser ein. In seiner **Erweiterung des Begriffs des Rechtsgeschäfts** sieht er einen „echten Fall dogmatischer Rechtsfortbildung als einziger Möglichkeit der System-Erhaltung".[141] Als systemerhaltend bezeichnet er seinen Lösungsvorschlag deswegen, weil die fraglichen Tatbestände nicht aus dem System der Privatautonomie entlassen würden. Statt systemfremde „objektive" Tatbestände zu schaffen, möchte er die typisierten Leistungsverhältnisse als Schuldvertragsbeziehungen mit den entsprechend abgewandelten Elementen des Rechtsgeschäfts (nämlich Willensbetätigungen in bestimmten Fällen wie Willenserklärungen zu behandeln) bewältigen. Mit dem Gebot der „Gesetzestreue" sei das zu vereinbaren. Nicht das Gesetz selbst und der „Geist" der Rechtsgeschäftslehre würden hier verändert, sondern die zu engen dogmatischen Merkmale. Diese dogmatischen Vorstellungen werden, so Esser, nicht von der politischen Willensbildung beherrscht, die die Kodifikation geschaffen hat, sondern vom Erkenntnisstand der Jurisprudenz. Sie seien zwar Teile des „Gesetzes", doch die Rechtsquelle, aus der sie stammen, sei nicht der Gesetzgeber, sondern Doktrin und Praxis. So bleibe auch die weitere Entwicklung der Dogmatik Aufgabe von Doktrin und Praxis. Wie schon in seinem Buch „Grundsatz und Norm" betont Esser auch hier, dass das von einem bestimmten Stand dogmatischer Einsicht und Technik ausgehende Gesetz in Bezug auf diese Zeitkenntnisse nicht Rechtsquelle und daher nicht bindende Autorität sei. Die Wissenschaft müsse die dem Gesetz zugrundeliegenden Vorstellungen und Zusammenhänge freilegen und mit der Rechtswirklichkeit vergleichen.[142] Dabei gehe es um die „adäquate *Gestaltung* der rechtlichen Ordnungsziele im Gesetz mit Vorstellungen, die dem Stande der Zeit entsprechen". In diesem Zusammenhang macht Esser nochmals deutlich, was er unter wirklichkeitsgerechtem Recht versteht. Recht habe zwar der Realität zu entsprechen, aber nicht in deskriptiver, sondern in normativer Hinsicht, also auch unter Berücksichtigung einer am Ganzen des Systems orientierten Dogmatik. Diese Dogmatik müsse den veralteten begrifflichen Bau entsprechend dem Wandel seiner Funktionen und auch unserer Gerechtigkeitseinsicht stückweise erneuern, indem sie von den Randfällen her jedes doktrinäre Gebiet langsam aufrollt und aus den erstarrten Denkformen löst. Und in typischer eleganter Zuspitzung formuliert er am Ende: „Untreue gegen das Gesetz ist nicht der Schritt nach vorn, der mit einer verbesserten Dogmatik erreicht wird, sondern die ‚gesetzestreue Lösung', die eine Institution an die Vorurteile der Entstehungszeit fesselt, sofern sie ihnen nicht mit logischen Kunstgriffen oder Fiktionen entrinnen kann."[143]

---

140 Faktische Schuldverhältnisse (1958), S. 62, Schuldrecht, 2. Aufl. 1960, S. 34 f.; etwas anders offenbar in der 3. Aufl. 1968, S. 97, wo *Esser* betont, dass es nicht gerechtfertigt sei, die erwünschten Rechtsfolgen einfach als Folgen eines faktischen, wenn auch „sozialtypischen" Verhaltens in Kraft zu setzen. Wo man, wie im Parkplatzfall, nicht von einem Vertragsschluß durch konkludentes Verhalten (§ 151 BGB) ausgehen kann, will er über den Grundsatz der Unbeachtlichkeit der „protestatio facto contraria" (lat., des Protests gegen die eigene Tat) zu einer befriedigenden Lösung kommen (zur protestatio noch Rn. 636 bei Larenz).
141 Faktische Schuldverhältnisse (1958), S. 62.
142 Faktische Schuldverhältnisse (1958), S. 63.
143 Faktische Schuldverhältnisse (1958), S. 64.

2. Die praktische Umsetzung methodischer Vorstellungen

805 In diesem letzten Abschnitt seines Aufsatzes über die Dogmatik der „faktischen Schuldverhältnisse" bringt Esser zur Rechtfertigung seines Lösungsvorschlags bezüglich der „Massenverträge" eine Reihe von Überlegungen vor, die auch in seinen methodischen Werken auftauchen, insbesondere was seinen Gesetzesbegriff und die Frage, wie Gesetzesbindung und Anpassung des Rechts an veränderte Bedürfnisse in Einklang gebracht werden können, betrifft.

806 Aber auch bei der vorangegangenen Erörterung der praktischen Fragen werden Entsprechungen zu seinen Vorstellungen darüber, wie Rechtsfindung praktisch vor sich geht und wie sie vor sich gehen soll, deutlich. So ist der **Ausgangspunkt** von Essers Überlegungen nicht der **Gesetzestext an sich.** Dass ein auf einem nichtigen Vertrag beruhendes Arbeitsverhältnis unter bestimmten Umständen von der Rechtsordnung geschützt werden muss und dass ein Parkplatzunternehmer, wenn jemand willentlich die von ihm angebotene Leistung in Anspruch nimmt, auch einen Anspruch auf Zahlung der ihm normalerweise zustehenden Parkgebühr haben soll, scheint vielmehr von vornherein festzustehen, da ein anderes Ergebnis „ungerecht" erschiene. Um diesen Anspruch zu rechtfertigen, stützt Esser sich wiederum nicht direkt auf den Gesetzestext, sondern auf gewisse vom Gesetz offenbar vorausgesetzte Prinzipien, nämlich die Privatautonomie und das mit ihr zusammenhängende Willensprinzip. Diese Prinzipien können zwar nicht unmittelbar begründen, dass hier Erfüllungsansprüche bestehen, aber das ist nach Essers Vorstellungen vom Rechtsfindungsprozess auch gar nicht erforderlich. Entscheidend und ausreichend ist vielmehr, dass diese allgemein anerkannten und dem Rechtssystem zugrundeliegenden Prinzipien der als vernünftig angesehenen Lösung nicht widersprechen, dass die Lösung also „stimmig" ist. Der **Rückgriff auf Prinzipien** statt auf den Gesetzestext hat den Vorteil, dass man **größere Spielräume** bei der Rechtsfindung hat, eine Anpassung an veränderte Umstände oder besondere Fälle also erleichtert wird. Die Ausgestaltung, die die Doktrin den Prinzipien zur Zeit der Gesetzgebung gegeben hat, wird ja nicht als bindende Autorität angesehen. Die zu engen dogmatischen Vorstellungen können vielmehr im Rahmen der rechtlichen Ordnungsziele aktualisiert und erweitert werden.

807 Wenn Esser bei den sog. „Eingliederungsverhältnissen" eine Lösung über das Absehen von bestimmten Nichtigkeitsgründen sucht, wird deutlich, dass für ihn immer der **Zweck einer rechtlichen Regelung** im Vordergrund steht. So beruht die Regelung, dass Willenserklärungen von Geschäftsunfähigen nicht wirksam sind, auf den Gedanken des Minderjährigenschutzes. Sollte aber der Minderjährigenschutz in einem bestimmten Fall erfordern, dass die Willenserklärung wirksam ist, zum Beispiel um einen Vergütungsanspruch zu begründen, ist Esser bereit, von diesem Nichtigkeitsgrund abzusehen.

808 Auch die Rolle, die Esser in seinen methodischen Schriften der Dogmatik zugesteht, bestätigt er hier wieder. Am Beispiel der „faktischen Schuldverhältnisse" betont er nochmals die Bedeutung der Dogmatik für die Stabilität des Rechts und dafür, dass das Rechtssystem in sich stimmig bleibt, weshalb er beides auch nicht preisgeben, sondern nur stückweise verbessern will. Dass Esser sich hier so ausgiebig mit der dogmatischen Einordnung der „faktischen Schuldverhältnisse" befasst und nicht am Fall arbeitend Sachargumente vorträgt, wie er es für die Rechtspraxis fordert, liegt daran, dass er eben kein Richter ist, der eine sachgerechte Lösung für einen konkreten Fall suchen soll, sondern dass er sich als Rechtswissenschaftler mit einem Problemkreis

befasst. Eine wichtige Aufgabe des Rechtswissenschaftlers ist für ihn, der Praxis das dogmatische Instrumentarium zu liefern, auf das sie dann zurückgreifen kann.

Bei seinen rechtsdogmatischen Überlegungen wird allerdings auch deutlich, wie schwierig es ist, **zu beurteilen, wie streng** die anhand der Dogmatik durchzuführende **Stimmigkeitskontrolle** im Einzelfall genommen werden soll und wie man verhindert, dass letztendlich doch bloße „Billigkeitsentscheidungen" getroffen werden, bei denen man nur pro forma eine Stimmigkeitskontrolle durchführt. Während Esser bei seiner ersten Fallgruppe, den sog. „Eingliederungsverhältnissen", noch an eine tatsächlich vorhandene, wenn auch vielleicht nur konkludente und jedenfalls unwirksame Willenserklärung anknüpfen konnte und damit noch relativ „gesetzestreu" vorgehen konnte, ging er doch bei der zweiten Fallgruppe, wo er nur noch auf einen „natürlichen Benutzungswillen" zurückgreifen konnte, ein ganzes Stück weiter. Wo im Einzelfall der Spielraum ausgeschöpft ist, wann die eigenen Gerechtigkeitsvorstellungen hinter der gesetzliche Regelung zurücktreten müssen, wann Flexibilität und Einzelfallgerechtigkeit Stabilität und Gesetzestreue zu weichen haben, macht Esser nicht deutlich.

V. Quellen und Literatur

1. Zum Einstieg in die Esser-Texte[144]

Besonders eignen sich hier der Handbuchabschnitt „Methodik des Privatrechts" von 1972 und die „Bemerkungen zur Unentbehrlichkeit des juristischen Handwerkszeugs" von 1975, siehe sogleich. Besonders bekannt wurde die Streitschrift zu „Vorverständnis und Methodenwahl" von 1970, die freilich nur scheinbar einfach zu lesen ist. Man versteht sie besser im Zusammenhang und Vergleich mit Wiethölters Kampfschrift „Rechtswissenschaft" von 1968 (dazu Rn. 878 ff.). Beide stehen für Abrechnung und Aufbruch in Sachen Methoden, Rechtsgrundbegriffe und politischen Bezügen (s. etwa Vorverständnis, 1972, S. 7 Einleitung und 71 ff.)

Weitere hier ergiebige Werke sind, chronologisch:

Besprechung von *Haupt, Günter*, Über faktische Vertragsverhältnisse, Leipzig 1941, in: Schmollers Jahrbuch für Gesetzgebung, Verwaltung und Volkswirtschaft im Deutschen Reiche 66 (1942), S. 230–234.
Einführung in die Grundbegriffe des Rechtes und Staates. Eine Einführung in die Rechtswissenschaft und in die Rechtsphilosophie, Wien 1949.
Interpretation und Rechtsneubildung im Familienrecht, JZ 1953, S. 521–526.
Die Zweispurigkeit unseres Haftpflichtrechts (1953), in: auch in: Wege, s.u. 1990, S. 23–38.
Die Interpretation im Recht (1954), auch in: Wege, su 1990, S. 278–293.
Voraussetzungen und Grenzen richterlicher Rechtsbildung aus Prinzipien im deutschen Zivilrecht, zusammengefasst von Heinz Paulick, in: AcP 153 (1954), S. 176–182.
Grundsatz und Norm in der richterlichen Fortbildung des Privatrechts. Rechtsvergleichende Beiträge zur Rechtsquellen- und Interpretationslehre, Tübingen 1956; 4. uvä Aufl. 1990, mit einem neuen Vorwort.
Gedanken zur Dogmatik der „faktischen Schuldverhältnisse" (1958), auch in: Wege, su 1990, S. 51–64.
Zur Methodenlehre des Zivilrechts (1959), auch in: Wege, su 1990, S. 307–327.

---

[144] Ein umfassendes Schriftenverzeichnis enthält der Sammelband „Wege der Rechtsgewinnung", hrsg. von Peter Häberle und Hans G. Leser, Tübingen 1990, S. 451–465. Ein ausgewähltes Schriftenverzeichnis und ein Verzeichnis der Rezensionen zu Essers Monographien finden sich bei S. *Vogel*, Josef Esser – Brückenbauer zwischen Theorie und Praxis, Berlin 2009.

Schuldrecht, 2. Aufl., Karlsruhe 1960.
Richterrecht, Gerichtsgebrauch und Gewohnheitsrecht (1967), auch in: Wege, su 1990, S. 160–195.
Schuldrecht, Band 1: Allgemeiner Teil, 3. Aufl., Karlsruhe 1968.
Methodik des Privatrechts (1972), auch in: Wege, su 1990, S. 328–362.
Möglichkeiten und Grenzen des dogmatischen Denkens im modernen Zivilrecht (1972), auch in: Wege, su 1990, S. 363–396.
Vorverständnis und Methodenwahl in der Rechtsfindung. Rationalitätsgrundlagen richterlicher Entscheidungspraxis, Frankfurt am Main 1970, 2. Aufl. 1972).
Antrittsrede vor der Heidelberger Akademie der Wissenschaften, Philosophisch-Historische Klasse am 17.11.1973, auch in: Wege, su 1990, S. 449–450.
Dogmatik zwischen Theorie und Praxis (1974), auch in: Wege, su 1990, S. 397–419.
Bemerkungen zur Unentbehrlichkeit des juristischen Handwerkszeugs (1975), auch in: Wege, su 1990, S. 420–427.
Wege der Rechtsgewinnung. Ausgewählte Aufsätze, hrsg. von P. Häberle und H. G. Leser, Tübingen 1990.

2. Zum Einstieg in die Sekundärliteratur

Besonders geeignet sind die Texte von zwei Esser-Schülern, dem zeitgeschichtlich kundigen M. Stolleis und eine kurze, ganz unabhängige und umsichtige Würdigung des Schweizer Rechtstheoretikers H. Ryffel:

Dubischar, Roland, Rechtstheorie als Literatur, in: AcP 171 (1971), S. 440–469.

Köndgen, Johannes, Josef Esser – Methodologie zwischen Theorie und Praxis, in: JZ 56 (2001), S. 807–813.

Stolleis, Michael, in: Frankfurter Personenlexikon (Onlineausgabe), https//frankfurter-personenlexikon.de/node/ 1998 (Zugriff Nov. 2023).

Ryffel, Hans, Rechtssoziologie. Eine systematische Orientierung, Neuwied 1974, S. 232–234.

3. Weitere hier wichtige Literatur

Bydlinski, Franz, Juristische Methodenlehre und Rechtsbegriff, Wien 1982.
Fikentscher, Wolfgang, Methoden des Rechts in vergleichender Darstellung, Bd. 3: Mitteleuropäischer Rechtskreis, Tübingen 1976.
Frommel, Monika, Die Rezeption der Hermeneutik bei Karl Larenz und Josef Esser (= Münchener Universitätsschr., Jur. Fak., Abh. zur rechtswissenschaftlichen Grundlagenforschung, 47), Ebelsbach 1981.
Haferkamp, Hans-Peter, „Methodenehrlichkeit"? – Die juristische Fiktion im Wandel der Zeiten, in: Zivil- und Wirtschaftsrecht im Europäischen und Globalen Kontext. Festschrift für Nobert Horn zum 70. Geburtstag, hrsg. v. K. P. Berger, G. Borges et al., Berlin 2006, S. 1077–1089.
Kelsen, Hans, Allgemeine Theorie der Normen, aus dem Nachlaß hrsg. von Kurt Ringhofer und Robert Walter, Wien 1979.
Köndgen, Johannes, Josef Esser (1910–1999), in: Deutschsprachige Zivilrechtslehrer des 20. Jahrhunderts in Berichten ihrer Schüler. Eine Ideengeschichte in Einzeldarstellungen, Bd. 1, hrsg. v. St. Grundmann u. K. Riesenhuber, Berlin 2007, S. 103–127.
Larenz, Karl, Die Bindung des Richters an das Gesetz als hermeneutisches Problem, in: FS für Ernst Rudolf Huber zum 70. Geburtstag, Göttingen 1973, S. 291–309.
Larenz, Karl, Methodenlehre der Rechtswissenschaft, 6. Aufl., Berlin/Heidelberg u. a. 1991.
Liber amicorum Josef Esser. Zum 85. Geburtstag am 12. März 1995, hrsg. v. E. Schmidt u. H.-L. Weyers, Heidelberg 1995.

Lichtmannegger, Susanne, Die Rechts- und Staatswissenschaftliche Fakultät der Universität Innsbruck 1945–1955. Zur Geschichte der Rechtswissenschaft im Österreich des 20. Jahrhunderts, Frankfurt am Main 1999, S. 145 ff., 269 ff.

Müller, Friedrich, ‚Richterrecht' – Elemente einer Verfassungstheorie IV, Berlin 1986.

Schmidt, Eike, Nachruf Josef Esser, in: JZ 54 (1999), S. 986.

Vogel, Stefan, Josef Esser – Brückenbauer zwischen Theorie und Praxis, Berlin 2009 (= Diss. iur. HU-Berlin 2008).

Wieacker, Franz, Gesetzesrecht und richterliche Kunstregel. Zu Essers Buch „Grundsatz und Norm", JZ 1957, S. 701–706.

Weyers, Hans-Leo, Nachruf auf Josef Esser, in: Mitteilungen der Gesellschaft für Rechtsvergleichung Nr. 27, 1999, S. 7 f.

Wiederin, Erwald, Regel – Prinzip – Norm. Zu einer Kontroverse zwischen Hans Kelsen und Josef Esser, in: Paulson, Stanley L./Walter, Robert (Hrsg.), Untersuchungen zur Reinen Rechtslehre. Ergebnisse eines Wiener Rechtstheoretischen Seminars 1985/86, Wien 1986, S. 137–166.

Methode und Zivilrecht bei Helmut Coing (1912–2000)

von Lena Foljanty

Übersicht

I. Helmut Coing: ein Repräsentant der alten Bundesrepublik	332
II. Unscharfe Grenzziehungen: Coings Rechtsbegriff	334
III. Gesetzesbindung ohne Gesetzgeber: die Methodenlehre Coings	339
IV. Zusammenfassung: Wissenschaft als Rechtsquelle	348
V. Fallbeispiel: Auslegung von Generalklauseln am Beispiel des sog. „Geliebtentestaments"	350
VI. Fazit	355
VII. Quellen und Literatur	355

810 Die Methodenlehre Helmut Coings ist nicht originell, nicht polarisierend. Sie zeichnet sich dadurch aus, dass sie in allen auf diesem Feld umkämpften Fragen die Mitte sucht: zwischen Naturrecht und Kulturrecht, zwischen subjektiver und objektiver Auslegung, zwischen topischem und systematischem Rechtsdenken, zwischen strenger Gesetzesbindung und schöpferischem Richterrecht, zwischen Tradition und Verfassungsbindung. Coing nimmt nirgends radikal Stellung. Er bewegt sich auf Pfaden, die sich im Laufe des letzten Jahrhunderts als bewährte Wege zwischen normativer Notwendigkeit und faktischer Unmöglichkeit voller Gesetzesbindung herausgebildet haben. Wenn es etwas gäbe wie den „Mainstream" der Methodenlehre, wäre Coing ein Wortführer.

811 Dies macht das Werk Coings nicht langweilig, im Gegenteil. Für das Studium der Methodenlehre sind seine Schriften gerade deswegen interessant, weil er scheinbar pragmatisch das Bewährte predigt. Denn tradierte, anerkannte und pragmatische Lösungen werden oft nicht systematisch begründet. Coing hingegen versucht dies: Er fundiert die überkommenen Methodenannahmen mit rechtsphilosophischen Überlegungen. Er bietet damit einen Subtext für Regeln, die so oft postuliert und so selten hinterfragt werden.

I. Helmut Coing: ein Repräsentant der alten Bundesrepublik

812 Helmut Coing (1912–2000) ist heute in erster Linie bekannt als Rechtshistoriker. Er promovierte und habilitierte sich in den 1930er Jahren zu Fragen der Rezeption des römischen Rechts im Mittelalter und wurde 1941 zum Extraordinarius für römisches Recht und bürgerliches Recht an der Universität Frankfurt am Main ernannt.[1] 1968 gelang ihm die Gründung des Max-Planck-Instituts für europäische Rechtsgeschichte in Frankfurt am Main, dem er bis zu seiner Emeritierung 1980 als Direktor vorstand.[2]

---

1 Eine Biographie Coings existiert nicht, jüngst sind jedoch seine Lebenserinnerungen unter dem Titel „Für Wissenschaften und Künste. Lebensbericht eines europäischen Rechtsgelehrten", hrsg. v. M. Feldkamp, erschienen. Siehe zudem *Luig*, Helmut Coing (1912–2000), in: Grundmann/Riesenhuber (Hrsg.), Deutschsprachige Zivilrechtlehrer des 20. Jahrhunderts in Berichten ihrer Schüler, Bd. 1, 2007, S. 57–70. Dort auch zu Coings rechtshistorischem Ansatz und den Verknüpfungen mit seiner Rechtsphilosophie. Die Lebenserinnerungen sind hingegen für seinen rechtsphilosophischen und methodischen Ansatz wenig ergiebig.
2 Dazu *F. Schäfer*, Gründung eines MPI für europäische Rechtsgeschichte, ZEuP 2009, 517–535.

Zu rechtsphilosophischen Fragen schrieb Coing erstmals nach 1945. Er galt als junger Lehrstuhlinhaber nach dem Krieg als unbelastet[3] und wandte sich der Rechtsphilosophie in Auseinandersetzung mit dem Nationalsozialismus zu.[4] Das Recht war in den Dienst des Regimes gestellt worden[5] und galt als diskreditiert. Wie viele Zeitgenossen suchte Coing nach Vergewisserung, dass das Recht trotz dieser Erfahrung in seinem Kern etwas Gutes sei. Recht sollte als etwas verstanden werden, das seinem Wesen nach gerecht war. Wertphilosophie und Religion sollten weiterhelfen: Ein in objektiven, höheren Normen verankertes Recht versprach Schutz vor einem als potenziell willkürlich, ja gefährlich angesehenen Gesetzgeber.[6] Coing wählte den **wertphilosophischen Weg**, der zu der geisteswissenschaftlichen Richtung, die ihn bereits vor 1933 als Student fasziniert hatte,[7] zu passen schien, und versuchte sich an einer „Neu[be]gründung des Naturrechts".[8] Er leistete damit einen breit beachteten Beitrag zur Naturrechtsbesinnung der ersten Nachkriegsjahre.[9]

Auch nach Abebben der Naturrechtsbegeisterung in den 1950er Jahren blieb Coing der Rechtsphilosophie treu. Während seine erste rechtsphilosophische Schrift „Die obersten Grundsätze des Rechts" (1947) **Methodenfragen** noch weitgehend ausgespart hatte, änderte sich dies in der Folgezeit. Neben Aufsätzen und Vorträgen zeugt davon sein erstmals 1950 erschienenes Lehrbuch „Grundzüge der Rechtsphilosophie". Das

---

3 Der Selbstauskunft in seinen Lebenserinnerungen zufolge blieb Coing distanziert gegenüber dem nationalsozialistischen Regime und trat nie der NSDAP bei. Zu den begründeten Zweifeln an Letzterem siehe die Rezension von *F. Schäfer*, ZRG GA 132 (2015), 560 (562). In seinen während des Nationalsozialismus veröffentlichten Schriften finden sich keine eindeutigen Hinweise auf seine politische Haltung. Sowohl Dissertation als auch Habilitation befassten sich mit der Rezeption des römischen Rechts im 15. und 16. Jahrhundert. Während sich in der Dissertation Passagen finden, in welchen er sich der nationalsozialistischen Rede vom „Eindringen" des „abstrakten" römischen Rechts in das „lebensnahe deutsche Recht" bediente, nimmt er in der Habilitationsschrift eine differenzierte Beschreibung und Bewertung vor. Vgl. *Coing*, Die Frankfurter Reformation von 1578 und das Gemeine Recht ihrer Zeit, 1935; *ders.*, Die Rezeption des römischen Rechts in Frankfurt am Main, 1939.
4 Auch seine rechtshistorische Agenda nach 1945 ist als Reaktion auf den Nationalsozialismus zu lesen. Dazu nun eingehend *Tuori*, Empire of Law. Nazi Germany, Exile Scholars and the Battle for the Future of Europe, 2020, S. 221 ff.; zuvor bereits *Duve*, Von der Europäischen Rechtsgeschichte zu einer Rechtsgeschichte Europas in globalhistorischer Perspektive, in: Rg 20 (2012), S. 18 (21 ff.).
5 Siehe statt aller zum Recht im Nationalsozialismus *Rüthers*, Entartetes Recht, 1988, sowie immer noch grundlegend für den Beitrag der Rechtsprechung mit vielen Fallbeispielen *ders.*, Die unbegrenzte Auslegung. Zum Wandel der Privatrechtsordnung im Nationalsozialismus, 1968.
6 Die Schuldzuweisung an die Politik erfolgte vor allem mithilfe der sog. Positivismusthese, der zufolge es einem vermeintlich vorherrschenden Positivismus geschuldet gewesen sei, dass Juristen ihre Tätigkeit bereitwillig in den Dienst des nationalsozialistischen Staates gestellt hatten. Juristen waren in dieser Deutung nur deshalb in nationalsozialistische Verbrechen verwickelt worden, weil sie sich dem Staat zu Loyalität verpflichtet gefühlt hätten. Dass dies historisch nicht haltbar ist, zeigt schon *Rüthers*, Die unbegrenzte Auslegung, 1968; zur Kritik an der damit verbundenen Schuldverschiebung früh *Rosenbaum*, Naturrecht und positives Recht 1972, 147 ff., später v.a. *Walther*, Hat der juristische Positivismus die deutschen Juristen im „Dritten Reich" wehrlos gemacht?, in: Dreier/Sellert (Hrsg.), Recht und Justiz im „Dritten Reich", 1989, S. 323–354.
7 Siehe *Coing*, Für Wissenschaften und Künste, 2014, S. 141 f. Er war mit der geisteswissenschaftlichen Richtung während seines Studiums in Kiel durch die Vorlesungen des Staatsrechtlers und neuhegelianischen Rechtsphilosophen Günther Holstein in Berührung gekommen, dazu ebd. S. 30 f., 34.
8 *Coing*, Die obersten Grundsätze des Rechts. Versuch der Neugründung des Naturrechts, 1947. Bei dem Untertitel handelt es sich um einen Fehldruck, er sollte „Neubegründung" lauten, siehe *Kauhausen*, Nach der ‚Stunde Null'. Prinzipiendiskussionen im Privatrecht nach 1945, 2007, S. 37.
9 Zur Naturrechtsbesinnung umfassend *Foljanty*, Recht oder Gesetz. Juristische Identität und Autorität in den Naturrechtsdebatten der Nachkriegszeit, 2012; daneben ebenfalls dezidiert historisch *U. Neumann*, Rechtsphilosophie in Deutschland seit 1945, in: D. Simon (Hrsg.), Rechtswissenschaft in der Bonner Republik, 1994, S. 145 ff.; *H. Hofmann*, Rechtsphilosophie nach 1945, 2012; speziell zum Beitrag Coings und seiner Rezeption *Mohnhaupt*, Zur „Neugründung" des Naturrechts nach 1945: Helmut Coings „Die obersten Grundsätze des Rechts" (1947), in: H. Schröder/D. Simon (Hrsg.), Rechtswissenschaft in Deutschland 1945 bis 1952, 2001, S. 97–108.

letzte Kapitel dieses Buches ist der Methodenlehre gewidmet. 1969 erschien es in grundlegend überarbeiteter zweiter Auflage, es folgten drei weitere, nur noch geringfügig veränderte Auflagen bis 1993.[10] Coings Wirken in Methodenfragen fällt damit fast genau in den Zeitraum von 1949 bis 1990.

815 Über all die Jahrzehnte veränderte er seine Rechtsphilosophie und seine Methodenlehre nicht grundlegend. Zwar zeigen seine Schriften aus den 1960er und 1970er Jahren, dass er die sozialwissenschaftliche und antimetaphysische Wende in Rechtsphilosophie und Rechtstheorie[11] zur Kenntnis nahm. Eine rationale Begründung seiner Rechtsphilosophie war ihm schon zuvor ein Anliegen gewesen[12] und dies verstärkte sich in dieser Zeit.[13] Der Begriff des „Naturrechts", mit dem Coing nach dem Krieg das Feld betreten hatte, verschwand aus seinen Schriften allerdings nie vollständig.[14] Sein **Rechtsbegriff** blieb zeitlebens ein **dualistischer**: Juristinnen und Juristen waren dem Gesetzesrecht verpflichtet, zugleich jedoch auch der Gerechtigkeit als höchstem Wert des Rechts. Das Besondere an Coings Methodenlehre ist, dass er den Dualismus ernst meinte und nicht allein zugunsten der Gerechtigkeit auflösen wollte. Er maß dem positiven Recht und damit der Gesetzesbindung eine hohe Bedeutung zu. Er versuchte, Elemente des Rechtspositivismus mit solchen des Rechtsidealismus zu verbinden.[15] Hieraus resultierte ein Konzept **relativer Gesetzesbindung**, das sich durch alle Überlegungen Coings in Methodenfragen zieht.

II. Unscharfe Grenzziehungen: Coings Rechtsbegriff

816 Um dieses Konzept zu verstehen, ist es nötig, den Blick zunächst auf seinen Rechtsbegriff zu richten. Es handelt sich um einen **Rechtsbegriff**, der sich aus vielfältigen Quellen speist und dessen Zentrum schwierig zu bestimmen ist: Naturrecht, Kulturrecht und Grundsätze der Gerechtigkeit greifen ineinander mit menschlicher Setzung. Es wird sich zeigen, dass es in allem Nachdenken Coings über das Recht und seine Anwendung mehr um das Zusammenspiel als um die Abgrenzung dieser Elemente ging.

1. Naturrecht, Kulturrecht, Grundsätze der Gerechtigkeit

817 An der Existenz übergesetzlicher Normen hatte Coing keinen Zweifel. Dass es sich hierbei um überzeitlich stabile, dem Menschen objektiv vorgegebene Normen handelte, wird vor allem in seiner Frühschrift „Die obersten Grundsätze des Rechts" deutlich. In Anlehnung an die Wertphilosophie Max Schelers ging er davon aus, dass es ein objektives „Reich der Werte" gebe, das von der „Welt des Seins" getrennt existiere.[16] Während sich die „Welt des Seins" stetig verändere, sei das „Reich der Werte" kon-

---

10 Das Büchlein „Juristische Methodenlehre" (1972) ist keine eigenständige Schrift, sondern ein Nachdruck des Kapitels zur Methodenlehre aus der 2. Aufl. von 1969.
11 Guter Überblick dazu bei *Hilgendorf*, Renaissance der Rechtstheorie, 2006; auch *R. Dreier*, Deutsche Rechtsphilosophie in der zweiten Hälfte des 20. Jahrhunderts, in: Alexy (Hrsg.), Integratives Verstehen, 2005, S. 215–224; *Neumann*, Rechtsphilosophie, vgl. Fn. 8; s. auch unten Rn. 1447 ff.
12 Siehe bereits Einleitung zu „Die obersten Grundsätze des Rechts" (1947).
13 *Coing*, Grundzüge, 2. Aufl. 1969, S. 99 ff., bes. S. 111 ff.
14 Dies gilt für die rechtsphilosophischen Schriften, vgl. *Coing*, Grundzüge, 5. Aufl. 1993, S. 198 ff. In seiner Einleitung zur 12. Aufl. des BGB-Kommentars von Staudinger (1978) ist von Naturrecht dagegen keine Rede mehr, anders als noch in der 11. Aufl. von 1957, vgl. z.B. § 138 Rn. 4.
15 *Kauhausen*, Nach der ‚Stunde Null', 2007, S. 46, spricht daher zu Recht davon, dass er als „Rechtsmoralist" und Vertreter einer schwachen Naturrechtslehre gesehen werden müsse.
16 *Coing*, Oberste Grundsätze, 1947, S. 28.

stant. Die Menschen seien nur bedingt in der Lage, aus ihrer „Welt des Seins" heraus die objektiven Werte zu erkennen und zu realisieren. Im Laufe der Geschichte sei dies den Menschen jedoch Schritt für Schritt gelungen. „Mit den sittlichen Werten verhält es sich nicht anders als mit den Gesetzen der Natur: auch sie sind unabhängig von dem sie auffassenden Subjekt, auch sie sind erst langsam von Menschen entdeckt worden, [...]."[17] Die Entwicklung des Rechtsbewusstseins vollziehe sich durch „moralische Entdeckungen".[18]

Coing versuchte auf diese Weise zu begründen, dass kein Widerspruch bestehe zwischen dem empirisch beobachtbaren Umstand, dass sich Rechts- und Gerechtigkeitsvorstellungen historisch veränderten, und der Annahme, es gebe überzeitlich gültige Werte. Die Überlegungen hierzu baute er in den folgenden Jahren aus. Er entwickelte ein **Modell übergesetzlichen Rechts**, das gleichermaßen verankert war in Metaphysik und Empirie. Coing wählte zwei verschiedene Wege, dieses Modell zu begründen.

Der eine Weg führte über die Figur der **„Natur der Sache"**. Wie viele seiner Zeitgenossen nahm Coing an, dass den Dingen eine Ordnung innewohne.[19] Es gab demnach ein „Wesen des Menschen", ein **„Wesen des Rechts"**, ein „Wesen der Ehe" und Coing ging davon aus, dass „diesen Lebensbereichen als Teilen des lebendigen menschlichen Daseins eine Eigengesetzlichkeit innewohnt."[20] Trotz allen historischen Wandels sei dieses „Wesen" niemals vollständig für die Menschen – und damit auch für den Gesetzgeber – verfügbar. „[Es] bleiben bestimmte Grunderlebnisse und Grundtendenzen bestimmend für die Gestaltung des betreffenden Lebensbereiches."[21]

Der andere Weg stützte sich auf die Annahme, dass es in der Geschichte **wiederkehrende, typische Probleme** gebe, die rechtlich gelöst werden müssten. Aus der Konfrontation dieser empirisch feststellbaren Probleme mit der „Rechtsidee" – also den überzeitlich gültigen sittlichen Werten – sollten Rechtssätze gewonnen werden können, die ihrerseits überzeitliche Gültigkeit hatten:

> „1. Wir haben gewisse apriorische ethische Grundeinsichten; auf ihnen beruht das Naturrecht. Sie geben ihm die Ziele; sie haben die Führung in der Entfaltung des Rechts.
>
> 2. Wir haben einen Bestand beweisbarer Erfahrungen über die typischen sozialen Probleme und die Möglichkeiten ihrer Lösung im Sinne jener ethischen Werte.
>
> 3. Beides zusammen ermöglicht es, ein System von Rechtsgrundsätzen aufzustellen, die überzeitlich gelten."[22]

Das „Naturrecht", das Coing auf diese Weise herleitete, war also kein rein metaphysisches. Es handelte sich um Sätze, „die aus apriorischer Werteinsicht und Erfahrung entwickelt worden sind."[23] Coing bewegte sich damit in seiner rechtsphilosophischen Konzeption übergesetzlichen Rechts auf der Grenze zwischen **Naturrecht und Kultur-**

---

17 *Coing*, Oberste Grundsätze, 1947, S. 116.
18 *Coing*, Oberste Grundsätze, 1947, S. 116.
19 Zur Figur der Natur der Sache und ihrer Verbreitung in den 1950er und 1960er Jahren *R. Dreier*, Die Natur der Sache, 1965.
20 *Coing*, Oberste Grundsätze, 1947, S. 12.
21 *Coing*, Oberste Grundsätze, 1947, S. 13.
22 *Coing*, Um die Erneuerung des Naturrechts (1948), Abdruck in: Maihofer (Hrsg.), Naturrecht oder Rechtspositivismus?, 1962, S. 108 (115f.). Dieses Modell liegt auch maßgeblich seinem rechtsphilosophischen Hauptwerk „Grundzüge der Rechtsphilosophie" in der 1. Aufl. (1950) zugrunde.
23 *Coing*, Grundzüge, 2. Aufl. 1969, S. 205.

recht. Während das Naturrecht auf ethischen oder religiösen Axiomen beruht und vom Menschen erkannt, aber nicht geschaffen werden kann, sind kulturrechtliche Normen solche, die im Laufe der Geschichte von Menschen geschaffen wurden und denen dennoch ein überzeitlicher Rang zukommt. Es handelt sich um „einen festen Bestand" von Errungenschaften, gewonnen durch praktische Erfahrung, durch die „Arbeit der Jahrhunderte".[24] Dieser praktischen Erfahrung maß Coing eine erhebliche Bedeutung für rechtsphilosophische Erkenntnis bei. Ansätze ernst zu nehmen, die sich im Laufe der Geschichte als gerechte Lösungen für bestimmte Problemgruppen herausgebildet und bewährt hatten, war ihm ein **ethisches Gebot**. „Denn das Material sozialer Experimente ist der Mensch: darum fordert die Humanität, daß man alle Vorsicht, alle Erfahrung walten läßt, die zu Gebote steht."[25] Das Recht baue „sich nicht von heute auf morgen, es wächst und reift an sittlicher Einsicht, die sich in immer erneuter praktischer Erfahrung bewährt."[26] An der Existenz eines Naturrechts hielt er dabei fest. Es sei „als eine Summe von Sätzen der Gerechtigkeit zu verstehen, welche die Grundlage des positiven Kulturrechts bilden."[27] Das „Wissen um das Naturrecht" bestehe aus „Erfahrungen, die der Menschen in seinem Suchen nach gerechter Ordnung in challenge und response gemacht hat."[28]

822   Coing trennte nicht scharf zwischen verschiedenen Typen übergesetzlicher Normen. In den späteren Auflagen seines rechtsphilosophischen Hauptwerks distanzierte er sich von dem überkommenen Begriff des Naturrechts, Inhalt und Begründung des übergesetzlichen Rechts änderten sich aber kaum. „Vielleicht wäre es [...] besser, den Ausdruck überhaupt zu vermeiden und nur von **Grundsätzen** der Gerechtigkeit zu sprechen, eben um den mancherlei Vorstellungen, die sich mit dem Ausdruck Naturrecht verbinden, zu entgehen. Jedenfalls möchte ich hervorheben, daß der Ausdruck hier stets im Sinne von Grundsätzen der Gerechtigkeit [...] verstanden werden soll."[29]

2. Grundsätze der Gerechtigkeit im positiven Recht: Der materielle Gesetzesbegriff Coings

823   Trotz der umfangreichen Auseinandersetzung mit der Frage des übergesetzlichen Rechts betonte Coing die Eigenständigkeit und den Wert des positiven, von den Menschen gesetzten Gesetzesrechts. Recht sei primär etwas menschlich Geschaffenes, es entstehe in Auseinandersetzung mit den Konflikten der jeweiligen Zeit. „Das Recht bildet sich nicht von selbst",[30] es sei vielmehr ein **Produkt von Entscheidungen**.[31] Dieses positive Recht sei es, das Juristinnen und Juristen verpflichte. Gesetzesbindung sei unverzichtbar, andernfalls drohe die Gefahr, dass Richterinnen und Richter ihre rein subjektiven Wertungen zur Leitlinie machten: „[D]ie Entscheidung des Juristen kann nicht auf seiner Person stehen – das ist ein gefährlicher Irrtum, der sich manchmal

---

24 So die Formel *Radbruchs*, Fünf Minuten Rechtsphilosophie (1945), Abdruck in: Gesamtausgabe, Bd. 3, 1990, S. 78 f.
25 *Coing*, Um die Erneuerung des Naturrechts (1948), vgl. Fn. 22, S. 108 (115).
26 *Coing*, Um die Erneuerung des Naturrechts (1948), vgl. Fn. 22, S. 108 (115).
27 *Coing*, Grundzüge, 2. Aufl. 1969, S. 209.
28 *Coing*, Grundzüge, 2. Aufl. 1969, S. 210.
29 *Coing*, Grundzüge, 2. Aufl. 1969, S. 200. Im Folgenden wird mit dem Begriff des „Naturrechts" daher auch dieses weite Verständnis gemeint.
30 *Coing*, Oberste Grundsätze, 1947, S. 18.
31 *Coing*, Oberste Grundsätze, 1947, S. 18, 114 f.

heute bemerkbar macht –, sondern seine Entscheidung muß auf der Autorität des Gesetzes beruhen und muß damit auch aus dem Gesetz begründet sein."[32]

Die Aufgabe des Naturrechts sah Coing demgegenüber darin, **Leitlinien** zu formulieren, an denen sich der Gesetzgeber bei der Gestaltung des positiven Rechts orientieren sollte.[33] Naturrechtliche Normen seien in erster Linie Grundlage für Rechtskritik und Rechtspolitik.[34] Während er in seiner Frühschrift noch offen ließ, ob dem Naturrecht nicht ausnahmsweise unmittelbare Wirkung zukommen sollte,[35] stellte er zwei Jahrzehnte später in der zweiten Auflage der „Grundzüge der Rechtsphilosophie" fest: „Autorität und Geltung des Naturrechts sind moralischer Art."[36] Damit hätte Coing seine Naturrechtsphilosophie mit einem positivistischen Rechtsverständnis verbinden können. Tatsächlich waren in Coings Konzeption jedoch positives Recht und die Grundsätze der Gerechtigkeit vielfältig miteinander verwoben. Sein Verständnis des positiven Rechts war ein durch und durch materielles.

Grundlage hierfür war Coings Annahme, das positive Recht sei „im Ganzen doch der Versuch, eine gerechte und zweckmäßige Ordnung zu schaffen."[37] Durch das Natur- und Kulturrecht sah er **Prinzipien** gegeben, die für das Verständnis des positiven Rechts unerlässlich seien. In Orientierung an der Theorie der Geisteswissenschaft, die Dilthey um die Jahrhundertwende entwickelt hatte,[38] ging er davon aus, dass das Recht als geistiges Gebilde nur begriffen werden könne, wenn man sich seinen „Sinngehalt" erschließe, es also im Lichte der Ziele betrachte, die es verfolgte. Hierfür waren die Grundsätze des Naturrechts unverzichtbar. Sie richteten sich damit nicht nur an den Gesetzgeber, sondern gleichermaßen an diejenigen, die das positive Gesetz auslegten und auf seiner Grundlage Entscheidungen trafen. „Das Naturrecht lebt [...] gerade im positiven Recht."[39]

Dem „Naturrecht" im Sinne von Prinzipien der Gerechtigkeit kam damit eine weitreichende Bedeutung für Auslegung und Anwendung des Rechts zu. Unmittelbar verpflichtend war für Juristinnen und Juristen zwar das positive Gesetz und dieses war es daher auch, das im Zentrum seiner Methodenlehre stand. Gesetz war bei Coing jedoch nicht einfach Gesetz. Es war bezogen auf außergesetzliche, materielle Werte, es wies keine klaren Grenzen zu Normen der Ethik auf. Mit diesem **materiellen Gesetzesbegriff** formulierte Coing eine Rechtslehre, die im Kern nicht positivistisch war.[40]

---

32 *Coing*, Die juristischen Auslegungsmethoden und die Lehren der allgemeinen Hermeneutik, 1959, S. 24.
33 *Coing*, Grundzüge, 2. Aufl. 1969, S. 207.
34 *Coing*, Oberste Grundsätze, 1947, S. 150 f.
35 In den Frühschriften bejahte er dies für Fälle extremen gesetzlichen Unrechts. Richterinnen und Richtern sollte dann ein Verwerfungsrecht zukommen, siehe *Coing*, Oberste Grundsätze, 1947, S. 132; *ders.*, Zur Frage der strafrechtlichen Haftung der Richter für die Anwendung naturrechtswidriger Gesetze, SJZ 1947, Sp. 61 ff. Klarstellend, dass es sich hier um ein moralisch begründetes Recht handelt, das die juristische Geltung nicht berührt, schon in: Grundzüge, 1. Aufl. 1950, S. 243.
36 *Coing*, Grundzüge, 2. Aufl. 1969, S. 207.
37 *Coing*, Grundzüge, 2. Aufl. 1969, S. 266.
38 Diese Orientierung durchzieht sein gesamtes Lebenswerk, laut *Nörr*, JZ 2001, 449 (450) erfolgte die Hinwendung bereits in der Weimarer Zeit.
39 *Coing*, Grundzüge, 2. Aufl. 1969, S. 206; dieser Satz bleibt auch in allen folgenden Auflagen erhalten, siehe zuletzt 5. Aufl. S. 205.
40 So bereits *Kauhausen*, Nach der ‚Stunde null', 2007, S. 46.

3. Einheit und Ordnung durch Moral und Geschichte

827 Für Coing bestand zwischen der von ihm kraftvoll postulierten Gesetzesbindung und der in seinem materiellen Gesetzesbegriff angelegten Gerechtigkeitsbindung keine Spannung. Dies überrascht zunächst, erklärt sich jedoch, wenn man Coings Verständnis des positiven Rechts näher betrachtet. Er begriff das Gesetz als eingebettet in die positive Rechtsordnung, die ihm ihrerseits mehr war als nur die Summe der Gesetze, welche sie umfasste. Sie habe sich aus „leitenden moralischen Ideen" entwickelt.[41] Einheit und Ordnung des positiven Rechts gründeten in den **moralischen Werten**, die es zu verwirklichen versuche. „Die moralischen Werte, wie Gleichheit, Vertrauen, Achtung vor der Personwürde, sind nicht irgendwelche Interessen neben anderen: sie sind vielmehr die eigentlich entscheidenden Ordnungselemente des Privatrechts; sie stehen nicht neben, sondern über den zu ordnenden Tatbeständen."[42] Die positive Rechtsordnung in der so beschriebenen moralischen Einheit war ein Produkt der Geschichte, sie hatte sich über Jahrhunderte herausgebildet.[43] Die Prinzipien, die in ihr wirkten, waren somit solche des Kulturrechts.[44] Wenn Coing von „Gesetzesbindung" sprach, umfasste die Bindung damit immer auch eine Bindung an die der gesamten Rechtsordnung immanenten Prinzipien und an die Werte des Kulturrechts.

828 Auch in Coings Überlegungen zur Funktion des positiven Rechts war die **Integration materieller Werte** angelegt. Er sprach dem positiven Recht vor allem deswegen einen Eigenwert gegenüber Normen des Natur- oder Kulturrechts zu, weil es den dem Recht innewohnenden moralischen Werten die Chance auf Durchsetzung verleihe. Positives Recht sei die Voraussetzung dafür, dass eine für die gesamte Gesellschaft verlässliche „Friedensordnung" realisiert werden könne.[45] Ungeschriebene Normen des Naturrechts oder des Kulturrechts seien hierfür unzureichend. „In Zeiten der ‚motorisierten Gesetzgeber' und der sozialen Unruhe bedarf die Jurisprudenz der Festigkeit. […] Die individuelle Billigkeitsentscheidung allein hat weder Kraft noch Autorität, um in solchen Zeiten zu bestehen; die Chancen der Autorität einer rechtsgebundenen Entscheidung sind größer."[46] **Frieden, Stabilität und Sicherheit** könne das positive Recht jedoch nur garantieren, wenn es zumindest zu einem gewissen Grad Werte der Gerechtigkeit verwirkliche. Andernfalls erhalte es keine gesellschaftliche Anerkennung, seine Autorität sei damit faktisch nicht gewährleistet: „Im Grunde sind es die Rechtsüberzeugungen, die das positive Recht in seiner Geltung tragen; die Kraft der Rechtsidee im Bewußtsein der Menschen verschafft ihm seine Geltung […]."[47]

829 Gesetz und Gerechtigkeit, positives Recht und moralische Werte waren in Coings Konzeption also vielfältig miteinander verwoben und untrennbar aufeinander angewiesen.

---

41 *Coing*, System, Geschichte und Interesse in der Privatrechtswissenschaft (1951), in: Gesammelte Aufsätze I, S. 105 (117).
42 *Coing*, System, Geschichte und Interesse (1951), vgl. Fn. 41, S. 117.
43 *Coing*, System, Geschichte und Interesse (1951), vgl. Fn. 41, S. 118 f.; *ders*., Savignys rechtspolitische und methodische Anschauungen (1955), in: Gesammelte Aufsätze I, S. 178 (189).
44 Das Stichwort „Kulturrecht" fällt bei Coing in diesem Zusammenhang nicht, der von ihm beschriebene historische Zugriff zielt aber auf Herausarbeitung eben solcher, gewachsener Werte, siehe *Coing*, System, Geschichte und Interesse (1951), vgl. Fn. 41, S. 118 f. So auch schon *Kauhausen*, Nach der ‚Stunde Null', 2007, S. 47.
45 *Coing*, Grundzüge, 2. Aufl. 1969, S. 266.
46 *Coing*, System, Geschichte und Interesse (1951), vgl. Fn. 41, S. 105. Die Rede vom „motorisierten Gesetzgeber" stammt von *C. Schmitt*, Die Lage der europäischen Rechtswissenschaft, 1950, S. 18 ff.
47 *Coing*, Grundzüge, 1. Aufl. 1950, S. 243. Ähnlich 2. Aufl. 1969, S. 279, wobei er ab dieser Aufl. eine stärkere analytische Trennung zwischen (normativer) Geltung und (faktischer) Anerkennung vornimmt, vgl. S. 292.

In der Bestimmung des Verhältnisses von Gesetzes- und Gerechtigkeitsbindung galt der Primat, eine stabile, mit Autorität und Anerkennung ausgestattete Friedensordnung zu realisieren. Die Vermutung sprach hier für die **Gesetzesbindung**. Es fällt allerdings auf, dass er dem Gesetzgeber und dessen Definitionshoheit keinen herausgehobenen Stellenwert einräumte. Er sah Recht als etwas, das von drei Akteuren Hand in Hand geschaffen, praktiziert und weiterentwickelt wurde. Erst durch ihr Zusammenwirken entstehe eine stabile Ordnung. Alle drei Akteure mussten dabei Gesetz und moralische Ordnung gleichermaßen im Blick haben: der Gesetzgeber, da ihn die moralischen Werte in der Rechtssetzung leiten sollten; die Gerichte, weil sie unter Berücksichtigung der dem positiven Recht innewohnenden moralischen Werte die vor sie gebrachten Fälle zu entscheiden hatten; und die Rechtswissenschaft, weil ihr die Aufgabe zukam, die dem Recht innewohnenden Werte herauszuarbeiten, zu systematisieren und durch eine Theorie der Gerechtigkeit abzustützen.[48] Die unterschiedlichen Zuständigkeiten in diesem Zusammenspiel leitete Coing nicht aus der Verfassung, sondern aus der „Natur der Dinge" ab.[49] Er hinterfragte die tradierte und funktionierende Aufgabenteilung nicht weiter[50] und versuchte nicht, sie gesellschaftstheoretisch oder verfassungsrechtlich abzuleiten.

Leitmotive seiner Lehre waren trotz aller Betonung der Gesetzesbindung **Frieden, Sicherheit und Ordnung,** nicht der Respekt vor gesetzgeberischen Entscheidungen des Parlaments als Willensbildungsorgan des Volkes in einer Demokratie. Gesetzesbindung und Gerechtigkeitsbindung bedeuteten daher für ihn keinen Widerspruch. Sie waren vereinigt unter dem Ziel der Realisierung einer Friedensordnung durch eine historisch gewachsene, in moralischen Werten ihre Einheit findende Rechtsordnung. Coing folgte damit einem Konzept der Gesetzesbindung, in welchem der historische Gesetzgeber nur eine untergeordnete Rolle spielte. Sein Blick richtete sich nicht auf das Gesetz als historisches Produkt, sondern auf die Ordnung, die mit seiner Hilfe geschaffen worden war.

III. Gesetzesbindung ohne Gesetzgeber: die Methodenlehre Coings

Auf diesem Verständnis des positiven Rechts als einer historisch gewachsenen, moralischen Ordnung gründete Coings Methodenlehre. Die in seinem Rechtsbegriff angelegte **doppelte Orientierung** auf Gesetz und Gerechtigkeit zieht sich durch alle seine Überlegungen zu Auslegung, Anwendung und Fortbildung des Rechts. Er hob die Möglichkeit und Notwendigkeit der Gesetzesbindung hervor und wandte sich damit gegen die scharfe Polemik, der dieses Postulat seitens derer ausgesetzt war, die nicht im Gesetz, sondern in richterlichen Entscheidungen die eigentliche Quelle des Rechts sahen und der Justiz freiere Hand geben wollten.[51] Coing glaubte an die Möglich-

---

48 *Coing*, Grundzüge, 2. Aufl. 1969, S. 332; dazu auch unten bei Fn. 123.
49 *Coing*, Grundzüge, 2. Aufl. 1969, S. 276.
50 Der Normativität dieser Aufgabenteilung war er sich allerdings wohl bewusst, er sprach im Zusammenhang mit der Legitimität von Richterrecht davon, dass dem eine „Verfassungsfrage" zugrunde liege, siehe Staudinger, 12. Aufl. 1978, Einleitung, Rn. 198; dort auch erstmals eine verfassungsrechtliche Bestimmung des Verhältnisses von Gerichten und Parlamenten, Rn. 207.
51 In den 1950er Jahren angestoßen durch die Diskussion um juristische Topik seit *Th. Viehweg*, Topik und Jurisprudenz, 1953, z.B. *Esser*, Grundsatz und Norm, 1956; *Wieacker*, Gesetz und Richterkunst, 1957; *Larenz*, Methodenlehre der Rechtswissenschaft, 1960. In den 1960er und 1970er Jahren setzte die politische Rechtstheorie, s. unten Rn. 1447 ff., ihre Hoffnungen auf Richterinnen und Richter, die als „Sozialingenieure" oder „dezentrale Gesetzgeber" die Gesellschaft gestalten sollten, siehe z.B. *Teubner*, Folgenkontrolle und responsive Dogmatik, in: Rechtstheorie 6 (1975), S. 179 (183 f.).

keit der Gesetzesbindung und auch an ihre normative Notwendigkeit. An einer allzu engen Orientierung am Willen des Gesetzgebers hatte Coing jedoch kein Interesse. Mit den Versuchen der 1970er Jahre, Gesetzesbindung mithilfe der juristischen Logik enger zu fassen und den Transfer der gesetzgeberischen Vorstellungen in richterliche Entscheidungen transparenter zu gestalten,[52] setzte sich Coing dementsprechend nicht auseinander.[53] Sein Konzept der Gesetzesbindung war in vielfacher Weise offen für außergesetzliche Wertungen.[54]

1. Auslegung – Anwendung – Fortbildung

832 Die jeweilige Konzeption von Gesetzesbindung schlägt sich schon in der Art nieder, wie Auslegung, Anwendung und Fortbildung des Rechts voneinander abgegrenzt werden und wie ihr Verhältnis zueinander bestimmt wird. Das herkömmliche Konzept, das zwischen Auslegung, Anwendung und Fortbildung trennte, ging davon aus, dass stabil bestimmbar sei, wie ein Gesetz zu verstehen und wie nach ihm ein Fall zu entscheiden sei. So konnte festgestellt werden, wann ein Gesetz angewendet und wann es fortgebildet wurde, wann also der Rahmen seiner Vorgaben in der Entscheidung überschritten wurde. Als in den 1950er Jahren Möglichkeit und Notwendigkeit der Gesetzesbindung auf dem Prüfstein standen, wurde folglich von den Protagonisten auch die Trennung zwischen Auslegung, Anwendung und Fortbildung in Frage gestellt. Richterliche Tätigkeit wurde als **topische Entscheidungsfindung** charakterisiert, die sich am Gesetz, an Prinzipien, Tradition und Adäquanz orientierte; die Möglichkeit, ein Gesetz „anzuwenden", also aus ihm allein eine Lösung für ein Problem zu gewinnen, wurde bezweifelt.[55]

833 Vor diesem Hintergrund ist es von nicht unbeträchtlicher symbolischer Bedeutung, wenn Coing an der Trennung zwischen Auslegung, Anwendung und Fortbildung festhielt. Er positionierte sich auf diese Weise **gegen die Relativierung der Gesetzesbindung**, die mit den Richterrechtslehren der 1950er und 1960er Jahre einherging: „Der Richter ist kein freier Gestalter; seine Legitimation ist in unserem Rechtssystem Gesetz und Recht".[56] Tatsächlich sah jedoch auch er die Grenzen zwischen den verschiedenen Formen des Umgangs mit dem Recht als fließende an.[57] Denn Richterinnen und Richter stünden vor der Aufgabe, einen Fall, an den der Gesetzgeber möglicherweise nicht gedacht hatte, „gerecht" und „nach dem Gesetz" zu entscheiden. Sie seien „die belebte Gerechtigkeit" und damit „Hüter des Rechts […], und zwar in einem sehr viel tieferen Sinne, als es die bloße Anwendung von Gesetzesbestimmungen sein würde."[58] Zugleich seien sie gebunden an das Gesetz. Ihre Aufgabe sei es, „Einzelfälle aufgrund allgemeiner positiver Normen gerecht [zu] entscheiden."[59]

834 Coing stellte damit klar, dass Rechtsanwendung keine reine Deduktion und kein reines Verstehen sei,[60] es bedürfe vielmehr in der Regel auch einer **Wertentscheidung**.

---

52 *Koch/Rüßmann*, Juristische Begründungslehre, 1982; vorher bereits *Koch* (Hrsg.), Methodenlehre und analytische Rechtstheorie, 1976.
53 Ab der 4. Aufl. (1985) der „Grundzüge der Rechtsphilosophie" knappe Beschreibung dieser Ansätze ohne eigene Bewertung, s. S. 86.
54 So ausdrücklich *Coing*, Staudinger, 12. Aufl. 1978, Einleitung, Rn. 127.
55 *Viehweg*, Topik und Jurisprudenz, 1953; vgl. außerdem Fn. 51.
56 *Coing*, Staudinger, 12. Aufl. 1978, Einleitung, Rn. 127.
57 *Coing*, Staudinger, 12. Aufl. 1978, Einleitung, Rn. 124.
58 *Coing*, Grundzüge, 1. Aufl. 1950, S. 245.
59 *Coing*, Grundzüge, 1. Aufl. 1950, S. 245.
60 *Coing*, Grundzüge, 2. Aufl. 1969, S. 331 f.

„Damit führt aber die Gesetzesauslegung in die Gesetzesfortbildung hinüber; vom bloßen Verstehen des Inhalts kommt man zur Fortbildung der in ihm enthaltenen Regelung. Auslegung und Entwicklung des Gesetzesrechts sind daher auf das engste verbunden."[61] Um dieser Einsicht Rechnung zu tragen und dennoch der Auflösung der Grenzen entgegen zu wirken, schlug er vor, von „Auslegung im engen Sinn" zu sprechen, die auf das Verstehen der Rechtsnorm und der sich „unmittelbar" aus ihr ergebenden Folgen gerichtet war. Jenseits dessen beginne die Rechtsfortbildung, oder auch die „Auslegung im weiteren Sinne".[62]

2. Auslegung: Interpretation und Fortbildung mithilfe der canones

Das Geschäft von Juristinnen und Juristen bestand also in der „Auslegung", mal im engen, mal im weiten Sinn. Grundlage jeder juristischen Entscheidung war es damit, das **Gesetz zu verstehen** – auch dann, wenn sich herausstellte, dass das Gesetz für den vorgebrachten Fall keine gerechte und den Problemen der Zeit angemessene Lösung bot.

In der Beschreibung des Auslegungsvorgangs folgte Coing dem, was als fester Bestand seit Savigny[63] Anerkennung genoss: Die traditionellen *canones*, ergänzt um eine rechtsvergleichende Methode,[64] sollten helfen, „die gegebenen Rechtssätze in ihrer Bedeutung als Sätze der Rechtsordnung, also der gerechten und zweckmäßigen Ordnung menschlichen Zusammenlebens zu verstehen."[65] Coing machte sich die Mühe, diese tradierten *canones* philosophisch abzustützen und auf dieser Grundlage das Verhältnis der Auslegungsregeln zueinander zu bestimmen. Dies ist aufschlussreich, zeigt es doch, wo Coing die Legitimation von Methodenannahmen verankert sehen wollte.

a) Orientierung an den Lehren der allgemeinen Hermeneutik

Coing griff zur Begründung der juristischen Auslegungsregeln auf die **Lehre der allgemeinen Hermeneutik** zurück, die der Theologe und Philosoph Friedrich Schleiermacher Anfang des 19. Jahrhunderts eingeführt hat und die später in Abgrenzung zu den Naturwissenschaften als spezifisch geisteswissenschaftliche Methodologie von Wilhelm Dilthey fortentwickelt wurde. Es ging ihr darum, Regeln zu entwickeln, wie der Sinngehalt geistiger Werke – also Kunstwerke oder Texte – erfasst werden könne.

Coing griff die Methoden der allgemeinen Hermeneutik erstmals in einem Vortrag im Jahr 1959 auf und hielt an ihr zeitlebens als Grundlage für seine juristische Auslegungslehre fest.[66] An der vor allem von Schleiermacher und Dilthey entwickelten Lehre erschien ihm reizvoll, dass sie davon ausging, dass es einen **objektiven Sinngehalt** von geistigen Werken gebe und dass es möglich sei, diesen im Wege der Interpretation zu erfassen. Dies sollte gelingen, indem man sich einem Text unter verschiedenen Gesichtspunkten nähere. Einerseits sollte die Genese betrachtet, also untersucht werden, in welcher historischen Situation und mit welchen Intentionen er von der Autorin oder

---

61 *Coing*, Staudinger, 12. Aufl. 1978, Einleitung, Rn. 122.
62 *Coing*, Staudinger, 12. Aufl. 1978, Einleitung, Rn. 124.
63 Siehe dazu den Beitrag zu *Friedrich Carl von Savigny* in diesem Band, oben Rn. 76 ff.
64 *Coing*, Staudinger, 12. Aufl. 1978, Einleitung, Rn. 161.
65 *Coing*, Grundzüge, 2. Aufl. 1969, S. 316.
66 *Coing*, Die juristischen Auslegungsmethoden und die Lehren der allgemeinen Hermeneutik, 1959. Inhaltlich identisch sind insofern alle weiteren Beiträge Coings zu den juristischen Auslegungsmethoden, vgl. Grundzüge, 2. Aufl. 1969, S. 313 ff., unverändert in 3.–5. Aufl.; Staudinger, 12. Aufl. 1978, Einleitung, Rn. 129 ff.

dem Autor verfasst worden war. Andererseits aber ging die allgemeine Hermeneutik davon aus, dass ein Text nicht nur als Produkt der jeweiligen Urheberin bzw. des jeweiligen Urhebers verstanden werden könne. Coing pflichtete dem bei und machte sich ihre Argumente zu eigen: Texte bedienten sich der Sprache, die für Autorinnen und Autoren nur bedingt disponibel sei. Sie transportiere stets ganze Denktraditionen, ihr Gehalt sei damit etwas objektiv Vorgegebenes.[67] Zudem seien geistige Werke stets in Sinnzusammenhänge eingebettet, aus denen heraus sie verstanden werden müssten. Es gebe eine „überschießende Bedeutung eines Geisteswerkes", die Interpretation müsse daher über das hinausgehen, was sich die Autorin oder der Autor dabei gedacht habe.[68]

b) Legitimation der *canones* aus der „Natur der Sache"

839 Coing begründete mit dem Rückgriff auf die Lehren der allgemeinen Hermeneutik die juristischen Auslegungsmethoden nicht neu.[69] Deren Rezeption diente ihm vielmehr dazu, zu zeigen, dass eine methodengeleitete Interpretation von Rechtstexten grundsätzlich möglich sei. So wie der objektive Sinngehalt eines beliebigen geistigen Werkes mithilfe der Methoden der allgemeinen Hermeneutik erfassbar sein sollte, so sollte auch die Bedeutung von Gesetzen feststellbar sein. Der subjektiven Wende, welche die Hermeneutik mit dem Erscheinen von Hans-Georg Gadamers „Wahrheit und Methode" (1960) vollzog, folgte Coing auch später nicht.[70] Sprache, Geschichte und Sinnzusammenhang stellten für ihn **objektive Faktoren** dar, die es ermöglichten, bei der Interpretation zu einem objektiven Ergebnis zu gelangen. Orientierte sich die Auslegung von Gesetzen an diesen Faktoren, sei also gesichert, dass die Bedeutung von Gesetzen nicht dem subjektiven Belieben derer anheimgestellt war, die sie interpretierten.[71] „Die Jurisprudenz ist eine interpretierende Wissenschaft, und der Jurist unterscheidet sich vom Rabulisten dadurch, daß er nach dem objektiven Sinn des Rechtssatzes sucht und nicht einen beliebigen Sinn in den Satz hineinträgt."[72] Coing zeigte, dass die herkömmlichen juristischen *canones* die hierfür nötigen Regeln aufstellten. Sie passten zu den Vorgaben der allgemeinen Hermeneutik hervorragend.[73]

840 Coing leitete die *canones* somit nicht normativ ab. Er sah sie als „**Erfahrungssätze**, die sich im Umgang mit der Sache ergeben haben".[74] Mithilfe der allgemeinen Hermeneutik begründete er, dass diese Methoden nicht nur qua Tradition bewährt seien, sondern auch, dass es sich um wissenschaftliche Methoden handele, die dem Recht als Gegenstand adäquat seien. Die Fundierung der *canones* in den Lehren der allgemeinen

---

67 *Coing*, Auslegungsmethoden, 1959, S. 14 f.
68 *Coing*, Auslegungsmethoden, 1959, S. 16.
69 Auch der Rückgriff auf eine allgemeine Hermeneutik selbst war nicht neu, er findet sich bereits bei Savigny, s. oben Fn. 149, dazu *Rückert*, Savignys Hermeneutik – Kernstück einer Jurisprudenz ohne Pathologie, in: J. Schröder (Hrsg.), Theorie der Interpretation vom Humanismus bis zur Romantik – Rechtswissenschaft, Philosophie, Theologie, 2001, S. 287–327.
70 Dazu *Frommel*, Die Rezeption der Hermeneutik bei Karl Larenz und Josef Esser, 1981, S. 17 ff.
71 *Frommel*, Hermeneutik, vgl. Fn. 70, S. 41 ff. Sie zeigt, dass Coings Rezeption der Hermeneutik damit nicht nur in ihren philosophischen Prämissen, sondern auch in ihren methodischen Schlussfolgerungen nichts gemein hatte mit der juristischen Hermeneutik, wie sie sich Ende der 1960er Jahre herausbildete. In dieser wurde der Ansatz Gadamers rezipiert und es ging wesentlich um die unvermeidlich situative Gebundenheit jeder Interpretation.
72 *Coing*, Auslegungsmethoden, 1959, S. 18.
73 *Coing*, Auslegungsmethoden, 1959, S. 18–21.
74 *Coing*, Grundzüge, 2. Aufl. 1969, S. 325.

Hermeneutik bedeutete damit nichts anderes, als sie als der „**Natur der Sache**" angemessen zu legitimieren.

Die *canones* mithilfe von Tradition und „Natur der Sache" zu begründen, passt zu Coings Verständnis des Rechts als einer Ordnung, die sich aus vielfältigen Quellen speise und ein empirisches Produkt der Geschichte sei. Die Normativität des Rechts war dadurch jedoch an einer Schlüsselstelle relativiert. Denn die Frage, wie zu bestimmen sei, wie Gesetze zu verstehen seien, entscheidet maßgeblich darüber, was überhaupt als Norm erkannt und juristischen Entscheidungen zugrunde gelegt wird. Will man die Rechtsordnung in ihrer vollen Normativität entfalten, ist es nötig, nach den Vorgaben zu fragen, die das Recht selbst im Hinblick auf seine Anwendung macht. Dies tat Coing nicht. Stattdessen wird an verschiedenen Stellen deutlich, dass für ihn in Methodenfragen eine Art **Normativität des Faktischen** galt: Er sah sich in der Anwendbarkeit der Regeln der allgemeinen Hermeneutik dadurch bestätigt, dass die Praxis den hermeneutisch begründeten Auslegungsregeln folgte.[75]

Und auch im Übrigen bedeute die Übertragung der Lehren der allgemeinen Hermeneutik auf die Auslegung von Gesetzen eine Schwächung der dem Recht eigenen Normativität. Denn die Übertragung lebte von der Grundannahme, dass Gesetze vergleichbar seien mit den „geistigen Werken", für welche die allgemeine Hermeneutik ihre Methodologie entwickelt hatte. Indem Coing dies unterstellte, schnitt er sich die Frage ab, ob und wie die von der allgemeinen Hermeneutik aufgestellten Regeln in Hinblick auf die spezifische Normativität von Gesetzestexten modifiziert werden müssten. Obgleich es ihm selbstverständlich war, dass die Auslegung von Gesetzen darauf ziele, die dem Text enthaltene Norm herauszuarbeiten, begriff er das **Gesetz letztlich als Text**, der gleich einem philosophischen oder literarischen Werk interpretiert werden könne. Die spezifische Autorität, die einem normativen Text zukommt, konnte er auf diese Weise nicht erfassen und in seine Überlegungen zu den Auslegungsmethoden und ihrem Verhältnis zueinander einbeziehen.

c) Methodenpluralismus und das Primat der objektiven Auslegung

In praktischer Hinsicht war für Coing die wichtigste Erkenntnis aus der allgemeinen Hermeneutik, dass das Gesetz stets unter allen in Betracht kommenden Gesichtspunkten auszulegen sei. Coing vertrat also einen **Methodenpluralismus**. Alle Auslegungsmethoden sollten bei der Interpretation herangezogen werden. Erst gemeinsam bildeten sie eine belastbare Grundlage, um Rechtsnormen *richtig* zu verstehen. Es sei „falsch" und „verfälscht die Interpretation", „wenn wir für einen Auslegungsgesichtspunkt ein Monopol beanspruchen."[76] Interpretation sei „topisch", Erkenntnis werde gewonnen, indem Interpreten „nach verschiedenen Gesichtspunkten Untersuchungen anstellen und die Ergebnisse dieser verschiedenen Untersuchungen gegeneinander abwägen."[77]

Methodenpluralismus meinte bei Coing jedoch nicht, dass allen Methoden gleiches Gewicht zukommen sollte. Er postulierte einen „**Primat der teleologischen Methode**".[78] Die übrigen Methoden bezeichnete er als „Hilfsmittel auf diesem Wege".[79] Dies war nur konsequent angesichts von Coings Rechtsverständnis und dem Ziel, welches

---

75 *Coing*, Grundzüge, 2. Aufl. 1969, S. 323 f.
76 *Coing*, Auslegungsmethoden, 1959, S. 22.
77 *Coing*, Auslegungsmethoden, 1959, S. 17 f.
78 *Coing*, Staudinger, 12. Aufl. 1978, Einleitung, Rn. 195.
79 *Coing*, Staudinger, 12. Aufl. 1978, Einleitung, Rn. 195.

mit der Auslegung seiner Ansicht nach verfolgt werden sollte. Denn dieses bestand darin, „die Bewertung, die Gerechtigkeits- und Zweckmäßigkeitsgesichtspunkte, die einer gesetzlichen Regelung zugrunde liegen, zu erfassen."[80] Unter Bezugnahme auf die Lehre der allgemeinen Hermeneutik argumentierte er, dass eine geistige Schöpfung, als die er ein Gesetz sah, „auf der einen Seite ein historischer Akt und damit auch historisch bedingt ist [...], daß ihr auf der anderen Seite aber auch ein objektiver Gehalt eigen sein kann."[81] Dieser sei von den historischen Bedingungen, unter denen das Gesetz entstanden sei, unabhängig. Dieser objektive Zusammenhang, aus dem heraus ein Gesetz **primär** verstanden werden sollte, waren die Prinzipien der Gerechtigkeit, „in deren Dienst ja auch das positive Gesetz steht".[82] Hier verband sich seine Methodenlehre mit seiner Naturrechtphilosophie: Gesetze seien Versuche, Gerechtigkeit zu verwirklichen. Als solche sollten sie verstanden werden. Sein Auslegungskonzept beruhte wesentlich darauf, dass es einen Sinnüberschuss von Gesetzen gebe,[83] dass dem Gesetz also eine übergeordnete Gerechtigkeit innewohne, unabhängig davon, ob dies vom Gesetzgeber auch so gesehen worden sei.[84] Er selbst bezeichnete seine Methodenlehre als eine Lehre der „teleologischen Rechtsanwendung, die man auch als wertkritische Methode bezeichnet hat."[85]

845 Dies bedeutete jedoch nicht, dass die **subjektiv-historische Auslegung** aus dem Methodenkanon ausgeschlossen sein sollte. Ihre Bedeutung war aus Coings Sicht aber eine begrenzte. Ihr kam kein Eigenwert zu, sie lieferte wie die Auslegung nach Wortlaut und Systematik nur Indizien für den objektiven Sinn des Gesetzes, den zu bestimmen Ziel der Auslegung war. Dem Gesetzgeber und seinem historischen Willen sprach er damit die Definitionshoheit darüber, wie das Gesetz verstanden werden sollte, ab. Er sah in einer einseitigen Orientierung auf die Entstehungsgeschichte eine Bremse für die Entwicklung des Rechts: „Eine Bindung an die Auffassungen und Vorstellungen des historischen Gesetzgebers, ein sog. ‚Materialienkult', ist abzulehnen. Sie würde die Fortentwicklung des Rechtes unmöglich machen."[86]

3. Rechtsanwendung: Wertphilosophische Interessenjurisprudenz

846 Der im Rechtsbegriff angelegte und über die Regeln der allgemeinen Hermeneutik begründete teleologische Zugriff auf Gesetze schlug sich auch in Coings Konzept der **Rechtsanwendung** nieder. Coing suchte hierbei die Nähe zur Interessenjurisprudenz. Sie habe zutreffend herausgearbeitet, dass richterliche Entscheidungen als Willensentscheidungen anzusehen seien und nicht als logische Operationen. Richterinnen und Richter vollzögen in der Rechtsanwendung stets eine **eigene Wertentscheidung**.[87] Dies entspreche dem „Wesen des Rechts als einer sittlich (nicht logisch) gebundenen Ordnung widerstreitender Interessen."[88] Ganz im Geiste der 1950er Jahre sah er in der

---

80 *Coing*, Staudinger, 12. Aufl. 1978, Einleitung, Rn. 195.
81 *Coing*, Staudinger, 12. Aufl. 1978, Einleitung, Rn. 136.
82 *Coing*, Staudinger, 12. Aufl. 1978, Einleitung, Rn. 148.
83 *Frommel*, Hermeneutik, vgl. Fn. 70, S. 42 f.
84 *Coing*, Auslegungsmethoden, 1959, S. 16 f.
85 *Coing*, Grundzüge, 2. Aufl. 1969, S. 333.
86 *Coing*, Staudinger, 12. Aufl. 1978, Einleitung, Rn. 136.
87 *Coing*, Grundzüge, 1. Aufl. 1950, S. 248.
88 *Coing*, Grundzüge, 1. Aufl. 1950, S. 248.

Interessenjurisprudenz eine Alternative zu dem gemeinhin als „formalistisch" und „lebensfremd" kritisierten Subsumtionsmodell.[89]

Zwischen Coings Methodenlehre und der Interessenjurisprudenz der ersten Jahrhunderthälfte gab es bei aller Nähe jedoch einen **signifikanten Unterschied**: Während die Interessenjurisprudenz die relevanten Wertentscheidungen unter Rückgriff auf die Gründe des historischen Gesetzgebers ermitteln wollte,[90] sah Coing die Gerichte an weiter ausgreifende Werte gebunden.[91] Der „denkende Gehorsam", den Heck Richterinnen und Richtern hatte auferlegen wollen,[92] griff ihm zu kurz, näher stand er dem „sozialen Gehorsam" Essers von 1949.[93] Zwar betonte er die Gebundenheit von Richterinnen und Richtern.[94] Entsprechend der von ihm favorisierten objektiven Theorie in der Auslegungslehre sollten diese sich allerdings an der **„Wertung des Gesetzes"** orientieren,[95] nicht nur an der des Gesetzgebers. Zu berücksichtigen seien hier neben der historischen Problemkonstellation, auf die der Gesetzgeber reagiert habe, die sich aus dem Gesetz und der Rechtsordnung ergebenden Prinzipien sowie die naturrechtlich begründeten und kulturrechtlich gefestigten Prinzipien der Gerechtigkeit, auf die es bezogen war. Am Ende blieb Raum für eine „sittliche Entscheidung" des Gerichts.[96]

Die **Gewichtung** zwischen Gesetzes- bzw. Verfassungsbindung, Gerechtigkeitsorientierung und persönlicher Entscheidung **variierte** in Coings Schriften. In seiner Frühschrift, „Die obersten Grundsätze des Rechts" betonte er entgegen dem damaligen Diskurs die Bindung an die in Verfassung und Gesetz niedergelegten Wertentscheidungen des Gesetzgebers,[97] verbunden allerdings mit einem Optimierungsgebot, denn alles Rechtshandeln sollte gerichtet sein auf eine Verwirklichung der „obersten Grundsätze des Rechts".[98] Diese Gesetzes- und Verfassungsorientierung machte er 1978 in seiner Einleitung zum BGB-Kommentar Staudingers wieder stark, nun ohne naturrechtlich-teleologisches Sprachspiel. In der Zwischenzeit – in den fünf Auflagen der „Grundzüge der Rechtsphilosophie" von 1950 bis 1993 – tauchte die **Verfassung als Bezugspunkt** nicht auf. Stattdessen betonte er hier das Moment der persönlichen Entscheidung, wobei es ihm ein Anliegen war, festzuhalten, dass auch dies nicht bedeute, der Willkür das Wort zu reden. Zum einen würden Richterinnen und Richter, die zunächst intuitiv entschieden hätten, ihre Entscheidung am Gesetz überprüfen und gegebenenfalls

---

89 Für die Nachkriegszeit ist das eher untypisch, die Interessenjurisprudenz wurde aufgrund ihrer Treue zum Gesetzgeber skeptisch beäugt, dazu *Rückert*, Kontinuitäten und Diskontinuitäten in der juristischen Methodendiskussion, in: Acham u.a. (Hrsg.), Erkenntnisgewinne, Erkenntnisverluste, 1998, S. 113 (149). Mit der Formalismuskritik bewegte sich Coing dann allerdings wieder im Mainstream, hierzu *Rückert*, ebd. S. 144 ff.; *ders.*, Das „gesunde Volksempfinden" – eine Erbschaft Savignys?, ZRG 103 (1986), S. 199 ff. (bes. 228 f.); *ders.*, Formalismus und vergleichbare Konzepte, in: R. Schulze (Hrsg.), Deutsche Rechtswissenschaft und Staatslehre im Spiegel der italienischen Rechtskultur während der zweiten Hälfte des 19. Jahrhunderts, 1990, S. 169–174; auch unten Rn. 1413 ff., 1432 ff.
90 Siehe den Beitrag zur Methodenlehre *Philipp Hecks* in diesem Band (Rn. 428 ff.) sowie *Schoppmeyer*, Juristische Methode als Lebensaufgabe, 2001, S. 102 ff.
91 Es gelte, nicht den Blick allein auf den Interessenkonflikt zu lenken, sondern auf die „Gesamtordnung der leitenden Gerechtigkeitsgesichtspunkte", *Coing*, Savigny (1955), vgl. Fn. 43, S. 189.
92 *Heck*, Gesetzesauslegung und Interessenjurisprudenz, AcP 114 (1912), S. 1 (20). Zur Gesetzesbindung besonders deutlich *Heck*, DJZ 10 (1905), Sp. 1140 (1142); s. auch oben Rn. 447, 477.
93 *Coing*, Oberste Grundsätze, 1947, S. 150; *ders.*, Grundzüge, 2. Aufl. 1969, S. 332; zu Esser oben Rn. 784.
94 *Coing*, Oberste Grundsätze, 1947, S. 142; *ders.*, Grundzüge, 1. Aufl. 1950, S. 247 ff.; 2. Aufl. 1969, S. 331.
95 *Coing*, Grundzüge, 2. Aufl. 1969, S. 332.
96 *Coing*, Oberste Grundsätze, 1947, S. 131; *ders.*, Grundzüge, 2. Aufl. 1969, S. 332.
97 *Coing*, Oberste Grundsätze, 1947, S. 146.
98 Ergibt sich aus dem Zusammenhang: *Coing*, Oberste Grundsätze, 1947, S. 140, 143, 150.

korrigieren. Hier komme das „persönliche Ethos des Richters" zum Tragen.[99] Zum anderen sei aber auch schon die intuitive Entscheidung von Juristinnen und Juristen nicht ungeformt, sondern „von den Wertungen seiner Rechtsordnung vorgeprägt",[100] denn

> „[d]as Recht enthält in seinen Regeln die sittliche Erfahrung vieler Generationen; in ihm sind die Entscheidungen niedergelegt, die gerecht und freiheitlich, zuverlässig und wahrhaftig gesonnene Männer in Jahrhunderten für bestimmte Situationen des sozialen Lebens als richtig empfunden haben. Die Rechtsregeln sind nicht logische Obersätze für juristische Deduktionen, sondern sie geben sittliche Erfahrungen, Rechtsgedanken, wieder. Der Umgang mit dem Recht übt daher auf das sittliche Gefühl des Juristen eine verfeinernde, kultivierende Wirkung aus; das Gefühl für die Werte, auf denen das Recht beruht, Gerechtigkeit, Freiheit, Treu und Glauben, wird in ihm besonders lebendig."[101]

849 Auch in den Folgeauflagen finden sich diese Worte, der Optimismus gegenüber dem richterlichen Ethos war allerdings gedämpfter. Das persönliche Element bringe auch stets die Gefahr einer „Ideologie des Richterstandes" oder des „Subjektivismus" mit sich, heißt es dort.[102] Eine **rational begründete Ethik** sollte Abhilfe schaffen.[103] Diese der Rechtsprechung an die Hand zu geben, sah er als eine wesentliche Aufgabe der Rechtswissenschaft an.

850 Für die Rechtsanwendung kam es also – wenn auch mit Verschiebungen in der Gewichtung im Laufe der Jahre – auf **Wertungen** an, die in Gesetz, Kulturrecht und Rechtsgefühl verankert waren. Er lehnte sich eng an die Lehre der Interessenjurisprudenz an, modifizierte diese jedoch, indem er richterliche Entscheidungen als an kulturrechtlich verfestigten Prinzipien der Gerechtigkeit orientiert sehen wollte. Coing lässt sich damit weder der rechtsimmanenten noch der außerrechtlichen Wertungsjurisprudenz eindeutig zuordnen.[104] Man könnte stattdessen davon sprechen, er habe eine wertphilosophische Interessenjurisprudenz vertreten.

4. Richterliche Rechtsschöpfung: Begrenzung durch das Gesetz

851 Richterinnen und Richter sollten, Coings Rechtsanwendungskonzept zufolge, also die Wertungen des Gesetzes „**nacherleben**" (womit er sich eines typischen Begriffs der Dilthey'schen Hermeneutik bediente). Auf dieser Grundlage sollten sie Lösungen finden, die dem konkreten Einzelfall gerecht wurden. Diese Lösungen gingen in den Bestand des positiven Rechts ein. Das „neue Recht" wachse „als Fallrecht um das kodifizierte Recht herum."[105] Durch die Entscheidungspraxis der Gerichte ändere sich in einem „langsamen Prozeß das in einer Kodifikation niedergelegte Recht."[106] Rechtsanwendung war also immer auch Fortbildung des Rechts.

---

99 *Coing*, Grundzüge, 2. Aufl. 1969, S. 332.
100 *Coing*, Grundzüge, 1. Aufl. 1950, S. 250.
101 *Coing*, Grundzüge, 1. Aufl. 1950, S. 249 f.
102 *Coing*, Grundzüge, 2. Aufl. 1969, S. 332 f.
103 *Coing*, Grundzüge, 2. Aufl. 1969, S. 332.
104 *Kauhausen*, Nach der ‚Stunde Null', 2007, S. 48 f. zählt ihn trotz seines Rechtsmoralismus zur „rechtsimmanenten" Wertungsjurisprudenz. Sie hebt damit zu Recht hervor, dass er die Gesetzesbindung ernster nahm als andere und die Prinzipien in erster Linie nicht metaphysisch begründet sehen wollte, anders als etwa Larenz. „Rechtsimmanent" legt jedoch nahe, dass es an außerrechtlichen Bezügen gänzlich gefehlt habe, was – wie gezeigt – nicht zutrifft. Vgl. zu den Varianten der Wertungsjurisprudenz unten Rn. 566 ff.
105 *Coing*, Staudinger, 12. Aufl. 1978, Einleitung, Rn. 197.
106 *Coing*, Staudinger, 12. Aufl. 1978, Einleitung, Rn. 197.

Coing forderte, das **Richterrecht als Rechtsquelle** anzuerkennen,[107] die Methodenlehre dürfe sich über seine reale Existenz nicht einfach hinwegsetzen. Auch hierbei wandte er sich allerdings gegen die in den 1950er und 1960er Jahren vorherrschende Tendenz, dem Richterrecht eine höhere Bedeutung als dem Gesetzesrecht einzuräumen: Das Privatrecht bestehe heute aus *„zwei* großen *Teilen"*, die nicht unverbunden nebeneinanderstünden.[108] Auch in seiner Lehre zum Richterrecht ging es damit darum, das Verhältnis von Gesetzesrecht und Gerechtigkeitserwägungen zu bestimmen. Deutlicher als in seinen übrigen Ausführungen zu Methodenfragen betonte er hier, dass das Gesetz Ausgangspunkt und Grenze allen Handelns der Gerichte sein müsse.

a) Vorsichtiger Wandel der Rechtsordnung

Coing sah im Richterrecht einen nicht unbedeutenden Motor der Rechtsentwicklung. Denn anders als der Gesetzgeber seien die Gerichte in der Lage, dem Wandel der Verhältnisse in ihren Entscheidungen Rechnung zu tragen. Mit der **objektiven Auslegungstheorie**, der Coing folgte, war eine interpretatorische Anpassung des Gesetzes an den Wandel der Zeiten durch die Gerichte grundsätzlich legitim. Allerdings war Coing auch hier bemüht, Grenzen aufzuzeigen. Denn „die Methode der Auslegung des Gesetzes ‚aus der Zeit'" laufe Gefahr, „ganz im Gegensatz zu ihrem scheinbar ‚objektiven' Charakter, einer höchst subjektiven und willkürlichen Auslegung des Gesetzes" Tür und Tor zu öffnen.[109] Nicht jede Verschiebung in der Interpretation sei zulässig. Die Grenze, die er formulierte, war allerdings alles andere als scharf: „[L]egitim ist nur die allmähliche Veränderung des Gesetzesverständnisses durch den Prozeß der Auslegung in Wissenschaft und Präjudizien, die z.B. bestimmten Gesetzesbestimmungen allmählich größeres Gewicht verleiht, andere zur lettre morte verurteilt."[110]

b) Kriterien im Umgang mit Lücken im Gesetz

Weit enger waren die Voraussetzungen, die er für die echt schöpferische Tätigkeit der Gerichte benannte. Sie sollte nur zulässig sein, wenn sich dem Gesetz partout keine Entscheidung entnehmen lasse. „Grundlage und Grenze des Richterrechts bleibt die Lücke im Gesetz."[111] Ob eine **Lücke** vorliege, sollte dabei zunächst mittels der historisch-genetischen Auslegung festgestellt werden. Und auch wenn sich dabei herausstellte, dass der historische Gesetzgeber für die nun gegebene Problemkonstellation tatsächlich keine Lösung vorgesehen hatte, sollte die Entscheidung nicht freihändig erfolgen: „Auch die Befugnis zur Rechtsfortbildung macht den Richter also niemals völlig frei, er bleibt gehalten, seine Entscheidungen primär aus dem Gesetz sekundär aus der Tradition von Rechtsprechung und Literatur zu entwickeln."[112]

Wie schon bei den Auslegungsregeln griff Coing hier eine Lehre auf, die sich in den Jahrzehnten zuvor durchgesetzt hatte. Lag eine Lücke vor, sollte der Weg beschritten werden, den das **Schweizer ZGB von 1907** vorgegeben hatte, und der über Freirechtsschule und Interessenjurisprudenz auch in die deutsche Methodendiskussion Eingang

---

107 *Coing*, Grundzüge, 1. Aufl. 1950, S. 235; *ders.*, Staudinger, 12. Aufl. 1978, Einleitung, Rn. 127.
108 *Coing*, Staudinger, 12. Aufl. 1978, Einleitung, Rn. 127.
109 *Coing*, Grundzüge, 2. Aufl. 1969, S. 336.
110 *Coing*, Grundzüge, 2. Aufl. 1969, S. 337.
111 *Coing*, Grundzüge, 2. Aufl. 1969, S. 341.
112 *Coing*, Staudinger, 12. Aufl. 1978, Einleitung, Rn. 211.

gefunden hatte.[113] In Art. 1 hieß es: „Das Gesetz findet auf alle Rechtsfragen Anwendung, für die es nach Wortlaut oder Auslegung eine Bestimmung enthält. Kann dem Gesetz keine Vorschrift entnommen werden, so soll der Richter nach Gewohnheitsrecht und, wo auch ein solches fehlt, nach der Regel entscheiden, die er als Gesetzgeber aufstellen würde. Er folgt dabei bewährter Lehre und Überlieferung."

856 Darüber, wie dies von statten gehen sollte, finden sich in den Methodenschriften Coings unterschiedliche Beschreibungen. Wie schon bei der Rechtsanwendungslehre lässt sich hier im Laufe der Zeit ein Wandel feststellen: 1950 sah er den verpflichtenden Orientierungspunkt für Richterinnen und Richter bei der Rechtsschöpfung im Naturrecht. Wo das positive Recht keine Grundsätze mehr biete, müsse dieses eintreten.[114] 1969 beschrieb er den Akt der Rechtsschöpfung als einen, in dem verschiedene Gesichtspunkte herangezogen werden müssten: Rechtsvergleichung könne hilfreich sein, auch Wertungen des Gesetzes und die Grundsätze der Gerechtigkeit.[115] 1978 forderte er eine enge Orientierung am Gesetz: Beim Schließen von Lücken müsse versucht werden, „in Anlehnung an das Gesetz den fehlenden Rechtssatz zu entwickeln".[116] Zudem betonte er nun den **Wert der Verfassung**: Rechtsschöpfung müsse im Rahmen des Grundgesetzes erfolgen und sich „insbesondere an den im Grundrechtsteil der Verfassung niedergelegten Wertungen orientieren".[117] Auch die Legitimation des Richterrechts insgesamt entnahm er nun nicht mehr nur der faktischen Notwendigkeit und der Natur der Sache,[118] sondern der grundgesetzlichen Verpflichtung der Gerichte auf „Gesetz und Recht" in Art. 20 Abs. 3 GG.[119]

857 Es lässt sich festhalten, dass Coing in seinem Konzept des Richterrechts nicht schöpferischen Richterinnen und Richtern das Wort redete. Er hielt eine langsame Anpassung des Rechts an den Wandel der Zeiten durch richterliche Auslegungs- und Entscheidungstätigkeit für wünschenswert, hielt jedoch daran fest, dass das Gesetz Richterinnen und Richtern Grenzen setze. Rechtsfortbildung *contra legem* war für ihn nur in seinem Frühwerk, also in den ersten Jahren unmittelbar nach Kriegsende, ein Thema.[120] Schöpferisch sollten Richterinnen und Richter nur werden dürfen, wo dies unvermeidbar war. Auch dann war Orientierung am Gesetz geboten – wenn auch an einem teleologisch verstandenen.

IV. Zusammenfassung: Wissenschaft als Rechtsquelle

858 Liest man Coings Methodenschriften, so fällt die Frage der **Gesetzesbindung** weit weniger ins Auge, als es hier den Anschein haben mag. Für Coing war Gesetzesbindung eine Selbstverständlichkeit, er sah Richterinnen und Richter schon durch ihr „Ethos"

---

113 Siehe z.B. auf einen Vorentwurf des ZGB bezugnehmend *Kantorowicz*, Der Kampf um die Rechtswissenschaft, 1906, S. 33; nach Inkrafttreten *Rümelin*, Das neue schweizerische Zivilgesetzbuch und seine Bedeutung für uns, 1908, S. 27 ff.; später z.B. *Isay*, Rechtsnorm und Entscheidung, 1929, S. 243; s. unten Rn. 1496 e mit Zitat.
114 *Coing*, Grundzüge, 1. Aufl. 1950, S. 256.
115 *Coing*, Grundzüge, 2. Aufl. 1969, S. 340.
116 *Coing*, Staudinger, 12. Aufl. 1978, Einleitung, Rn. 122.
117 *Coing*, Staudinger, 12. Aufl. 1978, Einleitung, Rn. 211.
118 *Coing*, Grundzüge, 2. Aufl. 1969, S. 283.
119 *Coing*, Staudinger, 12. Aufl. 1978, Einleitung, Rn. 206.
120 *Coing*, Zur Frage der strafrechtlichen Haftung der Richter (1947), vgl. Fn. 35; später greift er die Frage nochmals auf, verlagert die Frage des richterlichen Widerstandsrechts nun aber von der rechtlichen auf die moralische Ebene: Der Jurist und das unsittliche Gesetz (1965), in: Gesammelte Aufsätze II, S. 50–66.

und ihren „Takt" auf das Gesetz verpflichtet.[121] Er nahm Gesetzesbindung ernst und sticht damit aus dem Diskurs der 1950er und 1960er Jahre heraus, dem das Gesetz nicht als entscheidender Rechtsbildungsfaktor galt.

Coings Methodenlehre entspricht in weiten Teilen dem, was Juristinnen und Juristen, die sich nicht vertieft mit Fragen der Rechtsphilosophie und Rechtstheorie auseinandersetzen, als Regeln im Umgang mit dem positiven Recht kennen. Gesetzesbindung ist in diesem ein Postulat, das nicht durch strenge Regeln abgestützt ist. Coings rechtsphilosophische Schriften liefern eine Grundlage, die dem Konzept der Gesetzesbindung dennoch eine Kohärenz verleiht. Wesentlich war hierfür sein **Rechtsbegriff**. Aus einem geisteswissenschaftlich-wertphilosophischen Verständnis heraus sah er das Recht als eine historisch gewachsene moralische Ordnung, die sich nur in ihrer Bezogenheit auf den naturrechtlich gegebenen und kulturrechtlich verfestigten Wert der Gerechtigkeit begreifen lässt. Naturrecht, Kulturrecht, positives Recht und Gesetz waren dabei so eng ineinander verflochten, dass sie nur in der Summe erfasst werden konnten.

Das Gesetz, an das Richterinnen und Richter gebunden sein sollten, war damit offen für **materiale Werte**, die sich erst aus der Ordnung ergaben, in die es sich einfügte. Richterinnen und Richter waren an dieses Gesetz gebunden – zugleich damit aber auch an das positive Recht in seiner gesamten Ordnung und seinem Streben, Gerechtigkeit zu verwirklichen. Gesetzesbindung war damit bei Coing eine teleologische, sie war gerichtet auf die Verwirklichung eines über das Gesetz hinausgehenden Wertprogramms. Hierzu passten seine Entscheidungen für die objektive Auslegungsmethode, die auch vor einer ‚gerechtigkeitskonformen Auslegung' nicht zurückschreckte und eine interpretatorische Anpassung an den Wandel der Zeiten für zulässig und geboten hielt, sowie seine Entscheidung, grundsätzlich richterliche Rechtsbildung anzuerkennen, solange diese in Anlehnung an das Gesetz geschah. All dies füllte Coings Verständnis der Gesetzesbindung aus. Ob es sich dabei tatsächlich um eine *Gesetzes*bindung oder vielmehr um eine *Rechts*bindung handelte, lässt sich nicht genau sagen, denn in Coings Konzeption lebte das Recht im Gesetz und das Gesetz im Recht.

Für Coings Rechtslehre ist es charakteristisch, dass sie **keine scharfen Grenzen** zog und das Verhältnis der unterschiedlichen Rechtsbildungsfaktoren – Geschichte, Werte, Setzung, Entscheidung – nicht klar voneinander abgrenzte. In allen methodischen Überlegungen ging es ihm darum, eine Mischung zu treffen, in der die verschiedenen Elemente so gut austariert sind, dass der von ihm hochgehaltene Grundsatz „Equal Justice under Law"[122] so weit wie möglich verwirklicht werden kann. Klare Priorisierungen nahm er nicht vor. Er entschied sich weder konsequent für die Verfassung als Orientierungspunkt wie Nipperdey oder für den Willen des historischen Gesetzgebers wie Heck, noch für außerrechtliche sittliche Werte wie Larenz oder für das Primat topischer Rechtsschöpfung durch die Gerichte wie Viehweg, Wieacker und Esser. Coings Rechtslehre war eine der Mitte. Sie zielte nicht darauf, einen klaren normativen Maßstab für rechtliche Entscheidungen herauszuarbeiten, sondern vertraute darauf, dass Abwägung, Optimierung und Checks & Balances eine gerechte und stabile Ordnung garantieren können.

Eine solche Ordnung ist schwer zu kontrollieren, sie lebt davon, dass sie funktioniert. Coing war die **Kontrollierbarkeit** jedoch wichtig, immer wieder warnte er vor den Ge-

---

121 *Coing*, Staudinger, 12. Aufl. 1978, Einleitung, Rn. 233.
122 *Coing*, Grundzüge, 1. Aufl. 1950, S. 245; 2. Aufl. 1969, S. 334.

fahren richterlicher Willkür. So erklärt sich, dass ihm die Methodenlehre ein Anliegen war: Richterliches Handeln sollte regelgeleitet erfolgen und hierdurch überprüfbar und kritisierbar sein. Zudem hielt er es für nötig, transparent zu machen, worin das Recht bestand, an welches die Gerichte gebunden sein sollten. Eine **Theorie der Gerechtigkeit** sollte hierbei helfen[123] und ein System des Privatrechts entwickelt werden, das Naturrecht, Kulturrecht und die dem Recht immanenten Prinzipien in eine Ordnung brachte und das Recht auf diese Weise handhabbar machte.[124] Ein solches System sei freilich nie etwas Abgeschlossenes, dem Wandel nicht mehr Zugängliches. Es müsse mit der Zeit wieder und wieder revidiert werden.[125]

863 Die Formulierung einer Methodenlehre, die Entwicklung einer Theorie der Gerechtigkeit und die Systembildung waren Aufgaben, derer sich die **Rechtswissenschaft** annehmen sollte. In Coings Rechtslehre der Mitte, in der so viele Akteure und Faktoren zusammenspielten, kam ihr damit eine herausgehobene Stellung zu. Er sah sie als „materielle Quelle der Rechtsbildung",[126] sie sollte das Recht durch wissenschaftliche Durchdringung kontrollierbar machen. Obgleich er sie in seinen methodischen Überlegungen nur hin und wieder erwähnt hatte, war die Rechtswissenschaft damit das unbenannte Zentrum von Coings Lehre.

V. Fallbeispiel: Auslegung von Generalklauseln am Beispiel des sog. „Geliebtentestaments"

864 Wie stand es nun um die Umsetzung der Methodenlehre im Umgang mit juristischen Fällen? Es bietet sich an, sich im Erbrecht umzuschauen, denn es ist das dogmatische Gebiet, auf dem sich Coing profilierte. Er übernahm 1953 das berühmte Erbrechtslehrbuch von Theodor Kipp und führte es in sechs weiteren Auflagen bis 1990 fort. Wie er hier mit der Spannung zwischen Gesetzesbindung und der Bindung an materielle Werte umging, zeigt sich besonders dort, wo es um die Sittenwidrigkeit von Testamenten und damit um die Grenzen der gesetzgeberisch vorgegebenen Testierfreiheit geht.

1. Sittenwidrigkeit von „Geliebtentestamenten": eine ständige Rechtsprechung

865 Einer der wichtigsten Fälle, an denen die Sittenwidrigkeit von Testamenten im 20. Jahrhundert diskutiert wurde, war das sog. „Geliebtentestament", auch „Mätressentestament" genannt. Es handelte sich hierbei um ein Testament, in welchem ein verheirateter Mann eine nichteheliche Partnerin zulasten seiner Ehefrau und seiner Kinder mit einer Erbschaft bedachte. Während im 19. Jahrhundert solche Testamente von den Gerichten noch zum Teil gebilligt wurden, entwickelte sich im 20. Jahrhundert eine restriktive Rechtsprechung: Das Reichsgericht und später der BGH erklärten die Verfügungen für sittenwidrig, die Ehefrau und die Kinder konnten ihre Ansprüche aus

---

123 *Coing*, Grundzüge, 2. Aufl. 1969, S. 332.
124 *Coing*, System, Geschichte und Interesse (1951), vgl. Fn. 41, S. 118 f.; *ders.*, Savigny (1955), vgl. Fn. 43; *ders.*, Geschichte und Bedeutung des Systemgedankens in der Rechtswissenschaft (1957/58), in: Gesammelte Aufsätze I, S. 191 (205 ff.).
125 Zur inhaltlichen Ausrichtung eines aktuellen Zivilrechtssystems *Coing*, Bemerkungen zum überkommenen Zivilrechtssystem (1963), in: Gesammelte Aufsätze I, S. 297 (304 ff.).
126 *Coing*, Staudinger, 12. Aufl. 1978, Einleitung, Rn. 197.

der gesetzlichen Erbfolge gegen die testamentarisch bedachte nichteheliche Partnerin gerichtlich durchsetzen.[127]

Der Konzeption des BGB war dies an und für sich fremd. Der Gesetzgeber hatte im Erbrecht die **Testierfreiheit** zum zentralen Prinzip erhoben.[128] Der Erblasser sollte grundsätzlich frei entscheiden dürfen, an wen sein Eigentum nach seinem Tode fallen sollte. Die Familienangehörigen sollten dadurch geschützt werden, dass ihnen auch im Falle einer testamentarischen Enterbung ein Pflichtteilsanspruch gesetzlich zugestanden wurde. Den Gerichten erschien dies nicht ausreichend. Sie erklärten in einer über 80 Jahre währenden ständigen Rechtsprechung die sog. „Geliebtentestamente" für sittenwidrig[129] und stützten dies vor allem auf zweierlei: Zum einen sahen sie in der Zurücksetzung von Ehefrau und Kindern zugunsten einer Partnerin aus einer ehebrecherischen Beziehung einen Sittenverstoß, da der Erblasser damit gegen seine ehelichen und familiären Treuepflichten verstoße. Zum anderen gingen die Gerichte davon aus, dass die Zuwendung an die nichteheliche Partnerin als Gegenleistung für erbrachte oder erhoffte sexuelle Dienste erfolge. Das Geliebtentestament war damit einem ähnlichen Vorwurf ausgesetzt wie die Prostitution.[130] Die Gerichte argumentierten hierbei pauschal aus ihrem Erfahrungshorizont heraus, ohne die Komplexität von Motiven des Erblassers hinreichend zu berücksichtigen.[131] Dies verschärfte sich unter dem Nationalsozialismus. § 48 Abs. 2 des 1938 in Kraft getretenen Testamentsgesetzes sah vor, dass eine Verfügung von Todes wegen nichtig sei, wenn sie „in einer gesundem Volksempfinden gröblich widersprechenden Weise gegen die Rücksichten verstößt, die ein verantwortungsbewusster Erblasser gegen die Familie und Volksgemeinschaft zu nehmen hat". Die nichteheliche Partnerin sei eine „Zerstörerin von Ehe und Familie", ein Testament, in welchem sie bedacht werde, verstoße gegen das „Wesen der Ehe als einer auf gegenseitiger Liebe und Treue aufbauenden Lebensgem[einschaft]".[132] Die Beweislast dafür, dass ausnahmsweise kein Sittenverstoß gegeben sei, wurde von den nationalsozialistischen Gerichten der Geliebten auferlegt – ein Beweis, den zu erbringen ihr so gut wie nie gelang.[133] Der Oberste Gerichtshof für die britische Zone und später der BGH übernahmen diese Rechtsprechung im Ergebnis, nach Abschaffung des § 48 Abs. 2 TestG nun wieder unter Rückgriff auf § 138 Abs. 1 BGB. Ende der 1960er Jahre

866

---

127 Guter Überblick zur Rechtsprechung bei *Falk*, Zur Sittenwidrigkeit von Testamenten. Grundlinien der Rechtsprechung im 19. und 20. Jahrhundert, in: *ders.*/Mohnhaupt (Hrsg.), Das Bürgerliche Gesetzbuch und seine Richter, 2000, S. 451–494.
128 Sie ist als Prinzip in den §§ 1937 ff. BGB verankert, so auch der Wortlaut und die allg. Ansicht, vgl. nur MüKo-*Leipold*, BGB, Bd. 9, 5. Aufl. 2010, Einl. Rn. 17 ff.
129 Zunächst noch ohne Beweislastumkehr, z.B. RG WarnRspr. 1910, Nr. 371 vom 29.9.1910; RG, JW 1911, 29 vom 3.11.1910; für die Verschärfung im NS mit Beweislastumkehr OLG München, HRR 13 (1937), Nr. 495 vom 24.11.1936; für die Fortsetzung nach 1945 OGHZ 3, 158 vom 26.1.1950; erste Milderung der Rspr. BGHZ 52, 17 vom 17.3.1969; ausdrückliche Abkehr von der Beweislastumkehr und Betonung, dass nicht in erster Linie auf die Motive des Erblassers, sondern auf den Charakter des Rechtsgeschäfts abzustellen sei BGHZ 53, 369 vom 31.3.1970; bestätigend BGH NJW 1973, 1645 vom 29.6.1973; siehe ausführlich mit vielen Nachweisen *Falk*, vgl. Fn. 127.
130 Weshalb es bis zum Inkrafttreten des Prostitutionsgesetzes im Jahr 2001 etwa im Münchener Kommentar für sittenwidrig erklärt wurde, obgleich bereits seit den 1980er Jahren kaum noch Fälle von den Gerichten entschieden worden waren, vgl. MüKo-*Mayer-Maly/Armbrüster*, BGB, Bd. 1, 4. Aufl. 2001, § 138, Rn. 59; Abkehr in 5. Aufl. 2006, § 138, Rn. 59.
131 *Falk* stellt treffend fest, dass die Rspr. in dieser Frage ein Paradebeispiel für richterliche Alltagstheorien abgebe, vgl. Fn. 127, S. 471.
132 OLG München vom 24.11.1936, HRR 13 (1937), Nr. 495. Dieses Urteil erging zwei Jahre vor Einführung des § 48 Abs. 2 TestG, es ist ein hervorragendes Beispiel dafür, wie Gerichte programmatisch Generalklauseln nutzten, um NS-Weltanschauung in ihre Rechtsprechung einfließen zu lassen.
133 *Falk*, vgl. Fn. 127, S. 472.

kehrte der BGH zur üblichen Beweislastverteilung zurück und entwickelte differenziertere Kriterien für die Beurteilung, ob ein Testament sittenwidrig sei. Die Rechtsprechung wurde damit zurückhaltender, die Testierfreiheit rückte wieder stärker in den Blick;[134] vollständig wandte sich der BGH von seinem Sittenwidrigkeitsurteil allerdings bis zuletzt nicht ab. In den 1980er Jahren fand die Rechtsprechung dennoch ein Ende – die Zahl der Fälle nahm ab, bedingt wohl nicht nur durch gesellschaftlichen Wandel, sondern auch durch die Änderung des restriktiven Scheidungs- und Unterhaltsrechts.[135]

2. Mit der herrschenden Lehre: zur Position Coings

867 Coings Ausführungen zum Geliebtentestament in seinem Lehrbuch zum Erbrecht sind knapp. Er gab die Rechtsprechung wieder und ließ dabei erkennen, dass er ihr im Wesentlichen folgte. Er machte sich nicht die Mühe, seine Position unter Rückgriff auf seine Methodenlehre zu begründen. Dennoch finden sich in seiner Argumentation Hinweise, die Aufschluss darüber geben, welchen Stellenwert er welchen Methoden einräumte und wie er Gesetz und materielle Werte bei der Lösung des Falles der „Geliebtentestamente" in Verhältnis setzte.

868 Methodisch wirft die Lehre von der Sittenwidrigkeit der sog. „Geliebtentestamente" zwei Fragen auf. Die erste betrifft die **Auslegung** von § 138 Abs. 1 BGB und seine Anwendung im Erbrecht. Es stellt sich die Frage, woraus sich die Werte speisen, nach denen zu beurteilen ist, ob ein Rechtsgeschäft oder konkret ein Testament sittenwidrig ist. Es gibt hier verschiedene Möglichkeiten: das Gesetz, eine als objektiv gedachte Moral oder in der Gesellschaft empirisch feststellbar vorherrschende Wertvorstellungen. Die zweite Frage betrifft die **Gewichtung** zwischen gesetzgeberisch vorgesehenem „Normalfall", also der durch das Pflichtteilsrecht korrigierten Testierfreiheit, und dem Ausnahmefall, in dem das Pflichtteilsrecht als ungenügend angesehen und die Testierfreiheit eingeschränkt wird. Es geht hier also darum, wie restriktiv § 138 Abs. 1 BGB als eine Regelung, die eine gesetzgeberische Grundentscheidung durchbricht, gehandhabt wird.

a) Auslegung und Anwendung des § 138 Abs. 1 BGB

869 Coings Auslegung des § 138 Abs. 1 BGB lässt sich gut rekonstruieren, denn er kommentierte diese Norm in der 11. Auflage des Staudingers von 1957. Dort lässt sich nachlesen, dass er die „guten Sitten" als „Grundsätze der Ethik oder des Naturrechts" begriff. Diese seien rechtlich allerdings nur soweit bedeutsam, als sie tatsächlich Anerkennung in der Gesellschaft fänden.[136] Coing folgte also einem Verständnis, in dem es entscheidend auf eine **empirische Feststellung** von Wertvorstellungen ankam. „Der Richter, der § 138 Abs. 1 anwendet, muß sich daher stets überzeugen, ob der von ihm zugrunde gelegte Satz auch tatsächlich in der Gesellschaft Geltung besitzt." Es müssten die herrschenden Moralvorstellungen festgestellt werden, was „in erster Linie eine soziologische Frage" sei.[137]

---

134 *Falk*, vgl. Fn. 127, S. 491 f.
135 Diesen Zusammenhang prognostiziert überzeugend *Ramm*, Abschied vom „Mätressentestament", JZ 1970, 129 (132).
136 *Coing*, Staudinger, 11. Aufl. 1957, § 138, Rn. 5.
137 *Coing*, Staudinger, 11. Aufl. 1957, § 138, Rn. 5 a.

Coing leitete diese Auslegung des § 138 Abs. 1 BGB nicht erkennbar methodisch ab.[138] In seiner Kommentierung stellte er lediglich fest, *dass* der Begriff der „guten Sitten" wie geschildert zu verstehen sei; *warum* erklärte er nicht. Den Ersatz einer Begründung lieferte hin und wieder das Reichsgericht mit seiner Autorität.

Für die Rechtsanwendung bedeutete dieses Verständnis des § 138 Abs. 1 BGB, dass der Inhalt der „guten Sitten" historisch wandelbar war.[139] Während sich Coing in der 12. Auflage seines Lehrbuchs von 1965 nicht die Mühe machte, über die Wiedergabe der Rechtsprechung des Reichsgerichts hinaus aufzuzeigen, inwieweit die Werte, die diesen Urteilen zugrunde lagen, auch den in der Gesellschaft vorherrschenden Moralvorstellungen entsprachen, setzte er sich mit dem Wandel der Anschauung in der 1978 erschienenen 13. Auflage vergleichsweise intensiv auseinander. Unter dem Eindruck der breiten Kritik in der Literatur, welche die Rechtsprechung des BGH seit Ende der 1960er Jahre erfahren hatte, stellte er fest: „Der Umstand, daß viele der grundlegenden Anschauungen in diesem Bereich in einer tiefen Wandlung begriffen sind, dieser Wandel aber sich keineswegs in den Kreisen des Volkes gleichmäßig vollzieht, läßt den Consensus aller billig und gerecht Denkenden in diesem Bereich enger werden." § 138 Abs. 1 BGB sei auf Fälle des „Geliebtentestaments" daher nur noch zurückhaltend anzuwenden.[140]

Die Möglichkeit, solche Testamente in bestimmten Fällen für sittenwidrig zu erklären, wollte Coing jedoch trotz konstatierten Fehlens eines gesellschaftlichen Konsenses nicht aufgeben. „Geliebtentestamente" sollten dann weiterhin als sittenwidrig gelten, wenn „eine solche Verfügung auf dem Bruch der ehelichen Treue aufbaut und mit Rücksicht auf die Bindung an Ehefrau und Kinder in unerträglichem Widerspruch steht."[141] Es komme darauf an, wie es zum Bruch der ehelichen Treue gekommen sei und welche Rolle die Begünstigte dabei gespielt habe. Zur Begründung stellte Coing vordergründig darauf ab, dass über die Forderung nach gegenseitiger Treue der Ehegatten wohl noch ein „Consensus aller gerecht und billig Denkenden in unserem Volke" bestehe, denn sie sei nicht nur von einer christlichen, sondern auch von einer nicht religiösen Moral gestützt.[142] Er belegte diese Einschätzung aber nicht weiter empirisch.[143] Stattdessen erklärte er, dass das Problem „aufs engste mit dem sog. Verhältnis von Rechtsordnung und Familienverfassung" zusammenhänge.[144]

Gemeint war damit nichts anderes als das „Wesen von Ehe und Familie". **Wesensargumente** waren der Rechtsphilosophie der Nachkriegszeit nicht fremd und auch in Coings Rechtsbegriff spielten sie – wie gezeigt – eine Rolle.[145] Das „Wesen" war nichts empirisch oder gesetzlich vorgegebenes, sondern einte meist ein ganzes Bündel an moralischen Normen, die vermeintlich der Sache selbst anhafteten und damit in ihrem Kern gerade nicht dem gesellschaftlichen Wandel unterworfen waren. Wenn Coing von „Familienverfassung" sprach, waren ebensolche stabile Normen gemeint. Die positive Rechtsordnung war ihnen nicht einfach übergeordnet, sondern musste „in Verhältnis"

---

138   Historische Ausführungen zu den Motiven des Gesetzgebers sind in der Kommentierung sehr knapp und nicht verzahnt mit der folgenden Begriffsbestimmung, vgl. Rn. 2.
139   *Coing*, Staudinger, 11. Aufl. 1957, § 138, Rn. 6.
140   *Coing*, Erbrecht, 13. Aufl. 1978, S. 114.
141   *Coing*, Erbrecht, 13. Aufl. 1978, S. 114.
142   *Coing*, Erbrecht, 13. Aufl. 1978, S. 115.
143   In einer Fußnote verweist er einzig auf einen Aufsatz von *Thilo Ramm*, der die Änderung sozialer Anschauungen auch bloß konstatiert, vgl. Fn. 135.
144   *Coing*, Erbrecht, 13. Aufl. 1978, S. 115.
145   Umfassend kritisch *Scheuerle*, Das Wesen des Wesens, AcP 163 (1964), S. 429–471, bes. S. 460.

zu ihnen gesetzt werden. Art. 6 GG, mit dessen Hilfe er hätte ebenso versuchen können, den Vorrang des Schutzes von Ehe und Familie gegenüber der Testierfreiheit zu begründen, findet bei ihm keine Erwähnung.[146]

874 Vordergründig verstand Coing § 138 Abs. 1 BGB also als ein Einfallstor für in der Gesellschaft vorherrschende Wertvorstellungen und wandte ihn im Erbrecht auch so an. Tatsächlich griff er bei der Feststellung, welche Werte vorherrschten, allerdings auf eine nicht weiter belegte Alltagsüberzeugung zurück und stützte die so gefundenen Werte zusätzlich mit Wesensargumenten ab. Coing blieb damit, wenn auch nur verdeckt und abgeschwächt, 1978 dem treu, was er in seiner Kommentierung zum § 138 BGB von 1957 geschrieben hatte: Ohne weitere empirische oder gesetzliche Ableitung hatte er dort das „Wesen von Ehe und Familie" zu den Normen gezählt, gegen die zu verstoßen ein Rechtsgeschäft sittenwidrig machte.[147] Es waren am Ende doch **die objektiven Normen** des „Naturrechts" im Sinne von Grundsätzen der Gerechtigkeit, die, ohne weitere methodische Begründung, den Inhalt der „guten Sitten" determinierten.[148]

b) Testierfreiheit und ihre Durchbrechung

875 Auch bei der Bestimmung des **Verhältnisses** zwischen Testierfreiheit und ihrer Durchbrechung folgte Coing der Rechtsprechung, ohne seine Position konsequent methodisch abzustützen. Er betonte den Wert der Testierfreiheit, erlaubte jedoch ihre Durchbrechung. Warum bleibt in seinem Lehrbuch unklar.

876 Besonders auffallend ist dies in der 12. Auflage von 1965. Er befasste sich hier mit dem Verhältnis von **Freiheit und Sozialbindung** im Erbrecht und entschied sich dafür, die Spannung zugunsten der Freiheit aufzulösen. Dies begründete er allerdings in erster Linie historisch und moralisch: „Unter dem Motto ‚Pflichtgedanke' gegen ‚Willensherrschaft' hat der Nationalsozialismus die Testierfreiheit heftig angegriffen. Allein, daß Freiheit in Einzelfällen auch mißbraucht werden kann, gehört zu dem Preis, den man für sie zahlen muß, und ist kein Grund, sie abzuschaffen."[149] Der soziale Gedanke des Erbrechts sei durch die „Institution des Pflichtteilsrechts" gesichert, „die die gleichen römischen Juristen geschaffen haben, die die Testierfreiheit so scharf herausgearbeitet haben."[150] Erst in der 13. Auflage von 1978 verwies er dezidiert auf die gesetzgeberische Wertung: „Der Gesetzgeber hat zwischen Testierfreiheit und den ‚Anrechten' der nächsten Angehörigen im Pflichtteilsrecht eine klare Linie gezogen". Was er in der 12. Auflage noch ausgesprochen vorsichtig angemerkt hatte, stellte er nun seinen Überlegungen voran: Bei der Anwendung des § 138 Abs. 1 BGB im Erbrecht müsse daran gedacht werden, dass grundsätzlich die Testierfreiheit Vorrang habe: „Nicht

---

146 So aber in der damaligen Diskussion z.B. *Ramm*, vgl. Fn. 134, S. 131 f., der auf dieser Grundlage die Rechtsprechung des BGH umfassend kritisiert.
147 *Coing*, Staudinger, 11. Aufl. 1957, § 138, Rn. 7 f., 19 a ff.
148 Im Ergebnis ebenso *Haferkamp*, in Hist.-kritischer Kommentar zum BGB, hrsg. von Schmoeckel, Rückert, Zimmermann, Bd. 1, 2003, § 138, Rn. 29. Damit geht zugleich ein illiberales Konzept der Sittenwidrigkeit einher, siehe deutlich Coing zu § 226 BGB: Er distanziert sich dort von der Kommentierung Riezlers in der Vorauflage und erklärt die sog. „Innentheorie" als der „modernen im ganzen materiellrechtlichen Denkweise des deutschen Zivilrechts" entsprechend. Danach ist die Sittenordnung eine dem subjektiven Recht immanente Beschränkung und sie begründet nicht bloß ein ausnahmsweises Ausübungsverbot eines an sich gegebenen Rechts, s. *Coing*, Staudinger, 11. Aufl. 1957, § 226, Rn. 1 a.
149 *Coing*, Erbrecht, 12. Aufl. 1965, S. 75.
150 *Coing*, Erbrecht, 12. Aufl. 1965, S. 74.

jede Zurücksetzung Angehöriger macht die Verfügung unsittlich."[151] In der Konsequenz führte dies aber weder in der einen noch in der anderen Auflage zu einer Ablehnung der Rechtsprechung zum sog. „Geliebtentestament".

VI. Fazit

Coings Umgang mit dem Fall des „Geliebtentestaments" war ebenso pragmatisch wie seine Methodenlehre. Während er sich auf dem Feld der Methodenlehre jedoch die Mühe machte, die scheinbar so **pragmatische Konzeption** philosophisch abzustützen, fehlt es in dem hier vorgestellten erbrechtlichen Fallbeispiel an einer vergleichbar sorgfältigen Argumentation. Er folgte der ständigen Rechtsprechung und passte sich an die herrschende Meinung an. Auf die von ihm selbst aufgestellten Methodenregeln griff er nicht zurück. Das Verhältnis von Testierfreiheit und ihrer Durchbrechung blieb ungeklärt und hinsichtlich § 138 Abs. 1 BGB legte er sich auf ein empirisches Verständnis fest, ohne dies mittels der herkömmlichen Auslegungsregeln zu begründen. Statt konsequent die Sittenwidrigkeit der sog. „Geliebtentestamente" mithilfe gesellschaftlich vorherrschender Moralvorstellungen zu begründen, zog er jedoch juristische Scheinargumente heran: Ein behaupteter, aber nicht belegter Konsens musste herhalten, ebenso wie das „Wesen der Ehe", hinter dem sich ein Bündel von Normen verbarg, die einer objektiven Moral zuzurechnen waren. Eigene Wertvorstellungen, vor allem aber Normen der „Natur der Sache" und des „Naturrechts" flossen damit in Coings Rechtsanwendung über die Generalklausel des § 138 Abs. 1 BGB ein. Das Gesetz, dessen Bedeutung er in seiner Methodenlehre so stark betonte, spielte hingegen eine völlig untergeordnete Rolle. Gesetzesbindung bei Coing war eben nur eine relative.

VII. Quellen und Literatur

1. Zum Einstieg in die Coing-Texte

Einen guten Einstieg bietet das Kapitel VI, Teil IV u. V in den „Grundzügen der Rechtsphilosophie", ab 2. Aufl. 1969, siehe sogleich; auch separat erschienen als kleine „Juristische Methodenlehre" von 1972. Hinzunehmen sollte man die Kommentierung Coings im Abschnitt VI „Zur Auslegung der Privatrechtsgesetze", Rn. 113–161 in der 12. Aufl. des Kommentars von *J. von Staudinger* (Hrsg.), Berlin 1978. Die „Obersten Grundsätze des Rechts" von 1947 bilden sein philosophisches Fundament auch für die Methodenlehre. Weitere hier wichtige Werke Coings sind:

Die obersten Grundsätze des Rechts. Versuch einer Neugründung des Naturrechts, 1947 (s. Fn. 8 zum Titel).

Allgemeine Rechtsgrundsätze in der Rechtsprechung des Reichsgerichts zum Begriff der „guten Sitten", in: NJW 1947/48, S. 213–217, Nachdruck in: Gesammelte Aufsätze, Bd. 1, 1982, S. 1–15.

Um die Erneuerung des Naturrechts, in: Universitas 1948, S. 1173–1179, Nachdruck in: Werner Maihofer (Hrsg.), Naturrecht oder Rechtspositivismus?, 1962, S. 108–116.

Grundzüge der Rechtsphilosophie, 1. Aufl. 1950, 2. Aufl. 1969, 3. Aufl. 1978, 4. Aufl. 1985, 5. Aufl. 1993.

Vom Sinngehalt des Rechts, in: Ernst Sauer (Hrsg.), Forum der Rechtsphilosophie, 1950, S. 61–83.

System, Geschichte und Interesse in der Privatrechtswissenschaft, in: JZ 1951, S. 481–485, Nachdruck in: Coing, Gesammelte Aufsätze, Bd. 1, 1982, S. 104–119.

---

151 *Coing*, Erbrecht, 12. Aufl. 1965, S. 76; ähnlich, aber prominenter platziert 13. Aufl. 1978, S. 114.

Savignys rechtspolitische und methodische Anschauungen in ihrer Bedeutung für die gegenwärtige deutsche Rechtswissenschaft, in: Zeitschrift des Bernischen Juristenvereins 91 (1951), S. 329–343, Nachdruck in: Gesammelte Aufsätze, Bd. 1, 1982, S. 178–190.
Geschichte und Bedeutung des Systemgedankens in der Rechtswissenschaft, in: Österreichische Zeitschrift für Öffentliches Recht 8 (1957/58), S. 257–269, Nachdruck in: Gesammelte Aufsätze, Bd. 1, 1982, S. 191–207.
Die juristischen Auslegungsmethoden und die Lehren der allgemeinen Hermeneutik, 1959.
Bemerkungen zum überkommenen Zivilrechtssystem, in: Ernst von Caemmerer (Hrsg.), Vom deutschen und europäischen Recht. Festschrift für Hans Dölle, Bd. 1, 1963, S. 25–40, Nachdruck in: Gesammelte Aufsätze, Bd. 1, 1982, S. 297–313.
Naturrecht als wissenschaftliches Problem, 1965, Nachdruck in: Gesammelte Aufsätze, Bd. 2, 1982, S. 23–49.
Der Jurist und das unsittliche Gesetz [unpublizierter Vortrag 1965], in: Gesammelte Aufsätze, Bd. 2, 1982, S. 50–66.
Juristische Methodenlehre, 1972 [Nachdruck des 6. Kapitels der 2. Aufl. der „Grundzüge der Rechtsphilosophie"].
Einleitung, in: J. von Staudingers Kommentar zum Bürgerlichen Gesetzbuch mit Einführungsgesetz und Nebengesetzen, 12. Aufl. 1978, 13. Aufl. 1994.
Gesammelte Aufsätze zu Rechtsgeschichte, Rechtsphilosophie und Zivilrecht: 1947–1975, 2 Bände, hrsg. von Dieter Simon, Frankfurt am Main 1982.

2. Zum Einstieg in die Sekundärliteratur

Zur Orientierung sind wertvoll:

Foljanty, Lena, Recht oder Gesetz. Juristische Identität und Autorität in den Naturrechtsdebatten der Nachkriegszeit (= Beiträge zur Rechtsgeschichte des 20. Jhs., 73), Tübingen 2013.
Kauhausen, Ilka, Nach der ‚Stunde Null'. Prinzipiendiskussionen im Privatrecht nach 1945, Tübingen 2007 (= Beiträge zur Rechtsgeschichte des 20. Jhs., 52), insb. S. 29 ff., 238 ff.
Mohnhaupt, Heinz, Zur „Neugründung" des Naturrechts nach 1945: Helmut Coings „Die obersten Grundsätze des Rechts" (1947), in: Horst Schröder/Dieter Simon (Hrsg.), Rechtsgeschichtswissenschaft in Deutschland 1945 bis 1952, Frankfurt am Main 2001.

3. Zu Person und Leben

Nörr, Knut Wolfgang, Über das Geistige im Recht: ein Nachruf auf Helmut Coing, in: JZ 2001, S. 449–453.
Luig, Klaus, Helmut Coing (1912–2000), in: Stefan Grundmann/Karl Riesenhuber (Hrsg.), Deutschsprachige Zivilrechtslehrer des 20. Jahrhunderts in Berichten ihrer Schüler. Eine Ideengeschichte in Einzeldarstellungen, Bd. 1, Berlin 2008, S. 56–70.
Coing, Helmut, Für Wissenschaften und Künste: Lebensbericht eines europäischen Rechtsgelehrten, hrsg. v. Michael Feldkamp, Berlin 2014.

Methode und Zivilrecht bei Rudolf Wiethölter (geb. 1929)

von *Michael Rohls**

Übersicht

I. Person und Werk 357
II. Juristischer Negativismus 360
III. Ein Beispiel: das Unternehmensrecht 365
IV. Resümee 368
V. Quellen und Literatur 369

I. Person und Werk

*Was ihr den Geist der Zeiten heißt,
Das ist im Grund der Herren eigner Geist,
In dem die Zeiten sich bespiegeln.*[1]

1968 legt Rudolf Wiethölter das mittlerweile legendäre Kultbuch[2] „Rechtswissenschaft"[3] als vierten Band in der Reihe der Funkkollegs zum Verständnis der modernen Gesellschaft[4] vor. Zu diesem Zeitpunkt ist Wiethölter – geboren 1929 – fünf Jahre Professor für Bürgerliches, Handels- und Wirtschaftsrecht an der Universität Frankfurt am Main.[5] Bis zum Erscheinen des Funkkollegs Rechtswissenschaft hat Wiethölter besonders zum Aktien- und GmbH-Recht, Schadensersatzrecht, Internationalen Privatrecht[6] und Arztrecht veröffentlicht. Eine rechtspolitische und rechtstatsächliche – neben der überwiegend rechtsvergleichenden – Orientierung zeigt sich schon in seiner Habilitationsschrift, wenn auch nicht im Sinne der ausgeprägten *politischen* oder *kriti-*

---

* Für die 3. und 4. Auflage durchgesehen von Ralf Seinecke.
1 Unten in V. Quellen und Literatur voll angegebene Titel werden im Folgenden nur abgekürzt zitiert. *Goethe*, Faust I, Vers 577 ff. Bei *Wiethölter*, Rechtswissenschaft (1968), unter anderem auf S. 45 aufgegriffen.
2 *Habermas*, KJ 1989, 138: „legendär"; *Simon*, KJ 1989, 131 (134): „Wenn Juristen Kultbücher hätten"; *Fikentscher*, 610: „grundstürzende Wirkung". *Bender*, 123 Fn. 64 zufolge hat das Werk schon bis 1976 eine Auflage von 50.000 erreicht.
3 Rechtswissenschaft (Funkkolleg Band 4), Hamburg 1968; unveränderter Nachdruck mit einen zusätzlichem Geleitwort: Basel, Frankfurt am Main 1986, Übersetzung ins Italienische 1975 und ins Spanische 1991. Das Buch sollte, wie der Verfasser nachdrücklich bemerkt, eigentlich den Titel „Recht" tragen. Dies scheiterte an urheberrechtlichen Problemen, vgl. *Wiethölter*, Rechtswissenschaft (1968), Vorwort. Die vier Beiträge über das Verfassungs-, Staats-, Verwaltungsrecht stammen aufgrund einer Erkrankung *Wiethölters* von *Rudolf Bernhardt* und *Erhard Denninger*.
4 Zur Einordnung der Funkkollegs: „Die Funkkollegs aus den Jahren 1967/68 gehörten zu den damaligen Reformhoffnungen in gesellschaftsverändernde Prozesse von historischem Rang und kulturellem Gewicht", *Wiethölter*, Rechtswissenschaft (1986), Geleitwort. Sie wurden vom Hessischen Rundfunk in Zusammenarbeit mit der Universität Frankfurt gesendet, näheres bei *Wiethölter*, Rechtswissenschaft (1968), Vorwort.
5 1949–1952 Studium in Köln, 1952/53 in Belgien; 1955 Promotion in Köln (Einseitige Kollisionsnormen als Grundlage des Internationalen Privatrechts); 1956–1961 Rechtsanwalt; 1958/59 Univ. of California Law School in Berkeley; 1960 Habilitation in Köln, venia legendi für Bürgerliches Recht, Handels- und Wirtschaftsrecht, Internationales Privatrecht und Rechtsvergleichung; seit 1963 Professor in Frankfurt am Main; 1989 Verleihung der Ehrendoktorwürde der Universität Bremen.
6 Hier zeigt sich die Wirkung seines akademischen Lehrers *Gerhard Kegel*. Gedanken des IPR finden sich in den Arbeiten *Wiethölters* wieder, beispielsweise in KJ 1985, 126 (135): Die Rechtsanwendungsarbeit treffe Vorzugsentscheidungen über kollidierende „Interessen" kraft einer Kollisionsregel. Habermas greift dies in KJ 1989, 138 (145) auf.

schen Jurisprudenz späterer Arbeiten.[7] Politische Jurisprudenz,[8] oder besser kritische Jurisprudenz, *juristischer Negativismus* wie Wiethölter es wenig später nennt,[9] wird von der Mitte der sechziger Jahre an Thema seiner Arbeiten,[10] nicht zuletzt neben dem vierten auch im erstem Band der Funkkolleg-Reihe.[11]

879 Seine Rechts- und Gesellschaftskritik verbindenden Schriften finden vor dem Hintergrund des Reformwillens großer Teile der Studentenschaft (Stichwort: „Achtundsechziger") in deren Reihen großen Anklang. Dementsprechend sieht Wiethölter die Studienreform als Ansatzpunkt zur Gesellschaftsreform[12] und beteiligt sich rege an der entsprechenden Diskussion.[13] Immerhin mehr als ein Dutzend der knapp siebzig hier im Werkverzeichnis aufgeführten Schriften Wiethölters behandeln dieses Thema.[14]

880 Geprägt ist Wiethölter von der Kritischen Theorie der Frankfurter Schule;[15] man hat ihn als deren bedeutendsten juristischen Auswerter bezeichnet.[16] Die kritische Jurisprudenz Wiethölters ist darüber hinaus Teil einer breiteren Orientierung von Rechtswissenschaftlern in Richtung auf eine heterogene politische Rechtstheorie.[17] Wiethölters theoretischer Hintergrund, die Frankfurter Schule, ihren Kritikern ein *Hort des Neomarxismus*, und sein Einsatz für studentische Interessen – auch gegenüber Kollegen[18] – bringen ihm viel Ablehnung. Wiethölter wird totgeschwiegen, bestenfalls belächelt und sein Buch „Rechtswissenschaft" als *unwissenschaftliche Broschüre* ab-

---

7 *Wiethölter*, Interessen und Organisation der Aktiengesellschaft im amerikanischen und deutschen Recht, Karlsruhe 1961. Beispielsweise S. 314: Ausschlaggebend ist allein die Gesellschaftspraxis. Auch S. 337: Die Rechte der Hauptversammlung sollen entsprechend deren effektiv geringen Möglichkeiten gekürzt werden.
8 Der Begriff „politische Jurisprudenz" ist missverständlich, da *Wiethölter* Jurisprudenz per se als politisch sieht, eigentlich ist daher politisch bewusste Jurisprudenz gemeint. Politische Jurisprudenz wird aber auch im gegenteiligen Sinn von politisch unbewusster Jurisprudenz verwandt – vgl. *Martin/Renk/Sudhof*, KJ 1989, 244 (247) und *Joerges*, KJ 1989, 184 –, so dass die Begriffe „juristischer Negativismus" oder „kritische Jurisprudenz" vorzuziehen sind.
9 Weder im Sinne von negativ noch von nihilistisch, vgl. *Wiethölter*, ZRP 1969, 155 (158) und *Simon*, KJ 1989, 131 (134). Der Begriff Negativismus weist auf die negative Dialektik (Gesellschaftskritik, Negation von Leid und Unterdrückung des Menschen) der Frankfurter Schule hin, vgl. *Krings*, Sp. 43 und *Müller*, Sp. 740 f.
10 In der Antrittsvorlesung *Wiethölters* vom 31.1.1964 findet sich das in „Rechtswissenschaft" Dargelegte in einer frühen, noch nicht so pointierten Form: Die Position des Wirtschaftsrechts im sozialen Rechtsstaat, in: Festschrift für Franz Böhm, Wirtschaftsordnung und Rechtsordnung, Karlsruhe 1965, 41, insbesondere 56 ff. und 58 ff.
11 Die Beiträge *Wiethölters* zum Funkkolleg Band 1, Wissenschaft und Gesellschaft, hrsg. von Kadelbach, 215 bilden sowohl Einleitung als auch Zusammenfassung des Funkkolleg Band 4, so *Wiethölter*, Rechtswissenschaft (1986), Geleitwort.
12 *Wiethölter*, ZRP 1969, 155 (158).
13 Dazu jetzt im Rückblick *Wiethölter*, „L'essentiel" (2013), insb. 185–189.
14 Vgl. das Werkverzeichnis und auch das Memorandum des Loccumer Arbeitskreises zur Reform der Juristenausbildung, JuS 1970, 599.
15 *Wiethölter* orientiert sich besonders an *Marcuse* – vgl. die inhaltlichen, teilweise wörtlichen Übereinstimmungen *Wiethölter*, Rechtswissenschaft (1968), 26 und Müller, Sp. 740 – und an *Habermas* – vgl. *Schwerdtner*, ZRP 1969, 136 (138) und *Wiethölter*, Zwischenbetrachtungen (1989), 794. Eine kurze Einordnung *Wiethölters* in das rechtsphilosophische Umfeld der Zeit findet sich bei *Neumann*, 174 ff., insbesondere 177 f.
16 *Fikentscher*, 607.
17 Eine etwas ältere Zusammenstellung bei *Fikentscher*, 625 Fn. 366. Für die weitere Entwicklung *Joerges*, KJ 1989, 184, 186, Fn. 7–10. In Beziehung zu *Wiethölter* beispielsweise: *Eckertz*, Fünf Thesen zur Reform des Juristischen Studiums, KJ 1968, 158; *Hart*, Vom bürgerlichen Recht zur politischen Verwaltung, KJ 1974, 274 und *Hart*, Die politische Verwaltung als Gesetzeszweck, KJ 1989, 231.
18 „Studentische Attacken dürfen nicht zum Anlaß genommen werden, die inhaltliche Kritik an der Hochschulpolitik zu übergehen. Die streitenden Parteien sind vielmehr einem politisch-wissenschaftlichen Lernprozess verpflichtet." *Wiethölter*, Erklärung (1972), zitiert nach *Joerges*, KJ 1989, 184 (192). Vgl. auch *Simon* KJ 1989, 131 (132).

qualifiziert.[19] Aufschlussreich sind in dieser Hinsicht die vielen rechtsphilosophischen und rechtstheoretischen Lehr- und Handbücher, die Wiethölter *nicht* erwähnen.[20] Geradezu Ausnahmen sind daher Bydlinski, Fikentscher und Pawlowski. Die Folge: Wiethölter verstummt.[21] Dies scheint ein Blick auf die Veröffentlichungen Wiethölters zu bestätigen, zwischen 1974 und 1981 versiegen diese – verglichen mit dem Vorher und Nachher – nahezu. Damit kann man jedenfalls das Ende des juristischen Negativismus als zeitprägendes und zeitgeprägtes Modell datieren.[22]

Wiethölter hat seine Kritik der traditionellen Rechtswissenschaft jedoch nicht aufgegeben, wie die nicht geringe Anzahl rechtstheoretischer Arbeiten in den achtziger und beginnenden neunziger Jahren zeigt. Prozeduralisierung (auch: Streitkultur) nennt sich das verfeinerte Konzept Wiethölters für eine politisierte Rechtswissenschaft. Damit soll zum einen – in der Tradition der Kritischen Theorie, jedoch nicht in gänzlicher Übernahme[23] – die Rationalität der praktischen Jurisprudenz gesteigert werden,[24] zum anderen ein Vermittlungsangebot für die drei aus seiner Sicht wesentlichen Theorielager Politische Ökonomie, Systemtheorie und Kritische Philosophie geschaffen werden.[25] Sein Ziel bleibt, das unvollendete Projekt der Moderne, die Aufklärung, zu vollenden. Wiethölter stellt in Aussicht, mittels Prozeduralisierung der Rechtskategorie, durch Herstellen einer Streitkultur statt einer Zivilreligion,[26] das Paradox des Rechts zu besiegen, die eigenen Voraussetzungen zuerst schaffen zu müssen. Prozeduralisierung meint etwas anderes als Verfahrensrecht, ist auch kaum hinreichend zu umschreiben als *Verfahrensrationalität* oder *reine Spielregel* für einen freien, rationalen Diskurs. Die angesprochenen soziologischen Großtheorien sollen nutzbar gemacht werden. Das Ziel ist eine Jurisprudenz, die das Bewusstsein, das Orientierungsverhalten und das methodologische Instrumentarium von Juristen als Entwicklungszusammenhang, der zu Krisen geführt hat, rekonstruiert und sich zugleich prospektiv auf Bedingungen möglicher Krisenüberwindungen einlässt.[27] Prozeduralisierung ist insoweit eine ausbaufähige und ausbaubedürftige Chance.[28]

---

19 So *Simon*, KJ 1989, 131 (134 f.). Weitere Nachweise dafür ebd. mit besonderem Hinweis auf Paul, 45: „marxistische Zerrbrille", „doktrinärer Denker" und „totalitärer sozialistischer Zwangsstaat".
20 Das setzt sich bis heute fort, etwa in der umfassenden Methodengeschichte von *J. Schröder*, der Wiethölter an nur einer Stelle und dort als „Positivisten" benennt, Bd. 2, 127, Fn. 56.
21 *Simon*, KJ 1989, 131 (135).
22 Vgl. auch die resignative Einschätzung *Wiethölters*, Begriffs- und Interessenjurisprudenz (1977), 223: „Probleme anders einzuschätzen als eine paradigmatisch ‚geregelte' Wissenschaftlergemeinschaft es tut, stempelt den Kritiker im günstigsten Fall zum respektierten Außenseiter, dem dann in einsamen Fußnotenfriedhöfen das Grab geschaufelt wird, im ungünstigsten, ‚normalen' Falle, zum Systemfeind, der Ausbootung erlebt oder selbst bewirkt. ‚Rationale Kritik' am Paradigma selbst hat folglich nur sehr begrenzte Chancen, weil sie entweder als nicht rational oder als nicht konstruktiv sanktioniert werden kann." Vgl. auch *Wiethölter*, Rechtswissenschaft (1986), Geleitwort, 7: „Bücher haben ihre Zeit."
23 *Martin/Renk/Sudhof*, KJ 1989, 244 (250).
24 *Wiethölter*, Zwischenbetrachtungen (1989), 799 ff. und 808 ff.
25 *Wiethölter*, Zwischenbetrachtungen (1989), 795 f. und 812, und KJ 1988, 403 (405 ff.) Beispielhaft führt Wiethölter *Peter Behrens*, Die ökonomischen Grundlagen des Rechts, Tübingen 1986, *Niklas Luhmann*, Positivität als Selbstbestimmtheit des Rechts, RTheorie 1988, 11 ff., *Jürgen Habermas*, Wie Legitimität durch Legalität möglich?, KJ 1987, 1 ff. an.
26 So bezeichnet *Wiethölter* die Aufgabe in KJ 1988, 403 (407).
27 *Wiethölter*, Proceduralization (1989), 501, 503.
28 Zum einen *Wiethölter* selbst, KJ 1988, 403 (407 ff.). Zum anderen die Einschätzung bei *Martin/Renk/Sudhof*, KJ 1989, 244 (252).

II. Juristischer Negativismus

882 Im Folgenden wird der Ansatz Wiethölters in seinen Grundzügen vorgestellt, um dann methodische Gesichtspunkte zu betrachten. Gegenstand der Darstellung ist der juristische Negativismus, nicht das Prozeduralisierungskonzept Wiethölters.

1. Grundzüge

883 Wiethölter vergleicht die Gegenwart des Rechts mit den Verheißungen des Rechtsstaates und meint zu erkennen, dass diese nicht erfüllt sind. Die Krise der Gesellschaft sei selbstverständlich und nicht zuletzt eine Krise des Rechts, also der Legitimation des Rechts:[29] „Unsere Rechts- und Juristenwelt ist eine konstitutionelle Monarchie ohne Monarch [...], aber mit einem heimlichen Kaiser [...], dem Recht, [... genauer] der Justiz. [...] Juristen heute durchschauen weder ihre Eigenwelt noch ihre Umwelt. Sie wissen buchstäblich nicht, was sie tun."[30] Der Juristenwelt sei der Durchgang von einem idealistisch-philosophisch-bürgerlich-liberalen Zeitalter zu einem pluralistisch-politisch-demokratisch-sozialen Zeitalter nicht bewusst geworden.[31] Dies sei um so bedauerlicher, als Recht nach dem Zerfall aller überrationalen Werte die letzte verbliebene Autorität sei, die die menschliche Gesellschaft ordnen könne.[32] Recht dürfe daher nicht als unbegründete (naturrechtliche oder positivistische) Autorität in selbstverschuldeter Unmündigkeit verharren.[33] Denn Recht sei Politikum, sei ein Teil von politischer Praxis und Theorie.[34] Ein Rechtssystem könne nicht mehr angenommen werden,[35] da es ein (nicht mehr vorhandenes) einheitliches Wertesystem[36] voraussetze. Ziel bleibe eine wirkliche Rechtswissenschaft, eine Jurisprudenz im Sinne einer Kunstlehre. Sie könne sich erst bilden, wenn die politische Wirklichkeit, die Wirklichkeit des Menschen und der Gesellschaft zur Kenntnis genommen werde.

884 Darin liegt ein erster wesentlicher Kritikpunkt an der traditionellen Rechtswissenschaft.[37] Für Wiethölter schließen sich nichtpolitisches und wissenschaftliches Handeln geradezu aus: „Die Arbeit des Juristen ist nicht Wissenschaft in irgendeinem der heute darunter entfaltbaren Inhalte, weil sie Kriterien intersubjektiver Kontrolle und Kommunikation in theoretisch und methodologisch konsistenten Ableitungszusammenhängen nicht verfügbar hält."[38] Wiethölter äußert damit eine allgemeine Wissenschaftskritik nach Art des Esser'schen *Vorverständnisses*, stellt dabei allerdings das Problem des Verhältnisses von Politik und Wissenschaft allgemein zur Debatte.[39]

885 Ein zweites wesentliches Problem sieht Wiethölter darin, dass das Recht nicht der ihm zugrundeliegenden Idee der heutigen Gesellschaft, der sozialen Demokratie, ent-

---

29 *Wiethölter*, Didaktik und Rechtswissenschaft (1970), 28. So heute noch *Wiethölter*, Zwischenbetrachtungen (1989), 803.
30 *Wiethölter*, Anforderungen (1969), 3.
31 *Wiethölter*, Rechtswissenschaft (1968), 35 und 179. Zusammenfassend *Simon*, 111 f.
32 Ob dem Recht wirklich eine solch zentrale Rolle zukommt, ist indes nicht so sicher, *Simon*, 135 und *Rottleuthner*, 21.
33 *Wiethölter*, Rechtswissenschaft (1968), 28 f.
34 *Wiethölter*, Rechtswissenschaft (1968), 57 und Anforderungen (1969), 14 f.
35 *Kramer*, ZRP 1970, 82 (84).
36 *Wiethölter*, Rechtswissenschaft (1968), 75; *Wiethölter*, Anforderungen (1969), 4 f.
37 Insoweit zustimmend *Kramer*, ZRP 1970, 82 (83) und auch *Schwerdtner*, ZRP 1969, 136 (140).
38 *Wiethölter*, Juristen (1972), 209 f.
39 *Fikentscher*, 610. Wiethölter hat *Esser* von seiner Kritik an der traditionellen Rechtswissenschaft explizit ausgenommen. *Esser* sei gerade kein Rechtswissenschaftler im von ihm so bezeichneten traditionellem Sinne, *Wiethölter*, ZRP 1969, 155 (157).

spreche.⁴⁰ Im Recht werde stets von einem ideellen Menschen – der privatautonom handeln könne, subjektive Rechte habe und benutzen könne (sinnfällig beim ungleich verteilten Eigentum) –, nicht von einem wirklichen ausgegangen.⁴¹ In dem unterschiedlichen Schutz der verschiedenen Rechtspersönlichkeiten – herausragender Schutz für den Urheber, den Erfinder, nicht in gleichem Maße für den Unternehmer, den Eigentümer, noch weniger für den Arbeiter – offenbare sich weiterhin das individualistische Rechtsverständnis des vergangenen Jahrhunderts, welches geistige Leistung höher bewerte als tatsächliche. Dieses Menschenbild sei anhand der gegebenen sozialen und politischen Dimension zu korrigieren.⁴² Es sei das Ziel der kritischen Jurisprudenz, eine Ordnung zu schaffen, in der jeder so frei sei, wie die Idee ihn sehe.⁴³ Nicht nur „Sicherheit und Ruhe! Ordnung und Freiheit!", sondern auch „Für alle Menschen."⁴⁴ Die Würde des Menschen sei nicht vorgegeben, sondern aufgegeben.⁴⁵ Der Jurist hingegen spiele stets „Jurist als solcher". So blieben Armut, Macht, Hunger, Hass, Knechtschaft und Ausbeutung außerhalb des (damit wirklichkeitsfremden) Rechts; sie sollen nur die Politik etwas angehen.⁴⁶

Hierin liege die politische Funktion der Rechtsprechung und der Rechtswissenschaft. Beide könnten (wie bisher) gesellschaftlichen und politischen Fortschritt neutralisieren, sie könnten indes bei Ausfall der gesellschaftlichen und politischen anderen Kräfte Recht gleichsam auch gestalten.⁴⁷ Dazu bedürfe es allerdings einer Umorientierung. Denn den Juristen – hier sieht Wiethölter vor allem den Richter als Adressat des juristischen Negativismus – mache bisher aus, dass er gänzlich mit fremdem Willen angefüllt, diesem gefügig und für diesen empfänglich sei.⁴⁸ Der Richter erfülle als „Geist vom Geiste seiner Herren" deren politische Ziele und werde darin von den Gutachterprofessoren unterstützt.⁴⁹ Die politische Natur des Rechts werde dementsprechend gerade von denen am meisten geleugnet, denen die politische Wirkung zugute komme;⁵⁰ in Wiethölters Worten:

> „Richter, die nicht vom ‚Gesetz' abhängig sind oder sich dieser Abhängigkeit – bewußt oder unbewußt – entziehen, wenden nicht ‚Recht' an, sondern setzen Recht, wirken mithin politisch, nicht juristisch. Diese Wirkungsweise wird um so fühlbarer, je mehr der moderne Gesetzgeber – zwangsläufig oder aus Kompromißgründen – zu Generalklauseln greift. Denn dann offenbart sich eine von Rechtstheorie wie von Methodik im Stich gelassene Rechtsprechung in Mentalitäten und Dezisionismen. Sie zu analysieren, wäre Aufgabe der Rechtswissenschaft, die aber gerade vor der Aufgabe versagt, die entsprechenden Voraussetzungen dafür zu schaffen. Der Teufelskreis schließt sich. Es ist ein Teufelskreis. Denn ‚funktionieren' kann diese Form von Richterrecht nur in bewußter

---

40 *Wiethölter*, Rechtswissenschaft (1968), Vorwort.
41 *Wiethölter*, Rechtswissenschaft (1968), 179 f.
42 *Wiethölter*, KJ 1970, 121 (127).
43 *Wiethölter*, Rechtswissenschaft (1968), 180.
44 *Wiethölter*, Rechtswissenschaft (1968), 181. Die Wendung „Sicherheit und Ruhe! Ordnung und Freiheit!" findet sich bei *Wiethölter* häufiger als Analyse der traditionellen bürgerlichen Gesellschaft. Gemeint sei herkömmlicherweise stets „Sicherheit durch Ruhe" und „Freiheit durch Ordnung". Eine politische Gesellschaft hingegen müsse „Ruhe durch Sicherheit" und „Ordnung durch Freiheit" erreichen. Vgl. *Wiethölter*, KJ 1970, 121 (136); Bürgerliches Recht (1972), 47 f. und Zwischenbetrachtungen (1989), 799.
45 *Wiethölter*, Rechtswissenschaft (1968), 180.
46 *Wiethölter*, Rechtswissenschaft (1968), 38.
47 *Wiethölter*, Rechtswissenschaft (1968), 26, und Juristen (1972), 208.
48 *Wiethölter*, Rechtswissenschaft (1968), 35; *Wiethölter*, Juristen (1972), 208.
49 *Wiethölter*, Juristen (1972), 208 f.
50 *Wiethölter*, KJ 1970, 121 (133).

oder unbewußter ‚Klassenjustiz'. Bei bewußter Klassenjustiz hat der Richter die politischen Befehle der herrschenden Klasse für seine Rechtsprechung zu befolgen, bei unbewußter Klassenjustiz herrschen Klassen über Mentalitäten. Der politische Effekt etwa sozial-konservativer Mentalitäten von Richtern in einer parlamentarisch-demokratischen Gesellschaft, die sozial-reformerisch verfaßt ist (auch in ihrem Recht), springt doppelt ins Auge: Einmal herrschen auf diese Weise konservative ‚Kreise', die sich politisch (parlamentarisch-demokratisch) nicht mehr durchzusetzen vermögen, über die Rechtsanwendung (Rechtsprechung); zum anderen entzieht sich diese Herrschaft jeglicher politischer Auseinandersetzung, Kontrolle, Revision."[51]

887 Eines der (wenn nicht das) Grundübel des Rechts liege in der trickreichen Kunst, Rechtssachverhalte so darzustellen, dass sie gleichsam von selbst die gewünschten Rechtsfolgen abwürfen. In einen Sachverhalt würden dann politische Elemente eingeführt, die zwar nicht offengelegt würden, aber die angestrebten Rechtsfolgen vorbestimmten.[52] Der Richter befinde sich demzufolge ständig im Zustand einer wertenden Rechtsfortbildung, sei die Entscheidung vermeintlich noch so klar.[53] Oft geschehe die Einführung politischer Elemente mithilfe von Generalklauseln, gleichsam *Zauberformeln*, wie Ordnung und Sicherheit, Gemeinwohl, Freiheit und Gleichheit, Gerechtigkeit, gute Sitten sowie Treu und Glauben.[54] Die politische Bedeutung jeglicher richterlichen Entscheidung werde nicht zur Kenntnis genommen.

888 Ziel müsse es folglich sein, Stück für Stück die philosophischen, wirklichkeitsfernen Grundlagen des Rechts durch politische, wirklichkeitsnahe Grundlagen zu ersetzen. An die Stelle der Idee solle die Realität, die Macht, treten. Das gelte besonders für die Privatautonomie, das subjektive Recht und das Eigentum.[55] Erforderlich sei die Politisierung des Rechts. Dabei sei der Begriff *politisch* zu verstehen als Zielvorstellung von der *guten Ordnung*[56] eines Gemeinwesens, für die Menschenbild, Geschichtlichkeit der Existenz und Verfassung die wichtigsten Leitlinien für die *methodischen* Wege setzten.[57] Zu den bisherigen Mitteln und Zwecken solle ein kritischer Abstand

---

51 *Wiethölter*, Rechtswissenschaft (1968), 292. Zwar hat nach *Heldrich/Schmidtchen*, 212, eine Umorientierung der im Jahre 1982 jungen Richter hin zu einer gemäßigt linken Position eingesetzt. Dies ändert an der von *Wiethölter* skizzierten grundsätzlicheren Problematik indes nichts. Denn es lässt sich nur ein Wandel zu einer gemäßigt linken Klassenjustiz erwarten, ohne Rücksicht auf die Mehrheit der Gesellschaft. Und schon in der nachfolgenden Richtergeneration soll sich nach *Heldrich/Schmidtchen* die Grundeinstellung wieder mehr in eine konservative Richtung bewegen.
52 *Wiethölter*, Rechtswissenschaft (1968), 17. Die Ähnlichkeit mit dem Vorverständnis bei *Esser* ist offensichtlich.
53 Der Richter ist einerseits an Gesetz und Recht gebunden (Art. 20 Abs. 3 Hs. 2 GG), andererseits jedoch nur dem Gesetz unterworfen (Art. 97 Abs. 1 GG). Dazu *Wiethölter*, Rechtswissenschaft (1968), 293: Die richterliche Unabhängigkeit sei nicht eine Garantie zugunsten der Richter, sondern zugunsten der Gesellschaft. Der Richter müsse daher an das politisch zustandekommene ‚Gesetz' gebunden sein. Dieses Gesetz sei heute in erster Linie das Grundgesetz. Für dieses Unabhängigkeitsproblem fehle eine brauchbare juristische Theorie, für die dahinterstehende Gewaltenteilungslehre eine politische Theorie. Vgl. auch die neueren Arbeiten *Wiethölters*, KritV 1988, 1 ff., dazu *Joerges*, 345 ff., insbesondere 350 f.
54 *Wiethölter*, Anforderungen (1969), 4.
55 *Wiethölter*, Rechtswissenschaft (1968), 181.
56 *Schwerdtner*, RTheorie 2 (1970), 67, 94, wirft Wiethölter vor zu verkennen, dass es gerade nach soziologischen Erkenntnissen nicht möglich ist, das objektiv Gerechte zu ermitteln. *Wiethölter*, Rechtswissenschaft (1968), 26, sieht jedoch selbst, dass Recht nur letztlich unzulängliche Beiträge leisten könne, eine auf Gerechtigkeit und Vernunft zielende Friedensordnung für jedermann zu verwirklichen, ergo nur eine *möglichst* gute Ordnung.
57 *Wiethölter*, Rechtswissenschaft (1968), 179.

gewonnen werden.⁵⁸ Rechtsgebiete, in denen die Politisierung schon fortgeschritten sei, seien beispielsweise das Arbeitsrecht, das Mietrecht und das Wirtschaftsrecht. In diesen stünden Mittel und Zwecke zur Disposition und zum Schutz der Gesellschaft und nicht zur Disposition und zum Schutz der Individuen.⁵⁹

2. Methodische Gesichtspunkte

Wiethölter räumt ein, zunächst nur die Bekenntnisse der traditionellen deutschen Rechtswissenschaft hinterfragt zu haben, ohne gleichzeitig neue Methoden und Prämissen dar- oder offengelegt zu haben.⁶⁰ Er bezeichnet diesen Vorgang als exemplarische kritische Beschreibung.⁶¹ Damit ist wohl in der Tradition der Frankfurter Schule eine gesellschaftskritische Darstellung des Bestehenden anhand von Beispielen, ohne anhand der gewonnenen Erkenntnisse ein neues System zu erstellen,⁶² gemeint. Das legen zumindest sprachliche Anklänge in Wiethölters Schriften nahe.

889

Wiethölter strebt eine „gute Ordnung" an. Diese soll auf soziologischer Erkenntnis und fundamentaldemokratischer Ausformung beruhen. Dabei ist nicht völlig traditionslos alles Bisherige beiseite zu schieben. Wiethölter erkennt sehr wohl die Geschichtlichkeit der Rechtswissenschaft an.⁶³ Auch kann die kritische Jurisprudenz innerhalb der bestehenden Rechtsformen verfolgt werden, wenn nur die Inhalte offengelegt werden.⁶⁴

890

Der Begriff des Politischen liefert wie der der guten Ordnung mangels scharfer Konturen keinen methodischen Beitrag.⁶⁵ Politisch im von Wiethölter benutzten weiten Sinn ist alles, was die Gestaltung der tatsächlichen Gegebenheiten der Gesellschaft betrifft. Wiethölters Begehren nach einem politischen Recht könnte man allerdings dahin verstehen, dass Recht sich in ganz bestimmte inhaltliche Richtungen zu entwickeln habe. Anhaltspunkte dafür soll eine an vielen Stellen durchschimmernde marxistische Kapitalismus-Kritik, zumindest aber eine Einstellung als „Linker" sein.⁶⁶ Andererseits weist Wiethölter in seinen Arbeiten des Öfteren auf die Verfassung als Maßstab hin, die gerade verschiedene Wertungsmöglichkeiten für ein freies Kräftespiel garantieren müsse.⁶⁷

891

Man muss also gleichsam zwei Ebenen in Wiethölters Schriften trennen. Auf ersterer liegt die Kritik, Recht werde traditionell in verdeckter Weise politisch genutzt. Dies legt Wiethölter offen. Auf einer anderen Ebene liegt die Kritik an der bisher verfolgten Politik, soweit sie nicht im Einklang mit der eigenen wirklichkeitsnäheren politischen

892

---

58 *Wiethölter*, Rechtswissenschaft (1968), 179.
59 *Wiethölter*, KJ 1970, 121 (125).
60 *Wiethölter*, ZRP 1969, 155 (156); *Wiethölter*, Rechtswissenschaft (1968), 75. Dies kritisieren *Schwerdtner*, RTheorie 2 (1970), 90; *Bydlinski*, 158; *Pawlowski*, Rn. 139; *Roellecke*, 338 Fn. 48.
61 *Wiethölter*, Rechtswissenschaft (1968), Vorwort.
62 *Müller*, Sp. 739 f.
63 *Wiethölter*, Rechtswissenschaft (1968), Vorwort: „Stunde Null der politischen Rechtswissenschaft, jedoch nicht geschichtslos". Dies verkennt *Schwerdtner*, RTheorie 2 (1970), 67, 91.
64 Hier wird *Wiethölter* unterschiedlich verstanden. Einerseits *Fikentscher*, 609, der *Wiethölter* dies bescheinigt, andererseits *Schwerdtner*, RTheorie 2 (1970), 67, 92. Eindeutig im ersteren Sinne: *Wiethölter*, KJ 1970, 121 (139).
65 Dies kritisiert *Hagen*, 103.
66 So *Schwerdtner*, ZRP 1969, 136 (137 f.) und RTheorie 2 (1970), 90; *Fikentscher*, 614 f.; *Mayer-Maly*, ZRP 1970, 265 (266).
67 So schon *Wiethölter*, Position (1965), 59 f. Vgl. auch KritV 1986, 21 (27 f.), wo *Wiethölter* erklärt, dass gerade die eigene Parteinahme für eine kritische Gesellschaftstheorie die eigene Position nicht zum besseren Recht erklären darf.

893 Anschauung steht. Die Kritik auf der zweiten Ebene ist keine zwingende Folge der auf der ersten Ebene, sondern nur eine mögliche Folge.

893 Auch kann man Wiethölter nicht so verstehen, dass er Generalklauseln im Recht per se ablehne.[68] Die obige Darstellung der Generalklauseln, wie Ordnung und Sicherheit, Gemeinwohl, Freiheit und Gleichheit, Gerechtigkeit, gute Sitten und Treu und Glauben, als Einfallstor für politische Wertungen lässt dies zwar plausibel erscheinen. Wiethölter verlangt indes lediglich, dass sie nicht in versteckter, sondern in offener Weise politisch genutzt würden. Denn eine unpolitische Rechtsanwendung ist für Wiethölter nicht möglich.[69] Darin ist wohl eine Ausrichtung auf einen offenen Diskurs, wie man es heute nennen würde, angedeutet.

894 Wiethölter geht des Weiteren davon aus, dass ein falsches Denken in Berechtigungen (sprich: subjektiven Rechten) die heutige juristische Arbeit erschwere. Denn subjektive Rechte bedeuteten, dass grundsätzlich alle Interessenabwägungen rechtlich eindeutig ausgehen. Dies entspreche nicht der modernen Gesellschaft.[70] Ein überwiegendes Interesse sei vielmehr positiv in einer Abwägung festzustellen. Dies gelte umso mehr, je gesellschaftlich relevanter das betreffende Problem sei. Denn subjektive Rechte, auch wenn die ihnen zugrundeliegenden Interessenabwägungen früher einmal berechtigt gewesen seien, bärgen die Gefahr, einmal getroffene Wertentscheidungen zu zementieren.[71]

895 In seiner Antrittsvorlesung sieht Wiethölter die Möglichkeit, dass ein adäquates Denken in *Institutionen* der politischen wie privaten Existenz heute die Leitlinien für die Orientierung dagegen setzen könne.[72] Anhand dieser Institutionen solle eine per se offene Wertung erfolgen. Der Sache nach sollen Gebilde sehr heterogener Zusammensetzung betroffen sein. Dies zeige gerade, dass das überlieferte Privatrechtsverständnis verlassen werde. Beispiele seien etwa „der Wettbewerb, der Markt, der Haushalt, das Unternehmen, vielleicht auch die Ehe, ggf. auch die Publizität, die Öffentlichkeit, das Management, der Pluralismus".[73] Später bezeichnet Wiethölter die maßgebenden Gesichtspunkte als Funktionen und Interessen,[74] auch als „Sachen",[75] und sieht die Verfassung als Maßstab. Wiethölter trifft zunächst jedoch keine Aussage darüber, wie die verschiedenen Institutionen, Interessen, Funktionen, Sachen gegeneinander abzuwägen sind. Gelegentlich meint er, dass es sich anbieten könnte, *Kollisionsregeln*, ähnlich wie im IPR, zu bilden, um einen Konflikt, der aus der Sicht verschiedener Kontexte verschieden interpretiert wird, nach einer für beide Seiten akzeptablen Kollisionsregel zu entscheiden.[76] Eine Methode, solche Kollisionsregeln herzustellen, wird indes nicht dargetan.

896 Traditionelle Stichworte wie Auslegungsregeln, Analogie, Richterproblem, Gesetzesbindung und -ergänzung spielen im Wesentlichen nur in kritischer Perspektive eine Rolle.

---

68 So aber *Schwerdtner*, RTheorie 2 (1970), 67, 93.
69 *Wiethölter*, KJ 1970, 121 (133).
70 *Wiethölter*, Rechtswissenschaft (1968), 198.
71 *Wiethölter*, KJ 1970, 121 (129).
72 *Wiethölter*, Rechtswissenschaft (1968), 198; zum institutionellen Rechtsdenken *Joerges*, 330, mit Hinweis auf *Wiethölter*, Gesellschaftstheorie (1974), 691 f.
73 *Wiethölter*, Position (1965), 58.
74 *Wiethölter*, KJ 1970, 121 (129).
75 *Wiethölter*, KJ 1985, 126 (136).
76 *Wiethölter*, KJ 1985, 126 (135).

Daher wird abschließend der Versuch unternommen, an einem Beispiel Konkreteres herauszufinden.

III. Ein Beispiel: das Unternehmensrecht

Wiethölter hat 1970 die politische Funktion des Rechts am eingerichteten und ausgeübten Gewerbebetrieb, von ihm Unternehmensrecht genannt, beleuchtet.[77]

1. Die „Legende vom Unternehmensrecht"

Wiethölter beginnt damit, die Entstehung des Unternehmensrechts zu untersuchen. Es sei eine „Legende". Das RG habe es 1904 erfunden.[78] Die vom RG angeführten früheren Entscheidungen[79] hätten ein Unternehmensrecht nämlich nicht gestützt. Im Übrigen habe es vom Standpunkt des RG nahegelegen, den Eigentumsschutz zu einem Schutz der kommerziellen Betätigungsfreiheit, später also zu einem Recht auf allgemeine Berufs- und Arbeitsentfaltung, auszudehnen.[80] Das RG aber habe nur den Willen des Gewerbetreibenden, soweit er im Unternehmen zum Ausdruck gekommen sei, geschützt, neben dem allgemeinen Eigentumsschutz also einen speziellen Unternehmervermögensschutz gebildet. Dem Arbeiter und auch dem Freiberufler sei eine entsprechende Verkörperung seines Willens nicht möglich gemacht worden.[81]

Eigentlich habe das RG im 1904 zur Entscheidung anstehenden Fall an das rechtlich unerlaubte Wettbewerbsverhalten anknüpfen können, es habe sich aber selbst eine neue Entscheidungsgrundlage geschaffen. Spätestens jedoch mit dem UWG von 1909 und der damit verbundenen Entwicklung des Wettbewerbsrechts sei das Unternehmensrecht in seiner ursprünglichen Konzeption überflüssig geworden. Der Leertitel habe nun politisch gefüllt werden können, zumal er nur noch an Eigentum gekoppelt gewesen sei. Die Verbindungslinien zur Arbeit seien zerschnitten worden; ein Gewerkschaftsschutz mittels dieser Rechtsfigur sei nicht in Frage gekommen.[82]

Um 1930 sei das Unternehmensrecht dann durch einseitige Beschlagnahme der Menschenwürde in Form des Persönlichkeitsrechts zum Unternehmerpersönlichkeitsschutz veredelt worden. Parallel dazu sei der Rechtsschutz von § 1 UWG, § 826 BGB in § 823 Abs. 1 BGB, § 1004 BGB umgebucht worden, um den Sittenwidrigkeitsstempel zu vermeiden. Ohne dies zu berücksichtigen, habe die Rechtsprechung das Unternehmensrecht genutzt, um nach dem Krieg fahrlässige Vermögensschäden durch Streiks entgegen der Konzeption des BGB mit Schadensersatzsanktionen zu verbinden. Der Persönlichkeitsschutz habe nun vollends zur Verdunklung des politischen Gehalts des Unternehmensrechts geführt. Parallel dazu sei in der Literatur immerhin ein Recht an der Berufsausübung in Betracht gezogen worden. Ein solches wäre jedoch von seiner Anlage her an der modernen Entwicklung ebenfalls vorbeigegangen, da es eben wieder unzeitgemäßen absoluten Rechtsschutz gewährleistet hätte.[83]

---

77 *Wiethölter*, KJ 1970, 121–139.
78 *Wiethölter*, KJ 1970, 121 (122); RG 58, 24–31.
79 *Wiethölter* behandelt RG 28, 228; 51, 66; 51, 369; 56, 271.
80 *Wiethölter*, KJ 1970, 121 (123).
81 *Wiethölter*, KJ 1970, 121 (124).
82 *Wiethölter*, KJ 1970, 121 (124 f.).
83 *Wiethölter*, KJ 1970, 121 (126 f.).

902 Als Ergebnis lasse sich festhalten, dass das RG den Weg zu einer allgemeinen Betätigungsfreiheit abgeschnitten habe, somit die ökonomischen, sozialen und politischen Auseinandersetzungen in der Gesellschaft nicht zur Kenntnis genommen habe.

903 Die Leerformelfunktion des Unternehmensrechts, die zugleich seine politische Funktion sei, lasse sich für die Gegenwart insbesondere an den Beispielen Wettbewerbsrecht, außerwettbewerbliches privates Deliktsrecht, Enteignungsrecht, Arbeitsrecht, Presserecht, Kritikrecht und Boykottrecht belegen. Das Unternehmensrecht bilde damit den Hintergrund für die ungeklärten, noch anstehenden schadensersatzrechtlichen Probleme des modernen politischen Demonstrationsrechts im Allgemeinen – d.h. des Meinungsäußerungsrechts im weitesten Sinn.[84]

904 Wiethölter überprüft nun, ob das Unternehmensrecht in den angeführten rechtlichen Bereichen noch wirksam ist, also ein verändertes Ergebnis bewirkt. Ansatzpunkt ist, dass der deliktsrechtliche Vermögensschutz eigentlich nur über § 823 Abs. 2 BGB und § 826 BGB zu laufen habe. Gesucht werden demnach Bereiche, in denen das Unternehmensrecht den Vermögensschutz über diesen Rahmen ausdehnt.

905 Im *Wettbewerbsrecht*, aus dem das Unternehmensrecht des § 823 Abs. 1 BGB entstanden sei, finde heute im Rahmen des § 1 UWG eine offene Abwägung statt. Die Ablösung des individualistischen Rechtsformendenkens durch gesellschaftsbezogenes Rechtsfunktionendenken sei im Wettbewerbsrecht durch Tendenzen erleichtert worden, den Monopolcharakter subjektiver Rechte auf Wettbewerbsmärkten zu zerbrechen. An die Stelle der juristisch-technischen Subsumtion trete die soziologisch-technologisch-politische Argumentation. Das Unternehmensrecht als subjektives Recht sei mithin im Wettbewerbsrecht überflüssig geworden.[85]

906 Im *außerwettbewerblichen privaten Deliktsrecht*, gemeint sind in erster Linie die Stromkabelunterbrechungsfälle, werde mittels des Merkmals „Unmittelbarkeit" eine Interessenabwägung vorgenommen. Ein subjektives Recht habe hier von vorne herein nicht existiert. In dem einen Fall (Kükeneier)[86] werde gewährt, was in dem anderen (Kabelbruch I)[87] verwehrt werde. Der Vermögensschutz sei in diesen Fällen eine Frage des Eigentumsschutzes und des Versicherungsrechts, nicht aber des Unternehmensrechts.[88]

907 Im *Enteignungsrecht* sei das Unternehmensrecht angesichts der weiten Interpretation des Art. 14 GG überflüssig.[89]

908 Im *Streikrecht* werde nun aber die politische Funktion des Unternehmensrechts deutlich. Das Unternehmensrecht sei per „Trickrechtsprechung" des BAG (im Gegensatz zum RG) ins Arbeitsrecht eingezogen und diene nun ausschließlich als Anti-Streik-Waffe in einer Gesellschaft mit arbeitskampffeindlicher Bewusstseinsstruktur. Die soziale Adäquanz stabilisiere die soziale Überzeugung der Rechtsverwaltenden, der Juristen, der hohen Richter und der Gutachterprofessoren. Und dies mit dem Argument, dass Streiks volkswirtschaftliche Schäden mit sich brächten und den im Interesse aller liegenden sozialen Frieden beeinträchtigten. Durch jeden Streik werde grundsätzlich

---

84 *Wiethölter*, KJ 1970, 121 (128).
85 *Wiethölter*, KJ 1970, 121 (129 f.).
86 BGHZ 41, 123.
87 BGHZ 29, 65.
88 *Wiethölter*, KJ 1970, 121 (130 f.).
89 *Wiethölter*, KJ 1970, 121 (131).

das Unternehmensrecht aus § 823 Abs. 1 BGB als verletzt angesehen, eine Rechtfertigung erfolge nur ausnahmsweise.⁹⁰

*Presserecht*⁹¹ und *Boykottrecht*⁹² hingegen würden der Verfassung entsprechend gewährleistet. Es werde eine offene Auseinandersetzung innerhalb der Gesellschaft ermöglicht. Im Ergebnis werde Schadensersatz nur in den Schranken des § 826 BGB gewährt. Das Unternehmensrecht habe mithin in diesen beiden Bereichen keine Funktion.

Im *Kritikrecht* sieht Wiethölter das Unternehmensrecht als Möglichkeit, ein Unternehmen fälschlicherweise gegen öffentliche Kritik abzuschirmen. So würden über § 823 Abs. 1 BGB auch wahrheitsgemäße Behauptungen, wenn sie geschäftsschädigend seien, zu rechtswidrigen Unternehmenseingriffen abgestempelt.⁹³

Das Unternehmensrecht habe demnach nur noch im Streik- und im Kritikrecht eine eigenständige Funktion. Und diese sei eine verdeckt politische. Ansonsten unterscheide es sich im Ergebnis nicht von § 823 Abs. 2 BGB und § 826 BGB.

Wiethölter sieht nun das Streikrecht und Kritikrecht – wie schon angedeutet – als Teil eines *allgemeinen politischen Demonstrationsrechts*. Diese allgemeine Meinungsfreiheit, die politische Kommunikation, werde durch die Verfassung garantiert. Bloße Freiheit vom Staat verbürge diese politische Freiheit nicht. Dem stünden die durch dieses moderne Demonstrationsrecht verursachten Schäden gegenüber. Diese seien, sofern es sich um Geld- und Sachschäden handele, grundsätzlich hinzunehmen. Nur die Exzesse seien nach § 826 BGB mit Schadensersatzpflichten zu belegen. Ähnlich der Vorgehensweise bei den Naturschäden solle man für die übrigen Schadensfälle wie in anderen Bereichen, in denen der Fortschritt neue Gefahren mit sich brächte, ein allgemeines Versicherungssystem einführen, um unnötige Härten zu vermeiden.⁹⁴ Wiethölter entscheidet also über die mit dem allgemeinen Demonstrationsrecht kollidierenden Vermögensinteressen anhand eines aus der Verfassung gewonnenen Primats der offenen politischen Auseinandersetzung über reine Geldfragen.

2. Die Einhaltung methodischer Vorgaben

Wiethölter beginnt die Analyse der politischen Funktion des Unternehmensrechts mit der Legendenbildung des RG. Dieses sei hier dem Grundübel der Juristen, einen Rechtssachverhalt so zu verfremden, dass er beinahe von selbst die gewünschte Rechtsfolge abwerfe, verfallen. Es habe das Unternehmensrecht erfunden. Das Unternehmensrecht werde – als generalklauselartige Leerformel – politisch angefüllt. Es werde ein über das dem BGB normale Maß hinausgehender Vermögensschutz geschaffen, um bestimmte Verhaltensweisen, die verhindert werden sollen, zu sanktionieren. Wiethölter geht also, wie zu erwarten, von einer Generalklausel aus und untersucht, inwieweit diese politisch, also gesellschaftsbeeinflussend, genutzt wird.

Nun ersetzt Wiethölter in den Fällen, in denen das subjektive Recht am Unternehmen eine eigenständige (und damit politische) Funktion hat und somit eine (meist) eindeutige und einseitige Wertentscheidung enthält, ebenjenes durch eine eigene Abwägung

---

90 *Wiethölter*, KJ 1970, 121 (132 f.).
91 *Wiethölter*, KJ 1970, 121 (134).
92 *Wiethölter*, KJ 1970, 121 (135).
93 *Wiethölter*, KJ 1970, 121 (134 f.).
94 *Wiethölter*, KJ 1970, 121 (136 ff.).

der widerstreitenden Interessen. Als Kollisionsregel fungiert im vorliegenden Fall der Primat der verfassungsrechtlich garantierten politischen Kommunikation vor reinen Geldinteressen. Wiethölter hält demnach seine methodischen Vorgaben ein.

915 Er gewinnt seine Entscheidung aus einer bestimmten, betont fundamentaldemokratischen Auslegung der Verfassung. Der Verfassungstext lässt indes auch andere Wertungen zu, gerade die Wiethölters ist nicht unzweifelhaft. Ein politisches Streikrecht wird auch heute verfassungsrechtlich nicht anerkannt. Wiethölter setzt hier, da nicht klar ist, wie eine *gute Ordnung* oder die Ziele der Verfassung zu bestimmen wären, Wertungen. Da die kollidierenden Interessen politischer Kommunikation unbestreitbar ein sehr wichtiges Gebiet betreffen, lässt sich letztlich zwar ein akzeptables, aber kein methodisch begründetes Ergebnis erzielen. Hierauf bezieht sich das Eingeständnis Wiethölters, eine neue „Methode" noch nicht bieten zu können. Wiethölters Instrumentarium reicht aus, um das Bestehende zu durchleuchten und abzubauen, nicht aber, um Neues methodisch zu begründen oder in seinem Sinne eine Kollisionsregel für die widerstreitenden Interessen zu entwickeln.

916 Wie Wiethölter in späteren Arbeiten reflektiert, scheitert er letztlich an der Materialisierung von Recht.[95] Der Ansatz, Rechte als Mittel normativer Großzwecke (konkret: der Verfassung) einzusetzen, zerbricht daran, dass Kollisionen von Berechtigungen durch hierarchisierende Bewertungen gelöst werden müssen: Freiheiten lassen sich aber (fast) nie und schon gar nicht eindeutig bewerten und so hierarchisieren.[96] Wenn gleichwohl eine *Abwägung* vorgenommen oder der *Grundsatz der Verhältnismäßigkeit* angewandt wird, wird dieses Dilemma ignoriert. Für die Einstellung kollidierender Interessen in verzweigte Überzweckprogramme (wie die Verfassung) gibt es als *Recht* keine Maßstäbe. Es werden lediglich persönliche oder politische Opportunitätsentscheidungen bestimmter Gruppen in das Recht, jedoch nicht als Recht übertragen.

IV. Resümee

917 Recht ist nach Wiethölter in seinem gesamten sozialen Kontext mit allen seinen sozialen Implikationen und nicht als ein vorgegebenes, isoliertes Begriffsgebäude zu sehen. Darauf unmissverständlich und unüberhörbar, wenn auch nicht als Erster hingewiesen zu haben, ist ein bleibendes Verdienst Wiethölters. Insofern gilt: Nichts ist mehr so wie früher.[97]

918 Sofern man Wiethölter folgt, erlangt man bis heute keine Möglichkeit, juristische Entscheidungen in einer Weise methodisch zu begründen, wie es traditionell versucht wurde und wird. Wenn man ihm folgt, hat man schon zugestimmt, daß die traditionellen Methoden dafür auch gar nicht taugten und taugen.

919 In der Überzeugung, dass jene Methoden bloß subjektiv gültigen Deutungen ein objektives Äußeres verleihen, trifft Wiethölter sich etwa mit der sog. Freirechtslehre.[98] Kantorowicz war wie Wiethölter der Überzeugung, dass es keine verbindliche Erkenntnismethode gebe, um eine Wertentscheidung zu treffen und als einzig richtige zu begründen. Doch welcher Rechts*wissenschaftler* will schon gerne die eigene Begrün-

---

95 *Wiethölter*, Zwischenbetrachtungen (1989), 805; vgl. auch *Martin/Renk/Sudhof*, KJ 1989, 244 (246).
96 *Wiethölter*, Begriffs- und Interessenjurisprudenz (1977), 213, 232.
97 Übereinstimmend: *Fikentscher*, 619; *Kramer*, ZRP 1970, 82 (84); *Simon*, KJ 1989, 131 (134); selbst *Schwerdtner*, RTheorie 2 (1970), 67, 92.
98 Darauf weist auch *Kramer*, ZRP 1970, 82, hin. Zu Freirecht und Freirechtsbewegung *Rückert*, in diesem Band, Rn. 1402–1412, sowie *Seinecke*, ZEuP 2022, 302 (324–333).

dungsunfähigkeit feststellen? Und im *methodologischen Nichts* arbeiten?[99] Opportunitätsentscheidungen mittels abwägender Verhältnismäßigkeitsprüfung fallen dann leichter. Zu klären wäre, wie man juristischen Konsens und Akzeptanz über die Wirklichkeit und die richtige Wirklichkeitsnähe erlangen könnte.

In anderer Hinsicht, nämlich in dem Glauben, Recht (und damit die Machtgrundlagen) fundamentaldemokratisch verankern und soziologische Erkenntnisse in Recht als Recht überführen zu können, zeigt der juristische Negativismus als *Geist vom Geiste seines Herrn* die Überzeugung Wiethölters eingebunden in seine Zeit.

Für und wegen des Prozeduralisierungskonzepts gilt: Zumindest ein Quentchen Utopie bleibt, wenn auch nicht für eine Methode im traditionellen Sinn.

V. Quellen und Literatur

1. Zum Einstieg in die Wiethölter-Texte

Wiethölter unterscheidet rückblickend 2013 drei Schaffens- oder Denkphasen bzw. schlichter „drei Worte": „am Anfang juristischer Negativismus, das war Kritik. Dann kam Prozeduralisierung alles dessen, was mit Formalisierung und Materialisierung nicht geht. Und danach habe ich gesagt Recht-Fertigung mit Bindestrich. Und der Bindestrich ist das Problem."[100] Geeignet zum Einstieg in die erste Phase erscheint sein ‚Bestseller' „Rechtswissenschaft" von 1968 im 1. Kapitel, Teil IV: Das Menschenbild im Recht, S. 58–75. Für die späteren Phasen empfehlen sich die Aufsätze zu „Privatrecht als Gesellschaftstheorie" von 1974 und zu „Begriffs- und Interessenjurisprudenz" von 1977, sowie aus jüngerer Zeit „Zum Fortbildungsrecht der (richterlichen) Rechtsfortbildung" von 1988 und „Zur Regelbildung in der Dogmatik des Zivilrechts" von 1992, siehe die Nachweise im Werkverzeichnis unter 5.

Eine handliche und sehr empfehlenswerte Sammlung von Texten Wiethölters bietet:

Zumbansen, Peer/Amstutz, Marc (Hrsg.), Recht in Recht-Fertigungen. Ausgewählte Schriften von Rudolf Wiethölter, Berlin 2014.

2. Zum Einstieg in die Sekundärliteratur

Simon, Dieter: … ein gewisser Wiethölter. Fünf akademische Bilderbogen zum Selberbemalen, KJ 1989, S. 131–137.
Zumbansen, Peer/Amstutz, Marc: „Einleitung": Recht?, oder: Theorie, Lehre und Praxis als Gesellschafts-Recht, in: dies. (Hrsg.), Recht in Recht-Fertigungen. Ausgewählte Schriften von Rudolf Wiethölter, Berlin 2014, S. xiii–xxxvii.

3. Weitere hier verwendete Literatur

Bender, Gerd: Rechtssoziologie in der alten Bundesrepublik, Prozesse, Kontexte, Zäsuren, in: Dieter Simon (Hrsg.), Rechtswissenschaft in der Bonner Republik, Frankfurt am Main 1994, S. 100 ff.
Bydlinski, Franz: Juristische Methodenlehre und Rechtsbegriff, 2. Aufl. Wien 1991.
Eckertz, Rainer: Fünf Thesen zur Reform des Juristischen Studiums, KJ 1968, S. 158 ff.
Fikentscher, Wolfgang: Methoden des Rechts, Band III: Mitteleuropäischer Rechtskreis, Tübingen 1976.
Habermas, Jürgen: Der Philosoph als wahrer Rechtslehrer: Rudolf Wiethölter, KJ 1989, S. 138 ff.

---

99 So der Vorwurf seitens *Bydlinskis*, 158.
100 *Wiethölter*, „L'essentiel" (2013), 190.

Hagen, Johann Josef: Soziologie und Jurisprudenz, München 1973.
Hart, Dieter: Vom bürgerlichen Recht zur politischen Verwaltung, KJ 1974, S. 274 ff.
Hart, Dieter: Die politische Verwaltung als Gesetzeszweck, KJ 1989, S. 231 ff.
Heldrich, Andreas; *Schmidtchen, Gerhard*: Gerechtigkeit als Beruf, München 1982.
Joerges, Christian: Politische Rechtstheorie – Impulse und Suchbewegungen, KJ 1989, S. 184 ff.
Joerges, Christian: Die Wissenschaft vom Privatrecht und der Nationalstaat, in: Dieter Simon (Hrsg.), Rechtswissenschaft in der Bonner Republik, Frankfurt am Main 1994, S. 311 ff.
Kim, Hyung-Bae/Marschall v. Bieberstein, Wolfgang (Hrsg.): Rudolf Wiethölter, in: Zivilrechtslehrer deutscher Sprache, München 1988, S. 489 ff.
Kramer, Ernst A.: Der Kampf um die Rechtswissenschaft, ZRP 1970, S. 82 ff.
Krings, Hermann: Dialektik, in: Herder-Staatslexikon, Band 2, Freiburg, Basel, Wien 1986, Sp. 40 ff.
Martin, Guido; Renk, Heidemarie; Sudhof, Margaretha: Maßstäbe, Foren, Verfahren: Das Prozeduralisierungskonzept Rudolf Wiethölters, KJ 1989, S. 244 ff.
Mayer-Maly, Theo: Brauchen wir eine politische Rechtstheorie?, ZRP 1970, S. 265 ff.
Memorandum: Memorandum des Loccumer Arbeitskreises zur Reform der Juristenausbildung, JuS 1969, S. 599 ff.
Müller, Peter: Kritische Theorie, in: Herder-Staatslexikon, Band 3, Freiburg, Basel, Wien 1987, Sp. 737 ff.
Neumann, Ulfrid: Rechtsphilosophie in Deutschland seit 1945, in: Dieter Simon (Hrsg.), Rechtswissenschaft in der Bonner Republik, Frankfurt am Main 1994, S. 145 ff.
Paul, Egbert: Die Funktion des Gewissens im Recht, in: Funktion des Gewissens im Recht, Schriften der evangelischen Akademie in Hessen und Nassau, Heft 86, Frankfurt am Main 1970, S. 23 ff.
Pawlowski, Hans-Martin: Methodenlehre für Juristen, 2. Aufl. Heidelberg 1991.
Roellecke, Gerd: Grundfragen der juristischen Methodenlehre und die Spätphilosophie Ludwig Wittgensteins, in: Festschrift für Gebhard Müller, Tübingen 1970, S. 323 ff.
Rottleuthner, Hubert: Rechtswissenschaft als Sozialwissenschaft, Frankfurt am Main 1973.
Rückert, Joachim: Die Schlachtrufe im Methodenkampf – ein historischer Rückblick, in diesem Band, Rn. 1357–1510.
Schröder, Jan, Recht als Wissenschaft. Geschichte der juristischen Methodenlehre in der Neuzeit (1500–1990), Bd. 1: 1500–1933, Bd. 2: 1933–1990, 3. Aufl. München 2020.
Schwerdtner, Peter: Wie politisch ist das Recht?, Rudolf Wiethölter und die deutsche Rechtswissenschaft, ZRP 1969, S. 136 ff.
Schwerdtner, Peter: Rechtswissenschaft und Kritischer Rationalismus, RTheorie 2 (1971), S. 88 ff.
Seinecke, Ralf: Ehrlichbilder: Freirecht, Rechtssoziologie und Rechtspluralismus. Zum 100. Todestag von Eugen Ehrlich, ZEuP 2022, S. 302–336.
Simon, Dieter: Die Unabhängigkeit des Richters, Darmstadt 1975.
Zöllner, Wolfgang: Arbeitsrecht und Politik, DB 1970, S. 54 ff.

4. Neuere Literatur zu Wiethölter

Joerges, Christian/Teubner, Gunther (Hrsg.), Rechtsverfassungsrecht. Recht-Fertigung zwischen Privatrechtsdogmatik und Gesellschaftstheorie, Baden-Baden 2003.
Fischer-Lescano, Andreas/Teubner, Gunther, Prozedurale Rechtstheorie: Wiethölter, in: Buckel, Sonja/Christensen, Ralph/Fischer-Lescano, Andreas (Hrsg.), Neue Theorien des Rechts, 1. Aufl. Stuttgart 2006, S. 79–96, 2. Aufl. 2008, S. 75–91, 3. Aufl. 2020, S. 157–170 (betrifft hauptsächlich den ‚neueren' Wiethölter).
Blecher, Michael, Rechts-Bewegungs-Kunst für das 21. Jahrhundert. Rudolf Wiethölter zum 80. Geburtstag, in: KJ 2009, S. 427–434.
Steinhauer, Fabian, Geflügelte Worte. Zum Achtzigsten des Juristen Rudolf Wiethölter, in: FAZ v. 15. Juli 2009, S. N5.

Methode und Zivilrecht bei Rudolf Wiethölter (geb. 1929)

Anlässlich Wiethölters 100. Semester im Wintersemester 2012/13 und seines 90. Geburtstages 2019 erschienen zwei „Sammelschriften" mit Beiträgen seiner Schüler, Freunde und Weggefährten:
Joerges, Christian/Zumbansen, Peer, Politische Rechtstheorie Revisited: Rudolf Wiethölter zum 100. Semester, ZERP-Diskussionspapier 1/2013 (Open Access), 235 S., mit Beiträgen von *Gralf-Peter Calliess, Domenico Siciliano, Ulrich Mückenberger, Michael Blecher, Malte-Christian Gruber, Andreas Fischer-Lescano, Isabell Hensel, Erich Schanze, Dan Wielsch, Andreas Maurer, Peer Zumbansen, Dieter Hart, Christian Joerges, Volker Krönig, Gunther Teubner* und *Rudolf Wiethölter* sowie drei zeithistorischen „Reminiszenzen".
Sonderheft Rechtsbrüche. Spiegelungen der Rechtskritik Rudolf Wiethölters, verantwortlich für diese (Nicht-)Festschrift *Dan Wielsch* (=KJ 52, Heft 4 [2019], S. 391–695) mit Beiträgen von *Ino Augsberg, Ricardo Resende Campos, Andreas Fischer-Lescano, Roman Guski, Isabell Hensel, Christian Joerges/Michelle Everson, Karl-Heinz Ladeur, Bertram Lomfeld, Stephan Meder, Christoph Menke, Thomas Michael-Seibert, Tatjana Sheplyakova, Domenico Siciliano, Gunther Teubner, Thomas Vesting, Dan Wielsch, Benno Zabel* sowie *Peer Zumbansen*.
Und jetzt der anschauliche Rückblick auf die Reformbewegung nach 1966:
Rüdiger Lautmann, Reform, Fusion, Tradition? Diskurse und Aktionen rund um Soziologie und Jurisprudenz, in: Mittelweg 36. Zeitschrift des Hamburger Instituts für Sozialforschung 31 (Heft 5/2022), S. 11–35, hier 17–24: Der Charismatiker Rudolf Wiethölter.

5. Werkverzeichnis*

Einseitige Kollisionsnormen als Grundlage des Internationalen Privatrechts, Berlin 1956 (zugleich Diss. iur Köln 1955).
Der Rechtfertigungsgrund des verkehrsrichtigen Verhaltens, Eine Studie zum zivilrechtlichen Unrecht, Karlsruhe 1960.
Interessen und Organisation der AG im amerikanischen und deutschen Recht, Karlsruhe 1961 (zugleich Habil. iur. Köln 1960).
Kauf unter Eigentumsvorbehalt und Gewährleistung für Rechtsmängel, JZ 1961, S. 693 ff.
Probleme der Aktienrechtsreform unter besonderer Berücksichtigung des Depotstimmrechts, in: Vorträge für Sparkassenprüfer, Stuttgart 1963, S. 53 ff.
Die Publizitätsinteressen der Anteilseigner, in: Das Frankfurter Publizitätsgespräch, Frankfurt am Main 1962, S. 33 ff.
Die Gründungskontrolle bei Aktiengesellschaften, in: Hans Dölle (Hrsg.), Deutsche Landesreferate zum VI. Internationalen Kongreß für Rechtsvergleichung in Hamburg 1962, Berlin, Tübingen 1962, S. 225 ff.
Arzt und Patient als Rechtgenossen, in: Die Aufklärungspflicht des Arztes, Köln, Berlin 1962, S. 71 ff.
§ 823 Abs. 2 BGB und die Schuldtheorie, JZ 1963, S. 205 ff.
Entscheidungsanmerkung zu BGH – VII ZR 28/61 vom 12.7.1962 (Spielbankfall), JZ 1963, S. 286 ff.
Referat über die Einwirkung des Sozialstaatsgedankens auf das Vertrags- und Wirtschaftsrecht im allgemeinen, in: Axel Flessner und Hein Kötz, Sozialstaat und Privatrecht. Deutsch-Schwedisches Juristenkolloquium, RabelsZ 29 (1965), S. 805 ff.
Die Position des Wirtschaftsrechts im sozialen Rechtsstaat (Wiedergabe der Antrittsvorlesung vom 31.1.1964 in Frankfurt am Main), in: Festschrift für Franz Böhm, Wirtschaftsordnung und Rechtsordnung, Karlsruhe 1965, S. 41 ff.
Unternehmensverfassungsrecht, JJb. 7 (1966), S. 162 ff.

---

* Zur Zeit der **1**. Auflage dieses Bandes existierte kein veröffentlichtes Schriftenverzeichnis der Arbeiten *Wiethölters*. Dieses ist immer noch das einzig gedruckte. Wir danken Herrn Prof. Dr. Wiethölter weiterhin für das Interesse an der vorliegenden Arbeit und insbesondere für die Überlassung von Literatur und für Hinweise auf neuere Literatur.

III. Sechzehn Exempel und drei Berichte

Zur Frage des internationalen ordre public, in: Berichte der Deutschen Gesellschaft für Völkerrecht 7 (1967), S. 133 ff.

Die GmbH & Co. KG – Chancen und Grenzen, in: Aktuelle Probleme der GmbH und Co., 1. Aufl. Köln 1967, 2. Aufl. 1969, 3. Aufl. 1974.

Recht, in: Gerd Kadelbach (Hrsg.), Wissenschaft und Gesellschaft (Funkkolleg Band 1), Frankfurt am Main 1967, S. 213 ff.

Rechtswissenschaft (Funkkolleg Band 4), unter Mitarbeit von Rudolf Bernhardt und Erhard Denninger, Hamburg 1968. Mit Ausnahme der Kapitel von Bernhardt und Denninger ins Italienische übersetzt unter dem Titel Le Formule Magiche Della Scienza Guiridica, mit einer Einleitung von Pietro Barcellona, Rom, Bari 1975. Unveränderter Nachdruck der Ausgabe von 1968, mit einem zusätzlichem Geleitwort, Basel, Frankfurt am Main 1986. Mit Ausnahme der Kapitel von Bernhardt und Denninger ins Spanische übersetzt unter dem Titel Las Formulas Magicas De La Ciencia Juridica, mit einer Einleitung von José Luis de los Mozos, Madrid 1991.

5 Thesen gegen die Notstandsverfassung, in: Diskus 1968, Heft 4, S. 5 (auch unter dem Titel Verfassungswidrige Verfassungsnorm, in: Stimme der Gemeinde zum kirchlichen Leben, zur Politik, Wirtschaft und Kultur 1968, S. 399 f.).

Jura Studieren, in: Aspekte 1968, Heft 4, S. 8 ff.

Stellungnahme zu den Münchener Beschlüssen zur Fortführung der Studienreform, JZ Sonderheft November 1968, S. 9 ff.

Zur Situation der Rechtswissenschaft, in: Juristenblatt Berlin, 1969, Heft 10, S. 15 ff.

Anforderungen an den Juristen heute, in: Erziehung zum Establishment, Juristenausbildung aus kritischer Sicht, Karlsruhe 1969, S. 1, und in: Krise der juristischen Bildung, Loccum 1969, S. 20 ff.

Recht und Politik, ZRP 1969, S. 155 ff.

Adolf Arndt, Festschrift zu seinem 65. Geburtstag, NJW 1969, S. 1703 ff.

Internationales Nachlaßverfahrensrecht, in: Wolfgang Lauterbach (Hrsg.), Vorschläge und Gutachten zur Reform des deutschen internationalen Erbrechts, Berlin, Tübingen 1969, S. 141 ff.

Studentische Zwangskörperschaften – ein Problem von Inhalt und Form gesellschaftlicher Veränderung, in: Studentische Politik 4/1969, S. 3 ff.

Presseerklärung von vier Professoren der Juristischen Fakultät, in: Zoller (Hrsg., Pseudonym), Aktiver Streik, Frankfurt am Main 1969, S. 180 ff.

Die GmbH in einem modernen Gesellschaftsrecht und der Referentenentwurf eines GmbH-Gesetzes, in: Probleme der GmbH-Reform, Köln 1970, S. 11 ff.

Didaktik und Rechtswissenschaft, in: Neue Juristenausbildung, Neuwied, Berlin 1970, S. 25, und in: Reform der juristischen Ausbildung, Loccum 1969, S. 13 ff.

Theologie der Planung, in: Evangelische Akademie im Wandel, Schriften der evangelischen Akademie in Hessen und Nassau, Heft 89, Frankfurt am Main 1970, S. 8 ff.

Reform der Juristenausbildung, öffentliche Anhörung BT Rechtsausschuß, in: Zur Sache 5/71, S. 100 ff.

Zur politischen Funktion des Rechts am eingerichteten und ausgeübten Gewerbebetrieb, KJ 1970, S. 121 ff.

Die Wirtschaftspraxis als Rechtsquelle, in: Das Rechtswesen – Lenker oder Spiegel der Gesellschaft?, München 1971, S. 165 ff.

Stand und Möglichkeiten der Juristenausbildung: Problemgeschichtliche Ableitung, in: Verhandlungen des 49. DJT, Band 2, Teilband 2, Düsseldorf 1972, S. R 12 ff.

Erklärung zur Sitzung des Haushalts- und Planungsausschusses der J. W. Goethe Universität am 3.2.1971, Typoskript Frankfurt am Main 1972.

Stand und Möglichkeiten der Justizforschung, Verhandlungen des 49 DJT., Band II (Sitzungsberichte) Düsseldorf 1972, R 12 ff., R 102 ff.

Artikel im Handlexikon zur Rechtswissenschaft: Bürgerliches Recht, S. 47 ff., Juristen, S. 208 ff., Wirtschaftsrecht, S. 531 ff., Wirtschaftsverwaltungsrecht, S. 539 ff., Zivilrecht, S. 545 ff., in: Axel Görlitz (Hrsg.), Handlexikon zur Rechtswissenschaft, München 1972.

Rechtswissenschaft, in: Kritischer Studienführer, Materialien für Abiturienten und Studienanfänger, 1. Aufl. Köln 1973, S. 89 ff., 2. Aufl. 1976, S. 99 ff.
Zur politischen Einschätzung der Einstufenmodelle und -versuche, in: Alfred Rinken (Hrsg.), Der neue Jurist, Darmstadt, Neuwied 1973, S. 231 ff.
Über die Parteilichkeit der Justiz, in: Vorgänge 1973, S. 148 ff.
Rechtswissenschaft in Kritik und als Kritik, Mainz 1973.
La demistificazione del diritto dell'economia come premessa per un'analisi critica e per una prassi emancipatoria, in: Pietro Barcellona (Hrsg.), L'uso alternativo del diritto, Band 2. Ortodossia giuridica e practica politica, Roma, Bari 1973, S. 95–100.
Diritto dell'economia: analisi di una ‚formula magica', in: Pietro Barcellona (Hrsg.), L'uso alternativo del diritto, Band 1. Scienza giuridica e analisi marxista, Roma, Bari 1973, S. 207–225.
Gli interessi dello stato di diritto borghese, in: Pietro Barcellona (Hrsg.), L'uso alternativo del diritto, Band 1. Scienza giuridica e analisi marxista, Roma, Bari 1973, S. 35–45.
Privatrecht als Gesellschaftstheorie?, Bemerkungen zur Logik der ordnungspolitischen Rechtslehre, in: Festschrift zum 70. Geburtstag von Ludwig Raiser, Tübingen 1974, S. 645 ff.
Begriffs- und Interessenjurisprudenz – falsche Fronten im IPR und Wirtschaftsverfassungsrecht, in: Festschrift für Gerhard Kegel, Internationales Privatrecht und Rechtsvergleichung im Ausgang des 20. Jahrhunderts, Frankfurt am Main 1977, S. 213 ff.
Thesen zum Wirtschaftsverfassungsrecht, in: Peter Römer (Hrsg.), Der Kampf um das Grundgesetz, Über die politische Bedeutung der Verfassungsinterpretation, Köln 1977, S. 158 ff., und Diskussionsbeiträge auf S. 186 ff., S. 196 f., S. 221 ff., S. 230 ff.
Blanke, Thomas: „Reformatio in peius"?, Zur Geschichte der Ausbildungsreform, KJ 1981, S. 1 ff.
Diskussionsbericht der Kommission „Zivilrecht", in: Luigi Lombardi Vallauri, Gerhard Dilcher (Hrsg.), Cristianesimo, Secolarizzazione e Diritto Moderno, Band 2, Baden-Baden, Mailand 1981, S. 1391–1395.
Entwicklung des Rechtsbegriffs, in: Volkmar Gessner, Gerd Winter (Hrsg.), Rechtsformen der Verflechtung von Staat und Wirtschaft, Opladen 1982, S. 38 ff.
Wissenschaftskritische Ausbildungsreform – Anspruch und Wirklichkeit, in: Robert Francke u.a. (Hrsg.), Einstufige Juristenausbildung in Bremen – 10 Jahre Bremer Modell, Darmstadt, Neuwied 1982, S. 38 ff.
Vom besonderen Allgemeinprivatrecht zum allgemeinen Sonderprivatrecht?, Anales des la Cátedra Francisco Suarez 22 (Granada 1982/83), S. 125 ff.
Marktversagen, EG-Sozialintegration, Verbraucherschutz, ZERP-Diskussionspapier 7/1983, Bremen 1983, S. 77 ff.
Pluralismus und soziale Identität, in: Luigi Lombardi Vallauri, Gerhard Dilcher (Hrsg.), Christianesimo Secolarizzazione E Diritto Moderno, Mailand 1981, S. 1333 ff., und Diskussionsbericht, S. 1391 ff. und Zusammenfassung S. 1521 ff. (auch in: Gerhard Dilcher, Ilse Staff (Hrsg.), Christentum und modernes Recht, Frankfurt am Main 1984, S. 379 ff.).
Sozialwissenschaftliche Modelle im Wirtschaftsrecht, KJ 1985, 126 ff. (auch in: Gert Brüggemeier, Christian Joerges (Hrsg.), Workshop zu Konzepten des postinterventionistischen Rechts, ZERP-Materialien 4/1984, S. 2 ff.; ins Englische übertragen als: Social science models in economic law, in: Terence Daintith, Gunther Teubner (Hrsg.), Contract and Organisation, Berlin 1986, S. 52 ff.).
Materialisierungen und Prozeduralisierungen von Recht, in: Gert Brüggemeier, Christian Joerges (Hrsg.), Workshop zu Konzepten des postinterventionistischen Rechts, ZERP-Materialien 4/1984, S. 25 ff. (ins Englische übertragen als: Materialization and Proceduralization in Modern Law, in: Gunter Teubner (Hrsg.), Dilemmas of Law in the Welfare State, Berlin 1985, S. 221 ff.).
Sanierungskonkurs der Juristenausbildung?, KritV 1986, S. 21 ff.
Proceduralisierung der Rechtskategorie, MS 1986, S. 12 ff. (ins Englische übertragen als: Proceduralization of the Category of Law, in: Christian Joerges, David M. Trubek (Hrsg.), Critical Legal Thought, Baden-Baden 1989, S. 501 ff.).

III. Sechzehn Exempel und drei Berichte

Abschluß-Statement zur Arbeitstagung „Soziales Schuldrecht", in: Gert Brüggemeier, Dieter Hart (Hrsg.), Soziales Schuldrecht, Bremen 1987, S. 261 ff.

Zum Fortbildungsrecht der (richterlichen) Rechtsfortbildung, KritV 1988, S. 1 ff.

Rechtsstaatliche Demokratie und Streitkultur, KJ 1988, S. 403 ff.

Julius Herrmann von Kirchmann (1802–1884), Der Philosoph als wahrer Rechtslehrer, in: KJ (Hrsg.), Streitbare Juristen, Eine andere Tradition, Baden-Baden 1988, S. 44 ff.

Bemerkungen aus der Rechts- und Juristenwelt, in: Jörn Rüsen (Hrsg.), Die Zukunft der Aufklärung, Frankfurt am Main 1988, S. 33 ff.

Das Alte geht nicht mehr, und das Neue geht auch nicht. Besprechung von Alexander Blankenagel, Tradition und Verfassung, Baden-Baden 1987, RJ 7 (1988), S. 119 ff.

Ist unserem Recht der Prozeß zu machen?, in: Festschrift für Jürgen Habermas, Zwischenbetrachtungen im Prozeß der Aufklärung, Frankfurt am Main 1989, S. 794 ff.

Arbeit und Bildung, in: Rainer Erd u.a. (Hrsg.), Kritische Theorie und Kultur, 1989, S. 368 ff.

Franz Böhm (1895–1977), in: Michael Stolleis, Bernhard Diestelkamp (Hrsg.), Juristen an der Universität Frankfurt/M., Baden-Baden 1989, S. 208 ff.

Notizen zu Geschriebenem und Ungeschriebenem: Rainer Schröder´s „Die Entwicklung des Kartellrechts und des kollektiven Arbeitsrechts durch die Rechtsprechung des Reichsgerichts vor 1914, in: ZNR 12 (1990), S. 205 ff.

Soldaten sind Soldaten sind Soldaten – Das Soldatenurteil und kein Anfang?, KJ 1991, S. 61 ff.

150 Jahre Gymnasium Schwertstraße. Festansprache am 12. Oktober 1991, in: Die Heimat 1992, S. 9–18.

Zur Regelbildung in der Dogmatik des Zivilrechts, in: Maximilian Herberger u.a. (Hrsg.), Generalisierung und Individualisierung im Rechtsdenken, Stuttgart 1992, S. 222 ff.

Bremer Kunde, Gelegentliche Gedanken ..., in: 20 Jahre Universität Bremen, Bremen 1992, S. 71 ff.

Zur Argumentation im Recht: Entscheidungsfolgen als Rechtsgründe?, in: Gunther Teubner (Hrsg.), Entscheidungsfolgen als Rechtsgründe, Baden-Baden 1995, S. 89 ff.

Recht-Fertigungen eines Gesellschafts-Rechts, in: Christian Joerges, Gunther Teubner (Hrsg.), Rechtsverfassungsrecht. Recht-Fertigung zwischen Privatrechtsdogmatik und Gesellschaftstheorie, Baden-Baden 2003, S. 13–21 (ins Englische übertragen als Justifications of a Law of Society, in: Oren Perez, Gunther Teubner (Hrsg.), Paradoxes and Inconsistencies in the Law, Oxford 2005, S. 65–77).

Utinam ..., in: Rainer Maria Kiesow u.a. (Hrsg.), Summa. Festschrift für Dieter Simon, Frankfurt am Main 2005, S. 641–644.

„L'essentiel est invisible pour les yeux", in: Christian Joerges, Peer Zumbansen (Hrsg.), Politische Rechtstheorie Revisited. Rudolf Wiethölter zum 100. Semester, ZERP-Diskussionspapier 1/2013, S. 183–192.

Der Reform-Planer. Erinnerungen an Volker Krönings frühe Bremer Zeit, in: Dieter Hart, Franz Müntefering, Franz-Walter Steinmeier (Hrsg.), Wissenschaft, Verwaltung und Politik als Beruf. Liber amicorum Volker Kröning zum 70. Geburtstag am 15. März 2015, Baden-Baden: Nomos 2015, S. 21–30.

Methode und Zivilrecht bei Bernd Rüthers (1930–2023)

von Thomas Pierson

Übersicht

I. Werkbiographisches 375
II. Wertbezug des Rechts 376
III. Methodenlehre 380
IV. Kritisches zum Kritiker 395
V. Quellen und Literatur 399

Die rechtstheoretischen Arbeiten von Bernd Rüthers sind deutlich mit historischen Überlegungen und auch eigenen biographischen Erfahrungen verknüpft. Man kann es als **Denken von der Rechtskatastrophe her** bezeichnen. Es erschließt sich eine Rechtstheorie, welche die Erfahrungen mit totalitären Rechtssystemen zu verarbeiten sucht.

I. Werkbiographisches

Bernd Rüthers wurde am 12.7.1930 in Dortmund geboren. Er erlebte die Reichspogromnacht vom 9.11.1938 in seiner Geburtsstadt als Augen- und Ohrenzeuge. Die SA drang in das von seiner Familie mitbewohnte Haus jüdischer Vermieter ein, prügelte die jüdische Familie aus dem Haus und verwüstete deren Wohnung.[1] Rüthers selbst versteht dieses Ereignis als ein persönliches Schlüsselerlebnis und einen immerwährenden Antrieb. 1950 begann er ein Studium der Volkswirtschaftslehre in Münster, wechselte jedoch nach einem Semester zur Rechtswissenschaft. Nachdem er in der Examenshausarbeit eine Norm des Preußischen Berggesetzes wegen ihres interessenwidrigen Ergebnisses verworfen hatte und dadurch auf Methodenfragen aufmerksam geworden war,[2] begann er eine Promotion zum Thema „Streik und Verfassung". Das war gerade fünf Jahre nach Inkrafttreten des Grundgesetzes ein wichtiges Thema. Nach Assessorexamen und einem Betreuerwechsel wurde die Arbeit 1958 angenommen. Anschließend arbeitete er bei der Daimler-Benz AG, bis ihm Hans Brox 1963 die Rückkehr an die Universität Münster anbot. Habilitationsthema war zunächst „Die Lehre von der Sozialadäquanz im Zivilrecht" – einem damals viel diskutierten Thema. Nach einigen Zweifeln wechselte Rüthers das Thema. Bereits in seiner katholischen Studentengemeinde hatte er Vorträge und Ringvorlesungen zur NS-Rechtsgeschichte mitorganisiert.[3] Das Thema faszinierte ihn und er konnte sich der Unterstützung von Hans Brox und Harry Westermann gegen mögliche Probleme mit der Fakultät versichern. Obwohl Arbeiten zur NS-Zeit an vielen Fakultäten auf heftige Abwehrreaktionen stießen, waren die Bedingungen in Münster verhältnismäßig gut.[4] Lediglich

---

1 Diese und die folgenden biographischen Angaben nach *Sebastian Seedorf*, Bernd Rüthers – Die „Unbegrenzte Auslegung", in: *Thomas Hoeren* (Hrsg.), Zivilrechtliche Entdecker, München 2001, 317–373, insbes. 317–334. Zu dieser Erfahrung auch *Bernd Rüthers* selbst, Wir denken die Rechtsbegriffe um ... Weltanschauung als Auslegungsprinzip, Zürich 1987, 12 und ders., Die Risiken selektiven Erinnerns – Antwort an C.-W. Canaris, JZ 2011, 1149 ff., 1150.
2 *Seedorf* (wie Anm. 1), 320.
3 *Seedorf* (wie Anm. 1), 324 f.
4 Ernst Forsthoff nannte Rüthers gegenüber Carl Schmitt ein „Opfer seiner Münsteraner Umgebung", zitiert nach *Rüthers*, Selektives Erinnern (wie Anm. 1), 1150.

924 ein einzelner Widerspruch drohte 1967 gegen die Annahme der Habilitationsschrift „Die unbegrenzte Auslegung".[5] Rüthers' Methodenprogramm ist hier bereits angelegt. Bei Erscheinen hieß es, das Buch lasse sich in zahlreichen Auslegungsfragen „wie ein Lehrbuch benutzen".[6] Rüthers selbst verortet sich als Schüler der sog. ‚Münsteraner Schule der Wertungsjurisprudenz', hervorgegangen aus der Tübinger ‚Interessenjurisprudenz'.[7]

924 Noch im gleichen Jahr erhielt Rüthers drei Rufe und nahm den an die Freie Universität Berlin an, wo er bald Direktor des Instituts für Rechtssoziologie und Rechtstatsachenforschung wurde. Dort erinnerten ihn jedoch die Erfahrungen des Herbsts 1968 an die Erlebnisse der Reichsprogromnacht.[8] 1971 ergriff er die Gelegenheit, am Aufbau der juristischen Fakultät der neuen Universität Konstanz mitzuwirken, wo er bis zu seiner Emeritierung 1998 verblieb und zwischen 1991 und 1996 als Rektor der Universität wirkte. Stets verband er wissenschaftliche und praktische Tätigkeit. So war er unter anderem einige Jahre Mitglied im arbeitsrechtlichen Beraterkreis beim Bundesvorstand des DGB, Mitglied der Arbeitsgesetzbuchkommission der Bundesregierung, 1984 Schlichter im Metall-Tarifkonflikt um die 35-Stunden-Woche und zwischen 1976 und 1989 Richter am OLG Stuttgart. Rüthers teilt also den Erfahrungshorizont der Rechtsakteure, mit deren Fachgebieten er sich schwerpunktmäßig beschäftigt, vereint die berufliche Perspektive von Unternehmer- und Gewerkschaftsseite, Gesetzgebung, Richtertum und Schlichtungswesen.

925 1999 veröffentlichte er seine „Rechtstheorie".[9] Die Frage der „Anwendung" von Recht als für sein Denken zentrales Grundproblem findet sich konsequent bereits im Untertitel. Besonders interessieren ihn die „systembedingten Ursachen von Fehlentwicklungen" und die „Entwicklung institutioneller Vorkehrungen" dagegen.[10]

II. Wertbezug des Rechts

926 Für Rüthers gibt es kein „‚wertfreies' (ethikfreies) Recht", vielmehr liegen „jeder Rechtsnorm ‚**Werturteile**' **des Normgebers**" zugrunde. Im Sinne eines Rückgriffs auf wissenschaftlich nicht Beweisbares enthalte daher jede Rechtsnorm „immer auch ideologische Elemente".[11] Eine Rechtsnorm „ohne Wertmaßstab wäre buchstäblich wertlos".[12] Auch könne ihre Geltung sonst nicht begründet werden. Der Jurist müsse

---

5 *Rüthers*, Die unbegrenzte Auslegung. Zum Wandel der Privatrechtsordnung im Nationalsozialismus, Habil. Münster 1967, Tübingen 1968, [8]2017. Die 6. Auflage von 2005 enthält den Originaltext, ergänzt um ein Nachwort. Die Paginierung beider Auflagen ist bis dahin identisch.
6 *Walther Ecker*, Rezension zu Unbegrenzte Auslegung (wie Anm. 5), in: JZ 1969, 644.
7 Siehe *Rüthers*, Methodenrealismus in Jurisprudenz und Justiz, in: JZ 2006, 53–60, 53 Fn. 1.
8 *Seedorf* (wie Anm. 1), 328.
9 *Rüthers*, Rechtstheorie. Begriff, Geltung und Anwendung des Rechts, München 1999, [12]2022. Hier verwendet die letzte allein verantwortete Auflage [4]2008. Ab [5]2010 *Christian Fischer* als Mitautor und ab [6]2011 mit *Axel Birk*.
10 *Rüthers*, Rechtstheorie (wie Anm. 9), Rn. 4.
11 *Rüthers*, Rechtsordnung und Wertordnung. Zur Ethik und Ideologie im Recht (Konstanzer Universitätsreden 155), Konstanz 1986, 19. Der Ideologiebegriff durchzieht das gesamte Werk und soll ausdrücklich neutral verstanden werden, so schon in Unbegrenzte Auslegung (wie Anm. 5), 114 und später in diversen Aufsätzen. Siehe auch *Rüthers*, Methodenrealismus (wie Anm. 7), 52.
12 So *Rüthers*, Wertordnung (wie Anm. 11), 26 These 14; ähnlich die „24. Lehre" in *Rüthers*, Entartetes Recht. Rechtslehren und Kronjuristen im Dritten Reich, 2. Aufl. München 1989, „Es gibt keine unpolitische, weltanschaulich neutrale, ethisch wertfreie Jurisprudenz. Wertfreies Recht wäre buchstäblich wert-los".

seinen eigenen Standpunkt bestimmen, um nicht zum „bewußtseinslosen Rechtstechniker" zu werden.[13]

1. ‚Jedes Recht ist immer auch Ideologie'

Rüthers definiert Recht zunächst ganz positivistisch als „Summe der geltenden, d.h. vom Gesetzgeber erlassenen und/oder vor den Gerichten angewendeten Normen".[14] Er weist Recht eine ganze **Anzahl wichtiger Funktionen** zu, im „politischen Bereich", in der „Organisation und Legitimation sozialer Herrschaft" und im „gesellschaftlichen Bereich", die hier nur knapp wiedergegeben werden können.[15] In den ersten Bereich gehört die Funktion von Recht als Steuerungsinstrument, also Verhaltenssteuerung einschließlich der Befriedungsfunktion und der Verhinderung von Chaos („formale Ordnungsfunktion"). Im zweiten Bereich wirke Recht integrierend, als Selbstbeschränkung staatlicher Macht legitimierend, für das Rechtsbewusstsein prägend und erziehend sowie schließlich insgesamt das jeweils bestehende System konservativ stabilisierend („materiale Ordnungsfunktion"). Im gesellschaftlichen Bereich führt Rüthers die Erwartungssicherung im Verhältnis von Staat und Bürger und der Bürger untereinander, also die *lex contractus*, und die Streitentscheidungsfunktion an. Außerdem erfülle Recht eine Garantiefunktion für den Einzelnen als Schutz vor staatlicher Machtausübung.

Staatlich gesetztes Recht sei „Ausdruck eines im Normsetzungsverfahren verfestigten politischen Gestaltungswillens, eine zu normativer Dauerhaftigkeit und Durchsetzungsfähigkeit ‚**geronnene**' Politik".[16] „Das Gesetz enthält den Regelungswillen der Gesetzgebung und sonst nichts".[17] Das ist eine klare Absage an jede überpositive Rechtsmetaphysik. In diesem Sinne ist also jede (Privat-)Rechtsnorm politisch.[18]

2. Dienstfunktion und Abwehrkräfte des Privatrechts

Charakteristisch ist Rüthers' Darstellung von Privatrecht und Bürgerlichem Gesetzbuch in seinem Lehrbuch zum Allgemeinen Teil. Er definiert dort Privatrecht als den „Teil der Rechtsordnung, der die Rechtsbeziehungen der Bürger untereinander nach den Prinzipien der Gleichberechtigung und der Selbstbestimmung (Privatautonomie) regelt". Unterschiede in Person oder sozialer Stellung dürften nicht zu einer unterschiedlichen Behandlung vor dem Gesetz führen.[19] Die verschiedenen Gesetzesmaterialien, die drei BGB-Entwürfe, Motive, Protokolle und Denkschrift werden erläutert und

---

13 *Rüthers*, Rechtstheorie (wie Anm. 9), Rn. 620, 622: „Eine wertfreie Geltungsbegründung ist nicht denkbar, wenn das Recht nicht seines materiellen Gehalts beraubt werden soll. Wertfreies Recht würde notwendig wertlos".
14 *Rüthers*, Rechtstheorie (wie Anm. 9), Rn. 53, 59 möchte dies ausdrücklich als Arbeitshypothese definiert wissen.
15 Näher *Rüthers*, Rechtstheorie (wie Anm. 9), Rn. 76–90.
16 *Rüthers*, Entartetes Recht (wie Anm. 12), „19. Lehre".
17 *Rüthers*, Methodenrealismus (wie Anm. 7), 57.
18 *Seedorf* (wie Anm. 1), 371, 373: „Noch hinter der letzten Subsumtion in ‚technischen Materien' wie der Grundbuchordnung steckt ein ideologisches Konzept. Auf diesem Weg folgen ihm nicht viele".
19 *Rüthers*, Allgemeiner Teil des BGB, 10. Aufl. München 1997 [zuerst 1976, ab 11. Aufl. 2001 *Rüthers/Stadler*, bis 18. Aufl. 2014, danach von Stadler allein verantwortet] Rn. 3. Rüthers nimmt außerdem eine Abgrenzung zur marxistischen Begriffsbildung vor, in welcher das Bürgerliche Recht die Gesamtrechtsordnung des bürgerlichen Staates meint, Rn. 4.

ihre Bedeutung für die „Gesetzesanwendung" hervorgehoben.[20] Das korrespondiert mit seiner Auslegungslehre.

930 Ein umfangreiches Kapitel ist dem Thema **„Privatrecht und politisches System"** gewidmet. Es enthält Abschnitte zu den wesentlichen Eckpfeilern seines Privatrechtsverständnisses, zu Privatrecht und Industriegesellschaft, Privatrecht als Steuerungsinstrument und Baustein der Verfassungsordnung, zur „systemgebundenen Dienstfunktion des Privatrechts", dem Privatrecht unter dem Grundgesetz, Privatrecht und Wirtschaftsordnung und zur Privatautonomie als Grundelement des Privatrechts. Darin finden sich Ausführungen u.a. zum nationalsozialistischen und sozialistischen Zivilrecht, zur weltanschaulichen Komponente des Privatrechts, seinen Schutzfunktionen, zur gegenseitigen Beeinflussung von Zivilrecht und Verfassungsrecht und zum Privatrecht als „notwendigem Element der Wirtschaftsverfassung." Für ein Lehrbuch zum Allgemeinen Teil ist vieles davon nicht selbstverständlich. Deutlich wird, dass Rüthers sein Verständnis, alles Recht sei (auch) politisch, auf das Privatrecht bezieht und bis auf die Ebene der Studienliteratur durchführt.

931 Rüthers schildert die wirtschaftlichen und sozialen Bedingungen, welche in der Industriegesellschaft „ständig neue Regelungszwänge für Gesetzgebung und Rechtsprechung" auferlegen.[21] **Das Recht sei „Mittel zur Gestaltung** der Gesellschaft und des Staates", keine „unpolitische Materie" und daher mit Franz Böhm[22] ein „materialer Baustein der Verfassungsordnung". Als „Faktor der öffentlichen Gesamtordnung" sei es „unvermeidbar" einer „gewissen Instrumentalisierung" unterworfen und diene der Durchsetzung von Werten. Dagegen gebe es gewisse, begrenzt wirksame „Abwehrkräfte", da die „grundlegenden Institutionen des Privatrechts", das sollen Rechtsfähigkeit, Privatautonomie und Eigentum sein, „die Erfahrung inhumaner Rechtsperversionen in verschiedenen Epochen der Rechtsgeschichte" speicherten.[23] Das subjektive Recht stellt daher einen wesentlichen Grundbegriff in Rüthers' Rechtstheorie dar.[24] **Freiheits- und Gleichheitsgedanke** sollen in diesem Sinne das Privatrecht bestimmen.[25] Die spezifischen historischen Erfahrungen und speziell die unterschiedlichen Auslegungen des BGB in mindestens fünf Staatssystemen sind für ihn „Beweis" der „politischen Substanz" und „systematischen Dienstfunktion" des Privatrechts. Es teile daher die „weltanschaulich geprägte Wertgrundlage" der Gesamtordnung.[26] Bundesrepublikanisches Privatrecht sei also ein „bedeutsames Gestaltungsinstrument" zur Orientierung der „gesellschaftlichen Entwicklung an den demokratischen Idealen von Freiheit

---

20 *Rüthers*, AT (wie Anm. 19), Rn. 7 f.
21 *Rüthers*, AT (wie Anm. 19), Rn. 11 f.
22 Zu Franz Böhm siehe *Rudolf Wiethölther*, Franz Böhm (1895–1977), in: *B. Diestelkamp/M. Stolleis* (Hrsg.), Juristen an der Universität Frankfurt am Main, 1989, 208–252.
23 *Rüthers*, AT (wie Anm. 19), Rn. 13–16. Bereits der Habilitationsschrift liegt dieses Programm zugrunde. Sie beginnt mit den Sätzen: „Das bürgerliche Recht ist ein Instrument zur Gestaltung der Gesellschaft. Dem gesetzten Recht liegt die Gestaltungsabsicht dessen zugrunde, der es gesetzt hat". Eine Definition des Rechtsbegriffs, welche die soziale Gestaltungsfunktion ausklammere, sei nicht sinnvoll möglich, *Rüthers*, Auslegung (wie Anm. 5), Einleitung.
24 *Kurt Seelmann*, Rezension zu Rechtstheorie (wie Anm. 9), in: JZ 2000, 775 f., 775.
25 *Rüthers*, AT (wie Anm. 19), Rn. 15: „Die privatrechtliche Struktur [...] ist prinzipiell freiheitsfreundlich, wenn und soweit soziale und wirtschaftliche Macht durch das Recht und den Wettbewerb gebändigt werden. In diesem Sinne gilt: Privatrechtliche Struktur macht frei".
26 *Rüthers*, AT (wie Anm. 19), Rn. 17, 20: „Privatrecht ist also politisches Recht; es hat eine starke weltanschauliche, [...] ‚ideologische' Komponente. Es hat, wie alles Recht, die Aufgabe, die Grundlagen der jeweiligen sozialen und politischen Ordnung zu schützen".

und Gleichheit".[27] Das Privatrecht sei „Teil der vom Verfassungsgesetz mitgeprägten und garantierten politischen Gesamtverfassung".[28] Die Systembildung, welche der Jurist anstrebe, setze „dem eingeborenen Machthunger der Ideologien normative Grenzen".[29]

Neben der politisch dienenden Funktion des Privatrechts betont Rüthers die Befriedungsfunktion und die durch den Schutz der bestehenden Ordnung konservierende Wirkung des Privatrechts.[30] Mit dieser umfassenden Ortsbestimmung des Privatrechts hebt er sich weit ab von vergleichbaren Lehrbüchern.

3. Wertepluralismus und Wertsubjektivismus

Da auch die Rechtstheorie einer klaren Wertorientierung des Rechts bedürfe,[31] stellt sich die Frage, wie diese Wertgrundlage aussehen soll. Rüthers stellt seine Rechtstheorie auf den rechtswirklichen und verfassungsrechtlich abgesicherten Boden eines **pluralen und demokratischen Rechtsstaats**. In einem solchen divergieren Gerechtigkeitsvorstellungen nicht nur, sie erheben vielmehr gleichberechtigt Anspruch auf Geltung. Zur Vermeidung des Chaos wird die Rechtssicherheit zum zentralen Anker. So ist die Tatsache einer Entscheidung einer Grundsatzfrage für Rüthers „oft wichtiger als der Inhalt dieser Entscheidung".[32] Welchen Standpunkt der Jurist einnimmt, wird in dieser Sichtweise zweitrangig, wichtig sei nur, dass überhaupt eine eigene Standortwahl erfolgt, verbunden mit einem „unverzichtbaren prinzipiellen Gehorsam" gegenüber verfassungsgemäßen Gesetzen.[33] Eine rechtstheoretische Standortwahl sei Aufgabe eines jeden Juristen.[34]

In einer Demokratie dürfe weder die Rechtswissenschaft noch die Rechtsprechung die **Bestimmung der geltenden Wertvorstellungen** an sich ziehen. Insofern lässt sich die Rechtstheorie als „pointierte Stellungnahme gegen Juristenrecht" lesen.[35] Diese Wertbestimmung kommt vielmehr dem demokratisch legitimierten Gesetzgeber zu. Rechtsnormen gingen auf Werturteile zurück, daher sei die „Gesamtrechtsordnung nichts anderes als ein System [...] festgelegter Wertmaßstäbe für menschliches Verhalten".

Da jede „vollständige Rechtsnorm" ein „Steuerungs- und Gestaltungsinstrument" sei und der Normgeber damit „konkrete gesellschaftspolitische Ziele" verfolge, sei die **Anwendung von Recht** „ein Akt der Wertverwirklichung". Jede Norm sei ein Mosaik-

---

27 *Rüthers*, AT (wie Anm. 19), Rn. 24.
28 *Rüthers*, Auslegung (wie Anm. 5), 11 f. nach Franz Böhm. Zum Antagonisten und Vertreter eines unpolitischen Privatrechts wird Josef Esser, 9 f.; siehe auch 437 f.
29 *Rüthers*, Auslegung (wie Anm. 5), 441.
30 *Rüthers*, AT (wie Anm. 19), Rn. 21.
31 *Rüthers*, Auslegung (wie Anm. 5), 496 f. „Eine auf Methodenfragen und sozialtechnische Disziplinen reduzierte Rechtstheorie ähnelt einem Navigator, der über ausgezeichnete Meßinstrumente und Berechnungsmethoden verfügt, aber nicht über verlässliche Fixpunkte (Sterne, Funkfeuer, Leuchttürme), um seinen Standort und seinen Kurs im Strom der Zeit und der Zeitgeister zu ermitteln". „Eine Rechtsphilosophie oder -theorie ohne Aussagen zur Wertordnung im und hinter dem Recht verfehlt ihren Gegenstand" (499). Ebenso *Rüthers*, Rechtstheorie (wie Anm. 9), Rn. 998–1000.
32 *Rüthers*, Wertordnung (wie Anm. 11), 31.
33 *Rüthers*, Rechtstheorie (wie Anm. 9), Rn. 637 f.; ein liberaler Verfassungsstaat müsse Platz für unterschiedliche Geltungsbegründungen bieten.
34 *Rüthers*, Rechtstheorie (wie Anm. 9), Rn. 333: „Juristen ohne einen bewußt gewählten rechtstheoretischen Standort sind ein gesellschaftliches und politisches Risiko. [...] Sie [...] werden zu ahnungslosen oder willfährigen Werkzeugen der jeweiligen Machthaber." Kritisch dazu wegen eines „Spannungsverhältnisses" mit der gleichzeitigen Vernunftskepsis *Seelmann* (wie Anm. 24), 776.
35 *Seelmann* (wie Anm. 24), 776.

stein im Gesamtgerechtigkeitsbild.[36] Das „Sozialideal" des Gesetzgebers lasse sich aus den Einzelnormen im Wege eines „Puzzles" erschließen.[37] Der praktisch arbeitende Jurist sei bei der Normanwendung folglich „Vollstreckungsgehilfe *politisch* zustande gekommener [...] Entscheidungen". Rüthers folgt damit der Figur des ‚denkenden Gehorsams' von Philipp Heck. In normalen Zeiten sei der Jurist daher „zuerst und notwendig Positivist".[38] Eine **„verfassungstreue Methodenlehre"** müsse von der Gesetzesbindung ausgehen.[39] Allerdings schließe die Rechtsordnung auch „Wertungswidersprüche" ein, welche die Rechtsanwendung „im Wege der Auslegung oder Fortbildung des Rechts" zu beseitigen versuche.[40] Außerdem seien Rechtsnormen „Alterungsprozessen" unterworfen.[41]

936 Rüthers begründet subjektiv-individuell. Subjektive Begründungen beziehen sich auf menschliche Bedürfnisse und Interessen, objektive auf die Geltung von Werten ohne die Berücksichtigung **individueller** Bedürfnisse.[42] Im philosophischen Streit über Wertbegründungen bekennt sich Rüthers zu einem „Wertsubjektivismus".[43] Er geht von Werten als „Produkte *subjektiver* menschlicher Begehrensvorstellungen" aus und sieht diesen Wertsubjektivismus als Grundlage freiheitlicher Systeme an.[44] In einer Demokratie bestehe er in der „zu Rechtsnormen geronnenen Herrschaft der Majorität".[45]

937 Rüthers folgt damit dem grundgesetzlich vorgegebenen Modell eines **„pragmatischen Teilrelativismus"**.[46] Dieser lässt sich relativ einfach zusammenfassen: Es gibt demnach nicht **eine** Gerechtigkeit, sondern konkurrierende Gerechtigkeitsvorstellungen. Das ist grundsätzlich zu begrüßen, denn „die Pluralität von Gerechtigkeit bedeutet Freiheit", während die Singularität von Gerechtigkeit zur Herrschaft von Dogmatik bis hin zur Monopolisierung im Totalitarismus führen könne. Um Chaos zu verhindern, müssen alle das geltende Recht beachten.[47]

III. Methodenlehre

938 Methodenlehre an sich sei wertneutral, da durch richtige Methode keine bestimmten Entscheidungen determiniert werden könnten und Methode prinzipiell offen für verschiedene Wertentscheidungen sei. Dies erkenne man gerade in den Ausnahmelagen.[48]

---

36 Kritisch dazu *Horst Dreier*, Rezension zu Wertordnung (wie Anm. 11), in: JZ 1988, 300: illusorisch, da kein geschlossenes Idealbild, sondern ein „Konglomerat durchsetzungsstarker, weil organisationsfähiger Interessen" vorliege.
37 *Rüthers*, Wertordnung (wie Anm. 11), 17 f.
38 *Rüthers*, Wertordnung (wie Anm. 11), 15 f., 20. Zu Heck im vorliegenden Band *Jutta Manegold*, Methode und Zivilrecht bei Philipp Heck (1858–1943).
39 *Rüthers*, Auslegung (wie Anm. 5), 432.
40 *Rüthers*, Wertordnung (wie Anm. 11), 24, um die ‚Einheit der Rechtsordnung' wiederherzustellen".
41 *Rüthers*, Rechtstheorie (wie Anm. 9), Rn. 952 zum Wandel von Werten und sozialen Verhältnissen; eingehend Rn. 953–964.
42 *Eric Hilgendorf*, Recht und Weltanschauung. Bernd Rüthers als Rechtstheoretiker, Konstanz 2001, 18 mit dem Beispiel der materiellen Wertethik in der Rechtsprechung der 50er und 60er Jahre.
43 Zu den Vorzügen eines Wertsubjektivismus *Hilgendorf* (wie Anm. 42), 24 ff.
44 *Rüthers*, Wertordnung (wie Anm. 11), 21 f.
45 *Dreier* (wie Anm. 36), 300.
46 *Dreier* (wie Anm. 36), 300.
47 *Rüthers*, Das Ungerechte an der Gerechtigkeit. Fehldeutungen eines Begriffs, 3. Aufl. Tübingen 2009, 11, 80 f.
48 *Rüthers*, Auslegung (wie Anm. 5), 432: „Die Eignung der herkömmlichen Methodeninstrumente zur weitgehend methodisch fachgerechten Beherrschung sozialer und politischer Ausnahmelagen bei einschneidend gewandelter Wertgrundlage bestätigt die Neutralität der juristischen Methodenlehre gegenüber gewandelten Weltanschauungen".

Als „Schranke gegen totalitäre Rechtsperversionen" sei die Methodenlehre daher untauglich. Methodenlehre sei vielmehr „eine **Theorie der formalen Verwirklichung** ihr vorgegebener materialer Wertentscheidungen des verfassungsmäßig legitimierten Gesetzgebers". Für die Unterscheidung ‚gerechte' oder ‚ungerechte' Rechtsvorschrift seien „materiale, außergesetzliche Maßstäbe" notwendig, da Methodenlehre als Theorie der Rechtsanwendung nicht auf die „Abwehr", sondern die „Verwirklichung" herrschender Gerechtigkeitsvorstellungen gerichtet sei.[49] Rüthers meint jedoch, „Methodenbewusstsein" könne als „Umdeutungsbremse" fungieren.[50] Methodenfragen rücken damit ins Zentrum einer demokratisch-rechtsstaatlichen Theorie, sie sind **Verfassungsfragen**.[51] Zwar sei eine einmal akzeptierte Methodenlehre „weitgehend wertneutral", nicht jedoch die Entscheidung für eine bestimmte Methodenlehre.[52]

Diese Überlegungen Rüthers' gehen von der Frage aus, wie eine **Umwertung der bestehenden Rechtsordnung** ohne eine umfassende Revision der Gesetzeslage methodisch zu bewerkstelligen war. Diese Fragestellung ist eine kritische. Den Ausgangspunkt für ein eigenes Konzept liefern daher eine kritische Bestandsaufnahme der Vergangenheit und die Auseinandersetzung mit – seiner Auffassung nach – für Umwertungen in Rechtskatastrophen wie in rechtsstaatlichen Normallagen anfälligen Methodenkonzepten. Rüthers interessiert daher, wie sich das Privatrecht des BGB in verschiedensten Staats- und Gesellschaftssystemen, der Kaisermonarchie, der Weimarer und Bonner Republik, dem Nationalsozialismus und dem Sozialismus verwenden lassen konnte. Da dies in weiten Teilen ohne größere gesetzgeberische Eingriffe möglich war, musste es mit der Struktur von Rechtsnormen und der Rechtsanwendung zusammenhängen. Im Ergebnis zeige sich, dass die Auslegung von Normen unbegrenzt und unbegrenzbar sei.[53] Durch juristische Methodik lasse sich kein Inhalt von Entscheidungen vorgeben. Der Rechtsinhalt stehe außerhalb des juristischen Instrumentariums.

Gleichzeitig steht damit die **Rechtspraxis** im Zentrum. Wesentliche Fragen für eine Methodenlehre sind dann insbesondere die Stellung des Richters, die Frage der Rechtsquellen und die Auslegungslehre.

1. Methodenkritik

Für Bernd Rüthers kann die **Untersuchung von Rechtskatastrophen**[54] als Ausnahmelagen allgemeine Phänomene deutlicher erkennbar machen. Das gelte etwa für die Ein-

---

49 *Rüthers*, Auslegung (wie Anm. 5), 442 f. Jedoch dürfe die Möglichkeit der Ausnahmelage nicht dazu führen, „außergesetzliche Wertvorstellungen unter dem Etikett eines allgemeinen Rechtsprinzips zu einer allgemeingültigen, bei der Rechtsanwendung regelmäßig zu beachtenden überpositiven Rechtsquelle zu erklären" (454). Zur „Theorie der formalen Verwirklichung materialer Wertentscheidungen" ähnlich *Rüthers*, Entartetes Recht (wie Anm. 12), „17. Lehre"; siehe auch *Rüthers*, Rechtstheorie (wie Anm. 9), Rn. 992–996.
50 *Rüthers*, Auslegung (wie Anm. 5), 491; ebenso *Rüthers*, Rechtstheorie (wie Anm. 9), Rn. 996.
51 *Rüthers*, Auslegung (wie Anm. 5), 488: „Selbst die banale Erkenntnis, daß Methodenfragen Verfassungsfragen sind, weil sie unmittelbar das Rechtsstaats- und Demokratieprinzip betreffen, wird selten formuliert oder gar ernstgenommen".
52 *Rüthers*, Auslegung (wie Anm. 5), 433 mit Kritik an Hecks „irrigem" Schluss von einer wertneutralen Funktion auf eine Philosophiefreiheit der Methode selbst. Das philosophische Fundament dieser Position sei vielmehr der Gesetzespositivismus, *Rüthers*, Entartetes Recht (wie Anm. 12), 39; zu Hecks ‚Irrtum' auch *Rüthers*, Rechtstheorie (wie Anm. 9), Rn. 535.
53 Zusammenfassend *Seedorf* (wie Anm. 1), 340.
54 Ich verwende den Begriff Rechtskatastrophe anstelle von Rechtsperversion, da Rüthers allgemein Recht anhand der Ausnahmelage eines Systembruchs untersucht. Für das jeweils bestehende Recht ist dies immer eine Katastrophe im Wortsinn einer negativen Wendung. Daraus folgt jedoch nicht notwendig eine Rechtsperversion wie im Nationalsozialismus.

sicht, dass die „Ausrichtung" der Anwendung von Generalklauseln „nach politisch-weltanschaulichen Gesichtspunkten" erfolge, was in Normallagen nicht so deutlich erkennbar sei.[55]

942 Als Hauptquelle seiner Methodenkritik wird Philipp Heck genannt; seltener bezieht er sich auf Jhering.[56] Rezensenten stellen einerseits den besonderen Praxisbezug, andererseits die Einbeziehung rechtspolitischer und zeitgeschichtlicher Zusammenhänge bei Rüthers heraus.[57]

a) Rechtsumbildung im Systembruch

943 Der Nationalsozialismus war neben menschlichen, gesellschaftlichen und anderen Katastrophen auch eine Rechtskatastrophe, denn weite Teile des bestehenden Privatrechts konnten für die Umsetzung der NS-Ideologie nutzbar gemacht werden. Wenn in den Rechtstexten vieles zumindest über längere Zeit unverändert blieb, mussten die Ursachen an anderer Stelle zu finden sein, also auf der **Anwendungsebene**. Rüthers fragte daher nach der Rolle der Methoden und den daraus zu ziehenden Konsequenzen und kommt zu einer „Zusammenfassung der Lehren aus der Rechtsperversion im Nationalsozialismus" in 24 Punkten.[58]

944 Ein Ergebnis ist, dass einige wenige Instrumente genügen, um eine Rechtsordnung **ohne Gesetzgebung** inhaltlich umzugestalten. Dazu gehörten vor allem die Verkündung einer neuen Rechtsquellenlehre mit Führerbefehl und Parteiprogramm, eine neue überzeitliche Rechtsidee, neue methodische Grundbegriffe des Rechts (konkrete Ordnungen, konkret-allgemeine Begriffe), eine verbindliche Gemeinschaftsideologie und schließlich eine ‚objektive' Auslegungsmethode.[59] Letztere ist auch Gegenstand von Rüthers Kritik an der bundesrepublikanischen Methodenlehre und -praxis und daher für sein eigenes Konzept näher zu untersuchen.

945 Rüthers hebt die überragende **Bedeutung der unbestimmten Rechtsbegriffe und sog. Generalklauseln** hervor, deren Funktion als Einfallstore vor allem für die Grundrechtsdrittwirkung bekannt ist, aber auch vor 1949 wesentlich war. Daneben bestanden „schlagwortartige Bezeichnungen" zentraler rechtlicher Wertvorstellungen, die als „verselbstständigte Ergänzungs- und Korrekturbegriffe" „bemerkenswerte rechtsmethodische Bedeutung" entfalteten, so das „gesunde Volksempfinden" im Nationalsozialismus,[60] die „sozialistische Gesetzlichkeit" in der DDR[61] und die Sozialadäquanz

---

55 *Rüthers*, Auslegung (wie Anm. 5), 266 f.; siehe auch die „4. Lehre", *Rüthers*, Entartetes Recht (wie Anm. 12).
56 *Hilgendorf* (wie Anm. 42), 13 mit Endnote 15 und 16 stellt daneben eine starke Verbindung zur philosophischen Sprachkritik heraus. Siehe auch *Rüthers* selbst, Rechtstheorie (wie Anm. 9), Rn. 545: „Heck hat [...] eine systematisch durchgearbeitete und umfassende Auslegungslehre [...] entwickelt, wie sie vorher in dieser Geschlossenheit unbekannt war und in vielem noch heute ‚Stand der Technik' ist. Niemand hat Inhalt und Grenzen der Gesetzesbindung der Justiz klarer definiert". Darüber hinaus zur Nähe zum kritischen Rationalismus *Axel Birk*, Der kritische Rationalismus und die Rechtswissenschaft. Bernd Rüthers und Karl-Heinz Fezer – ein Ausgangspunkt, unterschiedliche Folgerungen, in: Rechtstheorie 48 (2017), 43-75, ab 50.
57 So *Seelmann* (wie Anm. 24), 775.
58 *Rüthers*, Entartetes Recht (wie Anm. 12), 223–225. Diese wurden von Okko Behrends als „Rüther'scher Katechismus" bezeichnet – dagegen *Rüthers*, Aus der Geschichte lernen? Eine Erwiderung, in: Rechtshistorisches Journal 8 (1989), 381–395, 389. Behrends sei „gläubiger Verfassungsnaturrechtler".
59 *Rüthers*, Methodenrealismus (wie Anm. 7), 55.
60 Siehe *Joachim Rückert*, Das „gesunde Volksempfinden" – eine Erbschaft Savignys?, in: ZRG (GA) 103 (1986), 199–247.
61 Dazu *Michael Stolleis*, Sozialistische Gesetzlichkeit. Staats- und Verwaltungsrechtswissenschaft in der DDR, München 2009.

in der BRD.[62] Seine Kritik an Denkformen, welche eine Institution gegenüber dem Gesetz als „vor- oder außerpositives Gebilde verstehen", gilt dabei vielen bedeutenden Rechtswissenschaftlern von Savigny bis Carl Schmitt.[63]

Derartige Auffassungen basieren nach Rüthers auf der Vorstellung eines **objektiv vorgegebenen Reichs von Werten**, welche bloß noch erkannt werden müssten.[64] Man jage dabei aber Phantome.[65] Die „institutionelle" Auslegung konkreter Ordnungen und konkret-allgemeiner Begriffe habe eine „Schlüsselfunktion für die Einführung nicht normierter Wertungen in die praktische Rechtsanwendung" inne.[66] Jedoch besitzen Begriffe wie Typus, Prinzip, Rechtsgrundsatz, Rechtswert, Natur der Sache, Sinn und Wesen nicht nur Bedeutung für die objektive Theorie unabhängig vom Gesetz, sondern sind bei Rüthers ambivalent, können auch als „immanente Wertmaßstäbe", als Zusammenfassung positiver Wertungen dienen.[67]

Allerdings hätte nach Rüthers Einschätzung auch **Hecks Methode** (zu Heck s. Anm. 38) ein „perfektes Instrument zur Umwertung der Rechtsordnung" geboten. Heck habe methodische Einheit und rationale Nachprüfbarkeit angestrebt, während Gerechtigkeit nicht im Zuständigkeitsbereich dieser Methodenlehre gelegen habe. Sein Interessenbegriff war wertneutral. Jedoch wurde seine Trennung von Rechtsphilosophie und Methodenlehre angegriffen, da diese Trennung als „Verfälschung und Eingriff in die Substanz der reinen Idee" gegolten habe.[68] Für die überwiegende Position scheint der Reichsrechtsführer Hans Frank kennzeichnend, der 1936 verkündet hatte, der Richter solle sich nicht an das überkommene Gesetz halten, sondern sich fragen, wie der Führer an seiner Stelle entscheiden würde. Im Nationalsozialismus konkurrierten objektive wie subjektiv-teleologische Methodenlehren um die besondere Eignung für die Umwertung des Zivilrechts.[69] Nach Rüthers brachten die unterschiedlichen Auslegungslehren im Ergebnis kaum einen Unterschied. Aber während die subjektive Lehre immerhin Rechtsklarheit und Bewusstheit fördere, indem sie enger an die sichtbare historische Wertung binde, ermögliche die objektive Theorie einen größeren Spielraum, da sie an eine vermutete gegenwärtige Wertung binde, dabei aber Methodenklarheit und Rechtssicherheit einbüße.[70]

Rüthers kommt somit zu dem Schluss, dass **Methodenlehre wertneutral** sei und keine Methode die NS-Rechtskatastrophe hätte verhindern können, es aber gleichwohl bedeutende Unterschiede gebe.

b) Die Tarnkappe der objektiven Auslegung

Das Thema objektive Theorie berührt ein Problem auch der gegenwärtigen Rechtsanwendung. Kennzeichnend für die heutige **objektive Auslegung** sind Äußerungen des

---

62 *Rüthers*, Auslegung (wie Anm. 5), 263; dazu die „10. Lehre", *Rüthers*, Entartetes Recht (wie Anm. 12).
63 *Rüthers*, Umdenken (wie Anm. 1), 60. Pointiert *Rüthers*, Entartetes Recht (wie Anm. 12), „11. Lehre: Das institutionelle Rechtsdenken liefert wissenschaftlich klingende Scheinargumente. Der juristische Irrweg institutionellen Rechtsdenkens beginnt dort, wo die in ‚Typen' beschriebene Wirklichkeit ihrerseits normativ aufgefaßt wird: Weil etwas so *ist, soll* es auch so sein. Das Faktum wird zum Gebot erhoben".
64 Dazu *Rüthers*, Wertordnung (wie Anm. 11), 21.
65 *Rüthers*, Rechtstheorie (wie Anm. 9), Rn. 797.
66 *Rüthers*, Auslegung (wie Anm. 5), 457.
67 *Rüthers*, Auslegung (wie Anm. 5), 452. Zur Funktion als „Scheinbegründungen" auch *Rüthers*, Rechtstheorie (wie Anm. 9), Rn. 913–934.
68 *Rüthers*, Auslegung (wie Anm. 5), 270–277.
69 *Rüthers*, Auslegung (wie Anm. 5), 178 ff.
70 *Rüthers*, Auslegung (wie Anm. 5), 181 f.

damaligen BGH-Präsidenten Hirsch aus dem Jahr 2003: „Es geht also nicht darum, was sich der ‚Gesetzgeber' – wer immer das sein mag – beim Erlass des Gesetzes ‚gedacht hat', sondern darum, was er vernünftigerweise gedacht haben sollte".[71] In den Augen von Rüthers wird die objektive Auslegung damit zum **Instrument der Umverteilung der Rechtsmacht** vom Gesetzgeber auf den Richter. Der Staat werde vom demokratischen Rechtsstaat zum „oligarchischen Richterstaat".[72] Der Rechtsanwender meine entscheiden zu können, was objektiv „vernünftig" sei, und behaupte, kompetent dafür zu sein, in der Problemlösung vom Willen des Gesetzgebers abzuweichen. Hassemer spricht mit der Falsifikationsresistenz der objektiven Auslegung einen weiteren Aspekt an.[73] Aber auch wer Rüthers' Argumente teilt, kommt nicht notwendig zu den gleichen Folgerungen.[74]

950   Rüthers sagt nicht, dass der Richter nicht abweichen dürfe, aber die Bezeichnung als Auslegung sei unehrlich, vielmehr handele es sich um eine „Einlegung". Der Begriff des ‚Willen des Gesetzes' sei nur eine „täuschende Verbrämung".[75] Die objektive Theorie beruhe auf einer Fiktion, die Rede vom ‚**Willen**' des Gesetzes sei eine „**romantische Mystifikation**", stehe aber „im Dienste sehr konkreter Interessen", nämlich der Lockerung des Willens des Gesetzgebers.[76] Die Auffassung, ein Gesetz könne klüger sein als der Gesetzgeber (Josef Kohler 1886) gehe fehl, nur der Richter könne klüger sein.[77] Rüthers geht es vor allem um die Entschleierung rechtspolitischen Handelns, das sich hinter scheinbar objektiven Maßstäben verbirgt: „Wenn der Geist des Rechts oder des Gesetzes oder gar der objektive Geist beschworen wird, dann erscheint, wenn überhaupt, allenfalls der Geist des Beschwörers".[78] Recht wird damit auch zum Sprachproblem. Es handele sich um eine „Hexerei mit Worten" (Wittgenstein), um „die Usurpation normsetzender Funktionen durch die Justiz im Tarnmantel der ‚Auslegung' zu präsentieren".[79] Die Rechtsanwendung könne nur zwei Regelungswillen verwirklichen, den des Gesetzgebers oder den des Rechtsanwenders, einen Dritten in

---

71 Zitiert nach *Rüthers*, Methodenrealismus (wie Anm. 7), 57. Dazu *Rüthers*, Gesetzesbindung oder freie Methodenwahl? Hypothesen zu einer Diskussion, in: ZRP 2008, 48–51, 51: „Damit wird der Herrschaftsanspruch der Judikative über die Legislative offengelegt".
72 *Rüthers*, Auslegung (wie Anm. 5), 489 f.: „Nach der ‚objektiven Auslegung' ist das Gesetz, einmal erlassen, mit einem Freiballon zu vergleichen, der, einmal aufgeblasen, jeder Kontrolle entrückt, den Winden des jeweiligen Zeitgeists folgt. Die Gesetzgebung verliert jede Steuerungsfähigkeit. Der Staat wird vom demokratischen Rechtsstaat zum oligarchischen Richterstaat."
73 *Winfried Hassemer*, Gesetzesbindung und Methodenlehre, in: ZRP 2007, 213–219, 216.
74 Siehe nur den Beitrag von *Dieter Simon*, Vom Rechtsstaat in den Richterstaat?, Wiedergelesen: Vom Rechtsstaat in den Richterstaat? – Rechtswirklichkeit (hypotheses.org) (zuletzt abgerufen am 26.02.2024). Rüthers kämpfe mit den richtigen Argumenten für das „Unhaltbare" (Vorbem.). Dort ebenfalls kritisch zur objektiven Auslegung (5). Simon sieht zwar das Prinzip der Gewaltenteilung verletzt, will aber lieber die Verletzung „perfektionieren" (V.) als vergeblich dagegen anzukämpfen und das „strikte Gesetzesbindungsdenken auf den argumentativen Kampf um die richtige Norm umorientieren und diesen offen und teleologisch ausfechten" (IV.).
75 *Rüthers*, Methodenrealismus (wie Anm. 7), 57.
76 *Rüthers*, Auslegung (wie Anm. 5), 489 f.: „Wer von ‚objektiver Auslegung' spricht, betrügt entweder sich selbst oder andere"; ebenso *Rüthers*, Methodenrealismus (wie Anm. 7), 58.
77 *Rüthers*, Rechtstheorie (wie Anm. 9), Rn. 722.
78 *Rüthers*, Gerechtigkeit (wie Anm. 47), 81, ähnlich die „6. Lehre", *Rüthers*, Entartetes Recht (wie Anm. 12); ebenso *Rüthers*, Anleitung zum fortgesetzten methodischen Blindflug?, in: NJW 1996, 1249–1253, 1252. Kritisch zu den Vorwürfen gegen ‚objektiv-teleologische Kriterien' der Rechtsfindung" *Claus-Wilhelm Canaris*, „Falsches Geschichtsbild von der Rechtsperversion im Nationalsozialismus" durch ein Porträt von Karl Larenz? Wider einen Versuch „unbegrenzter Auslegung" eines wissenschaftlichen Textes, in: JZ 2011, 879–888, 886 f.
79 *Rüthers*, Rechtstheorie (wie Anm. 9), Rn. 649.

Form des objektiven Willens gebe es nicht.[80] Die objektive Methode fördere damit den „Verfassungswandel vom Rechtsstaat zum Richterstaat".[81] Inzwischen habe die Methodenpraxis der letzten Instanzen Rechtsbegriff und Rechtsquellenlehre „verändert".[82]

Rüthers wird in seiner Ablehnung sehr deutlich: Es sei ein Gebot der **„Methodenehrlichkeit"** und der „geistigen Hygiene", „ein Schweigen des Gesetzes als Lücke und die Abweichung vom Gesetz als rechtspolitisch begründete richterliche Gesetzeskorrektur offenzulegen" und nicht hinter Scheinargumenten zu verschleiern.[83]

Mit der Ablehnung der objektiven Theorie geht folgerichtig die Ablehnung **naturrechtlicher Ansätze** einher. Die Vielzahl naturrechtlicher Deutungsmöglichkeiten münde stets in die Zuständigkeitsfrage, also die Frage, wer letztendlich entscheide. Es gelte daher immer das Naturrecht des letztinstanzlichen Gerichts. Naturrecht sei daher für ein kodifiziertes Rechtssystem ein „anarchisches, zerstörerisches Element".[84]

Gleichwohl begibt sich Rüthers in eine **doppelte Frontstellung**, indem er zugleich positivistische Strömungen angreift. Hier stört ihn die Ausblendung politischer Faktoren in der Rechtsanwendung. Die „Allmacht des Gesetzgebers" und die „instrumentelle Funktion der Judikatur" hatten in der Diktatur zu „beliebiger Willkür" führen müssen.[85] Dennoch sei der **Gesetzespositivismus** für den Nationalsozialismus, der mehr mit rechtsändernder Auslegung arbeiten wollte, eine „lästige Fessel" gewesen. Rüthers greift allerdings sehr verschiedene Positivismen an, spricht etwa von einem „extremen Positivismus des Führerwillens".[86] Es lasse sich eine Linie ziehen vom „rechtswissenschaftlichen Positivismus der Pandektenzeit" über den „Gesetzespositivismus" anfangs des 20. Jahrhunderts zum „Richterpositivismus" der Gegenwart.[87] Rüthers nennt an verschiedenen Stellen einen Gesetzes-, Verfassungs- und einen Richter- oder Interpretationspositivismus.[88] Dennoch kommt er zu dem Schluss, dass eine „Kombination von Gesetzes- und Richterpositivismus" „die Rechtstheorie des Normalzustandes" sei.

Über die objektive Auslegung hinaus übt Rüthers **Fundamentalkritik** an der Rechtspraxis. Nicht einmal die gering zu veranschlagende Bindungswirkung der objektiven Auslegung werde in der Praxis eingehalten, die Sachgründe der Kontroverse um die objektive oder subjektive Methode seien unbekannt oder würden geleugnet, die Folgen für die Ergebnisse nicht erkannt. Das beruhe auf Versäumnissen der Methodenlehre beziehungsweise auf ihrem geringen Stellenwert in der Ausbildung.[89] Das Richterrecht

---

80 *Rüthers*, Rechtstheorie (wie Anm. 9), Rn. 718 f.
81 *Rüthers*, Methodenrealismus (wie Anm. 7), 56. *Rüthers* hat diesen Aspekt zuletzt intensiv erörtert und zusammengeführt in: Die heimliche Revolution vom Rechtsstaat zum Richterstaat. Verfassung und Methoden, Tübingen 2014, ²2016.
82 So stärker akzentuierend jetzt im Vorwort der Rechtstheorie (wie Anm. 9), 11. Aufl. 2020, VII.
83 *Rüthers*, Rechtstheorie (wie Anm. 9), Rn. 724; zusammenfassende Kritik zur objektiven Auslegung Rn. 806–815.
84 *Rüthers*, Auslegung (wie Anm. 5), 448–451.
85 *Rüthers*, Auslegung (wie Anm. 5), 97. Hierbei geht es auch um Gewaltenteilung.
86 *Rüthers*, Auslegung (wie Anm. 5), 99, 138.
87 *Rüthers*, Rechtstheorie (wie Anm. 9), Rn. 490 f. „Der Richterpositivismus".
88 *Rüthers*, Umdenken (wie Anm. 1), 41 ff., 70 f., „Ich halte die These von der unpolitischen Rechtsanwendung für irrig" (43). Die Überwindung des Gesetzespositivismus werde meist durch einen Richterpositivismus „erkauft" (71). Der Verfassungspositivismus wiederum verstelle den Blick auf den Einfluss des Richterrechts, *Rüthers*, Auslegung (wie Anm. 5), 459. Zum Richterpositivismus auch ebd. 476. Etwas polemisch *Rüthers*, Gesetzesbindung (wie Anm. 71), 50: „Der für überwunden erklärte Gesetzespositivismus wird durch einen kruden, mindestens ebenso fragwürdigen Richterpositivismus ersetzt".
89 *Rüthers*, Methodenrealismus (wie Anm. 7), 54.

sei zwar einerseits unausweichlich, es wirke jedoch andererseits auf die Erstbetroffenen „wie taubeneiergroße Hagelschläge aus blauem Himmel".[90] Die Rechtsprechung verlasse allzu häufig die gesetzliche Grundlage.[91]

c) Versäumnisse der Methodenlehre

955 Die von ihm analysierte Methodenlehre und Rechtsanwendung im Dritten Reich stellt für Rüthers **kein singuläres Ausnahmeproblem** dar, vielmehr kommt er zu der verabsolutierenden Aussage: „Der enge Zusammenhang zwischen Recht und Ideologie, zwischen Rechtsanwendung und Weltanschauung ist eine permanente, für jede Epoche gültige Tatsache: auch für uns heute!".[92] Die sog. Machtergreifung der Nationalsozialisten war insofern nur eine „außerordentlich zugespitzte Problemlage" des Grundproblems, dass eine Rechtsordnung für neue gesellschaftliche und politische „Wünsche und Vorstellungen" dienstbar gemacht werden soll.[93] „Die Ausnahmelage der Rechtsperversion" decke also gerade die „Grundlagen von Recht, Justiz und Wissenschaft" auf.[94] Die „Verschränkung von Recht und Ideologie", „die unvermeidbare und unlösbare Hinordnung des Rechts auf außerrechtlich vorgegebene Glaubenssätze" sei „die ‚metaphysische' Grundlage allen Rechts".[95] Vielleicht könnte man sagen, dass sich die methodischen Umwertungen in Normallagen oft unterhalb der Wahrnehmungsschwelle bewegen. Rüthers versteht daher seine Arbeit nicht als Bestandsaufnahme für die Vergangenheit, sondern als „Voraussetzung dafür, die gegenwärtigen und zukünftigen Aufgaben der Rechtswissenschaft [...] angemessen erfassen und lösen zu können". Dazu gehört „die Unausweichlichkeit rechtspolitischer Elemente in der Rechtsanwendung", die das „Leitbild vom ‚unpolitischen' Richter als falsch" widerlege.[96] Die **Geschichtslosigkeit** einer Methodenlehre, die solche Zusammenhänge ausblende, rückt hier in den Vordergrund der Kritik. Der Katastrophenfall des Rechtsversagens dient als Ausgangspunkt für alle weiteren Überlegungen. Rüthers fasst dies in einem Bonmot in Abwandlung des berühmten Gorbatschow-Zitats so zusammen: „Wer sich falsch erinnert, den bestraft die Zukunft".[97]

---

90 Rüthers, Gerechtigkeit (wie Anm. 47), 62, 76: „Richterrecht ist unser Schicksal" (Gamillscheg 1964). Kritik habe die Funktion, richterrechtliche Regelungsfreude zu beschränken und „nach den Grundsätzen der Gewaltenteilung und der Demokratie zu domestizieren", da ein „ausuferndes Richterrecht" langfristig „die politische Neutralität und die Unabhängigkeit der Richter" in Frage stelle (114). Richterrecht als Schicksal auch in der „2. Lehre", Rüthers, Entartetes Recht (wie Anm. 12).
91 Rüthers, Gerechtigkeit (wie Anm. 47), 122: „Der Richter ist der Diener des Gesetzes, also weder sein Herr noch zur rechtspolitischen Kritik oder gar Korrektur des Gesetzgebers berufen. Wo ein eigener rechtspolitischer Gestaltungswille des Richters (wie im Arbeitsrecht nicht selten zu beobachten) über das geltende materielle Gesetz oder zwingendes Verfahrensrecht triumphiert, da wird die Verfassung schwerwiegend verletzt". Abweichend unten bei Anm. 118. Siehe auch das Methodenbeispiel unten.
92 Rüthers, Umdenken (wie Anm. 1), 13. Ähnlich Rüthers, Methodenrealismus (wie Anm. 7), 56.
93 Rüthers, Umdenken (wie Anm. 1), 28.
94 Rüthers, Gerechtigkeit (wie Anm. 47), 82 f.
95 Rüthers, Methodenrealismus (wie Anm. 7), 56.
96 Rüthers, Umdenken (wie Anm. 1), 99. Aus der „politischen Funktion der Rechtsanwendung" erwachsen nun der Jurisprudenz „kritische Aufgaben", nämlich „politische Elemente erkennbar und bewußt zu machen, Scheinargumente auszuräumen und die Offenlegung der realen rechtspolitischen Beurteilungsmaßstäbe zu erzwingen". Zur rechtspolitischen Funktion der Justiz auch die „20. Lehre" in Rüthers, Entartetes Recht (wie Anm. 12).
97 Vorangestellt u.a. seinem Beitrag Selektives Erinnern (wie Anm. 1), 1149; in einem breiteren Kontext auch Rüthers, Deutsche Funktionseliten als Wende-Experten? Erinnerungskulturen im Wandel der Systeme und Ideologien 1933, 1945/49 und 1989, Konstanz 2017, 79.

Unter anderem werde eine „gesellschaftswissenschaftliche Rechtswissenschaft des 19. Jahrhunderts" ausgeblendet, die er mit den Namen Karl Marx und Lorenz von Stein verbindet.[98] Daneben kritisiert er besonders die „Verdrängung der Systemwechsel als Erkenntnisgegenstand". Die Vernachlässigung der gesellschaftlichen Rechtswissenschaft sei problematisch, weil ohne diese die maßgeblichen Strömungen der **Interessen- und der Wertjurisprudenz** „kaum erklärbar" seien.[99] Sie habe eine „neue Epoche der Rechtswissenschaft" begründet, indem sie den Blick auf die „ökonomischen, gesellschaftlichen und politischen Grundlagen des Rechts" gerichtet habe. Es sei Jhering und Heck um die Betonung der „praktischen Rechtswissenschaft", um die „Einwirkung auf das Leben" gegangen. Die Wertungsjurisprudenz habe dann die Betonung der Bindung an die „gesetzlichen Bewertungsmaßstäbe" der Interessengegensätze hervorgehoben.[100]

Folgen dieser Versäumnisse sind aus seiner Perspektive „Methodennaivität" und die „Zauberei" mit scheinbar objektiven Begriffen wie der „Natur der Sache"[101] und das Verkennen von Methodenfragen als Macht- und Verfassungsfragen.[102] Versuche, eine juristische Methodenlehre „ungeschichtlich" und als „scheinbar unpolitisch" auch nur „darzustellen", seien gefährlich.[103] „Geschichtsblinde Juristen" erachtet er als gefährdet. Sein eigenes Methodenkonzept soll diese Blindheit beheben helfen.

2. Methodenkonzept

Eine rechtshistorische Betrachtungsweise ist folgerichtig ein Kernelement bei Rüthers. Er strukturiert einen wesentlichen Teil seiner Rechtstheorie historisch (§§ 12–18, in § 19 folgt die Notwendigkeit einer Standortwahl des Juristen). Wertneutralität der Methodik bedeute nicht Wertfreiheit der Rechtsanwendung.[104] Da es kein unpolitisches Recht gebe, Juristen aber Recht produzierten, kritisiert Rüthers Versuche, „Rechtsanwendung als rein logische, unpolitische Tätigkeit darzustellen".[105] Die „Illusion der unpolitischen Rechtsanwendung" mache die Juristen „zu Zauberern der Einlegung anstatt zu Dienern einer gesetzes- und rechtstreuen Auslegung".[106] Die Auslegung habe eine dienende Funktion, denn sie verwirkliche vorgegebene Wertmaßstäbe.[107] Sie erfolgt also wertungsbewusst und gesetzesloyal.

---

98 *Rüthers*, Blindflug (wie Anm. 78), 1251; näher dazu *Rüthers*, Rechtstheorie (wie Anm. 9), § 14 Klasse und Recht, Rn. 493–517.
99 *Rüthers*, Blindflug (wie Anm. 78), 1251: „Die Beschränkung der historischen Darstellung auf die Wurzeln des Rechtsdenkens im deutschen Idealismus und in der historischen Rechtsschule führt zu der geschichtswidrigen Vorstellung einer weitgehend politikfreien Rechtswissenschaft und Rechtspraxis, und das in einer Epoche ständig neuer Politisierungen". Gegen die Fixierung auf den „deutschen Idealismus" auch *Rüthers*, Rechtstheorie (wie Anm. 9), Rn. 517.
100 *Rüthers*, Rechtstheorie (wie Anm. 9), Rn. 525, 532.
101 *Rüthers*, Blindflug (wie Anm. 78), 1252.
102 *Rüthers*, Methodenrealismus (wie Anm. 7), 56. Zu Methodenfragen als Macht- und Verfassungsfragen *Rüthers*, Rechtstheorie (wie Anm. 9), Rn. 542 f.
103 *Rüthers*, Rechtstheorie (wie Anm. 9), Rn. 645.
104 *Seedorf* (wie Anm. 1), 366.
105 Dazu *Hilgendorf* (wie Anm. 42), 8, 11.
106 *Rüthers*, Rechtstheorie (wie Anm. 9), Rn. 647. Den Begriff der Einlegung verwendet Rüthers anstelle der Auslegung zur Kennzeichnung der Umwertung auf der Basis neuer vorrangiger außergesetzlicher Rechtsquellen seit seiner unbegrenzten Auslegung (wie Anm. 5), 176. Zur „Illusion einer von Rechtspolitik freien Rechtsanwendung" ebd. 475.
107 *Rüthers*, Auslegung (wie Anm. 5), 436, zwar in einem wertenden Vorgang, aber nicht frei, sondern „gebunden an die Wertmaßstäbe der Gesamtrechtsordnung".

a) Rechtsanwendung im „denkenden Gehorsam"

959 Eine verbindliche Methodenlehre diene der Gewährleistung der Gewaltenteilung und damit der Sicherung des Rechtsstaats, sie wird damit zu einer **Verfassungsfrage**.[108] Sie sichere Gleichbehandlung gleicher Fälle und dadurch Rechtssicherheit, sei Voraussetzung rationaler Begründung und Kritik gerichtlicher Entscheidungen, erlaube „richterliche Selbstkontrolle" und rechtstreues Verhalten des Bürgers und ermögliche schließlich die „innere Moralität" (Fuller, The Morality of Law ³1967) des Rechts.[109] Gerade das Grundgesetz sei nicht methodenneutral: Es statuiere mit der Bindung an das Gesetz (s. Artt. 20 Abs. 3, 97 Abs. 1, 100 Abs. 1 GG) einen „Ausgangspunkt für alle Überlegungen". Die Aufgabe der Methodik sei es, die Umsetzung dieses Gebots in der Rechtsanwendung sicherzustellen. Der Rechtsanwender dürfe seine Methoden nicht frei wählen.[110]

960 Rüthers' Überlegungen zur Rolle des Rechtsanwenders basieren auf der **Figur des „denkenden Gehorsams"** (Heck). „Nicht die Logik der Subsumtion unter den Wortlaut, sondern die Teleologie, also die Verwirklichung der Normzwecke ist entscheidend".[111] Bei Heck sei „das Primat der Logik" durch ein „Primat der Lebensforschung und Lebenswertung" verdrängt worden; Rechtsnormen sind dann verbindlich gemachte Interessenbewertungen lebenswirklicher Regelungsprobleme,[112] die Richter an diese Bewertung streng gebunden.[113]

961 Der Rechtsanwender müsse aber den „sozialen Stoff kennen", der geregelt werde, und den „rechtspolitischen Zweck", da gerade auch durch das Privatrecht „gesellschaftspolitische Grundentscheidungen" verwirklicht würden.[114] Denn es sei jede Rechtsnorm „auf gesellschaftliche Voraussetzungen hin gezielt", welche einem dauernden Wandel unterworfen seien. Daher seien die **Anpassung und Fortbildung des Rechts** „vielleicht die wichtigste Funktion des Rechtsanwenders".[115]

962 Für Rüthers wäre daher eine Alternativenbildung wie ‚Richterkönig oder Subsumtionsautomat' unzureichend. Seinem Verständnis nach ist der Richter nicht Subsumtionsautomat, sondern „Gehilfe des Gesetzgebers",[116] bzw. inzwischen „dienender Partner des Gesetzgebers", da er **im Lückenbereich als Gesetzgeber** tätig werde[117] und unter Umständen sogar „kritischer Korrektor".[118] Wie die Interessenjurisprudenz betont habe, sei der Richter weniger frei als der Gesetzgeber. Es gehe um den „konkretisierenden Nachvollzug" der gesetzlichen Entscheidung. Richterliche Eigenwertungen müssten

---

108 *Rüthers*, Rechtstheorie (wie Anm. 9), Rn. 649.
109 *Rüthers*, Methodenrealismus (wie Anm. 7), 53; siehe auch *Rüthers*, Rechtstheorie (wie Anm. 9), Rn. 649-654, „Funktionen der juristischen Methodenlehre".
110 *Rüthers*, Rechtstheorie (wie Anm. 9), Rn. 706 ff. Neben dem Rechtsstaats- erzwinge dies auch das Demokratieprinzip.
111 *Rüthers*, Rechtstheorie (wie Anm. 9), Rn. 143; ebenso Rn. 695.
112 Dazu *Rüthers*, Rechtstheorie (wie Anm. 9), Rn. 527.
113 *Rüthers*, Rechtstheorie (wie Anm. 9), Rn. 536 mit einschlägigen Zitaten: „Das Prinzip der Gesetzesbindung duldet keine Ausnahme".
114 *Rüthers*, AT (wie Anm. 19), Rn. 21.
115 *Rüthers*, Auslegung (wie Anm. 5), 2 f.
116 *Rüthers*, Auslegung (wie Anm. 5), 267 f. zu Hecks Verständnis von Generalklauseln als Delegationsnormen. Der Gesetzgeber delegiert die Entscheidung an die Rechtsprechung.
117 *Rüthers*, Rechtstheorie (wie Anm. 9), Rn. 529.
118 *Rüthers*, Rechtstheorie (wie Anm. 9), Rn. 827, dann allerdings nach einem formalen Verfahren. Die Gegenposition übergehe die Bindung an das Gesetz nach Art. 91 I GG und das Vorlagegebot des Art. 100 GG, *Rüthers*, Zwischenruf aus der methodischen Wüste: „Der Richter wird´s schon richten"(?), in: JZ 2006. 958 ff., 959.

„seltene Ausnahmefälle" bleiben.[119] Es sind also **drei Fälle** zu unterscheiden, nämlich die Normanwendung in dienendem Gehorsam, die Lückenfüllung praeter legem und die „Gehorsamsverweigerung" contra legem.[120]

Es handelt sich bei Rüthers also keineswegs um **eine generelle Absage an Richterrecht und richterliche Rechtsfortbildung**. Bei Fehlen einer gesetzlichen Wertung sei Auslegung nicht möglich. Aufgrund des Rechtsverweigerungsverbots (Art. 19 IV) sind die Gerichte im Lückenbereich gehalten, Richterrecht zu schaffen.[121] Auch Rechtsfortbildung sei wegen der raschen „Alterung" der Gesetze „legitim und unvermeidbar".[122] Entscheidend seien die von Rüthers sog. sekundären Lücken, welche der soziale Wandel reiße, indem er fortlaufend neue Sachverhalte und Interessenkonflikte schaffe. Die Rechtsprechung habe hier keine andere Wahl, denn als Ersatzgesetzgeber tätig zu werden.[123] Das gelte insbesondere im Arbeitsrecht.[124] Daraus resultiere letztlich die Unvermeidbarkeit, ja **Schicksalshaftigkeit des Richterrechts**. Rüthers zählt das Richterrecht sogar zu den Rechtsquellen.[125] Er kommt in Anlehnung an Oliver Wendell Holmes (1841–1935) zu der These: „Recht ist in der Bundesrepublik das und im Streitfall nur das, was die letzten Instanzen ‚Im Namen des Volkes' für Recht erklären".[126]

Seine Kritik gilt also nur der verschleiernden Bezeichnung als Auslegung, sein Anliegen ist eine Bremswirkung gegenüber unkontrollierter Richterrechtsbildung als Aufgabe von Methodenlehre und Gesetzesbindung.[127] Zwar sei die Schließung von Lücken und die Anpassung veralteter Gesetze eine Daueraufgabe der Justiz. Jedoch solle stets klargestellt werden, dass dies eben keine Form der Auslegung, sondern die **Schaffung von Richterrecht** sei.[128] Außerdem seien die Richter nicht berechtigt, ihre „subjektiven Wertvorstellungen" als Wertmaßstab zu verwenden und auch bei der Schaffung von Richterrecht an die „Wertungsprinzipien der Gesamtrechtsordnung" gebunden.[129] Das Sozialideal des Gesetzgebers ist den gesamten gesetzlichen Wertungen zu entnehmen.

---

119 Zudem gingen sozial geltende Wertvorstellungen der richterlichen Eigenwertung vor. Allerdings stelle der Richter die sozial geltende Wertvorstellung fest, darin liege ein Akt der Eigenwertung, *Rüthers*, Auslegung (wie Anm. 5), 269.
120 *Rüthers*, Rechtstheorie (wie Anm. 9), Rn. 828.
121 *Rüthers*, Rechtstheorie (wie Anm. 9), Rn. 724, 822 f.; „Ersatzgesetzgeber im Lückenbereich".
122 *Rüthers*, Rechtswissenschaft ohne Recht?, in: NJW 2011, 434 ff., 434.
123 Dazu auch *Rüthers*, Rechtstheorie (wie Anm. 9), Rn. 822.
124 *Rüthers*, Richterrecht als Methoden- und Verfassungsproblem, in: F. Gamillscheg u.a. (Hrsg.), Sozialpartnerschaft in der Bewährung. Festschrift für Karl Molitor zum 60. Geburtstag, München 1988, 293–307, 295 ff. sieht ein „Spannungsverhältnis" zwischen dem „Gesetz als Gestaltungsmaßstab" und der zu gestaltenden Wirklichkeit.
125 *Rüthers* begründet dies gegen die hM in einer der umfangreichsten Argumentationen seiner Rechtstheorie (wie Anm. 9), Rn. 236–256; ebenso *Rüthers*, Richterrecht (wie Anm. 124), 306 f. Daraus, dass die Rechtsprechung „oft nicht nur dem Gesetz, sondern auch dem Zeitgeist unterworfen" sei, folgert er zugleich eine „justizpolitische Gefährdung des Rechtsstaats", 299.
126 *Rüthers*, Gesetzesbindung (wie Anm. 71), 48.
127 Als Alternative droht nach *Rüthers*, Ohne Recht (wie Anm. 122), 436, „der absolute Richterstaat und das von der Gesetzesbindung befreite (entfesselte) Richterrecht" als „Untergang des Rechtsstaates, ein Freifahrtschein in die Priesterherrschaft einer autonomen Richterkaste".
128 *Rüthers*, Methodenrealismus (wie Anm. 7), 59: „Die Anpassung und Umdeutung veralteter oder lückenhafter Gesetze ist eine verfassungsmäßige Daueraufgabe der Justiz, die dabei von der Jurisprudenz unterstützt wird".
129 *Rüthers*, Wertordnung (wie Anm. 11), 30. Er zitiert dabei nur den sonst gerne unterschlagenen Teil des Art. 1 ZGB (Schweiz): „Er folgt dabei bewährter Lehre und Überlieferung".

b) Auslegungslehre

965 Rüthers stellt sich, wie er meint, gegen die traditionelle Auslegungslehre anhand der vier, ohnehin zumeist falsch verstandenen Kriterien Savignys. „Der Normzweck [ist] das zentrale Ziel jeder Gesetzesauslegung". Die übrigen Kriterien seien diesem Ziel „untergeordnet" und bloße „Hilfsmittel" zum Auffinden desselben.[130]

966 Konsequent verwirft Rüthers die Wortlautbarriere als äußerste Auslegungsgrenze; der Normzweck könne, müsse aber nicht im Wortlaut erkennbar sein.[131] Es sei kein Buchstabengehorsam gefragt.[132] Eine Wortlautkorrektur am Normzweck sei keine Gesetzesabweichung.[133] Daraus ergibt sich eine Rangfolge, nämlich der **Vorrang des Zwecks** im Konfliktfall. Man kommt damit zu einer scharfen Unterscheidung zwischen Auslegungsziel und Auslegungsmittel.

967 Nach der Unterordnung unter den Zweck stellt sich die Frage nach der Verwendung der verbleibenden Auslegungsmittel und ihrem Verhältnis untereinander. Das **System** ist wichtig, da Rüthers davon ausgeht, dass die Rechtanwendung als Akt der Wertverwirklichung das innere Wertesystem der Gesamtrechtsordnung verwirklichen solle.[134] Für ihn ist die Einzelnorm „nur ein Elementarteilchen" unter vielen, die sich aber in ihrer Gesamtheit wie Mosaiksteine zu einem Sozialideal zusammensetzen ließen, bzw. ein „materiales Ordnungssystem" sichtbar machten.[135] Das **innere System** werde gebildet aus den gesetzlichen und richterrechtlichen Wertungen und den „induktiv aus dem Gesetz oder der Verfassung entnommenen allgemeinen Rechtsgrundsätzen und Prinzipien". Der Zusammenhang zwischen den Normen soll zur Ermittlung des Norminhalts beitragen.[136] Konsequenterweise besitzt das **äußere System** bloß „untergeordnete Bedeutung", da Rechtsanwendung kein „formal-logischer Vorgang", sondern „teleologische Zweckforschung" sei. Es sei keine Rechtsquelle, allerdings „nicht völlig wertlos", sondern besitze eine Indizfunktion.[137]

968 Wenn die Ermittlung des historischen Normzwecks das Ziel ist, steht die **historische Auslegung** notwendig im Zentrum. Unter den Auslegungsmitteln kommt der Entstehungsgeschichte nach Rüthers eine herausragende Stellung zu, da „Texte ohne Kontext nahezu beliebige Bedeutungsinhalte annehmen können".[138] Sie bestehe aus drei Schichten, nämlich erstens dem geistes- und dogmengeschichtlichen Kontext, zweitens dem historisch-gesellschaftlichen Kontext, nämlich den maßgeblichen Interessen und Konflikten (bei Heck Erforschung der kausalen Interessenfaktoren), und drittens dem Regelungswillen des Gesetzgebers als Steuerungsziel, dem Kern der historischen Auslegung.[139] Die Ermittlung der Entstehungsgeschichte sei „immer ein zwingendes Gebot", da vom historischen Zweck abweichende Interpretationsergebnisse „von außen [...] implementierte Elemente der Einlegung" darstellten. Die Entstehungsgeschichte liefere

---

130 *Rüthers*, Rechtstheorie (wie Anm. 9), Rn. 725.
131 *Rüthers*, Rechtstheorie (wie Anm. 9), Rn. 743.
132 *Rüthers*, Rechtstheorie (wie Anm. 9), Rn. 731–737 gegen die ‚Andeutungstheorie' und die ‚Eindeutigkeitsregel'.
133 *Rüthers*, Rechtstheorie (wie Anm. 9), Rn. 982.
134 *Rüthers*, Rechtstheorie (wie Anm. 9), Rn. 754.
135 *Rüthers*, Rechtstheorie (wie Anm. 9), Rn. 143.
136 *Rüthers*, Rechtstheorie (wie Anm. 9), Rn. 777, 763.
137 *Rüthers*, Rechtstheorie (wie Anm. 9), Rn. 141.
138 Zusammenfassend zur Bedeutung der Entstehungsgeschichte *Rüthers*, Methodenrealismus (wie Anm. 7), 57 f.
139 *Rüthers*, Rechtstheorie (wie Anm. 9), Rn. 780–783.

oft verlässlichere Ergebnisse als Wortlaut und System. Außerdem unterscheide sie die Auslegung von der Rechtsfortbildung, deren Grenze der historische Normzweck markiere, und diene dadurch wiederum der „Methodenehrlichkeit" der Trennung vom Nachvollzug der gesetzlichen Wertung von einer gebotenen Abweichung.[140]

Alle Auslegungsmittel sind also auf den ursprünglichen Normzweck als Auslegungsziel auszurichten. Dessen Ermittlung sei jedoch nur der erste, nicht der letzte Schritt. Der Zweck einer Norm könne nämlich „wegsterben".[141] Rüthers verfolgt dabei ein **Dreistufenmodell**.

Auf die Ermittlung des ursprünglichen Normzwecks solle demnach in einem zweiten Schritt geprüft werden, ob dieser noch fortgelte. Das sei durch das Fortbestehen der gesetzlichen Regelung jedoch indiziert, ein Abweichen wird also begründungspflichtig. Die Norm solle nicht angewendet werden, wenn der ursprüngliche Zweck aufgrund der technischen, gesellschaftlichen oder ökonomischen Entwicklung oder eines grundlegenden Wertewandels „unerreichbar" oder „gegenstandslos" geworden sei. Auf der dritten Stufe seien „Anwendungshindernisse" zu prüfen, die sich insbesondere aus Vertrauenstatbeständen oder der lex superior-Regel ergeben könnten.[142] Als Beispiel führt Rüthers das Bestimmtheitsgebot im Strafrecht an.

Der **Anspruch dieser Methodenlehre** ist nur auf den ersten Blick bescheiden. Es geht um „bessere Selbstkritik und Wachsamkeit der Juristen gegenüber ihrem eigenen ‚Handwerk' und dessen politischen Wirkungen".[143] Die Bindung des Richters an die Grundwerte der Gesamtordnung führe bei „methodentreuer Rechtsanwendung" dazu, dass durch den wertenden Akt des Richters die „politische Wertgrundlage des Gesamtsystems" in die Privatrechtsordnung übersetzt werde.[144] Wenn Recht immer auch Ideologie sei und Rechtsmethodik keine Wertmaßstäbe aufstelle, bedeutet dies, dass Rechtsanwendung schon definitorisch nicht unpolitisch im Sinne eines blinden Rückzugs auf richtiges Handwerk, richtige Methode sein kann. Da die „Konstruktion und die Interpretation" von Texten dem „Einsatz geistiger Waffen vergleichbar" sei, setzt Rüthers den „verantwortungsneutralen" dem „verantwortungs*losen* Umgang" mit ihnen gleich.[145]

Die **Konsequenzen für die Methodik** sind zahlreich. Rüthers betont die soziale Verantwortung des Richters, die Anforderungen an Transparenz und offene Argumentation und die ausnahmslose Wertprägung jeder Rechtshandlung. Das Kapitel über Rechtsanwendung und damit die Rechtstheorie insgesamt endet mit einer Betonung der „Unverzichtbarkeit der Grundwerte" als Fixpunkte und Wertbezug des Rechts.[146]

3. Methodenprüfung: Unbegrenzte Auslegung im Kündigungsschutz

Vielfacher Anlass für Rüthers' Kritik sind richterrechtliche Fortbildungen des Arbeitsrechts.[147] Neben den vielen Fortbildungen im Arbeitskampfrecht findet sich in

---

140 *Rüthers*, Rechtstheorie (wie Anm. 9), Rn. 792 ff.
141 *Rüthers*, Rechtstheorie (wie Anm. 9), Rn. 730.
142 Zum Ganzen *Rüthers*, Rechtstheorie (wie Anm. 9), Rn. 730 b ff.; ebenso Rn. 788 f. Zu seiner Dreistufenlehre auch *Rüthers*, Gesetzesbindung (wie Anm. 71), 50.
143 *Rüthers*, Lernen (wie Anm. 58), 385.
144 *Rüthers*, Auslegung (wie Anm. 5), 437 f.
145 *Rüthers*, Gerechtigkeit (wie Anm. 47), 86.
146 *Rüthers*, Rechtstheorie (wie Anm. 9), Rn. 998 ff. Schlusssatz: „Eine Rechtstheorie ohne Aussagen zu den Wertgrundlagen des Rechts verfehlt ihren Gegenstand".
147 Aufzählung von Einzelfragen bei *Rüthers*, Gerechtigkeit (wie Anm. 47), 121.

III. Sechzehn Exempel und drei Berichte

Rüthers' Werk ein prononciertes Beispiel zu einem wichtigen Sachgegenstand in der **Frage des Kündigungsschutzes**. Auch in der „Unbegrenzten Auslegung" untersuchte er die Rechtsprechung zur Kündigung im Nationalsozialismus.[148] Im Lehrbuch[149] ist den Fallbeispielen und dogmatischen Ausführungen eine längere Vorbemerkung vorgeschaltet, in welcher der Autor rechtspolitisch Stellung bezieht. Er beschreibt knapp das juristische Umfeld der jeweiligen geschützten Grundrechtspositionen der Parteien des Arbeitsverhältnisses. Die Aufgabe des Kündigungsschutzes bestehe im „verfassungsgemäßen Interessenausgleich" der Positionen. Durch die Generalklauseln des Kündigungsschutzgesetzes sei diese Aufgabe „weitgehend der Arbeitsgerichtsbarkeit" überlassen. Rüthers stellt in einer empirischen Betrachtungsweise eine „kaum noch steigerungsfähige" Rechtsunsicherheit aufgrund der schwankenden Rechtsprechung fest. Das System sei „zeitraubend, kostenträchtig und ineffizient", da die zahlenmäßig ausufernden Kündigungsschutzprozesse in aller Regel ohnehin mit einer Abfindungszahlung endeten und gleichzeitig „verhängnisvolle Wirkungen" auf dem Arbeitsmarkt entfalteten,[150] da sie Flexibilität hemmten und Neueinstellung erschwerten.

974 Als Konsequenz fordert er ein **Abfindungsgesetz**.[151] Rüthers' drei methodische Kernforderungen kommen in dieser Vorbemerkung deutlich zum Ausdruck: **Erstens** eine transparente Offenlegung der rechtspolitischen Argumente, welche sozialempirisch die subjektiven Interessenlagen der Parteien und die ökonomischen und gesellschaftlichen Auswirkungen betrachtet, **zweitens** eine Verfassungsbindung der Wertentscheidung im Kündigungsschutz an die Grundrechtspositionen und **drittens** die Bindung der Rechtsprechung an die Wertentscheidung des Gesetzgebers. Was hat das für konkrete Folgen?

975 In seinen Arbeiten konstatiert Rüthers, dass die Rechtsprechung vom Willen des Gesetzgebers deutlich abweiche. Rüthers untersucht die amtliche Begründung des ersten Kündigungsschutzgesetzes von 1951[152] und entdeckt dort, dass von Prognoseprinzip und „ultima ratio"-Grundsatz, d.h. heutigen Maßstäben, nicht die Rede ist. Notwendige Kündigungen sollten nicht „auch nur erschwert" werden.[153] Stattdessen findet sich ein **Willkürverbot**. Dieses Willkürverbot sei nun extensiv, ja „unbegrenzt" ausgelegt worden.[154] Rüthers übernimmt die Auffassung, dass das Kündigungsschutzgesetz

---

148 *Rüthers*, Auslegung (wie Anm. 5), 238–255. Wichtiger Grund für eine fristlose Entlassung eines leitenden Angestellten konnte etwa der Einkauf der Ehegattin in einem jüdischen Geschäft sein.
149 *Brox/Rüthers*, Arbeitsrecht, 15. Aufl. Stuttgart 2002 [zuerst von Rüthers fortgeführt in der 12. Aufl. 1995, ab 16. Aufl. 2004 *Brox/Rüthers/Henssler*, zuletzt 20. Aufl. 2020]; zum Folgenden: Allgemeiner Kündigungsschutz nach dem Kündigungsschutzgesetz Rn. 197–211.
150 Siehe zum Ganzen parallel und zugespitzt auch die Polemik *Rüthers*, Mehr Beschäftigung durch Entrümpelung des Arbeitsrechts?, in: NJW 2003, 546–552.
151 *Rüthers*, Entrümpelung (wie Anm. 150), 549 und öfter.
152 Amtliche Begründung in RdA 4 (1951), 58–66, 63.
153 „Das Gesetz wendet sich nicht gegen Entlassungen, die aus triftigem Grund erforderlich sind, sondern lediglich gegen solche Kündigungen, die hinreichender Begründung entbehren und deshalb als eine willkürliche Durchschneidung des Bandes der Betriebszugehörigkeit erscheinen"; zitiert auch bei *Rüthers*, Vom Sinn und Unsinn des geltenden Kündigungsschutzrechts, in: NJW 2002, 1601–1609, 1601.
154 MüKo-Schwerdtner, 3. Aufl. 1997, § 622 Rn. 3 f.: „Im Wege der ‚unbegrenzten Auslegung' hat das BAG in den letzten 40 Jahren diese allgemeine Willkürkontrolle zum ultima-ratio-Prinzip hin fortentwickelt und dabei die Notwendigkeit der Prüfung jedes Einzelfalls in den Vordergrund gestellt. Eine Kündigung kommt danach nur als äußerste Maßnahme in Betracht [...] Die neue Rechtsprechung erlaubt kaum noch eine Prognose des Prozessausgangs in künftigen Kündigungsschutzsachen. [...] Die vielfach propagierte Interessenabwägung ist lediglich die Beschreibung eines Zielkonfliktes, nicht jedoch dessen Auflösung. Dieser Lotteriecharakter ist um so bedrückender, als das BAG die einzelnen Abwägungsgesichtspunkte häufig beziehungslos aneinanderreiht, ohne Prioritäten festzulegen".

einem „Kahlschlag zum Opfer" gefallen sei.[155] Die Auffassung, dass ein „höherer Bestandsschutz des Arbeitsvertrages gegenüber der Ehe", wie er für personen- und verhaltensbedingte Kündigungen nach der Rechtsprechung unstreitig gelte, vom Gesetzgeber gewollt sei, gehe fehl.[156] Der Vergleich mit der Ehescheidung verweist auf die Herkunft des vorherrschenden Verständnisses des Kündigungsschutzes. Im Ergebnis erweist sich die Entwicklung des Kündigungsschutzes als Lehrstück für Rüthers' methodische Prämissen.[157]

Der Kündigungsschutz wird durch den Gesetzgeber mittels Generalklauseln und unbestimmter Rechtsbegriffe geregelt, d.h. durch die soziale Rechtfertigungsnotwendigkeit der ordentlichen Kündigung (§ 1 KschG) und den wichtigen Grund der außerordentlichen Kündigung (§ 626 BGB). Diese werden ergänzt durch „**richterrechtliche Generalklauseln**", das sog. „ultima ratio"-Prinzip, das Prognoseprinzip und den Grundsatz der umfassenden Abwägung aller Interessen im Einzelfall. Da die Anwendung von Generalklauseln weltanschauungs- oder ideologiefrei „nicht denkbar" sei, fragt Rüthers nach dem Inhalt und dem Ursprung der Vorverständnisse, mit welchen die Generalklauseln des gesetzlichen Kündigungsschutzes gefüllt werden. Außerdem überlegt er, wie eine dem gesetzlichen Zweck entsprechendere Anwendung des Kündigungsschutzes gewährleistet werden könnte. 976

Das BAG verwende seit 1978 das **Verhältnismäßigkeitsprinzip** so, dass jede Kündigung, sei es aus betriebs-, personen-, oder verhaltensbedingten Gründen, nur als letztes, äußerstes und unausweichliches Mittel zulässig sei. Die hM entnehme dies § 1 KSchG. Dies geschehe jedoch entgegen dem Wortlaut, der differenzierte Voraussetzungen für die verschiedenen Kündigungsgründe enthalte, und entgegen der amtlichen Begründung. Insbesondere für verhaltensbedingte Kündigungen handele es sich daher beim „ultima ratio"-Prinzip um eine „Verfälschung der vorhandenen gesetzlichen Interessenbewertung".[158] 977

Das zweite entscheidende Prinzip ist das **Prognoseprinzip**. Es habe keinerlei gesetzliche Grundlage. Aus der Zukunftsbezogenheit des Instituts der Kündigung wird für alle Kündigungen die Notwendigkeit einer negativen Prognoseentscheidung gefolgert. Dies widerspreche jedoch der Interessenlage jedenfalls bei der verhaltensbedingten Kündigung.[159] 978

Durch die Kombination dieser beiden richterrechtlichen Prinzipien sei das BAG beispielsweise zu einer „einschneidenden" Veränderung der Rechtsprechung zu krankheitsbedingten Kündigungen gelangt, da eine negative Gesundheitsprognose innerhalb der nun sehr strengen Maßstäbe nur in seltenen Ausnahmefällen möglich sei und 979

---

155 MüKo-Schwerdtner, 2. Aufl. 1988 vor § 620 Rn. 173. Dazu auch der Abschnitt „Richterliche Gesetzesablehnung im demokratischen Rechtsstaat, *Rüthers*, Rechtstheorie (wie Anm. 9), Rn. 947 f.
156 Den höheren Bestandsschutz des Arbeitsverhältnisses gegenüber der Ehe führt Rüthers vielfach an, auch in *Rüthers*, Gesteigerter Kündigungsschutz für Bummelanten? Arbeitsdisziplin und Schadensfolgen im Einzelfall. Eine Kritik am Bundesarbeitsgericht, in: FAZ v. 2.8.1989, 10.
157 Vorgeführt in *Rüthers*, Arbeitsrecht und ideologische Kontinuitäten? Am Beispiel des Kündigungsschutzrechtes, in: NJW 1998, 1433–1440. Siehe als Gegenentwurf einer methodisch klärenden Lösung mit keineswegs nur arbeitgeberfreundlichen Folgen zu einem Teilproblem *Rüthers/Henssler*, Die Kündigung bei kumulativ vorliegenden und gemischten Kündigungssachverhalten, in: ZfA 19 (1986), 31–48.
158 *Rüthers*, Kontinuitäten (wie Anm. 157), 1434 f. Für betriebs- und personenbedingte Kündigungen sei das Prinzip immerhin als Grundgedanke plausibel.
159 *Rüthers*, Kontinuitäten (wie Anm. 157), 1435. Das Prognoseprinzip könne dazu führen, „die Reste von Privatautonomie bei der Beendigung von Arbeitsverhältnissen zu beseitigen".

so insbesondere das „Risiko der Langzeit- und Suchtkranken" auf die Arbeitgeber übertragen werde.[160]

980 Diese Prinzipien oder richterrechtlichen Generalklauseln seien nicht aus dem Nichts entwickelt worden, sondern basierten auf einer gänzlich **anderen rechtspolitischen Vorstellung vom Arbeitsrecht**, nämlich einer Konstruktion des Arbeitsverhältnisses als „Lebensbund", welche dem Arbeitgeber den Willen zur lebenslangen Bindung unterstellt. So wird etwa die Auffassung erklärbar, dass die ordentliche Kündigung im Dauerschuldverhältnis einen Verstoß gegen das Prinzip ‚pacta sunt servanda' bedeuten solle.[161] In den Auswirkungen sieht Rüthers hierin mit den Worten Philipp Hecks eine Gesetzesvereitelung.[162] Das auf diese Weise konstruierte **„personenrechtliche Gemeinschaftsverhältnis"**[163] führt auf die Spur der kritisierten Rechtsfiguren. Wilhelm Herschel hatte 1958, und 1981 erneut,[164] eine Parallele zur Ehescheidung vorgeschlagen, für die es nach den §§ 44, 48 EheG (Kontrollratsgesetz Nr. 16, 1946) ebenfalls auf eine Zukunftsprognose ankam. Die Parallelisierung des schuldrechtlichen Arbeitsvertrags mit dem personenrechtlichen Eheverhältnis wird verständlich, wenn man weiß, dass Herschel diesen Vorschlag ursprünglich 1939 gemacht hatte. Er bezog sich damals auf das gerade erlassene rassenbewusste NS-Ehegesetz von 1938 und wollte einen Beitrag zum Entwurf eines NS-Arbeitsverhältnisgesetzes leisten,[165] der 1938 erschien und auf das Prinzip Führergefolgschaft abstellte. Das Prognoseprinzip in der Rezeption Herschels ist also auf einen ganz anderen weltanschaulichen Begriff des Arbeitsverhältnisses zugeschnitten. Herschel wollte daher 1939 eine Abkehr von der außerordentlichen Kündigung aus wichtigen Gründen nach § 626 BGB und den Übergang zu einer „objektiven Wertung mit sozialistischem Maßstab" forcieren.[166] Kündigung sollte nur noch bestimmte Dienstnehmer treffen. Er sah in der Kündigung eine „Gefährdung des Verwurzelns des deutschen Arbeitsmenschen mit Betrieb und Beruf" und formulierte außerdem das „ultima ratio"-Prinzip.

981 Rüthers widerlegt damit auch die Behauptung einer ideologischen Neutralität des Prognoseprinzips und kann die **rechtsändernde Funktion**, die es ursprünglich in der NS-Ausnahmelage hatte, für die heutige Normallage nachweisen. Die „Wiedererweckung" der Prinzipien habe den gleichen „funktionalen Zwecken", aber nicht den gleichen „weltanschaulichen Zielen" gedient – jeweils entgegen der gesetzgeberischen Normzwecke. Sie stehen damit beispielhaft für die Offenheit von Generalklauseln für weltanschauliche Vorverständnisse. Rüthers wiederholt daher seine methodenge-

---

160 *Rüthers*, Kontinuitäten (wie Anm. 157), 1436. Im Rechtsverkehr würden die Ergebnisse als „teils skurrile, teils abwegige Fehlentscheidungen empfunden". Einige Beispiele bei *Rüthers*, Sinn und Unsinn (wie Anm. 153), 1607 f.
161 Nachweise bei *Rüthers*, Sinn und Unsinn (wie Anm. 153), 1605; näher *Rüthers*, Kontinuitäten (wie Anm. 156), 1436. Pacta sunt servanda heißt: Verträge sind zu halten, nicht: Verträge sind Dauerverträge.
162 *Rüthers*, Sinn und Unsinn (wie Anm. 153), 1605: „Damit werden die Weichen für eine ökonomisch wie dogmatisch folgenreiche Irrfahrt gestellt".
163 In diesen Rechtsverhältnissen bestehen dann nicht nur schuldrechtliche Leistungspflichten für bestimmte Handlungen, sondern allgemeine ‚personenrechtliche' Treue- und Fürsorgepflichten.
164 Dazu *Rüthers*, Sinn und Unsinn (wie Anm. 153), 1606.
165 Näher *Rüthers*, Kontinuitäten (wie Anm. 157), 1437.
166 „Es ist sinnwidrig, den Maßstab für die Lösungsbefugnis einer nationalsozialistischen Gemeinschaft in subjektivistischer Weise einem individualistischen Umstand zu entnehmen. Dem hat der Gesetzgeber bereits in §§ 49, 55 EheG hinsichtlich der Ehescheidung aus guten Gründen Rechnung getragen, indem er zu einer objektiven Wertung mit sozialistischem Maßstab übergegangen ist", zitiert nach *Rüthers*, Kontinuitäten (wie Anm. 157), 1437.

schichtliche Prämisse: „Geschichtslose Juristen sind gefährdete Juristen. Sie neigen zum rechtsmethodischen Blindflug".[167]

Was ergibt sich aus Methodenkritik und Methodenlehre für das Methodenbeispiel? Die Analyse von Wortlaut und Normzweck zeigt, dass zwar die richterliche Verhältnismäßigkeitsprüfung diesem entspricht, jedoch nicht der generell für alle Kündigungen anzuwendende „ultima ratio"-Grundsatz[168] oder das Prognoseprinzip bei der verhaltensbedingten Kündigung. Der Kündigungsschutz erweist sich als Beispiel für eine offensichtliche Umwertung der gesetzlichen Wertungen innerhalb einer staatsrechtlichen ‚Normallage' Rüthers kann in der Folge ein kaum zu steigerndes Maß an Rechtsunsicherheit feststellen. Die Wirkungen ‚unbegrenzter Auslegung' treten ziemlich präzise ein.[169]

IV. Kritisches zum Kritiker

Die Methodenkritik nimmt in Rüthers' Rechtstheorie einen großen Umfang ein. Da er in seiner Kritik nicht zurückhaltend agiert und vor einer drastischen Wortwahl auch außerhalb der Feuilletons nicht zurückschreckt,[170] seine Themen gleichwohl besonders sensibel und drängend waren, fühlten sich Betroffene häufig zu intensiver Gegenwehr animiert. Das führt mitunter zu auch persönlich ausgefochtenen Scharmützeln.[171]

Einiges davon ist gleichwohl wichtig und Rüthers mahnt selbst zur kontroversen Methodendiskussion. Deshalb dürfen kritische Ansätze nicht außenvorbleiben.[172] Zu den umstrittenen Punkten gehört etwa die aus Rüthers' Sicht vorkommende **Unterschätzung von Methodenfragen als Macht- und Verfassungsfragen**, in welcher er eine „juristische Umweltverschmutzung" erblickt.[173]

Als erste umfassende Analyse von Zivilrechtslehre und -rechtsprechung der NS-Zeit stieß bereits die „Unbegrenzte Auslegung" auf ein geteiltes Echo. Hier[174] und in manch anderen Fällen waren es persönlich NS-Betroffene, die sich vor den Kopf gestoßen sahen und scharf antworteten. Linken Kritikern war die Arbeit nicht politisch genug. Man sah darin ein „Gespräch von Scharfrichtern über die Technik von Hinrichtungen" (Udo Reifner) und beklagte fehlende Ausführungen zur Kontinuität in der fortwirkenden ‚faschistischen Organisation des Kapitalismus'.[175] Diese Punkte betreffen zwar Methodenfragen, aber nicht Rüthers' eigentliche Methodenlehre.

---

167 *Rüthers*, Kontinuitäten (wie Anm. 157), 1438 ff.: „Nicht so sehr die Prinzipien selbst sind der Irrweg [...], sondern [...], daß Rechtsprechung und Literatur sich angemaßt haben, mithilfe dieser Umwertungsinstrumente die gesetzlichen Wertungen durch eigene gesellschaftspolitische Wunschbilder zu ersetzen".
168 *Brox/Rüthers* (wie Anm. 149), Rn. 199: „Der ‚ultima-ratio'-Grundsatz für alle Kündigungen ist eine gesetzesfremde, richterrechtliche Abweichung vom Willen der Gesetzgebung".
169 Siehe zur schwankenden Rechtsprechung die zahlreichen Urteilsanmerkungen von Rüthers, der diese präzise nachvollzog und kommentierte.
170 Z.B. „Das geltende System des deutschen Kündigungsschutzes ist verfehlt. Es wirkt zweckwidrig, ist offenkundig *krank* und *aus dem Ruder gelaufen*", *Rüthers*, Entrümpelung (wie Anm. 150), 549. Alle Hervorhebungen in den Zitaten entstammen den Originalen.
171 Siehe zuletzt *Canaris* (wie Anm. 78), insbes. 888.
172 Beispielgebend muss schon die Lehrstuhlpraxis gewesen sein: Wissenschaftliche Mitarbeiter seien mit dem ernst genommenen Satz „Sie sind hier für Kritik eingestellt" begrüßt worden, so *Birk* (wie Anm. 56), 50.
173 *Rüthers*, Lernen (wie Anm. 58), 389. Kritisch dazu beispielsweise *Hassemer* (wie Anm. 73), 214.
174 Siehe vor allem *Karl Michaelis*, Die unbegrenzte Auslegung, in: Der Staat 10 (1971), 229–243, insbesondere 234 f., 237 f.; siehe aber z.B. auch die sehr positive Rezension des 1914 geborenen Bundessozialrichters *Ecker* (wie Anm.6).
175 Zitiert nach *Seedorf* (wie Anm. 1), 362.

III. Sechzehn Exempel und drei Berichte

986 Breite Kritik richtet sich auch gegen die besondere Betonung methodisch saubereren Arbeitens und sieht selbst in der methodengetreuen „Darstellung" von Entscheidungen eine eher **überflüssige Konzession** an die Methodenlehre.[176] Zumindest wird die Tragfähigkeit der Methodenlehre zur Herstellung von Gesetzesbindung bezweifelt. Methodenlehre sei keine Rechtsfindungs-, sondern nur eine Begründungslehre. Die Praxis sei kein „methodologischer Müllhaufen", „sondern ein differenziert bestelltes Feld von Regeln [...] nach einer Ordnung, von der die juristische Methodenlehre nichts weiß".[177] Manche Kritik scheint Missverständnissen aufzusitzen,[178] nicht selten auch gewollt bei den Angriffen auf den ‚denkenden Gehorsam'. Jedenfalls gibt sich die Kritik an der Methodenlehre auch grundsätzlich: Juristenausbildung vermittle nicht „Bibliothekswesen" oder „Mathematik", sondern „Entscheiden".[179] Andere kritisieren ein zu enges Denken in Alternativen wie Subjektivismus und Objektivismus.[180] Derart Grundsätzliches kann hier nur angesprochen, nicht diskutiert werden. Die Argumente dazu wurden dargestellt.

987 Anders steht es um **inhärente Probleme** dieser Methodenlehre. Eine darauf bezogene Kritik stammt von Klaus Luig.[181] Er sieht einen Widerspruch in der doppelten Annahme, Methodenbewusstsein könne als „Umdeutungsbremse" dienen und zugleich dem Nachweis der Untauglichkeit der Methodenlehre als „Schranke gegen totalitäre Rechtsperversion". Jedoch schließt sich beides wohl nicht völlig aus, Rüthers bejaht eine Bremswirkung und verneint eine Verhinderung. Auch seiner Auffassung nach ist wirklicher richterlicher Widerstand im Grunde auf den Amtsverzicht beschränkt. Luig greift zudem die Kritik auf, Rüthers habe zu sehr der späteren Juristenapologie methodisch korrekten Arbeitens in der NS-Zeit vertraut.[182] Seiner Auffassung nach wären „bei strengem Festhalten an juristischer Methode viele Unrechtsurteile nicht möglich gewesen". Daher sei der Wert der Methodik als **Umdeutungsbremse** die entscheidende Erkenntnis. Es ließe sich vielleicht sagen, dass zwar sehr viele, aber nicht alle Ergebnisse mit ‚richtiger' Methode herleitbar sind. „Die Methode wurde ignoriert, sobald sie begann lästig zu werden".[183] Darüber hinaus kann man auch einwenden, dass ja ‚Kampfklauseln'[184] und eine neue Rechtsquellenlehre benötigt wurden, also die alten Instrumente offenbar doch nicht ausreichten. Dass man auf juristische Stilmittel wie Generalklauseln und unbestimmte und institutionelle Rechtsbegriffe zurückgreifen

---

176 So *Martin Kriele*, Richterrecht und Rechtspolitik, in: ZRP 2008, 51 ff., 52.
177 *Hassemer* (wie Anm. 73), 218 f.
178 So etwa *Klaus Adomeit*, Rezension zu Auslegung (wie Anm. 5), JZ 1992, 680 f., der die bundesrepublikanischen personellen und theoretischen Anknüpfungen wegen nunmehr erreichter Ideologiefreiheit für eher unproblematisch zu halten scheint. Das ist nach Rüthers gerade weder möglich, noch als Darstellungsform (Scheinargumente) wünschenswert.
179 *Hassemer* (wie Anm. 73), 215.
180 Z.B. *Winfried Brugger*, Rezension Gerechtigkeit (wie Anm. 47), in: JZ 1993, 354 f., 355.
181 *Klaus Luig*, Macht und Ohnmacht der Methode, in: NJW 1992, 2536–2539; ablehnend *Seedorf* (wie Anm. 1), 368.
182 *Luig* (wie Anm. 181), 2537 f. beruft sich hier auch auf Okko Behrends und Michael Stolleis und spricht von einer Pervertierung der Methode selbst und bringt „die Technik des Mißbrauchs der Methode" so auf den Punkt: „Wird der Eintritt der Bedingung von der Partei zu deren Nachteil er gereicht, nicht herbeigeführt, so gilt die Bedingung als eingetreten" und stellt folgende Regel auf: „Eine Entscheidung ist dann nicht methodisch einwandfrei gewonnen, wenn ihre ratio decidendi auf der Abstraktionshöhe genereller Prinzipien zu einer Maxime führt, die der Argumentierende selbst nicht gelten läßt".
183 *Seedorf* (wie Anm. 1), 366 ff. mit dem bekannten Beispiel des Schlusses vom Seinsmerkmal („Rasse") auf ein Tun („Pflichtverletzung").
184 „Gesetzliche Bestimmungen, die vor der nationalsozialistischen Revolution erlassen sind, dürfen nicht angewandt werden, wenn ihre Anwendung dem heutigen gesunden Volksempfinden ins Gesicht schlagen würde".

konnte, ändert daran nichts. Der Dissens scheint kleiner als auf den ersten Blick, als eine Frage der Perspektive, genauer der gewählten Abstraktionsebene.

Betrachtet man die Kritik, so sticht am ehesten der Vorwurf einer gewissen Inkonsequenz und Inkonsistenz hervor. Rüthers halte seinen wertneutralen Ideologiebegriff nicht durch.[185] Unter dem Aspekt von Wertordnung und Wertverwirklichung drohe außerdem die Wiederkehr von „Elementen" der objektiven Auslegung.[186] In seinen **Einwürfen zum Lebenspartnerschaftsrecht** wird dieser Eindruck geradezu schlagend.[187] Rüthers verwarf den Entwurf des Lebenspartnerschaftsgesetzes als doppelt verfassungswidrig.[188] Zum einen verstoße er gegen Art. 3 GG, da es die Lebenspartnerschaft gegenüber nichtehelichen Lebensgemeinschaften verschiedenen Geschlechts privilegiere. Vor allem begründet Rüthers einen Verstoß gegen den Schutz von Ehe und Familie nach Art. 6 GG als „objektive Wertentscheidung".[189] Die eingetragene Lebenspartnerschaft wird dadurch zu einem abzuwehrenden „störenden Eingriff staatlicher Stellen in den Schutzbereich von Ehe und Familie". Der Schutz der Ehe gehöre zu den „Existenzgrundlagen von Staat und Gesellschaft", ja sei sogar Bedingung des „Überlebens".[190] Die „gesetzlichen Angebote der Formen von Lebenspartnerschaften" seien daher am „Wohl der Kinder" auszurichten. Das habe die neuere Vorstellung der Ehe als prinzipiell lebenslange Verantwortungsgemeinschaft zweier Menschen in der Folge der 68er verkannt. Rüthers fragt, ob die „Rechtsvernunft" im Justizministerium in die Minderheit geraten sei oder „die vernünftige Mehrheit sich beugen musste". Rüthers verstößt hier dreifach gegen seine Methodenprinzipien. Rüthers' Rechtstheorie kennt keine objektive „Vernunft", sondern verfolgt einen „Wertsubjektivismus". Die Methode der Feststellung des Normzwecks hält seinen Forderungen an die historische Auslegung nicht stand.[191] Nach seiner Stufenlehre müsste Rüthers außerdem einen Wertewandel untersuchen. Diesen stellt er durchaus fest, verknüpft den Befund aber nicht mit der Frage einer möglichen Veränderung des Normzwecks. Der Normzweck wird auf Bevölkerungspolitik und Kinderförderung reduziert und mit weitreichenden negativen Folgen für andere Lebensformen verknüpft, die entstehungsgeschichtlich nach

988

---

185 So *Michael Stolleis*, Rezension zu: *Bernd Rüthers*, Die Wende-Experten. Zur Ideologieanfälligkeit geistiger Berufe am Beispiel der Juristen, in: JZ 1996, 410 f., 411. Vorsichtig in Bezug auf die von Rüthers genannten Merkmale von Gerechtigkeit auch *Dreier* (wie Anm. 36), 310.
186 Ähnlich *Seelmann* (wie Anm. 24), 776.
187 In der Gesetzgebung der Regierung Schröder, zu der er auch das Lebenspartnerschaftsgesetz benennt, sah er eine „Gefahr für den Rechtsstaat", *Rüthers*, Wer schafft Recht? – Methodenfragen als Macht- und Verfassungsfragen, in: JZ 2003, 995 ff., 995 f.
188 *Rüthers*, Ehe und Familie im Wandel des Zeitgeistes. Die Gestaltungsfreiheit des Gesetzgebers hat verfassungsrechtliche Grenzen, in: FAZ v. 18.5.2000, 15 und *ders.*, Der Ehebegriff des Grundgesetzes. Ungleiches ist auch ungleich zu behandeln, in: FAZ v. 15.7.2000, 8. Siehe die zugespitzte Kritik von *Patrick Bahners*, Beliebiges Donnergrollen. Die Dammwächter: Homosexuellen-Ehe und Zeitgeist, in: FAZ v. 17.7.2000, 47 mit dem Fazit „Bei klarem Kopf hätte Rüthers […] diesen Naturalismus vielleicht nicht in die Welt gesetzt".
189 „Eine weitere Minderung der Sonderstellung von Ehe und Familie in der Rechtsordnung durch eheähnliche Privilegien […] wäre ein Verstoß gegen Art. 6 I GG. Dem Staat ist es untersagt, Ehe und Familie durch rechtliche Gleichstellung mit anderen Lebensformen abzuwerten".
190 Wenn Rüthers über die fehlenden „Steuerzahler der nächsten Generation" nachdenkt, wären allerdings Überlegungen zum Adoptionsrecht in gleichgeschlechtlichen Beziehungen logischer.
191 Merkwürdigerweise zeigt Rüthers die vielfältigen Umbrüche im Eheverständnis, das „Wesen der Ehe" im nationalsozialistischen Sinne, in der Rechtsprechung des BGH und der des Obersten Gerichts der DDR auf. Daraus folgert aber keine Offenheit in der Moderne, sondern ein gemeinsames, feststehendes Element, ein „außergesetzlich vorgegebenes ‚Institut' der Ehe", dessen „Sinn und Funktion" sich aus „einem ‚höheren Ganzen', einem ‚übergreifenden Sinnzusammenhang' ergebe. Die Entstehungsgeschichte des Art. 6 GG zieht er nicht heran. Sie gibt nach Auffassung des Verfassungsgerichts, BVerfGE 105, 313 (342), für ein Verbot der gesetzlichen Anerkennung gleichgeschlechtlicher Lebenspartnerschaften nichts her.

anderer Auffassung daraus gerade nicht zu entnehmen sind, insbesondere für die gleichgeschlechtliche Lebenspartnerschaft, die mit den Worten des Bundesverfassungsgerichts wegen des anderen „Adressatenkreises" gar nicht mit der Ehe „konkurriere". Für Rüthers bleibt jedoch das Fazit, „sie würde das Gemeinwohl schwer schädigen".[192]

Das Gesetz zur Einführung des Rechts auf Eheschließung für Personen gleichen Geschlechts (Eheöffnungsgesetz) vom 20. Juli 2017 hat die Fragestellung noch einmal zugespitzt. Rüthers verwarf eine Eheöffnung vorausschauend bereits 2015,[193] karikierte 2017 die Gesetzgebung jedoch als „diskussionsloses Schnellverfahren", „gesetzgeberischen Winkelzug" und „einvernehmliche Verfassungsumgehung durch die Verfassungsorgane" bei dem man sich über alle verfassungsrechtlichen Einwände hinweggesetzt habe,[194] ohne jedoch zu erwähnen, dass die wortgleiche Bundesratsvorlage bereits seit 2015 breit diskutiert worden war, einschließlich intensiver Expertenanhörungen im Rechtsausschuss des Bundestags, die, wenn auch mit knapper Mehrheit, von einer Verfassungsgemäßheit des Gesetzes ausgingen. Übrigens kam es schließlich zu keinem Normenkontrollverfahren, weil die Bayerische Landesregierung nach der Einholung von Gutachten wegen mutmaßlicher Aussichtslosigkeit bzw. Klarstellung der Verfassungsmäßigkeit darauf verzichtete.[195] Rüthers argumentiert mit einer rechtshistorisch nicht überzeugenden Herleitung des Ehebegriffs in Art. 6 GG, der „festgefügter, systemrelevanter Wertmaßstab" sei, weshalb er nun eine „Verfassungserosion" durch Umdeutung der Verfassungsgrundbegriffe befürchtet.[196]

989 Die Äußerungen wären als Einzelfall nicht weiter schädlich, könnten sie nicht auf ein größeres Konsistenzproblem hindeuten. Es stellt sich so auch die Frage der Vereinbarkeit der ‚keine Ausnahme duldenden Gesetzesbindung' des Richters mit der Funktion des kritischen Korrektors. Man kann überlegen, ob das Problem in Rüthers' Rechtstheorie begründet liegt, objektive Elemente also ‚notwendig sind', oder ob solche Spannungen dann auftreten, wenn „das ‚zôon politikón' Rüthers […] dem Rechtstheoretiker in die Quere" kommt.[197] Je stärker das rechtspolitische Element in Rüthers' Methodenlehre wird, desto mehr kann die Gesetzesbindung wieder verloren gehen. In diesem Fall schwänden die Unterschiede zur objektiven Auslegung hin zu einer Konstruktionskontroverse. Hier gilt es, das richtige Maß zu finden. Rüthers schlägt mit der Frage der **Fortgeltung des Normzwecks**, die er im zweiten Schritt verortet, eine mögliche Lösung vor. Gerade im Hinblick auf die Eheöffnung wäre eine strenger methodische Erörterung interessant, denn zweifellos war sie für den Verfassungsgeber 1949 undenkbar gewesen. Unklar ist jedoch, ob ein solcher Verfassungsgrundbegriff exklusiv verstanden werden muss bzw. ob die verfassungsrechtliche Institutsgarantie nicht indif-

---

192 Außerdem: „Eine [also jede, Rüthers führt sogar das Namensrecht an] rechtliche Sonderstellung von gleichgeschlechtlichen Lebensgemeinschaften wäre verfassungswidrig".
193 *Rüthers*, Die Ehe - keine Gleitklausel, sondern fester Wertemaßstab. Wider den Verfassungswandel: Nur Bundestag und Bundesrat können mit Zweidrittelmehrheit eine Homo-Ehe einführen, in FAZ v. 23. 7. 2015, auch in *Ders.*, Wider den juristischen Zeitgeist. Ausgewählte Schriften, Tübingen 2017, 415 ff.
194 *Rüthers*, Judex legibus absolutus? Erosion des Rechtsstaats?, in: Hans Herbert von Arnim (Hrsg.), Erosion von Demokratie und Rechtsstaat? Beiträge auf der 17. Speyerer Demokratietagung vom 26. bis 27. Oktober 2017 an der Deutschen Universität für Verwaltungswissenschaften Speyer (Schriftenreihe der Deutschen Universität für Verwaltungswissenschaften Speyer 235), Berlin 2018, 128–145, 139–143.
195 Siehe „Bericht aus der Kabinettssitzung vom 6. März 2018", online unter bayern.de, dort finden sich auch die Gutachten.
196 *Rüthers*, Erosion (wie Anm. 194), 142.
197 *Stolleis* (wie Anm. 186), 411, zu Rüthers als politischem Professor im besten Wortsinne näher *Matthias Jaestedt*, Bernd Rüthers zum 90. Geburtstag, in: JZ 2020, 742 f.

ferent gegenüber einfachrechtlichen Erweiterungen ist. Ein Eingriff in den Schutzbereich der Ehe durch die Eheöffnung wurde jedenfalls noch nirgends überzeugend begründet. Überwiegend geht man jedoch davon aus, dass der gesellschaftliche Wandel den Ehebegriff schlicht verändert hat (Stichwort Verfassungsgehaltswandel ohne Verfassungsgestaltwandel), weshalb in den Expertenanhörungen von staatsrechtlicher Seite die Änderung des § 1353 BGB teilweise sogar für geboten erklärt wurde.[198] Nach Rüthers soll gerade das ausgeschlossen sein. Jedoch wäre zu fragen, wie sich der von ihm zur Legitimation von Rechtsfortbildung herangezogene Alterungsprozess von Rechtsnormen (sekundäre Lücken durch sozialen Wandel) auf der Ebene von Gesetzgebung und Verfassungsnormen auswirkt, insbesondere da er selbst auf die geringe Normierungsdichte des Grundgesetzes verweist.[199] Hier besteht also noch einiges Potential für die Weiterentwicklung seiner Rechtstheorie.[200]

Zuletzt sah sich Bernd Rüthers durch die besondere Betonung der Richterbindung in einer „methodisch bedeutsamen Grundsatzentscheidung" der aktuellen Verfassungsjudikatur gestärkt.[201] Wie auch immer sich dies weiterentwickeln mag, es bleibt die Erkenntnis, dass die Untersuchung von Ausnahmelagen auch für die Methodenlehre besonders fruchtbar ist, obwohl Normalfall und Krise zu unterscheiden sind.[202]

V. Quellen und Literatur

1. Zum Einstieg in die Rüthers-Texte

Als knappe Zusammenfassung

Methodenrealismus in Jurisprudenz und Justiz, in: JZ 61 (2006), S. 53–60.

Speziell für Studierende

Die Entwicklung der juristischen Methodenlehre nach dem Zweiten Weltkrieg. Anmerkungen und Hypothesen, in: Ad Legendum 2020, 217-223.

Weitere wichtige Texte

Die unbegrenzte Auslegung. Zum Wandel der Privatrechtsordnung im Nationalsozialismus, 1968, [8]2017 (grundlegende Analyse, leichter und spannender Zugriff über ein konkretes Feld, z.B. § 19 II zur Rechtsfähigkeit oder passend zum Methodenbeispiel § 19 VI zum Arbeitsverhältnis).

Rechtsordnung und Wertordnung. Zur Ethik und Ideologie im Recht, 1986.

Entartetes Recht. Rechtslehren und Kronjuristen im Dritten Reich, 1988, [2]1989 (didaktisch und handlich).

Rechtstheorie. Begriff, Geltung und Anwendung des Rechts, 1999 (umfassendes Lehrbuch), [12]2022 unter dem Titel „Rechtstheorie mit juristischer Methodenlehre" gemeinsam mit Christian Fischer und Axel Birk.

---

198 Gutachten von *Friederike Wapler*, online auf den Seiten des Bundestags: https://www.bundestag.de/resource/blob/388586/19734e760e692cbd5bd09723db73f2ad/wapler-data.pdf (zuletzt abgerufen am 26.02.2024).
199 *Rüthers*, Erosion (wie Anm. 194), 138.
200 Derartige Überlegungen scheinen bislang aber keine Rolle zu spielen Es ist bezeichnender Kategoriefehler, dass sich eine gekürzte, aber weitgehend wörtliche Wiederholung seiner Äußerungen zur Eheöffnung durch Gesetzgebung (!) in der Rechtstheorie (wie Anm. 9), 11. Aufl. Rn. 964a unter der Überschrift „Das Bundesverfassungsgericht zwischen Verfassungsfortbildung und Verfassungsänderung" findet.
201 *Rüthers*, Klartext zu den Grenzen des Richterrechts, in: NJW 2011, 1856 ff. zu BVerfG NJW 2011, 836 (25.1.2011).
202 *Rüthers*, Auslegung (wie Anm. 5), 492.

2. Zum Einstieg in die Sekundärliteratur

Hilgendorf, Eric, Recht und Weltanschauung. Bernd Rüthers als Rechtstheoretiker, Konstanz 2001 (kurze Charakteristik).
Luig, Klaus, Macht und Ohnmacht der Methode, in: NJW 1992, 2536–2539 (kritischer Ansatz).
Seedorf, Sebastian, Bernd Rüthers – Die „Unbegrenzte Auslegung", in: *Thomas Hoeren* (Hrsg.), Zivilrechtliche Entdecker, München 2001, 317–373 (umfassend zur Biographie).

Methode und Zivilrecht bei Claus-Wilhelm Canaris (1937–2021)

von Ralf Seinecke

Übersicht

I.	Zur Person	401
II.	Auslegung als plausible Argumentation	405
III.	Verfassung und europäische Richtlinien	409
IV.	Verfassung und Privatrecht	411
V.	Auslegung und Zivilrecht	413
VI.	Rechtsprinzipien und Rechtsfortbildung	414
VII.	Das „bewegliche System"	418
VIII.	Juristische Theoriebildung und „paradigmatische Problemlösungen"	421
IX.	Rechtsfortbildung und Zivilrecht	422
X.	Wertungen im Bereicherungsrecht	424
XI.	BGHZ 113, 62–70: Versicherungsleistung auf fremde Schuld	431
XII.	Resümee	436
XIII.	Quellen und Literatur	437

I. Zur Person*

„Jurisprudenz, das heißt Bürgerliches Recht, und BGB das heißt Canaris" – so ließe sich, vielleicht etwas gewagt, ein geflügeltes Wort der Rechtswissenschaft spielerisch weiterschreiben.[1] Claus-Wilhelm Canaris zählte zu den berühmtesten Zivilrechtswissenschaftlern und Methodologen des ausgehenden 20. und beginnenden 21. Jahrhunderts. Den **juristischen „Entdecker"** führten große Expeditionen in die unendlichen Tiefen des Bürgerlichen Rechts.[2] Dort hat er z.B. die „Vertrauenshaftung im deutschen Privatrecht" gefunden und die Wertungsgrundlagen des „Bereicherungsausgleichs im Dreipersonenverhältnis" freigelegt.[3] Aber auch Ausflüge an die Grenzen der Philosophie und Literatur hat er nicht gescheut.[4] Seine Rechtswissenschaft hat die Disziplin

991

---

* Grammatik und Rechtschreibung von Zitaten wurden, soweit notwendig, stillschweigend angepasst bzw. korrigiert. Die Schriften von Canaris werden mit Kurztitel und Jahr zitiert. Der Kurztitel ist in der vollständigen ersten Nennung kursiv hervorgehoben.

1 Zu dem geflügelten Wort über Windscheid siehe *Rückert*, Methode und Zivilrecht bei Bernhard Windscheid (1817–1892), oben Rn. 280–351.

2 Von Canaris als „Entdecker" sprechen *Florian*, Claus-Wilhelm Canaris – Die Vertrauenshaftung im deutschen Privatrecht, in: Zivilrechtliche Entdecker, hrsg. v. Hoeren, München 2001, 377–408, 379, u. *Grigoleit* u.a., Claus-Wilhelm Canaris, in: Festschrift für Claus-Wilhelm Canaris zum 70. Geburtstag, hrsg. v. Heldrich u.a., Band 1, München 2007, VII–X, hier VIII.

3 Zu den prinzipiellen Werken zählen etwa *Canaris*, Die *Vertrauenshaftung* im deutschen Privatrecht, München 1971, u. *ders.*, Der *Bereicherungsausgleich* im Dreipersonenverhältnis, in: Festschrift für Karl Larenz, hrsg. v. Paulus u.a., München 1973, 797–865. In methodologischer Hinsicht insbes. *ders.*, *Systemdenken* und Systembegriff in der Jurisprudenz entwickelt am Beispiel des deutschen Privatrechts, 1. Aufl. Berlin 1969, 2. Aufl. 1983, u. *ders.*, Die Feststellung von *Lücken* im Gesetz. Eine methodologische Studie über Voraussetzungen und Grenzen der richterlichen Rechtsfortbildung praeter legem, 1. Aufl. Berlin 1964, 2. Aufl. 1983.

4 Zu den philosophischen Arbeiten zählen *Canaris*, Aspekte der iustitia commutativa und der iustitia distributiva im Vertragsrecht, in: Law at the turn of the 20th century, hrsg. v. Kotsiris, Thessaloniki 1994, 281–294; *ders.*, *Theorienrezeption* und Theorienstruktur, in: Wege zum japanischen Recht. Festschrift für Zentaro Kitagawa zum 60. Geburtstag, hrsg. v. Leser, Berlin 1993, 59–94, o. *ders.*, *Funktion*, Struktur und Falsifikation juristischer Theorien, in: JZ 48 (1993), 377–391. Literarische Ausflüge unternimmt Canaris in *ders.*, *Konsens* und Verfahren als Grundelemente der Rechtsordnung – Gedanken vor dem Hintergrund der „Eumeniden"

geprägt. Die „drei berichtigenden Worte des Gesetzgebers" musste Canaris nie fürchten.[5] Ganz im Gegenteil: Canaris wirkte selbst als Gesetzgeber. Wie Bernhard Windscheid, der einst die Kommission des 1. Entwurfs zum BGB prägte, schrieb auch Canaris Gesetzgebungsgeschichte. Die **Schuldrechtsmodernisierung von 2002** gestaltete er maßgeblich mit.[6] Ohne Zweifel zählt er zur „Hall of Fame" der deutschen Rechtswissenschaft.[7]

992 Die Liste von Canaris' Meriten ist lang. Der 1937 in Liegnitz (Niederschlesien) geborene Jurist gewann 1988 den Leibniz-Preis der Deutschen Forschungsgemeinschaft und zählt damit zu den wenigen Rechtswissenschaftlern, die diesen bedeutendsten deutschen Wissenschaftspreis entgegennehmen durften. Seit 2002 trug er zudem das Bundesverdienstkreuz erster Klasse.[8] Seine Professorenlaufbahn, die er in Graz (1968) und Hamburg (1969) begann, führte ihn schnell auf einen der bekanntesten Lehrstühle Deutschlands: In München trat Canaris 1972 die Nachfolge seines Lehrers Karl Larenz an, einem der führenden Zivilisten und Methodologen der Bonner Republik und des nationalsozialistischen Deutschlands.[9] Er beerbte nicht nur dessen wegweisende „Methodenlehre der Rechtswissenschaft", sondern auch seine großen Lehrbücher zum „Schuldrecht", die in der ‚grünen Reihe' des Beck-Verlags erschienen.[10] Allerdings warf Canaris' Verhältnis zu seinem Lehrer Larenz Schatten auf sein Lebenswerk.[11]

---

des Aischylos, in: JuS 36 (1996), 573–580; *ders., Richtigkeit* und Eigenwertung. Rede zur Verleihung der Ehrendoktorwürde der Universität Graz, in: Grazer Universitätsreden 50 (1993), 23–41, o. *ders.*, Dankesworte, in: Einheit und Folgerichtigkeit im Juristischen Denken. Symposion zu Ehren von Herrn Professor Dr. Dr. h.c. mult. Claus-Wilhelm Canaris, hrsg. v. I. Koller u.a., München 1998, 187–196.

5 Vgl. den berühmten Ausspruch von *Kirchmann*, Die Werthlosigkeit der Jurisprudenz als Wissenschaft. Ein Vortrag, Berlin 1848, 23: „Die Juristen sind durch das positive Gesetz zu Würmern geworden, die nur von dem faulen Holze leben; … drei berichtigende Worte des Gesetzgebers und ganze Bibliotheken werden zu Makulatur."

6 Zur Schuldrechtsreform jetzt *Rücket/Pierson/Foljanty/Seinecke*, 20 Jahre Neues Schuldrecht. Bericht, Bilanz, Bibliographie, Tübingen 2023; weiter *Auer*, Claus-Wilhelm Canaris. Eine Erinnerung in fünf Bildern, in: JZ 77 (2022), 629–639, 630–633. Weiter aus der heute historischen Literatur *Canaris*, Larenz/Canaris, Lehrbuch des Schuldrechts, in: Rechtswissenschaft und Rechtsliteratur im 20. Jahrhundert, hrsg. v. Willoweit, München 2007, 419–431, 430. Dort schreibt er sich selbst „wesentlichen Einfluß auf die Gestaltung des Gesetzes zur Modernisierung des Schuldrechts" zu; ähnlich auch *Grigoleit* u.a. (2007, Fn. 2), X: „entscheidend und sichtbar geprägt". Siehe auch die Aufsätze zur Schuldrechtsmodernisierung: *Canaris*, Die Neuregelung des Leistungsstörungs- und des Kaufrechts – Grundstrukturen und Problemschwerpunkte, in: Karlsruher Forum 2002: Schuldrechtsmodernisierung, hrsg. v. Lorenz, Karlsruhe 2003, 5–100, u. *ders.*, Die Reform des Rechts der Leistungsstörungen, in: JZ 56 (2001), 499–529. Zur Diskussion der Schuldrechtsmodernisierung die Bände von Ernst/Zimmermann (Hrsg.), Zivilrechtswissenschaft und Schuldrechtsreform, Tübingen 2001, u. Schulze/Schulte-Nölke (Hrsg.), Die Schuldrechtsreform vor dem Hintergrund des Gemeinschaftsrechts, Tübingen 2001.

7 So *Grigoleit* u.a. (2007, Fn. 2), VIII. Einen lesenswerten Nachruf bietet *Auer* (2022, Fn. 6).

8 Zu den Lebensstationen von Claus-Wilhelm Canaris den kleinen Bericht bei *Florian* (2001, Fn. 2), 377–379.

9 Zu Larenz *Frassek*, Methode und Zivilrecht bei Karl Larenz (1903–1993), in diesem Band Rn. 580–655; *ders.*, Von der ‚völkischen Lebensordnung' zum Recht. Die Umsetzung weltanschaulicher Programmatik in den schuldrechtlichen Schriften von Karl Larenz, Baden-Baden 1996. Zur NS-Vergangenheit von Larenz siehe dessen postum veröffentlichten Brief bei *R. Dreier*, Karl Larenz über seine Haltung im Dritten Reich, in: JZ 48 (1993), 454–457, und die sich daran anschließende Diskussion zwischen *H. H. Jakobs*, Karl Larenz und der Nationalsozialismus, in: JZ 48 (1993), 805–815; *Prölls*, Erwiderung auf Jakobs' Beitrag zu Larenz, in: JZ 49 (1994), 33 f., und wieder *H. H. Jakobs.*, Schlusswort, in: JZ 49 (1994), 34.

10 Diese führte Canaris letztlich aber nur teilweise fort. Zunächst legte Canaris nur die um den historischen Teil verkürzten und in einigen Abschnitten veränderte Studienausgabe von *Larenz*, Methodenlehre der Rechtswissenschaft, 1. Aufl. Berlin u.a. 1983 u. 2. Aufl. 1992 in der 3. Aufl. 1995 vor. Eine Neuauflage der ‚großen' Methodenlehre der Rechtswissenschaft, 6. Aufl. Berlin u.a. 1960, 6. Aufl. 1991, blieb über Jahre bloße Ankündigung. Auch *Larenz'*, Lehrbuch des Schuldrechts, Erster Band, Allgemeiner Teil, 1. Aufl. München 1953, 14. Aufl. 1987, Zweiter Band, Besonderer Teil, 1. Aufl. München 1956, 12. Aufl. 1981 bzw. ab der 13. Aufl. in zwei Teilbänden 1. Halbband 1986 hat Canaris übernommen. Die 13. Aufl. des 2. Halbbandes

Methode und Zivilrecht bei Claus-Wilhelm Canaris (1937–2021)

Die Berühmtheit von Canaris hat ihren Grund. Seine Perspektive auf die Wissenschaft vom Recht wurde von einem umfassenden Zugriff geleitet, auch wenn er einmal etwas unglücklich behauptete, dass gute Rechtswissenschaft sich in guter Falllösung erschöpfe.[12] Der geschmeidige kleine Essay gehörte deshalb genauso wenig zu seinem literarischen Genre wie das Kurzlehrbuch.[13] Seine Arbeiten zeichneten sich durch gewaltigen Detailreichtum und beinahe enzyklopädisch erarbeitetes Fallmaterial aus. Es waren das „große Lehrbuch" oder der monographische Aufsatz, die Canaris' Rechtsdenken erst einen angemessenen Ausdruck verliehen.[14] Dabei verlor er sich keineswegs in Details, sondern suchte stets ein **prinzipielles Recht und sein inneres System** freizulegen.[15] Diese Verbindung der beiden Pole von (systematischer) Dogmatik und (prinzipieller)

---

hatte Canaris bereits 1994 vorgelegt. Auch die Neuauflage des ersten Bandes Canaris/Grigoleit, Lehrbuch des Schuldrechts, Band I, Allgemeiner Teil, Schuldverhältnisse und Leistungsstörungsrecht, blieb Ankündigung.

11 Ausgangspunkt war ein Vortrag von Canaris, in dem er einen Vorschlag von Larenz von 1934, § 1 BGB durch eine offensichtlich nationalsozialistische Rechtsfähigkeitslehre zu ersetzen, beschönigend diskutierte. Zu dem Vortrag Canaris, Karl Larenz, in: Deutschsprachige Zivilrechtslehrer des 20. Jahrhunderts in Berichten ihrer Schüler, Band 2, Berlin 2010, 263–307. Hierzu Simon, Des Teufels Advocat, in: Myops Nr. 12 (2011), 65–78, Derleder, Verspätete Wurzelbehandlung. Die Kieler Schule und ihre Bedeutung für das Nachkriegszivilrecht – am Beispiel von Karl Larenz und seinem Schüler Claus Wilhelm Canaris, in: KJ 44 (2011), 336–342, u. Rüthers, Personenbilder und Geschichtsbilder – Wege zur Umdeutung der Geschichte? Anmerkungen zu einem Larenz-Portrait, in: JZ 66 (2011), 593–601. Gegen Rüthers dann Canaris, „Falsches Geschichtsbild von der Rechtsperversion im Nationalsozialismus" durch ein Porträt von Karl Larenz? Wider einen Versuch „unbegrenzter Auslegung" eines wissenschaftlichen Textes, in: JZ 66 (2011), 879–888, u. wieder Rüthers, Die Risiken selektiven Erinnerns – Antwort an C.-W. Canaris, in: JZ 66 (2011), 1149–1151; schließlich Jakobs, Sehr geehrter Herr Canaris, in: Myops Nr. 14 (2012), 6–16.

12 Hierzu die Diskussion zwischen Canaris und Reiner Schmidt einerseits und Heinig und Möllers andererseits: zunächst Heinig/Möllers, Kultur der Kumpanei, in: FAZ.net vom 23.3.2011 (http://www.faz.net/aktuell/politik/staat-und-recht/gastbeitrag-kultur-der-kumpanei-1610253.html), dann die polemische Antwort von Canaris/R. Schmidt, Hohe Kultur, in: FAZ.net vom 6.4.2011 (http://www.faz.net/aktuell/politik/staat-und-recht/gastbeitrag-hohe-kultur-1624499.html) und die Replik von Heinig/Möllers, Kultur der Wissenschaftlichkeit, in: FAZ.net vom 20.4.2011 (http://www.faz.net/aktuell/politik/die-debatte-kultur-der-wissenschaftlichkeit-1606898.html). Letzter Zugriff am 22.02.2024.

13 Vgl. nur die ‚Gewichtszunahme' der von Canaris übernommenen Lehrbücher: Capelles Kurzlehrbuch zum „Handelsrecht" (1. Aufl. München 1951) wuchs von 166 Seiten (18. Aufl. 1977) bereits in der ersten Bearbeitung durch Canaris (19. Aufl. 1980) auf 238 Seiten als „mittleres" Lehrbuch (siehe ebd. VI), um dann als großes Lehrbuch in der ‚grünen Reihe' des Beck-Verlags mit 543 Seiten in der 24. Aufl. 2006 seine letzte Auflage zu finden. Ähnlich nahm auch der von Larenz (Fn. 10) übernommene Besondere Teil des Schuldrechts von 758 Seiten (12. Aufl. 1981, ohne Halbbände) auf 734 Seiten in nur einem Halbband (2. Halbband, 13. Aufl. 1994) zu. Dagegen fasste der von Larenz weitergeführte Teil (1. Halbband, 13. Aufl. 1986) bloß 480 Seiten. Genauso stand es um das von Hueck übernommene Recht der Wertpapiere (1. Aufl. Berlin 1936). Dieses schwoll von 130 Seiten (10. Aufl. 1967) in zwei weiteren Auflagen auf 244 Seiten (12. Aufl. 1986) an.

14 Siehe auch Diederichsen, Einführung zum Symposion anlässlich des 60. Geburtstages von Claus-Wilhelm Canaris, in: Einheit und Folgerichtigkeit im Juristischen Denken, hrsg. v. Koller u.a., München 1998, 1–5, 3. Siehe neben den oben genannten Lehrbüchern (Fn. 10 u. 13) und Monographien (Fn. 3) auch die umfassenden Kommentierungen zum Bankvertragsrecht im Rahmen des Großkommentars zum Handelsrecht, Canaris, Bankvertragsrecht, 1. Aufl. Berlin 1975 (1298 Seiten), 2. Aufl. 1981 (1393 Seiten), u. noch den ersten Teil der Kommentierung in der 4. Aufl. 2005 (799 Seiten). Siehe weiter auch Canaris, Die Vertrauenshaftung im Lichte der Rechtsprechung des Bundesgerichtshofs, in: 50 Jahre Bundesgerichtshof. Festgabe aus der Wissenschaft, hrsg. v. Canaris u.a., München 2000, 129–197 o. ders., Die Übertragung des Regelungsmodells der §§ 125–130 HGB auf die Gesellschaft bürgerlichen Rechts als unzulässige Rechtsfortbildung contra legem, in: ZGR 33 (2004), 69–125.

15 Siehe auch Wünsch, Laudatio, in: Grazer Universitätsreden 50, Graz 1993, 7–19, 9: „Stets hat Canaris schon damals von einer einzelnen Teilfrage ausgehend Grundsatzprobleme des Zivilrechts behandelt."

Methode prägten schon das Vorwort seiner Habilitationsschrift zur „Vertrauenshaftung":

> „So habe ich hier praktisch zu verwirklichen versucht, was ich dort [sc. in der Schrift zum Systemdenken von 1969] theoretisch gefordert habe: die Argumentation mit Hilfe allgemeiner Rechtsprinzipien und das Systemdenken zu einer Synthese zu verbinden."[16]

994 Auf dieser Suche nach der „inneren Ordnung" des Rechts ging Canaris sogar soweit, „das Wirken einer ‚geheimen Vernunft'" zu beschwören.[17] Diese Verbindung von Prinzipien und System bildete den dogmatisch-methodischen Kern des Rechtsdenkens von Canaris.[18]

995 Seine methodische Hoffnung auf Prinzipien wurde zudem nicht selten von einem Ruf nach **„Methodenehrlichkeit"** begleitet.[19] Auch das hierin enthaltene Bekenntnis zu den ‚klassischen' *canones* gehörte zu Canaris' Methode. Nicht selten gerann diese „Methodenehrlichkeit" in seinen Schriften zu einem materiellen Argument, das seine eigenen rechtsdogmatischen oder rechtspolitischen Vorstellungen stützte.[20] Die meisterhafte Kombination der beiden Methodenansätze, also der dogmatisch-prinzipiellen Konstruktion und Fortbildung des Rechts einerseits und der am klassischen Auslegungs- und Gesetzesdenken orientierten Methodenstrenge anderseits, garantierte in diesem Modell die Rationalität des Rechts. Gleichzeitig aber arbeiteten die Unschärfen, die in dieser **doppelten Methode** systematisch entstanden, am Rande einer zweiten Rationalität, die stets in Irrationalität umzuschlagen drohte. Dabei verunklarte das von Canaris postulierte „bewegliche System", das zugleich das Leitmotiv seines methodischen Denkens bildete, die Grenze von prinzipieller und strenger Methode.[21]

---

16 *Canaris*, Vertrauenshaftung (1971, Fn. 3), VIII.
17 Siehe *Canaris*, Vertrauenshaftung (1971, Fn. 3), VIII u. VII.
18 Siehe *Canaris*, Dankesworte (1998, Fn. 4), 195: „So sind denn auch die meisten meiner wissenschaftlichen Arbeiten letztlich nicht um ihrer selbst willen geschrieben, sondern eher als Demonstrations- und Übungsfelder juristischen Argumentierens – meine Lehrbücher nicht ausgenommen."
19 Siehe etwa *Canaris*, Die *Nacherfüllung* durch Lieferung einer mangelfreien Sache beim Stückkauf, in: JZ 58 (2003), 831–838, 832; *ders.*, Grundrechtswirkungen und Verhältnismäßigkeitsprinzip in der richterlichen Anwendung und Fortbildung des Privatrechts, in: JuS 29 (1989), 161–172, 164; *ders.*, Verstöße gegen das verfassungsrechtliche Übermaßverbot im Recht der Geschäftsfähigkeit und im Schadensersatzrecht, in: JZ 42 (1987), 993–1004; weiter auch *ders.*, Lücken (¹1964 u. ²1983, Fn. 3), § 81; *ders.*, Die richtlinienkonforme *Auslegung* und Rechtsfortbildung im System der juristischen Methodenlehre, in: Im Dienste der Gerechtigkeit. Festschrift für Franz Bydlinski, hrsg. v. Koziol u.a., Wien u.a. 2002, 47–103, 81; ferner *ders.*, Grundrechte und Privatrecht, in: AcP 184 (1984), 201–246, 235.
20 Etwa im Rahmen des Mängelgewährleistungsrechts *ders.*, Nacherfüllung (2003, Fn. 19), 832 und am Beispiel der GbR *ders.*, Übertragung (2004, Fn. 14), 78–81.
21 Das „bewegliche System" entwickelte Canaris im Anschluss an Wilburg. Grundlegend jetzt *Paas*, Das bewegliche System. Zur Karriere einer juristischen Denkfigur, Tübingen 2021, zu Canaris bewegliche System insb. 7–10, 221–223, 238–240. *Canaris* schrieb hierzu im Nachruf Walter Wilburg, in: JZ 46 (1991), 409 f., 410: „man kann ohne Übertreibung sagen, daß es sich dabei um eine der wichtigsten ‚Entdeckungen' handelt, die in diesem Jahrhundert auf dem Gebiete der juristischen Methodenlehre und der Rechtstheorie gemacht worden sind." Zum „beweglichen System" zunächst *Wilburg*, Entwicklung eines beweglichen Systems im bürgerlichen Recht, Graz 1950; *ders.*, Zusammenspiel der Kräfte im Aufbau des Schuldrechts, in: AcP 163 (1964), 346–379. Der Sache nach bereits *ders.*, Die Elemente des Schadensrechts, Marburg a. d. Lahn 1941; siehe auch *Westerhoff*, Die Elemente des Beweglichen Systems, Berlin 1991; in der neueren Diskussion *Michael*, Der allgemeine Gleichheitssatz als Methodennorm komparativer Systeme, Berlin 1997; *Fischer*, Das „Bewegliche System", in: AcP 197 (1997), 589–608. Kritisch die Rezensionen von *Esser* in: AcP 151 (1951), 555 f., u. in der RabelsZ 18 (1953), 165–167, 166: „Wir stimmen daher mit W[ilburg] überein in dem Wunsch, keine Prinzipien in ihrem Geltungsanspruch zu fixieren, nicht aber in dem Glauben, dies ließe sich auch nur Tatbestände und begriffliche Konstruktion mit dem bloßen richterlichen Abwägen oder Kombinieren der Gesichtspunkte bewirken." Zur Kritik schon die Rezension von *Esser* in der RabelsZ 33 (1969), 757–761.

Zudem drohte der schon bei Larenz vorhandene Glaube an ein „Richtiges Recht", den auch Canaris teilte, die ideologischen und politischen Untiefen allen Rechts zu verharmlosen.²²

Dennoch stand dieses doppelte „Spiel" aus unbestimmten Prinzipien und strenger Methode für die hohe Kunst der Jurisprudenz, die kaum jemand wie Canaris beherrsche und die seine Dogmatik prägte.²³ Die „**Dialektik**" seines „**beweglichen Systems**" bildet dabei (bei aller Unbestimmtheit des Begriffs) das Leitmotiv durch die folgenden acht methodischen und zwei dogmatisch-praktischen Abschnitte zu „Methode und Zivilrecht bei Claus-Wilhelm Canaris". Sie bietet den Schlüssel zum juristischen Denken eines der schärfsten und strengsten Juristen und Rechtswissenschaftler der jüngst vergangenen Zeit.

II. Auslegung als plausible Argumentation

Canaris hat keine monographische Arbeit zur Auslegungstheorie vorgelegt.²⁴ Dennoch formulierten seine kleineren Aufsätze zur Methodenlehre ein Konzept der juristischen Interpretation, das durchaus auch als Auslegungslehre verstanden werden kann.²⁵ Diese Interpretationslehre setzte sich aus vier Elementen zusammen: (1.) den *canones* als abzuwägenden Gründen, (2.) einer teleologischen Plausibilitätskontrolle, (3.) Gewichtungs- und schließlich (4.) Vorrangregeln.

Die sog. „klassischen" Auslegungsregeln, also Wortlaut, System, Geschichte und *telos*, begriff Canaris zunächst **ohne Hierarchie**. Ein Rangverhältnis zwischen ihnen lehnte er zugunsten eines zwanglosen Umgangs mit diesen juristischen Deutungshilfen ab.²⁶ Unmissverständlich schrieb er:

> „Meist haben die Auslegungskriterien lediglich die Funktion von Argumenten im Rahmen einer Gesamtabwägung, die auf das jeweilige Einzelproblem bezogen und beschränkt ist".²⁷

Canaris wies den *canones* die „**Funktion von Argumenten**" zu, die nicht Regeln für den Umgang mit Gesetzen boten, sondern als Gründe dienten, die gegeneinander

---

22 Siehe *Larenz*, Richtiges Recht, München 1979. Larenz bildete seinen Titel in kritischem Anschluss an die berühmte Schrift von *Stammler*, Die Lehre von dem Richtigen Rechte, 1. Aufl. Berlin 1902, Neuauflage Halle (Saale) 1926. Trotz der Verwandtschaft im Titel trennen den Hegelianer Larenz und den Neukantianer Stammler Welten an Philosophie. Zu „Politik" und „Richtigem Recht" *Seinecke*, Richtige Reinheit oder reine Richtigkeit? Rechtslehren nach Hans Kelsen und Karl Larenz, in: JZ 65 (2010), 279–287, insbes. 284 u. 286. Zu Stammlers „Richtigem Recht" *ders.*, Das Recht des Rechtspluralismus, Tübingen 2015, 84–94.
23 Zum Begriff des „Spiels" aus der Perspektive der Hermeneutik *Gadamer*, Wahrheit und Methode, 6. Aufl. Tübingen 1990, 107–116.
24 Die von Larenz übernommene Studienausgabe der „Methodenlehre" überarbeitete Canaris nur vorsichtig und in wenigen Abschnitten, siehe *Larenz/Canaris*, Methodenlehre (³1995, Fn. 10), V.
25 Als Referenz dienen folgende Arbeiten: *Canaris*, Die *Problematik* der Anwendung von § 574 b BGB auf die Kündigung gegenüber dem Erben eines Wohnungsmieters gemäß § 569 BGB – ein Kapitel praktizierter Methodenlehre, in: Festschrift für Wolfgang Fikentscher, hrsg. v. Großfeld u.a., Tübingen 1998, 11–42; *ders.*, Das *Rangverhältnis* der „klassischen" Auslegungskriterien demonstriert an Standardproblemen aus dem Zivilrecht, in: Festschrift für Dieter Medicus zum 70. Geburtstag, hrsg. v. Beuthien u.a., Köln u.a. 1999, 25–61; *ders.*, Auslegung (2002, Fn. 19); *ders.*, Die verfassungskonforme *Auslegung* und Rechtsfortbildung im System der juristischen Methodenlehre, in: Privatrecht und Methode. Festschrift für Ernst A. Kramer, hrsg. v. Honsell u.a., Basel u.a. 2004, 141–159; *ders.*, *Gemeinsamkeiten* zwischen verfassungs- und richtlinienkonformer Auslegung, in: Wirtschaft im offenen Verfassungsstaat. Festschrift für Reiner Schmidt zum 70. Geburtstag, hrsg. v. Bauer u.a., München 2006, 41–60.
26 Siehe *Canaris*, Rangverhältnis (1999, Fn. 25), 33.
27 *Canaris*, Rangverhältnis (1999, Fn. 25), 58.

abzuwägen waren.²⁸ Erst im konkreten Fall fanden sie also ihr Gewicht. Auf diese Weise ähnlen die *canones* mehr Prinzipien oder Elementen, die in einem „beweglichen System" um den Fall kreisen, als strengen am auszulegenden Gegenstand orientierten Regeln.²⁹ Ihre Beziehungen changieren und verändern sich permanent, so dass sie zu bloßen Gesichtspunkten verkümmern.³⁰ Erst im Angesicht des Falles zeigen sie ihr Gesicht.

1000 Das stete Abwägen der kanonischen Argumente begriff *Canaris* jedoch weder als Manko der *ars iuris*, noch als irrationales Zeugnis von Recht oder einer *prinzipienorientierten* Methode.³¹ Ganz im Gegenteil bekannte Canaris gleichmütig: „Das ist genau die Art und Weise, wie man üblicherweise mit Argumenten umgeht".³² Die *canones* seien eben nur eine „Sammelbezeichnung für bestimmte Typen von Argumenten".³³ „Üblicherweise" kombiniere man sie „ziemlich locker miteinander" und entscheide sich schließlich „nach einem gewissen Hin und Her für eine bestimmte Lösung".³⁴ Ein starkes systematisches Argument könne ein schwaches Wortlautargument ausstechen und beiläufige, undurchdachte Bemerkungen aus den Gesetzesmaterialen fielen nicht schwer ins Gewicht, wenn man sie gegen starke objektiv-teleologische Gesichtspunkte auf die Methodenwaage lege.³⁵ Diese Maßstäbe der Methodentheorie entnahm Canaris der juristischen Praxis.³⁶ Sie folgen einem Denken und Rechtfertigen, das Hegelianer vor keine Schwierigkeit stellt. Einem (Neu-)Kantianer aber, der scharf zwischen Gegenstand und Maß der normativen Bewertung zu unterscheiden versucht, bleibt diese Methode demgegenüber fremd.

1001 Trotz dieser Methodenskepsis, die den Wert der klassischen Auslegungsmethoden auf die argumentative Deliberation im Fall begrenzte, wollte Canaris einer wahllosen **Abwägungsjurisprudenz** keinesfalls das Wort reden. Diese kritisierte er als eine Methodenlehre, die sich in einem „völlig diffusen",³⁷ einem „drauf-los"-Abwägen im Einzelfall verliere.³⁸ Deutlich warnte er vor einer „Flucht in die Abwägung" und einer

---

28 Siehe *Canaris*, Auslegung (2004, Fn. 25), 143 f.; *ders.*, Rangverhältnis (1999, Fn. 25), 58; *ders.*, Auslegung (2002, Fn. 19), 65; schließlich *ders.*, Nacherfüllung (2003, Fn. 19), 833.
29 Siehe *Canaris*, Auslegung (2004, Fn. 25), 144 f.; *ders.*, Auslegung (2002, Fn. 19), 65 f.; *ders.*, Rangverhältnis (1999, Fn. 25), 59, u. weiter *ders.*, Bewegliches *System* und Vertrauensschutz im rechtsgeschäftlichen Verkehr, in: Das Bewegliche System im geltenden und künftigen Recht, hrsg. v. Bydlinski u.a., Wien u.a. 1986, 103–116, 106.
30 Siehe *Canaris*, Auslegung (2004, Fn. 25), 143 f.
31 Siehe *Canaris*, Auslegung (2004, Fn. 25), 144; *ders.*, Auslegung (2002, Fn. 19), 65. Canaris wandte sich hier gegen Vorwürfe von *Esser*, Vorverständnis und Methodenwahl in der Rechtsfindung, Frankfurt am Main 1970, 123, u. insbes. *Rüthers*, Rechtstheorie (¹1999, ⁴2008), Rn. 815 bzw. 813, Fn. 931, weiterhin *Rüthers/Fischer/Birk*, Rechtstheorie (¹²2022), Rn. 815 u. 813. Rüthers sprach von „methodische[r] Beliebigkeit" und „grundsätzlicher Grundsatzlosigkeit".
32 Siehe *Canaris*, Auslegung (2002, Fn. 19), 65; *ders.*, Rangverhältnis (1999, Fn. 25), 58; *ders.*, Auslegung (2004, Fn. 25), 144.
33 Siehe *Canaris*, Rangverhältnis (1999, Fn. 25), 58.
34 Siehe *Canaris*, Auslegung (2004, Fn. 25), 143.
35 Siehe *Canaris*, Rangverhältnis (1999, Fn. 25), 58.
36 Canaris machte die juristische Praxis zwar nicht ausdrücklich zum Maß seiner Methode. Deutlich formulierte er aber: „Diese Art des Umgangs mit divergierenden oder kollidierenden Auslegungskriterien wird ständig praktiziert", und macht dies zum Argument, siehe *Canaris*, Rangverhältnis (1999, Fn. 25), 58.
37 Siehe *Canaris*, Auslegung (2004, Fn. 25), 144. Weiter die Kritik an BGH V ZR 311/89 vom 6.12.1991 in *ders.*, Der *Vorrang* außerbereicherungsrechtlicher, insbesondere dinglicher Wertungen gegenüber der Saldotheorie und dem Subsidiaritätsdogma, in: JZ 47 (1992), 1114–1120, 1115: „Gefahr, daß der BGH sich ... auf eine *diffuse Einzelfallbetrachtung* zurückziehen wird", Hervorhebungen hinzugefügt.
38 Siehe *Canaris*, Grundrechte und Privatrecht. Eine Zwischenbilanz, Berlin u.a. 1999, 56, vgl. auch 53, 55; zum Kontext der „Abwägungsjurisprudenz" siehe den HISTORISCHEN ÜBERBLICK unter XI., Rn. 1457–1475.

„immer mehr um sich greifenden Abwägungshypertrophie" im Verfassungsrecht.[39] Doch was leisteten seine *canones* dann? Auch sie begriff Canaris ja als abwägungsaffin und einzelfallabhängig. Seine Antwort beschwörte wieder die **Rationalität der Jurisprudenz**. Diese Ratio verbürgten die *canones*, indem sie dem juristischen Diskurs Struktur und Gliederung gaben, weil die kanonisierte Methode Maßgebliches von Unerheblichem trennte und das gegebene juristische Material systematisierte.[40] Als Denkbehelfe erleichterten sie dem Ausleger die Entscheidung und entlasteten ihn von weiteren Begründungen.[41] Der tradierte *canon* beanspruchte per se Legitimität, auch wenn er kein Ergebnis vollständig determinierte.

Canaris blieb aber nicht bei dieser Deutung der Auslegungs*canones* als abzuwägenden und hierarchielosen Argumenten stehen. Er ergänzte sie um ein zweites Element:

> „Zum zweiten sollte man stets, wenigstens ‚im Hinterkopf', eine **teleologische Plausibilitätskontrolle** durchführen; denn sonst droht ‚öde Buchstabenjurisprudenz' und damit die Gefahr, daß die Lösung des Problems nicht überzeugungskräftig begründet wird oder daß gar die eigentliche Schwierigkeit überhaupt nicht in den Blick kommt."[42]

Den „klassischen" Methoden wurde eine teleologische Kontrolle nachgeschaltet. Doch bei dieser handelte es sich nicht um allgemeine „objektiv-teleologische" Überlegungen. Canaris hatte solche zuvor als missbrauchsanfällig unter Generalverdacht gestellt.[43] Er forderte keine scharfe *Richtigkeitskontrolle*, die die *canones* aus einem Vorverständnis heraus „steuerte" oder formte.[44] Dem Rechtsfindungsprozess solle „nicht mehr als eine *teleologische Plausibilitätskontrolle*" nachgeschaltet werden. Allein das gefundene und bereits begründete Ergebnis müsse „teleologisch gegen den Einwand der Unvernünftigkeit" und „untragbare *Wertungswidersprüche*" abgesichert werden.[45] Der Recht suchende Jurist sollte also, nachdem ihn die kanonische *ars iuris* zum Recht geführt hat, noch einmal innehalten und räsonieren, ob er nicht doch Unrecht ins Recht getragen habe. Aber anhand welcher Maßstäbe könnte er dies tun?

---

39 Siehe *Canaris*, Grundrechte (1999, Fn. 38), 73 f. mit Verweis auf *Leisner*, „Abwägung überall", in: NJW 50 (1997), 636–639, u. *dens*., Der Abwägungsstaat, Verhältnismäßigkeit als Gerechtigkeit?, Berlin 1997. Weiter die Kritik bei *Canaris*, Grundrechtswirkungen (1989, Fn. 19), 167, 169 f.; *ders*., Das Recht auf *Meinungsfreiheit* gemäß Art. 5 Abs. 1 GG als Grundlage eines arbeitsrechtlichen Kontrahierungszwangs. Gedanken anläßlich der Entscheidung des Bundesverfassungsgerichts im „Schülerzeitungsfall", in: Freiheit und Eigentum. Festschrift für Walter Leisner zum 70. Geburtstag, hrsg. v. Isensee u.a., Berlin 1999, 413–436, 432.
40 Siehe *Canaris*, Auslegung (2004, Fn. 25), 144.
41 Siehe *Canaris*, Gemeinsamkeiten (2006, Fn. 25), 45.
42 *Canaris*, Rangverhältnis (1999, Fn. 25), 34. Ähnlich schon *ders*., Systemdenken (¹1969 u. ²1983, Fn. 3), 105 f.: „teleologische Kontrolle" und in *ders*., Bereicherungsausgleich (1973, Fn. 3), 799: „wertungsmäßig kontrolliert"; ähnlich auch in *ders*., Schadensersatz- und Bereicherungshaftung des Vertretenen bei Vertretung ohne Vertretungsmacht – BGH, NJW 1980, 115, in: NJW 33 (1980), 332–335, hier 334.
43 Siehe *Canaris*, Rangverhältnis (1999, Fn. 25), 39. Zur Kritik an der ‚objektiven Auslegung' (auch und gerade gegen Canaris) *Rüthers*, Anleitung zum fortgesetzten methodischen Blindflug, in: NJW 49 (1996), 1249–1253, 1252; *ders*., Wer schafft Recht? – Methodenfragen als Macht- und Verfassungsfragen, in: JZ 50 (1995), 995–997, 997, insbes. Fn. 6; schließlich *ders*., Methodenrealismus in Jurisprudenz und Justiz, in: JZ 61 (2006), 53–60, 56 f.
44 In diese Richtung ging wohl auch der Vorschlag von *Esser* (1970, Fn. 31), 130–142, insbes. 123: „An alledem wird deutlich …, daß er [sc. der Rechtsanwender] seine Methodenwahl aus einer teleologischen Richtigkeitskontrolle des Ergebnisses unter dem Gesichtspunkt der Akzeptierbarkeit in einer gegebenen Sozialordnung her steuert". Komplizierter ist das Verhältnis von Methode, Dogmatik und „Richtigkeit" bei *Alexy*, Theorie der juristischen Argumentation, Frankfurt am Main 1983 (1. Aufl. 1978), 334: „Dogmatisches Argumentieren ist vernünftig, solange die Rückkoppelung an die allgemeine praktische Argumentation nicht verloren geht."
45 Siehe *Canaris*, Rangverhältnis (1999, Fn. 25), 37 u. weiter 38, 41, 48, Hervorhebungen im Original.

III. Sechzehn Exempel und drei Berichte

1004 Das dritte Element dieser Auslegungslehre bildeten „**Gewichtungsregeln**".[46] Sie ergänzten die zunächst hierarchielosen Auslegungsregeln um eine, wenn auch für den Einzelfall offene, Rangordnung. In einem zweistufigen Auslegungsmodell, das die allgemeine Geltung der *canones* von ihrer konkreten Anwendung im Fall unterschied, führte Canaris einen „prima facie Vorrang" ein:[47]

> „Auf der ersten (scil. Stufe) kann man einem Auslegungsmittel abstrakt ein prinzipiell höheres oder niedrigeres Gewicht als einem anderen zuerkennen, auf der zweiten ist dann das konkrete Gewicht zu bestimmen, das dem betreffenden Kriterium nach dem Grad seiner jeweiligen Überzeugungskraft im Rahmen der fraglichen Problemlösung zukommt, wobei in die abschließende Abwägung sowohl das abstrakte als auch das konkrete Gewicht eingeht."[48]

1005 Wieder lautete das zentrale Methodenstichwort „Abwägung". Und wieder versuchte Canaris dieser potenziell irrationalen Abwägung eine Struktur zu geben, indem er **zwei Abwägungsebenen** voneinander trennte. Auf der abstrakten Ebene setzte Canaris die Auslegungs*canones* nun doch zueinander ins Verhältnis: Zunächst komme „*teleologischen Gesichtspunkten das größte Gewicht*" zu,[49] während „*dem Wortlaut des Gesetzes grundsätzlich ein besonders hohes Gewicht*" zuzusprechen sei.[50] Schließlich besitze „*ein Argument aus dem ‚äußeren' System des Gesetzes als solches anerkanntermaßen nur ein sehr geringes Gewicht*".[51] Und gleiches gelte für das „historische" Argument.[52] Auf der Abwägungswaage war also das *telos* ein Schwergewicht, das *Wort* ein Mittelgewicht, schließlich das „*äußere System*" und die *Geschichte* zwei Leichtgewichte. Trotz dieses abstrakten Vorrangs des *telos* aber galt, dass dem Ausleger „*grundsätzlich*

---

46 Von einer „Gewichtungsregel" sprach Canaris erst in späteren Schriften, etwa *Canaris*, Gemeinsamkeiten (2006, Fn. 25), 45 f. Einen ähnlichen Vorschlag unterbreitete er schon vorher für die Grundrechtsdogmatik, siehe *ders.*, Grundrechtswirkungen (1989, Fn. 19), 164. Hier plädierte er gegen eine *„einzelfallbezogene* Abwägung" und für „generelle und abstrakte Vorrangentscheidungen".
47 Canaris schloss sich ausdrücklich dem von Alexy geprägten Begriff an, siehe *Canaris*, Gemeinsamkeiten (2006, Fn. 25), 45 f. mit Verweis auf *Alexy*, Juristische Interpretation, in: Recht, Vernunft, Diskurs, Frankfurt am Main 1995, 71–92, 89 f.
48 *Canaris*, Gemeinsamkeiten (2006, Fn. 25), 45. Trotz dieses dezidierten Rangverhältnisses bleibt unklar, ob Canaris hier die Gleichwertigkeit der *canones* verabschiedete. Canaris äußerte sich in diesem Punkt widersprüchlich. Er postulierte mehrfach, dass die *canones* sich „*grundsätzlich auf derselben Rangebene*" befänden, siehe *Canaris*, Rangverhältnis (1999, Fn. 25), 59; *ders.*, Auslegung (2002, Fn. 19), 65. Genauso schrieb er: „Eine generelle Reihenfolge kann es daher zwischen den ‚klassischen' Auslegungskanones so wenig geben wie sonst zwischen Argumentationstypen, da zwangsläufig mal der eine und mal der andere eine größere Überzeugungskraft und daher ein höheres Gewicht im Abwägungsprozess besitzt", siehe *Canaris*, Auslegung (2004, Fn. 25), 144, Hervorhebungen getilgt. Unklar bleibt auch, ob Canaris mit der „generellen Reihenfolge" auf einen abstrakten Vorrang im Sinne einer „Gewichtungsregel" zielte oder doch mehr eine „zwingende" Vorrangregel im Sinn hatte. Die sich widersprechenden Textstellen lassen sich folgendermaßen deuten: Canaris lehnte eine *zwingende* Rangfolge der *canones* ab, nahm aber eine *generelle* Gewichtung vor, die dann im *Einzelfall* neu und konkret zu bestimmen war.
49 Siehe *Canaris*, Rangverhältnis (1999, Fn. 25), 58. Schärfer im Sinne einer „Vorrangregel" *ders.*, Problematik (1998, Fn. 25), 30; ähnlich auch *ders.*, Gemeinsamkeiten (2006, Fn. 25), 45. Gegen einen „*Grundsatz vom Vorrang des ‚eindeutigen' Wortlauts gegenüber teleologischen Gesichtspunkten*" siehe *ders.*, Die Bedeutung allgemeiner Auslegungs- und Rechtsfortbildungskriterien im *Wechselrecht*, in: JZ 42 (1987), 543–553, 553, 544 ff., 549. In diese Richtung wies auch seine Kritik an BGH VI ZR 285/91 vom 14.4.1992, siehe *Canaris*, Vorrang (1992, Fn. 37), 1118: „Überbetonung begrifflicher Aspekte und das Fehlen einer teleologischen Fundierung". Schließlich *ders.*, Systemdenken (¹1969 u. ²1983, Fn. 3), 91.
50 Siehe *Canaris*, Gemeinsamkeiten (2006, Fn. 25), 45; weiter auch *ders.*, Rangverhältnis (1999, Fn. 25), 41; *ders.*, Auslegung (2004, Fn. 25), 144. Anders noch in *ders.*, Bereicherungsausgleich (1973, Fn. 3), 805 u. 862: „Im übrigen sind bloße Wortlautargumente ohnehin wenig befriedigend".
51 Siehe *Canaris*, Gemeinsamkeiten (2006, Fn. 25), 45; weiter auch *ders.*, Rangverhältnis (1999, Fn. 25), 41.
52 Siehe *Canaris*, Wechselrecht (1987, Fn. 49), 549.

nicht die Befugnis" zustehe, „sich über das Ergebnis von grammatischer, systematischer und historischer Auslegung unter Berufung auf ‚objektiv-teleologische' Kriterien hinwegzusetzen."[53]

Nachdem Canaris das Zusammenspiel von abwägender Auslegung und Plausibilität durch die nur *prima facie* verbindlichen Gewichtungsregeln ergänzte und dadurch weiter rationalisierte, führte er mit den „Kollisions-" oder **„Vorrangregeln"** schließlich das vierte Element seiner Auslegungslehre ein.[54] Anders als bei den allgemeinen *canones* oder Gewichtungsregeln handelte es sich hierbei um eindeutige und klare Regeln. „Vorrangregeln" seien „einer Abstufung, Gewichtung oder Abwägung weder bedürftig noch auch nur zugänglich", man könne sie „entweder anerkennen oder ablehnen",[55] sie erzwängen „eine Ja-Nein-Entscheidung".[56] Bei ihnen handelte es sich also um alternativlose Regeln, nicht um nur unbestimmte und abzuwägende Prinzipien.[57] War die „Vorrangregel" anwendbar, bestimmte sie allein über das Ergebnis der Auslegung. Canaris nannte verschiedene Beispiele dieser sehr speziellen und scharfen Regeln,[58] etwa der „Zweck des Gesetzes geht seinem Wortlaut vor, soweit nicht ein Rechtsfortbildungsverbot entgegensteht"[59] oder „Vorrang der im Gesetz zum Ausdruck gekommenen Regelungsabsicht der Gesetzesverfasser gegenüber objektiv-teleologischen Kriterien"[60] oder schließlich „Vorrang des Gesetzeswortlauts vor gegenläufigen Zwecken bei Fehlen eines Auslegungsspielraums und einer Lücke".[61]

III. Verfassung und europäische Richtlinien

Canaris' Methodenlehre endet nicht an den Grenzen des Privatrechts. Die mittlerweile klassischen Probleme im Verhältnis von Verfassung und Privatrecht bedachte er in seinen Direktiven der Interpretation genauso wie die damals noch neueren Perspektiven eines europäischen Privatrechts. Zu den scharfen „Vorrangregeln" zählte Canaris deshalb insbesondere auch die **verfassungskonforme Auslegung**.[62] Er führte

---

53 Siehe *Canaris*, Rangverhältnis (1999, Fn. 25), 39. Aber auch Canaris bediente sich dieses methodischen Jokers und postulierte an anderer Stelle sogar dessen „grundsätzlichen Vorrang", siehe *ders.*, Wechselrecht (1987, Fn. 49), 547.
54 Die „Vorrangregel" entwickelte Canaris zunächst in den späten 1990er Jahren, siehe *Canaris*, Rangverhältnis (1999, Fn. 25), 25 ff.; *ders.*, Problematik (1998, Fn. 25), 11 ff.; weiter *ders.*, Auslegung (2004, Fn. 25), 141 ff.; *ders.*, Auslegung (2002, Fn. 19), 47 ff.; schließlich *ders.*, Gemeinsamkeiten (2006, Fn. 25), 46.
55 Siehe *Canaris*, Rangverhältnis (1999, Fn. 25), 59.
56 Siehe *Canaris*, Auslegung (2004, Fn. 25), 145, u. *ders.*, Auslegung (2002, Fn. 19), 66.
57 Canaris verwies auf die Ähnlichkeit dieses Modells mit der Unterscheidung von *principles* und *rules* bei *Dworkin*, Bürgerrechte ernstgenommen, Frankfurt am Main 1984 (zuerst 1977 im Engl.), 54 ff. sowie bei *Alexy*, Rechtsregeln und Rechtsprinzipien, in: Geltungs- und Erkenntnisbedingungen im modernen Rechtsdenken (=ARSP Beiheft 25), hrsg. v. MacCormic u. a., Stuttgart 1985, u. *ders.*, Theorie der Grundrechte, Frankfurt am Main 1994 (1. Aufl. 1985), 71 ff., siehe *Canaris*, Auslegung (2002, Fn. 19), 65 f., Fn. 78; *ders.*, Auslegung (2004, Fn. 25), 145, Fn. 13; *ders.*, Rangverhältnis (1999, Fn. 25), 59, Fn. 92.
58 Canaris sprach von einem erheblichen Forschungsbedarf, siehe *Canaris*, Rangverhältnis (1999, Fn. 25), 60.
59 Siehe *Canaris*, Rangverhältnis (1999, Fn. 25), 51 f. Unklar bleibt, ob *Canaris* sich nur auf „subjektiv-teleologische" (also historische) Zwecke beschränkte oder dies tatsächlich als allgemeine ‚Zweck-vor-Wort-Formel' begriff. Gegen eine absolute Herrschaft des *telos* spricht, dass Canaris diesen allgemeinen Zweckvorrang in einer späteren Aufzählung von „Vorrangregeln" nicht mehr nannte, siehe *ders.*, Auslegung (2002, Fn. 19), 66. Anders klang dies jedoch noch in *ders.*, Wechselrecht (1987, Fn. 49), 547. Dort behauptete Canaris den „grundsätzlichen Vorrang objektiv-teleologischer Kriterien vor der Wortlautinterpretation".
60 Siehe *Canaris*, Rangverhältnis (1999, Fn. 25), 53–55; weiter *ders.*, Auslegung (2002, Fn. 19), 66.
61 Siehe *Canaris*, Rangverhältnis (1999, Fn. 25), 56 f.; weiter *ders.*, Auslegung (2002, Fn. 19), 66.
62 Siehe *Canaris*, Rangverhältnis (1999, Fn. 25), 52 f.; weiter *ders.*, Auslegung (2002, Fn. 19), 66.

sie zunächst als Variante der systematischen Auslegung und des objektiven *telos'* der Rechtsordnung ein.⁶³ Ihren Anwendungsbereich umriss Canaris scharf:

> „Für den Begriff der verfassungskonformen Auslegung bedeutet das, daß man von einer solchen nur dann und immer dann sprechen sollte, wenn es eine verfassungswidrige Auslegungsvariante gibt und es also um die Entscheidung zwischen dieser und einer verfassungsgemäßen Auslegungsvariante geht."⁶⁴

1008 Deutlich gewährte Canaris der verfassungskonformen Auslegung Vorrang vor jeder nicht verfassungskonformen Auslegung. Dadurch aber wurde die verfassungskonforme Auslegung als **Metaregel** zu einer genuinen Rechtsnorm, deren Geltungsvorrang zusätzlicher Begründung bedurfte.⁶⁵ Zu ihrer Legitimation genügte Canaris der bloße Verweis auf einen formalen „Stufenbau der Rechtsordnung" á la Kelsen nicht.⁶⁶ Diese fand Canaris vielmehr im Spiel und der Balance der Gewalten:

> „Das Gebot der verfassungskonformen Auslegung soll die Autorität und die Autonomie des Gesetzgebers vor Übergriffen der Rechtsprechung schützen und dient damit letztlich einer *funktionsgerechten Abgrenzung der Kompetenzen dieser beiden Staatsgewalten.*"⁶⁷

1009 Die Logik dieser Begründung war eine dialektische. Judikative Korrekturen an legislativen Akten sollten die „Autorität" und „Autonomie" des Gesetzgebers wahren. Die Judikative bewahrte die Legislative durch *kleine Eingriffe* vor *großen Übergriffen* und entlastete damit Gesetze vom drohenden „Verdikt der Verfassungswidrigkeit".⁶⁸ Die Rechtsprechung achtete nicht das Recht, sondern sie schützte die Legislative – eine merkwürdige Begründung.

1010 Auch die **richtlinienkonforme Auslegung** bildete wie schon die verfassungskonforme eine „Vorrangregel". Und für sie galt im Falle der Kollision einer richtlinienkonformen und einer nicht richtlinienkonformen Auslegung ebenfalls der Vorrang des ‚höheren' Rechts. Doch die richtlinienkonforme Auslegung gewann ihre Legitimation anders als die verfassungskonforme nicht als „Mittel zur Normerhaltung".⁶⁹ Es war der „Vorrang des Gemeinschaftsrechts",⁷⁰ der ihre normprägende Kraft rechtfertigte und sie damit zu einem Mittel der europäischen „Normdurchsetzung" machte.⁷¹

1011 Doch nicht nur die unterschiedliche Legitimation („Normerhaltung"/"Normdurchsetzung") von richtlinien- und verfassungskonformer Auslegung unterschied beide. Sie unterlagen für Canaris zudem verschiedenen Grenzgesetzen. Diese methodischen Direktiven ihres Grenzregimes brachten die ‚klassischen' *canones* im Rahmen der beiden ‚Konformitäts'-Auslegungen wieder zurück ins Auslegungsspiel.⁷² Zwar wurden beide von dem **„Doppelkriterium" von „Wortlaut und Zweck"** in ihre Schranken gewie-

---

63 Siehe *Canaris*, Auslegung (2004, Fn. 25), 154.
64 *Canaris*, Auslegung (2004, Fn. 25), 154.
65 Siehe *Canaris*, Rangverhältnis (1999, Fn. 25), 60; ders., Auslegung (2002, Fn. 19), 67; ders., Problematik (1998, Fn. 25), 31.
66 Siehe *Canaris*, Auslegung (2004, Fn. 25), 147 f.; ders., Gemeinsamkeiten (2006, Fn. 25), 42. Zum „Stufenbau der Rechtsordnung" *Kelsen*, Reine Rechtslehre, 1. Aufl. Leipzig u.a. 1934, 62 ff., 2. Aufl. 1960, 228 ff.
67 *Canaris*, Auslegung (2004, Fn. 25), 149, Hervorhebungen im Original.
68 Siehe *Canaris*, Auslegung (2004, Fn. 25), 151.
69 Siehe *Canaris*, Gemeinsamkeiten (2006, Fn. 25), 42 u. 44.
70 Siehe *Canaris*, Auslegung (2002, Fn. 19), 68.
71 Siehe *Canaris*, Gemeinsamkeiten (2006, Fn. 25), 44.
72 Siehe *Canaris*, Gemeinsamkeiten (2006, Fn. 25), 46.

sen,[73] doch mit diesem Kriterium gingen verschiedene Rechtsfolgen einher. Während die Verfassung hinter dieser Grenze mit der Kassation des Gesetzes drohte,[74] war die europäische Richtlinie grundsätzlich auf die *lex lata* beschränkt.[75] Sie konnte eine Rechtslage nur interpretieren, aber kein neues Recht schaffen, auch nicht indem sie ein Gesetz oder eine bestehende Regelung verwarf. Damit bildeten beide hinter der Grenze des Normtextes keine neuen Normen, sondern modifizierten nur das Bestehende.

Schließlich gab Canaris auch für den **Kollisionsfall von nationaler Verfassung und europäischer Richtlinie** methodische Direktiven. *Prima facie* eindeutig löste er diesen Zwist:

1012

> „Dabei geht die richtlinienkonforme Auslegung grundsätzlich der verfassungskonformen Auslegung vor … Ist also das Ergebnis einer Auslegung des einfachen Rechts zwar verfassungs-, nicht aber richtlinienkonform, … so muß man versuchen, die Verfassung ihrerseits richtlinienkonform auszulegen."[76]

Das klingt eindeutig. Die Richtlinie geht der Verfassung vor. Doch auch diese eindeutige Bestimmung holte Canaris dialektisch zugunsten der Verfassung wieder ein. Die Richtlinie könne kein verfassungsrechtliches *contra ius* erzwingen.[77] Sie diene nur als *abzuwägendes Argument* bei der Interpretation der Verfassung. Kam es also ‚hart auf hart' blieb Canaris nur der Appell an den Verfassungsgeber, aber keine judikative Kompetenz. Er hielt an der Verfassung als letztem Maß des nationalen Rechts fest.

1013

IV. Verfassung und Privatrecht

Canaris setzte sich nicht nur methodisch mit dem Verhältnis von Verfassung und Privatrecht auseinander. Seine Perspektive war umfassend und er beleuchtete auch das dogmatische Verhältnis von Verfassung und Privatrecht grundlegend. Diese Arbeiten bezeugen wieder die scharfe und rationale Klarheit seines Denkens.[78] Seine detailreichen Studien zu dieser Gretchenfrage des Privatrechtlers: „Nun sag, wie hast du's mit der Verfassung?",[79] können hier aber nur im Stakkato wiedergegeben werden.

1014

Die **Legislative** sah Canaris als unmittelbar an die Grundrechte gebunden. Das galt selbstverständlich auch für den „Privatrechtsgesetzgeber".[80] Die „mittelbare" Drittwir-

1015

---

73 Siehe *Canaris*, Auslegung (2004, Fn. 25), 158 f., u. *ders.*, Auslegung (2002, Fn. 19), 70 u. 73.
74 Siehe *Canaris*, Gemeinsamkeiten (2006, Fn. 25), 59.
75 Siehe *Canaris*, Auslegung (2002, Fn. 19), 80. Skepsis gegenüber der europarechtlichen Rechtsvereinheitlichung durch den EuGH äußerte er in *ders.*, Der EuGH als zukünftige privatrechtliche Superrevisionsinstanz?, in: EuZW 5 (1994), 417.
76 *Canaris*, Auslegung (2002, Fn. 19), 80.
77 Siehe *Canaris*, Auslegung (2002, Fn. 19), 80.
78 Zu diesem Themenkreis insbes. *Canaris*, Grundrechte (1999, Fn. 38); *ders.*, Grundrechte (1984, Fn. 19). Weiter die Diskussion zwischen *Schwabe*, Grundrechte und Privatrecht, in: AcP 185 (1985), 1–8, u. *Canaris*, Erwiderung, in: AcP 185 (1985), 9–13, weiter *ders.*, Grundrechtswirkungen (1989, Fn. 19), 161–172; *ders.*, Verstöße (1987, Fn. 19). Hierzu die Entgegnungen von *Ramm*, Drittwirkung und Übermaßverbot, in: JZ 43 (1988), 489–493, u. *Wieser*, Verstößt § 105 BGB gegen das verfassungsrechtliche Übermaßverbot?, in: JZ 43 (1988), 493 f., sowie das Schlusswort von *Canaris*, Zur Problematik von Privatrecht und verfassungsrechtlichem Übermaßverbot, in: JZ 43 (1988), 494–499. Zum Übermaßverbot am Beispiel der Vertragsfreiheit *ders.*, Verfassungs- und europarechtliche Aspekte der Vertragsfreiheit in der Privatrechtsgesellschaft, in: Wege und Verfahren des Verfassungslebens. Festschrift für Peter Lerche zum 65. Geburtstag, hrsg. v. Badura u.a., München 1993, 874–891.
79 So *Fezer*, Diskriminierende Werbung – Das Menschenbild der Verfassung im Wettbewerbsrecht, in: JZ 53 (1998), 265–275, 267.
80 Siehe *Canaris*, Grundrechte (1999, Fn. 38), 16 ff., 21 f., 91; weiter *ders.*, Grundrechte (1984, Fn. 19), 245; *ders.*, Grundrechtswirkungen (1989, Fn. 19), 162; schließlich *ders.*, Verstöße (1987, Fn. 19), 993 f.

kung hingegen erschien ihm als „mysteriöses" Konzept.[81] Er entwickelte dazu eine eigene Lehre. Den ersten Schritt zur unmittelbaren Bindung begründet Canaris eindeutig mithilfe der *canones*: Der Wortlaut von Art. 1 Abs. 3 GG sei deutlich, das Ergebnis zugleich objektiv-teleologisch gerechtfertigt[82] und schließlich historisch wie systematisch abgesichert.[83]

1016 Gleichermaßen gelte die unmittelbare Bindung auch für die **Judikative**. Dies folge „nicht schon allein" aus der ausdrücklichen Bindung der Richter in Art. 1 Abs. 3 GG.[84] Vielmehr würden die „Gesetze" erst von der „Rechtsprechung mit konkretem Inhalt" gefüllt, so dass erst die Judikative einen effektiven Grundrechtsschutz ermöglichen könne.[85] Als Konsequenz galt dann: „Die als Norm gedachte ratio decidendi unterliegt … der Bindung an die Grundrechte in ihren ‚normalen' Funktionen als Eingriffsverbote und Schutzgebote".[86]

1017 Die Bindung der **Privatrechtssubjekte** konstruierte Canaris hingegen nicht unmittelbar, sondern nur auf Umwegen.[87] Im privaten Raum wirkten Grundrechte nur in ihrer Funktion als Schutzgebote.[88] Dem Staat obliege die „Pflicht … den einen Bürger gegenüber dem anderen Bürger vor einer Verletzung seiner grundrechtlich gewährleisteten Güter zu schützen".[89] Die „bildhafte Wendung" der „Ausstrahlungswirkung" wies Canaris, wie schon die „mittelbare Drittwirkung" als „dunkle Lehre" zurück. Sie stelle „wegen der damit verbundenen Vagheit dogmatisch gesehen nicht mehr als eine Verlegenheitslösung" dar.[90] Als Folge konstatierte er eine schwächere Wirkung der Grundrechte im Rahmen des Privatrechts.[91] **Dogmatisch** seien nach der Tatbestandseröffnung des Grundrechts die staatlichen Schutzpflichten in einem **abwägenden Zusammenspiel** der relevanten Faktoren zu ermitteln. Zu diesen zählte Canaris die Rechtswidrigkeit des Eingriffs, die Gefährdung des grundrechtlich geschützten Guts, die Angewiesenheit des privaten Subjekts auf das Grundrechtsgut, den Rang und die Art des Grundrechts, die Schwere des Eingriffs, die Intensität der Gefährdung usw.[92] Mit anderen Worten: Maßgeblich war ein *„bewegliches System"* von Schutzpflichtelementen.[93] Dabei wies Canaris aber darauf hin, dass die Verwirklichung der Schutzpflichten grundsätzlich im einfachen Recht erfolge[94] und der Legislative hierbei ein Umsetzungs-„Spielraum" verbleibe.[95]

---

81 Siehe *Canaris*, Grundrechte (1984, Fn. 19), 212; *ders.*, Grundrechte (1999, Fn. 38), 16.
82 Siehe *Canaris*, Grundrechte (1999, Fn. 38), 11, 14 u. 91; weiter *ders.*, Grundrechte (1984, Fn. 19), 203 ff.
83 Siehe *Canaris*, Grundrechte (1999, Fn. 38), 11 ff. u. 91.
84 Siehe *Canaris*, Grundrechte (1999, Fn. 38), 92.
85 Siehe *Canaris*, Grundrechte (1999, Fn. 38), 23 ff. u. 92; weiter *ders.*, Grundrechtswirkungen (1989, Fn. 19), 162.
86 Siehe *Canaris*, Grundrechte (1999, Fn. 38), 92.
87 Siehe *Canaris*, Grundrechte (1999, Fn. 38), 33 ff. u. 93; weiter *ders.*, Grundrechtswirkungen (1989, Fn. 19), 162; *ders.*, Meinungsfreiheit (1999, Fn. 39), 417.
88 Siehe *Canaris*, Grundrechte (1999, Fn. 38), 37 ff. u. 93; vgl. auch *ders.*, Grundrechte (1984, Fn. 19), 225 ff. u. 245; schließlich *ders.*, Meinungsfreiheit (1999, Fn. 39), 418 f., 421 ff.
89 Siehe *Canaris*, Grundrechte (1999, Fn. 38), 94.
90 Siehe *Canaris*, Grundrechte (1999, Fn. 38), 93, 32 u. ausführlich. 30 ff.; siehe weiter *ders.*, Grundrechtswirkungen (1989, Fn. 19), 164 u. 167; *ders.*, Meinungsfreiheit (1999, Fn. 39), 430.
91 Siehe *Canaris*, Grundrechte (1999, Fn. 38), 43 ff. u. 91; am Beispiel *ders.*, Meinungsfreiheit (1999, Fn. 39), 432.
92 Siehe *Canaris*, Grundrechte (1999, Fn. 38), 74 ff., 78 ff. u. 97 f.; weiter *ders.*, Grundrechtswirkungen (1989, Fn. 19), 163.
93 Siehe *Canaris*, Grundrechte (1999, Fn. 38), 80, 98 u. 78 ff.
94 Siehe *Canaris*, Grundrechte (1999, Fn. 38), 80 ff.; weiter *ders.*, Grundrechte (1984, Fn. 19), 227.
95 Siehe *Canaris*, Grundrechte (1999, Fn. 38), 83 ff., 62 ff., 98.

V. Auslegung und Zivilrecht

Trotz kleinerer Brüche fügt sich Canaris' Auslegungslehre also zu einem stimmigen und komplexen System zusammen. Dieses aber zehrt von einer nur schwer zu durchdringenden dialektischen und beweglichen Plausibilität. Die klassischen *canones* begriff Canaris zunächst als „**Argumente**". Sie gewährleisteten der juristischen Argumentation Rationalität, indem sie ihr Diskurs*formeln* zur Verfügung stellen. Canaris ordnete die Kraft dieser „Argumente" sogar mithilfe von „**Gewichtungsregeln**". Als Schwergewicht benannte er das *telos*, dann als Mittelgewicht den Wortlaut und als Leichtgewichte die Geschichte wie das äußere System. Scharfe „**Vorrangregeln**" formulierten demgegenüber eindeutige Normen, die dem Interpreten in der Kollision bestimmter Auslegungsmethoden kein Ermessen und keine Wahl ließen. Sie fanden aber nur in sehr speziellen Fällen Anwendung. Dieses Methodengericht schmeckte Canaris noch mithilfe einer „**teleologischen Plausibilitätskontrolle**" ab, die vorsichtig nach groben Ungerechtigkeiten Ausschau hielt. Die Maßstäbe dafür verriet Canaris nicht.

1018

Die **formale Rationalität** der *canones* unterlegte Canaris mit einer zweiten teleologischen oder **wertverbundenen Rationalität**. Nur im Einzelfall konnten die kanonischen Regeln als Argumente gewichtet werden – doch dieser Abwägung fehlte es an methodisch überprüfbaren Regeln. Auch die immerhin *prima facie* geltenden „Gewichtungsregeln" halfen nicht. Sie bestimmten nur allgemeine Direktiven, die im konkreten Fall immer wieder neu verhandelt werden mussten. In der Entscheidung wirkten die Argumente wie in einem „**beweglichen System**" zusammen und formten Ergebnisse immer nur *ad hoc*. Zudem adelte Canaris das unbestimmte und kaum beherrschbare *telos* der Normen zum höchsten *canon*. In einer ähnlichen Figur rekonstruierte Canaris auch das dogmatische Verhältnis der **Grundrechte zum Privatrecht**. Während er die privatrechtliche Wirkung von Grundrechten dogmatisch streng nur in ihrer Funktion als „Schutzgebote" zuließ, wurde die konkrete „Schutzbedürftigkeit" in einem vagen „beweglichen System" rekonstruiert.

1019

Diese **Dialektik zweier Rationalitäten** prägte schließlich auch die Bestimmung des Verhältnisses von Privatrecht und Verfassung oder europäischen Richtlinien. An den Grenzen des Zivilrechts dienten die klassischen Methoden als Hüter des Privatrechts. Trotz des Vorrangs von Verfassung und Richtlinie konnten Richter und Dogmatiker das „Doppelkriterium" von „Wortlaut und Zweck" immer wieder gegen die öffentlich-rechtlichen Imperative ausspielen. Die Verfassung führte im Falle des Widerspruchs nur zur Derogation der Norm und Richtlinien kamen nicht über die *lex lata*-Grenze der Norm hinweg. Damit entfalteten beide ihre Wirkungen nur innerhalb des (privatrechtlich ermittelten) Wortlauts und Zwecks der Norm. Überschritten sie ihn, verloren sie ihre rechtliche Macht und die Fortbildung des Privatrechts folgte den **Logiken des Privaten**.

1020

In der **Fortbildung des Privatrechts** verlagerte Canaris nun das Gewicht seiner „doppelten Rationalität" weiter in die Tiefen eines innerlichen Rechts. Als „doppelte Rationalität" stand sie den unendlichen Räumen der Irrationalität ohnehin schon nahe. Das im Rahmen der Auslegung zunächst noch ausgeglichene „Spiel" einer kanonisch-methodischen und einer argumentativ-abwägenden Rationalität trat nun endgültig in den rechtlich unbestimmten Raum der Prinzipien und ihrer Wirklichkeit. Canaris' dia-

1021

lektische Methode des Rechts, in der Richter und dogmatische Wissenschaft an einem Strang zogen und gemeinsam „Recht fertigten" gelangte hier zu ihrem Höhepunkt.[96]

VI. Rechtsprinzipien und Rechtsfortbildung

1022 Mit dem Thema Rechtsprinzipien und Rechtsfortbildung befasste sich Canaris schon in seiner Dissertation und in seinem Habilitationsvortrag. Die Schriften zur „Feststellung von Lücken im Gesetz" und zu „Systemdenken und Systembegriff in der Jurisprudenz" entwarfen eine klar konturierte Prinzipien- und Rechtsfortbildungslehre, die weit über das (rein) positive Recht hinausging.[97] Auch sie profitierten von seiner analytischen Schärfe, die jedoch gleichzeitig von den dunklen Seite jeder Prinzipienlehre ablenkte.

1023 Den Bereich der Rechtsfortbildung umriss Canaris deutlich. Scharf grenzte er die **Rechtsfortbildung** *praeter legem* von der Auslegung einerseits und der unzulässigen Rechtsanwendung *contra legem* andererseits ab. Dabei wusste Canaris selbstverständlich um die poröse Grenze zwischen Fortbildung und Auslegung, hielt aber an der Unterscheidung als analytischem Werkzeug fest.[98] Klassisch begann Canaris seine Rechtsfortbildungslehre mit der **Lücke** als „planwidriger Unvollständigkeit" des positiven Rechts.[99] Die „Unvollständigkeit" scheide die Rechtsfortbildung von der Auslegung, während das „Planwidrige" die Rechtsfortbildung *praeter legem* von der unzulässigen Rechtsschöpfung *contra legem* trenne.[100] Zwei Grenzbegriffe halfen Canaris bei dieser doppelten Abgrenzung: Der **„mögliche Wortsinn"** markierte die Differenz zwischen vollständig und unvollständig, Nichtlücke und Lücke, Auslegung und Fortbildung;[101] das Stichwort **Wertung** ermöglicht die Unterscheidung von planmäßig und planwidrig, *praeter legem* und *contra legem*, zulässiger und unzulässiger Rechtsfortbildung.[102] Diesen Begriff der Wertung aber verwandte Canaris nicht als Leerformel. Der bereits normativ begriffene „Plan" wurde am Maßstab des gesamten geltenden Rechts als einer „Gesamtrechtsordnung" ermittelt.[103] Es waren weder singuläre Gesetzeszwecke noch „außer-rechtliche" Wertungen, die diesen Wertungs-Plan bestimmten.[104] Partikulare Gesetzeszwecke gingen eben am (allgemeinen) Recht vorbei und mit dem „Außerrechtlichen" sei das Geschäft des ‚Juristen als solchen' überschritten. Hier begannen für Canaris die Politiken des Rechts, wo sich „Fehler" vielleicht feststellen, nicht aber mehr juristisch korrigieren ließen.[105]

---

96 Zum Verhältnis von Wissenschaft und Praxis siehe nur den kurzen Artikel von *Canaris/R. Schmidt* (2011, Fn. 12). Zum Begriff der „Recht-Fertigung" *Wiethölter*, Zum Fortbildungsrecht der (richterlichen) Rechtsfortbildung. Fragen eines lesenden Recht-Fertigungslehrers, in: KritV 3 (1988), 1–28.
97 Siehe *Canaris*, Lücken ([1]1964 u. [2]1983, Fn. 3). Zentral ist aber auch die Arbeit zu „Systemdenken und Systembegriff in der Jurisprudenz" ([1]1969 u. [2]1983, Fn. 3).
98 Siehe *Canaris*, Lücken ([1]1964 u. [2]1983, Fn. 3), § 10.
99 Siehe *Canaris*, Lücken ([1]1964 u. [2]1983, Fn. 3), §§ 3, 19; das positive Recht begriff Canaris hier als Gesetz „innerhalb der Grenzen seines möglichen Wortsinnes" und als Gewohnheitsrecht (ebd.). Skeptisch gegenüber dieser Lückenkonzeption *Herschel*, Rezension zu Canaris' Feststellung von Lücken im Gesetz, in: AuR 14 (1966), 180.
100 Siehe *Canaris*, Lücken ([1]1964 u. [2]1983, Fn. 3), §§ 6 ff. u. 20 ff.
101 Siehe *Canaris*, Lücken ([1]1964 u. [2]1983, Fn. 3), §§ 10, 6 u. 8; weiter *ders.*, Auslegung (2004, Fn. 25), S. 155; *ders.*, Gemeinsamkeiten (2006, Fn. 25), 51.
102 Siehe *Canaris*, Lücken ([1]1964 u. [2]1983, Fn. 3), §§ 20 u. 3 f.
103 Siehe *Canaris*, Auslegung (2002, Fn. 19), 84; *ders.*, Lücken ([1]1964 u. [2]1983, Fn. 3), §§ 28, 29, 34 u. 47.
104 Siehe *Canaris*, Lücken ([1]1964 u. [2]1983, Fn. 3), § 28, Hervorhebungen getilgt.
105 Siehe *Canaris*, Lücken ([1]1964 u. [2]1983, Fn. 3), § 21.

Schon in den klaren Grenzziehungen zwischen Recht und Nichtrecht, Auslegung und Fortbildung klang eine ‚heimliche' **Tautologie** an. Canaris begriff Rechtsfortbildung *als Recht* (und nicht als außerrechtliche Rechtsbildung) *durch Recht* (also am Maß der Gesamtrechtsordnung). Findung und Füllung von Lücken liefen bei ihm parallel und wurden letztlich am Maß einer prinzipiellen und überpositiven Rechtsidee festgestellt und ausgefüllt.[106] „Recht als Recht durch Recht" nennt Wiethölter diese Grundtautologie allen Rechts.[107] Doch bei aller Klarheit in Canaris' Werk, gerade diese methodische Tautologie bleibt dunkel. Er explizierte sie nicht, sondern spann die Fäden des einfachen Rechts in hermeneutischen Zirkeln bis hoch in die Rechtsidee fort. Dort lagen sie aber nicht in der Hand eines ‚souveränen' Volkes, sondern in der Verfügungsgewalt der Experten und Philosophen, eben der guten oder ‚richtigen' Juristen.[108]

Diese idealistische Deutung des Rechts als Ausdruck einer höheren Idee bestimmte bei Canaris zudem das **einfache und positive Recht**. Auch dieses wurde von Prinzipien getragen. Doch diese lagen nicht an der Oberfläche des Gesetzes, etwa in Form von „prinzipiellen Rechtssätzen".[109] Das positive Gesetz blieb immer nur Ausdruck einer unausgesprochenen Idee, es formte den äußeren Schein eines tieferen und inneren Seins. Deutlich schrieb Canaris zu dieser metaphysischen Vorstellung der „Gewinnung eines allgemeinen Prinzips aus dem positiven Recht":

> „Das positive Recht erschöpft sich nicht in seinen Anordnungen und Einzelwertungen; diese stehen vielmehr vor dem Hintergrunde tiefgreifender Ordnungsgesichtspunkte und Grundwertungen: hinter lex und ratio legis liegt die ratio iuris. *Erst* dieses *‚innere System'* gewährleistet die Einheit und Folgerichtigkeit einer Rechtsordnung".[110]

Canaris' näherte sich frappierend einem „Jargon der Eigentlichkeit".[111] Im „Hintergrund" des positiven Gesetzes behauptete er eine „tiefgreifende Ordnung". „Grundwertungen" und „ratio iuris" ruhten „hinter" einer nur oberflächlichen „lex" und der „ratio legis". Canaris stellte also nicht den gewillkürten und politisch gesetzten Rechtssatz in das Zentrum des positiven Rechts, sondern bettete ihn in ein **Sinnganzes** ein. Es herrschte das „innere System" – und es lag unter dem lesbaren und einsehbaren Text.

Diese überpositive Orientierung prägte auch alle Arten von Lücken, die Canaris identifizierte, und damit die ganze Rechtsfortbildung. Selbst in „**Anordnungs- oder**

---

106 Dies war eine der zentralen Pointen der Dissertation von Canaris. Die Feststellung und Ausfüllung von Lücken sollten nicht als zwei verschiedene Vorgänge betrachtet werden, sondern als eng ineinander verschlungen. Diese ‚innere' Verbindung von Feststellung und Ausfüllung wies Canaris für die verschiedenen von ihm unterschiedenen Lückenarten („Rechtsverweigerungslücken", „teleologische Lücken" und „Prinzip- und Wertlücken") nach, siehe *Canaris*, Lücken (¹1964 u. ²1983, Fn. 3), §§ 136–162.
107 Siehe nur *Wiethölter*, Zur Regelbildung in der Dogmatik des Zivilrechts, hrsg. v. Herberger u.a., Generalisierung und Individualisierung im Rechtsdenken, Stuttgart 1992, 222–240, 229; *ders.*, Zur Argumentation im Recht: Entscheidungsfolgen als Rechtsgründe, hrsg. v. Teubner, Entscheidungsfolgen als Rechtsgründe, Baden-Baden 1995, 89–120.
108 Selbstverständlich bekannte sich Canaris zum (demokratischen) Volk als Souverän, siehe nur *Canaris/R. Schmidt* (2011, Fn. 12).
109 Zur „Regelungstechnik" der „prinzipiellen Rechtssätze" *Rückert*, Das Bürgerliche Gesetzbuch – ein Gesetzbuch ohne Chance?, in: JZ 58 (2003), 749–760, 753 f.
110 *Canaris*, Lücken (¹1964 u. ²1983, Fn. 3), § 89, Hervorhebungen im Original. Vgl. hierzu weiter auch *ders.*, Systemdenken (¹1969 u. ²1983, Fn. 3), 46.
111 Den Begriff prägte *Adorno*, Jargon der Eigentlichkeit, in: *ders.*, Gesammelte Schriften VI, hrsg. v. Tiedemann, Frankfurt am Main 2003 (zuerst 1964) mit Blick auf Heidegger.

Rechtsverweigerungslücken", die sich aus dem „Geltungsanspruch der Anordnungen des positiven Rechts" ergaben, blieb das „wertende Element", das bei Canaris stets ein überpositives war, wenn auch nur „sehr gering", immer vorhanden.[112] Dieses „wertende Element" war bei den „teleologischen Lücken" selbstverständlich „wesentlich stärker" ausgeprägt.[113]

1028 Ihren wertenden und metaphysischen Höhepunkt erreichte die Fortbildungslehre von Canaris jedoch erst in der **Lückenfeststellung aufgrund von „allgemeinen Rechtsprinzipien"**. Hier griff er unmittelbar auf eine „Rechtsidee" und eine „Natur der Sache" zurück.[114] Sowohl die Gewinnung als auch die Legitimation der Rechtsprinzipien hing an dieser *positiv* unbegreifbaren Rechtsidee. Canaris wusste aber um die Nähe der Prinzipien zu nicht mehr rational kontrollierbaren Werten. Deshalb klammerte er sich an seinen Anspruch auf Rationalität und beteuerte die Redlichkeit des Prinzips. Seine Hoffnung auf die ‚rational-wertende' **Überlegenheit von Prinzipien** blieb ungetrübt:

> „Das Prinzip hält … gegenüber dem Wert einerseits und dem Begriff andererseits gerade die richtige Mitte: jenem hat es voraus, daß es schon verfestigt genug ist, um bereits eine Aussage über die Rechtsfolge zu enthalten und damit eine spezifisch rechtliche Einkleidung zu besitzen, diesem hat es voraus, daß es noch nicht verfestigt genug ist, um die Wertung zu verdecken."[115]

1029 **Prinzip** wurde zur juristischen Wunderwaffe. Einerseits war es eine rechtlich richtungsweisende Direktive, andererseits, anders als Begriffe, weder verfestigt noch verfänglich. Auch ging seine Wertverbundenheit nicht über das Recht, etwa ins Ethische, hinaus, sondern es bewahrte stets ein offenes Ohr für das Richtige. Die vielen Spannungen und Antinomien des Rechts, wie wertverbunden/begrifflich, fest/locker, statisch/dynamisch, ethisch/rechtlich hob das Prinzip einfach in sich auf. Das klingt alles wunderbar. Doch genau dies muss skeptisch stimmen.

1030 Canaris beließ es nicht bei diesen Hoffnungen. Den **Begriff des Prinzips** umriss er mithilfe von drei weiteren Charakteristika deutlicher: Erstens galten Prinzipien nicht ausnahmslos, denn sie konnten mit anderen Prinzipien in ihrem Wertgehalt kollidieren;[116] zweitens erhoben sie keinen „Anspruch auf Ausschließlichkeit", sondern „entfalten ihren eigentlichen Sinngehalt erst in einem Zusammenspiel wechselseitiger Ergänzung und Beschränkung";[117] und drittens bedurften sie zur „Verwirklichung der Konkretisierung durch Unterprinzipien und Einzelwertungen mit selbstständigem Sachgehalt".[118] In der Horizontalen, also in der Konkurrenz zu anderen Prinzipien, waren sie auf einen permanenten (*prinzipiellen*) Ausgleich angewiesen. In dieser Situation bestanden zwar grundsätzliche Direktiven, diese erhielten ihren *Wert* aber erst im konkreten Fall, im Kampf mit anderen widerstreitenden Prinzipien. In der Vertikalen führten die kollusiven Prinzipien in eine Prinzipienhierarchie (Unterprinzipien, Einzelwertungen). In ihnen gewann die Prinzipienvernunft ihre Wirklichkeit. Bereits in

---

112 Siehe *Canaris*, Lücken ([1]1964 u. [2]1983, Fn. 3), §§ 118 u. 62.
113 Siehe *Canaris*, Lücken ([1]1964 u. [2]1983, Fn. 3), § 118.
114 Zusammenfassend *Canaris*, Lücken ([1]1964 u. [2]1983, Fn. 3), § 118.
115 Siehe *Canaris*, Systemdenken, ([1]1969 u. [2]1983, Fn. 3), 52, Hervorhebungen verändert; weiter *ders.*, Lücken ([1]1964 u. [2]1983, Fn. 3), § 113; ferner *ders.*, Bereicherungsausgleich (1973, Fn. 3), 857.
116 Siehe *Canaris*, Systemdenken ([1]1969 u. [2]1983, Fn. 3), 53; weiter *ders.*, Lücken ([1]1964 u. [2]1983, Fn. 3), § 87.
117 Siehe *Canaris*, Systemdenken ([1]1969 u. [2]1983, Fn. 3), 53 u. 55; weiter *ders.*, Lücken ([1]1964 u. [2]1983, Fn. 3), § 87; *ders.*, Funktion (1993, Fn. 4), 383; *ders.*, Theorienrezeption (1992, Fn. 4), 74.
118 Siehe *Canaris*, Systemdenken ([1]1969 u. [2]1983, Fn. 3), 57, Hervorhebungen getilgt.

diesen Bemerkungen musste Canaris die beschränkte Rationalität der Prinzipien eingestehen. Die Vorgaben, die Prinzipien in ihrem „beweglichen System" aufgaben, blieben stets unterbestimmt. Auch wenn Prinzipien eine Richtung vorgaben, sie konnten auch bei Canaris den richtigen Weg erst im Angesicht von ‚konkreten' Problemen weisen. Genauso wie der rationale Gehalt von Prinzipien auf eine zweite Rationalität des Abwägens angewiesen war, verwiesen ihre Legitimität und Epistemologie auf eine idealistische Metaphysik. Auch die von Canaris vorgestellten **Alternativen der Prinzipiengewinnung** verfingen sich in spekulativen Sprachspielen:

> „Der bloß *negative* Schluß, daß ein Prinzip dem geltenden Recht *nicht widerspreche*, kann indessen noch nicht genügen, um es als Bestandteil desselben nachzuweisen. ... Hinzukommen muß daher der *positive Nachweis*, daß ein allgemeines Rechtsprinzip *aus einem besonderen Geltungsgrund* Wirksamkeit beansprucht. Dazu bieten sich hauptsächlich drei Möglichkeiten: Der Schluß, daß ein Prinzip als Bewertungs- oder innerer Ordnungsgedanke dem *positiven Recht immanent* ist und in diesem nur unvollkommen Verwirklichung gefunden hat, die Rückführung eines Prinzips auf die *Rechtsidee* und schließlich seine Gewinnung aus der *Natur der Sache*."[119]

Die zentralen Stichworte der Prinzipiengewinnung lauten also **Immanenz, Idee und Natur**. Auch wenn Canaris sie in weniger gefährliche Hüllen kleidete, wie eine Immanenz des „positiven Rechts", eine „Rechtsidee" oder eine „Natur der Sache", der Kern seiner Prinzipien war politisch, positiv oder postmetaphysisch nicht verfügbar. Auch den Schein eines am positiven Recht orientierten Rechts wahrte Canaris hier nicht. Jedes Prinzip hing am **spekulativen Faden einer ungreifbaren Rechtsidee**.[120]

Diese idealistische Rechtsbegründung prägte nicht nur die Begründungs- und Legitimationssprache von Canaris. Auch die **induktive Methode**, die seine Prinzipiengenese trieb, blieb einer spekulativen Logik verpflichtet. Zwar beteuerte Canaris, dass als „Maßstab ... auch hier in erster Linie wieder das geltende Recht heranzuziehen" sei; aber er wusste um den das positive transzendierenden Wertungsakt, der jeden induktiven Schluss vom besonderen Rechtssatz auf ein allgemeines Prinzip begleitet.[121] Deshalb konnte er nie auf die „Absicherung" der Prinzipien „durch den Rückgriff auf die beiden anderen Geltungskriterien", also die Rechtsidee und die Natur der Sache,

---

119 *Canaris*, Lücken (¹1964 u. ²1983, Fn. 3), § 88, Hervorhebungen im Original.
120 Kritisch gegen die Fundierung des Systems in der Rechtsidee schon *Grimm*, Rezension zu Claus-Wilhelm Canaris, Systemdenken und Systembegriff in der Jurisprudenz, in: AcP 171 (1971), 266–269, 266. In diesem Zusammenhang erscheint auch der bei Canaris nicht selten zu findende Verweis auf eine „Rechtsethik" in einem metaphysischen Licht, etwa bei *Canaris*, Vertrauenshaftung (1971, Fn. 3), 301.
121 Siehe *Canaris*, Lücken (¹1964 u. ²1983, Fn. 3), §§ 92 u. 90 f. Canaris ging sogar soweit, dass er ein „Rechtsprinzip mitunter schon aus einer einzelnen Norm" im Wege der Induktion gewann, etwa ebd. § 93. Eine treffende Kritik dieser Form der Prinzipiengewinnung aus vereinzelten Normen formulierte schon *Esser*, Grundsatz und Norm in der richterlichen Fortbildung des Privatrechts, 1. Aufl. Tübingen 1956, 4. Aufl. 1990, 161 f.: „In der Systembedeutung der Kodifikation liegt nun eine auffallende Tendenz zur Verabsolutierung ‚ihrer' Prinzipien begründet. Die Jurisprudenz verallgemeinert gern Aufbau- und auch Wertungsprinzipien ihrer Texte, mögen sie auch nur in geringfügigen Ansätzen verkörpert sein, um sie je nach dem Bedarf des Rechtslebens als ‚die' Prinzipien ihres Codes ausweiten zu können." Man „entwickelt eine zweckgerichtete Interpolationstechnik, welche einzelne Gesetzesstellen als stellvertretenden Ausdruck für ein Prinzip oder einen allgemeinen Rechtsgedanken ausgibt. Dieser Nachweis ‚aus dem System' verbrieft zugleich den förmlichen Textgehorsam und die ‚streng logische' Systemtreue. Man unterschiebt die in Wahrheit kasuistisch gewonnenen Einsichten und Erfahrungen dem Codex, um sie als Obersätze des Systems deduktiv auswerten zu können."

verzichten.¹²² Nicht allein Inhalt und Geltungsgrund der Prinzipien wurden in diesem Modell von einem metaphysischen Denken beherrscht, auch die induktive Methode hing an den Marionettenfäden einer spekulativen Logik. Recht war immer schon ideell gesetzt, bevor es im gesetzten Recht (wie von Geisterhand) wiederentdeckt wurde.¹²³

VII. Das „bewegliche System"

1034   In dem „beweglichen System" verband Canaris seine Prinzipien des Rechts schließlich zu einer Ordnung, die er gegen die Rechts- und Rationalitätsskepsis der 1960er und 70er Jahre positioniert. Dieses teleologisch-offene und strukturell-bewegliche System dient ihm als *Form* eines rationalen und richtigen, zugleich ‚tieferen' und ‚inneren' Rechts.¹²⁴ Es verspricht neben oder unter dem bloß begrifflichen, unbeweglich-verschlossenen und äußeren juristischen System eine ‚bessere' Jurisprudenz und ein ‚richtigeres Recht'. Die „teleologische" Struktur des „beweglichen Systems" entwickelt Canaris vor allem *antithetisch* in Gegenüberstellung zu dem „formal-logischen" System.¹²⁵ Es ist dem „Gedanken der wertungsmäßigen Folgerichtigkeit und inneren Einheit der Rechtsordnung" verpflichtet.¹²⁶ Im juristischen Systembegriff selbst müsse das teleologische Moment des Rechts eingeholt und abgebildet werden, damit das Recht seine Rationalität und damit seinen Anspruch auf Wissenschaftlichkeit nicht verliere.¹²⁷ Sonst drohten ‚wertlose' logische Untersuchungen oder unverbindlich-topisches Fallgestochere.¹²⁸ In dem ‚begriffsjuristischen' System und der allein an Problemen orientierten Topik zeichnete Canaris zwei Alternativen, die noch nie wirkliche Alternativen waren. Dabei legitimierte Canaris sein systemisches *telos* auf ‚transzendental'-‚transzendentem' Wege. Es sei „Bedingung der Möglichkeit juristischen Denkens überhaupt" und zugleich „dem Erlebnis einer besonderen Evidenz" entsprungen.¹²⁹

1035   Neben dieses teleologische System von prinzipiellen Wertungen, das es allein ermögliche, zweckverbundenes Recht *rational* zu verstehen, trat bei Canaris nun die **offene Anlage und Struktur dieser Ordnung des Rechts**. Sie nahm dem „beweglichen System" den Charakter einer absoluten und unwandelbaren Metaphysik:

> „Juristische Systeme sind gegenüber neuen Einsichten offen, weil der Prozeß der Rechtserkenntnis niemals abgeschlossen ist; und juristische Systeme sind für den Einbruch neuer

---

122 Siehe *Canaris*, Lücken (¹1964 u. ²1983, Fn. 3), § 92. Zum Schluss führte Canaris auch den Gehalt der „Natur der Sache" auf seine Rechtsidee zurück, ebd. § 109. Und auch aus der „Rechtsidee" allein konnten für ihn Rechtsprinzipien entspringen. Dafür bedurfte es dann freilich noch der „Abstimmung mit dem positiven Recht", ebd. § 99.
123 Canaris wollte die mit der Rechtsidee „verbundenen methodischen Unsicherheiten und Gefahren nicht" leugnen und wies sogar auf den „besonders starken subjektiven Einschlag" des „wertenden Elements" hin, siehe *Canaris*, Lücken (¹1964 u. ²1983, Fn. 3), § 106. Dies hielt Canaris aber nicht davon ab, an der grundsätzlichen Richtigkeit und der Objektivität dieses Modells festzuhalten.
124 Grundsätzlich zustimmend *Rittner*, Zur Systematik des Wirtschaftsrechts, in: Entwicklungstendenzen im Wirtschafts- und Unternehmensrechts, in: Festschrift für Horst Bartholomeyczik zum 70. Geburtstag, hrsg. v. Harms u.a., Berlin 1973, 319–336, 321, Fn. 8; allerdings mit der wesentlichen Einschränkung: „Anders als Canaris ... stelle ich nur die Rechtssätze mehr in den Vordergrund."
125 Siehe *Canaris*, Systemdenken (¹1969 u. ²1983, Fn. 3), 41 ff.
126 Siehe *Canaris*, Systemdenken (¹1969 u. ²1983, Fn. 3), 40. Diese „Einheit und Folgerichtigkeit" adelte Canaris später zu seinem „wissenschaftlichen Leitmotiv", siehe *ders.*, Danksworte (1998, Fn. 4), 195.
127 Siehe *Canaris*, Systemdenken (¹1969 u. ²1983, Fn. 3), 43, 41 u. 45.
128 Siehe *Canaris*, Systemdenken (¹1969 u. ²1983, Fn. 3), 44.
129 Siehe *Canaris*, Systemdenken (¹1969 u. ²1983, Fn. 3), 45 u. 43.

Normen und Wertungen offen, weil der Prozeß der Rechtsfortbildung durch Gesetzgeber, Rechtsprechung und Rechtswissenschaft ständig weitergeht."[130]

Canaris formte also ein zweiseitig oder **doppelt offenes „juristisches System"**. Zum einen war es *epistemisch* nie vollends verfügbar und immer nur „Entwurf":[131] Die grundsätzliche Fallibilität wissenschaftlicher Theoriebildung hindere eine zeitlose Rechtserkenntnis.[132] Zum anderen war das System *normativ* unverschließbar: Als historisches Kulturprodukt sei Recht stets im Wandel begriffen und entziehe sich immer wieder aufs Neue der theoretischen Abbildung.[133] Diese analytische Unterscheidung von einer epistemischen und normativen Offenheit des Rechts holte Canaris jedoch wieder dialektisch ein. Zwar folgte die Erkenntnis des Rechts in erster Linie seinem normativen Wandel.[134] Doch die Systemerkenntnis setze „eine Wandlung des allgemeinen Rechtsbewußtseins nicht nur" voraus, sondern sie bringe die Veränderungen in der konkretisierenden Konstruktion „auch selbst zum Ausdruck".[135] Nicht nur das Recht prägte seine Erkenntnis, auch die Erkenntnis gestaltete das Recht. Canaris konstruierte so ein **dialektisch offenes System**. Die Interpretation des Rechts durch Wissenschaft und Rechtsprechung hing nicht allein an einem gegebenen Recht, sondern sie produzierte und schöpfte dieses (dialektisch legitimiert) in der wissenschaftlich-praktischen Recht-Fertigung. Die Politik des Rechts blieb außen vor.

Das maßgebliche Charakteristikum von Canaris' Systembegriff aber war nicht die dialektische Offenheit, sondern die **Beweglichkeit der Systemteile**. In diesem „beweglichen System" setzte er das Recht aus einer grundsätzlich bestimmten und beschränkten Menge von Elementen (etwa Prinzipen oder Gerechtigkeitskriterien) zusammen.[136] Diese dürften nicht einfach aufgrund von Billigkeitserwägungen ad hoc erweitert werden.[137] Zwischen diesen Elementen bestand keine Hierarchie, sondern *„grundsätzliche Ranggleichheit und wechselseitige Austauschbarkeit"*.[138] Dadurch blieb das „Mischungsverhältnis" der Elemente variabel und die Bildung genereller Tatbestände wur-

---

130 *Canaris*, System (1986, Fn. 29), 104; siehe aber auch *ders*., Systemdenken (¹1969 u. ²1983, Fn. 3), 62–64; dem folgend *Raiser*, Die Zukunft des Privatrechts, Berlin u.a. 1971, 8 f., Fn. 2, weiter 37.
131 Siehe *Canaris*, Systemdenken (¹1969 u. ²1983, Fn. 3), 62.
132 Siehe *Canaris*, System (1986, Fn. 29), 104.
133 Siehe *Canaris*, Systemdenken (¹1969 u. ²1983, Fn. 3), 63 f.; weiter *ders*., System (1986, Fn. 29), 104.
134 Siehe *Canaris*, Systemdenken (¹1969 u. ²1983, Fn. 3), 66.
135 Siehe *Canaris*, Systemdenken (¹1969 u. ²1983, Fn. 3), 73. Auch in diesem Gedankengang wird die hegelianische Struktur des Systems besonders deutlich. Sie prägte auch die Sprache von Canaris, siehe ebd. 72: „Das aber bedeutet für das Verhältnis von *objektivem und wissenschaftlichem System*, daß auch hier die Wandlung des ersteren der Änderung des letzteren vorauszugehen hat; denn auch in derartigen Fällen sprechen Rechtsprechung und Lehre, jedenfalls *der Idee nach*, nur aus, was ‚an sich' schon gilt. Freilich wird hier in ganz besonderem Maße deutlich, daß man das Verhältnis zwischen dem *objektiven Recht* und seiner Erkenntnis und Anwendung – zumindest dort, wo es um wertungsmäßige Konkretisierung und nicht um bloße Subsumtion geht – nur als *dialektisches* verstehen kann", Hervorhebungen hinzugefügt.
136 Zu den Elementen des Systems *Canaris*, Systemdenken (¹1969 u. ²1983, Fn. 3), 46 ff. u. 77; zur „beschränkten Zahl von ‚Elementen'" ebd. 83. Dieser Gedanke liegt auch dem häufigen Verweis zugrunde, dass das System auf „*einigen wenigen tragenden Grundgedanken*" aufzubauen sei, siehe ebd. 76 u. 46 und weiter *ders*., System (1986, Fn. 29), 103 f.
137 Siehe *Canaris*, System (1986, Fn. 29), 104; vgl. auch *ders*., Systemdenken (¹1969 u. ²1983, Fn. 3), 82.
138 Siehe *Canaris*, Systemdenken (¹1969 u. ²1983, Fn. 3), 75, Hervorhebungen im Original.

III. Sechzehn Exempel und drei Berichte

de unmöglich.[139] Wie schon die *canones* wirkten die Systemelemente erst im konkreten Einzelfall zusammen und ermittelten die Rechtsfolgen in einem „variablen Spiel".[140]

1038 Diese variable und offene Struktur, die ganz ohne Tatbestände auskam, rückte das „bewegliche System" ganz nahe an die Topik, die seit Viehwegs bahnbrechender Schrift zu „**Topik und Jurisprudenz**" von 1953, das rationale Selbstverständnis der Rechtswissenschaft verunsicherte.[141] Diese Nähe aber wies Canaris entschieden zurück. Als maßgebliche Differenz verwies er auf die invariable und begrenzte Menge der Entscheidungselemente im „beweglichen System". Nur die Entscheidung bleibe im „beweglichen System" indeterminiert, nicht aber der Wegweiser.[142] Dadurch könne es auf die ungeliebten starren Tatbestände verzichten, ohne die Bindung an (wenn auch unbestimmte) Maßstäbe gänzlich aufzugeben. Außerdem ersetze das „bewegliche System" nicht die klassisch-dogmatische, also unbeweglich-tatbestandliche Rationalität, sondern es ergänze sie.[143] Die Probleme, die sich aus der Versöhnung zweier antinomischer Ideen, nämlich von Topik und System ergeben, aber wollte Canaris nicht sehen. Allein die Systemgerechtigkeit der „beweglichen" Ordnung strich er heraus:

> „In Wahrheit kann man das bewegliche System daher keiner der beiden Tendenzen der Gerechtigkeit gänzlich zuordnen: es berücksichtigt die generalisierende Tendenz, indem es die maßgeblichen Gerechtigkeitskriterien *allgemein* festlegt, und es trägt der individualisierenden Tendenz Rechnung, indem es die konkrete Rechtsfolge vom Zusammenwirken dieser Gesichtspunkte *im Einzelfall* abhängig macht. Darin tritt sein großer Vorzug in

---

139 Siehe *Canaris*, Systemdenken ([1]1969 u. [2]1983, Fn. 3), 82 u. 75; weiter *ders.*, System (1986, Fn. 29), 104.
140 Siehe *Canaris*, Systemdenken ([1]1969 u. [2]1983, Fn. 3), 76 u. weiter 75 u. 46; weiter auch *ders.*, System (1986, Fn. 29), 104; *ders.*, Vertrauenshaftung (1971, Fn. 3), 303. Kritisch gegenüber dem ‚Zusammen-Spiel' der Prinzipien *Grimm* (1971, Fn. 120), 268.
141 Grundlegend zur Topik *Viehweg*, Topik und Jurisprudenz, 1. Aufl. München 1953, 5. Aufl. 1974. Sehr kritisch und dezidiert *Wiethölter*, Privatrecht als Gesellschaftstheorie. Bemerkungen zur Logik der ordnungspolitischen Rechtslehre, in: Funktionswandel der Privatrechtsinstitutionen. Festschrift für Ludwig Raiser zum 70. Geburtstag, hrsg. v. Fr. Bauer u.a., Tübingen 1974, 645–695, 669, Fn. 26: „die ... juristische Arbeit zum Systemdenken von *C.-W. Canaris* ... offenbart den rechtssystematischen Bankrott; sie ist frei von jeder rechtstheoretischen Begründung ... und entfaltet sich in ihrer methodologischen Reduktion in allen Einzelteilen gerade und genau als jene ‚Topik', die sie beißend scharf ablehnt". Zur Verwandtschaft von „beweglichem System" und Topik auch *Simitis*, Die Bedeutung von System und Dogmatik – dargestellt an rechtsgeschäftlichen Problemen des Massenverkehrs, in: AcP 172 (1972), 131–154, 142 f.: „Die Antwort auf diese Forderung ist der Versuch, den Weg zu einem offenen System zu finden. Dogmatisches Denken verwandelt sich damit in Problemdenken, Recht wird als ständige, niemals abgeschlossene Reaktion auf die gesellschaftliche Wirklichkeit begriffen." Diese Nähe entging auch *Viehweg* a.a.O. 105 ff. nicht. Hierzu *Wieacker*, Privatrechtsgeschichte der Neuzeit, 2. Aufl. Göttingen 1967, 597, Fn. 48: „Topik und offenes System schließen einander nicht aus, sondern fordern sich." Die Verwandtschaft dementierte *Canaris*, Systemdenken ([1]1969 u. [2]1983, Fn. 3), 76–78, siehe insbes. das Kapitel gegen die Topik ebd. 135–154; weiter *ders.*, System (1986, Fn. 29), 103 f. Dem folgt *Michael* (1997, Fn. 21), 92–95, der zur Abgrenzung gegen die Topik ein größeres Maß an *Verbindlichkeit* des „beweglichen Systems" bemüht. Kritisch gegenüber der Distanzierung durch Canaris *Grimm* (1971, Fn. 120), 268: „Auch Canaris gelingt es in der Auseinandersetzung mit Viehweg und seinen Anhängern nicht durchweg, das Niveau und Verständnis der übrigen Passagen zu wahren. ... Diese Stufe der Rechtsfindung, die sich zwischen Norm und Sachverhalt schiebt und weitgehend topisches Denken erfordert, wird aber unter Canaris' Systemfreude ganz verdeckt." Ähnlich auch *Wieacker*, Rezension zu Claus-Wilhelm Canaris, Systemdenken und Systembegriff in der Jurisprudenz (1969), in: Rechtstheorie 1 (1970), 107–119, 117: „Die Polemik des Verf. gegen die Topik ist hier entschieden einseitig ...". Ferner auch *Otte*, Zur Anwendung komparativer Sätze im Recht, in: Das Bewegliche System im geltenden und künftigen Recht, hrsg. v. Bydlinski u.a., Wien u.a. 1986, 271–285, 284 f.
142 Siehe *Canaris*, Systemdenken ([1]1969 u. [2]1983, Fn. 3), 78; am Beispiel des fehlenden Erklärungsbewusstseins *ders.*, System (1986, Fn. 29), 109: hier werde die „Rechtsfolge eben nicht einzelfallabhängig gebildet".
143 Siehe *Canaris*, Systemdenken ([1]1969 u. [2]1983, Fn. 3), 80, 78 u. 82; weiter die Ausführungen am Beispiel der Willensmängel und der Rechtsscheinhaftung in *ders.*, System (1986, Fn. 29), 106 u. 108. Dort sollen feste Tatbestände ein konkurrierendes Bewegliches System ausschließen.

> Erscheinung: *das bewegliche System stellt einen besonders glücklichen Kompromiß zwischen den verschiedenen Postulaten der Rechtsidee dar und ... bringt deren ‚Polarität' in einer abgewogenen, ‚mittleren' Lösung zum Ausgleich*; *von den Rigorismen starrer Normen hält es sich gleichermaßen fern wie von der Konturlosigkeit reiner Billigkeitsklauseln.*"[144]

Wieder mutete Canaris seiner Methodentheorie sehr viel zu. Das „bewegliche System" sollte weder streng systematisch, noch topisch unsystematisch sein. Dennoch litt es weder an „Konturenlosigkeit" noch an „Rigorismen". Das klingt nach Traumversöhnungen. Versprach Canaris mit seinem „beweglichen System" nicht zu viel? Gemeinsam mit dessen Stärken offenbarte er dessen Schwächen. Er verharmloste nicht nur die Aporien des Rechts, indem er die verschiedenen antinomischen „Tendenzen" der Rechtsidee, also individuelle und generelle, gerechte und billige, dynamische und statische, ‚aufhob', sondern er verdeckte die Probleme und Gefahren jeder Rechtsmethodologie, die ihre Akzente immer auf Bestimmtheit oder Unbestimmtheit, Methode oder Richtigkeit, Rechtssicherheit oder Ergebnisangemessenheit, Gesetzgeber oder Richter setzen muss. Canaris nahm diesen Widersprüchen ihre Spannung und versöhnte sie trügerisch in seinem „beweglichen System".[145] Die spekulative Gewalt dieses beweglichen Systems drohte stets auch die unbeweglichen Elemente des Rechts einzuholen und diese dialektisch umzubilden.[146]

VIII. Juristische Theoriebildung und „paradigmatische Problemlösungen"

Die am Recht der Prinzipien und Wertungen orientierte Methode von Canaris erfasste schließlich auch seinen Begriff der juristischen Theorie und des konkreten Falls. Das kann hier nur skizziert werden.[147] Zur **juristischen Theoriebildung** schrieb Canaris zunächst:

> „Eine juristische Theorie ist eine Trias aus einer oder mehreren Regeln in Form von Aussagen über das geltende Recht, Grundwertungen bzw. allgemeinen Rechtsprinzipien und paradigmatischen Problemlösungen."[148]

Es waren also drei Elemente, die für Canaris eine juristische Theorie charakterisieren. Die am geltenden Recht erarbeiteten, d.h. die durch Auslegung und Fortbildung gewonnenen Sätze der Dogmatik, wurden von einem Wertungs- und Problemverständnis flankiert. Die ohnehin schon methodisch-prinzipiell gefundenen Rechtssätze wurden von der expliziten Wertungseinsicht gestützt und damit weiter dem Joch der reinen

---

144 *Canaris*, Systemdenken ([1]1969 u. [2]1983, Fn. 3), 83 f., Hervorhebungen im Original.
145 Hierzu wieder *Grimm* (1971, Fn. 120), 268: „Die Existenz eines umfassenden Systems mit praktischer Relevanz löst das Problem von Rechtspolitik und Rechtsanwendung im Sinne strikter Trennung. Rechtswissenschaft und Rechtsprechung sind politisch unverdächtig gemacht. Rechtsprechen heißt wieder systematisch korrekt ableiten."
146 Am Beispiel des deutschen Schadensersatzrechts und des § 254 führte dies auch Canaris durch, siehe *ders.*, Systemdenken ([1]1969 u. [2]1983, Fn. 3), 78 f. Unmittelbar im Anschluss an den „grundsätzlichen Vorrang unbeweglicher Systemteile" (ebd. 78) erläuterte Canaris nun anhand von § 254 die „Existenz beweglicher Systemteile" und deren Vorrang gegenüber starren Systemteilen. Ähnliches gilt für seine berühmten Wertungen des Bereicherungsrechts (vgl. hierzu unten X., Rn. 1047 ff.).
147 Zur Identität von juristischer Theorie und juristischer Dogmatik siehe *Canaris*, Funktion (1993, Fn. 4), 391: „Das ist das Signum des echten Theoretikers oder, wie wir Juristen zu sagen pflegen, Dogmatikers". Vgl. hierzu weiter *ders.*, Theorienrezeption (1992, Fn. 4), 61, und zum Begriff der „Dogmatik" ebd. 74.
148 *Larenz/Canaris*, Methodenlehre ([3]1995, Fn. 10), 279. Siehe auch *Canaris*, Funktion (1993, Fn. 4), 384.

Wertung unterworfen.¹⁴⁹ Aber auch das dritte Element seines Theoriebegriffs, die „paradigmatische Problemlösung", stand im Bannkreis von Prinzip und Wertung:

> „Demgemäß kann man sowohl die intendierten Anwendungen einer Theorie, d.h. ihre paradigmatischen Problemlösungen, als auch die ihr zugrunde liegende Regel letztlich nur verstehen, wenn man die dahinter stehenden Wertungen kennt."¹⁵⁰

1042 Mit der Idee der „paradigmatischen Problemlösung" wandte Canaris den Blick zwar weg von der abstrakten Regel hin zur konkreten Anwendung. Doch auch den einzelnen Fall oder die Fallgruppe begriff er nicht als positives ‚Faktum'. Er veredelte Fälle ‚wissenschaftlich' durch „paradigmatische" Problemstellungen, die wieder nur wertend erschlossen werden konnten. Dadurch war die grundsätzlich unverdächtige „Gemeinsamkeit des zu lösenden *Problems*" als „tertium comparationis" von Fallgruppen nicht empirisch, deskriptiv oder theoretisch gemeint, sondern wurde als Wert- und Prinzipienproblem formuliert.¹⁵¹ Canaris suchte nicht nur ein irgendwie Allgemeines, sondern das *richtige* oder *prinzipiell* Allgemeine. Mit seiner Hilfe überbrückte er die Spannung zwischen Leben (d.h. Fall, Beispiel, Besonderes) und Recht (d.h. Regel, Prinzip, Allgemeines) und trug seine **Metaphysik des Prinzipiellen** von der höchsten Rechtsidee bis in den konkreten Fall und das spezielle Problem. Auch diese beiden kleinsten Einheiten von Recht und Rechtswissenschaft waren wieder nur im prinzipiellen Krebsgang zurück zu verborgenen Rechtswerten verstehbar. Nicht nur das Gesetz, auch juristische Theorie und Dogmatik, schließlich der praktische Fall und sein Problem blieben dem Denken in Prinzipien ausgeliefert. In Canaris' Jurisprudenz regierten allein Prinzipien und Werte. Alle Rechtswissenschaft wurde ihm Prinzipienwissenschaft.

IX. Rechtsfortbildung und Zivilrecht

1043 Auch in seiner Rechtsfortbildungslehre hielt Canaris an der **doppelten Rationalität des Rechts** fest. Das „bewegliche System" der Prinzipien und Wertungen, das der Rechtsidee eine konkrete Form gab, aber neigte seine Methodenlehre auf die Seite einer metaphysischen und idealistischen Vernunft. Und dieses „Wirken einer ‚geheimen Vernunft'"¹⁵² entfremdete seine Rechtslehre von den Rationalitäten des Gesetzes und des positiven Rechts. Selbstverständlich überschreitet jede Rechtsfortbildung die Grenzen des positiv-gesetzlichen *ex definitionem*, doch Canaris ließ diese Bindungen – zumindest in der Theorie – in besonders großen und spekulativen Schritten hinter sich.

---

149 Pointiert am Beispiel der Theorie der „Gegenleistungskondiktion" im Rahmen von § 818 Abs. 3 BGB *Canaris*, Die Gegenleistungskondiktion, in: Festschrift für Werner Lorenz zum siebzigsten Geburtstag, hrsg. v. Pfister u.a., Tübingen 1991, 19–63, 19: „Demgemäß soll im Folgenden versucht werden, zunächst die maßgeblichen Wertungskriterien herauszuarbeiten und die wichtigsten Probleme so weit wie möglich *theorieunabhängig* zu lösen", Hervorhebungen hinzugefügt. Theorieunabhängig heißt hier wohl ohne Stütze in Gesetz und Dogmatik. Freilich liegen hier im Wirrwarr des Bereicherungsrechts die dogmatisch-theoretischen Voraussetzungen anders als im juristischen Normalfall. Siehe aber auch *ders.*, Der Bereicherungsausgleich bei Bestellung einer Sicherheit an einer rechtsgrundlos erlangten oder fremden Sache, in: NJW 44 (1991), 2513–2521, 2514: „Angesichts der Fülle von Bedenken, die vom *praktischen Ergebnis her* gegen die Lösung des BGH bestehen, nimmt es nicht wunder, daß sich auch deren dogmatisches Fundament als brüchig erweist", Hervorhebungen hinzugefügt.
150 *Canaris*, Funktion (1993, Fn. 4), 383.
151 Siehe *Canaris*, Funktion (1993, Fn. 4), 380, Hervorhebungen im Original; weiter *ders.*, Theorierezeption (1992, Fn. 4), 68; *Larenz/Canaris*, Methodenlehre (³1995, Fn. 10), 279.
152 Siehe *Canaris*, Vertrauenshaftung (1971, Fn. 3), VIII u. VII.

Obwohl Canaris seine Rechtsfortbildungslehre analytisch klar und scharf an der **Grenze des „möglichen Wortsinns"** begann, öffnete er schon unmittelbar hinter dieser Grenze den ganzen Horizont seiner dialektisch-spekulativen Rationalität: Werte (*teleologische* Lücken) und Prinzipien (Prinzipienlücken) stifteten dieser Rechtsfortbildung das Maß. Gerade seine **Prinzipien** suggerierten eine einfache Rationalität, die sie selbst nicht halten konnten. Folgt man ihnen auf den verschlungenen Pfaden ihrer Genese und Legitimation durch *positive* Normen oder die Natur der Sache, zeigte sich hinter ihnen eine **nur noch idealistische Rechtsidee**. Trotz der *hermeneutischen* Plausibilität, die Canaris' prinzipielle Rechtsfortbildung für sich beanspruchen konnte, lenkt die Richtigkeits- und Wahrheitssemantik seiner Rechtsidee von den **Aporien der Rechtsfortbildung** ab und versöhnte sie im Begriff des Prinzips, das weder verfestigter „Begriff", noch konturenloser „Wert" war. Die Spannungen um Legislative und Judikative, Wertung und Begriff, Abstraktion und Konkretisierung, Statik und Dynamik, Positivität und Überpositivität waren im Prinzip beinahe ununterscheidbar ineinander verwoben – sie waren dort eben ‚aufgehoben'. Das Prinzip avancierte zur Erlösungsformel richterlich-wissenschaftlicher Rechtsfortbildung und drohte die Rationalität des Rechts, seine methodische Fortbildung und überprüfbare Konstruktion zu *verklären*.[153] Welches argumentative Gewicht blieb dem einfachen Rechtssatz noch im Angesicht eines übermächtigen Prinzips?

Diese Probleme setzten sich im **„beweglichen System"** als der Ordnung des prinzipiellen Rechts fort. Auch ihre (Re-)Konstruktion in einem „offenen System", das den Anspruch auf zeitlose Wahrheiten und Richtigkeiten aufgab, konnte die metaphysische Struktur des teleologischen und wertverbundenen Systems nicht ausgleichen. Sie bildete nicht nur die Schale, sondern auch den Kern der Rechtsidee von Canaris. Denn allein dieser Wertbezug sollte dem Recht Rationalität und Legitimität verbürgen. Dadurch litt dieses System an einer **zweifachen Dialektik**. Zum einen überformte es die Rationalität des Positiven in einer **idealistischen Ordnung**. Zum anderen verschleierte es die Probleme um „Recht" in einem System, das die **Antinomien des Rechts** in sich versöhnt und aufhebt. Es diente einer allgemeinen wie einer besonderen Gerechtigkeit, war weder unverbindliche Topik noch starres System, es kannte keine Tatbestände und bot dennoch rechtliche Maßstäbe: Das bewegliche System war für Canaris zugleich *recht und billig*.

Diese Dialektik der Methodenbindung in spekulativer Methodenfreiheit und der Gesetzesbindung in einem beweglichen System soll nun anhand eines Beispiels veranschaulicht werden. Das Wertungssystem, das Canaris für den Ausgleich ungerechtfertigter Bereicherungen in Mehrpersonenverhältnissen entwickelte (siehe sogleich Kap. X), bot – anders als Canaris nahelegte– keine höhere Rationalität des Rechts, sondern einfach eine alternative. Sie gewährleistete keine besseren dogmatischen Ergebnisse, sondern schlicht andere. Diese These kann abstrakt nicht belegt werden. Sie muss an einer streitigen Rechtsfrage geprüft werden: dem Bereicherungsausgleich im Falle der Zahlung eines Haftpflichtversicherers auf eine fremde, nicht bestehende Schuld (siehe sogleich Kap. XI). In diesem Beispiel konvergierte das Wertungsmodell von Canaris weder in der Methode, noch im Ergebnis mit einer Entscheidung des Bundesge-

---

[153] Ähnlich *Grimm* (1971, Fn. 120), 268: „Er trägt dazu bei, den eigentlichen Vorgang der Rechtsfindung zu verschleiern." Dieses Argument trägt auch die heftige Kritik von *Rüthers* (1996, Fn. 43), 1252 f.

richtshofs.[154] Es entbrannte ein ungewöhnlich scharfer Streit zwischen Entscheidungsrezensenten und ‚Rezensionsrezensenten',[155] der sich nicht nur auf den besprochenen Fall beschränkte, sondern gerade die mit dem bereicherungsrechtlichen Wertungsdenken einhergehende Gefahr dogmatischer *Regellosigkeit* thematisierte.[156] Dadurch wird auch im Beispiel der Blick noch einmal auf Möglichkeiten und Grenzen ‚beweglichen' Denkens im Zivilrecht gerichtet.

X. Wertungen im Bereicherungsrecht

1047   Canaris entwickelte seine Methodologie aus der Praxis. Die Vorgaben der Rechtsprechung und der sozialen Praxis der Wissenschaft bildeten für ihn nicht einen der Methode äußerlichen Gegenstand. Sie waren Teil der Methode selbst und rechtfertigen sie. Wie Hegel meinte er es ernst mit seiner Wirklichkeit. Das **Exempel veranschaulicht nicht nur Methode, es bildet ihren Ausgangspunkt.**

Zu den bleibenden dogmatischen Errungenschaften von Canaris gehören die Wertungen des Bereicherungsrechts im Dreipersonenverhältnis, die er 1973 in der Festschrift für seinen Lehrer Karl Larenz entwickelte.[157] Schon ein Jahr nach ihrer ‚Entdeckung' schrieb Dieter Medicus über sie:

> „An den dort vorgetragenen Thesen wird niemand mehr vorbeigehen können, der sich ernsthaft mit dem Bereicherungsrecht befaßt."[158]

---

154   Siehe das Urteil des 12. Senats des BGH vom 28.11.1990 (XII ZR 130/89), BGHZ 113, 62–70. Kritisch dagegen MüKoBGB/*Lieb* (⁴2004), § 812, Rn. 53, 116, weiterhin MüKoBGB/*Schwab* (⁸2020), § 812, Rn. 187–190; Esser/*Weyers*, Schuldrecht II. Besonderer Teil. Teilband 2, 8. Aufl. Heidelberg 2000, 60. Unentschlossen in der Bewertung *Medicus*, Bürgerliches Recht, 21. Aufl. Köln u.a. 2007, Rn. 685; weiterhin Medicus/*Petersen*, Bürgerliches Recht, 28. Aufl. München 2021, Rn. 685; vorsichtig auch Staudinger/*Lorenz* (2007), § 812, Rn. 44.

155   Als Rezensenten hier *Canaris*, Der *Bereicherungsausgleich* bei Zahlung des Haftpflichtversicherers an einen Scheingläubiger, in: NJW 45 (1992), 868–873, u. *Martinek*, Der Bereicherungsausgleich bei veranlaßter Drittleistung auf fremde nicht bestehende Schuld, in: JZ 46 (1991), 395–400. Als polemischer ‚Rezensionsrezensent' dann *H. H. Jakobs*, Die Rückkehr der Praxis zur Regelanwendung und der Beruf der Theorie im Recht der Leistungskondiktion, in: NJW 45 (1992), 2524–2529, 2524: „Denn offensichtlich ist nun, daß diese Materie (sc. das Kondiktionsrecht) einen Schwierigkeitsgrad erreicht hat, den zu überwinden selbst Professoren mit einer Spezialisierung im Kondiktionsrecht überfordert sind." Als den „Rezensionsrezensenten" Rezensierende *Martinek*, Die veranlasste Drittleistung oder „Haare in der Suppe", in: NJW 45 (1992), 3141–3143, u. *Canaris*, Überforderte *Professoren*?!, in: NJW 45 (1992), 3143–3145, 3145: „Irgendjemand ist hier offenbar ‚überfordert'. ... Wer also ist es, der sich hier als ‚überfordert' erweist?!" Siehe zu diesem Urteil auch die Beiträge von *Wertheimer*, Bereicherungsanspruch des Haftpflichtversicherers wegen Zahlung an vermeintlichen Zessionar, in: JuS 32 (1992), 284–288; *Flume*, Zum Bereicherungsausgleich bei Zahlungen in Drei-Personen-Verhältnissen, in: NJW 44 (1991), 2521–2524. Siehe schließlich noch den späten Spott bei *Canaris*, Dankesworte (1998, Fn. 4), 190: „Insbesondere gehören wir beide [sc. Canaris und Westermann] zur dubiosen Spezies der Kondiktionstheoretiker ... Als solche schaffen wir eine ‚überzüchtete' Dogmatik ... Das tun wir, um Verwirrung zu stiften – nicht etwa unter den Studenten (das kann ja jeder auch mit anderen Materien), nein unter Kollegen!"

156   Siehe den Vorwurf bei *H. H. Jakobs* (1992, Fn. 155), 2524 u. 2529.

157   Siehe *Canaris*, Bereicherungsausgleich (1973, Fn. 3).

158   *Medicus*, Rezension zu Karl Larenz, Festschrift zu seinem 70. Geburtstag, in: NJW 27 (1974), 538–542, 540.

Die Rechtswissenschaft verhalf dem Spruch von Medicus zu ihrem Recht. Canaris' Wertungen entfalteten eine in der juristischen Literatur seltene Wirkmächtigkeit.[159] In diesem Aufsatz lüftete Canaris das Geheimnis eines inneren Wertsystems des Bereicherungsrechts mit den Mitteln seiner an *telos* und Prinzipien orientierten Methode.[160] Er beschränkte sich aber nicht auf eine vage Prinzipienformulierung. Als äußeres dogmatisches Pendant bildete er den Begriff des „kondiktionsauslösenden Mangels".[161] Ihn stellte Canaris frontal gegen den gesetzlichen Leitbegriff der „Leistung", an dem die „herrschenden Anschauungen" auch in den komplizierten Dreipersonenverhältnissen noch festhielten.[162] Hinter diesem Begriff witterte Canaris unreflektierte „Begriffsjurisprudenz" und „willkürliche Begriffsmanipulation".[163] Als Begriff sei er „für Wissenschaft und höchstrichterliche Rechtsprechung" wertlos und von einer „inneren Widersprüchlichkeit" durchzogen:[164]

> „In der Tat sind damit die schwächsten Punkte der h.L. berührt. Schon allein ihre übermäßige Kompliziertheit legt den Verdacht mangelnder dogmatischer Ausgereiftheit nahe. Noch befremdlicher wirkt ihre Begriffsgläubigkeit. Wenngleich begriffliche Ableitungen selbstverständlich nicht von vornherein zu verwerfen sind, so setzen sie doch voraus, daß der Begriff teleologisch gefaßt ist und daß die Ableitung wertungsmäßig kontrolliert wird."[165]

Canaris entwickelte dieses bereicherungsrechtliche Wertungsprogramm für das Dreipersonenverhältnis an einem „paradigmatischen Problem": der weit begriffenen Anweisung.[166] Die drei beteiligten Personen sind ein Schuldner, ein Gläubiger und ein angewiesener Dritter (etwa eine Bank). Das zwischen dem Schuldner und dem Gläubiger bestehende Schuldverhältnis wird „Valutaverhältnis" genannt, das zwischen dem Schuldner und der Bank „Deckungsverhältnis". Nun weist der Schuldner den Dritten

---

159 Siehe nur die Rezeption bei MüKoBGB/*Lieb* (⁴2004), § 812, Rn. 40 f. u.ö.; MüKoBGB/*Schwab* (⁸2020), § 812, Rn. 61–63; *Looschelders*, Schuldrecht BT (¹⁷2022), § 57, Rn. 4; *Brox/Walker*, Schuldrecht BT (⁴⁶2022), § 40 Rn. 9; *Medicus* (²¹2007, Fn. 154), Rn. 667; Medicus/*Petersen* (²⁸2021, Fn. 154), Rn. 667; *Schäfer*, in: Historisch-Kritischer Kommentar zum BGB, Bd. III-2, hrsg. v. Schmoeckel, Rückert u. Zimmermann, Tübingen 2013, §§ 812–822, Rn. 151; *Wieling*, Bereicherungsrecht, 5. Aufl. Berlin 2020, § 6, Rn. 10, S. 104 f.; *Löwenheim*, Bereicherungsrecht, 3. Aufl., München 2007. Vorsichtig Esser/*Weyers* (⁸2000, Fn. 154), 47. Nicht hingegen in Grüneberg/*Sprau* (⁸¹2022), § 812, Rn. 54; Staudinger-Eckpfeiler/*Martinek* (2014), Teil S., Rn. 42–57; mit einem „Wertungsmodell der Anweisungslage" jetzt Staudinger-Eckpfeiler/*Auer* (2020), Teil S, Rn. S 59.
160 Siehe *Canaris*, Bereicherungsausgleich (1973, Fn. 3), 800: „innere Folgerichtigkeit", 859: „wertungsmäßige Folgerichtigkeit"; weiter *ders.*, Der Bereicherungsausgleich im bargeldlosen Zahlungsverkehr, in: WM 1980, 354–371, 368: „offenes System teleologischer Kriterien".
161 Siehe *Canaris*, Bereicherungsausgleich (1980, Fn. 160), 370.
162 Zur Kritik des Begriffs der „Leistung" *Canaris*, Bereicherungsausgleich (1973, Fn. 3), 799 f., 805, 807, 810, 812, zusammenfassend dann 857; *ders.*, Bereicherungsausgleich (1980, Fn. 160), 367–370; *ders.*, Schuldrecht BT 2/2 (¹³1994, Fn. 10), § 70 VI 2, S. 248 f.
163 *Canaris*, Bereicherungsausgleich (1973, Fn. 3), 807, u. auch die heftige Polemik gegen Esser, ebd. 811 f.: „zumal manche Vertreter der heute h.L. wie z.B. *Esser* eine wertungsmäßige Rechtfertigung ihrer absonderlichen Ergebnisse nicht einmal mehr für nötig halten und in einer an die Hochblüte schlechtester Begriffsjurisprudenz erinnernden Weise schlicht und einfach behaupten, die Frage des Bereicherungsausgleichs ließe sich ‚anhand des bereicherungsrechtlichen Leistungsbegriffs (!) eindeutig (!) beantworten', Betonungszeichen im Original; weiter auch *ders.*, Schuldrecht BT 2/2 (¹³1994, Fn. 10), § 70 VI 3 a, S. 249.
164 Siehe *Canaris*, Schuldrecht BT 2/2 (¹³1994, Fn. 10), § 70 VI 3 a, S. 249; *ders.*, Bereicherungsausgleich (1973, Fn. 3), 862 u. 800.
165 *Canaris*, Bereicherungsausgleich (1973, Fn. 3), 799.
166 Den Begriff der „Anweisung" begreift Canaris weiter als in den §§ 783 ff. BGB, siehe *Canaris*, Schuldrecht BT 2/2 (¹³1994, Fn. 10), § 70 VI 1 a, S. 246; weiter *ders.*, Bereicherungsausgleich (1973, Fn. 3), 800, 805–807, 815, 820–823, 828.

(die Bank) an, die Schuld (etwa das zu zahlende Geld) gegenüber dem Gläubiger zu begleichen. Der Dritte führt diese sich aus dem Deckungsverhältnis zwischen ihm und dem Schuldner ergebende Pflicht aus und erfüllt die Obligation des Schuldners bei dem Gläubiger (sog. „Zuwendungsverhältnis"). Der Schuldner ist also an der Vermögensverschiebung zur Begleichung seiner Schuld aus dem Valutaverhältnis nicht beteiligt. Sofern eines der Rechtsverhältnisse (Valuta-, Deckungs- oder Zuwendungsverhältnis) in dem Dreieck nun rechtlich fehlerhaft ist, etwa wegen des Nichtbestehens der Schuld oder der Zahlung an einen Falschen, muss die Vermögensverschiebung rückabgewickelt werden. Das Bereicherungsrecht kommt ins Spiel.

1. Prinzipien und Wertungen

1050 Canaris' dogmatische Rekonstruktion dieser Dreiecks-Probleme fußte auf drei Prinzipien: In das Zentrum seiner Überlegungen stellte er die „Selbstverantwortung".[167] Diese knüpfte Canaris aber nicht an die Willens- oder Willküautonomie des Rechtssubjekts, sondern „an das *Verhalten* des Betroffenen"[168] und begriff sie dadurch als ‚vertrauensorientierte Privatautonomie'.[169] Das Prinzip „Vertrauen", d.h. der „Verkehrs- und Vertrauensschutz", stand zudem eigenständig neben dem Prinzip der Selbstverantwortung.[170] Als drittes untergeordnetes Prinzip nannte Canaris schließlich das **Prinzip der „unmittelbaren Vermögens- und Wertverfolgung"**.[171] Die aus den Prinzipien der „Selbstverantwortung" und des „Verkehrsschutzes " folgende „Risikozurechnung" konkretisierte Canaris weiter in den drei berühmten „Wertungen":[172]

> „Den Parteien des fehlerhaften Kausalverhältnisses sollen möglichst ihre *Einwendungen und Einreden gegen den anderen Teil* erhalten bleiben; umgekehrt sollen die Parteien vor *Einwendungen aus dem Verhältnis ihres Vertragspartners zu einem Dritten* (‚exeptiones ex iure tertii') bewahrt werden; jede Partei soll das und nur das *Konkursrisiko* hinsichtlich ihres Partner in dem fehlerhaften Kausalverhältnis tragen."[173]

---

167 Siehe *Canaris*, Bereicherungsausgleich (1973, Fn. 3), 814, Hervorhebung getilgt.
168 Siehe *Canaris*, Bereicherungsausgleich (1973, Fn. 3), 814, Hervorhebung hinzugefügt. Allerdings wendet er auf dieses Verhalten, an das die bereicherungsrechtliche Risikozurechnung anknüpft, die Vorschriften über Willenserklärungen analog an (ebd. 823).
169 So auch *Weitnauer*, Die bewußte und zweckgerichtete Vermehrung fremden Vermögens, in: NJW 27 (1974), 1729–1734, 1734; weiter *Canaris*, Bereicherungsausgleich (1973, Fn. 3), 819: „Insgesamt hat sich somit die Annahme bestätigt, daß die für den Bereicherungsausgleich in Anweisungslagen maßgeblichen Wertungskriterien im Gedanken der *Risikozurechnung* [sc. damit der Selbstverantwortung] einerseits und im *Abstraktionsprinzip* und dem durch dieses gewährleisteten Verkehrs- und Vertrauensschutz andererseits zu erblicken sind." Schließlich *ders.*, Bereicherungsausgleich (1980, Fn. 160), 369.
170 Siehe *Canaris*, Bereicherungsausgleich (1973, Fn. 3), 814, 817, 819, 821, 824 f., 857–865; *ders.*, Bereicherungsausgleich (1980, Fn. 160), 354 u.ö.; weiter *ders.*, Schuldrecht BT 2/2 (^{13}1994, Fn. 10), § 70 VI 1 d, S. 248.
171 Siehe *Canaris*, Bereicherungsausgleich (1973, Fn. 3), 822 f.; weiter *ders.*, Bereicherungsausgleich (1980, Fn. 160), 370; *ders.*, Schuldrecht BT 2/2 (^{13}1994, Fn. 10), § 70 VI 1 c, S. 248.
172 Siehe *Canaris*, Bereicherungsausgleich (1973, Fn. 3), 814 f., 819, 821, 828, 857–865; weiter *ders.*, Bereicherungsausgleich (1980, Fn. 160), 354 u.ö. Im Folgenden werden diese drei „Risikozurechnungen" als „Wertungen" bezeichnet. Canaris selbst verwandte die Begriffe „Wertungen", „Interessen", „Gerechtigkeitsgesichtspunkte" oder „-kriterien" in seinen Arbeiten häufig synonym und undifferenziert, siehe insbes. *Canaris*, Schuldrecht BT 2/2 (^{13}1994, Fn. 10), § 70 VI 1, S. 246–248; *ders.*, Bereicherungsausgleich (1973, Fn. 3), 822.
173 *Canaris*, Schuldrecht BT 2/2 (^{13}1994, Fn. 10), § 70 VI 1 b, S. 247, Hervorhebungen im Original; weiter *ders.*, Bereicherungsausgleich (1973, Fn. 3), 802–804.

Später erweiterte Canaris die drei Wertungen um eine weitere: 1051

> „Hinzu kommt als vierter, wenngleich weniger gewichtiger Gesichtspunkt das Bemühen um die Aufrechterhaltung der richtigen *Rollenverteilung im Prozeß*."[174]

Canaris' **Wertungsquartett** lautete also: **Einwendungserhalt, Einwendungsschutz, Insolvenzadäquanz und (Prozess-)Rollenkontinuität.** Diese Elemente eines Wertungssystems verknüpfte er zum einen mit dem Prinzip der ‚verkehrs- und vertrauensorientierten Selbstverantwortung', das einer vertragsorientierten Perspektive auf das Bereicherungsrecht wie auch allgemeinen Einverständnis- und „Sphären"-Gedanken verpflichtet war.[175] Zum anderen verband Canaris diese Wertungen mit dem sachenrechtlichen Abstraktionsprinzip, das in der bereicherungsrechtlichen Abkehr von der Versionsklage, also dem ‚grundsätzlichen' Durchgriffsverbot, ihren Ausdruck gefunden hatte.[176] Ihren ersten dogmatischen Ausdruck fand dieses Amalgam von Wertungen, Prinzipien und Überlegungen schließlich im Begriff der „Zurechnung".[177] 1052

Neben den Prinzipien der Selbstverantwortung und des Verkehrsschutzes aber gewährte Canaris auch dem Prinzip der „unmittelbaren Vermögens- und Wertverfolgung" einen Anwendungsraum im Bereicherungsrecht. Sofern die beiden Prinzipien und die mit ihnen verknüpften vier Wertungen im konkreten Fall nicht griffen, sollte es als subsidiäres Prinzip zum Tragen kommen. Erst wenn die Einwendungen der Parteien erhalten blieben und diese von keinen ‚fremden' Einwendungen bedroht wurden, wenn Insolvenzrisiko und Prozessrollen sich nicht verschoben, durfte es zur Durchgriffskondiktion kommen. 1053

2. Dogmatik, Methode und Gesetz

Die beiden Prinzipien, das Wertungsquartett und der **Begriff der „Zurechnung"** ließen sich auch als dogmatischer Rechtssatz formulieren: 1054

> Ist eine unmittelbare Vermögenszuwendung einem Dritten *zuzurechnen*, so steht nur diesem die Leistungskondiktion gegen den Bereicherten (also im Valutaverhältnis) zu. Der Dritte ist gegenüber dem unmittelbar Zuwendenden (also im Deckungsverhältnis)

---

174 *Canaris*, Schuldrecht BT 2/2 ([13]1994, Fn. 10), § 70 VI 1 b, S. 247, Hervorhebungen im Original. Diese vierte Wertung verwandte Canaris aber auch schon in früheren Arbeiten, siehe etwa *Canaris*, Bereicherungsausgleich (1973, Fn. 3), 825; *ders.*, Anmerkung zu BGH VII ZR 349/85, in: JZ 42 (1987), 201–203, 203.
175 Eindringlich betonte Canaris die Rückabwicklung von fehlgeschlagenen Verträgen und die in den Verträgen gesetzte Risikozuordnung, vgl. beispielsweise *Canaris*, Bereicherungsausgleich (1973, Fn. 3), 803, 814 ff. Zu „Einverständniserklärung" ebd. 815 u. zum Gedanken der Zurechnung in „Sphären" ebd. 802.
176 Siehe *Canaris*, Bereicherungsausgleich (1973, Fn. 3), 804, 814, 817, 819, 828, 859, 861, 863; *ders.*, Schuldrecht BT 2/2 ([13]1994, Fn. 10), § 70 VI 1 d, S. 248; *ders.*, Einwendungsausschluß und Bereicherungsausgleich im Girovertragsrecht, in: BB 27 (1972), 774–780, 774. Kritisch gegen Canaris *Weitnauer* (1974, Fn. 169), 1734, u. *Medicus* (1974, Fn. 158), 541. Zur „Ablehnung der Versionsklage" *Canaris*, Bereicherungsausgleich (1973, Fn. 3), 804, 819.
177 Dieser *Begriff* der „Zurechnung" bewahrt bei Canaris, obwohl er ‚begrifflich' strukturiert ist, weiter seinen an Prinzipien und Werten orientierten Charakter. An anderer Stelle sprach Canaris auch von einem „Zurechnungsprinzip", siehe etwa *Canaris*, Schuldrecht BT 2/2 ([13]1994, Fn. 10), § 70 VI 1 a, S. 246. Zum Problem der „Zurechnung" weiter *ders.*, Bereicherungsausgleich (1973, Fn. 3), 799, 814 f., 817, 819–828.

ebenfalls aus einer Leistungskondiktion verpflichtet. Ein Durchgriff im ‚unmittelbaren Zuwendungsverhältnis' kommt dann nicht in Betracht.[178]

1055 Canaris ersetzte nicht bloß einen dogmatischen Begriff durch einen anderen, also „Leistung" durch „Zurechnung". Auf seinem prinzipiellen Boden wuchs eine klare und regelgeleitete Dogmatik, die er an die Stelle des alten und von den Jahren ausgehöhlten „Leistungs"-Baum pflanzt. Zu diesem Zweck rückte Canaris den „**kondiktionsauslösenden Mangel**" in das Zentrum der Dogmatik des Bereicherungsrechts:[179]

> „Dabei ist danach zu unterscheiden, ob dieser [sc. der „kondiktionsauslösende Mangel"] nur auf der Ebene der Kausalverhältnisse liegt oder ob er die dingliche Ebene bzw. die Anweisung als solche betrifft. Im ersten Fall erfolgt die Bereicherungsabwicklung grundsätzlich zwischen den Parteien desjenigen Kausalverhältnisses, dem der kondiktionsauslösende Mangel entstammt, also nicht in einem davon u.U. verschiedenen ‚Leistungsverhältnis' ... .
>
> Wenn der Mangel dagegen auf der dinglichen Ebene liegt ... oder die Anweisung als solche betrifft ..., ist der Bereicherungsausgleich grundsätzlich nicht ‚entlang den Kausalverhältnissen', vorzunehmen, sondern zwischen denjenigen Parteien, zwischen denen sich die Vermögensverschiebung *unmittelbar* vollzogen hat".[180]

1056 Diese im Begriff des „kondiktionsauslösenden Mangels" entwickelten „Entscheidungsregeln" abstrahierte Canaris in einem letzten Schritt und brachte sie auf die dogmatische Unterscheidung von **Mängeln im Kausalverhältnis und Mängeln der Zurechenbarkeit oder Gültigkeit**.[181] Erstere bezogen sich auf Mängel der *causa* der Vermögenszuwendung, also des zugrunde liegenden schuldrechtlichen Geschäfts. Zurechnungs- und Gültigkeitsmängel hingegen verwiesen auf das Anweisungsverhältnis oder das dingliche Rechtsverhältnis. Hinzu kam die Differenz zwischen Zurechnungs- und Gültigkeitsmängeln. Während bei Gültigkeitsmängeln eine Direktkondiktion auch aufgrund von Rechtsscheintatbeständen möglich war, blieb diese Option im Falle von Zurechnungsmängeln verschlossen:

> „Bei Mängeln eines Kausalverhältnisses findet die Leistungskondiktion zwischen dessen Parteien statt; bei Zurechenbarkeitsmängeln ist eine Direktkondiktion zwischen denjenigen Parteien gegeben, zwischen denen sich die Vermögensverschiebung unmittelbar vollzogen hat; bei Gültigkeitsmängeln greift ebenfalls diese Direktkondiktion Platz, es sei denn, es liegen die Voraussetzungen für einen Rechtsscheinschutz analog §§ 932 BGB,

---

178 Solch ein dogmatisch vereinfachter Rechtssatz findet sich nicht bei Canaris. Er ergibt sich aber aus seinen allgemeinen Ausführungen. Er dient hier dem Zweck, die Differenz zur herrschenden Lehre und dem BGH zu veranschaulichen. Dort wird das Problem nicht über den Begriff der „Zurechnung", sondern über den Begriff der „Leistung" gelöst. Den Ausschluss des Durchgriffs begründen herrschende Lehre und BGH über den sog. „Vorrang der Leistungskondiktion" bzw. mit der „Subsidiarität der Nichtleistungskondiktion", siehe etwa *Wieling* ([4]2007, Fn. 159), 96–102, o. *Loewenheim* ([3]2007, Fn. 159), 76–79. Polemisch sprach Canaris hier von einem „Subsidiaritätsdogma", siehe *Canaris*, Schuldrecht BT 2/2 ([13]1994, Fn. 10), § 70, S. 203, 212, 215–217, 225, 249. Canaris bemühte zur Lösung des Problems das Tatbestandsmerkmal der „Rechtsgrundlosigkeit" (siehe ebd.), das er inhaltlich mit seinen Wertungen des Sachen- bzw. Bereicherungsrechts füllt.
179 Zusammenfassend hierzu *Canaris*, Schuldrecht BT 2/2 ([13]1994, Fn. 10), § 70 VI 3, S. 249 f., Hervorhebung getilgt. Siehe auch *ders.*, Bereicherungsausgleich (1980, Fn. 160), 355–359; *ders.*, Bereicherungsausgleich (1992, Fn. 155), 870; *ders.*, Professoren (1992, Fn. 155), 3145.
180 *Canaris*, Schuldrecht BT 2/2 ([13]1994, Fn. 10), § 70 VI 3 a, S. 249 f.
181 Diese Differenz führte Canaris erst später ein, siehe *Canaris*, Bereicherungsausgleich (1980, Fn. 160), 355–358, zusammenfassend 358 f.

366 I HGB oder analog §§ 170 ff. BGB zugunsten des Erwerbers bzw. des Zahlungsempfängers vor."[182]

So leichtfüßig die an Wertungen und Prinzipien orientierte Rekonstruktion des Bereicherungsrechts begann, auch sie ächzte letztlich unter dem Ballast der konkreten dogmatischen Direktiven. Einfach zu beherrschen war diese dogmatische Konstruktion nicht. Mit Blick auf ihre Wertungen aber gewährleistete Canaris ihre Plausibilität und trug dafür Sorge, dass Regeln und Prinzipien sich nicht voneinander entfremdeten.

Die Weite dieses dogmatischen Wurfs lässt sich erst ausmessen, wenn die **Dogmatik des Bundesgerichtshofs** mit einbezogen wird. Erst der Vergleich der beiden dogmatisch-praktischen Entwürfe bietet die Grundlage für ein Urteil über die an Werten und Prinzipien orientierte Dogmatik von Canaris. Anders als dieser orientierte sich das höchste deutsche Zivilgericht auch in bereicherungsrechtlichen Mehrpersonenverhältnissen am Wortlaut des § 812 Abs. 1 S. 1 BGB. Dem Begriff der „Leistung" musste das Gericht aber deshalb die „stereotyp wiederholte Formel" von den „Besonderheiten des Einzelfalles" an die Seite stellen:[183]

> „Dem Berufungsgericht ist auch darin zuzustimmen, daß sich der Bereicherungsausgleich in Fällen der Leistung kraft Anweisung *grundsätzlich* innerhalb des jeweiligen Leistungsverhältnisses vollzieht. Bei Fehlern im Deckungsverhältnis zwischen dem Anweisenden und dem Angewiesenen ist der Bereicherungsausgleich also in diesem Verhältnis vorzunehmen. Weist dagegen das Valutaverhältnis zwischen dem Anweisenden und dem Anweisungsempfänger Fehler auf, ist der Ausgleich der Bereicherung in diesem Verhältnis abzuwickeln … Allerdings hat der Senat wiederholt zum Ausdruck gebracht, daß sich bei der bereicherungsrechtlichen Behandlung von Vorgängen, an denen mehr als zwei Personen beteiligt sind, jede schematische Lösung verbietet. Es kommt stets auf die Besonderheiten des Einzelfalles an, die für die sachgerechte bereicherungsrechtliche Abwicklung derartiger Vorgänge zu beachten sind".[184]

In diesen Passagen tritt die **Differenz zwischen Bundesgerichtshof und Canaris** deutlich zu Tage. Während das Gericht auf eine einfache Konstruktion im Begriff der „Leistung" in Verbindung mit einer wertenden Korrektur im „Einzelfall" setzte und deshalb die (rekonstruktive) Dogmatik der Wissenschaft in ‚begriffsakrobatische' Höchst-*Leistungs*-Lösungen zwang, konnte Canaris seine Wertungen auch begrifflich plausibel rekonstruieren. Seine am „konditionsauslösenden Mangel" orientierte Dogmatik des Bereicherungsrechts betonte die konkreten Fehler der betroffenen Rechtsverhältnisse und band Dogmatik, Prinzip und Wertung eng aneinander: Mängel im Kausalverhältnis führten (weil „Selbstverantwortung"), genauso wie zurechenbare Gültigkeitsmängel zur Doppelkondiktion „übers Eck" (weil „Vertrauensschutz"), während Zurechnungsmängel (mangels „Selbstverantwortung" und „Vertrauensschutz") die Durchgriffskondiktion zur Folge hatten (weil „Prinzip unmittelbarer Vermögens- und Güterverfolgung"). Anders als der Bundesgerichtshof musste Canaris nicht in das Werten

---

182 *Canaris*, Schuldrecht BT 2/2 ([13]1994, Fn. 10), § 70 VI 3 a, S. 250. Siehe auch die sehr prägnante Zusammenfassung der Entscheidungsregeln in *ders.*, Bereicherungsausgleich (1980, Fn. 160), 370, u. mit Blick auf die hinter den Entscheidungsregeln liegenden Wertungen *ders.*, Bereicherungsausgleich (1973, Fn. 3), 860–865.
183 Kritisch hierzu *Canaris*, Schuldrecht BT 2/2 ([13]1994, Fn. 10), § 70, S. 199; *ders.*, Bereicherungsausgleich (1973, Fn. 3), 858: „konturlose Einzelfallbetrachtung". Grundsätzlich dem BGH zustimmend, aber mit Kritik gegen die „Floskel" Staudinger/*Lorenz* (2007), § 812, Rn. 36.
184 BGHZ 89, 376 (378).

im Einzelfall ausweichen, sondern präsentierte eine allgemeine Wertungsdogmatik, die die konkreten Wertungen des Einzelfalls nicht mehr offenlegen musste, aber dies auch nicht mehr konnte.[185]

1060 Trotz der wunderbaren Wertungskonsistenz litt diese Dogmatik des Bereicherungsrechts an einem schweren Mangel. Ihr Verhältnis zum Begriff der „Leistung" und damit zum **Wortlaut des § 812 Abs. 1 S. 1 BGB** war höchst unklar und „zwielichtig".[186] Der Begriff der „Leistung" wurde als Referenzbegriff vom Begriff des „Mangels" verdrängt. Canaris' „Abschied vom Leistungsbegriff"[187] aber zielte nicht auf eine begriffliche Kontroverse über die *lex*, sondern polemisierte allein gegen die Erkenntnismöglichkeiten der am Begriff der „Leistung" orientierten Dogmatik.[188] Nur die neue Dogmatik könne die bereicherungsrechtlichen Probleme in Mehrpersonenverhältnissen angemessen und wertungskonsistent lösen.[189] Die Bindung an den Wortlaut des Gesetzes, so unzureichend dieser auch sein mag, interessierte Canaris nur wenig.[190] Canaris machte sich zu Eigen, was er an seinem Lehrer Larenz so bewunderte. In dessen Nachruf schrieb er:

> „Als Studenten hat *Larenz* mich zum erstenmal tief beeindruckt, als ihm in der Vorgerückten-Übung ein Fehler unterlaufen war. Von einem Kommilitonen darauf hingewiesen, daß doch das Gegenteil dessen, was er soeben gesagt habe, in dem und dem Paragraphen stehe, ging er zum Katheder, warf einen Blick ins Gesetz, räumte seinen Irrtum ein und legte sodann, gewissermaßen ohne auch nur Luft zu holen, völlig überzeugend dar, daß und warum die gesetzliche Regelung sowohl inkonsequent als auch unter Gerechtigkeitsgesichtspunkten unbefriedigend und die von ihm vorgetragene Lösung in jeder Hinsicht überlegen sei. Da erlebte man, daß wahre Jurisprudenz um Lichtjahre von bloßer Gesetzeskunde entfernt ist, und erfuhr zugleich, was die eigentliche Bedeutung der Einheit von Forschung und Lehre ausmacht."[191]

1061 Auf diese Weise verlor die am „konditionsauslösenden Mangel" orientierte Dogmatik von Canaris die *lex* aus dem Auge. Das Gesetz war eben nicht so wichtig wie die kohärente Wertung von Prinzipien in einem „beweglichen System". Selbstverständlich antizipierte Canaris auch diese Kritik und wich methodisch auf die **„Fortbildung" des Leistungsbegriffs**, d.h. die „offene Rechtsfortbildung" im Sinne der von ihm getroffenen Wertungen, aus.[192] Diese Konstruktion der Dogmatik entsprach ganz seinen methodischen Vorgaben: Das Wort der *lex* zählte nur wenig. Das *telos* heiligte die Mittel. Alles Recht kam in Prinzipien und Wertungen aus der Rechtsidee. Es überrascht allein

---

185 Siehe *Canaris*, Schuldrecht BT 2/2 ([13]1994, Fn. 10), § 70 VI 3 b, S. 50: „Diese Regeln stellen *nicht* lediglich eine *deskriptive Verallgemeinerung von Ergebnissen* dar, die unabhängig von ihnen gewonnen worden sind, sondern stehen in *genauer Entsprechung* zu den zugrunde liegenden *Wertungsgesichtspunkten*", Hervorhebungen verändert.
186 So die Kritik bei *Kupisch*, Gesetzespositivismus im Bereicherungsrecht. Zur Leistungskondiktion im Drei-Personen-Verhältnis, Berlin 1978, 12; dagegen *Canaris*, Bereicherungsausgleich (1980, Fn. 160), 369 f.
187 So die provokante Formulierung bei *Canaris*, Bereicherungsausgleich (1973, Fn. 3), 857 ff. Hierzu auch *Canaris*, Bereicherungsausgleich (1980, Fn. 160), 367. Dazu kritisch MüKoBGB/*Schwab* ([8]2020), § 812, Rn. 52 f.
188 Siehe *Canaris*, Bereicherungsausgleich (1980, Fn. 160), 367.
189 Siehe *Canaris*, Bereicherungsausgleich (1980, Fn. 160), 367.
190 Kritisch *Gödicke*, Bereicherungsrecht und Dogmatik. Zur Kritik der Dogmatik aus methodologischer Sicht, Berlin 2002, 253 f.; zurückhaltender MüKoBGB/*Schwab* ([8]2020), § 812, Rn. 52 f.
191 *Canaris*, Nachruf Karl Larenz, in: JZ 48 (1993), 404–406, 405.
192 Siehe *Canaris*, Bereicherungsausgleich (1973, Fn. 3), 812 f. Kritisch gegenüber dieser „ungeheuren methodischen Freiheit" von Canaris *Weitnauer* (1974, Fn. 169), 1734.

der offene Widerspruch, in den sich Canaris etwas mehr als 20 Jahre nach Erscheinen seines Aufsatzes zum „Bereicherungsausgleich im Dreipersonenverhältnis" begab. In dem von Larenz übernommenen „Lehrbuch des Schuldrechts" schrieb Canaris 1994:

> „Daß indessen eine Generalklausel (!) wie § 812 BGB für einen so elementaren Fall wie den der Anweisung eine Lücke (!) enthält und also erst im Wege der Analogie anwendbar zu machen ist, erscheint methodologisch von vornherein unplausibel."[193]

Auslegung einer Generalklausel oder Fortbildung aufgrund einer Lücke – das ist hier die Frage. Die in der Methodenlehre von Canaris **stets latent gehaltenen Spannungen** brechen im Exempel besonders deutlich auf: Gesetz oder Prinzip, Worte oder Werte, dogmatisch gewachsene Rationalität oder vernünftige Gerechtigkeit. Die Antinomien erscheinen als alternativlose Alternativen. Die herrschende „Leistungs"-Dogmatik kämpft *down by law*, verheddert sich aber in dem „verwirrend komplizierten Gedankengebäude"[194] der tradierten Dogmatik und wirkt, gemessen an den Wertungen von Canaris, inkonsistent.[195] Demgegenüber lebt die an Prinzipien orientierte „Mangel"-Dogmatik als *outlaw*, dafür aber wertungskonsistent, verständlich und treu gegenüber dem großen Wort ‚Gerechtigkeit'. Canaris fiel die Entscheidung zwischen diesen beiden dogmatischen Alternativen freilich leicht. Die Probe aufs Exempel, der Fall auf die Dogmatik, muss nun zeigen, ob Canaris in seinem Urteil zuzustimmen ist.

XI. BGHZ 113, 62–70: Versicherungsleistung auf fremde Schuld

Das gewählte Beispiel bildet einen **„Ausnahmefall"**: die Drittleistung eines Haftpflichtversicherers auf eine nicht bestehende Schuld seines Versicherungsnehmers. Er eignet sich wegen seiner „Absonderlichkeit" und „Kompliziertheit" vielleicht nicht gerade „als Examensaufgabe".[196] Diese Schwierigkeiten aber machen ihn zum besonders harten Probierstein für die beiden Dogmatiken von Canaris und dem Bundesgerichtshof. Mit seiner Hilfe können sowohl die „Mangel-" oder „Wertungs"-Dogmatik als auch die „Leistungs"-Dogmatik auf ihre Überzeugungskraft getestet werden. Zwar gilt grundsätzlich *„hard cases make bad law"*, doch hier bildet erst der *hard case* den Härtetest für die Plausibilität der Dogmatik.

1. Das Urteil vom 28.11.1990

Zum Einstieg hilft eine kurze Paraphrase des Falles.[197] Als **Kläger** trat auf: der Berufshaftpflichtversicherer (B) eines Architekten (A). Als **Beklagter** stand vor Gericht: der Gesellschafter (G) einer in Vermögensverfall geratenen, geschäftsführerlosen, beschränkt haftenden Gesellschaft (GmbH). Als **Sachverhalt** hatte sich zugetragen: Der Architekt (und Mitarbeiter des versicherten Architekturbüros) besorgte und überprüfte Rechnungen, die der Gesellschaft von einem später insolventen Handwerksunternehmen gestellt wurden. Aufgrund eines irrtümlich angenommenen Rechnungsfehlers des

---

193 *Canaris*, Schuldrecht BT 2/2 ([13]1994, Fn. 10), § 70 VI 4, S. 251, Betonungszeichen im Original.
194 Siehe *Canaris*, Schuldrecht BT 2/2 ([13]1994, Fn. 10), § 70, 199; siehe auch *ders.*, Bereicherungsausgleich (1973, Fn. 3), 799: „übermäßige Kompliziertheit".
195 Siehe den Vorwurf bei *Canaris*, Bereicherungsausgleich (1973, Fn. 3), 800. Zwar belegt Canaris, dass auch die ‚herrschende Lehre' diese Wertungen kennt und von ihnen ausgeht (ebd. 802 f., Fn. 13–15). Dass sie diese jedoch wie Canaris in *prinzipieller* Manier verwendet und mit ihnen ihre Dogmatik steuert, muss jedoch bezweifelt werden.
196 So *Medicus* ([21]2007, Fn. 154), Rn. 685; weiterhin Medicus/Petersen ([28]2021, Fn. 154), Rn. 685.
197 Die Darstellung des Falles folgt der Zusammenfassung in BGHZ 113, 62 (62–64).

Architekten nahm der Gesellschafter (ohne Ermächtigung, weil kein Geschäftsführer vorhanden war) diesen aus der ihm zedierten Forderung der Gesellschaft in Regress. Der Architekt wandte sich seinerseits an seinen Berufshaftpflichtversicherer und merkte an, dass nach seiner „Überprüfung" die Schadensersatzforderung bestehe und in einem Rechtsstreit kaum abwendbar sei. Der Versicherer zahlte den geforderten Betrag an den Gesellschafter. Nun stellte sich heraus, dass der Versicherungsfall zu Unrecht angenommen worden war. Es handelt sich also um ein juristisches Viereck: Die GmbH machte Ansprüche gegen A geltend, die B gegenüber G erfüllte.

1065 Dogmatisch formuliert bedeutet dies: Ein Haftpflichtversicherer (B) zahlt auf die nicht bestehende Schuld seines Versicherungsnehmers (A) an einen vermeintlichen Zessionar (G) des Scheingläubigers (GmbH). Hierzu bildete der **Bundesgerichtshof** nun **zwei Leitsätze**:

> „a. Hat ein Haftpflichtversicherer [B] die Entschädigung an den Gläubiger [GmbH/G] seines Versicherungsnehmers [A] ausgezahlt, um dessen Verpflichtung zu erfüllen, so kann er seine Leistung grundsätzlich bei dem Gläubiger [GmbH/G] kondizieren, wenn diesem in Wahrheit kein Anspruch zustand.
>
> b. Wer in der irrigen Annahme, eine Forderung sei durch Abtretung oder in anderer Weise übergegangen, an den vermeintlichen Erwerber [G] der Forderung leistet, kann das Geleistete bei diesem kondizieren."[198]

1066 Mit diesen beiden Leitsätzen erlaubte das Gericht den **Durchgriff des Haftpflichtversicherers** (B) gegen den Gesellschafter (G). Er wählt nicht die Rückabwicklung über die übliche Kette, hier von B über A zu der GmbH und schließlich G oder allgemeiner formuliert von (1.) dem Versicherer zu (2.) dem Versicherungsnehmer zu (3.) dem Scheingläubiger und zu (4.) dem Scheinzessionar. Dabei verlängerte der BGH den direkten Durchgriff des Versicherers (B) gegen den Scheingläubiger (GmbH) (=1. Leitsatz) bis zum Scheinzessionar (G) (=2. Leitsatz). Es entstand also ein doppelter Durchgriff im Viereck.

2. Die Kritik und die Lösung von Canaris

1067 Gegen diesen Durchgriff richtete Canaris sein Plädoyer. Seine **Lehre vom „kondiktionsauslösenden Mangel"** zeichnete sein Urteil klar vor. Zur Erinnerung: Mängel des Kausalverhältnisses führten zur Rückabwicklung im Dreieck, also zur Kondiktion im jeweiligen Kausalverhältnis.[199] Zurechnungsmängel (bei der Abwicklung, Anweisung oder „Veranlassung") hingegen erlaubten den Durchgriff. Der Mangel im ersten Dreieck, das von (1.) dem Versicherer (B) über (2.) den Versicherungsnehmer (A) zu (3.) dem Scheingläubiger (GmbH) führte, lag im fehlenden Schadensersatzanspruch des Scheingläubigers (GmbH) gegen den Versicherungsnehmer (A). Der Mangel bestand also in diesem Kausalverhältnis (= Valutaverhältnis). Daraus folgte die Rückabwicklung übers Eck. Die Zession erweiterte die Beziehung zum Viereck[200] und zwar zu (4.) dem Scheinzessionar (G). Der Mangel in der Zession konnte nach Canaris dem

---

[198] BGHZ 113, 62. Bemerkenswert an der Diskussion um diesen Fall ist nicht nur das Rezensieren von Rezensionen (oben Fn. 155), sondern auch die Diskussion um die ‚wahren' Leitsätze der Entscheidung, siehe *Martinek* (1991, Fn. 155), 395; skeptisch *Canaris*, Bereicherungsausgleich (1992, Fn. 155), 871; schließlich *Flume* (1991, Fn. 155), 2524.

[199] Siehe zur vorliegenden Fallkonstellation auch *Canaris*, Schuldrecht BT 2/2 ([13]1994, Fn. 10), § 70 V 3 a, S. 243.

[200] Siehe *Medicus* ([21]2007, Fn. 154), Rn. 685; weiterhin *Medicus*/*Petersen* ([28]2021, Fn. 154), Rn. 685.

Scheingläubiger (GmbH) nicht zugerechnet werden, weil bei einer geschäftsführerlosen GmbH keine wirksame Anweisung denkbar war. Als Konsequenz folgte hier die Direktkondiktion von (2.) nach (4.), das heißt von dem Versicherungsnehmer (A) zum Scheinzessionar (G).[201]

Im Gegensatz zur Lösung des Bundesgerichtshofs lautete die Lösung von Canaris also: **kein Durchgriff des Haftpflichtversicherers**, sondern **Rückabwicklung der Bereicherung im Dreieck** bzw. im verkürzten Viereck. Der Versicherer B musste sich beim Versicherungsnehmer A zurückholen, was er irrtümlich an den Scheinzessionar G gezahlt hatte. Der Versicherungsnehmer A durfte sich seinerseits direkt an den Scheinzessionar G halten.[202] Das Risiko des Forderungsausfalls lag für die Versicherung also nicht bei G, sondern bei A und A trug das Insolvenzrisiko von G.

Ausgehend von seinen dogmatisch fixierten Wertungen griff Canaris nun das höchstrichterliche Urteil in zwei Manövern an.[203] In einer ersten, **immanenten Kritik** der „Leistungsdogmatik" versuchte er den dogmatischen Standpunkt des Bundesgerichtshofs einzunehmen und betonte die „Sicht des Leistungsempfängers". Aus dessen Perspektive sei Leistender nicht der Versicherer, sondern der Versicherungsnehmer.[204] In seinem zweiten Manöver mobilisierte er sein **Wertungssystem** und die Nähe des Falles zur Anweisungslage:[205]

> „Denn es besteht kein hinreichender Grund dafür, die Rückabwicklung anders vorzunehmen, als hätte der Versicherungsnehmer selbst an seinen Putativgläubiger gezahlt und der Versicherer ihm das Geld erstattet, zumal der Versicherer auf den (vermeintlichen) Freistellungsanspruch des Versicherungsnehmers zahlt und also an *diesen* leistet."[206]

Es war dasselbe Bild, es waren dieselben Wertungen, die auch die Rückabwicklung von Anweisungen und Lieferketten trugen: Einwendungserhalt, Einwendungsschutz, Insolvenzadäquanz und (Prozess-)Rollenkontinuität. Diese Wertungsdirektiven veranschaulichte Canaris an vier hypothetischen Varianten des Falls.[207] Anhand dieser Fälle

---

201 Die dogmatischen Feinheiten um „Tilgungsbestimmung", „Veranlassung", „Anweisung", „Leistung des Dritten auf fremde Schuld" iSv § 267 BGB müssen um der Übersicht Willen ausgeblendet werden.
202 Die nun entstehenden Schwierigkeiten um Kondiktions-Kondiktion, Saldo usw. bleiben ebenfalls außen vor.
203 Siehe die Zusammenfassung bei *Canaris*, Professoren (1992, Fn. 155), 3144.
204 Siehe *Canaris*, Bereicherungsausgleich (1992, Fn. 155), 869; *ders.*, Professoren (1992, Fn. 155), 3144.
205 Siehe *Canaris*, Schuldrecht BT 2/2 ([13]1994, Fn. 10), § 70 V 3 a, S. 242; weiter *ders.*, Bereicherungsausgleich (1992, Fn. 155), 869; *ders.*, Professoren (1992, Fn. 155), 3144.
206 *Canaris*, Bereicherungsausgleich (1992, Fn. 155), 873, Hervorhebung im Original; weiter *ders.*, Professoren (1992, Fn. 155), 3144; *ders.*, Schuldrecht BT 2/2 ([13]1994, Fn. 10), § 70 V 3 a, S. 243.
207 So auch die methodische Direktive bei *Canaris*', Schuldrecht BT 2/2 ([13]1994, Fn. 10), § 70 VI 1 b, S. 247: „Dieses auf Vergleichen und Ähnlichkeiten beruhende Argumentationsmuster bedarf nun freilich bei schwierigen und/oder umstrittenen Problemen der Absicherung durch eine genaue Interessenanalyse und -bewertung. Für diese sind, wie heute weitgehend anerkannt ist, grundsätzlich die folgenden drei Kriterien [sc. die drei oben genannten Wertungskriterien] maßgeblich." Die vier Fälle sind: (1.) Ein Scheinschädiger lasse den Versicherer in Kenntnis der fehlenden Haftpflicht zahlen. (2.) Ein Scheinschädiger und ein Scheingläubiger unterhielten laufende Geschäftsbeziehungen und dem Gläubiger stünden nicht bewegliche Forderungen gegen den Scheinschädiger zu. Zugleich falle der Scheinschädiger in Konkurs. (3.) Ein Scheinschädiger und ein Scheingläubiger unterhielten laufende Geschäftsbeziehungen und der Scheinschädiger wolle es ‚vermeiden', dass der Schadensfall gegenüber seinem Scheingläubiger erneut aufgerollt werde. (4.) Der Scheingläubiger rechne nach dem Durchgriff des Versicherers die nicht bestehende Schadensersatzforderung gegen Forderungen des Scheinschädigers auf. Alle vier Fallbeispiele finden sich bei *Canaris*, Bereicherungsausgleich (1992, Fn. 155), 870.

III. Sechzehn Exempel und drei Berichte

wollte er die seiner Ansicht nach verletzten Interessen und Wertungen verdeutlichen.[208] Ein in diesen Fällen erfolgender Durchgriff des Versicherers nehme den jeweiligen Scheingläubigern ihre Einwendungen und bürde ihnen ein ungerechtfertigtes Konkursrisiko auf. Die Versicherungsnehmer verlören ihre Partei- und Prozessrolle und seien zudem Einwendungen ausgesetzt. Alle vier Wertungen seien verletzt. Daraus folgte für Canaris:

> „Aus der Sicht keiner der drei beteiligten Personen läßt sich nämlich ein überzeugender Grund dafür finden, daß die bereicherungsrechtliche Rückabwicklung anders erfolgen soll, als hätte der Putativschuldner seine vermeintliche Schuld gegenüber dem Putativgläubiger selbst bezahlt und der Versicherer ihm das Geld erstattet."[209]

3. Alternativen?

1071 Können gegen diese wertungsmäßig begründete Lösung noch Zweifel erhoben werden? *Quod erat demonstrandum!?* Wie immer hilft der Blick auf Argumente oder Perspektiven, die nicht erwähnt werden. Canaris überging weitere mögliche Wertungen.[210] Wertungen des Versicherungsrechts, die auch bereicherungsrechtlich Relevanz entfalten könnten, wurden in das Innenverhältnis zwischen Versicherer und Versichertem verschoben und dadurch verdrängt.[211]

1072 Zugleich versperrten seine dogmatischen Vorgaben („kondiktionsauslösender Mangel") und das Anweisungsparadigma ihm die Sicht auf **alternative (Risiko-)Zurechnungszusammenhänge.**[212] Wieso sollte gerade die „Veranlassung", nicht aber die Zuwendung, diese Risikozurechnung schaffen? Wieso sollte die Zahlung des Versicherers aus *auch* eigenem Antrieb, nach *eigener* Überprüfung des Versicherungsfalles unerheblich bleiben?[213] So kritisierte Jan Wilhelm:

> „Im Gegensatz zu *Canaris* ... belastet nicht die Auswahl des Vertragspartners, nicht das Kausalverhältnis als solches, mit diesem Risiko, sondern wie oben ausgeführt, versetzt die Leistung, die Verfügung über das eigene Vermögen zugunsten des Vertragspartners den

---

208 Im (1.) Fall verliere der Scheingläubiger mit dem Durchgriff des Versicherers seine Einwendung aus § 814 BGB gegen den Scheinschädiger. Im (2.) Fall führe die Versionsklage des Versicherers zur „Abwälzung des Konkursrisikos" auf den Scheingläubiger. Für seine aus anderen Geschäften erwachsenen Forderungen gegen den Scheinschuldner bekäme er dann nur noch die Insolvenzquote. Im (3.) Fall verliere der Scheinschädiger durch den Durchgriff seine Prozessrolle, damit die Möglichkeit, auf einen Prozess gegen den Scheingläubiger zu verzichten. Im (4.) Fall schließlich wäre der Scheinschuldner nach einem Zugriff des Versicherers auf den Scheingläubiger einer Aufrechnung mit der *angeblich* bestehenden Schadensersatzforderung ausgesetzt. Zu den vier Wertungsanalysen siehe *Canaris*, Bereicherungsausgleich (1992, Fn. 155), 870. Besonders prägnant auch *ders.*, Schuldrecht BT 2/2 ([13]1994, Fn. 10), § 70 V 3 a, S. 243.
209 *Canaris*, Bereicherungsausgleich (1992, Fn. 155), 870.
210 Siehe *Canaris*, Bereicherungsausgleich (1992, Fn. 155), 869 f.; auch hier zeigt sich der undifferenzierte Gebrauch der Begriffe „Interesse" und „Wertung". Es erstaunt auch, wie die *„Interessenanalyse"* (!) von Canaris in die „Sicht-Terminologie" der Dogmatik vom „Empfängerhorizont" verstrickt ist. Mehr als ein halbes Dutzend Mal verwendet er hier die Sicht-Metapher zur Feststellung der Interessen der beteiligten Parteien.
211 Siehe *Canaris*, Bereicherungsausgleich (1992, Fn. 155), 869.
212 Auch der BGH setzt sich mit der Frage auseinander, ob dem Versicherungsnehmer die Leistung des Versicherers *zugerechnet* werden könne, siehe E 113, 62 (69 f.).
213 Dies erscheint auch als das maßgebliche Argument des BGH, siehe E 113, 62 (65 f., 69 f.). Zustimmend *Martinek* (1991, Fn. 155), 400. In dieser Richtung auch *Flume* (1991, Fn. 155), 2524, u. *H. H. Jakobs* (1992, Fn. 155), 2525. Ähnlich auch *Wertheimer* (1992, Fn. 155), 288, der von einer „Verkümmerung' des Valutaverhältnisses" spricht. Diesen Einwand versucht Canaris dadurch zu entkräften, dass er zwischen der Entscheidung „ob" gezahlt wird und der Entscheidung „an wen" gezahlt wird differenziert, um dann auf die Gleichbehandlung aller Zahlungen von Versicherern (etwa auch von Krankenversicherern) zu verweisen.

Leistenden in die Abhängigkeit von ihm, von seiner Habhaftigkeit, Zahlungsbereitschaft und Solvenz bezüglich der Gegen- oder Rückleistung."[214]

Damit erhob Wilhelm die „Leistung" selbst zur eigenständigen Wertungsgrundlage und machte sie zur ordnungsstiftenden Kategorie, die die Zurechnung von Risiken ermöglichte. Wer leiste, leiste immer an Jemanden, von dem er bei „Leistungs"-Fehlern erwarte, seine Leistung zurück erhalten zu können. Canaris' sachenrechtliche Wertungen standen also gegen die *Wertungen* des bereicherungsrechtlichen Wortlauts.

Diese Gegenwertungen konnte Canaris nicht wahrnehmen. Sein Wertungsdreieck war so starr und symmetrisch wie eine Begriffspyramide. Kein Platz blieb für die **Interessen von Versicherern**, die möglicherweise eine schnelle und pragmatische Rückabwicklung (hier gegen G) wollten. Auch die **Expertise von Versicherern** bei der Überprüfung von Schadensfällen lag außerhalb des Wertungshorizonts. Das Anweisungsparadigma und die am „konditionsauslösenden Mangel" orientierte Dogmatik lenkten den Blick von diesen Wertungen ab.[215] Auch weitere ökonomische, politische oder soziale Interessen, denen ein Durchgriff hätte Rechnung tragen können, zählten von vornherein nicht.

Aber auch die von Canaris anhand der vier hypothetischen Fälle gebildeten Wertungen erwiesen sich als kontingent.[216] Offenbar wertete auch Canaris vom Ergebnis her. So stand z.B. die Frage nach der Prozessrolle nicht zur Disposition, da der Versicherungsnehmer nach den allgemeinen Geschäftsbedingungen der Versicherer hier vollkommen gebunden war.[217] Zudem litten seine Risikozurechnung und seine Wer-

---

214 J. Wilhelm, Die Zurechnung der Leistung bei Widerruf einer Anweisung, insbesondere eines Schecks, in: AcP 175 (1975), 304–350, 319.
215 In diese Richtung wies auch die Kritik von *J. Wilhelm* (1975, Fn. 214), 317: „In der Tat, so weitgehend zustimmungsbedürftig die Auffassung von Canaris zur Anweisungsleistung ist, so kann doch ihre *allgemeine dogmatische Einkleidung* zu Mißverständnissen führen und hat sie auch Canaris wohl selbst zu unrichtigen Ergebnissen verleitet", Hervorhebungen nicht im Original. Zwar ließe sich diese Perspektive in dem auch von Canaris anerkannten Prinzip unmittelbarer Vermögens- und Wertverfolgung fruchtbar machen. Doch ginge sie dann in der Subsidiarität dieses Prinzips gegenüber „Selbstverantwortung" und „Verkehrs- und Vertrauensschutz" verloren.
216 Dazu genügen einfache Gegenfragen zu den vier hypothetischen Fällen, wie zu (1.): Warum sollte der Versicherer das Insolvenzrisiko des ‚böswilligen' Versicherungsnehmers tragen, wenn dieser als Scheinschuldner wohlwissend um das Nichtbestehen seiner Schuld die „Leistung" veranlasst? Wieso sollte der Scheingläubiger hiervon profitieren (s. *H. H. Jakobs* [1992, Fn. 155], 2529: „Den Vertrauensschutz ad absurdum zu führen, ist das Vorrecht des Vertrauensschutztheoretikers")? Vor allem: Wie plausibel ist eigentlich dieser Fall? Zu (2.): Warum soll der Versicherer das Insolvenzrisiko des Versicherten für Forderungen aus der Geschäftsbeziehung zwischen Scheinschuldner und Scheingläubiger tragen? Wieso sollte dem Scheingläubiger die Zahlung auf eine nicht bestehende Schadensersatzforderung zugutekommen? Mit welchem Recht gewinnt er die zufällige Aufrechnungsmöglichkeit gegen einen ‚insolventen' Schuldner (ebd. 2528), wenn er doch das Insolvenzrisiko für Forderungen aus seinen Geschäftsbeziehungen grundsätzlich selbst tragen müsste? Zu (3.): Warum sollte ein Versicherungsnehmer ein Interesse an einem Prozess haben, der ihn im Normalfall wirtschaftlich nicht berührt (s. *Flume* [1991, Fn. 155], 2524: der Versicherer handele „mit der Zahlung als Schadensausgleich in *eigener Sache*")? Vor allem: Mit welchem Recht prozessiert der Versicherte über die wirtschaftlichen Güter des Versicherers bzw. mit welchem Recht unterlässt er eben dies (*H. H. Jakobs* aaO 2529)? Welcher Bürger streitet gern als Partei vor Gericht? Zu (4.): Finden sich zahlungsunwillige Schuldner nur bei der Rückabwicklung vermeintlicher Haftpflichtforderungen? Ist nicht jede Forderung aus laufenden Geschäftsbeziehungen mit einem Prozessrisiko behaftet?
217 So gilt z.B. im Muster für Allgemeine Versicherungsbedingungen für die Haftpflichtversicherung (AHB) des Gesamtverbands der deutschen Versicherungswirtschaft (GDV) der Versicherer im Rechtsstreit „zur Prozessführung bevollmächtigt. Er führt den Rechtsstreit im Namen des Versicherungsnehmers auf seine Kosten" (§ 5.2 Abs. 2 AHB). Auch vor der Rechtshängigkeit ist er ‚bevollmächtigt, alle ihm ... zweckmäßig erscheinenden Erklärungen im Namen des Versicherungsnehmers abzugeben" (§ 5.2 Abs. 1 AHB), beide Stand Februar 2016. Auf diese Haftungslage verwies in der damaligen Diskussion bereits *Wertheimer* (1992, Fn. 155), 288.

tungen an der Orientierung am vertraglichen Modell.[218] Die Rückabwicklung der Zahlung einer im Regelfall wohl deliktisch, zumindest aber schadensrechtlich entstandenen (Haftpflicht-)Schuld bedurfte einer anderen Perspektive als die Rückabwicklung vertraglicher Kausalverhältnisse.[219] Der **Kreis der Wertungen** konnte also enger oder weiter gezogen werden. Wertungen können stets so, aber immer auch anders getroffen werden.[220] Die Kontingenz der Wertungsarbeit im konkreten Fall zeigte sich auch darin, dass man mit den gleichen Wertungen zum entgegengesetzten Ergebnis kommen konnte.[221] Wertungen verbürgen *per se* noch kein zwingendes und richtiges Ergebnis. Und auch ihre richtige Anwendung bedarf einer Regel, die die Wertungs-Regel kontrolliert. Auch Wertungen müssen immer wieder neu bewertet werden.

1076   Provoziert die offene Dogmatisierung von Wertungen als Methode also die gleichen Gefahren wie eine ‚begriffsfetischistische' Dogmatik? Auch Canaris musste unter der Idee der „Einheit und Folgerichtigkeit" seiner Dogmatik auf dem von den Wertungen präjudizierten Ergebnis beharren. Mit dem Durchgriff des Haftpflichtversicherers auf den Scheingläubiger war seine Lehre vom „konditionsauslösenden Mangel" ohne offene Ausnahme nicht vereinbar. Müsste sich also nicht auch diese Prinzipienjurisprudenz vor der Absolutsetzung ihrer Prinzipien und Wertungen hüten? Der idealistisch spekulative Untergrund dieser Theorie erinnert am Ende an die alten metaphysischen Begriffsrealien der sog. Begriffsjuristen des 19. Jahrhunderts.[222] Womöglich gilt der Vorwurf eines „Begriffsidealismus" auch gegen diese Wertungs- und Prinzipienjurisprudenz.

XII. Resümee

1077   Gerade das Exempel zeigt die Parteilichkeit von Canaris Wertungsjurisprudenz zugunsten ihrer eigenen Wertungen. Trotz der suggestiven Rekonstruktion von „Methode und Zivilrecht" in einem „beweglichen System" konnte Canaris' Methodologie im Ganzen nicht überzeugen. Auch oder gerade weil seine Prinzipien und Wertungen der Idee eines „richtigen Rechts" folgten, büßten sie die Autorität des einfachen und klaren Arguments ein. Die doppelte und dialektische Rationalität, die das methodische und dogmatische Werk von Canaris trug, schlug wegen ihres ‚Zuviels' an Vernunft in methodisch unüberprüfbare Wertungen um.

1078   Schon als Argumente büßten die *canones* hier viel von ihrer regelleitenden Kraft ein. Die Überhöhung des *telos* beschnitt ihr Gewicht weiter, auch wenn Canaris es

---

218 Siehe die Nachweise oben Rn. 1052 in Fn. 175.
219 Diese Unterscheidung betont ebenso *Martinek* (1991, Fn. 155), 400, der von einer Übernahme des „Erfolgsrisikos" durch den Versicherer gegenüber seinem Versicherungsnehmer spricht.
220 Zu scharf und einseitig formuliert Weitnauer seine Kritik an Canaris, wenn er dessen Wertungen als „dezisionistisches" System, „bei der der erklärte Wille des Leistenden so gut wie gänzlich ignoriert, allenfalls zu einem von mehreren topoi gemacht und durch *frei erdachte Zurechnungskriterien* ersetzt wird, unter denen das Insolvenzrisiko und das von Canaris sog. ‚schuldrechtliche Abstraktionsprinzip' die beherrschende Rolle spielen", sieht *Weitnauer*, Die Leistung, in: Festschrift für Ernst von Caemmerer zum 70. Geburtstag, hrsg. v. Ficker u.a., Tübingen 1978, 254–293, 275, Hervorhebungen hinzugefügt.
221 So gelangt etwa Martinek mit denselben Grundwertungen (Einwendungserhalt, -schutz usw.) zum entgegen gesetzten Ergebnis, siehe *ders.* (1991, Fn. 155), 400.
222 Zur strukturellen Ähnlichkeit zwischen der sog. Begriffsjurisprudenz und neueren Prinzipientheorien deutlich *R. Dreier*, Jhering als Rechtstheoretiker, in: Rechtsnorm und Rechtswirklichkeit. Festschrift für Werner Krawietz zum 60. Geburtstag, hrsg. v. Aarnio, Berlin 1993, 233–245, 241: „Es liegt nahe, die begriffsjuristische Geschlossenheitsthese im Sinne einer Prinzipientheorie zu interpretieren, wie sie heute etwa Ronald Dworkin, Franz Bydlinski und Robert Alexy vertreten, die entschiedene Nicht-Positivisten sind."

durch Gewichtungs- und Vorrangregeln zu retten versuchte. Das „bewegliche System" der Prinzipien als Grundlage einer weit verstandenen und wertgebundenen Rechtsfortbildung überformte ihre Rationalität sofort durch eine zweite. Der laute Ruf nach „Methodenehrlichkeit" verhallte ohne Echo in seiner Theorie der Rechtsfortbildung und der Konstruktion des juristischen Systems. Dieser Idealismus ließ einer rationalen Methode wenig Raum.

Eine solche juristische Metaphysik gehört ebenso zum Alltagsgeschäft der Juristenphilosophen wie die Fassade der methodischen Rationalität. Mit dieser philosophischen Position stand Canaris nicht allein. Ihre Verheißungen und Versprechungen konnten seine rhetorisch klaren und beweglich scharfen Prinzipien aber nicht halten. Ihr klarer Schein trügt. Sie lenkten von den grundlegenden Antinomien in Methode und Recht ab: Politik oder Metaphysik, Gesetzgeber oder Richter, Gesetz oder Entscheidung, Statik oder Dynamik, Methode oder Richtigkeit, Kritik oder Ideologie, Bestimmtheit oder Unbestimmtheit, System oder Topik? Canaris versöhnte diese Aporien vergeblich und ohne Spannung in einem „abgewogenen" und „beweglichen" Ausgleich. Das von Canaris selbst herbeigerufene doppelte „Scheinen" aus Eduard Mörikes Gedicht „Auf eine Lampe" (von 1846) verdunkelt seine eigene Methodologie und Dogmatik: „Was aber schön ist, selig scheint es in ihm selbst."[223] Leuchtet das Schöne luzide oder täuscht es in seiner verführerischen Anmut?[224]

Gleichzeitig aber steht Canaris als einer der wichtigsten Juristen und anerkanntesten Dogmatiker der Jahrtausendwende vor uns. Seine dogmatischen Arbeiten beeindrucken noch heute durch eine selten erreichte Komplexität und sprachliche Kraft. Das bedeutet keinen Widerspruch zu der hier vorgebrachten Kritik. „Methodenehrlichkeit" und dogmatische Richtigkeit müssen nicht miteinander korrelieren. Methode allein gewährleistet weder ein richtiges Recht noch eine angemessene Entscheidung. Aber gerade deshalb sollten wir dem Methodologen Canaris umso kritischer begegnen. Auch eine „dialektische" oder „bewegliche" Methode kann uns nicht von der Verantwortung für ein möglichst rationales und intersubjektiv überprüfbares Recht wie einen ebensolchen Umgang mit den Rechtswortlauten entlasten.

XIII. Quellen und Literatur

1. Zum Einstieg in die Canaris-Texte

Einen guten **Einstieg zur Auslegung** bieten die beiden ‚kleineren' Aufsätze:
Das Rangverhältnis der „klassischen" Auslegungskriterien demonstriert an Standardproblemen aus dem Zivilrecht, in: Festschrift für Dieter Medicus zum 70. Geburtstag, hrsg. v. Beuthien u.a., Köln u.a. 1999, S. 25–61 u.

---

223 Das vollständige Gedicht lautet:
Noch unverrückt, o schöne Lampe, schmückest du,/An leichten Ketten zierlich aufgehangen hier,/Die Decke des nun fast vergeßnen Lustgemachs./Auf deiner weißen Marmorschale, deren Rand/Der Efeukranz von goldengrünem Erz umflicht,/Schlingt fröhlich eine Kinderschar den Ringelreihn./Wie reizend alles! lachend, und ein sanfter Geist/Des Ernstes doch ergossen um die ganze Form –/Ein Kunstgebild der echten Art. Wer achtet sein/Was aber schön ist, selig scheint es in ihm selbst.

224 Canaris plädierte wie Heidegger (siehe *Canaris*, Richtigkeit [1993, Fn. 4], 38) für die ontologische Interpretation, siehe dazu die Diskussion zwischen Heidegger und Staiger im Briefwechsel bei *Staiger*, Die Kunst der Interpretation. Studien zur deutschen Literaturgeschichte, Zürich 1955, 34–49, u. bei *Heidegger*, Zu einem Vers von Mörike, in: ders., Aus der Erfahrung des Denkens (=Gesamtausgabe I-13), Frankfurt am Main 1983, 93–109.

Die verfassungskonforme Auslegung und Rechtsfortbildung im System der juristischen Methodenlehre, in: Privatrecht und Methode. Festschrift für Ernst A. Kramer, hrsg. v. Honsell u.a., Basel u.a. 2004, S. 141–159.

Das „**bewegliche System**" demonstriert:

Bewegliches System und Vertrauensschutz im rechtsgeschäftlichen Verkehr, in: Das Bewegliche System im geltenden und künftigen Recht, hrsg. v. Bydlinski u.a., Wien u.a. 1986, S. 103–116.

Grundlegend zum Thema Prinzipien und „beweglichem System" sind noch immer die Monographie

Systemdenken und Systembegriff in der Jurisprudenz entwickelt am Beispiel des deutschen Privatrechts, 1. Aufl. Berlin 1969, 2. Aufl. 1983;

und die Dissertation

Die Feststellung von Lücken im Gesetz. Eine methodologische Studie über Voraussetzungen und Grenzen der richterlichen Rechtsfortbildung praeter legem, 1. Aufl. Berlin 1964, 2. Aufl. 1983.

Vor wenigen Jahren sind *Canaris'* **Gesammelte Schriften**, hrsg. v. Grigoleit u. Neuner, Berlin u.a. 2012 in drei Bänden auf fast 3.500 Seiten erschienen.

2. Zum Einstieg in die Sekundärliteratur

Von Canaris als Lehrer, Wissenschaftler und Mensch berichtet sehr persönlich

Auer, Marietta, Claus-Wilhelm Canaris. Eine Erinnerung in fünf Bildern, in: JZ 77 (2022), S. 629-639.

Einen Einstieg zu Canaris als dogmatischem „Entdecker" mit kleinen Hinweisen auf die Biographie bietet

Florian, Ulrich, Claus-Wilhelm Canaris – Die Vertrauenshaftung im deutschen Privatrecht, in: Zivilrechtliche Entdecker, hrsg. v. Hoeren, München 2001, S. 377–408.

Einen Blick auf die „Philosophie" der Wertungsjurisprudenz gewährt

Jakl, Bernhard, Recht aus Freiheit. Die Gegenüberstellung der rechtstheoretischen Ansätze der Wertungsjurisprudenz und des Liberalismus mit der kritischen Rechtsphilosophie Kants, Berlin 2009, insb. S. 30–48.

Sehr polemisch sind die vielen Kritiken von Rüthers, z.B.

Rüthers, Bernd, Anleitung zum fortgesetzten methodischen Blindflug, in: NJW 49 (1996), S. 1249–1253.

Feierlich ist der Beitrag von

Diederichsen, Uwe, Einführung zum Symposion anläßlich des 60. Geburtstages von Claus-Wilhelm Canaris, in: Einheit und Folgerichtigkeit im Juristischen Denken, hrsg. v. Koller u.a., München 1998, S. 1–5.

Eine größere Untersuchung fehlt.

„Juristische Methodik" bei Friedrich Müller (geb. 1938)

von Frank Laudenklos

Übersicht

I.	Zur Person	439
II.	Juristische Methodik	439
III.	Ausgangssituation	440
IV.	Strukturierende Rechtslehre	442
V.	Zusammenfassung	451
VI.	Das Problem des Richterrechts	453
VII.	Das Problem der Wortlautgrenze bei der Arbeit mit Texten in einer staatlichen Institution	455
VIII.	Ergebnis	458
IX.	Quellen und Literatur	459

I. Zur Person

Friedrich Müller wurde 1938 im niederbayerischen Eggenfelden geboren. 1964 wird er mit einer Schrift über die Problemgeschichte der Vereinigungsfreiheit im deutschen Vormärz promoviert.[1] Bis zu seiner Habilitation ist *Müller* Assistent bei *Konrad Hesse* in Freiburg i. Br., bei dem er sich 1968 mit seiner Arbeit über Normstruktur und Normativität habilitiert. Daran schließt sich zunächst eine Tätigkeit als Privatdozent, ab 1969 dann als Universitätsdozent an der Universität Freiburg an. 1971 wird er ordentlicher Professor für Öffentliches Recht, Rechts- und Staatsphilosophie, Rechtstheorie und Verfassungslehre an der Universität Heidelberg. 1989 wird er dort aus gesundheitlichen Gründen in den Ruhestand versetzt. Es folgen internationale Lehr- und Forschungstätigkeiten, vor allem in Brasilien und Südafrika, 2002–2006 freie Beratung der Bundesregierung in Brasilia und Autorschaft des Projekts der brasilianischen Justizreform.

Friedrich Müller, das ist auch *Fedja Müller*, unter diesem Namen Herausgeber der literarischen Zeitschrift „Van Goghs Ohr" und Verfasser verschiedener Gedichtzyklen und Prosabände.[2]

II. Juristische Methodik

Die „Juristische Methodik" *Friedrich Müllers* entstand seit 1971 in Ansehung der methodischen Defizite des Rechtspositivismus. Als systematisch nachpositivistisches Konzept versucht diese Methodik ein umfassendes Theorie- und Praxismodell zu entwickeln, das – ohne hinter den Errungenschaften und der Technizität des Positivismus zurückzubleiben – die vom Positivismus offengelassenen Antworten zu geben imstande ist.

---

1 Korporation und Assoziation. Eine Problemgeschichte der Vereinigungsfreiheit im deutschen Vormärz, Berlin 1965.
2 Z.B. Lieder aus dem Thermidor, Gedichte vom Engel des Herrn, beide: Neuausgabe Trier 1992; Gedichte vom Zustand, Trier 1991; Prosa von 52 Vorfällen, Trier 1994.

III. Ausgangssituation

1084   Der methodische Rechtspositivismus fasst die **Kodifikation als System**, dem sowohl Einheit als auch Geschlossenheit[3] sowie Freiheit von Widersprüchen zukommen soll. Alle Rechtsfälle erscheinen als durch syllogistische Subsumtion lösbar; Rechtsanwendung besteht aus nichts anderem als logischer Deduktion aus dem lückenlosen Ganzen des Gesetzessystems.[4] Offene Rechtsfragen können nicht auftauchen. Jedes neue Problem ist vom System denknotwendig bereits gelöst, Lücken in der ausdrücklichen Regelung sind mit scheinbar naturgesetzlicher Notwendigkeit durch juristische Konstruktion aus sog. leitenden Grundsätzen und Prinzipien auszufüllen.

1085   Der Positivismus scheint insoweit die Antwort auf die Frage nach den Bedingungen der Möglichkeit von **Jurisprudenz als autonomer Wissenschaft** geben zu können. Die Jurisprudenz ist danach als Wissenschaft selbstständig, wenn sie die Grundlage sicherer juristischer Deduktion abzugeben vermag. Erkauft wird diese Antwort durch rigoroses Beschneiden rechtstatsächlicher Gegebenheiten. Ausgehend von einem Sein und Sollen grundsätzlich trennenden Denken dürfen rechtliche Normen nicht als mit gesellschaftlichen Gegebenheiten zusammenhängend behandelt werden. Gesellschaftliche Zusammenhänge (z.B. die Verbindungen zwischen Norm und Wirklichkeit) werden nicht geleugnet, aber als die Rechtswissenschaft nicht interessierend ausgeblendet.[5] Die Tätigkeit des rechtsanwendenden Juristen besteht im „Waltenlassen" objektiver Logik. Das bedeutet letztlich, dass der Fall von der Vorschrift selbst gelöst wird: sie selbst ist das Subjekt der Rechtsrealisierung.[6]

1086   Damit wird aber alles das, aufgrund dessen das Tun der Juristen überhaupt gebraucht wird und funktioniert, verdrängt. **Recht und Wirklichkeit**, Norm und normiertes Realitätssegment stehen beziehungslos nebeneinander und können sich lediglich vermittelt durch das starre Subsumtionsmodell treffen.

1087   Das Subsumtionsmodell und ein unrealistischer Normbegriff führen vorschnell zu einer scheinbaren Nichtanwendbarkeit des positiven Rechts, so dass immer öfter auf die positivistischen Postulate wie Einheit, System, Lückenlosigkeit und Widerspruchslosigkeit des Rechts zurückgegriffen werden muss. Diese sind ihrerseits nicht positiviert, stehen aber notwendigerweise über dem positiven Recht (und dem Gesetzgeber) so dass der Positivismus unter der Hand wieder zum zweifelhaften **bürgerlichen Naturrecht** gerät.[7]

1088   Auch die scheinbaren Gegenpositionen, Freirechtsschule und Interessenjurisprudenz, setzen nicht normtheoretisch an. Vielmehr attestiert man den Richtern die Kompetenz, die nunmehr akzeptierte Lückenhaftigkeit durch Wertentscheidungen auszufüllen.[8] Damit wird jedoch die **Rolle des Richters** problematisch: Es ist nicht zu übersehen, dass diese Wertentscheidungen das Subsumtionsmodell transzendieren, werden sie doch vom Richter gleichzeitig getroffen und auf den Rechtsfall angewendet. Da auch hier vom gleichen (unrealistischen) Normmodell ausgegangen wird, kommt dem Rich-

---

[3] Sei es, dass das positive Recht selbst als geschlossen oder doch das ihm zugrunde liegende Begriffssystem als ableitungsfähig und widerspruchsfrei angesehen wird.
[4] Unten in IX. Quellen und Literatur voll angegebene Titel werden im Folgenden nur abgekürzt zitiert. *Müller*, Positivismus, in: Essais, S. 17.
[5] *Müller*, Positivismus, in: Essais, S. 18.
[6] *Müller*, Richterrecht, S. 51 f.
[7] *Müller*, Positivismus, in: Essais, S. 19.
[8] *Müller*, Positivismus, in: Essais, S. 19.

ter damit scheinbar immer dann die Stellung eines Gesetzgebers zu, wenn die Rechtsanwendung über den Normtext hinausführt bzw. das Syllogismusmodell übersteigt.⁹
Die Lösung wird im grundsätzlichen Festhalten am – Wissenschaftlichkeit garantierenden – **Subsumtionsmodell** mit seinen Implikationen gesehen. Lediglich die textuelle Grundlage, unter die zu subsumieren ist, wird erweitert.¹⁰ Das Problem wird damit jedoch nur verschleiert: Rechtsanwendung müsste aus der Sicht der Richterrechtsdoktrin zumindest dann Rechtserzeugung sein, wenn auf den Bereich extra legem zurückgegriffen wird. Dieser wird jedoch noch als „intra jus" vermutet,¹¹ so dass dem Richter der Zugriff hierauf als unproblematisch zugestanden wird. Die wissenschaftliche Genauigkeit soll ihrerseits durch die auch hier anzuwendende syllogistische Subsumtion gewährleistet sein. Dem Geschlossenheitsdogma kommt damit weniger Begründungsfunktion für die jeweils gefundene Entscheidung, denn Rechtfertigungsfunktion für die nunmehr fragwürdig gewordene richterliche Tätigkeit zu.

1089

Die Position des Richterrechts hat also die Grundannahmen des Positivismus nicht in Frage gestellt. Auch hier steht die Norm dem normierten Realitätssegment primär beziehungslos gegenüber. So hat das Sollen diesem Sein (Realitätssegment) kategorial entgegengesetzt zu bleiben,¹² eine rechtstheoretische Vermittlung dieses Gegensatzes findet auch hier nicht statt. Damit wird aber auch die **Funktion von Rechtsarbeit** schlechthin fragwürdig, da die ihr wesentlichen Momente der Differenzierung, Steuerung und Stabilisierung¹³ wieder nur unzureichend oder gar nicht verwirklicht werden können. Darüber hinaus verkommt das Subsumtionsmodell in dem Maße zur bloßen Rechtfertigung der problematisch gewordenen Richterrolle, in dem die subsumtionsfähige Textur auf den Bereich extra legem ausgeweitet wird. In diesem Bereich wird die Verantwortung für das Entscheidungshandeln des Richters auf abstraktere Instanzen, normalerweise den Gesetzgeber,¹⁴ aber auch das „an sich" vorhandene Sittengesetz usw., verschoben.¹⁵

1090

Schließlich erscheint schon die für die Anwendung des Subsumtionsmodells entscheidende **Voraussetzung fraglich**: Rechtspositivismus¹⁶ wie Richterrecht¹⁷ müssen, da Subsumtion ein reiner Rechts*anwendungs*prozess ist, normtheoretisch davon ausgehen, dass die Norm bereits vor dem Hinzutreten des Falles (Sachverhaltes) und vor dem von diesem ausgelösten Vorgang der Falllösung vorhanden, d.h. fertig und an-

1091

---

9   *Müller*, Richterrecht, S. 26.
10 Neben das positive Recht treten jetzt z.B. das objektive Sittengesetz, die Rechtsidee, sozialwissenschaftlich abgestützte Folgeerwägungen usw.
11 Eben als Ausfluss des positiven Rechts, bzw. als der diesem zugrunde liegende allgemeine Rechtsgedanke usw.
12 *Müller*, Richterrecht, S. 46.
13 *Müller*, Recht-Sprache-Gewalt, S. 9.
14 Entweder in der Spielart des subjektiven, historischen Gesetzgeberwillens oder des objektiven, in der Kodifikation als Ganzer zum Ausdruck kommenden Willen „des Gesetzes".
15 *Müller*, Richterrecht, S. 32.
16 Und zwar iS *Müllers* Positivismus, Neopositivismus (der auf überpositive Begriffe zur Subsumtion verweist) als auch die verschiedenen Spielarten des Antipositivismus (Freirechtsschule, Richterrecht): mit dieser Gleichsetzung wird deutlich, dass der Positivismusbegriff *Müllers* kein historischer ist; mit „Positivismus" wird statt dessen die Struktur einer Rechtsnormtheorie und einer an diese Struktur anschließenden Rechtsanwendungslehre bezeichnet, die in den jeweiligen historischen Positionen mit unterschiedlichen Akzentuierungen zu finden ist. Zu dieser Struktur sogleich im Text.
17 Als verbrämter Positivismus.

wendungsbereit vorgegeben ist.[18] Der Norm selbst, d.h. dem Gesetzestext,[19] kommt nach dieser Ansicht **Regelungsgehalt**, also Normativität zu: allein der Gesetzestext ist in der Lage, soziale Realität verbindlich zu regeln. Normativität eignet dem Gesetzestext, sie wohnt ihm gleichsam inne. Rechtskonkretisierung heißt dann in dieser Situation entweder syllogistische Subsumtion oder Anwendung bzw. Nachvollzug vorvollzogener und im Gesetzestext repräsentierter Interessenabwägungen bzw. Wertungen.

1092   Ein Festhalten am Prinzip des nur noch aus der Norm hervorzuholenden Sinns (Wille des Gesetzgebers usw.), der in ihr verkörperten Normativität, übersieht nach Müller, dass in den Fällen, in welchen die Norm für die Lösung eines Rechtsfalls keine eindeutigen Maßstäbe enthält – also in allen Fällen der Interpretation und damit der ganz überwiegenden Zahl der zu entscheidenden Fälle – der Gesetzgeber **in Wahrheit** (für dieses konkrete Problem) **noch nicht entschieden** hat, sondern nur mehr oder weniger zahlreiche unvollständige Anhaltspunkte und Signale für die Entscheidung gegeben hat. Wo nichts Eindeutiges gewollt ist, kann kein wirklicher, sondern allenfalls ein vermuteter bzw. fiktiver Wille festgestellt werden. Die Ermittlung des vorgegebenen objektiven Willens des Gesetzes bzw. des subjektiven Willens des Gesetzgebers heißt also etwas nachvollziehen zu wollen, was nicht präexistent ist.[20]

1093   Damit erweist sich ein **unzureichendes Normverständnis** als die zentrale Schwachstelle des Gesetzespositivismus. Ausgegangen wird von einer vor dem Prozess der „Rechtsanwendung" fertigen Rechtsnorm, von einer „lex ante casum". Dieser kommt an sich Normativität, d.h. verbindlicher Regelungscharakter in dem Sinn zu, dass sich allein mit ihr (durch ihre Anwendung) der zu entscheidende Fall lösen lässt. Rechtsarbeit wird damit lediglich als Rechtsanwendung der fertigen Norm gesehen. In Konsequenz versucht der Positivismus, die Verantwortung für die Fallentscheidung auf die Vorschrift selbst und damit auf den Gesetzgeber zu verlagern. Die verantwortliche Stellung, die dem Richter im Konkretisierungsprozess tatsächlich zukommt, wird jedoch nur verschleiert. Hinter der rhetorischen **Fassade bloßer Rechtserkenntnis** bleiben die wirklichen Entscheidungsprozesse verborgen.

IV. Strukturierende Rechtslehre

1094   Aus dieser Perspektive hat eine nachpositivistische Rechtstheorie an den Grundaporien des Gesetzespositivismus, der kategorialen Trennung von Sollen und Sein, Norm und Wirklichkeit, und dem Dogma einer lex ante casum, anzusetzen. Jene bedingt ein Fraglichwerden, dieses ist die Folge eines nunmehr fraglich gewordenen Normverständnisses. Damit wird deutlich, dass eine Rechtswissenschaft, welche die Defizite des Positivismus überwinden will, ihre Grundlage notwendigerweise in einer **Rechtsnormtheorie** finden muss.

1095   Der Weg zu dieser Rechtsnormtheorie führt jedoch nicht etwa über einen Rückgriff auf philosophische bzw. sprachwissenschaftliche Theorien;[21] gerade das Festhalten des Gesetzespositivismus an einer vorgefassten Theorie – hier der syllogismuslogischen Subsumtion – führte dazu, dass die tatsächlichen Vorgänge der juristischen Entscheidungsfindung nicht in den Blick gelangen konnten und hinter der rechtfertigenden Fassade einer vorgeblich wissenschaftliche Genauigkeit garantierenden reinen Rechts-

---

18   Lediglich hinsichtlich ihrer Quelle (positiv oder überpositiv) unterscheiden Positivismus und Richterrecht.
19   So wie er im Bundesgesetzblatt veröffentlicht ist und wie man ihn in Gesetzessammlungen wiederfindet.
20   *Hesse*, Grundzüge, Rn. 56.
21   Deutlich dazu *Müller*, Juristische Methodik, S. 276.

erkenntnis systematisch verborgen gehalten wurden. Dieses Vorgehen, d. h. das sorglose Übertragen von Theorien, die unabhängig von juristischer Arbeitsweise entstanden sind, unterschätzt die Komplexität juristischer Entscheidungsfindung und konnte infolgedessen die spezifischen methodischen Anforderungen juristischer Arbeitstechnik nicht hinreichend erfassen.

Angesetzt werden muss daher bei den **tatsächlichen Vorgängen der Rechtsprechungspraxis**; es muss also untersucht werden, welche Einzelfaktoren die Entscheidungsvorgänge in welcher Weise beeinflussen. Die Ausgangsfrage der Untersuchung lautet damit: Was geschieht tatsächlich, wenn von einer bestimmten Rechtsordnung gesagt werden kann, sie funktioniere, sie sei „in Geltung". Im Rahmen dieser Fragestellung und damit vor allem in Ansehung des tatsächlichen richterlichen Vorgehens gilt es, eine den realen Bedingungen angemessene Rechtsnormtheorie zu entwickeln, um auf deren Grundlage die Methodik der Rechtsanwendung zu strukturieren.

1. Rechtsnormtheorie

Entscheidende Voraussetzung des gesetzespositivistischen Normverständnisses war der Glaube an eine schon im Normtext substantiell enthaltene Normativität, also eine sich allein aus diesem ergebende verbindliche Regelung sozialer Realität. Rechtsnorm i. S. d. Positivismus ist der Normtext. Die **Rechtsnorm erscheint als bloßer Text**, der auf soziale, aber in diesem Sinne „außer"-rechtliche Wirklichkeit referiert.[22] Das Gesetz als Summe der Normtexte ist damit eine in Worte gefasste, d. h. vertextete rechtliche Vorstellung;[23] Wörter bezeichnen also bestimmte Vorstellungsinhalte und deuten auf sie hin. Im Entscheidungsprozess hat dann der Richter die Aufgabe, den vom Gesetzgeber mittels sprachlichem Code übermittelten Bedeutungsgehalt zu dechiffrieren.[24] Richterliche Tätigkeit erschöpft sich in diesem Modell als Subsumtion unter die durch Dechiffrierung explizierten Begriffe einer fertigen Rechtsnorm. Theoretisch bleibt hierbei der Einbezug von Momenten aus dem Wirklichkeitsbereich ausgeblendet, um praktisch um so deutlicher in unkontrollierter Weise (etwa auf dem Weg der teleologischen Reduktion) in die Entscheidung einzufließen.[25]

Das positivistische Normverständnis rekurriert damit auf ein „**Repräsentations-**" bzw. „**Abbildmodell**": danach ist das einzelne Schriftzeichen Träger von Vorstellungen bzw. Bedeutungen; der sprachliche Ausdruck steht für einen Gegenstand der außersprachlichen Wirklichkeit, er repräsentiert diesen gewissermaßen. Damit wird stillschweigend von der Möglichkeit der Verdinglichung einer Aussage durch einen Begriff ausgegangen. Verdinglichung meint hier, dass der Begriff definitiv mit einer unwandelbaren Aussage verbunden wird. Durch ein analytisches Urteil a priori kann auf diese Aussage ohne Weiteres zurückgegriffen werden.[26]

Juristische Begriffe haben aber, wie alle anderen Begriffe, **Zeichenwert**; sie können nur auf ein etwas von ihnen Bezeichnetes verweisen, sind mit diesem also nicht dinglich verbunden. Begriffe sind niemals zugleich die Sache, die sie meinen, sondern allenfalls

---

22 *Jeand'Heur*, Gemeinsame Probleme, S. 20.
23 *Jeand'Heur*, Gemeinsame Probleme, S. 19.
24 *Jeand'Heur*, Gemeinsame Probleme, S. 19. Es vollzieht sich also ein Prozess von Codierung (durch den Gesetzgeber) und anschließender Dechiffrierung (durch den Rechtsanwender).
25 *Ders.*, ebd.
26 Vergl. *Kant*, Prolegomena, S. 18: Analytische Urteile haben bloß erläuternden Charakter und fügen dem Inhalt der Erkenntnis nichts hinzu.

deren sprachliche Form; das wesentliche Merkmal des Zeichens ist seine Distinktion gegenüber dem Bezeichneten. Deshalb können Begriffe nur auf ihre jeweilige Gebrauchsweise hin untersucht werden.[27] Eine quasi „ontologische" Untersuchung, die nach dem Wesen des Begriffs o. ä. fragt, also nach dem im Begriff „Verkörperten", ist der Zeichenstruktur völlig unangemessen. Genaugenommen liegt in diesem Fall gar kein Zeichengebrauch vor, da der Zeichengebrauch noch völlig im Sein zum Gezeigten aufgeht, so dass sich ein Zeichen als solches überhaupt nicht ablösen kann.[28]

1100 Juristischen Begriffen in Normtexten kommt also nicht Bedeutung, ihren Sätzen nicht Sinn nach Art eines abgeschlossenen Vorgegebenen zu.[29] Das Zeichen verweist lediglich auf eine außerhalb seiner selbst liegende Gegebenheit. Um also die Bedeutung des Zeichens zu klären, ist auf seine **Verweisungsfunktion** (und nicht auf seine Repräsentationsfunktion) abzustellen. Da der Verweisungszusammenhang zwischen Zeichen und Bezeichnetem nunmehr kein dinglicher (Zeichen als Verkörperung der faktischen Gegebenheit) ist, muss vorgängig untersucht werden, auf was das Zeichen im je einzelnen verweist, wie es also in der konkreten Kommunikationssituation gebraucht wird.[30]

1101 An diesem Punkt setzt nun der **klassische Interpretationsvorgang** ein. Der Normtext als sprachliches, nicht normatives Gebilde wird unter Zuhilfenahme der verschiedenen textadäquaten Auslegungsmöglichkeiten interpretiert. Interpretation ist hier aber immer durch die empirischen Zusammenhänge vermittelt. Ob z.B. ein Sachverhaltselement noch „unter den Normtext fällt", d.h. diesem zugerechnet werden kann, wird z.B. durch die systematische Stellung der Norm (des Normtextes) ermittelt.[31] Damit wird die Richtung des Interpretationsvorgangs entscheidend durch Realdaten (Sachverhaltsinformationen) bestimmt. Aus dieser **Real- und Sprachdaten vermittelnden Interpretation** entsteht dann die Rechtsnorm. Erst dieser kommt Normativität zu, da sie die auf den Sachverhalt bezogene konkrete Verwendung der im Normtext enthaltenen juristischen Begriffe ausweist bzw. in den meisten Fällen erst festlegt. Mit Konkretisierung (im positivistischen Sinn) hat das noch nichts zu tun; mit dem Normtext allein ist noch nichts Konkretisierungsfähiges vorhanden. Ihm kommt als neben dem Sachverhalt wichtigstem Eingangsdatum der Konkretisierung „lediglich" Geltung zu. Diese Geltung erzeugt Rechtspflichten sowohl für den Adressaten, sich an diesen verbindlich zu orientieren, als auch gegenüber den zur Entscheidung berufenen Juristen, diese Normtexte – soweit für den Entscheidungsfall passend – auch wirklich zu Eingangsdaten ihrer Entscheidungsfindung zu machen, sie also für das Erarbeiten einer Rechtsnorm tatsächlich heranzuziehen und methodisch korrekt zu berücksichtigen.[32] Diese

---

27 *Müller*, Strukturierende Rechtslehre, S. 234.
28 Vergl. die scharfe Kritik bei *Heidegger*, Sein und Zeit, S. 82, der diese Art der Zeichenverwendung den primitiven Menschen zurechnet: „Für den primitiven Menschen fällt das Zeichen mit dem Gezeigten zusammen. Das Zeichen selbst kann das gezeigte Vertreten nicht nur im Sinne des Ersetzens, sondern so, dass immer das Zeichen selbst das Gezeigte *ist*. [...] Das ‚Zusammenfallen' ist keine Identifizierung zuvor isolierter, sondern ein Noch-nicht-Freiwerden des Zeichens vom Bezeichneten. Solcher Zeichengebrauch geht noch völlig im Sein zum gezeigten auf, so daß sich ein Zeichen als solches überhaupt noch nicht ablösen kann." Hervorhebung im Original. Insofern auch *Hegel*, Phänomenologie, S. 84: Die primitivste Stufe der Entwicklung des sich darstellenden Geistes, die „sinnliche Gewißheit", scheitert ebenfalls an der Unfähigkeit, zwischen Zeichen (in diesem Fall vermeintlicher Begriff) und Bezeichnetem zu unterscheiden, so daß sie in Wirklichkeit gar kein Zeichen zur Verfügung hat. Zeichen und Bezeichnetes fallen immer wieder zusammen: das Jetzt ist einmal Tag, einmal Nacht usf.
29 *Müller*, Strukturierende Rechtslehre, S. 235.
30 Vergl. *Jeand'Heur*, Gemeinsame Probleme, S. 22 f.
31 Zum Konkretisierungsprozess und seinen Stationen im Einzelnen s. u. Abschnitt IV.4, Rn. 1106 ff.
32 *Müller*, Juristische Methodik, S. 142.

als Verpflichtung verstandene Geltungsanordnung ist für den Richter in Art. 97 Abs. 1 GG normativ begründet. Geltung und Normativität bezeichnen daher auch unterschiedliche Stadien der Konkretisierung und unterstreichen die deutliche Trennung von (normativer) Rechtsnorm und (nicht normativem) Normtext.

Es zeigt sich also: Dadurch, dass die im Normtext enthaltenen Begriffe erst auf ihre konkrete Verwendung hin untersucht werden müssen, dass in vielen Fällen der Verwendungsbereich dieser Begriffe in Ansehung des Sachverhalts neu definiert werden und also eine auf den Sachverhalt bezogene Verbindlichkeit dieser Begriffe erst hergestellt werden muss, erweist sich **Normativität nicht als Eigenschaft der Texte, sondern als ein Vorgang**, der sachlich strukturiert und demgemäß wissenschaftlich strukturierbar ist.[33] Subjekt dieses Vorgangs ist der Rechtsarbeiter; er produziert Normativität, wodurch seine Tätigkeit notwendigerweise rechtserzeugend ist.

2. Juristische Methodik als rechtsstaatliche Notwendigkeit

Aus dieser Sicht muss es Aufgabe einer nachpositivistischen juristischen Methodik sein, die Fiktion einer bloßen Rechtserkenntnis zugunsten einer **Rechtserzeugungslehre** hinter sich zu lassen. Methodik ist nun nicht mehr Rechtfertigungskunde, sondern Rechtserzeugungsreflexion.[34] Erst diese kann die Gleichsetzung von Rechtsnorm und Normtext überwinden. Diese Gleichstellung erweist sich als das zentrale methodische Defizit des rechtsnormtheoretisch verstandenen Positivismus.[35] Der Positivismus leugnet das schöpferische Element der Rechtsarbeit, indem er es hinter Subsumtionsrhetorik versteckt. Damit fließen jedoch Wertentscheidungen unter dem Mantel bloßer Rechtserkenntnis in die Rechtsfindung mit ein, ohne als solche ausgewiesen zu sein. Erst in Ansehung der tatsächlichen Bedingungen von Normativität (als vom Rechtsarbeiter zu Erzeugende) kann die Frage nach den Bindungen praktischer Rechtsarbeit neu gestellt werden.

Juristische Methodik gewinnt die ihr eigene **Aufgabenstellung aus den verfassungsrechtlichen Vorgaben**. Es ist daher eine Methodik zu entwickeln, die die spezifisch verfassungsrechtlichen Anforderungen an den soeben analysierten Rechtsschöpfungsprozess wissenschaftlich präzisiert.[36] An erster Stelle steht hier die Bindung des Richters nur an das Gesetz, Art. 97 Abs. 1 GG („nur dem Gesetz unterworfen"). Aus der Perspektive einer rechtsschöpferischen Tätigkeit des Richters heißt die hier zum Ausdruck gebrachte Gesetzesbindung, dass der Richter methodisch darlegen können muss, die von ihm gesetzte **Entscheidung** (Entscheidungsnorm) sei **der Rechtsnorm**, auf die er sich dabei beruft, **und** diese ihrerseits **dem Normtext**, von dem er ausgegangen ist, korrektermaßen **zuzurechnen**.[37] Diese Zurechnung ist durch die spezifische Funktion, die Recht in einem verfassungskonstituierten Rechtsstaat hat, gefordert.

---

33 *Müller*, Strukturierende Rechtslehre, S. 257.
34 *Müller*, Juristische Methodik, S. 18.
35 Vgl. oben Fn. 16.
36 Es gilt daher eine juristische Methodik unter der Geltung des GG zu entwerfen, und nicht eine Wissenschaftslehre „des positiven Rechts schlechthin" (so aber *Kelsen*, Reine Rechtslehre, S. 1).
37 *Müller*, Juristische Methodik, S. 140.

3. Recht und Gewalt

1105 Recht als solches vermittelt spezifisch formalisierte gesellschaftliche Gewalt.[38] Es ist damit Instrument von Herrschaft. In seiner rechtsstaatlichen Ausformung ist es aber zugleich Instrument der **Begrenzung von Herrschaft**. Recht kommt seinerseits nie ohne sprachliche Vermittlung aus. Insoweit ist Recht der Kommunikation, der Möglichkeit sprachlicher Kritik und also der Notwendigkeit sprachlicher Rechtfertigung unterworfen.[39] Lässt sich eine rechtliche Entscheidung auf konstitutionelle Normen zurückführen, so handelt es sich um konstitutionelle und insofern rechtsstaatlich legitimierte Gewalt. Aus dieser Perspektive wird deutlich, warum die richterlichen **Begründungspflichten** im positiven Recht sorgfältig ausgeformt sind.[40] Ein Urteil, das methodisch nicht auf einen Normtext zurückgeführt und diesem daher tatsächlich nicht zugerechnet werden kann, ist sowohl illegal (nicht dem materiellen Recht zuzurechnen), als auch systematisch nicht gerechtfertigt und daher illegitim. Ein solches Urteil ist der Sache nach „bloße Gewalt". Es ist Herrschaft eines Menschen über andere Menschen, nicht mehr Herrschaft „des" Rechts als einer den Rechtsstaat systematisch legitimierenden Instanz. Die konkret anordnenden Entscheidungsnormen (Entscheidungstenor) müssen also den abstrakt anordnenden Texten (Gesetzeswortlauten) über sprachliche Vermittlung zuzurechnen sein. Dabei handelt es sich um ein diesen Typus von Rechtsordnung kennzeichnendes **Strukturprinzip**, das aus der Verfassungsgebundenheit der Gesetzgebung, aus der Rechts- und Verfassungsgebundenheit aller sonstigen Staatstätigkeit und allgemein aus der Rechtsbestimmtheit staatlichen Verhaltens folgt.[41] Daher findet der bürgerliche Rechtsstaat seine Legitimität gerade darin, möglichst weitgehend mit formalisierter, kontrollierbarer, sprachlich vermittelter konstitutioneller Gewalt auszukommen und möglichst wenig entlegitimierende „bloße", d.h. aktuelle Gewalt einsetzen zu müssen.[42] Mit anderen Worten: die hinter der Behauptung bloßer Subsumtion versteckte notwendige richterliche „Rechtsschöpfung" (genauer: Rechtserzeugung) ist nur dann legitim, wenn sie als solche ausgewiesen und damit überhaupt kontrollierbar wird. Eine Methodik, die dazu nicht in der Lage oder willens ist, gefährdet letztlich den **Rechtsstaat**. Damit sind zugleich die an eine unter dem GG bestehende Methodik zu stellenden Anforderungen formuliert.

4. Elemente der juristischen Methodik

1106 Ausgehend von der strikten Trennung zwischen Normtext und Rechtsnorm ist die Klärung der Frage, in welchem sachlichen Bezug die Norm zu den von ihr zu regelnden Wirklichkeitsausschnitten steht, erst *möglich* geworden. Daher muss es nun Ziel der aus dieser Rechtsnormtheorie entwickelten Methodik sein, die Vorschriften auf den beiden Problemachsen Norm – Fall und Norm – Wirklichkeit in einem sachbestimmten, wissenschaftlich gegliederten Vorgang zu konkretisieren.[43]

---

38 *Müller*, Recht – Sprache – Gewalt, S. 9.
39 *Müller*, Juristische Methodik, S. 138 f.
40 Z.B. § 34 und vor allem § 267 StPO; schwächer insofern § 313 Abs. 1 Nr. 6, Abs. 3 ZPO: „[I] Das Urteil enthält: [...] die Entscheidungsgründe. [III] Die Entscheidungsgründe enthalten eine kurze Zusammenfassung der Erwägungen, auf denen die Entscheidung in tatsächlicher und rechtlicher Hinsicht beruht"; weitestgehend zurückgenommen in § 24 BVerfGG, wonach bestimmte Beschlüsse des Gerichts keiner Begründung bedürfen.
41 *Müller*, Juristische Methodik, S. 139; zur rechtsstaatlichen Textstruktur *ders.*, Politisches System, S. 95 ff.
42 *Müller*, Recht – Sprache – Gewalt, S. 31; *ders.*, Notiz, S. 125.
43 *Müller*, Juristische Methodik, S. 273.

„Juristische Methodik" bei Friedrich Müller (geb. 1938)

a) Normtext – Rechtsnorm

Der „Rechtsanwendungsprozess", der sich als Normativität Erzeugender erwiesen hatte und im Folgenden auch als **Konkretisierungsprozess**[44] bezeichnet wird, erweist sich auf der Achse Norm – Fall als **zweistufig**.

Ausgangspunkt ist die auf die Gesamtheit aller Normtexte treffende **laienhafte Fallerzählung** des Rechtsfalls.[45] Eingangsdaten für die Rechtsarbeit sind also sowohl der bestimmte Sachverhalt (als juristisch-professionelle Fassung der Fallerzählung) als auch die Gesamtmenge aller Normtexte. Die Normtexte sind, als solche terminologisch gefasst, Sprachdaten; der Sachverhalt ist die sprachliche Fassung von tatsächlichen Vorgängen und damit der die Realdaten einbringende Bereich. Diese Realdaten sind als faktische Gegebenheiten primär nichtsprachlich konstituiert. Damit juristische Praxis und Wissenschaft mit ihnen arbeiten können, müssen sie sekundär sprachlich vermittelt sein.[46] Dies geschieht spätestens mit ihrer Wiedergabe im Rahmen der Fallerzählung.

Aus der Normtextmenge wählt der entscheidende Jurist vom Sachverhalt her die ihm nach seinem Vorwissen „einschlägig" erscheinende(n) **Normtexthypothese(n)** aus. Als darstellungsbegleitendes Beispiel soll hier das Problem einer Eigentumsverletzung i.S.d. § 823 Abs. 1 BGB an Hand des „Fleetfalls" (BGHZ 55, 153 ff.) dienen: Der Schiffahrtsunternehmer S beliefert eine an einem Fleet liegende Mühle. Infolge eines Verschuldens des Wegeunterhaltspflichtigen stürzt die Böschung ein; das Fleet wird so unpassierbar. Ein Schiff des Klägers ist dadurch eingesperrt. Er verlangt vom Wegeunterhaltspflichtigen Schadensersatz.

Die formulierte Normtexthypothese lautet in diesem Fall z.B. „Zu prüfen ist zunächst § 823 Abs. 1 BGB.". Von dieser ausgehend wird der Normtext des § 823 Abs. 1 BGB nun unter Zuhilfenahme aller primär sprachlich begründeten Interpretationsgesichtspunkte ausgelegt. Diese Auslegung bedient sich ihrerseits der klassischen Interpretationsmethoden, also grammatikalischer, systematischer, historischer und genetischer[47] Auslegung.[48] Die Auswahl der Normtexthypothesen, vor allem jedoch deren Auslegung ist ihrerseits bedingt durch den **Sachbereich, der die Auslegungsrichtung vorgibt**. Dieser Sachbereich wird aus arbeitsökonomischen Gründen zum **Fallbereich** verdichtet. Im Beispielsfall geht es um das Eingeschlossensein des Schiffes. Sachbereich des § 823 Abs. 1 BGB in der Variante Eigentum ist daher der Schutz des Eigentums vor Verletzungen durch deliktisches Verhalten. Der zu entscheidende Fall weist jedoch eine besondere Möglichkeit der Eigentumsverletzung auf. Der Fallbereich bezieht sich daher auf die Möglichkeit einer Eigentumsbeeinträchtigung durch Einschränkung der Bewegungsfreiheit einer Sache.

---

44 Konkretisierung wird nunmehr (im Gegensatz zum Positivismus) verstanden als „Entscheidungsprozess, in dem eine allgemeine Rechtsnorm im Lauf der Falllösung formuliert und durch Techniken methodischer Zurechnung mit einem Normtext in Beziehung gebracht wird." *Müller*, Juristische Methodik, S. 275.
45 Die nun folgende Darstellung findet sich, mit unterschiedlichen Akzenten, in nahezu allen Schriften *Müllers* wieder. Ausführlich in: *ders.*, Juristische Methodik, S. 140 ff.; *ders.*, Strukturierende Rechtslehre, S. 263 ff.; praktische Darstellung an Hand von Urteilsanalysen in: *ders.*, Fallanalysen; kurze, zusammenfassende Darstellung in: *ders.*, Juristische Methodik, S. 270 ff.
46 *Müller*, Juristische Methodik, S. 270.
47 Historische Auslegung zieht Vorläufer der entsprechenden Norm heran, genetische bezieht sich auf den Entstehungsvorgang wie er sich aus Gesetzgebungsmaterialien ergibt.
48 Eine zusammenfassende Übersicht aller Konkretisierungselemente für Normtextauslegung und Normbereichsanalyse bei *Müller*, Juristische Methodik, S. 274–276; ausführliche Darstellung ebd., Abschnitt 32; zur klassischen Formulierung der sog. *canones* bei Savigny vgl. oben *Rückert*, Rn. 76 ff.

1111   In diesem Zusammenhang stellt sich vorgängig die Frage, ob darin überhaupt eine Eigentumsbeeinträchtigung i.S.d. Normtexthypothese liegen kann. Die Interpretationsrichtung der Sprachdaten ist damit vorgegeben: sie hat die konkrete Verwendung der Zeichenkette „Eigentum ... verletzt" zu untersuchen. In diesem Rahmen sind **die jeweils normtextnäheren Interpretationselemente zuerst heranzuziehen**, so dass vorrangig eine grammatische und systematische Auslegung vorzunehmen ist, weil diese die Interpretation von Normtexten betrifft, während sich beispielsweise die genetische Auslegung auf Nicht-Normtexte (Gesetzesmaterialien) bezieht. Die **grammatische** Interpretation des Normtextes weist Eigentum als geschütztes Rechtsgut aus. Damit scheint auf den ersten Blick nichts gewonnen. Die Indizwirkung des Normtextes ist jedoch nicht zu unterschätzen. Eigentum wird durch § 823 Abs. 1 BGB schlechthin, d.h. ausweislich des Wortlauts ohne Einschränkung geschützt. Eine Beschränkung des Schutzes auf Eigentumsverletzungen, die durch Eingriffe in die Sachsubstanz erfolgen, lässt sich jedenfalls mit dem Wortlaut des § 823 Abs. 1 BGB nicht begründen. Auch enthält der Normtext nicht die u.a. in § 459 Abs. 1 S. 2 BGB zu findende Einschränkung auf „Erheblichkeit". Der Wortlaut indiziert daher zumindest keine restriktive Auslegung des Tatbestandsmerkmals Eigentumsverletzung.

1112   **Systematisch** ist im vorliegenden Fall § 903 BGB als die Eigentümerbefugnisse positivrechtlich ausgestaltender Normtext heranzuziehen. Die **Norm** räumt dem Eigentümer die Befugnis ein, mit seiner Sache, vorbehaltlich entgegenstehender Rechte Dritter, nach Belieben zu verfahren. Darauf wird wieder auf den **Fallbereich**, also auf die im Sachverhalt wiedergegebenen Realdaten geschwenkt: Es ist nunmehr der mutmaßlich beeinträchtigte Gegenstand auf seine Funktion hin und auf die spezielle, vom Eigentümer intendierte Gebrauchsabsicht zu überprüfen. Weiterhin ist zu klären, durch welche faktische Gegebenheit diese Gebrauchsabsicht vereitelt wird. Denn wäre das Schiff beispielsweise lediglich als schwimmendes Ausflugslokal in Benutzung, wäre es also vom Eigentümer nie zum Ausfahren aus dem Kanal benutzt worden, und wäre die Attraktivität des Ausflugsziels durch das eingestürzte Fleet nicht beeinträchtigt, so könnte der Eigentümer mit dem Schiff weiterhin nach seinem Belieben (eben in der Funktion als Ausflugslokal) „verfahren". Eine Eigentumsverletzung käme von vornherein nicht in Frage. Vorliegend weisen die Realdaten das Schiff jedoch als ein Transportschiff aus, das seiner Funktion gemäß als Transportmittel zur Überwindung räumlicher Distanz mit Ladung dienen sollte, was allein durch die versperrte Ausfahrt unmöglich geworden war. Dadurch konnte der Eigentümer seine eigentumsrechtlichen Befugnisse aus § 903 BGB nicht mehr ausüben. Diese das Eigentum ausgestaltende Befugnis soll jedoch § 823 Abs. 1 BGB vor deliktischem Verhalten schützen.

1113   Damit ist bis jetzt folgendes gesagt: Die Normtexthypothese § 823 Abs. 1 BGB (Eigentum) betrifft Eigentumsverletzungen durch deliktisches Verhalten. Die Auswahl dieses eigentumsschützenden Normtextes wurde durch den Sachverhalt und damit durch Realdaten motiviert. Diese enthielten die Problematik einer besonderen Beeinträchtigung. Durch Hinzunahme eines mit § 823 Abs. 1 BGB systematisch in Verbindung stehenden Normtextes, § 903 BGB, konnte – wiederum durch Realdaten motiviert – die Normtexthypothese dahin gehend interpretiert werden, dass auch Eingriffe in die Nutzungsbefugnisse eine Eigentumsbeeinträchtigung i.S.d. Normtexthypothese darstellen können. Der Richter hat also dem Begriff Eigentumsverletzung eine neue Verwendung zugewiesen und damit ein neues „Sprachspiel"[49] eröffnet. Damit ist gleichzeitig das **Normprogramm** formuliert: „Die Verletzung des Eigentums an einer Sache kann nicht nur durch eine Beeinträchtigung der Sachsubstanz, sondern auch durch eine sonstige die Eigentümerbefugnisse treffende tatsächliche Einwirkung auf die Sache erfolgen."[50] Parallel dazu wurde aus dem anfänglich sehr weiten Sachbereich, den die Normtexthypothese abdeckt, nämlich Schutz vor Eigentumsverletzungen durch deliktisches Handeln schlechthin, anhand der sich immer weiter zum Normprogramm verdichtenden Normtexthypothese, das vom Normprogramm schließlich zu regelnde Wirklichkeitssegment aus der Gesamtmenge der Realdaten „herausgeschnitten".[51] Dieser Vorgang wird terminologisch als **Normbereichsanalyse** gefasst. Die so **strukturierte Auswahl von Realdaten** an Hand des Normprogramms gewährleistet, dass die Fakten, die in einem Entscheidungsfall ins Spiel zu bringen sind, nicht wahllos („pragmatisch") zu mitbestimmenden Faktoren der Entscheidung gemacht werden, sondern in generalisierbarer und damit kontrollierbarer Form.[52] Vorliegend konnten dadurch sowohl die subjektive Verwendungsabsicht des Schiffseigners, die objektive Funktion des Schiffes[53] und schließlich die Kanalsperrung als das die Nutzungsbefugnis verhindernde Moment, als entscheidungsrelevante Realdaten und damit die Rechtsnorm in ihrer konkreten Form mitbestimmende Faktoren, ermittelt werden. Der Normbereich enthält jetzt also genau die Realdaten, die das Normprogramm verbindlich regelt: Normprogramm und Normbereich konstituieren damit die **nunmehr normative Rechtsnorm**. Diese findet sich im Leitsatz wieder und lautet: „Wird ein Schiff durch ein vom Unterhaltungspflichtigen eines schiffbaren Gewässers schuldhaft verursachtes Schifffahrtshindernis in einem Teil des Gewässers derart eingeschlossen, dass es jede Bewegungsmöglichkeit verliert, so haftet der Unterhaltungspflichtige dem Schiffseigentümer nach § 823 Abs. 1 BGB wegen Verletzung des Eigentums für den durch das Festliegen des Schiffes entstandenen Schaden."[54]

Normativität ist damit nicht länger ein statisches Strukturmodell, eine Eigenschaft von (falsch verstandenen) Rechtsnormen, sondern vielmehr ein **dynamisches Ablaufmodell der Konkretisierung**.[55] Normativität heißt nunmehr die dynamische Eigenschaft der so aufgefassten Rechtsnorm, die ihr zuzuordnende Wirklichkeit zu beeinflussen (konkrete Normativität) und dabei durch diesen Ausschnitt von Realität selbst wieder beeinflusst und strukturiert zu werden (sachbestimmte Normativität).[56] Normativ heißt für die Strukturierende Rechtslehre also alles, was dem Entscheidungsprozess Richtung gibt und damit alle Elemente, die nicht entfallen können, ohne dass der Fall anders entschieden würde.[57] In dieser dynamischen Eigenschaft, dem gegenseitigen Beeinflussen

---

49 Dieser, der späteren Philosophie *Wittgensteins* entnommene Ausdruck spielt im Werk F. *Müllers* (ausdrücklich seit Recht – Sprache – Gewalt (1975)) eine prominente Rolle. Sprachspiel steht für die Mannigfaltigkeit der sprachlichen Verwendungsmöglichkeiten für einen Satz oder Ausdruck: Ein Satz wird nur dann verstanden, wenn durchschaut wird, in welcher tatsächlichen Situation er tatsächlich verwendet wird. Verstehen heißt also Durchschauen des Sprachspiels, das in der vorliegenden Situation tatsächlich gespielt wird; *Müller*, Recht – Sprache – Gewalt, S. 33.
50 BGHZ 55, 153 (159).
51 *Müller*, Juristische Methodik, S. 280.
52 *Müller*, Juristische Methodik, S. 279; Strukturierende Rechtslehre S. 238.
53 Beides fällt hier zusammen.
54 BGHZ 55, 153.
55 *Christensen*, Der Richter, S. 87.
56 *Müller*, Strukturierende Rechtslehre, S. 258.
57 *Christensen*, Strukturierende Rechtslehre, S. 3.

und Beeinflusstwerden von Normbereich und Normprogramm, erweist sich die aus beiden konstituierte Rechtsnorm als sachbestimmtes Ordnungsmodell.[58]

b) Rechtsnorm – Entscheidungsnorm

1116 Damit ist jedoch über das konkrete Klagebegehren des Klägers (Verurteilung des Klagegegners zur Zahlung von Schadensersatz oder Abweisung der Klage) noch nichts gesagt. Die Rechtsnorm ist noch abstrakt-generell. Sie bildet also ein **Zwischenergebnis**[59] im Konkretisierungsprozess Normtext-Entscheidungsnorm und ist gleichzeitig der Ausgangspunkt für die zweite Stufe des Konkretisierungsprozesses (Rechtsnorm-Entscheidungsnorm). Mit ihr steht nunmehr der **Obersatz** einer (insofern unproblematischen) Subsumtion fest. Jetzt kann der Vorgang einsetzen, den der Gesetzespositivismus allein beschrieben hat, d.h. die Individualisierung der Rechtsnorm zur **Entscheidungsnorm** auf dem Weg der Subsumtion.[60] Danach wäre im vorliegenden Beispiel der Beklagte (da ein dem Leitsatz entsprechender Fall vorliegt) zur Zahlung von Schadensersatz zu verurteilen. Die Entscheidungsnorm könnte daher im vorliegenden Fall[61] lauten: Der Beklagte wird zur Zahlung von DM x an den Kläger verurteilt.

5. Rechtsprechung des BGH

1117 Soweit auch das Ergebnis des BGH. Vor allem die anhand des Normprogramms vorgenommene verbindliche Auswahl der Realdaten macht einen Blick auf die **weitere Rechtsprechung** des BGH zur Blockade von Transportfahrzeugen interessant. Im Tanklagerfall[62] musste das Grundstück des Klägers wegen einer vom Nachbargrundstück ausgehenden Brandgefahr evakuiert werden. Nach Beendigung der Evakuierung wurde jedoch durch die noch andauernden Löscharbeiten die Ausfahrt des Klägers blockiert. Dadurch war ihm die Aussendung seiner Transportfahrzeuge unmöglich. Hier nimmt der BGH nicht etwa eine Nutzungsbeeinträchtigung, sondern eine Behinderung am Gemeingebrauch einer öffentlichen Straße an. Darin liege, insoweit verständlich, kein Folgeschaden aus der (vorher erörterten) Eigentumsverletzung am Grundstück. Auch die kurzfristige Störung des Verkehrs stelle an sich keine selbstständige Beeinträchtigung des Eigentums am Betriebsgrundstück dar. Die Möglichkeit einer Beeinträchtigung des Eigentums an den Transportfahrzeugen wird dagegen nicht erwähnt. Man begnügt sich mit dem lapidaren Hinweis, der Unterschied zum Fleetfall sei „offensichtlich".[63] Worin dieser offensichtliche Unterschied bestehen soll, wird nicht ausgeführt; man ist daher auf Indizien angewiesen. So wird auf S. 2265 in einer Klammer der Fleetfall als „monatelanges Einsperren eines Binnenschiffs im Endteil eines Fleets" charakterisiert. Der einzige Unterschied zum vorliegenden Fall ist damit die Dauer der Eigentumsbeeinträchtigung. Dieses Argument wird im Fleetfall (innerhalb der Entscheidungsgründe) jedoch nicht als entscheidungserheblich ausgewiesen. Jetzt

---

58 So bereits *Müller*, Normstruktur, S. 168 ff.; deutlicher z.B. *ders.*, Strukturierende Rechtslehre, S. 231.
59 *Christensen*, Der Richter, S. 88.
60 *Christensen*, Der Richter, S. 88.
61 Je nachdem, in welcher prozessualen Situation sich der Eigentümer des Schiffes befindet. Im „Fleetfall" erkannten die Vorinstanzen seinen Klageanspruch für dem Grunde nach gerechtfertigt. Die Revision der Beklagten führte dann zum Urteil des BGH, so dass die originale Entscheidungsnorm lautete: „Die Revision der Beklagten führte zur teilweisen Abweisung der Klage"; BGHZ 55, 154 und 162. Die hier formulierte Entscheidungsnorm geht von einer Klägerstellung des Schiffseigners aus.
62 BGH NJW 1977, 2264 ff.
63 BGH NJW 1977, 2264 (2265).

soll aber plötzlich die Dauer (3 Stunden) über das Vorliegen einer Eigentumsbeeinträchtigung entscheiden. Selbst wenn die Dauer als Element des Fallbereichs herangezogen werden sollte, scheint es doch sehr fraglich, ob es in den Normbereich Eingang finden wird. Systematisch wäre in dieser Beziehung z.B. § 985 BGB heranzuziehen. Danach kann der Eigentümer von jedem Besitzer (vorbehaltlich dessen Rechte) die Herausgabe der Sache verlangen. Das Eigentum erweist sich als absolutes Recht. Es ist das umfassendste und grundsätzlich unbeschränkte Herrschaftsrecht einer Person über eine Sache und berechtigt daher den Eigentümer, beliebig über die Sache zu verfügen. Das muss in diesem Zusammenhang aber auch heißen: jederzeit. Es ist nicht ersichtlich, warum er eine Beeinträchtigung seiner Nutzungsbefugnis über drei Stunden hinzunehmen hat. Es ist aber vor allem nicht erkenntlich, wie der BGH das begründet. Damit steht ihm dann eben die Möglichkeit offen, die **entscheidungserheblichen Realdaten beliebig auszuwählen** und so die Fallentscheidung zu steuern. Hinter der Entscheidung des Tanklagerfalls steht vermutlich der Gedanke eines „unbilligen" Ergebnisses bei Gewährung des Schadensersatzanspruchs wegen Eigentumsverletzung durch eine relativ kurze Beeinträchtigungsdauer. Diese „Billigkeitskorrektur" wird aber am dogmatisch falschen Ort vorgenommen. Wenn überhaupt, dann wäre das keine Frage, die im Rahmen des tatsächlichen Vorliegens einer Eigentumsbeeinträchtigung zu klären ist; vielmehr wäre das ein Problem der Inadäquanz von Behinderungsdauer und entstandenem Schaden bzw. von normativen Zurechnungskriterien. In jedem Fall bedarf gerade eine solche Entscheidung einer besonders sorgfältigen Begründung.[64] Der lapidare Hinweis auf die „offensichtliche" Andersartigkeit des Falles kann dem nicht gerecht werden.

V. Zusammenfassung

An Hand dieser Darstellung lässt sich nun genauer explizieren, was unter dem oft beschworenen schöpferischen oder **rechtsfortbildenden Anteil praktischer Rechtsarbeit** zu verstehen ist: Unveränderlich vorgegeben sind der Konkretisierung als Eingangsgrößen nur Normtext und Sachverhalt. Der **Normtext** hat sich als „an sich" nicht normativ erwiesen; mit seiner Hilfe allein konnte der konkrete Rechtsfall – die besondere Art der Eigentumsbeeinträchtigung – nicht verbindlich geregelt werden. Es musste daher zunächst die konkrete Verwendung des Begriffes „Eigentumsverletzung" geklärt werden.[65] Dazu wurde, motiviert durch den **Sachbereich**, das **Normprogramm** ermittelt und dadurch das von diesem zu regelnde Realitätssegment verbindlich festgelegt; d.h. es konnte verbindlich festgestellt werden, warum welche Realdaten als für die Rechtsnorm normativ in die Entscheidung mit eingehen. Durch diese **Normbereichsanalyse** konnten also – methodisch ausgewiesen – die für die Konkretisierung normativen Realdaten ermittelt werden. Normprogramm und Normbereich bilden schließlich zusammen die Rechtsnorm. Dieser abstrakt-generell formulierte Rechtssatz/Obersatz

1118

---

64 Warum nämlich die Beeinträchtigungsdauer ein Abgrenzungskriterium für das Vorliegen einer Eigentumsverletzung sein kann; terminologisch: Ob und warum die Beeinträchtigungsdauer an Hand des Normprogramms aus dem Fallbereich ausgewählt wird und allein dadurch für die Rechtsnorm konstitutiv werden kann.
65 Insofern könnten zunächst die Entscheidungen des Reichsgerichts als frühere Konkretisierungen des Normtextes § 823 Abs. 1 BGB in den Blick geraten. Dort wurde eine Eigentumsverletzung nur in Form einer Substanzverletzung bejaht. Für den nun einsetzenden Prozess der Normativierung sind diese allerdings nur als mögliche zusätzliche Konkretisierungshilfen relevant. Keinesfalls haben sie jedoch eine den Normtext begrenzende Funktion. Normativität ergibt sich vielmehr für den zu lösenden jeweils neuen Fall tatsächlich erst aus dem aktuellen Vorgang normorientierten Entscheidens.

muss allerdings noch zur dann erst konkret-individuellen Entscheidungsnorm verdichtet werden. Das kann auf dem Weg der Subsumtion geschehen. Der Rechtsnorm kommt daher potenzielle Normativität zu, die Entscheidungsnorm ist konkret normativ.[66]

1119 Die **„schöpferische"** Herstellung von Normativität durch den Rechtsarbeiter (hier: den Richter) erweist sich damit als notwendiger, bei jeder Konkretisierung mitvollzogener bzw. diese eigentlich ausmachender Prozess. Die schöpferische Komponente der Rechtsarbeit wird **nicht länger** als besonders zu erklärender **Ausnahmefall** außerhalb der Reichweite der Gesetzesbindung begriffen, sondern vielmehr als der im Diesseits rechtsstaatlicher Gesetzesbindung zu begreifende Regelfall.[67]

1120 Weiterhin hat sich die vom Positivismus nicht ausgewiesene **Herstellung** der Rechtsnorm im Ausgang vom Normtext als **das wesentliche Moment der Rechtsarbeit** erwiesen. Die methodischen Vorgaben für diesen Prozess formuliert das GG. Grundlegend ist hierbei die Gesetzesbindung der öffentlichen Gewalten. Diese wird in Art. 20 Abs. 3 GG generell und, als speziellere Norm für die Justiz,[68] in Art. 97 Abs. 1 GG geregelt. Darüber hinaus sind vor allem die sich aus dem Demokratie- und Rechtsstaatsprinzip ergebenden[69] Grundsätze der Berechenbarkeit, Durchsichtigkeit und differenzierenden Kontrollierbarkeit der Entscheidungsbildung und Darstellungsweise relevant.[70] Vor allem diese Anforderungen können nur dann eingelöst werden, wenn der „Rechtsanwendungsprozess" als solcher überhaupt als strukturierter begrifflich ausgewiesen und so der Kommunikation zugänglich gemacht wird, so dass jede Phase dieses Prozesses nachvollzogen und überprüft werden kann. Aus dieser Perspektive hatte sich juristische Methodik in ihrer Funktion als Darstellungs- und Zurechnungstechnik als **rechtsstaatliche Notwendigkeit** erwiesen.

1121 Der juristische **Positivismus** ist jedoch aufgrund eines unzureichenden Normverständnisses und der daraus folgenden Fiktion einer lex ante casum nicht in der Lage, diese rechtsstaatlichen Forderungen einzulösen. Vielmehr **kaschiert** er **Wertungen** durch eine Rhetorik der reinen[71] Rechtserkenntnis. Eine solche hatte sich als unmöglich erwiesen. Der Rechtspositivismus tut damit nicht das, was er sagt; er sagt aber auch nicht, was er tatsächlich tut. Von einer durchsichtigen und kontrollierbaren Entscheidungspraxis ist er weit entfernt.

1122 Schließlich konnte auch das Dogma der kategorialen Trennung von Sein und Sollen als in der Rechtspraxis nicht existent gezeigt werden: Die Produktion von Normativität wird durch eine **Bewegung zwischen den Polen Normtext und Sachbereich** bestimmt, wobei entscheidend ist, dass es sich hierbei nicht um eine gleichberechtigte, sondern am Normprogramm ausgerichtete und insofern in eine Richtung gesperrte Vermittlung handelt. Der Rechtsarbeiter als Subjekt dieser Bewegung sucht einen normativen Rechtssatz. Sein Blick fällt zu Beginn auf den Normtext. Dieser erweist sich jedoch sogleich als nicht normativ. Daraufhin gerät die Wirklichkeit in Form sprachlich vermit-

---

66 Allerdings ist der Herstellungsprozess konkreter Normativität mit der Entscheidungsnorm noch nicht abgeschlossen. Sie bedarf der Durchsetzung durch Verwaltungshandeln, Gerichtsvollzieher usw.; *Müller*, Strukturierende Rechtslehre, S. 261.
67 *Christensen*, Gesetzesbindung, S. 312.
68 *Müller*, Richterrecht, S. 22.
69 *Müller*, Richterrecht, S. 92 f.; *Schmidt-Bleibtreu/Klein*-Klein Art. 20 Rn. 9 ff.
70 *Müller*, Juristische Methodik, S. 110.
71 Der Ausdruck „reine Rechtserkenntnis" ist an dieser Stelle keine Anspielung auf *Kelsen*, da dieser die Notwendigkeit von Wertungen immerhin ausspricht. So z.B. *Kelsen*, Positivismus, S. 468.

telter Realdaten in die Sicht. Aus dieser allein kann der durch Art. 97 Abs. 1 GG gebundene Rechtsanwender jedoch keine Rechtsnorm setzen, wodurch er notwendigerweise wieder zur Norm kommt. Diese ist jetzt aber nicht mehr Normtext, sondern Rechtsnorm dadurch, dass die beiden Elemente dieser Bewegung, Sein (in Form des Normbereichs) und Sollen (in Form des Normprogramms) in der Rechtsnorm aufgehoben sind. Aufgehoben meint hier ein Dreifaches: Sie sind in der Rechtsnorm enthalten, sie sind als eigenständige Positionen negiert (Aufhebung der Trennung) und sie konstituieren schließlich eine vom Vorigen unterschiedene Einheit, die Rechtsnorm, und sind daher im Ganzen nicht mehr das, was sie waren. Sein und Sollen sind nicht länger unvermittelte Gegensätze. Die Bewegung dieser Gegensätze hat vielmehr deutlich gemacht, wie Bindung und Veränderung sich gegenseitig bedingen.

Es zeigt sich also, dass die Bewegung zwischen den Polen Normtext und Sachbereich die tatsächlichen Vorgänge nicht notwendigerweise verdunkeln muss. Werden die Stationen dieser Bewegung nur deutlich bezeichnet, so stellt sich Deutlichkeit ein; **anders aber fast durchgängig Larenz in seiner „Methodenlehre".** Es sei hier ein beliebiges Beispiel herausgegriffen: der Abschnitt „Auslegung und Anwendung der Normen als dialektischer Prozeß".[72] Ausgangspunkt ist (insoweit mit *Müller*) die Kritik am Dogma der vor der Auslegung hinreichend bestimmten und hinsichtlich ihres genauen Inhalts außer Frage stehenden Norm. Diese werde nun nicht bloß angewendet, sondern wandle sich unter den Händen des Juristen in deren inhaltliche Fortbestimmung oder Ergänzung.[73] Dabei setze die Norm und das Normgefüge im Laufe ihrer richterlichen Anwendung gewissermaßen immer neue Schichten an. Am Ende dieses Prozesses stehe ein um den Gesetzestext herum entstandenes Netzwerk von Auslegungen, Einschränkungen und Ergänzungen, das seine Anwendung im Einzelnen reguliere und seinen Inhalt weitgehend (in Extremfällen bis zur Unkenntlichkeit) verändere.[74] Damit soll dem Anschein nach, in vermeintlich „moderner" Begrifflichkeit („Schichten", „Netzwerk"), Dialektik im Rahmen der Rechtsanwendung beschrieben sein. Diese ist aber als solche, wenn überhaupt, nur mit viel Phantasie zu erkennen. Dass sich die Norm durch ihre Anwendung irgendwie verändert, ist trivial. Es ginge an dieser Stelle jedoch darum, die allein durch die Dialektik auszuweisenden Momente dieser Veränderung genau zu benennen. Es muss also mehr geschehen, als lediglich die Maßstabsfunktion der Norm und ihre immer erneut zu Tage tretende Auslegungsbedürftigkeit[75] als dialektische Positionen gegenüberzustellen. Dass daraus *irgendeine* Bewegung entsteht, bedarf keiner Erwähnung – allein welche entsteht, gälte es nachzuweisen. Dazu reicht es aber nicht aus, lediglich mehrmals relativ unverbindlich den Begriff „Dialektik" fallen zu lassen.

VI. Das Problem des Richterrechts

Schließlich gewinnt die Strukturierende Rechtslehre aus dem rechtsnormtheoretischen Ansatz eine rechtsstaatlich **präzisierte Sicht** auf das Phänomen des Richterrechts. Bedingt durch das positivistische Normverständnis erscheint richterliches Tun immer dann schon als Rechtsfortbildung, wenn über den Normtext hinausgegangen werden muss und damit bei jeglichem Überschuss zum Syllogismusmodell. Richterrecht stellt

---

72 *Larenz*, Methodenlehre, S. 211 ff.
73 *Larenz*, Methodenlehre, S. 212.
74 *Larenz*, Methodenlehre, S. 212.
75 *Larenz*, Methodenlehre, S. 214.

nach dieser Ansicht das Bilden all derjenigen Entscheidungsnormen dar, die nicht direkt dem Gesetz entnommen werden können; d.h. nicht vom unmittelbaren, uninterpretierten Normtext vorgegeben sind, sondern erst einer Konkretisierung bedürfen.[76] Der Richter ist damit aber auch nur insoweit an eine Norm gebunden, als diese den zu entscheidenden Fall in ihrem Normtext eindeutig regelt.

1125 Durch die Trennung von Normtext und Rechtsnorm hatte sich jedoch der Konkretisierungsprozess auf dem Weg zur Rechtsnorm als notwendig erwiesen; allerdings keineswegs als ein „freier", sondern als strukturierter und insofern verfassungsrechtlich legitimierter Prozess. Richterrecht liegt daher lediglich dann vor, wenn sich ein Richter über das Gesetz „hinwegsetzt", sei es mangels einer Vorschrift oder gegen eine solche. Damit ist Richterrecht durch das **Nichtvorhandensein eines parlamentarisch legitimierten Normtextes** gekennzeichnet. Aus Sicht der Strukturierenden Rechtslehre liegt Richterrecht also **erst dann** vor, wenn das Gericht bei einem Entscheidungsakt nicht nur (wie stets) eine Rechts- oder Entscheidungsnorm, sondern bereits einen Quasi-Normtext setzt.[77]

1126 Die Frage nach der **Zulässigkeit von Richterrecht** bemisst sich nach verfassungsrechtlichen Maßstäben. Das in diesem Zusammenhang immer wieder vorgebrachte Argument, die Gesetzesbindung des Richters richte sich vorgängig nach Art. 20 Abs. 3 GG[78] („an Gesetz und Recht gebunden") und verweise damit den Richter auch auf den Bereich extra legem, kann nicht überzeugen, da zumindest für die Justiz Art. 97 Abs. 1 GG die speziellere und damit allein einschlägige Norm ist, wonach der Richter „nur dem Gesetz unterworfen" ist.[79] Das (richtig verstandene) Phänomen des Richterrechts beschreibt die Setzung eines (Quasi-) Normtextes durch eine im System der Gewaltenteilung lediglich zum Bilden von Rechts- und Entscheidungsnormen berechtigte Instanz. Das widerspricht sowohl dem in Art. 20 Abs. 2 S. 2 GG verankerten[80] Gewaltenteilungsprinzip als auch dem damit unmittelbar verknüpften Demokratieprinzip.[81] Die ausführenden Gewalten Exekutive und Rechtsprechung sind nicht nur rechtsstaatlich konstituiert, sondern **auch demokratisch gebunden**. Wenn es aber keine Richterwahl durch das Volk gibt, so ist die einzige durch einen realen politischen Vorgang demokratisch verankerte Möglichkeit der Rechtssetzung das parlamentarische Formulieren und Setzen von Normtexten.[82] Entscheidungen, die diese Vorgaben missachten – also das richtig verstandene Richterrecht – sind damit verfassungswidrig.

1127 Aus dieser Perspektive wird nochmals die rechtsstaatliche Notwendigkeit einer ehrlichen und rationalen Arbeitsmethodik der Juristen sichtbar, die sich rechtsstaatlicher Nachprüfbarkeit bewusst unterwirft und dadurch die Verfassungsbindung zu verwirklichen bestrebt ist. Allein sie kann dazu führen, dass die in Normtexten formalisierten

---

76 *Müller*, Juristische Methodik, S. 90.
77 *Ders.*, ebd.
78 So statt vieler *Larenz*, Methodenlehre, S. 368 f. und auf BVerfGE 34, 269 (287) Bezug nehmend.
79 Anders aber BVerfGE 34, 269 (286 ff.): Das BVerfG sieht die traditionelle Bindung des Richters an das Gesetz als durch Art. 20 Abs. 3 GG „abgewandelt"!
Da das BVerfG die richterliche Gesetzesbindung im vorhergehenden Satz als tragenden Bestandteil des Gewaltenteilungsgrundsatzes und damit des Rechtsstaatsprinzips erkannt hat, durchbricht es mit dieser Interpretation des Art. 20 Abs. 3 GG im Ergebnis die Gewaltenteilung. Dazu ist auch das BVerfG, obwohl es sich gerne als „Hüter der Verfassung" sieht, nicht legitimiert. Es steht als Verfassungsorgan (Art. 92 GG) innerhalb der Verfassung (*Seifert/Hömig* Art. 93 Rn. 1).
80 *Jarass-Pieroth*-Jarass Art. 20, Rn. 15.
81 *Jarass-Pieroth*- Pieroth Art. 20, Rn. 2.
82 *Müller*, Juristische Methodik, S. 92.

Ergebnisse demokratischer Politik auch tatsächlich den Rechtszustand der Gesellschaft prägen.[83]

VII. Das Problem der Wortlautgrenze bei der Arbeit mit Texten in einer staatlichen Institution

Das Modell von einer im Gesetz vorzufindenden „Sinnhaftigkeit" bzw. Bedeutung, die vom Richter lediglich zu ermitteln wäre und die damit zusammenhängende Vorstellung, der Fall werde letztlich von der Norm selbst gelöst (der Richter fungiere als ihr sprachliches Organ, als Verkünder ihres „Willens"), hatte sich als den tatsächlichen Bedingungen praktischer Rechtsarbeit unangemessen herausgestellt. Erst vor diesem Hintergrund ließ sich ein diesen Bedingungen Rechnung tragender **realistischer Begriff von Normativität** entwickeln: Dieser bezeichnet nun die dynamische Eigenschaft der als sachgeprägtes Ordnungsmodell aufgefassten Rechtsnorm, die ihr zuzuordnende Wirklichkeit zu beeinflussen und dabei durch diesen Ausschnitt von Realität selbst wieder beeinflusst und strukturiert zu werden. Die Fiktion einer Identität von Normtext und Rechtsnorm kann in Folge dessen nicht mehr aufrechterhalten werden. Die Rechtsnorm muss regelmäßig vom Rechtsarbeiter hergestellt werden. **Gesetzesbindung** kann sich deshalb nicht mehr auf die Rechtsnorm als etwas Vorgegebenes beziehen, sondern vielmehr auf die Struktur des Herstellungsprozesses. Diese Struktur und die Bindung des Richters an dieselbe ist vor allem durch die methodenbezogenen Normen des GG bedingt (s. o.). Danach muss zwar beispielsweise der Richter gem. Art. 97 Abs. 1 GG einen gültigen amtlichen Normtext zum *Ausgangspunkt* des Konkretisierungsprozesses machen. Es fragt sich jedoch, **nach welchem Maßstab** sich die *Grenze* rechtsstaatlich zulässiger Auslegung bemisst. Diese Grenze wird herkömmlich als „Wortlaut der zu konkretisierenden Norm" bezeichnet. An der Tauglichkeit des Wortlauts für diese Grenzfunktion bestehen jedoch erhebliche Zweifel. Begrenzende Funktion könnte der Wortlaut nur dann haben, wenn er bestimmt genug wäre.[84] Gerade die Unbestimmtheit des Wortlauts hatte jedoch den Prozess der Konkretisierung notwendig gemacht. Wie kann das Ergebnis dieses Konkretisierungsprozesses[85] am insofern unbestimmten Ausgangspunkt seine Grenze finden? Die Beantwortung dieser Frage macht einen nochmaligen Blick auf die Bedingungen, unter welchen sich juristische Praxis als normorientiertes Entscheiden vollzieht, notwendig.[86]

Juristisches Entscheiden geht von nicht normativen Norm*texten* aus. Der Wortlaut des Textformulars wäre an sich nur hinreichend bestimmt, wenn es von diesem eine einzige richtige Deutung, ein Sinnzentrum bzw. eine objektive Sinneinheit (des Textes) gäbe. Dieses Modell muss in Ansehung neuerer Sprachphilosophie und heutiger linguistischer Texttheorie als illusionär erscheinen.[87] Jeder Sinn kann lediglich Teilsinn in einem unabschließbaren Sinnzusammenhang sein. Diese **Unbeherrschbarkeit „des" Sinns**, die des Sinnzentrums, das beispielsweise der Gesetzgeber in den Text

---

83 Ders., ebd.
84 Wenn also bereits durch den Wortlaut z.B. eine Referenzfixierung zwischen Sprachdaten und Realdaten für den *konkreten*, zur Entscheidung anstehenden Rechtsfall getroffen wäre. Am obigen Beispiel (Abschnitt IV.4.) hatte sich jedoch gezeigt, dass gerade die Referenzfixierung und die Auswahl einer bestimmten Gebrauchsweise für einen Ausdruck die eigentliche Aufgabe des „Rechtsanwenders" ist.
85 Also die Entscheidungs-, und als Zwischenergebnis auch schon die Rechtsnorm.
86 Das Folgende orientiert sich am Abschnitt 59: „Normtext-Legitimität-Spiel der Differenzen. Arbeit mit Texten in einer staatlichen Institution. 591: Das ‚rechtsstaatlich Zulässige' vor der Folie des ‚methodisch Möglichen'.", der in der 6. Aufl. ergänzt wurde.
87 Vgl. dazu bereits oben: Abschnitt IV.1, Rn. 1097 ff.

legen „will", ist keine Randerscheinung. Sie ist das *Grundphänomen* der Vertextung, kategorial verschärft im Augenblick des Verschriftens. Schrift funktioniert in der Wiederholung, ihre Struktur ist iterativ: von einem ursprünglichen „Sagenwollen" nicht einzufangen, ohne *zwingenden* Kontext. Jede Schrift bezieht sich ihrerseits aber wieder auf andere Schriften; die Zeichen sind wiederholbar, Zitate aufpfropfbar, die Kontexte nirgendwo endgültig zu verankern. In solchem Licht erscheint der Text als Gewebe der Differenzen. Der tatsächliche Zustand ist der eines endlosen Zirkulierens von Texten. Dieser Zustand ist es, der im Rahmen der Strukturierenden Rechtslehre von jeher das „methodisch Mögliche" genannt wurde.

1130 Und dennoch verlangt der demokratische Rechtsstaat scheinbar, den Normtext als *Ursprung* wenigstens zu fingieren; so behauptet es jedenfalls das positivistische Paradigma: Für dieses ist der Normtext bereits die fertig anwendbare Rechtsnorm. Tatsächlich, d.h. in Ansehung der tatsächlichen Bedingungen von Rechtsarbeit als Arbeit mit Texten, *kann* diese Forderung nicht erhoben werden. Verlangt wird vielmehr, dass die formalisierten Ergebnisse demokratischer Politik – die Normtexte – zum *Ausgangspunkt* juristischen Entscheidens gemacht werden. Der **Normtext** ist damit nicht länger Ursprung, sondern (wichtigstes) **Eingangsdatum** der Fallentscheidung. Allein diese Anforderung ist tatsächlich erfüllbar. Dass sie erfüllt wird, ist wegen der weitgehenden Akzeptanz von Richterrecht keineswegs selbstverständlich. Sie zu gewährleisten ist eine der wichtigsten Aufgaben der Bindung des Richters an das Gesetz, Art. 97 Abs. 1 GG.

1131 Die genannten Bedingungen unseres Umgangs mit Text sind aber vor allem für das **Ende des Entscheidungsdiskurses** von Bedeutung: Bedingt durch die Struktur von Textlichkeit ist ein solches nicht möglich. Dennoch gebietet der Staat eine Beendigung des Entscheidungsdiskurses, und zwar wiederum als Fiktion. Träger der Fiktion ist diesmal das Urteil als privilegierter Endpunkt des Entscheidungsprozesses.[88] Dieses soll die *eine* (d.h. einzige) Wahrheit des konkreten Falls sein. Aufgezwungen wird also ein „Textäußeres", welches das für Texte Unmögliche zu ermöglichen scheint: Es entzieht den Entscheidungstext (die Rechts- und Entscheidungsnorm sowie die Begründung) dem Rechtsdiskurs insofern, als ihm untersagt werden soll, in dieser Sache (über den Entscheidungstext) weiter zu sprechen. Die bis zu diesem Punkt bestehende Gemengelage von Gewalt und Sprache[89] wird entmischt, so dass der Faktor Gewalt (in seiner Verkörperung: die Vollstreckungsmaßnahme) allein dominieren soll. Die Fälle von „Aufgabe der früheren Rechtsprechung" markieren allerdings ebenso deutlich den Fortgang von Kommentar und Debatte nach der Entscheidung und zeigen, dass der Diskurs nicht wirklich beendet werden und dass der Text seinem Schicksal als Text nicht entgehen kann. Diese Spannung zwischen tatsächlichem und dennoch vergeblichem Beenden des Diskurses bezeichnet die Realität von Rechtsarbeit als Arbeit mit Texten. Sie macht aber vor allem deutlich, worum es sich methodisch bei der Fiktion privilegierter Rechtstexte handelt: nämlich um die diskurswidrige, jedoch normativ angeordnete und rechtsstaatlich gebotene Disziplinierung der Rechtsarbeit als *rechtsstaatlich zulässiger* Arbeit mit Texten.

---

88 Genauer: Der durch keinen Rechtsbehelf mehr angreifbare Entscheidungstext.
89 Diese Gemengelage ist keineswegs ein Spezifikum der Rechtssprache. Sprache ist immer schon von sozialer Gewalt durchwirkt, sowohl als kollektives System wie auch als Abrichtung beim Spracherwerb der Kinder. Für die Rechtssprache kommt zusätzlich Staats- und Gruppengewalt hinzu.

„Juristische Methodik" bei Friedrich Müller (geb. 1938)

Aus dieser Perspektive wird die außerordentliche Bedeutung der **Wortlautgrenze** deutlich: Sie ist aufgerufen, das methodisch Mögliche von innen zu begrenzen und damit den Bereich des rechtsstaatlich Zulässigen zu markieren, indem sie einer diese Grenze überschreitenden Interpretation die Rechtswirkung entzieht. Sie ist also ein Instrument der rechtsstaatlich notwendigen **Disziplinierung des Diskurses**. Diese Grenzfunktion kann der Wortlaut von Normtexten jedoch nicht erfüllen. Die Entscheidung „Noch erlaubt/Nicht mehr erlaubt" lässt sich nicht an Hand des sog. „möglichen Wortsinns" vornehmen, da dieser letztlich lexikalisch fixierend argumentieren muss und da unklar bleibt, wo diese Fixierung zu verorten ist. Auch kann die Wortlautgrenze ebensowenig als gegenständlich vorausgesetzt werden wie die Rechtsnorm als fertig und anwendbar. Die an die Wortlautgrenze zu stellenden Anforderungen ergeben sich vielmehr aus der Funktion von Normtexten.[90] Diese werden nicht erlassen, um von Juristen „verstanden" zu werden. Ihre Funktion ist es, angewendet zu werden, um damit die Fallentscheidung im Sinn des Gesetzgebers zu regulieren. Gerade dieser, der Entscheidung des Rechtsfalls vorausgehende Vorgang der Anwendung oder Benutzung zeichnet sich durch die oben beschriebene Gemengelage von Sprache und Gewalt aus. Sie bezeichnet den Zustand, der die Benutzung von Normtexten beherrscht: den des semantischen Kampfes.[91] Vor diesem Hintergrund wird deutlich, dass die traditionelle Polarisierung rechtsmethodischer Positionen zumindest unter der Geltung des Grundgesetzes ihre Fähigkeit, die Bandbreite der tatsächlichen Vorgänge von Rechtsarbeit zu bezeichnen, verloren hat. Die Bedeutung von Normtexten, die über die Anwendbarkeit für den konkreten Fall entscheidet, wird weder als fertige vorgefunden (Positivismus) noch frei erfunden (Dezisionismus). Sie wird vielmehr *durchgesetzt*.[92]

Erst so wird der **funktionale Hintergrund** der Diskussion um die Wortlautgrenze sichtbar: Aufgabe der Wortlautgrenze ist es, sicherzustellen, dass sich der semantische Kampf auf rechtsstaatlichem Terrain bewegt; dass also vor allem **Waffengleichheit** unter den streitenden Parteien gewährleistet ist. Konkret: Die Kriterien für die Durchsetzung einer Lesart des einschlägigen Normtextes[93] müssen sich aus den an die methodenbezogenen Normen des Verfassungsrechts rückgebundenen Standards methodischer Zurechnung ergeben. Diese sind vor allem die Unterscheidung von Sprach- und Realdaten, die Überordnung der Sprachdaten beim Erarbeiten des Normbereichs, die generelle Unterscheidung von Konkretisierungsfaktoren, die geltenden Normtexten zugerechnet werden können und solchen, die es nicht können, sowie der Vorrang von Sprachdaten unter den jeweils normtextnäheren Elementen im Fall des methodologischen Konflikts.[94] Allein die methodische Behandlung des Normtextes unter Berücksichtigung dieser Anforderungen kann das entwickelte Ergebnis rechtsstaatlich vertretbar und damit legitim durchsetzbar machen. Die Wortlautgrenze ist daher weder eine rein sprachliche, noch eine methodologische, sondern vielmehr **eine normative Größe**. Allein der insoweit methodisch vollständig aufbereitete (konventionell: konkretisierte)

---

90 Zum Problem der gegenseitigen Abhängigkeit von Recht und Sprache vor dem Hintergrund des in beiden akkumulierten Gewaltpotentials und der rechtsstaatlichen Notwendigkeit, dieses zu konstitutionalisieren, bereits oben: Abschnitt IV.3. 90 Ebensowenig wie es einen unabhängig von der Rechtsverwirklichung vorgegebenen Begriff der Rechtsnorm gibt, kann die „Wortlautgrenze" nicht ohne Ansehung ihrer spezifischen Funktion in diesem System der Rechtsverwirklichung bestimmt werden.
91 Zu diesem Begriff *Christensen*, Gesetzesbindung, S. 280 mwN.
92 Vgl. dazu *Christensen*, Gesetzesbindung, S. 275 ff.
93 Gleiches gilt letztlich auch für die Durchsetzung von Wirklichkeitsinterpretation.
94 Zu den Merkmalen des (oftmals vorschnell angenommenen) methodologischen Konflikts und den sich daraus ergebenden Vorrangregeln ausführlich *Müller*, Juristische Methodik, S. 251 ff.

Normtext kann die Grenzfunktion übernehmen, die der Wortlaut nie hatte übernehmen können. Die begrenzende Wirkung ist also ein methodisch schlüssig zu begründendes und ehrlich darzustellendes *Arbeitsergebnis*. Dieses Arbeitsergebnis ist für den Bereich der Sprachdaten im Normprogramm, als methodisch vollständig aufbereitetem Normtext, aufgehoben, so dass allein das Normprogramm die Grenze rechtsstaatlich zulässiger Interpretation markiert:[95] *Normprogrammgrenze* statt „Wortlautgrenze".

VIII. Ergebnis

1134   Die Strukturierende Rechtslehre bietet eine konsequent rechtsnormtheoretisch ansetzende, zu den **tatsächlichen Bedingungen juristischen Entscheidens** vordringende juristische Methodik, mit der die alltägliche Arbeitsweise des Juristen unter der Geltung des Grundgesetzes auf den Begriff gebracht werden kann. Sie betrifft den Rechtskonkretisierungsprozess, der sich von einer ersten Normsondierung (Auswahl von Normtexthypothesen) bis hin zur konkreten Fallentscheidung (Bildung von Entscheidungsnormen) erstreckt. Die Tätigkeit des Rechtsarbeiters zwischen Normtext (Gesetzestext) und Entscheidungsnorm kann methodisch beherrschbar und damit rechtsstaatlicher Kontrolle zugänglich gemacht werden.

1135   Grundlage für diese Strukturierung war der **systematische Rekurs auf Sprache und Text als Medium,** in dem sich juristisches Handeln als normorientiertes Entscheiden kraft rechtsstaatlicher Anordnung vollziehen muss. Es handelt sich dabei nicht um eine methodische Extravaganz, sondern um eine zwingende Voraussetzung, ohne die verfassungsrechtlich gebotene methodische Vorgaben, wie die der richterlichen Gesetzesbindung, inhaltlich nicht bestimmt werden können. Richterliches Handeln hatte sich als semantische Praxis erwiesen und damit als eine Arbeit *an* und nicht lediglich *mit* Begriffen. Gerade dieser Aspekt motiviert schließlich die Bedeutung der Strukturierenden Rechtslehre für den Rechtssetzungsprozess: Will sich der Gesetzgeber seiner legislativen Kompetenzen nicht faktisch immer weiter entäußern, muss er diese Bedingungen zur Kenntnis nehmen und sie bei der Erstellung von Gesetzen beachten, d.h. z.B. durch systematischen Aufbau, Legaldefinitionen usw. der Normkonkretisierung Hilfen an die Hand geben, um so die Richtung der Interpretation im Bereich des Möglichen zu steuern. Notwendig sind also gesteigerte Anforderungen an die Sorgfalt der legislativen Tätigkeit, welche bereits die zukünftige Interpretation im Blick haben muss. Gesetzgebung erscheint insofern als vorweggenommene Falllösung und die Entwicklung einer strukturierenden Gesetzgebungslehre als eine noch durchzuführende Aufgabe.[96]

---

95   Lediglich in Grenzfällen (dazu *Müller*, Juristische Methodik, S. 259 f.), in denen sich der methodologische Konflikt derart zuspitzt, dass letztlich das grammatische Element die Linie für zulässige Entscheidungsnormen zieht, „schrumpft" die Normprogramm-Grenze auf eine Wortlaut-Grenze. Aus Gründen methodischer Klarheit sollte jedoch auch für diesen Fall terminologisch unterschieden werden: Selbst wenn die Zeichenkette des Normprogramms mit der des Normtextes hier (ausnahmsweise) identisch ist, bleibt diese Zeichenkette nach durchgeführter Interpretation das Normprogramm, da dieser Begriff vor allem eine bestimmte *Station* des Konkretisierungsprozesses bezeichnet, nämlich den des durch Heranziehung aller Sprachdaten voll aufbereiteten Normtexts. Dass sich hier ausnahmsweise allein das grammatische Element durchgesetzt hat, ist ja gerade die Folge dieses Prozesses, dessen Ergebnis mit dem Terminus „Normprogramm" benannt wird. Das Normprogramm stellt daher immer ein Arbeitsergebnis der Rechtsanwendung dar, während der Normtext das Arbeitsergebnis des Gesetzgebers ist.

96   *Müller*, Strukturierende Rechtslehre, S. 272.

IX. Quellen und Literatur*

(Auswahl im August 2016 überarbeitet und ergänzt von Friedrich Müller)

1. Zum Einstieg in die Müller-Texte

Besonders originell sind die beiden schmalen Bücher „Fallanalysen zur juristischen Methodik" (Berlin 1974, 2. Aufl. 1989) und „Juristische Methodik und Politisches System" (Berlin 1976). Klassisch ist die „Juristische Methodik" in bis jetzt elf Auflagen seit 1971 und darin besonders der zusammenfassende Abschnitt V: Grundlinien der juristischen Methodik, recht kurz in der 5. Aufl. Berlin 1993 (S. 270–293) und wesentlich erweitert ab der 9. Aufl. 2004 (S. 470–516), inzwischen Müller/Christensen, Bd. 1: Grundlegung für die Arbeitsmethoden der Rechtspraxis, 11. Aufl. 2013, u. Bd. 2: Europarecht, 3. Aufl. 2012.

Weitere hier wichtige Werke sind in chronologischer Folge der Erstauflagen:

*Normstruktur*** und Normativität. Zum Verhältnis von Recht und Wirklichkeit in der juristischen Hermeneutik, entwickelt an Fragen der Verfassungsinterpretation, Berlin 1966.
Recht – Sprache – Gewalt. Elemente einer Verfassungstheorie I, Berlin 1975; 2. stark erweiterte Aufl. 2008.
Reine Sprachlehre – Reine Rechtslehre. Aufgaben einer Theorie des Rechts. Notizen zu Kelsen und Wittgenstein (1975), in: Essais, s.u. 1990, S. 98–119.
Strukturierende Rechtslehre (1984), 2. Auflage, Berlin 1994.
Positivismus (1986), in: Essais, s.u. 1990, S. 15–22.
Richterrecht. Elemente einer Verfassungstheorie IV, Berlin 1986.
Notiz zur Strukturierenden Rechtslehre. Operationsfelder – Strukturgesichtspunkte – Strukturierungsebenen – interdisziplinäre Anschlussstellen (1986), in: Essais, s.u. 1990, S. 120–134.
Einheit der Rechtsordnung (1986), in: Essais, s.u. 1990 S. 23–30.
Essais zur Theorie von Recht und Verfassung, hrsg. von Ralph Christensen, Berlin 1990; 2. erweiterte Aufl. als: Essais zur Theorie von Recht und Verfassung, von Methodik und Sprache, 2013.
Moderne Theorie und Interpretation der Grundrechte auf der Basis der Strukturierenden Rechtslehre, in: ders., Methodik, Theorie, Linguistik des Rechts. Neue Aufsätze (1995–1997), hrsg. v. R. Christensen, Berlin 1997, S. 9–19.
Verfassungskonkretisierung, in: *ders.*, Methodik, Theorie, Linguistik des Rechts. Neue Aufsätze (1995–1997), hrsg. v. R. Christensen, Berlin 1997, S. 20–35.
Demokratie und juristische Methodik, in: Das Recht der Republik, hrsg. v. H. Brunkhorst u. P. Niesen, Frankfurt am Main 1999, S. 191–208.
Syntagma. Verfasstes Recht, verfasste Gesellschaft, verfasste Sprache im Horizont von Zeit, Berlin 2012.

Ein Verzeichnis wichtiger Methodenschriften findet sich in der „Juristischen Methodik" im Teil 7: Literatur unter „Müller".

2. Zum Einstieg in die Sekundärliteratur

Christensen, Ralph, Strukturierende Rechtslehre, in: Ergänzbares Lexikon des Rechts, hrsg. von Norbert Achterberg, Darmstadt u. a. 1986, Abschnitt 2/560.

---

* Die Herausgeber danken Friedrich Müller und Ralph Christensen für die Durchsicht und Ergänzung der Quellen und Literatur für die 3. Auflage.
** Die Kursive verweist auf den in den Fußnoten verwendeten Kurztitel.

3. Weitere hier wichtige Literatur

Christensen, Ralph, Der Richter als Mund des sprechenden Textes. Zur Kritik des gesetzespositivistischen Textmodells, in: Untersuchungen zur Rechtslinguistik. Interdisziplinäre Studien zur praktischen Semantik und Strukturierender Rechtslehre in Grundfragen der juristischen Methodik, hrsg. von Friedrich Müller, Berlin 1989, S. 47–91.

Ders., Was heißt Gesetzesbindung. Eine rechtslinguistische Untersuchung, Berlin 1989.

Hegel, Georg Wilhelm Friedrich, Phänomenologie des Geistes (1807), Ausgabe Suhrkamp, 2. Auflage, Frankfurt am Main 1989.

Heidegger, Martin, Sein und Zeit (1927), 16. Auflage, Tübingen 1986.

Hesse, Konrad, Grundzüge des Verfassungsrechts der Bundesrepublik Deutschland, 19. Auflage, Heidelberg 1993.

Jarass, Hans; Pieroth, Bodo, Grundgesetz für die Bundesrepublik Deutschland. Kommentar, München 1989.

Jeand'Heur, Bernd, Gemeinsame Probleme der Sprach- und Rechtswissenschaft aus der Sicht der Strukturierenden Rechtslehre, in: Untersuchungen zur Rechtslinguistik. Interdisziplinäre Studien zur praktischen Semantik und Strukturierenden Rechtslehre in: Grundfragen der juristischen Methodik, hrsg. von Friedrich Müller, Berlin 1989, S. 17–26.

Kant, Immanuel, Prolegomena zu einer jeden künftigen Metaphysik, die als Wissenschaft wird auftreten können (1783), Ausgabe Reclam, Stuttgart 1989.

Kelsen, Hans, Reine Rechtslehre, mit einem Anhang: Das Problem der Gerechtigkeit, 2.Aufl., Wien 1960.

Ders., Was ist juristischer Positivismus?, in: Juristenzeitung 1965, S. 465–469.

Larenz, Karl, Methodenlehre der Rechtswissenschaft, 6. Auflage, Berlin u. a. 1991.

Macedo Silva, Anabelle, Concretizando a Constituição, Rio de Janeiro 2005.

Noronha Renault de Almeida, Christiana, A Teoria Estruturante do Direito e sua Aplicabilidade ao Direito Brasileiro, Nova Lima 2008.

Schmidt-Bleibtreu, Bruno/ Klein, Franz, Kommentar zum Grundgesetz, 7. Auflage, Neuwied und Frankfurt am Main 1990.

Seifert, Karl-Heinz/ Hömig, Dieter, Grundgesetz für die Bundesrepublik Deutschland, 4. Auflage, Baden-Baden 1991.

4. Einige Hinweise zum Weiterstudium

von *Ralph Christensen*, 2017

a) Rechtslinguistische Forschungsansätze

Ein wichtiger Schwerpunkt in der Arbeit von Friedrich Müller war die Interdisziplinarität. Seit 1983 besteht ein Arbeitskreis aus Juristen und Sprachwissenschaftlern, der sich vier Mal jährlich in Heidelberg trifft. 2017 erschien der vierte Sammelband, herausgegeben von Friedemann Vogel unter dem Titel „Recht ist kein Text" bei Duncker und Humblot, Berlin 2016. Er war zugleich der erste Band der von Christensen und Vogel herausgegebenen Reihe „Sprache und Medialität des Rechts", die bereits sechs Bände umfasst.

Die Rechtslinguistik hat sich mittlerweile zu einer eigenen Disziplin mit Fachbereich in Köln entwickelt, gegründet von Isolde Burr. Aus dem interdisziplinären Gespräch sind eine Vielzahl von Publikationen entstanden, von denen hier nur ganz wenige angesprochen werden können:

Felder, Ekkehard, Semantische Kämpfe außerhalb und innerhalb des Rechts, in: Der Staat 49 (2010), S. 543–571.

Felder, Ekkehard/Vogel, Friedemann (Hrsg.), Handbuch Sprache im Recht, Berlin u.a. 2017.

Luth, Janine, Semantische Kämpfe im Recht. Eine rechtslinguistische Analyse zu Konflikten zwischen dem EGMR und nationalen Gerichten, Heidelberg 2015.

Vogel, Friedemann/Christensen, Ralph/Pötters, Stephan, Richterrecht der Arbeit – empirisch untersucht. Möglichkeiten und Grenzen computergestützter Textanalyse am Beispiel des Arbeitnehmerbegriffs, Berlin 2015.

Vogel, Friedemann/Hamann, Hanjo, Vom corpus iuris zu den corpora iurum – Konzeption und Erschließung eines juristischen Referenzkorpus (JeReko), in: Jahrbuch der Heidelberger Akademie der Wissenschaften für 2014, Heidelberg 2015.

b) Kritische Anschlüsse an Müller in der Literatur

Becker, Christian, Was bleibt? Recht und Postmoderne. Ein rechtstheoretischer Essay, Baden-Baden 2014.

Coendet, Thomas, Dialektik der Textarbeit. Eine Kritik der Strukturierenden Rechtslehre, in: Vogel, F. (Hrsg.), Recht ist kein Text. Studien zur Sprachlosigkeit im verfassten Rechtsstaat, Berlin, Duncker und Humblot, 2017.

Lodzig, Bennet, Grundriss einer verantwortlichen Interpretationstheorie des Rechts, Göttingen 2015.

Venzke, Ingo, How Interpretation Makes International Law, Oxford 2012.

Methode und (Zivil-)Recht bei Gunther Teubner (geb. 1944)

von Philipp Sahm

Übersicht

I.	Person- und Werkgeschichte	462
II.	Das Methodenkonzept Teubners	465
III.	Praxistest am Beispiel der ruinösen Familienbürgschaft	479
IV.	Fragen an eine soziologisch bereicherte Jurisprudenz	482
V.	Quellen und Literatur	485

I. Person- und Werkgeschichte

1. Zur Person

1136 Gunther Teubner wurde 1944 geboren und war bis zu seiner Emeritierung im Jahre 2009 Professor an verschiedenen juristischen Fakultäten, unter anderem in Bremen, am Europäischen Hochschulinstitut in Florenz, an der London School of Economics sowie zuletzt in Frankfurt am Main.

1137 Seine Dissertation bei Wolfgang Fikentscher entstand in der Aufbruchsphase nach 1968 und erschien im Jahr 1970 unter dem Titel „Standards und Direktiven in Generalklauseln". Teubner nahm diese Aufbruchsphase wahr, indem er darin den Beitrag empirischer Sozialforschung für das Recht erkundete. 1977 habilitierte er sich und erhielt die venia legendi für Bürgerliches Recht, Handelsrecht, Wirtschaftsrecht und Rechtssoziologie. Die Habilitationsschrift über „Organisationsdemokratie und Verbandsverfassung – Rechtsmodelle für politisch relevante Verbände" verbindet Demokratietheorie und Organisationssoziologie mit rechtlicher Dogmatik. Auch hierbei greift Teubner über die Jurisprudenz hinaus und erweist sich als Grenzdenker.[1] Teubner selbst beschreibt seinen Lebensweg als Such- und Fluchtbewegungen, die ihn auf der Suche nach der Identität des Privatrechts von Deutschland ins Ausland und von der herkömmlichen Jurisprudenz in andere Disziplinen, wie die Rechtssoziologie und die Systemtheorie, und schließlich wieder zurück in die deutsche Privatrechtsdogmatik geführt haben.[2]

1138 Seine Offenheit für die Perspektiven anderer Disziplinen, wie der Ökonomie, Politologie und Soziologie, zeigt sich in seinem akademischen Werdegang und ist nicht nur für sein gesamtes Werk, sondern auch für seine Theorie der juristischen Argumentation und seine Methodik charakteristisch.

---

[1] *Donati* Il farsi del civile come norma sociale, in: Teubner, La cultura del diritto nell' epoca della globalizzazione, Rom 2005, 7.

[2] *Teubner* Auf Umwegen: Zum Privatrecht als Gesellschaftsverfassung, ZEuP 2022, 648.

2. Zum Werk

Trotz seiner zivilistischen Herkunft und seiner privatrechtsdogmatischen Arbeiten[3] ist Teubner heute vor allem als Theoretiker bekannt. Ihm eilt ein gewisser Ruf voraus: Er wird der Systemtheorie zugeordnet[4] und als „the great glossator of Luhmann's work in the domain of law"[5] geadelt. Er selbst beschreibt sein Werk ironisch-bescheiden als „Luhmann für das Volk".[6] Andere wiederum finden ihn „anspruchsvoll" bis „unverständlich".[7] Wie kann man also das Werk Teubners beschreiben und einordnen?

Als sein Hauptwerk kann „Recht als autopoietisches System" (1989) gelten, in dem er die Systemtheorie Niklas Luhmanns umfassend auf das Recht überträgt. Die Systemtheorie Luhmanns ist eine deskriptive Theorie der Gesellschaft.[8] Für sie besteht die Gesellschaft aus einer Vielzahl von Systemen. Dabei sind mit Systemen jeweils Kommunikationskreisläufe gemeint. Die Kommunikationen eines Systems beziehen sich nur auf vorangegangene Kommunikationen desselben Systems (Selbstreferenz) und so (re-) produzieren sich die Systeme selbst (Autopoiesis). Die Systemtheorie betreibt also eine Art Phänomenologie der Kommunikation in der Gesellschaft. Teubner überträgt die Systemtheorie auf das Recht, indem er das Recht als ein solches selbstreferentielles, autopoietisches Kommunikationssystem beschreibt.[9] Er sieht die Stärke der Systemtheorie darin, die Autonomie des Sozialen erklären zu können.[10] Insofern kann man ihn mit Recht der Systemtheorie zuordnen. Allerdings droht die Einteilung mehr zu verschleiern als freizulegen. Die Zuordnung zur Systemtheorie *allein* greift zu kurz. In seinen Arbeiten verbindet er vielfach konträre Theorieansätze. Zwar stellt er mit Autopoiesis und Reflexivität systemtheoretische Konzepte in die Mitte seiner Theorie des Rechts, modifiziert diese aber, indem er sie mit Ideen Habermas', Wiethölters und Derridas anreichert oder sogar verbindet. So nimmt er bei der Entwicklung seines Konzepts des Reflexiven Rechts Bezug auf den Theorienstreit zwischen Habermas und Luhmann, deren Ansätze er als komplementär ansieht.[11] Die Idee des Reflexiven Rechts überträgt Teubner auf die Rechtsdogmatik und orientiert sich dabei ausdrücklich an Wiethölters Prozeduralisierungskonzept und an dessen Arbeiten zu

---

3 *Teubner* Gegenseitige Vertragsuntreue – Rechtsprechung und Dogmatik zum Ausschluß von Rechten nach eigenem Vertragsbruch, Tübingen 1975; *ders.* Das Recht der Bürgerlichen Gesellschaft §§ 705–758, in: Wassermann (Hrsg.), Alternativkommentar zum BGB, Neuwied 1979; *ders.* Die Generalklausel von Treu und Glauben
§ 242, in: Wassermann (Hrsg.), Alternativkommentar zum BGB, Neuwied 1980; *ders.* Die Geschäftsgrundlage als Konflikt zwischen Vertrag und gesellschaftlichen Teilsystemen, ZHR 1982, 625; *ders.* Ein Fall struktureller Korruption, KritV 2000, 388; *ders.* Netzwerk als Vertragsverbund: Virtuelle Unternehmen, Franchising, Just-in-time in sozialwissenschaftlicher und juristischer Sicht, Baden-Baden 2004.
4 Vgl. *Calliess* Systemtheorie: Luhmann/Teubner, in: Buckel/Christensen/Fischer-Lescano (Hrsg.), Neue Theorien des Rechts, 2. Aufl., Stuttgart 2009, 53; oder *Huber* Systemtheorie des Rechts, Baden-Baden 2007, 207, 209.
5 *Goodrich* Anti-Teubner: autopoiesis, paradox, and the theory of law, Social Epistemology 1999, 197, 198.
6 *Teubner* zitiert nach: *Gómez-Jara Díez*, in: FS Teubner, 2009, 261.
7 Beide Zitate: *Kötz* zitiert nach: Rechtshistorisches Journal 15, 1996, 283.
8 Zur Systemtheorie: *Luhmann* Soziale Systeme. Grundriß einer allgemeinen Theorie, Frankfurt am Main 1984; *ders.* Das Recht der Gesellschaft, Frankfurt am Main 1993; *Huber* Systemtheorie des Rechts (Fn. 4).
9 *Teubner* Recht als autopoietisches System, Frankfurt am Main 1989, 36 ff.
10 *Teubner* Ökonomie der Gabe – Positivität der Gerechtigkeit: Gegenseitige Heimsuchungen von System und *differánce*, in: Koschorke/Vismann (Hrsg.), Widerstände der Systemtheorie: Kulturtheoretische Analysen zum Werk von Niklas Luhmann, Berlin 1999, 209.
11 *Teubner* Reflexives Recht: Entwicklungsmodelle des Rechts in vergleichender Perspektive, Archiv für Rechts- und Sozialphilosophie 68, 1982, 40.

Rechtskollisionen.[12] Sein Gerechtigkeitskonzept entwickelt er aus einer Kombination von Luhmanns Gerechtigkeitsbegriff mit der Dekonstruktion Derridas.[13]

1141 Als ein Merkmal seiner Theorie lässt sich also eine spezielle Art eines Eklektizismus feststellen. So gelingt es Teubner, konträre Ansätze zu verbinden, ohne dabei durch eine totale Harmonisierung der verschiedenen Positionen den eigenen Theorieansatz in die Konturlosigkeit zu treiben. Daher lässt sich diese Vorgehensweise treffender als Kombinatorik bezeichnen, die es ermöglicht, unterschiedliche Theorien gegenseitig zu befruchten.

1142 Neben dieser Kombinatorik kennzeichnet sein Werk die Forderung nach vermehrter Berücksichtigung (rechts-) soziologischer Analysen, die sich wie ein roter Faden durch seine Schriften zieht.[14] Nur so lasse sich eine unter heutigen Bedingungen plausible Umgangsform mit den Problemen des Rechts finden. Seine Herangehensweise an Probleme unterscheidet sich daher von anderen Autoren durch starke soziologische Anreicherung. Es geht Teubner um eine soziologische Jurisprudenz.[15]

1143 Als anspruchsvoll und schwer verständlich gilt Teubner vermutlich deshalb, weil er im Anschluss an Luhmann und Derrida verschiedene Paradoxien im Recht diagnostiziert: etwa die Entscheidungs- oder Auslegungsparadoxie,[16] die Paradoxie der Folgenorientierung bei der Entscheidungsbegründung[17] oder das Paradox der Selbstvalidierung des Vertrages.[18] Dabei versteht er eine Paradoxie als strenge Form des Widerspruchs. Die Strenge rühre daher, dass eine Paradoxie nicht eine bloße Kollision von Geltungsansprüchen oder gegensätzlichen, nicht gleichzeitig verwirklichbaren Ansprüchen sei, sondern selbstreferentiell wie ein Möbius-Band mit sich selbst verknüpft sei. Die Paradoxie unterscheidet sich nach Teubner also von bloßen Widersprüchen durch ihre Selbstrückbezüglichkeit.[19] Was mit der Selbstreflexivität gemeint ist, kann man am Kreter-Paradoxon sehen, bei dem ein Kreter sagt, alle Kreter lögen. Es handelt sich nur darum um ein Paradox, weil es ein Kreter ist, der gerade spricht. Nur weil sich die Aussage auch auf sich selbst bezieht, wird sie zum Paradox.

---

12 *Teubner* Recht als autopoietisches System (Fn. 9), 123 ff., 132.
13 *Teubner* Ökonomie der Gabe (Fn. 10), 212; *ders.* Selbstsubversive Gerechtigkeit: Kontingenz- oder Transzendenzformel des Rechts?, in: ders. (Hrsg.), Nach Jacques Derrida und Niklas Luhmann – Zur (Un-)Möglichkeit einer Gesellschaftstheorie der Gerechtigkeit, Stuttgart 2008, 25, 27.
14 Etwa *Teubner* Generalklauseln als sozio-normative Modelle, in: Lüderssen (Hrsg.), Generalklauseln als Gegenstand der Sozialwissenschaften, Baden-Baden 1978, 29; *ders.* Reflexives Recht (Fn. 11), 17; *ders.* Ist das Recht auf Konsens angewiesen?, in: Giegel (Hrsg.), Kommunikation und Konsens in modernen Gesellschaften, Frankfurt am Main 1992, 201; *ders.* Ökonomie der Gabe (Fn. 10), 207; *ders.* Globale Bukowina: Zur Emergenz eines transnationalen Rechtspluralismus, Rechtshistorisches Journal 1996, 263; *ders.* Selbstsubversive Gerechtigkeit (Fn. 13), 10.
15 Vgl. *Teubner* Folgenkontrolle und Responsive Dogmatik, Rechtstheorie 1975, 179; *dens.* Recht als autopoietisches System (Fn. 9), 100; vgl. außerdem die Festschrift für Gunther Teubner unter dem Titel „Soziologische Jurisprudenz"; siehe aber unten bei Fn. 157 zu Missverständnissen dabei.
16 *Teubner* Recht als autopoietisches System (Fn. 9), 17 f. Vgl. dazu *Luhmann* Organisation und Entscheidung, Opladen 2000, 123; *Ladeur/Augsberg* Auslegungsparadoxien. Zur Theorie und Praxis juristischer Interpretation, Rechtstheorie 2005, 143, 146.
17 *Teubner* Folgenorientierung, in: ders. (Hrsg.), Entscheidungsfolgen als Rechtsgründe. Folgenorientiertes Argumentieren in rechtsvergleichender Sicht, Baden-Baden 1995, 9.
18 *Teubner* Globale Bukowina (Fn. 14), 274.
19 *Teubner* Der Umgang mit Rechtsparadoxien: Derrida, Luhmann, Wiethölter, in: Joerges/Teubner (Hrsg.), Rechtsverfassungsrecht. Recht-Fertigung zwischen Privatrechtsdogmatik und Gesellschaftstheorie, Baden-Baden 2003, 28. Vgl. *Suber* Paradox of Self-Amendment: A Study of Law, Logic, Omnipotence and Change, 1990 (https://dash.harvard.edu/bitstream/handle/1/23674879/Suber%20-%20Paradox%20of%20Self-Amendment%202.pdf?sequence=1&isAllowed=y, zuletzt abgerufen am 26.02.2024); *Fletcher* Paradoxes in Legal Thought, Columbia Law Review 1985, 1263, 1266.

Das paradoxieverdächtige Phänomen der Selbstreferenz verortet Teubner an vielen verschiedenen Stellen des Rechts: Recht regelt seine eigene Entstehung, sein eigenes Außerkrafttreten, seine eigene Interpretation und erlaubt oder beschränkt seine eigene Reform. Diese Autologik setzt sich in den Normenhierarchien fort, bei der auf seltsame Art und Weise die Spitze der Normpyramide mit der niedrigsten Ebene verknüpft werde.[20] Hinter dieser Ausprägung von Selbstreferenz vermutet Teubner im Anschluss an Niklas Luhmann eine noch tiefer liegende Form der Selbstbezüglichkeit. Die Normenhierarchie, die sich letztlich in einer „tangled hierarchy" verfängt, diene nur dazu eine andere Paradoxie zu verstecken, die immer dann entstehe, wenn man die Unterscheidung Recht/Unrecht aufgrund ihres Universalitätsanspruchs auf sie selbst anwende.[21] Dabei seien zwei verschiedene Ergebnisse denkbar: Entweder sei es Recht nach Recht/Unrecht zu unterscheiden, was in einer unschädlichen Tautologie ende. Oder aber man komme zu dem Ergebnis: Es sei Unrecht nach Recht/Unrecht zu unterscheiden.[22] Mit dieser Aussage wird aber die Entscheidung Recht/Unrecht wiederum unrechterweise angewendet. „Die Frage nach dem Recht zur Einführung der Unterscheidung von Recht und Unrecht"[23] kann im Rechtssystem nicht entschieden werden. Die Gründungsparadoxie des Rechts besteht daher in der Selbstlegitimation des Rechts: Die Gründung des Recht setzt ihrerseits Recht voraus. Von dieser Beobachtung ausgehend kommt Teubner zu dem Schluss, dass nicht nur das Denken über Recht (Paradoxes in Legal Thought),[24] sondern die Realität des Rechts selbst paradox konstituiert seien.[25]

Die Diagnose des Paradoxiebefalls klingt schlecht für das Recht. Doch Teubner sieht darin keinen Grund das Recht als unverbesserlich irrational aufzugeben, sondern versteht Paradoxien als heuristisch wertvoll.[26] Insbesondere regten sie zum kreativen Umgang mit ihnen an.[27] Die Paradoxien sind demnach nicht nur keine logischen Fehler, sondern vielmehr ermöglichen sie erst die Verwirklichung einer systemspezifischen juridischen Gerechtigkeit.[28] Selbstreferenzinduzierte Paradoxie und soziologische Beobachtung sind also die Achsen der Theorie Teubners. Um sie dreht sich auch seine juristische Methodik.

II. Das Methodenkonzept Teubners

Zwar bezieht Teubner zu einzelnen Fragen der Methodenlehre Stellung, etwa zur Frage der Entscheidungsbegründung mit Folgenargumenten.[29] Es gibt aber keine Arbeit, in der er eine allgemeine juristische Methodenlehre entwickelt. Daher muss man sein Methodenkonzept aus seinem Gesamtwerk und insbesondere den dogmatischen Arbeiten

---

20 *Teubner* Recht als autopoietisches System (Fn. 9), 9.
21 *Teubner* Recht als autopoietisches System (Fn. 9), 10; vgl. auch *Luhmann* Recht der Gesellschaft (Fn. 8), 310.
22 *Teubner* Recht als autopoietisches System (Fn. 9), 10.
23 *Günther*, Kopf oder Füße? Das Rechtsprojekt der Moderne und seine vermeintlichen Paradoxien, in: FS Simon, 263.
24 Vgl. *Fletcher* Paradoxes in Legal Thought (Fn. 19), 1263.
25 *Teubner* Recht als autopoietisches System (Fn. 9), 15, unter Berufung auf Luhmanns Aussage, die Realität sei auch unabhängig von Erkenntnis zirkulär strukturiert, vgl. *Luhmann* Soziale Systeme (Fn. 8), 648, Fn. 3.
26 *Teubner* Recht als autopoietisches System (Fn. 9), 16; *ders.* Selbstsubversive Gerechtigkeit (Fn. 13), 9, 19.
27 *Teubner* Rechtsparadoxien (Fn. 19), 29.
28 *Teubner* Ökonomie der Gabe (Fn. 10), 211 f.; *ders.* Die Erblast, in: Teubner (Hrsg.), Nach Jacques Derrida und Niklas Luhmann. Zur (Un-)Möglichkeit einer Gesellschaftstheorie der Gerechtigkeit, Stuttgart 2008, 11.
29 Als Herausgeber zurückhaltend in: Entscheidungsfolgen als Rechtsgründe (Fn. 17); seine eigene Stellungnahme in: Altera Pars Audiatur. Das Recht in der Kollision anderer Universalitätsansprüche, Archiv für Rechts- und Sozialphilosophie (Beiheft 65) 1996, 199.

rekonstruieren. Man hat dabei mit der Schwierigkeit zu kämpfen, dass sich die Theorie der juristischen Argumentation von der methodischen Verwendung ihrer Erkenntnisse nicht trennen lässt. Weiter kann die Theorie der juristischen Argumentation Teubners nicht losgelöst von seiner Theorie des Rechts betrachtet werden. Wenn hier also das Methodenkonzept Teubners beleuchtet werden soll, müssen Grundzüge seiner Rechtsphilosophie und Rechtstheorie miteinbezogen werden. Die spezielle Fragestellung erfordert daher die Verbindung einer theoretischen mit einer anwendungsbezogenen Sichtweise. Eine weitere Spannung besteht zwischen der speziellen, voraussetzungsreichen Theoriesprache und der Einfachheit der Darstellung. Die theoretischen Konzepte können hier nur in der gebotenen Kürze, also vereinfacht, dargestellt werden. Außerdem müssen sie dafür aus ihrer originalen Theoriesprache übersetzt werden, so dass ein Übersetzungsverlust unvermeidlich ist.

1147 Die Darstellung der juristischen Methodik Teubners verlangt also einen doppelten Spagat: einerseits eine gleichzeitig theoretische und praktische Perspektive, andererseits die vereinfachte und verkürzte Abhandlung hochabstrakter Konzepte. Teubner entwickelt seine Theorie des Rechts und der juristischen Argumentation auf einer sehr hohen Abstraktionsstufe. Die Abstraktionshöhe heißt aber nicht, dass sich die Teubner'sche Methodik nicht für praktische, fallbezogene Argumentation eignet.

1. Paradoxie der Entscheidung und juristische Argumentation
a) Das Irrationale im Recht

1148 Wenn das Denken über Recht und sogar das Recht selbst paradox ist, dann muss die juristische Methodenlehre von der Paradoxie der Entscheidung her betrachtet werden. Die Paradoxie der Entscheidung ist die alltäglichste und oberflächlichste Erscheinung des Paradoxen im Recht.[30] Unter Berufung auf die großen Paradoxologen Luhmann, für den jede Entscheidung ihr Gegenteil enthält,[31] und Derrida, bei dem das Unentscheidbare wie ein Wahnsinn die Entscheidungssituation heimsucht,[32] sieht auch Teubner in jeder Entscheidung ein Moment des Irrationalen. Er spricht von einem hochproblematischen Hiatus zwischen Norm und Entscheidung, „der die Rechtsparadoxien hervortreibt."[33] Dabei handle es sich nicht bloß um eine intellektuelle Modeerscheinung im Sinne von „modischen Paradoxologien".[34] Teubner meint es ernst mit den Paradoxien. Das Paradoxe ist für ihn nicht nur ein neuer Ausdruck für das Rationalitätsproblem des Rechts. Die Problematik lasse sich nicht als eine Kollision zweier nicht gleichzeitig verwirklichbarer idealer Ansprüche im Sinne von Spannungsfeldern (etwa zwischen Rechtssicherheit durch allgemeine Regeln und Einzelfallgerechtigkeit) beschreiben.[35]

---

30 *Teubner* Rechtsparadoxien (Fn. 19), 39. Vgl. dazu *Ladeur/Augsberg* Auslegungsparadoxien (Fn. 16),143; *Fögen* Das Lied vom Gesetz, München 2007, 91, 104 ff.; *Vesting* Rechtstheorie, 2. Aufl., München 2015, Rn. 224 ff; *Sahm* Paradoxophilia, Ancilla Iuris 2015, 99.
31 *Luhmann* Organisation und Entscheidung (Fn. 16), 132. Vgl. dens. Paradoxie der Entscheidung, Verwaltungsarchiv 84, 287.
32 *Derrida* Gesetzeskraft. Der mystische Grund der Autorität, Frankfurt am Main 1996, 49 f.
33 *Teubner* Selbstsubversive Gerechtigkeit (Fn. 13), 11.
34 *Teubner* Rechtsparadoxien (Fn. 19), 28, 32. Zur Kritik an den Paradoxologien: *Günther* Kopf oder Füße? (Fn. 23), 255; *Bung* Das Bett des Karneades, in: Brugger/Neumann/Kirste (Hrsg.), Rechtsphilosophie im 21. Jahrhundert, 72; *Röhl/Röhl* Allgemeine Rechtslehre, 3. Aufl., München 2008, 106 ff.
35 So aber *Habermas* Faktizität und Geltung, Frankfurt am Main 1994, 244.

Das Recht könne das Eindringen des Irrationalen in den juristischen Entscheidungsprozess nicht verhindern. Die Norm selbst vermag eine Entscheidung nicht vollständig zu begründen. Es müssten in den Syllogismus aus Norm, Tatsache und Rechtsfolge noch zusätzliche Prämissen eingebracht werden und dies werde auch von den analytischen Theorien der juristischen Argumentation eingestanden.[36] Dennoch versuchten sie vergeblich der Selbstreferenzen und Zirkularitäten des hermeneutischen Zirkels zwischen „Vorverständnis und Methodenwahl" (Esser) Herr zu werden.[37] Dabei verhedderten sich die „juristischen Denksportler" in den verschiedenen Meta-Ebenen und müssten letztlich den Sprung aus dem System wagen, um dann doch wieder am Ausgangspunkt zu landen.[38]

Der Abgrund, der sich zwischen Rechtsnorm und Entscheidung auftue, könne daher auch nicht von juristischer Argumentation überbrückt werden.[39] Nach Teuber kann eine juristische Argumentation lege artis, und sei sie auch noch so spitzfindig und kunstfertig, die Entscheidung nicht vollständig begründen: „jeder, der auch nur einmal einen Rechtsfall zu entscheiden hatte, hat diese ernüchternde Erfahrung gemacht."[40]

Teubner richtet sich damit ausdrücklich gegen Theorien des Diskurses, die vergeblich versuchten, den Entscheidungsprozess durch rationale Argumentation zu strukturieren und das irrationale Moment zu leugnen.[41] Ebenso wendet er sich dagegen, mit dem Aufdecken des Irrationalen schon das dezisionistische Ende der Analyse zu verkünden,[42] oder wie rechtsrealistische Ansätze, die Entscheidung in Abhängigkeit vom richterlichen Frühstück zu untersuchen.[43]

b) Rechtsargumentation als notwendiges Ding der Unmöglichkeit

Welche Antwort auf das Irrationale der Entscheidung kann die Theorie der juristischen Argumentation bei Teubner geben und wie sieht juristische Methode im Angesicht der Rechtsparadoxien aus? Die Antwort lautet kurz: Rechtsargumentation ist ein notwendiges Ding der Unmöglichkeit.[44] Mit dieser widersprüchlichen Formel kann man sein Methodenverständnis charakterisieren. Nach Teubner kann auf der einen Seite der Hiatus zwischen Norm und Entscheidung ohnehin nicht geschlossen werden. Die Argumentation kann nicht über diesen Abgrund helfen und ist vergeblich. Auf der anderen Seite ist die juristische Argumentation erfolgreich. Sie hilft trotzdem und ist nützlich. Die Aufdeckung des Irrationalen in den rechtlichen Entscheidungsprozessen ist also erst der Anfang der Analyse. Trotz der Erfahrung der Unbegründbarkeit der Entscheidungen bewirkt die juristische Argumentation etwas Produktives.

---

36 *Teubner* Selbstsubversive Gerechtigkeit (Fn. 13), 21 f.
37 *Teubner* Recht als autopoietisches System (Fn. 9), 17 f unter Berufung auf Esser und Alexy.
38 *Teubner* Recht als autopoietisches System (Fn. 9), 15.
39 *Teubner* Selbstsubversive Gerechtigkeit (Fn. 13) 24.
40 *Teubner* Selbstsubversive Gerechtigkeit (Fn. 13), 21.
41 *Teubner/Zumbansen* Rechtsentfremdungen: Zum gesellschaftlichen Mehrwert des zwölften Kamels, in: Teubner (Hrsg.), Die Rückgabe des zwölften Kamels: Niklas Luhmann in der Diskussion über Gerechtigkeit, Stuttgart 2000, 196; *Teubner* Selbstsubversive Gerechtigkeit (Fn. 13), 21.
42 *Teubner* Ökonomie der Gabe (Fn. 10), 200.
43 *Teubner* Recht als autopoietisches System (Fn. 9), S. 8; *ders./Zumbansen* Rechtsentfremdungen (Fn. 41), 196.
44 Als notwendiges Ding der Unmöglichkeit bezeichnet Teubner sein Projekt einer soziologischen Jurisprudenz, vgl. *Teubner*, Die Perspektive soziologischer Jurisprudenz: Das Recht der Netzwerke, in: FS Röhl, 40, und *ders.*, Nach den Fällen: Paradoxien soziologischer Jurisprudenz, in: Lomfeld (Hrsg.), Die Fälle der Gesellschaft, Tübingen 2017, 227, Die Formulierung lässt sich auf die Rechtsargumentation übertragen.

1153 Juristische Argumentation ist vergeblich, wenn es darum geht die Entscheidung zu begründen, sie ist aber produktiv, indem sie die Entscheidung ermöglicht. So spiegelt sich also die Paradoxie der Entscheidung in Teubners Theorie der juristischen Argumentation wieder.

aa) Rechtsargumentation als Entparadoxierungsstrategie

1154 Folglich versteht Teubner juristische Argumentation als eine Entparadoxierungsstrategie.[45] Die Praxis des Rechts müsse lernen mit den Paradoxien umzugehen.[46] Entparadoxierung heißt dabei nicht die definitive Behandlung, sondern das vorübergehende Verdrängen, das Invisibilisieren der Paradoxie.[47] Der Rechtsbetrieb würde in eine Schockstarre fallen, wenn Paradoxien aufträten, die den Rationalitätsanspruch des Rechts konterkarierten. Dagegen helfe die Entparadoxierung. So ist das Rechtsparadox der Anwendung des Rechtscodes auf sich selbst (Ist die Recht/Unrecht-Unterscheidung ihrerseits Recht oder Unrecht?) im Rechtssystem nicht entscheidbar. Die paradoxe Spannung kann aber entspannt werden, indem eine zusätzliche Differenzierung eingeführt wird. Wenn man etwa zwischen Recht und Ethik unterscheidet und fragt, ob es aus ethischer Sicht rechtens ist, die rechtsinterne Unterscheidung Recht/Unrecht anzuwenden, führt die Frage nicht mehr in ein Paradox oder eine Tautologie.

1155 In gleicher Weise könne auch die juristische Argumentation das Entscheidungsparadox verdecken, wenn sie zusätzliche Differenzierungen und Hierarchien einführe, wie etwa die Unterscheidung gute/schlechte Gründe oder die Aufteilung in Tatsachen- und Rechtsfragen.[48] Allerdings sei die Entparadoxierung nur ein Verstecken der Paradoxie, die abhängig von historischen Umständen und der Plausibilität ihrer Entparadoxierung immer wieder hervorbrechen könne.[49] Daher dürfe man nur noch geringere Anforderungen an die Argumentation im Recht stellen.[50] Stattdessen müsse man sich darauf konzentrieren, tragfähige, gesellschaftsadäquate Entparadoxierungsstrategien zu entwickeln.[51] Gerade das Bedürfnis, die Paradoxien des Rechtssystems zu verstecken, lege kreatives Potential frei, dem die Gesellschaft Erfindungen wie z.B. die der juristischen Person oder des Staates verdanke.[52] Darum hält Teubner die Paradoxien für heuristisch wertvoll.

bb) Performativität der Rechtsargumentation

1156 Die Aufgabe der Rechtsargumentation beschränkt sich für Teubner aber nicht allein darauf, die Paradoxien des Rechts und der Entscheidung mehr schlecht als recht zu überdecken und so das Rechtssystem zumindest vorübergehend arbeitsfähig zu halten. Die Rechtsargumentation leiste noch mehr. Sie ermögliche überhaupt erst eine

---

45 *Teubner/Zumbansen* Rechtsentfremdungen (Fn. 41), 189; Vgl. dazu *Luhmann* Recht der Gesellschaft (Fn. 8), 343, 370.
46 *Teubner* Rechtsparadoxien (Fn. 19), 42.
47 *Teubner* Rechtsparadoxien (Fn. 19), 31, 42; *ders.* Dreiers Luhmann, in: Alexy (Hrsg.), Integratives Verstehen: Zur Rechtsphilosophie Ralf Dreiers, Tübingen 2005, 209. Vgl. dazu *Luhmann* Organisation und Entscheidung (Fn. 16), 129.
48 *Teubner* Altera Pars Audiatur (Fn. 29), 210; *ders./Zumbansen* Rechtsentfremdungen (Fn. 41), 194.
49 *Teubner* Ökonomie der Gabe (Fn. 10), 207; vgl. dazu *Sahm* Paradoxophilia (Fn. 30).
50 *Teubner* Rechtsparadoxien (Fn. 19), 42.
51 *Teubner* Rechtsparadoxien (Fn. 19), 43; *ders.* Dreiers Luhmann (Fn. 47), 211.
52 *Teubner* Selbstsubversive Gerechtigkeit (Fn. 13), 31.

Entscheidung: Sie entscheide nicht, bewirke aber Entscheidendes.[53] Sie transformiert die Entscheidungsalternative:

> „Nach der Rechtsargumentation ist die sich präsentierende Entscheidungsalternative eine andere geworden".[54]

Damit ist nicht nur die Subsumtion des Sachverhaltes unter eine Norm gemeint, sondern eine Verwandlung des Konflikts. Die Konflikte, die im Rechtssystem verarbeitet werden sollen, müssen zunächst im Recht rekonstruiert werden. Dabei komme es zu einer Entfremdung.[55] Ausgehend vom systemtheoretischen Verständnis der operativen Geschlossenheit der Systeme kann das Rechtssystem die sozialen Konflikte nicht direkt wahrnehmen. Es ist vielmehr blind dafür.[56] Was unter der Blindheit der Systeme zu verstehen ist, erklärt Teubner am Beispiel eines Preiskontrollgesetzes.[57] Dabei verordnet das Recht der Wirtschaft einen Preisstopp. Diese Kommunikation in Form eines Legislativaktes wird von der betroffenen Wirtschaft als eine Verschiebung in der Gewinnkalkulation wahrgenommen, als ein Posten in der Kosten-Nutzen-Bilanz, nicht jedoch in seiner rechtlichen Natur als Parlamentsgesetz. Umgekehrt versteht das Recht die Nichtbefolgung des Gesetzes nicht als mehr oder weniger effiziente Gewinnmaximierung oder Kostensenkung, sondern als (Nicht-)Erfüllung des rechtlichen Tatbestandes. Eine möglicherweise aus ökonomischer Sicht effiziente Normverletzung wird vom Recht als Erfüllung eines Haftungstatbestands interpretiert und insofern also missverstanden. So wird eine ursprünglich wirtschaftliche Verhaltensweise erst in die Sprache des Rechts übersetzt und von dem ursprünglichen Kontext abstrahiert. Umgekehrt missversteht die Wirtschaft eine eventuelle Geldbuße als bloßen Kostenfaktor und nicht als Strafe wegen einer Normverletzung. Folglich ist die Welt bei Teubner voll von Missverständnissen, wobei ihm deswegen kein pessimistisches oder gar resignatives Weltbild unterstellt werden darf.

Ein sozialer Konflikt muss demnach erst in die Systemsprache des Rechts übertragen werden, womit aber zwangsläufig ein Übersetzungsverlust einhergeht. Damit beschreibt Teuber auf hohem Abstraktionsniveau ein Phänomen, das von der Rechtskritik vielfach dem Recht vorgehalten wird: „Das Recht ist demnach prinzipiell nicht in der Lage soziale Konflikte ausreichend zu verstehen und in angemessener Weise zu lösen."[58] Das liege daran, dass der Ausgangskonflikt formalisiert und in die hochartifizielle Sprache des Rechts übersetzt werden müsse und so aus dem sozialen Zusammenhang gerissen werde.[59] Diese Entfernung des Konflikts von seinem vielfältigen gesellschaftlichen Hintergrund beruhe auf der Geschlossenheit des Rechtssystems. Sie sei der Grund einer Rechtsentfremdung.

Zum einen bewirke der verworrene Prozess der Normentstehung, dass Rechtsnormen, die zur Lösung von Konflikten formuliert werden, nur noch bedingt mit der sozialen Ausgangslage zusammenhängen. Die rechtlichen Strukturen entstünden in Institutio-

---

53 *Teubner/Zumbansen* Rechtsentfremdungen (Fn. 41), 196; *Teubner* Selbstsubversive Gerechtigkeit (Fn. 13), 24.
54 *Teubner/Zumbansen* Rechtsentfremdungen (Fn. 41), 196.
55 Das Phänomen der Entfremdung wird auch bei *Wiethölter* Rechtswissenschaft, Frankfurt am Main 1968, 17 f. allerdings ohne systemtheoretischen Hintergrund beschrieben.
56 *Teubner* Recht als autopoietisches System (Fn. 9), 36; *Abegg* Evolutorische Rechtstheorie, in: Buckel/Christensen/Fischer-Lescano (Hrsg.), Neue Theorien des Rechts, 2. Aufl., Stuttgart 2009, 404 f.
57 *Teubner* Recht als autopoietisches System (Fn. 9), 96 ff.
58 *Teubner/Zumbansen* Rechtsentfremdungen (Fn. 41), 190.
59 *Teubner/Zumbansen* Rechtsentfremdungen (Fn. 41), 190.

nen der Kopplung verschiedener Systeme mit dem Recht (Recht-Politik, Recht-Technik, Recht-Wissenschaft).[60] In ihnen werde das Recht durch externe Ereignisse irritiert. Teubner muss von einer Irritation des Rechts sprechen, weil unter geschlossenen Systemen keine direkte kausale Beeinflussung des Rechtsystems von außen möglich ist.[61] Darum könne das Recht bei der Normbildung nur versuchen, problemadäquate Normen zu entwickeln. In dieser Sichtweise orientiert sich das Recht bei der Normproduktion nicht an den hochkomplexen, facettenreichen Konflikten selbst, sondern an seiner eigenen internen Vorstellung davon, die notwendigerweise nur ein (rechtsperspektivisch) verzerrtes Abbild des Problems sein kann.[62] So entfernten sich die Normen von den Problemen, zu deren Lösung sie formuliert wurden, und so vergrößere sich der Abstand zwischen Individualkonflikt und Rechtsdogmatik.[63]

1160   Zum anderen trägt die Anwendung rechtlicher Operationen auf Ergebnisse rechtlicher Operationen (d.i. die Verkettung von Rechtsoperationen) dazu bei. Indem das Recht die Argumentationen ad hoc und ad hominem aus dem Rechtsverfahren verbanne und stattdessen nur die Berufung auf vorangegangene Rechtsmaterialien (Normen, Urteile, Rechtsprinzipien, Lehrmeinungen usw.) gestatte, werde es unabhängig von seiner Umwelt.[64] Es entstehe ein Netz von Begriffen, Regeln und Prinzipien. Der Konflikt müsse also erst in dieses Netz von Argumenten übersetzt werden, wodurch er sich noch weiter vom Ausgangsfall entferne.[65] Dann hat der Rechtsfall nur noch wenig mit dem sozialen Konflikt zu tun. Die selbstreferentielle Struktur des Rechts führt so zu einer Verstärkung der Entfremdung.[66]

1161   Fragt man nun nach der Stellung der Rechtsargumentation in der Theorie Teubners, so lautet die Antwort: Die Rechtsargumentation vollzieht die Entfremdung. Sie transformiert den sozialen Konflikt in eine Rechtsfrage.[67] Sie verändert den Konflikt und erlaubt seine distanzierte Betrachtung im Rechtssystem. Die Entfremdung, welche die Rechtskritik dem Recht vorwirft, ist für Teubner gerade das Proprium des Rechts.[68] Das Recht arbeite mit Fiktionen, die den Konflikt in eine Reihe von Tatfragen und Rechtsfragen zerlegen und ihn so entscheidbar machen.[69] Die Entfremdung vervielfache daher die Möglichkeiten mit dem Konflikt umzugehen und schaffe so kreatives Potential zur Konfliktbearbeitung. Die Entfremdung ermögliche eine unbefangene und gleichsam neutrale Sichtweise auf den Konflikt.[70] Nach Teubner macht die Transformierung des Konflikts in die *quaestio iuris* den unentscheidbaren Konflikt entscheidbar, gerade weil die rechtsförmige Rekonstruktion des Konflikts sich vom Ausgangskonflikt entfremdet hat.

---

[60] Sog. Produktionsregimes, *Teubner* Eigensinnige Produktionsregimes, Soziale Systeme 5, 1999, 7 ff.; *ders.* Altera Pars Audiatur (Fn. 29), 202; *ders./Zumbansen* Rechtsentfremdungen (Fn. 41), 197.
[61] *Teubner* Recht als autopoietisches System (Fn. 9), 93.
[62] *Teubner* Altera Pars Audiatur (Fn. 29), 211; *ders.* Selbstsubversive Gerechtigkeit (Fn. 13), 19.
[63] *Teubner/Zumbansen* Rechtsentfremdungen (Fn. 41), 197; *Teubner* Selbstsubversive Gerechtigkeit (Fn. 13), 15.
[64] *Teubner/Zumbansen* Rechtsentfremdungen (Fn. 41), 191 f.
[65] *Teubner/Zumbansen* Rechtsentfremdungen (Fn. 41), 196 f.
[66] *Teubner/Zumbansen* Rechtsentfremdungen (Fn. 41), 196 f.
[67] *Teubner/Zumbansen* Rechtsentfremdungen (Fn. 41), 194.
[68] *Teubner/Zumbansen* Rechtsentfremdungen (Fn. 41), 190, 194.
[69] *Teubner* Altera Pars Audiatur (Fn. 29), 210; *ders./Zumbansen* Rechtsentfremdungen (Fn. 41), 194.
[70] *Teubner/Zumbansen* Rechtsentfremdungen (Fn. 41), 199.

Die Rechtsargumentation reproduziere den Konflikt im Rechtssystem und übersetze dabei externe Umstände selektiv in Rechtsargumente.[71] Mit Selektion ist also nicht nur eine Auswahl derjenigen Aspekte gemeint, die im Einklang mit der bisherigen Entscheidungspraxis oder der herrschenden Lehrmeinung stehen.[72] Die Rechtsargumentation ist bei Teubner kein bloßer Filter, sondern sie leistet einen performativen Eigenbeitrag, indem sie ausgerechnet durch sinnverfälschende Transformation neue Sinnwelten eröffnet.[73] Konkurrierende Rechtspositionen werden durch sie skalierbar und können gegeneinander aufgerechnet werden.[74] Durch sie werde das „Inkommensurable […] kommensurabel. Das Unentscheidbare wird entscheidbar."[75]

Darum ist die Entscheidungsalternative nach der juristischen Argumentation eine andere geworden und in diesem Sinne ist die Rechtsargumentation zwar vergeblich, aber dennoch produktiv: also ein notwendiges Ding der Unmöglichkeit.

Rechtsargumentation bewirkt nach Teubner also zweierlei. Allerdings ist es nicht das, was sie vorgibt zu tun, nämlich eine Entscheidung zu rechtfertigen.

> „Rechtsargumente […] sind zweifellos unverzichtbare Elemente der Rechtsentscheidung, sie sind aber prinzipiell nicht in der Lage, Rechtsentscheidungen zu determinieren oder zu rechtfertigen."[76]

Einerseits fungiert die Argumentation als Entparadoxierung der Entscheidungsparadoxie. Sie überdeckt mehr oder weniger vollständig, mehr oder minder plausibel die Entscheidungsparadoxie. Andererseits ermöglicht sie eine Entscheidung des Unentscheidbaren, indem sie den Konflikt umformt. Zwar wird dann ein anderer Konflikt entschieden, nämlich die Rechtsfrage und nicht der (ökonomische, familiäre, medizinische usw.) Ausgangskonflikt. Aber dadurch kann es erst zu einer Konfliktregulierung durch das Recht kommen. Das Recht sorgt durch die Rechtsargumentation für eine Sinnzunahme: die kommunikativen Anschlussmöglichkeiten werden vervielfacht und so kreatives Potential zur Konfliktlösung freigesetzt. Das heißt, dass der Konflikt entscheidbar wird und „daß die Parteien ihr Urteil bekommen. Die Urteilsgründe können sie vergessen."[77]

2. Soziologische Anreicherung des Rechts

Die juristische Argumentation ermöglicht erst die Rechtsentscheidung, aber um den Preis eines Entfremdungseffekts. Das Recht entscheidet also gar nicht den sozialen Konflikt, sondern nur die Rechtsfrage. Es rekonstruiert intern auf verschlungenen Wegen den Konflikt seiner Umwelt und macht sich so ein zwangsläufig unvollständiges Bild von diesem. Das Recht kann sich also nur um Bildadäquanz und nicht um Umweltadäquanz bemühen.[78] Diese prinzipielle Kluft zwischen der Rechtsfrage und dem Sozialkonflikt kann nicht überbrückt werden. Dennoch muss das Recht natürlich

---

71 *Teubner* Altera Pars Audiatur (Fn. 29), 210.
72 *Teubner* Altera Pars Audiatur (Fn. 29), 209.
73 *Teubner/Zumbansen* Rechtsentfremdungen (Fn. 41), 198 f.
74 *Teubner* Altera Pars Audiatur (Fn. 29), 212. Vgl. *Ladeur* Kritik der Abwägung in der Grundrechtsdogmatik, Tübingen 2004, 12; *dens./Augsberg* Rechtstheorie 2005, 143, 160.
75 *Teubner* Altera Pars Audiatur (Fn. 29), 211.
76 *Teubner/Zumbansen* Rechtsentfremdungen (Fn. 41), 196.
77 *Teubner/Zumbansen* Rechtsentfremdungen (Fn. 41), 199. Vgl. auch *Luhmann* Recht der Gesellschaft (Fn. 8), 370.
78 *Teubner* Selbstsubversive Gerechtigkeit (Fn. 13), 19.

versuchen, sich dem Sozialkonflikt soweit wie möglich anzunähern. Dies hält Teubner für eine elementare Forderung der Gerechtigkeit.[79] Die Gerechtigkeit verlange, den Übersetzungsverlust bei der Übertragung des Konflikts über die Systemgrenze möglichst gering zu halten. Dazu könne das Recht seine Beobachtungsfähigkeit steigern. Es müsse umweltsensibel sein, damit es viele Konflikte wahrnehmen und sie möglichst umfassend und genau reproduzieren könne.[80]

1167 Die Sensibilität des Rechtsystems lasse sich durch dogmatische Begriffe steigern, die wie Sensoren die Umwelt des Rechts ertasten.[81] Teubner spricht insoweit von Responsivität durch „*Fühlbegriffe der Dogmatik*".[82] Rechtliche Dogmatik habe daher die rechtlichen Phänomene einschließlich ihrer Beziehung zur Umwelt zu betrachten. Das Recht soll aber nicht nur den Umweltkonflikten gerecht werden, sondern gleichzeitig auch negative Auswirkungen der rechtlichen Operationen in parallelen Teilsystemen verhindern. Um derartige negative Externalitäten zu verringern, bedarf es ebenfalls erhöhter Umweltsensibilität, um so die negativen Auswirkungen zu internalisieren.[83] Dazu müsse die Dogmatik dem Recht die Wahrnehmung der Konsequenzen seines Wirkens in anderen Systemen ermöglichen. Das Projekt heißt also Ökologisierung des Rechts.[84] Dafür müsse die Gesellschaft sorgfältig beobachtet und genau beschrieben werden. Es sind deshalb präzise soziologische Beschreibungen der Gesellschaft nötig, die das Recht intern verarbeiten muss. Die soziologische Aufklärung des Rechts ist daher für Teubner eine grundlegende Anforderung der Gerechtigkeit.[85] Eine unmittelbare Übernahme des soziologischen Wissens in das Recht sei aber nicht möglich. Das Recht bleibt ein geschlossener Kommunikationskreislauf. Es müsse sich aber von den Erkenntnissen der Soziologie *irritieren* lassen.

1168 Fragt man wieder nach dem Ort der Irritation, so muss die Antwort lauten: Die Irritation erfolgt im Prozess der rechtlichen Argumentation. Über juristische Argumentation können also Informationen über die Umwelt des Rechts in das Recht eingebracht werden.[86] Hierin besteht daher der Zusammenhang zwischen der bereits angesprochenen Forderung Teubners nach mehr (rechts-) soziologischen Analysen im Recht mit juristischer Argumentation. Aus genauer soziologischer Analyse lassen sich tragfähige Rechtsargumente konstruieren, die wiederum in Form von Rechtsdogmatik institutionalisiert werden können. Soziologische Analysen und Beschreibungen der Gesellschaft können deshalb in das Recht in Form von Rechtsargumentation übernommen werden, weil das Recht selbst über den legitimen Gebrauch rechtsfremder Argumente entscheide.[87]

1169 Ein Effekt davon ist, dass die argumentative Rezeption soziologischer Analysen die Entscheidungsgrundlage verbreitert (a). Weiterhin lassen sich die Analysen mit normativen Forderungen zu Rechtsargumenten ausbauen (b). Dabei sind wiederum zwei verschiedene Argumentationsvarianten möglich. Einerseits kann sich die Argumentation

---

79 *Teubner* Selbstsubversive Gerechtigkeit (Fn. 13), 30 f.
80 *Teubner* Recht als autopoietisches System (Fn. 9), 99 ff.
81 *Teubner* Recht als autopoietisches System (Fn. 9), 88; *ders.* Altera Pars Audiatur (Fn. 29), 212.
82 *Teubner* Rechtswissenschaft und -praxis im Kontext der Sozialtheorie, in: Grundman/Thiessen (Hrsg.), Recht und Sozialtheorie im Rechtsvergleich, Tübingen 2015, 155; *ders.* Nach den Fällen: Paradoxien soziologischer Jurisprudenz (Fn. 44), 235.
83 *Teubner* Netzwerk als Vertragsverbund (Fn. 3), 9 f.
84 *Teubner* Altera Pars Audiatur (Fn. 29), 212 f.
85 *Teubner* Selbstsubversive Gerechtigkeit (Fn. 13), 25.
86 *Teubner/Zumbansen* Rechtsentfremdungen (Fn. 41), 204 f.
87 *Teubner* Altera Pars Audiatur (Fn. 29), 210.

auf die gewollten Konsequenzen einer Rechtsentscheidung stützen und andererseits auf den rückblickenden Ausgleich unerwünschter Folgen.

a) Genese von Argumentationstopoi

Eine soziologische Beschreibung der gesellschaftlichen Phänomene, die dem Facettenreichtum des Alltags gerecht wird, erlaubt es bislang unberücksichtigte Aspekte in die Rechtsargumentation einzuführen.

So sieht beispielsweise eine kontextsensible Betrachtung eines Vertrages auch nichtökonomische Elemente der Vertragsbeziehung und kann damit über die Interpretation als rechtliches Schuldverhältnis und das Verständnis als ökonomische Transaktion hinausgehen.[88] Vielmehr muss die ökonomische Perspektive auf die Vertragsbeziehung um weitere Perspektiven ergänzt werden. Der Vertrag wird damit nicht mehr eindimensional, sondern als mehrdimensionale Sozialstruktur wahrgenommen, die in verschiedene soziale Handlungslogiken eingebettet ist und eben nur aus der spezifischen Sicht des Wirtschaftssystems eine ökonomisch profitable Transaktion ist.[89] Der Vertrag als Sozialstruktur verknüpft verschiedene Handlungslogiken, etwa die der Kunst mit der profitorientierten Logik der Wirtschaft und der Normorientierung des Rechts.[90] Eine solche Sichtweise erkennt daher die Vielgestaltigkeit der Beziehungen des Vertrages zu seinen Umwelten und die Konfliktträchtigkeit des Vertrages als Beziehung zwischen sozialen Sprachen.

Die bloße Zunahme der wahrgenommenen Aspekte ermöglicht dem Recht die Gewinnung entscheidungsrelevanter Gesichtspunkte in der Rechtsargumentation.[91] Das Recht sieht mehr und hat darum eine größere Auswahl an Aspekten, die es für entscheidungserheblich erklären kann. Die relevanten Aspekte fließen in das Recht über die juristische Argumentation ein. Ein im Einzelfall entscheidungserheblicher Gesichtspunkt kann schließlich als Argumentationstopos in der Dogmatik verfestigt werden. Soziologische Analyse fungiert daher als Generator von Argumentationstopoi. Die der Gesellschaftsbeobachtung entnommenen Gesichtspunkte können sowohl im Einzelfall die entscheidenden Kriterien liefern als auch zu dogmatischen Figuren verdichtet werden. An dieser Stelle setzen die dogmatischen Arbeiten Teubners an. Darin wird auf hohem Abstraktionsniveau versucht, soziologische Beschreibungen über den Einzelfall hinaus für das Recht fruchtbar zu machen, indem das Recht sie dogmatisch rezipiert.[92]

Wie die Erzeugung neuer Argumentationstopoi funktioniert, kann man anschaulich an Teubners Untersuchungen zum Netzwerk als Vertragsverbund sehen.[93] Die soziologische Beobachtung der Gesellschaft zeige, dass sich Kooperationsformen entwickelt haben, die eine Netzwerkstruktur aufweisen. Sie unterschieden sich von hierarchisch

---

88 *Teubner* Vertragswelten: Das Recht in der Fragmentierung von Private Governance Regimes, Rechtshistorisches Journal 17, 1998, 234, 246.
89 *Teubner* Vertragswelten (Fn. 88), 234, 244.
90 *Teubner* Vertragswelten (Fn. 88), 234, 254.
91 *Teubner* Expertise als soziale Institution: Die Internalisierung Dritter in den Vertrag, in: FS E. Schmidt, 308 f.
92 Vgl. etwa *Teubner* Netzwerk als Vertragsverbund (Fn. 3).
93 Vgl. dazu die umfassende Analyse: *Teubner* Netzwerk als Vertragsverbund (Fn. 3) sowie die Kurzdarstellungen: *ders.* Die Perspektive soziologischer Jurisprudenz (Fn. 44), 40; *ders.* Paradoxien der Netzwerke in der Sicht der Rechtssoziologie und der Rechtsdogmatik, in: FS Bryde, 9. Ferner *Seinecke* Vertragsnetzwerke und Soziologische Jurisprudenz, in: Viellechner (Hrsg.), Das Staatsverständnis Gunther Teubners, Baden-Baden 2019, 131. Auch Teubners spätere Studie zum Rechtssubjektstatus autonomer Softwareagenten könnte als Beispiel für die Produktivität soziologisch angereicherter Jurisprudenz und Dogmatik herangezogen werden, vgl. hierzu *Teubner*, Digitale Rechtssubjekte, AcP 2018, 155.

organisierten Unternehmensformen wie etwa Verbänden und Gesellschaften. Daher bildeten sie eine Mischform zwischen vertraglichen Beziehungen einerseits und Verbandsbeziehungen, juristischen Personen andererseits. In komplexen Vertriebsketten oder in Franchisesystemen entstehe aus den vielen, auf einander verweisenden bilateralen Verträgen ein Netzwerk.[94] Jedoch übersehe das Recht vor lauter Bäumen den Wald, wenn es nur individuelle bilaterale Verträge oder deliktische Sonderverbindungen erkenne und das Netzwerk so auflöse.[95] Die soziologische Beschreibung des Vertragskomplexes als Netzwerk lege demnach eine rechtliche Behandlung des Netzwerks als eine Einheit nahe.[96] Allerdings sei Netzwerk kein juristischer Begriff. Die Autonomie des Rechts schließe es vielmehr aus, Netzwerk einfach als Rechtsbegriff zu übernehmen.[97] Dadurch wird das Recht irritiert. Folglich müsse nach der soziologischen Beobachtung dogmatisch weitergebaut werden: „Die juristische Argumentation beginnt erst dort, wo andere Reflexionstheorien enden."[98] Teubner sucht also nach dogmatischen Figuren und Rechtsbegriffen, die dem Phänomen des Netzwerks gerecht werden können. Es geht ihm um die (Weiter-)Entwicklung autonomer Rechtsbegriffe, die auf das Phänomen des Netzwerks passen, wie etwa der dogmatische Begriff des Vertragsverbundes. Diese Vorgehensweise verändert nun die Begründungsstrukturen in konkreten Rechtsfällen. Es werde offenbar, dass die Begriffe des Vertrags- und Deliktsrechts nicht auf das Phänomen der Vernetzung eingestellt seien.[99] Die rechtliche Alternative Vertrag / Gesellschaft reiche zur Behandlung solcher Netzwerke nicht aus.[100] Für die nötige Rechtsfortbildung empfiehlt Teubner, auf die soziale Praxis zu achten. Im Falle der Netzwerke habe die Praxis bereits eine tragfähige Umgangsform mit dem Widerspruch der wirtschaftlichen Einheit getrennter Verträge gefunden.[101] Diese müsse das Recht rekonstruieren, womit aber wieder keine fraglose Übernahme gemeint ist.

1174   Für die Außenhaftung eines Netzwerks und der beteiligten Akteure schlägt Teubner beispielsweise eine anteilsmäßige Haftung der Teilnehmer vor.[102] Er argumentiert folgendermaßen: Die Risiken von Netzwerken erforderten eine rechtliche Verantwortlichkeit in Form einer Haftung. Dabei müsse die Zwitterstellung der Netzwerke zwischen Organisationen und Einzelverträgen berücksichtigt werden, sodass eine rein individuelle sowie eine vereinheitlichte kollektive Haftung des Netzwerks ausscheide.[103] Folglich kommt Teubner zu einer pro-rata-Haftung der Teilnehmer am Netzwerk je nach ihrem Anteil am Netzwerk. Diese Art der Haftung könne vor allem dann helfen, wenn eine Verantwortlichkeit des Netzwerkes besteht, aber der individuelle Beitrag der einzelnen Netzteilnehmer nicht nachgewiesen werden kann.

1175   Die soziologische Beobachtung deckt hier auf, dass die herkömmlichen Rechtskategorien nicht passen und eine Fortbildung des Rechts nötig ist. Die Argumentation zur Haftung innerhalb von Netzwerken wird aber erst dadurch möglich, dass soziologische Erkenntnisse über die Strukturen, Risiken und die Logik der neuen netzwerkarti-

---

94 *Teubner* Netzwerk als Vertragsverbund (Fn. 3), 9.
95 *Teubner* Netzwerk als Vertragsverbund (Fn. 3), 122.
96 *Teubner* Die Perspektive soziologischer Jurisprudenz (Fn. 44), 46.
97 *Teubner* Die Perspektive soziologischer Jurisprudenz (Fn. 44), 47.
98 *Teubner* Die Perspektive soziologischer Jurisprudenz (Fn. 44), 46.
99 *Teubner* Die Perspektive soziologischer Jurisprudenz (Fn. 44), 41 f.
100 *Teubner* Netzwerk als Vertragsverbund (Fn. 3), 19.
101 *Teubner* Die Perspektive soziologischer Jurisprudenz (Fn. 44), 48.
102 *Teubner* Die Perspektive soziologischer Jurisprudenz (Fn. 44), 48.
103 *Teubner* Die Perspektive soziologischer Jurisprudenz (Fn. 44), 48 f.

gen Kooperationsformen bestehen. Ohne diese soziologische Informiertheit wäre ein solcher Vorschlag nicht möglich.

Die soziologische Beobachtung Teubners zeigt ihm weiterhin, dass Netzwerke auf generalisierter Reziprozität beruhen.[104] Diese Erkenntnis wiederum erlaubt Schlussfolgerungen, wie der Vertrauensschutz innerhalb der Netzwerken rechtlich geregelt werden kann. Hier sieht Teubner etwa in der richterrechtlichen Normierung von Loyalitätspflichten eine aussichtsreiche Möglichkeit des rechtlichen Schutzes vor Vertrauenserosion innerhalb eines Netzwerkes.[105]

Ferner leitet Teubner aus seiner Beobachtung den Netzzweck als eigenständige Rechtskategorie zwischen Vertragszweck und Gesellschaftszweck her. Dieser Begriff sei der Realität der Netzwerke angemessener, weil er die den Netzwerken anhaftende Widersprüchlichkeit zwischen individuellen und kollektiven Elementen aufnehme.[106] Somit entsteht eine neue juristische Kategorie, die als Maßstab für Behandlung der Netzteilnehmer im Innenverhältnis dienen kann.

Welche Schlüsse zur rechtlichen Lösung der Probleme von Franchise- oder Vertriebssystemen gezogen werden müssen, kann hier offen bleiben. Es zeigt sich jedoch, wie die soziologische Beobachtung Argumentationskategorien für das Recht erzeugen kann.

b) Soziologische Argumente: Steuerung und Gegensteuerung durch Recht

Natürlich kann die Beobachtung selbst noch kein konkretes Rechtsargument für oder gegen eine Rechtsentscheidung ergeben. Sie bedarf noch der normativen Ergänzung durch ein Regelungsziel. Dann lässt sich die soziologische Analyse der Gesellschaftsverhältnisse zu einer Argumentation ausbauen.

Zur Haftung eines von einem Vertragspartner beauftragten Experten gegenüber dem anderen Vertragspartner argumentiert Teubner z.B. wie folgt: Die allein wissenschaftlichen Standards verpflichtete Expertise ist ein schützenswertes Gut. Sie soll unabhängig und neutral sein, ist aber zur Loyalität gegenüber dem Vertragspartner verpflichtet und droht darum von Seiten des Vertragspartners korrumpiert zu werden. Hier zeigt eine soziologische Problembeschreibung gleichzeitig die Lösungswege auf: Um dieses Gut zu schützen, muss der einseitigen Einflussnahme des Vertragspartners ein Gegengewicht in Form einer Haftung gegenüber Dritten entgegengesetzt werden.[107]

Hierbei wird mit zwei Annahmen gearbeitet: der normativen Annahme der Schutzwürdigkeit der Expertise und zum anderen der faktischen Annahme, dass sich durch ein Gegengewicht in Form einer Haftung die Gefahr der strukturellen Korruption bekämpfen lasse.

Problematisch für Teubner ist an dieser Argumentationsform jedoch die faktische Annahme über die künftige Entwicklung eines Gesellschaftsbereichs. Zwar werde bei der Begründung von Rechtsentscheidungen seit jeher mit faktischen Annahmen über die Beeinflussung und Beeinflussbarkeit der Gesellschaft gearbeitet. Aber dabei werde die Möglichkeit von Voraussagen über soziale Prozesse überschätzt. Gesellschaftliche

---

104 *Teubner* Netzwerk als Vertragsverbund (Fn. 3), 10.
105 *Teubner* Netzwerk als Vertragsverbund (Fn. 3), 50.
106 *Teubner* Netzwerk als Vertragsverbund (Fn. 3), 149; *ders.* Vertragliche Verbundpflichten, in: Lomfeld (Hrsg.), Die Fälle der Gesellschaft, Tübingen 2017, 107.
107 *Teubner* Expertise als soziale Institution (Fn. 91), 325.

Prozesse seien selbst bei totaler Determiniertheit zu komplex, um sichere Prognosen zu erlauben.[108] Das Recht wage dabei vielmehr eine sehr unsichere Prognose. Zwar greife das Recht auf „implizites Wissen"[109] der benachbarten Systeme zurück, indem es argumentativ seine Umwelt rezipiere und so versuche, die eigenen Entscheidungen realistischer zu gestalten. Aber andererseits ist das Recht bei Teubner immer noch für seine Außenwelt blind. Der Einbau soziologischen Wissens über die Umwelt funktioniere nur auf Schleichwegen.[110] Schon die Selbstreferentialität der Systeme steht bei Teubner einer unmittelbaren Rezeption soziologischen Wissens entgegen.[111] Die soziologische Analyse heißt also nicht, dass das Recht auf eine von allen Subsystemen geteilte Perspektive der Gesellschaftstheorie wie auf eine gemeinsame Sprache zurückgreift.[112] Vielmehr müsse unter Bedingungen der „Inkommensurabilität der Diskurse, ihre[r] Geschlossenheit und gegenseitige[n] Unzugänglichkeit"[113] die Prognosefähigkeit des Rechts realistischer eingeschätzt werden. Das Recht kann demnach den Sinn seiner Umweltsysteme „nur mit seinen eigenen Begriffen, in seinem eigenen Kontext rekonstruieren."[114]

1183　Damit sind also zugleich die Grenzen der Steuerung durch Recht aufgezeigt.[115] Wegen der zwangsläufigen Unzulänglichkeit seines (Um)Weltbildes seien Nebeneffekte oder gar vollkommen unbeabsichtigte Entwicklungen eher die Regel als die Ausnahme. Darum müsse das Recht die Folgen seiner Entscheidungen wiederum internalisieren und somit seine Aufmerksamkeit für ungewollte, schädliche Nebenwirkungen in anderen Systemen schärfen.[116] Negative oder destruktive Folgen können dadurch nicht verhindert, aber doch zumindest rückblickend wahrgenommen werden. Es geht Teubner damit um die spezielle Form der retrospektiven Folgenberücksichtigung.[117] Präventive Folgenplanung sei daher nur in engen Grenzen möglich, erfolgsversprechender erscheine die Fokussierung auf retrospektive Folgenkontrolle. Das Recht müsse dazu wahrnehmen, wie die betroffenen Sozialsysteme intern reagieren, wenn sie die rechtliche Entscheidung in ihre Systemsprache übersetzen.[118] Dann könne das Recht gegensteuern, wenn seine Entscheidungen in den benachbarten Systemen negative Effekte auslösen. Wichtiger und aussichtsreicher als die Steuerung durch Recht ist bei Teubner das Verhindern von Schäden in anderen Sozialsystemen, also die Gegensteuerung durch Recht.

1184　Dem Beispiel der Expertenhaftung liegt die Prognose zugrunde, dass durch ein Gegengewicht in Form einer Haftung der strukturellen Korruption der Expertise durch den

---

108　*Teubner* Altera Pars Audiatur (Fn. 29), 213.
109　*Teubner* Altera Pars Audiatur (Fn. 29), 216; *ders.* Expertise als soziale Institution (Fn. 91), 309.
110　*Teubner* Recht als autopoietisches System (Fn. 9), 96.
111　*Teubner* Recht als autopoietisches System (Fn. 9), 123.
112　Anders aber *Vesting*, der bei Teubner eine „Relationierung von Rechtsinterpretation und gemeinsamen Wissen" sieht, Rechtstheorie (Fn. 30), Rn. 237. Unter gemeinsamem Wissen versteht Vesting einen systemübergreifenden Pool von Wissensbeständen, der eine Kommunikation wie eine gemeinsame Sprache ermöglicht, a.a.O. Rn. 234. Dagegen spricht aber die Geschlossenheit der Systeme bei Teubner, deren prinzipielle Grenzen nicht durchbrochen werden können, Recht als autopoietisches System (Fn. 9), 93 und 120. Dies hat zur Folge, dass sich die Systeme kontinuierlich missverstehen, Altera Pars Audiatur (Fn. 29), 215, also gerade keine gemeinsame Sprache sprechen.
113　*Teubner* Vertragswelten (Fn. 88), 234, 251.
114　*Teubner* Vertragswelten (Fn. 88), 234, 251.
115　Siehe dazu auch: *Teubner* Recht als autopoietisches System (Fn. 9), 95; 123 ff.
116　*Teubner* Altera Pars Audiatur (Fn. 29), 214.
117　*Teubner* Altera Pars Audiatur (Fn. 29), 215.
118　*Teubner* Altera Pars Audiatur (Fn. 29), 215.

Vertragspartner vorgebeugt werden könne. Ob allerdings das Gegengewicht in Form einer rechtlichen Dritthaftung zum Erfolg führt, ist ex ante höchst ungewiss. Die Dritthaftung der Experten wird in den angrenzenden Systemen in der systemeigenen Sprache rekonstruiert und kann dort schlimmstenfalls zu desintegrativen Konsequenzen führen. Diese destruktiven Folgen müssen jetzt wiederum argumentativ (und mit notwendigerweise einhergehendem Übersetzungsverlust) in das Recht eingeführt werden. Dadurch kann das Recht rückwirkend seine negativen Umweltfolgen internalisieren und darauf reagieren. Es finden also zwei Übersetzungsprozesse statt. Die rechtliche Entscheidung wird in den betroffenen Sozialsystemen rezipiert und umgekehrt muss diese Rezeption wieder in das Recht übersetzt werden. Die Rechtsargumentation müsse dazu die verschiedenen Handlungslogiken der am Konflikt beteiligten Systeme simulieren.[119]

Allerdings bedarf auch diese Form der Folgenargumentation einer normativen Annahme. Aus ihr lassen sich tragfähige Argumente herstellen, wenn man die faktische Beobachtung wie Teubner mit der Forderung nach Systemautonomie auflädt. Es sollen Systemimperialismen verhindert werden.[120] Die Argumentation Teubners mit retrospektiver Folgenbeobachtung stützt sich also auf das normative Ziel Systemvielfalt zu erhalten. Das Recht muss demnach verhindern, dass benachbarte Sozialsysteme Schaden nehmen. Die liberale Forderung nach dem Erhalt von Systemvielfalt ist jedoch nicht der einzige Anhaltspunkt, der Teubner normative Argumente ermöglicht. Normative Orientierung könne das Recht ferner aus den „Reflexionsdogmatiken"[121] der verschiedenen Sozialsysteme entnehmen. Unter Reflexionsdogmatiken versteht Teubner systemspezifische Diskurse, in denen die jeweilige Systempraxis intern reflektiert wird und sich Eigennormativität herausbildet.[122]

3. Juristische Argumentation und Gerechtigkeit

Die bisherige Analyse der juristischen Methodik bei Teubner zeigt, dass die Funktion juristischer Argumentation in der Entparadoxierung der Entscheidungsparadoxie und der Ermöglichung einer Rechtsentscheidung besteht. Soweit handelt es sich um eine neue, eigenständige Beschreibung der juristischen Argumentation.

Außerdem wurde ein enger Zusammenhang der juristischen Argumentation mit der für Teubner typischen Forderung nach soziologischer Aufklärung sichtbar. Praktisch nützt die soziologische Anreicherung in zweierlei Hinsicht: Einerseits wird das Recht zunächst um eine Vielzahl von Gesichtspunkten bereichert, die für entscheidungsrelevant erklärt werden können. Andererseits lassen sich aus den Beobachtungen Argumente gewinnen. Zum einen kann die soziologische Beobachtung Wege zur Erreichung eines bestimmten Regelungsziels aufzeigen. Dabei macht das Recht aber rechtsperspektivisch verzerrte Prognosen, sodass rechtliche Entscheidungen wahrscheinlich unbeabsichtigte oder kontraproduktive Nebenwirkungen aufweisen werden. Prospektive Folgenkontrolle liefert wegen der Blindheit der Systeme nur schwache Argumente.

---

119 *Teubner* Altera Pars Audiatur (Fn. 29), 201; *ders.* Expertise als soziale Institution (Fn. 91), 309.
120 *Teubner* Altera Pars Audiatur (Fn. 29), 217, 218. Ein Beispiel für eine solche Argumentation wird unter III. beim Praxistest anhand der ruinösen Bürgschaftsfälle gezeigt. Vgl. dazu mit programmatischem Titel *Teubner*, Europas Kollisionsrechtsverfassung: Zur Begrenzung negativer externer Effekte dominanter Funktionssysteme, Der Staat 63, 2024, 111–130.
121 *Teubner*, Rechts- und Sozialtheorie – Drei Probleme, Ancilla Iuris 2014, 183, 216.
122 *Teubner*, Rechts- und Sozialtheorie – Drei Probleme (Fn. 121), 215 ff.

1188 Zum anderen lassen sich aus der rückblickenden soziologischen Beobachtung der Folgen Argumente konstruieren. Hierbei wird die soziologische Beobachtung mit der Forderung nach der Verhinderung von Systemimperialismen und der Forderung nach Systemautonomie normativ angereichert. Zur Verwirklichung dieser Ziele trifft das Recht ebenfalls wieder eine Annahme über die Außenwelt und muss daher zumindest die negativen Auswirkungen davon kontrollieren, d.h. argumentativ verarbeiten.

1189 Damit ist aber nicht nur die rein tatsächliche Nützlichkeit der soziologisch angereicherten Argumentation im Recht bezeichnet. Vielmehr handelt es sich für Teubner um eine praktische Notwendigkeit. Die Stellung des Rechts zwischen kollidierenden Universalitätsansprüchen und die Vielfalt der Rationalitätenkonflikte in einer polykontexturalen Welt erfordern eine Anpassung des Rechts. Das Recht sei chronisch unterkomplex und müsse der Realität angepasst werden.[123] Die Rekonstruktion der Argumentationstheorie bei Teubner zeigt nun, dass die juristische Argumentation dafür einen wichtigen Beitrag leistet, indem sie das Recht für die soziologische Aufklärung öffnet. Dadurch werde es auf die veränderten Umweltbedingungen eingestellt, damit es seine Aufgabe noch erfüllen könne. Das Recht erfahre so in der kontinuierlichen Anpassung an die Gesellschaft eine Komplexitätssteigerung und könne lernen mit seiner eigenen Blindheit zu leben.

1190 Die Sensibilisierung des Rechts für seine Umwelt ist nicht nur notwendig, damit das Recht mit den Entwicklungen seiner Umwelt Schritt halten kann. Darüber hinaus ist sie eine elementare Anforderung der spezifisch juristischen Gerechtigkeit bei Teubner.[124] Nach Teubner stellt sich die Frage nach der Gerechtigkeit immer dann, wenn das Recht auf seine eigenen Paradoxien stößt. Es komme zu einer Blockade im Rechtssystem, wenn die rechtliche Codierung auf sich selbst angewendet wird und dabei entweder auf eine Tautologie oder ein Paradox stoße. Die Frage, ob es recht ist, nach Recht/Unrecht zu unterscheiden, sei die Gerechtigkeitsfrage selbst.[125] Sie frage, inwieweit das Recht seiner Umwelt gerecht wird, und transzendiere daher zwangsläufig die Systemgrenzen. Weil die maßlosen Anforderungen der Gerechtigkeit wegen systemimmanenter Formzwänge (Begründungszwang, Entscheidungszwang, Anschluss an bestehende dogmatische Strukturen usw.) nur unzureichend umgesetzt werden könnten, produziere das Rechtssystem neue Ungerechtigkeit.[126] So sabotiere sich das Recht selbst und zwinge sich erneut dazu, seine Grenzen zu übersteigen, um danach wieder in die Systemgrenzen des Rechts zurückzukehren. Darum spricht Teubner von der Gerechtigkeit als einer selbstquälerischen Daueroszillation zwischen den maßlosen Anforderungen der Gerechtigkeit einerseits und den Anschlusszwängen im Recht andererseits.[127]

1191 Zwischen dem Gerechtigkeitskonzept Teubners als unendliche Daueroszillation und juristischer Argumentation wird jetzt ein Zusammenhang offenbar: Die juristische Argumentation verdeckt das Paradox der Entscheidung. Sie kann es aber nur notdürftig und vorübergehend verstecken, sodass es immer wieder hervorbrechen wird und sich dann erneut die Gerechtigkeitsfrage stellt. Diese verlangt vom Recht die umfängli-

---

123 *Teubner* Altera Pars Audiatur (Fn. 29), 218; *ders.* Expertise als soziale Institution (Fn. 91), 311.
124 *Teubner* Altera Pars Audiatur (Fn. 29), 218; *ders.* Selbstsubversive Gerechtigkeit (Fn. 13), S. 15 f. Den Zusammenhang mit dem Gerechtigkeitsbegriff erwähnt auch *Wielsch* Iustitia mediatrix: Zur Methode einer soziologischen Jurisprudenz, in: FS Teubner, 395, 397.
125 *Teubner* Selbstsubversive Gerechtigkeit (Fn. 13), 27.
126 *Teubner* Selbstsubversive Gerechtigkeit (Fn. 13), 29 f.
127 *Teubner* Selbstsubversive Gerechtigkeit (Fn. 13), 22.

che Berücksichtigung des sozialen Kontexts einer Entscheidungssituation, also erhöhte Umweltsensibilität. Die juristische Argumentation ermöglicht nun die Einbringung des Umweltkontexts in das Recht, indem sie die Aspekte der Umweltbeobachtung im juristischen Diskurs anschlussfähig macht. Dabei findet wieder eine Transformation statt, welche die Konflikte entfremdet, in die Rechtsfrage überführt und so entscheidbar macht. Diese Anpassung an die systeminternen Zwänge des Rechtssystems schafft aber ihrerseits wieder neue Ungerechtigkeit, weil sich das Recht von seiner Umwelt entfernt. Folglich muss sich das Recht wieder *argumentativ* seiner Umwelt annähern und mühsam soziologische Erkenntnisse über seine Umwelten rezipieren. Die Daueroszillation der Gerechtigkeit bei Teubner wird also in der juristischen Argumentation vollzogen.

III. Praxistest am Beispiel der ruinösen Familienbürgschaft

Wie eine solche Methodik in der Praxis aussieht, soll hier am Beispiel der ruinösen Familienbürgschaften gezeigt werden. Eine echte Überprüfung der theoretischen Methodenkonzeption an einem praktischen Beispiel ist damit aber nicht möglich. Eine Methodenlehre der soziologischen Jurisprudenz muss noch geschrieben werden.[128] Daher musste die Methodik Teubners für diese Zwecke anhand der dogmatischen Beispiele erst herausdestilliert werden. Deshalb kann eine Kontrolle derart, dass an einem konkreten Beispiel geprüft wird, ob die theoretischen Aussagen auch in der Praxis eingehalten werden, nicht erfolgen. Dennoch kann die konkrete Anwendung des bisher nur abstrakt vorgestellten Argumentationsmodells seine praktische Verwendbarkeit belegen. Soziologische Jurisprudenz kann konkret zur Falllösung beitragen. Gleichzeitig ist der Fall der Familienbürgschaften zentral für die Methodik Teubners, weil er die an diesem Fall erstmals entwickelte Denkfigur später auf weitere Anwendungsfälle übertragen wird.

1. Die Problematik der Angehörigenbürgschaft

Das Problem der ruinösen Angehörigenbürgschaften besteht darin, dass sich nahe Angehörige eines Schuldners für ihn verbürgen, ohne dass sie auch nur über ein annähernd ausreichendes Vermögen verfügen, das den übernommenen Bürgschaftsbetrag decken könnte. Sobald der Gläubiger (meistens eine Bank) bei Zahlungsunfähigkeit des Hauptschuldners den vermögenslosen Bürgen (oft sind es die Kinder oder der Ehegatte) in Anspruch nimmt, wird das Problem zu einem Rechtsfall. In Deutschland wurden derartige Bürgschaften selbst bei krasser finanzieller Überforderung des Bürgen von der Rechtsprechung des BGH mit dem Hinweis auf die Vertragsfreiheit zunächst gebilligt und keiner inhaltlichen Kontrolle unterzogen.[129]

Das Bundesverfassungsgericht hat diese Rechtsprechung schließlich als grundrechtswidrig zurückgewiesen.[130] Im konkreten Fall wurde eine Tochter aus einer Bürgschaft in Anspruch genommen, die sie für ihren Vater übernommen hatte, damit dieser einen Kredit für sein Erwerbsgeschäft erhielt. Die Beschwerdeführerin führte im Rahmen ihrer Verfassungsbeschwerde an, sie sei mit der finanziellen Belastung derart überfor-

---

128 Eine allgemeine Charakterisierung der Methodik der soziologischen Jurisprudenz unternimmt inzwischen auch *Lomfeld*, Vor den Fällen: Methoden soziologischer Jurisprudenz, in: ders. (Hrsg.), Die Fälle der Gesellschaft, Tübingen 2017, 1.
129 Vgl. BGH Urt. v. 16. 03. 1989 – IX ZR 171/88, NJW 1989, 1605. Zur aktuellen Behandlung des Problems *Kollrus* Die Sittenwidrigkeit von Angehörigenbürgschaften, MDR 2014, 1357.
130 BVerfG Beschl. v. 19.10.1993 – 1 BvR 567/89, BVerfGE 89, 214.

dert, dass sie noch nicht einmal die laufenden Zinsen begleichen könne. Es sei bei ihrem geringen Einkommen daher nicht zu erwarten, dass sie jemals die Schulden werde abtragen können. Dadurch sei sie zu einem menschenunwürdigen Leben verurteilt und in ihrer allgemeinen Handlungsfreiheit beeinträchtigt. Die Gerichte seien ihrem Schutzauftrag aus dem Sozialstaatsprinzip nicht nachgekommen, weil sie keine inhaltliche Kontrolle der schuldrechtlichen Vereinbarung anhand der zivilrechtlichen Normen der §§ 138 und 242 BGB vorgenommen hätten. Das Bundesverfassungsgericht folgte dieser Argumentation und sah in der Verurteilung die grundgesetzlich gewährleistete Privatautonomie aus Art. 2 Abs. 1 GG verletzt. Aus ihr folge die Pflicht der Gerichte, in ungewöhnlich belastende Verträge, die einen offensichtlich unangemessenen Interessenausgleich festlegen, korrigierend mit den Mitteln der zivilrechtlichen Inhaltskontrolle einzugreifen. Die Generalklauseln des Zivilrechts seien die Instrumente, mit denen die Gerichte die Auswüchse vertraglicher Ungleichgewichte abmildern könnten. Zur Feststellung, ob eine Situation gestörter Vertragsparität mit einer ungewöhnlich starken Belastung eines Teils bestehe, hätten die Gerichte die Verhandlungspositionen der Vertragsparteien zu untersuchen. Maßgebliche Kriterien seien die intellektuelle und strukturelle Ungleichheit der Verhandlungsstärke, die Erfahrung des Bürgen im Geschäftsverkehr, sowie die Fähigkeit zur Risikoeinschätzung.[131]

1195 Die bürgenfreundliche Entscheidung des BVerfG sah sich jedoch scharfer Kritik in der Literatur ausgesetzt. Die Kritik richtete sich gegen das Grundrechtsverständnis der Karlsruher Richter und gegen den Paternalismus, mit dem das Verfassungsgericht eine Einzelfallkorrektur auf dem Gebiet des Privatrechts vornahm.[132]

2. „Falsche Fronten"[133]

1196 Teubner schließt sich der Kritik an der Rechtsprechung an – aber mit einer ganz anderen Argumentation. Die Kritiker hätten recht, aber sie hätten den zugrunde liegenden Konflikt nicht ausreichend rekonstruiert. Für Teubner geht es nicht darum, die Privatautonomie vor emotionaler Belastung zu schützen. Ziel ist für Teubner nicht der Schutz der allokativen Effizienz des Marktes vor familiärem Druck. Auch das hohe Risiko einer Bürgschaft für vermögenslose Personen sei nur ein Randaspekt. Vielmehr gehe es um den Schutz der Familie vor dem Eindringen wirtschaftlicher Rationalität.[134]

1197 Der Konflikt bestehe in der Kollision miteinander unverträglicher Handlungslogiken. Wirtschaft orientiere sich an Effizienz und Profit, in einer Intimbeziehung, wie einer Familie, jedoch sei Effizienz kein maßgebliches Kriterium. Diese intuitiv einleuchtende These stützt Teubner ab, indem er sich auf soziologische Untersuchungen zur Familie beruft.[135] Die Intimbeziehung sei von einer anderen Form der Gegenseitigkeit gekennzeichnet als der Reziprozität des ökonomischen Tausches. Sie sei nicht vom Gedanken der Nutzenmaximierung geprägt.[136] Jede Intimbeziehung schließe natürlich auch wirtschaftliche Unterstützung des Partners ein. Gleichzeitig habe jede solche Beziehung

---

131 BVerfGE 89, 214 (234 f.).
132 Nachweise bei *Teubner* Ein Fall struktureller Korruption (Fn. 3), 388.
133 *Teubner* Ein Fall struktureller Korruption (Fn. 3), 388.
134 *Teubner* Ein Fall struktureller Korruption (Fn. 3), 391.
135 Unter anderem: *Allert* Die Familie: Fallstudien zur Unverwüstlichkeit einer Lebensform, Berlin 1998; oder *Dahrendorf* Homo Sociologicus: Ein Versuch zur Geschichte, Bedeutung und Kritik der sozialen Rolle, Opladen 1958.
136 *Teubner* Ein Fall struktureller Korruption (Fn. 3), 395.

eine spezifische Aufopferungsgrenze. Der Kreditnehmer müsse die Hilfe des Partners in Form der Bürgschaft dann ablehnen, wenn die Opfergrenze überschritten werde. Er dürfe seinem Partner nicht jedes Risiko zumuten.[137] Der Anstand gebiete es wohl, den möglichen Ruin eines Angehörigen nicht für einen Kredit in Kauf zu nehmen. Wo aber genau in jedem Einzelfall die Opfergrenze der fraglichen Intimbeziehung verläuft, könne das Recht nicht generell bestimmen. Die Opfergrenze werde innerhalb der Beziehung selbst festgelegt. Der Schuldner könne aber seiner Rolle in der Intimbeziehung bei der Bestimmung der Opfergrenze nicht nachkommen. Ihn träfen unterschiedliche Handlungsanforderungen als Familienmitglied und als rationaler ökonomischer Akteur.[138] Die familiäre Normfindung werde hier also von ökonomischer Handlungslogik überlagert und durch sie strukturell korrumpiert. Darin besteht der Konflikt nach Teubner.

Zur Lösung des Problems könne das Recht nicht stellvertretend für die Familie die Opfergrenze bestimmen. Das Recht könne eine solche Regelsetzung nicht vornehmen, weil rechtliche Kommunikation prinzipiell nicht die innerfamiliäre Reziprozität nachahmen könne. Eine rechtliche Regulierung, die eine generelle Opfergrenze formulierte, liefe „auf eine groteske Juridifizierung innerfamiliärer Verhältnisse heraus."[139] Auch eine gerichtliche Abwägung im Einzelfall, die jedes Mal aufs Neue fragt, ob im vorliegenden Fall die Opfergrenze überschritten wurde, bedeutete letztlich eine rechtliche Normierung des Beziehungsverhältnisses und damit eine Verletzung seiner Autonomie. Entgegen der starken Betonung in der Rechtsprechung kommt es für Teubner zur Lösung der Angehörigenbürgschaftsfälle gar nicht auf die Umstände im Einzelfall an (etwa auf das Verhalten des Gläubigers, die Geschäftserfahrung des Bürgen, die Höhe der Bürgschaft usw.).[140] Vielmehr könne das Recht nur mit einer strikten Inkompatibilitätsnorm abhelfen. Das bedeutet das Verbot der ruinösen Angehörigenbürgschaft.

> „Ähnlich wie in anderen Fällen der Inkompatibilität – etwa der Befangenheit von Richtern oder Nichtvereinbarkeit von bestimmten Ämtern in einer Person- kommt es gar nicht auf die Umstände des Einzelfalls an. Gesucht ist eine generell-abstrakte Norm, die von vornherein Interessen- und Rollenkonflikte ausschließt, indem sie die konfliktbeladene Situation von vornherein zu vermeiden sucht."[141]

Die nachgezeichnete Argumentation hat den Fall verändert. Er stellt sich jetzt nicht mehr als ein Problem der Vertragsparität oder der Privatautonomie dar. Die Fallfrage ist nun eine der Drittwirkung des Art. 6 GG. Die verfassungsrechtlich gewährleistete Autonomie der Familie müsse vor ihrer Ökonomisierung geschützt werden. Die Entscheidung ist damit auch vorgezeichnet: Die ruinöse Familienbürgschaft ist unzulässig. Die dogmatische Umsetzung des Verbotes müsse nun bestimmen, ab wann eine Bürgschaft ruinös ist und welcher Personenkreis vom Verbot umfasst werden soll. Die maßgeblichen Kriterien hierbei seien die Klarheit der Regelung und deren Justiziabilität.[142]

Damit will Teubner auch zeigen, dass dieser Konflikt kein Einzelfall solcher Bürgschaften ist, sondern ein institutioneller Konflikt der Kollision miteinander nicht kompatibler Handlungslogiken. Darum müsse das Grundrechtsverständnis umgestellt werden:

---

137 *Teubner* Ein Fall struktureller Korruption (Fn. 3), 392.
138 *Teubner* Ein Fall struktureller Korruption (Fn. 3), 395.
139 *Teubner* Ein Fall struktureller Korruption (Fn. 3), 396.
140 *Teubner* Ein Fall struktureller Korruption (Fn. 3), 396; für die Rspr. vgl. BVerfGE 89, 214 (235).
141 *Teubner* Ein Fall struktureller Korruption (Fn. 3), 397.
142 *Teubner* Ein Fall struktureller Korruption (Fn. 3), 398.

von Abwehrrechten gegenüber dem Staat auf Sicherungsrechte gesellschaftlicher Teilbereiche vor expandierenden Nachbarsystemen.[143]

1201 Im Ergebnis folgt Teubner dem BVerfG und wendet sich gegen die anfängliche Rechtsprechung des BGH. Auch er will den Angehörigenbürgen – anders als zunächst der BGH – vor dem finanziellen Ruin schützen. Der Angehörige soll nicht einem Konflikt zwischen ökonomischem Handeln und familiärer Loyalität ausgesetzt werden, der ihn in den Ruin treibt. Allerdings soll der Schutz des Einzelnen nicht von einer Gesamtwürdigung der Umstände im Einzelfall (und damit etwa von der Vertragsparität, der Geschäftserfahrung des Bürgen oder der Offensichtlichkeit des Risikos) abhängen. Teubner erkennt dank soziologischer Beobachtung der Familie nicht nur die Gefährdung des Bürgen, sondern auch die der Familie als Institution. Darum verlangt er eine generelle Inkompatibilitätsnorm. Dadurch wird der gesamte Sozialbereich der Familie und von Intimbeziehungen vor der Ökonomisierung geschützt. Der entscheidende Unterschied besteht also in der Beschreibung des Konflikts *nicht nur* als Problem des Art. 2 Abs. 1 GG, sondern auch als Problem des Art. 6 GG. Hierbei argumentiert Teubner wieder mit der normativen Forderung nach Systemvielfalt. Sein Ziel ist es, die Familie als Sozialsystem zu erhalten und sie von einem ökonomischen Systemimperialismus freizuhalten. Bemerkenswert ist daran, dass Teubner nicht nur zu einer Entscheidung im Einzelfall einer konkreten Familienbürgschaft gelangt, sondern gleich einen Vorschlag unterbreitet, wie die bei Familienbürgschaften auftretende Kollision verschiedener Systemrationalitäten generell zu regeln ist. Dabei spielt es für Teubner keine Rolle, ob die Rechtsfortbildung im Wege des Richterrechts oder durch den Gesetzgeber geschieht.[144]

IV. Fragen an eine soziologisch bereicherte Jurisprudenz

1202 Die Untersuchung der soziologischen Jurisprudenz bringt ein hochabstraktes und zugleich praktisch anwendbares Methodenkonzept bei Teubner zum Vorschein. Die theoretische Konzeption der juristischen Argumentation hängt unmittelbar mit dem paradox konstruierten Rechtsbegriff und dem Gerechtigkeitsverständnis als das Rechtssystem transzendierende Daueroszillation zusammen. Das hohe Abstraktionsniveau ermöglicht es, etwa die ökonomische Analyse des Rechts als nur eine spezielle Form der Folgenberücksichtigung im Recht zu beschreiben.[145] Trotz (oder gerade wegen?) der Abstraktionshöhe erweist sich soziologische Jurisprudenz als für die Praxis geeignete Methode zur Fallentscheidung. Obwohl sie nicht notwendig zu neuen Lösungen kommt, liefert sie belastbare Begründungsmuster. Allerdings lässt die soziologische Jurisprudenz einige der speziellen Fragen dieses Bandes offen und manche anderen Fragen stellen sich für sie erst gar nicht.

1203 Zunächst stellt sich die Frage, warum die juristische Methodik Teubners im Zusammenhang mit Zivilrecht vorgestellt wird. Das vorgestellte Methodenkonzept ist nicht auf Vertragsfreiheit, Privatautonomie und die Auslegung von Willenserklärungen gepolt und insoweit nicht typisch zivilistisch. Die Beschränkung des Rechts auf die hermeneutische Entschlüsselung von Vertragstexten soll gerade aufgegeben werden.[146] Teubners Interesse gilt der Funktionsweise juristischer Argumentation im Allgemeinen.

---

143 *Teubner* Ein Fall struktureller Korruption (Fn. 3), 400.
144 Vgl. *Teubner* Rechts- und Sozialtheorie – Drei Probleme (Fn. 121), 222.
145 Zur ökonomischen Analyse des Rechts siehe *Laudenklos*, Rn. 1210 ff.
146 *Teubner* Expertise als soziale Institution (Fn. 91), 308.

Für ihn besteht die Notwendigkeit soziologischer Anreicherung des Rechts ebenso auf dem Gebiet des öffentlichen Rechts. Aus ihr folgt sogar ein spezifisches Grundrechtsverständnis, das auch einzelnen Systemen Grundrechtsschutz zugesteht, wie man beim Bürgschaftsfall und auch bei Teubners Analyse des Problems des *publication bias* in der medizinischen Forschung sehen kann.[147] Weiterhin nimmt die soziologische Jurisprudenz im Unterschied zu herkömmlicher privatrechtlicher Methodik nicht Individuen, sondern Systeme in den Blick. Die individualistische Sichtweise soll dabei jedoch nicht ersetzt, sondern durch eine institutionalistische Perspektive ergänzt werden, die kennzeichnend für die soziologische Jurisprudenz ist.[148] Dennoch ist die Methodenkonzeption insofern zivilistisch, als sie nicht hierarchisch vom Staat her denkt, sondern eine heterarchische Vielzahl nebeneinander bestehender Sozialsysteme berücksichtigt.[149] Es sei gerade die Aufgabe des Privatrechts als Gesellschaftsverfassung den Schutz von Privatautonomie und Sozialautonomie zu verbinden.[150] Gerade am Verständnis der Grundrechte als institutionelle Schutzgarantien wird das deutlich. Sie schützen die einzelnen Sozialsysteme wie die Familie oder die Wissenschaft nicht mehr nur vor der Vereinnahmung durch den Staat, sondern vor jeglichem expandierenden Systemimperialismus.

Offen ist auch noch die Frage nach dem Adressaten der Methodenkonzeption. Teubner äußert sich nicht dazu, welche Perspektive seine Methodenkonzeption einnimmt.[151] Zwischen fallentscheidender Rechtsanwendung, wissenschaftlicher Analyse und Rechtskritik wird nicht unterschieden. Ferner zeigt sich, dass Teubner keinen Unterschied zwischen der Fallentscheidung und der Gesetzgebung macht. Seine Empfehlungen zur Lösung konkreter Rechtsfragen eignen sich nicht nur für den konkreten Fall, sondern sind als Regulierungsvorschläge auf eine dauerhafte, generelle Lösung des Konflikts aus. Diese Methodik ist also gleichermaßen für alle Akteure im Kommunikationsprozess des Rechts geeignet. Sie hilft sowohl dem konkreten Entscheider, egal ob Richter oder Gesetzgeber, als Teilnehmer am Kreislauf der Rechtsoperationen wie auch der dogmatischen Selbstbeschreibung dieses Kreislaufs durch rechtswissenschaftliche Analysten.

Auch wird nicht normativ zwischen Rechtsinterpretation und Rechtsfortbildung differenziert. Folglich gibt Teubner auch keine Handlungsanweisungen für Rechtsfortbildungsfälle. Nach Teubner wird bei jeder Rechtsanwendung das Recht von außen

---

147 *Teubner* Recht- und Sozialtheorie – Drei Probleme (Fn. 121), 219. Die anhand der Familienbürgschaften erfolgte Rekonstruktion von Teubners Denkweise wird von dieser jüngeren Arbeit bestätigt. Darin rekonstruiert er das Problem des *publication bias* als Konflikt zwischen verschiedenen Systemrationalitäten und behandelt es als ein Grundrechtsproblem, indem er den beteiligten Systemen (Wissenschaft, Wirtschaft und Gesundheitswesen) jeweils Grundrechtsschutz zugesteht. Als Lösung des Problems befürwortet Teubner eine Registrierungspflicht medizinischer Studien vor ihrer Veröffentlichung. Diese habe Aussicht auf Erfolg, weil sie die Besonderheiten der beteiligten Systeme geschickt ausnutze und so die Wissenschaft und das Gesundheitswesen gegen die Expansionstendenzen wirtschaftlicher Rationalität immunisiere. Vgl. *Hensel/Teubner*, Matrix reloaded: Kritik der staatszentrierten Drittwirkung der Grundrechte am Beispiel des Publication Bias, Kritische Justiz 2014, 150.
148 *Teubner*, Nach den Fällen: Paradoxien soziologischer Jurisprudenz (Fn. 44), 231.
149 Vgl. zur Frage der Einordnung der Theorie Teubners auch *Viellechner*, Verfassung ohne Staat, in: ders. (Hrsg.), Verfassung ohne Staat, Baden-Baden 2019, 17.
150 Teubner (Fn. 3).
151 Zum Status seiner Theorie im Allgemeinen: *Teubner* Das regulatorische Trilemma: Zur Diskussion um postinstrumentale Rechtsmodelle, Quaderni Fiorentini per la Storia del Pensiero Giuridico Moderno 1984, 109, 111 ff.

irritiert und damit mehr oder weniger variiert. Für ihn ist also Rechtsanwendung immer auch Rechtsfortbildung.

1206 Besonders auffallend ist aber im Vergleich zu anderen Methodenkonzeptionen die Abwesenheit der Norm. Die Norm, die herkömmlich immer wieder als Ausgangs- oder als Endpunkt der Analyse genommen wird, bleibt bei Teubner auffällig unerwähnt. Auch von Auslegung oder Interpretation der Normen wird nicht gesprochen. Dementsprechend finden auch die klassischen Auslegungsmethoden keine Erwähnung. Daraus ergibt sich wiederum, dass sich die Frage des Ranges einzelner Auslegungsgesichtspunkte gar nicht erst stellt.

1207 Diese soziologische Jurisprudenz hinterlässt auch den Eindruck, dass Entscheidungen praeter legem oder sogar contra legem kein rechtsstaatliches Problem seien, solange sie sich an sozialen, impliziten Normen der benachbarten Systeme orientieren und daher ihre Legitimation beziehen. Teubners Maßstab für die Legitimität jeder Regulierung ist die Sozialadäquanz.[152] Diese Beobachtung und Teubners Zweifel an Gesellschaftssteuerung durch Recht erklären seine Präferenz für richterliche Rechtsfortbildung. Gesellschaftliche Steuerung durch Gesetze sei nur auf verschlungenen Umwegen möglich.[153] Als dafür geeigneter zeigen sich andere gesellschaftssensiblere Rechtsformen, wie die des Richterrechts.[154] Gegenüber abstrakter Normierung kann die aus vielen Einzelfällen sich entwickelnde richterliche Rechtsfortbildung mehr Umweltinformationen von den Sozialkonflikten verarbeiten. Teubner zeigt also Skepsis gegenüber der direkten Steuerung durch Gesetze und eine Präferenz für Richterrecht, das den sozialen Bedürfnissen der Umwelt viel eher gerecht werden könne. Das Recht muss zur Fallentscheidung genuin rechtliches Material, wie dogmatische Konstruktionen, mit der Rekonstruktion von außerrechtlichen Aspekten in einem komplizierten Übersetzungsprozess verbinden und daraus eine konkrete und fallentscheidende Norm herstellen. Die Ähnlichkeit zur Konzeption Friedrich Müllers einer jeweils aus der Normbereichsanalyse neu herzustellenden Fallnorm liegt auf der Hand.[155] Möglicherweise kann man sogar eine Parallele zur Interessenjurisprudenz ziehen.[156] Die Berücksichtigung der Lebensinteressen heißt bei Teubner die Gewinnung der Fallnorm aus den am Konflikt beteiligten Systemen. Dabei muss natürlich dem Missverständnis vorgebeugt werden, soziologische Jurisprudenz mit Soziologisierung des Rechts zu verwechseln.[157] Das Recht bleibt autonomer Entscheidungsgenerator, es muss sich aber dabei um der Gerechtigkeit willen an seine benachbarten Sozialsysteme annähern. Dies geschieht aber nur im Wege der Irritation.

---

152 So lässt sich diese Aussage deuten: „Umso wichtiger aber sind Gerichtsprozesse als Sensoren für gesellschaftliche Konfliktlagen. Wenn Gerichte in vertragliche Vertriebssysteme mit kühnen Durchgriffsentscheidungen eingreifen, aber dafür nur schwache Begründungen liefern, dann ist dies ein deutliches Signal, dass die dogmatischen Grundlagen daraufhin überprüft werden müssen, ob sie angesichts der Vernetzung wirtschaftlicher Beziehungen der Revision bedürfen", *Teubner* Netzwerk als Vertragsverbund (Fn. 3), 21. Auch werden Entscheidungen praeter legem lediglich als finanzielles Risiko aufgefasst, *ders.* Expertise als soziale Institution (Fn. 91), 305. Zur Legitimierung der Rechtsentscheidungen durch Berücksichtigung impliziter sozialer Normen: *ders.* Expertise als soziale Institution (Fn. 91), S. 309. Siehe ferner *ders.*, Rechts- und Sozialtheorie – Drei Probleme (Fn. 121), 222.
153 Vgl. dazu *Teubner* Recht als autopoietisches System (Fn. 9), 81 ff., 96.
154 *Teubner* Folgenkontrolle und responsive Dogmatik (Fn. 15), 187; *ders.* Dreiers Luhmann (Fn. 47), 207.
155 Zu Müller siehe *Laudenklos*, Rn. 1081 ff.
156 Diesem Befund hat sich auch *Lomfeld*, Vor den Fällen: Methoden soziologischer Jurisprudenz (Fn. 128), S. 3 angeschlossen. Zur Interessenjurisprudenz siehe *Rückerts* HISTORISCHEN ÜBERBLICK unten Rn. 1413 ff.
157 So Teubner zum insoweit irreführenden Titel seiner Festschrift. Vgl. auch *dens.* Die Perspektive soziologischer Jurisprudenz (Fn. 44), 40.

Methode und (Zivil-)Recht bei Gunther Teubner (geb. 1944)

Teubners akademisches Interesse gilt insbesondere dem Verhältnis von Recht und Sozialtheorie und dazu stellt er die Irritation des Rechts durch seine Umwelt sowie die Grenze zwischen Recht und seiner Außenwelt in den Mittelpunkt seiner soziologischen Jurisprudenz. Gerade die verwirrenden Prozesse dieser Verbindung des Rechts mit seiner Umwelt, aus denen die Rechtsentscheidungen erwachsen, werden von ihr beschrieben.

1208

Die soziologische Jurisprudenz ist also zunächst eine deskriptive Theorie des Rechts, die den Kommunikationsprozess der juristischen Argumentation beschreibt und in seiner Funktion analysiert. Eine Methode im Sinne eines planmäßigen Vorgehens wird dann daraus, wenn die Irritation des Rechts durch seine Umwelt gezielt gesteigert wird. Beide Aspekte, die beschreibende Theorie und die methodische Verwertung der theoretischen Erkenntnisse, sind bei Teubner zu einer Theorie der soziologischen *Bereicherung* des Rechts verbunden.

1209

V. Quellen und Literatur

1. Zum Einstieg in die Teubner-Texte

Das hier wichtige Hauptwerk ist:

Recht als autopoietisches System, Frankfurt am Main 1989.

Zur Funktion des Rechts und insbesondere der Rechtsargumentation:

Altera Pars Audiatur: Das Recht in der Kollision anderer Universalitätsansprüche, in: Archiv für Rechts- und Sozialphilosophie, Beiheft 65, 1996, 199–220, sowie:

Rechtsentfremdungen: Zum gesellschaftlichen Mehrwert des zwölften Kamels, in: Teubner, Die Rückgabe des zwölften Kamels: Niklas Luhmann in der Diskussion über Gerechtigkeit, Stuttgart 2000, S. 189–215 (zusammen mit Peer Zumbansen).

Zu den Paradoxien des Rechts:

Der Umgang mit Rechtsparadoxien: Derrida, Luhmann, Wiethölter, in: Joerges/Teubner (Hrsg.), Rechtsverfassungsrecht. Recht-Fertigung zwischen Privatrechtsdogmatik und Gesellschaftstheorie, Baden-Baden 2003, S. 25–45.

Teubners Verständnis von Gerechtigkeit wird entwickelt in:

Selbstsubversive Gerechtigkeit: Kontingenz- oder Transzendenzformel des Rechts? in: Teubner (Hrsg.), Zur (Un-)Möglichkeit einer Gesellschaftstheorie der Gerechtigkeit, Stuttgart 2008, S. 9–36.

Dogmatische Arbeiten Teubners mit starker soziologischer Bereicherung:

Zum Vertrag:

Vertragswelten: Das Recht in der Fragmentierung von Private Governance Regimes, in: Rechtshistorisches Journal 17, 1998, 234–265.

Zur Problematik der ruinösen Familienbürgschaft:

Ein Fall struktureller Korruption? Die Familienbürgschaft in der Kollision unverträglicher Handlungslogiken, in: Kritische Vierteljahresschrift für Gesetzgebung und Rechtswissenschaft 83, 2000, 388–404.

Zu neuartigen Vertragsphänomenen:

Netzwerk als Vertragsverbund: Virtuelle Unternehmen, Franchising, Just-in-time in sozialwissenschaftlicher und juristischer Sicht, Baden-Baden 2004.

Zur Expertendritthaftung:

Expertise als soziale Institution: Die Internalisierung Dritter in den Vertrag, in: Brüggemeier (Hrsg.), Liber amicorum Eike Schmidt zum 65. Geburtstag, Heidelberg 2005, S. 303–334.

Zum Problem des *Publication Bias*:

Rechts- und Sozialtheorie – Drei Probleme, in: Ancilla Iuris (anci.ch) 2014, 183.
Zum Rechtssubjektstatus autonomer Softwareagenten:
Digitale Rechtssubjekte?, in: AcP 2018, 155.

2. Zum Einstieg in die Sekundärliteratur

Als erste Einführung zur Systemtheorie kann dienen:

Möller, Kolja, Systemtheorie des Rechts: Teubner und Luhmann, in: Buckel/Christensen/Fischer-Lescano (Hrsg.), Neue Theorien des Rechts, 3. Aufl., Tübingen 2020, S. 47–65.

Eine anspruchsvolle Auseinandersetzung mit Teubner vollzieht:

Goodrich, Peter, Anti-Teubner: autopoiesis, paradox, and the theory of law, Social Epistemology 1999, S. 197–214.

Zur Paradoxiekritik:

Günther, Klaus, Kopf oder Füße? Das Rechtsprojekt der Moderne und seine vermeintlichen Paradoxien, in: Kiesow/Ogorek/Simitis (Hrsg.), Summa. Dieter Simon zum 70. Geburtstag, Frankfurt am Main 2005, S. 255–274.

Zur soziologischen Jurisprudenz:

Lomfeld, Bertram, Vor den Fällen: Methoden soziologischer Jurisprudenz, in: ders. (Hrsg.), Die Fälle der Gesellschaft, Tübingen 2017, S. 1–16.

Seinecke, Ralf, Vertragsnetzwerke und Soziologische Jurisprudenz, in: Viellechner (Hrsg.), Das Staatsverständnis Gunther Teubners, Baden-Baden 2019, S. 131–158.

Anlässlich von Teubners 80. Geburtstag ist 2024 ein Sonderheft der Zeitschrift für Rechtssoziologie (Band 44) unter dem Titel Society's Constitutions, hrsg. v. Gruber/Karawas mit Beiträgen von *Richard Nobles, David Schiff, Vagias Karavas, Hagues Rabault, Malte-Christian Gruber, Atina Krajewska, Isabell Hensel, Nofar Sheffi* und *Gunther Teubner* erschienen.

Methode und Zivilrecht in der ökonomischen Analyse des Rechts

von Frank Laudenklos*

Übersicht

I.	Vorbemerkung	487
II.	Entstehung	488
III.	Anspruch und Ziel	490
IV.	Das Instrumentarium	490
V.	Schadensrecht bei zirkulärer Schadensverursachung	496
VI.	Berechnung des Schadenswertes bei Tötung eines Menschen	499
VII.	Kritische Rezeption	500
VIII.	Literatur	503

I. Vorbemerkung

Die Ökonomische Analyse des Rechts (ÖAR) ist in Deutschland eine verhältnismäßig junge Disziplin. Die Rezeption dieser in den USA mit Calabresi, Coase und Posner (geb. 1932, 1910, 1939) entstandenen Theorie vollzieht sich wesentlich langsamer als im Entstehungsland.[1] Das lässt sich zum Teil damit erklären, dass die Begriffe von „Law and Economics" alles andere als eindeutig sind. Schon die Erkenntnisinteressen der beiden diese Theorie konstituierenden Disziplinen, Rechts- und Wirtschaftswissenschaft, divergieren erheblich. So lassen sich vorerst **vier verschiedene Richtungen** der ÖAR in Deutschland ausmachen:[2]

1210

1. ÖAR kann zum einen ausschließlich zur **Vertiefung und Präzisierung** wirtschafts- und sozialwissenschaftlicher Theorien betrieben werden, indem z.B. Normen oder Transaktionen als Material für Untersuchungen verwendet wer sich den. Dieser Bereich ist für die ÖAR in ihrer hier zu besprechenden Funktion allerdings nur noch entstehungsgeschichtlich von Bedeutung.

2. Ganz anders die Absicht, mithilfe der ÖAR positive, kodifizierte Rechtssätze hinsichtlich ihrer **(Regelungs-) Effizienz** zu untersuchen. So behauptet z.B. die „positive" ÖAR, dass das common law, das klassische (anglo-amerikanische) Privatrecht, effizient war und es immer noch sei, während die moderne Gesetzgebung grosso modo ineffiziente Regelungen hervorbringe.[3] Im Ergebnis ist nach dieser Auffassung z.B. Richterrecht dem parlamentarischen Gesetzgebungsverfahren eines demokratischen Gemeinwesens vorzuziehen.

3. Die sog. „normative" ÖAR will hingegen den **legislativen Prozess analysieren**, um auf der Grundlage der dadurch gewonnenen Erkenntnisse die parlamentarisch-de-

---

* Für die 3. und 4. Aufl. durchgesehen von J. Rückert und R. Seinecke. Der Text ist nach wie vor aktuell und vor allem wegen des Beispiels unüberholt. Die Literatur wurde aktualisiert und überprüft von Milena Maurer. Unten in VIII. Quellen und Literatur voll angegebene Titel werden im Folgenden nur abgekürzt zitiert.
1 *Kübler*, Vergleichende Überlegungen, S. 293.
2 Vergl. *Kübler*, ebd.
3 *Kübler*, Effizienz, S. 689.

mokratische Normsetzung zu effektivieren,[4] bzw. die Konsensbildung über Ziele und Mittel rechtlicher Regelungen zu erleichtern.[5] Normen, die durch das parlamentarische Gesetzgebungsverfahren entstanden sind, behalten also danach grundsätzlichen Vorrang. Hier hat die ÖAR „normative" Bedeutung insoweit, als sie der Legislative vor Augen führt, welche Konsequenzen beispielsweise gesellschaftspolitische Zielsetzungen für den durch die Norm zu regelnden Bereich haben; d.h. welcher „Preis" für das Erreichen dieser jenseits von Effizienzüberlegungen stehenden Zielsetzung „bezahlt" werden muss.

4. Endlich kann ÖAR auch in der Rechtspraxis ein **zusätzliches Instrument** sorgfältiger Beratung, vertiefender Argumentation und vor allem vorausschauender Fallentscheidung sein.[6] Letzteres vor allem dadurch, dass die Folgen einer rechtlichen Regelung (Entscheidung) im Voraus abgeschätzt werden können.

1211 Zusammenfassend lässt sich festhalten: Die ÖAR ist keine einheitliche „Schule".[7] Gegenstand ihrer Untersuchungen sind rechtliche Regelungen im weitesten Sinn.[8] Damit aber wendet sich die ÖAR sowohl an den Gesetzgeber (s. o. 3.) als auch an den Richter (s. o. 4., aber auch 2.). Dass sie sich auch an den Rechtswissenschaftler wendet (wobei hier Forschung und Lehre[9] gemeint sind), folgt schon daraus, dass ihr analytisches Instrumentarium einer weiteren Differenzierung bedarf und dieser Prozess noch nicht abgeschlossen ist.[10]

II. Entstehung

1212 Die Anwendung der Ökonomie auf das Recht ist für sich gesehen nicht neu. Noch bis in die vierziger und fünfziger Jahre dieses Jahrhunderts bezeichnete die Formel „Recht und Ökonomie" vor allem die Anwendung der Ökonomie auf das Antitrustrecht. Dort war die Ökonomie zur Verdeutlichung von Regelungsfolgen ein durchaus gebräuchliches Instrument. Kennzeichnend für diese Periode ist der Bezug der Ökonomie auf ein eng begrenztes, sich durch ausgesprochen ökonomische Beziehungen auszeichnendes, Rechtsgebiet. Die ersten und grundlegenden Arbeiten, die erklärtermaßen ökonomische Maßstäbe an **einzelne Rechtsgebiete** ohne direkte Verbindung zum Antitrustrecht anlegen, und mit einem der Ökonomie entnommenen Instrumentarium rechtlich relevante Entscheidungen untersuchen wollen, sind in den frühen sechziger Jahren entstanden. In dieser Zeit erscheinen Texte von mehreren Autoren, die sich mit den Folgen von legislativen und judikativen Entscheidungen befassen. Von *Guido Calabresi* wird

---

4 *Rose-Ackerman*, Recht und Ökonomie, S. 285: „Andererseits, sollte sich die Forschung darauf konzentrieren, effektivere Methoden für öffentliche Entscheidungen zu finden, statt substantiierte Politikvorschläge vorzuschlagen, um vom bestehenden System völlig verändert werden? Neuere empirische Arbeiten deuten darauf hin, daß extremer Pessimismus nicht angebracht ist."
5 *Köhler*, Vertragsrecht, S. 589.
6 *Kübler*, Vergleichende Überlegungen, S. 294.
7 Schon über die in die Untersuchung miteinzubeziehenden Prämissen gibt es unterschiedliche Vorstellungen, so dass man insofern mindestens zwei Ansätze unterscheiden kann (Harvard/Chicago). Instruktiv hierzu: *Kirchner*, Wettbewerbsbeschränkungen, S. 563, 574 f.
Darüber hinaus erschöpft sich die ÖAR für manche Autoren in lediglich einem der oben aufgezeigten Ansätze, andere behaupten ihren Anspruch in allen vier Positionen.
8 Im den anglo-amerikanischen Ländern werden Markttheorien nicht nur auf das Recht, sondern ganz selbstverständlich auch auf ethische Grundsätze angewandt; z.B. bei *Rawls*, Gerechtigkeit, S. 81, 88 ff.
9 Erörterungen zur ÖAR finden sich durchaus auch in Lehrbüchern, vergl. u.a. *Kötz*, Deliktsrecht, Rn. 119–141.
10 Vergl. hierzu *Frank*, Rationalität, S. 191 ff., der vor allem die Verwendung vereinfachter Marktmodelle kritisiert.

1961 der Aufsatz „Some Thoughts on Risk Distribution and the Law of Torts"[11] und 1965 „Entscheidung für oder gegen Unfälle"[12] veröffentlicht. *Calabresi* fordert eine rationalere Interpretation der **Delikthaftungsregeln** des common law. Konkret will er zeigen, dass unter Anwendung der Pigou'schen Wohlfahrtsökonomik das Verschuldensprinzip obsolet wird, da dieses keine präzisen Zuordnungen von Haftung auf spezifisch unfallverursachende Aktivitäten erlaube, sondern in einigen Fällen lediglich die Unfallkosten externalisiere, d.h. auf Dritte oder die Allgemeinheit überwälze.

1962 erscheint der Aufsatz des Ökonomen *Ronald Coase* über das Problem der sozialen Kosten,[13] in dem er die **Wohlfahrtsökonomik** für praktische Wirtschaftspolitik verwendbar machen will. Dazu aber müssen rechtliche Regelungen unter ökonomischen Aspekten untersucht werden, womit die Grundlage für eine Ausweitung des traditionellen Untersuchungsfeldes der Wirtschaftswissenschaft gelegt ist. Rechtliche Regelungen werden nunmehr aus der Perspektive der Wirtschaftswissenschaft betrachtet; die Rechtsnorm wird als öffentliches Gut im Sinne der Wirtschaftstheorie aufgefasst und ihre Wirkungen werden einer Kosten-Nutzen-Analyse unterzogen.[14] Damit ist die entscheidende Voraussetzung gegeben, die Theorien und empirischen Methoden der Ökonomie prinzipiell auf das **ganze Spektrum des Rechtssystems** anzuwenden. Dieser Anspruch wird spätestens zu Beginn der siebziger Jahre von *Richard Posner* explizit formuliert,[15] der die Gebiete Unerlaubte Handlungen, Vertrag und Eigentum, Theorie und Praxis der Strafe, Zivil-, Straf- und Verwaltungsprozessrecht, Theorie der Gesetzgebung, Rechtsvollzug und Justizapparat mit der Ökonomie durchleuchten will.

Es ist auffallend, dass gerade in den 1960er Jahren das Bedürfnis entstand, die juristische Dogmatik durch neue, dem juristischen Bereich im engeren Sinne nicht zugehörige Elemente, zu ergänzen. *Posner* führt die Entstehung der ÖAR auf einen **Niedergang der Rechtswissenschaft** als eine autonome Disziplin zurück.[16] Der Beginn dieses Niedergangs wird von ihm auf Anfang der sechziger Jahre datiert,[17] eben mit dem Erscheinen der Aufsätze von *Coase* und *Calabresi*. Mehrere Faktoren bedingen seiner Ansicht nach diesen Niedergang: Zum einen das Zerbrechen des politischen Konsenses in den amerikanischen Rechtsfakultäten; des Weiteren der Aufschwung der Wirtschaftswissenschaften und der Philosophie und dem „... rise in prestige and authority of scientific and other exact modes of inquiry in general...".[18] Dem scheint es zu entsprechen, dass zu dieser Zeit ein immer größer werdendes Defizit an Bestimmtheit hinsichtlich der Gesetzesinterpretation verspürt wird. Dazu kommt ein allgemeiner Schwund des Vertrauens in die Befähigung der Juristen und eine nunmehr „Langeweile auslösende" Perfektionierung traditioneller Rechtswissenschaft.[19] Er erklärt den Niedergang des Rechts demnach als ein Phänomen der akademischen Kultur,[20] indem die Professoren

---

11 Yale Law Journal Nr. 70, 1961, S. 499 ff.
12 The Decisions for Accidents: An Approach to Nonfault Allocation of Costs, Harvard Law Review Nr. 78, 1965, S. 713 ff.; deutsche Übersetzung in: *Assmann/Kirchner/Schanze*, Ökonomische Analyse, S. 259–289.
13 *Coase*, The Problem of Social Cost, Journal of Law&Economics Nr. 3, 1960, S. 1 ff.; deutsche Übersetzung in: *Assmann/Kirchner/Schanze*, S. 146–202.
14 *Ott/Schäfer*, Allokationseffizienz, S.V.
15 *Posner*, Economic Analysis, dieses Werk wird im Folgenden bei Angabe von Seiten (S.) zitiert nach der auszugsweisen deutschen Übersetzung bei *Assmann/Kirchner/Schanze*, Ökonomische Analyse, Texte Nr. 1, 4, 5 und 9 u. bei einer Angabe von *pages* (p.) nach dem englischen Original; erste Auflage bereits 1973.
16 *Posner*, The decline, S. 761 ff.
17 „By 1960 most of the changes on the theme of the law's. autonomy had been rung.", ders., ebd., S. 772.
18 *Ders.*, ebd., S. 772 f.
19 *Kübler*, Vergleichende Überlegungen, S. 294.
20 Vergl. *Kübler*, Vergleichende Überlegungen, S. 294 f.

aus der Einsicht, dass durch die hermeneutische Arbeit am Text keine Gewissheit zu erwarten ist, der konventionellen Rechtsdogmatik überdrüssig werden. In dieser Situation kommen ihnen die wirtschaftswissenschaftlichen Methoden mit ihrem „Mehr" an Wissenschaftlichkeit entgegen und sie glauben, dass die Anwendung eben dieser Methoden zu mehr Objektivität verhelfen kann.[21] Darüber hinaus ist die Entwicklung der ÖAR jedoch auch als Reaktion auf einen umfassenden **Wandel der Rechtsordnung**, für den der Begriff „Verrechtlichung", d.h. die zunehmende rechtliche Durchdringung nahezu aller Lebensbereiche, steht.[22] Daraus entwickelt sich das Bedürfnis, die Folgen rechtlicher Entscheidungen wesentlich genauer als bisher analysieren zu können.

III. Anspruch und Ziel

1215   Wie oben dargelegt, bezeichnet die ÖAR keinen einheitlichen Ansatz. Generell tritt die ÖAR jedoch mit dem Anspruch auf, das geltende Recht am ökonomischen **Maßstab einer effizienten Ressourcenallokation** zu messen. Bei dieser Analyse bleibt es allerdings nicht. Ihre Ergebnisse (also etwa die analysierte Ineffizienz einer Regelung) sollen zu Änderung von Normen[23] in der Weise führen, dass durch sie ein Optimum an Allokation erreichbar ist. Gleichzeitig übernimmt die ÖAR eine Vorgabe der „new welfare economics", dass wissenschaftliche Aussagen über Ziele und Probleme gesamtgesellschaftlicher Vorgänge wertfrei sein müssen, da andernfalls an deren Durchsetzung nicht zu denken sei.[24] Darüber hinaus wird es als schlichtweg notwendig angesehen, eine Theorie der optimalen Ressourcenallokation zu entwerfen, da von einer Unbegrenztheit der menschlichen Bedürfnisse bei gleichzeitiger Begrenztheit der Ressourcen („knappe Güter") auszugehen sei.

IV. Das Instrumentarium

1216   Die grundlegende Methodik der ÖAR soll an Hand von *Posners* Buch „Economic Analysis of Law", das als **erstes umfassendes Konzept** zur Anwendung ökonomischer Verfahren auf nahezu alle Gebiete des Rechts angesehen werden kann, dargestellt werden.[25] ÖAR ist für *Posner* Analyse des positiven Rechts durch die Anwendung der Ökonomie auf das Recht. Ausgangspunkt ist die Annahme, der Mensch handle eigeninteressiert, nutzenmaximierend und reagiere auf Veränderungen seiner Umwelt durch Änderungen seines Verhaltens. Dies entspricht dem Mechanismus des Nachfragegesetzes in der Ökonomie: So wie sich mit dem Preis eines Gutes die nachgefragte Menge ändert, ändert sich mit den Kosten, die ein bestimmtes Verhalten eines Menschen für diesen verursacht, auch dessen Verhaltensweise.

---

21 Vergl. hier *Küblers* Kritik an diesem von *Posner* aufgestellten Erklärungsansatz, der wohl nur für die spezifisch amerikanischen Verhältnisse gelten kann. Instruktiv auch *Küblers* dreistufiges Konzept zu dieser Entwicklung, in: *ders.*, Vergleichende Überlegungen, S. 295 ff.
22 *Ders.*, ebd., S. 298.
23 „Die weiteren Kapitel werden zeigen, daß die Ökonomie bei der Betrachtung des Rechts und rechtlicher Institutionen sowohl eine *normative* als auch eine *positive* Rolle spielt." *Posner*, a.a.O., S. 105; Hervorhebungen von *Posner*.
24 Der in Oxford lehrende Ökonom Hicks nahm an, dass die nach ihm benannte Entscheidungsregel nur ein schwaches Werturteil enthalte.
25 Die folgende Rekonstruktion lehnt sich eng an die Darstellung von *Posner* an. Zitate im Text beziehen sich auf die deutsche Übersetzung bei *Assmann/Kirchner/Schanze* (Fn. 15).

1. Drei ökonomische Grundannahmen

Ökonomie wird als die Wissenschaft von den menschlichen Wahlhandlungen in einer Welt der knappen Ressourcen gesehen. Die Behauptung, der Mensch sei ein rationaler Vermehrer seiner Lebensziele birgt Implikationen, die mit der Ökonomie untersucht werden sollen. Da der Mensch auf Anreize anspricht, ist davon auszugehen, dass er bei einer Veränderung seiner Umgebung sich in seinem Verhalten dieser Veränderung anpasst, um dadurch seine Befriedigung vermehren zu können. Aus der Vorstellung, der Mensch reagiere auf Anreize, werden „**drei Grundannahmen der Ökonomie**" (S. 94) hergeleitet:

a) Reziprozität von Preis und Menge

Als erste nennt *Posner* die der Reziprozität von „gefordertem Preis und nachgefragter Menge". Angenommen der Preis für Kartoffeln steigt um einen Euro pro Pfund, so kostet, wenn andere Preise konstant bleiben, ein Kilo Kartoffeln den Verbraucher „relativ mehr als zuvor". Ein sich rational, d.h. sein Eigeninteresse verfolgender Verbraucher wird nun nach Ersatzgütern suchen, z.B. Reis. Das Ersatzgut kostet im Vergleich zu Kartoffeln weniger und wird damit für den Verbraucher attraktiver. Wenn also der Preis eines Produktes steigt (immer unter der Prämisse, dass die übrigen Preise konstant bleiben), so geht die Nachfrage und damit die Produktion für dieses Produkt zurück. Dieser Mechanismus wird im Folgenden graphisch dargestellt (alles S. 94 f.):

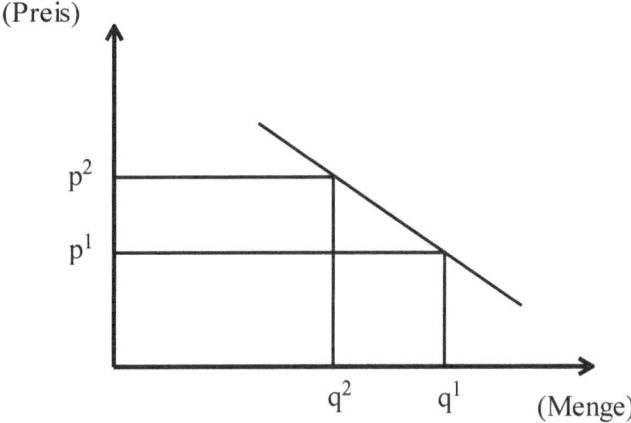

Auf der vertikalen Achse sind die Preise abgetragen, auf der horizontalen die Produktionseinheiten. Nach dieser Annahme bewirkt die „Anhebung des Preises von p1 auf p2" „eine Verminderung der nachgefragten Menge" von q1 auf q2. Setzt man ein Sinken der Angebotsmenge von q1 auf q2, so bewirkt das einen „Preisanstieg" dieses Produkts von p1 auf p2. Zwei Faktoren bleiben unberücksichtigt: Zum einen wird unterstellt, dass sich entweder der relative Preis oder die Menge verändert. Würden z.B. Nachfrage und Preis gleichzeitig steigen, so käme es nicht zu einer Verminderung von Nachfrage und Produktion (die Produktion würde sogar noch steigen). Zum anderen bleibt unberücksichtigt, dass eine Erhöhung des relativen Preises das Einkommen verringert (bzw. verringerter Preis – erhöhtes Einkommen) und damit auch die nachgefragte Menge beeinflusst (alles S. 95). Das Nichtbeachten dieser Punkte wird später

Kritik an diesem Ansatz auslösen. Nach *Posner* sind die Einkommenseffekte der Preisveränderung einer Ware im Allgemeinen so schwach, dass ihre Rückwirkung auf die Nachfrage vernachlässigt werden kann: Die Substitutionseffekte der Preisänderungen übertreffen also die Einkommenseffekte.

1220 Das „**Nachfragegesetz**" kann auf vielfältige Weise auf das Rechtssystem angewandt werden. Von einem Straftäter wird nach dem Verbüßen seiner Strafe umgangssprachlich häufig behauptet, er habe gegenüber „der Gesellschaft seine Schuld beglichen". Strafe wird also zum „Preis, den die Gesellschaft für eine Straftat verlangt". Daher würde der Ökonom behaupten, dass „eine Zunahme der Strafschärfe oder der Wahrscheinlichkeit ihrer Verhängung den Preis der Kriminalität steigen lässt und damit deren Vorkommen verringert". Der Straftäter werde „ermutigt, sein Verhalten durch ein anderes zu ersetzen" (alles S. 96).

b) Produzentennutzen – alternativer Preis

1221 Im obigen Beispiel wurde vom Konsumenten angenommen, er sei bestrebt, seinen Nutzen (Befriedigung) zu erhöhen. Das Gleiche wird sich vermutlich vom anderen Marktteilnehmer, dem Produzenten, sagen lassen, wobei man aus seiner Perspektive von Gewinnmaximierung statt Nutzenmaximierung spricht. Der Verkäufer versucht, den Gewinn, die Differenz zwischen Kosten und Verkaufserlös, zu vergrößern. Momentan ist jedoch der geringste Preis, den ein rational handelnder, d.h. auf Verwirklichung seiner Eigeninteressen bedachter, Produzent erzielen muss, von Bedeutung. Dieses Minimum ist der „alternative Preis", also der Preis, den die zur Herstellung einer Ware „aufgewandten Ressourcen" in ihrer nächstbesten Verwendung erzielen würden. Das ist es, was der Ökonom unter „Kosten" einer Ware versteht, und macht verständlich, dass der Produzent seine Ware eben nicht „unter Kosten" verkaufen kann ohne Verlust zu machen.[26] Am Beispiel heißt das: „die Kosten der Herstellung eines Rasenmähers sind der Preis, den der Produzent für die Arbeit, Materialien" und andere „Ressourcen bezahlen muss". Kosten entstehen nur bei knappen Gütern. Kosten sind für den Ökonomen „Opportunitätskosten". Was dem Verkäufer einer Ressource also bezahlt wird, ist die Tatsache, dass er den Vorteil, den er aus der „nächstbesten" Verwendung derselben hätte ziehen können,[27] nicht realisiert, sondern die Ressource einem anderen zur Verfügung stellt. Damit ist ein Gebrauch dieser verkauften Ressource durch andere Personen als den Käufer ausgeschlossen. Die Opportunitätskosten stellen den „Mindestpreis" dar, zu dem ein Verkäufer sich von seiner Ware trennt, da er „bei einem geringeren Preis mehr Geld verdienen" würde, „wenn er die zur Herstellung des Gutes eingesetzten Ressourcen dem nächstbesten Gebrauch zuführen würde". Durch das System der Marktkräfte werden die Opportunitätskosten jedoch den Höchst- wie auch den Mindestpreis darstellen. Ein Preis über den Opportunitätskosten wirkt nämlich wie ein Magnet, der alle Ressourcen auf sich zieht, bis die solchermaßen erhöhte Produktion aufgrund des Nachfragegesetzes auf das Kostenniveau gedrückt wird. Diese **Konstruktion der Opportunitätskosten** ist für *Posner* deshalb so wichtig, weil sie zeigt, dass die Ökonomie sich eben nicht nur mit Geld beschäftigt. Vielmehr ist ihr eigentlicher Gegenstand die Verwendung von Ressourcen, wobei Geld lediglich ein Anrecht auf Res-

---

[26] Dass dies unter speziellen Bedingungen in einigen Fällen doch getan wird, kann hier unberücksichtigt bleiben.

[27] Also deren nächstmögliche Verwendung: z.B. statt dem Rasenmäherproduzenten seine Arbeitskraft zur Verfügung zu stellen, diese selbst zu nutzen.

sourcen ist. So ist beispielsweise „Hausarbeit" eine „ökonomische Tätigkeit", selbst wenn der Ausführende „keine Geldentlohnung erhält", da sie Kosten verursacht, nämlich die „alternativen Kosten für die Zeit" des Ausführenden (alles S. 96 f.). Bei einem „reinen" Geldgeschäft hingegen, wie es z.b. die Transaktion einer Geldsumme von A auf B darstellt, wird zwar die Kaufkraft von A verringert, die von B jedoch um die gleiche Summe vermehrt – es werden also keine Ressourcen in Anspruch genommen. Die Transaktion ist insofern „kostenlos".[28]

c) Tendenz zum höchstwertigen Gebrauch

Die dritte ökonomische Grundannahme besagt, dass die Ressourcen immer die Tendenz besitzen, ihrem „höchstwertigen Gebrauch" zuzustreben. Die Prämisse dieser Annahme ist freilich die Möglichkeit des freiwilligen Austauschs. Dieser freiwillige Austausch ist ein Markt. So ist z.b. der Fabrikant A bereit, die Produktionsanlage des B zu einem höheren als Bs Mindestpreis zu kaufen, da diese Anlage im Besitz von A einen größeren Wert darstellt als im Besitz von B. A kann sie nämlich dazu einsetzen, ein vergleichsweise wertvolleres Produkt herzustellen, gemessen an den Preisen, die der Verbraucher zu zahlen bereit ist. Durch den „freiwilligen Austausch" werden die Ressourcen genau der Verwendung zugeführt, bei welcher „der Wert für die Verbraucher, gemessen an ihrer Zahlungsbereitschaft, am höchsten ist" (alles S. 99). Werden Ressourcen an der Stelle verwendet, an der ihr Wert am höchsten ist, so kann man sagen, dass sie effizient eingesetzt werden.

2. Das Effizienzkriterium

Effizienz ist einer der zentralen Begriffe der ÖAR. Nach *Posner* ist Effizienz, als technischer Begriff, die Ausbeutung der ökonomischen Ressourcen in der Weise, dass „Wert" – menschliche Befriedigung gemessen am zusammengefassten Willen der Verbraucher, für Güter und Dienstleistungen zu zahlen – maximiert wird.[29] Ob „Wert" maximiert wurde, wird an Hand einer Kosten-Nutzen-Rechnung, die ihrerseits auf dem Kaldor-Hicks-Theorem basiert, festgestellt. Diese Formel lautet:

Eine Entscheidung, durch die mindestens ein Mitglied der Gesellschaft bevorzugt und mindestens ein Mitglied benachteiligt wird, soll dann und nur dann durchgeführt werden, wenn es möglich ist, aus dem Gewinn der Begünstigten die Benachteiligten zu entschädigen und dennoch dem Begünstigten noch ein Vorteil verbleibt.[30]

Auffällig hierbei ist, dass die bloße Möglichkeit der (Schadens-) Kompensation[31] für ausreichend gehalten wird, da die Frage, ob tatsächlich eine Kompensation stattfinden soll, nicht mehr als wissenschaftliche, sondern vielmehr als politische Frage angesehen

---

28 Tatsächlich ist eine Übertragung jedoch kaum kostenlos, da sie z.B. den B (als Empfänger des Geldes) davon abhalten könnte, so hart wie früher zu arbeiten. Ein Geldtransfer verursacht jedoch keine sozialen Kosten. Kosten, die für den Transferierenden anfallen, nennt die Ökonomie *private* Kosten. Diese sind hier jedoch nicht von Interesse.
29 *Posner*, Economic Analysis, p.10: „'Efficiency' means exploiting economic resources in such way that 'value' – human satisfaction *as measured by aggregate consumer willingness to pay* for goods and services – is maximized."; Hervorhebungen von Posner.
30 *Schäfer/Ott*, Lehrbuch, S. 30.
31 Das *Kaldor-Hicks-Theorem* stellt insofern eine Erweiterung der *Pareto-Formel* um das „Kompensationskriterium" (dass nämlich die Benachteiligten zu entschädigen sind) dar. Die *Pareto-Formel* besagt, dass ein Zustand einem anderen dann vorzuziehen ist, wenn zumindest ein Individuum eine Erhöhung seines Nutzens erfährt, ohne dass ein anderes Individuum einen Nachteil erleidet.

wird.³² Nach *Posner* ist die Grundlage des Effizienzwert-Konzepts die Bereitschaft zu zahlen. Diese ist durch viele Faktoren bedingt, so u.a. durch die Verteilung von Einkommen und Vermögen. Der einzige Weg, die Zahlungsbereitschaft zu bestimmen, ist die tatsächliche Beobachtung eines freiwilligen Austausches. Wo Ressourcen auf dem Weg des freiwilligen Austausches übertragen werden, kann man davon ausgehen, dass die Übertragung eine Nettosteigerung der Effizienz bewirkt. Die Übertragung kommt nur deshalb zu Stande, weil beide Parteien davon ausgehen, durch die Übertragung besser gestellt zu werden.

1226 Die wichtige Frage, die mithilfe der ÖAR geklärt werden soll, ist jedoch die nach der **Effizienz bei unfreiwilligem Austausch**. Dieser wird im rechtlichen Bereich wesentlich häufiger vorgenommen werden als der freiwillige, verpflichtet doch beispielsweise ein Urteil regelmäßig eine Person zu etwas, das sie freiwillig unter diesen Umständen nicht getan hätte. Die Konsequenz von Rechtsfällen (Straftaten, Unfälle usw.) ist also die unfreiwillige Übertragung von Ressourcen. Von diesen kann man jedoch nicht mit hinreichender Gewissheit sagen, wann sie die Effizienz steigern oder verringern. Man kann versuchen, mit einem hypothetischen Modell die Frage zu klären, ob die erzwungene Übertragung auch unter der Bedingung einer beiderseitigen Freiwilligkeit vorgenommen worden wäre. Angenommen, ein Unternehmen würde durch seine Produktion eine Gewässerverschmutzung herbeiführen, dann würde sich die Frage stellen, ob das Wasser zur Entsorgung von Schadstoffen oder zum Trinken wertvoller ist. Nun kann man unter Verwendung aller verfügbaren Daten zu bestimmen versuchen, ob (in einer Welt ohne Transaktionskosten – zu diesen sogl. u. 4.4) die Trinkwasserverbraucher das Nutzungsrecht an sauberem Wasser von dem Industrieunternehmen kaufen würden. Menschen können ohne Wasser nicht überleben, während Schadstoffe keineswegs nur durch Einleiten in das fragliche Gewässer „entsorgt" werden können. Das Wasser ist demnach für den Menschen wertvoller – er würde das Recht zur Nutzung des sauberen Wassers vom Unternehmer kaufen. Ein Urteil, das den Unternehmer dazu bestimmte, die Verunreinigung zu unterlassen und für die schon erfolgte Schadensersatz zu leisten, würde demnach dem Effizienzkriterium entsprechen. Dieser Ansatz versucht die wahrscheinlichen Bedingungen eines marktvermittelten Geschäfts (freiwilligen Austauschs) nachzubilden, wo realiter ein erzwungener Austausch stattfand. Allerdings muss regelmäßig davon ausgegangen werden, dass erzwungener Austausch einen weniger effizienten Mechanismus zur Allokation von Ressourcen darstellt als marktvermittelte Geschäfte. Die erzwungenen Tauschgeschäfte sind jedoch einem generellen Verbot aller erzwungenen Geschäfte vorzuziehen, da Letzteres eine noch größere Ineffizienz erzeugen würde.

3. Das Coase-Theorem

1227 *Coase* entwickelt in seiner oben erwähnten grundlegenden Arbeit³³ die Theorie für das soeben im Beispiel zur Anwendung gelangte **prognostische Modell**: Liegen bestimmte Modellbedingungen (keine Transaktionskosten, vollkommener Markt = unbeschränkter Wettbewerb, vollständige Information der Marktteilnehmer, usw.) vor, wirken sich rechtliche Bestimmungen nicht auf die Ressourcenallokation aus. Das wirtschaftliche Geschehen, die bloße Institutionalisierung des Tauschsystems bewirkt von sich aus ökonomische Rationalität, d.h. eine effiziente Ressourcenallokation. Im Rahmen ei-

---

32 *Behrens*, Grundlagen, S. 93.
33 *Coase*, Social Cost, im Folgenden zitiert nach: *Assmann/Kirchner/Schanze*, S. 146 ff.

nes Systems von Eigentumsrechten stellt sich eine optimale Allokation aufgrund von Transaktionen zwischen den Beteiligten von selbst her. Unter realen Bedingungen fallen jedoch zum einen Transaktionskosten an, während gleichzeitig ein nur unvollständiger Wettbewerb besteht. Hieraus erhält das Recht innerhalb dieser Konzeption seine spezifische Bedeutung. Es muss die Regelungen treffen, die eine Annäherung an die Modellbedingungen bewirken, so dass die Transaktionskosten bei weitgehend unbeschränktem Wettbewerb möglichst gering gehalten werden können.

4. Transaktionskosten

Bei der Realisierung von Transaktionen (Entscheidungen) entsteht das Problem, dass hierzu der Einsatz von Ressourcen nötig ist, die anderen Verwendungsmöglichkeiten damit entzogen werden. *Coase* hat darauf hingewiesen, dass die Höhe dieser Kosten abhängig ist von dem sozialen Arrangement (social arrangement), in dessen Rahmen gesellschaftliche Entscheidungen zustande kommen.[34] **Transaktionskosten sind also alle Kosten, die mit dem Herbeiführen einer Entscheidung verbunden sind.** Man muss z.B. Verhandlungen führen (Informationskosten), den Vertrag schließen (Entscheidungskosten), die notwendigen Vorkehrungen treffen, um die Einhaltung der Vertragsbedingung zu kontrollieren (Kontrollkosten) usw. Alle diese Tätigkeiten lassen sich über den alternativen Preis berechnen. Sie sind oft äußerst kostspielig, bzw. so teuer, dass viele Transaktionen, die in einer Welt ohne Transaktionskosten zustande kämen, in Wirklichkeit verhindert werden.[35] Dies ist genau dann der Fall, wenn der Nutzen der Transaktion hinter den Kosten zur Herbeiführung derselben zurückbleibt.

Angenommen der Gläubiger eines Anwartschaftskäufers will seine ausstehende Forderung realisieren, so kann er auf das Anwartschaftsrecht und den darin verkörperten Vermögenswert durch Pfändung (§ 857 Abs. 1 ZPO) und Verwertung im Wege der Zwangsvollstreckung zugreifen. Er kann aber auch (nach Pfändung) selbst den Restkaufpreis an den Vorbehaltsverkäufer zahlen (§ 267 Abs. 1 BGB).[36] Dadurch macht er den Vorbehaltskäufer zum Eigentümer. Sein Pfändungspfandrecht setzt sich aufgrund dinglicher Surrogation am Eigentum fort[37] und er kann direkt in das Eigentum vollstrecken.

Die zweite Alternative verursacht jedoch erhebliche Transaktionskosten, in diesem Fall Verwertungskosten: der Pfändungsbeschluss muss erwirkt werden, die Kosten der Versteigerung usw. Hat das Anwartschaftsrecht einen Wert von EUR 1.000 und beträgt der Kaufpreis EUR 10.000, so müsste der Gläubiger also EUR 9.000 an den Vorbehaltsverkäufer zahlen, um seinen Schuldner zum Eigentümer zu machen und in das Eigentum vollstrecken zu können. Damit aber der Gläubiger wenigstens den vollen Betrag seiner Forderung erhält, müsste der Versteigerungserlös EUR 9.000 + Verwertungskosten + Forderungssumme erreichen. Berücksichtigt man nun, dass die durch Zwangsversteigerung erzielten Erlöse hinter dem Substanzwert der Sache regelmäßig

---

34 *Ders.*, Social Cost, a.a.O., S. 164 ff.
35 *Ders.*, Social Cost, a.a.O., S. 164.
36 BGHZ 75, 221 (228).
37 *Wolf*, Sachenrecht, Rn. 517.

erheblich zurückbleiben, so wird deutlich, dass diese Transaktion in Wirklichkeit nicht zustande kommen wird.[38]

5. Property Rights

1231 Der Markt als verallgemeinertes System des Tausches setzt zum einen die **Institutionalisierung von Eigentumsrechten** voraus, die alle knappen Ressourcen erfassen.[39] Dabei steht jedoch nicht das Gut in seiner physischen Gegenständlichkeit (der Grund und Boden oder die Maschine) im Vordergrund, sondern die Ressource als ein Bündel von Eigenschaften, welche die Sozialbeziehungen der Menschen untereinander beeinflussen. Von Interesse ist demnach nicht die Beziehung zwischen Person und Gut, sondern vielmehr von Privatrechtssubjekten untereinander. Die ÖAR sieht die Konstituierung der Eigentumsrechte als Notwendigkeit an. Betrachtet man nämlich die Beziehungen zwischen Individuen unter dem Gesichtspunkt ihres immerwährenden Kampfes um die Nutzung knapper Ressourcen, dann erscheint das Recht, insbesondere die Institutionalisierung von Eigentumsrechten, als der einzige Weg, diesen Kampf in friedliche Bahnen zu lenken. Man beruft sich hierbei auf *Hobbes*: Ein Zustand, in dem die verfügbaren Ressourcen niemandem – oder, was dasselbe ist: allen gemeinsam – zugeordnet sind, wird als Zustand der Friedlosigkeit begriffen („Krieg eines jeden gegen jeden") und stellt einen durch Rechtlosigkeit gekennzeichneten Naturzustand da. Im Folgenden wird sich zeigen, dass es auch bei den Eigentumsrechten nicht auf den anfänglichen Verteilungszustand ankommt, da sich der optimale Allokation garantierende Zustand (unter Modellbedingungen) wieder automatisch, d.h. über den Markt als Distribuent, einstellt.

V. Schadensrecht bei zirkulärer Schadensverursachung

1232 Eine Form der zivilrechtlichen Haftung, welche versucht, Allokationseffizienz herzustellen, wenn Schädiger und Geschädigter Einfluss auf das Schadensniveau haben, kann die **Gefährdungshaftung** sein. Hierbei werden Anreize gegeben, sowohl das Aktionsniveau schädigender Handlungen als auch bei gegebenem Aktionsniveau den Vorsorgeaufwand auf ein sozial wünschenswertes Niveau zu steuern. Dem Rechtssystem kommt hier, gemäß dem Kriterium der Allokationseffizienz, die Aufgabe zu, „Anreize" zu vermitteln, die Wohlfahrtsgewinne aus der schädigenden Aktivität wie aus der Aktivität des Geschädigten zu maximieren.[40] Es liegt auf der Hand, dass sich dies nicht durch eine Addition beider Gewinne bewerkstelligen lässt, da diese beiden Wohlfahrtswerte zueinander in reziprokem Verhältnis stehen.[41] „Wollte man den Schaden vermeiden, der dem B (durch A) zugeführt wird, so würde dies A belasten. Die eigentlich zu beantwortende Frage lautet: Sollte es A erlaubt werden, B zu schädigen, oder sollte man es zulassen, dass B den A schädigt? Das Problem besteht darin, den jeweils schwerwiegenderen Schaden zu vermeiden."[42] Diese Perspektive zeichnet sich

---

38 Etwas anderes gilt natürlich für den Fall, dass die Vollstreckung in das Anwartschaftsrecht sich als tatsächlich wertlos darstellen würde. Dann lägen aber schon andere Ausgangsbedingungen vor, die an der *Möglichkeit* eines Effizienzvergleichs der beiden Vollstreckungsarten nichts ändern würden. Lediglich das *Ergebnis* der Analyse würde sich unterscheiden.
39 *Behrens*, Grundlagen, S. 129.
40 *Schäfer/Ott*, Lehrbuch, S. 115.
41 *Coase* spricht hier gar von der reziproken „Natur des Problems"; *ders.*, Social Cost, a.a.O., S. 148.
42 *Ders.*, a.a.O., S. 148.

also dadurch aus, dass sie „die Gesamtheit der Auswirkungen im Auge"[43] behält, denn im reziproken Schadensfall ist es unmöglich, prima facie anzugeben, wer Geschädigter und wer Schädiger ist. So wird z.B. im „Schweinemästerfall"[44] eine Wohnsiedlung nahe einer alteingesessenen Schweinemästerei gebaut. Gerüche, die früher niemanden gestört haben, führen nun zur Belästigung der Bewohner. Wer ist hier der Verursacher? Dass ein Schaden eintritt, steht fest. Entweder schädigen die Anwohner den Schweinemäster (wenn sie das Recht erhalten, die Emission zu untersagen) oder der Schweinemäster schädigt die Anwohner (durch die Emission). Die Suche nach dem Verursacher kann hier nicht zum Erfolg führen. Es besteht lediglich die Möglichkeit, ein rechtliches Argument zu finden, mit dem der Gesamtschaden minimiert wird.

Ein Beispiel, wie *Coases* Forderung, „die **Gesamtheit der Auswirkungen** im Auge zu behalten" in einem konkreten Fall Anwendung finden kann, bietet folgende Konstellation:[45] Zwei benachbarte Grundstücke gehören einem Weinbauern (W) und einem Feldbauern (F). Der Weinbauer sprüht seine Reben zur Schädlingsbekämpfung mit einer Substanz ein, die durch den Wind auch auf das Feld des Feldbauern getragen wird und dort Schaden anrichtet. Der Weinbauer hat die Wahl zwischen zwei unterschiedlichen Substanzen, z.B. einer chemischen und einer biologischen (S^1 und S^2), die sich in ihrem Wirkungsrad unterscheiden, wobei S^1 den Ernteertrag des Weinbauern (gegenüber S^2) durch einen höheren Wirkungsgrad maximiert. S^1 richtet jedoch auf dem Nachbargrundstück einen größeren Schaden an als S^2. Dort wiederum sind die Schäden auch vom angebauten Produkt abhängig. Bei Gemüseanbau ist der Schaden höher als bei Getreideanbau.

Für jeden Bauern gibt es zwei alternative Verhaltensweisen (beim Weinbauern: Insektenmittel S^1 oder S^2; beim Feldbauern: Gemüseanbau oder Getreideanbau), die zu insgesamt vier möglichen Verhaltenskombinationen führen. Von der jeweiligen Verhaltenskombination werden die Erträge des Wein- bzw. Feldbauern bestimmt. Diese Kombinationsmöglichkeiten können in einem Schaubild dargestellt werden, wobei hinter der jeweiligen Verhaltenskombination der durch diese entstandene Ertrag (der Schaden steht in Klammern) aufgeführt ist.

Kombination von Produktionsaktivitäten	Ertrag (Schaden) des W	Ertrag (Schaden) des F	Gesamtertrag (Schaden) von W und F
S1 und Gemüse	100 (0)	50 (50)	150 (50)
S2 und Gemüse	90 (10)	70 (30)	160 (40)
S1 und Getreide	100 (0)	60 (40)	160 (40)
S2 und Getreide	90 (10)	80 (20)	170 (30)
Kein Mittel	30 (70)	100 (0)	130 (70)

Zunächst ist zu fragen, welche Kombination von Produktionsaktivitäten aus wohlfahrtstheoretischer Sicht die sinnvollste ist. Dazu wird ein aus der *Kaldor-Hicks*-Formel abgeleitetes Reichtum-Maximierungs-Prinzip (wealth-maximization-principle) an-

---
43 *Ders.*, a.a.O., S. 198.
44 BGHZ 48, 31 ff.
45 Vergl.: *Schäfer/Ott*, Lehrbuch, S. 116.

gewandt. Nach diesem Prinzip fallen durch eine hypothetische Konstruktion Schädiger und Geschädigter in eine Person. Diese Person würde dann, gemäß ihren rationalen Eigeninteressen, nutzenmaximierend handeln, also in diesem Fall versuchen, durch die richtige Kombination von Produktionsaktivitäten beide Anbaugebiete so zu behandeln, dass bei einem Minimum an Schaden ein maximaler Ertrag erzielt wird. Dazu würden die Reben mit S^2 behandelt werden, während auf dem Feld Getreide angebaut würde. Jetzt wäre zwar der Ertrag aus dem Weinberg mit 90 um 10 geringer als möglich; da aber gleichzeitig auf dem Feld ein Ertrag von 80 mit einem Schaden von nur 20 erzielt wird, beläuft sich der Gesamtertrag auf 170 bei einem Schaden von 30. So erreicht der Nettoertrag (Gesamtertrag weniger Gesamtschaden) von 140 ein Maximum (wealth maximization). Also kann eine eindeutige Aufforderung an die Rechtsordnung ergehen: Um eine optimale Ressourcenverwendung zu erreichen, sollte sie Haftungsregeln so konstruieren, dass diese Kombination erreicht wird bzw. dass materielle Anreize für ihre Erreichung vermittelt werden. Dieses solchermaßen normative Kriterium kann nunmehr in einem Prozess des F gegen den W entscheidungsrelevant werden. Angenommen, W hätte das schärfere Mittel S^1 angewendet und F habe Gemüse angebaut, dann macht F einen Schaden von 50 geltend, da sein Ertrag ohne die Schädigung des F 100 statt 50 gewesen wäre. Hätte W das schonendere Mittel S^2 angewendet, betrüge sein Schaden lediglich 30. Dagegen hätte W einen Schaden von 10, da sein Ertrag durch Schädlingsbefall von 100 auf 90 gesunken wäre. In diesem Fall hätte F jedoch seinen Schaden weiter durch Übergang zum Getreideanbau reduzieren können. Daher sollte der Schadensersatz so festgelegt werden, dass W einen Anreiz erhält, das relativ unschädliche Mittel S^2 einzusetzen, und es gleichzeitig für F profitabel wird, zum Getreideanbau überzugehen.

1236 Auch über die Höhe des Schadensersatzes in den jeweiligen Kombinationen lassen sich nunmehr Aussagen treffen. Setzt W das Mittel S^2 ein, während F gleichzeitig Gemüse anbaut, so darf dieser seinen Schaden von 30 nicht ersetzt bekommen, hat sich doch W sozial richtig verhalten und bereits einen Verlust um 10 hingenommen. Es liegt vielmehr an F, dass keine optimale Allokationseffizienz erreicht wird. Bekäme er Schadensersatz zugesprochen, so gäbe es für ihn keine Veranlassung Getreide anzubauen. Stattdessen würde er den Gemüseanbau fortsetzen und den Schaden hochhalten.

1237 Angenommen, W habe das scharfe Mittel S^1 verwendet und F habe Getreide angebaut, so würde dieser Schadensersatz erhalten; allerdings nicht über 40, sondern über 20. Denn wenn W sich sozial richtig verhalten hätte (Einsatz von S^2), dann hätte F immer noch einen Schaden von 20, gegenüber der Situation, die entstünde, wenn W überhaupt kein Mittel einsetzt. Dieser Schaden soll jedoch nicht ersetzt werden, da er in einer Situation optimaler Allokationseffizienz entsteht. Der Schadensersatz in Höhe von 20 reicht aber aus, um die Verwendung des schädlicheren Mittels für W unprofitabel zu machen (bei Verwendung von S^1 hat er zwar keinen Schaden, muss jedoch einen Schadensersatz von 20 leisten, während sich bei Verwendung von S^2 lediglich ein Schaden von 10 ergibt), und um F genauso zu stellen, als wenn W das schonende Mittel S^2 verwendet hätte. Es wird also sowohl W als auch F der materielle Anreiz vermittelt, die richtige Produktionsaktivität zu wählen.

1238 Damit würde also die Klage des F auf Schadensersatz dann abgewiesen, wenn W das Mittel S^2 eingesetzt und F Getreide angebaut hat, da das dem Zustand optimaler Ressourcenallokation entspricht. Dies gilt sowohl für F, wenn er den Schaden von 20 geltend macht, als auch für W, wenn er seinen durch die Verwendung des biologischen

Mittels bedingten Ertragsverlust von 10 ersetzt haben will. Durch Schadensersatz kann in dieser Situation das Verhalten der Beteiligten nicht mehr im Sinne der Allokationseffizienz verbessert werden.

Sieht man die möglichen Kombinationen der Produktionsaktivitäten als **social arrangements** an, so lässt sich mit *Coase* sagen: „Wenn ein Ökonom verschiedene soziale Arrangements vergleicht, besteht das angemessene Verfahren darin, die jeweils erwirtschafteten Sozialprodukte" (Gesamtnutzen aller Beteiligten, hier: Gesamterträge) „dieser unterschiedlichen Arrangements zu vergleichen".[46]

VI. Berechnung des Schadenswertes bei Tötung eines Menschen

Wendet man das Prinzip der Opportunitätskosten konsequent an, so muss man zu dem Ergebnis kommen, dass sich alles, materielle und immaterielle Güter ebenso wie Menschen, in seinem spezifischen Wert berechnen lässt. *Posner* selbst führt diese Berechnung an dem Beispiel eines toten Kindes durch:

> „Zu den vielen Anwendungsweisen des Begriffs Opportunitätskosten auf das Recht gehört auch das Problem der Schadensberechnung für den Tod eines Kindes. Wenn das Kind nicht erwerbsfähig ist, wird der Tod den Eltern keine finanziellen Kosten verursachen. Gleichwohl können wir die Opportunitätskosten der von den Eltern bei der Erziehung des Kindes eingesetzten Ressourcen durch die Bestimmung der alternativen Preise von Zeit und anderen Erziehungsaufwendungen (Nahrung, Kleidung, Ausbildung etc.) der Eltern berechnen. Die Summe dieser Preise ist der vermutliche Mindestschaden der Eltern."[47]

Zu diesem Mindestschaden kommt dann noch der Schaden durch etwaige Krankenhausbehandlung o. ä., jedenfalls steht am Ende dieser Berechnung ein bestimmter Wert. Wenn dieser Wert ermittelt ist, so lässt sich die optimale Strafzumessung berechnen:

> „Wie schon erwähnt, ergibt sich die optimale Strafzumessung, wenn man die sozialen Kosten der ungesetzlichen Handlung durch den erwarteten Grad an Wahrscheinlichkeit der Strafverhängung dividiert. Betragen die Kosten eines speziellen Verbrechens $ 1.000, und ergibt sich gleichzeitig bei optimaler Organisation der Strafverfolgung eine zehnprozentige Wahrscheinlichkeit tatsächlicher Verhaftung und Verurteilung, dann würde die optimale Strafe $ 10.000 betragen."[48]

Wenn E (soziale Kosten des Verbrechens) = p (Wahrscheinlichkeit der tatsächlichen Verhaftung und Verurteilung) • f. (Strafmaß), dann lautet die Formel zur Berechnung des Strafmaßes:

$$f = E / p$$

Angenommen das Kind wäre durch die gewaltsame Einwirkung eines Dritten zu Tode gekommen, so wäre folgende Berechnung anzustellen: Beträgt der Schadenswert für das tote Kind EUR 100.000 bei einer zehnprozentigen (= 1/10) Wahrscheinlichkeit der Verhaftung und Verurteilung des Täters, so betrüge das optimale Strafmaß in diesem

---

46 *Coase*, Social Cost, a.a.O., S. 186.
47 *Posner*, Economic Analysis, a.a.O., S. 97.
48 *Posner*, Economic Analysis, S. 171 (übersetzt von F. L.).

Fall EUR 1.000.000. Auf den ersten Blick scheint es zu überraschen, dass der Täter lediglich eine Zahlung zu leisten hätte. Doch eine konsequente Handhabung der Kostenberechnung lässt dies durchaus zu. Lediglich für den Fall, dass der Täter insolvent ist, erwähnt *Posner* die Möglichkeit von „nonpecuniary sanctions".[49]

VII. Kritische Rezeption

1244 Die Rezeption der ÖAR vollzieht sich, wie bereits erwähnt, in Deutschland eher schleppend und zieht in den überwiegenden Fällen Kritik nach sich. Dabei werden vier **Einwände** immer wieder vorgebracht:[50]

1. Die ÖAR sei als folgenabschätzende Theorie unzulässig, da sie die **Eigenständigkeit der Rechtswissenschaft** untergrabe.
2. Sie sei unbrauchbar, weil sie **gesicherte Strukturen auflöse**, anstatt mehr Gewissheit zu bewirken.
3. Sie sei **sozial unerwünscht**, da sie die Schwachen und Bedürftigen benachteilige.
4. Sie gefährde die Rechtskultur, weil sie die rechtsethischen Bindungen durch das **Nutzenkalkül** ersetze.

1245 Der **erste Einwand** wird von den Autoren einigermaßen pauschal und apodiktisch vorgetragen. Die wirtschaftliche Betrachtungsweise hat nach *Rittner* weder eine methodische oder systematische Funktion noch einen wesentlichen Nutzen für die Rechtsfindung in der Praxis. Sie sei von Hause aus eine Leerformel wie die Natur der Sache. Sie gebe dem Richter deshalb nur scheinbar eine Hilfe.[51] Schlimmer noch: Das Argument der wirtschaftlichen Betrachtungsweise entziehe sich der richterlichen und der wissenschaftlichen Kontrolle.[52] Die Entscheidungen, an Hand derer er argumentiert, sind ausschließlich aus dem zivil- und wirtschaftsrechtlichen Sektor. Damit wird er dem umfassenden Ansatz der ÖAR nicht gerecht. Universalistische Tendenzen sind v. a. bei Posner nicht zu übersehen: Folgenabschätzung soll in allen rechtlichen Bereichen Anwendung finden. Sie muss sich aber vor allem den Vorwurf der Unmöglichkeit wissenschaftlicher und richterlicher Kontrolle gerade im zivilrechtlichen Bereich nicht gefallen lassen, ist doch hier durch das rationale Ermitteln ihrer Entscheidungskriterien (Kombination der Produktionsaktivitäten, Schadenswert usw.) eine seltene Transparenz erreicht. Stattdessen stellt *Rittner* für die Lösung „schlichter" Fälle des Interessenwiderstreits zwischen Personen originellerweise auf das (jeglicher Kontrolle enthobene) „Rechtsgefühl"[53] (!) ab. Hinter einer solchen Argumentation scheint die Vorstellung zu stehen, sich der Methodik einer fremden wissenschaftlichen Disziplin unterwerfen zu müssen, welche die eigenen Spielräume stark einschränkt. Dass es gerade auch die mit dem sog. „Rechtsgefühl" entstandenen Probleme waren, die durch ein neues Argumentieren ganz entscheidend zur Entstehung der ÖAR beigetragen haben (s.o.), wird nicht bedacht.

1246 Der **zweite Einwand**, die ÖAR löse Strukturen auf und schaffe Ungewissheiten, verkennt offensichtlich die Tatsache, dass sie sich nicht mit dem Auflösen von Strukturen begnügt, sondern eine neue Konzeption an deren Stelle setzt. Durch das Offenlegen des

---

49 Ders., ebd., S. 171 f.: „Second, the frequent insolvency of law violators requires that nonpecuniary sanctions be available to the state."
50 Vergl. *Kübler*, Effizienz, S. 690, mwN.
51 *Rittner*, wirtschaftliche Betrachtungsweise, S. 47 ff.
52 Ders., ebd., S. 9.
53 Ders., ebd., S. 54.

Bewertungsinstrumentariums (Effizienzkriterium, *Kaldor-Hicks*-Formel, *Coase* Theorem usw.) und durch die rationale Nachvollziehbarkeit der damit erhaltenen Entscheidungskriterien, scheint eher ein höherer Grad an Gewissheit z.B. über die inhaltliche Konkretion von Rechtsfolgen zu bestehen. Allerdings muss sich die ÖAR die Frage gefallen lassen, in wie weit sich z.b. die Effizienzanalyse in der Praxis bewähren kann.[54] Die Ökonomie ist als Sozialwissenschaft dort am erfolgreichsten, wo ihre Konklusionen unmittelbar auf empirisch ermittelten Daten beruhen.[55] Ob sich immer alle Daten über Vor- und Nachteile z.b. verschiedener Kombinationen von Produktionsaktivitäten exakt und umfassend ermitteln lassen, muss bezweifelt werden. Aus Sicht der ÖAR kann dem jedoch entgegengehalten werden, dass die Ungenauigkeit, die durch die teilweise unpräzise Berechnung der Effizienz entsteht, nur dann von Bedeutung wäre, wenn die herkömmliche dogmatische Arbeitsweise ein höheres Maß an Stabilität und Rechtssicherheit gewährleisten könnte.[56] So konstatiert *Posner*:

> „Im Allgemeinen wird eine Theorie nicht durch die Herausstreichung ihrer Mängel oder Grenzen umgestürzt, sondern nur durch eine umfassendere, leistungsfähigere und vor allem auch brauchbarere Theorie."[57]

Dieses Argument könnte jedoch schon aus der Perspektive der ÖAR selbst problematisch werden. Folgendes ist nämlich zu bedenken: Die Erhebung der für die einzelne Fallentscheidung notwendigen Daten kann nur in den seltensten Fällen vom Richter selbst durchgeführt werden, da schon bei einfachen Fallkonstellationen für eine präzise Entscheidung eine außergewöhnlich hohe Datenmenge notwendig ist.[58] Um aber die Steuerungsmechanismen der ÖAR in dieser Hinsicht nicht leerlaufen zu lassen, müsste der justizielle Apparat personell deutlich vergrößert werden. Selbst wenn die Datenerhebung an sich durch die personelle Ausstattung gesichert wäre (was einen enormen Anstieg der Personal- und damit der Entscheidungskosten mit sich führen würde), bestünde nach wie vor eine gewisse Wahrscheinlichkeit für unpräzise Entscheidungen. Diese würden dann aber, entgegen der Behauptung *Posners*, im Vergleich zur herkömmlichen Entscheidungspraxis umso schwerer wiegen, als sie in doppelter Weise ineffizient und damit ressourcenschädlich wären: Die Allokationseffizienz würde 1. verfehlt bei 2. gegenüber herkömmlicher Entscheidungspraxis gestiegenen Entscheidungskosten. Eine in dieser Weise getroffene „Fehlentscheidung" wäre also teurer und ineffizienter als eine „herkömmliche".

Der **dritte Einwand** zielt darauf ab, dass Rechtsökonomie auf die Stärkung der bestehenden Güterordnung angelegt sei und implizit eine Veränderung der Eigentumsrechtsordnung zugunsten der ökonomisch Stärkeren vorschlage.[59] Diese Tendenz wird gesehen; die Konsequenzen, die daraus gezogen werden, sind allerdings sehr unterschiedlich. Das reicht von offener Bekundung, dass der Begriff der sozialen Gerechtigkeit in einer Gesellschaft freier Menschen sinnlos sei,[60] bis zu Bestrebungen, die einen

---

54 Zur Problematik der Verbindung von Jurisprudenz und Sozialwissenschaften (v. a. hinsichtlich eines durch die Sozialwissenschaft an die Jurisprudenz herangetragenen exakt-naturwissenschaftlichen Wissenschaftsbegriffs): *Naucke*, Jurisprudenz, S. 64 ff.
55 *Kübler*, Effizienz, S. 695.
56 *Ders.*, ebd., S. 696.
57 *Posner*, Economic Analysis, a.a.O., S. 108.
58 Schon hinsichtlich der wesentlich gestiegenen Anforderungen, die in diesem Fall auf den Richter zukommen, müsste man fragen, ob sie im Gerichtsalltag überhaupt zu bewältigen sind.
59 *Gotthold*, Theorie des Eigentums, S. 557.
60 *Hayek*, Atavismus, S. 23.

Ausgleich zwischen Effizienz- und Gerechtigkeitspostulaten fordern. So sieht *Kübler* diesen Ausgleich im Mitbestimmungsurteil des Bundesverfassungsgerichts erreicht, das eine Umverteilung von Entscheidungsbefugnissen in Unternehmen ermöglicht habe.[61] Genau besehen ist „die" ÖAR für den Vorwurf einer Stärkung der bestehenden Güterordnung nicht der richtige Adressat. Dass es zu einer Güterkonzentration in besagter Weise kommt, ist von den der Untersuchung und Entscheidung zugrunde liegenden Prämissen abhängig. Dieses Ergebnis ist insofern keineswegs zwingend; es hängt vor allem davon ab, welche tatsächlichen Bedingungen man als Bewertungsfaktoren in die Effizienzberechnung miteinbezieht, ob und wie man also Rechtssubjekte und Rechtsobjekte sowie rein tatsächliche Konstellationen bewertet.[62] Dieser Auswahl sind *methodologisch* keine Grenzen gesetzt; sie lässt sich jedoch normativ begrenzen (dazu unten).

1249 Der **vierte Punkt** besagt, dass die Erhebung des Marktes zur zentralen gesellschaftlichen Institution die moralischen Grundlagen der sozialen und politischen Ordnung bedrohe[63] sowie einen herben Verlust an tradierter Rechtskultur mit sich bringe.[64] Dieser Einwand scheint schwer zu wiegen. Zwar wird von einigen Autoren darauf verwiesen, dass die Effizienzanalyse absolute Grenzen habe.[65] Angesichts des radikalen und umfassenden Anspruchs, der von zentralen Autoren der ÖAR besonders in den USA vertreten wird, klingt es jedoch wenig überzeugend, wenn *Kübler* beispielsweise Menschenwürde und individuelle Autonomie als Rechtsgüter benennt, die sich der Bewertung durch individuelle oder kollektive Nutzenkalküle entzögen.[66] *Posner* spricht da eine andere Sprache:

> „Es ist nicht offensichtlich ineffizient, den Leuten zu erlauben, vollziehbare Selbstmordverträge abzuschließen, aus rassischen oder religiösen Gründen zu diskriminieren oder im Rettungsboot aus völliger Verzweiflung den schwächsten Passagier zu verspeisen; auch ist es nicht offensichtlich ineffizient, Abtreibungen zu erlauben, Babys gegen Entgelt zur Adoption geben zu lassen oder verurteilten Verbrechern die Wahl zwischen Gefängnis und Teilnahme an gefährlichen medizinischen Experimenten zu eröffnen. [...] Die Nachfrage nach Gerechtigkeit ist zweifellos nicht unabhängig von ihrem Preis."[67]

1250 Effizienz ist der zentrale Aspekt rechtsökonomischer Überlegungen. Damit bestimmt die Effizienz Reichweite und Wert von Gerechtigkeitspostulaten. Eine Gleichsetzung von Effizienz und Gerechtigkeit ergibt sich zumindest dann, wenn sich das Gerechtigkeitsproblem „in Wirklichkeit" als Effizienzproblem herausstellt.[68] *Posner* glaubt, dass

---

61 *Kübler*, Effizienz, S. 700 und BVerfGE 50, 290 (322 ff.).
62 Vergl. insofern das in Fn. 7 Angeführte.
63 *Eder*, Rationalität, S. 15.
64 *Fezer*, Aspekte, S. 824; *Pawlowski*, Methodenlehre, Rn. 852, der in der Transformation aller Werte in Geld die Gefahr der Ver- und Entwertung der Werte sieht.
65 So *Kübler*, Effizienz, S. 701 f.; im Ansatz auch *Schäfer/Ott*, Lehrbuch, S. 229, wenn von unveräußerlichen liberalen Rechten gesprochen wird.
66 *Kübler*, Effizienz, S. 702.
67 *Posner*, Economic Analysis, a.a.O., S. 110.
68 „[...] würde es sich als die primäre Rolle der ökonomischen Analyse darstellen, gewisse Pseudo-Gerechtigkeitsprobleme aus der Welt zu schaffen, die nur auf rein intellektueller Verwirrung begründet zu sein scheinen.", *ders*., ebd., S. 110.

diese Gleichsetzung von Gerechtigkeit mit Effizienz von den Menschen, ohne dass sie sich darüber im Klaren sind, immer schon vollzogen worden ist:

> „Wenn die Leute, wie wir neben vielen anderen Beispielen sehen werden, es als ‚ungerecht' bezeichnen, jemanden ohne Verfahren zu verurteilen, Eigentum ohne angemessene Entschädigung wegzunehmen oder von einem fahrlässigen Autofahrer keinen Schadensersatz für das Opfer seiner Nachlässigkeit zu verlangen, so können sie dahin verstanden werden, daß sie nichts Anspruchsvolleres meinen, als daß eine solche Praxis Ressourcen verschwendet."[69]

Selbst wenn diese behauptete Gleichsetzung in vielfacher Hinsicht problematisch erscheint, ist eine Bewertung ethischer Positionen am Maßstab der Effizienz (bzw. der „Nützlichkeit") nicht neu und kann daher nicht überraschen. Für den Bereich autonomer Lebensgestaltung von Privatrechtssubjekten wirft diese Gleichsetzung insofern auch keine Probleme auf. Es muss jedoch gefragt werden, wie sich eine solche Bewertung darstellt, wenn sie zur Grundlage von Entscheidungen der Staatsgewalt wird; ob nämlich ökonomische Betrachtung des Rechts und Verfassung kompatibel sind und ob nicht etwa die Grundrechte die absolute Grenze rechtsstaatlich zulässiger Effizienzanalyse markieren. Das wäre allerdings nur dann zuverlässig zu entscheiden, wenn die Effizienzanalyse als tatsächlich herangezogenes Entscheidungskriterium ausgewiesen würde. Genau das wird jedoch gerade dann, wenn grundrechtlich geschützte Positionen betroffen sind, systematisch vermieden. Stattdessen werden diese als sakrosankt erklärt um dadurch ihre Unantastbarkeit deutlich zu machen. Unter diesem Deckmantel ist die Effizienzanalyse jedoch längst politische wie justizielle Realität geworden. Hier vermag das von der ÖAR bereitgestellte folgenabschätzende Instrumentarium vieles zu leisten, vorausgesetzt es besteht der politische Wille, die Bewertungen zu institutionalisieren um sie dadurch beherrschbar zu machen und der demokratischen Kontrolle zu unterwerfen. Unter dieser Voraussetzung kann die ÖAR vor allem für die Legislative ein Tableau von Entscheidungsalternativen aufzeigen, mit dessen Hilfe die Konsequenzen auch von komplexen Entscheidungen und Regelungsalternativen absehbar werden. Wird die ÖAR insofern ihrerseits zu einem Instrument demokratischer Kontrolle, kann ihr nicht länger die Reduktion von Rationalität auf Effizienz vorgeworfen werden: Sie formuliert dann mit ihren Effizienzüberlegungen vielmehr einen unentbehrlichen *Mindeststandard* an Rationalität, der zeigt, was *möglich* ist, und nötigt damit der tatsächlich entscheidenden Instanz ein erhöhtes Maß an argumentativer Sorgfalt für die Begründung ihrer Entscheidungen auf.

VIII. Literatur

1. Zum Einstieg in die ökonomische Analyse

Nach wie vor besonders zu empfehlen ist der Sammelband mit den übersetzten amerikanischen Originaltexten von

Assmann, Heinz-Dieter/ Kirchner, Christian/ Schanze, Erich, Ökonomische Analyse des Rechts, Kronberg/Ts. 1978, inzwischen als UTB Nr. 1685, 1993.

Reiche Anschauung geben jetzt

Kötz, Heinz/Schäfer, Hans-Bernd, Judex Oeconomicus. 12 höchstrichterliche Entscheidungen kommentiert aus ökonomischer Sicht, Tübingen 2003.

---

69 *Ders., ebd.,* S. 109.

Aktuelle Übersichten bieten

Der *homo oeconomicus* in der Rechtsanwendung, hrsg. von A. Dieckmann und Chr. Sorge, Tübingen 2016.
Towfigh, Emanuel V./Petersen, Niels, Ökonomische Methoden im Recht, 3. Aufl. Tübingen 2023.

2. Weitere hier wichtige Literatur

Behrens, Peter, Die ökonomischen Grundlagen des Rechts, Tübingen 1986.
Bydlinski, Franz, Juristische Methodenlehre und Rechtsbegriff, 2. Aufl., Wien 1991.
Calabresi, Guido, Some Thoughts on Risk Distribution and the Law of Torts, Yale Law Journal 70, 1961, S. 499 ff.
ders., The Decisions for Accidents: An Approach to Nonfault Allocation of Costs, Harvard Law Review 78, 1965, S. 713 ff.; deutsche Übersetzung in: Assmann/Kirchner/Schanze, s.o., S. 259–289.
Coase, Ronald, The Problem of Social Cost, Journal of Law & Economics 3, 1960, (erschienen 1962), S. 1 ff.; deutsche Übersetzung in: Assmann/Kirchner/Schanze, S. 146–202.
Eder, Klaus, Prozedurale Rationalität, ZfRSoz 1986, S. 1–30.
Fezer, Karl-Heinz, Aspekte einer Rechtskritik an der economic analysis of law und am property rights approach, JZ 1986, S. 817–824.
Frank, Jürgen, Die „Rationalität" einer ökonomischen Analyse des Rechts, ZfRSoz 1986, S. 191–211.
Gotthold, Jürgen, Zur ökonomischen „Theorie des Eigentums", ZHR 144 (1980), S. 545–562.
Hayek, Friedrich von, Der Atavismus „sozialer Gerechtigkeit", in: Drei Vorlesungen über Demokratie, Gerechtigkeit und Sozialismus, Tübingen 1977, S. 23–46.
Kirchner, Christian, „Ökonomische Analyse des Rechts" und Recht der Wettbewerbsbeschränkungen (antitrust law and economics), ZHR 1980, S. 563–588.
Köhler, Helmut, Vertragsrecht und „Property Rights" Theorie – Zur Integration ökonomischer Theorien in das Privatrecht, ZHR 1980, S. 589–609.
Kötz, Hein, Deliktsrecht, 4. Aufl., Frankfurt am Main 1988 [inzwischen Gerhard Wagner, 14. Aufl. München 2021].
Kübler, Friedrich, Effizienz als Rechtsprinzip – Überlegungen zum rechtspraktischen Gebrauch ökonomischer Argumente, in: Festschrift für Ernst Steindorff, Berlin u. a. 1990, S. 687–704.
ders., Vergleichende Überlegungen zur rechtspraktischen Bedeutung der ökonomischen Analyse, in: Ott/Schäfer, S. 293–306.
Naucke, Wolfgang, Jurisprudenz und Sozialwissenschaften – Eine Entgegnung, Rechtstheorie 1973, S. 64–68.
Ott, Claus; Schäfer, Hans-Bernd, Allokationseffizienz in der Rechtsordnung – Beitrag zum Travemünder Symposium zur ökonomischen Analyse des Zivilrechts 23.–26. März 1988, Berlin u. a. 1989.
Pawlowski, Hans-Martin, Methodenlehre für Juristen – Theorie der Norm und des Gesetzes, 2. Aufl., Heidelberg 1991 [inzwischen 3. Aufl. 1999].
Posner, Richard, The decline of law as an autonomous discipline, Harvard Law Review 100, 1987, S. 761–780.
ders., Economic Analysis of Law, 2. Auflage, Boston u. a. 1977 (teilübersetzt in Assmann, Kirchner, Schanze, Ökonomische Analyse).
Rawls, John, Eine Theorie der Gerechtigkeit, 5. Auflage, Frankfurt am Main 1990 (zuerst im Amerikanischen 1971).
Rittner, Fritz, Die sogenannte wirtschaftliche Betrachtungsweise in der Rechtsprechung des Bundesgerichtshofs, Karlsruhe 1975.
Rose-Ackerman, Susan, Recht und Ökonomie: Paradigma, Politik oder Philosophie, in: Ott/Schäfer, S. 269–292.

Schäfer, Hans-Bernd; *Ott, Claus*, Lehrbuch der ökonomischen Analyse des Zivilrechts, Berlin u. a. 1986 [inzwischen 6. Aufl. 2020].

Wolf, Manfred, Sachenrecht, 11. Aufl., München 1993 [inzwischen *Marina Wellenhofer*, 38.Aufl. 2023].

Methode und Zivilrecht in der Neuen Institutionenökonomie

von *Milena Maurer*

Übersicht

I.	Das Neue und das Alte im Neuen	506
II.	Die Ausgestaltung der Eigentumsverhältnisse als interdisziplinäre Aufgabe	507
III.	Die Neue Institutionenökonomik als Erweiterung zur Ökonomischen Analyse des Rechts	509
IV.	Die institutionellen Rahmenbedingungen für ihre Anwendbarkeit	512
V.	Die Property-Rights-Analyse	513
VI.	Die Auswirkungen auf die juristische Methodik	514
VII.	Fazit	516
VIII.	Literatur	517

Die Neue Institutionenökonomie lenkt den Blick weg von den einzelnen Rechtsfragen zum Großen und Ganzen des Rechts als förmlicher Institution.

I. Das Neue und das Alte im Neuen

1251a   Im Jahre 1840 formulierte *Pierre-Joseph Proudhon* in seinem Werk „Qu'est ce que la propriété? Ou recherches sur le principe du droit et du gouvernement" den berühmt gewordenen und viel rezipierten Satz, Eigentum sei Diebstahl.[1] Doch was genau ist überhaupt „Eigentum" und welchem Zweck dient es? Der französische Ökonom und Sozialist *Proudhon* (1809–1865), der auch als „Vater der Anarchie"[2] gilt, bezog sich in seinen Ausführungen auf das sog. Privateigentum, welches dem Individuum bestimmte Privilegien einräumt.[3] Auch die deutsche Verfassung schützt in Art. 14 Abs. 1 GG das Privateigentum, sodass regelmäßig, wenn von Eigentum die Rede ist, eben dieses gemeint ist. Dem steht das sog. Gemein- oder auch kollektive Eigentum gegenüber.[4] Die Kritik am Privateigentum stützt sich auf die Erfahrung, dass der Eigentümer einer Ressource, die auch andere benötigen, eine gewisse Macht- und Monopolstellung erlangt.[5] Diese Machtstellung bewirkt das Eigentum vor allem, wenn ihm eine Ausschließlichkeit anhaftet[6] wie beim absoluten Eigentum des BGB. Überdies kritisierte nicht nur *Proudhon* die Möglichkeit des Eigentümers, mit diesem Gewinn zu erwirtschaften, ohne selbst Arbeit zu leisten.[7] Die Notwendigkeit der Gewährleistung eines individuellen Privateigentums wurde in der Geschichte häufig bestritten. Der griechi-

---

1   Vgl. *Proudhon*, Qu'est-ce que la propriété?: ou recherches sur le principe du droit et du gouvernement; premier mémoire, (chronologie et introduction par James), zuerst 1840, 1966; dt. Übers. z.B. als: Was ist Eigentum? Erste Denkschrift; Untersuchungen über den Ursprung und die Grundlagen des Rechts und der Herrschaft, Einleitung von *M. Kramer*, 1971.
2   *Vgl. Plechanov.* Anarchismus und Sozialismus, 1911, S. 22.
3   Vgl. *Proudhon* (Fn. 1); näher *Diehl*, P.J. Proudhon. Seine Lehre und sein Leben, in: Mülberger (Hrsg.), Studien über Proudhon, Berlin 1891, Nachdruck 2020, S. 161–171; *Schuhmann*, Pierre Joseph Proudhon in Deutschland, in: Forum Vormärz Forschung (Hrsg.), 6. Jg. 2000, S. 15–39.
4   Dazu näher *Schweighöfer*/Wiemeyer/Wendt, Staatslexikon (Görres), Bd. 2, Eigentum, I.2. ff., 8. Aufl. 2018.
5   *Proudhon* (Fn. 1), S. 2.
6   *North*, Theorie des institutionellen Wandels, zuerst 1981, 1988, S. 37.
7   *Proudhon* (Fn. 1), S. 2; vgl. *Schweighöfer/Wiemeyer/Wendt* (Fn. 4).

sche Großphilosoph *Platon* (427/428–348/347 v. Chr.) etwa verwarf in seinem Werk „Politeia", in dem er eine Staatsordnung modellierte, zusammen mit dem Privatrecht in seiner Gesamtheit auch die Idee des Privateigentums.[8] Diese vieldiskutierten Überlegungen griff besonders der Göttinger juristische Aufklärer *Gustav Hugo* (1764–1844) in seinem „Lehrbuch des Naturrechts" auf.[9] Darin bot Hugo seit 1798 etwas hier sehr Einschlägiges, das man bis heute kaum findet, eine „Philosophie des positiven Rechts", so sein Untertitel, das hieß: Unter Verwendung der gesamten Tradition eindringliche Analysen der positiven und negativen Erfahrungen für die „Glückseligkeit" der Menschheit mit bestimmten Rechtsinstituten. Er nahm damit die Tradition der Naturrechtslehren auf, die das Privateigentum ablehnten, weil es nichts dem Menschen „von Natur aus Zukommendes" sei.[10] Insbesondere betrachtete er es als nachteilig für die Gesellschaft als Ganzes, da viele Ressourcen, die zum Vermögen Einzelner gehörten, zur Bewältigung von Problemen verloren gingen.[11] Naturrechtlich betrachtet, also im Zustand ohne Staat, existiere z.B. kein Eigentumsrecht, sodass die bloße Statuierung eines solchen bereits einen Eingriff in die natürlichen Freiheitsrechte des Einzelnen darstellen würde.[12] Während die Garantie des Privateigentums im staatlichen Zustand als wesentliches Freiheitsgrundrecht betrachtet wird, kann dessen Gewährleistung also auch als Einschränkung einer „natürlichen" Freiheit betrachtet werden.[13] Die Neue Institutionenökonomie geht diesen Fragen systematisch nach.

II. Die Ausgestaltung der Eigentumsverhältnisse als interdisziplinäre Aufgabe

Bei der Frage nach der Ausgestaltung der Eigentumsverhältnisse handelt es sich um ein interdisziplinäres Problem, das nicht nur die Politik, Philosophie, Ethik, Rechtswissenschaft und Ökonomik seit langer Zeit beschäftigte. Überwiegende Einigkeit besteht darin, dass die grundsätzlichen Zuordnungen und Nutzungsmöglichkeiten der existenten, knappen Ressourcen eine wesentliche Voraussetzung für ein friedliches Zusammenleben der Individuen darstellen.[14] Die entscheidende Frage ist aber die genaue rechtliche Regelung dieser Zuordnung, namentlich ob diese grundsätzlich durch die Gewährleistung von individuellem Privateigentum geschehen soll oder aber durch soziales, kollektives oder Gemeineigentum.[15] Unerwünscht (und letztlich auch realitätsfern)[16] ist ein „neutraler" Staat, der davon absehen könnte, Eigentumsrechte zu regeln, denn nicht zuletzt durch die faktische Entstehung von Eigentumspositionen würden

---

8 Vgl. *Föllinger*, Ökonomie bei Platon, 2016, S. 71.; näher zum Leben und Werk von Platon etwa *Erler*, Platon, in: Flashar (Hrsg.), Grundriss der Geschichte der Philosophie, Bd. 2/2, 2007, S. 35 ff.; *Höffe*, (Hrsg.), Platon, 3. Aufl. 2011.
9 Vgl. *Hugo*, Lehrbuch des Naturrechts, zuerst 1798, 4. Aufl. 1819, § 12, S. 16 ff., § 104, S. 134 ff.
10 *Schweighöfer/Wiemeyer/Wendt* (Fn. 4), I.2.1.
11 „Auch für die öffentlichen Anstalten ist bittere Armuth und unermeßlicher Reichthum Einzelner gleich gefährlich. (…) Eine Menge Kräfte gehen verloren, weil sie zum Vermögen Einzelner gehören, während noch so Vieles zu thun ist, um dringenden Bedürfnissen abzuhelfen." Hugo (Fn. 9), S. 133.
12 Dazu näher *Schweighöfer/Wiemeyer/Wendt* (Fn. 4) m.w.N.
13 Vgl. *Hugo* (Fn. 9), S. 137.
14 „Wem gehört was?", *Richter/Furubotn*, Neue Institutionenökonomik, zuerst 1996, 4. Aufl. 2010, S. 87; vgl. *Radbruch*, Rechtsphilosophie, zuerst als „Grundzüge" 1914; 3. neubearb. Aufl. 1932, danach die Studienausgabe 1998, 2. Aufl. 2003, S. 128 ff./§ 18.
15 Davon zu unterscheiden sind das Gemeineigentum bzw. die Allmende, die öffentliche bzw. gemeinsam genutzte Ressourcen wie Flüsse, Weiden und Wälder, den Weltraum etc. beschreiben. Dieses kommt auch in Staaten vor, die der individualistischen Eigentumslehre folgen. Es handelt sich letztlich um kollektives Eigentum, dazu näher *Richter/Furubotn* (Fn. 14), S. 122 ff., 146 ff.
16 Die Realitätsferne ergibt sich insbesondere aus der Existenz der Transaktionskosten, dazu *Laudenklos*, hier Rn. 1228 und näher *Richter*, Institutionen ökonomisch analysiert, 1994, S. 10, 59 ff.

dadurch erhebliche Unsicherheiten und eine ineffiziente Wirtschaft drohen.[17] Außerdem müssten die einzelnen Bürger einer solchen Gesellschaft ständig um die Früchte ihrer Bemühungen fürchten, jedenfalls wenn man annimmt, dass dem Menschen ein selbstsüchtiges Wesen innewohnt – eine alte Frage der Anthropologie, die z.B. die englische Aufklärung besonders intensiv diskutierte.[18]

1251c Es stehen sich die beiden großen Eigentumslehren der individualistischen und der sozialistischen Theorie gegenüber.[19] Den verschiedenen kommunistischen (etwa auch im Urchristentum) und sozialistischen Ansätzen ist gemeinsam, dass alles Eigentum, besonders an den Produktionsmitteln, dem Staat als Repräsentant der Gesellschaft übertragen sein soll.[20] Die Art der Ausgestaltung der Verfügungsrechte beeinflusst neben der Vermögensverteilung damit nicht nur die Machtstellung des Einzelnen, sondern auch die politische Macht.[21]

1251d Historisch betrachtet geht man heute überwiegend davon aus, dass kollektives Eigentum bisher nicht den ausbeuterischen Aspekt verringert hat, sondern nur die Macht von einzelnen Individuen auf den Staat verschoben hat.[22] Damit korrespondiert auch die Ansicht, dass Privateigentum die Stellung des Bürgers gegenüber dem Staat stärkt, weil es die Abhängigkeit von staatlicher Fürsorge und Bevormundung reduziert.[23] Je nachdem wie das Eigentum verfassungsrechtlich normiert ist, wird daher auch die Macht des Staates beschränkt oder ausgeweitet.[24] In der deutschen Verfassung wird das Privateigentum in engem Zusammenhang mit der Freiheit gesehen. Es verleiht dem Individuum maßgeblich die Möglichkeit zur autonomen Selbstverwirklichung.[25] In der Tradition der Aufklärungsphilosophie, die die Gewährleistung von Privateigentum als Menschenrecht erachtet, wird das Eigentum in Art. 14 Abs. 1 GG daher als Grundlage einer freien Gesellschaft und eines freiheitlichen Staates betrachtet.[26]

1251e Mit der Selbstverwirklichung des Individuums verbunden ist nicht nur eine Wechselwirkung zwischen der Freiheitsausübung und dem Privateigentum, sondern auch eine Anreizwirkung. Wer sich im Arbeitsleben anstrengt, kann Eigentum erlangen, die An-

---

17 Vgl. etwa *North* (Fn. 6), S. 17 f.
18 „For while each person loves himself better than any other single person", so der führende *Hume*, A Treatise of Human Nature, hrsg. v. Selby-Bigge, Oxford 1888, Book III, part 2, sect. 2, S. 487; dt. Übersetzung als: „Jedermann liebt sich selbst mehr als irgendeinen anderen einzelnen Menschen", *ders.*, Ein Traktat über die menschliche Natur, hrsg. v. Brandt, 2013, Buch III, 2. Teil, Abschnitt 2, S. 566; ähnlich für die NIÖ *Zintl*, Douglass North und die Theorie der Verfassung, in: Pies/Leschke (Hrsg.), Douglass Norths ökonomische Theorie der Geschichte, 2009, S. 65–78, 67.
19 *Richter/Furubotn* (Fn. 14), S. 87 f.
20 *Schweighöfer/Wiemeyer/Wendt* (Fn. 4).
21 *Richter/Furubotn* (Fn. 14), S. 126.
22 *Schweighöfer/Wiemeyer/Wendt* (Fn. 4).
23 Maunz/Dürig/Herzog/Scholz/*Papier/Shirvani*, GG, Art. 14, 95. Ergänzungslieferung, Juli 2021, Rn. 2.
24 *Zintl* (Fn. 18), S. 65 f.
25 *Rauscher*, Eigentum, in: ders. (Hrsg.), Das Eigentum als eine Bedingung der Freiheit, 2013, S. 21–36, 30; *Leisner*, Eigentum, 1996, S. 3 ff., 7 ff.; *Friauf*, Eigentumsgarantie und Freiheit im demokratischen Rechtsstaat, in: Gemper (Hrsg.), Marktwirtschaft und soziale Verantwortung, 1973, S. 438–456, 441; Maunz/Dürig/Herzog/Scholz/*Papier/Shirvani* (Fn. 23), Rn. 1 f.
26 Vgl. Maunz/Dürig/Herzog/Scholz/*Papier/Shirvani* (Fn. 23), Rn. 2; Dreier GG/*Wieland*, GG Art. 14, 3. Aufl. 2013, Rn. 1 ff.; *Jarass/Pieroth*, GG Art. 14, 16. Aufl. 2020, Rn. 1–3.

reizwirkung besteht also darin, dass der Einzelne für seine Arbeit materiell entlohnt wird.[27]

III. Die Neue Institutionenökonomik als Erweiterung zur Ökonomischen Analyse des Rechts

Eigentums- und Verfügungsrechte bewirken aber nicht nur Anreize für das Individuum, sondern auch für Gruppen eines Systems.[28] Die Untersuchung von Anreizwirkungen rechtlicher Regeln ist weder neu, noch allein der relativ jungen ökonomischen Wissenschaft der Neuen Institutionenökonomik (NIÖ) vorbehalten. Auch *Gustav Hugo* ging z.B. auf die Anreizwirkungen ein, welche schon mit der Nichtgewährleitung von Privateigentum verbunden ist.[29] Bei der NIÖ allerdings stellt ihre Untersuchung eben den Kern der einzelnen Theorien dar.[30] Neben dieser Anreizwirkung befasst sich die NIÖ auch mit der Frage, in welchem Verhältnis verschiedene Institutionen zueinanderstehen.[31] Für die NIÖ, die sich parallel zur Ökonomischen Analyse des Rechts in den 1960ern entwickelte, ist die Statuierung und rechtliche Durchsetzungsmöglichkeit des Privateigentums eine elementare Voraussetzung für gesellschaftlichen Wohlstand, welcher aus einem funktionsfähigen Markt resultieren soll. Zu ihren wichtigsten Autoren zählen die Wirtschaftswissenschaftler *Douglass C. North* (1920–2015) und *Oliver E. Williamson* (1932–2020), sowie *Rudolf Richter* (*1926) und *Eirik Furubotn* (*1923). Sie beschäftigen sich mit den institutionellen Rahmenbedingungen von wirtschaftlichen und gesellschaftlichen Prozessen und versuchen staatliches Verhalten zu erklären, sowie zu prognostizieren und den Wandel von Eigentums- und Verfügungsrechten aufzuzeigen.[32] Die genaue Ausgestaltung beeinflusst ihrer Ansicht nach wesentlich die Stabilität ganzer Gesellschaften.[33] *North* befasste sich z.B. ausführlich mit den Zusammenhängen zwischen der Verteilung von Vermögen und Einkommen und dem Aufstieg und Niedergang antiker Hochkulturen wie dem Römischen Reich und Persien.[34] Den Zerfall des Römischen Reiches führte er z.B. maßgeblich darauf zurück, dass mit dem Verschwinden seiner militärischen Überlegenheit der Verlust von Durchsetzungsmechanismen zum Schutz von Eigentumsrechten einherging.[35] Er zeigte damit, dass sich eklatante wirtschaftliche Entwicklungen durch Änderungen der institutionellen Rahmenbedingungen ergeben können.[36]

1251f

---

27 So auch bei *Hugo* (Fn. 9), S. 135; heute z.B. *Häberle*, Vielfalt, in: Neumann (Hrsg.), Ansprüche, Eigentums- und Verfügungsrechte, 1984, S. 63–105, 73; er spricht von „Freiheit, Eigentum und Arbeit" als „Trilogie"; vgl. Maunz/Dürig/Herzog/Scholz/Papier/Shirvani (Fn. 23), Rn. 1, 2; *Paul Kirchhof*, Eigentum als Ordnungsidee – Wert und Preis des Eigentums, 2005, S. 20.
28 Darunter fallen etwa Interessenverbände wie Rechtsanwalts- oder Ärztekammern, Gewerkschaften etc., vgl. *North* (Fn. 6), S. 3, 18 ff.
29 „Der Fleißige würde es nicht besser haben, wie der Träge, meint man, und doch gibt es Belohnungen des Wohlverhaltens und Strafen des Gegentheils genug ohne Privateigentum." *Hugo* (Fn. 9), S. 135.
30 *North* (Fn. 6), S. 3; *Pies*, Einleitung, in: ders./Leschke (Hrsg.), Douglass Norths ökonomische Theorie der Geschichte, 2009, S. 1–32, 6.
31 *Erlei/Leschke/Sauerland*, Neue Institutionenökonomik, zuerst 1999, 3. Aufl. 2016, S. 20 ff.; *North* (Fn. 6), S. 27 ff.
32 *Fleischmann*, Vorwort, in: *North* (Fn. 6), S. X.
33 *Pies* (Fn. 30), S. 11.
34 *North* (Fn. 6), S. 94 ff.
35 *North* (Fn. 6), S. 127.
36 Vgl. *Sauerland*, Kommentar zu Guido Schröder, in: Pies/Leschke (Hrsg.), Douglass Norths ökonomische Theorie der Geschichte, 2009, S. 57–63, 58.

1251g Eigentums- und Verfügungsrechte in dem hier verwendeten Sinne sind alle Rechte, welche die Nutzungsberechtigung über eine Ressource regeln, d.h. nicht nur das Sacheigentum.[37] Die Untersuchung des Rechts macht nur einen Teilbereich der Disziplin der NIÖ aus. Anders als die neoklassische Standardtheorie, an der sich die Ökonomische Analyse des Rechts (ÖAR) orientiert, ist sie einzelwirtschaftlich und informationsökonomisch orientiert.[38] Das bedeutet, sie berücksichtigt ausdrücklich Unsicherheiten, Informations- und Transaktionskosten und unterstellt damit anders als häufig die ÖAR keine reibungslose Welt.[39] Vielmehr bildet die Berücksichtigung dieser Kosten, die durch die Begründung und die Nutzung von Institutionen entstehen, sogar ein Kernstück der Analyse. Lange Zeit blieben diese Kosten unberücksichtigt, erst *Ronald Coase* lenkte mit seinem Aufsatz „The Problem of Social Cost" aus dem Jahre 1960 den Blick auf ihre Bedeutung. Er gilt daher als Begründer sowohl der ÖAR als auch der NIÖ.[40] Die Autoren der NIÖ und der ÖAR sind sich uneins darüber, in welchem Verhältnis die beiden Strömungen zueinanderstehen. Teilweise wird die ÖAR als Teilbereich der NIÖ betrachtet, andere Autoren wiederum trennen streng zwischen beiden Ansätzen. Da der ÖAR und der NIÖ gemeinsam ist, dass sie ökonomische Methoden und Analyseinstrumente auf das Recht anwenden, können sie unter dem Begriff der Rechtsökonomik zusammengefasst werden. Gesellschaftspolitische Relevanz kommt aber weniger diesen Transaktionskosten, als den Transaktionen selbst zu. Die Gestaltung der individuellen Verfügungsrechte, die den ökonomischen Tauschgeschäften zwischen Parteien zugrunde liegen, beeinflusst wesentlich das wirtschaftliche Gesamtergebnis und muss daher auch berücksichtigt werden.[41]

1251h Das Ziel der NIÖ ist es unter anderem, die Struktur und Leistungsfähigkeit eines Wirtschaftssystems und dessen Stabilität und Wandel über längere Zeiträume zu erklären, indem die Gestaltung dieser Verfügungsrechte in die Untersuchung miteinbezogen wird.[42] Sie ist ein interdisziplinärer Ansatz, der sich mit dem Einfluss von sog. Institutionen beschäftigt und sich aus unterschiedlichen Strömungen zusammensetzt. Der Begriff der Institution ist sehr weit und offen, eine feste Definition gibt es bis heute nicht. Was darunter genau gefasst wird, variiert letztlich je nach Autor. *Richter* und *Furubotn* definieren ihn als „ein auf ein Zielbündel abgestelltes System von Normen (ein Vertrag, bzw. ein Vertragssystem, eine Regel oder ein Regelsystem) einschließlich ihrer Durchsetzungsinstrumente, mit dem Zweck, das individuelle Verhalten in eine bestimmte Richtung zu steuern."[43] Über diese grundlegende Definition, eine Institution als (rechtliche) Regel zu betrachten, herrscht Konsens.[44] Weitergehend wird zwischen formellen und informellen Regeln differenziert. Die Regelungen eines Rechtssystem stellen sog. formale Institutionen dar, informelle Institutionen sind solche wie

---

37 *Richter/Furubotn* (Fn. 14), S. 143.
38 *Oehler*, Zur ganzheitlichen Konzeption des Verbraucherschutzes – eine ökonomische Perspektive, in: Verbraucher und Recht 8 (2006), S. 294–300, 295.
39 *North* (Fn. 6), S. 4.
40 *Coase*, The Problem of Social Cost, in: Journal of Law and Economics 3 (1960) S. 1–44; wiederabgedruckt und übersetzt in: Assmann/Kirchner/Schanze (Hrsg.), Ökonomische Analyse des Rechts, 1993, S. 129–183; vgl. *Richter* (Fn. 16), S. V; *Schäfer/Ott*, Lehrbuch der ökonomischen Analyse des Zivilrechts, zuerst 1986, 6. Aufl. 2020, S. XXXIX.
41 *Richter* (Fn. 16), S. V; *Schröder*, Approach matters, in: Pies/Leschke (Hrsg.), Douglass Norths ökonomische Theorie der Geschichte, 2009, S. 33–47, 46.
42 *North* (Fn. 6), S. 3, 34 ff.; dazu näher auch *Richter/Furubotn* (Fn. 14), S. 40 f.
43 *Richter/Furubotn* (Fn. 14), S. 50.
44 *Erlei/Leschke/Sauerland* (Fn. 31), S. 20.

Moral, Sitte, Kultur und Gewohnheiten einer Gesellschaft.[45] Damit erweitert die NIÖ ihren Untersuchungsgegenstand gegenüber der ÖAR, die sich in der Regel nur mit formalen Institutionen befasst.

Die für die Rechtswissenschaft wichtigsten Forschungsansätze der NIÖ sind die sog. *Property-Rights-Theorie*, in deren Fokus unter anderem das Privateigentum steht, und die *ökonomischen Vertragstheorie*, insbesondere in der Ausprägung der Prinzipal-Agent-Theorie.[46] Mit dieser werden vor allem Vertragsverhandlungen und Verträge analysiert, wobei auch hier im Wesentlichen die Grundannahmen der klassischen ÖAR, das ökonomische Paradigma, zugrunde gelegt werden.[47] Den Schwerpunkt bildet aber die Theorie der Eigentumsrechte.[48] Während sich die ÖAR vor allem der Elemente der neoklassischen ökonomischen Theorie bedient, handelt es sich bei der NIÖ um einen Versuch, den Anwendungsbereich der Neoklassik zu erweitern.[49] Da es sich vor allem um ökonomische Theorien handelt, wirkt sich dies auf die Anwendung auf das Recht aber nur teilweise aus. Daher sind viele Grundannahmen der NIÖ identisch mit denen der ÖAR, es gibt aber auch einige Modifikationen. Die ÖAR bedient sich z.B. des Menschenbildes des homo oeconomicus, der sich durch rationales, eigennütziges Verhalten auszeichne.[50] In Abkehr davon betonen Autoren der NIÖ die unvollkommene individuelle Rationalität.[51] Bei Abschluss eines Vertrages alle relevanten Informationen zu kennen ist regelmäßig schlicht unmöglich bzw. wegen hoher Transaktionskosten oft zu teuer für die Parteien. Aus der Erkenntnis, dass die Parteien daher nur eingeschränkt rational handeln, entstanden letztlich die Theorie der unvollständigen Verträge und die Prinzipal-Agent-Problematik.[52] Die Annahme eingeschränkter Rationalität bedeutet auch, dass eine Partei bei Vertragsabschluss bzw. -durchführung häufig einen Informationsvorsprung gegenüber der anderen hat. Dadurch droht opportunistisches Verhalten.[53] Wie bei der ÖAR ist ein wesentliches Ziel die Effizienz (und damit die Gesamtwohlfahrt) zu steigern, was auch mit der „Funktionsfähigkeit des Marktes" umschrieben wird.[54] Wegen der ständigen Unsicherheit aufgrund von Informationsdefiziten wird in Abkehr davon aber auch zum Teil gefordert, andere Ziele zu verfolgen, z.B. eine sog. Anpassungseffizienz.[55] Bisher hat sich dies jedoch nicht auf breiter Ebene durchsetzen können.

---

45 *Richter/Furubotn* (Fn. 14), S. 50; *Erlei/Leschke/Sauerland* (Fn. 31), S. 20.
46 *Richter/Furubotn* (Fn. 14), S. 165.
47 *Rodi*, Ökonomische Analyse des öffentlichen Rechts, 2014, S. 50.
48 *North* (Fn. 6), S. 7 f.
49 *Richter/Furubotn* (Fn. 14), S. 2.
50 Dazu näher *Richter*, Soziologische Paradigmen, 2001, S. 226.
51 Vgl. *Williamson*, Markets and Hierarchies, 1975, S. 4; *North*, „Structure and Performance: The Task of Economic History", in: Journal of Economic Literature 16 (1978), S. 963–978, 972 ff.; *Richter/Furubotn* (Fn. 14), S. 4.
52 *Richter/Furubotn* (Fn. 14), S. 5; sog. „bounded rationality", *Simon*, Models of Man – Social and Rational, 1957; vgl. *Kreps*, A Course in Microeconomic Theory, 1990, S. 745; *Erlei/Leschke/Sauerland* (Fn. 31), S. 63.
53 Vgl. *North* (Fn. 6), S. 37 f.; *Richter/Furubotn* (Fn. 14), S. 155 f.
54 Vgl. *Erlei/Leschke/Sauerland*, (Fn. 31), S. 454 ff.; *Rodi* (Fn. 47), S. 50 f.
55 „Wir sind weit davon entfernt, alle Faktoren zu kennen, die die Anpassungseffizienz begünstigen, aber offensichtlich spielt die Gesamtordnung der Institutionen insoweit die Hauptrolle, als Gesellschaft und Wirtschaft versuchen, solche Experimente und Innovationen zu fördern, die wir als anpassungseffizient bezeichnen können." *North*, Institutionen, Institutioneller Wandel und Wirtschaftsleistung, 1992, S. 96; dazu näher *Richter/Furubotn* (Fn. 14), S. 117.

IV. Die institutionellen Rahmenbedingungen für ihre Anwendbarkeit

1251j Die Diskussion um die genaue Ausgestaltung der Eigentumsverhältnisse legt offen, dass auch für diesen politischen und gesellschaftlichen Prozess wiederum bestimmte Rahmenbedingungen berücksichtigt werden müssen. Wer legt die Eigentumsordnung fest? Handelt es sich um ein demokratisch legitimiertes Organ? Welche ökonomischen Organisationen und Institutionen wirken sich auf die Zuteilung der Verfügungsrechte und damit auf den Wohlstand einer Gesellschaft aus?

1251k Die Funktionsweise der NIÖ setzt einige institutionelle Rahmenbedingungen voraus. Vorausgesetzt wird etwa ein kapitalistisches Wirtschaftssystem mit einer freien, sozialen Marktwirtschaft. Relevant ist für die jeweilige Untersuchung auch, ob der Staat demokratisch organisiert ist. Wenn *Mathias Erlei, Martin Leschke* und *Dirk Sauerland* untersuchen, inwieweit sich Staats- und Marktversagen beeinflussen, dann erfolgt dies unter der Prämisse, dass es sich um „demokratisch verfasste Marktwirtschaften" handelt.[56] Nicht immer werden diese Parameter ausdrücklich benannt, sodass es mitunter schwierig sein kann, sie zu erkennen. So ist z.B. teilweise bei der Untersuchung der Anreizwirkung lediglich davon die Rede, dass politische Entscheidungsprozesse von Politikern und Interessenverbänden von formalen gesetzlichen Institutionen determiniert werden, wobei bestimmte Gesetze wie die Verfassung nur durch einen „breiten Konsens" beeinflusst werden können.[57] Diese demokratischen und politischen Prozesse wirken sich wiederum auf die Präferenzen der einzelnen Bürger aus. Setzt man sich im politischen Diskurs mit einer bestimmten Thematik vermehrt auseinander, ändert sich auch das Bewusstsein der Bevölkerung für sie. Aber auch der umgekehrte Fall ist möglich, sodass die Präferenzen der Individuen die politischen Prozesse beeinflussen.[58] Der Wandel von Institutionen ist damit in hohem Maße abhängig von den Präferenzen der Individuen und deren Möglichkeiten, überhaupt Einfluss nehmen zu können. Regelmäßig bildet die Verfassung als übergeordnete Institution eine wesentliche Rahmenordnung für das jeweils untersuchte Wirtschaftssystem mitsamt der Ausgestaltung der Eigentumsrechte.[59] Während die ÖAR solche Staatsstrukturen bei ihrer Analyse oft ausblendet, weil vor allem einzelne rechtliche Probleme wie Haftungsfragen etc. untersucht werden, spielen sie für die NIÖ eine entscheidende Rolle. Auch das Rechtsstaatsprinzip, bzw. wenigstens eine gewisse Rechtsstaatlichkeit sind wichtige Eckpfeiler des Wirtschaftssystems. Dies wird schon an der Definition der Institution deutlich, die auch die Durchsetzungsmechanismen umfasst. Vorzugswürdig soll ein staatliches Gewaltmonopol sein, da dieses entscheidend zur Zivilisierung von Gesellschaften beitragen soll. Der Einsatz des Rechts, durchgesetzt von einer übergeordneten Organisation, spielt eine wichtige Rolle für das friedliche Zusammenleben der Individuen, damit Konflikte gelöst werden können. In einer Gesellschaft ohne staatliches Gewaltmonopol droht hingegen tägliche Gewalt.[60] Institutionen bezwecken daher auch, bei wiederkehrenden Entscheidungen Unsicherheiten zu reduzieren.[61] Der Staat hat dadurch, dass er die Rahmenbedingungen für die Ausgestaltung der Eigentumsordnung absteckt, selbst die Verantwortung für die Effizienz des Eigentums und damit für Stagnation

---

56 *Erlei/Leschke/Sauerland* (Fn. 31), S. 428 f.
57 *Erlei/Leschke/Sauerland* (Fn. 31), S. 23; *Pies,* Normative Institutionenökonomik, 1993, S. 318.
58 *Pies* (Fn. 57), S. 318; *Schneider,* Theorie juristischen Entscheidens, in: Kaufmann/Hassemer/Neumann (Hrsg.), Einführung in die Rechtsphilosophie und Rechtstheorie der Gegenwart, 8. Aufl. 2011, S. 348–384.
59 *Erlei/Leschke/Sauerland* (Fn. 31), S. 23.
60 *Pies* (Fn. 30), S. 21 f.
61 *North* (Fn. 55), S. 140; *Erlei/Leschke/Sauerland* (Fn. 31), S. 20; *Pies* (Fn. 57), S. 311.

und Wachstum seiner Wirtschaft.⁶² Daher sind auch staats- und verfassungsrechtliche Aspekte bei der Analyse der Zuordnung von Verfügungsrechten relevant.⁶³

V. Die Property-Rights-Analyse

Die Regelung der Verfügungsrechte beeinflusst also zum einen das Verhalten der Individuen, zum anderen bedarf es für ihre Analyse der Berücksichtigung des politischen Verhandlungsprozesses, welcher zu einer Schaffung und Veränderung von Verfügungsrechten führt.⁶⁴ So spielt es bereits eine wesentliche Rolle, ob der Staat sich bei der Ausgestaltung für das Privateigentum oder das kollektive Eigentum entschieden hat. Der Staat schafft formale Institutionen zentral „von oben", die er gleichzeitig auch durch entsprechende Durchsetzungsmechanismen schützt.⁶⁵ Dass das Privateigentum durch den Staat abgesichert werden soll, ist unter anderem der Ansicht geschuldet, dass das Privateigentum regelmäßig als effizienter gegenüber dem Allgemeineigentum betrachtet wird. Erst das (privatrechtliche) Verfügungsrecht soll bewirken, dass sich der nutzenmaximierende Rechtsinhaber effizient verhält.⁶⁶ Ausnahmen gelten teilweise bei der Nutzung öffentlicher Güter. Hier drohen Ressourcenverschwendungen in Form von Umweltproblemen und -verschmutzungen, wenn der Zugang nicht begrenzt bzw. geordnet ist.⁶⁷ Dies darf aber nicht darüber hinwegtäuschen, dass auch beim Kollektiveigentum Individuen über den Einsatz der einzelnen Ressourcen entscheiden.⁶⁸ Weil jegliches Handeln letztlich auf das Handeln Einzelner zurückgeführt werden kann, greift stets der methodologische Individualismus, d.h. dass Kollektive wie eine Gesellschaft, der Staat oder ein Unternehmen bei der Analyse nicht als eigenständige Wesen betrachtet werden,⁶⁹ wie etwa in den organologischen Theorien. Des Weiteren ist entscheidend, wie die Parteien selbst ihre Verträge gestaltet haben. Die Untersuchung von Verträgen nimmt daher eine zentrale Schlüsselrolle bei der Analyse ein: „Die große Bedeutung von Verträgen besteht darin, einen Rahmen zu bieten, (…) der eine grobe Vorstellung davon gibt, in welchem Bereich sich die Beziehungen (der Vertragsparteien) bewegen werden, der (…) als Leitfaden dienen kann und der eine Rechtsgrundlage bietet, wenn die Beziehungen aufgehört haben zu funktionieren."⁷⁰ Hierbei kommt es auf die genaue Ausgestaltung der Privatrechtsordnung an. Maßgeblich bedarf es der Gewährleistung der Privatautonomie durch den Staat, damit die Parteien überhaupt entsprechende Verträge schließen können.⁷¹ Die Grundsätze der Privatautonomie und der Vertragsfreiheit, die verfassungsrechtlich in Art. 2 Abs. 1 GG verankert sind, sollen aus rechtsökonomischer Perspektive einem „fairen Ausgleich"⁷² privater Interessen die-

---

62 *North* (Fn. 6), S. 17 f.
63 Deutlich wird dieser Zusammenhang an einem Zitat von *Furubotn* und *Pejovich*: „Eine Theorie der Verfügungsrechte kann nicht wirklich vollständig sein ohne eine Theorie des Staates", dies., Property Rights and Economic Theory: A Survey of Recent Literature, in: Journal of Economic Literature 10 (1972), S. 1137–1167, 1140, dt. Übersetzung von *Richter/Furubotn* (Fn. 14), S. 126.
64 Vgl. *Furubotn/Pejovich* (Fn. 63), S. 1140; *Richter/Furubotn* (Fn. 14), S. 126; *Libecap*, Distributional Issues in Contracting for Property Rights, in: Journal of Institutional and Theoretical Economics 145 (1989), S. 6 ff., 7.
65 Bspw. in Form schuldrechtlicher Verträge, dazu näher *Richter/Furubotn* (Fn. 14), S. 17.
66 „[P]rivate property leads to best efficiency", *Michael Lehmann*, Bürgerliches Recht und Handelsrecht, 1983, S. 35 ff.
67 *Richter/Furubotn* (Fn. 14), S. 143; vgl. *North/Thomas*, The First Economic Revolution, in: Economic History Review 30 (1977), S. 229–241, 240 f.
68 Vgl. *Richter* (Fn. 16), S. 11.
69 *Richter* (Fn. 16), S. 4.
70 vgl. *Richter/Furubotn* (Fn. 14), S. 165; *Williamson*, Transaktionskostenökonomik, 1993, S. 10.
71 *Richter/Furubotn* (Fn. 14), S. 19.
72 *Richter/Furubotn* (Fn. 14), S. 19.

nen[73] „Fair" in diesem Sinne bedeutet, dass langfristig ein Zustand erreicht werden soll, in dem niemand seine Position verbessern können soll, ohne dadurch einen anderen zu benachteiligen. „Fair" wird also gleichgesetzt mit der sog. Pareto-Effizenz der Ressourcenverteilung,[74] nicht mit „gerechter" Verteilung. Verträge bilden damit eine „Freiheitsordnung", die die Individuen „von unten her" aufbauen.[75] Aber auch diese selbst geschaffene „Freiheitsordnung" ist letztlich eine formale Institution, die „von oben" durch staatliche Institutionen auf zivilrechtlicher Ebene abgesichert wird. Verträge, die wohlfahrtsmindernd wirken, sollen dadurch langfristig vermieden werden. Für die NIÖ spielt es eine wesentliche Rolle, ob der Staat rechtsstaatlich organisiert ist und entsprechende Durchsetzungsmechanismen effektiv zur Verfügung stellt. Man geht davon aus, dass in Entwicklungsländern, Diktaturen und korrupten Systemen, d.h. Systemen ohne diese Sicherungsmechanismen, die Wirtschaft insgesamt unproduktiver und die Gesamtwohlfahrt folglich schwächer sei.[76]

1251m Rechte aus Verträgen bzw. Vertragsverhältnissen werden von der NIÖ als sog. relative Verfügungsrechte bezeichnet.[77] Relative Verfügungsrechte in diesem Sinne können aber auch deliktsrechtliche Ansprüche sein.[78] Sie wirken nur inter partes. Ökonomisch betrachtet sind absolute Verfügungsrechte wie das Eigentum iSd § 903 BGB, Anwartschaftsrechte oder Immaterialgüterrechte daher wertvoller, da sie von jedermann beachtet werden müssen.[79] Sie verleihen den Nutzungsberechtigten eine besondere Machtstellung, eben jene die *Proudhon* kritisierte.

VI. Die Auswirkungen auf die juristische Methodik

1251n Die NIÖ beleuchtet die Wechselwirkung zwischen Institutionen, Organisationen und dem Markt. Sie hat den Blick darauf gelenkt, dass nicht die Güter im Sinne von Rohstoffen etc., sondern die Rechte an diesen Gütern die relevanten volkswirtschaftliche Ressourcen darstellen. Erst diese Nutzungsmöglichkeiten in Form von Rechtspositionen bilden den Gegenstand von Tauschgeschäften und entfalten eine Anreizwirkung für die Individuen einer Gesellschaft.[80] Ihr Wohlstand hängt maßgeblich von den Institutionen ab, die die Verfügungsrechte regeln. Um wirtschaftliche Veränderungen langfristig prognostizieren zu können und wirtschaftlichen Wachstum zu fördern, wurden verschiedene Analyserichtungen entwickelt. Von diesen konzentrieren sich einige schwerpunktmäßig auf Rechtsfragen, da die rechtlichen Rahmenbedingungen als formelle Institution der Wirtschaftsordnung überhaupt erst Gestalt geben.

1251o Doch was bedeutet dies für die juristische Methodenlehre? Die ÖAR beschränkt sich inzwischen nicht nur auf eine positive Rechtsfolgenbetrachtung, sondern macht in ihrer normativen Ausprägung Vorschläge wie konkrete rechtliche Probleme gelöst

---

73 Zur verfassungsrechtlichen Gewährleistung der Privatautonomie näher BVerfG, Beschluß vom 12.11.1958 – Az. 2 BvL 4, 26, 40/56, 1, 7/57, BVerfG NJW 1959, 475; BVerfG, Urteil vom 08.04.1997 – Az. 1 BvR 48/94, BVerfGE 95, 267; vgl. Maunz/Dürig/Herzog/Scholz/*Di Fabio*, GG, Art. 2, 94. Ergänzungslieferung, Stand Januar 2021, Rn. 101.
74 „Der private Vertrag kann nicht zum Diktat des Mächtigen werden", *Richter/Furubotn* (Fn. 14), S. 19.
75 *Eike von Hippel*, Vertragsfreiheit, 1963, S. 27.
76 Vgl. *Erlei/Leschke/Sauerland* (Fn. 31), S. 575; Schmidtchen, Die Ökonomische Analyse des Rechts, in: ders. (Hrsg.), Der Effizienz auf der Spur, 1999, S. 9–38, 17.
77 *Richter/Furubotn* (Fn. 14), S. 143; *Richter* (Fn. 16), S. 4.
78 *Richter/Furubotn* (Fn. 14), S. 213.
79 *Richter/Furubotn* (Fn. 14), S. 143, 145 ff.; vgl. *Lehmann* (Fn. 66), S. 4.
80 *Schmidtchen* (Fn. 76), S. 20.

werden sollen.[81] Wie sie in die herkömmliche juristische Methodenlehre eingebunden werden kann und soll, darüber herrscht Uneinigkeit.[82] Auch die NIÖ untersucht mithilfe der Property-Rights-Analyse und der ökonomischen Vertragstheorie durchaus konkrete rechtliche Fragestellungen, z.B. Kaufverträge, Miet- und Arbeits- aber auch Versicherungsverträge.[83] Vor allem synallagmatische Vertragsverhältnisse, die den meisten Tauschgeschäften zugrunde liegen, sind für die NIÖ interessant.[84] Die umfassende ökonomische Analyse von vertraglichen Ansprüchen und Rechten bleibt aber ausdrücklich der ÖAR vorbehalten.[85] Die NIÖ konzentriert sich nur auf bestimmte Vertragsprobleme.[86] Ein besonderes Augenmerk liegt hierbei auf Problemen, die durch opportunistisches Verhalten entstehen. Opportunismus beschreibt nach *Oliver E. Williamson* die Verfolgung von Eigeninteressen unter Zuhilfenahme von List.[87] Kennzeichnend ist, dass dies aus der verzerrten oder unvollständigen Weitergabe von Informationen resultiert. Er basiert auf einer Informationsasymmetrie zwischen den Parteien.[88] Die Theorie der sich selbstdurchsetzenden Verträge untersucht etwa Dauerschuldverhältnisse und andere langfristige Geschäftsbeziehungen, bei denen nicht alle Informationen von Gerichten überprüfbar sein sollen. Sie kann mit der Formel „honesty pays" beschrieben werden.[89] Die Drohung der einen Partei, bei opportunistischem Verhalten die Vertragsbeziehungen zu beenden, soll die Anreizwirkung entfalten, vertragsbrüchiges Verhalten zu unterlassen. Der Vertrag setzt sich daher selbst durch, obwohl es Informationsasymmetrien gibt.[90] Langfristig kann so eine Form „privater Regelungen" entstehen, bei denen sich alle Parteien um die Vertragseinhaltung bemühen.[91]

Auch die Prinzipal-Agent-Theorie knüpft an opportunistisches Verhalten an. Sie untersucht das Verhältnis zwischen verschiedenen (Wirtschafts-) Subjekten, dem Auftraggeber (Prinzipal) und dem Beauftragten (Agent). Diese Begriffe sind nicht im rechtlichen Sinne der §§ 662 ff. BGB zu verstehen. Vielmehr geht es darum, dass der Prinzipal den Agenten zur Ausführung einer Leistung „beauftragt", wobei dieser einen gewissen Handlungsspielraum hat. Infolgedessen und weil eine ständige Überwachung des Agenten zu teuer wäre, kann es nun dazu kommen, dass der Agent bestimmte relevante Informationen zurückhält, wenn es ihm zum Vorteil gereicht. Es entsteht ein sog. moralisches Risiko. Dadurch kann es zu zahlreichen Problemen bei der jeweiligen Vertragsdurchführung kommen. Die Begrifflichkeiten und die zugrunde liegende Problematik hat die NIÖ aus dem Privatversicherungsrecht entnommen und auf andere Vertragsarten, sowie staatsrechtliche Konstellationen ausgeweitet.[92] Staatsrechtliches

1251p

---

81 Vgl. *Schäfer/Ott* (Fn. 40), S. 281 ff.; *Dieckmann/Sorge*, Vorwort, in: dies. (Hrsg.), Der homo oeconomicus in der Rechtsanwendung, 2016, S. V ff.
82 Dazu ausführlich *Lieth*, Die ökonomische Analyse des Rechts im Spiegelbild klassischer Argumentationsrestriktionen des Rechts und seiner Methodenlehre, 2007.
83 *Richter/Furubotn* (Fn. 14), S. 152 ff.
84 *Wiggins*, The Economics of the Firm and Contracts: A Selective Survey, in: Journal of Institutional and Theoretical Economics 147 (1991), S. 603–661, 640 ff.; vgl. *North* (Fn. 55), S. 140 ff.
85 Dazu näher *Schäfer/Ott* (Fn. 40), 2020; *Posner*, The Economic Analysis of Law, 1972.
86 *Richter/Furubotn* (Fn. 14), S. 206 ff.
87 *Williamson*, Die ökonomischen Institutionen des Kapitalismus, 1990, S. 54.
88 *Williamson* (Fn. 87), S. 54; dazu näher *Richter/Furubotn* (Fn. 14), S. 155 f.
89 Ehrlichkeit soll lohnender als Unehrlichkeit sein, vgl. *Telser*, A Theory of Self-Enforcing Agreements, in: Journal of Business 53 (1980), S. 27–44; dazu näher *Richter/Furubotn* (Fn. 14), S. 207 ff. m.w.N.
90 *Richter/Furubotn* (Fn. 14), S. 214.
91 *Williamson*, The Economics of Governance, Richard T. Ely Lecture, in: American Economic Review, Papers and Proceedings 95 (2005), S. 1–18, 1.
92 Einen guten Überblick über die Prinzipal-Agent-Theorie bieten *Richter/Furubotn* (Fn. 14), S. 173 ff.

Handeln lässt sich, solange das Demokratieprinzip gilt, auf eine Kette von Prinzipal-Agenten-Beziehungen zurückführen. Daraus folgt, dass auch Staatsversagen mithilfe der Theorie erklärt werden kann. Dies untersucht die Strömung der sog. Neuen Politischen Ökonomik (Public Choice).[93] Insgesamt ist der Prinzipal-Agent-Ansatz für die Politik bedeutsam, denn ihre Ergebnisse werden als Handlungsauftrag betrachtet, zur Lösung von Problemen der Informationsasymmetrien beizutragen.[94]

1251q Relationale Verträge hingegen knüpfen bereits an der eingeschränkten Rationalität der handelnden Individuen an und tragen dem Umstand Rechnung, dass vor allem langfristige Vertragsbeziehungen wie z.B. Franchise-Verträge oft unvollständig sind, weil bei ihrem Abschluss nicht alle Eventualitäten berücksichtigt werden können.[95] Bei allen genannten Vertragstheorien unterscheidet sich die NIÖ wesentlich von der ÖAR, weil sie die Probleme nur aufzeigt, von einer konkreten rechtlichen Lösung aber absieht. Ihre Autoren legen z.B. dar, dass eine Feuerversicherung den Anreiz zum sorgfältigen Umgang mit dem versicherten Objekt verringern kann, im Extremfall den Versicherten sogar dazu bringen kann, Brandstiftung zu begehen.[96] Wie ein solches Versicherungsprodukt stattdessen ausgestaltet sein soll, wird nicht dargestellt. Doch bedeutet dies, dass die NIÖ keinen normativen Anspruch erhebt?

1251r Wenn die NIÖ eine positive Analyse der Wirtschaftsgeschichte anhand ihrer Institutionen vornimmt, darf dies nicht darüber hinwegtäuschen, dass damit auch die normative Gestaltung eines Systems für die Zukunft bezweckt wird.[97] Entsprechendes gilt auch für das Beispiel der Feuerversicherung. Auf die juristische Methodenlehre wirkt sich dies aber dennoch nicht aus, denn die Ergebnisse der NIÖ richten sich nicht an den konkreten Rechtsanwender. Sie macht keine Vorgaben an die Rechtsprechung, allenfalls geht sie davon aus, dass die Parteien selbst, also ohne einen staatlichen Eingriff durch die Judikative, zu einer interessengerechten, d.h. effizienten Lösung streben werden. Stattdessen wird letztlich der Gesetzgeber in die Verantwortung genommen, ihm obliegt ein entsprechender Handlungsauftrag. Sie unterstellt, dass der politische Prozess, determiniert von seinem Streben nach gesamtgesellschaftlichem Wohlstand, effiziente Eigentums- und Verfügungsrechte schaffen wird.[98] Der Staat kann zudem Transaktionskosten, die effiziente Tauschgeschäfte an Verfügungsrechten verhindern könnten, senken, indem er die Rechtsordnung gestaltet.[99]

VII. Fazit

1251s Die NIÖ lenkt den Blick weg von einzelnen Rechtsfragen zum Großen und Ganzen des Rechts als formale Institution. Daneben berücksichtigt sie aber auch die Anreizwirkungen und Folgen von Gewohnheiten, Kultur und Sitten einer Gesellschaft. Solche informellen Institutionen vernachlässigt die ÖAR regelmäßig. Teilweise greifen beide Strömungen auf dieselben Analyseinstrumente zurück. Die Annahme, dass Wirt-

---

93 Diese rechtsökonomische Strömung widmet sich der Anwendung der ökonomischen Analyse auf politikwissenschaftliche Fragen. Sie soll sich für die ökonomische Analyse des öffentlichen Rechts besonders eignen, dazu näher *Richter* (Fn. 16), S. 3; *Erlei/Leschke/Sauerland* (Fn. 31), S. 69; *Rodi* (Fn. 47), S. 19.
94 *Richter/Furubotn* (Fn. 14), S. 174.
95 *Williamson*, Franchise Bidding for Natural Monopolies – in General and With Respect to CATV, in: Bell Journal of Economics 7 (1976), S. 73–104, 79; vgl. *Richter/Furubotn* (Fn. 14), S. 209; *Richter* (Fn. 16), S. 59.
96 *Richter/Furubotn* (Fn. 14), S. 175.
97 *North*, Understanding the Process of Economic Change, 2005, S. 156; dazu näher *Schröder* (Fn. 41), S. 33.
98 Vgl. *North*, Institutions, Institutional Change and Economic Performances, 1990, S. 51; *Zintl* (Fn. 18), S. 71.
99 *North* (Fn. 6), S. 38; *Rodi* (Fn. 47), S. 50 f.; *Pies* (Fn. 57), S. 311.

schaftssubjekte sich nutzenmaximierend entsprechend ihren Präferenzen verhalten, ist auf alle Arten von Wirtschaftsordnungen, d.h. sozialistische und kapitalistische anwendbar.[100] Allerdings sind nicht alle Wirtschaftsordnungen effizient in dem Sinne, dass sie zu einer Wohlstandsmehrung ihrer Mitglieder beitragen. Je weniger dies der Fall ist, desto instabiler ist ein System. Die rechtliche Rahmenordnung entscheidet – nicht zuletzt durch die Effektivität ihrer Durchsetzungsmechanismen – wie sich die Zuordnung von Eigentums- und Verfügungsrechten langfristig auf die Stabilität einer Gesellschaft auswirkt. Durch die Betrachtung der Wechselwirkung zwischen Institutionen und der Leistungsfähigkeit des Marktes sollen wie bei *Douglass C. North* langfristige Erklärungen der Wirtschaftsgeschichte gelingen.[101] Die Analyserichtung ist daher stark empirisch geprägt. Die Stabilität eines Systems hängt maßgeblich von der formalen institutionellen Ausgestaltung der Eigentums- und Verfügungsrechte ab, aus ihr lassen sich wiederum normative Rückschlüsse ziehen. Während die ÖAR einzelne Rechtsprobleme wie Haftungsfragen ökonomisch interessengerecht klären können soll, bezweckt die NIÖ die Erklärung großer gesellschaftlicher und volkswirtschaftlicher Zusammenhänge über einen langen Zeitraum hinweg. Ihr Potenzial liegt bei der System- und Prinzipienbildung und könnte daher für die praktische Politikberatung und die rechtspolitische und rechtsphilosophische Theorie nutzbar gemacht werden.[102]

Die NIÖ unterscheidet sich in ihren Annahmen in zwei wesentlichen Punkten von der ÖAR: Zum einen berücksichtigt sie abweichend vom homo oeconomicus-Modell das nur eingeschränkt rationale Verhalten der Individuen. Zum anderen lenkt sie den Fokus weg von reibungslosen Tauschprozessen hin zu solchen, die von Informationsasymmetrien und Transaktionskosten geprägt sind. Durch diese Veränderung der gängigen Annahmen soll die sozialwissenschaftliche Forschung gehaltvoller werden.[103] Die NIÖ stellt deshalb insgesamt eine wirkliche Erweiterung der rechtsökonomischen Perspektive dar.

VIII. Literatur

Einen prägnanten Überblick zur Neuen Institutionenökonomik bietet   1251t

Richter, Rudolf, Institutionen ökonomisch analysiert, Tübingen 1994.

Als weitere wichtige Standardwerke sind zu nennen   1251u

North, Douglass C., Theorie des institutionellen Wandels (zuerst 1981/88), dt. Übers. Tübingen 1988.
Richter, Rudolf/Furubotn, Eirik, Neue Institutionenökonomik (zuerst 1996), 4. Auflage, Tübingen 2010.
Erlei, Mathias/Leschke, Martin/Sauerland, Dirk, Neue Institutionenökonomik (zuerst 1999), 3. Auflage, Stuttgart 2016.

---

100 *North* (Fn. 6), S. 4.
101 *North* (Fn. 6), S. 13 ff.
102 So auch *Schröder* (Fn. 41), S. 46 m.w.N.
103 Dazu näher *North/Wallis/Weingast*, A Conceptional Framework for Interpreting Recorded Human History, 2009; vgl. *Sauerland* (Fn. 36), S. 64.

Methodiken für die judikative Rechtsfortbildung im Zivilrecht: die institutionenökonomische Perspektive

*von Christian Kirchner**

Übersicht

I.	Einführung	518
II.	Zum methodischen Instrumentarium der Neuen Institutionenökonomik	526
III.	Vier rechtswissenschaftliche Methodiken (Interpretationsmethoden) im Zivilrecht	529
IV.	Wirkungsanalyse rechtswissenschaftlicher Methodiken im Zivilrecht	531
V.	Schlussbemerkung	538
VI.	Literatur	539

I. Einführung

1. Problemstellung und Eingrenzung der Untersuchung

a) Unterschiedliche Strategien als Antwort auf Defizite in der Methodik des Zivilrechts

Den im Zivilrecht zur Anwendung kommenden Methodiken werden ‚Defizite' zugeschrieben.[1] Als Reaktion auf diese Kritik kommen vier Strategien in Betracht: (1) Man kann Methodenkritik betreiben, um die Defizite im Einzelnen aufzuspüren und dingfest zu machen.[2] (2) Man kann im Rahmen rechtswissenschaftlicher Ansätze, Vorschläge zur Verbesserung der Methodik erörtern.[3] (3) Man kann Vorschläge unterbreiten, wie die rechtswissenschaftliche Methodik[4] durch die Integration von Elementen der Methodik anderer sozialwissenschaftlicher Disziplinen qualitativ verbessert wer-

---

* Christian Kirchner ist am 17.1.2014 tragisch früh verstorben. Eine Festschrift, die zur Gedächtnisschrift wurde, bewahrt sein Andenken, s. Festschrift zu Ehren von Christian Kirchner. Recht im ökonomischen Kontext, hrsg. von W. A. Kaal, M. Schmidt und A. Schwartze, Tübingen 2014. Der folgende Artikel ist nach wie vor aktuell. Er wurde lediglich neu durchgesehen, angesichts der Zitierweise nach Seiten wurden nur teilweise Neuauflagen eingearbeitet (J. Rückert).
1 Siehe oben die Einführung, Rn. 6 ff., *B. Rüthers/Ch. Fischer/A. Birk*, Rechtstheorie mit Juristischer Methodenlehre, 6. Aufl. München 2011, S. 477–484.
2 Ein gutes Beispiel ist das Werk von *Josef Esser*, Vorverständnis und Methodenwahl in der Rechtsfindung, 2. Aufl. Frankfurt am Main 1972.
3 Vgl. etwa *H.-J. Koch/H. Rüßmann*, Juristische Begründungslehre, München 1982.
4 Es wird hier von einer rechtswissenschaftlichen Methodik gesprochen, nicht von einer ‚Methodenlehre der Rechtswissenschaft'. Rüthers macht geltend, daß es bei der judikativen Rechtsfortbildung (Bildung von Richterrecht, ‚Ersatzgesetzgebung') um eine Methodik für eben diesen Zweck geht und nicht um eine Methodik der Rechts*wissenschaft*, vgl. *B. Rüthers*, Methodenlehre in Jurisprudenz und Justiz, JZ 2006, 53; auch: *Rüthers/Fischer/Birk*, a.a.O. (Fn. 1), S. 400; anders: *K. Larenz/C.-W. Canaris*, Methodenlehre der Rechtswissenschaft, 3. Aufl. Berlin, Heidelberg 1995; allerdings behandelt dann Kap. 5 (S. 187–261) die ‚Methoden richterlicher Rechtsfortbildung'.

den kann.⁵ (4) Man kann die Methodiken im Zivilrecht einer Analyse unterziehen und fragen, welche tatsächlichen Wirkungen von unterschiedlichen Methodiken ausgehen (Wirkungsanalysen).

b) Konzentration auf Wirkungsanalysen von Methodiken im Zivilrecht

Während den ersten drei Fragestellungen bereits nachgegangen worden ist, fehlen bisher **Wirkungsanalysen** von Methodiken im Zivilrecht. Das kann seinen Grund darin haben, dass diejenigen, die sich mit rechtswissenschaftlicher Methodik befassen, nicht über eine Meta-Methodik für solche Wirkungsanalysen verfügen. Umgekehrt mag es denen, die sich mit einer solchen Meta-Methodik beschäftigen, an spezifischen Kenntnissen bezüglich der rechtswissenschaftlichen Methodendiskussion ermangeln. Diese reziproke methodische Verunsicherung ist ein Beispiel für die Problematik interdisziplinären Forschens.⁶ Soll sie überwunden werden, können zu Beginn nicht alle methodischen Fragen der jeweiligen Disziplinen in allen Details und Verästelungen erörtert werden. Sollen also rechtswissenschaftliche Methodiken, die im Zivilrecht zur Anwendung gelangen, mithilfe einer Meta-Methodik auf ihre tatsächlichen Wirkungen untersucht werden, können jeweils nur die Grundtypen dieser Methodiken untersucht werden. Auf dieser Grundlage ist es dann in der Folge möglich, mithilfe des hier zu entwickelnden Ansatzes auch Ausdifferenzierungen dieser Methodiken zu untersuchen.

Die folgenden Überlegungen sollen also der vierten Strategie gelten, nämlich in Gestalt von Wirkungsanalysen verschiedener im Zivilrecht angewandter Methodiken ein Fundament zu legen, auf dem dann normative Überlegungen aufbauen können, wie die Methodiken verbessert werden könnten und sollten.

c) Eingrenzung der Untersuchung auf kontinentaleuropäisches Zivilrecht

Unter ‚Zivilrecht' sollen die rechtlichen Regelungen verstanden werden, die auf die Rechtsbeziehungen zwischen privaten Akteuren zur Anwendung gelangen. Die Analyse soll auf das kontinentaleuropäische Recht beschränkt sein, in dem es die Aufgabe der Gerichte ist, legislativ gesetztes Recht auf konkrete Fallkonstellationen anzuwenden und es fortzuentwickeln.

---

5 So etwa: *J.-U. Franck*, Vom Wert ökonomischer Argumente bei Gesetzesauslegung und Rechtsfindung für den Binnenmarkt, in: *K. Riesenhuber* (Hrsg.), Europäische Methodenlehre, Handbuch für Ausbildung und Praxis, 2. Aufl. Berlin, New York 2010, S. 159–188; *Ch. Kirchner*, Ökonomische Theorie des Rechts, Berlin 1997; *Ch. Kirchner*, Ökonomische Theorie des Rechts, beschränkte Rationalität und französischer Kündigungsschutz, in: Krit. Vierteljahresschrift für Gesetzgebung und Rechtswissenschaft 90 (2007), S. 185–194; *Ch. Kirchner*, Zur konsequentialistischen Interpretationsmethode. Der Beitrag der Rechtswissenschaft zur reziproken methodischen Annäherung von Ökonomik und Rechtswissenschaft, in: T. Eger/C. Ott/J. Bigus/G. v. Wangenheim (Hrsg.), Internationalisierung des Rechts und seine ökonomische Analyse, Festschrift für Hans-Bernd Schäfer zum 65. Geburtstag, Wiesbaden 2008, S. 37–50; *Ch. Kirchner*, § 5 Die ökonomische Theorie, in: K. Riesenhuber Fn. 5) S. 134–158; *Ch. Kirchner/S. Koch*, Norminterpretation und ökonomische Analyse des Rechts, in: Analyse & Kritik, Zeitschrift für Sozialwissenschaften, Bd. 11 (1989), S. 111–133; *H.-B. Schäfer/C. Ott*, Lehrbuch der ökonomischen Analyse des Zivilrechts, 4. Aufl. Berlin u.a. 2005.
6 Vgl. insbes. *P. Behrens*, Über das Verhältnis der Rechtswissenschaft zur Nationalökonomie: die ökonomischen Grundlagen des Rechts, in; Jahrbuch für Neue Politische Ökonomie, 7. Bd., Tübingen 1988, S. 209–228; *Ch. Kirchner*, Über das Verhältnis der Rechtswissenschaft zur Nationalökonomie. Die neue Institutionenökonomie und die Rechtswissenschaft, in: Jb. für Neue Politische Ökonomie, 7 (1988), S. 192–208.

2. Methodiken im Zivilrecht
a) Zwecke der Methodiken

1256   Die spezifischen Methodiken im Zivilrecht konzentrieren sich auf die methodische Anleitung der Gerichte bei der Rechtsanwendung und Rechtsfortbildung legislativ gesetzten Rechts. Es geht also nicht um eine Methodik, die zum Zwecke des Erkenntnisgewinns eingesetzt wird (heuristische Funktion der Methodik), sondern um eine Methodik, die verschiedenen Zwecken dient. Je nachdem, wie man diese Zwecke definiert, wird sich die Beurteilung der Leistungsfähigkeit unterschiedlicher Methodiken unterscheiden.

b) Methodiken im Zivilrecht in Gestalt von rechtswissenschaftlichen Interpretationsregeln für Rechtsanwendung und Rechtsfortbildung

1257   In einem Rechtssystem mit kodifiziertem Recht, in dem das legislativ gesetzte Recht von Gerichten auf konkrete Fallgestaltungen angewandt und deshalb konkretisiert werden muss, steht die Interpretation legislativ gesetzter abstrakt-genereller Regelungen der legislativ gesetzten rechtlichen Regelungen durch die Judikative im Zentrum des wissenschaftlichen Interesses. Dabei kommt der Judikative dann, wenn die vorgegebenen Regelungen nicht vollständig sind und auch nicht vollständig sein können, die **Aufgabe der Rechtsfortbildung** zu. Obergerichte entscheiden ihnen vorgelegte Fälle zum einen mit dem Blick auf den konkreten Rechtsstreit. Sie schauen in die Vergangenheit und suchen nach einer billigen und gerechten Lösung. Zum anderen müssen sie davon ausgehen, dass sich die Regelungsadressaten der von ihnen ausgelegten und fortentwickelten rechtlichen Regelungen an eben diesen fortentwickelten Regelungen orientieren werden. Insofern schauen die Gerichte in die Zukunft. Die im Zivilrecht verwendeten rechtswissenschaftlichen Methodiken sollen beiden Zielrichtungen der gerichtlichen Entscheidungen dienen. Hier soll die zukunftsorientierte Tätigkeit der Gerichte, die von ihnen vorgenommene Rechtsfortbildung im Mittelpunkt des Interesses stehen, nicht die rechtsanwendende. Die angewandten Methodiken sollen also mit Blick auf ihre Wirkungen für die Rechtsfortbildung analysiert werden.

3. Das Methodenproblem im vertragstheoretischen Paradigma
a) Das vertragstheoretische Paradigma

1258   Aus Sicht der Bürger eines Landes, die die legislative Rechtsetzung über Wahlen und/oder Abstimmungen legitimieren, stellt sich die Frage, wie die judikative Rechtsfortbildung legitimiert werden soll. Dem Legitimationskonzept der Legislative liegt das vertragstheoretische Paradigma zugrunde,[7] dem zufolge die Bürger den Staat konstituieren und im Prinzipal-Agent-Verhältnis[8] Entscheidungsbefugnisse an die drei Gewalten Legislative, Exekutive und Judikative delegieren. Die Legitimation der Rechtset-

---

[7] Vgl. für viele: *K.G. Ballestrem*, Vertragstheoretische Ansätze in der politischen Philosophie, in: Zeitschrift für Politik, 30 (1983), S. 1–17; *J. Buchanan*, The Domain of Constitutional Economics, in: Constitutional Political Economy, Bd. 1, 1990, S. 1–18; *K. Homann*, Moderne Vertragstheorie, in: C. Engel/M. Morlock (Hrsg.), Öffentliches Recht als Gegenstand ökonomischer Forschung. Die Begegnung der deutschen Staatsrechtslehre mit der Konstitutionellen Politischen Ökonomie, Tübingen 1998, S. 279–285.

[8] Zum Prinzipal-Agent-Ansatz vgl. *R. Richter/E. Furubotn*, Neue Institutionenökonomik, 4. Aufl. Tübingen 2011, S. 176 f.; grundlegend: *E. Fama*, Agency Problems and the Theory of the Firm, in: Journal of Political Economy, 88 (1980), S. 277–307; *M.C. Jensen/W.H. Meckling*, Theory of the Firm: Managerial Behavior, Agency Cost and Ownership Structure, in: Journal of Financial Economics, Bd. 3, 1976, S. 305–360.

zung erfolgt durch das Konstrukt der kollektiven Selbstbindung.[9] Die Bürger schaffen Recht oder übertragen die Rechtsetzung einer gewählten Legislative und binden sich damit an die von ihnen geschaffenen oder legitimierten Regelungen. Die Judikative hat, soweit ihre Mitglieder nicht ihrerseits durch Wahlen legitimiert sind, in diesem Legitimationskonzept erst einmal keinen Platz. Es fragt sich dann, ob eine **indirekte Legitimation** in Betracht kommt, in der die Judikative an das von der Legislative Vorgegebene gebunden ist und insofern an der Legitimation der Legislative teilhat. Hier spielen die rechtswissenschaftlichen Interpretationsmethoden eine zentrale Rolle. Sie bestimmen, ob und wieweit die Judikative an die legislativ gesetzten Vorgaben gebunden sein soll und welcher Freiraum der Judikative für die Rechtsfortbildung zugestanden werden soll.

b) Sicherung der Einflussmöglichkeit der Bürger auf die Rechtsetzung (Teilhabesicherung)

Aus Sicht der Regelungsadressaten, also der Bürger, ist dann von Interesse, ob und wieweit die zur Anwendung gelangenden Methoden bei der judikativen Rechtsfortbildung die Rückbindung dieser Art der Rechtsetzung an das von der Legislative Vorgegebene gewährleisten. Der Bürger – als Prinzipal – kann die Tätigkeit der Judikative nicht kontrollieren. Während im Prinzipal-Agent-Verhältnis zwischen Bürger und Legislative eben diese Kontrolle konstitutiv ist, würde dies im Verhältnis von Bürger und Judikative deren Unabhängigkeit gefährden. Dem Verzicht des Bürgers auf Kontrolle der Judikative entspricht dann die Bindung der Judikative an das von der Legislative Vorgegebene. Es sind dann die rechtswissenschaftlichen Interpretationsmethoden, die den indirekten Einfluss der Bürger als Prinzipale auf die judikative Rechtsfortbildung bestimmen. Diese Interpretationsmethoden wirken sich dann auf die politischen Teilhaberechte der Bürger aus. Es geht um deren Teilhabesicherung.

1259

c) Sicherung der Vorhersehbarkeit judikativer Rechtsfortbildung (Rechtssicherheit)

Aus Sicht der Bürger als Prinzipale geht es nicht nur um den Grad politischer Teilhabe an der Rechtsfortbildung. Das Konstrukt der Schaffung rechtlicher Regelungen durch kollektive Selbstbindung hat zugleich freiheitsgewährleistende Wirkung: Innerhalb der von ihm konsentierten rechtlichen Regelungen kann der Bürger seine – freien – Entscheidungen treffen. Rechtliche Regelungen setzen Anreize und legen Sanktionen fest. Sie erlauben es dem Adressaten, abweichend zu handeln, soweit er die Konsequenzen – etwa die Sanktionen – bereit ist, in Kauf zu nehmen. Die Folgen der auf sein Tun zur Anwendung gelangenden rechtlichen Regelungen sind damit ein Faktor in seinem Entscheidungskalkül. Das setzt aber die Fähigkeit des Bürgers voraus, prognostizieren zu können, wie künftige Fälle im Lichte der judikativen Rechtsfortbildung entschieden werden (**Rechtssicherheit**).

1260

Das Problem der Rechtssicherheit ist direkt mit dem der Bindung der Judikative an das von der Legislative Vorgegebene (**Gesetzesbindung**) verknüpft. Die Regelungsadressaten können bessere Prognosen aufstellen, wenn sie von einer strikten Gesetzesbindung der Judikative bei deren Rechtsetzung ausgehen können. Darin erschöpft sich das Problem der Rechtsicherheit aber nicht. Die Regelungsadressaten müssen die tatsäch-

1261

---

9 Vgl. für viele: *K. Homann*, Die Legitimation von Institutionen, in: *W. Korff* u.a. (Hrsg.), Handbuch der Wirtschaftsethik, Bd. 2, Gütersloh 1999, S. 50 – 95 (58–71); *V. Vanberg*, Die Akzeptanz von Institutionen, in *W. Korff* u.a. (Hrsg.), Handbuch der Wirtschaftsethik, Bd. 2, Gütersloh 1999, S. 38–50.

liche Wirkung der aus der judikativen Rechtsfortbildung hervorgegangenen Regelungen vorherbestimmen können. Des Weiteren müssen sie vorhersagen können, ob und wieweit die Judikative selbst an das von ihr geschaffene Recht gebunden ist, ob sie also von Vorentscheidungen (Präzedenzfällen, *precedents*) abweichen kann und gegebenenfalls mit welchen Begründungen. In diesem dritten Aspekt der Rechtsicherheit unterscheiden sich Fallrechtsordnungen, die mit der *stare decisis*-Doktrin arbeiten, wie dies im Common Law der Fall ist,[10] und kontinentaleuropäische Rechtsordnungen. Die letzteren kennen zwar eine faktische, aber keine rechtliche Bindung der Gerichte an Vorentscheidungen. Da hier Fragen der Methodik im Zivilrecht in kontinentaleuropäischen Rechtsordnungen erörtert werden, ist auf die Bindung an Präzedenzfälle im Common Law nicht weiter einzugehen.

d) Sicherung der Gleichbehandlung

1262 Schaffen Bürger auf sie anwendbare rechtliche Regelungen im Akt der kollektiven Selbstbindung, setzt dies voraus, dass gleiche Sachverhalte gleich zu regeln sind. Dies ist Voraussetzung für den konstituierenden Konsens. Das gilt dann auch für die abgeleitete Rechtsetzung, also die judikative Rechtsfortbildung.

1263 Das Gebot der Gleichbehandlung ist direkt mit der **Sicherung der Vorhersehbarkeit** judikativer Rechtsfortbildung (Rechtssicherheit) verbunden. Müssten die Regelungsadressaten davon ausgehen, dass vom Sachverhalt her gleich gelagerte Fälle ungleich behandelt werden, würde dies der Vorhersehbarkeit künftiger Entscheidungen erheblichen Abbruch tun.

1264 Wegen der engen Verbindung von Gewährleistung von Rechtssicherheit und Sicherung der Gleichbehandlung wird das letztere Ziel im Folgenden nicht besonders behandelt werden.

e) Konzentration der Wirkungsanalyse auf Teilhabesicherung und Gewährleistung von Rechtssicherheit

1265 Die Wirkungsanalyse der im Zivilrecht zur Anwendung kommenden Methodiken hat sich dann sowohl auf die Bindung der judikativen Rechtsfortbildung an das legislativ Vorgegebene (Teilhabesicherung) als auch auf die Prognosefähigkeit künftigen judikativ gesetzten Rechts (Rechtssicherheit) zu konzentrieren.

4. Zum Methodenproblem in der rechtswissenschaftlichen Diskussion

a) Die parallel geführte rechtswissenschaftliche Methodendiskussion

1266 Verschiedene Aspekte der hier im vertragstheoretischen Paradigma geführten Diskussion prägen auch die rechtswissenschaftliche Methodendiskussion. Ausgangspunkt ist die Überlegung, dass es sich bei der **Methodenwahl um ein Verfassungsproblem** handelt.[11] Die Methodiken sind in dieser Perspektive verfassungsrechtlich abzuleiten. Die Frage der Rückbindung der judikativen Rechtsfortbildung an das von der Legislative Vorgegebene wird dann als Problem der Gewaltentrennung begriffen.[12] Dann folgt die Gesetzesbindung der Judikative aus einem Verfassungsgebot.[13] Daraus werden dann

---

10 Vgl. dazu *Rüthers/Fischer/Birk* (Fn. 1), S. 159 f.
11 Vgl. *Rüthers/Fischer/Birk* (Fn. 1), S. 416 f. und *Rückerts* HISTORISCHEN ÜBERBLICK unten Rn. 1357 ff.
12 *K. Riesenhuber*, § 11. Die Auslegung, in: *ders.* (Fn. 5) > S. 320; *Rüthers/Fischer/Birk* (Fn. 1), S. 417 f.
13 *Rüthers/Fischer/Birk* (Fn. 1), S. 389.

als Funktionen der rechtswissenschaftlichen Methodiken das Gebot der Rechtssicherheit und das der Gleichbehandlung abgeleitet.[14]

Eine so geführte rechtswissenschaftliche Diskussion entspricht weitgehend der hier geführten Argumentation im vertragstheoretischen Paradigma. Sie arbeitet aber mit aus der Verfassung abgeleiteten Funktionen der rechtswissenschaftlichen Methodik. Hierbei stößt sie aber auf ein **Methodenproblem:** Die Verfassung ist ihrerseits zu interpretieren. Dazu bedarf es methodischer Anleitungen in Gestalt von Interpretationsmethoden. Um die Funktionen der verwendeten Methodiken bestimmen zu können, bedient sich die rechtswissenschaftliche Diskussion also einer Methodik, der die Funktion zukommt, die Funktion von Methodiken zu bestimmen. Dies ist methodisch angreifbar. Diese Rückkoppelung wird in der vertragstheoretisch geführten Diskussion vermieden.

1267

Die rechtswissenschaftlich geführte Diskussion bietet den Ausgangspunkt für eine Funktionsanalyse der verschiedenen Methodiken. Eine solche erfolgt hier aber nur in Ansätzen, nämlich dort, wo aus den Funktionen der Methodiken heraus einzelne Methodiken kritisiert werden.[15] Bei der Funktion der Sicherung der Rechtssicherheit bleibt die rechtswissenschaftliche Diskussion zudem unvollständig.

1268

b) Zur möglichen Integration von Wirkungsanalysen von Methodiken im Zivilrecht in die rechtswissenschaftliche Diskussion

Setzt die rechtswissenschaftliche Diskussion an den Funktionen der Methodiken im Zivilrecht an, liegt es nahe, Funktionsanalysen durchzuführen, bevor normative Aussagen gemacht werden. Solche **Funktionsanalysen** könnten als **Wirkungsanalysen** der betreffenden Methodiken durchgeführt werden. Dann wäre es allerdings erforderlich, den Rahmen für diese Analysen vorab zu bestimmen. Dabei wäre das vertragstheoretische Paradigma sehr wohl mit einer Verfassungsinterpretation verträglich, die konsequent auf Freiheit und Selbstbestimmung abstellt. Es wären aber zusätzlich die Annahmen einzuführen, die für die Wirkungsanalysen zur Anwendung gelangen (Ressourcenknappheit, methodologischer Individualismus, eigennutzorientiertes Rationalverhalten) (dazu näher unten Rn 1272). Auch diese Annahmen wären mit einem Verfassungsverständnis verträglich, das von der Selbstbestimmung der individuellen Akteure ausgeht.

1269

5. Anforderungen an eine Methodik zur Durchführung von Wirkungsanalysen

a) Notwendigkeit synthetisch-nomologischer Aussagen

Will man Wirkungsanalysen von Methodiken im Zivilrecht durchführen, soll Wissen um die tatsächlich zu erwartenden Konsequenzen der Anwendung dieser Methodiken gewonnen werden. Es geht um **Prognosewissen**, wie dies in realwissenschaftlichen Ansätzen generiert wird. In der hier zu behandelnden Problemstellung geht es um soziale Interaktionen. Also kommen sozialwissenschaftliche Ansätze ins Spiel. Es sollen Aussagen über die Welt, wie sie ist, und nicht solche, wie sie sein soll, gemacht werden. Also kommen nicht normative, sondern positive Ansätze in Betracht. Folglich muss eine Methodik zum Zuge kommen, mit deren Hilfe synthetisch-nomologische, also

1270

---

14 *Rüthers/Fischer/Birk* (Fn. 1), S. 389 f.
15 Vgl. *Rüthers/Fischer/Birk* (Fn. 1), S. 477–484 bezüglich der ‚objektiven Theorie'.

allgemeine, inhaltlich gehaltvolle Aussagen generiert werden können, die der Überprüfung zugänglich sind.[16]

b) Formulierung von Hypothesen, die der Falsifizierung zugänglich sind

1271 Inhaltlich gehaltvolle Aussagen lassen sich nur in Gestalt von – falsifizierbaren – Hypothesen formulieren. Es steht dann nicht die Suche nach der Wahrheit im Vordergrund, sondern ein Versuch, sich der Wahrheit dadurch anzunähern, dass man die Hypothesen ausscheidet, die falsifiziert worden sind, um dann auf der Grundlage der – bisher – nicht falsifizierten Hypothesen zu arbeiten. Da jede Hypothese so zu formulieren ist, dass sie grundsätzlich falsifiziert werden kann, wird fallibles Wissen generiert (Fallibilität).[17] Es gilt dann, einen methodischen Ansatz zu finden, der verspricht, fallible, aber gehaltvolle Aussagen bezüglich der tatsächlichen Wirkungsweise von Methodiken im Zivilrecht zu generieren.

c) Notwendigkeit der Einführung der zu Grunde gelegten Annahmen

1272 Sollen synthetisch-nomologische Aussagen erzielt werden, setzt dies voraus, dass die den Analysen zugrunde liegenden Annahmen geklärt werden. Im Vordergrund steht der heuristische Wert solcher Annahmen, ob sie also dazu beitragen, inhaltlich gehaltvolle Aussagen machen zu können. Hier werden bezüglich der Entscheidungssituation die Annahme der Ressourcenknappheit ins Spiel kommen (Entscheidungen unter Knappheitsbedingungen), bezüglich der handelnden Akteure der methodologische Individualismus sowie die Annahme der Eigennutzorientierung und der Rationalität.

d) Methodiken als Meta-Regelungen

1273 Die in der Wirkungsanalyse verwendete Methodik muss neben den genannten weitere Anforderungen erfüllen. Soll eine Methodik untersucht werden, kann dies derart geschehen, dass die methodischen Anweisungen an die Judikative als Restriktion modelliert werden. Man kann sich vorstellen, dass sich Methodiken im Zivilrecht in **sanktionsbewehrte Regelungen** umformulieren lassen. Wird von der Judikative entgegen diesen Regelungen gehandelt, kommt es zu Sanktionen. Umgekehrt ist die Befolgung der Regelungen mit Anreizen verbunden. Die Anreize können etwa in einem Reputationsgewinn gesehen werden, die Sanktionen in einer Verlangsamung oder eines Abbruchs der Karriere der in der Judikative tätigen Akteure (Richter). Geht es allerdings um Akteure in der höchsten Instanz, in der Karrieregesichtspunkte nicht mehr relevant sind, können Reputationsverluste als Folge einer öffentlichen Kritik an Entscheidungen des betreffenden Gerichts, soweit sie sich auf Methodenfragen beziehen, als Sanktionen in Betracht kommen.

1274 Die Umformulierung von Methodiken im Zivilrecht in sanktionsbewehrte Regelungen, deren Wirkungsweise es zu untersuchen gilt, legt es nahe, auf das methodische Instrumentarium der **Neuen Institutionenökonomik** zurückzugreifen. Mithilfe dieses

---

16 Zur Behandlung der Probleme der Theoriebildung in der rechtswissenschaftlichen Literatur *Rüthers/Fischer/Birk*, a.a.O. (Fn. 1), S. 6–9.

17 Vgl. *K. R. Popper*, Objektive Erkenntnis, Hamburg 1984, S. 82; *Rüthers/Fischer/Birk* (Fn. 1), S. 9; vgl. auch die sehr detaillierte Argumentation bei: *G. Radnitzky*, Theoriebegründung oder begründete Theorienpräferenz. Vom Induktionismus zum Kritizismus Karl Poppers, in: *G. Radnitzky/G. Andersson* (Hrsg.), Fortschritt und Rationalität in der Wissenschaft, Tübingen 1980 (engl. Originalausgabe „Progress and Rationality in Science", Dordrecht, Niederlande 1978), S. 317–370 (335–342).

Instrumentariums lassen sich Wirkungsanalysen rechtlicher Regelungen durchführen, die den methodischen Ansprüchen genügen, die hier formuliert worden sind.[18]

e) Rechtsfortbildung als Spiel verschiedener Akteure

Die judikative Rechtsfortbildung erfolgt in einem Rahmen, in dem die Legislative die zu interpretierenden Regelungen vorgibt. Will man die tatsächliche Wirkung der von der Judikative anzuwendenden Methodiken analysieren, ist es erforderlich, das **Wechselspiel** zwischen Legislative und Judikative in die Überlegung einzubeziehen. Es geht nicht um einseitige Vorgaben der Legislative für die Judikative, sondern um ein Wechselspiel zwischen beiden. Die Legislative kann ihrerseits auf die judikative Rechtsfortbildung reagieren, etwa durch eine Änderung der legislativen Vorgaben. Darauf kann dann wiederum die Judikative reagieren. Es geht also um ein Spiel mit mehreren Spielzügen, deren Zahl nicht begrenzt ist.

Die zivilrechtliche Judikative kann nur die Fälle entscheiden, die ihr seitens der Parteien eines Rechtsstreits vorgelegt werden. Ihre Möglichkeit, Rechtsfortbildung zu betreiben, ist insofern beschränkt. Es sind diese **Parteien**, die als **Initiatoren** der Rechtsfortbildung gesehen werden können. Sie können, wenn die Judikative im konkreten Fall rechtsfortbildend tätig geworden ist, ihrerseits mit neuen Spielzügen reagieren. Wenn etwa eine vom Gesetzgeber angebotene Vertragsform in einer Weise durch die Judikative fortentwickelt worden ist, die von den Regelungsadressaten als abträglich betrachtet wird, können diese versuchen, in neue Vertragsformen auszuweichen. Beispiele sind etwa der Garantievertrag, der Leasingvertrag und der Franchisevertrag. Schließlich ist es auch möglich, dass Parteien, die nicht daran interessiert sind, dass von ihnen entwickelte Regelungen durch die Judikative verworfen oder modifiziert werden, dafür Sorge tragen, dass diese nicht vor die Gerichte gebracht werden. Die Parteien können hierzu in die Schiedsgerichtsbarkeit ausweichen.[19]

Im Lichte des Gesagten lässt sich ein – einfaches – **Modell der judikativen Rechtsfortbildung** im Dreieck zwischen Legislative, Initiatoren und Judikative entwickeln. Dieses Modell ließe sich fortführen, indem etwa Lobbyaktivitäten mit einbezogen werden, in denen Regelungsadressaten auf die legislative Rechtsetzung Einfluss zu nehmen versuchen. Diese Erweiterung des Modells ist für die hier zu untersuchende judikative Rechtsfortbildung nur am Rande von Interesse.

---

18 Vgl. *Kirchner*, Ökonomische Theorie des Rechts (Fn. 5).
19 Den Hinweis auf diese in Bezug auf judikative Rechtsfortbildung negative Rolle der Parteien verdanke ich einem Anfang Januar 2012 mit *Harald Koch* geführten Gespräch.

6. Vorgehensweise

1278 Im Folgenden wird zuerst das methodische Instrumentarium der Neuen Institutionenökonomik[20] eingeführt, um dann zu fragen, ob es die soeben unter I.5 genannten Anforderungen an eine Methodik für die Wirkungsanalyse von Methodiken im Zivilrecht erfüllt. Im nächsten Schritt sollen vier Methodiken, die im Zivilrecht zur Anwendung kommen, kurz vorgestellt werden, nämlich die grammatikalische, die systematische, die historische und die teleologische Interpretationsmethode. Bei der teleologischen Interpretationsmethode wird zwischen ihrer subjektiven und ihrer objektiven Variante zu unterscheiden sein. Die subjektive Variante wird nicht besonders behandelt, sondern als Gestaltungsvariante der historischen Interpretationsmethode begriffen. Die Kurzdarstellungen stützen sich auf Standardwerke der rechtswissenschaftlichen Methodenlehre. Es soll auf eine Ausdifferenzierung der zu untersuchenden Interpretationsmethoden verzichtet werden. Es sollen gleichsam idealtypische Methoden herausgearbeitet werden. Im Anschluss werden die einzelnen Interpretationsmethoden jeweils einer positiven Wirkungsanalyse unterzogen werden. Dabei wird zu berücksichtigen sein, dass die Akteure der Judikative die Methoden in einem Wechselspiel mit der Legislative und den Initiatoren einsetzen.

II. Zum methodischen Instrumentarium der Neuen Institutionenökonomik

1. Annahmen des ‚ökonomischen Paradigmas' und ihre Modifizierung in der Neuen Institutionenökonomik

a) Ökonomisches Paradigma

1279 Sollen sanktionsbewehrte, abstrakt-generelle Regelungen – also Institutionen[21] – einer positiven Wirkungsanalyse unterzogen werden, ist in einem ersten Schritt zu klären, mit welchen Annahmen gearbeitet werden soll. Ausgangspunkt ist das von der Ökonomik allgemein – und von der neoklassischen Ökonomik im besonderen – verwendete ‚ökonomische Paradigma'. Dieses beruht auf **drei Annahmen**, nämlich Ressourcenknappheit, eigennutzorientiertes Rationalverhalten und methodologischer Individualismus. Diese Annahmen beziehen sich auf die Fragestellungen der Ökonomik, in der soziale Interaktionen analysiert werden, in denen die Akteure wegen der existierenden Ressourcenknappheit Wahlentscheidungen individuell zu treffen haben. Es wird angenommen, dass sie sich dabei an ihren individuellen Präferenzen orientieren und versuchen, ihren individuellen Nutzen zu mehren. Geht man davon aus, dass sie den Erwartungsnutzen gezielt und geplant zu maximieren trachten, spricht man von

---

20 Als Standardwerke der Neuen Institutionenökonomik im deutschsprachigen Raum seien hier genannt: *M. Erlei/M. Leschke/D. Sauerland*, Neue Institutionenökonomik, 2. Aufl. Stuttgart 2007; *Richter/Furubotn*, (Fn. 8); *S. Voigt*, Institutionenökonomik, 2. Aufl. Paderborn 2009; weitere Werke zur Neuen Institutionenökonomik von Interesse: *C. Mantzavinos*, Individuals, Institutions and Markets, Cambridge, England 2001; *J. Groenewegen/A. Spithoven/A. v. d. Berg*, Institutional Economics, Basingstoke, 2010; *C. Menard/M. M. Shirley* (Hrsg.), Handbook of New Institutional Economics, Dordrecht u.a. 2005; *D. C. North*, Understanding Institutions, in: *C. Menard* (Hrsg.), Institutions, Contracts and Organizations: Perspectives from New Institutional Economics, Cheltenham 2000, S. 7–10; *D.C. North*, Institutions, Institutional Change and Economic Performance, New York 1990 (dt. als: *Institutionen, Institutioneller Wandel und Wirtschaftsleistung* (= Die Einheit der Gesellschaftswissenschaften. Bd. 76), Tübingen 1992; *O.E. Williamson*, The New Institutional Economics: Taking Stock, Looking Ahead, in: Journal of Economic Literature, Bd. 38, 2000, S. 595–613.

21 Zur Definition von Institutionen nur: *Richter/Furubotn* (Fn. 8), S. 7.

vollkommener Rationalität. Vom methodologischen Individualismus[22] wird deshalb ausgegangen, da zum einen nur individuelle Akteure Präferenzen haben können und zum anderen, weil es nur so möglich ist, die Entscheidungsstrukturen von Sozialverbänden darauf hin zu untersuchen, wie Entscheidungen im Delegationsmodell (Prinzipal-Agent-Modell) oder im Verfahren der Kollektiventscheidung (*collective action*, CA) getroffen werden.

b) Kritik und Modifizierung der Annahmen des ökonomischen Paradigmas

Die im Rahmen des ‚ökonomischen Paradigmas' konsentierten Annahmen haben sich bei der Ökonomik als mikroökonomischer Handlungstheorie, in der insbesondere das Funktionieren von Märkten geklärt werden soll, durchaus bewährt. Allerdings ist auch hier zutreffend kritisiert worden, dass zwei implizite Annahmen gravierende Konsequenzen haben. Es wird von vollständiger Information ausgegangen und davon, dass Transaktionen – wie der Güteraustausch auf der Grundlage vertraglicher Einigungen – keine Kosten verursachen (Null-Transaktionskosten-Annahme). Diese Kritik galt insbesondere der ‚sonderbaren Welt kostenloser Transaktionskosten', die von Richter und Furubotn im Anschluss an die beiden bahnbrechenden Publikationen von Ronald Coase zum Transaktionskostenproblem[23] gegeißelt worden ist.[24] Werden die Annahmen des ‚ökonomischen Paradigma' unbesehen und unmodifiziert auf eine Analyse von Institutionen, die als Handlungsbedingungen begriffen werden können, übertragen, führt dies zu erheblichen Auswirkungen auf die Brauchbarkeit der zu entwickelnden Theorien. Institutionen – als sanktionsbewehrte Regelungen – werden geschaffen, da es in einer Welt systematisch unvollständiger Informationen Transaktionskosten gibt.[25] Will man etwa die Wirkungsweise einer Unterklasse von Institutionen, nämliche sanktionsbewehrter rechtlicher Regelungen, untersuchen, ist deshalb sowohl von der Annahme systematisch unvollständiger Information, wie auch von der Existenz von Informationskosten auszugehen.

Die **Modifizierung der Informationsannahme** wird unmittelbar einsichtig, wenn man sich vergegenwärtigt, dass die Legislative rechtliche Regelungen für eine ungewisse Zukunft entwirft. Deshalb hat sie der Möglichkeit noch nicht vorhersehbarer Entwicklungen Rechnung zu tragen. Das hat aber – notwendigerweise – zur Folge, dass legislativ gesetzte Regelungen unvollständig sind und sein müssen. Das schlägt sich dann etwa in der gewählten Abstraktionshöhe der Regelung nieder, in Generalklauseln, in unbestimmten Rechtsbegriffen und/oder allgemeinen Rechtssätzen. In diesem Lichte erscheint das Lückenproblem in der Interpretationsmethodendiskussion nicht als Mangel der legislativen Rechtsetzung, sondern als Folge der notwendigerweise unzureichenden Information im Zeitpunkt der Rechtsetzung.

---

22 Vgl. *K. J. Arrow*, Methodological Individualism and Social Knowledge, in: American Economic Review (Papers and Proceedings), Bd. 84, 1994, S. 1–9; *P. Behrens*, Die ökonomischen Grundlagen des Rechts: Politische Ökonomie als rationale Jurisprudenz, Tübingen 1986, S. 34 f.; *C. Kirchner*, Ökonomische Theorie des Rechts (Fn. 5) S. 18–20: Mantzavinos (Fn. 20); Richter/Furubotn (Fn. 8), S. 3; *J. A. Schumpeter*, Das Wesen und der Hauptinhalt der theoretischen Nationalökonomie, Berlin, 1908, Kap. 6; *Voigt* (Fn. 20), S. 21 f.
23 *R. H. Coase*, The Nature of the Firm, in: Economica, Bd. 4, 1937, S. 386–405; *ders.*, The Problem of Social Cost, in Journal of Law and Economics, Bd. 3, 1960, S. 1–44 (dt. Übersetzung mit inhaltlicher Einführung von Christian Kirchner, in: H.-D. Assmann/Ch. Kirchner/E. Schanze, Ökonomische Analyse des Rechts, 2. Aufl. Tübingen 1992, S. 129–183).
24 *Richter/Furubotn* (Fn. 8), S. 14–17.
25 Vgl. *Richter/Furubotn* (Fn. 8), S. 8–14.

III. Sechzehn Exempel und drei Berichte

1282 Die **Transaktionskostenannahme** ist für das rechtswissenschaftliche Methodenproblem deshalb relevant, weil es von der Art der Rechtsetzung abhängt, welche Transaktionskosten verursacht werden, und weil bei der Alternativität und Komplementarität von legislativer und judikativer Rechtsfortbildung Transaktionskosten eine erhebliche Rolle spielen.

1283 Arbeitet die herkömmliche Ökonomik mit der **Annahme vollkommener Rationalität**, unter anderem mit der Begründung, dass der Markt die Akteure dazu zwinge, kann in der Institutionenökonomik, wenn es um die Analyse der Wirkungsweise von Institutionen geht, an dieser strengen Annahme nicht festgehalten werden. Man spricht von der Annahme eingeschränkter oder beschränkter Rationalität.[26] Untersuchungen der kognitiven Psychologie haben in einer Reihe von Fällen kognitives Fehlverhalten ans Tageslicht gebracht.[27] Spieltheoretische Untersuchungen haben zu Tage gefördert, dass Spieler in einem Experiment sich nicht entsprechend der Annahme der vollkommenen Rationalität verhalten.[28] Heute ist im Schnittfeld von Psychologie und Ökonomik eine eigenständige verhaltenswissenschaftliche Subdisziplin entstanden, deren Ergebnisse für die Ökonomik fruchtbar gemacht werden.[29] Diese Modifizierungen der strengen Rationalitätsannahme sind für die Untersuchung von Methodiken im Zivilrecht deshalb von Interesse, weil Hypothesen, die auf der Annahme vollkommener Rationalität von Richtern im Sinne der Maximierung ihres Erwartungsnutzens, schnell falsifiziert werden könnten. Dass auch Richter kognitiven Täuschungen ausgesetzt sind, zeigen die Untersuchungen zum Rückschaufehler (*hindsight bias*), insbesondere im Rahmen der zivilrechtlichen Haftung von Geschäftsleitern (Managerhaftung).[30]

2. Geeignetheit des methodischen Instrumentariums der Neuen Institutionenökonomik für Wirkungsanalysen von Methodiken im Zivilrecht

1284 Ob die in Abschnitt I.5 erörterten Anforderungen an eine Methodik zur Durchführung von Wirkungsanalysen von Methodiken im Zivilrecht seitens der Methodik der Neuen Institutionenökonomik erfüllt sind, ist in mehreren Schritten zu prüfen: (1) Die Metho-

---

26 Vgl. *R. B. Korobkin/T. Ulen*, Law and Behavioral Science: Removing the Rationality Assumption from Law and Economics, in: California Law Review, Bd. 88, 2000, S. 1051–1144.

27 Vgl. für viele: *D. Kahnemann*, New Challenges to the Rationality Assumption, in: Journal of Institutional and Theoretical Economics, Bd. 150, 1994, S. 18–36; *ders.*, Thinking Fast and Slow, New York 2011, insbes. S. 109–254; *D. Kahnemann/A. Tversky*, Prospect Theory: An Analysis of Decision under Risk, in: Econometrica, Bd. 47, 1979, S. 263–291; *A. Tversky/D. Kahneman* (1974), Judgement under Uncertainty: Heuristics and Biases, in: Science, Bd. 185, 1974, S. 1124–1131.

28 Vgl. *W. Güth/H. Kliemt*, Perfect or Bounded Rationality?: Some Facts, Speculations and Proposals, in: Analyse und Kritik Jg. 26, S. 364–381; *W. Güth/H. Kliemt*, (Un)Bounded Rationality in Decision Making and Game Theory – Back to Square One?, in: Games, Bd. 1, 2010, S. 53–65; *P. Koellinger/M. Minniti/Ch. Schade* (2007), "I think I can, I think I can": Overconfidence and entrepreneurial behavior, in: Journal of Economic Psychology, Bd. 28, 2007, S. 502–527; *S. Sandri/Ch. Schade/O. Mußhoff/M. Odening*: Holding on for too long? – An experimental study on inertia in entrepreneurs' and non-entrepreneurs' disinvestment choices, in: Journal of Economic Behavior and Organization, Bd. 76, 2010, S. 30–44; *R. Selten*, Bounded Rationality, in: Journal of Institutional and Theoretical Economics, Bd. 146, 1990, S. 649–658; *R. Selten*, Game Theory, Experience, Rationality, in: *W. Leinfellner/E. Köhler* (Hrsg.), Game Theory, Experience, Rationality, (Yearbook of Vienna Circle Institute), Dordrecht, Boston, London 1998, S. 9–34.

29 Vgl. *A. v. Aaken*, „Rational Choice" in der Rechtswissenschaft, Baden-Baden 2003, S. 82–108; *C. F. Camerer/G. Loewenstein/M. Rabin* (Hrsg.), Advances in Behavioural Economics, Princeton, 2004; *H. Fleischer/D. Zimmer* (Hrsg.), Beitrag der Verhaltensökonomie (Behavioral Economics) zum Handels- und Wirtschaftsrecht, in: ZHR Beiheft, Bd. 75, 2011; *D. Fudenberg*, Advancing Beyond Advances in Behavioural Economics, in: Journal of Economic Literature. Bd., 44, 2006, S. 694–711; *Korobkin/Ulen* (Fn. 26).

30 Dazu ausführlich *S. Höppner*, Reconsidering the German Business Judgement Rule. Am Empirical Inquiry, Diplomarbeit, Wirtschaftswissenschaftliche Fakultät der Humboldt-Universität zu Berlin, 2011.

dik der Institutionenökonomik steht auf dem Fundament des Fallibilismus. Es werden falsifizierbare Hypothesen formuliert, mit denen solange gearbeitet werden kann, wie sie nicht falsifiziert sind. (2) Die Annahmen, mit denen die Neue Institutionenökonomik arbeitet, tragen dem Untersuchungsgegenstand Rechnung. Das gilt für die Informationsannahme, die Transaktionskostenannahme und die Rationalitätsannahme.

III. Vier rechtswissenschaftliche Methodiken (Interpretationsmethoden) im Zivilrecht

1. Vorbemerkung

In der Regel beginnt die Diskussion rechtswissenschaftlicher Interpretationsmethoden mit der grammatischen oder Wortauslegung. Diese Vorgehensweise ist nicht zwingend. Geht man von der zentralen Bedeutung des Prinzips der Gewaltentrennung für die rechtswissenschaftliche Methodik aus, scheint es durchaus sinnvoll zu sein, zuerst nach dem von der Legislative bestimmtem Normzweck zu fragen und dann daran Auslegung zu orientieren („Normzweck als Auslegungsziel").[31] Dennoch soll hier mit der Methode der Wortauslegung begonnen werden, da von der – später zu hinterfragenden – These ausgegangen wird, dass die Bindung an den Wortlaut der legislativ gesetzten Regelung die strikteste Vorgabe für die Judikative in Sachen Gesetzesbindung darstellt.

1285

2. Die Methode der grammatischen oder Wortauslegung

In der Methode der grammatischen oder Wortauslegung[32] bildet der Text der auszulegenden Regelung den Ausgangspunkt der Interpretation.[33] Die Anwendung der textlich gefassten Regelung setzt voraus, dass der Text ‚verstanden' wird.[34] Es ist an den Wortsinn der verwendeten Begriffe anzuknüpfen. Hier setzen verschiedene Probleme des ‚richtigen' Textverständnisses an.[35] Der Wortsinn eines Begriffes der Rechtsprache – also in der Verwendung des Begriffs in der rechtlichen Regelung – muss nicht mit dem Wortsinn desselben Begriffs in der Alltagssprache übereinstimmen.[36] Sprache als Medium der Kommunikation bildet sich in verschiedenen Zirkeln von miteinander kommunizierenden Akteuren unterschiedlich. Hinzu kommen Probleme des sich ändernden Wortsinns mit der Änderung des Kontexts, in den der Begriff eingebettet ist (Porösität der Sprache).[37] Es gibt also **oft keinen eindeutigen und konstanten Wortsinn**.[38] Die Hoffnung, im Wortlaut der zu interpretierenden rechtlichen Regelung einen festen Anhaltspunkt zu haben, ist trügerisch.

1286

---

31 So *Rüthers/Fischer/Birk* (Fn. 1), S. 422–428.
32 Vgl. *F. C. von Savigny*, System des heutigen römischen Rechts, Berlin 1840, Bd. I, S. 213; Bd. III. S. 244, der vom grammatischen Element der Auslegung spricht.
33 Zur grammatischen oder Wortauslegung vgl. *E. A. Kramer*, Juristische Methodenlehre, 3. Aufl. München 2010, S. 57–85; *Larenz/Canaris* (Fn. 4), S. 141–149; *K. F. Röhl/H. Röhl*, Allgemeine Rechtslehre, 3. Aufl. Köln, München 2008, S. 613–616; *Rüthers/Fischer/Birk* (Fn. 1), S. 431–438; *R. Wank*, Die Auslegung von Gesetzen, 5. Aufl. München 2011, S. 39–53.
34 Vgl. *Rüthers/Fischer/Birk* (Fn. 1), S. 107–110.
35 Ausführlich: *Rüthers/Fischer/Birk* (Fn. 1), S. 107–138.
36 Zur Möglichkeit, den Wortsinn in einer juristischen Kunstsprache zu präzisieren: *Rüthers/Fischer/Birk* (Fn. 1), S. 124–129, 135–137.
37 Vgl. *Rüthers/Fischer/Birk* (Fn. 1), S. 115.
38 Ausführlich: *Rüthers/Fischer/Birk* (Fn. 1), S. 99–139.

3. Die systematische Interpretation

1287 Die systematische Interpretation[39] setzt bei der Einbettung einer rechtlichen Regelung in einen Kontext an. Kann im Kontext ein ‚System' ausgemacht werden, sollen von daher Rückschlüsse auf die Interpretation der rechtlichen Regelung möglich sein. Es soll die Widerspruchsfreiheit innerhalb des Systems gewährleistet werden. Voraussetzung ist die Existenz eines Systems.[40] Die Vorgehensweise der Interpretation erfolgt dann in zwei Schritten. Zuerst wird der **systematische Zusammenhang der Norm** zu bestimmen gesucht. Im zweiten Schritt wird nach einer Interpretation gesucht, die **Inkonsistenzen** in diesem System ausschaltet oder minimiert. Damit soll erreicht werden, dass sich die judikative Rechtsfortbildung widerspruchsfrei in das existierende Recht einfügt. Die Sicherstellung der Widerspruchsfreiheit der in Frage kommenden Regelungsmaterie ist nicht Selbstzweck. Zum einen fügt sich die judikative Rechtsfortbildung in ein – existierendes oder unterstelltes – System und stellt insofern einen Nachvollzug dessen dar, was der legislative Rechtsetzer idealiter angestrebt hat. Zum anderen soll so ein Beitrag zur Rechtssicherheit geleistet werden. Die Regelungsadressaten können davon ausgehen, dass eine Interpretation, die zu offenen Systembrüchen führen würde, nicht erfolgt. Der Interpretationsspielraum der Judikative wird eingeschränkt. Voraussetzung ist aber, dass eindeutig klar ist, in welches System die zu interpretierende rechtliche Regelung einzuordnen ist. Existieren hier Freiräume, kann dies den theoretisch denkbaren Gewinn an Rechtssicherheit zunichte machen oder ihn reduzieren.

4. Die historische Interpretation

1288 Die historische Interpretation[41] – auch ‚subjektive Theorie'[42] oder ‚subjektive teleologische Auslegung'[43] genannt – interpretiert die rechtliche Regelung im Sinne der **Regelungsabsicht des historischen Gesetzgebers**. Die Judikative ordnet sich bei der Rechtsfortbildung dem ‚Willen des Gesetzgebers' unter und nimmt damit die Position im System der Gewaltentrennung ein, die ihr nach der klassischen kontinentaleuropäischen Konzeption der Gewaltentrennung zugeordnet ist. Voraussetzung ist, dass sich der Wille des Gesetzgebers bestimmen lässt.

5. Die teleologische Interpretation

1289 Entsprechend der Gewaltentrennungskonzeption, die der legislativen Rechtsetzung den Vorrang einräumt, lässt sich bei der Interpretation einer rechtlichen Regelung

---

39 Vgl. *K. Engisch*, Einführung in das juristische Denken, 11. Aufl. bearb von Th. Würtenberger und D. Otto, Stuttgart 2010, S. 139, S. 131, 142; *Kramer* (Fn. 33), S. 85–116; H.-M. *Pawlowski*, Methodenlehre für Juristen, 3. Aufl. Heidelberg 1999, S. 173–175; *K. F. Röhl/H. Röhl* (Fn. 33), S. 622 f.; *Rüthers/Fischer/Birk* (Fn. 1), S. 438–463; *J. Schapp*, Methodenlehre, Tübingen 1998, S. 85–89; *Wank* (Fn. 33), S. 55–63; *R. Zippelius*, Juristische Methodenlehre, 10. Aufl. München 2006, S. 52–57.
40 Dazu ausführlich *Larenz/Canaris* (Fn. 4), S. 263–318.
41 Vgl. *Engisch* (Fn. 39), S. 144–146, 166 f.; *Kramer* (Fn. 33), S. 118–140; *Larenz/Canaris* (Fn. 4), S. 149–153; *Pawlowski* (Fn. 389), S. 175–177; *Riesenhuber* (Fn. 12), S. 320 f.; *K. F. Röhl/H. Röhl* (Fn. 33), S. 619 f.; *Rüthers/Fischer/Birk* (Fn. 1), S. 438–463; *Schapp* (Fn. 39), S. 85–89; *Wank* (Fn. 33), S. 65–68; *Zippelius* (Fn. 39), S. 44, 50 f.
42 Für viele: *Riesenhuber* (Fn. 12), S. 320.
43 Vgl. für viele: *I. Puppe*, Kleine Schule des juristischen Denkens, Göttingen 2008, S. 78.

an den ‚Normzweck' anknüpfen.⁴⁴ Dann ist aber zu entscheiden, ob auf den historischen Normzweck des Gesetzgebers oder auf einen zu konstruierenden ‚objektiven' Normzweck abzustellen ist. Die erste Variante der teleologischen Interpretation ist deckungsgleich mit der historischen Interpretation. Soll der ‚objektive' Normzweck ermittelt werden, der ‚**Zweck des Gesetzes**', losgelöst von der historischen Normsetzung, erfolgt die Interpretation in zwei Schritten. Zuerst ist dieser objektive Normzweck zu konstruieren. Sodann ist nach der Interpretation zu suchen, die am besten geeignet erscheint, diesen Normzweck zu verwirklichen (Optimierung der Interpretation). Voraussetzung für die objektiv-teleologische Interpretation⁴⁵ ist also zum einen, dass sich der objektive Normzweck zweifelsfrei ermitteln lässt und zum anderen, dass die Optimierung gelingt. Da sich diese Denkfigur als eine **Variante des Zweck-Mittel-Paradigmas** darstellt,⁴⁶ wird sich die Wirkungsanalyse der objektiv-teleologischen Interpretationsmethode auf die Implikationen des hier verwendeten Zweck-Mittel-Paradigmas konzentrieren.

IV. Wirkungsanalyse rechtswissenschaftlicher Methodiken im Zivilrecht

1. Vorbemerkung

Geht es um Methodiken der judikativen Rechtsfortbildung, konzentrieren sich die Methodenfragen in kontinentaleuropäischen Rechtsordnungen auf Methoden der Interpretation legislativ gesetzten Rechts durch Gerichte. Im allgemeinen wird davon ausgegangen, dass die legislativ gesetzte Regelung dem Gericht vorgegeben ist und dieses in der Anwendung einer abstrakt-generellen Regelung auf einen konkreten Sachverhalt den legislativen Vorgaben strikt zu folgen habe, ohne dabei gegenüber der Legislative eine aktive Rolle spielen zu können. Diese Sichtweise ist die Folge einer Verengung des Blickwinkels, die nur das Tun der Judikative im Auge hat. Hier wird ein Wechselspiel der Aktivitäten von Legislative, Judikative und Initiatoren angenommen (dazu oben I.5.d). Im Wechselspiel zwischen der Judikative und Initiatoren, die judikative Rechtsfortbildung anstoßen, indem sie Streitigkeiten gerichtlich austragen, kann die **Judikative** sehr wohl **eigene Initiativen** entwickeln. Sie kann etwa die Revision gegen ein Urteil zulassen oder sich aktiv um solche Fälle bemühen, die ihr die Chance der Rechtsfortbildung geben. Im Wechselspiel zwischen Legislative und Judikative kann die Legislative in gewissem Maße den Freiraum der Judikative steuern, indem sie Generalklauseln, unbestimmte Rechtsbegriffe und/oder allgemeine Rechtssätze verwendet. Sie delegiert dann gleichsam Rechtsetzungsbefugnis an die Judikative. Diese wiederum kann, indem sie solche Freiräume aktiv nutzt, der Legislative signalisieren, dass eine solche Arbeitsteilung bei der Rechtsetzung für beide Seiten vorteilhaft sei. So kann sie die Legislative dazu veranlassen, bei der Rechtsetzung neuer Regelungsmaterien, bei der die Unsicherheit bezüglich der tatsächlichen Wirkungsweise präzise gefasster Regelungen groß ist, breite Freiräume für judikative Rechtsfortbildung zu eröffnen.

---

44 Vgl. *Engisch* (Fn. 39), S. 162, 174, 302 f.; *Kramer* (Fn. 33), S. 142–170; *K. F. Röhl/H. Röhl* (Fn. 33), S. 620–622; 627–631; *Rüthers/Fischer/Birk* (Fn. 1), S. 438–463; *Schapp*, (Fn. 39), S. 85–89; *Wank* (Fn. 33), S. 64–72; *Zippelius* (Fn. 39), S. 49–52.
45 Vgl. zur objektiv-teleologischen Interpretationsmethode insbes. *Larenz/Canaris* (Fn. 4), S. 137–141; *Riesenhuber* (Fn. 12), Rn. 11; *Wank* (Fn. 33), S. 64–72; *Zippelius* (Fn. 39), S. 49–52; kritisch insbes. *Kirchner*, § 5 Die ökonomische Theorie. (Fn. 5), Rn. 24–30; *Rüthers/Fischer/Birk* (Fn. 1), Rn. 806–815 a, S. 477–484.
46 Vgl. dazu *Kirchner*, § 5 Die ökonomische Theorie (Fn. 5), Rn. 25–27.

1291 Die Wechselspiele zwischen den verschiedenen direkt oder indirekt an der Rechtsfortbildung beteiligten Akteuren sind deshalb für die Analyse der tatsächlichen Wirkungen verschiedener Methodiken im Zivilrecht von Bedeutung, weil nur dann Überlegungen angestellt werden können, welches Kalkül der jeweiligen konkreten rechtsfortbildenden Aktivität zugrunde liegt. Damit lassen sich gegebenenfalls Aussagen darüber machen, welche Interpretationsmethoden von der Judikative in welchen Spielsituationen eingesetzt werden.

2. Grammatische oder Wortauslegung

1292 Lässt sich der Wortsinn nicht eindeutig bestimmen und ändert sich dieser mit dem sich ändernden Kontext, kann die Methodik der Wortauslegung auch zu Problemen der Rechtssicherheit führen. Die Möglichkeit der Regelungsadressaten, die judikative Rechtsfortbildung, die sich der Methodik der Wortauslegung bedient, prognostizieren zu können, wird daher stark eingeschränkt. Außerdem stellt sich die Frage, ob die judikative Rechtsfortbildung sich von dem legislativ Vorgegebenen dadurch ‚emanzipieren' kann, dass sie von der Legislative verwendete Begriffe anders interpretiert, als dies von der Legislative intendiert war. Dies betrifft das Problem der Gewaltentrennung. Konzentriert man den Blick allein auf die Freiräume, die sich der judikativen Rechtsfortbildung im Rahmen der Wortauslegung eröffnen, sind sowohl die Sicherung der Einflussmöglichkeiten der Bürger auf die Rechtsetzung als auch die Wahrung der **Rechtssicherheit** kritisch zu sehen.

1293 Das Bild könnte sich ändern, wenn man auf das Wechselspiel zwischen **Legislative, Judikative und Initiatoren** abstellt. Im Wechselspiel zwischen der Legislative und der Judikative ist dann zu beachten, dass die oben angedeuteten Probleme nicht notwendigerweise der Judikative zuzuordnen sind. Sie können sehr wohl darauf zurückgeführt werden, dass die Legislative eine Festlegung vermeiden wollte, in Generalklauseln, unbestimmte Rechtsbegriffe und allgemeine Rechtsgrundsätze ausgewichen ist, um eine **unvollständige legislative Problemlösung** zu produzieren, in der dann der Judikative die Aufgabe übertragen wird, durch Rechtsprechung zu einer ‚Klärung der Begriffe' beizutragen. Geht man von der Annahme eigennutzorientierten Rationalverhaltens der Mitglieder der Legislative aus, so kann die genannte Strategie ergriffen werden, um die Verantwortlichkeit dieser Akteure gegenüber den Bürgern abzuschwächen. Die Verantwortung wird so der Judikative aufgebürdet, deren Mitglieder anders als die Mitglieder der Legislative, nicht der Abwahlandrohung ausgesetzt sind.

1294 Im Lichte dieser Überlegungen erscheint die Wortauslegung in einem anderen Licht. Der Judikative wird die Aufgabe übertragen, die Begriffe zu klären und damit ein Mehr an Rechtssicherheit zu produzieren. Dies geschieht aber durch **Hintanstellung der Gewährleistung politischer Teilhaberechte der Bürger**. Die Herstellung von mehr Rechtssicherheit durch die Judikative kann ökonomisch als ‚öffentliches Gut' qualifiziert werden, also ein Gut, zu dem jedermann Zugang hat und das die besondere Qualität aufweist, dass es dadurch, dass es von vielen Akteuren genutzt wird, nicht weniger wird. Diese Betrachtung klammert dann allerdings aus, dass die Rechtsfortbildung sich weitgehend der Kontrolle durch die Bürger entzieht.

1295 Ein weiteres Problem der Rechtssicherheit war darin gesehen worden, dass in kontinentaleuropäischen Rechtsordnungen die Judikative nicht rechtlich verbindlich an ihre Vorentscheidungen (*precedents*) gebunden ist. Diesem Problem kommt bei der Wortauslegung nur eine untergeordnete Bedeutung zu. Hat die Judikative im Zuge der Wortauslegung zur Klärung der Begriffe beigetragen, besteht für sie wenig Anlass, diese Vorentscheidungen in späteren Entscheidungen umzustoßen.

Stellt man nunmehr auf das Wechselspiel zwischen **Judikative und Initiatoren** ab, ergibt sich ein anderes Bild der Lage. Regelungsadressaten rechtlicher Regelungen, die sich durch Generalklauseln und unbestimmte Rechtsbegriffe auszeichnen, haben ein Interesse an der Klärung der Begriffe. Das Mehr an Rechtssicherheit zahlt sich für sie in einem Mehr an Prognosefähigkeit aus. Also lohnt es sich für die Regelungsadressaten, in die Rechtsfortbildung zu investieren, die zu einer Klärung von Begriffen beiträgt. Es gibt also Anreize, bestimmte Fälle bis vor die höchsten Instanzen zu bringen, um dort eine Klärung der Begriffe herbei zu führen. Allerdings taucht hier ein sog. Trittbrettfahrerproblem auf. Die Vorteile der Begriffsklärung kommen allen Regelungsadressaten zugute, nicht nur denen, die in die Rechtsfortbildung investiert haben. Also könnte es sich lohnen, nicht in Rechtsfortbildung zu investieren, wenn die Kosten allein von den Initiatoren zu tragen sind, die Vorteile aber allen zugute kommen. Es kann zur rationalen Apathie kommen. Jeder wartet, bis der andere aktiv wird. Diese Gefahr lässt sich reduzieren, wenn Verbände klagen, oder wenn die Initiatoren davon ausgehen können, dass sie zwar in einem Falle die Rechtsfortbildung initiieren und die Kosten tragen, dass in anderen Fällen aber andere die Rolle der Initiatoren übernehmen.

1296

Das **Resümee** der Überlegungen mag überraschend sein: Die Einschätzung der Wirkungsweise der Methodik der Wortauslegung im Zivilrecht ändert sich, wenn man den Blick nicht allein auf die Tätigkeit der Judikative richtet, sondern wenn man das Wechselspiel im Dreiecksverhältnis zwischen Legislative, Judikative und Initiatoren in Rechnung stellt. Es zeigt sich, dass zwei der Akteure ein Interesse an der Klärung von Begriffen haben, nämlich die Judikative und die Initiatoren. Die ausschließliche Fokussierung auf den Aspekt der Rechtssicherheit blendet allerdings die Nebeneffekte dieser Art und Weise, Rechtssicherheit zu mehren, aus, nämlich die Einbußen an demokratischer Teilhabe.

1297

3. Systematische Interpretation

Bedient sich die Judikative bei der Rechtsfortbildung der systematischen Interpretationsmethode, stellt sich das Problem der **Rechtssicherheit** wie folgt dar: Wird in einem ersten Schritt festgestellt, in welches System die betreffende rechtliche Regelung einzuordnen ist und existiert ein Entscheidungsfreiraum, da mehrere Systeme in Betracht kommen, reduziert dies für die Regelungsadressaten die Vorhersehbarkeit der Rechtsfortbildung. Die Unsicherheit beginnt mit der Frage, um welches System es im Rahmen der systematischen Interpretation geht.[47] So kann etwa eine Regelung des Eigentümer-Besitzer-Verhältnisses im BGB (§§ 987–1007) in das System des Privatrechts, in das System des bürgerlichen Rechts, in das System des Sachenrechts oder in das System einer speziellen schuldrechtlichen Regelungsmaterie eingeordnet werden. So ist etwa bei den Schadensersatzregelungen im Rahmen des Eigentümer-Besitzer-Verhältnisses strittig, ob diese dem Sachenrecht zuzuordnen sind, oder ob sie in das System des Deliktsrechts einzuordnen sind. Je nachdem, wie die Systemzuordnung erfolgt, ändert sich das Ergebnis der Interpretation und damit der konkrete Akt der Rechtsfortbildung. Während in der rechtswissenschaftlichen Diskussion die Frage im Vordergrund

1298

---

47 Vgl. *Rüthers/Fischer/Birk* (Fn. 1), S. 440 f.

steht, ob es Aufgabe der Judikative ist, Brüche und Inkonsistenzen im legislativen Recht mittels der systematischen Interpretation zu korrigieren, muss eine Wirkungsanalyse anders ansetzen. Hier geht es nicht um die normative Frage der möglichen Verbesserung der legislativ gesetzten rechtlichen Regelungen durch die judikative Rechtsfortbildung, sondern um die **Auswirkungen dieser Art der Rechtsfortbildung**. Unterstellt man, dass die Judikative tatsächlich die Systemkonsistenz verbessert, ist dies unter dem Aspekt der Rechtssicherheit dennoch erst einmal **ambivalent**. Die bessere Systemkonsistenz kann zur Folge haben, dass in Zukunft besser vorhergesehen werden kann, wie legislativ gesetzte rechtliche Regelungen judikativ ‚verbessert' werden. Zugleich wird aber eben diese Vorhersehbarkeit verringert, da nicht sicher ist, wie die Judikative künftig das System bestimmt, in das eine rechtliche Regelung einzuordnen ist. Auch ist in einer Rechtsordnung ohne rechtliche Bindungswirkung von Vorentscheidungen (*precedents*) keineswegs gewährleistet, dass eine einmal vorgenommene Zuordnung einer rechtlichen Regelung zu einem System in Zukunft durchgehalten wird. Die Anreize der Judikative, sich auch in Zukunft an die einmal vorgenommenen Zuordnungen zu halten, scheinen hier recht groß zu sein.

1299   Die Korrekturfunktion in Bezug auf das legislativ gesetzte Recht seitens der Judikative führt zu Abstrichen bei der demokratischen Teilhabe und der Freiheitssicherung. Im Hintergrund steht die Frage, wie sich unter diesen Gesichtspunkten eine Korrektur von Systembrüchen und -inkonsistenzen durch die Legislative auswirken würde. Um dies zu untersuchen, ist auf das Wechselspiel zwischen der Legislative, der Judikative und den Initiatoren einzugehen.

1300   Systembrüche und -inkonsistenzen im legislativ gesetzten Recht sind nicht notwendigerweise Ergebnisse von Fehlern in der Gesetzgebung, die auf eine qualitativ minderwertige Technik der Gesetzgebung zurückzuführen sind. Es gilt, einen **Paradigmawechsel** im Zivilrecht (kontinentaleuropäischer Rechtsordnungen) zu beachten, nämlich den vom Kodifikationsparadigma zum Paradigma der punktuellen Einzelregelung. Dieser Paradigmawechsel ist – auch – eine Folge der Europäisierung des Zivilrechts.[48] Er ist aber auch auf Gesetzgebung im demokratischen Rechtsstaat zurückzuführen, in der möglicherweise konsistente Referenten- und Regierungsentwürfe eines Gesetzgebungsvorhabens im politischen Prozess der Parlamentsbeteiligung an Konsistenz verlieren. Dies ist auch der Tatsache geschuldet, dass es hier nicht den **einen** Gesetzgeber gibt, sondern Gesetzgebung im pluralistischen Wechselspiel der politischen Kräfte stattfindet. Systembrüche und -inkonsistenzen sind dann notwendige Ergebnisse dieser Art von Gesetzgebung. Hier setzt die Korrekturfunktion der Judikative an. Aus Sicht der Regelungsadressaten bedeutet dies, dass an die Stelle der demokratisch legitimierten, aber inkonsistenten legislativ gesetzten rechtlichen Regelung nunmehr eine konsistentere Regelung tritt, die nur insofern demokratisch legitimiert ist, als es der Legislative grundsätzlich frei steht, judikative Rechtsfortbildung wiederum zu korrigieren. In einer Wirkungsanalyse der Methodiken der judikativen Rechtsfortbildung ist allerdings realistischerweise davon auszugehen, dass eine solche erneute Korrektur an Kapazitätsproblemen des Gesetzgebungsapparats scheitert.

---

48   Vgl. *S. Grundmann* (Hrsg.), Systembildung und Systemlücken in Kerngebieten des Europäischen Privatrechts – Gesellschafts-, Arbeits- und Schuldvertragsrechts, Tübingen, 2000; *ders.*, Systemdenken und Systembildung, in: *K. Riesenhuber* (Fn. 5) S. 285–314; *Kirchner*, § 7 Der punktuelle Ansatz als Leitprinzip gemeinschaftsrechtlicher Privatrechtsharmonisierung, in: *S. Grundmann/D. Medicus/W. Rolland* (Hrsg.), Europäisches Kaufgewährleistungsrecht, Reform und Internationalisierung des deutschen Schuldrechts, Köln 2002, S. 95–111.

Legislativ gesetztes Recht mit Systembrüchen und -inkonsistenzen, das den pluralistischen Gesetzgebungshergang widerspiegelt, mag aus dem Blickwinkel der Regelungsadressaten nicht zufriedenstellend sein. Der **Pluralismus** in der **Gesetzgebung** kann sich nunmehr im Pluralismus unterschiedlicher Vorstöße von **Initiatoren** fortsetzen, die Streitfälle mit der Absicht vor die Gerichte bringen, die Korrekturfunktion der Judikative in Gang zu setzen. Der Prozess der Rechtsfortbildung kann dann in **drei Stufen** beschrieben werden: (1) rechtliche Regelungen werden legislativ gesetzt, (2) Initiatoren bringen Streitfälle vor Gerichte, um die Korrekturfunktion der Judikative in Gang zu setzen, (3) die Judikative wird im Rahmen der systematischen Interpretationsmethode korrigierend tätig. Dieser so skizzierte Stufenbau der Rechtsfortbildung ist selbst wieder nur ein Teilausschnitt des gesamten Rechtsfortbildungsprozesses, da die Einflussnahme auf die Gesetzgebung seitens Interessengruppen ausgeblendet ist (Lobbying). Diese Einflussnahme erfolgt sowohl auf der Ebene der Erstellung von Referenten- und Regierungsentwürfen wie auch im Rahmen des parlamentarischen Gesetzgebungsprozesses.

1301

4. Historische Interpretation

Kommt die historische Interpretationsmethode in der judikativen Rechtsfortbildung zum Einsatz, ist der Ausgangspunkt für eine Wirkungsanalyse dieser Methodik ein anderer als bei der systematischen Interpretationsmethode. Es zeigen sich aber auch große Ähnlichkeiten.

1302

Existiert der **eine** historische Gesetzgeber nicht, stützt die Judikative aber ihre Interpretation auf das Argument, dass die gewählte Interpretation der historischen Intention **des** Gesetzgebers entspreche, geht es wiederum um einen Ermessensspielraum der Judikative. Indem eine der – vielen denkbaren – Positionen als die **des** Gesetzgebers ausgegeben wird, bestimmt die Judikative ex post die Gewichte der politischen Interessen im Gesetzgebungsprozess neu. Das tangiert sowohl den Aspekt der Rechtssicherheit als auch die Gewährleistung politischer Teilhabe. Bezüglich der detaillierten Argumentation kann auf das im Vorabschnitt Gesagte verwiesen werden. Das gilt auch für die Betrachtung des Wechselspiels zwischen Legislative, Judikative und Initiatoren.

1303

Die Zusammenhänge lassen sich an einem **Beispiel** illustrieren, in dem eine Änderung zivilrechtlicher deutscher Regelungen auf die Umsetzung einer **Richtlinie des Europäischen Unionsrechts** zurückzuführen ist. Die politische Auseinandersetzung – unter Einbezug der einflussnehmenden Interessengruppen – findet auf der europäischen Ebene sowohl in Bezug auf die Artikel der Richtlinie, in der sich die materiellrechtliche Regelung befindet, statt, als auch in Bezug auf die Erwägungsgründe. Geht man nämlich davon aus, dass die deutschen zivilrechtlichen Vorschriften später – auch – im Lichte dieser Erwägungsgründe zu interpretieren sein werden,[49] sind die Erwägungsgründe für das Ergebnis der Interpretation von erheblicher Bedeutung. Mithilfe der historischen Interpretationsmethode können nunmehr seitens der Judikative Akzente gesetzt werden, wenn etwa bestimmte Erwägungsgründe besonders gewichtet werden, um dann die entsprechenden rechtlichen Regelungen des deutschen Rechts, die das Produkt der Richtlinienumsetzung in nationales Recht darstellen, in diesem Lichte zu interpretieren. Da es hier um eine Argumentation geht, die über die historische Interpretationsmethode hinausgeht und die auf die teleologische Interpretationsmethode

1304

---

49 Vgl. W.-H. Roth, § 14 Die richtlinienkonforme Auslegung, in: K. Riesenhuber (Fn. 5), S. 393–424 (412–414).

abstellt, ist auf diese Problematik im folgenden Abschnitt noch einmal näher einzugehen.

5. Teleologische Interpretation

1305 Die teleologische Interpretationsmethode erweitert den Spielraum der Judikative bei der Rechtsfortbildung sehr erheblich, insbesondere dann, wenn die Suche nach dem Zweck der zu interpretierenden rechtlichen Regelungen über das hinausgeht, was der historische Gesetzgeber möglicherweise intendiert hatte. Wenn nicht mehr nach diesem historischen Zweck gefragt wird, sondern nach dem ‚Zweck des Gesetzes' (objektiv-teleologische Interpretationsmethode), wird die Bindung der Judikative an das legislativ Vorgegebene erheblich gelockert. Das wirkt sich sowohl auf die Rechtssicherheit, wie auf die Sicherung demokratischer Teilhabe und der Freiheitsgewährleistung aus. Mit der objektiv-teleologischen Interpretation ‚emanzipiert' sich die Judikative von den Vorgaben der Legislative.[50] Bisher folgte die Argumentation weitgehend eher der in der rechtswissenschaftlichen Diskussion vorgebrachten Kritik an der objektiv-teleologischen Interpretationsmethode. Allerdings wird hier stärker der Aspekt der mangelnden Sicherung der politischen Teilhaberechte betont. Eine Wirkungsanalyse der objektiv-teleologischen Interpretationsmethode muss einen Schritt weiter gehen als die rechtswissenschaftliche Kritik. Sie muss das Augenmerk nicht nur auf das Problem der Bestimmung des Zwecks der auszulegenden rechtlichen Regelung durch die Judikative richten. Sie muss auch die Auswirkung des dieser Interpretationsmethode zugrunde liegenden Zweck-Mittel-Paradigmas erfassen.[51]

1306 Wenn im Rahmen der teleologischen Interpretationsmethode (sowohl der objektiven wie der subjektiven Variante) gefragt wird, welche Interpretation geeignet erscheint, den zuvor definierten Zweck am besten zu erfüllen, ist eine Optimierung bezüglich der Wahl der Mittel, die zur Zweckerreichung einzusetzen sind, vorzunehmen. Hier kommt das Problem nicht intendierter Nebenwirkungen beim Mitteileinsatz ins Spiel.[52] Die Wahl der Mittel wirkt auf den Zweck zurück. Die Argumentation wird tautologisch. In einer Wirkungsanalyse einer Methodik, die sich des Zweck-Mittel-Paradigmas bedient, heißt dies, dass derjenige, der tautologisch argumentiert, sich der **Nachprüfbarkeit** der von ihm gemachten Aussagen **entziehen** kann. Hier ist der zweite Aspekt der ‚Emanzipation' der Judikative, die sich der objektiv-teleologischen Interpretationsmethode bedient, festzumachen. Es kommt ein dritter hinzu: Soll bestimmt werden, welche Mittel – hier Interpretationsvarianten – sich zur Erreichung des zuvor definierten Zwecks eignen, und fehlt es der Judikative an einem methodischen Instrumentarium, in wissenschaftlich nachprüfbarer Art und Weise, die erwarteten **Wirkungen des Mitteleinsatzes** zu bestimmen, geht sie einen dritten Schritt der ‚Emanzipation'. Denn über ein derartiges Instrumentarium verfügt die rechtswissenschaftliche Methodik zurzeit – noch – nicht.[53]

1307 Das **Zwischenfazit** ist ernüchternd: Eine judikative Rechtsfortbildung, die sich der objektiv-teleologischen Interpretationsmethode bedient, führt zu erheblicher Rechtsunsi-

---

50 Besonders kritisch in diesem Sinne: *B. Rüthers*, Die unbegrenzte Auslegung. Zum Wandel der Privatrechtsordnung im Nationalsozialismus (1968), 7. Aufl. Tübingen 2012; *Rüthers/Fischer/Birk* (Fn. 1), S. 471–484.
51 Vgl. dazu bereits die Ausführungen oben in Abschnitt III.5 (Rn. 1289).
52 Vgl. *F. A. von Hayek*, Freiburger Studien, Tübingen 1969, S. 69; umfassend *K. Homann*, Die Interdependenz von Zielen und Mitteln, Tübingen 1980.
53 Vgl. aber Schritte in diese Richtung bei *Kirchner*, Zur konsequentialistischen Interpretationsmethode (Fn. 5).

cherheit und vermindert damit die Vorhersehbarkeit aufseiten der Regelungsadressaten erheblich. Zugleich werden demokratische Teilhaberechte und die Freiheitssicherung nicht unbeträchtlich geschmälert.

Das Bild bleibt solange unvollständig, wie nicht das Wechselspiel von Legislative, Judikative und Initiatoren unter der Bedingung der von der Judikative eingesetzten objektiven Interpretationsmethode analysiert wird. Die Legislative hat es in der Hand, auf eine judikative Rechtsfortbildung, die sich der objektiv-teleologischen Interpretationsmethode bedient, zu reagieren, indem sie erneut rechtsetzend tätig wird. Sie kann damit den von der Judikative ‚objektivierten' Zweck des Gesetzes **zurück in ihren Kompetenzbereich** holen. Auf die hier auftretenden nicht unbeträchtlichen Kapazitätsprobleme wurde oben (Abschnitt IV.3) verwiesen. Die Legislative kann aber auch bereits im originären Gesetzgebungsverfahren tätig werden, um die Möglichkeiten der ‚Emanzipation' der Judikative einzuschränken. Sie kann etwa ihrerseits die Ziele, die sie mit einem Gesetzgebungsvorhaben anstrebt, nennen.[54] Allerdings sind dem im modernen pluralistischen Gesetzgebungsprozess, in dem es den **einen** Gesetzgeber nicht gibt, enge Grenzen gesetzt. Auf europäischer Ebene wird – wie im Vorabschnitt erwähnt – mit Erwägungsgründen gearbeitet. Aber der jeweilige Katalog von Erwägungsgründen ist in der Regel keineswegs konsistent und widerspruchsfrei.

1308

Initiatoren kommt im Rahmen einer judikativen Rechtsfortbildung, die sich der objektiv-teleologischen Interpretationsmethode bedient, eine nicht unwichtige Rolle zu. Erscheint aus Sicht der Regelungsadressaten eine Regelungsmaterie modernisierungsbedürftig, weil sich alte Zwecksetzungen im Zuge von Änderungen des gesellschaftlichen, wirtschaftlichen und technologischen Kontextes, als dysfunktional darstellen, können sie entweder versuchen, auf die Gesetzgebung Einfluss zu nehmen (Lobbying). Oder sie können Rechtsstreite vor die Gerichte bringen und geltend machen, dass die historischen Zwecksetzungen nicht mehr einschlägig seien. Damit fordern sie die Judikative auf, in ihrer Rechtsfortbildung mithilfe der objektiv-teleologischen Interpretationsmethode die Zwecksetzung neu zu bestimmen, sie aus dem historischen Kontext zu lösen und damit neu zu ‚objektivieren'. Folgt die Judikative dem, setzt sie sich an die Stelle der Legislative und rechtfertigt dies mit dem Hinweis, dass eine neue legislative Rechtsetzung nicht abgewartet werden könne. Was in der rechtswissenschaftlichen Diskussion als **Ersatzgesetzgebung** durch die Judikative diskutiert und teils auch praktiziert wird,[55] stellt sich aus Sicht einer Wirkungsanalyse schlicht als eine autonom vorgenommene Erweiterung des Handlungsspielraums der Judikative dar, möglicherweise angestoßen durch Regelungsadressaten (Initiatoren). Initiatoren haben dann die Wahl, entweder auf den Gesetzgeber qua Lobbying Einfluss zu nehmen, oder aber die Judikative zu veranlassen, im Rahmen der objektiv-teleologischen Interpretationsmethode ihren Handlungsspielraum zu erweitern. Geht man von eigennutzorientiertem Rationalverhalten nicht nur bei den Initiatoren, sondern auch bei den Mitgliedern der Judikative aus, so erscheint die Annahme plausibel, dass diese sehr wohl an einer solcher Ausweitung ihres Handlungsspielraums interessiert sein werden. Hinzu kommt,

1309

---

54 *Ernst Steindorff* spricht von der ‚Politik des Gesetzes', s. *ders.*, Politik des Gesetzes als Auslegungsmaßstab im Wirtschaftsrecht, in: *G. Paulus* u.a. (Hrsg.), Festschrift für Karl Larenz zum 70. Geburtstag, München 1973, S. 217–244.

55 Vgl. insbesondere die Anweisung des Gesetzgebers in Art. 1 Abs. 2 des Schweizerischen Zivilgesetzbuches vom 10. Dez. 1907 (Stand 1.1.2011) an das Gericht, im Fall, dass dem Gesetz keine Vorschrift entnommen werden könne und auch Gewohnheitsrecht fehle, nach der Regel entscheiden, die es als Gesetzgeber aufstellen würde. Gemäß Abs. 3 folgt es dabei ‚bewährter Lehre und Überlieferung'.

dass sie – im Unterschied zu den Mitgliedern der Legislative – politisch nicht für die Folgen ihrer judikativen Rechtsfortbildung verantwortlich gemacht werden können. Steht bei Mitgliedern der Legislative die Abwahlandrohung im Raum, erschöpft sich die Drohung bei expansiver judikativer Rechtsfortbildung in öffentlicher Kritik.

1310 Es zeigen sich also strukturelle Unterschiede zwischen legislativer und judikativer Rechtsfortbildung. Die objektiv-teleologische Interpretationsmethode ermöglicht eine Rollenverteilung zwischen Legislative und Judikative, bei der die **politischen Teilhaberechte** der Regelungsadressaten faktisch **erheblich reduziert** werden.

V. Schlussbemerkung

1311 Die Untersuchung hat gezeigt, dass von den verschiedenen rechtswissenschaftlichen Methodiken im Zivilrecht erhebliche und unterschiedliche Auswirkungen auf die Wahrung von Rechtssicherheit und die Gewährleistung politischer Teilhaberechte ausgehen. Es ist deutlich geworden, dass die stärksten Auswirkungen zugunsten einer sich von den legislativen Vorgaben emanzipierenden judikativen Rechtsfortbildung von der objektiv-teleologischen Interpretationsmethode ausgehen. Zugleich ist deutlich geworden, dass es zu kurz greift, den Blick nur auf die Tätigkeit der rechtsfortbildenden Judikative zu werfen. Erst das Wechselspiel zwischen Legislative, Judikative und Initiatoren rundet das Bild ab. Dabei konnte das Problem des Lobbying nur gestreift werden.

1312 Sollen ‚Fallen in der Methodik des Zivilrechts' ausfindig gemacht werden, dann erweist sich das methodische Instrumentarium der Neuen Institutionenökonomik, das hier zum Einsatz gekommen ist, als durchaus fruchtbar. Die herkömmliche rechtswissenschaftliche Methodendiskussion im Zivilrecht wird durch eine neue Sichtweise ergänzt. Auch Tatsachen und Zusammenhänge, die an und für sich bekannt sind, erscheinen in einem neuem Licht.

1313 Anfangs wurde gesagt, dass sich die hier angestellten Überlegungen auf eine positive Analyse der in die Untersuchung einbezogenen rechtswissenschaftlichen Methodiken im Zivilrecht beschränken, ohne normative Gestaltungsvorschläge entwickeln zu wollen. Es ist aber zumindest deutlich geworden, wo ein Handlungsbedarf für solche Gestaltungsvorschläge existiert. Erheblicher Reformbedarf besteht in der Gesetzgebung, die oftmals die Ursachen für die hier kritisierten Phänomene der judikativen Rechtsfortbildung gesetzt hat. Das gilt sowohl hinsichtlich des Ausweichens in unbestimmte Rechtsbegriffe als auch der Schaffung von Systembrüchen und -inkonsistenzen. Einer exzessiven judikativen Rechtsfortbildung kann auch entgegengesteuert werden, indem Gesetze auf Zeit erlassen und einer Überprüfung ihrer tatsächlichen Auswirkungen unterworfen werden. Aber auch bei der Judikative können Reformüberlegungen ansetzen: Die Gefahren für die Gewaltentrennung, die insbesondere von der objektiv-teleologischen Interpretationsmethode ausgehen, sind als verfassungsrechtliches Problem ernst zu nehmen. Schließlich erscheinen Reformen dort notwendig, wo Interpretationsmethoden vermittelt werden, in der akademischen Lehre. Die ‚Juristische Methodenlehre' ist oft unterrepräsentiert und unterentwickelt. Die Fälle der neueren Methodik mögen zwar gesehen werden; die Fallen werden meist übersehen.

VI. Literatur

Zum Einstieg bieten sich an

Kirchner, Christian, Ökonomische Theorie des Rechts, Berlin 1997.
Richter, Rudolf/ Furubotn, Eirik, Neue Institutionenökonomik. Eine Einführung und kritische Würdigung, 4. Aufl. Tübingen 2011.
Voigt, Stefan, Institutionenökonomik, 2. Aufl. Paderborn 2009.

Weitere Standardwerke sind in Fn. 20 genannt.

Grundstrukturen der englischen Case Law-Methodik

von Felix Maultzsch

Übersicht

I.	Einführung	540
II.	Historisch-institutionelle Hintergründe der case law-Methodik	541
III.	Der Stil der englischen Rechtsprechung	543
IV.	Grundprinzipien der case law-Methodik	546
V.	Neuere Entwicklungen: „The Search for Principle"	556
VI.	Fazit	558
VII.	Literatur	558
VIII.	Anhang: Beispiel eines englischen Urteils	559

I. Einführung

1314 Einer der klassischen Hauptunterschiede zwischen dem deutschen und dem englischen Rechtssystem besteht darin, dass sich die deutsche Rechtsordnung zu großen Teilen auf kodifiziertes Gesetzesrecht stützt, während in England das Richterrecht als fallbezogen entwickeltes *case law* die zentrale Rechtsquelle bildet.

1315 Im Laufe der vergangenen Jahrzehnte hat sich diese Grundunterscheidung allerdings deutlich relativiert.[1] So werden einerseits auch in England zentrale privatrechtliche Materien zunehmend von gesetzlichen Regelungen erfasst. Beispielhaft hierfür steht das Kaufrecht, das durch den Sale of Goods Act aus dem Jahr 1979[2] eine Konsolidierung erfahren hat, die diese Materie einer rein richterrechtlichen Beurteilung entzieht. Umgekehrt muss andererseits auch das deutsche Recht aufgrund der unvermeidlichen Lückenhaftigkeit des kodifizierten Gesetzesrechts, die sich im Zuge neuer gesellschaftlicher Entwicklungen stetig vergrößert, in vielen Bereichen auf richterliche Rechtsfortbildungen zurückgreifen.[3] Ein Beispiel hierfür bildet der zivilrechtliche Persönlichkeitsschutz. Dieser hat sich zwar formal auf der Grundlage des Schutzes „sonstiger Rechte" im Sinne des § 823 Abs. 1 BGB und somit im Rahmen der Kodifikation des Bürgerlichen Gesetzbuchs herausgebildet, ist aber in der Sache rein richterrechtlich entwickelt worden.[4] Vor diesem Hintergrund kann die Unterscheidung der maßgeblichen Rechtsquellen in Deutschland und England aus heutiger Sicht keine kategorische, sondern nur eine graduelle sein. Die Fortentwicklung des Rechts bildet nach dem modernen Verständnis sowohl in England als auch in Deutschland eine arbeitsteilige Gemeinschaftsaufgabe der Gesetzgebung und der Rechtsprechung.[5]

---

1 Siehe hierzu *Allen*, Law in the Making (Erstauflage 1927), 7. Aufl. 1964, S. 161 ff. sowie *Zweigert/Kötz*, Einführung in die Rechtsvergleichung (Erstauflage 1969/1971), 3. Aufl. 1996, S. 262 ff.
2 Sale of Goods Act 1979 c. 54.
3 Dieses Phänomen hat bereits *Dawson*, The Oracles of the Law, 1968, S. 432 ff., vortrefflich analysiert. Aus neuerer Zeit siehe *Hager*, Rechtsmethoden in Europa, 2009, 4/14 ff.
4 Umfassend MüKo-*Rixecker*, BGB, 9. Aufl. 2021, Anhang zu § 12: Das Allgemeine Persönlichkeitsrecht (AllgPersönlR) sowie im Überblick *Hager* (Fn. 3), 4/26 ff.
5 *Jaffe*, English and American Judges as Lawmakers, 1969, S. 20 sowie *Zeidler*, Betrachtungen über die Innovationsfähigkeit der Rechtspflege am Beispiel der preußischen Justizgeschichte, DÖV 1975, 797–804 (801). Zum „Dialog" zwischen Gesetzgeber und Rechtsprechung aus englischer Sicht auch *Paterson*, Final Judgment, 2013, S. 258 ff.

Grundstrukturen der englischen Case Law-Methodik

Trotz dieser Konvergenzen ist der unterschiedliche Ausgangspunkt der Rechtsquellenlehre und damit auch der Rechtsmethodik in Deutschland und England aber weiterhin wirkungsmächtig. Die deutsche Methodenlehre geht immer noch vom Idealbild der Kodifikation aus und muss sich den Vorwurf einer gewissen „Armut" bei der Bewältigung des richterlich entwickelten Fallrechts gefallen lassen.[6] Demgegenüber bildet die Methodik des *case law* weiterhin das Herzstück der englischen Rechtsfindung, dem sich eine ausdifferenzierte Methodik der Gesetzesinterpretation erst Schritt für Schritt und als eine vergleichsweise jüngere Entwicklung an die Seite gestellt hat.[7]

Folglich erscheint es immer noch berechtigt, von einer spezifischen Rechtsfindungsmethodik im englischen *case law* zu sprechen, deren Grundstrukturen im Folgenden zu skizzieren sind. Zunächst werden dabei in der gebotenen Kürze einige historische und institutionelle Hintergründe dargestellt (unter II.). Im Anschluss an einen Überblick zum Stil der englischen Rechtsprechung (unter III.) gilt es sodann, die klassischen Figuren und Grundprinzipien des Fallrechtsdenkens zu erläutern (unter IV.). Ergänzend werden neuere Entwicklungen in der englischen Rechtsprechung aufgegriffen, die eine gewisse Transformation der *case law*-Methodik andeuten (unter V.). Nach einem abschließenden Fazit (VI.) und weiterführenden Literaturangaben (VII.) erfolgt schließlich im Anhang der Abdruck eines Urteils, das den Aufbau und die Struktur englischer Judikate veranschaulichen soll.

II. Historisch-institutionelle Hintergründe der case law-Methodik

Eine zentrale Besonderheit des englischen Rechts und der englischen Rechtsfindungsmethodik besteht darin, dass sich diese über viele Jahrhunderte in einem relativ kontinuierlichen, nicht von erratischen Zäsuren durchbrochenen Prozess entwickelt haben. In weitaus stärkerem Maße als im deutschen Recht, das im Laufe der Zeit vor allem im Bereich des öffentlichen Rechts, aber auch im Privatrecht zahlreichen Umbrüchen unterworfen war, kann daher für England von einer weitgehend geschlossenen Entwicklungskette des Rechts und seiner Methoden gesprochen werden. Plastisch verdeutlicht dies eine berühmte Allegorie Sir Matthew Hales, eines bedeutenden Richters des 17. Jahrhunderts. In dieser Allegorie verglich Hale das englische Recht mit dem Schiff „Argo", mit dem sich in der griechischen Mythologie die Argonauten auf den Weg zur Eroberung des Goldenen Vlieses machten. An diesem Schiff seien im Laufe der beschwerlichen Reise der Argonauten nahezu alle Teile ausgetauscht worden, so dass kaum noch ein einzelnes Stück des ursprünglichen Materials vorhanden gewesen sei. Jedoch habe es sich immer noch um dasselbe Schiff gehandelt, da es nicht grundlegend neu konstruiert, sondern nur in kleinen Schritten repariert und sukzessive verbessert worden sei.[8] Gleiches gilt für das englische Recht, dessen Verständnis daher in besonderem Maße die Berücksichtigung der maßgeblichen geschichtlichen Wurzeln gebietet.

Die Ursprünge des sog. *common law* als für das gesamte englische Königreich allgemein geltendes Fallrecht reichen bis zur normannischen Invasion im Jahr 1066 zurück.[9] Ab diesem Zeitpunkt wurden partikulare Normen, die in lokalen Gemein-

---

6 *Vogenauer*, Die Auslegung von Gesetzen in England und auf dem Kontinent, Band I, 2001, S. 226 f.; ähnlich *Kötz*, Über den Stil höchstrichterlicher Entscheidungen, 1973, S. 21 ff.
7 Die Entwicklung der Methoden der Gesetzesinterpretation in England hat aus rechtsvergleichender Sicht *Vogenauer* (Fn. 6), Band II, 2001, umfassend dargestellt. Aus der englischen Literatur siehe *Bennion*, Statutory Interpretation, 7. Aufl. 2019 sowie *Cross/Bell/Engle*, Statutory Interpretation, 3. Aufl. 1995.
8 *Hale*, The History of the Common Law of England (Erstauflage 1713), hrsg. von Gray, 1971, S. 40.
9 *Baker*, An Introduction to English Legal History (Erstauflage 1971), 5. Aufl. 2019, S. 15 ff.

schaften gewohnheitsmäßig gepflegt bzw. durch Lehnsherren erlassen worden waren, zunehmend durch einheitliche, richterrechtlich herausgebildete Normen verdrängt. Institutionelle Voraussetzung hierfür war die Schaffung königlicher Gerichte mit einer landesweiten Zuständigkeit.[10] Diese *common law*-Gerichte versuchten ursprünglich, ihre Rechtsfindung als eine bloß deklaratorische Nachzeichnung überlieferter Handels- und Verkehrsbräuche darzustellen, was nicht zuletzt geschah, um den Eindruck eines zu starken Einbruchs in die Rechtsprechungsprivilegien der lokalen Lehnsherren zu vermeiden.[11] Der Sache nach bestand jedoch niemals ein ernsthafter Zweifel daran, dass die *common law*-Gerichte die Entwicklung des englischen Rechts nicht nur gewohnheitsorientiert nachzeichneten, sondern aktiv gestalteten und somit im Rahmen ihrer Entscheidungen ein *case law* herausbildeten.

1320 Diese Form der Normbildung wich erheblich von dem Ideal einer wissenschaftlich-systematisch orientierten Rechtsfindung ab, das sich in Deutschland auf der Grundlage der Rezeption des römischen Rechts entwickelte und im 19. Jahrhundert voll entfaltete.[12] Das *common law* erhob demgegenüber von Beginn an weniger einen wissenschaftlich-systematischen Anspruch, sondern war vielmehr als eine **praktisch orientierte Kunstfertigkeit** ausgestaltet. Zentrale Akteure dieser Kunstfertigkeit waren und sind die Berufsstände der Rechtsanwälte und der Richter.[13] Dementsprechend erfolgte die Ausbildung der englischen Juristen bis in das 19. Jahrhundert maßgeblich unter der Ägide der Rechtsanwaltskammern in den sog. Inns of Court, das heißt in berufsständischen Einrichtungen, die räumlich und geistig im Umfeld der *common law*-Gerichte angesiedelt waren.[14] Erst später wurde das *common law* allmählich zum Gegenstand eines universitären Studiengangs.[15] Vor diesem Hintergrund ist die englische Rechtsmethodik entscheidend durch die Perspektive anwaltlicher Praktiker geprägt. Dies nicht zuletzt auch deshalb, weil sich die Richter und Richterinnen an den höheren englischen Gerichten, deren Urteile für die Konkretisierung und Fortentwicklung des *common law* maßgeblich sind, nahezu ausschließlich aus dem Kreis erfahrener Prozessanwälte und -anwältinnen *(barristers)* rekrutieren.

1321 Aufgrund der skizzierten Entwicklung weist das *common law* eine **stark prozessual orientierte Prägung** auf.[16] Die Zuständigkeit und damit die Entscheidungsbefugnis der zentralen *common law*-Gerichte musste ursprünglich erst in Konkurrenz mit den lokalen Lehnsgerichten entwickelt und von diesen abgegrenzt werden. Hierbei bediente man sich des sog. ***writ*-Systems**, das bis zum Jahr 1832 das englische Privatrecht beherrschte. Bei einem *writ* handelte es sich um ein Dokument, das der Kläger beim Lord Chancellor, einem Beamten der Krone, beantragte. Durch die Gewährung des *writs* wurde der Beklagte der Jurisdiktion der *common law*-Gerichte unterworfen, wobei sich die damit begründete Zuständigkeit der königlichen Gerichte allerdings auf einen

---

10 Hierzu *Baker* (Fn. 9), S. 17 ff., 44 ff.
11 Eine späte, aber sehr wirkungsmächtige systematische Ausformung fand diese sog. *declaratory theory* in Blackstones mehrbändigem Werk „Commentaries on the Laws of England" aus den Jahren 1765–1769; siehe insbesondere Band I, 1765, S. 64 ff.
12 Im Überblick hierzu *Wieacker*, Privatrechtsgeschichte der Neuzeit (Erstauflage 1952), 3. Aufl. 2016, S. 97 ff., 348 ff.
13 *Baker* (Fn. 9), S. 165 ff.; *Zweigert/Kötz* (Fn. 1), S. 188 ff., 251 ff.
14 *Dawson* (Fn. 3), S. 34 ff.; *Kischel*, Rechtsvergleichung, 2015, § 5 Rn. 107 ff.
15 *Baker* (Fn. 9), S. 181 ff.
16 *Plucknett*, A Concise History of the Common Law (Erstauflage 1929), 5. Aufl. 1956, S. 381 f. sowie *Hager* (Fn. 3), 3/2; *Kischel* (Fn. 14), § 5 Rn. 44.

bestimmten, in dem *writ* angegebenen Klagegrund beschränkte.[17] Die Anwendung und Entwicklung des *common law* wurde somit durch die jeweils prozessual anerkannten Klagegründe, die sog. *forms of action*, gesteuert.[18]

Zudem erfolgte die gerichtliche Entscheidungsfindung ursprünglich im Rahmen eines **streng formalisierten Verfahrens**, das den Parteien bzw. ihren Prozessvertretern keinen freien Vortrag der Tatsachenbehauptungen und Rechtsauffassungen gestattete.[19] Vielmehr waren im Rahmen sog. *pleadings* einzelne Tatsachen- und Rechtsfragen Schritt für Schritt abzuhandeln, wobei schon geringfügige Ungenauigkeiten zu einem Prozessverlust führen konnten.

1322

Die Härten, die mit dem äußerst formalen Charakter des *common law*-Prozesses verbunden waren, wurden ab dem 14. Jahrhundert allerdings durch die Herausbildung der ***equity*-Rechtsprechung** abgemildert. Hierbei handelte es sich zunächst um eine Art Petitionsrecht gegenüber Akten der öffentlichen Gewalt, zu denen auch als ungerecht empfundene Urteile der *common law*-Gerichte zählten.[20] Später entstand hieraus eine eigenständige Gerichtsbarkeit, die dazu diente, vertretbare Ergebnisse in Rechtsstreitigkeiten sicherzustellen, in denen der strenge Formalismus des *common law* dies nicht erlaubte. Auf diesem Wege erfolgte auch eine stärkere wissenschaftliche Durchdringung des englischen Rechts, da die *equity*-Richter häufig im römischen Recht geschult waren bzw. eine philosophische oder theologische Ausbildung besaßen.[21]

1323

Im Laufe des 19. Jahrhunderts wurden die Zweige des *common law* und der *equity* sowohl inhaltlich als auch institutionell zunehmend verschmolzen.[22] Hierdurch löste sich einerseits die übermäßig formale Orientierung des klassischen *common law* auf und wich einer stärker an materiellen Rechten orientierten Betrachtungsweise.[23] Hierin kann eine Durchsetzung von Grundgedanken der *equity* erblickt werden. Andererseits blieb jedoch zugleich auch die zentrale Idee des *common law* erhalten, dass die Herausbildung allgemeinverbindlicher Regelungen und die Entscheidung konkreter Lebenssachverhalte zwei untrennbare Seiten derselben Medaille bilden. Diese **Gleichursprünglichkeit von Fallentscheidung und Normbildung** kann als ein Unterschied zur deutschen Rechtsfindungsmethodik begriffen werden, in der rechtliche Lösungen traditionellerweise in einem ersten Schritt systematisch-normativ gefunden und sodann in einem zweiten, nachfolgenden Schritt auf konkrete Fallkonstellationen angewendet werden.

1324

III. Der Stil der englischen Rechtsprechung

Die enge Verknüpfung der Rechtsschöpfung mit der Entscheidung eines konkreten Falles spiegelt sich auch in der Stilistik englischer Urteile wider.

1325

Hervorzuheben ist in diesem Zusammenhang zunächst die **intensive Betrachtung des zu entscheidenden Sachverhalts**, die nicht nur in den Urteilen des High Court als der

1326

---

17 *Maitland*, The Forms of Action at Common Law (Erstauflage 1909), Nachdruck 1968, S. 17 f.; *Plucknett* (Fn. 16), S. 357.
18 Eingehend hierzu *Maitland* (Fn. 17) sowie im Überblick *Baker* (Fn. 9), S. 60 ff.
19 Näher *Baker* (Fn. 9), S. 83 ff.
20 *Baker* (Fn. 9), S. 108 ff.; *Jolowicz*, On Civil Procedure, 2000, S. 25.
21 Siehe *Baker* (Fn. 9), S. 107 ff. sowie *Zimmermann*, Der europäische Charakter des englischen Rechts: Historische Verbindungen zwischen civil law und common law, ZEuP 1993, 4–51 (27 ff.).
22 Im Überblick *Maultzsch*, Streitentscheidung und Normbildung durch den Zivilprozess, 2010, S. 139 mwN.
23 *Maitland* (Fn. 17), S. 66.

ersten Instanz erfolgt, sondern auch in den Urteilen des Court of Appeal und des House of Lords bzw. jetzt des UK Supreme Court[24] als den Rechtsmittelinstanzen. Während beispielsweise der Bundesgerichtshof den Sachverhalt typischerweise stark verknappt und anonymisiert darstellt, wird dieser in England in der Regel in allen seinen Nuancen geschildert. Hierbei handelt es sich nicht nur um eine äußerliche Diskrepanz, sondern um ein wesentliches Charakteristikum der englischen Rechtsprechung, das auch die inhaltliche rechtliche Beurteilung nicht selten maßgeblich beeinflusst.[25] Die Rechtsfindung erlangt auf diesem Wege ein gewisses rhetorisch-affektives Moment. Diese Eigenheit der englischen Rechtsprechung mag zwar insofern problematisch erscheinen, als eine zu starke Betonung suggestiv und emotional aufgeladener Anschauungsbeispiele den Rationalitätsanspruch der Rechtsfindung kompromittieren könnte.[26] Der Stil und die Methodik des *common law* beruhen aber auf der Grundannahme, dass eine rein abstrakt-rationale Urteilsfindung ihrerseits ein verfehltes Postulat darstellt. Vielmehr bildet aus angelsächsischer Sicht nicht der Versuch einer möglichst abstrahierenden Ausdünnung des zu entscheidenden Lebenssachverhalts das beste Mittel dagegen, dass ein emotional begründetes Vorverständnis eine zu große Rolle bei der Urteilsfindung spielt, sondern eine starke Richterpersönlichkeit. Diese unterzieht mit ihrem in langjähriger Erfahrung (her-)ausgebildeten beruflichen Ethos etwaige affektive Reaktionen einer mäßigenden Kontrolle anhand juristischer Kategorien.[27] Auf diesem Wege gestattet es die englische *case law*-Methodik, die Vielfältigkeit der Lebenssachverhalte gleichsam als eine Art „Wissensschatz" für die Rechtsschöpfung fruchtbar zu machen, ohne einen juristischen Rationalitätsanspruch preiszugeben.[28]

1327 Hieran schließt eine weitere Besonderheit des englischen Rechtsprechungsstils an, die in dem **großen Maß an Individualität** liegt, das die einzelnen Richter und Richterinnen in die Urteile einbringen.[29] Dies gilt auch und gerade für das oberste englische Gericht, das heißt früher für das House of Lords und jetzt für den UK Supreme Court. An diesem obersten Gericht sind insgesamt zwölf Richter und Richterinnen tätig; im Rahmen einer einzelnen Entscheidung wirken jedoch in der Regel nur fünf Personen mit.[30] Diese sind nicht auf feste Senate verteilt, sondern die Zusammensetzung des

---

24 Zu den Hintergründen der Ablösung des House of Lords als oberster Rechtsprechungsinstanz durch den UK Supreme Court im Jahr 2009 siehe *Le Sueur*, From Appellate Committee to Supreme Court: A Narrative, in: Blom-Cooper/Dickson/Drewry (Hrsg.), The Judicial House of Lords 1876–2009, 2009, S. 64–94; zu den begrenzten Erfolgen der Reformansätze für das oberste Gericht im vorangehenden 20. Jahrhundert *Ballinger*, The House of Lords 1911–2011: A Century of Non-Reform, 2012.
25 *Hager* (Fn. 3), 7/28; *Jolowicz* (Fn. 20), S. 292.
26 Generell kritisch gegenüber dem Modell des *case law* vor diesem Hintergrund in jüngerer Zeit *Schauer*, Do Cases Make Bad Law?, 73 U. Chi. L. Rev. 883–918 (2006).
27 Näher hierzu *Posner*, How Judges Think, 2008, S. 93 ff.
28 Eingehend zum Modell der richterlichen Normbildung als ein fallbezogenes Entdeckungsverfahren *Maultzsch* (Fn. 22), S. 252 ff.
29 *Kötz*, Über den Stil höchstrichterlicher Entscheidungen, 1973, S. 13, 17 ff.; *Robertson*, Judicial Discretion in the House of Lords, 1998, S. 15 f.
30 Eingehend hierzu sowie zu einer möglichen Erhöhung der Richterzahl in besonders bedeutsamen Fällen *Hanretty*, A Court of Specialists: Judicial Behavior on the UK Supreme Court, 2020, S. 85 ff. sowie *Lee*, The United Kingdom Supreme Court: A Study in Judicial Reform, in: Guinchard/Granger (Hrsg.), The New EU Judiciary, 2018, S. 77–98 (88 ff.).

Entscheidungsgremiums variiert von Fall zu Fall.[31] Vor diesem Hintergrund stellen sich die höchstrichterlichen Entscheidungen in England traditionell weniger als Akte einer einheitlichen Gerichtsinstitution dar, sondern als Ausdruck des individuellen Urteils bedeutender Richterpersönlichkeiten.[32] In diesem Sinne ist es zumindest in Zivilsachen nicht notwendig der Fall, dass ein gemeinsames Urteil aller beteiligten Richter und Richterinnen ergeht. Vielmehr verfassen diese häufig eigenständige Voten (sog. *seriatim opinions*).[33] Seine historische Wurzel findet dieses Vorgehen in dem ursprünglich praktizierten Urteilsmodus, nach dem jeder beteiligte Richter unmittelbar im Anschluss an die mündliche Verhandlung sein jeweiliges Votum kundtat und auch sogleich begründete.[34] Mittlerweile dominiert zwar eine von der mündlichen Verhandlung zeitlich abgesetzte schriftliche Niederlegung der Urteilsbegründung; die mögliche Pluralität der Begründung in *seriatim opinions* ist dabei jedoch bis in das House of Lords als (vormalig) höchste Rechtsprechungsinstanz erhalten geblieben.[35] Zwar kann sich das Votum eines oder mehrerer Richter dabei auf die reine Zustimmung zu der ausführlichen Urteilsbegründung eines anderen Richters beschränken, die dann als sog. *leading opinion* bezeichnet wird.[36] Nicht selten treten aber auch ausführliche parallele Voten auf, die entweder abweichende Begründungslinien für ein identisches Ergebnis einschlagen oder sogar als sog. *dissenting opinions* im Ergebnis von der Auffassung der Richtermehrheit abweichen. Diese Pluralität der Urteilsbegründung kann es im Einzelfall erheblich erschweren, den verbindlichen rechtlichen Aussagegehalt eines Urteils zu bestimmen, der als Präjudiz auf die Entscheidung zukünftiger vergleichbarer Fälle ausstrahlt.[37]

Schließlich beruht der englische Stil der Urteilsfindung auf dem **Idealbild des generalistisch orientierten Richters**, der seine Entscheidungen weniger aus einem technischen Spezialwissen zu einzelnen Rechtsmaterien, sondern aus allgemeinen juristischen Argumentationsfiguren und aus dem bereits vorliegenden Rechtsprechungsbestand schöpft, den er mit spezifischem Bezug zu der nun anstehenden Entscheidung aufarbeitet.[38] Eine starke Untergliederung der Rechtsprechung in verschiedene Fachgerichtsbarkeiten, wie sie in Deutschland vorherrscht und sich sogar innerhalb einzelner Gerichte durch Kammern oder Senate mit bestimmten Spezialzuständigkeiten fortsetzt, ist dem englischen Rechtswesen fremd. So wird selbst von den Richtern der obersten Instanz

---

31 Die Auswahl der jeweils entscheidenden Richter und Richterinnen folgt dabei keinen streng formalisierten Vorgaben, sondern beruht auf einem Gerichtsbrauch. Im House of Lords erfolgte die Auswahl jeweils ad hoc auf Vorschlag des Leiters der Gerichtsverwaltung (des sog. Judicial Office) durch die beiden dienstältesten Richter; siehe Dickson, The Processing of Appeals in the House of Lords, [2007] 123 L.Q.R. 571–601 (589 ff). Im jetzigen UK Supreme Court wird die Zusammensetzung durch den sog. Registrar of the Court vorbereitet und sodann durch den Gerichtspräsidenten oder dessen Stellvertreter endgültig bestimmt; siehe *Hanretty* (Fn. 30), S. 87 ff. und *Reed*, Collective Judging in the UK Supreme Court, in: Häcker/Ernst (Hrsg.), Collective Judging in Comparative Perspective, 2020, S. 21–35 (26 ff.). Ein dem deutschen Recht vergleichbares Prinzip des gesetzlichen Richters (Art. 101 Abs. 1 Satz 2 GG), nach dem die Entscheidungsträger nach abstrakt-generellen Kriterien vorherbestimmt sein muss, existiert in England somit nicht.
32 Siehe *Robertson* (Fn. 29), S. 22 ff.
33 *Herzog/Karlen*, Attacks on Judicial Decisions, in: Cappelletti (Hrsg.), Civil Procedure, International Encyclopedia of Comparative Law, Band XVI, Chapter 8, 1982, Rn. 85.
34 Vgl. *Karlen*, Appellate Courts in the United States and England, 1963, S. 98.
35 Vgl. jedoch noch unten V. zu Einschränkungen dieser pluralen Urteilsabfassung in der jüngeren Praxis des UK Supreme Court.
36 *Karlen* (Fn. 34), S. 98.
37 Dazu noch unten IV. 1. b).
38 *Devlin*, The Judge, 1979, S. 37; *Posner* (Fn. 27), S. 263 f. Zu gewissen Einschränkungen dieses Idealbilds in der jüngeren Zeit siehe unten V.

erwartet, dass sie einen Fall aus dem Deliktsrecht gleichermaßen bewältigen können wie einen Fall aus dem Steuerrecht. Dieses Modell eines generalistischen Richters beruht auf einem spezifisch angelsächsischen Rechtsstaats- und Justizverständnis. Nach diesem besteht die Aufgabe der (Zivil-)Rechtsprechung maßgeblich darin, einen durch die Parteien und ihre Vertreter ausgetragenen „Wettstreit" unparteiisch zu entscheiden. Der Richter nimmt in diesem Bild die durch die Parteien vorgetragenen Informationen und Argumente gleich einem Schiedsrichter auf und führt den Rechtsstreit bzw. die ihm zugrundeliegenden Rechtsprobleme anhand allgemeiner juristischer Regeln und Prinzipien einer Entscheidung zu.[39] Demgegenüber harmoniert ein Expertenwissen in einzelnen Materien, das dem Bild eines spezialisierten Richters entspricht, aus englischer Sicht weniger mit einer unabhängig und rechtsstaatlich orientierten Justiz, als vielmehr mit dem Gedanken einer aktiven Regulierung, die nicht für die Rechtsprechung, sondern für die Verwaltung typisch ist.[40]

1329 Vor diesem Hintergrund ist es auch verständlich, dass die **Verwertung rechtswissenschaftlich gewonnener Erkenntnisse** in der richterlichen Urteilsfindung in England eine wesentlich **geringere Rolle** als beispielsweise in Deutschland spielt.[41] So stellt die umfassende Aufarbeitung des akademischen Meinungsstandes zu einer Rechtsfrage zwar geradezu ein Wesensmerkmal des Urteilsstils des Bundesgerichtshofs dar, der in der wissenschaftlich-systematischen Einbindung der deutschen Rechtsprechung wurzelt.[42] Demgegenüber ist die Verwertung von Erkenntnissen, die rein akademisch und nicht durch die Entscheidung konkreter Fälle gewonnen worden sind, für die englische Rechtsprechung untypisch. Bis vor nicht allzu langer Zeit galt sogar die strikte Regel, dass noch lebende Autoren in englischen Urteilen nicht zitiert werden durften.[43] Wenngleich derartige Begrenzungen heute nicht mehr eingreifen,[44] besteht weiterhin eine deutliche Zurückhaltung der Gerichte gegenüber einer umfassenden Aufarbeitung rechtswissenschaftlicher Stellungnahmen. Solche Stellungnahmen entbehren aus englischer Sicht in der Regel einer hinreichenden Legitimation, um für die Rechtsfindung in einem fallbezogenen *case law*-System eine entscheidende Grundlage bilden zu können.

IV. Grundprinzipien der case law-Methodik

1. Präjudizienbindung: Das Prinzip des Stare Decisis

a) Grundlagen

1330 Im Zentrum der *case law*-Methodik steht der Grundsatz der Präjudizienbindung, wobei die Bindung späterer Urteile an den rechtlichen Aussagegehalt früherer Urteile mit dem Topos **„stare decisis"** (das heißt „bei dem Entschiedenen bleiben") bezeich-

---

39 Zur Rolle des englischen Richters als „umpire" *Dyson*, Judicial Decision-Making in England and Wales, in: Basedow/Fleischer/Zimmermann (Hrsg.), Legislators, Judges, and Professors, 2016, S. 97–150 (131 ff.).
40 Näher zu diesem Problemkreis *Damaska*, The Faces of Justice and State Authority, 1986, S. 136 ff.
41 *Dawson* (Fn. 3), S. 95 ff.; *Stevens*, Law & Politics, 1978, S. 194 f.
42 Siehe *Hager* (Fn. 3), 2/35 mwN.
43 *Dawson* (Fn. 3), S. 97. Hintergrund dieser Praxis war die Befürchtung, dass ein möglicher späterer Meinungswandel eines Autors, auf dessen ursprüngliche Auffassung ein Urteil gestützt wird, die Autorität dieses Urteils nachträglich beeinträchtigen könnte. Dieser Zusammenhang belegt wiederum sehr schön den sprichwörtlichen praktischen Sinn der englischen Juristen.
44 Zu jüngeren Ansätzen einer Öffnung der englischen Gerichte für ein Kooperationsverhältnis mit der Rechtswissenschaft exemplarisch *Braun*, Judges and Academics: Features of a Partnership, in: Lee (Hrsg.), From House of Lords to Supreme Court, 2011, S. 227–253; *Flohr*, Richter und Universitätsjuristen in England, RabelsZ 77 (2013), 322–344 und *Lord Neuberger*, Judges and Professors – Ships Passing in the Night?, RabelsZ 77 (2013), 233–250 (238 ff.).

net wird. Der Gedanke, dass bereits vorliegende Gerichtsentscheidungen verbindliche Vorgaben für die zukünftige Rechtsprechung enthalten können, reicht dabei weit in die Geschichte des *common law* zurück.[45] Bereits im 14. Jahrhundert begann die richterliche Praxis im Zuge der aufkommenden Veröffentlichung von Urteilen in den sog. Year Books[46] damit, sich auf vorangegangene Urteile als autoritative Vorgaben zu beziehen. Hiermit war zum einen eine rein praktische Vereinfachung für die spätere Rechtsprechungstätigkeit verbunden, welche die ausführliche Neubegründung bereits anerkannter Regeln entbehrlich machte. Zum anderen beruhte der Rückgriff auf vorangehende Entscheidungen auf der Annahme, dass in einem Fallrechtssystem nur die Beachtung von Präjudizien die erforderliche Rechtssicherheit und Konsistenz gewährleisten kann.

Allerdings hat der Grundsatz der Präjudizienbindung im englischen Recht im Laufe der Jahrhunderte eine dynamische Entwicklung durchlaufen, die eng mit dem jeweils vorherrschenden Verständnis von der Rolle der Rechtsprechung verknüpft war.[47] So kam nach der noch bis in das 18. Jahrhundert vorherrschenden Auffassung nicht einzelnen Urteilen, sondern nur einer konsistenten Serie vorangehender Entscheidungen eine verbindliche Wirkung für spätere Urteile zu.[48] Diese eingeschränkte Variante der Präjudizienbindung lässt sich bruchlos mit dem ursprünglich nach außen vertretenen Selbstverständnis der *common law*-Gerichte vereinbaren, nach dem diese Gerichte nicht selbst Recht setzen, sondern nur bereits gewohnheitsmäßig geltenden Normen zur Anwendung verhelfen sollten.[49] Denn im Rahmen einer solchen gewohnheitsorientierten Betrachtung liegt es nahe, nicht bereits einer einzelnen Entscheidung, sondern erst einer Entscheidungskette autoritative Wirkung beizumessen.

1331

Im Laufe des **19. Jahrhunderts** setzte sich in England jedoch ein **institutionell-positivistisches Bild des Rechts und der Rechtsprechung** durch.[50] Insbesondere im Anschluss an die Arbeiten von Bentham und Austin[51] wich die Vorstellung, dass sich das Recht maßgeblich aus Verkehrssitten und Gewohnheiten, das heißt gleichsam ungesteuert „von unten nach oben" entwickelt, endgültig der Annahme, dass Recht das Produkt der Willensmacht eines Souveräns ist, der sich bestimmter rechtsetzender Institutionen bedient. Diese Sichtweise rückte einerseits die Gesetzgebung stärker in das Zentrum der Rechtssetzungsmacht.[52] Andererseits bedeutete sie für das gesetzlich nicht geregelte

1332

---

45 Siehe hierzu *Postema*, Some Roots of our Notion of Precedent, in: Goldstein (Hrsg.), Precedent in Law, 1987, S. 9–33 sowie *Vogenauer*, Zur Geschichte des Präjudizienrechts in England, ZNR 28 (2006), 48–78.
46 Bei den Year Books, die seit der zweiten Hälfte des 13. Jahrhunderts erstellt wurden, handelt es sich um die älteste Form von Prozess- und Entscheidungsdokumentationen in England. Die Year Books wurden vermutlich durch die Mitarbeiter bzw. Auszubildenden der Prozessanwälte zusammengestellt und verfolgten somit ursprünglich in erster Linie den Zweck eines Ausbildungsmaterials für angehende Parteivertreter, während sich ihre Funktion als Entscheidungssammlung erst allmählich herausbildete. Der Begriff „Year Books" erklärt sich aus dem ursprünglichen Modus der Bandzählung, der an das jeweilige Herrschaftsjahr eines bestimmten Königs anknüpfte. Näher zu den Year Books und ihrer Bedeutung für das Präjudizienwesen *Allen* (Fn. 1), S. 190 ff.; *Baker* (Fn. 9), S. 188 ff.; *Dawson* (Fn. 3), S. 50 ff.
47 Näher *Evans*, Change in the Doctrine of Precedent in the Nineteenth Century, in: Goldstein (Hrsg.), Precedent in Law, 1987, S. 35–72 sowie *Wesley-Smith*, Theories of Adjudication and the Status of Stare Decisis, in: Goldstein (Hrsg.), Precedent in Law, 1987, S. 73–87; im Überblick *Hager* (Fn. 3), 3/2 ff.
48 *Plucknett* (Fn. 16), S. 347.
49 Siehe oben II.
50 Knapper Überblick bei *Maultzsch* (Fn. 22), S. 144 ff. mwN.
51 Zu deren Einfluss *Atiyah/Summers*, Form and Substance in Anglo-American Law, 1987, S. 222 ff.; *Postema* (Fn. 45), S. 13 f.
52 Eingehend zu Grund und Grenzen der Idee der „parliamentary sovereignty" *Sydow*, Parlamentssuprematie und Rule of Law, 2005.

common law, dass die Urteile der Rechtsprechung fortan weniger als Ausdruck eines organischen Überlieferungszusammenhangs verstanden wurden, sondern vielmehr als bewusst-autoritative Setzungen. In einem derart institutionell-positivistisch verstandenen Rechtsprechungsprozess konnte die notwendige Rechtssicherheit nur durch ein **strenges System der Präjudizienbindung** sichergestellt werden, das sich im Laufe des 19. Jahrhunderts voll entfaltete.[53] Dementsprechend wandelte sich ab diesem Zeitpunkt die Praxis des *stare decisis* von einem allgemeinen, flexiblen Grundsatz zu einer festen Regel, nach der bereits eine einzelne Entscheidung Bindungswirkung für zukünftige Urteile erzeugt.[54]

b) Gegenstand der Präjudizienbindung: Ratio Decidendi und Obiter Dicta

1333   Der Gedanke der Präjudizienbindung hat im Rahmen eines *case law*-Systems eine intuitiv erfassbare Plausibilität. Bei näherer Betrachtung handelt es sich allerdings um ein ausdifferenziertes Regelwerk, dessen Anwendung in konkreten Fällen ein großes Maß an Übung und Expertise erfordert.

1334   Dies beginnt bei der Frage, welchem Gehalt eines Urteils genau die Bindungswirkung zukommt. Hierbei kann es sich naturgemäß nicht um den Tenor der Entscheidung handeln, da dieser nur für die Parteien des konkreten Rechtsstreits, nicht aber für zukünftige Fälle von Bedeutung ist. Gegenstand der Bindungswirkung ist vielmehr die sog. *ratio decidendi*, das heißt die rechtliche Regel bzw. die rechtlichen Regeln, auf die das Gericht seine Entscheidung in dem Präjudiz gestützt hat und die als verallgemeinerbare Rechtssätze auf zukünftige Fälle übertragen werden können.[55] Was zur *ratio decidendi* gehört und damit in Bindungswirkung erwächst, wird jedoch in den einschlägigen Urteilen nicht immer explizit ausgewiesen,[56] sondern kann oft nur durch ein sorgfältiges Hin- und Herwandern des Blicks zwischen den rechtlichen Ausführungen des Gerichts und dem zu entscheidenden Sachverhalt ermittelt werden.[57] Denn präjudizielle Bedeutung kommt zumindest im strengen Sinne nur denjenigen Rechtsausführungen in einem Urteil zu, die notwendig waren, um den betreffenden Fall in der Weise zu entscheiden, in der er tatsächlich entschieden wurde. Hiervon abzugrenzen sind sog. *obiter dicta*, das heißt Rechtsausführungen, die ein Gericht zwar vornimmt, die aber auch hätten weggelassen werden können, ohne dass sich die Entscheidung des konkreten Falls geändert hätte.[58] Diese Unterscheidung zwischen tragenden und damit verbindlichen Rechtsausführungen (*ratio decidendi*) und nicht-tragenden und damit unverbindlichen Rechtsausführungen (*obiter dicta*)[59] setzt jedoch, wie dargelegt, eine sorgfältige Analyse des dem Präjudiz zugrundeliegenden

---

53   *Cross/Harris*, Precedent in English Law (Erstauflage 1961), 4. Aufl. 1991, S. 24 ff.; *Zweigert/Kötz* (Fn. 1), S. 253 f.
54   Siehe zu Einzelheiten der Entwicklung im 19. Jahrhundert *Evans* (Fn. 47).
55   *Cross/Harris* (Fn. 53), S. 39 ff.; *Hager* (Fn. 3), 3/19 ff.; *Kischel* (Fn. 14), § 5 Rn. 22 ff.
56   Eine gewisse Orientierung zum rechtlichen Aussagegehalt einer Entscheidung bieten die sog. *headnotes*, das heißt leitsatzähnliche Zusammenfassungen, die dem Urteilsabdruck in den einschlägigen Entscheidungssammlungen vorangestellt werden; vgl. *Zander*, The Law-Making Process, 8. Aufl. 2020, S. 282. Um eine verbindliche Zusammenfassung der *ratio decidendi* handelt es sich bei den *headnotes* jedoch nicht.
57   *Hager* (Fn. 3), 3/20.
58   *Cross/Harris* (Fn. 53), S. 75 ff.; *Manchester/Salter*, Exploring the Law, 4. Aufl. 2011, 1–007 ff.
59   Auch *obiter dicta* wirken allerdings oft prägend auf die zukünftige Rechtsprechung. Jedoch beruht diese Wirkungskraft nicht auf einer formellen Verbindlichkeit, sondern auf der inhaltlichen Überzeugungskraft der *obiter dicta* – an die Stelle einer formalen tritt eine materiale Legitimation: siehe *Hager* (Fn. 3), 3/29 und *Zander* (Fn. 56), S. 277.

Sachverhalts voraus, um wesentliche von unwesentlichen Teilen der Urteilsbegründung zu unterscheiden.

Eine weitere **Verkomplizierung** erfährt die Ermittlung der bindenden *ratio decidendi* durch den oben bereits erörterten Umstand, dass englische Zivilurteile häufig nicht aus einem einheitlichen Votum bestehen, sondern aus **separaten Urteilsbegründungen** der beteiligten Richter und Richterinnen.[60] Denn je größer die Zahl der Einzelvoten ist, auf die sich ein Urteil stützt, desto schwieriger wird es, der Entscheidung eine einheitliche *ratio decidendi* zu entnehmen, die für zukünftige Urteile verbindlich ist.[61] Dabei können unterschiedliche Schwerpunkte oder auch nur Nuancen in den jeweiligen Begründungslinien einer einheitlichen *ratio decidendi* entgegenstehen.

Ein paradigmatisches **Beispiel für den relativierenden Effekt**, den separate Voten auf die Bindungswirkung englischer Gerichtsentscheidungen ausüben können, bildet der Fall *Boys v. Chaplin*[62] aus dem Jahr 1971. In diesem Urteil ging es um die haftungsrechtlichen Folgen eines Verkehrsunfalls zwischen zwei im Ausland stationierten Angehörigen der britischen Streitkräfte, der sich auf Malta ereignet hatte. Die maßgebliche Rechtsfrage war, ob dem Verletzten gegen den Schädiger ein Schmerzensgeldanspruch zustand. Ein solcher Anspruch war bei Verkehrsunfällen zwar dem englischen, nicht aber dem maltesischen Recht bekannt. Im Ergebnis gelangten alle fünf entscheidenden Richter des House of Lords zu dem Ergebnis, dass dem Geschädigten auf der Grundlage des englischen Rechts ein Schmerzensgeld zu gewähren sei, obwohl sich der Unfall auf Malta ereignet hatte. Sie gaben hierfür jedoch jeweils unterschiedliche Begründungen. So wurde das Problem des Schmerzensgeldes zum Teil als eine Frage des kollisionsrechtlich anwendbaren Sachrechts angesehen,[63] zum Teil als eine prozessuale Frage der Schadensquantifizierung[64] und zum Teil als eine Frage, die nach den rechtspolitischen Interessen Maltas und Englands zu entscheiden sei.[65] Trotz der Übereinstimmung der Richter im Ergebnis lässt sich dem Urteil *Boys v. Chaplin* somit für zukünftige Rechtsstreitigkeiten, die kollisionsrechtliche Probleme des ersatzfähigen Schadens betreffen, kaum eine einheitliche *ratio decidendi* entnehmen.[66]

Schließlich stellt sich unter Umständen auch das Problem, ob die **Kompetenz zur Abgrenzung zwischen** einer verbindlichen *ratio decidendi* und einem nicht-bindenden *obiter dictum* dem Gericht des ersten, potenziell bindenden Urteils zukommt oder dem Gericht des nun anstehenden Urteils, um dessen potenzielle Gebundenheit es geht.[67]

Ein plastisches **Beispiel für diese Problematik** bildet die berühmte Entscheidung des House of Lords in dem Fall *Hedley Byrne & Co. Ltd. v. Heller & Partners*[68] aus

---

60 Siehe oben III.
61 *Lord Hope of Craighead*, Methods and Results – the place of case law in the legal system of the UK, in: Schulze/Seif (Hrsg.), Richterrecht und Rechtsfortbildung in der Europäischen Gemeinschaft, 2003, S. 145–160 (155) und im Einzelnen *Cross/Harris* (Fn. 53), S. 84 ff.
62 [1971] A.C. 356. In der üblichen Zitierweise englischer Urteile, die in amtlichen Entscheidungssammlungen abgedruckt sind, steht an erster Stelle in eckigen Klammern das Jahr der Entscheidung, gefolgt von einer Abkürzung der betreffenden Entscheidungssammlung (hier: „A.C." für „Law Reports, Appeal Cases", der maßgeblichen Entscheidungssammlung für Urteile des House of Lords) und der Seitenangabe für den Beginn des Urteilsabdrucks.
63 So mit Unterschieden im Einzelnen Lord Hodson (a.a.O., 373 ff.) und Lord Pearson (a.a.O., 393 ff.).
64 So mit unterschiedlichen Nuancen Lord Guest (a.a.O., 380 ff.) und Lord Donovan (a.a.O., 383 ff.).
65 So Lord Wilberforce (a.a.O., 384 ff.).
66 Kritisch zu der Entscheidung daher *Blom-Cooper*, Style of Judgments, in: Blom-Cooper/Dickson/Drewry (Hrsg.), The Judicial House of Lords 1876–2009, 2009, S. 145–163 (155).
67 Eingehend hierzu *Hager* (Fn. 3), 3/22 ff. mwN; im Überblick auch *Kischel* (Fn. 14), § 5 Rn. 22 ff.
68 [1964] A.C. 465.

dem Jahr 1964, die sich mit der Haftung für reine Vermögensschäden außerhalb von Vertragsbeziehungen bei fehlerhaften Auskünften beschäftigte. In dem zugrundeliegenden Sachverhalt hatte die Klägerin, ein Dienstleistungsunternehmen, zu entscheiden, ob sie einen großen Auftrag für einen Kunden in Vorleistung erbringen sollte. Zur Absicherung dieser Entscheidung ließ die Klägerin über ihre Hausbank bei der Beklagten, der Bank des Kunden, dessen Kreditwürdigkeit abfragen. Die Beklagte übermittelte der Hausbank der Klägerin eine positive Einschätzung der Kreditwürdigkeit des Kunden, die bei Anwendung der erforderlichen Sorgfalt nicht gerechtfertigt gewesen wäre. Im Vertrauen auf diese Einschätzung ging die Klägerin gegenüber dem Kunden in Vorleistung, fiel mit ihrer Forderung infolge einer Insolvenz des Kunden jedoch aus und nahm daraufhin die Beklagte wegen der Falschauskunft auf Schadensersatz in Anspruch. Die fünf Lordrichter waren sich darin einig, dass eine Haftung für vermögensschädigende, fahrlässige Falschauskünfte auch außerhalb von Vertragsbeziehungen auf der Grundlage des *tort of negligence* (Fahrlässigkeitsdelikt)[69] in Betracht komme. Voraussetzung hierfür sei eine hinreichende Nähebeziehung („*proximity*") zwischen dem Schädiger und dem Geschädigten, weil der Schädiger dem Geschädigten dann eine sog. *duty of care* (Sorgfaltspflicht) schulde.[70] Dies sei insbesondere dann der Fall, wenn ein Auskunftsgeber eine spezielle Expertise für sich in Anspruch nehme und voraussehen könne, dass ein anderer im Vertrauen auf die Richtigkeit der Auskunft Dispositionen treffen werde.[71] Diese Annahme führte aber gleichwohl nicht zu einem Obsiegen der Kläger in *Hedley Byrne*, da die beklagte Bank ihre Auskunft ausdrücklich „*without responsibility*" (ohne Gewähr) abgegeben hatte und dies nach Auffassung aller Lordrichter einer Haftung im Ergebnis entgegenstand. Folglich hätte die Abweisung der Klage aufgrund dieser Freizeichnungsklausel bei strenger Betrachtung bereits ohne eine Auseinandersetzung mit der grundsätzlichen Frage erfolgen können, ob bei fahrlässigen Falschauskünften außerhalb von Vertragsbeziehungen überhaupt eine Haftung für reine Vermögensschäden in Betracht kommt.[72] Dies könnte dafür sprechen, der diesbezüglichen Rechtsaussage in *Hedley Byrne* nur die Bedeutung eines *obiter dictums* beizumessen und ihr somit eine bindende Wirkung für spätere Entscheidungen zu versagen. Aus Sicht der Richter, die den Fall *Hedley Byrne* zu entscheiden hatten, war es jedoch gerade einer der Hauptzwecke des Urteils, die grundsätzliche Frage der Haftung für Falschauskünfte verbindlich zu klären und damit für die Zukunft Rechtssicherheit zu schaffen. In diesem Sinne bemerkte insbesondere Lord Devlin, dass eine Erörterung des grundsätzlichen Problems der Haftung für fahrlässige Falschauskünfte erforderlich gewesen sei, um den Streitfall *Hedley Byrne* korrekt entscheiden zu können.[73]

1339 Das House of Lords nahm in diesem Fall somit eine präjudizielle Befugnis für sich in Anspruch, die Eisenberg treffend als *„announcement approach"* charakterisiert hat.[74] Nach diesem Ansatz gehören nicht nur diejenigen Aussagen eines Urteils zu der

---

69 Hierbei handelt es sich um einen generalklauselartigen Haftungstatbestand für fahrlässige Schädigungen, der auf den zentralen Voraussetzungen *duty of care* (Sorgfaltspflicht), *breach of duty* (Pflichtverletzung), *damage* (Schaden) und *causation* (Zurechenbarkeit des Schadens) aufbaut. Einzelheiten hierzu bei *Markesinis/Deakin/Adams*, Tort Law, 8. Aufl. 2019, S. 85 ff. sowie *Zweigert/Kötz* (Fn. 1), S. 610 ff.
70 *Hedley Byrne & Co. Ltd. v. Heller & Partners Ltd.*, [1964] A.C. 465, 530, per Lord Devlin.
71 Siehe *Hedley Byrne & Co. Ltd. v. Heller & Partners Ltd.*, [1964] A.C. 465, 466.
72 Vgl. *Cross/Harris* (Fn. 53), S. 79 f.
73 *Hedley Byrne & Co. Ltd. v. Heller & Partners Ltd.*, [1964] A.C. 465, 532, per Lord Devlin.
74 *Eisenberg*, The Nature of the Common Law, 1988, S. 54 f.; ähnlich *ders.*, The Principles of Legal Reasoning in the Common Law, in: Edlin (Hrsg.), Common Law, Theory, 2007, S. 81–101 (88 f.).

verbindlichen *ratio decidendi*, die sich bei einer objektiven ex post-Betrachtung als notwendige Entscheidungsgründe darstellen, sondern auch solche weiteren Ausführungen, die das entscheidende Gericht erkennbar mit Verbindlichkeit ausstatten wollte. In der weiteren Wirkungsgeschichte des Urteils *Hedley Byrne* hat sich dieses Modell des *announcement approach* praktisch auch durchgesetzt. So haben spätere Entscheidungen zur Frage der Haftung für fahrlässige Falschauskünfte die Bejahung einer solchen Haftung im Fall *Hedley Byrne* nicht als bloßes, unverbindliches *obiter dictum*, sondern als verbindliche *ratio decidendi* angesehen und dementsprechend ohne Weiteres in einem gleichlautenden Sinne entschieden.[75] Allerdings bedeutet ein solches Vorgehen eine gewisse Abkehr von der Grundidee des *common law*, nach der den Gerichten nur eine fallbezogene Befugnis zur Herausbildung rechtlich verbindlicher Regelungen zukommt. Denn im Rahmen des *announcement approach* fließt die Reichweite der präjudiziellen Bindung gerade nicht mehr aus dem tatsächlichen Wechselspiel zwischen dem zu entscheidenden Sachverhalt und den richterlichen Rechtsausführungen, sondern einzig aus dem Rechtssetzungswillen des präjudiziell entscheidenden Gerichts.[76]

c) Reichweite der Präjudizienbindung: Instanzenzug und Overruling

Weiterhin stellt sich die Frage, welchen Gerichten die Kompetenz zum Erlass verbindlicher Präjudizien zukommt und welche Gerichte durch diese Präjudizien jeweils gebunden werden. Insoweit besteht zunächst eine **vertikale Präjudizienbindung**, nach der Entscheidungen ranghöherer Gerichte für die jeweils rangniederen Gerichte bindend sind. Entscheidungen der höchsten englischen Rechtsprechungsinstanz, das heißt früher des House of Lords und jetzt des UK Supreme Court, binden somit beispielsweise den Court of Appeal als Mittelinstanz und den High Court als Eingangsinstanz.[77] Demgegenüber vermag eine Entscheidung des Court of Appeal zwar den High Court, nicht aber den UK Supreme Court zu binden.

Schwieriger und differenzierter ist die Frage zu beurteilen, inwieweit ein Gericht an die *ratio decidendi* aus eigenen früheren Urteilen gebunden ist, ob es also neben einer vertikalen auch eine **horizontale Präjudizienbindung** gibt. Eine solche horizontale Bindungswirkung eines Gerichts an eigene frühere Urteile kommt in Betracht, wenn es sich nicht um erstinstanzliche Urteile handelt, sondern um Urteile, die im Rahmen eines Rechtsmittelverfahrens erlassen wurden.[78] Vor diesem Hintergrund ist beispielsweise der Court of Appeal an die eigene frühere Rechtsprechung in aller Regel gebunden.[79] Schließlich hat sich für die höchste englische Rechtsprechungsinstanz seit der Entscheidung des House of Lords in dem Fall *Beamish v. Beamish* aus dem Jahr 1861 ebenfalls der Gedanke einer horizontalen Bindung an eigene frühere Präjudizien

---

75 Siehe *W.B. Anderson and Sons Ltd. v. Rhodes*, [1967] 2 All E.R. 850, 857.
76 Siehe *Maultzsch* (Fn. 22), S. 165 f.
77 Eingehend zum Instanzenzug in der englischen Zivilgerichtsbarkeit *Manchester/Salter* (Fn. 58), 2–001 ff.
78 *Manchester/Salter* (Fn. 58), 1–021.
79 Der Court of Appeal hat diese horizontale Bindung an eigene Präjudizien in der Entscheidung *Young v. Bristol Aeroplane Co.*, [1944] K.B. 718 f., wie folgt konkretisiert: „The Court of Appeal is bound to follow its own decisions and those of courts of co-ordinate jurisdiction, and the 'full' court is in the same position in this respect as a division of the court consisting of three members. The only exceptions to this rule are: (1.) The court is entitled and bound to decide which of two conflicting decisions of its own it will follow; (2.) the court is bound to refuse to follow a decision of its own which, though not expressly overruled, cannot, in its opinion, stand with a decision of the House of Lords; (3.) the court is not bound to follow a decision of its own if it is satisfied that the decision was given per incuriam, e.g., where a statute or a rule having statutory effect which would have affected the decision was not brought to the attention of the earlier court."

als Grundregel durchgesetzt.[80] Auch diese Grundregel ist, wie bereits der Zeitpunkt ihrer Herausbildung belegt,[81] die Konsequenz eines im Kern institutionell-positivistisch orientierten Rechtsprechungsverständnisses. Denn sobald man höchstrichterliche Urteile nicht mehr als die bloß deklaratorische Bestätigung historisch überkommener juristischer Wahrheiten begreift, sondern als eigenständige rechtssetzende Akte, muss deren Stabilität in der Zukunft abgesichert werden, indem die Präjudizien auch für die höchstrichterliche Instanz selbst eine Bindungswirkung entfalten.[82]

1342 Eine ausnahmslose horizontale Präjudizienbindung würde allerdings dazu führen, dass die *rationes decidendi* von Entscheidungen des House of Lords bzw. jetzt des UK Supreme Court nicht mehr durch die Rechtsprechung selbst, sondern nur noch durch den Gesetzgeber abgeändert werden könnten,[83] auch wenn die Rechtsprechung selbst ein Präjudiz später als eine Fehlentwicklung einstuft. Im Laufe der Zeit hat sich vor diesem Hintergrund ein Bedürfnis herausgestellt, dass die höchste Instanz ihre eigenen Präjudizien unter bestimmten, sehr engen Voraussetzungen selbst aufheben können muss, was man als ein sog. *overruling* des Präjudizes bezeichnet.[84] Hierdurch soll das Spannungsverhältnis zwischen Stabilität und Flexibilität als den Eckpfeilern eines *case law*-Systems bestmöglich ausgeglichen werden: Indem ein *overruling* früherer Entscheidungen des House of Lords bzw. des UK Supreme Court nur der höchsten Rechtsprechungsinstanz selbst vorbehalten ist, das heißt nicht durch rangniedere Gerichte (z.B. den Court of Appeal) erfolgen darf, und zudem nur in exzeptionellen Fällen in Betracht kommt, wird einerseits dem Bedürfnis nach Kontinuität und Rechtssicherheit entsprochen. Andererseits stellt die ausnahmsweise bestehende Befugnis der höchsten Instanz zu einem *self-overruling* die Entwicklungs- und Anpassungsfähigkeit des *common law* sicher und wirkt einer drohenden Versteinerung der Rechtsprechung entgegen.

1343 Ausgangspunkt der Frage, unter welchen Bedingungen ein *overruling* in Betracht kommt, ist dabei das sog. **Practice Statement des House of Lords** aus dem Jahr 1966. Dieses *statement*, das Lord Gardiner als damaliger Vorsitzender des House of Lords abgab, verdeutlicht sehr schön das Bestreben, die Pole der Rechtssicherheit und der Entwicklungsoffenheit der Rechtsprechung in einen angemessenen Ausgleich zu bringen:

> „Their Lordships regard the use of precedent as an indispensable foundation upon which to decide what is the law and its application to individual cases. It provides at least some degree of certainty upon which individuals can rely in the conduct of their affairs, as well as a basis for orderly development of legal rules. Their Lordships nevertheless recognise that too rigid adherence to precedent may lead to injustice in a particular case and also unduly restrict the proper development of the law. They propose therefore, to modify their present practice and, while treating formal decisions of this house as normally binding, to depart from a previous decision when it appears to be right to do so. In this connection they will bear in mind the danger of disturbing retrospectively the basis on

---

80 *Beamish v. Beamish*, [1861] 11 Eng. Rep. 735, 761, per Lord Campbell.
81 Zur Entfaltung eines positivistischen Rechtsprechungsverständnisses in England im 19. Jahrhundert bereits oben IV. 1. a).
82 Siehe *Evans* (Fn. 47), S. 56 f.; *Stevens* (Fn. 41), S. 82 f.
83 Zu derartigen gesetzgeberischen Korrekturen im Überblick *Lee*, 'Inconsiderate Alterations in our Laws': Legislative Reversal of Supreme Court Decisions, in: Lee (Hrsg.), From House of Lords to Supreme Court, 2011, S. 71–100.
84 Hierzu mit weiteren Einzelheiten und mwN *Hager* (Fn. 3), 3/41 ff.

which contracts, settlement of property, and fiscal arrangements have been entered into and also the especial need for certainty as to the criminal law. This announcement is not intended to affect the use of precedent elsewhere than in this House."[85]

Ein bekanntes **Beispiel** für die Korrektur eines eigenen Präjudizes durch das House of Lords im Wege eines *overruling* bildet wiederum die Entwicklung der Rechtsprechung zur *negligence*-**Haftung** für außerhalb von Vertragsbeziehungen verursachte **reine Vermögensschäden**. In diesem Zusammenhang hatte, wie oben dargelegt, die Entscheidung *Hedley Byrne* aus dem Jahr 1964 zunächst eine Haftung für die schädigenden Folgen fahrlässig erteilter Falschauskünfte grundsätzlich bejaht.[86] Die *ratio decidendi* dieses Urteils bestand darin, dass eine *duty of care* des Schädigers gegenüber dem in seinem Vermögen Geschädigten anzunehmen ist, wenn der Geschädigte auf die Expertise des Schädigers vertraut hat und sich die Beteiligten vor diesem Hintergrund in einer vertragsähnlichen Beziehung befinden. In der Entscheidung *Anns v. Merton London Borough Council*[87] aus dem Jahr 1978 wurde die außervertragliche Haftung für reine Vermögensschäden dann jedoch über die Konstellation einer vertragsähnlichen Vertrauensbeziehung hinaus wesentlich erweitert. In dem nun zu entscheidenden Fall hatten die Mieter von Wohnungen durch bautechnische Mängel der Wohnungen Vermögenseinbußen erlitten, die sie von der zuständigen Baubehörde mit dem Argument ersetzt verlangten, dass die Mängel bei einer ordnungsgemäßen behördlichen Bauüberwachung rechtzeitig entdeckt worden wären. Das House of Lords entschied zugunsten der Mieter, indem es einen Anspruch gegen die Baubehörde aus dem *tort of negligence* bejahte und dabei eine Art Generalklausel der *negligence*-Haftung für fahrlässig verursachte Vermögensschäden aufstellte.[88] Nach dieser Generalklausel sollte eine Haftung des Schädigers gegenüber dem Geschädigten prima facie bereits immer dann eingreifen, wenn der Schädiger voraussehen konnte, dass sein Verhalten eine andere Person in ihrem Vermögen schädigen könnte, da bereits in diesem Fall eine hinreichende Nähebeziehung zwischen dem Schädiger und dem Geschädigten bestehe, welche die Annahme einer *duty of care* typischerweise rechtfertige. Soweit ein solcher Fall einer prima facie-Haftung gegeben sei, könne die Schadensverantwortlichkeit dann nur noch ausnahmsweise aufgrund besonderer, rechtspolitisch zu beurteilender Gegengründe ausgeschlossen werden. Da die *ratio decidendi* aus dem Fall *Anns* somit im Kern nur noch die Vorhersehbarkeit des betreffenden Vermögensschadens für den Schädiger als Haftungsvoraussetzung forderte, drohte jedoch in der Folge eine zu weite Ausdehnung der außervertraglichen Haftung für reine Vermögensschäden. Dies nahm das House of Lords im Jahr 1991 in der Entscheidung *Murphy v. Brentwood District Council*[89] schließlich zum Anlass, das Präjudiz aus *Anns* aufzuheben. Im Fall *Murphy* ging es um die Schadensersatzklage des Erwerbers eines fehlerhaft errichteten Hauses, der aufgrund der bautechnischen Mängel des Gebäudes einen überhöhten Kaufpreis entrichtet hatte, gegen die zuständige Baubehörde. Obwohl die Behörde die Baupläne des Bauherrn trotz erkennbarer Mängel genehmigt hatte und damit eine Schädigung potenzieller Erwerber des Hauses vorhersehen konnte, lehnte das House of Lords nun

1344

---

85 Practice Statement, [1966] 3 All E.R. 77, per Lord Gardiner L.C. Durch den Administration of Justice Act aus dem Jahr 1969 erfuhr dieses Statement später eine unmittelbare gesetzliche Anerkennung; zur Fortgeltung für den UK Supreme Court siehe *Lee* (Fn. 30), S. 80 f.
86 Siehe oben IV. 1. b).
87 [1978] A.C. 728.
88 *Anns v. Merton London Borough Council*, [1978] A.C. 728, 751 f., per Lord Wilberforce.
89 [1991] 1 A.C. 398.

eine *duty of care* der Baubehörde zum Schutz der Vermögensinteressen des Erwerbers ab und hob damit zugleich die *ratio decidendi* aus dem Fall *Anns* auf.

1345 Wird somit das Mittel des *overruling* zwar durchaus eingesetzt, um Präjudizien aufzuheben, die später als Fehlentwicklungen erkannt werden, greift die höchstrichterliche Rechtsprechung in England aber auch nicht zu großzügig zu diesem Mittel, um die Bedürfnisse nach Rechtssicherheit und Vertrauensschutz im *case law*-System zu wahren. Voraussetzung eines *overruling* sind daher in aller Regel grundlegende Defizite des aufzuhebenden Präjudizes, während die bloße Einsicht, dass das Präjudiz keine optimale Lösung der betreffenden Rechtsfrage ermöglicht, nicht ausreicht.[90]

2. Einschränkung und Ausdehnung präjudizieller Wirkungen: Distinguishing und Analogy

a) Grundlagen

1346 Vorstehend wurde skizziert, wie die *ratio decidendi* eines Präjudizes ermittelt werden kann und inwieweit sie für zukünftige, gleichgelagerte Fälle eine Bindungswirkung entfaltet. Hiermit verwandt ist die weitere Frage, welche Bedeutung einer *ratio decidendi* für spätere Fälle zukommt, die zwar in einem gewissen Maße ähnlich gelagert sind wie die präjudiziell entschiedene Konstellation, aber nicht identisch. Das Gericht, das den neuen Fall zu beurteilen hat, muss in diesem Zusammenhang entscheiden, ob die zwischen dem ursprünglichen und dem neuen Fall bestehenden Sachverhaltsunterschiede als wesentlich erscheinen oder nicht.[91] Bejaht es einen wesentlichen Unterschied, wird es ein sog. *distinguishing* vornehmen und die *ratio decidendi* des Präjudizes nicht auf den neuen Fall übertragen. Nimmt es hingegen nur einen unwesentlichen Unterschied zwischen der präjudiziellen und der jetzt zu entscheidenden Konstellation an, wird es die *ratio decidendi* der vorangehenden Entscheidung im Wege einer sog. *analogy* auf den neuen Sachverhalt ausdehnen.

1347 Die Wahl zwischen einem *distinguishing* und einer *analogy* stellt dabei niemals eine rein logisch zu bewältigende Operation dar, sondern immer einen **normativ-wertenden Vorgang**.[92] Obwohl sich das nun entscheidende Gericht dabei an den Grundgedanken der *ratio decidendi* des in Rede stehenden Präjudizes zu orientieren, dieses also gleichsam zu interpretieren hat, eröffnet sich ihm regelmäßig ein erheblicher Spielraum bei der Beurteilung der Frage, ob die präjudizielle *ratio decidendi* auf den neuen Fall übertragbar ist. In diesem Sinne wird durch die Anwendung der Methoden des *distinguishing* und der *analogy* zugleich immer auch neues *case law* geschaffen, das die normativen Wirkungen des Präjudizes konkretisiert und neu justiert.[93] Ähnlich wie ein *overruling* betonen das *distinguishing* und die *analogy* somit das dynamische Moment des Fallrechtsdenkens.

1348 Da diese Methoden jedoch anders als ein *overruling* nicht zu einer formalen Aufhebung des Präjudizes führen, sondern nur seine Wirkungsbreite interpretieren und kon-

---

90 Zu weiteren Einzelheiten siehe *Hager* (Fn. 3), 4/49 ff. sowie a.a.O., 4/244 ff. zu der denkbaren Kompromisslinie eines „prospective overruling", bei dem die *ratio decidendi* zwar für die Zukunft geändert wird, Altfälle aber noch nach Maßgabe des aufgehobenen Präjudizes beurteilt werden.
91 Siehe *Zander* (Fn. 56), S. 284: „The question is always the same – are there any material differences between the facts of the present case and the facts of the precedents to warrant the rule being different?"
92 Überblick bei *Eisenberg* (1988, Fn. 74), S. 70 ff.
93 *Gardner*, Some Types of Law, in: Edlin (Hrsg.), Common Law Theory, 2007, S. 51–77 (71); *Jaffe* (Fn. 5), S. 74; *Maultzsch* (Fn. 22), S. 27.

kretisieren, gelten die oben geschilderten restriktiven, das heißt instanzenbezogenen und inhaltlichen, Voraussetzungen eines *overruling* für das *distinguishing* und die *analogy* nicht. So steht es beispielsweise auch dem Court of Appeal frei, ein Präjudiz des UK Supreme Court im Wege des *distinguishing* nicht auf einen neuen Fall zu übertragen, der ähnlich, aber nicht identisch wie der zuvor durch den UK Supreme Court entschiedene Sachverhalt gelagert ist. Dabei kann die Richtigkeit dieser Differenzierung selbstverständlich ihrerseits durch ein Rechtsmittel zum UK Supreme Court überprüft werden. Umgekehrt mag es auch für den UK Supreme Court als höchste Rechtsprechungsinstanz von Interesse sein, ein eigenes früheres Präjudiz bzw. ein Präjudiz des House of Lords als seinem Vorgänger bereits aufgrund eines *distinguishing* in einer neuen Sachverhaltskonstellation unangewendet zu lassen. Denn soweit dies vertretbar erscheint, wird ein *overruling* des Präjudizes entbehrlich, das nach dem oben Gesagten nur unter sehr engen Voraussetzungen in Betracht kommt[94] und ein methodisch wesentlich einschneidenderes Mittel darstellt als ein *distinguishing*.

b) Rechtsprechungsbeispiel: Zurechenbarkeit von Schockschäden

Ein gutes **Beispiel** dafür, wie die Techniken der *analogy* und des *distinguishing* zu einer dynamischen Fortentwicklung des Präjudizienbestandes eingesetzt werden können, bildet die **Rechtsprechung zur Ersatzfähigkeit fahrlässig verursachter Schockschäden**. Diese Rechtsprechung hat sich wiederum im Rahmen des *tort of negligence* entwickelt und betrifft Konstellationen, in denen der Schädiger einen Unfall verursacht, woraufhin eine Person, die selbst durch den Unfall physisch nicht verletzt wird, einen Schockschaden erleidet und für diesen Schaden einen Ersatz, in der Regel ein Schmerzensgeld, fordert. Die Konturen der Rechtsprechung zu dieser Frage wurden getreu dem Grundansatz des *case law*, Rechtsfragen nicht abstrakt, sondern fallbezogen zu lösen, nicht im Rahmen einer einzigen Entscheidung entwickelt, sondern in einer Kette von Urteilen, die sich jeweils mit unterschiedlichen Detailkonstellationen der Schockschadensfälle auseinandergesetzt und auf diesem Wege die maßgeblichen *rationes decidendi* herausgearbeitet und konkretisiert haben.[95]

Die ursprünglichen Urteile, in denen eine Haftung für Schockschäden aus dem *tort of negligence* bejaht wurde, betrafen dabei Sachverhalte, in denen sich die Person, die einen Schock erlitt, unmittelbar in der Gefahrenzone des Unfalls („*zone of danger*") befand, in denen also die psychisch vermittelte Schädigung die Folge einer unmittelbaren physischen Gefahr war.[96] In der wichtigen Entscheidung *McLoughlin v. O'Brian and Others*[97] aus dem Jahr 1983 stellte sich nun die Frage, ob eine Zurechnung des Schockschadens zu dem pflichtwidrigen Verhalten des Unfallverursachers und damit eine Haftung auch in einem Fall in Betracht kommt, in dem der Schock nicht aus Sorge um die eigene physische Sicherheit eintritt, sondern dadurch, dass der Geschädigte ein naher Angehöriger eines Unfallopfers ist und von dem Unglück erfährt. So hatte in dem zugrundeliegenden Sachverhalt die Klägerin etwa zwei Stunden später erfahren, dass ihr Ehemann mit den gemeinsamen Kindern in einen durch den Beklagten fahrlässig verursachten Unfall verwickelt worden war. Im Krankenhaus wurde sie

1349

1350

---

94 Siehe oben IV. 1. c).
95 Näher zu dieser Rechtsprechungskette *Hager* (Fn. 3), 3/31 ff. und *Manchester/Salter* (Fn. 58), 15–001 ff.
96 Vgl. *Dulieu v. White & Sons*, [1910] 2 K.B. 669 sowie *Bourhill v. Young*, [1943] A.C. 92 (in dieser Entscheidung verneinte das House of Lords eine Haftung mangels Aufenthalts der Klägerin in der *zone of danger*).
97 [1983] 1 A.C. 410.

über den Tod einer ihrer Töchter informiert, hörte die beiden anderen Kinder vor Schmerzen schreien und sah ihren Ehemann in einem apathischen und verzweifelten Zustand, woraufhin sie einen schweren Schock erlitt, für den sie mit ihrer Klage Ersatz verlangte. Die Zurechnung dieses Schockschadens gegenüber dem Unfallverursacher und damit eine Bejahung der Haftung konnten nicht im Wege einer unmittelbaren Anwendung der vorliegenden Präjudizien erfolgen, da diese, wie dargelegt, eine Haftung in Fällen betrafen, in denen sich der Schockgeschädigte selbst in der Gefahrenzone aufgehalten hatte. Es kam jedoch eine Ausdehnung der bestehenden Präjudizien und damit eine Bejahung der Haftung im Wege einer *analogy* in Betracht, wenn der Fall einer zeitnahen Konfrontation mit der Tötung bzw. Verletzung eines nahen Angehörigen als schockauslösendes Moment wertungsmäßig mit der Konstellation eines eigenen Aufenthalts in der *zone of danger* vergleichbar war. Im Ergebnis wurden diese Frage und damit die Haftung in *McLoughlin* durch alle fünf entscheidenden Richter des House of Lords bejaht, wenngleich die einzelnen Richter durchaus unterschiedliche Begründungslinien für ihr jeweiliges Votum einschlugen.[98] Zentraler Gedanke des Urteils war dabei, dass der Schockschaden eines Dritten für den Unfallverursacher nicht nur dann „*reasonable foreseeable*" (vernünftigerweise vorhersehbar) und diesem damit zurechenbar ist, wenn der Geschädigte selbst gefährdet ist, sondern auch dann, wenn der Schock aus einer zeitnah nach dem Unfall eintretenden und handgreiflich erlebten Sorge oder Trauer um nahe Angehörige resultiert. Die präjudiziell bereits entschiedene und die neue Fallkonstellation waren somit wertungsmäßig gleich zu behandeln, was eine Ausdehnung der haftungstragenden *ratio decidendi* gebot.

1351 Die umgekehrte Technik, nämlich ein *distinguishing*, wurde dann in dem nachfolgenden Fall *Alcock v. Chief Constable of South Yorkshire*[99] aus dem Jahr 1992 angewandt. Hier ging es um einen Fall, in dem in einem Fußballstadion aufgrund einer Massenpanik zahlreiche Menschen getötet wurden. Angehörige einzelner Getöteter hatten die Panik im Fernsehen verfolgt und daraufhin Schocks erlitten, für die sie von der für die Panik verantwortlichen Behörde nun Schadensersatz forderten. In diesem Fall verneinte das House of Lords jedoch eine Haftung, da die Art der Verursachung des Schockschadens in *Alcock* nicht mit derjenigen in *McLoughlin* vergleichbar und somit ein *distinguishing* geboten sei. Denn anders als die Klägerin in *McLoughlin* hätten die Kläger in *Alcock* das Leid ihrer Angehörigen nicht in zeitlicher Nähe zu dem Unfall unmittelbar erlebt, sondern über das Medium des Fernsehens, das zudem nur die Massenpanik als solche und nicht das Schicksal einzelner Stadionbesucher offenbarte.[100] Daher wurde die haftungsauslösende Zurechenbarkeit des Schockschadens im Fall *Alcock* aufgrund eines *distinguishing* gegenüber der *ratio decidendi* aus *McLoughlin* verneint.

V. Neuere Entwicklungen: „The Search for Principle"

1352 Wurde vorstehend das enge Wechselspiel zwischen der Entscheidung konkreter Lebenssachverhalte und der dabei erfolgenden Herausbildung allgemeingültiger Rechtsregeln (*rationes decidendi*) als Wesensmerkmal des englischen *case law* hervorgehoben, sollte gleichwohl nicht übersehen werden, dass sich auch in der englischen Rechtsmethodik zunehmend das Bestreben zeigt, wichtige Rechtsfragen nicht mehr

---

98 Siehe hierzu *Maultzsch* (Fn. 22), S. 156 f., 166 ff.
99 [1992] 1 A.C. 310.
100 Siehe *Alcock v. Chief Constable of South Yorkshire*, [1992] 1 A.C. 310, 398, per Lord Keith.

ausschließlich im Wege fallbezogener „kleiner Schritte" und langer Entscheidungsketten herauszubilden. Vielmehr nimmt die Rechtsprechung zunehmend ein Bedürfnis an, solche Rechtsfragen in einer **stärker abstrakt-systematisierenden Weise** zu klären.[101] Eine wichtige Grundlage hierfür bildet die Einsicht, dass Präjudizien im *common law* immer weniger im Sinne des Verständnisses des 19. Jahrhunderts als bloße autoritative Festlegungen begriffen werden können, die eine Summe von Regeln bilden, sondern vielmehr als Ausdruck rationaler Rechtsprinzipien verstanden werden müssen, die mit einem Systematisierungsanspruch verbunden sind.[102] Hierdurch fließen in das englische *case law* Elemente ein, die traditionellerweise eher dem kontinentaleuropäischen Recht mit seinem wissenschaftlich-systematischen Anspruch zugeschrieben werden. Aus institutioneller Sicht wird dies durch die Beobachtung flankiert, dass die Richter und Richterinnen des UK Supreme Court zunehmend einen – informellen – Prozess der **Spezialisierung auf bestimmte Rechtsmaterien** durchlaufen, in denen sie sodann die Rechtsprechung des Gerichts maßgeblich prägen.[103] Schließlich gewinnt am obersten englischen Gericht seit einigen Jahren die Praxis an Bedeutung, auch zivilrechtliche Urteile nicht mehr als eigenständige *seriatim opinions* der einzelnen Richter und Richterinnen,[104] sondern möglichst als **einheitliches Urteil** (sog. *joint judgment* oder *single judgment*) abzufassen, um hierdurch eine stärkere Lenkungswirkung für die zukünftige Rechtsentwicklung zu entfalten.[105] Auch dies steht im Einklang mit einem stärker systematisch orientierten Rechtsprechungsverständnis. Vor diesem Hintergrund konstatieren Beobachter eine Weiterentwicklung der Diskussions- und Entscheidungskultur in der englischen Rechtsprechung, die in der Suche nach umfassend „richtiger" Rechtserkenntnis über das klassische *case law*-Denken hinausgeht.[106]

Eine deutliche Beschleunigung hat diese Neuausrichtung durch die langjährige, wenn auch mittlerweile infolge des sog. Brexits beendete, Einbindung des englischen Rechts in die **Europäische Union** und durch die Prägewirkung der **Europäischen Menschenrechtskonvention** (EMRK) erfahren. Im Rahmen dieser, in ihrem Kern durch das kontinentaleuropäische Rechtsdenken geprägten, Systeme sah bzw. sieht sich die englische Rechtsprechung nicht selten gehalten, den Modus einer schrittweisen, fallorientierten Regelbildung zugunsten eines abstrakt-rationalen Anspruchs aufzugeben.[107] Nicht immer ist dies aus Sicht der englischen Richterschaft mit Sympathie begleitet worden. So hat beispielsweise Lord Denning das Europarecht kurz nach dem Beitritt des Vereinigten Königreichs zur damaligen Europäischen Wirtschaftsgemeinschaft (EWG) mit einer „hereinbrechenden Flut" (*incoming tide*) verglichen.[108]

1353

Aber auch jenseits des europarechtlichen Bezugsrahmens mehren sich in England seit einiger Zeit höchstrichterliche Urteile, welche die Lösung für wichtige Rechtsfragen nicht mehr maßgeblich aus der Auseinandersetzung mit einer kontinuierlichen Reihe

1354

---

101 Im Überblick *Maultzsch*, Wandlungen des englischen Rechtsprechungsstils, in: Maultzsch (Hrsg.), Fuchs oder Igel? – Fall und System in Recht und Wissenschaft, 2014, S. 53–67, (58 ff.).
102 Hierzu vor allem *Allen* (Fn. 1), S. 285 ff.; *Dworkin*, Law's Empire, 1986, S. 240 ff.; *Eisenberg* (1988, Fn. 74), S. 64 ff., 76 ff. und 83 ff.
103 Eingehend hierzu *Hanretty* (Fn. 30), insbesondere S. 109 ff.
104 Hierzu oben unter III.
105 Zu dieser Entwicklung und dem hiermit verbundenen Prozess der Urteilsdiskussion und -vorbereitung *Lee* (Fn. 30), S. 91 ff. und *Reed* (Fn. 31), S. 30 ff.
106 Hierzu *Paterson*, Decision-Making in the UK's Top Court, [2014] Cambridge J. Int'l & Comp. L. 77–99.
107 Näher *Maultzsch* (Fn. 22), S. 179 ff.
108 *H. P. Bulmer Ltd. and Another v. J. Bollinger S.A. and Others*, [1974] Ch. 401, 418, per Lord Denning M.R. Siehe auch *Arnull*, Keeping Their Heads Above Water? European Law in the House of Lords, in: Lee (Hrsg.), From House of Lords to Supreme Court, 2011, S. 129–148.

konkreter Fallkonstellationen entwickeln, sondern diese Rechtsfragen im Rahmen stark systematisierender, nahezu lehrbuchartiger Erwägungen abhandeln. Beispiele hierfür bilden die Ausführungen von Lord Goff zur Haftung für Schädigungen unter Grundstücksnachbarn in der Entscheidung *Cambridge Water Co. v. Eastern Counties Leather Plc.*,[109] die Ausführungen Lord Browne-Wilkinsons zum Rechtsinstitut „*undue influence*" in *Barclays Bank Plc. v. O'Brien and Another*[110] oder auch die Darlegungen von Lord Hoffmann zu vermögensschädigenden Delikten (*economic torts*) im Fall *OBG Limited*.[111] In derartigen Urteilen zeigt sich ein **Perspektivenwechsel** im Modus der richterlichen Regelbildung, der die konkrete Fallbetrachtung in den Hintergrund treten und eine stärkere Systemorientierung erkennen lässt. Mit anderen Worten wird das englische *case law* zunehmend von einer „Suche nach Prinzipien", einer „*search for principle*",[112] beherrscht. Obwohl diese Neuausrichtung durchaus bedeutsam erscheint, sollten ihre konkreten Auswirkungen allerdings auch nicht überschätzt werden. Denn eine präjudizielle Kraft im engeren Sinne kommt weiterhin nicht den rein abstrakt-systematisierenden Ausführungen in Urteilen zu, sondern nur den jeweiligen *rationes decidendi* als den rechtlichen Regeln, die in der Auseinandersetzung mit einer konkreten Fallkonstellation herausgearbeitet wurden.[113]

VI. Fazit

1355   Die englische *case law*-Methodik kann auf eine lange Tradition zurückblicken, die in ihrem Ausgangspunkt mehr prozessual-praktisch als systematisch-wissenschaftlich orientiert ist. Vor diesem Hintergrund zeichnet sich das *case law* durch eine spezifische Stilistik aus, deren Kern eine enge Verknüpfung zwischen den jeweils zu entscheidenden Sachverhaltskonstellationen und den herausgearbeiteten rechtlichen Regelungen bildet. Erst dieses Wechselspiel zwischen Fall und Rechtsregel gestattet typischerweise die Konturierung von *rationes decidendi* als den präjudiziell verbindlichen Festlegungen. Verleiht die Präjudizienbindung dem Fallrechtssystem einerseits die notwendige Stabilität, so stellen andererseits die Techniken des *distinguishing* und der *analogy* sowie die unter exzeptionellen Umständen gegebene Befugnis zum *overruling* eines eigenen Präjudizes die erforderliche Flexibilität und Dynamik sicher. Neben diese klassischen Eckpfeiler des englischen *case law* tritt in jüngerer Zeit allerdings auch ein Trend zu einer stärker systematisierenden Behandlung von Rechtsfragen durch die obersten Gerichte, der zu einer gewissen Annäherung an die kontinentaleuropäische Rechtsmethodik führt.

VII. Literatur

Die zentralen **historischen Grundlagen** des englischen case law vermitteln

Baker, John H., An Introduction to English Legal History, 5. Aufl. 2019 (S. 3–237);
Dawson, John P., The Oracles of the Law, 1968 (S. 1–99)

---

109   [1994] 2 A.C. 264, 297 ff.
110   [1994] 1 A.C. 180, 189 ff.
111   [2008] 1 A.C. 1, 18 ff.
112   So der Titel der Festschrift zu Ehren von Lord Goff: Swadling/Jones (Hrsg.), The Search for Principle: Essays in Honour of Lord Goff of Chieveley, 1999.
113   Siehe *Jolowicz* (Fn. 20), S. 291 f. und *Maultzsch* (Fn. 22), S. 158 f.

sowie im Überblick

Kischel, Uwe, Rechtsvergleichung, 2015 (§ 5 Rn. 54–129) und
Zweigert, Konrad/Kötz, Hein, Einführung in die Rechtsvergleichung, 3. Aufl. 1996 (S. 177–214).

Als wichtige **methodische Literatur** sind vor allem

Cross, Rupert/Harris, J. W., Precedent in English Law, 4. Aufl. 1991;
Eisenberg, Melvin A., The Nature of the Common Law, 1988;
Hager, Günter, Rechtsmethoden in Europa, 2009 (Kapitel 3, Rn. 2–77 und Kapitel 4, Rn. 89–164);
Manchester, Colin/Salter, David, Exploring the Law, 4. Aufl. 2011;
Zander, Michael, The Law-Making Process, 8. Aufl. 2020 (S. 229–438)

sowie die Beiträge in

Goldstein, Laurence (Hrsg.), Precedent in Law, 1987

zu nennen.

Zu neueren Entwicklungen in der englischen Rechtsprechungsstilistik und der institutionellen Struktur des UK Supreme Court

Lee, James, The United Kingdom Supreme Court: A Study in Judicial Reform, in: Guinchard/Granger (Hrsg.), The New EU Judiciary, 2018, S. 77–98;
Maultzsch, Felix, Wandlungen des englischen Rechtsprechungsstils, in: Maultzsch (Hrsg.), Fuchs oder Igel? – Fall und System in Recht und Wissenschaft, 2014, S. 53–67 und
Paterson, Alan, Decision-Making in the UK's Top Court, [2014] Cambridge J. Int'l & Comp. L. 77–99.

VIII. Anhang: Beispiel eines englischen Urteils

Das nachfolgend abgedruckte Urteil des Court of Appeal betrifft eine schadensersatzrechtliche Problematik, nämlich die Kompensationsfähigkeit sog. Affektionsinteressen des Gläubigers bei Vertragsverletzungen. Die hiermit verbundenen inhaltlichen Fragen hat der Autor an anderer Stelle aus rechtsvergleichender Sicht aufgegriffen.[114] Der hier erfolgende Abdruck dient demgegenüber dem Ziel, dem Leser den Aufbau und den Duktus eines englischen Gerichtsurteils möglichst anschaulich vor Augen zu führen. Einige zentrale Elemente werden dabei in Fußnotenanmerkungen erläutert.

1356

Ruxley Electronics and Construction Ltd. v. Forsyth [115]

Court of Appeal[116]

[1994] 1 W.L.R. 650[117]

Dillon, Staughton, and Mann L.JJ.[118]

1993 Nov. 19; Dec. 16

Damages—Contract—Breach—Contract to construct swimming pool of specified depth for diving—Completed pool not of specified depth—Defective construction not

---

114 *Maultzsch*, Der Schutz von Affektionsinteressen bei Leistungsstörungen im englischen und deutschen Recht, JZ 2010, 937–945.
115 Bezeichnung der Parteinamen getrennt durch „v." für das lateinische *versus* („gegen").
116 Bezeichnung des entscheidenden Gerichts, hier des Court of Appeal als erster Rechtsmittelinstanz.
117 Bezeichnung der Fundstelle des Urteils, hier in der Zeitschrift „Weekly Law Reports".
118 Auflistung der an der Entscheidung beteiligten Richter. L.J. steht für „Lord Justice of Appeal". Werden (wie hier) mehrere Richter genannt, findet das Kürzel L.JJ. Anwendung.

preventing diving or affecting value of property—Whether cost of rectifying defect recoverable[119]

The two plaintiffs in the consolidated actions contracted to build, respectively, a swimming pool and its enclosure for the defendant in his garden. The contract specified that the pool should have a diving area 7 feet 6 inches deep. On completion the pool was suitable for diving but the diving area was only 6 feet deep. However, there was no adverse effect on the value of the property. The estimated cost of rebuilding the pool to the specified depth was £21,560. The judge gave judgment for the plaintiffs on their claims for the outstanding balance of the contractual price, but, except for awarding the defendant £2,500 for loss of amenity, dismissed his counterclaim for breach of contract.[120]

On the defendant's appeal:[121] —

Held, allowing the appeal (Dillon L.J. dissenting), that the defendant's loss as a result of the breach of contract was the amount required to place him in the same position as he would be in if the contract had been performed; that, on the facts, that loss was the cost of rebuilding the pool, even if the shortfall in depth had no effect on the value of the property; and that, accordingly, the defendant was entitled to recover the estimated cost of the rectification, whether or not rectification was to be carried out [...].[122]

[...]

Per Dillon L.J. The plaintiff has no absolute right to be awarded the cost of reinstatement. There is no reason why, if there has been no loss in value, he should automatically become entitled to the cost of reinstatement, however high [...].[123]

The following cases are referred to in the judgments:[124]

[...]

The following additional cases were cited in argument:[125]

[...]

APPEAL from Judge Diamond Q.C. sitting at Central London County Court.[126]

By an order dated 13 July 1993 Judge Diamond Q.C., sitting at Central London County Court, ordered that there be judgment for the plaintiff, Ruxley Electronics and Construction Ltd., for £3,903.73, and for the plaintiff, Laddingford Enclosures Ltd., for £36,874.40, against the defendant, Stephen Forsyth, in two consolidated actions in which the plaintiffs claimed the outstanding balance of the price of a swimming pool and its enclosure.

By a notice of appeal dated 9 August 1993 the defendant appealed on the grounds that the judge was wrong not to award the defendant damages on his counterclaim,

---

119 Schlagwortartige Zusammenfassung der behandelten Rechtsfragen.
120 Knappe Zusammenfassung des Sachverhalts und der bisherigen Prozessgeschichte.
121 Angabe, dass die Entscheidung aufgrund eines Rechtsmittels des Beklagten des Ausgangsverfahrens (*defendant*) ergeht.
122 Knappe Zusammenfassung der Entscheidung der Richtermehrheit.
123 Knappe Zusammenfassung der abweichenden Auffassung (*dissenting opinion*) des Richters Dillon.
124 Auflistung aller Präjudizien, auf die in dem Urteil Bezug genommen wird (vom Abdruck der Liste wird hier abgesehen).
125 Auflistung aller weiteren Präjudizien, auf welche die Parteivertreter Bezug genommen haben (vom Abdruck wird hier abgesehen).
126 Bezeichnung des erstinstanzlich entscheidenden Richters und Gerichts.

or deduct a sum from the contract price, to reflect the cost of reconstruction of the swimming pool to make it deeper in order to conform to the contractual specification; and the judge's assessment of general damages for the shortfall in the depth of the pool at £2,500 was manifestly too low if the defendant was to receive no other compensation for the breach of contract.

The facts are stated in the judgment of Staughton L.J.[127]

William Batstone for the defendant.

Bryan McGuire for the plaintiffs.[128]

Cur. adv. vult.[129]

16 December. The following judgments were handed down.[130]

STAUGHTON L.J.[131] In 1987 Mr. Forsyth lived in a house near Cranbrook in Kent. He wished to have a swimming pool in the garden. So he obtained quotations from two companies, Ruxley Electronics and Construction Ltd. and Laddingford Enclosures Ltd. One was for the pool itself, from Ruxley; the other was for a building to enclose it, largely of transparent material, from Laddingford. Both those companies were controlled and substantially owned by Mr. Philip Hall. The contract for the pool was concluded by 4 June 1987 in the sum of £38,564.77 with extras. There have been sums paid on account and agreed credits, after which Ruxley sue in this action for the balance of the price amounting to £9,113.38. It was an express term of the contract that the maximum depth of water should be 7 feet 6 inches. The contract for the enclosure was concluded on 14 October 1987 for the sum of £31,613.97. After certain agreed credits the balance claimed in the action is £29,959.47.

The progress of the works was anything but smooth. When the pool was first completed by subcontractors whom Ruxley had engaged, a crack appeared across the bottom of it. It appeared that this was caused by defective reinforcement of the concrete. Eventually Mr. Hall agreed that the existing pool would be renewed and replaced with a completely new pool, free of charge. That work was finished around the end of June 1988. Various defects were asserted by Mr. Forsyth, such as water leaks from pipework and fittings and the absence of a main drain at the bottom. Some but not all were remedied. There were also defects alleged in the enclosure. Then in March 1989 Mr. Forsyth, who had not previously spent a great deal of time at the house, discovered that the maximum depth of water in the pool was not 7 feet 6 inches but only 6 feet 9 inches. What is more, that maximum was exactly at one end of the pool. For diving purposes the desired depth should not be at the end, since nobody dives vertically at that point, but some 6 to 7 feet away from the end. In Mr. Forsyth's pool the maximum depth, where it was most needed, was only 6 feet.

The contract for the pool, as originally written, had been amended, following a conversation between Mr. Forsyth and Mr. Hall. Mr. Forsyth had asked for an increase in the maximum depth to 7 feet 6 inches, saying that he was a big man and would

---

127 Bezugnahme auf das weiter unten folgende Votum des Richters Staughton für Einzelheiten des Sachverhalts.
128 Bezeichnung der Parteivertreter.
129 *Curiam advisari vult* (lat.): „Das Gericht will die Sache bedenken (wörtlich: will beraten werden)."
130 Überleitung zu den Voten der beteiligten Richter.
131 Votum des Richters Staughton, das die maßgeblichen Erwägungen der Mehrheitsauffassung und vorab den Sachverhalt des Rechtsstreits sowie Auszüge aus der bisherigen Prozessgeschichte darlegt.

feel safer when diving and more comfortable with a greater depth of water. Since diving was mentioned as the reason for the increase, clearly the depth required should have been provided at a place where diving was practicable. It is now accepted that the failure to provide the required depth was a breach of contract on the part of Ruxley. But at the trial before the judge Mr. Forsyth on his counterclaim recovered no damages for that breach, save only for the sum of £2,500, which the judge described as general damages for the loss of pleasure and amenity he had suffered and would continue to suffer by reason of the lack of depth.

There were many other issues at the trial. In the end the judge, after setting items in the counterclaim which succeeded against the balance of the contractual price to the extent that it was found to be due, gave judgment for Ruxley against Mr. Forsyth (£2,568.38), and for Laddingford against Mr. Forsyth (£24,917.37). There was also an award of interest, which was roughly equal to 50 per cent. of the principal sums, and costs.

Mr. Forsyth at first appealed on a number of grounds. But he now pursues only two points. First, it is said that there should have been a substantial sum awarded as special damages in respect of the breach in providing less than the required depth of water. Secondly, the general damages of £2,500 should have been larger.

What was the effect of the reduced depth of water? This was dealt with by the judge with great clarity as follows:

> "the pool as constructed is perfectly safe to dive into. A depth of 6 feet is adequate even for a beginner and there is an adequate area of 6 feet depth extending about 7 feet out from the deep end wall. The I.B.R.M. (Institute of Baths and Recreational Management) handbook states that diving should not be permitted into water with a vertical depth of less than 5 feet. There was, of course, a greater depth of water than this for quite a reasonable part of the deep end of the pool. The I.B.R.M. handbook is directed to supervised dives in public pools. Flat racing dives can, of course, be made in shallower water. Much depends on the skill of the diver.
>
> "There was much discussion at the trial as to whether, if the contractual depth of water had been provided, this would have enabled a diving board to be fitted. If the contract had required the fitting of a diving board, then a contractor such as Ruxley, which was a member of S.P.A.T.A. (the Swimming Pool and Allied Trades Association) would have been obliged under the rules of that association to follow the dimensions for a 'cage of safety' as set out in the S.P.A.T.A. standards, and the precise dimensions of the cage of safety would have depended on the type and height of the diving board to be provided. The pool as contracted for did not include, as I have said, any provision for a diving board. It contemplated that any diving would be from the side of the pool. In these circumstances there was no contractual requirement to provide a S.P.A.T.A. cage of safety for two reasons: first, because the contract did not make any reference at all to S.P.A.T.A. standards; secondly, because in my judgment the cage of safety dimensions only apply to pools fitted with diving boards.
>
> "The question, however, remains, in so far as it is relevant, whether the shortfall in the depth of water has had any impact on the ability of Mr. Forsyth or another owner of the pool to fit a diving board in the future should he desire to do so. As far as Mr. Forsyth is concerned I do not consider that he has formed any intention or wish to fit a diving board, or is likely to do so in the future, and the question is, I think, wholly or mainly

academic. The position, however, as it seems to me, is that with the pool as built no contractor who is a member of S.P.A.T.A. will be willing to fit a diving board and the inference must be that it would not be safe to do so. If, on the other hand, the pool had been built with a maximum depth of 7 feet 6 inches of water at a point 6 to 7 feet out from the deep end wall, then Mr. Braid's drawing and the S.P.A.T.A. dimensions show that it would probably have been safe to fit a 0.5 metre semi-rigid diving board at the deep end.

"I return in the light of these findings to the significance in the shortfall in the depth of water. The only real significance, as it seems to me, is that pool users are confined to shallower dives from the side of the pool of not more than 6 feet in depth. One might add that perhaps nervous or unskilled divers may not have the comfort of knowing that there is a greater depth of water. If deeper dives are made from the deep end wall, then the diver could come into contact with the upward slope of the pool floor. Mr. Forsyth told me that he dived on one occasion in February 1989 and did not feel safe. It is, I think, a perfectly reasonable requirement to wish to make deeper dives or to have a greater depth of water and one can sympathise with any pool owner who makes a legitimate request for a specified depth of water and does not get the depth he contracted for. There is, accordingly, a lack of amenity brought about by the shortfall in the depth of water, but this lack of amenity is not easy to quantify. I do not accept, however, that the breach of contract has deprived Mr. Forsyth of the opportunity to fit a diving board since, as I said before, I do not think that he has ever formed any desire to fit one or would be likely to do so in the future."

Mr. McGuire, on behalf of Ruxley, submits that the pool as contracted for would not have allowed a diving board. But the judge found otherwise, and it has not been demonstrated that his conclusion was wrong.

What then were the financial consequences? One view advanced is that the court should take the difference in value of the pool as built and the pool as contracted for. On that topic the judge said:

"Finally, there was no evidence before me that the shortfall in the depth has decreased the value of the pool and [the plaintiffs' expert] gave evidence that the value of the pool would be the same whether the maximum water depth was 7 feet 6 inches or the present depth. Consequently, it would not be right for me to attach weight to the possibility that if a 7 feet 6 inches maximum depth of water had been provided a prospective future owner of the pool might wish to fit a diving board."

I am slightly surprised by that finding as I would have expected there to be some difference in value that was not insignificant. But there is no material to fault the judge's conclusion, nor is it now challenged.

Alternatively, there is the cost of rectification. One method would be to break out the bottom of the pool and make it deeper. That would cost £5,000 to £10,000. But the judge seems to have accepted the evidence that joining new concrete to old in the construction of a swimming pool is unacceptable. The only other possible course considered at the trial was the removal of the pool, further excavation, and the construction of a new pool. That would have cost £21,560. The judge held that, in order to recover such a sum, Mr. Forsyth must show that he intended to carry out reinstatement work and that it was reasonable to do so. As to that the judge said:

> "not only am I not satisfied that Mr. Forsyth intends to build a new pool at a cost of £21,560, but in addition it seems to me that this cost would be wholly disproportionate to the disadvantage of having a pool whose maximum depth is 6 feet as opposed to 7 feet 6 inches. In those circumstances I find that it would be unreasonable for Mr. Forsyth to carry out this work at such a cost."

The judge did, however, award £2,500 as general damages for loss of amenity.

In any case of damage to a building or a chattel, or of breach of contract whereby it does not have the characteristics specified, there are potentially two available methods of measuring the loss. In each case, the object is to place the injured party in the same position as if the contract had been performed, or no wrong done to him, in so far as money can achieve that result. The two methods are (i) the difference in value and (ii) the cost of restoration.

The difference in value method is available, and will often be appropriate, when the building or chattel which has been damaged, or which does not answer to the contract, is of a kind that is commonly available. In such a case the cheapest way to make good the loss will often be to sell the building or chattel in question and buy another which, as the case may be, is not damaged or does answer the specification in the contract. The difference in value method seeks to reflect the financial consequences of such a notional transaction. Hence the rules as to damages when there is a contract for the sale of a marketable commodity. I say that the transaction is notional because the loser is not obliged to sell his building or chattel and purchase another; I have never heard it suggested that he is. He merely recovers damages measured on the loss that he would have suffered if he had done so. An example of the difference in value method in the context of the present case is *Munnelly v. Calcon Ltd.* [1978] I.R. 387. There an auctioneer carried on business at premises in Dublin. The building was damaged by his neighbour's negligence. It was held that he could not recover more than the difference in value, since there were plenty of other houses in Dublin which would suit him just as well.

By contrast, the difference in value method may be inadequate when the loser's building or chattel has some unique quality and so cannot be replaced. Thus, in *Hollebone v. Midhurst and Fernhurst Builders Ltd.* [1968] 1 Lloyd's Rep. 38, a house had been damaged by fire. Judge Norman Richards Q.C. said, at p. 39:

> "by reason of its size, its position, its features, its seclusion and the area in which it is located the property is properly termed unique or of a nature that comparable properties are few and far between, and come into the market so rarely that if Mr. and Mrs. Hollebone were to move it would have to be right out of the area and away from their local friends and acquaintances and they would have to start building up a local social life anew."

They received the cost of reinstatement, which was more than the difference in value before and after the fire. The same doctrine was applied to commercial premises destroyed by fire in *Harbutt's "Plasticine" Ltd. v. Wayne Tank and Pump Co. Ltd.* [1970] 1 Q.B. 447.

We have no evidence to show that Mr. Forsyth's house at Cranbrook is unique although, to judge from the photographs, it is unusual. Nor is there evidence that Mr. Forsyth has a particular need to live at Cranbrook rather than anywhere else that a similar house can be found with a proper swimming pool. So it might be thought that his claim is for the difference in value under *Munnelly's* case rather than the cost of rectification in accordance with *Hollebone's* case. But it is clear, and accepted by Mr. McGuire, that the cost of moving house alone must exceed the sum of £21,560 which would be needed to replace the swimming pool. By the time that Mr. Forsyth has paid estate agents, furniture movers and solicitors, and his furniture has suffered the wear and tear that a move inevitably entails, I am confident that it would be cheaper to rebuild the pool.

That, it may be thought, is enough to enable him to recover the cost of a new pool. But it is said that there are two further requirements before he can recover that, or any amount at all, as special damages for the pool's lack of depth. It is said that he must show at trial (1) that he intends to rebuild the pool and (2) that it is reasonable for him to do so. The judge did not believe him when he said that he had a definite intention to rebuild; and he found or held that it would not be reasonable to do so. I have some doubt as to whether either of those conclusions can be sustained. On point (1), why should Mr. Forsyth not have intended to rebuild if in law such an intention was essential to enable him to recover £21,560 and, perhaps, the costs of the action? What motive can there have been for him not to intend it? Disruption during rebuilding would surely be a small price to pay. Furthermore, he now offers to this court an undertaking that he will spend the money on rebuilding if it is awarded to him. I shall return to the facts on point (2) later.

There is a good deal of authority to support those two requirements: see *Keating on Building Contracts*, 5th ed. (1991), p. 202: the plaintiff in such a case has to show that he intends to carry out reinstatement and that it is reasonable to do so. To the same effect are *McGregor on Damages*, 15th ed. (1988), pp. 675–676, paras. 1091–1092 and dicta in *Imodco Ltd. v. Wimpey Major Projects Ltd. and Taylor Woodrow International Ltd.* (1987) 40 B.L.R. 1, 19, 25. In particular, Slade L.J. said, at p. 25, that the court "would in my judgment have to be satisfied that (a) [the appellants] actually intended to do the work, and (b) it was a reasonable thing for them to do. ..." There is also a dictum of Lord Griffiths in *Linden Gardens Trust Ltd. v. Lenesta Sludge Disposals Ltd.* [1994] A.C. 85, 97G, that "the court will ... wish to be satisfied that the repairs have been or are likely to be carried out." We were told that there was no argument on the point.

In *C. R. Taylor (Wholesale) Ltd. v. Hepworths Ltd.* [1977] 1 W.L.R. 659 the plaintiffs' billiard hall was destroyed by fire through the defendants' negligence. It was held that the plaintiffs could not recover the cost of rebuilding, or anything more than remedial and safety work that was immediately necessary. The facts were that the billiard hall had not been occupied for some years and its only potential was for redevelopment. The defendants had almost done the plaintiffs a favour by burning it down. It may be that the decision of May J. in that case was based on the absence of the two requirements I have mentioned, that the plaintiff should intend to reinstate and that it should be reasonable for him to do so. But for reasons that will appear later, I cannot believe that the actual intentions of the plaintiff are relevant. In my judgment the case was not one for the reinstatement measure of damages in the first place. There was nothing unique about the site which compelled reinstatement. The difference in value of the site before and after the fire was the appropriate measure of damages, plus the immediate expenses.

What a plaintiff does with his damages is not, in general, any concern of a defendant. If someone steals my watch I am not obliged to buy another before I can sue him in damages for conversion; nor need I intend to do so. I might, for example, decide to make do without a watch for the future and invest the damages in Premium Bonds instead. That is my choice and nothing to do with the defendant. Insurance companies sometimes resist paying claims until there has been replacement. They are entitled to take that line if the policy so provides, or the Fires Prevention (Metropolis) Act 1774 (14 Geo. 3, c. 78) applies, but not otherwise. Another example is to be found in *Daly v. General Steam Navigation Co. Ltd.* [1981] 1 W.L.R. 120, where a woman injured in an accident claimed damages based in part on the estimated cost of housekeeping assistance in the future. Bridge L.J., held, at p. 127, that she did not have to show a firm intention to employ a housekeeper. She could recover damages whether or not that was her intention. See, also, *Sealace Shipping Co. Ltd. v. Oceanvoice Ltd.* [1991] 1 Lloyd's Rep. 120, 123, by Neill L.J.

That was evidently the view taken by one member of this court in *Dean v. Ainley* [1987] 1 W.L.R. 1729. There the defendant agreed to sell a house to the plaintiff and to execute some damp-proofing works prior to completion. Evidently the topic of intention to repair was not essential to the decision, since two Lords Justices reached different conclusions and the third expressed no opinion. Glidewell L.J. considered that an intention by the plaintiff to carry out the work was an essential condition if he was to recover substantial damages; the plaintiff had given an undertaking to carry it out at the trial. Kerr L.J. thought that unneccessary, at pp. 1737–1738:

> "It would have made no difference if he had said that he intended to sell the property or that it was uncertain whether he would do so or not. Nor would it make any difference if, having recovered £7,500 on this appeal, he were now to change his mind and decide — for whatever reason — not to spend anything on the improvement of the cellar."

I am of the same opinion as Kerr L.J.

Mr. Forsyth has now offered an undertaking to renew the pool if he recovers damages based on the cost of doing so. But, in my judgment, that is unnecessary. There could be circumstances where that was not the appropriate measure of damages, for example, if the entire site were about to be developed as an industrial estate. The case would then be like *C. R. Taylor (Wholesale) Ltd. v. Hepworths Ltd.* [1977] 1 W.L.R. 659. But in general an intention to repair or reinstate is immaterial.

Next, I turn to the supposed requirement that it must be reasonable for the plaintiff to require the work to be done. The difficulty here is to determine the hypothesis upon which reasonableness is to be judged. Is the question whether a reasonable plaintiff would spend the money on repair or reinstatement, if that were a condition of his being paid damages by the defendant? In such a case the answer must almost invariably be "Yes," except perhaps when the building was due to be demolished, as in *C. R. Taylor (Wholesale) Ltd. v. Hepworths Ltd.* Or does one ask whether the plaintiff would do the work if he were spending his own money on it? Then the answer might depend on the pecuniosity — if there is such a word — of the plaintiff: a poor plaintiff would not do the work, a rich one would.

In my judgment the answer is to be found in the leading case of *Radford v. De Froberville* [1977] 1 W.L.R. 1262. There the defendant had agreed to build a wall on his land so as to divide it from the adjoining property of the plaintiff but had failed to do so. The diminution in value method would have produced only nominal damages. It was held that the plaintiff could recover the cost of building a wall on his own land. There is a great deal in the judgment of Oliver J. which is relevant to the present problem, and I must be somewhat selective. First, he quotes the general rule (stated by Parke B. in *Robinson v. Harman* (1848) 1 Ex. 850, 855), at p. 1268:

> "where a party sustains a loss by reason of a breach of contract, he is, so far as money can do it, to be placed in the same situation, with respect to damages, as if the contract had been performed."

Then he said, at p. 1270:

> "Now, it may be that, viewed objectively, it is not to the plaintiff's financial advantage to be supplied with the article or service which he has stipulated. It may be that another person might say that what the plaintiff has stipulated for will not serve his commercial interests so well as some other scheme or course of action. And that may be quite right. But that, surely, must be for the plaintiff to judge. Pacta sunt servanda. If he contracts for the supply of that which he thinks serves his interests — be they commercial, aesthetic or merely eccentric — then if that which is contracted for is not supplied by the other contracting party I do not see why, in principle, he should not be compensated by being provided with the cost of supplying it through someone else or in a different way, subject to the proviso, of course, that he is seeking compensation for a genuine loss and not merely using a technical breach to secure an uncovenanted profit."

Later he said, at p. 1272:

> "No doubt the measure of damages and the plaintiff's duty and ability to mitigate are logically distinct concepts (see for instance, the speech of Lord Wright in *Liesbosch (Dredger) v. S. S. Edison (Owners)* [1933] A.C. 449, 456–469). But to some extent, at least, they are mirror images, particularly in cases of damages for breach of contract: for the measure of damages can be, very frequently, arrived at only by postulating and answering the question, what can this particular plaintiff reasonably do to alleviate his loss …?"

He said, at p. 1283E, that there were three questions which he had to answer. The first was whether the plaintiff had a genuine and serious intention of doing the work; the second, whether it was a reasonable thing for the plaintiff to do; the third question was peculiar to that case and of no general application. In answer to the first question the judge mentioned that the plaintiff had offered an undertaking; furthermore, he does not appear to have regarded an intention by the plaintiff to do the work as an absolute requirement. He continued, at p. 1284E: "That brings me to the second question, which is really one of mitigation." It was submitted that a prefabricated fence would do just as well as a wall. He answered that

> "it was not what the plaintiff stipulated for and what, in effect, he paid for when he sold the plot. I know of no principle of damages which would dictate that a plaintiff who has stipulated for an article of a certain quality should be fobbed off with an inferior substitute merely because it is cheaper for a defendant who has broken his contract to

supply it… A plaintiff may be willing to accept a less expensive method of performance but I see nothing unreasonable in his wishing to adhere to the contract specification."

In the present case Mr. Forsyth has without question suffered a loss; he has a swimming pool which is less well suited to diving than the one he contracted for. What money will place him "in the same situation… as if the contract had been performed?" The answer, on the facts of this case, is the cost of replacing the pool. Otherwise a builder of swimming pools need never perform his contract. He can always argue that 5 feet in depth is enough for diving, even if the purchaser has stipulated for 6, 7 or 8 feet, and pay no damages. In my judgment the key lies in the proposition of Oliver J. that reasonableness is a matter of mitigation. It is unreasonable of a plaintiff to claim an expensive remedy if there is some cheaper alternative which would make good his loss. Thus he cannot claim the cost of reinstatement if the difference in value would make good his loss by enabling him to purchase the building or chattel that he requires elsewhere. But if there is no alternative course which will provide what he requires, or none which will cost less, he is entitled to the cost of repair or reinstatement even if that is very expensive. Suppose that I booked a hotel room in York during race week and the hotelier later told me that he was full and I could not come. It transpires that only one other hotel has room which is the local equivalent of the Ritz and very expensive. Otherwise I must go and stay in Manchester and will miss the first race. It is nothing to the point that a man spending his own money would rather miss one race than pay the cost of staying at the Ritz Hotel. Since there is no other alternative which will provide that which he has contracted for, he is entitled to incur that expense and charge it to the defendant.

In *Minscombe Properties Ltd. v. Sir Alfred McAlpine & Sons Ltd.* (1986) 2 Const. L. J. 303, 309, O'Connor L.J. said: "it may be unreasonable to insist on precise restoration where some other solution is equally effective and serviceable." That is not this case. We were told that the only case where a plaintiff's proposal has been held to be unreasonable is *George Stow & Co. Ltd. v. Walter Lawrence Construction Ltd.* (unreported), 6 August 1992.

I would therefore award £21,560 as damages to Mr. Forsyth against Ruxley to be deducted from the balance of the price. But I would set aside the existing award of £2,500 general damages which was the judge's compensation for loss of pleasure and amenity by reason of the lack of depth. That has now been dealt with.

We heard an interesting argument as to whether general damages were in any event properly awarded in this case. That was in answer to Mr. Forsyth's claim that the sum of £2,500 should be increased. As it is, the point does not arise and I say nothing about it.

Mann L.J.[132] I have had the advantage of reading in draft the judgment of Staughton L.J. and I gratefully adopt his statement of the facts which give rise to this appeal. Upon the facts two matters are to be observed. First, Mr. Forsyth did not secure that for which he had contracted, and, second, the pool was safe for diving. It is also to be observed that there was no finding to the effect that the shortage of depth had any effect upon the value of the estate.

---

[132] Votum des Richters Mann, das auf das Votum des Richters Staughton Bezug nimmt, mit diesem im Ergebnis übereinstimmt und einige zusätzliche Aspekte für die Entscheidung anführt.

The question is whether Mr. Forsyth has to be content with a sum for the loss of this amenity of diving into a 6 feet 9 inches pool rather than an entitlement to the cost of that for which he contracted, a 7 feet 6 inches pool. This simple question attracted interesting arguments which went to the foundation of the measure of damages for breach of contract. The foundation is found in the judgment of Parke B. in *Robinson v. Harman*, 1 Ex. 850, 855, where he said:

> "The rule of the common law is, that where a party sustains a loss by reason of a breach of contract, he is, so far as money can do it, to be placed in the same situation, with respect to damages, as if the contract had been performed."

This very general principle is shadowed by another, which is that the damages should reflect a reasonable culmination of the relationship which has occurred between the parties. Thus damages will not reflect an unreasonable failure to mitigate loss. However, here we are not concerned with any failure to mitigate but rather with disappointment at the unfulfilled bargain. Before the judge there was no intent to reconstruct the pool. Now an undertaking to rebuild has been given. I regard the gift as unimportant and unnecessary: see *Dean v. Ainley* [1987] 1 W.L.R. 1729, 1737H, by Kerr L.J. What a plaintiff intends to do, or does, with his damages is not material.

I think that this appeal is answered by Oliver J. in *Radford v. De Froberville* [1977] 1 W.L.R. 1262, 1270, when he said:

> "Pacta sunt servanda. If he contracts for the supply of that which he thinks serves his interests — be they commercial, aesthetic or merely eccentric — then if that which is contracted for is not supplied by the other contracting party I do not see why, in principle, he should not be compensated by being provided with the cost of supplying it through someone else or in a different way, subject to the proviso, of course, that he is seeking compensation for a genuine loss and not merely using a technical breach to secure an uncovenanted profit."

Mr. Forsyth did not secure what served his interests and for which he had bargained. The only way in which his interest can be served is by the construction of a new pool which I do not think is an unreasonable adventure. There can be instances where the cost of rectifying a failed project is not reasonable, as, for example, where no personal preference is served or where there is no preference and the value of the estate is undiminished. In my judgment this is not such a case. The bargain was for a personal preference. I would accordingly allow this appeal and award the sum of £21,560 against Ruxley. The award of general damages should consequently be set aside.

DILLON L.J.[133] Mr. Forsyth stipulated in his agreement with Mr. Hall that the pool to be constructed for him should have a maximum water depth of 7 feet 6 inches. But the pool as actually constructed has a maximum depth at its deepest point of only 6 feet 9 inches. Therefore Mr. Forsyth claims damages, and claims in particular the cost of making good the defect, i.e., providing a pool of the maximum depth of 7 feet 6 inches. But, on the judge's findings of fact which are not challenged, the only satisfactory way the defect can be made good would be to strip out the whole of the existing pool, excavate further to the required depth and then construct a completely new pool. The judge held that the cost of doing that would be £21,560, and Mr.

---

[133] *Dissenting opinion* des Richters Dillon, die von der Mehrheitsauffassung abweicht.

Forsyth accordingly claims that sum as damages instead of the mere £2,500 for loss of amenity which the judge awarded him.

Two other facts found by the judge must be mentioned. The first is that the pool as constructed is still deep enough to be perfectly safe to dive into. The second is that there was no evidence that the shortfall in the depth had decreased the value of the pool. On the contrary, the evidence which the judge accepted was that the value of the pool would be the same whether the maximum water depth was 7 feet 6 inches or the present depth. But Mr. Forsyth had given instructions which Mr. Hall accepted, that the depth should be 7 feet 6 inches, and at that stage, before work began, those were reasonable instructions.

The judge took the relevant law from a passage in *Keating on Building Contracts*, 5th ed., p. 202:

> "Where there has been substantial completion the measure of damages is the amount which the work is worth less by reason of the defects and omissions, and is normally calculated by the cost of making them good, i.e. the cost of reinstatement. The plaintiff, in such a case has to show that he intends to carry out reinstatement works and that it is reasonable to do so."

There are statements to a similar effect in *McGregor on Damages*, 15th ed. paras. 1091–1092. This formulation of the law was accepted by Glidewell and Slade L.JJ. in *Imodco Ltd. v. Wimpey Major Projects Ltd. and Taylor Woodrow International Ltd.*, 40 B.L.R. 1, 19, 25. The judge held in the present case that he was not satisfied that Mr. Forsyth intended to build a new pool at a cost of £21,560 if awarded that sum. That consideration, however, I lay on one side since in this court Mr. Forsyth has offered an undertaking to the court that he will carry out the work if awarded the money. The judge also held, however, that an award of £21,560 would be wholly disproportionate to the disadvantage of having a pool whose maximum depth is 6 feet at the relevant point, as opposed to 7 feet 6 inches, and that it would be unreasonable for Mr. Forsyth to carry out the work of replacing the existing one with a new, deeper, pool at such a cost. That is a crux of this appeal.

The requirement that it must be reasonable to carry out the works of reinstatement is derived in particular from the judgment of Oliver J. in *Radford v. De Froberville* [1977] 1 W.L.R. 1262, which has been approved in this court. In *Radford v. De Froberville*, however, the merits were the other way round. It was the defendant in default who was unreasonably asserting that the plaintiff would be adequately compensated by the cost of a prefabricated fence instead of the cost of constructing a brick wall which the defendant had agreed to build along the plaintiff's boundary. The plaintiff wanted to build the wall for which he had stipulated and it was reasonable that he should be awarded the money to enable him to do so.

It is submitted on the present appeal that the requirement that reinstatement should be reasonable if the cost of reinstatement is sought as damages only arises in the context of mitigation of damages. Therefore it is submitted that the requirement is irrelevant in the present case where there is no alternative course by way of mitigation and the choice is between full reinstatement at the cost of £21,560 and leaving Mr. Forsyth (subject to the judge's award of damages for loss of amenity) with the inferior pool which Mr. Hall, in breach of contract, constructed for him. It is, of course, true that reasonableness lies at the heart of the doctrine of mitigation of damages. But that is not, in my judgment, the only impact of the concept of reasonableness on the law of damages.

If the evidence had been that the value of the pool as constructed was less than the value of a pool with a depth of 7 feet 6 inches as contracted for, but that the loss of value was substantially less than the £21,560 cost of reinstatement, then, given the finding that the pool as constructed is still deep enough to be perfectly safe to dive into, the obvious course would have been to award Mr. Forsyth the loss of value. The basis of that would have been reasonableness. He has no absolute right to be awarded the cost of reinstatement. I see no reason, therefore, why if there has been no loss in value, he should automatically become entitled to the cost of reinstatement, however high. That would be a wholly unreasonable conclusion in law. Accordingly I agree with the judge's approach and would dismiss this appeal.

A possible parallel, which I mentioned in the course of the argument but could not then remember the name of the case or trace the reference, is the decision of the majority of this court in *Cotton v. Wallis* [1955] 1 W.L.R. 1168, where it was held that it was reasonable that a building owner should be required to accept results below the standard required by the building contract.

Appeal allowed with costs.[134]

Judge's order varied.[135]

Leave to appeal refused.[136]

---

[134] Angabe, dass dem Rechtsmittel mit entsprechender Kostenfolge stattgegeben wurde.
[135] Angabe, dass der Tenor des erstinstanzlichen Urteils abgeändert wurde.
[136] Versagung eines weiteren Rechtsmittels zum House of Lords. Dies schließt jedoch nicht aus, dass die unterlegene Partei die Zulassung eines solchen Rechtsmittels erneut und direkt bei dem obersten Gericht beantragt. Einem solchen Antrag wurde in dem konkreten Rechtsstreit auch stattgegeben, woraufhin das House of Lords abschließend über den Fall entschied und dabei von dem Urteil des Court of Appeal abwich; siehe dazu *Maultzsch* (Fn. 114), S. 939.

IV. Die Schlachtrufe im Methodenkampf – ein historischer Überblick

von Joachim Rückert[*]

Übersicht

I.	Mitreden – Schlachtrufe und Epochen	573
II.	Prinzipienjurisprudenz, nicht Begriffsjurisprudenz	579
III.	Freirecht und Interessenjurisprudenz	595
IV.	Freirechtsbewegung	596
V.	Interessenjurisprudenz	598
VI.	NS-Jurisprudenz	601
VII.	Wertungsjurisprudenzen nach 1945	605
VIII.	Kritisch-politische Jurisprudenz	614
IX.	Soziologische Jurisprudenz	618
X.	Ökonomische Analyse des Rechts und Institutionenökonomie	623
XI.	Abwägungsjurisprudenz	624
XII.	Argumentationsjurisprudenz	633
XIII.	Neuestes	637
XIV.	Die sog. europarechtliche Methode	640
XV.	Was zu merken bleibt und was stimmt	643
XVI.	Fallvergleich!	648
XVII.	Studium	649

„Die Geschichte der juristischen Methodenlehre führt hier, wie ich meine, weiter als die unhistorische moderne systematische Methodologie"[1] – das ist ebenso lapidar gesagt wie treffend. Wenn die einheitlichen Weltanschauungen zerfallen, wenn sie übergehen in einen allgemeinen normativen Pluralismus, dann verlieren die systematischen Erklärungen aus der Einheit eines Rechts an Erkenntniswert, die Systeme stürzen und die geschichtlichen Einsichten aus den Bedingungen der Vielfalt gewinnen entscheidende Bedeutung. Versuchen wir, den aktuellen Methodennebel auf diese Weise aufzulösen. Diese „Geschichte" erzählt also wie jede Geschichte, will aber auch erklären.

I. Mitreden – Schlachtrufe und Epochen

Mitreden möchte man doch gerne. Um in Sachen juristische Methode mitreden zu können, muss man die **klassisch gewordenen Schlachtrufe** verstehen: *Begriffsjurisprudenz* oder besser *Prinzipienjurisprudenz*, *Freirecht*, *Interessenjurisprudenz*, *NS-Jurisprudenz*, *Wertungsjurisprudenz nach 1945*, *kritisch-politische Jurisprudenz*, *Abwägungsjurisprudenz* und *Argumentationstheorie*[2] – es sind **neun Schlagworte**, nur neun, für die immerhin zweihundert Jahre der juristischen Moderne seit 1789. In ihnen konzentriert sich, wie man sich Recht dachte und es umsetzen wollte. Unter ihrem

1357

1358

---

[*] Svenja Karl sei herzlich gedankt für die kritische Lektüre.
[1] Jan Schröder, Zur Geschichte der juristischen Methodenlehre zwischen 1850–1933, in Rechtsgeschichte 13 (2008) S. 160–175, 174.
[2] Schlagworte, Kurzzitate von Stichworten und Titel stehen ohne Anführungszeichen kursiv im Text.

IV. Die Schlachtrufe im Methodenkampf – ein historischer Überblick

Banner führte man die Methodenkämpfe. In ihnen versammelte sich die jeweilige Juristenelite. Versteht man sie, so versteht man die ganze Spanne unserer grundsätzlich neuen, ‚modernen' Rechtskultur seit etwa 1800. Neuere Schlagworte wie *Topik, Rechtsgewinnung, Fallnormdenken, praktische Konkordanz* bezeichnen nachgeordnete Fragen, die dann leicht verständlich sind. Umfassend spricht man dagegen seit etwa 40 Jahren von *Argumentationstheorie*. Dieses Stichwort gehört also zu den neun Phasen von mehr oder weniger herrschenden juristischen Methodenkonzepten. Eine Übersicht zu alledem fehlt bisher. Auch Epochen hätte man gerne geklärt.

1358a Diese Übersicht orientiert sich an den etablierten Erzähllinien zu Methodenfragen, die man kennen muss. Epochen sind beliebt als handliche Geschichtskrücken, um die endlose Geschichtswelt einigermaßen begreifen zu können. Aber mehr als Krücken sind sie nicht. Die Zäsuren liegen nicht „in der Sache". Ihre Plausibilität muss an inhaltlichen Kriterien ausgewiesen werden. Die neun Phasen knüpfen an die **engere Methodengeschichte** an, an signifikante Fälle von Methodentheorien, -ideologien und -politiken. Das hat seinen guten Sinn. Es erscheint aber als entschieden zu eng und gewissermaßen zu rechtswissenschaftsgeschichtlich. Rechtswissenschaft folgt jedoch anderen Methoden als Rechtspraxis. Rechtswissenschaft ist frei (Art. 5 GG), Rechtspraxis ist rechtlich gebunden (Art. 97 GG) – wie eingangs erläutert (Rn. 23, 38 f.). Für eine breiter inhaltlich ausgewiesene Epochenbildung muss man von der hier durchweg bestätigten Erfahrung ausgehen, dass juristisch-praktische Methodenfragen sich nicht als rein wissenschaftliche Erkenntnisfragen stellen (philosophische, theoretische, methodische), sondern zunächst als **Verfassungsfragen**. Juristische Methodenregeln sollen den Umgang mit Recht ordnen. Sie haben normative Funktion und hängen konsequent ab von den Verfassungszuständen. Für eine Epochenbildung ist also an Verfassungszäsuren anzuknüpfen. Rechtswissenschaftliche Zäsuren treten im Methodenbereich zudem immer mehr zurück gegenüber rechtspraktischen. Merkwürdigerweise wird dieser zentrale Zusammenhang in den Methoden- und Verfassungsgeschichten nicht oder kaum thematisiert.

1358b Sechs solcher methodenrelevanten **Verfassungszäsuren** erscheinen plausibel. Eine abgeklärte Geschichte dazu fehlt. Es fehlt an den nötigen Vorarbeiten, denn die Fragestellung wurde bisher kaum gesehen. Immerhin kann sie etwas konkretisiert werden. Es geht um Prozesse der **Rechtsbildung**. Wenigstens folgende drei Hauptfaktoren erscheinen maßgebend, nicht nur aus der Neuzeit:

- **gesellschaftliche Gruppen** (z.B. führende Eliten, Kaufleute/Handelsleute, städtische Zünfte, religiöse Gruppen, ständische Gruppen, politische Gruppen, usw.);
- **Gesetzgeber** mit Regierungen je nach Staatsform (Monarchien, teils absolut, teils konstitutionell verfasst, Republiken, Demokratien, Diktaturen, Mischungen);
- **professionelle Eliten**, freie (Rechtsberater, Rechtsgelehrte, Rechtswissenschaft) und abhängige juristische (Justiz, Verwaltung, Syndici).

Diese drei Akteure stehen in **Konkurrenz und Wechselwirkung**. Sie produzieren verschiedenes Recht, vor allem Gewohnheitsrecht, Gesetzesrecht, Rechtsdogmatik, juristische Praxis, und in der Folge verschiedene Methoden, je nach Verfassung. Das ist leicht erkennbar, aber nicht leicht genauer zu korrelieren. Für die hier einschlägige ‚moderne' Zeit seit ca. 1800 kommt es auch auf die unterschiedliche Verteilung der Kompetenzen an. Teils dominierte ein eng-gesetzlicher, gar eng kodifikatorischer Kontext und daneben ein wissenschaftlich-gelehrter, noch gemeinrechtlicher, teils ein wissenschaftlich-gesetzlicher, teils eine unklare Konkurrenz. Etwas konkreter lassen

IV. Die Schlachtrufe im Methodenkampf – ein historischer Überblick

sich folgende sechs Etappen und Methodenlagen skizzieren für (1) nach 1800, (2) nach 1871, (3) nach 1919, (4) nach 1933, (5) nach 1949 und (6) nach ca. 1968. Als **reale juristische Methoden** (nicht nur Methodenlehren) dominierten konsequent nach 1800 teils eng gesetzesexegetische und daneben historisch-dogmatische auf das Corpus Iuris zentrierte, dann nach 1871 und noch 1919 wissenschaftlich-gesetzesorientierte, nach 1933 weltanschaulich parteilich überformte, nach 1949 unklar disparate, nach ca. 1960 wieder mehr gesetzesorientierte in den herkömmlichen Varianten (subjektiv, objektiv usw.) und daneben nach 1968 eine plurale Lockerung.

Diese Stichworte mögen überraschen, sie müssen in der Tat mangels genug Vorarbeit im Hinblick auf die drei Akteursgruppen neu gebildet werden. Etwas konkreter müssen dabei **zwei Perspektiven** unterschieden werden: die **Methodenlagen** anhand der wesentlichen Rechtsquellen und die allmählich hinzukommenden **Verfassungslagen**:

Für die **Methodenlagen** lassen sich die sechs Abschnitte wie folgt konkretisieren: 1358c

1. Um und nach 1800 versuchten streng exklusive und insofern methodisch „**absolutistische**" **Kodifikationen** wie das preußische Allgemeine Landrecht 1794 und der Code civil 1804 die Justiz und die ganze Juristenprofession in Theorie und Praxis streng an ihre Gesetzesprodukte zu binden (z.B. mit Auslegungs- und Kommentierverboten und référé législatif). Methodisch entstanden sog. exegetische Schulen, die Universitäten waren hier Fachschulen für das Rechtshandwerk. Der junge *A.F.J. Thibaut*, neben F.C. von Savigny führend, verlangte 1799/1801, eine „seelenlose wörtliche Interpretation". Wenn die nicht genüge, müsse man als Jurist schweigen und so „die Gesetzgebung zwingen, zu verbessern und zu ergänzen, was wirklich unvollkommen in den Gesetzen ist." (Versuche, 1801, S. 176, s. Rn. 1470). Gesetzgebung war das Ideal.

2. Ganz anders war zugleich die **Lage ohne Kodifikation**, also in den gemeinrechtlichen Gebieten auf der Grundlage des rezipierten römischen Privatrechts. Hier dominierte die **rechtsgelehrte Wissenschaft**, man studierte möglichst bei einer der Universitätsgrößen (Thibaut, Savigny, G.F. Puchta, A. von Vangerow, B. Windscheid usw.) und nutzte seine Vorlesungsmitschriften und -nachschriften lebenslang (allein zu Savigny existieren ca. 160). Methodisch entstanden bald nach 1806, also mit dem großen Verfassungswandel nach dem Ende der alten Reichsverfassung, gelehrte wissenschaftliche Schulen, besonders eine sog. historische und dogmatische (Savigny, Puchta usw.), daneben eine betont positivrechtlich-praktische (Thibaut, Gründung des AcP 1818), auch eine sog. philosophische, hegelianische (E. Gans, J. Kierulff, L. von Stein) mit jeweils unterschiedlichen Methodenakzenten. Für die enger juristische Arbeit entwarf Savigny seine bis heute beliebten Kanones und seine weniger beachtete Rechtsfortbildungslehre. Gemeinsam war überall der Versuch, nach Prinzipien gestaltete Rechtssysteme auszubilden, die die allseits erwünschte Rechtsgewissheit und Rechtssicherheit in den werdenden Rechtsstaaten leisten sollten. Diese **Prinzipienjurisprudenz**, wie man sie nennen sollte, wurde im Verlauf des Jahrhunderts enger dogmatisch und möglichst begrifflich exakt, polemisch „Begriffsjurisprudenz". Ihr Spitzenprodukt war das von zwei Wissenschaftlern und sechs gelehrten Richtern im Kern gestaltete BGB von 1900. Rechtswissenschaft war hier das Methodenideal auch für die Justiz, Modellfall war das gemeinsame lübische Oberappellationsgericht der vier freien Städte mit seinen hochgelehrten Richtern.

3. Wieder anders wurde die Lage mit den **späten deutschen wissenschaftlich-gelehrten Kodifikationen** (bes. StGB 1871, BGB 1900) und der Zentralisierung der Justiz (Reichsoberhandelsgericht 1869, GerichtsverfassungsG 1877, Reichsgericht 1879).

Man verstand sich dabei zunächst ausdrücklich als konform zur hauptsächlich universitären Rechtswissenschaft. Diese Kodifikationen gelten bekanntlich noch immer. Aber der Schwerpunkt der Rechtsbildung wanderte mehr und mehr von der Gesetzgebung und Universität in die Justiz und Praxis und wurde dabei einheitlicher-national. Große, teilweise noch immer weitergeführte Kommentare statt Lehrbücher begannen das Bild zu bestimmen (bes. Planck 1898 ff., Staudinger 1898 ff., Reichsgerichtsräte-Kommentar 1910 ff., Soergel 1921 ff.). Die Methoden wurden zunächst sog. positivistische, d. h. betont gesetzesorientierte, sog. „subjektiv-historische", aber bald auch wiederum freiere, sog. „objektiv-historische" und teleologische. Die Dominanz wechselt bis heute, die Konkurrenz ist nicht entschieden. Erkennbar bleibt, dass die Loyalität der Juristen mal mehr und enger dem Gesetz, mal weiter und autonomer der Rechtsbildung der Profession gilt – so **bis 1933**. Im Leit-Buch von Ludwig Enneccerus zum Allgemeinen Teil des BGB blieb das Auslegungskapitel überaus stabil bis 1928 und noch unter der Neubearbeitung von Hans Carl Nipperdey 1931 (Rn. 502 ff.).

4. In der **NS-Zeit 1933–45** hatten Diktatur mit Politikvorbehalt im Recht, Partei- und Führerwort überall geherrscht, latent oder explizit. Die methodische Konsequenz lautete, „der Richter ... spricht Recht nach freier, aus dem gesamten Sachstand geschöpfter Überzeugung und nach der von der nationalsozialistischen Weltanschauung getragenen Rechtsauslegung" (so Grundregel 20 des Entwurfs eines Volksgesetzbuches 1942). Das war deutlich. Die bisherigen Akteure, Rechtswissenschaft, Justiz und autonome gesellschaftliche Gruppen, waren alle aus dem Spiel. Kritisch gewendet bedeutete das mit Rüthers' (Rn. 922 ff.) unübertroffen prägnanter Formel „Unbegrenzte Auslegung". Methodenlehre erübrigte sich. Aber die Methodenwelt war schon seit der Freirechtsbewegung von 1914 in Unruhe und Wandel, erst recht nach 1919. Carl Schmitt brachte es **rückblickend** auf den polemischen Punkt. Der verführerisch scharfsichtige und wortgewaltige Weimarer Staatsrechtler und dann NS-Kronjurist entwarf ein **neues Großgemälde** der Lage gemäß den, wie er sagte, „großen die Jahrhunderte umfassenden Horizonten". Sein geschichtsideologischer Ehrgeiz war ungebrochen. Ende 1944 malte er das aus in Vorträgen über *Die Lage der europäischen Rechtswissenschaft*, gedruckt 1950 (dort in Abschnitt 4 u. 6). Im Angesicht der Diktatur und der Katastrophe sowie in einem gewissen Katzenjammer predigte er die eigentlich hilflose große Erzählung vom schon länger fatal „motorisierten Gesetzgeber" und der Rechtswissenschaft als „letztes Asyl des Rechtsbewußtseins" mit Savigny als Vorbild, als Hoffnung, aber ausdrücklich nicht „als Programm". Die methodische Konsequenz ließ er offen, die rechtspolitische war jedenfalls nicht parlamentarisch-demokratisch. Wissenschaftliche Jurisprudenz erschien wieder, aber höchst vage, als Ideal, die Juristen als Hauptakteure – 1944. Gesetzgebung erklärte er für schuldig.

5. Mit dem **Grundgesetz** nach 1949 kehrten bald die alten Akteure, Konkurrenzen und Fronten wieder, bis heute. Die sog. Konstitutionalisierung des einfachen Rechts kam hinzu. Dies hat die Methodenfrage noch einmal erweitert und einerseits erschwert, andererseits vereinfacht. Erweitert, denn nun hat endgültig die Justiz anhand der Verfassung das letzte Wort. Erschwert, denn nach welcher Methode? Das alte Bonmot *Roma finita, causa locuta (Rom hat gesprochen, die Sache ist beendet)* mutierte zu Karlsruhe *locuta, causa finita* – soweit also ein Versuch, die sechs Methodenetappen plausibel zu machen und auf Begriffe zu bringen.

6. Ohne eine signifikante Zäsur bei den Rechtsquellen muss doch eine sechste. Etappe angenommen werden. 1959 setzte mit einem Paukenschlag von *Ernst Forsthoff*

IV. Die Schlachtrufe im Methodenkampf – ein historischer Überblick

(Rn. 1445) zunächst eine heftige Debatte der Öffentlichrechtler über einen stillen Verfassungswandel ein. Für die Grundrechtsanwendung nahm man immer mehr Abstand von einem klaren Anwendungsbild der Verfassungssätze wahr. Die Ausbildung der Abwägungsjurisprudenz durch das Bundesverfassungsgericht (Rn. 1457 ff.) war das heute durchweg in diesem Bereich praktizierte Ergebnis. Methodenbeiträge der Staatsrechtswissenschaft wurden allmählich seltener. Der Rückzug der Methodenlehre auf Argumentationstheorie oder kritisch-politische Jurisprudenz erscheint ebenfalls als eine Konsequenz dieser Entwicklung.

Mit welchen **Verfassungslagen** korrelierten nun diese Methodenideale? Eine Skizze dazu muss ausgehen von wiederum sechs Etappen, nämlich dem frühen Konstitutionalismus nach 1806/15, dem Kaiser- und Fürstenreich von 1871, der Weimarer Republik von 1919, der NS-Diktatur nach 1933, Grundgesetz nach 1949 und dem allmählichen Verfassungswandel nach 1958 (Lüth-Urteil 1958, Elfes-Urteil 1954). Lässt sich die Behauptung, Methodenfragen sind Verfassungsfragen, Verfassungswandel bedeutet Methodenwandel, einlösen?

1358d

1. 1806/15–1871. Savigny und Puchta gehören noch ganz in die Zeit des sog. **Konstitutionalismus** bis 1871. Fast überall standen Monarchen an der Spitze, die nun aber anders als vor 1815 überwiegend an Konstitutionen, d.h. an Verfassungen, gebunden waren, in welchen Varianten auch immer. Für die Methodenfrage wichtig war dabei, dass Bindungen an Parlamente oder Landstände teils gar nicht, oder nur sehr begrenzt bestanden und nur ausnahmsweise deutlicher wie besonders in der württembergischen Verfassung von 1819. Konsequenterweise zogen in Württemberg klarsichtige Juristen (ein berühmter Generalist wie C.G. Wächter und bedeutende Staatsrechtler wie R. von Mohl, A.L. Reyscher, G.A. Pfizer) erstmals um 1830/40 deutliche Methodenkonsequenzen, indem sie die später sog. subjektiv-historische Auslegung aus den Gesetzgebungsmaterialien für die von Monarch und Regierung nun zusammen mit den Landständen verabschiedeten Gesetze verlangten. Die Juristenarbeit wurde nicht mehr bloß ans Gesetz verwiesen, sondern auch an dessen parlamentarische Legitimation. 1848 hätte dann ein neues Reichsgericht die Justiz erheblich gestärkt, sogar mit der Möglichkeit einer individuellen Verfassungsbeschwerde (Verfassung § 146). Das war gut vorausgedacht, aber dazu waren die politischen Machtverhältnisse noch längst nicht reif.

Im Wesentlichen bestimmte aber nach wie vor der **Juristenstand** mit seinen „wissenschaftlichen Methoden" das Bild in den sozusagen halbparlamentarischen oder bloß monarchischen Zuständen. Leitwissenschaft war dabei die blühende politische Philosophie der deutschen „Denker" von Kant bis Hegel, die auch die Jurisprudenz stark beeinflusste. Sie hatten alle eine Rechtsphilosophie geschrieben. Auch die Leitfiguren Savigny, Thibaut und Puchta hatten viel Verfassungsbewusstsein. Aber sie konnten es sich leisten, nicht zuletzt im bis 1851 verfassungslosen Preußen, den Faktor Verfassungsgesetzgebung abzulehnen oder doch zu relativieren und den wissenschaftlichen „Geist" der Juristen nach wie vor zum Zentrum zu erklären. Wieder einmal formulierte das Savigny besonders prägnant, 1816: „Wichtiger als alle Vorschriften seyn können, ist der Geist und die Bildung des Juristenstandes." (*Vom Beruf*, 225 bei J. Stern, Hrsg.).

2. 1871–1919. Eine ähnliche Lage bestand noch 1871–1919. Denn nun hatte zwar der Reichstag im neuen Deutschen **Kaiser- und Fürstenreich** an der Gesetzgebung durchweg neben Regierung und Bundesrat mitzuwirken (freilich ohne Initiativrecht!) und

IV. Die Schlachtrufe im Methodenkampf – ein historischer Überblick

der „wissenschaftlich" erzogene Juristenstand war immer noch der wohl wichtigste Träger der Jurisprudenz wie etwa der häufige Verweis auf die Rechtswissenschaft in den BGB-Beratungen seit 1874 zeigt. Aber die Juristen entwickelten ein Gefühl der schleichenden Entmachtung durch Gesetzgebung, ja eine Opferperspektive. „Handlanger der Gesetze" (J. Kohler 1914) wollten sie nicht sein. Konsequent entstanden seit ca. 1880/90 Theorien einer sog. objektiven Auslegung unabhängig vom Gesetzgeber und konkret den Gesetzgebungsmaterialien. Auslegung nicht mehr nach dem **Geist des Gesetzgebers,** auch nicht mehr nach dem des **Juristenstandes,** sondern nach dem des **Gesetzes,** und vor allem seinem „Zweck" (R. Jherings Motto 1877), wurde der neue Slogan. Das war Ausdruck einer nicht- oder antiparlamentarischen Juristen- und Justizbewegung, die aus welchen durchaus unterschiedlichen Motiven auch immer (allgemeine Politik, Rechtspolitik, Standespolitik, Rechtswissenschaftspolitik), ihre überkommene, relativ starke Autonomie bewahren wollte. Die Jurisprudenz öffnete sich zugleich im Hinblick auf eine breitere gesellschaftliche Rekrutierung und größere politische Vielfalt mehr und mehr. Mit *Freirechtsbewegung* und *Interessenjurisprudenz* ab ca. 1900 erlebte sie eine intensive **neue Methodendiskussion** insbesondere im Zivilrecht als *pars pro toto* (Teil für das Ganze). Aber nun ging es weniger um die Jurisprudenz als Wissenschaft, sondern um die Jurisprudenz als Justizaufgabe. Windscheid hatte 1884 Rechtspolitik und Jurisprudenz „als solche" getrennt (Rn. 313 f.). Die Juristen gaben damit einen wesentlichen Teil ihrer bisherigen allgemeinen Kompetenz in profanen, nichtreligiösen normativen Fragen auf. Leitwissenschaft wurde die neue Nationalökonomie, Leitproblem die Soziale Frage. Die Hauptideen dazu waren aber wenig einheitlich und die Konsequenzen für Verfassung und für juristische Methoden blieben fraglich.

3. 1919–1933. Mit der neuen, demokratisch **parlamentarischen Reichsverfassung** von 1919 übernahm der Reichstag sozusagen die juristische Führung im neuen Verfassungsstaat. Die Verfassungs- und Methodenfragen entwickelten sich aber außerordentlich divergent, ja kämpferisch, nun insbesondere im Staatsrecht (sog. Methodentagung 1926). Die Frage eines Prüfungsrecht gegenüber Gesetzen in den Händen der Justiz wurde zu einem Paradestreitfall. Subjektiv, objektiv, positivistisch, geisteswissenschaftlich integrierend, neophilosophisch, sozial? Was sollte gelten?

4. 1933–1945/49. Die **nationalsozialistische Diktatur** beendete die ideologischen Konkurrenzen. Sie schuf unter großem Beifall gerade auch der Juristen, etwa in der neuen „Akademie für Deutsches Recht" schon seit Ende 1933, neue und klarer wirkende Zustände in Verfassung und Recht. Die massive Durchsetzung der nationalsozialistischen Wertungen in der Rechtswelt führte zu einer ausdrücklichen *Wertungsjurisprudenz* (Rn. 1428 f.). Auch die Methodendebatten erhielten eine zunächst klare und „gleichgeschaltete", d.h. zentralisierte Richtung, „Ein Reich, ein Volk, ein Führer" – *ein* Recht. Strukturell kehrte man ironischerweise und paradox zurück zu einer streng subjektivhistorischen Methode nach neuem „Gesetz" und Führerwort, wie es eben die neue Verfassungslage vorgab. Der zivilrechtliche Methodenpapst *Philipp Heck* verteidigte das auf eine geradezu makabre Weise (Rn. 491). Andere Wortführer wie *Carl Schmitt* und der junge *Karl Larenz* (Rn. 602) predigten eine diffuse Jurisprudenz der „konkreten Ordnung und Gestaltung", wie sie eben im „Leben", in der „Volksgemeinschaft" und nach „gesundem Volksempfinden" aufzufinden seien. Methodenlehren erübrigten sich.

IV. Die Schlachtrufe im Methodenkampf – ein historischer Überblick

5. *1949–ca. 1960.* Nach der Katastrophe der Diktatur, des Holocaust und des Weltkrieges fiel es in der **repräsentativ-demokratischen Republik des Grundgesetzes** schwer, eine juristische Identität wiederzufinden. Schmitts soeben erwähnte Flucht in die Rechtswissenschaft als „letztes Asyl des Rechtsbewußtseins" (1950, aber 1944) blieb unklar und folgenlos. Das neue Verfassungsgericht (das zunächst nicht im Grundgesetz stand) übernahm bald die Führung auch für praktische Methodenfragen – mal mehr pro subjektiv, mal mehr pro objektiv, mal einfach abwägend, stets in höchstrichterlicher Höhe, tunlichst ohne ganz allgemeine Festlegung. Die *Methodenlehre der Rechtswissenschaft* (*Larenz* 1960) wurde gerne benutzt, aber mehr und mehr ersetzt durch Methodenregeln für die Rechtspraxis, d.h. eine Beschreibung der *Unentbehrlichkeit des juristischen Handwerkszeugs* (Esser 1975). Neues *Naturrecht* verschiedenster Prägung (christlich, weltlich-humanistisch, menschenrechtlich), neues *soziales Recht*, neuer *Rechtspositivismus*, aber alles doch nicht wirklich neu, kennzeichnen die Suchbewegungen bis um 1960. Nun beruhigten sich die Grundsatzwellen etwas und die alte positivrechtliche Methodenproblematik kehrte wieder. Erneut ging es um subjektiv und objektiv, um ein Ringen von Gesetzgeber und Juristenstand.

6. *Nach 1960.* Eine Art **stiller Verfassungswandel** wurde zugleich virulent (Forsthoff 1959, wie erwähnt). Eine erneute **kritisch-politische Jurisprudenz** (Rn. 1447 ff.) drängte daneben auf Führung und gewann sie vorübergehend (R. Wiethölter 1968, R. Wassermann 1972). Wohl wegen der zunehmenden Methodenkritik und -skepsis nahm nach ca. 1970 die neue „**Argumentationstheorie**" (Rn. 1476 ff.) schließlich die Methodenansprüche stark zurück auf die Forderung nach rationalen, nachvollziehbaren und kontrollierbaren Begründungen. Die alten Konkurrenzkämpfe wurden so weitgehend folgenlos. Eine neue Methodenlehre der *Rechtswissenschaft* entstand nach 1960 nicht. Aktuell sieht man die Hauptfronten zwischen rationalem Argumentieren und neuem Irrationalismus des bloßen Entscheidens verlaufen (U. Neumann 2023).

Soweit die beiden Skizzen zu Verfassungsepochen und Methodenepochen. Dass hier relevante Zusammenhänge bestehen, dürfte einleuchten. Natürlich wäre vieles zu überprüfen und auszuarbeiten. Immerhin sollte deutlich geworden sein, in welche Richtung man genauer denken und forschen müsste, um den offensichtlichen **Zusammenhang** von Methode und Verfassung näher zu klären. Inzwischen muss man sich begnügen mit der Erklärung der klassisch gewordenen neun Schlachtrufe, die zugleich gewisse Methodenphasen und vor allem Methodenerfahrungen markieren. Sie sind schon erklärungsbedürftig genug. Deswegen muss eine aktuelle Methodik des Zivilrechts den viel zu abstrakten theoretischen Nebel historisch-konkret lichten, sich aus den Verhexungen der Methodensprachen befreien und sich schlichter, realistischer aber auch verständlicher mit Argumentationstheorie als Theorie und handwerklichen Kunstlehren als vernünftiger Praxis begnügen. Es wird vielleicht aufgefallen sein, dass einerseits von neun Schlagworten im Methodenkampf ausgegangen wird, aber nur von sechs Etappen oder Epochen. In der Tat verlaufen beide Aspekte nicht parallel. Die Schlagworte führen zum Teil über die Epochen hinweg, sie bezeichnen nicht ohne weiteres Entwicklungszäsuren, sondern nehmen zunächst lediglich die etablierten Annahmen über die Verläufe auf.

II. Prinzipienjurisprudenz, nicht Begriffsjurisprudenz

Am schwersten zu erklären ist der Anfang, die sog. **Begriffsjurisprudenz**. Das liegt nicht am Gegenstand. Dass Jurisprudenz mit Begriffen zu tun hat, also mit präzisierten Worten, ist klar. Unser ganzes neuzeitliches Recht präsentiert sich in vertexteten Worten und Begriffen. Dass dies seinen guten Sinn hat, ist auch klar, so sehr man Wortglaube und Begriffswesen übertreiben kann. Jeder hat Beispiele für unverständliche Gesetze. Aber unsere Rechtsregeln verlangen immerhin strikte Beachtung und ermöglichen schmerzliche Sanktionen. Und die Regeln verwalten Menschen. Die Regeln sollten also möglichst wenig Raum lassen für Willkür. Deswegen Vertextung, deswegen Begrifflichkeit, deswegen auch juristische Methode, d.h. Hilfen für die Anwendung der Regeln. Dass feste Begriffe, selbst etwas starre und trockene, hier durchaus zweckmäßig sind, und es weniger auf Poesie und Klang oder Tiefe und Paradoxie ankommt, leuchtet also ein. Soweit ganz einfach: Jurisprudenz braucht Begriffe, sie sind sogar ihr Hauptwerkzeug.

1360 Schwierig an Begriffsjurisprudenz ist also nicht so sehr der Gegenstand Begrifflichkeit. Er ist nur nach allen Seiten so **polemisch vermint**, dass mit den Auskünften der Lehrbücher keine Klarheit zu gewinnen ist. Die wäre aber unverzichtbar wichtig, da sich alle späteren Strömungen mehr oder weniger kritisch darauf beziehen. Wer hätte nicht schon mal „Begriffsjurist!" als schweren Vorwurf gehört? Ohne diesen Anfang versteht man also auch das Ende nicht. Man muss hinter die Kulissen der Polemik schauen, um zu verstehen. Dann stößt man auf dauerhaft lehrreiche, originale Gestalten und Debatten.

1361 Das bedarf freilich einiger Erklärung und eines Blickes hinter die bald 150 Jahre Polemik zurück, zunächst zum Schlagwort *Begriffsjurisprudenz* und dann zu ihrem **positiven Kern**, der *Prinzipienjurisprudenz*. Einige wenige Originaltexte der größten Juristen werden uns sehr helfen. Sie sollen hinführen zu den von den nachgeborenen Stimmen übertönten Originalen. Die Originale allein gewähren verlässliche Einsicht gegenüber so vielen Behauptungen über sie. Übergreifende Belehrung bis heute wird dabei ein steter **Blick auf die verfassungspolitischen Prämissen** der scheinbar so irreal abstrakten Methodendebatten ermöglichen. Angemerkt werden nur unmittelbare Belege, weiterführende Hinweise finden sich hier am Ende.

1362 Das Wort *Begriffsjurisprudenz* wurde **1884 geprägt**, halb im Scherz, halb im Ernst. Das war zu Weihnachten 1884 in dem Buch *Scherz und Ernst in der Jurisprudenz. Eine Weihnachtsgabe für das juristische Publikum.*[3] Erfunden hatte es der große Jurist und flotte Schreiber *Rudolf Jhering,* später persönlich geadelt zu *von Jhering.* Das Wort diente ihm zur polemischen Belustigung und Besinnung über einige extrem philologische und pseudo-logische Beiträge in der Literatur des bis 1900, bis zum BGB, noch geltenden, im späten Mittelalter rezipierten römischen Privatrechts. Diese Wissenschaft, heute Romanistik genannt, damals sich Pandektenwissenschaft nennend, wiederum polemisch Pandektistik, hatte als die juristische Leitwissenschaft der Zeit entscheidenden Einfluss auch auf die allgemeinen, grundlegenden Rechtslehren. Jhering sah sie auf Abwegen. Worum handelt es sich bei Begriffsjurisprudenz und Prinzipienjurisprudenz? Auffallend ist jedenfalls sofort zweierlei: Das Schlagwort **Begriffsjurisprudenz** taucht überhaupt erst spät im Jahrhundert bei Jhering auf und nur kritisch-polemisch. Leider kann man es nicht einfach als überholt beiseite legen, weil es immer neu aufgelegt wird und durchschaut werden muss. Das hier bevorzugte Schlagwort **Prinzipienjurisprudenz** findet sich soweit ersichtlich gar nicht in den Quellen! Aber es findet sich doch fast wörtlich, und dies sogar an überaus prominenter Stelle in

---

[3] Identischer Neudruck Darmstadt 1964.

IV. Die Schlachtrufe im Methodenkampf – ein historischer Überblick

einem Text, den seinerzeit alle Juristen und nicht nur sie nahezu auswendig kannten, in Savignys Programmschrift *Über den Beruf unsrer Zeit für Rechtswissenschaft und Gesetzgebung* von 1814. Man muss nur bemerken, dass seine zentrale Formel von *leitenden Grundsätzen* nur die absichtlich in Deutsch formulierte Version von lateinisch *Prinzipien* darstellt. Und diese leitenden Grundsätze „heraus zu fühlen, und von ihnen ausgehend den inneren Zusammenhang und die Art der Verwandtschaft aller juristischen Begriffe und Sätze zu erkennen, gehört eben zu den schwersten Aufgaben unsrer Wissenschaft, ja es ist eigentlich dasjenige, was unserer Arbeit den wissenschaftlichen Charakter gibt (*Beruf* S. 22) – das war deutlich: *leitende Grundsätze* (Prinzipien), im *Zusammenhang* (System) machen für ihn *eigentlich* die Rechtswissenschaft aus. Der Satz hat es in sich und man kann ohne Übertreibung sagen: Diesen Satz zu verstehen, in pro und contra, bedeutet, die Rechtswissenschaft des 19. Jahrhunderts zu verstehen. Also:

Zu dem Schlagwort *Begriffsjurisprudenz* fallen meist **zwei bis drei Namen,** alle schon erwähnt: Puchta, Windscheid und Savigny; manchmal auch ‚Jhering I' statt II, wenn man ihm sein „Damaskus", seine Bekehrung vom Begriffsjuristen zum Zweckjuristen glaubt (dazu kritisch oben Seinecke, Rn. 352 ff.). Diese Namen füllen ein ganzes Jahrhundert. Denn die Lebensläufe und Werke der drei umspannen das 19. Jahrhundert zur Gänze: Savigny 1779–1861, Puchta 1798–1846, Windscheid 1817–1892, Jhering 1818–1892. Wir lassen es jetzt bei den Daten, denn alle vier werden in diesem Buch genauer vorgestellt.

1363

Außer der **Richtung der Polemik** erklärt das Wort *Begriffsjurisprudenz* allerdings nichts. Es führte massiv in die Irre – um so verwirrender ist die Wirkung seiner gewaltigen Konjunktur bis heute. Nichtssagend und populär wie es verwendet wurde, taugte es, wie sein Brüderchen *formalistisch*, trefflich zu immer neuer Polemik gegen alles Mögliche, was irgendwie zu begrifflich, zu abstrakt, zu lebensfremd oder ähnlich unliebsam erschien. Es transportierte immer neue Allerweltsvorwürfe, vor 1914 gegen das angeblich zu abstrakte, lebensfremde BGB und gegen eine volksfremde „Klassenjustiz", nach 1920 gegen lebensfremdes Zivilrecht ohne Industrierecht und Arbeitsrecht, nach 1933 gegen das angeblich volksfremde, formalistische und bloß individualistische, kurz: „bürgerliche" Recht überhaupt, ebenso nach 1945 im deutschen realen Sozialismus jenseits der Elbe, und nach 1968 wieder gegen das angeblich wirklichkeitsfremde, zu individualistische Zivilrecht – usw. usw., in immer gleich leichten, leeren und luftigen Vorwürfen, an denen immer auch etwas dran war. Denn irgendetwas Abstraktes, Weltfremdes, Volksfremdes, Wirklichkeitsfremdes, auch Bürgerliches, findet sich immer im modernen Recht. Ja es scheint sogar zu seiner Funktion zu gehören, dass es etwas allgemein-abstrakt, etwas interessenfern-neutral und etwas technisch-präzise gestaltet ist. Wie sollte man sonst, ohne Ansehen der Person, gleichmäßig und gerecht, entscheiden können. Und das „Bürgerliche" war auch nicht immer exklusiv und klassenideologisch.

1364

Jhering hatte die *Begriffsjurisprudenz* als Meister amüsanter Übertreibungen erfunden. Doch hat er damit denen, die die Späße nicht mehr recht verstanden, eine **Nebelwand** hinterlassen. Seine ironische Schilderung einiger begrifflicher und philologischer Wagestücke von vor 1884 liest sich immer noch recht amüsant. „Im juristischen Begriffshimmel. Ein Phantasiebild", werden wir herumgeführt, so die Überschrift zur 3. Abteilung seines *Scherz*-Buches. Gehen wir ein Stück mit (S. 247 ff.):

1365

1366 Es beginnt mit der „Palästra"-Halle [die griechische ‚Turnhalle'] zur Erholung, wenn man „vom Anschauen der Begriffe ermüdet" ist (S. 256), dann gehts weiter zur „Haarspaltemaschine", mit der man fürs Examen „ein Haar in 99999 ganz akkurat gleiche Teilchen zerlegen" kann, zur „Kletterstange der schwierigen juristischen Probleme", so glatt, „daß ein Sonnenstrahl, wenn der hier [d.h. im Himmel] möglich wäre, daran abgleiten würde" (S. 257), zur „Begriffshalle", in der man „die reinen, d.h. lediglich sich selber lebenden und aller Beziehung zum Leben enthobenen Begriffe erschauen" kann, dann zum „Begriffskabinett" mit den „Missbildungen und Verrenkungen, welchen die juristischen Begriffe in der wirklichen Welt ausgesetzt gewesen" sind (S. 259), zum „Fiktionsapparat", zum „Konstruktionsapparat", zur „Interpretationspresse", zur „dialektischen Bohrmaschine" und zuletzt zur „Schwindelwand" (alles S. 260–263) zur Übung gegen die Abgründe der Vernunft, usw.

1367 Dieses halbernste Spiel ist mit zahllosen Anspielungen und kleinen Beispielen versetzt, deren Erklärung hier viel zu weit führen würde. Ein Beispiel aus der Führung für den **Begriffshimmelbesucher** muss genügen. Der Besucher fragt:

> „Ich bemerke unter den Begriffen einen erheblichen Unterschied in Bezug auf die Größe; ist das Zufall oder hat es einen Grund?" Er hört: „Bei uns ist nichts Zufall! Du hättest Dir die Frage selber beantworten können: die Größe der Begriffe richtet sich nach ihrer Bedeutung. Durch dieses Kennzeichen heben sich z.B. die generellen Begriffe von den speciellen ab. Du hast hier unmittelbar unter Dir [d.h. im Begriffshimmel] das Beispiel vor Augen: da unterhält sich augenblicklich der Vertrag [als allgemeiner Begriff] mit dem Darlehn und dem Commodat [d.h. mit der Leihe]. Häufig ist diese Unterhaltung der generellen mit den speciellen nicht, ihre Beziehungen sind geregelt und geben kaum zu Streitigkeiten Anlass. Auch die der speciellen unter sich bieten nur selten den Stoff zu einer Differenz; nur das precarium und commodatum [d.h. die sog. Bittleihe und die einfache Leihe] sind bis auf den heutigen Tag über ihre Erkennungsmerkmale nicht einig geworden. Umso mehr aber haben die generellen Begriffe miteinander zu schaffen. Manche ihrer Streitigkeiten datieren erst aus jüngster Zeit; sie sind durch einige neu eingetroffene [d.h. im Begriffshimmel] Theoretiker angezettelt worden. Da siehst du zum Beispiel die Nichtigkeit und Anfechtbarkeit im heftigsten Gespräch miteinander; früher vertrugen sie sich aufs beste miteinander, seit kurzer Zeit aber sind sie sich in die Haare geraten [d.h. als zwei, bis heute, abzugrenzende Arten von Unwirksamkeit]. Womöglich noch schlimmer steht es mit der Korreal- und Solidarobligation; des Zankens unter ihnen ist gar kein Ende, jeden Tag beginnt es von neuem! [d.h. wegen der schwierigen Bestimmung der heute sog. Gesamtschuld] Früher lebten sie im friedlichsten Verhältnis miteinander, aber ein vor einiger Zeit angelangter Jurist hat sie gegeneinander aufgehetzt;[4] seit der Zeit ist es mit den Frieden vorbei, sie leben auf höchst gespanntem Fuß miteinander, sagen sich die bittersten Dinge, und alle Versöhnungsversuche erweisen sich als fruchtlos. Ich meinerseits bin dieses Haders längst müde und beteilige mich gar nicht mehr dabei." (280 f.)

> Der Besucher: „Aber ein Zanken sollte doch eigentlich in eurem Himmel gar nicht stattfinden?" Die Antwort: „Thor, der Du bist! Der Streit ist die wahre Würze der Wissenschaft, ohne ihn wäre es in unserm Himmel vor Langeweile gar nicht auszuhalten, das ewige *Anschauen der Begriffe* bekommt selbst unsereiner auf die Dauer satt; nur der

---

4 Anspielung wohl auf *Joseph Ungers* Aufsatz, Passive Correalität und Solidarität im römischen und heutigen Rechte, in Jherings Jbb. 22 (1884) S. 207–298; zum Ganzen jetzt *Sonja Meier*, §§ 420–432 I, in Historisch-kritischer Kommentar zum BGB, hrsg. von M. Schmoeckel, J. Rückert u. R. Zimmermann, Bd. II 2, Tübingen 2007.

IV. Die Schlachtrufe im Methodenkampf – ein historischer Überblick

Streit und das Eintreffen neuer Ankömmlinge bringen etwas Leben und Abwechslung hinein." (281 f.)

Es ging um **aktuelle Abgrenzungs-Streitfragen,** die Jhering 1884 als zu theoretisch erschienen, obgleich dabei stets praktische Rechtsfolgen anstanden, das heißt die Frage, welche Rechtsbegriffe und Tatbestände welche Rechtsfolgen auslösen sollten. In der BGB-Kommission suchte man gerade nach Klarheit dazu. Der erste Entwurf wurde 1874 bis 1888 beraten – gründlich genug – und blieb Fundament bis ins Gesetz von 1900.

1368

Jherings Text war hochamüsant für seine logisch und philosophisch geübten Leser von 1884, die wussten, dass das *Anschauen der Begriffe* wie die *Abgründe der Vernunft* Zentralbegriffe des philosophischen Idealismus seit Kant (1724–1804) wie auch von maßgebenden Juristen wie eben Savigny oder Puchta oder Windscheid waren; Leser, die wussten, wie ernst die *systematische* Abgrenzung, Bestimmung und Verbindung von Rechtsbegriffen für den Aufbau eines deutlichen und präzisen, möglichst freiheitlich geordneten und ordnenden Rechtssystems genommen worden war, etwa zu Privatrecht und öffentlichem Recht oder Schuldrecht und Sachenrecht, oder Vertrag schuldrechtlich und dinglich, usw.

1369

Jherings Leser wussten als Zeitgenossen der großen kontinentalen Kodifikationsperiode seit um 1800 in Europa auch, dass „reine", und d.h. hier dauerhafte, politikstabile Rechtsbegriffe zu finden eine große fachwissenschaftliche Anstrengung seit Kant gewesen war. Man denke an **folgenreiche neue Rechtsbegriffe** wie „Besitz" – welche Rechte soll der besitzende Nichteigentümer haben, auch der Dieb? Oder „Rechtsverhältnis" – bedeutet es immer auch Rechte *und* Pflichten oder nicht? Oder „subjektives Recht" – soll es erste Grundlage sein, Anfang allen Rechts und Regel oder nur Statusrecht je nach zugewiesenem Status? Oder „Obligation" bzw. „Verpflichtung" – soll sie zulässig sein auch für Selbstverkauf und Lebensbindung oder nicht? Oder „Stellvertretung" – soll sie zugelassen sein als höchst praktische ‚Willenserweiterung' oder verboten als undenkbare, gefährliche Entpersonalisierung und Verunklarung der Haftungen? An wen darf man sich dann halten? Oder ein schwierigeres Beispiel, die „Gesamtschuld" – soll sie kumulierte Pflicht und Haftung sein oder nur unpraktisch anteilig geteilte oder sogar solidarische Außenhaftung je eines Schuldners für alle mit bloßem Innenregress? Mit welchem Insolvenzrisiko und bei wem? Offensichtlich geht es um die rechtlichen Instrumente für ein dynamisches, einfallsreiches, möglichst freies Wirtschaften, um die so unvorstellbar ökonomisch segensreich gewordene, produktive statt zerstörerische Koordination der gleichen Freiheiten.

Jherings Leser kannten die entsprechenden dogmatischen und legislativen Streitfragen. Uns erscheinen die meisten dieser Scherze wohl eher schal, wir können das Vergnügen daran kaum noch ermessen. Denn nicht nur fehlen uns die zeitgenössischen Assoziationen, sondern ganz allgemein ist unsere logisch-philosophische Bildung und Begriffsschärfe als Juristen so viel schlichter geworden. Jhering schrieb damals wortgewaltig gegen „die Scholastik in der heutigen romanistischen Wissenschaft" (in *Scherz* 337ff.), gegen einen „Kultus des Logischen" (339), für das „reale Interesse der Gegenwart" (340), gegen den „Wahn von einer Mathematik des Rechts" (342), für die Behandlung der Rechtsfragen als „Zweckmäßigkeitsfragen", nicht „Wesensfragen" (342 f., 360). Das „praktische Resultat" habe „das Korrektiv des theoretischen Denkens abzugeben" (347).

1370

1371　Aber: Am Ende charakterisiert er die von ihm sog. Begriffsjurisprudenz doch sehr vorsichtig nur als **einseitige „Verirrung"** einer bisweilen „nur" logischen Evolution. Hören wir sein meist übergangenes Fazit:

> „Damit habe ich den Punkt berührt, der die Signatur der heutigen Begriffsjurisprudenz, wie ich sie nenne, in sich schließt. Jede Jurisprudenz operiert mit Begriffen, juristisches und begriffliches Denken ist gleichbedeutend, in diesem Sinne ist also jede Jurisprudenz Begriffsjurisprudenz, die römische in erster Linie; eben darum braucht der Zusatz nicht erst hinzugefügt zu werden. Wenn dies hier meinerseits gleichwohl geschieht, so ist damit jene Verirrung unserer heutigen Jurisprudenz gemeint, welche, den praktischen Endzweck und die Bedingungen der Anwendbarkeit des Rechts außer Acht lassend, in demselben nur einen Gegenstand erblickt, an dem das sich selber überlassene, seinen Reiz und Zweck in sich selber tragende logische Denken sich erproben kann, – eine Arena für logische Evolution und, für die Gymnastik des Geistes, in der dem größten Denkvirtuosen die Palme zufällt." (347)

1372　Einseitige *Verirrung* in *Logik* und *Begriffe* – die Lage hat sich seitdem geradezu verkehrt. *Denkvirtuosen* sind nicht unsere Lieblinge. Die Einseitigkeiten liegen umgekehrt. Damals, so berichtet Jhering, gehörte die „Vorlage von Rechtsfällen im ersten Examen ... zu den Seltenheiten" (369), heute ist das fast immer so. Verkehrte Welten. Heute würde Jhering wohl ebenso fulminant eine Kritik zu unserer Einzelfallorientierung, der Abwägungskasuistik der Höchstgerichte und der Prinzipien- und Begriffsschwäche der Rechtswissenschaft schreiben. Unsere Jurisprudenz kontrastiert zur damals für Jhering zu starren Begriffs- und Systemwelt der Pandektistik, wie man sie nun abschätzig nennt, mehr als deutlich. Eine sehr politische **„Zweckmäßigkeits"-Kultur** des Rechts wurde hervorgebracht, die er sich kaum hätte träumen lassen, als er „Zweckmäßigkeits"-Argumente neben begrifflichen und systematischen Argumenten einforderte. Im Gegenteil pries er ja die schulmäßige, begriffliche Ausbildung der kontinentalen Rechtskultur etwa im Vergleich zu England (*Scherz* 352) und hielt daran fest, dass „wenn auf irgendeinem Gebiet das begriffliche und begriffsbildende und in strenger Konsequenz fortschreitende Denken am Platz ist, so ist es auch auf dem des Rechts." (362)

1373　Aber wie war das so heftig geforderte, engere Verhältnis zwischen **Logik und Leben**, zwischen **Theorie und Praxis**, genauer zu bestimmen? Dazu lesen wir nur, „sie sind beide zu vereinigen" (355 f.) – irgendwie, also eine Sache des Takts, wie man sagte, der Begabung, der Personen, für deren Förderung Jhering im Übrigen sinnreiche Juristen-Ausbildungsvorschläge macht (365 ff.). Ausbildungsvorschläge sind also schon lange ein konsequenter Lieblingstummelplatz der Methodenkämpfer. Aber Jhering, geb. 1818, gehört in eine ältere juristische Epoche, obwohl er dies alles 1884 schrieb. Denn dass spätestens seit 1871 im neuen Deutschen Reich Verfassungsrechtsprobleme in der gebotenen Rechtsanwendung stecken könnten, die auch die Methodenfrage prägen müssten, kommt ihm nicht in den Sinn. Immerhin hatte § 1 *Gerichtsverfassungsgesetz* gerade 1877 den neu erkämpften, in der Sache verfassungsrechtlichen Satz fixiert:

> „Die richterliche Gewalt wird durch unabhängige, nur dem Gesetz unterworfene Gerichte ausgeübt."

– ein Satz, der bis heute gilt und den Art. 97 Abs. 1 Grundgesetz 1949 fast wörtlich wiederholt.

IV. Die Schlachtrufe im Methodenkampf – ein historischer Überblick

Den **Verfassungsbezug** zu sehen, das war, in merkwürdiger Verkehrung unserer Ahnenreihen seines Freundes **Windscheid** Sache gewesen, den man so lange einseitig als bloßen Begriffsjuristen bekämpfte wie man seinen besten Freund Jhering ebenso einseitig als Zweckjuristen verehrte.

Jherings berühmte Satire trifft also einige der immer wiederkehrenden, unsinnigen **Einseitigkeiten juristischer Methodenkonzepte und -realitäten**. Er selbst rekonstruiert die lange Methodengeschichte seit Rom als eine der jeweils *zu* praktischen oder *zu* theoretischen Einseitigkeiten (in *Scherz* 354 f.). Seine Satire trifft jedoch nicht den methodischen Kern irgendeiner modernen Jurisprudenz, die sich von Verfassungswegen als parlamentarisch-demokratisch gebundene Gesetzes- und Gesetzesanwendungskultur verstehen muss und nicht mehr vor allem als die Sache eines klugen Juristenstandes. Scheinlogiken und Lebensfremdheiten sind Rhetoriken und Missbräuche, die stets vorkommen, aber auch zu Jherings Zeit nicht etwa dominant waren, wie er selbst einräumt. Der ausgewogenere Windscheid wusste noch sehr gut, dass Jherings Angriffe vor allem „als Warnung dienen" sollten und konnten, nicht als verlässliche Beschreibung einer herrschenden Methode.[5] Was aber war dann der tragfähige methodische Kern der sog. *Begriffsjurisprudenz*?

Sofort und rund zwanzig Jahre lang lasen viele in Jherings Satire auf scheinlogische, lebensfremde Einseitigkeiten unrichtig eine methodische Generalabrechnung hinein. Konsequent hatten dann die Freirechtler und ein jüngerer Hauptkritiker wie *Philipp Heck* (1858–1943) Mühe, zu erklären, was sie eigentlich an der *Begriffsjurisprudenz* methodisch kritisieren wollten. Als Hauptmatador der bald siegreichen *Interessenjurisprudenz* seit etwa 1905 musste Heck seine Absage an die alte *Begriffsjurisprudenz* begründen. Er nannte das Fehlerhafte daran schließlich „**Inversionsverfahren**" – und meinte das Zauberkunststück mit dem Hasen im Zylinder, der immer schon hineingesteckt war, wenn er heraus gezaubert wird. Heck schrieb eigens einen Aufsatz zu der Frage *Was ist diejenige Begriffsjurisprudenz, die wir bekämpfen?*[6] und nannte sie „technische Begriffsjurisprudenz". Was das heißen sollte, kann wieder am besten ein längeres – denn erstes Verstehen geht hier nicht kurz ab – Originalzitat klarmachen:

> „Wir verstehen unter ihr diejenige Richtung der Jurisprudenz, welche die allgemeinen Gebotsbegriffe als Grundlage derselben Rechtssätze behandelt, durch deren Zusammenfassung sie tatsächlich entstanden sind. Diese Richtung wird von ihren Gegnern auch ‚konstruktive' oder ‚scholastische' Jurisprudenz, von ihren Anhängern gelegentlich ‚höhere' genannt. Man könnte sie vielleicht am deutlichsten als *Inversionsverfahren* bezeichnen. Denn bei ihr wird die wirkliche Beziehung zwischen den Rechtssätzen und den zusammenfassenden Gebotsbegriffen umgekehrt. Es findet eine *Inversion* statt. Die Vertauschung der Rollen wird gerade von *Sohm*[7] sehr anschaulich geschildert: der Gebotsbegriff, zum Beispiel der Begriff des Eigentums, wird nach *Sohm* tatsächlich aus den positiven Rechtssätzen durch Zusammenfassung gewonnen. Aber ‚die Wissenschaft leitet', wie Sohm sagt, ‚aus dem Begriff des Eigentums, aus dem Begriff der Tradition [d.h. Übergabe der Sache] usw. die einzelnen positiven Rechtssätze ab. Dieselben Rechtssätze welche sie vorher in jene Begriffe hinein getan hat.' Sie verfährt so, ‚als ob sie jene Rechtssätze aus

---

5 Siehe *Bernhard Windscheid*, Lehrbuch der Pandekten I, 8. Aufl. Frankfurt am Main 1900, § 10 Fn. 4 a; auch oben zu Windscheid Rn. 300.
6 In Deutsche Juristen-Zeitung 1909, Sp. 1457–1461; auch bei *Andreas Gängel* u. *Karl Mollnau* (Hrsg.), Gesetzesbindung und Richterfreiheit. Texte zur Methodendebatte 1900–1914, Freiburg 1992, S. 124–131.
7 Gemeint ist das berühmte Einführungsbuch von *Rudolf Sohm*, Institutionen. Geschichte und System des Privatrechts, 4. Aufl. 1889, § 8 am Ende.

gewissen allgemeinen Prinzipien frei hervorbrächte'. In entsprechender Weise werden die spezielleren Gebotsbegriffe aus immer allgemeineren abgeleitet, so daß das ganze System einen logisch-deduktiven Charakter erhält, bis ‚die ganze Masse des Rechts als die freie Entfaltung des einzigen Begriffs, des Begriffs des Rechts zur Anschauung gelangt.' ... Für die Rechtsprechung wird die Inversion in der Weise verwertet, dass man bei zweifelhaften Fragen die vorhandenen Rechtsbegriffe zu einem Begriffe [d.h. Oberbegriff] zusammenfasst, den Begriff genau formuliert (Konstruktion) und dann aus der Formulierung die Entscheidung ableitet (Rechtsfindung durch Konstruktion. Formelverwertung)."[8]

1377 Diese Kritik traf ins Schwarze, aber sie traf nur eine ziemlich banale Sache, den in der Tat immer verführerischen, scheinlogischen Umgang mit Wort- und Begriffsargumenten, genauer: die Erschleichung von dann auslegbaren Begriffsinhalten durch falsche Begriffsbildung. So etwas war nie als juristische Methode ernst genommen worden, schon gar nicht von Savigny, Puchta, Windscheid oder Sohm, auch wenn sich Beispiele für Scheinlogik finden ließen.

1378 In Wahrheit ist gegen zutreffende **Verallgemeinerungen bei der Begriffsbildung** nichts zu sagen, im Gegenteil. So wurde etwa *Rechtsgeschäft* als Oberbegriff zu *Vertrag* oder *Willenserklärung* als Oberbegriff zu *Rechtsgeschäft* entwickelt, wobei jeweils wesentliche Merkmale erhalten blieben. Wenn es dann z.B. um *Gefälligkeitshandlungen* geht, ist damit schnell klar, dass es darauf ankommt, ob sie im wesentlichen Punkt die Qualität von Willenserklärungen haben, da in der Regel nur so freie, rechtsgeschäftliche, Rechtsbindung eintreten darf. Auf diese Weise wird in fachlich abgekürzter, begrifflicher Weise die Lebenswelt juristisch erfasst und geordnet. Wenn dann trotz fehlender Willenserklärung Rechtsbindung eintreten soll, so ist dies zugleich als Besonderheit gegenüber dem geltenden, begrifflich präzisierten Recht ausgewiesen und besonders zu begründen. Was daran erschlichen, falsch, gefährlich, lebensfremd, wirklichkeitsfremd und juristisch unbrauchbar oder unredlich sein soll, alles Vorwürfe gegen die *Begriffsjurisprudenz*, bleibt unverständlich. Es ist tägliches Brot einigermaßen rationaler Jurisprudenz. Scheinlogik muss davon unterschieden werden. Nur dafür trifft die Kritik Jherings wie Hecks.

1379 Aber wann handelt es sich um Scheinlogik? Heck beklagt vor allem Vernachlässigung der *Lebens*-Interessen in der Begriffsarbeit. Aber die von ihm angegriffene ‚**Scheinlogik**' **der Inversion** konnte ebenso gut „das Leben" berücksichtigen wie seine offene „Interessenabwägung" nach den gesetzlichen Wertungen – wenn nur die Begriffe passend gebildet waren. Bleibt die juristische Begriffsarbeit in ihren leicht erkennbaren Grenzen als bloße Abstraktion von bestimmten Lagen, so wird durch sie „das Leben" keineswegs gehindert, relevant zu werden. Freilich: Im Verfassungsstaat der Neuzeit muss „das Leben" durch das kompetente Gesetz wirken. Oft wird angenommen, „das Leben" werde lebendig quasi durch ‚sich selbst', von Fall zu Fall, oder wenigstens durch lebensnahe Juristen. Aber damit wird das Problem nur vernebelt. Was eigentlich das **richtige Leben** ausmacht, denn darum geht es rechtlich, liegt immer in menschlichen Händen, bei Vertragsparteien, Konfliktparteien, Juristen aller Art. Es kommt also darauf an, wer es in Händen hat. Wer soll hier welche Kompetenz haben? Das war die **Verfassungsfrage** daran. Grundbegriffe wie Rechtsquellenlehre, Privatautonomie, Sozialautonomie, Demokratie („Alle Staatsgewalt geht vom Volke aus", Art. 20 Abs. 2 S. 1 GG) geben darauf Antworten.

---

8 *Heck* bei *Mollnau/Gängel* (wie Fn. 6) 125 f.; s. auch für Heck oben Rn. 439 und 465.

IV. Die Schlachtrufe im Methodenkampf – ein historischer Überblick

Hecks Kritik hatte also zwar für manche Beispiele von Scheinlogik recht, aber gerade nicht im Ganzen, im **bloßen Verweis auf ‚Leben'**. Positiv hielt er sich denn auch gar nicht daran, sondern zeitgemäß an die gesetzgeberische Interessentscheidung. Es musste viel Distanz gewonnen werden, um zu sehen, gegen welche ernstzunehmende Methode man nun ab 1905 mit den neuen Schlagworten *Interessenjurisprudenz* und *Freirecht* eigentlich anzurennen begann. Jhering hatte dazu Scherzhaftes und Ernsthaftes offenbar ziemlich unentwirrbar vermischt. Das gilt es also zu entwirren. Umstandslos hatte er in schnell berühmten, wortgewaltigen Antithesen das *Leben* gegen die *Logik* beschworen. „Das Leben ist nicht der Begriffe, sondern die Begriffe sind des Lebens wegen da." (*Geist* III 1 [1865], ⁴1884, 320). Das war im damaligen Kontext klar als Warnung zu verstehen, aber als generelle neue Kompetenzklärung natürlich, wie gezeigt, viel zu simpel. Jhering hatte auch die „legislative Gestaltung" (*Scherz* 338, 358) von der rechtswissenschaftlichen und rechtsanwendenden Juristenrolle nicht so klar getrennt, wie es dem sachlichen Unterschied der Aufgaben und vor allem den nun verfassungsgebotenen Kompetenzgrenzen für die praktische Jurisprudenz entsprach. Hier setzte Heck positiv und zukunftsträchtig an. Aber einiges Ernste über die Einseitigkeitssatire hinaus findet sich natürlich doch bei Jhering und erst recht bei den Hauptbeschuldigten, seinem Freund Windscheid, seinem Lehrer Puchta und dessen Lehrer Savigny. Heck tut das ab und konzentriert sich auf die von ihm sog. technische Begriffsjurisprudenz mit dem Inversionsverfahren – wie gezeigt, aber zu eng.

Auch mitten in der heftigsten Polemik um *Freirecht* und *Interessenjurisprudenz* war das Problem einigen noch sehr klar, etwa dem Altmeister Rudolf Sohm. Er mischte sich 1910 noch einmal ein mit einem aufschlussreichen Beitrag *Über Begriffsjurisprudenz*.[9] Man müsse unterscheiden zwischen der *Begriffsbildung* zum positiven Recht und der *Darstellung* des positiven Rechts in seinen Begriffen. Wesentlich sei die **Arbeitsteilung** dabei, zumal ihr verfassungspolitischer Sinn. Sohm wusste, wovon er sprach – er war rechtspolitisch versiert und beteiligt gewesen an der BGB-Gesetzgebung, ebenso wie Windscheid, übrigens im Gegensatz zu Jhering.

Eine besonders deutliche Darstellung zum Thema **Begriffsbildung und -darstellung** findet man ausgerechnet erneut bei Jhering, aber ziemlich versteckt in seinem unvollendeten und unübersichtlichen, rechtsphilosophisch gemeinten Großwerk *Der Zweck im Recht* von 1877 und 1883. Diese Darstellung gilt nicht unmittelbar der Jurisprudenz, wo es ihm wohl selbstverständlich schien, sondern der insoweit ähnlich gelagerten Ethik. Die Parallele zieht er selbst. Hören wir noch einmal Jhering mit dieser wichtigen Stelle, deren Würdigung so viel nutzlose Polemik hätte ersparen können. Und stören wir uns nicht an seinem nicht ganz einfachen Satzbau:

> „In derselben Weise, wie die Jurisprudenz aus Gründen, die nicht hierher gehören, die ursprüngliche Form, in der das Recht historisch zur Erscheinung gelangt: die *imperativische* des Gebots und Verbots mit einer anderen: der *begrifflichen* vertauscht hat, hat es auch die Ethik mit den sittlichen Imperativen getan. An die Stelle des *Solls der Norm* hat sie das *Sein des Begriffs* (des sittlichen Gutes, der Tugend, der Pflicht, des sittlichen Menschen) gesetzt, die Normen streifen ihre imperativische Form ab und schlagen nieder (sic) zu Begriffen. Die ganze Darstellung nimmt auf diese Weise den Charakter der Beschreibung einer geistigen Welt an, der sich die Wissenschaft gerade so gegenüberstellt, wie der Naturforscher der Natur: sie gibt nicht an, was sein *soll*, was von Seiten der Person *ge-*

---

9 In Deutsche Juristen-Zeitung 1910, Sp. 114–118, erneut in dem Sammelband von *W. Krawietz* (Hrsg.), Theorie und Technik der Begriffsjurisprudenz, Darmstadt 1976, S. 179–185.

IV. Die Schlachtrufe im Methodenkampf – ein historischer Überblick

schehen soll, sondern sie stellt dar, was *ist*, sie *schildert, beschreibt, entwickelt. … allein, von der Darstellung ist die Untersuchung und Forschung wohl zu unterscheiden*, für letztere aber ist die Rückkehr zu der natürlichen und ursprünglichen Form des Imperativs meines Erachtens unerläßlich. Als ausschließliche Betrachtungsform des Sittlichen schließt jede begriffliche Auffassung für die Ethik eine Gefahr in sich, deren ich bei der Jurisprudenz aus eigner und fremder Erfahrung längst inne geworden bin: die, über dem *Begriff* den *Zweck* außer Acht zu lassen. Bei dem Begriff entschlägt man sich nur zu leicht der Frage nach dem Zweck. Er [d.h. der Begriff] tritt uns entgegen in dem Gewande einer für sich seienden, in sich ruhenden, abgeschlossenen Existenz, er ist da, ganz so gut wie die Dinge der Natur. Wozu noch erst seine Existenzberechtigung in Frage stellen? Sie ist mit ihm selber gegeben, seine Existenz überhebt ihn dieses Nachweises. Bei dem Imperativ dagegen fragt jeder denkende Mensch sofort nach dem Warum, und diese Frage führt ihn zum letzten Grund der Sache zurück, der bei allen praktischen Dingen im Zwecke besteht. Die begriffliche Form dagegen lenkt ihn von dieser Frage nach der Quelle ab und verlockt ihn in die Bahn einer Dialektik, welche ihm vorspiegelt, er könne mithilfe rein formaler Operationen (Konsequenz – Konstruktion – Spekulation) die Wahrheit gewinnen …" (*Zweck* II, Ausgabe 1905, 77 f., früher 99 f.)

1383 An der Parallele zur Ethik, dieser ebenfalls praktisch normativen Disziplin, macht Jhering endlich deutlich, dass **Begriffsbildungs- und Darstellungszusammenhang** gerade bei der Begriffs- und dieser Prinzipienjurisprudenz zu unterscheiden sind. Darin lag eine wesentliche und sinnvolle **Arbeitsteilung zwischen Politik und Recht**, die nicht polemisch aufgelöst werden darf.

Freilich: Die *Bildung* der maßgebenden Rechtsbegriffe durch Rechtswissenschaft, Gesetzgebung, Richterrecht und andere rechtsbildende Faktoren muss natürlich die Zwecke stets berücksichtigen. Der *rechtsbildende* Gesetzgeber soll und darf anders als der das positive Recht *darstellende* Jurist nie zum „Juristen als solchen" werden. Er darf also ethische, politische, volkswirtschaftliche u.a. nicht juristische Überlegungen einmischen, um das geflügelte Wort Windscheids, ebenfalls von 1884, zu verwenden;[10] und umgekehrt darf der Jurist als solcher nicht zum Gesetzgeber werden und solche Überlegungen rechtsbildend in sein Darstellen einmischen. Die Gesetzgebung sollte daher ihre Regeln in möglichst feste Formen gießen und nicht durch allgemeine Zweckformeln steuern. Denn dadurch relativiert sie selbst den in aller Regel verlässlicheren Buchstaben und öffnet ihn für illoyales Auslegen. Die **Darstellung** eines positiven Rechts in streng begrifflicher Form wollte daher nur zeigen „wie es ist", kurz, fachlich und knapp. Sie räsoniert nicht. Je mehr sie dies will, desto mehr wird sie die Zweckfragen, den Zweck ihrer regelnden Begriffe oder Worte mitbedenken, sonst nicht. Wir haben nun mal vor allem die Worte. Das ist alles ganz einfach und klar und hat seinen guten verfassungspolitischen Sinn.

1384 Wie viel *Begriff* und wie viel *Zweck* das rechte juristische Methodenmaß voll machen, bleibt freilich eine weitere Frage. Methode soll weder Begriffe bilden, noch sie darstellen, sondern den Umsetzungsweg weisen. Das **Begriffs- und Zweckmaß** dabei hängt also zunächst von den Umsetzungsnormen ab. Es lässt sich gewiss nicht einheitlich fixieren. Es fällt jedenfalls sehr verschieden aus für den Recht schaffenden Gesetzgeber (er ist ‚nur' verfassungsgebunden, Art. 1 Abs. 3, 20 Abs. 3 GG), für die eingreifende Exekutive (Art. 1 Abs. 3, 20 Abs. 3 GG und bes. die Abwehrgrundrechte), für den die

---

10 Siehe zu dieser berühmt-berüchtigten Sentenz oben bei Windscheid Rn. 313.

IV. Die Schlachtrufe im Methodenkampf – ein historischer Überblick

Rechtmäßigkeit kontrollierenden Richter (er ist „dem Gesetz unterworfen", 97 Abs. 1 GG), wieder anders für den planenden Verwalter (diese Gesetze lassen ihm viel „Abwägung") und erst recht für die normativ ganz freie Rechtswissenschaft (Art. 5 Abs. 3 GG), wenn sie nicht zugleich Rechtspraxis sein will, um nur die Hauptfälle zu bedenken. Die Regel heißt also: Je freier, desto zweckoffener, je gebundener, desto begrifflicher.

Selbst Jherings Zutrauen zu Begriffen war also beträchtlich, ob nun vor (wie im *Geist*-Buch) oder nach seiner angeblichen Wende (wie im *Zweck*-Buch), hatte freilich eine tieferen **philosophischen Grund**, seine **evolutionistische Begriffsontologie**. Er glaubte nämlich geradezu enthusiastisch an eine erforschbare und feste, sittliche und juristische Begriffswelt, an ein „sittliches Planetensystem mit derselben Ordnung und Harmonie … wie das Planetensystem des Himmels" (*Geist* I ¹1852, § 5, S. 54 f., ⁴1878, S. 62).[11] Obwohl zentrale Prämisse und Forschungsleitlinie Jherings, wurde das kaum thematisiert. Sein idealistischer Forschungsglaube und seine empirisch immer weiter suchende Forschungspraxis müssten genauer gewürdigt werden; jedenfalls gelang es ihm je länger je weniger, beides in Harmonie zu halten.

Begriffsjurisprudenz ist also teils Banalität, teils Phantom, teils problematische Philosophie, teils berechtigte Darstellungs- und abgekürzt fachliche juristische Arbeitsweise. Dies zu wissen ist wichtig, es genügt aber auch. Viel wichtiger für heute ist es, den wirklichen Gegner in diesen Debatten zu kennen, und das war die damalige *Prinzipienjurisprudenz*.

Der wirkliche Gegner der Zweck-, Interessen-, Freirechts-, Lebens- und Wertprediger war nicht die sog. *Begriffsjurisprudenz*, auch nicht die Heck'sche „technische", sondern etwas, was man *Prinzipienjurisprudenz* nennen muss. Es ging ja nicht einfach um präzise Begriffe, sondern um ein nach Prinzipien geordnetes systematisches Ganzes. Präzise Begriffe waren nur die Bauelemente dafür. Ein positiver Name dafür erschien zunächst unnötig und später überwog schon die Polemik. Vor allem Savigny, Puchta und Windscheid hatten diese Prinzipienjurisprudenz ausgestaltet und durchgesetzt. Das kam so:

Der erste Blick muss auf die **Verfassungslage** gehen. Denn juristische Methodenfragen reflektieren auf Verfassungslagen. Die großen Kodifikationen des späten 18. und des 19. Jahrhunderts (also *ALR, Code civil, ABGB, Sächs. BGB, BGB, ZGB* – gleich etwas mehr dazu) hatten eine gewaltige Umbildung der Rechtswelt unternommen, die noch unsere Gegenwart bestimmt. Diese **Kodifikationen** fassten erstmals auch das Privatrecht abschließend und exklusiv zusammen und konstituierten es so als autonomen Bereich. Sie beseitigten damit die jahrhundertealte Rechtsvielfalt von Edikten, Ordnungen, Statuten, Erlassen, Befehlen, Herkommen, rezipiertem Recht usw. Nur die Kodifikation hatte ab sofort zu gelten. Ihre allgemeinen und vollständig gemeinten Sätze dienten als Panier für die Durchsetzung von Freiheit und Gleichheit, genauer: von gleicher Freiheit. Ihre Sätze hatten in der Sache Verfassungscharakter, zumal es im

---

11 Und Jhering fügt enthusiastisch hinzu: „die wahre Poesie des Rechts liegt in der Erhabenheit seines Problems und in seiner an Majestät und Gesetzmäßigkeit dem Laufe der Gestirne vergleichbaren Bewegung" – d.h. Evolution und zwar „gesetzmäßige"; als Problem bleibt also nur deren Erkenntnis; daher sein berühmtes optimistisches Werk über „Geist des römischen Rechts auf den verschiedenen Stufen seiner Entwicklung" (unvollendet, 1852–1865) – über die gesetzmäßigen Stufen zur aktuellen rechtlichen Wahrheit. Bei „sittlichem Planetensystem" handelt es sich um einen alten Topos, seit Kopernikus s. nur *I. Kant*, „Bewunderung und Ehrfurcht" für zwei Dinge erfüllten das Gemüt: „Der bestirnte Himmel über mir, und das moralische Gesetz in mir", in Kritik der praktischen Vernunft, Riga 1788, S. A 289, im Schluss.

deutschen Raum nur teilweise förmliche Verfassungen gab. Privatrechtskodifikation war hier Verfassungsersatz (*D. Grimm*).

1389 Zugleich hatte eine ebenso gewaltige **Zentralisierung** des Rechtswesens eingesetzt. Ein juristischer Leviathan, das biblische Machtungeheuer, war als moderner Staat neu erstanden, dessen Kräfte deutlich weiterreichten als es Thomas Hobbes im *Leviathan* (1651) je gedacht und die absolutistischen Herrscher jemals hatten durchsetzen können. Denn sie hatten immer den Adel und den Klerus als kraft Geburt und Institution mitherrschende Stände neben sich. Aber seit 1776 und 1789 sollte nur noch das „Volk" herrschen, in welcher Brechung auch immer. Eine allgemeine Bürger-, dann Staatsbürgergesellschaft stand nun einem allmächtigen Rechtssouverän ‚Volk' gegenüber. Diesen neuen Leviathan galt es zugleich zu bewahren und zu bändigen – zu bewahren als demokratische Volkssouveränität von gleich Freien, zu bändigen als Tyrannei des ‚Volkes', die entstehen konnte. Frankreich hatte das Beispiel gegeben für beides, hier mit der Nationalversammlung und dort mit der Guillotine; die USA behielten die Tyrannei der Ungleichheit durch Sklaverei lange nach 1776 bei, bis 1866 und länger. Rechtsmethodisch sollte nun *La Loi*, das Rechtsymbol der Revolution, vor Tyrannei sichern. Gemeint war das *allgemeine* Gesetz, so allgemein wie die alterkämpfte englische *rule of law* seit 1215. Und dazu musste das Gesetz auch irgendwie vollständig sein, um nicht wieder in seinen Lücken der Willkür Raum zu lassen. Es musste **Kodifikation** werden und wurde es um 1800 in fast ganz Europa.

1390 In diesem spannungsreichen **Modernisierungskontext** stehen auch die neuen juristischen Methodenansätze nach 1800. Es geht um die **Rechtsbindung** der neu ermächtigten staatlichen Gewalten, also um Legislative und Verfassung, Gesetzgebung und Justiz und um Recht und Rechtswissenschaft. Die alte sog. Kontroversen-Gesetzgebung war dazu untauglich, da sie nur konkrete, streitige Fragen entschieden hatte, wie z.B. die Sächsischen *Konstitutionen* von 1572. Das letzte große Muster war unter englischer Regie ein Hannoversch-Englischer Entwurf eines *Codex Georgianus* von um 1770.[12] Dieser Codex enthielt einen längeren Einführungstitel mit 44 Paragrafen zu „Von Gesetzen und Gewohnheiten, Statuten, Ordnungen und Privilegien". Das spiegelte noch einmal die alte Rechtsvielfalt und versuchte nun, sie einigermaßen für die Rechtsanwendung zu bändigen. Der *Codex* wurde nicht Gesetz. Uns zeigt er einen höchst aufschlussreichen Versuch, in einem ganz anderen, vormodernen Verfassungskontext der Vielfalt diese Vielfalt zu bändigen.[13]

1391 Später sah man ein, dass eine halbwegs **sichere konkrete Vollständigkeit der Gesetzessätze Illusion** war. Weder mit immer mehr Kasuistik war sie zu erreichen, noch mit schroffen Auslegungs- und Kommentierverboten, also nicht so, wie es 1794 das preußische *Allgemeine Landrecht* mit seinen fast 20.000 Paragrafen versucht hatte. Daher hatten schon der französische *Code civil* von 1804 und das kaiserlich-österreichische *Allgemeine Bürgerliche Gesetzbuch* von 1811 auf eine **andere Art von Vollständigkeit** gesetzt, mit Savigny 1814 (s. sogleich Rn. 1394), um die Bindung an das allgemeine Gesetz zu sichern. Man sieht es schon am viel kleineren Umfang von je rund 2300 Paragrafen. Diese andere Art von Vollständigkeit schien durch eine Kombination von all-

---

12 Siehe die Edition von *Wilhelm Ebel* (Hrsg.), Friedrich Esajas Pufendorfs Entwurf eines hannoverschen Landrechts (vom Jahre 1772), Hildesheim 1970, aber gerade nicht ein *Landrecht*, wie es dort heißt.

13 Vertiefende Informationen unter Pufendorf im Handwörterbuch zur deutschen Rechtsgeschichte, und bei *Joachim Rückert* u. *Jürgen Vortmann* (Hrsg.), Niedersächsische Juristen. Ein historisches Lexikon mit landesgeschichtlicher Einführung und Bibliografie, Göttingen 2003, 2. wes. erweiterte Aufl. 2021.

IV. Die Schlachtrufe im Methodenkampf – ein historischer Überblick

gemeinen Prinzipien und konkreteren Sätzen erreichbar. Man kombinierte also solche allgemeinen Prinzipien- oder Grundsatznormen mit konkreteren Rechtssätzen. So begnügt sich der *Code civil* im Deliktsrecht mit seiner berühmten Generalnorm Art. 1382:

> „Jede Handlung eines Menschen, von welcher Art sie auch sei, die einem anderen Schaden verursacht, verbindet denjenigen, durch dessen Verschulden der Schaden entstanden ist, denselben zu ersetzen."

Das wurde dann durch konkretere Normen ergänzt und durch die Rechtsprechung in Fallgruppen weiter gesichtet und geordnet. Das *BGB* hat daraus gelernt und in den §§ 823 bis 852, also seinem Deliktsrecht, eine wesentlich präzisere **Mischung von Generalnormen und Einzelbestimmungen** geschaffen, siehe nur §§ 823 Abs. 1 und Abs. 2, also die ‚große' und die ‚kleine' Allgemeinbestimmung. Jedenfalls war damit eine neue Gesetzestechnik gefunden, die den neuen, rechtsstaatlich-freiheitlichen und demokratisch-parlamentarischen Zielen angemessen zu sein schien. Die leitende Idee war also, dass immer dann, wenn der konkrete Rechtssatz mit Tatbestand und Rechtsfolge nicht unmittelbar passte, die **Prinzipiennorm** dem Richter die maßgebende Richtung angeben sollte. Er war also dann ermächtigt zu etwas freierer Entscheidung, blieb aber doch rückgebunden an die allgemeine Zielsetzung.

1392

Das zeigte **Wirkung auf die Methoden**. In Frankreich und Österreich entstand die sog. exegetische, d.h. auslegende, Schule, die sich streng an den Gesetzeswortlauten zu orientieren versuchte. In Deutschland dominierte im Zivilrecht die *geschichtliche Schule*, die entgegen manchen Legenden ebenfalls sehr viel Wert auf Normstrenge und Normtreue legte, übrigens ebenso wie ihre mehr *praktisch-dogmatischen* Gegner. Das zeigt sich bei Savigny, Puchta und noch Windscheid, die in diesem Buch näher vorgestellt werden. Im Strafrecht schritt man, mit Savignys Billigung (s. Rn. 165), zur politischen Tat, also zu einer Welle von Kodifikationen, die nun genaueste Beachtung nach dem Grundsatz *nulla poena sine lege* forderten, ganz anders als die bis dahin wichtige alte *Peinliche Gerichtsordnung* (sog. *Carolina*) des alten Reiches von 1532 mit ihrem Verweis auf Analogie und externes Ratsuchen (Artt. 105, 219). Aus ähnlichen Gründen rechtsstaatlicher Bindung sollen z.B. Verordnungen heute auf Gesetzesermächtigungen beruhen gem. Art. 80 GG. Auch diese Unterscheidung von Verordnungen und Gesetzen wurde im 19. Jahrhundert neu entwickelt. Sie diente der rechtsstaatlich gebundenen Verteilung der Rechtsetzungskompetenzen zwischen Monarch/Exekutive und Ständevertretungen bzw. Parlamenten.

1393

Diesen Ideen und dieser Technik entsprach die ***Prinzipienjurisprudenz***. Sie so zu nennen, trifft gerade diesen ihren, aus heutiger methodengeschichtlicher und methodentheoretischer Sicht wichtigen Kern. Vor allem **Savigny** hatte sie in seinem *System des heutigen Römischen Rechts* (8 Bände, 1840–49) begründet und durchgestaltet, freilich ohne ein solches Schlagwort zu verwenden. Das passende Wort findet sich aber in einer berühmten Passage seiner wiederum bis heute wesentlichen Schrift *Über den Beruf unsrer Zeit für Gesetzgebung und Rechtswissenschaft* von 1814. Sie greift das Problem der Vollständigkeit von Recht und Gesetz auf, das eben durch noch so viel Kasuistik nicht zu lösen sei, und zieht den vielberühmten, seit Leibniz beliebten Geometrievergleich:

1394

> „Allein es gibt allerdings eine solche Vollständigkeit in anderer Art, wie sich durch einen Kunstausdruck der Geometrie klarmachen lässt. In jedem Dreyeck nämlich giebt

es gewisse Bestimmungen, aus deren Verbindung zugleich alle übrige mit Nothwendigkeit folgen: durch diese, z.B. durch zwey Seiten und den zwischenliegenden Winkel, ist das Dreyeck *gegeben*. Auf ähnliche Weise hat jeder Teil unseres Rechts solche Stücke, wodurch die übrigen gegeben sind: wir können sie die *leitenden Grundsätze* nennen. Diese heraus zu fühlen, und von ihnen ausgehend den innern Zusammenhang und die Art der Verwandtschaft aller juristischen Begriffe und Sätze zu erkennen, gehört eben zu den schwersten Aufgaben unsrer Wissenschaft, ja es ist eigentlich dasjenige, was unsrer Arbeit den wissenschaftlichen Charakter gibt." (22, analog auch 109, Hervorhebung hinzugefügt)

1395 Diese Passage hat viel Polemik auf sich gezogen, zumal das verführerische Wort vom „Rechnen mit Begriffen" fiel, das auch Windscheid seit 1862 festhielt.[14] Sie sei Beleg für lebensfremden, ja mathematischen Formalismus, zeige vernunftrechtlich-deduktivistische Ideale, sei eben ein Zeichen für *Begriffsjurisprudenz* im schlechten Sinne. In Wahrheit benutzt Savigny einen **Vergleich ohne Gleichsetzung**. Er beansprucht keinerlei begriffliche Vollständigkeit und steuert lediglich eine möglichst hohe „Sicherheit" der Rechtsanwendung an. Wichtiger ist sein Instrument: die „leitenden Grundsätze", die man „herausfühlen" soll, also die **leitenden Prinzipien**, in Verbindung mit einer systematischen Durcharbeitung der juristischen Begriffe und Sätze – als „Genealogie", nicht als Pyramide. Puchta hat das fortgeführt (Rn. 249, 262). Das soll die Rechtsgestaltung und Rechtsanwendung kontrolliert und kontrollierbar machen, kurz: bändigen. Diese Idee war keineswegs illusionär, sondern höchst nötig und fruchtbar im werdenden Rechtsstaat. Alle modernen Gesetzgebungen bedienen sich inzwischen dieser Technik. Und wenn sie es, wie etwa im europäischen Recht, nicht tun, ist die allgemeine Klage über Rechtsungewissheit groß und berechtigt.

1396 **Prinzipienjurisprudenz** bedeutete also sehr viel: eine bestimmte Auffassung von Recht, Rechtsquellen, System, Auslegung, Rechtsanwendung, subjektivem Recht usw. Sie betraf nahezu alle Grundfragen und -begriffe der modernen Jurisprudenz, also Fragen, die wir heute als Verfassungsfragen bezeichnen. Von hier aus führt übrigens eine strukturelle, nicht auch genetische, Brücke zur modernen Prinzipienjurisprudenz bei Dworkin, Canaris und Alexy.

1397 Diese *Prinzipienjurisprudenz* hatte eine inhaltliche und eine methodische Seite. **Inhaltlich** wollte sie nicht etwa bloß ‚formal' die **gleiche rechtliche Freiheit** sichern, wenigstens im Privatrecht. Denn das öffentliche Recht war trotz mancher Verfassungen noch ganz ineffektiv vor Gericht, es war kaum einmal einklagbar, und schon damit rechtlich und politisch noch viel ungleicher und unfreier als das Privatrecht. Als privatrechtliche Grundbegriffe mit Verfassungssubstanz wurden nun z.B. entwickelt: die allgemeine natürliche Rechtsfähigkeit, die allgemeine und gleiche Freiheit als erster Grundsatz und konkreter etwa die Vertrags-, Eigentums-, Eheeingehungs- und Vererbungsfreiheit, das Verschuldensprinzip, also die Zurechnung *nur* an den freien Willen (über Willenserklärung oder verschuldeten Pflichtverstoß), die Unzulässigkeit einer Selbstveräußerung und damit einer vollständigen Unterwerfung unter fremden Willen zum Beispiel in umfassenden Dienstverträgen, die Grundsatzunterscheidung öffentliches Recht als hoheitlich und Privatrecht als freiheitlich, die wenigstens das Privatrecht absichern sollte, usw. – so viele uns vertraute Grundbegriffe.

---

14 *Savigny*, Beruf, 1814, S. 29; *Windscheid*, Pandekten (Fn. 5), § 24, in allen Auflagen im gleichen Wortlaut: ^{1}1862, S. 56, ^{5}1879, S. 64, ^{8}1900, S. 94, ^{9}1906, S. 111; s. auch oben Rn. 333 f. u. 147.

IV. Die Schlachtrufe im Methodenkampf – ein historischer Überblick

Methodisch setzte man auf **System**. Was war daran so interessant? System diente als **Willkürabwehr**, nicht einfach nur als Summe von Ordnungsfächern. Willkür wurde schwerer, wenn man nur *einen* Grundbegriff an die Spitze stellte, eben als Prinzip, alles Übrige möglichst konsequent abgrenzte und verknüpfte und in möglichst präzise Begriffe goss. In diesem Sinne, nicht als Ordnungsspielerei, unternahm man es, den gesamten Rechts- und Begriffsvorrat durchzuarbeiten. Im Privatrecht also auf den Grundbegriff ‚gleiche Freiheit' hin und auf die Wahrung der Voraussetzungen und Entfaltungsbedingungen dieser Freiheit bis hinein in die einzelnen Rechtsinstitute. Schwer zu verstehen? Mit dieser dogmatischen Rechtsarbeit ordnete man das Recht auch schon ohne Kodifikation, durch ‚**wissenschaftliche**' Rechtsreform, längst vor 1848 und 1900. Auf diesem neuen und bemerkenswert tragfähigen inhaltlichen und methodischen Fundament konnte dann eine umfassende Kodifikation wie das BGB geleistet werden. Das BGB von 1900 ist eine Frucht dieser Arbeit, z.B. durch die Erfordernisse von Geschäftsfähigkeit und Irrtumsfreiheit bei Erklärungen (§§ 105 ff., 116 ff.) „Frei, ernst und zuverlässig" mussten die Erklärungen sein, nur dann galt die Rechtsbindung. Das BGB verbot, sein Vermögen vollständig wegzuverfügen oder dinglich zu belasten und sich so lebenslang zu knebeln (§§ 311 a.F. 1900/311 b n.F. 2002). Es schuf den sog. Numerus Clausus der Sachenrechte, kanalisierte also die Rechte am begrenzten Vorrat der Sachen, um eine möglichst effektive und freie Nutzung durch möglichst viele zu ermöglichen. Es schuf die Eheeingehungs- und Güterrechtsfreiheit, die Testier- und Erbvertragsfreiheit, usw.[15]

Unser BGB, das seit 1874 entstanden war, war vollständig von diesem inhaltlichen und methodischen Ideal geprägt. Aber es wurde ein **Gesetzbuch ohne Chance**. Die Verhältnisse – sie wurden nach 1900 bei weitem nicht so günstig für gleiche rechtliche Freiheit, wie man es in der rasanten Wohlfahrtsentwicklung nach etwa 1880 mit gutem Grund hatte erwarten können. Es genügen die bedrückenden Daten nach 1900: 1914 Krieg, 1923 Inflationsmaximum, 1929 Weltwirtschaftskrise und Massenarbeitslosigkeit, 1933 Völkisches Recht und Planwirtschaft, 1939 Krieg, 1945 massive Krise, Erholung erst bis um 1960. Das Mietrecht z.B. spiegelt das im Auf und Ab des Regulierens der Nöte bis in die 1960er Jahre genau. Das alles war schmerzlich für so Viele, aber es hatte nichts zu tun mit *Begriffsjurisprudenz* oder *Formalismus* oder auch *Positivismus,* eher im Gegenteil. Deren Grundideen oder Prinzipien hatten keinen bewaffneten Krieg ausgelöst oder befördert oder auch nur eine innere Kollektivierung zu einer ‚Gemeinschaft'. Oder sollen die Ideen der gleichen Freiheit, der individuellen Verfügungsrechte, der rechtsstaatlichen Gewaltenteilung, der Gesetzesbindung aller Staatsgewalt, insbes. auch der Bindung der Juristen durch Gesetze und Methode, und zuletzt des Rechtsetzungsmonopols des demokratischen Parlaments die sehr realen Weltkriege bewirkt haben? Sie haben die Kriege nicht verhindert, aber gewiss nicht bewirkt.

Ein anderes und weiteres Problem sind die philosophischen und wissenschaftstheoretischen **Grundlagen dieser Prinzipienjurisprudenz**. Ohne eine größere oder kleinere Philosophie kommt niemand aus und schon gar nicht die so wertbezogene Jurisprudenz. Das ist wenigstens anzudeuten. Das BGB wich der zwischen Idealismus und Realismus schwankenden Philosophie seines Jahrhunderts aus, indem es seine Grund-

---

15 Einen Einblick in diese prinzipiellen Zusammenhänge gebe ich in Das BGB und seine Prinzipien: Aufgabe, Lösung, Erfolg, in HKK (Fn. 4), Bd. I: Allgemeiner Teil, 2003, vor § 1, S. 34–122.

sätze einfach als damals allgemein anerkannt betrachtete und legitimierte.[16] Savigny begründete 1840 wesentliche Prinzipien in ähnlicher Weise, etwa mit dem dezidierten Hinweis auf die „christliche Lebensansicht", die nicht nur als „Regel des Lebens anzuerkennen" sei, sondern „in der Tat die Welt umgewandelt habe",[17] oder mit dem lapidaren Satz, sonst naturrechtlich klingend, „Jeder einzelne Mensch, und nur der einzelne Mensch, ist rechtsfähig", das sei der „ursprüngliche Begriff der Person oder des Rechtssubjekts"[18] – ursprünglich genügt ihm. Mit diesem Wörtchen deutete er aber eine zusätzliche Philosophie an, mit der er seine Wertungen über die allgemeine Anerkennung hinaus zusätzlich stützte. Es war die (Geschichts-)**Philosophie des objektiven Idealismus, insoweit, d.h. erkenntnistheoretisch** nach und gegen Kant, die im recht verstandenen Sein auch ein Sollen, eine gültige Wertung, zu erkennen verstand.[19] Aus Einsicht in die „innere Notwendigkeit" eines geschichtlichen Seins ergaben sich hier die maßgebenden Wertungen. Aus einem sichtbaren Sein wird also kraft besonderer Einsicht auf ein nicht weiter sichtbares Sollen geschlossen. Diese Begründung setzt eine entsprechende Metaphysik voraus, eine Lehre über die ‚Physik' hinaus. Diese Struktur kehrt bis heute in ähnlichen Begründungen wieder, auch wenn es sich nicht um systematisch ausgearbeitete idealistische Positionen wie bei Fichte, Hegel und Schelling handelt. In der Jurisprudenz betrifft das von den hier Behandelten etwa Jhering (nicht nur den frühen), Larenz, teilweise Coing und offenbar auch Canaris.[20] Wenn von *Prinzipienjurisprudenz* die Rede ist, kommt je nach Status der Prinzipien eine solche inhaltliche Philosophie hinzu. Anders steht es z.B., wenn nicht ‚erste' Prinzipien, sondern empirische Gesetzmäßigkeiten (z.B. Ebbe und Flut; Gefährlichkeit von Bürgschaftserklärungen), positiv gesetzte Prinzipien (z.B. Formzwang bei gefährlichen Erklärungen; Privatautonomie) oder logische Strukturen (z.B. Allgemeiner Teil; Vorrang der Verfassung) gemeint sind.

1401 *Begriffsjurisprudenz* und *Prinzipienjurisprudenz* sind jedenfalls nur **zwei Seiten derselben methodischen und inhaltlichen Richtung,** *Begriffsjurisprudenz* benennt die polemisch verwirrende Seite und die Bausteine, *Prinzipienjurisprudenz* den sachlich bis heute relevanten Kern. Die polemischen Irrungen und Verwirrungen sollten nun entschlüsselt sein, der tragfähige Kern geklärt, die jeweiligen Verfassungsvoraussetzungen einsichtig gemacht. Damit sind nun die weiteren Verwicklungen der Methodengeschichte relativ leicht verständlich und beurteilbar. Verwicklungen freilich blieben es, denn polemische Fehlverständnisse hatten sich teils festgesetzt, teils wurden sie immer neu je nach aktuellem Interesse produziert. Besonders polemisch führte man vor 1914 einen „Kampf um die Rechtswissenschaft", der zugleich ein Methoden-, Ausbildungs-, Justiz- und vor allem Verfassungskampf war. Die neuen Stichworte waren *Freirecht* und *Interessenjurisprudenz.*

---

16 In den „Motiven zu dem Entwurfe eines bürgerlichen Gesetzbuches für das Deutsche Reich" zu dem i. w. maßgebenden 1. Entwurf von 1888, heißt es in Bd. 1, Berlin 1888, S. 25 zu § 1 über die Rechtsfähigkeit: „bezeugt der gesamte Inhalt des Entwurfs diese von dem Rechtsbewußtsein der Gegenwart geforderte und als selbstverständlich betrachtete Anerkennung".
17 *Friedrich Carl von Savigny,* System des heutigen Römischen Rechts, Bd. 1, Berlin 1840, § 15, S. 53 f.
18 *Savigny,* Bd. 2, § 60, S. 2.
19 Dazu oben *Rückert* über Savigny, unter III. 8 u. 9 (Rn. 115 ff. u. 118 ff.).
20 Dazu jeweils oben die Einzelartikel.

IV. Die Schlachtrufe im Methodenkampf – ein historischer Überblick

III. Freirecht und Interessenjurisprudenz

Sie haben viel gemeinsam. Denn beides sind **Reformbewegungen nach 1900**, die zu fast gleicher Zeit und aus gemeinsamen Erfahrungen entspringen. Die Erfahrungen mit dem hochaktiven realen Gesetzgebungsstaat mit dem Reichstag seit 1871 erschütterten das Vertrauen in die Leistungskraft der *Prinzipienjurisprudenz*. Fin de siècle auch hier. Moderne Gesetze besetzten die Rechtslandschaften. Das muss eine elektrisierende und erschütternde Erfahrung gewesen sein, die wir nur schwer noch nachvollziehen können; in staunenswerter Fülle wurden vor allem das Wirtschafts- und Privatrecht kodifiziert. Eine kleine **Gesetzgebungsliste** kann schon genügen: ADHGB 1861/1870, UrhG und MusterschutzG 1870/1876, StGB 1871, GVG 1871, HaftpflichtG 1871, MarkenschutzG 1874, PatentG 1877, ZPO 1877, StPO 1877, KO 1877 (Nov. 1879, 1898), AktienRNov. 1884, GewerbeO 1869/71 (Nov. 1878, 1891), Sozialversicherungsgesetze 1883–89 (Unfall, Krankheit, Rente), GewerbeGerG 1890, GmbHG 1892, UWG 1896 (Nov. 1909), HGB 1897/1900, BGB 1896/1900, GrundbuchO 1900, usw.) – alles noch aktuell, die Abkürzungen müssten jedem Juristen geläufig sein.[21]

1402

Außer der bloßen Fülle kamen auch schwierige **grundsätzliche Reformprobleme** auf durch einige zentrale Vorgänge; auch dazu wenigstens einige Stichworte: Wie sollte man z.B. reagieren auf die schweren ökonomischen Krisen nach 1878 (sog. Gründerkrach; mehr Wettbewerb oder mehr Intervention? Oder ein dritter Weg?); oder auf die sozialen Erschütterungen durch ökonomisch wie sozial ungekannt massive Streiks (Bergarbeiter 1889; mehr Koalitionsfreiheit oder weniger? Mehr Arbeiterschutz oder nicht?); oder auf die Wahrnehmung proletarischer Armut in den explodierenden Städten („Soziale Frage"; Zwangswohnungsrecht? Zwangsversicherungen? Mehr Sozialhilfe? Progressives Steuerrecht?); oder umgekehrt auf die stark ungleiche Verteilung der im Ganzen großartigen Wohlfahrtsgewinne (Mitbestimmung? Gewinnbeteiligung? Mindestlohn? Sozialhilfe?); und wie auf die erstmals voll zentralisierte, sehr gestärkte Justiz (Reichsgericht 1877/79; ein neuer Konkurrent ums richtige Recht?); und auf die erstmalige, volle Gesetzesbindung der Privatrechtsjurisprudenz seit 1900 (BGB)? Souverän, Justiz und Juristenstand fanden sich unversehens in neuer Konkurrenz wieder (näher oben Rn 1358 d).

1403

Je mehr nun die Prinzipien aus den Gesetzen selbst fließen sollten, statt aus wissenschaftlichen Systemen, und je mehr zugleich die Grundsätze ins Schwanken gerieten, desto politischer und instabiler wurden die Prinzipien und Begriffe, womöglich schon mit der jeweils nächsten Wahl und Novelle. Man kam erstaunt an in der uns vertrauten, ziemlich beweglichen **Gesetzesflut und Prinzipienskepsis**. Und die schöne neue Justiz mit ihrem frischen Riesenpalast in Leipzig (erbaut 1884–1895) erschien nicht selten überfordert. Diese Erschütterungen ergriffen auch die Methodenfrage und mit ihr den Juristenstand.

1404

Methodisch verwarf man wieder sehr den Gedanken, überhaupt exakte, logisch zwingende **Fallanwendungen aus allgemeineren Prinzipien** gewinnen zu können. Das war freilich nicht neu und auch gar nicht die verfassungspolitische Absicht bei der Gesetzesbindung gewesen. Schon die alte Schlusslogik seit Aristoteles wusste genau um ihre Prämissen. Vermutlich war auch das spezifische Ergebnis aus Kants *Kritik der*

1405

---

21 Die weniger deutlichen sind wohl: ADHGB – Allgemeines Deutsches Handelsgesetzbuch, UrhG- Urheberrechtsschutzgesetz, GVG – Gerichtsverfassungsgesetz, KO – Konkursordnung, GewO – Gewerbeordnung, UWG – Gesetz gegen den unlauteren Wettbewerb.

Urteilskraft von 1790 und erneut 1799 schon Allgemeingut: dass die „Urteilskraft", die Allgemeines und Besonderes verknüpfen müsse, sich nicht abschließend auf inhaltlich fixierende Regeln bringen lasse. Der Versuch führt in einen infiniten Regress, eine Dauerschleife. Denn es müsste für jede Anwendungsfrage immer eine weitere Regel gegeben werden. Auch die konkreten juristischen Gängelungsversuche durch Auslegungs- und Kommentierverbot sowie référé législatif bei irgendwelchen Unklarheiten (d.h. Rückfrage beim Gesetzgeber) seitens der absolutistischen Gesetzgeber hatte man aufgegeben. Der *Prinzipienjurisprudenz* ging es ohne große Illusionen nur um die einigermaßen klare Bindung durch allgemeine Vorgaben in einem geordneten System überhaupt.

1406 Wichtiger als die mehr logische und technische Kritik gegen die Vorstellung von „Gesetzesautomaten" und juristischen „Denkmaschinen", die freilich einen großen rhetorischen Raum einnahm, wurde aber eine **politisch-soziale Tendenzwende von Verfassungsbedeutung**. Denn rechtspolitisch schien nun weniger die Organisation der gemeinsamen gleichen Freiheit in klaren Grenzen der Rechte wichtig als die **Verteilung der Teilhaberechte** in der neuen Wohlfahrt im späten Kaiserreich nach 1900. Die sog. Soziale und Arbeiterfrage drängten. Man war reiche Weltmacht geworden und musste wohl auch Sozialstaat werden. Aber wer sollte die Hilfe bestimmen, die Anteile verteilen, die Konkurrenzkämpfe begrenzen? Nach welchen Regeln? Nur die Parlamente, vom Reichstag bis in die Landtage der Bundesstaaten? Oder mehr die Regierungen? Oder eben die Richter und der Juristenstand, als Sozialingenieure? Die Parlamente und Regierungen waren überwiegend in der Hand der sozialkonservativen Kräfte, vom Kaiser bis zum Bundesrat. Professoren oder gar Richter gab es in der sonst mächtig erstarkten SPD des Kaiserreichs so gut wie nicht. Auch im Juristenstand waren Reformkräfte nicht gerade dominant. Dennoch setzten nun manche gerade auf die Richter große Reformhoffnungen und wollten sie zu Richterkönigen statt, wie man sagte, Gesetzesknechten befördern. Die Methodenfrage kam so ins Zentrum. Die **neuen Antworten** lauteten *Freirechtsbewegung* und *Interessenjurisprudenz*. Beide gehören zum Methodenvorrat bis heute, bewusst und unbewusst. Ähnlich dicht wie bei der *Begriffsjurisprudenz* sind jedoch die wirklichen Absichten und Einsichten beider Richtungen von Polemik und Legenden, besonders beim Freirecht, und Umdeutungen, besonders bei der Interessenjurisprudenz, verstellt. Wieder kommt es hier darauf an, die inhaltliche und methodische Tendenz im Kontext zu verstehen, das in größere Linien einzuordnen und dazu die prominentesten Namen und Schriften kennen zu lernen, um eigenständig mitdenken können.

IV. Freirechtsbewegung

1407 „Freirechtler!" wird immer noch gern gerufen. Das kann großes Lob oder massive Kritik bedeuten, je nachdem: Lob für Lebensnähe, Realismus, theoretische Aufgeklärtheit, materiales Denken, Gerechtigkeitssinn; Kritik für Gesetzesferne, Richtermacht, Entscheidungswillkür, Subjektivismus. Diese Ambivalenz prägt schon die Anfänge der Bewegung. **Drei bekannte Namen und ein vergessener** müssen hier fallen: Eugen Ehrlich, Hermann Ulrich Kantorowicz, Ernst Fuchs und Ernst Stampe, geboren 1862, 1877, 1859, 1856 – eine schon dem Alter nach etwas inhomogene Gruppe also. Wirklich inhomogen waren ihre Milieus. Das muss betont werden, denn eine hartnäckige Legende spricht irreführend von einer Schule, während es sich um eine **lockere Kritikergruppierung** seit etwa 1903 handelt, die circa ab 1909 breiter in die

IV. Die Schlachtrufe im Methodenkampf – ein historischer Überblick

Diskussion kommt. Der weltoffene, ‚multikulturelle' und reformsozialistische Altösterreicher, Römischrechtler und Rechtstheoretiker *Ehrlich* steht nämlich neben dem jungen großbürgerlichen, linksliberalen, strafrechtlich und rechtshistorisch arbeitenden, philosophisch neukantianisch gebildeten Freiburger Privatdozenten *Kantorowicz*, dem badischen Kaufmannssohn, Karlsruher Rechtsanwalt, praxisbewegten, wenig theoretischen, linksliberalen Freidenker *Fuchs* und neben dem mecklenburgischen Gutspächtersohn, preußischen Infanterieoffizier, patriarchal-sozialen und politisch konservativen preußischen Zivilrechtsordinarius, ja ‚Sozialingenieur' aus Greifswald, *Stampe*. Eine gar nicht homogene Gruppierung also, keine gefestigte und weitreichende Schule mit ausgearbeiteter juristischer Methodenlehre und -praxis.

Das Schlagwort „**Freirecht**" entstand erst auf dem **Höhepunkt der rechtspolitischen Debatte um 1910**. Veranlasst wurde es durch die berühmte Wiener Programmschrift **Eugen Ehrlichs** von 1903 *Freie Rechtsfindung und freie Rechtswissenschaft*. Ehrlich bezog sich dabei ausdrücklich auf die große Methodenkritik des französischen Zivilrechtlers und Rechtstheoretikers F. Geny von 1899 an der exegetischen Schule zum Code civil und dessen Eintreten für eine „libre recherche scientifique". Wissenschaftliche Rechtsfindung war Ehrlichs Programm. Stampe empfahl dagegen „selbstschöpferische Rechtsfindung" (1905) und meinte vor allem die Justiz. Der Privatdozent **Kantorowicz** begann 1906 seinen berühmt gewordenen *Kampf um die Rechtswissenschaft*, vorsichtshalber noch pseudonym als „Gnaeus Flavius".[22] Ihm gelang damit die meistverbreitete und bis heute nachgedruckte Flugschrift der Bewegung. Brillant und brisant plädierte er darin für „freies" Recht, und das hieß **„nichtstaatliches"** **Recht**. Fuchs agierte mehr rechtspolitisch und theoretisch etwas verworren in Schriften wie *Schreibjustiz und Richterkönigtum* (1907) und mit Stichworten wie „freies Rechtsmeer" (1925), übrigens auch mit der wieder modischen Ausbildungsidee von Rechts-Kliniken. Die wichtigsten Texte sind damit genannt. Ihre Daten und die Schlagwortvarianten zeigen zweierlei: Die strengste Kritik entsteht unmittelbar nach 1900, als Reaktion vor allem auf die deutsche Privatrechtskodifikation. Sie war der Abschluss der erwähnten großen Kodifikationswelle im Reich seit 1871 und schien erneut die Richter- und Juristenposition zu verengen, zumal im an sich freieren Privatrecht. Gefordert wird entsprechend zweierlei: freies, nichtstaatliches Recht und konsequent freies Richtertum. Aber was sollte „nichtstaatliches" Recht um 1910 sein? Das blieb völlig dunkel, war aber gewiss keine Nebensache. Womöglich die damals stark aufkommenden Tarifverträge und Geschäftsbedingungen?

Positiv verband die Vier am Ende recht wenig. Es kam zu **keiner Schule** in Form einer gemeinsamen Zeitschrift (trotz Planungen), Lehrbuchreihe, Kommentierung oder einer ähnlichen Umsetzung des Programms in methodische Praxis, wie es etwa nach 1933 massiv geschah. Gemeinsam war den Freirechtlern und ihren Mitstreitern für eine recht kurze Spanne die scharfe Kritik an der „herrschenden" Methode. Für sie waren das die *Begriffsjurisprudenz*, der *Buchstabenglaube*, der *Formalismus, Konstruktivismus und Positivismus*, die *rein technische Rechtsfindung*, die *rein logische Geheim-Technik*, kurz: die für sie juristische Illusionswelt der *Prinzipienjurisprudenz*. Ganz auf der Linie von Jherings Polemik für „Zweck" und „Leben", die wir bereits kennen, und angereichert mit neuen Aspekten wie „soziologisch", „psychologisch",

---

22 Das war eine beziehungsreiche Anspielung auf die römische Erzählung von einem Schreiber Gnaeus Flavius, der den Priestern die Prozessformulare entwendet haben soll, sie veröffentlichte und so das Rechtswesen aus Geheimkunde und Priesterherrschaft befreite – zugunsten der nun entstehenden Juristen.

IV. Die Schlachtrufe im Methodenkampf – ein historischer Überblick

„modernistisch", „freidenkerisch", gingen sie erneut mit ihr, besser: mit dem, was sie dafür benannten, scharf ins Gericht.

1410 Lassen wir alle Legenden über eine positive Schulbildung dieser nur lockeren Gruppierung, über eine angeblich allgemeine Freirechts-Bewegung vor 1914, einen Sieg nach 1919, den nur Ernst Fuchs selbst ausrief, beiseite, und konzentrieren wir uns wieder auf die **Verfassungsperspektive**. Diesmal war sie den Hauptmatadoren bewusst. „Wer ist für den Verfasser ... Gesetzgeber? Kaiser und Reich, oder die Interessenlage?" fragte ein prominenter Kritiker in Kritik an Stampe 1905[23] und traf damit ins Schwarze. Er hätte hinzufügen können, wie es andere dann taten, „oder der Richterkönig?" Die Aufgeregtheit der Debatte bestätigt die Vermutung, dass man weniger um Methodenfragen rang, als um verfassungspolitische Kompetenzen und zeitgemäß sozialkritische Reformwege.

1411 **Was bleibt?** Die Schrift von Kantorowicz wird immer lehrreich und unterhaltsam bleiben als brillant geschriebene Attacke gegen Rationalitätsillusionen der Juristen. Aber ganz wie Jherings Scherz-Kritik schießt sie in satirischer Absicht weit über die sachlich berechtigte Kritik hinaus. Und mehr als bei diesem bleiben die methodischen Vorschläge vage. Nur Ehrlich schrieb 1918 noch eine bedeutende *Juristische Logik*, die aber kaum noch wirkte. Ernst Fuchs schrieb zahllose kurze, oft scharfe Urteilskritiken. Aber sie beweisen mehr sein Engagement als eine bessere Methode. Auch seine Idee juristischer „Kliniken" blieb methodisch vage. Stampe gab den konservativen Auftakt zum juristischen Sozialingenieur.

1412 Die Freirechtsbewegung darf also als **lehrreich kritisch** verbucht werden, als Gewissensschärfung. Das ist gewiss immer wieder nötig, etwa wie nach 1925 in der republikanischen Zeitschrift *Die Justiz* oder in den 1960er Jahren als kritisch-politische Jurisprudenz, wie sie hier mit Wiethölter vorgestellt wird (oben Rn. 878 ff.). Ein tragfähiges **neues Methodenkonzept** hat die Freirechtsbewegung **nicht gebracht**. So gehört sie zwar sehr in diesen Überblick, eine Darstellung ihres Zivilrechtsbegriffs und ihrer Methodik anhand einer ihrer Koryphäen erschien jedoch verzichtbar. Sie müsste anknüpfen an Stampes unvollendeten Versuch eines ganz neuartigen Lehrbuchs, an seine *Einführung in das bürgerliche Recht – Ein kurzes Lehrbuch nach neuem System und neuer Lehrmethode*, 1920 – ein offenes Kapitel.

V. Interessenjurisprudenz

1413 Was der Freirechtsbewegung an **Methodenpraxis** fehlte, hat die Interessenjurisprudenz in reichem Maße vorgelegt. Sie blieb bis heute damit lebendig. Immer noch höchst lehrreich sind die beiden Lehrbücher ihres Hauptmatadors Philipp Heck, der *Grundriss des Schuldrechts* von 1929, Neudruck 1958, und der *Grundriss des Sachenrechts* von 1930, Neudruck 1960. Dem damals längst sehr erfahrenen, 71jährigen Heck (1858–1943) gelang darin eine besonders glückliche **Mischung von Begriffs- und Zweckbetrachtung**. Er nennt das treffend „Interessenforschung". Methodengeschichtlich und -theoretisch aufschlussreich sind schon die Vorworte und ebenso der Methodenanhang des Schuldrechtslehrbuchs. Überhaupt gehört Heck zu den Autoren die von Anfang an, d.h. seit den 1890er Jahren, zur Methodentheorie systematisch und höchst hilfreich beigetragen haben.

---

23 *Ernst Landsberg*, Das entgegengesetzte Extrem?, in Deutsche Juristen-Zeitung 1905, Sp. 921–925, 925.

IV. Die Schlachtrufe im Methodenkampf – ein historischer Überblick

Hecks Konzeption von Zivilrecht und Methode wird in diesem Buch eigens vorgestellt (in Rn. 428 ff.). An dieser Stelle sollen daher nur **drei wesentliche Punkte** akzentuiert werden, die im Zusammenhang von Bedeutung sind:

1414

Heck und seine Tübinger Schule der Interessenjurisprudenz halten die **Kritik** an der „alten Begriffsjurisprudenz" **als lebensfremd und formalistisch** (1929, 482) ausdrücklich fest. Gleich im Vorwort erfährt „der Student", er müsse „wissen, dass er sein Augenmerk stets auf den Zusammenhang zwischen *Recht und Leben* zu richten hat. Er muß die Überzeugung gewinnen, daß ein Rechtssatz erst dann verstanden ist, wenn seine Tragweite für die Lebensinteressen klar liegt ..." (1930, III f.). „Leben" wurde wieder Leitstern – und wieder war die Frage welches Leben?

1415

Die Interessenjurisprudenz will eine „**Methodenlehre für die praktische Rechtswissenschaft**" sein, zumal für die Justiz. Sie will „die Grundsätze feststellen, die der Richter bei seiner Fallentscheidung befolgen soll und die deshalb auch für den Forscher, der die Arbeit des Richters vorbereiten will, maßgebend sind." Sie will keine Lebensphilosophie und keine Rechtsphilosophie sein. Das heißt damals freilich nicht, dass sie philosophiefrei gewesen wäre. Das muss hier aber auf sich beruhen, oben zu Heck ist es angedeutet (Rn. 433).

1416

Der **Verfassungszusammenhang** wird nun betont. Im Dezember 1932 fasst Heck das in einer Frankfurter Gastvorlesung über *Interessenjurisprudenz* so zusammen: Die erste von zwei ihm wesentlichen Einsichten gehe davon aus, „daß nach unserer Verfassung der Richter an das Gesetz gebunden ist"(so in Art. 102 WV 1919 genau wie in Art. 97 I GG). Auch der Richter habe wie der Gesetzgeber freilich Interessen abzugrenzen, Interessenkonflikte zu entscheiden. „Aber die Abwägung, die der *Gesetzgeber* vollzogen hat, geht der Eigenwertung des Richters vor und ist für den Richter maßgebend." Die zweite Einsicht gehe dahin, „dass unsere Gesetze im Verhältnis zu der *Lebensfülle* mangelhaft sind, unvollständig und nicht frei von Widersprüchen. Der moderne Gesetzgeber ist sich dieser Unzulänglichkeit bewusst und erwartet daher vom Richter nicht buchstäblichen, sondern *interessemäßigen Gehorsam*, nicht nur die logische Subsumtion unter Gesetzesgebote, sondern auch die Ergänzung fehlender und die Berichtigung mangelhafter Gebote". Der Richter habe also auch die Aufgabe der Lückenergänzung und solle auch dabei die gesetzlichen Werturteile anwenden. Doch könne er am Ende in die Lage kommen „den Konflikt nach seiner eigenen Wertung der Lebensinteressen zu entscheiden", zum Beispiel bei Widersprüchen, gesetzlichen Verweisen auf seine Wertung oder „Versagen" der gesetzlichen Wertung.

1417

Wie immer diese Methodenempfehlungen im Einzelnen wirken mögen, das Bewusstsein der normativen Bindungen ist klar. Für Heck ist die Methodenfrage durchaus **Verfassungsfrage**. Das hatte freilich eine überraschend **herbe Folge im Nationalsozialismus**. Denn 1936 anerkannte er in prämissenblinder Konsequenz den nationalsozialistischen Souverän als die Spitze der maßgebenden Verfassungsbindung. Die rechtsstaatlichen, demokratisch-parlamentarischen und liberalen Prämissen seiner eigenen Methodenlehre vor 1933 stellte Heck damit beiseite. Die Gründe für diese beklemmende Pseudokonsequenz liegen jedoch nicht im Bereich der Methodengeschichte und -theorie, sondern der Lebensgeschichte und der politischen Wünsche. Die Gefahren einer „motorisierten Gesetzgebung", wie sie Schmitt erkannte (Rn. 1358 c), wenn auch polemisch, also einer Erosion seiner Prämissen, sieht er offenbar nicht.

1418

Was bleibt? Die Interessenjurisprudenz Hecks und seiner Tübinger Mitstreiter wie Max Rümelin und Heinrich Stoll brachte die **wohl folgenreichste Neuorientierung**

1419

der neueren Methodengeschichte. Auch im öffentlichen Recht fand sie mit Heinrich Triepel (1868–1946) und anderen bald einen prominenten Platz. Sie stellte die Methodentheorie bewusst und treffend um auf die seit 1871 und erst recht seit 1919 veränderten, mehr und mehr parlamentarischen, gewaltenteilenden **Verfassungslagen**. Das war überfällig. Überfällig war auch die Konzentration auf die immer relevantere justizielle Praxis in der immer mehr verrechtlichten Welt. Die umfassend-exklusiven Kodifikationen des Handelsrechts (1861/1896), Strafrechts (1871), Prozessrechts (1877) und Bürgerlichen Rechts (1900) hatten die juristischen Bedingungen ebenso verändert wie die neue methodische Trennung von Sein und Sollen, Realwissenschaft und Sollenswissenschaft von freier Erkenntnis und praktisch-normativ gebundener. „Rechtswissenschaft" und dogmatische Jurisprudenz traten auseinander, dort mit allgemein-wissenschaftlichen Methoden (in Rechtsgeschichte, -philosophie, -theorie, -vergleichung, -soziologie), hier nach innerrechtlichen Methoden (kausalforschend am Gesetz, danach prinzipienbildend, begriffsbildend und systematisch ordnend). Eine methodische Einheit der Jurisprudenz als Wissenschaft und Dogmatik zugleich war, wie schon einmal um 1800 mit Kant und Hugo, zum Problem geworden. *Prinzipienjurisprudenz* als verbindende Methode erschien nun verzichtbar, obwohl der Gesetzgeber sie selbst noch ausdrücklich festgehalten hatte. Das BGB „sucht für jede Materie das beherrschende Prinzip auf und prägt dasselbe in Rechtssätzen aus."[24] Die Interessenjurisprudenz fand den bleibend wertvollen Analyseansatz der **gesetzesorientierten Interessenforschung**. Sie fand darin einen produktiven dritten Weg zwischen der Illusion stets bloßer Subsumtion, polemisch *Begriffsjurisprudenz*, und der allzu menschlichen Versuchung unmittelbarer Lebensgerechtigkeit von Fall zu Fall, polemisch *Freirechtlerei*. Sie überwand damit die funktions- und sinnwidrige juristische Versuchung, die Instrumente *Begriff, Buchstabe, Form* und *Dauer* grundsätzlich auszuspielen gegen *Zweck, Geist, Offenheit* und *Beweglichkeit*. Die Aufgabe einer Rechtskultur muss gerade sein, Stabilität und Elastizität, Dauer und Wandel, Recht und Politik produktiv und loyal miteinander zu verknüpfen – *pax et iustitia*, Frieden und Gerechtigkeit.

1420   Eben das leistet die moderne verfassungsgebotene **Arbeitsteilung von Parlament und Justiz** bisher offenbar am besten. Die Aufgabe des Juristenstandes ist es, sich dieser Arbeitsteilung zu stellen und nicht, sie wissenschaftsmetaphysisch und/oder standesegoistisch zu verschleiern und zu eigenen Gunsten zu verwischen. Verfassungsbewusstsein, Blickerweiterung und Blickschärfung für die Interessenlagen und nicht zuletzt bewusste dogmatische Methodenpraxis und deren theoretische Durchformung bleiben die bedeutende Erbschaft der Interessenjurisprudenz. Nicht zuletzt klärte sie nach 1933 unwillentlich auf über die Gefahren einer Methodentheorie, die ihre Verfassungsprämissen vergisst. Auch in anderer Hinsicht gibt es eine bemerkenswerte Kontinuität. Schon in der Interessenjurisprudenz war nämlich immer mehr der **Wertungsakt** beim Entscheiden hervorgehoben worden. Bereits 1931 diskutierte man auch das uns so unschuldig modern erscheinende Stichwort **Wertungsjurisprudenz**.[25] Genau dieses Stichwort wurde dann 1936 beklemmend passend verwendet, um die nun ganz neuen Wertungen methodisch in den Mittelpunkt zu rücken. Damit kam Methode in eine fatale Gefahrenzone. Das verdient besondere Aufmerksamkeit.

---

24 So, prägnant und grundlegend, einer der wesentlichen Väter des BGB, *Gottlieb Planck*, in ders. (Hrsg.), Bürgerliches Gesetzbuch, erläutert von G. Planck u.a., Bd. 1, 1. Aufl. 1897, Einleitung, unter „Technische Behandlung des Stoffs", hier S. 20 f.; ebenso in den weiteren drei Auflagen bis 1913.
25 Dazu *Joachim Rückert*, Vom „Freirecht" zur freien „Wertungsjurisprudenz" – eine Geschichte voller Legenden, in ZRG GA 125 (2008) S. 199–255, 230.

IV. Die Schlachtrufe im Methodenkampf – ein historischer Überblick

VI. NS-Jurisprudenz

Diese Phase ist weniger von Polemik und Missverständnis entstellt, sondern durch Schweigen, Beschönigung und Bagatellisierung. Für die Akteure selbst versteht sich das leicht. Zu Unrecht bagatellisiert wird die NS-Jurisprudenz aber, wenn ihr methodische Bedeutung abgesprochen wird, da es sich nur um weltanschaulich bedingte, zusammenhanglos eklektische Theorien und Praktiken handle. Verwirrenderweise tun das Beschöniger wie Kritiker gleichermaßen. Sollte man also diese ‚hässliche Zeit' nicht schlicht übergehen? Nun, sie ist einfach **besonders lehrreich**, aus zwei Gründen: Man hat sich damals intensiv, produktiv und folgenreich um Methodentheorie bemüht. Und: Die traditionellen juristischen Methoden, wie wir sie kennen gelernt haben, scheinen keinerlei hemmende Wirkungen entfaltet zu haben – das eine so rätselhaft, wie das andere enttäuschend. Populär diskutiert wird vornehmlich die Schuldfrage. 1421

Dass die neuen **Methodentheorien** „mitschuldig" wurden, dass sie also dem realen totalitären und vielfach mit den Mitteln des Rechts verbrecherischen Nationalsozialismus effektiv geholfen haben, ist fraglich. Dies war kaum nötig. Denn die Macht lag nicht bei der Theorie. Aber delegitimiert haben sie die neue Ideologie jedenfalls nicht, im Gegenteil. Legitimierend war es, dass sich überhaupt so viele prominente ältere und so brillante jüngere wissenschaftliche Stimmen so angestrengt bemüht haben, der völkisch-rassischen Weltanschauung eine ‚seriöse' juristische Methode zu vermitteln. Dadurch entstand wichtige **Hilfe im Meinungskampf**: eine beachtliche Fassade, eine lockende Verführung und ein einschüchternder Meinungsdruck. Wieder wichtiger aber: Diese Effekte wurden durch eine ganz neue, intensive organisatorische und hierarchische Durchdringung des Juristenstandes vertieft, z.B. mit dem neuen „Bund Nationalsozialistischer Deutscher Juristen", kurz Rechtswahrerbund, auf besonderen Juristentagen wie 1936 in Leipzig oder in der hochbegehrten und -dotierten, neuen Münchner „Akademie für deutsches Recht" (seit Herbst 1933) und erst recht durch die schnelle und massive Vereinheitlichung und Kontrolle des juristischen Zeitschriften- und Publikationswesens, also der standesgeprägten juristischen Meinungsbildung, nicht zu schweigen von der institutionellen Zentralisierung und brutalen „Säuberung" der Hochschulen. 1422

„NS-Jurisprudenz" heißt dieser Abschnitt, denn auch hier gab es methodisch **belangvolle Fraktionen**. Müsste man vielleicht schwächer von „Jurisprudenz in der NS-Zeit" sprechen? Die NS-Prägung der Jurisprudenz, der praktischen wie noch mehr der theoretischen, war aber durchgehend so stark, dass die Zusammenfassung als NS-Jurisprudenz gerechtfertigt erscheint. Nicht nur die eigentlichen, bekennenden Parteijuristen, eine neue Juristenrolle, taten sich hervor. Das bedeutet andererseits, dass es Unterschiede gegeben hat. Wir wissen inzwischen genauer, dass insbesondere zwei Fraktionen von Bedeutung waren, die auch unterschiedliche methodische Vorstellungen entwickelt haben. 1423

Drei Namen und Schlagworte müssen dazu fallen. Die Schlagworte sind *konkrete Ordnung und Gestaltung, völkisches Denken* und *Wertungsjurisprudenz,* als Name firmiert Carl Schmitt zuerst. Mit dem 1933 schon etablierten Staatsrechtler **Carl Schmitt**, 1888–1985, profilierte sich erstmals ein Vertreter dieses Fachs dezidiert generell in Methodenfragen. Daneben führten zwei junge Zivilrechtler die an sich vorherrschende Methodentradition dieses Fachs eindrucksvoll fort: **Karl Larenz**, 1903–1993, und **Heinrich Lange**, 1900–1977. Beide werden in diesem Buch eigens vorgestellt und daher hier wieder nur kurz akzentuiert und in den größeren Zusammenhang gestellt. 1424

1425 Carl Schmitt reagierte am schnellsten und erfindungsreichsten. Er war bereits bedeutender Staatsrechtler, etwa mit seiner noch immer vielgelesenen *Verfassungslehre* von 1928 oder seiner grundlegenden Grundrechtekommentierung zur Weimarer Verfassung.[26] Schon Ende Februar und Anfang März 1934 hielt er zwei Vorträge in Berlin, noch im Mai 1934 schrieb er den so fulminanten wie aggressiv zusammenfassenden Aufsatz *Nationalsozialistisches Rechtsdenken* in dem nun dominierenden Juristenblatt „Deutsches Recht. Zentral-Organ des Bundes Nationalsozialistischer Deutscher Juristen". Das alles beruhte schon auf seiner etwas längeren Abhandlung *Über die drei Arten des rechtswissenschaftlichen Denkens*, ebenfalls von 1934, wie er selbst darin vermerkt (6). Auf 67 Seiten schied er dort die ganze juristische Denkgeschichte seit Rom recht faszinierend in drei Typen. In diesem Zugriff war er Meister, wie schon seine berühmte *Verfassungslehre* von 1928 bewiesen hatte. Nun fand er den Regel-, den Entscheidungs- und den Ordnungstyp (11). Bemerkenswerterweise unterschied er also gar nicht erst nach wissenschaftlichen Methoden, sondern nach praktisch-juristischen Zugriffen und ihren normativen Ausgangspunkten. Er steigerte die Gesetzesanwendung zum Gesetzesdenken, die praktische Rechtsanwendung zum Entscheidungsdenken und den Verweis auf Leben, Wirklichkeit und Gesellschaft zum konkreten Ordnungs- und Gestaltungsdenken. Das war abgesehen von der ideologischen Absicht eine interessante neue Typologie. Er selbst betont mit Recht, seine Abhandlung gelte einem „anderen Problem". Es sollten nämlich „nicht von außen, sondern aus dem *Innern* der rechtswissenschaftlichen Arbeit heraus verschiedene theoretisch, praktisch und geistesgeschichtlich hervortretende Arten des rechtswissenschaftlichen Denkens festgestellt und unterschieden werden" (9). Seine Typenbildung beginnt also von vornherein normativ und nicht allgemein wissenschaftlich, etwa nach bestimmten Philosophien oder Erkenntnistheorien oder allgemeinen Methoden, sondern bei der Frage, von wem eigentlich das Recht kommt und kommen soll. Auf der juristischen Methodenebene sah er entsprechend ein Gesetzesdenken, auch Normativismus, ein Entscheidungsdenken, auch Dezisionismus, und ein konkretes Ordnungs- und Gestaltungsdenken (8). Den letzten Typ pries er als neu, zeitgemäß und echt deutsch, nur ihm gab er keinen hässlichen ismus-Namen. Dieses „konkrete Ordnungsdenken" (ohne „Gestaltung") propagierte er dann im Mai 1934 breitenwirksam als neues „Nationalsozialistisches Rechtsdenken" gegen den verblichenen, undeutsch individualistischen und liberalen „Normativismus", „Dezisionismus" und auch „Positivismus".

1426 Diese innerjuristische Methode war eine brillante ideologisch-theoretische Erfindung. **Gestalten** und **Ordnen** flossen nun in eins, **Politik und Recht** wurden vereint. Mit der Maßgeblichkeit von *konkreter Ordnung*, nahm Schmitt dem Gesetz seinen normativen Vorrang. Mit dem *Gestalten* aus konkreten Ordnungen statt dem Entscheiden nach Gesetzen oder gemäß richterlicher Entscheidungsmacht, nahm er dem Gesetz wie dem Richter seinen praktischen Vorrang. Alles hing von diesen *konkreten Ordnungen* ab. Der Juristenstand musste und durfte hier zum Deuter und Wahrer der gelebten Ordnungen werden. Das war konsequent ausgedacht und schloss durchaus, keineswegs nur reaktionär, an die herkömmlichen kritischen Rufe nach Lebensnähe der Juristen an. Diese Ordnungen trugen nun angeblich „ihr inneres Recht mit sich", schienen also immer schon fertig und da zu sein und keiner Regelung zu bedürfen. Konsequent gab es gar keinen Bedarf für die nun verhasste parlamentarische Rechtssetzungstätigkeit

---

26 In: Handbuch des Deutschen Staatsrechts, hrsg. von *Gerhard Anschütz* u. *Richard Thoma*, 2 Bde., 1930, 1932, § 101: Inhalt und Bedeutung des zweiten Hauptteils der Reichsverfassung, S. 572–606.

IV. Die Schlachtrufe im Methodenkampf – ein historischer Überblick

(allenfalls als Ausdruck dieser Ordnungen) oder für schwer kontrollierbares Richterrecht (die Ordnung war ja immer schon da). Echte Konflikte gab es nicht in der Ordnung, sondern nur gegen sie – Freund-Feind wurde wesentliche Unterscheidung. Allerdings bedurften diese schon so *konkreten Ordnungen* doch nach wie vor einer gewissen Gestaltung. Sie waren offenbar oft nicht konkret genug.

In Wahrheit wurde nun unter dieser Flagge **nicht bloß bewahrt, sondern sehr kräftig neu gestaltet**: zum Beispiel das Kulturschaffen im *Reichskulturkammergesetz* (1933), die Ordnung der Arbeit und der Betriebe im *Gesetz zur Ordnung der nationalen Arbeit* (1934), die „Erbhofordnung" für die Bauern (*Reichserbhofgesetz* 1934), die „Gemeindeordnung" für das Gemeindeleben (Gesetz 1935), die Bürger-Ordnung für die Bürgerrechte (Gesetz 1935), die Beamtenordnung für die Staatsdiener (Gesetz 1937), das Eherecht gemäß der Familienordnung (Gesetz 1938), das *Testamentsgesetz* gemäß der Erbordnung (Gesetz 1938), usw. Und diese *Gestaltung*, ideologisch also nicht eigentlich Rechts-Setzung, war natürlich den nun *für* das „Volk", nicht *vom* Volk, berufenen Gestaltern anzuvertrauen, also dem Führer, der Partei und den Juristen, die es verstanden, diese Ordnungen richtig zu erkennen. Die entscheidende **Ordnungs- und Gestaltungsmacht** lag damit ganz in diesen ‚berufenen' und wohlorganisierten Händen. Ideologisch wie theoretisch perfekt erschien so als bloße *Rechtswahrung* für das Volk, was in Wahrheit die Rechtswelt in kürzester Frist und brutaler Intensität so umwälzte wie die schärfsten Gesetze der französischen und russischen Revolution - aber nicht öffentlich-gesetzgebend, sondern geradezu ‚klammheimlich'-methodisch. „Wir denken die Rechtsbegriffe um" war gleichzeitig seine so konsequente wie verführerisch einfache Forderung zum „Nationalsozialistischen Rechtsdenken" (Rn. 1425).

Im Dunkel dieser verführerischen Theorie der Ordnungen dämmerte freilich die Frage, was daran **wirklich Ordnung** beanspruchen durfte. Denn darüber war nicht mehr zu diskutieren. Der Schritt von der konkreten Ordnung zur gesollten Ordnung lag verborgen im Nebel des völkischen Denkens. Diesen Nebel lichteten auch weder Larenz noch Lange. Er war einfach politisch-ideologische Funktionsbedingung der neuen Methode. Beide führten Schmitt weiter. Der bemerkenswert junge **Karl Larenz**, geb. 1903, und philosophisch versierter Kenner der Positionen seit Kant, empfahl sich schon 1935 mit seiner gegenüber 1931 passend aktualisierten Schrift *Rechts- und Staatsphilosophie der Gegenwart* (2. Auflage 1935). Darin stellte er „die geistesgeschichtlichen und die politisch-weltanschaulichen Zusammenhänge … überall in den Vordergrund" (VII) – klar gezielt also. Endgültig als juristischer Vordenker trat er 1938 auf mit der kleinen Programmschrift *Über Gegenstand und Methode des völkischen Denkens*, die im Beitrag zu Larenz näher analysiert ist (Rn. 580 ff.). Das hatte auch konkrete Folgen z.B. von der Rechtsfähigkeit zur erst zuerkannten Rechtsstellung oder vom Konsensualvertrag zum „Vertrag als Gestaltungsmittel der völkischen Ordnung" oder vom perplexen Verhalten zum faktischen Vertragsverhältnis.[27] Larenz' bekannte Polemik gegen die Heck'sche Interessenjurisprudenz[28] war nur eine weitere Konsequenz.

1427

---

[27] Dazu oben *Frassek*, Rn. 614 ff.; zum Vertrag das Lehrbuch von *Karl Larenz*, Vertrag und Unrecht I, Hamburg 1936, § 3, S. 31, dort das Zitat als Überschrift und die Klarstellung, die Gemeinschaft könne es „ihren Mitgliedern nicht freistellen, beliebige Verträge zu schließen", „Jeder Vertrag muß sich daher, um rechtsgültig zu sein, positiv *in die völkische Ordnung einfügen*" (Hervorhebung im Original), es sei auch Aufgabe der Gerichte, „Bestimmungen, die dem Gemeinschaftsgedanken und Treu und Glauben widerstreiten, die Wirkung zu versagen und sie durch eine angemessene Regelung zu ersetzen" (alles S. 33), also nicht nur Nichtigkeitsfolge wie etwa §§ 134, 138 BGB, sondern positive Eingliederung.

[28] Etwa in *Karl Larenz*, Rechts- und Staatsphilosophie der Gegenwart, 2. Aufl. Berlin 1935, S. 22 f.; ders., Methodenlehre, 1. Aufl. Berlin 1960, S. 122 ff.

IV. Die Schlachtrufe im Methodenkampf – ein historischer Überblick

1428 Der schnell mehr rechtspolitisch profilierte, wenig ältere Zivilrechtler **Heinrich Lange** (geb. 1900) schrieb 1936 aus der Position eines führenden Mitglieds der neuen und mächtigen „Akademie für deutsches Recht" einen recht selbstgewissen Artikel über *Mittel und Ziel der Rechtsfindung im Zivilrecht*, der ebenfalls im Beitrag zu Lange näher analysiert wird (Rn. 554 ff.). Der Übergang vom alten Sein zum neuen Sollen[29] erfolgt hier etwas nüchterner und ungeschminkter. Lange benannte den Nationalsozialismus als die **Weltanschauung**, die endlich „Stetigkeit" und damit **„Festigkeit" in die „Grundwertungen"** gebracht habe. Endlich sei so „im heutigen Rechtsleben ... die einheitliche Führung der Arten der Rechtsfindung ermöglicht und erleichtert" worden (1936, 924). In diesem Sinne konnte er dann auch, wie schon aufgegriffen (Rn. 1420), von *Wertungsjurisprudenz* als angemessener Methode sprechen. Dennoch tritt Heinrich Lange dann besonders stark für ein neues *Volksgesetzbuch* (Entwurfsarbeiten seit 1937) ein, also für eine deutliche Verrechtlichung. Er gerät damit in Spannungen mit der volksunmittelbareren Rechtsideologie der bekannten Kieler Schule und hier besonders Karl Larenz. Die völkisch-rassische Gemeinschaftsideologie und rechtliche Kollektivierung vertreten beide. Bei Lange sollte sie jedoch immerhin **„normgestützt"** erfolgen. Mit dieser Unterscheidung versteht man viele Methodenäußerungen in der NS-Zeit wesentlich besser.[30] Ob dieser Unterschied damals über die Fraktionskämpfe in der NS-Zeit hinaus etwas Relevantes bedeutete, bleibt fraglich. Der Volksgesetzbuchentwurf von 1942 schuf jedenfalls eine sehr elastische Mischung von sog. Grundregeln und konkreten Rechtssätzen, die parteiischer Umsetzung hinreichenden Raum ließ.

1429 Der unbestreitbare **Wertungsakt** beim praktischen juristischen Arbeiten, den Interessenjurisprudenz und mehr noch Freirechtsbewegung erstmals so stark betont hatten, während ihn die Prinzipienjurisprudenz klein zu halten suchte, machte also nach 1933 deutlicher den **Kern der Methode** aus als je. Der Bezugspunkt des Wertens hatte sich freilich höchst relevant verschoben: vom rechtswissenschaftlich gestützten Gesetzgeber und dem mitdenkenden gehorsamen Richter in der Prinzipien- und Interessenjurisprudenz über das „freie Recht" und den „Richterkönig" in der Freirechtsbewegung bis zum angeblich bloß eine schon gegebene (völkische) Ordnung wahrenden „Rechtswahrer" in der NS-Zeit.

1430 Diese **Bewahrungs-Konstruktion** passte dann auch vorzüglich zum **nationalsozialistischen Verfassungszustand**. Ideologisch schien ja das Volk zu entscheiden als maßgebende Rechtsquelle, praktisch hatten aber der Führer und die von ihm Ermächtigten auch die juristische Führung. Mit makabrer Konsequenz befleißigte man sich sogar im Strafrecht der neuen „Wertjurisprudenz" und stellte das unter den Titel *Der Durchbruch der materiellen Gerechtigkeit im Strafrecht (Eine Entwicklungsskizze)* – so aus dem Reichsjustizministerium der später als Strafverteidiger auch in den Nürnberger Prozessen bekannte Erich Schmidt-Leichner (1910–1983).[31] Mit dem Satz „Das Gesetz gehört so sehr zum Rechtswahrer wie die Waffe zum Soldaten" (18) war das freilich kaum zu vereinbaren.

---

29 In Anspielung auf *Langes* bekannten Titel: Vom alten zum neuen Schuldrecht, Hamburg 1934.
30 Grundlegend dafür die Arbeit von *Wilhelm Wolf*, Vom alten zum neuen Privatrecht. Das Konzept der normgestützten Kollektivierung in den zivilrechtlichen Arbeiten Heinrich Langes (1900–1977), Tübingen 1998, kurz dazu *ders.* oben Rn. 553.
31 In Deutsches Strafrecht 9 (1942) S. 2–18, *Wertjurisprudenz* auf S. 9 u. 15; zu Leichner jetzt *Hubert Seliger*, Politische Anwälte? Die Verteidiger der Nürnberger Prozesse, 2016, s. Register; zur Strafrechtswissenschaft jetzt endlich einiges klärend *Monika Frommel*, Rechtsphilosophie in den Trümmern das Nachkriegszeit, JZ 71 (2016) S. 913–920.

IV. Die Schlachtrufe im Methodenkampf – ein historischer Überblick

Nur Carl Schmitt musste nach 1945 aus der aktiven Hochschulposition auf dem Berliner Gipfel ausscheiden. Larenz war 1946–1950 in Kiel suspendiert, blieb dann dort im Amt, wechselte 1960 nach München und wurde zum Schuldrechtslöwen und Methodenfürsten. Lange wurde 1945 in München entlassen, wirkte dann seit 1953 in Würzburg und zog sich mehr auf konkrete Dogmatik zurück. Er nahm aber keineswegs vollen Abschied von seiner Methodenhaltung. Strukturell und theoretisch unschwer ließ sich nun ja auch der Wertbezug des juristischen Wertens umstellen auf die neue Ordnung. Die Hohlheit einer Methode, die durch einfachen Wechsel der Vorzeichen den jeweils neuen Herren dienen konnte, fiel offenbar nicht auf. Von den rechtsstaatlich-liberalen und demokratisch-parlamentarischen Prämissen juristischer Methodenregeln unter dem Grundgesetz von 1949 war keine Rede. Man kehrte ganz unschuldig zum wahrhaft unschuldigen Savigny'schen Kanon zurück.[32]

1431

War Lange eine Ausnahme oder ein normaler Kontinuitätsfall in Sachen Methode? Das führt auf die sog. Wertungsjurisprudenz, die nach 1945 geherrscht haben soll, womöglich bis heute. Genauere Klärung zeigt, es waren jedenfalls recht **verschiedene Wertungsjurisprudenzen** – eine vor allem für die oft heftig diskutierte Bewältigungs- und Kontinuitätsfrage sehr wichtige neuere Erkenntnis. Diese Fragen müssen heute unmittelbar zu einer Beschäftigung mit der NS-Jurisprudenz und dann der Naturrechtsdebatte nach 1945[33] hinzugenommen werden. Sie lassen sich nicht als bloß neues Kapitel isolieren und entsorgen.

VII. Wertungsjurisprudenzen nach 1945

Ging es also einfach weiter mit dem Werten? Gewissermaßen Ja. Im neuen Anfang häufte sich wieder viel. Es kam zu **merkwürdigen Kontinuitäten** und **paradoxen Fronten**. Die an sich nicht besonders ‚schuldige' Interessenjurisprudenz, die von den nationalsozialistischen Methodenkoryphäen ausgesprochen verunglimpft worden war, verwarf z.B. Larenz weiter als zu naturalistisch und individualistisch. Carl Schmitt meldete sich Ende 1944 zurück mit einem dann 1950 gedruckten gewohnt vollmundigen Vortrag unter dem bombastischen Titel *Die Lage der europäischen Rechtswissenschaft*. In seinem etwas scheinheiligen Katzenjammer schrieb er ein Schlusskapitel: „Die Rechtswissenschaft als letztes Asyl des Rechtsbewußtseins" (29–32) – gerade noch hatte er diese an vorderster Front willfährig gemacht. Schmitt kämpfte nun gegen einen „leeren, legalitären Technizismus" in Gestalt einer diffusen immer mehr „motorisierten Gesetzgebung", d.h. dem neuen Instrumentarium mit Regierungsgesetzen, Maßnahmegesetzen, gesetzesvertretenden Verordnungen, Führererlassen, Führerbefehlen usw., grenzenlos. Und nach wie vor agitierte er gegen die „Aufspaltung des Rechts in Legalität und Legitimität" (32). Außerlegale Wertungen sollten einfach einbezogen werden können. Aber bis hinunter zu der Frage einer neuen juristischen Methode gegenüber dem von ihm so kräftig propagierten *konkreten Ordnungs- und Gestaltungsdenken*, ließ er sich nicht hinab. Irgendwie durchtrieben hilflos beschwor er lieber eine „geheimnisvolle Krypta" für eine neue „Rechtswissenschaft" (32) – *Krypta*, welches Bild: die Rechtswissenschaft im „Asyl" in einer unterirdischen Kirchengrabanlage, in die er selbst sie mit hineingetrieben hatte.

1432

---

32 Typisch und beliebt der nicht gerade unbelastete *Horst Bartholomeyczik*, Die Kunst der Gesetzesauslegung, 1951, 5. Aufl. 1971.
33 Dazu nun näher *Lena Foljanty*, Recht oder Gesetz. Juristische Identität und Autorität in den Naturrechtsdebatten der Nachkriegszeit, 2013, 211 ff, sowie die Nachweise in Rn. 1509 unter 5.

1433 Die Entwicklung verlief freilich anders als nur zwischen motorisierter Gesetzgebung und Wissenschaft im Asyl. In merkwürdiger Allianz stellten sich drei an sich recht **unterschiedliche Methodenströmungen** einfach unter die als ganz neu und unschuldig gehandhabte Parole *Wertungsjurisprudenz*. Teils nahm man sie einfach als Fortsetzung der ‚wirklichen' Interessenjurisprudenz, dann ging es wieder um die *gesetzlich-parlamentarischen* Wertungen. Teils stellte man weiter das Werten überhaupt ins Zentrum und meinte damit den viel freieren Bezug auf die *Rechtsidee*. Teils bezog man sich dezidiert auf das neue Wertsystem im *Grundgesetz* und achtete nun seine rechtsstaatlich-liberalen und demokratisch-parlamentarischen Prämissen als Prämissen auch der juristischen Methode. Diese **dreifache, verwirrende Variation** recht unterschiedlicher Wertungsjurisprudenz wurden erst neuerdings durchforscht und entschlüsselt.[34] Damit versteht man erst die sachliche und rechtspolitische Bedeutung der Methodengeschichte unter der neuen Verfassungslage nach 1949 bis heute. Genauer kann man es an drei prominenten Hauptakteuren erklären, an Westermann in Münster, Coing in Frankfurt und Nipperdey in Köln.

1434 Die erste Variante verband sich mit den **Namen** von *Harry Westermann* in Münster und teilweise *Helmut Coing* in Frankfurt für den Akzent auf **erneuerter Interessenjurisprudenz**. Dabei stand freilich die gesetzgeberische Wertung teilweise viel weniger im Zentrum als bei Heck, etwa bei dem ebenfalls prominenten *Josef Esser*. Den Bezug auf die Rechtsidee vertrat *Karl Larenz*. Er relativierte so nach wie vor den Gesetzesgehorsam. Für den ausdrücklichen Bezug auf das Grundgesetz standen drittens *Hans Carl Nipperdey* in Köln, später auch *Coing* in Frankfurt und sehr auch *Westermann*. Die Positionen von Nipperdey, Larenz und Esser sind in diesem Buch schon genauer vorgestellt. Westermann war kaum weniger wichtig und erhält daher einen Platz immerhin hier im Zusammenhang der drei Positionen.

1435 Der gegenüber der NS-Führungsgruppe etwas ältere **Hans Carl Nipperdey**, 1895–1968, hatte schon 1931 das klassische Werk zum *Allgemeinen Teil des bürgerlichen Rechts* von Enneccerus (seit 1898) weitergeführt. Diese Bücher zum Allgemeinen Teil enthielten damals noch die maßgebenden Erklärungen auch zu Rechtsbegriff und Methodik. 1952 und 1959 in der vierzehnten und fünfzehnten Auflage baute Nipperdey die Methodendogmen und vor allem den **Verfassungsbezug** dezidiert aus. Sehr originär engagierte er sich zugleich direkt im Verfassungsrecht. Wie schon in Weimar handelte und schrieb er an vorderster Stelle zu der juristischen Erfassung der neuen Grundrechte. Er war Mitherausgeber und Autor von *Die Grundrechte. Handbuch der Theorie und Praxis der Grundrechte* (1954-1962) und zuvor *Die Grundrechte und Grundpflichten der Reichsverfassung* (1929/30). Sein großer Einfluss beruhte auch auf einem grundlegenden Handbuch zum *Arbeitsrecht*, auf Großkommentierungen im *Staudinger-Kommentar* und nicht zuletzt auf der ersten Präsidentschaft am neuen Bundesarbeitsgericht von 1954/55 bis 1963. Für dieses bemerkenswert breite Feld wurde ihm die Verfassung nun zum „Allgemeinen Teil" des Rechts (so prägnant und treffend Hollstein).[35] Für Nipperdey muss im Rahmen der klassischen Interpretationsmethoden „bei der Rechtsfindung die Entscheidung aus dem Geist, den Wertungen und Interessenabwägungen des Normensystems gefunden werden" – das positivrecht-

---

34 Siehe die wesentliche Arbeit von *Ilka Kauhausen*, Nach der ‚Stunde Null'. Prinzipiendiskussionen im Privatrecht nach 1945, 2007.
35 Siehe die vorzügliche Arbeit von *Thorsten Hollstein*, Die Verfassung als „Allgemeiner Teil". Privatrechtsmethode und Privatrechtskonzeption bei Hans Carl Nipperdey (1895–1968), Tübingen 2007 und oben Rn. 493.

IV. Die Schlachtrufe im Methodenkampf – ein historischer Überblick

liche *Normensystem* war die methodische Leitlinie. Und an dessen Spitze stellte er ausdrücklich das Grundgesetz.

Eine zweite Variante von Wertungsjurisprudenz bot Westermann. 1909 geboren, gehört der als Sachenrechtler bekannt gewordene **Harry Westermann**[36] zur Gruppe der jungen Erfolgsjuristen der NS-Zeit neben Larenz, Lange, Wieacker und Esser, im öffentlichen Recht E.R. Huber u.a., im Strafrecht Schaffstein u.a. In Methodenfragen gern zitiert wird Westermanns Münsteraner Rektoratsvortrag von 1955 über *Wesen und Grenzen der richterlichen Streitentscheidung im Zivilrecht*. Er nimmt sofort den verfassungspolitischen Zusammenhang der **Richterstellung** auf (5). In den Mittelpunkt stellt er zunächst wie Heck die Klärung der *gesetzlichen* „Interessenbewertung", setzt aber daneben eine „tiefere Schicht ... die Bezugnahme auf die Gerechtigkeitsidee"(15 f.). In dieser Tiefe findet er die Grundrechte als „normiertes Naturrecht" und „letzten Wertmaßstab" (28). Zugleich mahnt er für die Lückenfüllung wieder, es ergebe sich als

1436

> „wesensgemäße Grenze der richterlichen Streitentscheidung, daß sie grundsätzlich Anwendung gesetzlicher Wertungen ist; eigene Grundsatzwertungen sollte die Rechtsprechung nur dann treffen müssen, wenn die nicht vermeidbare Unvollständigkeit gesetzlicher Regelung zu Lückenfüllung und zur Rechtsfortbildung zwingt." (36)

Die Tendenz geht also auf Bindung, doch werden die **Grenzen nur vage** gezogen – denn wann dürfte man hier von *müssen* und *zwingt* reden? Auch bleiben die Stichworte „Gerechtigkeitsidee" und „normiertes Naturrecht" vage allgemein. Die Sachintensität entspricht nicht der Wortintensität. Verglichen etwa mit Nipperdey und erst recht Coing lässt *Westermann* den Umgang mit konkreten Wertungsfragen im Dunkeln. Nicht ausdrücklich, aber in der Sache greift er die Interessenjurisprudenz auf, verwässert sie aber in Richtung allgemeiner Wertungen mit vagem Verfassungsbezug.

1437

Eine dritte Variante brachte *Coing* ein. Zu den wichtigsten Methodenstimmen zählt nun der eindrucksvoll universalgelehrte Rechtshistoriker, Zivilrechtler und Rechtsphilosoph **Helmut Coing**, 1912–2000.[37] Der etwas jüngere Coing hielt sich von den NS-Versuchungen offenbar fern. Er hatte als Göttinger Student in der NS-Zeit den brutalen braunen Fanatismus der Vorlesungsstörungen fürchten gelernt. Nach 1945 gehörte er von Frankfurt aus auch ohne politische Ämter und Parteibuch zu den einflussreichsten Juristen. Schon 1950, abgeschlossen am „9.3.1949", also fast zwei Monate vor dem Grundgesetz (29. Mai), legte er als einer der ersten eine mutige Neuvermessung der Grundlagen der Jurisprudenz vor, seine *Grundzüge der Rechtsphilosophie*. Er hat sie bis zur fünften Auflage 1993 weitergeführt. Hören wir die Signale im Vorwort: Um das „Wesen und die Entstehungsbedingungen des Rechts zu klären", öffnete Coing dort seine Jurisprudenz **weit für die anderen Wissenschaften vom Sozialen**: zuerst für die „grundlegenden Erkenntnisse der Nationalökonomie" als „Schwesterwissenschaft", gemeint sind die heute sog. Ordoliberalen Walter Eucken (1891–1950) und Wilhelm Röpke (1899–1966). Die zweite große Öffnung gilt den „neueren philosophischen Forschungen auf dem Gebiet der Ethik", gemeint sind die Ontologie und Wertethik von Max Scheler (1874–1928) und Nicolai Hartmann (1882–1950), die Phänomenologie Husserls (1859–1938) sowie die wissenschaftshistorischen Untersuchungen von Erich Rothacker (1888–1965). Hinzu kommen die „moderne Soziologie" und

1438

---

36 Nicht zu verwechseln mit seinem Sohn Harm Peter Westermann.
37 Über ihn *Foljanty*, oben Rn. 810 ff.

"die soziologischen Bedingungen des Rechts", gemeint sind Ferdinand Tönnies (1855–1936) und Max Weber (1864–1920). Es handelt sich durchweg um Gewährsleute hoher Qualität, zumal 1949. Zuletzt öffnet sich Coing ausdrücklich für eine explizite wissenschaftliche Klärung "politischer Fragen", dies ein Feld fast ohne Vorbild. So betonte er das im Vorwort der ersten Auflage. Das Meiste löste er ein. Man kann Coings Beitrag nicht verstehen, wenn man die Weite seines Blicks nicht wenigstens erahnt. Deswegen erlaubte ich mir soeben ein gewisses Name-Dropping. Die Namen können leicht nachgeschlagen werden und sollen hier nur als Hinweis und Merkposten dienen.

1439   Coings Darstellung beeindruckt immer noch und vielleicht wieder mehr. Denn sie gelingt sprachlich wie sachlich, klar und souverän im Überblick, klug informierend und vergleichend über die engen deutschen Grenzen hinaus sowie sachlich und ausgewogen im Bericht und Urteil. Noch und besonders 1976 in der dritten Auflage legt er Wert auf klare "Redlichkeit gegenüber meinen Lesern, ... die es erforderlich macht, die eigene weltanschauliche Position klar zu umreißen" (Vorwort 1976). Er wies sich aus durch Erkenntnis, nicht nur durch Bekenntnis – wie es später als kritische Tat im intersubjektiven Diskurs gefeiert und gefordert wurde.

1440   Auf diesem Fundament enthält seine *Rechtsphilosophie* auch einen Schlussabschnitt über "Aufgabe und Methode", konkreter "Die Methode der Rechtswissenschaft" (^{1}260–279). In der zweiten Auflage 1969 hat er dies auf das Dreifache ausgebaut zu einem großen Kapitel über "Das juristische Denken".[38] Es ist nach wie vor vielen anderen, oft so bewusst oder verdeckt selektiven, Darstellungen überlegen. Zum Beispiel finden sich dort vierzehn spannende Seiten über "Historische Typen juristischen Denkens", d.h. die Römer, die Scholastik, die deutsche Pandektistik, die französische exegetische Schule und die anglo-amerikanischen Juristen. Sie werden nicht wie in anderen berühmten Skizzen auf *Formalismus* versus *Naturalismus* (so Wieacker 1982) oder *Finalismus und Formalismus* (so Kantorowicz 1914) oder die drei Typen von Schmitt[39] zurückgeschnitten. So dezidert mehr über das juristische Denken schrieb Coing 1969 gewiss nicht ohne zeithistorischen Anlass, zumal aus seinem kritisch-politisch umkämpften Frankfurter Kontext von 1968 (Wiethölter; Ausbildungsreform). Coing betonte nun in seinem typisch weiten Zugriff, d.h. historisch, philosophisch-theoretisch und rechtspolitisch, die für ihn **unverzichtbaren Verfassungspostulate** Rechtsstaat, Gewaltenteilung, parlamentarische Demokratie und damit Gesetz und Gesetzesbindung für Freiheit und Sicherheit, noch mehr als vorher. Sein Text von 1969 erschien 1972 als eigene *Juristische Methodenlehre*, ergänzt um ein kurzes Vorwort zu seinem "Standpunkt" und erneut umgeformt im Gewande der Einleitung zum großen *Staudinger*-Kommentar zum BGB in dessen zwölfter und dreizehnter Auflage 1974 und 1978. Der Text gehört aber weiter in den Zusammenhang seiner *Rechtsphilosophie*.

1441   Coing **erweiterte das Fundament** der juristischen Methode also zwar um Hermeneutik und Topik, das heißt die allgemeine Hermeneutik seit Friedrich Schleiermacher (1768–1834) und Savigny (1779–1861) bis Emilio Betti (1890–1968) sowie die 1953 durch eine kleine Abhandlung Theodor Viehwegs (1907–1988) prominent gewordene Topik.

---

38   Verwendet wird die 3. Aufl. 1976, hier S. 291–346, im Wesentlichen identisch mit der 2. Aufl. 1969, und in Sachen Methode auch mit der 4. und 5. Aufl.
39   Zu Schmitt oben Rn. 1425, für Kantorowicz: Die Epochen der Rechtswissenschaft (1914), in *ders.*, Rechtshistorische Schriften, hrsg. von Helmut Coing und Gerhard Immel, 1970; *Franz Wieacker*, Formalismus und Naturalismus in der Rechtswissenschaft, in Festschrift für Helmut Coing, München 1982, S. 705–717.

IV. Die Schlachtrufe im Methodenkampf – ein historischer Überblick

Auch nennt er seine Methode insgesamt teils „geisteswissenschaftlich", so schon 1947 in *Die obersten Grundsätze des Rechts* (143 f.; näher 1972, 4), teils „teleologisch" (so 1976, 329), also nicht interessenjuristisch und auch nicht wertungsjuristisch.[40] In der Sache hält er die treu verstandene Forderung denkenden Gehorsams seitens der Interessenjurisprudenz streng fest. Dieser Zusammenhang ist hier bereits vertraut. Coing lässt sich aber auch nicht ein, und das ist wichtig gegenüber Missverständnissen, auf eine viel unschärfere ebenfalls *geisteswissenschaftlich* genannte Methode im Sinne des Staatsrechtlers Rudolf Smend, wie sie seit dem berühmten staatsrechtlichen Methodenstreit der späten 1920er Jahre und besonders nach 1945 erstarkte. Ebenso verwirft er die „**objektive Teleologie**" im Sinne von Karl Binding (1841-1920), Adolf Wach (1843–1926) und Josef Kohler (1849–1919), die seit 1885/86 gegen das werdende BGB mobilisiert wurde, und von vielen Neueren fortgeführt wird. Er behauptet vielmehr, nur die Verwendung einer richtig verstandenen „geisteswissenschaftlichen Methode" könne

> „dem Richter die Wertungen an die Hand geben, die er braucht, um im Gehorsam gegen den *Geist* des Gesetzes zu handeln; nur sie kann ihm das ‚Nacherleben' der Entscheidung des Gesetzgebers ermöglichen; nur diese Auffassung läßt ihm die Freiheit zu willensmäßiger Entscheidung, ohne den Gehorsam gegen das Gesetz aufzuheben. Nur sie macht das eigenartige Verhältnis, das zwischen dem Gesetz und dem Gehorsam des Richters besteht, deutlich. Weit entfernt, eine andere Methode notwendig zu machen, fordert also gerade die Aufgabe der Rechtsanwendung die geisteswissenschaftliche Analyse des Rechts." (1947, 143 f.)[41]

Das war eine Rede für eine ziemlich gesetzestreue Methode in den modernisierten Sprachspielen der allgemeinen Hermeneutik und der Topik.

Coing ist sich also schon 1947 der **verfassungspolitischen Problematik** sehr bewusst und versucht, sie ausgewogen zu lösen, wenn auch mit etwas anderen Stichworten als den bis dahin vorherrschenden oder heute vertrauten. Er legt den Akzent zuerst ganz klassisch wie Heck auf *Gehorsam*, also die unmittelbare Gesetzestreue der Auslegung, dann bringt er als „Hermeneutik" den ganzen Sinnentfaltungsreichtum aller übrigen Zugriffe ein, einschließlich des Bezugs auf die gern beschworene „Natur der Sache" und übergreifende Wertideen, aber zuletzt verweist er wieder mahnend zurück auf die „**Grundfunktionen des Rechts selbst**" (1976, 292 f.), zu denen das juristische Denken in unmittelbarer Beziehung stehe. Dies letzte hält er als Leitlinie fest. Hören wir seine längere Zusammenfassung dazu – es lohnt nach wie vor, seine Sprache ist zudem willkommen verständlich: Die Aufgabe des Rechts und seiner Organe sei, „Friede, Sicherheit sowie Gleichheit zu gewährleisten. Die rechtliche Norm ist häufig das Ergebnis weltanschaulicher oder interessenmäßig bedingter politischer Auseinandersetzungen; ähnlich der Vertrag das Resultat mehr oder weniger ‚harter Verhandlungen'. Die Norm soll diesen Streit beenden; sie soll – und wenn auch vielleicht nur auf Zeit – die Auseinandersetzung abschließen. Dafür aber ist es wichtig, daß sie nun, so weit wie möglich, aus sich selbst heraus verstanden und ausgelegt wird, nicht erneut in Anwendung und Auslegung zum Gegenstand politischer Entscheidung gemacht wird. Man hat gesagt,

---

40 Hinweis von *Kauhausen* 2007 (Fn. 34), 48, dort S. 29–50 und 238–240 die beste vergleichende Methodenverortung Coings; vorzüglich daneben jetzt *Foljanty* 2013 (Fn. 33) 176 ff., für die Naturrechtsposition; „Hermeneutik" bedeutet hier die erwähnte klassische, nicht die universale philosophische Hermeneutik von H.-G. *Gadamer* in Wahrheit und Methode. Grundzüge einer philosophischen Hermeneutik, 1960, 3. Aufl. 1975.
41 Dazu gut *Kauhausen* (Fn. 24) S. 35 f.

IV. Die Schlachtrufe im Methodenkampf – ein historischer Überblick

alle juristische Auslegung sei letzten Endes doch Willensentscheidung und damit Politik; aber das scheint mir ein grundsätzliches Mißverständnis der *Funktion des Rechts* als Friedensordnung zu sein. Gerade weil und wenn eine rechtliche Regelung aus politischen oder wirtschaftlichen Kämpfen hervorgeht, soll sie den Kampf beenden: die einmal erreichte und akzeptierte Ordnung soll jetzt gelten; diese Funktion verlangt, daß der Jurist, der sie praktisch anzuwenden hat, so weit wie möglich mit rationalen Methoden die Bedeutung der Norm herausarbeitet und zur Geltung bringt. Dieses Bestreben trifft auf Grenzen; aber deshalb darf es nicht von vornherein als sinnlos abgewiesen werden: der Jurist muß den Versuch machen, dem *Recht* zu dienen, dessen Entscheidungen zu vollziehen und nicht seine eigene an die Stelle zu setzen. Das kann er aber nur, wenn er sein Denken methodischen Grundsätzen unterordnet. Auch hier gilt es – ähnlich wie bei der Ethik – den Versuch rationalen, methodischen Verfahrens so lange zu unternehmen wie irgend möglich und nicht vorzeitig abzubrechen, weil er nicht in allen Fällen zum Erfolg führen kann." (1976, 293, auch 327; Hervorhebung zu *Funktion* hinzugefügt).

1443 Coing verkündet also keine scheinrationalen Erlösungsformeln, er hält sich frei von verfassungspolitischen Einseitigkeiten, er bringt die reichen Erfahrungen mit Methodentheorie und Methodenpraxis fair ein und macht die für eine juristische Methodenlehre im Verfassungsstaat der Neuzeit entscheidenden Gesichtspunkte klar. In seiner Erklärung der Rechtsfunktion steckt natürlich zugleich ein **Verfassungsbezug**, der dem Grundgesetz durchaus entspricht. So ausdrücklich wie Nipperdey betont ihn Coing freilich nicht, auch tritt dieser Bezug bei ihm erst allmählich deutlicher hervor.

An dieser Stelle ist ein historischer Zusammenhang von hohem Interesse. Coings Position entstand auch in engem Kontakt mit seinem „Freund" *Heinrich Kronstein*. Dieser stellte 1957 seine Frankfurter Antrittsvorlesung unter die Überschrift „Rechtsauslegung im wertgebundenen Recht."[42] Er sah darin mit Recht „einen Kernpunkt der modernen Rechtsauslegung und damit des Rechts selbst" (91). Der vertrieben gewesene und halb zurückgekehrte Kronstein war ein besonderer Zeuge und stellte das Problem in einen vergleichenden Zusammenhang mit den Erfahrungen in der US-amerikanischen Common Law-Entwicklung und der kontinentalen Rechtsentwicklung. Er plädierte entschieden für eine **wertgebundene Auslegung**, gegen Gesetzespositivismus und gegen die strenge Trennung von Moral und Recht, insbesondere gegen *Kelsen*. Aus heutiger Sicht entsprach das zum einen ganz dem zeitgemäßen Plädoyer für wertgebundenes Recht. Es zeigte aber auch, wie wenig noch 1957 bedacht wurde, dass das Grundgesetz 1949 die entscheidenden Werte positiviert hatte, ganz im Einklang mit der UN-Charta von 1948 und dem Völkerrecht, dass sie also nicht (mehr) als Werte von außerhalb des Rechts, etwa aus Moral oder Philosophie, importiert werden mussten. Das Vertrauen in diese rechtstreue Möglichkeit war offenbar zu stark erschüttert. Denn man meinte durchweg, die positive Wertordnung der Weimarer Verfassung von 1919 habe versagt. Aber diese Sicht der deutschen juristischen Katastrophe war selbst eine Katastrophe. Man schrieb das Versagen gerade einer Wehrlosigkeit wegen

---

42 In *Heinrich Kronstein*, Recht und wirtschaftliche Macht. Ausgewählte Schriften, Karlsruhe 1962, S. 69–91.

IV. Die Schlachtrufe im Methodenkampf – ein historischer Überblick

„Gesetzespositivismus" zu, mit dem unbelasteten Radbruch als Kronzeugen.[43] Die Schuld sollte paradoxerweise nicht bei den gesetzeszynischen Tätern, sondern bei den der Weimarer Rechtslage treuen Opfern liegen, bei einem Hans Kelsen, einem Karl Löwenstein, Franz Neumann, Ernst Fraenkel. Jedenfalls lag so gesehen der Rückzug auf das versagt habende positive Verfassungsrecht fern, die Aushilfe bei extralegalen Quellen erschien geradezu nötig. Diese sog. **Positivismuslegende** mit ihren Folgen ist inzwischen durchschaut und widerlegt. Vor allem die entschiedene und fruchtbare institutionelle Umsetzung des Grundgesetzes als positiv wertgebundene Ordnung durch das Bundesverfassungsgericht hat die Koordinaten wieder deutlich verändert, das Vertrauen in die Verfassung äußerst gestärkt bis hin zu einem sog. Verfassungspatriotismus (Sternberger, Habermas) und die Argumentation mit Moral sozusagen unnötig gemacht. Das Problem ist damit freilich nicht erledigt, sondern nur seine historische Bedingtheit erwiesen. Rechts- und Verfassungsloyalität bewegen sich nicht in einem luftleeren Theorieraum – so banal wie wichtig. Das Verhalten der juristischen Akteure ist bedingt durch ihre Einbettung in das jeweilige Kräftedreieck von Gesetzgebung, Justiz und Rechtswissenschaft. Die Weimarer parlamentarische Krise schwächte die Gesetzgebung, sie machte sie reif für ihre Eroberung durch die nationalsozialistische Politik. Nach 1945 musste die Gesetzgebung ihren Kredit mühsam zurückgewinnen, extralegale Quellen schienen, aus welchem Interesse auch immer, paradoxerweise weiterhin nötig. Die Methodenlehren reagierten darauf mit Wertungsjurisprudenz in den gezeigten Varianten.

Im Ganzen kann man erkennen, wie nach 1949 der **Verfassungsbezug** implizit oder explizit mehr und mehr eine Rolle spielt. Dies gilt freilich auch negativ, d.h. für die ebenfalls wiederkehrende **Abwehr der neuen Bindungen**. Diese beruft sich zunächst erneut, wie schon die Freirechtsbewegung, die soziologische Schule und ihre Weiterdenker, auf Realismus. *Esser* z.B. wendet seinen methodischen „**Realismus**" auch gegen die Verfassungsnormen. Ihm ist die Gewaltenteilung Verfassungsideologie, die vor der unumgehbaren, dominanten „Realität" von Richterrecht verblasse (dazu oben Rn. 784). Weniger scharf und ähnlich „realistisch" sucht *Wieacker* einen „mittleren Weg". Beim für ihn stets notwendigen Werten will er auch die nötigen „außergesetzlichen Wertungspläne" einbeziehen (dazu oben Rn. 685). Sein spannungsreicher, lockerer Formelreichtum dazu lässt das meiste in der Schwebe. Auch wenn der Verfassungsbezug positiv angesprochen wird, zeigen sich vielfach zugleich Reserven. Bei der *erneuerten Interessenjurisprudenz* Westermanns bleibt der Verfassungsbezug sehr vage, da er den Rahmen des Zivilrechts nicht klar überschreitet, nur sehr allgemein die Grundrechte heranzieht und diese auch noch als ein „normiertes Naturrecht". Bei *Larenz'* Bezug auf die *Rechtsidee* verschwindet der Verfassungsbezug ebenfalls in undeutlichen Relativierungen (dazu oben Rn. 607 f.). Erst später berührt Larenz in der *Methodenlehre* auch die Frage „verfassungsmäßig" (5. Aufl. 1993, 353) und feiert nicht mehr in seltenem Enthusiasmus wie 1960 „die nun erreichte freiere Stellung der Gerichte gegenüber dem Gesetz ... (als) vielleicht den bedeutendsten ... Fortschritt der Rechtsentwicklung ...

1444

---

43 Siehe *Gustav Radbruch*, Gesetzliches Unrecht und übergesetzliches Recht, in Südd. Juristen-Zeitung 1 (1946) S. 105–108, vielmals nachgedruckt, zuletzt in *Radbruch*, Rechtsphilosophie, Studienausgabe, 2. Aufl. 2003, Anhang 3. Auf die überreiche Diskussion dazu und besonders die erneute seit 1989 wegen der DDR-Bewältigung' kann hier bloß pauschal hingewiesen werden. Man sollte nur eine Kleinigkeit beachten, die keine Kleinigkeit ist: Radbruch spricht nicht von „überpositiv", sondern lediglich von „übergesetzlich". Gemeint sind damit überstaatliche, völkerrechtliche und menschenrechtliche Normen, nicht irgendein freischwebendes Naturrecht.

seit dem Abschluss der ‚Kodifikation'", also seit 1900 (1. Aufl. 1960, 278). Der Juristenstand mit einem Larenz an der Spitze war damit voll inthronisiert. Seine Methodenlehre von 1960 war denn auch eine solche der *Rechtswissenschaft*.

1445 Nur von einer **Minderheit** wie *Nipperdey* und zunehmend auch *Coing* wird der Verfassungsbezug klarer thematisiert und juristisch ausgearbeitet bis hinein in loyale Methodenlehren. Coing begründet ihn aus den „Funktionsbedingungen" von Recht. Die Juristen stellten sich also mehr und mehr dem Verfassungstext. Freilich umgingen sie meist schweigend Art. 97 Abs. 1 GG mit seiner strengen Gesetzesbindung und beruhigten sich gerne bei der leicht ambivalent deutbaren Formel „Gesetz und Recht" in Art. 20 Abs. 3 GG. Verfassungslage und Methodenlage hatten sich beruhigt in einer Art „Juste Milieu" der wohlhabenden und friedlichen Bundesrepublik. Aber immer wieder stritt man um die **Kontinuitäten zu der Zeit vor 1945** und thematisierte dabei auch die Zusammenhänge von Rechtsdenken, Methodenlehre und Rechtsakteuren. Vermehrt geschah dies nun auch aus der Perspektive der Verfassungsinterpretation, besonders seit 1959 ein Aufsehen erregender Aufsatz des weithin bekannten Ernst Forsthoff über „Die Umbildung des Verfassungsgesetzes" in den Händen der Justiz die Diskussion mächtig in Gang brachte.[44] Eine große reale und eine fundamentale rechtswissenschaftliche Umwertung mussten verarbeitet werden.

1445a Die **reale Umwertung** hinein in die neue Bundesrepublik vollzog sich erstaunlich schnell, dafür sorgten schon die Neugründung unter Anleitung und Kontrolle der Alliierten, intensiv auch für das Grundgesetz selbst („Frankfurter Dokumente" der Westalliierten, 1948), und die Besatzungszeit, im Westen bis 1955.

Die **rechtswissenschaftliche Umorientierung** erfolgte dagegen sehr schwerfällig. Gewiss predigten die Juristen nicht mehr an führender Stelle völkisch-rassische Rechtsideen, Gemeinschaft, Führertum und Nation, wie sie als „Seele" und „Berufung" des Deutschen Volkes lange geläufig waren. Diese Substanzbindung musste man aufgeben. Aber die methodische Selbstbindung an ein **substantialistisches Rechtsdenken** mit doppeltem Boden (außen das „Gesetz", innen *das* „Recht") blieb sehr lange erhalten und endete eigentlich nie. Die allgemeine „Westernisierung"[45] des bundesrepublikanischen Lebens und Denkens fand hier nicht statt. „Westlich" analytische, kritisch rationale oder gar utilitaristische Strömungen in der Rechtsphilosophie und Rechtstheorie blieben marginal, ihre Schlachtrufe verhallten, ihre Vorstellungen wurden nach wie vor einfach als „positivistisch" verdammt und abgetan oder nicht beachtet. Auch die an sich zu etwas kritischer Zeitgeschichte berufene Rechtsgeschichte klärte hier nichts auf, weder in struktureller, noch in konkret methodischer Hinsicht. Methodisch ließ sie zunächst al-

---

[44] Dieser seit der 3. Auflage neue Abschnitt entspricht dem über NS-Jurisprudenz in meinem Sammelband: Unrecht durch Recht, Tübingen 2018. Zum öffentlichen Recht und zum allgemeinen Kontext muss man die absolut grundlegende Darstellung von *Michael Stolleis* heranziehen: Geschichte des öffentlichen Rechts in Deutschland, Bd. 4: Staats- und Verwaltungsrechtswissenschaft in West und Ost 1945–1990, München 2012, hier bes. die S. 356 ff. (Staatstheorie zwischen etatistischer Tradition und pluralistische Öffnung), 457 ff. (Wandlungen des gesellschaftlichen Umfelds), 690 ff. (Rückblick zum 20. Jahrhundert). Für die konkrete Methodenlehre ist sie freilich nicht zufällig weniger ergiebig, das Interesse daran ist bis zu Friedrich Müller (1971 ff.) (hier Rn. 1081 ff.), BVerfG v. 14.2.1973/E 34, 269 ff., und Robert Alexy (1978 ff.) (s. u. Rn. 1479 ff.) deutlich schwächer. Das wäre eine eigene Analyse wert. Dafür sind wesentlich Ralf Dreier / Friedrich Schwegmann (Hrsg.), Probleme der Verfassungsinterpretation, Baden-Baden 1975 (Reader mit Bibliografie) und Hans-Joachim Koch (Hrsg.), Seminar: Die juristische Methode im Staatsrecht. Über Grenzen von Verfassungs- und Gesetzesbindung, Frankfurt am Main 1977 (Reader mit Bibliografie und wertvoller Einleitung, ergänzend zu Dreier).

[45] Mit dem inzwischen verbreiteten Stichwort von *Anselm Doering-Manteuffel*, Wie westlich sind die Deutschen? Amerikanisierung und Westernisierung im 20. Jahrhundert, 1999.

IV. Die Schlachtrufe im Methodenkampf – ein historischer Überblick

les beim Alten. Strukturell folgte sie gerne einem pauschal beschworenen „Lebenswert" mit dem führenden *Heinrich Mitteis* (*Vom Lebenswert der Rechtsgeschichte*, 1947), nun dem Wert der „Freiheit", aber auch weiterhin dem der Nation und des deutschen Volkes. Zuvor hatte man generell Volk und Rasse als Substanz geradezu verehrt. Diese *strukturelle Kontinuität* des metaphysisch-politischen Substantialismus nach Kant wurde kaum thematisiert. Sie bedeutet aber viel für die Gestalt, Themenwahl und Methode unserer Rechtstheorie, Rechtsphilosophie, Rechtsgeschichte und eben auch Methodenlehre.[46] Deren Zauberformel wurde die **objektive Teleologie**, wie sie Larenz 1960 in seiner „Methodenlehre" ausformulierte (253 ff.). Eine wirkliche „Bewältigung" der altehrwürdigen idealistisch-metaphysischen Versuchungen und ihrer steten Relativierungen des positiven Rechts steht also noch vielfach aus. Wir haben zwar die NS-Jurisprudenz hinter uns gebracht, aber noch keineswegs ihre wesentlichen theoretischen, genauer: strukturellen Prämissen. An den nicht leicht sichtbaren Marionettenfäden bestimmter Philosophien und Theorien hängen wie stets auch die Juristen.

Immerhin für die Rechtsgeschichte ist das untersucht und längst klar ausgesprochen. Ein Angelpunkt war hier die erwähnte berühmte Rede von *Heinrich Mitteis* „Vom Lebenswert der Rechtsgeschichte", 1947. Deren Prämissen wurden erst 1993 geklärt im vergleichenden Blick ‚von außen', d.h. in der weit gespannten europäischen Untersuchung von *Sten Gagnér* „Zur Methodik neuerer rechtsgeschichtlicher Untersuchungen I: eine Bestandsaufnahme aus den sechziger Jahren": Mitteis sei zwar ein Meister für „größere Zusammenhänge", aber er habe dann „offenbar seine Wissenschaft weit hinter sich gelassen und ist ins Land hineingedrungen, wo Träume, Glaube und Dichtung die harten Realitäten in eine Sinnerfülltheit umzudeuten vermögen, welche die objektive Wissenschaft nicht sehen konnte." (14) – deutliche Worte, aber nur zu wahr. „**Sinnerfülltheit**" als Struktur ist das Problem des metaphysischen Substantialismus besonders seit dem großen objektiven Idealisten Hegel (1770–1831) bis zum „immanenten Sinn" bei Larenz 1960 (253). Mitteis hat zwar das Völkisch-Rassische nie voll gestützt und ohnehin ganz aufgegeben, ein recht weißer Rabe also, aber fataIerweise hat er die strukturellen Parallelen und Gefahren seiner eigenen Theorieangebote nicht gesehen und bedacht. Jedenfalls die juristische Welt fährt mit einem das positive Recht relativierenden Substantialismus nicht ohne Weiteres gut. Er verführt zu einer doppelbödigen Normal-Rechtswelt, deren Ambivalenzen zwischen höherer Substanz und positivem Recht leicht subversiv oder offen aggressiv genutzt werden können.[47] Das muss umso mehr beunruhigen, als so gut wie alle höheren Substanzen inzwischen positivrechtlich im Grundgesetz eingefangen, präzisiert und institutionell geschützt sind. Auch dieser Rahmen kann freilich durch Immanenz-Argumente, ‚höhere' Wertorientierungen, Recht-Fertigungen, Prinzipienargumente statt Rechtsatzbildungen, objektive Auslegung im Geiste der Ausleger, Abwägungen am und im Einzelfall statt dogmatischer Bändigungen durch Fallvergleiche, Fallgruppenbildung und Regel-

1445b

---

46 Siehe für das 19. Jahrhundert *Joachim Rückert*, Kant-Rezeption in juristischer und philosophischer Theorie …, in John Locke und/and Immanuel Kant. Historische Rezeption und gegenwärtige Relevanz, hrsg. von M.P. Thompson, 1991, S. 144–215 (auch in *Rückert*, Ausgewählte Aufsätze, Bd.1, Keip 2012), und für die Rechtsgeschichtsschreibung nach 1945 jetzt *ders.*, Die Rechtsgeschichtswissenschaft in Deutschland zwischen Grundgesetz 1949 und Stammheim/Mogadischu 1977 – ihre Zielsetzungen, Werkgestaltungen und Rechtswerte, in: Storici del diritto allo Specchio. Sei racconti contemporanei, hrsg. von Italo Birocchi und Pio Caroni, Edizioni ETS, Pisa 2022, 203–306.

47 Ein auch lebensgeschichtlich bemerkenswertes Beispiel schildert *Ralf Seinecke*, Richtige Reinheit oder reine Richtigkeit? Rechtslehren nach Hans Kelsen und Karl Larenz, in JZ 65 (2010) S. 279–287.

bildung, sowie viele andere subtile methodische Mittel umorientiert werden. Für die Verfassungsinterpretation hat das Forsthoff wie erwähnt 1959 sehr kritisch zugespitzt, freilich fand er damit immer weniger Gefolgschaft. Eine solche kritische Sichtung und Klärung wie für Mitteis und die Rechtsgeschichte steht für die meisten anderen juristischen Fächer aus.[48] Manchen Neuanfängen scheint das auch nicht ernsthaft zu schaden, aber die Gefahr „methodischer Blindflüge" (*Rüthers*) ist dadurch natürlich nicht ausgeräumt. Erst die Zeit nach etwa 1970 wird in der allgemeinen Zeitgeschichte als eine neue Phase des Übergangs gesehen. Das gilt auch für die Rechtsgeschichte. Für die Rechtswissenschaft beklagte noch 1996 Rüthers die ungebrochene *Anleitung zum fortgesetzten methodischen Blindflug?*[49]

1446 Für diese Periode seit den späten 1960er Jahren muss man hauptsächlich vier **gleichzeitige Methodenströmungen** nennen: die kritisch-politische Jurisprudenz, die erneuerte soziologische Jurisprudenz, die Abwägungsjurisprudenz und die Argumentationsjurisprudenz. Letztere nennt sich zwar Argumentationstheorie, nimmt aber ebenfalls die Stelle einer Methodentheorie für die gesamte Jurisprudenz ein. Alle diese Strömungen reagierten auf dynamische Zeiten mit viel Wandel und Bewegung: Eine Art Flucht nach vorn unternehmen die ersten beiden: dort in die Kritik und politische Theorie, hier in ein allgemeines Abwägen statt Anwenden der Normen. Umgekehrt reduziert die Argumentationsjurisprudenz die Anforderungen an Methode auf Verfahrensgebote und Begründungsregeln. Der in Deutschland traditionell einflussreich gewesene methodische Substantialismus wird ‚nach Larenz' kaum noch vertreten.[50]

VIII. Kritisch-politische Jurisprudenz

1447 Die schärfste Reaktion war ein Sprung, oder eine Flucht?, nach vorn. Inwiefern fand hier eine Flucht nach vorn statt? Vorn bedeutet Zukunft, in diesem Falle bessere Zukunft. Zum einen schien das Bedürfnis nach einer kritisch angeleiteten Reform oder auch Revolution der Verhältnisse auf dem Wege der parlamentarischen Gesetzgebung nicht oder zu wenig oder in die falsche Richtung voranzukommen. Die Alternative war der Aufbau einer kritischen Jurisprudenz und Justiz **gegen das etablierte Selbstver-**

---

48 Siehe jetzt zum Strafrecht *Frommel* 2016 (Fn. 31); die Fortführung als Wertungsjurisprudenz auch überpositiver Art (bei Larenz) betont nun auch sehr klar *Hans-Peter Haferkamp*, Richter, Gesetz und juristische Methode in der Wertungsjurisprudenz, Zs. für die gesamte Privatrechtswissenschaft 2016, S. 319–334, bes. 327 f., 334; s. zum öffentlichen Recht generell *Stolleis*, Geschichte IV (wie Fn. 44), etwa S. 25 ff., 356 ff., 455 ff., und an einem bes. deutlichen Thema grundlegend *ders.*, Gemeinwohlformeln im nationalsozialistischen Recht, Berlin 1974, für nach 1945 kurz am Ende, S. 303–305; zu „Abwägung", dem im Verfassungsrecht später erfundenen Methodenvehikel, s. die kritische Geschichte bei *Joachim Rückert*, Abwägung – die juristische Karriere eines unjuristischen Begriffs oder: Normstrenge und Abwägung im Funktionswandel, in JZ 66 (2011) S. 913–923, und im Überblick unten Rn. 1457 ff.
49 Inzwischen prominent, s. *Anselm Doering-Manteuffel* u. *Lutz Raphael*, Nach dem Boom. Perspektiven auf die Zeitgeschichte nach 1945, 2008, 3. Aufl. 2012; für das öffentliche Recht beschreibt das mit viel Kontext jetzt *Stolleis*, Geschichte (Fn. 48), S. 455 ff., die engere Methodengeschichte wird aber nur gestreift, vgl. S. 389 und 460; *Rüthers*, in NJW 49 (1996) S. 1249–1253; für die Rechtsgeschichte ist der Übergang jetzt deutlich gezeigt bei *Rückert*, Rechtsgeschichtswissenschaft (wie Fn. 47).
50 Siehe aber eindrucksvoll *Johannes Braun*, Einführung in die Rechtsphilosophie. Der Gedanke des Rechts, 2006, 2. Aufl. 2011, mit dem Leitgedanken, „dass das Recht nicht nur nach größeren Gesichtspunkten klassifiziert und geordnet werden kann, sondern dass auch sein innerer Gehalt unterschiedliche Muster umfasst, welche die äußeren Formen auf je eigene Art mit Leben erfüllen." (S. VI). Konsequent gibt es eine „Innere Struktur" (§ 6) und die Rechtsphilosophie wird zu einem „Aufbewahrungsort für substantielles Rechtswissen" (dort S. 58), erfassbar als „Phänomenologie des Rechtsdenkens" (S. 58 ff.). Das läßt an *A. Reinachs* Werk „Zur Phänomenologie des Rechts. Die apriorischen Grundlagen des Bürgerlichen Rechts", 1913, Neuausgabe München 1953, denken.

IV. Die Schlachtrufe im Methodenkampf – ein historischer Überblick

ständnis, in der Jurisprudenz als **gesellschaftstheoretische Kritik am Gesetz**, zumal dem allzu bürgerlichen BGB, in der Politik als APO (d.h. außerparlamentarische Opposition) gegen das Parlament. Das geschah dezidiert seit Mitte der 1960er Jahre. Methode wurde nun Methodenkritik. Die alten Argumente wurden radikalisiert: Methode müsse illusionslos realistisch sein, positiv wirklichkeitsnah und den gesellschaftlichen Wandel nachvollziehen. Illusionär erschien *jede* bloß rechtliche Bindung der Normanwendung. Juristisch-inhaltlich berief man sich auf die Verfassung, freilich eine anders gefüllte. Die schon wieder gewohnten substantialistischen Methoden halfen wieder einmal enorm. Aus diesem kritischen „Realismus" mit bewegend großen Idealen wurde später bisweilen ein wirklicher *Methodenzynismus*.

Für diese kritisch-politische Strömung wurden **zwei Namen** besonders wichtig und prominent: *Rudolf Wiethölter* (geb. 1929), der Frankfurter Zivilrechts-Professor, und *Rudolf Wassermann* (1925–2008), seit 1971 Braunschweiger Oberlandesgerichtspräsident, zuvor ebenfalls in Frankfurt als Präsident des Landgerichts. Wiethölter hielt 1967 für den hessischen Rundfunk sein berühmtes Funk-Kolleg *Rechtswissenschaft*, das 1968 als Taschenbuch erschien. Wassermann beteiligte sich viel an der praktischen Umsetzung und fasste das 1972 in dem schlanken Buch *Der politische Richter* zusammen.

1448

Wiethölters geschichtlich ziemlich wirksam gewordene, Stichwort „Kultbuch", damalige Konzeption ist hier genauer vorgestellt (oben Rn. 878 ff.). Für ihn existierte jedenfalls, mit einer radikal-kurzen Formel, „ein Rechtssystem nicht mehr und eine Rechtswissenschaft noch nicht" (Funk-Kolleg 1968, 3) – das hieß **vor allem Abschied**: Prinzipienjurisprudenz ade, aber auch Freirecht, Interessenjurisprudenz und Wertungsjurisprudenz ade. Es ging nicht um „Unterweisung", sondern erst mal um „Aufklärung" (ebd.), genauer: „Ohne politische Rechtstheorie ... gelangen wir nicht auf die Höhe unserer Zeit" (10) – und aus dieser hohen Zeit ins Recht. Höhen und Tiefen sind hier bemerkenswert klar verteilt. „Höhe" hieß „Gesellschaftstheorie" (ebd.), „Tiefe" bourgoises, „bürgerliches" Recht. Dazu unternahm Wiethölter im Wesentlichen einen eindringlichen **historischen Beweisgang** für den legitimen **Niedergang des bloß bürgerlichen Rechts**, zurück bis zum ersten großen Sünder Kant. Alle bekannten Angriffe gegen *Formalismus, Begriffswesen* und *Entfremdung* werden hier sozialkritisch versammelt zu einer antibürgerlichen Ezählung. Eine **juristische Methode** für den herrschenden oder kommenden Anwendungs- oder auch Abwägungsbetrieb sollte und konnte daraus nicht werden.

1449

Anstatt Methode wurde der **Verfassungsbezug** sehr beschworen, aber er mutierte von der rechtstaatlichen Gesetzesbindung zur befreienden, demokratisch-sozialstaatlichen **Rechts- und Gesellschaftsbesserung** (1968, 74 f.). Entsprechend fand man im Grundgesetz nun ein doppeltes Leitbild, hier alt-individuell freiheitlich, dort neu-sozialstaatlich. Dass diese Doppelung, als Gegensatz verstanden, weder grundgesetzlich, noch historisch, noch sachlich angemessen war, geriet ins Dunkel des Vergessens.[51] Liest man das Grundgesetz einfach mal von vorneweg, Artikel für Artikel, so begegnet zuerst die *Menschenwürde*, dann als erstes Grundrecht die für *Jeden ... freie Entfaltung seiner Persönlichkeit* als allgemeines Freiheitsgrundrecht, dann die *Gleichheit*, dann zwei

1450

---

51 Dazu zuletzt *Joachim Rückert*, „Frei und sozial" als Rechtsprinzip, 2006, und historisch *ders.*, „Sozialstaatsprinzip" – Neuer Mut in alten Fragen, in: Der Gestaltungsanspruch der Wissenschaft, hrsg. von Karl Acham, Knut W. Nörr, Bertram Schefold, Stuttgart 2006, S. 643–726; zum Geschichtsbild auch zu vergleichen Rn. 1510 unter 7.

Freiheitsrechte, dann Ehe und Familie und Schulwesen, dann sieben Freiheitsrechte (ohne Art. 12 a gezählt), dann der Sozialisierungsartikel 15, die Garantie der Staatsangehörigkeit, das Asylrecht, das Petitionsrecht, die Verwirkung und der Sicherungsartikel 19 – kein Wort von *sozial* und *Sozialstaat*. Diese begegnen in Art. 20 in der Bezeichnung der Bundesrepublik („ist ein demokratischer und sozialer Bundesstaat") und noch einmal in Art. 28 als die Anforderung eines „sozialen Rechtsstaates" für die verfassungsmäßige Ordnung in den Ländern. Ein doppeltes Leitbild ist das nicht. Das Grundgesetz sollte irgendwie „sozial" sein, aber gewiss nicht auf Kosten der vorrangig und umfänglich garantierten gleichen Freiheitsrechte. Anderes hätte auch seinem Entstehungskontext gegen die NS-Diktatur nicht entsprochen – ein klarer Fall loyaler historischer Auslegung. Diese Fragen wurden im Verfassungsrecht schon länger, wieder angestoßen von Forsthoff (1954), als Diskussion um Rechts- und Sozialstaat ausgetragen.

1451 Auch **Wassermann**, 1925–2008, verschrieb sich der grundlegenden Erneuerung von Justiz, Recht und Gesellschaft. Der Richter sei schon „durch sein Amt eine politische Persönlichkeit", freilich nicht eine parteipolitische (*Politischer Richter*, 107). Er müsse „wie jedes Staatsorgan – an der Entwicklung teilnehmen und im Rahmen seiner Bindung an Recht und Verfassung auch Beiträge zur Veränderung des Status quo leisten" (56) – also Bindung, aber *Recht* vor *Verfassung*? Welches Recht? Und *Veränderung*, wohin, mit welchem Recht? Verfassung bedeutete vor allem *Demokratisierung* (17), Veränderung blieb vage. Eine **juristische Methode** sollte und konnte auch daraus nicht werden.

1452 Aussichtsreicher schien es, die Menschen zu ändern. Konsequent mündeten die Anstrengungen hier wie bei Wiethölter in **Programme für „neue Juristen"**, für eine Ausbildung gegen die *Erziehung zum Establishment* (Wassermann u.a., 1969). 1971 wurde die sog. Experimentierklausel im Deutschen Richtergesetz für eine besondere Juristenausbildung erreicht. Umgesetzt wurde sie in der sog. einstufigen **Juristenausbildung** mit nur einem Gesamtexamen (z.B. in Bremen, Bielefeld, Hannover, Augsburg). Wesentlich waren dabei die bewusste Einbeziehung der *Sozialwissenschaften*, oft mit entsprechenden Lehrstühlen, und die *Integration von Theorie und Praxis* in der Lehre, oft im Co-Teaching. Und dies alles bei traumhaften und wesentlichen Betreuungsrelationen von 1 zu 50 und weniger. Die Modelle waren an sich erfolgreich, aber zu teuer, um sie zu verallgemeinern. Am Ende wurden sie unter neuen Verhältnissen politisch unbequem. 1984 wurden sie nach rund zehn Jahren von der neuen Politik per Federstrich beendet.[52] Die gesellschaftstheoretischen, juristischen und methodischen Ideale haben sich trotz vieler wichtiger Veränderungen nach 1968 nicht durchgesetzt.

1453 Das begünstigte einen heute bisweilen stark und höchst polemisch vertretenen **Methodenzynismus**. Aus der realistischen Erkenntnis, die Idee einer einzig richtigen Rechtsentscheidung baue ebenso auf Illusion wie die einer streng logischen Subsumtion vom Obersatz zum Untersatz, wird scharfsinnig gefolgert, es gebe kein Recht und keine Rechtsordnung, es gebe nur Richter. Methode erübrige sich also ebenso wie ein genauerer Rechtsbegriff und Rechtsquellenbegriff. Mit diesem kritischen Bade ausgeschüttet werden Recht und Methode und Verfassungsstaat. Rechtswissenschaftlich

---

52 Die beste Übersicht dazu findet sich bei *Alfred Rinken*, Einführung in das juristische Studium, 2. Aufl. München 1991, § 15, nur noch knapper in den späteren Auflagen; mein Urteil beruht auch auf eigener Erfahrung in Hannover, siehe *meinen* Rückblick: Profile der Jurisprudenz in Hannover seit 1974, in Festschrift zu Ehren von Christian Kirchner, 2014, S. 217–228.

IV. Die Schlachtrufe im Methodenkampf – ein historischer Überblick

steht das frei, rechtspraktisch aber nicht. Der ‚realistische' Schluss geht offensichtlich zu weit – eine realistic fallacy. Ob Geld oder Freiheitsentzug oder Verwarnung fällig sind, ist in den meisten Fällen so klar wie meist auch die Steuerschuld oder die Kompetenz oder die Gerichtszuständigkeit oder ein Vertragsschluss oder ein Eigentumsschaden, auch viele Grundrechtsverstöße, usw. Die Analyse, dass nichts einzig Richtiges aus Subsumtion folgt, dass Prämissen in Obersatz und Untersatz gesetzt werden müssen, dass der Schluss vom Obersatz zum Untersatz nicht rein logisch vor sich geht, dass die Normtatbestände nicht selten faktisch oder rechtlich unpräzise sind und dass Recht nicht einfach voll autonom und rational funktioniert – dies alles erweist keineswegs alles Recht und alle Methode als illusionär. Die praktisch relativ sicheren Bestände überwiegen sogar vermutlich. Messungen, wie auch, dazu stehen aus. Die hier oft beschworenen eigenen Juristen-Erfahrungen sind fast immer sehr standesbezogen und taugen empirisch nicht viel, weder pro noch contra. Der ‚realistische' Blick geht auch viel zu einseitig auf die Fälle und Lösungen der Höchstgerichte, in denen gerade die schwierig streitigen Konflikt-‚Reste' oder die massiven Lobbyisten der Musterprozesse erscheinen.

Rechtspraktisch und rechtsethisch haben Juristen und Juristinnen jedenfalls die **Aufgabe**, nicht selbst die möglichste Klarheit und Sicherheit ihrer Werkzeuge zu sabotieren. Rechtspraktisch, also für die Bindung aller staatlichen Gewalt (Art. 1 Abs. 3 und 20 Abs. 3 GG), kommt viel auf Darstellungs- und Begründungsregeln an, wie sie die *Argumentationstheorie* (s. sogleich Rn. 1476 ff.) festhält. Die **Unterscheidung Wissenschaft – Praxis** ist hier zentral und wichtig: empirisch wegen der unterschiedlichen Institutionen und Arbeitsweisen, wissenschaftlich wegen der anderen Maßstäbe, praktisch-normativ wegen Freiheit hier (Art. 5 Abs. 3 GG) und Bindung dort (Art. 1 Abs. 3 und 20 Abs. 3, und 97 Abs. 1 GG). Ohne diese Unterscheidung gehen Methode und Recht in Verwirrungen auf. Profiteur der Vermischung ist der **Juristenstand**. Aber auf ihn allein darf es im demokratischen Verfassungsstaat nicht ankommen. Genau das hatte Windscheid 1884 betont, als er dem *Juristen als solchen* eine bevorzugte Stimme in der Gesetzgebung absprach – immer noch meist irreführend polemisch verkürzt zitiert (s. Rn. 315 f.). Dieser Unterschied gebundene Praxis – freie Wissenschaft wird daher in der Sache und in den Texten in unserem Band ernst genommen (s. oben die Einführung). 1454

Inzwischen hatten **staats- und grundrechtliche Probleme und Lösungen** begonnen, die Aufmerksamkeit in Rechtstheorie und Methodenlehre zu fesseln. Das wird in diesem Buch nicht ebenfalls an den wichtigsten Repräsentanten vorgestellt, gewiss ein Defizit, das ebenso schmerzt wie das Fehlen des Strafrechts. Es zeigt aber nur, dass es immer noch nicht leicht ist, die Grenzen der juristischen Disziplinen zu überspringen, während heute schon in jeder größeren Evaluation ganz Fachfremde zum besonders objektiven Miturteilen eingeladen werden. Vor allem jedoch fehlt es von öffentlich-rechtlicher Seite an entsprechenden historisch-kritischen Studien zu Methoden und Grundbegriffen in den Lebenskontexten – man weiß einfach nicht genug Bescheid.[53] Es scheint fast so, als ob hier Methode und Auslegung heute, anders als etwa noch bis 1976, eben 1455

---

53 In dem grundlegenden Handbuch von *Stolleis* (Fn. 48) wird die Methodengeschichte nur gestreift. S. S. 389, 460; s. auch dort S. 17 f. zum Forschungsstand.

keinen relevanten Punkt ausmache oder ausmachen solle.[54] Das Thema Abwägung z.B. ist viel diskutiert, aber nicht historisch-kritisch. In diesen Überblick wird daher die staats- und öffentlich-rechtliche Abwägungsjurisprudenz einbezogen (Rn. 1457 ff.), zumal sie auch schon als generelle juristische Methode gepriesen wird, einbezogen sozusagen auf eigene Faust und mit recht überraschenden Einsichten.[55] Zuvor aber ein Wort zur soziologischen Jurisprudenz, zur ökonomischen Analyse und zur Institutionenökonomie.

IX. Soziologische Jurisprudenz

1455a Auch „soziologische Jurisprudenz" war ein heftiger Schlachtruf schon in der großen Reformdebatte vor 1914. Deren Qualität und Fernwirkung sind immer noch bestimmend. Ein theoriebewusst ordnender Überblick über diese „soziologischen" Bestrebungen steht an inzwischen entlegener Stelle bei Hans Ryffel in seiner *Rechtssoziologie. Eine systematische Orientierung*.[56] Er ist wichtig, um die sehr unterschiedlichen und voraussetzungsreichen Sprachspiele zu verstehen, die hier seit mehr als hundert Jahren, von Montesquieu noch abgesehen, mobilisiert werden, d.h. seit A. Comte, F. Le Play, K. Marx (ja, auch Marx), L. Gumplowicz, E. Durkheim, F. Geny, E. Ehrlich, F. Oppenheimer, M. Weber, R. Pound, H. Kelsen, A. Nußbaum, Th. Geiger[57] – nebeneinander und gegeneinander. Schon diese internationale Liste der Großnamen schüchtert ein – übrigens waren diese frühen Soziologen fast alle gelernte Juristen. Der sog. Rechtspositivismus dieser Zeit[58] förderte also nicht nur den Blick auf das Gesetz, sondern auch den auf die Realitäten. Lassen wir die Liste beiseite und gehen wir schlicht von üblichen Wortverwendungen aus. *„Soziologisch"*? Ausgerechnet dieses zentrale und beliebte Stichwort verwirrt sofort bei näherer Befassung. Es ist methodisch höchst mehrdeutig. Meint „soziologisch" gesellschaftsforschend oder sozialforschend oder sozialwissenschaftlich oder direkt „social engineering"? Durchaus ja, aber wie? Das Wie hängt ab von der methodischen Grundhaltung, die natürlich nicht immer rein auftritt, aber isolierbar ist in drei Hauptlinien.[59]

1455b Die **drei methodischen Hauptlinien** dazu sind: empirisch, normativ (kritisch oder apologetisch) und verstehend-nachkonstruierend. Konkreter spricht man bei *empirisch* von sozialwissenschaftlich, z.B. speziell von Rechtstatsachenforschung oder Sonder- oder Bereichssoziologien; bei *normativ* von Sozialphilosophie oder -theorie oder Gesellschaftstheorie; für *verstehend* ist kein besonderer Ausdruck verfestigt. Empirisch

---

54 Z.B. kommt in Vortrag und Diskussion von und über *Peter Badura*, Die Dogmatik des Staatsrechts im Wandel vom Bismarckreich über die Weimarer Republik zur Bundesrepublik, in Entstehen und Wandel verfassungsrechtlichen Denkens, Beiheft zu Der Staat 11 (1996) S. 133–164, zwar die Dogmatik oft, aber die Methode nie vor. Sie fehlt auch bei *Birgit von Bülow*, Die Staatsrechtslehre der Nachkriegszeit (1945–1952), Berlin 1996; siehe für 1976 die Dokumentation von *Dreier/Schwegmann* (Fn. 44) und nun aber das neue Interesse bes. von *Lepsius* bei *Jestaedt* u.a. (s. Fn. 93).
55 Das heißt auf der Basis *meiner* Studie zur Abwägung, 2011 (Fn. 48).
56 Neuwied und Berlin, 1974, hier Teil 1: Kritische Bestandsaufnahme, S. 13–114. *Ryffel* berichtet ausführlich und sehr informierend quellennah aus den Originalen und unterscheidet methodisch klar und scharf auf der Basis seiner wirklich philosophischen Ausbildung. Der etwas lange Text erspart viele Unklarheiten und zusätzliche Erkundungen. Die üblichen kurzen Geschichtshinweise lassen dagegen das meiste dunkel.
57 Geboren: Comte 1798, Le Play 1806, Marx 1818, Gumploswicz 1838, Durkheim 1858, Geny 1861, Ehrlich 1862, F. Oppenheimer 1864, Weber 1864, Pound 1870, Kelsen 1881, Nußbaum 1887, Geiger 1891.
58 Siehe aber den souveränen Bericht bei *Ryffel* (Fn. 56).
59 Diese Linienführung orientiert sich an *Ryffel*, siehe seine Gliederung und zur Sache 3 f., 15 f. und öfter. „Drei Rechtssoziologien" unterscheidet *Rottleuthner* (Einführung in die Rechtssoziologie, Darmstadt 1987, S. 21 ff., 30), aber sein Kriterium sind primär die Thematiken und weniger die Methoden.

IV. Die Schlachtrufe im Methodenkampf – ein historischer Überblick

meint nicht nur Beschreiben oder Schildern, sondern auch Erklären, etwa kausal, genetisch, funktional, bis hinein in Gesetzmäßigkeiten. Normativ meint nicht nur Kritik oder Apologetik, sondern auch die Stützung der normativen Sicht gerade durch Empirie. Verstehend meint der hier maßgebende Max Weber über Beschreiben hinaus als empirische Sinnermittlung: „Soziologie … soll heißen: eine Wissenschaft, welche soziales Handeln deutend verstehen und dadurch in seinem Ablauf und seinen Wirkungen ursächlich erklären will". Und: *Sinn* ist hier der „tatsächlich"-historisch von einem Einzelnen oder von einer Masse „subjektiv *gemeinte* Sinn. Nicht etwa irgendein objektiv ‚richtiger' oder ein metaphysisch ergründeter ‚wahrer' Sinn. Darin liegt", so Weber deutlich, „der Unterschied der empirischen Wissenschaften vom Handeln: der Soziologie und der Geschichte, gegenüber allen dogmatischen: Jurisprudenz, Logik, Ethik, Ästhetik, welche an ihren Objekten den ‚richtigen', ‚gültigen' Sinn erforschen wollen".[60] In diesem Sinne spricht Weber von verstehender Soziologie – auch wenn man es zweimal lesen muss und obwohl es oft missverstanden wird, muss man dieses wesentlich unterscheidende Konzept nachvollziehen. Es betrifft die Methode, nicht wie die Unterscheidung naturwissenschaftlich/geisteswissenschaftlich die Gegenstände.

Konkreter im **Verhältnis zur Jurisprudenz** ergeben sich wieder **drei Hauptfälle**. Die empirisch-erklärende Soziologie kann sich auf **Ergänzung** der Jurisprudenz als Dogmatik wie als Rechtspolitik beschränken oder ganz selbstständig Bereichssoziologie betreiben.[61] Oder sie wird als Kritik oder Apologetik eingesetzt und tritt dann in **normative Konkurrenz** zum Recht. Schließlich kann sie auch beanspruchen, die übergreifende Theorie der Rechtswelt zu sein und sich so die Jurisprudenz unterzuordnen. Aus juristischer Sicht bleibt die rechtsmethodische Hauptfrage, ob die „Soziologie" und vor allem die Rechtssoziologie ergänzende empirische Wissenschaft oder normative Konkurrenzwissenschaft sein will. Offensichtlich ist es leicht, diese Beziehungen zu vermischen oder gar zu verwirren, zumal disziplinäre oder politische Interessen dazu antreiben.

1455c

Erst Beispiele machen diese allgemeinmethodischen Hauptfälle klar. Sie sind bekannt, zwei sind besonders wichtig. Beide betreffen immer noch prominente doppelt kompetente, nämlich in Jura und Soziologie, Wissenschaftler. Empirisch-erklärende „Soziologie des Rechts" unternahm vor allem **Eugen Ehrlich** (1862–1922), der Begründer dieser Disziplin, in seiner *Grundlegung der Soziologie des Rechts* von 1913. Ehrlich will eine neue, „selbstständige Wissenschaft vom Recht" begründen, „die nicht praktischen Zwecken dienen will, sondern der reinen Erkenntnis, die nicht von Worten handelt [wie die übliche Gesetzesjurisprudenz], sondern von Tatsachen" und deren „Gesetzmäßigkeiten" [wie die „Naturforscher"]. In der Folge werde es dann „auch an praktisch verwertbaren Ergebnissen nicht fehlen".[62] Er schließt, nun etwas wissen-

1455d

---

60 Siehe *Weber*, Wirtschaft und Gesellschaft, 5. Aufl. Tübingen 1972, Kap. 1, § 1, S. 1; jetzt als Band I-23 der Max Weber Gesamtausgabe hrsg. v. Knut Borchardt, Edith Hanke u. Wolfgang Schluchter, Tübingen 2013 als: Wirtschaft und Gesellschaft. Soziologie. Unvollendet 1919–1920, S. 149 (unter „Methodische Grundlagen"); wesentlich bereits Webers Aufsatz von 1913 in der Zeitschrift Logos, 4 (1913) S. 253–294: „Über einige Kategorien der verstehenden Soziologie", bes. Abschnitt III: Verhältnis zur Rechtsdogmatik (s. z.B. die handliche Ausgabe *Max Weber*, Soziologie. Universalgeschichtliche Analysen. Politik. Stuttgart 1973, S. 97–150, 110 f.).
61 Dazu mit vielen Beispielen *Ryffel*, ebd. 51–77; über den wichtigen und aufschlussreichen Praxis-Versuch in der sog. einphasigen Juristenausbildung jetzt *Rückert*, Abgrenzungen – aber welche Rechtswissenschaft von welcher Soziologie? Eine Fallstudie, in: Mittelweg 36. Zeitschrift des Hamburger Instituts für Sozialforschung 31, Heft 5 (2022) S. 57–83.
62 *Ehrlich*, Grundlegung, 1913, S. 1 f. (s. Rn. 1455 d).

schaftsdogmatisch: Diese „Soziologie des Rechts ist die wissenschaftliche Lehre vom Rechte". Und, hier wichtig, es werde „auch notwendig sein, dieser eigentlichen Theorie des Rechts, der Rechtswissenschaft, die praktische Jurisprudenz [und mit ihr die Dogmatik] entgegenzusetzen."[63] Soziologie und Jurisprudenz werden also scharf getrennt, diese Rechtssoziologie ist im Kern[64] eine Bereichssoziologie. Der ganz anderen Aufgabe der Dogmatik hat sich Ehrlich 1918 in seinem Werk *Die juristische Logik* gewidmet. Mit „Logik" ist hier, wie so oft in der Tradition, nicht die formale Logik, die Schlusslehre usw. gemeint, sondern eine materiale, eine Logik von den Sachen. Ehrlich untersucht dazu in zwei Teilen die „historischen Grundlagen" und die „Mittel der juristischen Logik". Dem kann hier leider nicht näher nachgegangen werden.

1455e Wissenschaftstheoretisch versiert und scharf führte diese Trennung der zweite große Heros der deutschen Soziologie und Rechtssoziologie durch, **Max Weber** (1864–1922). Konzipiert hat er das 1911–13 (also vor dem Krieg), gedruckt wurde es zuerst 1922 als Teil VI. von *Wirtschaft und Gesellschaft: die Wirtschaft und die gesellschaftlichen Ordnungen und Mächte* unter dem Titel *Rechtssoziologie*.[65] Methodisch unterscheidet Weber gleich zu Beginn den juristischen und den empirischen Zugriff: „Die juristische, genauer: die rechtsdogmatische, Betrachtung stellt sich die Aufgabe: Sätze, deren Inhalt sich als eine Ordnung darstellt, welche für das Verhalten eines irgendwie bezeichneten Kreises von Menschen maßgebend sein soll, auf ihren richtigen Sinn … zu untersuchen … Die Sozialökonomik dagegen betrachtet dasjenige tatsächliche Handeln der Menschen, welches durch die Notwendigkeit der Orientierung am ‚wirtschaftlichen Sachverhalt' bedingt ist, in seinen tatsächlichen Zusammenhängen."[66] Ehrlich wie Weber zielen nicht auf eine normative Konkurrenzwissenschaft, sondern auf empirische Beschreibung und Erklärung sowie politische und rechtspolitische Reform. Die möglichen normativen Schlüsse daraus sind für sie eine eigene Frage. Sein und Sollen soll nicht vermischt werden, da sie auf verschiedenen Beweisführungen beruhen.

1455f Angesichts dieser großen Energie und dieses hohen Niveaus nicht nur bei den beiden deutschsprachigen Heroen sieht man in der Zeit vor 1914 die **Gründerzeit** noch der heutigen Rechtssoziologie. Hier, so *Ryffel* treffend, „entstehen zugleich die heutigen

---

63 Grundlegung 19, am Ende des einleitenden Kapitels. Zu Ehrlich ist jetzt maßgebend *Stefan Vogl*, Soziale Gesetzgebungspolitik, freie Rechtsfindung und soziologische Rechtswissenschaft bei Eugen Ehrlich, Baden-Baden 2003 (Fundamenta Juridica 46).
64 Im Kern, da sich auch andere, aber nicht dominante Elemente finden.
65 Die Editionsgeschichte des von Weber unvollendeten Werkes seit 1922 war schwierig, das ändert am hier relevanten methodischen Kern aber nichts. „Wirtschaft und Gesellschaft" erschien zuerst als Teilband von Abt. III des berühmten Groß-Sammelwerks „Grundriss der Sozialökonomik" (s. sogleich, nächste Fn.). Viel benutzt wurde und wird die handliche sog. Studienausgabe von *Johannes Winckelmann*, Neuwied 1960, 2. überarbeitete Aufl. 1967; maßgebend ist jetzt die historisch-kritische Edition in *Max Weber*, Gesamtausgabe, Abt. 1 Bd. 22 ff., Tübingen 2000 ff., die Rechtssoziologie steht in Band I 22-3: Recht, 2010; auch als gekürzte Studienausgabe 2014; siehe nun die ausgezeichnete und sehr hilfreiche „Einladung zur Lektüre" von *Hubert Treiber*, Max Webers Rechtssoziologie – eine Einladung zu Lektüre, Wiesbaden 2017.
66 Siehe *Weber*, Wirtschaft und Gesellschaft (Fn. 60) 181; entspricht *Weber*, Rechtssoziologie, hrsg. v. Johannes Winckelmann (Fn. 55) 69; und jetzt als Band I/22–3 der Max Weber Gesamtausgabe: *Weber*; Wirtschaft und Gesellschaft. Die Wirtschaft und die gesellschaftlichen Ordnungen und Mächte. Nachlaß, Teilband 3: Recht, hrsg. von Werner Gephart und Siegfried Hermes, Tübingen 2010, S. 192 f. *Sozialökonomik* war neues Stichwort und zielte auf eine Verbindung von Gesellschaft und Wirtschaft. Im großen Sammelwerk „Grundriss der Sozialökonomik", von Weber geplant und organisiert seit 1909, erschienen 1914–30. Webers *Wirtschaft und Gesellschaft* erschien darin als Abt. III.

IV. Die Schlachtrufe im Methodenkampf – ein historischer Überblick

Divergenzen, die nicht beigelegt sind, und sich auch in aller empirischen Forschung geltend machen."[67]

Die Divergenzen sind oft einer **Vermischung von zwei Problemen** geschuldet. Es handelt sich bei diesen methodischen Hauptlinien nicht nur, wie es oft erscheint, um die erkenntnistheoretische Trennung zwischen Seinserkenntnissen und Sollenserkenntnissen, sondern zugleich um das zentrale normative (also politische und rechtliche) Problem, woher, in welchem Verfahren, mit welcher Kompetenz rechtliche Richtigkeit erkannt und verordnet wird und werden soll. Die erkenntnistheoretische Trennung ist analytisch klar und anerkannt, die **normative Trennung**, grob die von Recht und Politik, aber keineswegs. Sie steht natürlich immer im politischen Kampf. In ihrer heutigen Schärfe ist sie erst ein Produkt und Element des modernen **Verfassungsstaates**, der in Deutschland recht spät zustande kam und ganz passend den Kontext der ersten Diskussionen um Jurisprudenz und Soziologie bildete. Denn in diesem Zusammenhang gilt als das absolut vorrangige Verfahren zur Schaffung von Recht und Richtigkeit der demokratisch-parlamentarische Weg, seit 1871 nicht ohne den Reichstag und seit 1919 in voller Ausbildung. Das mag man gut oder nicht so gut finden, befördern oder bestreiten oder bekämpfen, de facto oder auch bewusst vielfach politisierend vermischen, aber dieser Weg ist jedenfalls ein derzeit sicheres **normatives Faktum**. Konsequenterweise wird es schwierig, wenn auf diesem Weg nichts ‚Befriedigendes' zustande kommt. Dann entstehen kritische Diskussionen über Demokratie, Parlamentarismus usw.

1455g

Was bedeutet die grundsätzliche und methodische Trennung von Politik und Recht und Sein und Sollen für eine **soziologische Jurisprudenz**? Eine solche wird früh und konkret ebenfalls vor 1914 gefordert, besonders bei Ernst Fuchs,[68] und besonders aufschlussreich zusammenfassend bei *Hans Wüstendörfer*,[69] sichtlich mit einem gewissen Applomb. Die Soziologie soll hier als **Argument in der Rechtsfindung** oder Rechtsanwendung selbst eine Rolle spielen. Die genaueren Bedeutungen dieser Forderungen gehen weit auseinander. Bei Wüstendörfer geht es entgegen erstem Anschein nicht um empirische Soziologie, sondern um „soziale" bzw. „sozialwissenschaftlich geleitete Interessenabwägung" oder „durch sozialwissenschaftliche Erkenntnis geläutertes Rechtsgefühl" (243, 247, 249, 307), zur Ermittlung eines „brauchbaren sozialen Zwecks der Gesetzesnorm" (250) und entsprechende „Nachprüfung" und „Gestaltung aus einem unterstellten brauchbaren Gesetzeszweck" der Normen „unter dem Gesichtswinkel ihres sozialen Zweckes" (62, 282). Das ist recht freie **normative Arbeit**. Sie ähnelt stark der freirechtlichen Öffnung der juristischen Methode und insbesondere dem Plädoyer von Stampe für einen juristischen Sozialingenieur (s. Rn. 1407). Auf irgendeine Weise sollen hier lebende, zeitgemäße, **gesellschaftliche Normen** maßgebend sein für die Rechtsanwendung und/oder Rechtsgestaltung. Es geht nicht nur darum, die sog.

1455h

---

67 *Ryffel* (Fn. 56) 15; eine recht umfassende Bibliografie zur Methodendebatte 1900–1914 verzeichnet immerhin sechs juristische Abhandlungen mit „soziologisch" im Titel zwischen 1908 und 1912 (s. in Gängel/Mollnau (Fn. 6) 411–440). Hinzu kommt 1911 die IVR-Tagung u.a. über Soziologie und Rechtsphilosophie (s. Archiv für Rechts- u. Wirtschaftsphilosophie 4 (1910/11).
68 Fuchs fordert seit 1910 soziologische Rechtswissenschaft, soziologische Rechtsprechung, soziologische Rechtslehre (alles 1910), soziologische Rechtsgestaltung (1919) oder auch einfach Soziologie (1911,1920), einmal auch erfahrungswissenschaftliche Rechtskunst (1923/24), s. seine Bibliografie in *Ernst Fuchs*, Gerechtigkeitswissenschaft. Ausgewählte Schriften zur Freirechtslehre, Karlsruhe 1965, S. 261–267.
69 Die deutsche Rechtsprechung am Wendepunkt. Versuch einer positiven Methode soziologischer Rechtsfindung, in AcP 110 (1913) S. 219–380, auch separat u. im Neudruck, Berlin 1971. W. lebte 1875–1951, war vor allem dann Seerechtler. Die Seitenzahlen aus dem AcP stehen im folgenden Absatz im Text.

soziale oder besser reale Bedeutung von Tatsachen oder die der Einordnung von Sachverhalten in bestimmte Tatbestände und Rechtsfolgen zu beachten, wie das die sog. Rechtstatsachenforschung seit *Arthur Nussbaum* (1914) oder heute die ökonomische Analyse des Rechts für ihren Bereich fordern,[70] sondern immer darum, normative Konsequenzen auch gegen oder ohne das Gesetz zu ziehen. Das war der Zeitgeist der heftigen Reformbewegungen gegen die alte Methode und für eine freiere, d.h. gesetzesfreiere Rechtspraxis; das führte konsequent zu der heftigen Auseinandersetzung vor 1914 über die sog. contra-legem-Fabel oder eben -kompetenz (dazu oben Rn. 1402 ff.). Die *Interessenjurisprudenz* von *Heck* setzte sich dann als Methodenkompromiss durch. Auch sie wurde oft als soziologische Jurisprudenz bezeichnet,[71] das meinte aber Soziologie als Ergänzung der Dogmatik durch kausale Interessenforschung.

1455i Diese **Spannung** zwischen soziologisch-empirischer Beschreibung und juristischen und rechtspolitischen Konsequenzen prägt jede Diskussion um soziologische Jurisprudenz – bis heute. Diese Diskussionen sind daher immer mit politischer Aufmerksamkeit zu lesen, denn sie enthalten auch viel Politik. Wie heftig und pauschal hat man schon vor 1914 im Namen der Tatsachenforschung auf das BGB eingeschlagen. Wie sehr viel davon politischer Theaterdonner ist, sieht man bei einem einzigen Blick in die *Motive zu dem Entwurfe eines Bürgerlichen Gesetzbuchs*. Dort heißt es 1888 unter der Überschrift „III. Auslegung. Analogie" ausdrücklich, „die faktische Natur des betreffenden Rechtsverhältnisses muss ergründet und letzteres derjenigen Norm unterstellt werden, welche sich aus den allgemeinen, dem positiven Recht zugrunde liegenden Prinzipien und der in ihrer Eigenart erkannten tatsächlichen Gestaltung mit logischer Konsequenz ergibt" (Bd.1, 17) – die *faktische* Natur und die *tatsächliche* Gestaltung sind der Ausgangspunkt, die *logische Konsequenz* meint nur die richtige Zuordnung der Rechtsfigur und nicht etwa bloße formale Logik. Natürlich wussten und billigten auch diese ‚begriffsjuristischen Gesetzgeber', dass für jegliche Entscheidung nach Normen auch die Fakten ergründet werden mussten.

Ein Paradebeispiel für eine durchdachte „sozialwissenschaftliche" oder „soziologische Jurisprudenz" sind heute viele Beiträge von Gunter Teubner.[72] Am großen und aktuellen Thema Vertragsnetzwerke wurde das soeben eindringlich untersucht;[73] am Beispiel Bürgschaft zeigt es hier *Sahm* (Rn. 1192 ff.).

1455j Die Diskussion lässt sich differenzieren und erheblich entschärfen. Denn die **Spannung** löst sich **im Privatrecht** viel weniger dramatisch als etwa im öffentlichen Recht oder Strafrecht. Im Privatrecht sind die Parteien grundsätzlich rechtlich ermächtigt, ihre Verhältnisse selbst zu gestalten. Sie haben ihr Recht weitgehend in der Hand. Soziolo-

---

70 Dazu oben Rn. 1210 ff., und sehr umsichtig und anschaulich am Beispiel *Gunnar Janson*, Ökonomische Theorie im Recht. Anwendbarkeit und Erkenntniswert im Allgemeinen und am Beispiel des Arbeitsrechts, Berlin 2004.
71 Besonders prägnant H. *Coing*, Die Lage der soziologischen Jurisprudenz. Zur Frage der juristischen Methode im Privatrecht, in Universitas 7 (1952) S. 241–248; zu ihm oben Rn. 810 ff. und 1438 f.
72 S. bes. *Gunther Teubner*, Netzwerk als Vertragsverbund, Virtuelle Unternehmen, Franchising, Just-in-time in sozialwissenschaftlicher und juristischer Sicht, Baden-Baden 2004; vgl. *ders.* 2003: Die Perspektive soziologischer Jurisprudenz: Das Recht der Netzwerke, in Machura, Stephan/ Ulbrich, Stefan (Hrsg.), Recht – Gesellschaft – Kommunikation, Festschrift für Klaus F. Röhl, Baden-Baden, S. 40–50; und: Nach den Fällen: Paradoxien soziologischer Jurisprudenz, in Bertram Lomfeld (Hrsg.), Die Fälle der Gesellschaft, Tübingen 2017, S. 225–241.
73 *Ralf Seinecke*, Vertragsnetzwerke, in: Teubners Staatsverständnis, Verfassung ohne Staat: Gunther Teubners Verständnis von Recht und Gesellschaft (Staatsverständnisse), hrsg. von Lars Viellechner, Baden-Baden 2019, S. 131–158.

IV. Die Schlachtrufe im Methodenkampf – ein historischer Überblick

gische Jurisprudenz hat hier die wichtige Aufgabe, den oft sehr komplexen Vertragswillen der Parteien realitätsnah ‚soziologisch' zu erforschen und die internen und externen rechtlichen Tragfähigkeiten der gewollten Gestaltung im Rückgriff auf die verfügbaren Rechtsfiguren und ihre Grenzen zu klären. Insofern war Privatrechtsjurisprudenz immer schon „soziologisch". Was ist gewollt, wie kann es rechtlich passend konstruiert werden und sind diese Konstruktionen im geltenden Recht erlaubt? Das sind die nicht sehr dramatischen Verfassungsbezüge der soziologischen Jurisprudenz im Privatrecht.

Komplexer werden die Verfassungsbezüge, wenn die soziologische Jurisprudenz sich aus dem Paradigma der Parteiautonomie und dem Primat der Legislative löst und Dogmatik und Richter zur Rechtsbildung beruft. Diese Neigung besteht naherliegender Weise besonders in den Bereichen des zwingenden Rechts, im **Verfassungsrecht und öffentlichen Recht**, im **zwingenden Privatrecht** und auch im **Strafrecht**. Dann geht es um „richtige" Realitätsbeschreibungen und ihre juristische Verarbeitung. Die grundlegende Spannung – um nicht zu sagen das Paradox der „soziologischen Jurisprudenz" – zwischen Beschreibung und Bewertung, zwischen Soziologie und Jurisprudenz, zwischen Erfassung und Verfassung bricht auf. 1455k

Eine **Theorie der Vermittlung** beider Zugriffe, eine Methodenlehre dafür, wäre wichtig. Da es sich nicht um ein Problem der bloßen Logik, sondern der Urteilskraft handelt, zählen vor allem Beispiele und Erfahrungen im Verhältnis zu den explizit gemachten Maßstäben. Sicher ist nur, dass im modernen Verfassungsstaat das vorrangige Verfahren, Richtigkeit zu schaffen, das demokratisch-parlamentarische Verfahren ist.[74] Parallel zum demokratischen Meinungsbildungsprozess muss jedenfalls gefordert werden, dass konkurrierende normative Argumente besonders transparent und offen vorgetragen werden. Außergesetzliche normative Argumente dürfen nicht auch noch verschleiert werden. Erheblich ist auch, dass mit der weit vorangeschrittenen Verrechtlichung unserer Lebenswelten dieser Vorrang wohl erheblich mehr Bereiche betrifft als früher. Der soziologische Blick auf Tatsachen und Wirklichkeiten wird hier daher öfter *kritisch* eingesetzt, ähnlich wie auch in normativ kritischen privatrechtlichen Bereichen wie dem Mietrecht, Arbeitsrecht oder Verbraucherrecht. Offenbar kann es zu Diskrepanzen zwischen Wirklichkeiten und Recht kommen, die Abweichungen vom geltenden Recht herbeiführen und rechtfertigen. Das wäre dann **soziologische Rechtsbesserung**. Dass es dabei typische, d.h. verallgemeinerungsfähige Fälle geben kann, wurde bereits ebenso originell wie eindringlich erwogen.[75] Es handelt sich freilich um glattes Gelände. Institutionelle und ideologische Interessen trüben dabei Chancen leicht den Blick. 1455l

X. Ökonomische Analyse des Rechts und Institutionenökonomie

Diese Strömung stellte sich seit den 1970er Jahren neben die klassischen juristischen Methoden. Sie wollte diese nicht ersetzen und entwickelte keine juristischen Methodenregeln. Mit ihren Instrumenten lassen sich aber die **Effekte** vieler Regeln, besonders solcher des Privatrechts, besser verstehen – die Effekte, nicht nur der Nutzen. Das 1456

---

74 Das bekräftigt wohl nicht zufällig mehrfach und eindrücklich der Schweizer Rechtsphilosoph und Soziologe *Ryffel*, ebd. 232, 234, 240, 242.
75 Siehe *Ryffel* (Fn. 56) 237–240: Diskrepanz von: (1) Norm und implizierter Wirklichkeit, (2) Norm und Gesellschaftsstrukturen, (3) Norm und Rechtsbewusstsein, (4) Norm und Normbefolgung, (5) krasse Rechtsverzerrungen.

kann zu sinnvoller Auslegung sehr beitragen, besonders, wenn es auf generalisierende Folgenerwägung ankommt. Die Entscheidung, welche Faktoren und Folgen maßgebend sein dürfen, hat jedoch juristisch gemäß dem geltenden Recht zu fallen. Eine eigenständige verfassungsrechtliche oder -politische Bedeutung hat diese Methodenströmung in unserem Rechtssystem zunächst nicht. Je freier freilich von den Juristen die Methodenregeln gefasst werden, je mehr Argumente also zugelassen werden, desto eher ist der Richter aufgefordert, auch diese Analysemethoden zu beachten. Im Planungsrecht z.B. wird gesetzlich zur *Abwägung* der Folgen aufgefordert. Auch dabei dürfen aber die ökonomischen Folgen nicht per se privilegiert werden. Beide Zugriffe auf Rechtsprobleme haben große Bedeutung und werden mehr beachtet als die Einsichten anderer Sozialwissenschaften. Beide Konzepte werden daher in diesem Buch näher vorgestellt und zwar unter drei Aspekten, als allgemeiner Zugriff, als Methode der Rechtsfortbildung und als Institutionenanalyse (siehe Rn. 1210 ff., 1252 ff.).

XI. Abwägungsjurisprudenz

1457 Abwägung ist nur in der Jurisprudenz etwas Neues. An sich ist es ein sehr altes **Konzept der praktischen Philosophie**, also der Ethik und Moral, später auch der politischen Philosophie, der Rechtspolitik und Gesetzgebung. Der gewaltige Erfolg dieses Konzepts nach 1949 zeigt „die juristische Karriere eines unjuristischen Begriffs". Sie begann 1900 mit der von der Interessenjurisprudenz in den Mittelpunkt gestellten Analyse der gesetzlichen Interessen*abwägung*. Dabei war, wie oben gezeigt,[76] klar, dass man eine **politische Abwägung des Gesetzgebers loyal nachvollziehen** wollte, wie realistisch auch immer das gewesen sein mag. Schon dem erwähnten konservativen preußischen Sozial-Freirechtler Stampe ging es viel weitergreifend um generelle *Rechtsfindung durch Interessenwägung* (Dt. Jur. Ztg. 1905, 713–719),[77] insbesondere durch einen neuen, viel freieren Richter. Die Justiz sollte so „Sozialjurisprudenz" (1904, 66 f.)[78] werden, mit einer „sozial brauchbaren Methode der Gesetzes*ergänzung* und Gesetzes*änderung*" (Dt. Jur. Ztg. 1905, 1019). Politisch war das, wie man treffend sagt, ‚staatssozialistisch' gedacht im Sinne der von Bismarck nach 1878 umgesetzten berühmten Pionierpolitik der Fürsorge durch Zwangsversicherungen – die heutigen Unfall-, Krankheits-, Invaliditäts- und Rentenversicherungen. Man wollte sozial sein ohne sozialistisch zu werden wie die Konkurrenz von ‚links', also von den ebenfalls methodenkritischen Marxisten und Sozialisten, Stichwort „Klassenjustiz". Zukunftsträchtig wurde der Unterschied zur Interessenjurisprudenz. Die Wege trennten sich schon zu Beginn. Hier denkender Gehorsam für die gesetzliche Abwägung, dort frei abwägende Sozialjurisprudenz. Zwei verfassungspolitisch und methodenpolitisch ziemlich **unterschiedliche Wege in Sachen** *Abwägung* waren also angelegt.

1458 Die freiere Abwägung kam zunächst kaum zur Blüte. Die Verfassungsbedingungen mussten sich erst deutlich wandeln. Bis in die 1950er Jahre dominierte die **begrenzte Verwendung von** *Abwägung* **als Nachvollzug** der Gesetz gewordenen politischen Abwägungen. Nur im Strafrecht gab es 1927 eine Aufsehen erregende „Güterabwägung" zur medizinischen Indikation bei der Abtreibung zugunsten des Mutterlebens, zuerst in RGSt v. 11.3.1927 (E 61, 242 ff., 254 f.). Dogmatisch verstand man dies jedoch als absolute Ausnahme, als sog. „übergesetzlichen Notstand", den es eigentlich gar nicht

---

76 Siehe Rn. 428 ff. zu Heck, und im Überblick Rn. 1413 ff.
77 Neudruck in: Interessenjurisprudenz, Darmstadt 1974, S. 24–31.
78 Zum Zitat und Zusammenhang *Rückert*, Freirecht (Fn. 25) 238.

IV. Die Schlachtrufe im Methodenkampf – ein historischer Überblick

gab. Daneben wurde Abwägung sehr propagiert durch den nach 1945 einflussreichen Staatsrechtler Rudolf Smend im erwähnten[79] staatsrechtlichen Methodenstreit von 1926 – zunächst ziemlich folgenlos theoretisch. In der NS-Jurisprudenz stellte sich das Methodenproblem dank ‚sicherer' Werte wie gezeigt ganz anders (s. Rn. 1421 ff.), teils abwägungsfeindlich (das Führer Wort war nicht abzuwägen, sondern schlicht zu befolgen), teils abwägungsoffen im Rahmen der NS-Wertungen.

Das änderte sich bald nach 1949 gründlich zugunsten **freierer Abwägung**. Die Judikatur des **Bundesverfassungsgerichts** wurde seit 1958 entscheidend – langsam, aber bis heute fundamental. Der Problemantrieb kam aus der neu gestellten Frage, ob und wie die Grundrechte auch im Privatrecht, das heißt für die Bürger untereinander, wirken sollten. Das war nicht ihre klassische Funktion der Eingriffsabwehr gegenüber dem Staat wie insbesondere seit 1848, ja 1789, 1776 erkämpft. Es ging vielmehr um die bald sog. **Drittwirkung der Grundrechte** im Privatrecht. 1958 im Lüth-Urteil, dem wohl berühmtesten, kam die Entscheidung. Wegen des schädigenden Boykottaufrufs zu einem Film einer Filmproduktions- und Verleihfirma waren ‚zwei Bürger' in Konflikt geraten, mit Filmbetrieb hier und Meinungsäußerungsfreiheit dort. Der zivilrechtliche Weg des Deliktsrechts, also die Frage einer ausnahmsweisen Eingriffsrechtfertigung wegen Meinungsfreiheit im Rahmen von § 826 oder § 823 BGB, z.B. über das damals vieldiskutierte Argument „Sozialadäquanz" als Rechtfertigungstopos, wurde verlassen zugunsten direkter richterlicher *Abwägung* von Grundrechtspositionen. Das war ein **neuer Entscheidungsstil oder -weg**, der das Problem als Güterkollision der Bürger und die Entscheidung als Abwägung darstellte. Zunächst klang das wie eine Fortsetzung der vielgestaltigen Wertungsjurisprudenz vor und nach 1945, ja wie eine erneuerte Interessenjurisprudenz, wenn es etwa hieß:

> „Die – so verstandene – Meinungsäußerung ist als solche, das heißt in ihrer reinen geistigen Wirkung, frei; wenn aber durch sie ein gesetzlich geschütztes Rechtsgut eines anderen beeinträchtigt wird, dessen Schutz gegenüber der Meinungsfreiheit den Vorrang verdient, so wird dieser Eingriff nicht dadurch erlaubt, dass er mittels einer Meinungsäußerung begangen wird. Es wird deshalb eine ‚Güterabwägung' erforderlich: Das Recht zur Meinungsäußerung muß zurücktreten, wenn schutzwürdige Interessen eines anderen von höherem Rang durch die Betätigung der Meinungsfreiheit verletzt würden. Ob solche überwiegenden Interessen anderer vorliegen, ist aufgrund aller Umstände des Falles zu ermitteln." (BVerfG v. 15.1. 1958, E 7, 198–230, 205 - Lüth).

also *Güterabwägung*, wie 1927 zwischen Mutter und Kind; dabei *Vorrang*, aber nur ein *verdienter*; *zurücktreten* muss ein Recht gegenüber *höherem Rang;* aber nur bei höherem Rang von schon *schutzwürdigen* und *überwiegenden* Interessen. Diese Formeln geben **nur Relationen**, keine inhaltlich gefüllten Entscheidungskriterien oder Tatbestandsmerkmale. Man spricht daher heute auch von Verhältnismäßigkeitsargumenten. Das Ergebnis muss daher ermittelt werden aufgrund aller *Umstände des Falles*, also am Einzelfall. Diese natürlich immer treffende Anleitung für sorgfältiges Entscheiden erhielt dabei ein ganz neues Parkett. Sie wurde zu einer Rückzugsformel für **generell nicht weiter kontrollierbare Wertungsvorgänge**. Die Entscheidung wird also dargestellt als eine Lösung am und aus dem Einzelfall. Es soll gerade kein allgemeines *höher* oder *vorrangig* oder *überwiegend* schutzwürdig geben. Legte man das Problem so an, so war es in der Tat mit dem auslegenden Blick auf Tatbestandsmerkmale, Rechtferti-

---
[79] S. oben Rn. 1441.

gungsgründe usw., also mit Subsumtion, nicht zu lösen. Es musste dann gelöst werden wie ein politisches, ethisches oder moralisches Problem ohne strenge Normbindung.

1461 In dieser Perspektive waren danach gesetzlich **ungelöste Norm- und Wertkollisionen** zu lösen. Das stellte methodisch frei. Lehrreich ist die zivilrechtliche Perspektive, die ja ‚an sich' galt. Zivilrechtlich ging es bezüglich § 826 BGB um Boykottschäden und damit die ausnahmsweise Rechtfertigung von Eingriffen in deliktisch geschützte Rechtsgüter, hier die „guten Sitten" allgemein – methodisch einfach ein Problem von Regel und Ausnahme, womit eine erste entscheidende Bändigung der Fallgruppe erfolgt. Denn die Ausnahme (Eingriff erlaubt) ist dann als besonderer Fall im Verhältnis zur Regel (Eingriff nicht erlaubt) zu begründen. Damit ist eine wichtige methodische Linie gezogen. Weniger einfach freilich ist es dann, diese inhaltlich zu füllen. Klare Rechtfertigungen wie Einwilligung, Notwehr u.ä. schieden offensichtlich aus. Schon im Zivilrecht war hier eine neue Tendenz erklungen: „**Sozialadäquanz**", d.h. alles was im „Rahmen der geschichtlich gewordenen sozial-ethischen Ordnungen" lag, sollte gerechtfertigt sein. Das war eine vor „Lüth" stark diskutierte Zauberformel Nipperdeys von 1955 gegen das wieder und noch als „allzu individualistisch" und „liberal" sehr kritisch gesehene BGB-Deliktsrecht[80] – zu viel Eigentumsschutz, zu viel Unternehmerschutz, zu wenig sozialer Schutz. Ein Blick in Nipperdeys Vorauflage von 1931 belehrt drastisch über den **Wandel der Einstellung** beim an sich, wie gezeigt, so verfassungstreuen Nipperdey (Rn. 1435). Ganz trocken und begriffsklar, ohne die massive Relativierung der Rechtswidrigkeit durch die Umstellung auf *sozialadäquat*, wurde hier noch das Deliktsrecht vorgestellt. Die neue Formel und Lehre haben sich zwar nicht durchgesetzt, der Vorgang veranschaulicht aber gut die Bewegung, in der man sich und zu der man sich berechtigt sah. Im Blinkfuer-Verfahren ging dann wenig später, 1963, der BGH selbst zur „Abwägung" im Rahmen des § 823 Abs. 1 BGB über; er nahm nun die Norm als Generalklausel und stellte Meinungsfreiheit und Gewerbebetriebsschutz direkt gegeneinander.[81]

1462 Im berühmten Lüth-Urteil wird an einem klassischen Deliktsfall außerdem ein erheblicher **Funktionswandel des Abwägens** klar. Während die Wertungsjurisprudenz, wenigstens in der Form der zivilrechtlichen Interessenjurisprudenz, sich streng an der gesetzgeberischen Wertung zu orientieren versuchte (*denkender Gehorsam*), entfiel genau dieser Aspekt bei der neuen allgemeinen Abwägung bei Normkollisionen ebenso wie schon bei der offenen Wertungsjurisprudenz der 1930er und 1950er Jahre (s. Rn. 1428 u. 1444). Das schien einen guten normtechnischen Grund zu haben. In der Tat unterschieden sich die rechtlichen Bezugspunkte. Die Normformulierungen der Grundrechtsnormen im Grundgesetz, und nicht nur in dieser Verfassung, sondern paradoxerweise auch in den Direktiven der Jahre nach 1933, etwa in den *Grundregeln* des *Volksgesetzbuch*-Entwurfs von 1942, unterscheiden sich offensichtlich von den meisten zivil-, straf- oder gar steuerrechtlichen Normen. Sie sind weit weniger bestimmt und konkret. Sie unterscheiden nicht so genau zwischen Tatbestand und

---

80 Siehe *Enneccerus/Nipperdey*, Allgemeiner Teil des BGB, 14. Aufl. 1955, §§ 208 und 209 II, Zitat S. 918. Siehe zur Einschätzung im Zusammenhang die wichtige Untersuchung von *Uta Mohnhaupt*, Deliktsrecht und Rechtspolitik. Der Entwurf einer deutschen Schadensordnung (1940/1942) im Kontext der Reformdiskussion über die Konzeption des Deliktrechts im zwanzigsten Jahrhundert, 2004.
81 Das galt und gilt bes. für Boykottschäden am Gewerbebetrieb als sonstiges Recht nach § 823, da man dabei die Rechtswidrigkeit nicht für indiziert hält. Die Zivilgerichte argumentierten im Lüth-Verfahren aber aus § 826. Zu Blinkfuer nun aufschlussreich *Lena Darabeygi*, Die Causa Blinkfuer und die Grundrechtsdogmatik zur Pressefreiheit in Weimar und Bonn, Frankfurt am Main 2016, auch zum ungedruckten BGH-Urteil und mit Zitat zum Abwägen S. 81.

IV. Die Schlachtrufe im Methodenkampf – ein historischer Überblick

Rechtsfolge. Vielfach fehlen sogar unmittelbare Rechtsfolgeanordnungen wie etwa die Gewährung oder Versagung eines Rechts oder Anspruchs. Das ist zwar keineswegs ein juristisches Novum, wie schon die sog. Generalklauseln seit je zeigen. Deren grundrechtliche Verwandte werden inzwischen *Prinzipien* in einem neuen Sinne genannt. Prinzipien gelten dabei als bloße Optimierungsgebote, ohne Entweder-Oder-Folgen, also anders als *Rechtssätze* im herkömmlichen Sinn von Tatbestand mit Rechtsfolge, seien diese auch durchaus ziemlich allgemein gehalten.

Dieser **Unterschied der Normobjekte** scheint einen Unterschied der Methode zu fordern. Ungeeignet erscheinen dann herkömmliche Verfahren wie die *Zur rechtstheoretischen Präzisierung des § 242 (F. Wieacker)*[82] oder zur Präzisierung der Verkehrssicherungspflichten in § 823 Abs. 1 BGB, man schlage einen beliebigen BGB-Kommentar auf, anhand von Fallgruppenbildung mit genaueren Untertatbeständen und Rechtsfolgen. Die neue Abwägungsjurisprudenz nimmt daher bewusst Abschied von der nun sog. Subsumtionsjurisprudenz, die sich an Tatbestände und Rechtsfolgen band – ein offensichtlich dramatischer Funktionswandel von nachvollziehender zu freier *Abwägung*. „Nachzuvollziehen" war eigentlich das gesetzliche Verhältnis von Ausnahme/erlaubt und Regel/nicht erlaubt in § 826 BGB. Es wurde nicht diskutiert. Warum nicht Grundrechte als Rechtfertigung im Deliktsrecht? Der Weg erschien offenbar ‚zu eng'. Auch der einfache (Aus)Weg über die Verneinung des Merkmals Sittenwidrigkeit in § 826 wurde nicht gegangen. So wurde eine neue methodische Grundsatzlösung denkbar und erschien nötig: die freie Abwägung.

1463

Ob dieser **Abschied notwendig und sinnvoll** war und ist, darum wird nach wie vor sehr gestritten. Die Diskussion ist nicht nur schwer überschaubar, sondern stark verfassungs-, institutionen- und inzwischen zudem standespolitisch aufgeladen,[83] also auch schwer durchschaubar. Man muss mehr als sonst stets historisch-kritisch beachten, wer wann und wo in welchem Kontext und für und gegen wen spricht. Der Streit hat mindestens **zwei Dimensionen**: eine analytisch-wissenschaftstheoretische und eine normativ-verfassungsrechtliche. Wissenschaftstheoretisch geht es um das Erkennen und mehr noch das ‚Anwenden' von allgemeinen normativen Sätzen, verfassungsrechtlich geht es mindestens um die Gewaltenteilung, das Demokratieprinzip, die Parlamentskompetenz, das Rechtsstaatsprinzip und die richterliche Gesetzesbindung.

1464

Gerichte halten sich den theoretischen Rücken frei. Sie begründen ihre Methoden gar nicht oder von Fall zu Fall und machen daraus keine hinderlich geschlossene Theorie. Diese Rationalisierung übernimmt die Wissenschaft. *Ein Buch und Name erscheinen* für die **neue staatsrechtliche Methodik und Darstellungsweise** besonders aufschlussreich, die *Grundzüge des Verfassungsrechts der Bundesrepublik Deutschland* von Konrad Hesse, 1919–2005. Das Buch erschien bald ‚nach Lüth' in 1. Auflage 1966 bis zur 20. Auflage 1995 und noch einmal als Nachdruck 1999. Hesse spricht zwar kaum oder sogar kritisch von Abwägung, aber sein methodisches Prinzip der *praktischen Konkordanz* ist damit in der Sache und der Funktion im Wesentlichen identisch. Er erläutert es in § 2: *Verfassungsinterpretation* so, nach Ausgangspunkt und Funktion:

1465

> „Wenn die Verfassung wie gezeigt, kein abgeschlossenes und einheitliches – logisch-axiomatisches oder werthierarchisches – System enthält und die Interpretation ihrer Normen nicht nur im Nachvollziehen von etwas Vorgegebenem bestehen kann, so erfordert sie ein

---

82 *Wieacker*, Tübingen 1956, auch in *ders.*, Ausgewählte Schriften II, 1983; dazu oben Rn. 721 ff.
83 Institutionell geht es um den Vorrang des Verfassungsgerichts vor den anderen Obergerichten, standespolitisch um den Primat des Öffentlichen Rechts.

Verfahren der Konkretisierung, das diesem Tatbestand entspricht ... In engem Zusammenhang damit steht das Prinzip *praktischer Konkordanz*: verfassungsrechtlich geschützte Rechtsgüter müssen in der Problemlösung so einander zugeordnet werden, dass jedes von ihnen Wirklichkeit gewinnt. Wo Kollisionen entstehen, darf nicht in vorschneller ‚Güterabwägung' oder gar abstrakter ‚Wertabwägung' eines auf Kosten des anderen realisiert werden. Vielmehr stellt das Prinzip der Einheit der Verfassung die Aufgabe einer Optimierung: beiden Gütern müssen Grenzen gezogen werden, damit beide zu optimaler Wirksamkeit gelangen können ..." (20. Aufl., 26)

1466 ■ Eine Verfassung, d.h. hier eigentlich ein Grundrechtsteil, ohne *System*, ohne Regeln, die *Nachvollziehbares vorgeben*, stellt in der Tat einen etwas anderen Ausgangspunkt dar als Tatbestände mit Rechtsfolgen. Die Argumentation ist zwar geradezu unschlüssig; denn dass kein „abgeschlossenes und einheitliches" System vorliegt und Interpretation hier nicht „nur im Nachvollziehen" bestehen kann, heißt ja nicht, dass umgekehrt nur freie „Optimierung" am Fall bleibt. Genau dazwischen liegt die klassische juristische Methode des Auslegens und Fortbildens der Normen im steten Fallvergleich. Aber die neue Vorstellung vom Normgegenstand führt natürlich wieder auf einen neuen Umsetzungsweg. *Optimierung* und *praktische Konkordanz* erscheinen dafür so konsequent wie *Abwägung*, die ja auch optimieren will. Ein Vergleich mit dem bis dahin etabliertesten Lehrbuch *Das Staatsrecht der Bundesrepublik Deutschland* von Theodor Maunz, zuerst 1951 und derzeit in von Zippelius und Würtenberger fortgeführter 33. Auflage 2018, ist lehrreich. Schnell erkennt man den freieren Zugriff bei Hesse gegenüber dem eher nüchternbegrifflichen und dogmatischen, ‚positivistischen' Stil bei Maunz. Allerdings kommt dieser Unterschied in der eigentlichen Dogmatikdarstellung Hesses dann kaum zum Tragen, sondern eher in den Methodensätzen und in Falldiskussionen. Die neue Methode dient also offenbar weniger der Dogmatik als der theoretischen Rechtfertigung des neuen Stils der Judikatur.

1467 *Konrad Hesse*, geb. 1919, gehört zum ‚Denkkollektiv'[84] der nach 1945 einflussreichen Göttinger **Rudolf Smend-Schule** der 1950er Jahre, die sich im Gegensatz zur fortwirkenden Carl Schmitt-Schule sah (*F. Günther*[85]). Sie nannte sich „geisteswissenschaftlich", aber wie gesehen anders als bei Coing,[86] und sah sich einer enger juristisch am Normtext orientierten Richtung gegenüber. Hesse gehört zu der Weltkriegsgeneration, die erst nach Kriegsende zum Studium kam und teils besonders nüchtern, teils besonders idealistisch antrat. In Göttingen hatte philosophisch eher ein idealistisches Klima geherrscht im Gefolge des für Coing schon erwähnten bedeutenden Wertphilosophen Nicolai Hartmann. In Göttingen promovierte Hesse 1950 bei Smend über *Der Gleichheitssatz im Staatsrecht*,[87] 1955 folgten die Habilitation über *Der Rechtsschutz durch staatliche Gerichte im kirchlichen Bereich* und sofort die ordentliche Professur in Freiburg. 1975 bis 1987 war Hesse einflussreicher Richter am Bundesverfassungsgericht. Sein Methodenkonzept der *praktischen Konkordanz* ist besonders im Lehrbuch ausgeführt. Daneben ist die größere Tendenz von zeitgeschichtlichem

---

84 Mit der wissenschaftsgeschichtlich wichtigen Terminologie von *L. Fleck*, Entstehung und Entwicklung einer wissenschaftlichen Tatsache. Einführung in die Lehre vom Denkstil und Denkkollektiv, 1935, neu hrsg. Frankfurt am Main 1980.
85 *Frieder Günther*, Denken vom Staat her. Die bundesdeutsche Staatsrechtslehre zwischen Dezision und Integration. 1949–1970, München 2004.
86 S. oben Rn. 1441.
87 Gedruckt in Archiv des öffentlichen Rechts 77 (1951/52) S. 167–224.

IV. Die Schlachtrufe im Methodenkampf – ein historischer Überblick

Interesse: Sie ging, kurz gesagt, auf einen **gesellschaftlichen Bezug der Jurisprudenz durch „geisteswissenschaftliche" Öffnung** (bei Smend: Integrationslehre) der bloß ‚positivistisch' genannten Methoden. Das hieß nach 1949 Pluralisierung, Politisierung und methodische Offenheit über die Normwortlaute hinaus. In welche methodische und politische Richtung genau die Offenheit auszuprägen war, war freilich weniger klar. Gesellschaftliche Öffnung als Anliegen hatten wir auch beim Freirecht und bei der kritisch-politischen Jurisprudenz der späten 1960er Jahre und selbst bei Coing kennen gelernt – das Anliegen ist offenbar sehr verschieden ausfüllbar.

Hesse selbst äußerte sich zwar durchaus kritisch gegen „‚vorschnelle' Güterabwägung",[88] er bevorzugt Stichworte wie „Konkretisierung", „topisches Verfahren"[89] und mahnt auch die „Grenzen" des Interpretierens an. Doch geht es ihm nur um „vorschnell" (zitiert Rn. 1465), und er räumt ein, dass ein recht verstandenes Güterabwägungsprinzip dem Prinzip praktischer Konkordanz „nahe" komme (7. Aufl. S. 28 in der Fn., dto. 20. Aufl.). So ist es.

1468

Das **Lüth-Urteil von 1958** zeigt genau die Aufnahme und neue Umsetzung des **Abwägens im Grundrechtsbereich**. Man knüpft an die zivilrechtliche Interessenabwägung Philipp Hecks an, wendet sich aber zugleich entscheidend davon ab. Wir haben gesehen, dass die Interessenjurisprudenz nach 1945 vielfach zu einer wesentlich freieren Wertungsjurisprudenz umgedeutet worden war. Das lag auf der erwähnten Linie von Stampe, des Kollegen, Zeitgenossen und ursprünglichen Mitstreiters von Heck, und bestätigt die wesentliche Linie:[90] Aus einem Instrument der Gesetzesauslegung war eines der Einzelfallwertung geworden. Aus einer *Güterabwägung* in eng begrenzten Sonderfällen wie dem strafrechtlichen „übergesetzlichen (!) Notstand" bei Abtreibung wegen medizinischer Indikation von 1927 (Rn. 1458) wurde ein **allgemeines Abwägen** in für ungeregelt erklärten Normkollisionen. Wie schon bei den sog. Gesetzeslücken lässt sich schwer kontrollieren, ob solche Normkollisionen überhaupt vorliegen, wenn sie richterlich bejaht wurden. Der Start der Abwägung hängt also selbst ab von der Auslegung eines **Konflikts als Normkollision**.[91] Ist sie gestartet, lässt sie sich rational viel schwerer kontrollieren als eine Lösung im Anwendungsstil. Das bestätigt sich, wenn man die Anleitungen für die Abwägungsschritte nachsieht: Anwendungsbereich klären, Vollständigkeit, Verhältnismäßigkeit/Proportionalität, Schutzwürdigkeit[92] – Verfahrensformeln, keine Tatbestände, keine Fallvergleiche, keine Präjudizientechnik, eben Abwägungsstil. Konsequent findet man dann nur „Methodenpragmatismus" einerseits und die bindende Setzung von „Werten" andererseits – eine fulminante Mischung. Die

1469

---

88 Siehe schon das Zitat in Rn. 1465.
89 „Konkretisierung" ebenfalls schon im Zitat Rn. 1465; Karl Engischs wichtiges Grundlagenwerk zur Konkretisierung verfolgte aber eine andere Tendenz (s. kurz Rn. 119); s. im übrigen *Hesse* 7. Aufl. 1974, § 2, S. 28, 25, 27, i.W. wörtlich ebenso 20. Aufl. 1995, ND 1999, S. 28, 24, 26.
90 S. oben Rn. 1432 ff. und 1407 ff.
91 Dazu wesentlich *Amado* 2009, s. unten Rn. 1495.
92 Siehe statt vieler die besonders eingehende Studien-Darstellung bei *Joachim Vogel*, Juristische Methodik, 1999, S. 150–156.

IV. Die Schlachtrufe im Methodenkampf – ein historischer Überblick

genauer historische, nicht vor allem aktuell interessierte Bestandsaufnahme dieser so höchst folgenreichen Verfassungsgerichtsrechtsprechung hat gerade erst begonnen.[93]

1470 Der **Wandel** ist deutlich. Er verdient einen Blick in die lehrreichen Anfänge der juristischen Moderne, um seine volle Dramatik zu sehen. Die **Lage** hat sich seit 1804 geradezu **verkehrt**, vom Gesetzesdiener zum Richterkönig. Der in Sachen Gerichte revolutionär-moderne *Code civil* 1804 hatte noch paradigmatisch den Richtern verboten, unter dem Vorwand der Unklarheit des Gesetzes *nicht* zu entscheiden (Art. 4) und so das „Gesetz" zu desavouieren. Ein junger deutscher Theoretiker wie der bald berühmte Thibaut setzte das „Gesetz" sogar drastisch in die Lücken ein, indem er eine „seelenlose wörtliche Interpretation" forderte und die Juristen bei Unklarheiten schweigen hieß. Das sollte „die Gesetzgebung zwingen, zu verbessern und zu ergänzen, was wirklich unvollkommen in den Gesetzen ist."[94] Die Abwägungsmethode befreit gründlich von alledem. Die Richter müssen nicht mehr wie diplomatische Gesandte beim Souverän rückfragen, was richtig sei, sog. référé legislatif, wie es besonders Ludwig der XIV. befohlen hatte. Sie konnten selbst Lücken und Kollisionen finden und ganz methodisch sozusagen kraft eigener Einsicht entscheiden – das sehr alte Problem der Justizbändigung und Justizbefreiung im Dreieck und später Viereck von Gesetzgeber/Gesetz, Richteramt, Justiz und Gesellschaft. Sie sind nun frei vom Souverän (ob Monarch oder Volk), frei von den Gesetzesworten (ob Kodifikation oder nicht), ohnehin frei von der Gesellschaft.[95] Nicht einmal ein besonderer (Kassations-)Gerichtshof wie dann in Frankreich oder bei Savigny 1840 (Rn. 154) musste befasst werden.

1471 Neuestens kann man **drei bemerkenswerte Tendenzen** erkennen, eine Universalisierung, eine Relativierung und eine empirisch gestützte Kritik der Abwägung als Methode. Für die **Universalisierung** steht eine große Abhandlung von Lothar Michael über *Methodenfragen der Abwägungslehre. Eine Problemskizze im Lichte von Rechtsphilosophie und Rechtsdogmatik*,[96] aber im Lichte unserer Übersicht erkennt man schnell

---

93 Siehe vor allem den brillanten Band von *Matthias Jestaedt, Oliver Lepsius, Christoph Möllers* u. *Christoph Schönberger*, Das entgrenzte Gericht. Eine kritische Bilanz nach sechzig Jahren Bundesverfassungsgericht, Frankfurt am Main 2011, Zitate S. 142 und 165; daneben *Thomas Henne* u. *Arne Riedlinger* (Hrsg.), Das Lüth-Urteil aus (rechts-)historischer Sicht, 2005, mehr zu den politischen Faktoren, sowie *Darabeygi* (Fn. 81); auch die zeitgeschichtliche Urteilsanalyse von *Anselm Doering-Manteuffel, Bernd Greiner* u. *Oliver Lepsius*, Der Brokdorf Beschluss, Tübingen 2015; wertvoll der Reader von *Dreier/Schwegmann*, Verfassungsinterpretation (Fn. 44).

94 *Anton F. J. Thibaut*, 7. Abhandlung: Bestreitung der bisherigen Theorien über das Abtretungs-, Deliberations- und Transmissions-Recht des Erben, in *ders.*, Versuche über einzelne Theile der Theorie des Rechts, Bd. 2, 2. Aufl. Jena 1817, S. 157 ff., 173 mit 176; ebenso 1. Aufl. 1801, S. 195; s. zu den damaligen Diskussionen *Rückert*, Autonomie des Rechts in rechtshistorischer Perspektive, Hannover 1988, S. 62 f. und zu Thibauts Kontext in der Hermeneutik sehr ergiebig *Lutz Geldsetzer*, leider etwas abgelegen für Juristen: Einleitung, in *ders.* (Hrsg.), Anton Friedrich Justus Thibaut, Theorie der logischen Auslegung des Römischen Rechts (1799), Neudruck der 2. Aufl. 1806, S. VIII–XLIII („die Namen der Kanones haben sich etwas geändert, der Schematismus ist aber geblieben" XLIII); Thibaut hat klar den Verfassungsbezug (S. 29 ff.): nur das publizierte Gesetz und seine Worte verpflichten.

95 Dazu sehr gut klärend und zugleich anschaulich aus den Quellen *Matthias Miersch*, Der sog. référé législatif. Eine Untersuchung zum Verhältnis Gesetzgeber, Gesetz und Richteramt seit dem 18. Jahrhundert, Baden-Baden 2000, hier bes. S. 215–220 die systematische Zusammenfassung.

96 In Jahrbuch des öffentlichen Rechts der Gegenwart 48 (2000) S. 169–203.

IV. Die Schlachtrufe im Methodenkampf – ein historischer Überblick

einige exemplarische Probleme – versuchen Sie es selbst.[97] Verdienstvoll, weil selten genug, werden dort auch verfassungsrechtliche und rechtspolitische Probleme des Abwägens diskutiert, die Bedenken jedoch zu leicht genommen (202 f.). Die zweite Tendenz, die **Relativierung** durch *Amado* 2009, wird unten im Ausblick erklärt (Rn. 1495). Drittens wurde, analytisch und empirisch gestützt, zum einen eindrucksvoll gezeigt, dass drei sehr unterschiedliche Varianten von Abwägung vorkommen (konduktive/ verbindende, prinzipienausgleichende und lokale am Fall) und dass die verfassungsgerichtliche Judikatur die „Abwägung" lediglich im Rahmen einer „lokalen Semantik" am Fall benutzt.[98] Zum anderen zeigte sich historisch-analytisch ein bemerkenswerter Funktionswandel vom legislativen zum judikativen Argument, der verfassungsrechtlich nicht gedeckt ist.[99] Es gibt eine bewährte Alternative. Die längst erprobte Dogmatisierung zu Rechtssätzen aus Fallvergleichen darf nicht beiseite gestellt werden (dazu Rn. 1508 b).

Bei der Abwägungsjurisprudenz geht es also um wesentlich mehr als um Methode und juristische Methode. Das war mit dem Hinweis angesprochen, dass u.a. Rechtsstaat, Demokratie, Parlamentskompetenz, Gesetzesbindung der Justiz und Verwaltung, Rechtsgewissheit und Rechtssicherheit betroffen seien, also gewissermaßen die gesamte Rechtskultur in ihren Fundamenten. Bei genauerer Aufklärung zeigt sich, dass das **Konzept der Abwägung** aus der **praktischen Philosophie**, das heißt der Ethik und Moral und der politisch-legislatorischen Entscheidungswelt stammt. Juristen verwendeten es stets für die Methodik der Gesetzgebung und nannten es eine „Kunst", eine „gestaltende" oder „bildnerische" Tätigkeit".[100] Diese Tätigkeit auf **methodische Regeln** zu bringen, wurde in der Tradition seit Aristoteles für unmöglich gehalten, da es um Klugheit und nicht um Erkenntnis gehe.[101] In der älteren Theorie der Gesetzgebungskunst findet man daher dazu so gut wie nichts. Und nach wie vor heißt es, „auf sicheren Grund lassen sich normative [das heißt rechtspolitische] Entscheidungen nicht

1472

---

[97] Hier einige Hilfe: Historisch werden zum Beispiel die rechtskritischen und gerade nicht rechtsmethodischen Kontexte bei Aristoteles verkannt (*Michael*, S. 173); Gadamers kritische Hermeneutik wird zu Unrecht zum Zeugen für Wertung überall und damit auch Abwägung (173); die Typuslehre von Hempel und Oppenheim will gerade graduelle Ordnung schaffen und nicht abwägen (174). Empirisch werden sog. Je-desto-Strukturen des Rechts, also wieder eine besondere Gegenstandsart von Recht, als gegebenes Faktum behauptet. Aber sie sind Ergebnis kontingenten legislatorischen Schaffens und rechtswissenschaftlichen Deutens. Theoretisch genügt die Leitunterscheidung subsumtiv versus komparativ nicht, da es auf die unmittelbare Verknüpfung der Tatbestände mit Rechtsfolgen ankommt. Es folgen falsche Schubladen, so trifft § 254 BGB als zivilrechtliches Beispiel für „komparativ" nicht, denn die Norm bestimmt eindeutige Rechtsfolgen, die lediglich an graduelle Unterscheidungen anknüpfen.

[98] Siehe *Friedemann Vogel* und *Ralph Christensen*, Korpusgestützte Analyse der Verfassungsrechtsprechung: eine Abwägung von Prinzipien findet nicht statt, in: Rechtstheorie 44 (2013) S. 29–60.

[99] Siehe *Rückert*, Abwägung – die juristische Karriere eines unjuristischen Begriffs …, 2011 (Fn. 48).

[100] Vgl. etwa *Georg Beseler*, der große Paulskirchen-Jurist 1848/49, in: Erlebtes und Erstrebtes. 1809–1859, Berlin 1884, S. 139 (für 1880): Der Gesetzgebung [zum BGB] müssten die höchsten Ziele gesetzt werden. Sie soll eine „Abwägung des Werthes" der einzelnen Rechtsinstitute durchführen; auch *Windscheid*, Pandekten I (Fn. 5), 5. Aufl. 1879, ebenso 8. Aufl. 1900, § 15 Fn. 4: „während das Gesetz auf bewußter Abwägung der Gründe und bewußter Erfassung der zu erreichenden Ziele beruht", anders als das Gewohnheitsrecht. Stets auch Heck, der ja primär die „Abwägungen" des Gesetzgebers meint (Rn. 442). „Kunst" und „gestaltend" bei *Ernst Zitelmann*, Die Kunst der Gesetzgebung, Dresden 1904, S. 19; „bildnerische" bei *Adolf Wach*, Legislative Technik, in Vergleichende Darstellung des deutschen und ausländischen Strafrechts, Berlin 1908, S. 5; die sog. Gesetzgebungslehre kümmert sich soweit ersichtlich nicht um Methoden der Abwägung, s. nur *Hans Schneider*, Gesetzgebung. Ein Lehrbuch, Heidelberg 1982, 2. Aufl. 1991.

[101] Nur angedeutet sei, dass *Kant* daher in der „Methodenlehre der praktischen Vernunft" auf Erfahrungen und Didaktik verweist (s. Fn. 11, hier S. A 269 ff.) und ebenso in der „Ethischen Methodenlehre" (Metaphysische Anfangsgründe der Tugendlehre, Königsberg 1797, S. A 163 ff.).

stellen".[102] Immerhin fordert man die Beachtung gewisser Maximen, nämlich Unvoreingenommenheit, Täuschungsfreiheit und Zwanglosigkeit.[103] Das Abwägungskonzept hat also da seinen legitimen Ort, wo die Entscheidungen nicht allgemein verbindlich juristisch wirken und daher keiner besonderen rechtlichen Kontrolle, Verlässlichkeit und Dauerhaftigkeit bedürfen. In der juristischen Welt bedeutet dieses Konzept jedoch eine **Ermächtigung für die jeweiligen Entscheider,** die als generelle Methode nicht überzeugt und so generell gewiss nicht vom Grundgesetz gemeint war.[104] Es wollte gewiss nicht den soeben noch nationalsozialistisch kontaminierten Juristenstand privilegieren. Das betraf zwar nicht die Richter des neuen Bundesverfassungsgerichts. Aber dessen neue Methode der Abwägung, später verschoben zur objektiven Maßstabsetzung in Verbindung mit einer Verhältnismäßigkeitsprüfung,[105] setzte natürlich die Verlockung, sie zu generalisieren auch für andere Bereiche und Gerichte.

1473 Die Gründe, es genauso gut oder besser wissen zu wollen als der Gesetzgeber und dafür eine **generelle neue Methode** zu kreieren, überzeugen eher nicht. Die Methodengeister scheiden sich offenbar recht pauschal in Beweger und Bewahrer. Unser verfassungsgeprägtes Rechtssystem seit 1949 gibt jedoch differenzierte Antworten. Die umzusetzenden Normen unterscheiden sich zwar erheblich, von den Grundrechtsartikeln bis zum Steuerrecht, Strafrecht und Zivilrecht oder gar Europarecht. Entsprechend müssen die Umsetzungsmethoden differenziert werden nach den Gegenständen und den dafür passenden Methoden. Das ändert jedoch nichts an den Anforderungen von Rechtsstaat, Gewaltenteilung, Demokratie, Parlamentsvorrang, Gesetzesbindung und Richterbindung. Man wird sie nicht ernsthaft leugnen können. Und ganz ‚unrealistisch' sind sie, wie erwogen (s. Rn. 1453 f.) keineswegs. Merkwürdig unberührt bleiben in all diesen Methodensätzen der Juristen auch genauere **positivrechtliche Anordnungen** – es gibt sie, wie besonders § 137 *Gerichtsverfassungsgesetz* von 1935 mit seinen bezeichnenden Änderungen bis 1992. Die **Gerichtsverfassung** ist in der Tat der entscheidende konkrete Ort. Der Gesetzgeber lässt hier Rechts"fortbildung" zu, kanalisiert sie aber in besondere gerichtliche Institutionen. Das war keine neue (s. Savigny, Rn. 154), aber eine bewährte, das Problem entschärfende Lösung. 1935 hieß es:

> „Der erkennende Senat hat in einer Frage von grundsätzlicher Bedeutung die Entscheidung des Großen Senats herbeizuführen, wenn nach seiner Auffassung die Fortbildung des Rechts oder die Sicherung einer einheitlichen Rechtsprechung es erfordert."

Das konnte je nach Personalrecht und -politik natürlich sehr missbraucht werden.

---

102 So insoweit das Fazit bei *Christoph Engel*, Rationale Rechtspolitik und ihre Grenzen, JZ 60 (2005) S. 581–590, hier 588; zur älteren Theorie die schöne Edition von *Heinz Mohnhaupt*, Prudentia Legislatoria. Fünf Schriften über die Gesetzgebungsklugheit aus dem 17. und 18. Jahrhundert, München 2003; zu um 1900 gut *Sigrid Emmenegger*, Gesetzgebungskunst. Gute Gesetzgebung als Gegenstand einer legislativen Methodenbewegung in der Rechtswissenschaft um 1900 – Zur Geschichte der Gesetzgebungslehre, Tübingen 2006. Die philosophisch-theoretischen Positionen dieser höchst niveauvollen Zeit sind immer noch höchst lehrreich und kaum überholt.

103 Siehe zu dieser selten erwogenen Frage *Erk-Volkmar Heyen*, Historische und philosophische Grundlagen der Gesetzgebungslehre, in: Gesetzgebungslehre. Grundlagen – Zugänge – Anwendung, hrsg. von W. Schreckenberger u.a., Stuttgart u.a. 1986, S. 11–20, hier 18; und jetzt gut *Emmenegger*, Gesetzgebungskunst (Fn. 102) S. 81–154 über die Methoden zur Bestimmung eines guten Gesetzesinhaltes (induktiv-evolutionistisch-geschichtsphilosophisch oder soziologisch, deduktiv aus philosophischen Prinzipien, oder werturteilsfrei-neukantianisch).

104 Dazu jetzt eindringlich *Lepsius* (Fn. 93).

105 Auch dazu vor allem *Lepsius* (Fn. 93).

IV. Die Schlachtrufe im Methodenkampf – ein historischer Überblick

Aus „hat ... herbeizuführen" wurde 1992 „kann ... vorlegen" – auch der Gesetzgeber lockerte also die **Bedingungen für Rechtsfortbildung**. Aber die Höchstrichter hatten das Verfahren ohnehin meist vermieden, daher das Wort vom *horror pleni*, der Angst vor dem Richterplenum im Großen oder Vereinigten Senat der obersten Gerichte. Dennoch erweist sich im GVG immer noch die kritische Besonderheit eines freieren Vorgehens, das schon seit Savigny *Rechtsfortbildung* genannt wird (Rn. 154). Beim Bundesverfassungsgericht hat der Gesetzgeber auch auf diese Unterscheidung verzichtet. Er ordnet nur dann eine Plenarentscheidung an, wenn „ein Senat in einer Rechtsfrage von der in einer Entscheidung des anderen Senats enthaltenen Rechtsauffassung abweichen" will (§ 16 Abs. 1 BVerfGG).

1474

Diese Normen fixieren natürlich **keine bestimmte Methodenvorstellung**. Aber sie zeigen doch wichtige **Differenzierungen im Verfahren** und damit das Bewusstsein, dass die Rechtsbereiche und Rechtsgegenstände der Gerichte auch Differenzierungen der Rechtsbindung und der Methodik bedingen. Im Verfassungsstaat führt das für das oberste Verfassungsgericht zu speziellen Problemen, wenn etwa ein „Zivilrechtsfall" oder „Strafrechtsfall" zu entscheiden ist. Die Bereichsmethode im Zivilrecht oder Strafrecht wird dann überlagert von einer ‚obersten' Abwägungs-Methode. Das Problem wird unter dem Stichwort ‚Abgrenzung der Gerichtsbarkeiten' sehr kontrovers erörtert. Unsere Übersicht macht klar, dass es zu einem nicht geringen Teil mit der Etablierung einer eigenen Abwägungsjurisprudenz erst geschaffen wurde. Inzwischen gibt es dafür die wohlklingende Formel von der **Konstitutionalisierung** unseres Rechts. Nach 50 Jahren scheint die Abwägung aus einer wohltätigen Aktualisierung der Freiheitsgrundrechte zu einer sehr ambivalenten, methodisch pragmatischen Verteilung von Freiheiten von Verfassungswegen geworden zu sein. Die Theorie reagiert nüchtern, sie wurde *Argumentationstheorie*.

1475

XII. Argumentationsjurisprudenz

Die *Argumentationsjurisprudenz* nennt sich bescheiden *Argumentationstheorie*. Funktional und historisch tritt sie jedoch an die Stelle der methodischen Vorstellungen von Jurisprudenz überhaupt. Ihre Bescheidenheit hat Grund. Denn sie **reduziert die juristische Methode** auf Argumentieren, also auf **Verfahrensregeln**. Sie wahrt damit die Bindung wenigstens an Begründungsregeln im Darstellungszusammenhang, auch an einen Vorrang der historisch-subjektiven Begründung in der gesetzgeberischen Entscheidung. Sie ist noch regelorientiert, aber nicht mehr wahrheitsorientiert. Sie beansprucht nicht mehr eine Methode für inhaltliche Richtigkeit, auch nicht für den sog. Herstellungszusammenhang der Entscheidung und für die Vermeidung jeder dezisionistischen Willkür. Sie hält aber die Forderung des praktischen, juristischen **Begründens nach Regeln** fest und damit einen entscheidenden Unterschied zu sozialwissenschaftlichen, informationstechnologischen, methodenzynischen und rein richterrechtlichen Methodenrezepten. In den Worten von Neumann 2001:

1476

> „Wichtig ist aber, dass man das Problem des Umgangs mit Rechtsfragen als Problem der *vernünftigen Argumentation* – und nicht der richtigen Erkenntnis – formuliert. Die letale Schwäche der juristischen Methodenlehre dürfte im Wesentlichen darauf zurückzuführen sein, dass sie diesem Erkenntnisanspruch niemals glaubwürdig abgeschworen hat. Die

Methodenlehre basiert weithin auf nicht einlösbaren kognitiven Ansprüchen, und damit auf einem schwankenden rechtstheoretischen Fundament. ..." (241) [106]

1477 Ein **typisches juristisches Buch**, wie es die meisten Methodenkonzeptionen programmgemäß zu liefern unternahmen, also Puchta, Windscheid, Heck, Larenz und auch Alexy, und sei es als große Kritik wie bei Kantorowicz und Wiethölter, bietet die *Argumentationsjurisprudenz* nicht. Denn das müsste darauf hinauslaufen, entweder nur Argumentation darzustellen, also ohne die Darstellung eines positiven Rechts, oder die positivrechtliche Dogmatik als Argumentationsverlauf zu begreifen und darzustellen. Das Erstere liegt vor mit den Titeln zur Argumentationstheorie selbst, die wir sofort kennen lernen werden. Das Letztere scheint noch nicht unternommen zu sein.

1478 Aus den gleichen Gründen ist es hier vergeblich, **typische Rechtsprechung** zu benennen. Andererseits lässt sich gewissermaßen jede Entscheidung als Argumentation lesen und insofern als Beispiel für Argumentationsjurisprudenz, sei es mehr im Stile des Subsumierens, sei es im Stile des Abwägens. Es kommt dann darauf an, die Argumente zu klassifizieren, zu koordinieren, gegebenenfalls Hierarchien zu bilden und dies alles kritisch auf logische und normative Stimmigkeit zu beleuchten. Besonders lehrreiche Entscheidungsanalysen in diesem Sinne werden uns noch im Ausblick auf Amado (Rn. 1495) begegnen.

1479 Die Argumentationsjurisprudenz will also als **Theorie** gelesen werden, nicht als Dogmatik oder Politik und auch nicht als Methodenlehre. Doch unter Theorie kann man viel verstehen. Man muss sich an die Wortführer halten. Es sind zwei: *Robert Alexy* und *Ulfrid Neumann*. Beide sind Kinder der sog. skeptischen Generation (*H. Schelsky*), das heißt, 1945 beziehungsweise 1947 geboren, Ende der 1960er Jahre im Studium, keine wirklichen „68er", aber doch in diesen Kontexten mitgeprägt und erfahren.

1480 **Robert Alexy** studierte Jura und Philosophie im damals stark von kritischen Studenten bewegten Göttingen, insbesondere bei dem Staatsrechtler und Rechtsphilosophen Ralf Dreier (geb. 1931) und dem Philosophen Günther Patzig (geb. 1926). Beide lehrten eher kritisch-analytische, nicht neoidealistische oder marxistische Philosophie. Alexy promovierte 1976 mit dem sehr bekannt gewordenen Buch *Theorie der juristischen Argumentation. Die Theorie des rationalen Diskurses als Theorie der rationalen Begründun*g (gedruckt 1978) und habilitierte 1984 mit *Theorie der Grundrechte*, beides grundlegende und richtungsweisende Untersuchungen.[107] Inspiriert hat ihn die allgemeine *Diskurstheorie* des Philosophen Jürgen Habermas. Alexy wirkt seit 1986 als Professor in Kiel. 1994 bis 1998 war er Präsident der Deutschen Sektion für Rechts- und Sozialphilosophie, was nicht zuletzt seine hohe Anerkennung im Fach belegt.

1481 Sein Nachfolger im Präsidentenamt war 1998 bis 2006 nicht zufällig **Ulfrid Neumann**, ebenfalls ein nicht nur in Deutschland besonders anerkannter Rechtstheoretiker. Nach dem Studium in Tübingen und München hat er 1978 promoviert und 1983 habilitiert

---

106 *Ulfrid Neumann*, Juristische Methodenlehre und Theorie der juristischen Argumentation, in Rechtstheorie 32 (2001) S. 139–257, hier 241; knapp auch *ders.*, Theorie der juristischen Argumentation, in: Einführung in Rechtsphilosophie und Rechtstheorie der Gegenwart, hrsg. von (A. Kaufmann), W. Hassemer, U. Neumann u. F. Saliger, 9. Aufl. 2016, Kapitel 9, S. 303–315; *ders.*, Theorie der juristischen Argumentation, in: Rechtsphilosophie im 21. Jahrhundert, hrsg. von *W. Brugger, U. Neumann* und *S. Kirste*, Frankfurt am Main 2008, S. 233–260; nun umfassender ausgearbeitet in *ders.*, Juristische Argumentationstheorie, Baden-Baden 2023, laut Vorwort ohne Änderungen „in der Sache".
107 Siehe *Alexy*, Argumentation, 3. Aufl. 1996; Grundrechte, 4. Aufl. 2001.

IV. Die Schlachtrufe im Methodenkampf – ein historischer Überblick

im Kreis des Rechtsphilosophen und Strafrechtlers Arthur Kaufmann (1923–2001) in München. Kaufmann neigte einer Rechtsontologie zu, also einer Seinslehre des Rechts, war jedoch für analytische, moderne Strömungen großzügig aufgeschlossen. Neumann promovierte über *Rechtsontologie und juristische Argumentation* (gedruckt 1979) und habilitierte über *Zurechnung und „Vorverschulden". Vorstudien zu einem dialogischen Modell strafrechtlicher Zurechnung* (gedruckt 1986). Er wirkte 1983–1987 in Frankfurt, dann in Saarbrücken und erneut seit 1994 in Frankfurt am Main. Mehr als Alexy widmete er sich der modernen Wissenschaftstheorie und der juristischen Logik, außerdem auch sehr der strafrechtlichen Dogmatik.

Beide Autoren haben schon lebensgeschichtlich die kritisch-politische Jurisprudenz der 1960er und 70er Jahre aus der Nähe miterlebt und produktiv verarbeitet. Prägungslinien kommen auch aus der Topik-Diskussion der Fünfzigerjahre (Theodor Viehweg)[108] und der sog. Rehabilitierung der praktischen Philosophie (Manfred Riedel)[109] in den siebziger Jahren. Das führte vor allem zu **drei verbesserten Positionen:**

- Die wesentlichen Einwände zur **Rationalität** der juristischen Entscheidungen sind berücksichtigt und eine zurückhaltendere Theorie entworfen. Der Rationalitätsanspruch der Jurisprudenz ist aber nicht ganz verworfen. Er wird 2023 ausdrücklich gegen irrationale Tendenzen bekräftigt (Neumann, Vorwort).
- Die **verfassungsgebotene Normativität** und die Bindung an rechtstaatlich und demokratisch-parlamentarisch positivierte Regeln werden dezidiert festgehalten.
- Die **metaphysisch-philosophischen Prämissen** früherer Methodenlehren und die inhaltlich-methodisch viel optimistischeren Hoffnungen der Interessen-, Wertungs- und auch noch der Abwägungsjurisprudenz werden aufgegeben.

So gesehen erscheint die Argumentationstheorie auch als eine konsequente methodische Reaktion auf den verfassungsrechtlich verankerten **Pluralismus der neuen Gesellschaften** nach 1945, und nicht nur der deutschen.

Lehrreich ist hier eine Gegenprobe an **antipluralistischen Positionen**. Sie vertreten gegenläufige juristische Methoden, mit denen sie nach wie vor *den* methodisch regelbaren Weg zu richtigen Inhalten meinten bestimmen zu können. Die **NS-Jurisprudenz** war sich in ihren beiden oben geschilderten Varianten, dem konkreten Ordnungsdenken und der Wertungsjurisprudenz, ihrer Methoden und Ergebnisse dank der politisch gesicherten Wertordnung ganz sicher (Rn. 1421 ff.). Entsprechend sicher gab man sich in der **ehemaligen DDR**. Die juristische Konsequenz stalinistisch-weltanschaulicher Selbstsicherheit hieß dort „sozialistische Gesetzlichkeit". Konkreter erläuterte die Justizministerin Hilde Benjamin 1954, gefordert sei „die Einheit von strikter Einhaltung

---

[108] Siehe dessen Studie „Topik und Jurisprudenz", 1953 und öfter (vgl. Rn. 1441). Dazu vor allem *Gerhard Otte*, Zwanzig Jahre Topik-Diskussion: Ertrag und Aufgabe, in Rechtstheorie 1 (1970), S. 183–197; ergänzend zur Topik *Eric Hilgendorf*, Die Renaissance der Rechtstheorie zwischen 1965 und 1985, Würzburg 2005, 35 f., und nun *Katharina Gräfin von Schlieffen*, Rechtsrhetorik, in Hilgendorf/Jan C. Joerden (Hrsg.), Handbuch Rechtsphilosophie, Stuttgart 2017, S. 290–299.
[109] Siehe seinen Sammelband dieses Titels, Freiburg, 2 Bände 1972, 1974.

der Gesetze und Parteilichkeit ihrer Anwendung".[110] Die Gesetze gingen dabei freilich von der Partei aus und wurden zudem immer mehr zu bloßen Zielformeln, die ohnehin einer rechtsstaatlichen methodischen Anwendung kaum zugänglich waren. „Strikte Einhaltung" bedeutete daher eine starke Bindung, aber eine ganz andere als die Gesetzesbindung im Rechtsstaat. Entsprechend war auch, wie oben erwähnt, der *Entwurf eines Volksgesetzbuchs* von 1942 gestaltet (s. Rn. 1428). Man muss hier zwei Ebenen unterscheiden. Die methodischen Parallelen sind deutlich und nicht zufällig, eben gemäß den nicht rechtsstaatlichen Verfassungsstrukturen. Sie waren mit den erheblichen inhaltlichen Unterschieden durchaus vereinbar.

1488 Unter inhaltlich wiederum gegenläufigen Vorzeichen, aber in strukturell ähnlichem Wertoptimismus, versuchen **idealistische Positionen**, sichere Rechtsmethoden zu begründen. **Larenz** z.B. drückt sich in seiner Methodenlehre vorsichtig aus. Schon in der Einleitung geht er aber davon aus, dass „nicht alles am Recht ... so wandelbar (sc. ist) wie ein einzelnes Gesetz, eine ,herrschende' Lehre oder Rechtsprechung". „Hinter dem Gesetz und seiner wechselhaften Auslegung" stehe „der Rechtsgedanke", dem „es (sc. das Gesetz) Ausdruck gibt, das Rechtsinstitut, dem es dient ..." (1960, 5). Dieses nicht Wandelbare hat eine Wahrheit in der Substanz „Rechtsgedanke", dem das Gesetz nur „Ausdruck" gibt – das ist nur verständlich, wenn man es als durch und durch idealistisches Sprachspiel erkennt. Es gibt danach etwas Dauerhaftes im Wandel, man nennt es Substanz in der Erscheinung, die Erscheinung gibt der Substanz (nur) Ausdruck, die Substanz ist erkennbar als Wahrheit. Konsequent kommt es also juristisch darauf an, „dass der Richter nur das als seine Entscheidung aussprechen – und damit zur Geltung bringen – *soll*, was er zuvor, in der *Anwendung* der Norm auf den von ihm zu beurteilenden Sachverhalt, als durch die Norm gefordert, als ,rechtens' *erkannt* hat". In diesem „Erkenntnisakt" liegt dann auch, „jedenfalls unter dem methodologischen Blickpunkt, der Schwerpunkt der ,Rechtsanwendung'" (1960, 195 f.). Trotz aller Zugeständnisse auch an ein Willenselement und einiger distanzierender Anführungszeichen hält Larenz an Rechtsanwendung als Erkenntnis einer Wahrheit fest.

1489 Es gibt auch eindrucksvolle **aktuelle Beispiele**. „Der Gedanke des Rechts" wird 2006 von *Johann Braun* als Untertitel seiner ebenfalls idealistisch geprägten *Einführung in die Rechtsphilosophie. Der Gedanke des Rechts* ins Zentrum gestellt. Trotz mancher Vorbehalte und anderer sprachlicher Fassung wird auch hier „der Gedanke selbst" praktisch entscheidend. Das wird etwas langwierig ausgeführt: Der in der Rechtsprechung maßgebende Sinn einer Norm, heißt es,

1490 „liegt dabei [d.h. bei der „sinnvollen Kanalisierung des rechtlichen Diskurses"] nicht allein ,in der Norm selbst' – das wäre ein viel zu enger Blickwinkel –, sondern bestimmt sich auch nach der Rückinformation aus dem vorgestellten Auslegungsergebnis, letztlich also nach der *Beziehung der in der Norm für zulässig oder unzulässig erklärten Argumente zu dem Bild einer gerechten Ordnung*, das entfernt dahinter aufscheint und in al-

---

110 Dazu immer noch bes. präzise und knapp *Karl Kroeschell*, Rechtsgeschichte Deutschlands im 20. Jahrhundert, Göttingen 1992, S. 158 f.; außerdem jetzt umfassend *Jan Schröder*, Rechtswissenschaft in Diktaturen. Die juristische Methodenlehre im NS-Staat und in der DDR, München 2016; spezieller *Michael Stolleis*, Sozialistische Gesetzlichkeit. Staats- und Verwaltungsrechtswissenschaft in der DDR, München 2009; zu den Kontexten vor allem *Michael Stolleis*, Geschichte des öffentlichen Rechts in Deutschland, Bd. 4: Staats- und Verwaltungsrechtswissenschaft in West und Ost 1945–1990, München 2012; eindringlich und anschaulich quellennah jetzt *Adrian Schmidt-Recla*, Sozialistisches Recht, sozialistisches Rechtsverhältnis, sozialistische Person, sozialistische Gesetzlichkeit, in: Das Recht der DDR als Gegenstand der Rechtsgeschichte, hrsg. von ders. u. A. Seifert, Jena 2022, S. 115–138.

len Anwendungsfällen unterschwellig präsent ist. Die *objektive Auslegung* vermittelt das Gesetz nicht mit den politischen Zielen des Gesetzgebers, die für das Verständnis der Norm als Recht gleichgültig und oft sogar hinderlich sind, sondern mit dem *Gedanken des Rechts* selbst bzw. – weniger hoch gegriffen – mit einer Ordnung, die beanspruchen kann, den Leitbildern des Rechts in angemessener Weise Rechnung zu tragen. Grundlage der Rechtsanwendung muss danach ‚die Besinnung auf die *Wertungen* sein, auf denen unsere Rechtsordnung beruht.'" (2006, 385 f., Hervorhebungen wie Original).

Konsequent obliegt dem Richter „Rechtserkenntnis" (390). Die idealistische Doppelung zeigen hier die Sprachspiele wie „entfernt dahinter aufscheint ... Gedanke des Rechts selbst ... Wertungen ... auf denen beruht".

Das Wort „**objektive Auslegung**" fällt hier nicht zufällig. Es hat eine längere Geschichte seit um 1890, die hier nicht dargestellt werden muss (vgl. aber Rn. 1441). Objektive Auslegung läuft jedenfalls darauf hinaus, etwas **Wahres außerhalb des Gesetzestextes** in den Mittelpunkt zu stellen und gegebenenfalls gegen das Gesetz zu verwenden – auch eine Doppelung, bisweilen idealistisch, aber auch politisch, moralisch, religiös oder sonst normativ. Offensichtlich passt eine solche Methode besonders gut zu parlamentskritischen Positionen. Sie entstand passend nach 1871 als erstmals ein Reichstag relevant geworden war. Im Strafrecht sieht man den Effekt objektiver Auslegung, die die Rechtsprechung sehr liebt, am schärfsten. Naucke hat den Effekt an einem erstrangigen Beispiel benannt. Zu „Keine Strafe ohne Gesetz" (Art. 103 Abs. 2 GG) schreibt er anhand der Rechtsprechung des Bundesverfassungsgerichts unübertroffen klar und unerschrocken: „Die Gesetzesbindung im Strafrecht mit allen Präzisierungen wird für notwendig, aber im Detail für praktisch undurchführbar gehalten".[111] Instrumente, die dies fördern, haben in unserer Rechtsordnung keinen Methodenrang.

XIII. Neuestes

Wir haben wieder eine recht lebendige, **plurale juristische Wissenschaftsszene**. Daher wäre es erstaunlich, wenn es nicht auch ganz *Neue Theorien des Rechts*[112] gäbe. Schlägt man diesen eigens dafür geschaffenen Reader auf, so findet man 2009 nicht weniger als zwanzig neue Rechtstheorien vorgestellt, darunter auch eine „Theorie der Interpretation". Damit ist *Donald Davidsons* philosophische Sprachtheorie gemeint, wie er sie 1984 in einer Aufsatzserie unter dem Buchtitel *Inquiries into Truth and Interpretation* vorlegte.[113] Eine juristische Methodenlehre müsste daraus erst noch entwickelt werden. Also sucht man weiteren Aufschluss über das Sachregister der „Neue Theorien" Das gelingt auf Anhieb. Ein Stichwort *Methode* kommt dort nicht vor, nur das Stichwort *Methodenkritik* mit einem Verweis auf eine solche bei der sog. Dekonstruktion durch Nietzsche und Derrida (33),[114] und einem auf die Methodenkritik der amerikanischen *Critical Legal Studies* (114).

---

111 *Wolfgang Naucke*, Strafrecht. Eine Einführung, 5. Aufl. 1987, 89; für das Zivilrecht die kritische Diskussion bei *Bernd Rüthers, Christian Fischer u. Axel Birk*, Rechtstheorie, 9. Aufl. 2016, Rn. 786–820, aber auch schon Esser, oben Rn. 784.
112 Hrsg. von *Sonja Buckel, Ralph Christensen u. Andreas Fischer-Lescano*, Stuttgart 2006, 442 S.: 18 Theorien, 2. Aufl. 2009, XIX u. 477 S.: 20 Theorien; 3. Aufl., erheblich verändert, Tübingen 2020, IX u. 382 S.: 20 Theorien (einige weggelassen, neu dazu Post-Juridische Theorien, Neuer Rechtsempirismus, Ästhetische Theorien des Rechts, Bourdieus Feld, im imperialen Kontext, Postkolonial, sowie Medientheorien des Rechts).
113 Deutsche Übersetzung 1986 unter dem Titel: Wahrheit und Interpretation. Davidson lebte 1917–2003, er war analytischer (Sprach-)Philosoph in den USA, seit 1981 in Berkeley.
114 Zitiert nach 1. Aufl. 2006.

IV. Die Schlachtrufe im Methodenkampf – ein historischer Überblick

1493   Das ist kein Fehler des Registers und kein Zufall. Alle diese neuen Theorien interessieren sich für **Rechtstheorie**. Was heißt hier Theorie? „Theorie", die „es ernst meint", sagt die *Einleitung*, „beleuchtet ... die blinden Flecke der Dogmatik und verweist auf konzeptionelle Kontingenzen." Sie „reagiert auf gesellschaftliche Herausforderungen", hier natürlich „neue" (VII). Solche Theorien schaffen sich immer zuerst ihren Gegenstand, um dann gegebenenfalls einige Methodenkonsequenzen anzufügen, die hier als sekundär keinen Registernachweis verdienten. Dabei spielen sie doch das alte Lied von der Verfassungspolitik. Z.B. werden für den als „Prozedurale Rechtstheorie" neu angeeigneten, sozusagen runderneuerten Wiethölter, „Folgen für einen juridischen Denkstil" behauptet (90), die auf einen vollständigen Abschied von Methodenregeln hinauslaufen.[115] Ersichtlich geht es um die alte **Verfassungspolitik der 1960er Jahre** – insoweit ganz ohne neue Theorie. Das klingt nun so: Nötig sei eine „neue Gewichtung der traditionell etatistischen Rechtsquellenlehre" und eine „Abwertung des politisch-legislativen Rechts (sowie) ... gleichzeitige Aufwertung plural-gesellschaftlicher Rechte als Resultat innergesellschaftlicher Konflikte und eine Aufwertung des Richterrechts als Sensorium für gesellschaftliche Normativitäten" (ebd.). Verfassungsstaat klingt hier also wie *etatistisch*, das heißt, wie eine legitim ungeliebte Staats- und Gesetzesvergottung; die politische *Legislative*, also das Parlament und sein Gesetz, verdienen nun *Abwertung*, Kursverlust; die *gesellschaftlichen Rechte* werden kurzerhand zum *Resultat* erklärt und erleben *Aufwertung*, Kursgewinn; das *Richterrecht*, nicht etwa Parlament und allgemeines Gesetz, wird erneut zum *Sensorium*, also zur Messinstanz für *gesellschaftlich* als schon gegeben behauptete Normativitäten. Es geht um eine Art juristischer APO, d.h. eine erneute außerparlamentarische Opposition wie sie nach 1966 blühte gegen die erste Große Koalition (CDU und SPD mit Kiesinger und Brandt).

1494   Nach unserem Methodendurchgang erkennt man darin leicht die immer neu variierte **Botschaft der verfassungs- und parlamentskritischen Rechtstheorien und Methodenlehren seit 1900**: Nichtstaatlich, gesellschaftlich, richterrechtlich mit den richtigen Richtern wünscht man sich die Juristenwelt und Rechtswelt. Alle Veränderungen der Verfassungen und Wirklichkeiten seit über 100 Jahren, vom Kaiserreich bis in die Bundesrepublik, haben an diesem Prinzip der permanenten Totalkritik nichts geändert. Es hat offenbar überzeitlichen Rang. Es fordert permanente Kritik. Aber eine spezifische Methode ergibt es nicht. Die praktische Philosophie und normative Politiktheorie hat sie nicht gefunden. Es müsste eine praktisch-politische Methode für Rechtsfragen sein. Die demokratisch-parlamentarische Rechtsbildung ist eine solche Methode und wurde genau dafür erfunden und erkämpft. Die Diskurslehre von Habermas prozeduralisiert das, da die Inhalte nicht mehr vorgegeben sind. Die politischen Alternativen sind bekannt (theokratische, profan diktatorische Rechtsbildung, sei es durch wen; oligarchische, feudal-geburtsständische, berufsständische, basisdemokratische, usw.), die Erfahrungen damit ebenfalls.

Die neuen Theorien bieten eine eindrucksvolle Palette von Denkanstößen über Recht. Sie indizieren politische Unruhe, normativ wie empirisch. Aber die alleserklärende große Erzählung dazu (Vorwort XI) ist historisch falsch und normativ fragwürdig.

---

115 Siehe *Rohls*, oben Rn. 878 ff. Was Wiethölter betrifft, handelt es sich nun beim „prozeduralen" (bei *Buckel* (Fn. 112) 79 ff.) um einen anders gesehenen Wiethölter, der früher keineswegs von uns missverstanden wurde. In unserem Buch hier wird der frühere vorgestellt, weil dieser nach 1968 historisch wichtig geworden ist und bleibt. Ob er wirklich ein anderer geworden ist, kann dahingestellt bleiben.

IV. Die Schlachtrufe im Methodenkampf – ein historischer Überblick

Der Verfassungsstaat der Neuzeit schuf das Rechtsbauwerk um. Das „Bauwerk des alteuropäischen Rechtsdenkens" (Teil 1 der Erzählung) wurde damit verlassen, seine vormoderne „Hierarchie", also das angebliche *top down* von der „Gerechtigkeit" und „Rechtsphilosophie" hinunter in die Methode und Dogmatik als bloße Anwendung, ist hinfällig geworden, wenn es sie historisch real und normativ ideell nach 1800 überhaupt je gegeben hat – die hier versammelten repräsentativen Methodiklehren belegen das nicht. Die Wahrnehmung einer „hierarchischen Produktion des Rechts durch das Quasisubjekt Staat" bzw. seine „Bürokratie" ist keine „Selbsttäuschung", sondern eine Fehlwahrnehmung, empirisch wie normativ. Empirisch liegt die moderne Rechtsproduktion keineswegs nur beim „Staat", im Privatrecht ohnehin nicht, im Verwaltungsrecht keineswegs nur hierarchisch, sondern vielfach delegiert konsensual, in der Justiz ebenso wenig hierarchisch, sondern bemerkenswert offengehalten durch objektive und teleologische Auslegung und erst recht durch Abwägung. In der normativen Idee von einem Verfassungsstaat in der Neuzeit gibt es keine derart hierarchisch gedachte Produktion von Recht, sondern eine arbeitsteilige und damit gewaltenteilige zwischen Parlamenten (bis hinein in die Kommunen), Regierungen und Justiz. Das bedeutet zugleich eine maßgebende Arbeitsteilung zwischen maßgebender Rechtspolitik, allgemeiner Politik und rechtsgebundener konkreter Umsetzung. Das kann und soll gewiss als neue „Hierarchie" bedacht und kritisiert werden nach Defiziten, empirischen wie normativen. Aber diese Arbeitsteilung ist wesentlicher normativer Verfassungsbestand, der als solcher, also offen verfassungstheoretisch und staatstheoretisch zu bestimmen und im Diskurs zu diskutieren wäre. Dass „Recht vielmehr von einer Multitude von Akteuren, Apparaten und Systemen in der gesellschaftlichen Auseinandersetzung um dessen Bedeutung permanent aufs Neue produziert" wird, und daher als „dynamisches System zu begreifen" sei (Vorwort XII, Teil 2 der großen Erzählung), mag empirisch dahinstehen, es wäre aber nur die halbe Wahrheit. Denn rechtlich maßgeblich produziert wird Recht nur verfassungsgemäß demokratisch-parlamentarisch und in der rechtsgebundenen konkret offenen Umsetzung vom Allgemeinen ins Besondere.

Ganz andere Ausblicke auf juristische Methoden eröffnet soeben die brillante, ganz unabhängige Analyse von **Juan Antonio Garcia Amado** über *Abwägung versus normative Auslegung? Kritik der Anwendung des Verhältnismäßigkeitsprinzips als Mittel juristischer Methodik*.[116] Amado vergleicht endlich einmal geschickt konkret die richterlichen Begründungsmethoden und ihre Prämissen. Das ist ebenso naheliegend wie klärend für den längst unfruchtbar schwelenden, teils philosophischen, teils dogmatischen, teils verfassungspolitischen, verwirrenden Streit. Dem sehr ernst zu nehmenden Ergebnis nach kann *jede Falllösung* (!) sowohl als Konfliktfall zwischen Prinzipien wie als Subsumtion unter Normen *dargestellt* werden (41). Die unterschiedlichen Methoden wären also zunächst gleich ‚geeignet', wohlgemerkt trotz der Unterschiede der Normformulierungen etwa in Grundrechten und BGB. Nun ist der ‚innere' Herstellungsprozess einer Entscheidung ohnehin nicht kontrollierbar und rational vergleichbar. Mit gutem Grund berechtigen daher die Motive beim Motivirrtum nicht zur Anfechtung (§ 119 BGB). Entscheidend wird also, welche *Darstellungsmethode* vorzugswürdig ist, **rechtlich** vorzugswürdig, nicht literarisch oder politisch oder philosophisch usw. Hier spricht, so Amado, viel für die **Darstellung als Subsumtion**. Sie erscheint als „*weniger* irreführend" (22, 34); sie hält den Gesetzgeber (auch diesen!) wie den Richter an zu *bestimmterer* Begriffsbildung und Terminologie, zu Fallgruppenbildung und

1495

---

116 In Rechtstheorie 40 (2009) S. 1–42.

-vergleich, zu bewusster Analogie oder Gegenschluss usw. an. Sie schafft so vermutlich *eher* Nachvollziehbarkeit und damit Rechtsgewissheit im Interesse aller, nicht nur der Juristen – alles gute komparative Argumente. Empirische Studien über Rechtszufriedenheit insoweit wären dazu hilfreich, sind aber nicht ersichtlich. Jedenfalls sind die Transaktionskosten für Rechtsaktionen, sei es Gestaltungsberatung oder Streit, bei klarem Recht wesentlich geringer.[117]

XIV. Die sog. europarechtliche Methode

1496 Nicht so neu sind Behauptungen, es gebe eine eigenständige **europarechtliche Methode**. Sie haben ihr Fundament in der etwas anderen Verfassungsposition des Europäischen Gerichtshofes, im oft weniger präzisen Charakter des Gemeinschaftsrechts und in abweichenden Begründungsstilen unterschiedlicher europäischer Justiztraditionen. Der **Europäische Gerichtshof** ist weniger in klarer Gewaltenteilung verankert, er versteht sich als Motor, nicht nur Kontrolleur der Integration, verwendet konsequent häufig eine teleologische Methode, begründet eher im deduktiven französischen Stil, sieht sich nicht an Rechtsfortbildung gehindert und nimmt damit eine selbstständigere Rolle in Anspruch, zumal als letzte Instanz. Der Sache nach wirkt er auch als Verfassungsgericht. Das ergibt den Eindruck einer besonderen, ja einer sog. „autonomen" Methode. Ein etwas anderer Stil ist in der Tat de facto sichtbar und gründet in den etwas anderen verfassungspolitischen Bedingungen dieses Gerichtshofs, die er auch noch ganz allein im sog. Auslegungsmonopol interpretiert.[118] Bedeutet das eine **neue juristische Methode?**

1496a Beginnen wir wieder mit dem grundlegenden Satz: Methodenfragen sind Verfassungsfragen. Der Ansatz ist radikal und nötig. Zu vieles wird sonst vermischt: die wirklich normativen Methodenfragen, also was man darf und nicht darf; die Konsequenzen für übliche und spezielle Techniken wie die *canones*, das Distinguishing, usw.; die konkreten Praktiken; die wissenschaftlichen Wünsche, die politischen Wünsche für mehr oder weniger Einheit, usw.[119] Ein eigentliches Methodenrecht hat auch die Union nicht gesetzt. Welche Verfassung wäre also dafür europarechtlich maßgebend? In der Fülle der verfassungsähnlichen Unionstexte ist jedenfalls klar, dass die hier maßgebenden Rechtssätze der Unabhängigkeit der Justiz, der Gewaltenbalance und damit der **Rechtsstaatlichkeit** im Sinne des Vorrangs und Vorbehalts des Gesetzes, der Rechtsgewissheit und der Gesetzesbindung auch im europäischen Recht gelten, wovon z.B. in der Charta 2000 die Unabhängigkeit als „justizielles Recht" ausgesprochen ist (Art. 47 II), dagegen wohl nur die persönliche in der „Satzung" des EuGH (Fassung 2019, Art. 3, als Anlage zu den Verträgen). Riesenhuber bemerkt immerhin lapidar: „Die aus der nationalen Methodenlehre bekannten Erwägungen gelten entsprechend für das eu-

---

117 Ähnlich *meine* Abhandlung zur Abwägung (Fn. 48), hier Teil XI. Abwägung rechtspolitisch.
118 Schnelle und aktuelle Orientierung dazu geben die Artikel zu *Auslegung* im: Handwörterbuch des europäischen Privatrechts, hrsg. von Jürgen Basedow, Klaus J. Hopt u. Reinhard Zimmermann, Bd. 1, Tübingen 2009; weiteres unten in der Bibliographie unter II. 8, Rn. 1575. Siehe unten Rn. 1575 für die Literatur.
119 Siehe das so reichhaltige wie bunte Bild bei *Stefan Vogenauer*, Eine gemeineuropäische Methodenlehre des Rechts – Plädoyer und Programm, in ZEuP 2005, 234–262; *Christiane Wendehorst*, Methodennormen in kontinentaleuropäischen Kodifikationen, RabelsZs 75 (2011) S. 730–763, stellt zwar treffend fest, dass es sich i.w. „um politische Normen handelte" (756, 761), d.h. verfassungspolitische, untersucht diese nach wie vor entscheidende Seite der Sache aber für die Gegenwart nicht näher.

IV. Die Schlachtrufe im Methodenkampf – ein historischer Überblick

ropäische Privatrecht."[120] Daran ändern die national ungewohnte, enorme Vielfalt und Kompliziertheit der europäischen Rechtsquellen nichts, handele es sich nun um primäres oder sekundäres Gemeinschaftsrecht oder um Allgemeine Rechtsgrundsätze gemäß der Rechtsprechung des EuGH oder weitere sog. Nebenquellen. Sie werden inzwischen alle als der Ausdruck einer autonomen Rechtssetzungskompetenz der Gemeinschaft betrachtet, nicht ‚nur' als völkerrechtliche Verträge. Sie sind also alle eigene Rechtsquelle mit dem Stempel der Geltung. Insoweit ist die normative Lage nicht anders als im nationalen Recht, mögen auch Rechtssetzung und Gestalt der Rechtsquellen sehr anders aussehen als in den jedenfalls im Privatrecht verbreiteten nationalen Kodifikationen. Hinzu kommt das Gerechtigkeitsgebot der Gleichbehandlung, der hier sog. Anwendungsgleichheit.

Im Rahmen dieser bekannten Grundsätze stellen sich nun eine Reihe von sog. Methodenproblemen, aber es sind **Anwendungsprobleme**, und keineswegs durchweg normativ wirklich neue, anders ‚geregelte' Fragen. So schwierig die Umsetzung so allgemeiner Direktiven wie Rechtstaatlichkeit und Gleichbehandlung sein mag, dies ist die **normative Linie**, an der juristische Methodik zu messen ist. Ein normativ neues Problem stellen dabei weder die große Vielfalt, noch die Spannung zwischen europäischem Recht und nationalen Rechten. Die **Vielfalt** ist eine Frage der Quellenbeherrschung und schafft ohne Zweifel Schwierigkeiten, aber keine normativen. Was Geltungsquelle ist, das gilt. Es muss geklärt und auslegend koordiniert und widerspruchsfrei gehalten werden – ein normales juristisches Problem, mit oder ohne *canones*, mit oder ohne Ranglehren usw., eben rechtsstaatlich. Die **Spannung** europäisch-national ist ein Mehrebenen-, normativ ein Hierarchieproblem, das längst in den nationalen Rechten vor allem der föderalen Staaten bekannt und immer wieder gelöst ist, etwa in Art. 31 GG für den Vorrang des Bundesrechts. Neuer erscheinen besonders die Gebote der **unionsrechts- und richtlinienkonformen Auslegung**. Aber auch das ist als Gebot der verfassungskonformen Auslegung bei uns bekannt. Ebenfalls kein normativ neues Methodenproblem sind die angebliche oder wirkliche **Methodenwillkür** des EuGH oder der Anwendungsvorrang des Unionsrechts oder des Unionsgerichts. Methodenwillkür war immer schon ein kritisches Argument gegenüber Judikaturen, doch kommt es darauf nur an, wenn darin eine geradezu falsche Rechtsanwendung im Sinne des Revisionsrechts liegt. Da der EuGH aber als höchste Instanz agiert, spielt das im europäischen Recht keine entscheidende Rolle. Wer das letzte Wort hat, hat sozusagen immer recht – *Roma locuta causa finita* wie man im Kirchenrecht sagte. Das ist einfach eine für die Konfliktlösungsprozeduren institutionelle Notwendigkeit. Die dabei auftretenden **Kompetenzfragen** zwischen den Gerichten sind keine Methodenfragen, sondern rechtliche und politische Fragen einer Kompetenzverteilung und Rechtsprechungsvereinheitlichung.[121] Aus dem Rechtsstaatsprinzip allein kann die Willkürkritik in Extremfällen gerechtfertigt sein, sie ist jedenfalls diskursiv wichtig, aber sie bleibt juristisch folgenlos kraft des so verbindlichen institutionellen Aufbaus der Union.

Die Forderungen nach **autonomer europäisch-juristischer Methode** segeln also offenbar stark **unter falscher Flagge** und verwirren leicht. Zur Debatte steht juristisch

1496b

1496c

---

120 Die europäische Gerichtsverfassung scheint kein großes Thema zu sein, siehe aber die zitierte, kurze Bemerkung bei *Karl Riesenhuber*, § 10 Auslegung, in *ders.* (Hrsg.), Europäische Methodenlehre. Handbuch für Ausbildung und Praxis, 3. Aufl. 2015, S. 202/§ 10 Rn. 8, und zum Kontext *Stefan Vogenauer*, Art. Richterrecht, in: Handwörterbuch (Fn. 118) 1304–1306.
121 Dazu gut *Felix Maultzsch*, Rechtsprechungsvereinheitlichung im Europäischen Privatrecht: Herausforderungen und Lösungsansätze, in Zs. für die gesamte Privatrechtswissenschaft 2015, S. 282–311.

Unterschiedliches: Umsetzungen des Rechtstaatsgebots und seiner Elemente, Techniken für etwas andere Quellen, differenzierte Anwendungen für etwas andere Lagen. Es ist nicht klar, was daran das Autonome sein soll. Wer setzt sich hier selbst Methodennormen, für was und außerhalb rechtstaatlicher Methodenregeln? Eine solche Selbstständigkeit müsste normativ eingeräumt sein. Das ist nicht erkennbar. Zwar ist das Unionsrecht als Quelle eigenständig, aber es verlangt keine neue Methode, sondern bleibt im **allgemeinen Rechtstaatsziel**. Die nationalen Rechte bieten hier teilweise Konkreteres, aber nichts grundsätzlich anderes.[122] Zudem haben sie keine europäische Geltung – die Wiederkehr eines alten Problems vor den Kodifikationen.[123] Es versteht sich, dass im Präjudizienbereich andere Techniken nötig und sinnvoll sind, als bei legislativen Akten. Europäische Methodik muss also nach den unterschiedlichen Rechtsakten differenzieren und variieren, sie darf gerade nicht völlig einheitlich sein. Die rechtstaatliche Direktive lässt viel Raum, sie fordert nicht, Verschiedenes gleich zu behandeln, etwa das Verständnis von Common Law-Normen und BGB-Normen auf gleiche Weise zu erschließen. *Distinguishing* statt *canones* scheint mir daher kein Problem, wenn das rechtstaatliche Ziel, wie es ohne Zweifel der Fall ist, dabei normativ gewahrt bleibt. Freilich: Die Methodenlehren müssen dann dies jeweils Neue bieten und erklären, damit man sich europäisch versteht.[124] Nur die Eintönigkeit der Gesetzeshermeneutik zu lehren, wird ein Kunstfehler. Es mag also neuer Techniken bedürfen, neuen Handwerks, das wäre aber nur in einem sehr weiten, unjuristischen Sinne eine Methodenfrage.

1496d Betroffen sind dabei nicht die normativen Methodenregeln, sondern deren **Umsetzung in der Anwendung** und die Qualität der Umsetzung europäischen Rechts. Selbstverständlich sollte man in diesem Bereich, und nicht nur in diesem, komparativ-rechtsvergleichend, sei es aktuell horizontal oder historisch vertikal, arbeiten und damit die **juristische Qualität** gründlich verbessern.[125] Aber wenn man das unterlässt, liegt darin wohl kaum einmal ein Rechtsverstoß und normativ-praktischer Methodenfehler. Gute Jurisprudenz hat seit jeher komparativ gearbeitet. Für Savigny war es ein selbstverständlicher jeweiliger Arbeitsschritt in seiner Dogmatik,[126] ein Windscheid hatte ohnehin das französische Recht präsent, auch wenn er in seinem berühmten *Lehrbuch der Pandekten* sich bewusst auf das deutsche Recht konzentrierte. Und ein Gierke legte sein großes *Deutsches Privatrecht* (1895–1917) ohnehin überall breit entwicklungsgeschichtlich an. Die geradezu selbstzufriedene Kahlheit heutiger, auch sog. großer Lehrbücher ist ein Traditionsverlust und Qualitätsproblem, kein Methodenproblem.

1496e Anders wird die Lage, wenn **Methodenpluralismus** gefordert wird oder konkreter, wenn die Lösungen aus einem „Zusammen- und Gegeneinanderspiel der Leitgedanken in einem europäischen Wertehaushalt" entstehen sollen, „dessen Bestandteile" das Gericht frei über die Privatrechts-Binnengrenzen hinweg kombinieren kann."[127] Das bedeutet eine deutliche **Kompetenzverschiebung** zugunsten einer schöpferischen Justiz

---

122 Sehr verdienstvoll ist die Quellensammlung bei *Thomas Henninger*, Europäisches Privatrecht und Methode, Tübingen 2009, am Ende; erstaunlicherweise fehlen aber teilweise die Daten der Normen.
123 Siehe *Frank L. Schäfer*, Ius Commune Germanicum. Germanistisches Methodenvorbild für das Europäische Privatrecht, in Gedächtnisschrift für J. Eckert, Baden-Baden 2008, S. 741–758.
124 Vgl. zum Problem *Vogenauer* (Fn. 119) mit etwas mehr unitarischer Tendenz.
125 Dafür besonders eindrucksvoll *Axel Flessner*, Juristische Methode und europäisches Privatrecht, Berlin 2003, hier S. 14 ff.
126 Siehe *meine* Analyse in Savignys Dogmatik im „System", in FS. für Claus-W. Canaris, München 2007, S. 1263–1297, jetzt auch in *ders.*, Savigny-Studien, 2011.
127 *Flessner* (Fn. 125) 17.

auf der Basis von Juristenrecht. Das mag empfehlenswert sein, zumal wenn die ebenfalls geforderte höchst niveauvolle Arbeit an gemeinsamen Leitgedanken hinzukommt. Aber es handelt sich dann um **Juristenrecht**, das im Rechtstaat als unmittelbar praktisches Recht nur in den Grenzen der erlaubten Rechtsfortbildung vorgesehen ist, so konstitutiv es für gute Jurisprudenz stets war und ist.[128] Naturrecht, Juristenrecht und wissenschaftliches Recht, und fast gänzlich auch Gewohnheitsrecht, sind in den modernen Verfassungsstaaten der Neuzeit normativ verdrängt. Je mehr es sich, wie offenbar des Öfteren im Unionsrecht, um „noch nicht fest formulierte Rechtslagen"[129] handelt, desto eher wird natürlich Rechtsfortbildung gebraucht und desto freier und einem legislativen Akt ähnlicher muss die Judikatur operieren – per Analogie oder wie ein Gesetzgeber, eine alte Einsicht. Sehr gerühmt in seiner Zeit der Methodenreform und bis heute wurde dafür der Art. 1 ZGB Schweiz 1907: „Der Richter soll mangels Gesetz oder Gewohnheitsrecht als Gesetzgeber entscheiden" (Art. 1 Abs. 2), aber, was meist weggelassen wird, er soll dabei „bewährter Lehre und Überlieferung" folgen (Art. 1 Abs. 3).[130] Das sind am Ende ideologische Nuancen. Dass es für diese normative Forderung keine scharfen Grenzen gibt, ja, dass man diese durch Ausrufung von „Lücken" leicht verschieben kann, ist ebenfalls klar, ändert aber an der normativen Lage nichts – also mutig auf ins europäische Recht, und ebenso mutig mit den alten Methoden samt manchen neuen Anwendungen und Techniken. Den normativen Kern der rechtsstaatlichen Methodik lasse man sich aber nicht verwässern.

XV. Was zu merken bleibt und was stimmt

Unser Gang durch die bekanntesten juristischen Methodenkonzepte seit dem Beginn unserer juristischen Moderne bedarf einer **Zusammenfassung**. Ziehen wir also Bilanz und pressen wir die neun Schlachtrufe in eine handliche, schematischere Form. Und klären wir dabei die verfassungspolitische Frage, wer König in diesen Juristenreichen war und ist. Endlich können dabei die **fünf Standardthemen der heutigen Methodendiskussion** mitgeklärt werden, die von den Grundkonzeptionen abhängen, nämlich das Lückenproblem, das Rangproblem, das Objektiv-Subjektiv-Problem, das Teleologie- oder Zweckproblem und der jeweilige Rechtsbegriff. Leitfaden sind noch einmal die zehn Schlachtrufe:

(1) *Begriffsjurisprudenz* war eine rein **polemische Etikettierung** (Jhering 1884), sie verwirrt immer noch. Unstreitig war, dass Jurisprudenz ohne Begriffe nicht funktioniert und dass formale Logik nicht genügt. Diese war auch bei der damals sog. „logischen" Auslegung nie gemeint. Es ging um den Grund des Gesetzes (so schon Thibaut 1799). Treffend für das Konzept ist daher eher die Bezeichnung *Prinzipienjurisprudenz* (Savigny, Puchta, Windscheid). Prinzipien sind hier allgemeine Rechtssätze und nicht nur Optimierungsgebote. Sie transportieren Inhalte, nicht Begriffslogik. Mit solchen allgemeinen Rechtssätzen soll das Recht im Interesse von Gleichbehandlung, Rechtsgewissheit und optimaler individueller Sicherheit gesteuert werden, ohne dass man jeden

---

128 Dazu sehr aufschlussreich *Schäfer*, Ius commune Germanicum (Fn. 123), sowie *Jan Schröder*, Zur Geschichte und Gegenwart des europäischen Privatrechts, in: Beiträge zum modernen Europa, hrsg. von Helmut Hesse, Stuttgart 2003, S. 35–47; klassisch und einflussreich zum Juristenrecht *Paul Koschaker*, Europa und das römische Recht, München 1947; eine neuere Perspektive bei *Raoul van Caenegem*, Judges, Legislators, and Professors. Chapters in European Legal History, New York u.a. 1987, Reprints 1993, 1996, 2008; gründliche Untersuchungen fehlen.
129 *Flessner* (Fn. 125) 24.
130 S. oben Rn. 855 der volle Text des Artikel 1.

IV. Die Schlachtrufe im Methodenkampf – ein historischer Überblick

einzelnen Fall regeln müsste, was bekanntlich dysfunktional wird. Natürlich kommt es dann auf die Prinzipien an und deren loyale Umsetzung. Diese Konzeption wurde gleich zu Beginn unserer Epoche, also etwa seit 1800, entwickelt. Als modernisierende **Antwort auf den ständischen Bevormundungs- und Obrigkeitsstaat** zählt sie nach wie vor zu den Bedingungen des Verfassungsstaates der Neuzeit. Verfassungspolitisch begünstigte sie einen durchaus lebensnahen, aber wissenschaftlich professionell an Prinzipien, System und Begriffen arbeitenden und zugleich gesetzestreuen **Juristenstand**, der am liebsten alleine herrschen sollte. Darin steckten freilich Ambivalenzen. Denn diese Juristen konnten und mussten unterschiedlichen Herren dienen, vom König bis zum Volk und den Parlamenten. Die Standardprobleme lösen sich hier einfach: Die **Rechtslücken** werden hier von den prinzipiellen Rechtssätzen aufgefangen. Ein **Rangproblem** entsteht nicht, da die Prinzipien selbst systematisch und hierarchisch geordnet sind. Die Frage, ob **objektive oder subjektive** Auslegung der Gesetze gelten soll, entsteht so allgemein nicht, da ohnehin nicht der Gesetzgeber im Mittelpunkt steht, sondern die Jurisprudenz. **Zweckauslegung** über den Buchstaben hinaus soll möglichst nicht stattfinden, die Prinzipiennormen sollen diese leicht illoyal missbrauchbare Technik abfangen. Der **Rechtsbegriff** ist nicht etatistisch eng, sondern offen für Gewohnheitsrecht und wissenschaftliches Recht.

1499   (2) Die *Freirechtsbewegung* (Ehrlich, Kantorowicz, Fuchs, Stampe) will das Recht befreien und damit auch und vor allem die Juristen, konkret aus der Gesetzeskonjunktur seit 1871. Sie setzt dafür auf ***nichtstaatliches, sozial brauchbares*** Recht, modern: ***gesellschaftliches*** Recht, und ermächtigt für die Umsetzung den Richter zum König. Der Richter soll zum Sozialingenieur werden. Das Parlament stört eigentlich. Was dabei für das Befreien herauskommt, hängt von der Justiz ab. Das freie Recht besteht gewissermaßen nur aus **Lücken**, da die Auslegung eng auf die Wortlautauslegung begrenzt wird. Ein **Rangproblem** entsteht ebenso wenig wie ein **Objektiv-Subjektiv**-Problem, da die Gesetze ohnehin nicht im Mittelpunkt stehen. **Zweckauslegung** ist durchaus willkommen. Der **Rechtsbegriff** ist so weit wie das freie, gesellschaftliche „Meer" bei Ernst Fuchs. Politisch ist das freie Recht ambivalent, denn es hängt ganz davon ab, was der Juristenstand und insbesondere die Richter daraus machen.

1500   (3) Die *Interessenjurisprudenz* (Heck) ist vorsichtiger und rechtsstaatlicher. Sie will die wertenden Interessenentscheidungen des **Gesetzgebers loyal nachvollziehen**, daher *denkender Gehorsam*. Verfassungspolitisch ist der Gesetzgeber König, freilich stark vertreten von den wissenschaftlichen Juristen, die seine Interessenentscheidungen analysieren. Der **Rechtsbegriff** ist genauer differenziert. Neben dem Gesetz gibt es Gewohnheitsrecht und vor allem **Regelungslücken**. Diese sind nun präzisiert und eingeschränkt auf ungeplante Entscheidungsdefizite im Gesetz. Sie sollen möglichst loyal aus dem *Geist der Rechtsordnung* gefüllt werden, erst am Ende und zur Not aus richterlicher *Eigenwertung*. **Vorrang** hat konsequent die sog. **subjektiv-historische Auslegung** nach der authentischen Wertentscheidung der kompetenten Gesetzgebungsinstanzen anhand aller Indizien, nicht einfach und missverständlich aus dem „Willen" des Gesetzgebers. Demgegenüber erscheinen hier die **objektive** und die **Zweckauslegung** als verdächtig eigenmächtig.

1501   (4) Die *NS-Jurisprudenz* tritt in zwei Varianten auf. Die *normgestützte* Variante (das war Heinrich Lange) hält immerhin das geschriebene Gesetz, konkret das werdende *Volksgesetzbuch* von 1942, als Stütze fest, stellt sich aber als „*Wertungsjurisprudenz*" bewusst unter die herrschenden NS-Wertungen. Das *konkrete Ordnung- und Gestal-*

IV. Die Schlachtrufe im Methodenkampf – ein historischer Überblick

tungsdenken (Schmitt und Larenz) will sich ganz den (angeblich) schon gelebten Ordnungen unterordnen. Der Jurist soll nur *Rechtswahrer* sein. Die Ordnungen müssen jedoch in vielem erst genauer ausgestaltet werden. Sie sind viel weniger von selbst da als naiv oder durchtrieben behauptet wird. Oft sind sie ja gerade real streitig. Beide Varianten beziehen sich entscheidend auf die **neuen Rechtswertungen, die kollektiven, völkischen, rassischen und nationalen**. Verfassungspolitisch stehen die Partei und ihr Führer im Zentrum, denn sie deuten im Zweifel, was als gelebte Ordnung maßgebend ist. Jede Umsetzung einer Rechtsnorm steht unter Führer-Vorbehalt. Die **klassischen Probleme entfallen hier alle**: keine Lücken/überall Wertung, klarer Vorrang der Partei/überall zuständig, nichts Subjektives oder Objektives/überall nur Gemeinsames, Zwecksteuerung immer dabei, etwa in den verbreiteten Präambeln, d.h. Vorsprüchen. Der Rechtsbegriff ist antinomisch, weit, aber doch doppelbödig rückgebunden an die politischen Instanzen und damit doch wieder eng. Politisch werden das Recht und seine Anwendung klar ideologisch bestimmt.

(5) *Wertungsjurisprudenz* wird 1945 ziemlich paradox erneut zum verbreitet prominenten Stichwort, der strukturelle NS-Bezug wird nicht thematisiert. Man zog sich auf den unbestreitbaren **juristischen Wertungsakt als solchen** zurück. Das erschien offenbar am wenigsten verfänglich und theoretisch sogar besonders redlich und ideologiefreier. Am Anfang des juristischen Wertens stand überall wieder mehr das Gesetz, jedenfalls anfangs. Aber einige stellten es unter den Vorbehalt der höheren *Rechtsidee* (Larenz), eines unklaren *Realismus* (Esser, ähnlich Wieacker) oder einer *tieferen Schicht* mit der *Gerechtigkeitsidee* (Westermann), andere konkreter unter historisch gefestigte *Grundwerte* (Coing), wieder andere primär unter die nun geltende *Verfassung* mit ihren stark werthaltigen Grundrechten (Nipperdey). Auch sog. „sachlogische Strukturen" (H. Welzel) und die alte „Natur der Sache" (kritisch Radbruch) erlebten eine Renaissance. Theoretisch ähnelte sich das, aber verfassungspolitisch machte es deutliche Unterschiede. Die *Rechtsidee* und *Gerechtigkeitsidee* waren Sache des deutschen Juristenstandes, ja eigentlich der Juristen als Ethik-‚Wissenschaftler'. Ähnlich lag es mit den *historisch* gefestigten *Grundwerten*, die die Geschichtskundigen begünstigten. *Realismus* war eine immer nützliche, aber sehr schwankende und dynamische Empfehlung ohne Begriffe, die wiederum die ‚realistischen' Juristen sehr ermächtigte. Für die Grundrechte der *Verfassung* waren zunächst alle Juristen, dann die Verfassungsjuristen und schließlich nur noch das Verfassungsgericht maßgebend. Die klassischen Probleme lösten sich wie folgt: Für die *Rechtsidee* gab es kein wirkliches **Lücken-, Rang-, Objektivitäts- und Teleologieproblem**. Sie konnte überall greifen. Dagegen kehrten sie bei der Orientierung an der *geschriebenen Verfassung* konsequent wieder. Der **Rechtsbegriff** war mit der *Rechtsidee* ethisch-philosophisch erweitert. Bei der *Verfassungsorientierung* erhält der Rechtsbegriff eine weitere, juristisch höchste und vorrangige Ebene. Auf dem Wege der Drittwirkung erstreckt sich dieser Vorrang auf die gesamte Rechtsordnung. Sie wird konstitutionalisiert. Wir sehen nun also mehrere Könige in verschiedenen Reichen – aber auch den neuen Kaiser in Karlsruhe.

(6) Die *kritisch-politische Jurisprudenz* stellt alle diese Konzeptionen in Frage, als Illusion, Verfremdung, Ideologie, kurz: *bürgerlich* (Wiethölter, Wassermann). Sie sucht eine neue **Rechtstheorie auf dem Wege der *Gesellschaftstheorie***. Neue Methodenregeln sind dabei vorerst kein Thema. Die Verfassung nimmt diese Jurisprudenz zwar stark in Bezug, aber in einem neuen Verständnis als vor allem demokratisch, nicht nur parlamentarisch, und sozialstaatlich. Die **klassischen Methodenprobleme verschwinden** auch hier. Der **Rechtsbegriff** wird weit gezogen, eben aus der ‚wirklichen' Gesellschaft

selbst. König in diesem Reich ist der kritische Jurist als Gesellschaftstheoretiker und Sozialingenieur. Der illusionslose und ideallose Abkömmling der kritisch-politischen Jurisprudenz ist der neuere *Methodenzynismus*.

1504 (7) Einen Kompromiss bietet die erneuerte *soziologische Jurisprudenz* (Teubner). Das Stichwort „soziologisch" wird freilich schon seit vor 1914 sehr unterschiedlich verwendet. Die heutige soziologische Jurisprudenz fordert und praktiziert eine „soziologische" **Ergänzung** der Dogmatik. In der Sache schließt sie damit an die Heck'sche Interessenjurisprudenz und deren Kausalforschung zur gesetzgeberischen Interessenabwägung an, die in den Wertungsjurisprudenzen nach 1945 umgebildet worden war. Im Übrigen ergänzt sie sie durch eine Mischung von Empirie und Sozialphilosophie.

1505 (8) Die *Abwägungsjurisprudenz* nimmt einen ganz anderen Argumentationsweg (Lüth-Urteil, K. Hesse). Entscheidend sind am Ende nicht Tatbestandsmerkmale, prinzipielle Rechtssätze, Ausnahme-Regel-Verhältnisse, Normhierarchien und Fallvergleiche, sondern die Schutzgüter auf der *Abwägungs*-Waage oder in der *praktischen Konkordanz*-Bemühung. Mit welchem Gewicht die Güter hineingelegt werden oder wann Diskordanz vorliegt, weiß man immer erst hinterher, nach der Einzelfalllösung, auch wenn sich mit der Zeit manche Fallgruppen festigen. Dieser Vorgang lässt sich noch viel weniger in Regeln fassen als das Subsumieren. Die **klassischen Methodenprobleme werden darin unsichtbar.** Der **Rechtsbegriff** wird erweitert, denn diese Entscheidungen können das positiv entschiedene Recht leichter modifizieren. Könige in diesem Reich sind die Abwäger, also immer die Juristen. Verfassungspolitisch macht sich damit die Justiz zu einer zwar nachgeordneten, aber doch bemerkenswert selbstständig ordnenden Gewalt. Mit der Ergänzung der Abwägung in Richtung Verhältnismäßigkeitsprüfung und Prinzipienoptimierung hat sich daran nichts geändert.

1506 (9) Die *Argumentationstheorie* will die alten Probleme vermeiden. Dazu nimmt sie die Richtigkeitsgewähr der Methodenregeln zurück und reduziert die **Regeln auf Begründungsregeln**. Die Methodenregeln regeln hier nicht den Weg zur Herstellung der richtigen Entscheidung, sondern illusionslos nur den zur richtigen **Darstellung der Begründung**. Sie regeln damit nur die Entscheidungsbegründung ,nach außen'. Verfassungspolitisch wird dabei die Gesetzesbindung festgehalten. Die Entscheidung muss ihre Gesetzesbindung aufzeigen. Konsequent ergibt sich ein grundsätzlicher **Vorrang** der subjektiv-historischen Auslegung, der allerdings mit *vernünftigen* Gründen ausnahmsweise überwunden werden kann. Das **Lücken-** und **Zweckproblem** bleiben offenbar, der **Rechtsbegriff** kann fragwürdig gedoppelt werden mit einem „idealen Sollen".[131]

1507 Die jüngste Untersuchung von **Amado**[132] fügt dem eine wichtige Einsicht hinzu: Er vergleicht die **Begründungsdarstellungen** und zeigt ihre **Gleichwertigkeit**. Man muss nicht abwägen, wie gerne behauptet wird. Das Abwägen folgt erst aus der selbstgeschaffenen Kollisions-Problemstellung. Es bleibt also Raum für die guten Verfassungsgründe, die immer schon für den Subsumtionsstil und Fallvergleich sprachen. Diese Darstellungsweise kann besser rational kontrolliert werden an den Gründen, die sie

---

131 So deutlich *Robert Alexy*, Zur Struktur von Rechtsprinzipien, in *Bernd Schilcher* u.a. (Hrsg.), Regeln, Prinzipien und Elemente im System des Rechts, Wien 2000, S. 31 ff., sowie die Diskussion bei *Vogel/Christensen* 2013 (Fn. 98), S. 41 f.; neuerdings einschränkend *Neumann* 2023 (Fn. 106) 178, gegen das Argument „Wille des Gesetzgebers", das in der Tat nicht trägt, aber auch nicht so psychisch eng zu nehmen ist (vgl. Rn. 451 zu Heck).
132 Siehe oben Rn. 1495.

IV. Die Schlachtrufe im Methodenkampf – ein historischer Überblick

nennen muss, besonders den aus dem Gesetz entnommenen. Die dunkle Werkstatt der Motivation interessiert normativ nicht. Es genügt die subsumierende Darstellung. Denn diese Form schafft offenbar relativ mehr intersubjektive Klarheit und Kontrollierbarkeit. Und darauf kommt es rechtsstaatlich an.

(10) Die sog. autonome *europarechtliche Methode* ist **keine eigenständige juristische Methode**. Autonom ist lediglich ihre Geltung, d.h. die Ableitung aus europäischem Recht statt aus nationalem Verfassungsrecht. Das macht aber keinen Unterschied in der Sache. Denn die europarechtliche juristische Methode folgt den gleichen rechtsstaatlichen Anforderungen wie die nationalen Methoden. Diese gemeinsamen Prinzipien bestimmen ihren Charakter als juristische Methode. Nur wenn man diese Verfassungsabhängigkeit der juristischen Methode nicht beachtet, wie nicht selten, können sich Unterschiede ergeben und relevant erscheinen. Beachtet man sie, so erweisen sich die sog. europarechtlichen Methoden als teilweise zusätzliche Techniken für teilweise etwas anders geformte Normobjekte, d.h. Rechtsquellen und Materialien usw.

1507a

Und **was stimmt** nun? Halten wir inne: Der Gang durch die hauptsächlichen juristischen Methodenströmungen unserer langen Epoche seit um 1800 erweist keine überzeitliche, endlich erkannte Wahrheit. Weder evolutionistisch, als geschichtliche Gesetzmäßigkeit, noch metaphysisch aus Natur, Vernunft, Rechtsidee oder sonst, noch pseudo-realistisch gemäß der ‚wahren' oder gesellschaftlichen Wirklichkeit, ist *die* juristische Methode vorgegeben. Wir sehen deutlich ihre je andere, historische Verankerung und Aufgegebenheit. Vor allem unser Blick auf ihre verfassungspolitischen und -rechtlichen Kontexte, ja Bedingungen, lehrt das. Geschichte und Zeitgeschichte werden damit zum unverzichtbaren Erkenntnisweg wie auch die Vergleichung. Es kommt darauf an, die besonderen Kontexte und Bedingungen der eigenen Zeit zu ermitteln, zu würdigen und sinnvoll zu gestalten, im eigenen und im vergleichenden Rahmen.[133] Damit grenzt die Methodenlehre doch wieder an die Rolle von Rechtsphilosophie und Rechtstheorie.

1508

Kann man aus den so gewonnenen Erfahrungen lernen? Gewiss, wenn man will. Im Zusammenhang des nationalsozialistischen Rechtskonzepts wurde eine **strukturelle Kontinuität** im Sinne eines metaphysischen **Substantialismus** nach Kant bemerkt (Rn. 1445 a). Es zeigte sich ein bestimmter Denktyp, eine bestimmte philosophisch geprägte Denk- und Sprechweise, die der normativen, vormodern unmittelbaren Verbindung von Ethik, Moral, Politik, früher auch Religion, entspricht. Diese Verbindung, ja Vermischung, erwies sich als problematisch, denn sie öffnet das konkrete Recht den jeweils herrschenden normativen Ideen und Ideologien. Unübertroffen hat das im Angesicht der realen Vermischung und ihrer verheerenden Folgen Hans Kelsen 1934 im Vorwort seiner *Reinen Rechtslehre* formuliert: Es gehe „nicht um die Stellung der Jurisprudenz innerhalb der Wissenschaft und die sich daraus ergebenden Konsequenzen ..., sondern um das Verhältnis der Rechtswissenschaft zur Politik, um die saubere Trennung der einen von der anderen, um den Verzicht auf die eingewurzelte Gewohnheit, im Namen der Wissenschaft vom Recht, unter Berufung also auf eine objektive Instanz, politische Forderungen zu vertreten, die nur einen höchst subjektiven Charakter haben können, auch wenn sie, im besten Glauben, als Ideal in Religion, Nation oder Klasse auftreten" (V) und die „sich nicht mehr scheut, laut und öffentlich den Ruf nach einer politischen Rechtswissenschaft zu erheben" (X).

1508a

---

133 In diesem Sinne auch *Neumann* in: Einführung (wie Fn. 106) unter 9.5.5.: „Historische und kulturelle Relativität von Argumentationsstandards".

Diese **Denktypen** wurden insbesondere im 19. Jahrhundert durchdacht und viel benutzt.[134] Man reagierte damit auf Krisenzeiten. Nach 1789, nach 1918, nach 1945, nach 1967 und auch nach 1989 hatte dies hohe Konjunktur. Sie kehren gewiss unter ähnlichen Bedingungen wieder. Zweifellos erfordern solche Krisenzeiten mehr Moralaktivität als die Normallagen. Die Frage ist nur, ob man ‚die Moral' deswegen stets und direkt in die ‚auslegenden' Verfahren durch Gerichte einbeziehen sollte oder nicht. Das ist eine verfassungspolitische Frage der Institutionen. Gewaltenbalance ist dafür eine erste Antwort. *Vor* den Gerichten sollten jedenfalls zunächst die Parlamente gefragt werden. Zudem müssen sich Jeder und Jede selbst moralisch befragen.[135] Verfassungspolitisch handelt es sich jedenfalls um ein altes Problem. Mit der These „Wehrlosigkeit wegen Gesetzespositivismus" hatte man „die geistige Botschaft des Liberalismus ... nur halb verstanden".[136] Wehrlos waren die Juristen nicht wegen blindem Gesetzespositivismus, sondern umgekehrt wegen einem NS-Moral- und Politiküberschuss bis hin zu unmittelbarer Gesetzeskorrektur und weil sie die Prämissen ihres Gesetzesgehorsams in einem rechtsstaatlichen Liberalismus polemisch verdrängt hatten. Für die Methodik des Rechts zählen diese Zusammenhänge gleichermaßen. Auch sie ist keine schlicht neutrale Tätigkeit. Wenn sich einmal alles zu einem ‚Recht' als Werkzeug unter Politikvorbehalt vereinigt hat, wie immer wieder in nicht wenigen Diktaturen, dann müssen dagegen am Ende wohl oder übel andere normative Wege und Mittel als das Recht erwogen werden, vor allem bessere Moral, Politik und auch Religion. Anderen Faktoren und kaum einmal dem Recht entspringen ja auch die Krisen. Die Erfahrungen mit Krisen und auch Kriegen zeigen einen rechtsfeindlichen statt einen rechtstreuen Moral- und Politiküberschuss.

XVI. Fallvergleich!

1508b Immerhin lässt sich am Ende auch eine lehrreiche **Methodenerfahrung** erkennen. Sie lautet **Fallvergleich**. Das mag überraschend einfach klingen, ist aber höchst sinnvoll und bewährt. Der Weg zu Rechtsregeln und Rechtssätzen führte meist über Fallvergleiche und Fallgruppenbildungen, von gesicherten konkreten Rechtssätzen zu allgemeineren Rechtssätzen, kurz zu juristischen Lehrsätzen, d.h. Dogmatik, sei sie auch noch so ‚begriffsjuristisch' ausgefeilt gewesen. Immer beziehen sich ihre Lehrsätze zunächst auf bestimmte Fälle. Das gilt nicht nur für die richterlichen Entscheidungen, sondern auch für die legislativen der Gesetzgeber. Ja, es gilt für alle normativen Entscheidungen, die Gleichbehandlung des Gleichen fördern, also gerecht sein wollen. Fallvergleich ist in der Form der Analogie oder Nichtanalogie, des *stare decisis* und

---

134 Exemplarisch dafür ist Savigny, siehe dazu *Rückert*, Idealismus, Politik und Jurisprudenz bei Friedrich Carl von Savigny, 1984, besonders S. 240 f. zum „Grundmodell und Kennzeichen seines metaphysischen Idealismus"; zum 19. Jh. im ganzen *ders.*, Das „gesunde Volksempfinden" – eine Erbschaft Savignys?, in ZRG GA 103 (1986) S. 199–247, hier unter 7., S. 224–231, zur juristischen und allgemeinen Logik dabei, und *ders.*, Kant-Rezeption (Fn. 46) S. 144–215.

135 Äußerst lehrreich zu diesen Fragen ist nach wie vor die Diskussion um die sog. Radbruch-Thesen von 1946 (Fn. 43), vor allen anderen aber die Stellungnahme von Hart, dem führenden sog. Rechtspositivisten, s. die kleine Edition: *H.L.A. Hart*, Recht und Moral. Drei Aufsätze (aus dem Englischen), hrsg. von Norbert Hoerster, Göttingen 1971, bes. S. 14 ff. und 39–46. Hart bedenkt vor allem auch die verfassungs- und gesellschaftspolitischen Alternativen.

136 *Hart*, ebd. 42.

des *distinguishing* eine uralte Tradition in unterschiedlichen Rechtskulturen.[137] Die Gerechtigkeit wächst in kleinen Schritten und wird wohl nie eine universale. Es ist erstaunlich, dass diese originäre juristische Methode in den geläufigen Methodiken recht selten behandelt wird.[138] An vorzüglichen Beispielen fehlte es nie.[139] Für einen Savigny war es eine selbstverständliche Arbeitsweise, gut sichtbar an seinen vielfachen Dogmatisierungen römischer Fallentscheidungen.[140] Bekanntlich bestand das römische Zivilrecht der Pandekten, diese größte juristische Erbschaft Europas, ohnehin fast nur aus Fallentscheidungen mit knappen Begründungen und Dogmatisierungen, nicht etwa aus abstrakten Lehrsätzen. Die juristische Praxis bediente sich stets des Fallvergleichs, mehr oder weniger, je nachdem wie unmittelbar Gesetzesworte passten oder fehlten. Im Fallvergleich werden der Kontext der Entscheidungen und die Regeln erst klar. Kleinigkeiten sprechen hier eine deutliche Sprache. Eine Praxis wie die deutsche höchstgerichtliche, die die Entscheidungsketten zu geschichtslosen Formelhinweisen erstarren lässt und nicht einmal die Daten der Entscheidungen beachtet,[141] hat sich von vornherein dem bloßen Dogma verschrieben. Das mag eine nicht weiter relevant erscheinende pragmatische Gewohnheit sein. Sie zeigt aber drastisch, dass damit Dogmatismus praktiziert wird und nicht methodengerechte Jurisprudenz.

XVII. Studium

‚Studieren' heißt sich **heiß bemühen** (mit *Goethe*, Faust I, Vers 357) um einen Gegenstand. Unser Thema lebt in Quellen- und Sekundärliteratur. Ein eigener Abschnitt in diesem Buch bietet daher einen ziemlich vollständigen kommentierten Literaturüberblick, auch zur Methoden- und Theoriegeschichte (Rn. 1567 ff.). Hier kommt es daher nur auf einige speziellere Hinweise zu der vorstehenden Übersicht an, die die Forschung etwa der letzten 40 Jahre zugänglich machen. Denn diese hat sich endlich kritisch gelöst von den sonst fast überall dominanten, **antifreiheitlich befangenen Perspektiven** der 1930er und 1950er Jahre, repräsentiert durch *G. Boehmer, Wieacker, Larenz* und noch *Arthur Kaufmann*.[142] Die Originale wurden daher hier neu erschlossen, gelesen und verarbeitet. Das neue Haus unserer Methodengeschichte hat schon einige Etagen. Es sieht sehr anders und bunter aus als bisher, der Bau ist jedoch nicht

1509

---

[137] Ein Versuch zu diesem freilich sehr umfassenden Thema bei *Rückert*, Denktraditionen, Schulbildungen und Arbeitsweisen in der Rechtswissenschaft – gestern und heute, in Selbstreflexion der Rechtswissenschaft, hrsg. von Eric Hilgendorf und Helmuth Schulze-Fielitz, Tübingen 2015, S. 13 52, hier bes. S. 28 zu Rom, 32 f. zum MA, 38 f. zu Windscheid, zusammenfassend 46, 48 f.; sowie für England kurz *ders.*, in HKK (Fn. 4) Bd.1, 2003, vor § 1 Rn. 7; näher oben *Maultzsch* Rn. 1314 ff.

[138] Soweit ersichtlich bei *Rolf Wank*, Die Auslegung von Gesetzen, 5. Aufl. 2011, § 5 VII (hilfreiches Verfahren); schon lange bei *Reinhold Zippelius*, Juristische Methodenlehre (1971), 11. Aufl. 2012, § 12 S. 58–63 (Der typisierende Fallvergleich); *Franz Bydlinski*, Juristische Methodenlehre und Rechtsbegriff, Wien-New York, 1982, S. 548–552 (Typenvergleich); *Joachim Vogel*, Juristische Methodik, Berlin-New York 1988; S. 145–147 (anschaulich); vgl. *Rolf Gröschner*, Judiz – was ist das und wie läßt es sich erlernen?, JZ 42 (1987) S. 903–908 (905); vgl. auch die Normalfallmethode bei *Fritjof Haft*, Einführung in das juristische Lernen, 7. Aufl. 2015; immer noch interessant und eindrucksvoll die Regelbildungen zur Analogie bei *Thibaut* 1799/1801 (Fn. 94) 114–124; nicht eigens behandelt das Thema *Jan Schröder*, Recht als Wissenschaft (Rn. 1510 unter 1.).

[139] Immer noch musterhaft *Franz Wieacker*, Zur rechtstheoretischen Präzisierung des § 242, Tübingen 1956, erneut in *ders.* Ausgewählte Schriften II, 1983, u. Kleine juristische Schriften, 1988; dazu oben Rn. 1421 ff.

[140] *Savigny*, s. oben Rn. 182 f.; bes. lehrreich ist die Art, wie er in System Bd. 5, Beylage XIV, S. 505 ff. das Kondiktionsrecht entwickelt, dazu genauer *Rückert*, Dogmengeschichtliches und Dogmengeschichte im Umkreis Savignys, bes. in seiner Kondiktionslehre, in: ZRG RA 104 (1987) S. 666–678.

[141] Dazu sehr treffend und im Vergleich *Lepsius* (Fn. 93) 244; bewusst anders die Zitierpraxis mit Daten im HKK (Fn. 4).

[142] Siehe dazu die Einführung Rn. 8.

vollendet. Gesamtdarstellungen, die den bewusst einbezogenen verfassungsrechtlichen Kontext mit beachten, fehlen. Der ÜBERBLICK hier und auch das RESÜMEE sogleich wollen daher die wichtigsten Ergebnisse zugänglich machen, die für alle neuen Diskussionen und Würdigungen wesentlich erscheinen.

1510 Der HISTORISCHE ÜBERBLICK hier schließt an die Einzeluntersuchungen in diesem Buch an, wobei natürlich die Nachweise zu den hier genauer vorgestellten Autoren (Savigny, Puchta, Jhering, Windscheid, Heck, Nipperdey, Lange, Larenz, Wieacker, Coing, Esser, Wiethölter, Canaris, F. Müller, Teubner) **nicht wiederholt** wurden und ebensowenig die speziellen Hinweise auf wichtige Literatur in der EINFÜHRUNG und im RESÜMEE. Diese müssen bitte dort nachgeschlagen werden. Hier folgen nur noch knappe Hinweise auf Überblicke und die neuere Einzelforschung im Zentrum.

1. Übergreifendes

- Die neuere Forschung zur Methodengeschichte ist deutlich in Bewegung gekommen. Das ändert freilich zunächst nichts an unseren neun Schlachtrufen, man strukturiert ‚nur' nach teilweise etwas anderen Aspekten. Die älteren Übersichten von *Wieacker* 1967 und *Larenz* 1960 sind trotz ihrer nachhaltigen Verbreitung jedenfalls überholt und nicht zuverlässig, dazu die EINFÜHRUNG Rn. 8 ff.
- Die kürzeste Übersicht bis etwa 1900 bei *Jan Schröder*, Juristische Methode, in Hwb. zur deutschen Rechtsgeschichte, Bd. 2, 2. Aufl. 2011, Sp. 1449–1456.
- Für etwa 1900 bis 1960 *Joachim Rückert*, Zu Kontinuitäten und Diskontinuitäten in der juristischen Methodendiskussion nach 1945 [aber auch mit Rückgriff zu davor] , in: Erkenntnisgewinne, Erkenntnisverluste. Kontinuitäten und Diskontinuitäten in den Wirtschafts-, Rechts- und Sozialwissenschaften zwischen den 20er und den 50er Jahren, hrsg. von Karl Acham, Knut W. Nörr und Bertram Schefold, Stuttgart 1998, S. 113–165; und spezieller, Vom „Freirecht" zur freien „Wertungsjurisprudenz" – eine Geschichte voller Legenden, in ZRG GA 125 (2008) S. 199–255.
- Große Linien jetzt bei *Hans-Peter Haferkamp*, Richter, Gesetz und juristische Methode in der Wertungsjurisprudenz, Zs. für die gesamte Privatrechtswissenschaft 2016, S. 319–334, und
- ebd. S. 307–318 bei *Jan Schröder*, Richter, Gesetz und juristische Methode in der Zweck- und Interessenjurisprudenz (zentraler Aspekt sei eine Umstellung auf Zweckjurisprudenz).
- Für 1850–1933 *Jan Schröder*, Zur Geschichte der juristischen Methodenlehre zwischen 1850–1933, in: Rechtsgeschichte 13 (2008) S. 160–175. Anders als der Titel nahelegt, geht es hier vor allem um den auf der Gegenstandsebene entscheidenden Umbau zu einem „voluntaristischen" Rechtsbegriff vom Willen her – gewiss zutreffend. Die Diskussion um *objektive* oder *subjektive* Auslegung seit etwa 1885 wird als Konsequenz gesehen (S. 172 ff.). Handbuchartig nun *ders*., Recht als Wissenschaft. Geschichte der juristischen Methodenlehre in der Neuzeit (1500–1990), 3. Aufl. München 2020. Der Akzent liegt ebenfalls auf einer Art Dogmengeschichte seines Themas und weniger auf den hier betonten Verfassungskontexten. Von der Rechtstheorie her gibt eine hilfreiche Übersicht *Eric Hilgendorf*, Die Renaissance der Rechtstheorie zwischen 1965 und 1985, Würzburg 2005 (auch hilfreich zum Forschungsstand, S. 11 f.); und nun, aber etwas selektiv, *Ders.* u. *Jan C. Joerden* (Hrsg.), Handbuch Rechtsphilosophie, Stuttgart 2017, Kap. IV und V.

IV. Die Schlachtrufe im Methodenkampf – ein historischer Überblick

2. Zur Begriffs- bzw. Prinzipienjurisprudenz

- Dazu zuletzt die präzise Übersicht bei *Hans-Peter Haferkamp*, Begriffsjurisprudenz, in: Enzyklopädie der Neuzeit, Bd. 1, 2006, 1150–1152;
- Ebenso *Jan Schröder*, Begriffsjurisprudenz, in: Handwörterbuch zur deutschen Rechtsgeschichte Bd. 1, 2. Aufl. 2006, Sp. 500–502.
- Inzwischen auch *Joachim Rückert*, Prinzipienjurisprudenz?! In: recht 35 (Bern 2017) S. 300–312.
- Und *Hans-Peter Haferkamp* 2004, oben Rn. 213 ff. zu Puchta.

3. Zur Freirechtsbewegung

- Jüngste Übersicht bei *Joachim Rückert*, Freirechtsbewegung, in: Handwörterbuch zur deutschen Rechtsgeschichte, Bd. 1, Lieferung 8, 2. Aufl. 2008, Sp. 1772–1777; ausführlicher *ders*. wie soeben unter 1.

4. Zur Interessenjurisprudenz

- Jüngste Übersicht bei *Joachim Rückert*, Interessenjurisprudenz, in: Staatslexikon der Görres-Gesellschaft, Bd. 8, 2019, Sp. 365—369, und: Interessenjurisprudenz, Verfassungswandel, Methodenwandel, Juristenjurisprudenz; in: JuristenZeitung 72 (2017) S. 965–974.
- *Jan Schröder*, Interessenjurisprudenz, in: Handwörterbuch zur deutschen Rechtsgeschichte, Bd. 2, 2. Aufl. 2012, Sp. 1267–1269.
- Grundlegend *Heinrich Schoppmeyer*, Juristische Methode als Lebensaufgabe. Leben, Werk und Wirkungsgeschichte Philipp Hecks, 2001.
- Zur philosophischen Seite nun eindringlich *Maximilian Schulz,* Philipp Hecks Rechts- und Begriffstheorie und ihre erkenntnistheoretischen Voraussetzungen, Baden-Baden 2022, mit meiner Rez. in ZRG Germ. Abt. 141 (2024) S. 634-638.
- Und oben Rn. 428 ff. zu Heck.
- Wertvoll dazu aus der Position von Heinrich Lehmann, ebenfalls einem der dazu führenden Zivilisten, *André Depping*, Das BGB als Durchgangspunkt. Privatrechtsmethode und Privatrechtsleitbilder bei Heinrich Lehmann (1876–1963), 2002.
- Zum öffentlichen Recht erste Übersicht bei *Michael Stolleis*, Geschichte des öffentlichen Rechts, Bd. 2, München 1999, S. 172 f.

5. Zur NS-Jurisprudenz

- Zu Rechtsbegriff und Methode nun *Schröder* 2020, soeben unter 1.
- Wertvoll nun für eine breitere Kenntnis zunächst die Untersuchungen von *Depping* (soeben) und *Hollstein* (bei 6.), sowie von *Frassek* und *Wolf* (oben Rn. 580 ff. und 536 ff.).
- Außerdem die Arbeit zu dem besonders beim Volksgesetzbuch-Entwurf führenden Zivilisten Justus Wilhelm Hedemann von *Christine Wegerich*, Die Flucht in die Grenzenlosigkeit. Justus Wilhelm Hedemann (1878–1963), 2004.
- Generell an einem zentralen Topos *Rückert*, Das „gesunde Volksempfinden" – eine Erbschaft Savignys?, in: ZRG GA 103 (1986) S. 199–247, und am kritischen Beispiel Strafrecht in: Strafrechtliche Zeitgeschichten – Vermutungen und Widerlegun-

gen, in: Kritische Vierteljahresschrift 84 (2001) S. 223–264 (beides auch in *ders.*, Unrecht durch Recht, 2018).

6. Zur Wertungsjurisprudenz nach 1945

- Generell grundlegend *Ilka Kauhausen*, Nach der ‚Stunde Null'. Prinzipiendiskussionen im Privatrecht nach 1945, 2007, sowie
- *Lena Foljanty*, Recht oder Gesetz. Juristische Identität und Autorität in den Naturrechtsdebatten der Nachkriegszeit, 2013.
- Neue Linien nun bei *Haferkamp* (oben 1.) und in *ders.*, Wege zur Rechtsgeschichte: Das BGB, 2022, S. 230 ff. und 306 ff.
- Grundlegend zu der Position von Nipperdey *Thorsten Hollstein*, Die Verfassung als „Allgemeiner Teil". Privatrechtsmethode und Privatrechtskonzeption bei Hans Carl Nipperdey (1895–1968), 2007.
- Ebenso wertvoll zu der Nachkriegsposition von Lehmann *Depping* 2002 (unter 4.), und
- Zu der einflussreichen Position eines, wenn nicht des, führenden Richters, *Daniel Herbe*, Hermann Weinkauff (1894–1981). Der erste Präsident des Bundesgerichtshofs, 2008.
- Zum Jurastudium und den Hauptpositionen nach 1945 *Rückert*, Abbau und Aufbau der Rechtswissenschaft nach 1945, in: NJW 48 (1995) S. 1151–1159 (auch in *ders.*, Abschiede vom Unrecht, 2015).

7. Zur Kritisch-Politischen Jurisprudenz

- Eine kritisch-historische Analyse fehlt bisher.
- Kurzer Bericht bei *Hilgendorf*, 2005 (wie unter 1.) 56–58.
- Und oben Rn. 878 ff. zu Wiethölter.

8. Zur ökonomischen Analyse und Institutionenökonomie

- Eine gründliche kritisch-historische Analyse jetzt bei *Milena Maurer*, Die Rezeption der Ökonomischen Analyse des Rechts und der Neuen Institutionenökonomik in der deutschen Rechtswissenschaft – eine Diskursgeschichte, Diss. iur. Frankfurt am Main 2023.
- Der grundlegende Reader zu den Originalen mit Einleitung ist immer noch Assmann, Heinz-Dieter / Kirchner, Christian / Schanze, Erich (Hrsg.), Ökonomische Analyse des Rechts, Kronberg 1978.
- Als aktuelles Lehrbuch ist führend *Bernd Schäfer* u. *Claus Ott*, Lehrbuch der ökonomischen Analyse des Rechts (1986), 6. Aufl. 2020.
- Daneben *Emanuel V. Towfigh/Niels Petersen*, Ökonomische Methoden im Recht. Eine Einführung für Juristen, 3. Aufl. Tübingen 2023.
- Zur Institutionenökonomie ist führend das Lehrbuch von *Rudolf Richter* u. *Eirik Furubotn*, Neue Institutionenökonomik (1996), 4. Aufl. Tübingen 2010; eine gute Kurzfassung bei *R. Richter*, Institutionen ökonomisch analysiert, 1994.
- Eine sehr schöne Durchführung am Beispiel gibt *Gunnar Janson*, Ökonomische Theorie im Recht. Anwendbarkeit und Erkenntniswert im Allgemeinen und am Beispiel des Arbeitsrechts, Berlin 2004.

9. Zur soziologischen Jurisprudenz

- Eine nach wie vor sehr gute kritische Übersicht gibt *Hans Ryffel*, Rechtssoziologie. Eine systematische Orientierung, Neuwied 1974, S. 13–114.
- Sehr aufschlussreich ist die Diskussion um den berühmten Art. 1 ZGB Schweiz 1907 zur Richteraufgabe bei Lückenstellen und dazu jetzt die ebenso anschauliche wie klare Analyse bei *Sibylle Hofer*, Das schweizerische Zivilgesetzbuch und das Problem der Gesetzeslücken. Zur Frage der Vollständigkeit einer Kodifikation, in ZNR 32 (2010) S. 189–207.
- Über die Probleme der Integration der Sozialwissenschaften und besonders der Soziologie in der sog. einphasigen Ausbildung 1974–1984 näher an einem Beispiel *J. Rückert*, Abgrenzungen – aber welche Rechtswissenschaft von welcher Soziologie? Eine Fallstudie, in: Mittelweg 36. Zeitschrift des Hamburger Instituts für Sozialforschung 31, Heft 5 (2022) S. 57–83.

10. Zur Abwägungsjurisprudenz

- Ein erster Versuch, die größeren **Zusammenhänge** und die Funktion des Abwägens als Methode aufzuklären, bei *Joachim Rückert*, Abwägung – die juristische Karriere eines unjuristischen Begriffs, oder: Normenstrenge und Abwägung im Funktionswandel, in: JZ 66 (2011) S. 913–923 (auch in ders., Abschiede vom Unrecht, 2019).
- Eine relativ besonders klare **Erklärung** des konkreten Abwägens bei *Joachim Vogel*, Juristische Methodik, München 1999, S. 150–159.
- Zur Entwicklung der **Staatsrechtslehre** nach 1945, leider ohne genauere Aufmerksamkeit für die Methodenfragen, allgemein vorzüglich *Frieder Günther*, Denken vom Staat her. Die bundesdeutsche Staatsrechtslehre zwischen Dezision und Integration. 1949–1970, München 2004; ein spannender Blick hinter die Kulissen der Texte mithilfe auch von etlichen Nachlässen und Briefen.
- Generell grundlegend *Michael Stolleis*, Geschichte des öffentlichen Rechts in Deutschland, Bd. 4, München 2012.
- Zum **Lüth-Urteil** sehr hilfreich der Band von Thomas Henne/Arne Riedlinger (Hrsg.), Das Lüth-Urteil aus (rechts-)historischer Sicht, 2005, der freilich weniger die Methodengeschichte thematisiert als die politischen Faktoren.
- Eindringlich zur Methode nun *Oliver Lepsius*, Die maßstabsetzende Gewalt, 2011 (wie Fn. 93) 159–279, und zur Abwägung speziell
- eine kritische Analyse bei *Friedemann Vogel* und *Ralph Christensen*, Korpusgestützte Analyse der Verfassungsrechtsprechung: eine Abwägung von Prinzipien findet nicht statt, in Rechtstheorie 44 (2013) S. 29–60.
- Ein exemplarischer **Übungstext**? Es gibt einen höchst lehrreichen Einstieg über das Zivilrecht. Gemeint sind die historisch gut kontextualisierten Entscheidungsanalysen von *Roland Dubischar*, Prozesse, die Geschichte machten. Zehn aufsehenerregende Zivilprozesse aus 25 Jahren Bundesrepublik, München 1997, ohnehin ein unverzichtbares Buch über unser law in action. Die methodische Analyse kommt darin zwar eher zu kurz. Aber sehr geeignet und leicht für eigene Analyse sind die berichteten Begründungen z.B. in Kapitel 7 zum Fall Wallraff-Bild-Zeitung-Springerverlag, in dem ganze Juristenkohorten gegeneinander entschieden: der BGH (20.1.1981, NJW 81, 1366 und 1089), das Bundesverfassungsgericht (25.1.1984, E 66, 116), die Literatur, d.h. erst drei Öffentlichrechtler (Bettermann, Schmitt-Glae-

ser, Roellecke) und ein Strafrechtler (Geerds), später noch ein Zivilrechtler (Canaris contra BVerfG), alles in entlarvend gegensätzlicher Abwägung. Auch die praktische Konkordanz wurde mobilisiert (S. 177) – ein großartiges juristisches Hin und Her, und alles ganz ‚methodisch'. Das schlichte **Rechtsproblem** war und ist, wie oben erwähnt (Rn. 1459 ff.), zivilrechtlich. Es steckt in § 826 bzw. § 823 Abs. 1 BGB und der Möglichkeit ausnahmsweiser Rechtfertigung rechtswidriger Eingriffe – eigentlich methodisch recht einfach ein Problem von Regel und Ausnahme, womit schon eine entscheidende methodische Bändigung erfolgt. Denn die Ausnahme ist als besonderer Fall im Verhältnis zur Regel zu begründen. Verfassungsrechtlich wird daraus nun die Abwägung der Drittwirkung zweier Grundrechte, ohne Ausnahme, Regel, Hierarchie, Fallvergleich oder ähnliche methodische Bändigungen. Dafür hat die Verfassung auch kaum Tatbestände gebildet (s. aber Art. 9 Abs. 3 GG), weil an eine solche generelle Grundrechtswirkung einfach nicht gedacht war.

- Ähnlich exemplarisch ist die Kommentierung von *Alexander Peukert* zum ‚Urtext' der juristischen Abwägung, d.h. der ersten großen „Generalklausel, zu § 1 UWG (1909) bzw. § 3 UWG 2008 in Großkommentar UWG, hrsg. von O. Teplitzky u.a., 2. Aufl. Berlin 2014, zu § 3, bes. Rn. 234 ff. die Fallgruppen- und zu § 1 Rn. 58 ff. die Prinzipiendiskussion.

11. Zur Argumentationstheorie

- Eine kritisch-historische Analyse fehlt bisher.
- Kurzer Bericht bei *Hilgendorf*, 2005 (wie unter 1.) S. 39–42.

12. Zu Neuestes

- Da ist ‚naturgemäß' noch nichts durchforscht.

13. Zur sog. europarechtlichen Methode

- Da ist ‚naturgemäß' noch nichts durchforscht, trotz des mächtigen Handbuchs von *Karl Riesenhuber* (Hrsg.), Europäische Methodenlehre, Handbuch für Ausbildung und Praxis, 4. Aufl. Berlin u.a. 2021.

14. Zum Fallvergleich

- Eine kritisch-historische Analyse fehlt bisher.
- Der Fallvergleich bildet aber einen Hauptaspekt in *meinem* Überblick zur Tradition juristischer Arbeitsweisen seit Rom, in: Denktraditionen, Schulbildungen und Arbeitsweisen in der Rechtswissenschaft – gestern und heute, in: Selbstreflexion der Rechtswissenschaft, hrsg. von Eric Hilgendorf und Helmuth Schulze-Fielitz, Tübingen 2015, S. 13–52, 2. Aufl. 2021 (insoweit unverändert).

# V. Resümee

von *Frank Laudenklos, Michael Rohls* und *Wilhelm Wolf*
mit Ergänzungen von *Joachim Rückert* und *Ralf Seinecke*[*]

Übersicht

I. Methode 655
II. Privatrecht und Verfassung 664
III. Bleibendes? 673

I. Methode

Eine zusammenfassende Würdigung der dargestellten Konzeptionen juristischer Methodik scheint zunächst kaum möglich: „Reconstruction des dem Gesetze inwohnenden Gedankens",[1] Auslegung aus dem „Rechtssystem"[2] und aus dem Gesetz durch den „Juristen als solchen",[3] Auslegung als ein Element einer „Constructions"-Jurisprudenz,[4] „freie Rechtsfindung statt Auslegung",[5] Auslegung in „denkendem Gehorsam",[6] Rechtsanwendung als Vollzug von Weltanschauung „mit klarer Wertfolge",[7] verbindliche Wertungen des Grundgesetzes,[8] Auslegung nach Telos und Rechtsidee,[9] hermeneutische Auslegung im „Ordnungsinteresse",[10] juristischer Negativismus und soziologisch bereicherte Jurisprudenz,[11] „bewegliches System" und Prinzipien,[12] Effizienzanalyse und streng empirische Institutionenanalyse[13] bis hin zu einer „Strukturierenden Rechtslehre",[14] einer soziologischen Jurisprudenz[15] und einer autonom-europäischen Methode[16] – das alles setzt unterschiedlich an. Die Voraussetzungen der methodischen Konzepte scheinen sich nicht mehr aufeinander zu beziehen. Methode wird bisweilen einfach liquidiert. Streckenweise ist nur Polemik zu finden.[17] Seit dem am Ende schlechten „Scherz" von Jhering (1884) besteht Einigkeit lediglich darüber, was

1511

---

[*] Für die 3. und 4. Auflage durchgesehen und aktualisiert von J. Rückert.
[1] Oben *Rückert* zu Savigny, Rn. 76 ff.
[2] Oben *Haferkamp* zu Puchta, Rn. 213 ff.
[3] Oben *Rückert* zu Windscheid, Rn. 280 ff.
[4] Oben *Seinecke* zum frühen Jhering, Rn. 352 ff.
[5] Oben *Rückert* zur Freirechtsbewegung, Rn. 1407 f.
[6] Oben *Manegold* zu Heck, Rn. 428 ff., und *Pierson* zu Rüthers, Rn. 929 ff.
[7] Oben *Wolf* zu Heinrich Lange, Rn. 536 ff., 554.
[8] Für Wieacker oben *Träger*, Rn. 656 ff., u. für den noch deutlicheren Nipperdey oben *Hollstein*, Rn. 493 ff.
[9] Oben *Frassek* zu Larenz, Rn. 580 ff.
[10] Oben *Schäfer* zu Esser, Rn. 755 ff., und *Foljanty* zu Coing, Rn. 810 ff.
[11] Oben *Rohls* zu Wiethölter, Rn. 878 ff., und *Sahm* zu Teubner, Rn. 1136 ff.
[12] Oben *Seinecke* zu Canaris, Rn. 991 ff.
[13] Oben *Laudenklos* zur ökonomischen Analyse des Rechts, Rn. 1210 ff., sowie *Kirchner* und *Maurer* zur Institutionenökonomik, Rn. 1252 ff., 1251 a ff.
[14] Oben *Laudenklos* zu Friedrich Müller, Rn. 1181 ff.
[15] Oben *Rückert* zur soziologischen Jurisprudenz, Rn. 1455 a–1455 l.
[16] Oben *Rückert* zu europäisch, Rn. 1496 a–1496 e und 1507.
[17] Liquidiert in „Neue Theorien", Rn. 1492 f., und bei *Wiethölter* 1968, Vorspann: Es existiere ein „Rechtssystem nicht mehr und eine Rechtswissenschaft noch nicht"; daher die Kritik an Wiethölter bei *Bydlinski*, Juristische Methodenlehre und Rechtsbegriff, Wien u. New York 1992, S. 158: Seine Konzeption führe ins „methodologisch-praktische Nichts"; und die deutliche Drohung Krieles an die Adresse der Studenten, von der Anwendung der Müller'schen Methodik abzusehen, denn „die Arbeit wäre unbrauchbar und könnte nur mit ‚mangelhaft' bewertet werden", *Kriele*, Recht und praktische Vernunft, Göttingen 1979, S. 95.

V. Resümee

abzulehnen ist: die sog. gesetzespositivistische Begriffsjurisprudenz. Positiv gewendet bedeutet das bereits für das ausgehende 19. Jahrhundert das Streben nach methodologischer Erneuerung angesichts einer Methode, die den tatsächlichen Bedingungen und Erfordernissen praktischer Rechtsarbeit immer weniger angemessen erschien. Für die Achse **Norm–Wirklichkeit** stellt der moderne Verfassungsstaat Begründungsanforderungen, die mit dem Instrumentarium der sog. Begriffsjurisprudenz offenbar nicht mehr erfüllt werden können. Die Jurisprudenz musste sich im **Verfassungsviereck** „Rechtswissenschaft" (z.B. Gustav Hugo, P.J.A. Feuerbach, Savigny) und „Juristenrecht" (z.B. Puchta), „Volksrecht" (z.B. Reyscher, Beseler), Richterrecht (z.B. Bülow, Kantorowicz), parlamentarisch-demokratisches Recht (z.B. Windscheid, Heck, Kelsen, Nipperdey, Rüthers) neu justieren. Scharfe Begriffe und festes System des wissenschaftlichen Juristenrechts hatten gegenüber Monarch und Volk der Willkürabwehr gedient. Ebenso hatte die Bindung der Richter nur ans Gesetz sie gegenüber monarchischen Erlassen, Verordnungen und Politiken sachlich unabhängig gemacht. Nach 1918/19 entfiel der Monarch als Rechtsquelle und das Volk war legale Quelle im Parlament geworden. Die alte **Willkürabwehr** ging ins Leere. Die Gesetzesbindung der Richter war nicht mehr Abwehr, sondern nur noch Bindung. Das wissenschaftliche Juristenrecht erschien nun starr und lebensfremd. Gegen die in alledem nun funktionslose sog. Begriffsjurisprudenz entstand eine polemische Reformallianz.

1512 In ihrer Stereotypizität erzeugt die verbreitete **polemische Allianz** allerdings Misstrauen: Was ist damit gewonnen bzw. wem ist eigentlich damit gedient, wenn man die sog. Begriffsjurisprudenz fast einvernehmlich und teilweise pauschal verwirft? Birgt sie denn wirklich die Gefahr, dass die elementarste Rechtsvernunft nicht mehr beachtet wird?[18] Wessen Interessen werden eigentlich vertreten, wenn die „Abkehr von einer lebensfremden sog. Begriffsjurisprudenz"[19] gefordert wird? Inzwischen weiß man mehr. Historisch ging es um **Prinzipienjurisprudenz** als ein Mittel zu möglichst umfassender und sicherer Steuerung durch **positives menschliches Recht**. Darin lag eine entscheidende Abkehr von metaphysisch in Gott, Natur, Geschichte oder Vernunft verankertem Recht. In dieser Linie erwuchs im späten 19. Jahrhundert die betont rechtsstaatlich-parlamentarische Orientierung der sog. späten Begriffsjurisprudenz. Die Risiken der Autonomie des positiven Rechts wurden damit rechtlich gebändigt, wenigstens der Form nach. Die Form wurde zur „Zwillingsschwester der Freiheit" (*Jhering* 1854[20]).

1513 Es fällt auf, dass die Kritik bei dem Autor, der „Zeitzeuge" ist, *Philipp Heck*, am differenziertesten ist.[21] Sie richtet sich nicht etwas simpel gegen „Begriffsjurisprudenz" als bloße Wortklauberei oder notwendige Begriffsarbeit, sondern gegen ein sog. Inversionsverfahren und dessen metaphysische Voraussetzungen. Diese Metaphysik setzt eine wohlgeordnete Welt voraus, die nur erkannt und auf Begriffe gebracht werden müsse. Die sichere Begriffswelt erschien als nur metaphysisch sicher. *Heck* setzt direkt an dieser Begriffskonzeption an und stellt sie als **Begriffsidealismus** in Frage. In der praktischen Rechtsarbeit und bei der Verwirklichung einer vom Gesetzgeber im Gesetz niedergelegten Interessenbewertung funktioniere sie nicht. Er setzt dem ein „begriffsrealistisches" Konzept entgegen. Es bleibt damit bei Rechtsbegriffen und der Absicht,

---

18 So *Wieacker*, vgl. oben *Träger*, Rn. 672.
19 So *Larenz*, vgl. oben *Frassek*, Rn. 593.
20 Oben Rn. 11.
21 Oben *Manegold*, Rn. 438 f.

über diese Rechtssicherheit und eine starke Bindung des Richters an das Gesetz zu vermitteln.²² In der Tat eröffnet dieser **Begriffsrealismus** aber nun eine wesentlich direktere und stärkere Bezugnahme auf das den Begriffen Zugrundeliegende: die Sachen selbst, und für den Prozess juristischen Entscheidens dann das noch reichere ‚Leben'. Die Bezugnahme auf das ‚volle Leben' nimmt das kritische Zweck-Motiv des späten *Jhering* auf. *Heck* übersetzt dabei das phänomenologische Programm – ‚zu den Sachen selbst' – ins Juristische. Hier wie dort vollzieht man also eine Abgrenzung gegenüber begriffslogischen, idealistischen Denkfiguren – für die Rechtswissenschaft mit, wie sich zeigen wird, im weiteren Verlauf nicht absehbaren Konsequenzen.

Konkret bedeutet dieser **Methodenwechsel** einen bewusst und grundsätzlich **erweiterten Entscheidungsspielraum** für den Richter. Spielräume gab es notwendigerweise immer. Erst jetzt aber kann die Lückenhaftigkeit der Rechtsordnung in Form der „Wertungslücke" erstmals in einem methodischen Rahmen gedacht und begrifflich ausgewiesen werden. Das Dogma eines lückenlosen Rechts-„Systems" wurde damit brüchig. Der Richter kann nach *Heck* aus eigener Kenntnis und Lebenserfahrung kraft seines Richteramtes bestimmte Interessen für schutzwürdig erklären.²³ Das ist für Heck allerdings ein Ausnahmefall. Kennzeichnend sind für ihn vielmehr eine möglichst strikte Beachtung der Gesetzesbindung und eine starke Betonung des Wortlauts der Normen. Intendiert ist demnach, der durch den historisch fassbaren Gesetzgeber getroffenen und in Rechtstexten niedergelegten realen Interessenbewertung über ihre Analyse durch den Richter für den zu entscheidenden Fall möglichst unmittelbare Normativität zukommen zu lassen. Folgerichtig ist hier die **historische Interpretation** das **zentrale methodische Element**. Die Heck'sche Interessenjurisprudenz ist im Normalfall dazu aufgerufen, die gesetzgeberischen Wertungen möglichst neutral, d.h. ohne Hinzunahme autonomer richterlicher Entscheidungen oder Wertungen, zu verwirklichen. Sie respektiert damit die Bewertungs- und Normsetzungsprärogative des Gesetzgebers und ist Baustein einer funktionierenden rechtsstaatlichen Gewaltenteilung. Die neue Verfassungslage macht sich deutlich als Methodenfrage bemerkbar.²⁴

1514

Heck nimmt also eine zu Beginn des 20. Jahrhunderts virulente **geisteswissenschaftliche Strömung** auf und führt die Lebensbedürfnisse und ihre Wertungen – vermittelt durch die gesetzgeberische Bewertung derselben in Gebotsbegriffen und Rechtssätzen – methodisch beherrschbar der richterlichen Fallentscheidung zu. Er entwickelt ein Theoriemodell, das ein fraglich gewordenes idealistisches Begriffsverständnis überwindet und zugleich die durch die Prinzipien- und Begriffsjurisprudenz erreichten rechtsstaatlichen Standards zu wahren versucht.

1515

Welche brisante Entwicklung durch die starke **Akzentuierung der ‚vollen Lebenswirklichkeit'**²⁵ in Gang gesetzt wurde, zeigt sich wenig später bei *Larenz*: Er gibt die Disziplinierung des Faktischen durch gesetzgeberische Interessenbewertung auf, polemisiert scharf gegen Heck als bloßen Naturalisten und Psychologisten, das Faktische kann

1516

---

22 Die Gesetzesbindung ist für *Heck* „unabdingbare Notwendigkeit", Manegold, Rn. 447.
23 Oben *Manegold*, Rn. 460.
24 Vgl. oben Rn. 1410 zur Diskussion um 1905, auch Rn. 1358 b und d, unter 3. und 2.
25 Zum hochideologischen Problem der Lebensbezüglichkeit und eines dadurch beeinflussten Rechtsbegriffs *Rückert*, Der Rechtsbegriff der Deutschen Rechtsgeschichte in der NS-Zeit: der Sieg des „Lebens" und des konkreten Ordnungsdenkens ..., in: Die Deutsche Rechtsgeschichte in der NS-Zeit, hrsg. von Joachim Rückert und Dietmar Willoweit, Tübingen 1995, S. 177–240. *Haferkamp*, Der Jurist, das Recht und das Leben, in: Verein zur Förderung der Rechtswissenschaft (Hrsg.), Fakultätsspiegel nF Bd. 3, Köln 2005, S. 83–98; *ders.*, Lebensbezüge in der Zivilrechtsdogmatik des 19. und 20. Jahrhunderts, in: Gedächtnisschrift für Valtazar Bogisic Band 1, Belgrad 2011, S. 301–313.

V. Resümee

und soll unmittelbar normativ werden, ‚das Leben selbst ordnet zu'. Das bedeutet eine enorme Konzentration der Entscheidungsbefugnisse beim Richter, der nun Sachwalter der Grundsätze des Gemeinschaftslebens ist, zum „Rechtswahrer" ernannt wird und entscheidet, welches ‚Leben' relevant wird.[26] Es richtet sich unmittelbar gegen die in § 1 GVG von 1871 (hier bis heute) und Art. 102 WRV von 1919[27] sowie Art. 97 GG 1949 normierte Bindung des Richters an das Gesetz. Sie wurde inzwischen als lästig empfunden, weil sie die „revolutionären" Veränderungen nach 1919 und nach 1933 zu bremsen schien. Die wichtige, weil oftmals fallentscheidende Frage, *ob* denn gewisse Fakten den Fall entscheiden *dürfen*, die Frage nach der Normativität also, musste natürlich weiterhin entschieden werden – nur fand nun diese Entscheidung nur noch sekundär in Auseinandersetzung mit relativ fest umrissenen, textlich objektivierten Maßstäben wie der Interessenbewertung des historischen Gesetzgebers statt, die auf der Grundlage einer vom Gesetzgeber erlassenen Rechtsnorm erforscht werden kann. Die Struktur der Normativität wurde radikal anders gesehen: Rechtsbegriffe werden nunmehr als gegenüber den „Bedürfnissen des Lebens" zu „starr" empfunden, in Urteilsgründen finden sich immer häufiger Bezugnahmen auf konkret normative Lebensverhältnisse oder, nach 1933, auf „konkrete Ordnungen" wie Familie, Arbeit, Miete, Erbhof, Teilnahme am Massenverkehr usw. Diese Entwicklung führt – unter nunmehr veränderten politischen Rahmenbedingungen – zur Ermöglichung flexiblen, „situativen" Rechts.[28] Dabei lässt sich die Entscheidung, ob und welche Fakten normativ werden dürfen, bei *Larenz* methodisch kaum noch beherrschen. Gesetzesbindung wird zur rhetorischen Rechtfertigungsfigur, ein rechtsstaatlich verfassungspolitischer Kontext ist kaum noch gewährleistet.

1517 Die machtpolitisch ausgerichtete erfolgsbezogene „Methode" *Heinrich Langes* geht noch einen Schritt weiter. Er lässt den Richter durch eine **„erfolgsbestimmte" „Wertungsjurisprudenz"** gestalten, wobei der Richter in seiner Gestaltungsfreiheit an den Willen des „Führers" gebunden ist. Es gilt ein Führervorbehalt, der sogar im neuen Gerichtsverfassungsrecht durch Kassation mißliebiger Urteile durchgesetzt werden kann.[29] Die Masse der verbindlichen Führererlasse, mehr als 400 außerhalb des Reichsgesetzblatts, auf allen Gebieten spricht für sich. Kommt im anzuwendenden Gesetz die (aktuelle) Führerentscheidung korrekt zum Ausdruck, so ist es anzuwenden – andernfalls ist es bedeutungslos. Die ursprüngliche rechtsstaatliche Funktion des allgemeinen Gesetzes zur Bindung öffentlicher Gewalt ist aufgegeben. Es ist nicht mehr selbstständige Entscheidungsgrundlage für Rechtsfälle, sondern stets an außerrechtliche Wertungen, an faktisches Wollen rechts- und staatsbeherrschender Personen gebunden. Hier ist ein erster Endpunkt erreicht: Es gibt am Ende nur noch „Leben", nur noch Faktisches, nur noch „Sein". „Sollen" ist nicht mehr in Rechtssätzen aktualisiert, sondern kraft unmittelbarer Durchsetzungsmöglichkeit politischer Entscheidungen nur

---

26 Oben *Frassek*, Rn. 597.
27 Diese Vorschriften waren während der gesamten nationalsozialistischen Epoche in Geltung.
28 Vgl. zu diesem „Modernisierungsschub" *Ingeborg Maus*, Juristische Methodik und Justizfunktion im Nationalsozialismus, in: Recht, Rechtsphilosophie und Nationalsozialismus, hrsg. von Hubert Rottleuthner, ARSP Beiheft Nr. 18, Wiesbaden 1983, S. 176–196, und näher *Rückert*, Zu Kontinuitäten und Diskontinuitäten in der juristischen Methodendiskussion nach 1945, in: Erkenntnisgewinne, Erkenntnisverluste, Stuttgart 1997, S. 113–165, bes. 140 ff. (auch in *ders.*, Abschiede 2015); sowie im HISTORISCHEN ÜBERBLICK unter VI, Rn. 1421 ff.
29 *Lange*, Justizreform und der deutsche Richter. Deutscher Juristentag 1933, S. 181–189, hier 185 u. *ders.*, Mittel und Ziel der Rechtsfindung, in: ZsAkadfDtR 1936, S. 922 ff.; zur Gerichtsverfassung im NS immer noch am konkretesten und besten *Eduard Kern*, Geschichte des Gerichtsverfassungsrechts, München 1954, S. 197 ff., allg., speziell 212, Weisungsrecht 227 f., Einspruch der StA 241 – auch gegen rechtskräftige Urteile.

V. Resümee

noch als „Sein" in konkreten Ordnungen – das allgemeine Gesetz ist verschwunden. Die juristische Methode hat ihren bisherigen Gegenstand verloren und außerhalb des Politischen keine Funktion mehr. Jenseits ihrer politischen Erfolgsbezogenheit sind die Unterschiede der methodischen Richtungen bedeutungslos und damit letztlich „indifferent".[30]

Auch **nach 1945** ist eine Rückkehr zum rechtsstaatlichen Rechtspositivismus angesichts der Vorgänge zwischen 1933 und 1945 überwiegend nicht gewollt. Man macht ihn statt dessen ohne nähere Untersuchung zum Sündenbock der ‚Rechtsperversion' durch den NS.[31] Die Formel von den „gebundenen Händen" des Richters macht die Runde. Dass von einer effektiven „Bindung" an *Rechtssätze*, und darum ging es dem rechtsstaatlichen Gesetzespositivismus in erster Linie, gerade in der NS-Zeit nicht mehr viel übrig geblieben war, wird vor allem an den Beiträgen über *Larenz* und *Lange* deutlich.[32] Kritische Stimmen zu dieser eminent vergangenheitspolitischen, bestenfalls problematisch zu nennenden und inzwischen als widerlegt anzusehenden Sicht auf die Rechtsprechung im Nationalsozialismus tauchen – zumal in der unmittelbaren Nachkriegsperiode – nur sehr verhalten und an wenig prominenter Stelle auf.[33]

1518

Das ermöglichte es auf der anderen Seite, den **„Modernisierungsschub"**, d.h. die Modifikationen der Struktur der Rechtsnorm und der Struktur von Normativität, methodisch aufzunehmen. Zunächst steht allerdings die Frage nach dem richtigen „Verstehen" von Rechtsnormen im Vordergrund. Wiederum wird, wie schon zuvor bei *Heck* gesehen, eine außerjuristische Strömung, die **„hermeneutische Methode"**, für die Behandlung von Normtexten herangezogen. Für *Larenz* liegt das nahe, beschreibt doch die Hermeneutik eine zwischen zwei Positionen sich ereignende, gegenseitige Angleichung herbeiführende, Bewegung und ist damit nichts anderes als eine auf das Moment des Verstehens konkretisierte Verarbeitung Hegelscher Erkenntnistheorie. Deren Voraussetzungen liegen auch dem *Larenz*'schen „Typus" zugrunde. Diese philosophisch-hermeneutische Methode – ungleich der normalen philologischen – avancierte schnell zum Standard „kritischen" Textverstehens, was ihre Rezeption in der Jurisprudenz sicherlich gefördert hat. Von den hier vorgestellten Autoren knüpfen immerhin *Larenz*, *Wieacker*, *Esser* und *Coing* der Sache nach, *Müller* terminologisch an dieses

1519

---

30 Oben *Wolf*, Rn. 554.
31 Dieses Rechtfertigungsmuster kann inzwischen als widerlegt gelten; vgl. dazu z.B. die Beiträge in Recht, Rechtsphilosophie und Nationalsozialismus (wie Fn. 18) und bes. *Manfred Walther*, Hat der juristische Positivismus die deutschen Juristen wehrlos gemacht?, in: Recht und Justiz im „Dritten Reich", hrsg. von Ralf Dreier und Wolfgang Sellert, Frankfurt am Main 1989, S. 323–354; auch schon *J. Rückert*, Das „gesunde Volksempfinden" – eine Erbschaft Savignys?, in: ZRG GA 103 (1986) S. 199–247, hier 208 und mit weiteren Nwn.; auch oben Rn. 1443, 1508 a.
32 Vgl. dazu oben *Frassek* und *Wolf*; auch *Manfred Walther*, wie Fn. 31. Unter Rückgriff auf eine Vielzahl von Urteilen, allerdings mit nicht ganz unproblematischen Schlussfolgerungen zu Grenzen und Leistungsfähigkeit juristischer Methode überhaupt: *Bernd Rüthers*, Die unbegrenzte Auslegung. Zum Wandel der Privatrechtsordnung im Nationalsozialismus, 1. Auflage Tübingen 1968, jetzt unveränderte 9. Auflage 2017 u. 2022 (mit dazu weiterentwickelter Analyse in § 22); zitiert wird im Folgenden die 4. Auflage von 1991. Zu alledem jetzt oben *Pierson*, Rn. 922 ff.
33 Vgl. die Bemerkung *Gustav Radbruchs* in einem Brief an *Erik Wolf* aus dem Jahr 1939: „Und jetzt will mir der Positivismus sogar als ein Ideal wieder erscheinen, das uns bitter not tut.", Hervorhebung von *Radbruch* in Briefe II (Bd. 18 der Gesamtausgabe), Heidelberg 1995, Brief Nr. 166, S. 153, 154.

V. Resümee

Modell an.[34] Zusammenfassend kann gesagt werden, dass die Gemeinsamkeit im Wesentlichen darin besteht, über das Reflektieren des „Vorverständnisses" (*Esser*) bis dahin unbewusst bzw. unbenannt gebliebene Wertungen in ihrer Bedeutung für die Fallentscheidung auszuweisen. Die hermeneutische Methode dient also vor allem einer Rationalisierung der Bedingungen des jeweiligen Textverständnisses eines Interpreten und teilweise auch einer Operationalisierung des Verstehensmomentes im Ablauf juristischen Entscheidens.

1520 Damit werden zugleich ihre **Grenzen für eine Rationalisierung** des Entscheidungsprozesses insgesamt deutlich: Hermeneutik kann zwar den Prozess des Verstehens reflektieren. Sie kann jedoch für die Behandlung der vor dem Hintergrund der nationalsozialistischen Rechtsanwendung offen und brisant gebliebenen Frage, unter welchen Voraussetzungen Faktisches („Lebensverhältnisse", „konkrete Ordnungen" usw.) normativ werden darf, bzw. wie eine Entscheidung darüber gesteuert und gebunden werden soll und kann, nur mittelbar und im Ergebnis sehr bedingt etwas leisten. Erkannt wird das vor allem von *Esser*, der darauf hinweist, dass das juristische Interesse nicht primär ein *Verstehensinteresse*, sondern in erster Linie ein **Ordnungsinteresse** sei.[35] Das aber ist hier entscheidend: Ein an rechtliche Normativität anknüpfendes Ordnungsinteresse, das die Ordnungsmaßstäbe über eine reflektierte, hermeneutische Arbeit mit Rechtstexten zu gewinnen versucht, findet zu den Problemen von Lebenssachverhalten, die mit den Regelungen des BGB scheinbar nicht zu lösen sind, einen ganz anderen Zugang als Larenz. Larenz ist aufgrund seiner Begriffskonzeption viel eher bereit, das In-Gang-Kommen einer „Bewegung" zwischen Begriff und Gegenstand anzunehmen, in dessen Verlauf die Normativität rechtlicher Regelungen zugunsten einer normativen konkreten Ordnung überspielt werden kann.[36] Da diese „Bewegung" durch das Faktische ausgelöst wird, korrespondiert dem eine deutlich höhere Bereitschaft, Regelungslücken festzustellen. Das Faktische bleibt damit oftmals das Bestimmende und zwingt dem Recht seine als Sollen behauptete „Notwendigkeit" auf. Für Esser hingegen ist das soziale Phänomen grundsätzlich keine *Autorität*, sondern *Objekt der Rechtskritik* und dient somit der Verbesserung der Tatbestandsbildung ohne Preisgabe des rechtlich Errungenen.[37] Die Konsequenzen sind an den von *Frassek* und *Schäfer* gewählten Beispielen deutlich zu erkennen: Während *Larenz* für Verträge, die unter bestimmten Umständen „zustandekommen", das Willensprinzip aufgibt, ist das Willensprinzip als Ausdruck rechtsgeschäftlicher Privatautonomie für *Esser* gerade das Errungene, das er nicht leicht verabschieden will. Der Blick ins Faktische führt zu einer Überprüfung und Verfeinerung der Nichtigkeitslehre – der Anerkennung neuer Tatbestände bedarf es hier nicht. Auch *Coing* und *Nipperdey* halten in diesem Sinne am Vorrang des Rechtlichen fest.

1521 Die Tendenz zu einer **Rationalisierung juristischen Entscheidens** wird bei *Wiethölter*, *Friedrich Müller* und in der ökonomischen Analyse des Rechts radikalisiert, allerdings

---

34 Das Wort „Hermeneutik" wird von *Friedrich Müller* mit einer vom üblichen Sprachgebrauch stark abweichenden Bedeutung gebraucht; vgl. nur *dens.*, Juristische Methodik[6], S. 27: „‚Hermeneutik' meint hier nicht die traditionelle rhetorische Kunstlehre in ihrer Anwendung auf die Rechtswissenschaft, sondern die Untersuchung der Struktur rechtlicher Normativität und der grundsätzlichen Bedingungen rechtlicher Konkretisierung".
35 Oben *Schäfer*, Rn. 789.
36 Die Probleme werden teilweise lediglich behauptet, ohne dass sie in Auseinandersetzung mit den rechtlichen Konstruktionen schlüssig dargelegt würden, vgl. *Frassek*, Rn. 633 f.
37 Oben *Schäfer*, Rn. 800; auch hier kommt also eine Bewegung zwischen der rechtlichen Regelung und dem sozialen Faktum in Gang, allerdings gesteuert über das primäre, normativ-rechtliche Ordnungsinteresse.

V. Resümee

unter je eigenen Voraussetzungen. Die Institutionenökonomik lässt zudem die allgemeinen Handlungs- und Wirkungsbedingungen schärfer erkennen.[38] *Wiethölter* nimmt die bereits 1937 von *Horkheimer* analysierte Defizienz eines Theoriebegriffs[39] für die Rechtswissenschaft auf, der seine eigenen gesellschaftlichen Voraussetzungen nicht reflektiere: Das Recht müsse in seinen sozialen Implikationen und nicht als isoliertes Begriffsgebäude gesehen werden.[40] In seiner Kritik, Recht werde traditionell in verdeckter Weise politisch genutzt, klingt das alte Problem einer gruppenspezifischen Interessen dienenden, durch die Justiz als ‚Klassenjustiz' vermittelten und dadurch nur schwer kontrollierbaren staatlichen Macht an. Es bleibt jedoch fraglich, ob diese Analyse eine tragfähige Grundlage für die **rechtstheoretische Präzisierung** des Problems ist. Entscheidend ist die Frage, ob und wie der Punkt bestimmt werden kann, an dem die Entscheidung von legitim konkretisierter, staatlich/justiziell vermittelter Macht in lediglich politisch motivierte, unvermittelte „bloße Gewalt" umschlägt. Die Bestimmung dieser Differenz wäre nötig, um rechtspraktische Konsequenzen ziehen zu können. Den Versuch, das Problem rechtspraktisch anzugehen, unternimmt *Wiethölter* nicht. Die griffige Behauptung, der Jurist wisse nicht, was er tue, bleibt gerade vor dem Hintergrund der hier dargestellten methodischen Konzepte, besonders der bewusst machtpolitisch-erfolgsbezogenen Methode *Langes*, mehr als fragwürdig. Es scheint vielmehr, dass die Richter und Juristen die jeweils beanspruchten Entscheidungsspielräume ganz bewusst zu nutzen wussten und wissen.[41]

Auch die **ökonomische Analyse des Rechts** versucht mit der Effizienzanalyse einen objektivierten Entscheidungsmaßstab bereitzustellen, um so den Entscheidungsprozess zu rationalisieren. Damit kann sie die Effizienz einzelner rechtlicher Regelungen bestimmen. Sie funktioniert also als folgenabschätzendes Kontrollinstrument; ein geschlossenes rechtsmethodisches Konzept stellt sie jedoch nicht dar. Die Polemik dazu geht ins Leere. Auch die **Institutionenökonomik** liefert wesentliche analytische Bereicherungen. Ein juristisches Methodenkonzept ist jedoch nicht ihr Anliegen.

Wiethölter, die ökonomische Analyse des Rechts und die Institutionenökonomie stellen **insgesamt Außenpositionen** dar: Für juristische Ohren wird hier eine andere Sprache gesprochen, Gesetz, Rechtsnorm, Normativität sind Begriffe, die hier in grundsätzlich verändertem Funktionszusammenhang stehen. Einen eigenständigen Ansatz verfolgt auch *Teubner*. Soziologische Bereicherung führt er nun ganz konkret und

---

38 Oben *Kirchner*, Rn. 1252 ff.
39 „Die traditionelle Vorstellung der Theorie ist aus dem wissenschaftlichen Betrieb abstrahiert, wie er sich innerhalb der Arbeitsteilung auf einer gegebenen Stufe vollzieht. Sie entspricht der Tätigkeit des Gelehrten, wie sie neben allen übrigen Tätigkeiten in der Gesellschaft verrichtet wird, ohne daß der Zusammenhang zwischen den einzelnen Tätigkeiten unmittelbar durchsichtig wird." Max Horkheimer, Traditionelle und Kritische Theorie (1937), Sonderausgabe bei Fischer, Frankfurt am Main 1992, S. 205–259, S. 214; dem wird das Kritische Denken gegenübergestellt; dieses hat „bewußt ein bestimmtes Individuum in seinen wirklichen Beziehungen mit anderen Individuen und Gruppen, in seiner Auseinandersetzung mit einer bestimmten Klasse und schließlich in der so vermittelten Verflechtung mit dem gesellschaftlichen Ganzen und der Natur zum Subjekt.", ebd. S. 227.
40 Oben *Rohls*, Rn. 917.
41 Für den Nationalsozialismus hat das *Rüthers*, wie Fn. 32, gezeigt (vgl. dort z.B. S. 170: Auslegungsoperationen werden im Rahmen der Urteilsbegründungen unterschiedlichen methodischen Elementen zugerechnet; oder S. 167 f.: die sehr „freie" Behandlung des gesetzlichen Tatbestands des § 2 MietSchG). Für Weimar vgl. *Rückert*, Richtertum als Organ des Rechtsgeistes: die Weimarer Erfüllung einer alten Versuchung, in: Geisteswissenschaften zwischen Kaiserreich und Republik, hrsg. von K. W. Nörr, B. Schefold und F. Tenbruck, Stuttgart 1994, S. 267–313, hier S. 281–294 unter genauer Analyse der Urteilsbegründungen.

fruchtbar durch.⁴² Derart produktiv lassen sich alle diese Positionen verstehen und nutzen.

1524 Anders *Friedrich Müller*. Er greift diese Begriffe und die Kritik an den Defiziten der sog. Begriffsjurisprudenz, richtiger: Prinzipienjurisprudenz, sehr differenziert auf. Seine Kritik an diesem Modell richtet sich nun aber nicht mehr gegen dessen angebliche Unfähigkeit, Lebensphänomene angemessen zu verarbeiten; vielmehr ist dieses Modell für ihn nicht in der Lage, die tatsächlichen Vorgänge praktischer Rechtsarbeit – also vor allem richterlicher Fallentscheidung – unter Berücksichtigung der aktuellen **verfassungsrechtlichen Standards** zu beschreiben. Es verdecke vielmehr massive richterliche Wertungen hinter der rhetorischen Fassade einer behaupteten Rechts*erkenntnis*. In der richterlichen Entscheidung aktualisiere sich aber tatsächlich, oftmals unausgewiesen und damit methodisch nicht beherrschbar, nicht etwa gesellschaftlich und rechtlich legitimierte *Macht*, sondern schlichte *Rechtsgewalt*.

1525 Dem stellt Müller eine **Rechtsnormtheorie** gegenüber, die den Begriff der Normativität neu fasst. Normativität ist nicht mehr eine Eigenschaft von Texten, wie es nach *Müller* der Positivismus hat glauben machen wollen, sondern ein vom Richter herzustellendes Arbeitsergebnis: die Rechtsnorm. Sie setzt sich gleichermaßen zusammen aus Elementen der (Norm-)Textbearbeitung *und* der Auswahl von Faktischem. Hauptziel der juristischen Methodik *Müllers* ist es daher vor allem, diesen Prozess der *Herstellung von Normativität* methodisch beherrschbar zu machen. Die Textbearbeitung durch den Richter wird im so beschriebenen Arbeitsprozess nicht mehr nur als ein Verständlichmachen gefasst. Die Parteien streiten vielmehr um die *Durchsetzung* verschiedener Bedeutungen. Sie stehen in einem *semantischen Kampf*. Juristische Methodik hat dafür zu sorgen, dass er mit gleichen, rechtsstaatlichen Mitteln ausgetragen werden kann. Argument für eine bestimmte Referenzfixierung können daher niemals bloße Fakten sein. Vielmehr können diese nur dann zum Bestandteil der Rechtsnorm werden, wenn es der konkretisierte Normtext erlaubt: Dieser, vom parlamentarischen Gesetzgeber erlassene Text, ist Ausgangspunkt des Entscheidungsprozesses. Mithin bestimmt er mittelbar (d.h. in seiner bearbeiteten Form des Normprogramms) anhand der Frage „relevant/vereinbar", ob und welche Fakten normativ werden *dürfen* – Normativität muss einem Faktum im Einzelfall also immer (durch aktive Handlungen des *entscheidenden* und nicht bloß *erkennenden* Richters) zugesprochen werden. Eine der je einzelnen Entscheidung vorausliegende „Normativität des Faktischen" kann es in dieser Rechtsordnung, d.h. unter der Geltung des Grundgesetzes, nicht geben.

1526 Der **verfassungstheoretische Bezug** und die Bedeutung der Überlegung, was im Rahmen von „Textinterpretation" überhaupt möglich ist, wird durch einen Vergleich mit den klassischen methodischen Elementen *Savignys*, der am Anfang unseres Gangs durch die verschiedenen methodologischen Positionen steht,⁴³ deutlich. Die von ihm formulierten Auslegungselemente, heute sog. *canones*, waren der erste von **zwei Teilen** seiner Überlegungen. Denn sie waren nur gedacht für den Umgang mit Gesetzen in „gesundem Zustand" und für deren volle Entfaltung. Dabei standen also dem Schluss auf den „Gedanken" des Gesetzes und somit auf dessen „wahren Inhalt" keine wesentlichen Hindernisse entgegen. Innerhalb der *canones* bedarf es für Savigny daher keiner Rangregel. Zwischen Textarten und deren jeweiliger politischer Legitimität wird hier nicht unterschieden. Die Auslegung geht auf das Ganze und sucht

---

42 Oben *Sahm*, Rn. 1136 ff.
43 Oben *Rückert*, Rn. 76 ff.

V. Resümee

den einheitlichen Gegenstand.[44] Anders im zweiten Teil zu den „mangelhaften Gesetzen": Hier wird das heute in den *canones* angeblich Fehlende gerade auch für die Auslegung „mangelhafter" Gesetze benutzt, vor allem auch die Teleologie. Dazu nun bildet auch Savigny eine Art Rangordnung, eine ‚weiche' Hierarchie der Argumente, hier erhält auch das meist, aber fälschlich vermisste Zweck-Argument seinen methodischen Ort, und hier erwägt er auch die Legitimität. Am Ende löst Savigny diesen Konflikt institutionell, d.h. über einen in diesem Fall anzurufenden besonderen, hohen Gerichtshof.[45] *Müller* gibt dann für den „methodologischen Konflikt" der Argumente ausdrücklich eine Rangregel an. Denn Rechtskonkretisierung fügt sich bei ihm in eine verfassungsrechtliche Funktionenlehre ein, geht also nicht auf das „Ganze", sucht weniger die „einheitliche Schöpfung"[46] als vielmehr, den konkreten Teil im Rahmen des Ganzen legitim zu entscheiden (Methodik, Abschnitt 333, bes. 333.233 und 334). Besonders klar benennt er auch in aller Konkretheit die maßgebende rechtstaatlichen Verfassungsgebote.

Der Rückbezug auf den **Verfassungskontext** wird auch bei der **Bearbeitung der Texte** deutlich. *Savigny* unterscheidet zwischen *Ausdruck* und *Gedanke* des Gesetzes. Auslegung ist für ihn die „Reconstruction des dem Gesetze innewohnenden Gedankens".[47] Das rekonstruierende Verfahren wird zur „freyen Tätigkeit": Wissenschaft und Kunst im Sinne *Savignys* „schöpfen eine verlorene Schöpfung nach".[48] Die Wendung von der „verlorenen Schöpfung" bezeichnet präzise das Dilemma eines sich auf Texte stützenden Gesetzgebers, dem ein vollständiges „Sagen-Wollen" in der Form abstrakter „Gesetzes-Texte" nicht gelingen kann. Um das „Nachschöpfen" jedoch im Rahmen der Verfassungsvorgaben zu binden, muss auch und gerade bei mangelhaften Gesetzen auf dasjenige Instrumentarium zurückgegriffen werden, mit dessen Hilfe an das Medium dieses „Sagen-Wollens" spezifische Fragen gestellt werden können, d.h. also auf die textbezogenen Konkretisierungselemente. Denn nur die Nähe zum „Ausdruck" (den Textzeichen) des Gesetzes kann im Rahmen des Möglichen die Konkretisierung an gesetzgeberische Vorgaben binden. Eine Relativierung des Textes bloß auf seinen „Gedanken" wäre zu leicht geeignet, den Text gegen den Autor zu wenden.[49]

Die juristische Methodik *Friedrich Müllers* hat unter den hier vorgestellten Konzepten den **deutlichsten modern verfassungstheoretischen Bezug**. Die radikale Kritik an den traditionellen Konzepten von Normativität, Rechtsnorm, Konkretisierung usw. führt an einen Punkt, von dem aus auf zentrale methodische Probleme völlig neue Antworten gegeben werden müssen. Vor dem Hintergrund, dass die amtlichen Normtexte allein eben noch nicht vorgegeben normativ sind, wird bereits die Frage, woran der Richter im Rahmen des Art. 97 Abs. 1 GG überhaupt gebunden ist („Gesetz"), zum Problem. Hier Klarheit zu schaffen, ist aber Voraussetzung, die Frage problemadäquat neu stellen zu können. Nur unter dieser Voraussetzung kann das deterministische Modell einer vorgegebenen Bedeutung aufgegeben werden. Damit arbeiten letztlich auch die hermeneutischen Varianten, denn das ‚verstehende Eindringen in den Sinn' setzt die Präexistenz eben dieses Sinns unabhängig von der **Tätigkeit des Richters** bereits vor-

---

44 *Rückert* oben Rn. 101 u. 111, *ders.*, Idealismus, Jurisprudenz und Politik bei Friedrich Carl von Savigny. Ebelsbach 1984, S. 352.
45 Siehe oben Rückert, Rn. 154 f.
46 Vgl. *Rückert*, Savigny (Fn. 44), S. 352.
47 Vgl. ebd.
48 Ebd.
49 *Rückert*, Savigny (Fn. 44), S. 356.

aus. Aus dieser, auf der Grundlage der Beobachtung der Rechtspraxis gewonnenen Perspektive, werden die tatsächlichen Spielräume der richterlichen Bedeutungsfixierung deutlich. Und erst wenn diese Spielräume in ihrem ganzen (erheblichen) Ausmaß erkannt werden, können sie wirksam gebunden werden. Die grundsätzliche Frage nach den Bedingungen der Möglichkeit richterlicher Bindung kehrt zurück: Das Terrain wird neu gesichtet, Unhaltbares aufgegeben, Verbleibendes und Hinzugewonnenes um so präziser gefasst.

1529 Für das **Zivilrecht** ist hervorzuheben, dass der verfassungstheoretische Kontext der Müller'schen Methodik diese keineswegs auf das Verfassungsrecht beschränkt. Das methodische Konzept findet, der Rechtsnormtheorie entsprechend, in jedem Rechtsgebiet Anwendung, das Normtexte an den Anfangspunkt der Rechtskonkretisierung stellen muss. Art. 97 Abs. 1 GG differenziert nicht nach einzelnen Rechtsgebieten. In ihrer Sensibilität für die **verfassungstheoretischen Funktionsbedingungen** der geteilten staatlichen Gewalt ist diese Methodik, im Gegensatz zu den meisten anderen der hier vorgestellten Konzepte geeignet, das aufgrund privatautonomer Vereinbarung zwischen den Parteien für Recht Gesetzte zu respektieren und von richterlichen Eingriffen in Form quasigesetzgeberischer Tätigkeit freizuhalten.[50] In dieser Form, staatliche Rechtsmacht kritisch zu reflektieren *und* in einem Strukturkonzept methodisch zu binden, kann die Strukturierende Rechtslehre Baustein für eine neu zu denkende Privatrechtstheorie sein.

II. Privatrecht und Verfassung

1530 Methode steht stets im Verhältnis zu einem Gegenstand. Daher wurde hier der Zivilrechtsbegriff mitbedacht. Eine privatrechtstheoretische Neuorientierung setzt eine entsprechende Analyse der oben angeführten Methodenkonzepte voraus, um deren konstitutive Bedeutung für den Gegenstand Privatrecht und seine Stellung in unserem Verfassungsgefüge zu bestimmen.

1531 Zumindest als Ausgangsthese lässt sich formulieren, dass alle hier vorgestellten zivilistischen Methoden auch **außergesetzlicher Wertmaßstäbe** bedürfen. Diese Wertmaßstäbe dienen der Orientierung und Ausrichtung auf dem Weg von der Rechtsgestaltung bis zur Rechtsfindung. Gestützt wird diese These z.B. durch die wertende Gebotsbildung bei *Philipp Heck*,[51] die Funktion des Rechtsgefühls bei *Heinrich Lange*,[52] die Wertung anhand praktischer Vernunftgründe bei *Franz Wieacker*,[53] die Anerkennung einer überpositiven Rechtsidee bei *Karl Larenz*,[54] das volitive Element in der Rechtsfindung bei *Josef Esser*,[55] die offene politische Wertung bei *Rudolf Wiethölter*,[56] das „bewegliche System" der Prinzipien bei *Claus-Wilhelm Canaris*,[57] die schöpferische Herstellung von Normativität bei *Friedrich Müller*[58], die soziologische Bereicherung bei *Teubner*[59] und die effizienzorientierte Wertung der ökonomischen Analyse des

---

50 Z.B. durch die Gewährung vertraglicher Anspruchsgrundlagen ohne Vertrag, durch freie Aufwertungen oder durch direkt intervenierende Korrektur der vertraglichen Vereinbarungen.
51 Oben *Manegold*, Rn. 457.
52 Oben *Wolf*, Rn. 556.
53 Oben *Träger*, Rn. 712.
54 Oben *Frassek*, Rn. 601.
55 Oben *Schäfer*, Rn. 790.
56 Oben *Rohls*, Rn. 889 f.
57 Oben *Seinecke*, 1034 ff.
58 Oben *Laudenklos*, Rn. 1119.
59 Oben *Sahm*, Rn. 1202 ff.

V. Resümee

Rechts.[60] Mangels Kodifikation stellte sich diese Frage für Savigny, Puchta, Windscheid und Jhering weniger scharf. Ihre Dogmatik ging aus von den Fallfragmenten der Digesten und formte deren Lösungen zum „System". In dieser Umformung steckten auch die neuen Wertungen. Die Vorstellung einer solchen **Kontinuität der Methodenlehre** in der Heranziehung außergesetzlicher Wertmaßstäbe jedenfalls von Heck bis zur ökonomischen Analyse bleibt jedoch ohne Differenzierungen zu allgemein und angreifbar. Sie kann nicht erklären, warum etwa *Larenz* und *Heck* Mitte der 1930er Jahre über Wert und Unwert ihrer Methoden vor dem Hintergrund des politischen Regimes des Nationalsozialismus stritten. Sie schweigt auf die Frage, warum die Arbeiten von *Esser* und *Wiethölter* als epochale Zäsuren angesehen wurden, sie bietet nichts für die Analyse der außerhalb engerer Fachkreise weitgehend unterbliebenen Rezeption von *Friedrich Müller*, der ökonomischen Analyse des Rechts und der Institutionenökonomie.

Nähere Situierung zeigt: Für *Larenz* und *Heck* ebenso für *Wieacker* und *Lange* bietet sich als Kriterium der Zeitgebundenheit ihrer methodischen Arbeiten der **historisch-verfassungspolitische Rahmen** an, in dem sie ihre Rechtsgestaltungs- und Rechtsfindungstechniken konstituierten. Diesen Erklärungsaspekt betont auch durchgehend der HISTORISCHE ÜBERBLICK in diesem Band. Die Genannten bewegten sich von 1933 bis 1945 in einem totalitären System, das in allen Bereichen staatlichen Lebens die Umsetzung der politischen Wert- und Ordnungsvorstellungen der Nationalsozialisten verlangte. Dass die „Einheitlichkeit" dieser Wertordnung eine einheitliche zivilistische Methode etwa der „konkreten Ordnung und Gestaltung" bedingt hätte, muss als Legende bezeichnet werden. Die tatsächlichen Angebote unterscheiden sich deutlich. Während *Heck* die Interessenjurisprudenz gegen den Angriff, sie sei als weltanschaulich neutrale Methode nicht geeignet,[61] für die Durchsetzung der nationalsozialistischen Wertordnung zu sorgen, mit dem Argument verteidigte, gerade durch die einheitliche Wertausrichtung gestalte sich die Interessenforschung um so effektiver,[62] erstrebte *Larenz* in gleichgerichteter Kritik an der „lebensfremden sog. Begriffsjurisprudenz"[63] die Erweiterung der Rechtsquellen um die „gesunde Volksüberzeugung" zur unmittelbaren Implementation nationalsozialistischer Wertüberzeugungen.[64] Beide Methodenkonzepte wären weitestgehend ohne neue Gesetze ausgekommen.

Anderes hingegen konzipierte *Lange*, der in völliger **Methodenindifferenz** zur Umsetzung der neuen Wertvorstellungen eine methodische Doppelstrategie verfolgte, die er in der Tat schon **Wertungsjurisprudenz** nannte. Sowohl die Neuformulierung der Gesetze als „Führungsmittel des Staates"[65] im Wege der Rechtsgestaltung als auch die unmittelbare Ausrichtung der Rechtsprechung an der entpluralisierten Wertordnung des Nationalsozialismus[66] sollten die Rechtserneuerung bestimmen. Bestritten war die Kompatibilität mit der nationalsozialistischen Rechtspolitik. Festzuhalten ist, dass die wertende Zielsetzung in diesen Methodenmodellen übereinstimmte: Aufgegeben wird die Konzeption eines am Individuum, seiner rechtlichen Freiheit und rechtli-

---

60 Oben *Laudenklos*, 1210 f.
61 Eine ausführliche Darstellung der Angriffe gegen die Interessenjurisprudenz findet sich bei *Rüthers*, Die unbegrenzte Auslegung, wie Fn. 33, S. 271–275.
62 Siehe oben *Manegold*, Rn. 491.
63 *Larenz*, Über Gegenstand und Methode des völkischen Rechtsdenkens (1938), S. 8.
64 Siehe oben *Frassek*, Rn. 593 ff.; *Rückert*, Volksempfinden (Fn. 31).
65 Siehe oben *Wolf*, Rn. 553 f.
66 Am deutlichsten *Lange* selbst, in: Mittel und Ziel der Rechtsfindung, ZsAkadfDtR 1936, S. 922 ff., 924.

V. Resümee

chen Gleichheit ausgerichteten Privatrechts und öffentlichen Rechts, zugunsten einer Zweckbindung der Rechtsfindung an die politischen Vorgaben eines totalitären Staates. Ein **Politikvorbehalt** ist maßgebend.[67]

1534 Der Gegenstand der zivilistischen Methode wurde also zeitgemäß neu bestimmt. 1942 brachte *Walther Hallstein* das auf den Begriff: „Die Sozialisierung des Privatrechts"[68] stelle das Recht der Gleichen und Freien in den Dienst des Staates. Diese Ausrichtung der Methoden ermöglichte und garantierte, schon ohne BGB-Änderungen, bei der Rechtsanwendung den maßgebenden **Einfluss der politischen Wertvorgaben**, der den bürgerlich-rechtlichen Grundsatz der Privatautonomie seiner prinzipiellen und konstitutiven Verfassungsbedeutung beraubte und ihm lediglich das Schattendasein subsidiärer Geltung bei Nichtkollision überließ.

1535 Das so vom illiberalen Staat und seinen Interessen her gedachte Privatrecht verlor damit seine Autonomie, die Abgrenzung vom öffentlichen Recht hatte nur noch pragmatische Bedeutung als Kriterium für den Rechtsweg oder die Stoffbereichsbezeichnung, prinzipielle Unterschiede waren nicht auszumachen.

1536 Die explizit politische Wertorientierung der Methodenkonzepte von *Lange* und *Larenz* sowie die Offenheit der Interessenjurisprudenz *Heck*'scher Prägung für den nationalsozialistischen Wertekanon ermöglichten damit nicht nur eine Politisierung der Rechtsgestaltung und der Rechtsfindung, sondern eine völlige **Umformung des Privatrechts** und einen Verlust seiner verfassungsrelevanten Autonomie. Eine merkwürdige Mischung von unbegrenzter und begrenzter Auslegung zum gleichen politischen Zweck entstand.

1537 **Nach 1945** wechselte erneut der **verfassungspolitische Rahmen** für juristische Methode. Volk, Rasse, Gemeinschaft und Führertum[69] waren nicht nur als politische Leitprinzipien diskreditiert, sondern durch das 1949 in Geltung gesetzte Grundgesetz jeglicher Bedeutung für die juristische Methode enthoben. Mit dem **Grundgesetz** bot sich ein neuer, in seinen Fundamenten juristisch definierter Bezugsrahmen zivilistischer Methode an, dessen Wertungen nicht nur für *Wieacker*, *Nipperdey* und *Coing* den Charakter verbindlichster Maßstäbe[70] annahmen. Hinter dieser funktionellen Indienstnahme des Grundgesetzes als Wertmaßstab stand zugleich die im Rahmen der sog. Naturrechtsrenaissance geradezu verzweifelte Suche nach überpositiven, nicht nur übergesetzlichen (Radbruch 1946), schlechthin geltenden Rechtsgrundsätzen. Ausgangspunkt war die nach der Krise fast Gemeingut gewordene Überzeugung, dass nur eine an die ‚obersten Grundsätze' einer materialen Gerechtigkeit gebundene Rechtssetzung und Rechtsanwendung als angemessene Reaktion auf die rechtsfeindliche Zweck- und Machthaltung der vorausgegangenen NS-Zeit gelten könne.[71] Dass man mit der These,

---

67 Dazu am Beispiel des Strafrechts *Rückert*, Strafrechtliche Zeitgeschichten – Vermutungen und Widerlegungen, in: Kritische Vierteljahresschrift 84 (2001), S. 223–264, und genereller jetzt ders., Unrecht durch Recht – zum Profil der Rechtsgeschichte der NS-Zeit, in JZ 70 (2015) S. 793–804.
68 ZgStW 102 (1942), S. 530–554.
69 *O. Lepsius*, Die gegensatzaufhebende Begriffsbildung, München 1994, S. 13–100, untersucht in exemplarischer Analyse diese vier Begriffe in ihrer Verwendung von der Weimarer Republik bis 1945 als elementare Termini der juristischen Diskussion.
70 Siehe oben *Träger*, Rn. 706, *Hollstein*, Rn. 518 ff. u. *Foljanty*, Rn. 856.
71 So *Wieacker* selbst in seiner Privatrechtsgeschichte der Neuzeit, 2. Aufl. Göttingen 1967, S. 604; zu alledem wesentlich *Lena Foljanty*, Recht oder Gesetz. Juristische Identität und Autorität in den Naturrechtsdebatten der Nachkriegszeit, Tübingen 2012.

V. Resümee

gerade der „Positivismus" habe die Juristen wehrlos gemacht,[72] irrte[73] und so fälschlich die „positivistischen" Opfer nationalsozialistischer Rechtsideologie wie Kelsen als Täter diffamierte, ändert nichts an dem schon von *Wieacker* 1952 beschriebenen Tatbestand des **Aufblühens materialer Wertethik**.[74]

Vergleicht man indes die Methodenkonzeptionen von *Wieacker, Lange, Nipperdey, Coing* und *Larenz* in der Phase der **frühen Bundesrepublik** wird deutlich, dass auch die neuen sozialethischen Maßstäbe durchaus differieren konnten. So stand für *Wieacker* neben der starken Betonung von Rechtssicherheit und Willkürfreiheit jeder juristischen Methode der bloß auf die „ausdrücklichen Wertungen des Grundgesetzes"[75] erlaubte Rückgriff im Bereitschaftsraum rechtsstaatlicher Rechtsfindung, während *Lange*, ohne von seinem schon im Nationalsozialismus propagierten „Rechtsgefühl" als Kontrollinstrument bei der Rechtsanwendung zu lassen, die Vertiefung der Pflichtbindung der Vertragsgenossen nun am besten aus der Verstärkung der „ethischen Anforderungen" an das Rechtsleben und die Rechtsfindung rechtfertigen wollte, da der Gedanke der Volksgemeinschaft durch die politische Entwicklung entwertet sei.[76] Hier kommt es auf jedes Wort an: Der Rückgriff auf die „ausdrücklichen Wertungen des Grundgesetzes" gibt in der Kontrastierung zu den „ethischen Anforderungen" an das Rechtsleben bei *Wieacker* einen verhältnismäßig eindeutigen Gerechtigkeitsmaßstab, umgekehrt liegt bei *Langes* Formulierung der Verdacht näher, lediglich den einen Begriff gegen den anderen ausgetauscht zu haben, ohne damit einen neuen Inhalt vermitteln zu wollen. Auch *Larenz* operiert wenig deutlich mit einer objektiven Rechtsidee.

1537a

Offensichtlich wird jedenfalls das durchgehende klassische Problem der Ausrichtung von juristischer Methode an **übergesetzlichen Wertmaßstäben**. Es fehlt eine Klärung ihres Geltungsgrundes und der „Höhenlage ihrer rechtsethischen Anforderungen".[77] Anders ausgedrückt: Kann das Grundgesetz die letzte Instanz der Wertungen sein oder wölbt sich über ihm der Himmel einer vermeintlich erkennbaren, aber nicht formulierten ewigen Ethik? Das Problem gewann an Brisanz mit der Auslegung des Grundgesetzes durch das Bundesverfassungsgericht. Denn die Einordnung des Grundgesetzes als seinerseits wertgebundene Ordnung[78] erschütterte den vermeintlich sicheren Halt, den die neue rechtsstaatliche Verfassung als abschließender Wertmaßstab jeder juristischen

1538

---

72 So *G. Radbruch*, Gesetzliches Unrecht und übergesetzliches Recht (1946), in: Gustav Radbruch Gesamtausgabe, hrsg. von Arthur Kaufmann (1987 ff.), Bd. 1 (Rechtsphilosophie), S. 83–93; ähnlich *H. Schorn*, Der Richter im Dritten Reich (1963); *H. Weinkauff*, Die deutsche Justiz und der Nationalsozialismus (1968); über die durchgehend massiv antipositivistische Haltung der bewußten Gegenaufklärer, Idealisten und Metaphysiker und ihrer Mitläufer schon seit der Polemik gegen Thomasius nun *Rückert*, Über einige Voraussetzungen der Redeweisen von Recht und Moral, Politik und Religion seit Thomasius, in: Vom äußeren Zwang zur inneren Überzeugung, hrsg. v. O. Bach, S. Lepsius und F. Vollhardt, Berlin 2024.
73 Spätestens schon durch *Rüthers*, Die unbegrenzte Auslegung (1968) (Fn. 32) klar erkannt. Methode sei ohnehin nur Umdeutungsbremse, dazu oben *Pierson* Rn. 922 ff., *Rückert* Rn. 1443.
74 *Wieacker*, Privatrechtsgeschichte der Neuzeit, 1. Aufl. 1952, S. 351 f., 356; Parallel das wirkungsreiche Buch von *Hans Welzel*, Naturrecht und materiale Gerechtigkeit, zuerst Göttingen 1951, zuletzt 4. Aufl. 1962, mit seinen „sachlogischen Strukturen" (s. *Wieacker* S. 357, in der Fn.).
75 Oben *Träger*, Rn. 697.
76 *Lange*, Ausgangspunkte, Wege und Mittel zur Berücksichtigung der Geschäftsgrundlage, in: Festschrift für Paul Gieseke, Karlsruhe 1958, S. 21–58, hier 36. Hierzu oben *Wolf*, Rn. 1537.
77 *Wieacker*, wie Fn. 72, S. 605.
78 BVerfGE 2, 1 (12) v. 23.10.1952 (SRP); BVerfGE 6, 32 (40) v. 16.1.1957 (Elfes).

V. Resümee

Methode hätte bieten können. Das **Grundgesetz** wurde damit selbst zum Gegenstand von durchaus umstrittenen Wertungen.[79]

1539 Nur konsequent erscheint darum die 1960 vorgenommene letzte Ausrichtung der juristischen Methode am Maßstab der sehr weit verstandenen geltenden Rechtsordnung und Verfassung[80] durch *Larenz*. Ob damit der unmittelbare Rückgriff auf übergesetzliche Wertmaßstäbe im Sinne von überverfassungsmäßigen Rechtsgrundsätzen nur geschickter formuliert wurde, kann letztlich dahingestellt bleiben. Auffallend ist jedoch die immer stärker werdende **Betonung der richterlichen Verantwortlichkeit** als momentum decidendi jeder Rechtsanwendung.[81]

1540 Für das hinter der Suche nach den die Methode leitenden Wertvorstellungen stehende **Privatrechtsverständnis** erwies sich wiederum die Auslegung der Verfassung als zentral. Wurde die Verfassung nicht mehr allein im Sinne der liberalen Grundrechtstheorie als Kanon der Abwehrrechte des Individuums gegen den Staat verstanden, sondern auch als Teilhabeordnung, dann musste es entscheidend auf die positive Konkretisierung der im Grundgesetz erkannten Werteordnung ankommen.

1541 Es würde den Rahmen dieser kurzen Würdigung nicht nur sprengen, wollte man die möglichen **Konkretisierungen dieser Werteordnung im Bereich des Privatrechts** abschließend analysieren, und auch Forschungsergebnisse geben, wo Fragestellungen erst entwickelt werden.[82] Die Vielfältigkeit der materialen Privatrechtskonzeptionen unter dem Grundgesetz kann aber durch Stichworte ansatzweise begriffen werden. Neben der ordoliberalen Privatrechtstheorie[83] sind das soziale Privatrecht *Ludwig Raisers* und das sozialethische Privatrecht *Franz Wieackers* jüngst explizit angeführt worden.[84] Bei stärkster Reduktion dieser Modelle lässt sich die eigentliche Alternative der Konzepte herauskristallisieren: Es ging um ein **prinzipiell liberales oder prinzipiell soziales**

---

79 *Horst Dreier*, Dimensionen der Grundrechte, Hannover 1993, S. 18 f. faßt die Kritik an dem Verständnis des GG als objektiver Wertordnung zusammen: „Es reicht die Einsicht, daß diese Richtung als ‚Basistheorie für rechtliche Wertungen' (*Adalbert Podlech*, Recht und Moral, in: Rechtstheorie 3 (1972), S. 129ff., 136) ungeeignet ist. Denn für das zentrale Problem einer modernen, entwickelten komplexen Gesellschaft, nämlich das ‚Faktum des Pluralismus' (John Rawls) und die daraus resultierende hochgradige Unterschiedlichkeit, ja Widersprüchlichkeit der Werterfahrungen und Werthaltungen von Individuen und Gruppen hat die materiale Wertethik weder eine einleuchtende Erklärung noch eine zuträgliche Lösung parat."
80 Oben *Frassek*, Rn. 612.
81 Für *Larenz* vgl. oben *Frassek*, Rn. 612. Auch *Wieacker* gesteht den Richtern einen Bewertungsspielraum zu, hierzu oben *Träger*, Rn. 695.
82 Solche finden sich etwa bei *Christian Joerges*, Die Wissenschaft vom Privatrecht und der Nationalstaat, in: D. Simon (Hrsg.), Rechtswissenschaft in der Bonner Republik, Frankfurt am Main 1994, S. 311–363, hier 332–334 und *C.-W. Canaris*, Verfassungs- und europarechtliche Aspekte der Vertragsfreiheit in der Privatrechtsgesellschafft, in: Festschrift für Peter Lerche, München 1993, S. 873–891; siehe für die Ausgangsmodelle um 1900 und die heutigen Vorurteile und Fehlerfahrungen dazu *Rückert*, Frei und sozial ..., in: ZfArbR 23 (1992) S. 225–294, bes. 243 ff., 281 ff.; u. ders., Das Bürgerliche Gesetzbuch – ein Gesetzbuch ohne Chance?, in: JZ 2003, 749–760; sowie jetzt in HKK (unten Fn. 102), Bd.1, 2003, vor § 1 Rn. 44, 69 ff., 78 f., 93 ff., 172 f., und exemplarisch zum Dienstvertrag, Bd.3, 2013, § 611 Rn. 87 f., 264 ff., 366 ff.
83 Um auch hier einige Namen zu nennen, die in der jüngeren Juristengeneration überwiegend in Vergessenheit geraten zu sein scheinen, sei hingewiesen auf: *Franz Böhm, Walter Eucken, Walther Hallstein, Alexander Rüstow, Ernst Joachim Mestmäcker* und nicht zuletzt *Friedrich August von Hayek*. Als Orientierung jetzt nützlich der umfassende Reader mit Einleitungen hrsg. von S. Grundmann, H.-W. Micklitz und M. Renner, Privatrechtstheorie, Tübingen 2015, Kap. 13.
84 Bei *Joerges*, wie Fn. 83, S. 324–332.

V. Resümee

Privatrecht.[85] Wer aber prinzipiell sozial konstruiert, der ist gezwungen, in der Spitze der neuen Normhierarchie Elemente des prinzipiell Sozialen zu finden. Ein Grundrechtsverständnis, das eine objektive Wertordnung betont, wird hier leichter fündig werden, eine juristische Methode, die sich in dieser Richtung orientiert, wird hier eher das prinzipiell soziale Moment in der konkreten Rechtsanwendung zum Entscheidenden werden lassen. Diese theoretische Überlegung rechtfertigt die Vermutung,[86] dass mit dem methodischen Rückgriff auf die objektive Wertordnung des Grundgesetzes eine prinzipiell soziale Privatrechtstheorie[87] verbunden war. Dogmatisch kann dies einen Niederschlag finden wie bei *Lange*[88] in der Betonung der verstärkten Pflicht zur Rücksichtnahme der Vertragsgenossen im Schuldrecht, bei *Larenz*[89] in der Ersetzung der Willenserklärung durch sozialtypisches Verhalten im Vertragsrecht oder bei *Canaris* im Ausbau der Vertrauenshaftung zum „immanenten" Prinzip. Dass diese Prinzipien dem positiven Recht immanent seien, hat freilich metaphysische Prämissen. In diesen Exempeln jedenfalls wurde methodisch wiederum auf übergesetzliche Prinzipien zurückgegriffen, um die autonome privatrechtliche Kompetenz des Individuums zu überformen.

Mit *Josef Esser* erfuhr diese Richtung juristischer Methode eine kritische Analyse.[90] Die Herausarbeitung des **Vorverständnisses bei der Methodenwahl** stellte klar, dass subjektive Wertungen durch vielfältige Faktoren bedingt die Rechtsanwendung schon bei dem Verstehen und damit erst recht bei der Anwendung eines Normtextes auf einen Lebenssachverhalt beeinflussten.[91] Gleichzeitig fanden damit die Erkenntnisse der Hermeneutik Eingang in die juristische Methodenlehre. Bei aller Hochachtung vor diesem Verdienst wird jedoch mitunter übersehen, dass auch *Esser* trotz seiner Sicherungen über die Figuren der Richtigkeits- und Stimmigkeitskontrolle[92] die entscheidenden letzten Wertungen, oder in seiner Terminologie: das rechtlich bindende Vorverständnis, nicht zu benennen vermochte. Die progressive Forderung nach Transparenz und rationaler Plausibilität des richterlichen Urteils konnte diesen Mangel nicht beheben. Er konkretisiert nicht, wer eigentlich der **Träger der sozialen Wertungen** und damit der Richtigkeitskompetenz sein soll und unterstellt dabei einen gewissen Harmonismus, obwohl doch diese Wertungen im modernen Interessenpluralismus gerade streitig sind. Die stehende Ordnung des geltenden Rechts tritt damit im Ergebnis zurück zugunsten der Richter und des Juristenstandes.[93] Genau das war schon vor 1914 der kritischste Punkte der intensiven Diskussion (s. Rn. 1407 ff.). Neue Argumente aus

1542

---

85 Dazu jetzt *Rückert*, „Frei und sozial" als Rechtsprinzip, Baden-Baden 2007; für nach 1945 grundlegend *Ilka Kauhausen*, Nach der ‚Stunde Null'. Prinzipiendiskussionen im Privatrecht nach 1945, Tübingen 2007; sehr lehrreich auch die Vorgeschichte, dazu *Sibylle Hofer*, Freiheit ohne Grenzen? Privatrechtstheoretische Diskussionen im 19. Jahrhundert, Tübingen 2001, und *Rückert*, „Sozialstaatsprinzip" – Neuer Mut in alten Fragen, in: Der Gestaltungsanspruch der Wissenschaft, hrsg. v. K. Acham, K. W. Nörr, B. Schefold, Stuttgart 2006, S. 643–726.
86 Der Beitrag von *Joerges*, wie Fn. 77, S. 319–334 bietet hier keine Klärung.
87 Ansatzweise deutlich wird dies bei *G. Boehmer*, Grundlagen der bürgerlichen Rechtsordnung, 2. Buch, 1. Abteilung, Tübingen 1951, S. 194 ff., 219 ff.; näher *Rückert*, Kontinuitäten (Fn. 28).
88 Siehe oben *Wolf*, Rn. 570.
89 Siehe oben *Frassek*, Rn. 648 f.
90 Besonders plastisch in seiner Rezension des Buchs von *Larenz*, Geschäftsgrundlage und Vertragserfüllung unter dem Titel: Fortschritte und Grenzen der Theorie von der Geschäftsgrundlage bei Larenz, JZ 1958, 113–116, S. 115 f., in der er *Larenz* Psychologismen vorwirft.
91 Siehe oben *Schäfer*, Rn. 786 ff.
92 Zur methodischen Bedeutung dieser Figuren siehe oben *Schäfer*, Rn. 794 ff.
93 So sehr umsichtig *H. Ryffel*, Rechtssoziologie. Eine systematische Orientierung, Neuwied 1974, S. 232–234.

V. Resümee

dem nun entschieden demokratisch-parlamentarischen, neuen Verfassungszusammenhang spielten eine erstaunlich geringe Rolle.

1543 Nicht viel anders stellt sich die **Kritik Wiethölters** an der überkommenen Methodenlehre dar. Zwar gelang es ihm zu zeigen, dass Recht in seinem gesamten sozialen Kontext mit allen seinen sozialen Implikationen und nicht als prädisponiertes Begriffsgebäude zu verstehen ist.[94] Wie aber diese soziale Komplexität des Rechts unter Berücksichtigung der richterlichen Bindung an das Gesetz gemäß Art. 97 Abs. 1 GG ohne die übergesetzlichen Wertungen in konkrete Rechtsprechung umzusetzen wäre, blieb offen. Die Konstruktion neuer, dezidiert politischer Wertungen bedeutete keinen methodischen Fortschritt. Es konnte lediglich ein Wechsel in den Ergebnissen, nicht aber ein solcher des Weges dorthin erzielt werden, indem man mit einer fundamentaldemokratischen und betont sozialen Auslegung des Grundgesetzes[95] operierte. Immerhin wurde damit der maßgebende normative Zusammenhang gesehen.

1544 Die **Zeitbedingtheit dieser kritischen Methodenansätze** liegt aus heutiger Perspektive auf der Hand. Sie fügen sich beinahe zu einfach in die von Studentenunruhen, wirtschaftlicher Rezession, der Suche nach neuen wirtschaftlichen Steuerungsmechanismen und der Philosophie der Frankfurter Schule geprägte Reformbewegung der späten 1960er und frühen 1970er Jahre ein. Spezifischer juristisch ließe sich diese Periode mit Stichworten belegen, die für epochale Veränderungen in ihrem jeweiligen Kontext stehen: die Reform des juristischen Studiums mit dem stark umkämpften Experiment der sog. einphasigen Ausbildung (1974–84), der Beginn der genaueren kritischen Auseinandersetzung mit dem Recht des Nationalsozialismus,[96] die sozialwissenschaftliche Interdisziplinarität der Jurisprudenz und der Verlust einer konsistenten Privatrechtstheorie. Denn den **Ordoliberalismus**, juristisch vertreten durch seine Vordenker *Franz Böhm*[97] und *Ernst-Joachim Mestmäcker*,[98] zur vorherrschenden Denkschule dieser Phase in der Privatrechtstheorie zu deklarieren,[99] kann nicht überzeugen. Dies schon deswegen nicht, weil diese Einschätzung kaum mit der außergewöhnlichen Wirkungskraft[100] der Konzepte von *Wiethölter* zu vereinbaren ist, dessen Arbeiten von anderen Vertretern der Rechtswissenschaft in die Nähe des Neomarxismus gerückt,[101] kaum aber mit ordoliberalen Vorstellungen assoziiert wurden. Auch die beeindruckende Resonanz auf *Essers* Methodenkritik und -konzept, das keine spezifisch ordoliberalen

---

94 Siehe oben *Rohls*, Rn. 914 f.
95 Oben *Rohls*, Rn. 914 f.; s. auch im HISTORISCHEN ÜBERBLICK unter VIII., Rn. 1447 ff.
96 Initiiert vor allem durch *Bernd Rüthers*, Unbegrenzte Auslegung (1968), vgl. Fn. 32, und *Michael Stolleis*, Gemeinwohlformeln im nationalsozialistischen Recht, München 1974. Die erste kritische Welle mit Ernst Fraenkel, Otto Kirchheimer und Franz Neumann war bis dahin in Deutschland ohne Echo geblieben, siehe dazu *J. Rückert*, Geschichte des Privatrechts als Apologie des Juristen – Franz Wieacker zum Gedächtnis, in: Quaderni fiorentini per la storia del pensiero giuridico moderno 24 (1995), S. 531–562, hier 540; und *ders.*, 'Große' Erzählungen, Theorien und Fesseln in der Rechtsgeschichte, in: Das Recht und seine historischen Grundlagen, Festschrift für Elmar Wadle zum 70. Geburtstag, hrsg. v. T. Chiusi, T. Gergen u. H. Jung, Berlin 2008, S. 963–986, hier 981 f.
97 Als paradigmatisch wird seine Schrift: Privatrechtsgesellschaft und Marktwirtschaft, in: Ordo 17 (1966), S. 75–151 bezeichnet.
98 Vor allem: Macht-Recht-Wirtschaftsverfassung (1972), in seinem Sammelband Recht und ökonomisches Gesetz (1978), S. 11 ff.
99 So aber *Joerges*, wie Fn. 86, S. 343.
100 Als Beleg mag der Hinweis genügen, dass das fundamentale Werk „Rechtswissenschaft" von 1968 bis 1976 eine Auflage von 50.000 Stück im Taschenbuch erreichte. Auch die Einschätzungen von *Habermas*, *Simon* und *Fikentscher* zu diesem Werk sind bezeichnend: „legendär", „Wenn Juristen Kultbücher hätten, ...", „grundstürzende Wirkung". Dazu oben *Rohls*, Rn. 878, Fn. 2.
101 Vgl. oben *Rohls*, Rn. 880.

V. Resümee

Überzeugungen erkennen ließ, spricht nicht für eine Vorherrschaft dieser Privatrechtstheorie. Gänzlich zweifelhaft wird diese These endlich mit dem Blick auf die fast schon blühende privatrechtliche Reformgesetzgebung vor allem im Verbraucherschutzrecht,[102] die sich in ihrer Gesamtheit wohl kaum auf ordoliberale Ansätze stützte.[103]

Vielmehr sprechen gerade die methodischen Arbeiten *Wiethölters* und *Essers* für eine **gezielte Infragestellung** nicht nur übergesetzlicher Wertungen, sondern **auch geschlossener privatrechtstheoretischer Modelle.** Denn durch Transparenz und Diskurs entscheidungserheblicher Wertungen wird auch die Diskussion über die sich hinter diesen Wertungen verbergenden Privatrechtsmodelle eröffnet. Fehlen überzeugende und überwiegend konsentierte neue Modelle,[104] so öffnet sich die ursprünglich juristische Diskussion endgültig dem politisch-pragmatischen Gestaltungsspielraum.[105] Er konnte dann umso beherzter genutzt werden, als sich bald eine neue politische Mehrheit, wie mit Beginn der sozialliberalen Koalition (1969), die Reformierung der Gesellschaft auf die Fahnen schrieb. Dass diese Gestaltungsmächte ohnehin in keiner Weise gezwungen sind, sich juristischen Privatrechtskonzepten zu unterwerfen, könnte der Ansatz für ein salomonisches Urteil der Zeitgeschichte in dem Streit sein, ob es sich bei den Reformgesetzen der 1970er Jahre um eine Bedrohung der Einheit des Privatrechts und systemsprengende Postulate[106] oder um die teilweise Verwirklichung wichtigster Anliegen eines sozialen Privatrechts handelte, eine Diskussion, die mit der „Schuldrechtsmodernisierung um 2000 wieder aufflammte.[107]

Inzwischen bewegt man sich primär im Bereich der Reflexion der methodischen Verfahren (Diskurs, Angemessenheit, Verhältnismäßigkeit). **Abwägungsjurisprudenz** und **Argumentationstheorie** haben das Methodenfeld besetzt. Daneben wahren „Neue Theorien des Rechts"[108] das kritische Erbe – freilich ohne Folgen für die juristische Methode.[109]

Wie fügt sich die ebenfalls in den 1960er Jahren in den USA entwickelte, in Deutschland jedoch erst wesentlich später rezipierte[110] **ökonomische Analyse des Rechts** in dieses Bild ein? In der Forderung nach einem rationaleren Umgang mit Rechtsregeln[111] trifft sich diese von Ökonomen angeregte Methode mit der Kritik an der Intransparenz juristischer Entscheidungsfindung und ihrer Kriterien. Diese Alternative geht in zwei wesentlichen Punkten über *Esser, Wiethölter, Teubner* und Andere hinaus, in dem einen scheinbar, in dem anderen tatsächlich. Auf der Suche nach der rationalen wissenschaftlichen Begründung, die die Rechtsanwendung disziplinieren kann, findet sie in

---

102 Die knappste und prägnanteste Darstellung findet sich immer noch bei *Kroeschell*, Rechtsgeschichte Deutschlands im 20. Jahrhundert (1992), S. 211 f.; wesentlich jetzt im Historisch-kritischen Kommentar zum BGB, hrsg. von M. Schmoeckel, J. Rückert u. R. Zimmermann, Bd. 1, Tübingen 2007, *Duve* zu §§ 1–14 Rn. 66 ff. und Bd. 2, 2007, *Schmoeckel* vor §§ 312 ff.
103 So *Joerges*, wie Fn. 86, S. 345, selbst.
104 Daß *Wiethölter* kein positives Methodenmodell bietet, scheint er zuzugestehen, hierzu oben *Rohls*, Rn. 916, auch Rn. 1449.
105 Die multipel geforderte Politisierung des Rechts weist in diese Richtung, siehe oben *Rohls*, Rn. 916, auch oben 1447 ff.
106 *M. Lieb*, Grundfragen einer Schuldrechtsreform, AcP 183 (1983), S. 327, 349.
107 *N. Reich*, Zivilrechtstheorie, Sozialwissenschaft und Verbraucherschutz, ZRP 1974, 187 ff., und zur Schuldrechtsreform: 20 Jahre Neues Schuldrecht. Bericht, Bilanz, Bibliographie, von *Joachim Rückert, Lena Foljanty, Thomas Pierson, Ralf Seinecke*, Tübingen 2023.
108 Siehe oben *Buckel/Christensen/Fischer-Lescano*, 1. Aufl. 2004, 2. Aufl. 2007, und oben Rn. 1492 ff.
109 Zu alledem oben der HISTORISCHE ÜBERBLICK, Kap. 10–12, Rn. 1457 ff.
110 Siehe oben *Laudenklos*, Rn. 1212 ff., und oben Rn. 1456 ff.
111 Siehe oben *Laudenklos*, Rn. 1214.

der Ökonomie das Kriterium der effizienten Ressourcenallokation.[112] Sie bietet damit eine Wertung an, die nicht nur über die bloß negative Position *Wiethölters* und die soziologische Erweiterung bei Teubner hinausgeht, sondern Wiethölters gescheitertes Politisierungskonzept durch einen objektivierten ökonomischen Maßstab ersetzt, der Politisierung geradezu ausschließt. Mit den Begriffen von *Esser* wird hier nicht nur das Vorverständnis offen gelegt, sondern zugleich die wissenschaftlich fundierten Vorgaben desselben. Hierin liegt jedoch gleichzeitig das nur Scheinbare am Fortschritt der **ökonomischen Analyse**. Denn die Rationalität, die das Effizienzkriterium auf dem Gebiet der Rechtsanwendung und Rechtsgestaltung garantieren kann, ändert nichts daran, dass sie mit **außergesetzlichen Wertungen** operiert, deren Setzung kaum weniger begründungsbedürftig erscheint als die Ableitung von Rechtsprinzipien aus einer objektiven Wertordnung des Grundgesetzes. Ein Bemühen um eine Legitimation des Kriteriums der Effizienz findet im Gegensatz zur materialen Wertethik noch nicht einmal im Ansatz statt.[113]

1547 Das deutlich spürbare Bestreben der **ökonomischen Analyse**, einen Beitrag zur Rationalisierung des Rechtsfindungs- und Rechtsgestaltungsprozesses zu leisten, kann auch nicht darüber hinwegtäuschen, dass ihre Auswirkungen auf die deutsche juristische Methodenlehre und ihre Privatrechtskonzeption begrenzt blieben.[114] Die gegen sie vorgebrachte Kritik mag ihren Teil dazu beigetragen haben, auch wenn begründete Zweifel an deren Stichhaltigkeit bestehen.[115] Dagegen beschränkt sich die moderne **Institutionenökonomie** auf analytisch-empirische Aufklärung der juristischen Arbeitsbedingungen. Sie ermittelt damit neue tragfähigere Faktengrundlagen für die Methodendiskussion, die der normativen Verarbeitung harren.[116]

1548 In ihrer Wirkung ähnlich bescheiden arbeitet die **Methodik Friedrich Müllers**. Dennoch interessiert sie auch im Kontext mit Privatrecht, lenkt man die Aufmerksamkeit auf die durch Art. 97 Abs. 1 GG statuierte strikte Bindung der Rechtsprechung an das parlamentarische „Gesetz" und „nur" dieses. Indem *Müller* die Gesetzesbindung des rechtsschöpferisch tätigen Richters darauf erstreckt, dass der Richter zur **methodischen Darlegung** darüber gezwungen sein soll, dass die von ihm erlassene Entscheidung der Rechtsnorm, auf die er sich beruft, und diese wiederum dem Normtext, von dem er ausgegangen ist, zuzurechnen ist,[117] rückt er das klassische Problem der Gewaltenkontrolle und hier speziell der Rechtssicherheit und der Rechtsgewissheit durch Bindung der Rechtsprechung an das Gesetz in den Mittelpunkt des Interesses. Vielleicht darf man den Ursprung dieser auf rechtsstaatliche Rechtssicherheit bedachten Methodik aus dem Ende der 1960er Jahre in einer kritischen Reflexion der rechtspolitischen Diskussion um die damalige Notstandgesetzgebung vermuten.

1549 Im **Rückblick** ergibt sich die Erkenntnis, dass bei aller Einigkeit der hier untersuchten Methodenkonzepte in der Gegnerschaft zur sog. Begriffsjurisprudenz kein Ansatz für eine juristische Methode der Rechtsfindung und Rechtsgestaltung gefunden werden konnte, die **ohne** außer- oder übergesetzliche Wertungen – welcher Provenienz auch

---

112 Siehe oben *Laudenklos*, Rn. 1215.
113 Siehe oben *Laudenklos*, Rn. 1223 ff.
114 Oben *Laudenklos*, Rn. 1244 ff., und Rn. 1456.
115 Oben *Laudenklos*, Rn. 1244 ff., zeigt die Argumentationsdefizite der Kritiker auf. Jüngst nun eingehend M. Maurer, Die Rezeption der Ökonomischen Analyse des Rechts und der Neuen Institutionenökonomik in der deutschen Rechtswissenschaft – eine Diskursgeschichte, Diss. iur. Frankfurt am Main 2023.
116 Dazu die Hinweise oben bei *Kirchner*, Rn. 1269 ff.
117 Zur Terminologie oben *Laudenklos*, Rn. 1101.

immer – auskommen könnte. Hierin ist paradoxerweise ein Moment der **Kontinuität** der zivilistischen Methoden des 20. Jahrhunderts zu erblicken. Es wirkt auch in den immer wieder aufflammenden Polemiken über Richterrecht.

Schon die Analyse der mit diesen Methodenkonzepten verbundenen Privatrechtsmodelle hat aber ergeben, dass die Abhängigkeit von außer- und übergesetzlichen Wertungen in der Methode noch nicht zu **spezifischen Privatrechtsvorstellungen** führen muss. Am besten lässt sich das an der Beobachtung zeigen, dass die *Heck'sche* Interessenjurisprudenz in ihrer „Neutralität" den rechtspolitischen Vorstellungen der Nationalsozialisten ebenso zu dienen in der Lage war, wie den im Grundgesetz verankerten Werten. Der **verfassungspolitische Rahmen von Methode** hat mithin entscheidende Bedeutung für ihre Konsequenzen nicht nur in der konkreten Rechtsfindung, sondern auch in der Privatrechtstheorie. Dass die Privatrechtskonzeptionen immer unsicherer und umstrittener werden, je weiter man sich von 1945 in Richtung Gegenwart bewegt, mag für ein pluralistisches Rechts- und Staatswesen nichts Besonderes sein, spiegelt sich aber in der Methodenlehre wider. Man erkennt das Problem außer- und übergesetzlicher Wertungen, plädiert für Transparenz und Diskurs, findet aber keine tragfähigen und überzeugenden Alternativen. Die Reduktion auf Verfahren und Darstellung soll helfen. Diese relative Hilflosigkeit setzt sich fort im Verlust jeder konzisen modernen Privatrechtstheorie. Freilich erscheinen dabei die **klassischen Postulate** der individuellen Freiheit, der möglichst gleichen Freiheit und der brüderlichen, sozialen Stützung der Emanzipation der Schwachen schon als selbstverständlich vorausgesetzt. Dies bedürfte einer kräftigen Erinnerung. Das steht rechtlich nicht zur Disposition und müsste vor allem Diskurs und vor aller Argumentation einbezogen werden.

Die Gefahr, dass ohne diese Erinnerung dann auch eine entsprechend **konzeptionslose Rechtspolitik** das Privatrecht zum Spielball pragmatischer Überlegungen degradiert, liegt nahe. Die Schuldrechtsmodernisierung um 2000 kam dem beträchtlich nahe. Die Autonomie des Privatrechts wäre damit ebenso endgültig verloren, wie die analoge freiheitliche Grundlage im Verfassungsrecht, die die bisherigen Unterschiede zwischen öffentlichem Recht und Privatrecht auf neue Weise relativiert. Weder Freiheit hier und Sozialstaat dort sind in nicht mehr adäquater Entgegensetzung die normative Richtung, sondern ein freiheitlicher Sozialstaat.

III. Bleibendes?

> *Belehren Sie uns von dem, was nun zu glauben ist.*
> *Können oder wollen Sie dieses nicht:*
> *So wecken Sie uns von unseren süßen und glücklichen Träumen nicht auf!*
> (Rudolf Anton Weyel, 1789)

Was bleibt? *Eine* Möglichkeit wäre es, sich weiter „den süßen und glücklichen Träumen" der reinen **Subsumtion** hinzugeben – eine Möglichkeit, kein Weg. Umgekehrt bedeutet der Weg der **Abwägung** als allgemeiner juristischer Methode eine Minderung der möglichen Rationalität praktischen Entscheidens. Die neuere **Argumentationstheorie** rationalisiert das juristische Entscheidungsverfahren deutlich, aber eben nur bis auf den hier problematischen „Rest".[118] Andere Wege wie in England und im *common law* setzen wieder andere institutionelle Entwicklungen voraus.[119] Sie werden für

---

118 Dazu oben im HISTORISCHEN ÜBERBLICK unter X. u. XI., Rn. 1457 ff. u. 1476 ff.
119 Oben *Maultzsch*, Rn. 1314 ff.

V. Resümee

eine mehr europäische juristische Zukunft wichtig sein.[120] Der Brexit hat das freilich gebremst. Als kontinentaler Weg bietet es sich an, die Kriterien, die eine Entscheidung methodisch absichern können, genauer auszuweisen und auf- und zueinander abzustimmen. Hier fällt der Blick zunächst auf **Folgenbetrachtungen** zu juristischen Entscheidungen, wie sie beispielsweise die **ökonomische Analyse** des Rechts vornimmt. Es stellt sich dann das Problem, Folgen wirklich konsistent abzuschätzen. Insoweit bedürfte die ökonomische Analyse des Rechts gerade in Deutschland noch weiterer Ausformung, um so vielleicht zu einem geeigneteren und verfeinerten Instrument zu werden. Grundsätzlich ist durch eine Folgenabschätzung, die dem entscheidenden Richter aufgegeben wird, nur etwas gewonnen, wenn dieser ein gesetzlich vorgegebenes Instrumentarium hätte, zwischen den Folgen seiner Entscheidungsmöglichkeiten zu wählen. Des Weiteren beruhen Folgenabschätzungen in der Regel auf ihrerseits nicht leicht verifizierbaren Annahmen und Einschätzungen zukünftigen menschlichen Verhaltens, eben auf einem gewissen Menschenbild, welches es weiter zu hinterfragen gilt.[121] Die Institutionenökonomie belehrt über grundlegende Zusammenhänge in Sachen Rechtsstaat, Eigentum, Vertrag usw. und klärt auch über Wertungen auf. Als ein Instrument für die juristische Methode bleibt sie doch um einiges zu abstrakt.

1553 Einige Ansätze scheinen vielversprechend, indem sie das Problem nicht mehr nur aus der traditionellen Sicht von Regel und Subsumtion bearbeiten. Auch *Müllers* treffende Analyse der konkreten Normherstellung führt nicht zwingend zu einer Entscheidung. Vielmehr könnte man von *Müllers* Rechtslehre über die vielfältigen, oben beschriebenen Methodenkonzepte einen Faden bis zu einer wichtigen Einsicht *Savignys* zurückreichen lassen. Man muss seinen Blick nur darauf lenken, dass juristische Entscheidungen eben nicht restlos abgesichert, sondern nur flankierend methodisch eingerahmt werden können. Dann gilt es, den **institutionalisierten Entscheidungsrahmen** – vom Instanzenzug mit höchsten Gerichten bis zu einer wirklichen Rechtswissenschaft – wie ihn schon *Savigny* für kritische Fälle betont[122] und wie er im Sinne *Hayeks* das Feld ist, in dem sich spontane Ordnungen entwickeln,[123] zu beachten. Das Bundesverfassungsgericht hat diese Rolle recht erfolgreich ausgefüllt, auch wenn seine **Abwägungsmethode** gerade als juristische Methode nicht überzeugen kann.[124]

1554 Der **Rechtswissenschaft** scheint angesichts der unauflösbaren Unsicherheiten eine kritische Vorarbeit und Nachbetrachtung zu **gerichtlichen Entscheidungen** genauso angeraten wie eine solide Ausbildung in **Grundlagenfächern**. Beides kann erst das Handwerkszeug mitgeben, mit intersubjektiv nicht eindeutigen Entscheidungen hinreichend aufmerksam und rational zu arbeiten und das rechtsstaatliche Niveau zu wahren und zu mehren, auch wenn man eine solche „weiche" Methode, die eben ohne in letzter Instanz gefestigte Werte verfahren und mit Unsicherheiten und einem Überfluss an Möglichkeiten leben muss, als ‚postmodern' kennzeichnen könnte. Sie ist doch zugleich nichts anderes als das, was Savigny schon zu seiner Zeit betonte: eine **„Kunst"-Lehre** mit mehreren produktiven „Elementen" in einem immer zeitbedingten institutionellen Rahmen. Je mehr in einer aufgeklärten Methodik und pluralistischen Rechtswelt auch

---

120 Siehe die Hinweise zur Literatur in BIBLIOGRAFISCHES unter II 8, Rn. 1574 f.
121 Zur Problematik von Folgenbetrachtungen immer noch wertvoll *Koch/Rüssmann*, Juristische Begründungslehre, München 1982, S. 227 ff.
122 Oben *Rückert*, Rn. 154.
123 Oben *Rückert*, Rn. 177.
124 Dazu *Rückert*, Abwägung – die juristische Karriere eines unjuristischen Begriffs, in: JZ 66 (2011), S. 913–923.

V. Resümee

außerrechtliche Wertungen, Erkenntnisse und Methoden einbezogen werden müssen, desto wichtiger werden auch Kompetenzen über reine Jurisprudenz hinaus – also Grundlagenkompetenzen.

Als originärste Methode der Rechtsbildung wurde hier der **Fallvergleich** in Erinnerung gerufen (Rn. 1508 b ff.). Diese Methode hat seit den juristisch so begabten Römern stets die konkrete Jurisprudenz getragen und zwar über die unterschiedlichen Rechtsquellenlagen und Verfassungspolitiken hinweg. Ob in der Welt der Rechtsgewohnheiten, der Gewohnheitsrechte, der Gesetzesrechte, des Common Law, des Rechtspluralismus, der Fallvergleich bleibt fundamental für den Gang durch die Sachverhalte und möglichen Wertungen und Lösungen bis zur Entscheidung. Ob Willenserklärung oder bloß Gefälligkeitsäußerung, ob bloß Motivirrtum oder nicht, lässt sich nur durch Fallvergleich klären. Der juristische Fallvergleich ist kein empirischer Vergleich nach Maß und Zahl. Es werden Fälle und Lösungen normativ wertend verglichen, bis heute. Das wurde nur ein wenig unsichtbar, da in den hochentwickelten modernen Rechtsordnungen die Regeln, seien es gesetzliche oder judizielle, bereits einen langen Weg durch viele Fallvergleiche hindurch hinter sich haben, wie man leicht in juristischen Problemgeschichten wie sie der „Historisch-kritische Kommentar zum BGB" versammelt nachvollziehen kann. Dieser lange Weg macht uns eine abgekürzte Methode von der inzwischen abstrakten Regel zur konkreten Entscheidung möglich. Aber bei allen neu aufgeworfenen Fragen muss man zurück zur Basis-Methode und der Fallvergleich wird wieder sichtbar. 1554a

Einen Weg sollten wir aber auf keinen Fall einschlagen, die **fatalistische Methodenskepsis**, die jede Regel- und Rechtsbindung für illusionär erklärt, die verkündet, „alles sei vertretbar", und die dies nicht nur als milde Bewertung meint, sondern in den Satz einstimmt, was Recht sei, wisse man erst, wenn man vom Gericht kommt. Das bietet möglicherweise eine Diagnose und Warnung, aber sicher keinen juristischen Weg. Diese Skepsis darf nicht zur Regel werden. Kant hat dieses Problem als Problem der Urteilskraft behandelt und seine Untiefen geklärt.[125] Der revolutionäre Nicht-Nur-Sprachphilosoph Wittgenstein erklärt es uns plastischer in seinen *Philosophischen Untersuchungen* (Oxford 1953, dt. Ausgabe 1967) so: 1555

> „Ich sagte von der Anwendung eines Wortes: sie sei nicht überall von Regeln begrenzt. Aber wie schaut denn ein Spiel aus, das überall von Regeln begrenzt ist? dessen Regeln keine Zweifel eindringen lassen; ihm alle Löcher verstopfen. – Können wir uns nicht eine Regel denken, die die Anwendung der Regel regelt? Und einen Zweifel, den *jene* Regel behebt – und so fort?
>
> Aber das sagt nicht, daß wir zweifeln, weil wir uns einen Zweifel *denken* können. Ich kann mir sehr wohl denken, daß jemand jedesmal vor dem Öffnen seiner Haustür zweifelt, ob sich hinter ihr nicht ein Abgrund aufgetan hat, und daß er sich darüber vergewissert, eh' er durch die Tür tritt (und es kann sich einmal erweisen, daß er recht hatte) – aber deswegen zweifle ich im gleichen Falle doch nicht." (§ 84)

Einen juristischen Weg mit Regeln für die unvermeidlichen Zweifel sollen unsere ZWÖLF METHODENREGELN FÜR DEN ERNSTFALL öffnen – auch wenn weitere Zweifel stets angebracht bleiben. 1556

---

125 Siehe dazu oben den HISTORISCHEN ÜBERBLICK unter III., Rn. 1402 ff.

VI. Bibliographisches und Lektürempfehlungen

von Joachim Rückert

Übersicht

I.	Vorbemerkung	677
II.	Lektüreempfehlungen	678
	1. Warum keine Bibliographie?	678
	2. Das Gängigste – zum Mitarbeiten	678
	3. Für ‚Vollständigkeit' – zum Mitforschen	680
	4. Für ‚Selbstständigkeit' – zum Mitdenken	681
	5. Für einen ersten Überblick – zum Mitreden	683
	6. Für die Auslegungstechniken – auch zum Mitreden	684
	7. Für eigenes Üben – zum Mitanwenden	684
	8. Für die zivilrechtliche Methodik speziell – zum Mitdenken	684
	9. Für das richtige Auslegen und Unterlegen – zum Mitstreiten, über das, was man darf	685
	10. Für besondere Neugier – auch zum Mitdenken	686
	11. Der besondere Tipp	687

I. Vorbemerkung

Eine **selbstständige Beschäftigung** mit der Thematik „Methode und Zivilrecht" kann ganz verschiedenem Interesse entspringen. Ganz verschiedene Lektüre kommt also in Betracht. Als Findmittel benutzt man die Hinweise der Bibliographien, vom großen Büchergrab der umfassenden Bücherkunden wie die *Deutsche Bibliographie* über die Zusammenstellungen der Spezialhandbücher bis zur knappen Auswahl der Lehrbücher und zur kleinen Fußnotenentdeckung in Aufsätzen. 1557

Die folgenden Hinweise sollen mit **elf Hauptfragen** weiterhelfen. Sie sollen Ihnen helfen, wenn Sie wissen wollen: 1558

- warum hier **keine (Auswahl-)Bibliographie** gegeben wird, wie sonst meist (dazu unten II 1.),
- welches heute die **gängigsten** Lehrbücher, Handbücher und Überblicke sind – zum Mitarbeiten (dazu II 2.),
- wie man die bisherigen Leistungen möglichst **vollständig** wissen könnte – zum Mitforschen (dazu II 3.),
- welches die wohl **wesentlichen** Strömungen sind – zum Mitdenken (dazu II 4.),
- wie man sich einen ganz **kurzen** Überblick der Strömungen verschaffen kann – zum Mitreden (dazu II 5.),
- was mit den „**üblichen**" juristischen **Auslegungstechniken** gemeint ist – auch zum Mitreden (dazu II 6.),
- wie man sich in diesen praktischen Künsten **üben** könnte – zum Mitauslegen (dazu II 7.),
- welche Besonderheiten eine **zivilrechtliche** Methodik erfordern könnte – auch zum Mitdenken (II 8.),

VI. Bibliographisches und Lektüreempfehlungen

- wie man eigentlich auslegen **darf** und wie nicht – zum Mitstreiten (dazu II 9.),
- was die **neuesten Tendenzen** sind – auch zum Mitdenken oder auch zum Mitreden (dazu II 10.) und
- welche **besonderen Tipps** wir haben (dazu unter II 11.).

1559 Leider sind einige Titel längst vergriffen – die Empfehlung gilt natürlich trotzdem. Inzwischen ist oft ist das Neueste nicht das Beste (dazu unter II 2. und 11.). Die Auswahl geht von einem möglichst vollständigen Überblick aus. Wenn Ihre persönlichen „Geheimtipps" nicht genannt sind, dürfte das Gründe haben. Man sollte dann zumindest das Empfohlene ernsthaft vergleichen. Im Folgenden sind unter II 2. und II 3. die Titel voll angegeben, danach nur noch mit den Autoren oder erneut voll, wenn es sich um noch nicht erwähnte Titel handelt. Ergänzende oder kritische Hinweise sind willkommen (rueckert@jur.uni-frankfurt.de).

II. Lektüreempfehlungen

1. Warum keine Bibliographie?

1560 Ohne **Bücherkunde** keine Wissenschaft – aber eine **Bibliographie**, d.h. ein bloßes Bücherverzeichnis zum Thema „Methode und Zivilrecht" ergäbe eine ziemlich große und verwirrende Titelsammlung, da die Abgrenzungen zwischen Technik, Methode, Dogmatik, Logik, Theorie und Philosophie der Jurisprudenz schwer fallen und auch zu „Zivilrecht" mehr und mehr schwanken; man denke an Handelsrecht, Wirtschaftsrecht, Arbeitsrecht, Verbraucherrecht usw. Mehr oder weniger kleine Zusammenstellungen des derzeit üblichsten Allgemeinen enthalten die Lehrbücher. Besonders umfassend und aktuell ist jetzt das Verzeichnis bei *Franz Reimer*, Juristische Methodenlehre, Baden-Baden, 2. Aufl. 2020. Die speziellere Literatur findet sich hier jeweils oben bei den einzelnen Abhandlungen. Eine Bibliographie dieser Art ist daher hier verzichtbar. Dagegen kann eine sachlich geordnete Übersicht mit einigen Erläuterungen nützlich sein.

2. Das Gängigste – zum Mitarbeiten

1561 Wer sich aktuell orientieren will, findet die **gängigen Lehrbücher, Handbücher und Überblicke** mit ihren unterschiedlichen Schwerpunkten oben in der EINFÜHRUNG im Zusammenhang fast alle kritisch benutzt. Die Titel zur Rechtstheorie sind einbezogen, das sie durchweg Methodenkapitel enthalten. Die bloßen Titel sagen natürlich recht wenig. Daher wage ich doch ein bißchen Charakteristik, also:[1]

Engisch, Einführung in das juristische Denken, 1956, fortgeführt von *Th. Würtenberger* u. *D. Otto*, 11. Aufl. Stuttgart 2010 (ein immer noch guter Klassiker),
Larenz, Methodenlehre der Rechtswissenschaft, Berlin 1960, 6. Aufl. Berlin 1991 (ein sehr verbreiteter, umfangreicher Klassiker auf neohegelianischen Prämissen),
Müller, F., Juristische Methodik, Berlin 1971, 6. Aufl. 1995, fortgeführt mit *R. Christensen* als Bd. 1: Grundlagen, 11. Aufl. 2013, Bd. 2: Europarecht, 2003, 3. Aufl. 2012 (ein herausforderndes Werk für Mitdenkende),
Kaufmann/Hassemer (Hg.), Einführung in die Rechtsphilosophie und Rechtstheorie der Gegenwart, Heidelberg 1976, 8. Aufl. 2011 mit *Neumann,* 9. Aufl. 2016 (ohne *Kaufmann,* mit *Saliger*) (ein etwas heterogenes, reichhaltiges Sammelwerk),

---

[1] Und zwar chronologisch nach der Erstauflage, weil diese den oft wichtigen Kontext bestimmt. Mit Vornamen nur bei Verwechslungsgefahr.

VI. Bibliographisches und Lektürempfehlungen

Alexy, Theorie der juristischen Argumentation, Frankfurt am Main 1978, 3. Aufl. 1996 (kein Lehrbuch, aber grundlegend für ein zentrale neuere Richtung, s. oben Rn. 1476 ff.),
Adomeit, Rechtstheorie für Studenten, Heidelberg 1979, 7. Aufl. 2018 (mit Juristischer Methodenlehre) mit *Hähnchen* (handlich, schön flott geschrieben und meinungstark),
Pawlowski, Methodenlehre für Juristen. Theorie der Norm und des Gesetzes, Heidelberg 1981, 3. Aufl. 1999 (anspruchsvoll und etwas eigenwilliig),
Haft, Einführung in das juristische Lernen (1983), 7. Aufl. 2005 (vor allem didaktisch bemüht),
Schmalz, Methodenlehre für das Studium, 1988 (ein schlichtes Repetitorwerk),
Pawlowski, Einführung in die juristische Methodenlehre, 1986, 2. Aufl. 2000 (eine mehr didaktische Version zu 1981),
Zippelius, Juristische Methodenlehre, München 1990, 12. Aufl. 2021 (ein fairer, präziser und doch auch handlicher Überblick),
Koller, Theorie des Rechts, Wien 1992, 2. Aufl. 1997 (ein sehr ausgewogener, fair argumentativer und anschaulicher Überblick),
Seelmann, Rechtsphilosophie, München 1994, 6. Aufl. 2014 mit *Demko* (ein sehr schön argumentatives, problemorientiertes Werk zum Mitdenken, zwar ohne eigenes Methodenkapitel, aber mit guten knappen Kontexten dazu),
Röhl, K.F., Allgemeine Rechtslehre, Köln 1995, 4. Aufl. 2014 mit *Röhl, H.-Chr.* (ein anspruchsvolles, etwas betont eigenständiges Werk),
Horn, Einführung in die Rechtswissenschaft und Rechtsphilosophie, Heidelberg 1996, 6. Aufl. 2016, Kapitel 2 (eine kurze erste Übersicht),
Wank, Die Auslegung von Gesetzen, Köln 1997, 6. Aufl. 2015 (ein angenehm klares und nützlich informierendes Werk),
Vogel, J., Juristische Methodik, München 1998 (ein anschaulicher Überblick),
Kramer, Juristische Methodenlehre, Bern/München/Wien 1998, 5. Aufl. 2016 (aus Schweizer Perspektive, traditionell berichtend),
Beaucamp/Treder, Methoden und Technik der Rechtsanwendung (1998), 3. Aufl. Heidelberg 2015 (ein einfach gehaltener Überlick),
Rüthers, Fischer, Chr., Birk, Rechtstheorie, München 1999, 12. Aufl. 2022 (mit Juristischer Methodenlehre) (ein mit Recht beliebtes, aktuelles und anschauliches Werk),
Mastronardi, Juristisches Denken. Eine Einführung, Bern u.a. 2001 (eine schlichte Übersicht auch zur Methode),
Bydlinski, Grundzüge der juristischen Methodenlehre, Wien 2005, 2. Aufl. 2011 (ein eindringlich anspruchsvolles und meinungsstarkes Werk),
Vesting, Rechtstheorie, München 2007, 2. Aufl. 2015 (eine schon „postmoderne", originelle Einführung),
Reimer, F., Juristische Methodenlehre, Baden-Baden 2016, 2. Aufl. 2020 (eine klare und übersichtliche Darstellung),
Braun, Johannes, Deduktion und Invention. Gesetzesauslegung im Widerstreit von Gehorsamskunst, Rechtsgefühl und Wahrheitsuche, Tübingen 2016 (originell und zum Mitdenken),
Wank, Juristische Methodenlehre, München 2020 (eine klare Übersicht),
Möllers, Thomas, Juristische Methodenlehre, München 2017, 5. Aufl. 2023 (ehrgeizig umfassend angelegt, aber eher zu viel und etwas unausgeglichen),
Neumann, Ulfried, Juristische Argumentationstheorie, Baden-Baden 2023 (kein Lehrbuch, aber grundlegend für ein zentrale neuere Richtung, s. oben Rn. 1476 ff.).

Daneben stehen noch eine Reihe etwas **älterer Titel,** die nicht selten noch verwendet werden und manchmal nach wie vor Besseres bieten. Sie sind daher hier zusammengestellt und im Übrigen unten miterklärt und -verwendet:

Boehmer, Grundlagen der bürgerlichen Rechtsordnung, 2. Buch 1. Abteilung: Dogmengeschichtliche Grundlagen [aber i. w. Methodengeschichte], Tübingen 1951,
Coing, Juristische Methodenlehre, Berlin 1972,
Fikentscher, Methoden des Rechts in vergleichender Darstellung, Tübingen 1975–1977,

Rinken, Einführung in das juristische Studium, München 1977, 3. Aufl. 1996,
Herberger/Simon, Wissenschaftstheorie für Juristen, Frankfurt am Main 1980,
Bydlinski, F., Juristische Methodenlehre und Rechtsbegriff, Wien 1982, 2. Aufl. 1991,
Koch, H.J./Rüßmann, Juristische Begründungslehre, München 1982,
Neumann, U., Juristische Argumentationslehre, Darmstadt 1986,
Smid, Einführung in die Philosophie des Rechts, München 1991,
Raisch, Juristische Methoden. Vom antiken Rom bis zur Gegenwart, Heidelberg 1995,
Looschelders/D. Roth, Juristische Methodik im Prozess der Rechtsanwendung, Berlin 1996.

1563 Die Literaturangaben all dieser Bücher – echte Auswahlempfehlungen geben sie nicht – schwanken ebenso stark wie die Konzeptionen, dazu sogleich. Zur mehr formalen juristischen Logik greift man zu *Klug*, Juristische Logik, Berlin 1951 (4. Aufl. 1982), und zu dem Überblick von *Neumann* in (*Kaufmann*)/*Hassemer*/*Neumann*/*Saliger* (s. Rn. 1561). Daneben jetzt sehr klar und beispielsreich *Puppe*, Kleine Schule des juristischen Denkens, Göttingen 2008, 5. Aufl. 2023 (= UTB 3053).

3. Für ‚Vollständigkeit' – zum Mitforschen

1564 Ohne eine gewisse **Vollständigkeit** keine Wissenschaft, Auswahl ist der zweite Schritt – aber die gewisse Vollständigkeit davor ist ein hartes Geschäft. Einen Eindruck davon, was sie bedeuten würde, geben die sich gut ergänzenden Zusammenstellungen von wichtigen Texten und Titeln (chronologisch) bei

Maihofer (Hg.), Naturrecht oder Rechtspositivismus?, Darmstadt 1962, S. 580–623: Bibliographie 1945–60,
Kaufmann, A. (Hg.), Die ontologische Begründung des Rechts, Darmstadt 1965, S. 664–742: mit Bibliographie von *Hassemer*, alphabetisch u. systematisch,
Maihofer (Hg.), Begriff und Wesen des Rechts, Darmstadt 1973, S. 459–490: mit Bibliographie (ca. 1830–1945),
Ellscheid/Hassemer (Hg.), Interessenjurisprudenz, Darmstadt 1974, S. 463–490: mit Bibliographie,
Dreier, R. und Schwegmann (Hg.), Probleme der Verfassungsinterpretation, Baden-Baden 1975 (Reader mit Bibliografie) (aus öffentlich-rechtlicher Sicht)
Koch, H.-J. (Hg.), Seminar: Die juristische Methode im Staatsrecht. Über Grenzen von Verfassungs- und Gesetzesbindung, Frankfurt am Main 1977 (Reader mit Bibliografie und wertvoller Einleitung, ergänzend zu Dreier) (aus öffentlich-rechtlicher Sicht),
Fikentscher, Methoden des Rechts, Bd. 5, Tübingen 1977, S. 65–286: Literaturverzeichnis,
Roellecke (Hg.), Zur Problematik der höchstrichterlichen Entscheidung, Darmstadt 1982, S. 403–416: mit Auswahlbibliographie,
Roellecke (Hg.), Rechtsphilosophie oder Rechtstheorie?, Darmstadt 1988, S. 379–400: mit Auswahlbibliographie,
Gängel/Mollnau (Hg.), Gesetzesbindung und Richterfreiheit: Texte zur Methodendebatte 1900–1914, Freiburg 1992, S. 411–440: mit Bibliographie.
F. Müller, Juristische Methodik, Bd. I, Abschnitt 7: Literatur, in der 11. Aufl. 2013, 596–682, alphabetisch und nach Sachgebieten.

1565 Die Fülle ist erstaunlich. Und offenbar gehen die Uhren der Methodenlehre etwas langsamer, da auch ältere Text nicht überflüssig sind – kein Wunder bei so grundsätzlicheren Themen. Besonders nützlich war die Literaturübersicht bei *F. Müller*, Methodik (oben in 2.), die auch nach Sachgebieten ordnet; seine kleine Zusammenstellung darin zur „Methodik des Zivilrechts" geriet aber offensichtlich etwas klein.

1566 Selbstverständlich müsste man sich wirkliche Vollständigkeit über die großen Allgemein- oder Spezialbibliographien erarbeiten – zu viel für ein erstes Studium und einen gewissen Überblick. Die **Arbeitsweise beim selbstständigen Suchen** nach einschlägigen Titeln – d. h. beim „Bibliographieren" – kann hier nur angedeutet werden. Die wichtigsten **Allgemeinbibliographien** (wie unser ganzer Bücherhorizont an Nachschlagewerken) werden am besten bei den Historikern erklärt, handlich und gut etwa in den Taschenbüchern von *Baumgart*, Bücherverzeichnis zur deutschen Geschichte, 18. Aufl. Stuttgart 2014, auch in der DDB 2023 oder *Peter/Schröder*, Einführung in das Studium der Zeitgeschichte, Paderborn 1994 (= UTB 1742), hier S. 127 ff.: „Wege zur ... Literatur". Unter Juristen werden diese Selbstverständlichkeiten einer gründlichen und erst recht einer wissenschaftlichen Arbeitsweise gegenüber dem forensisch geprägten Argumentationsalltag stark vernachlässigt; umfassend ist nur die „**Karlsruher Juristische Bibliographie**", seit 1961. Erste Hilfe gab knapp und gut *Rinken* (Einführung in das juristische Studium, 2. Aufl. 1991, S. 315–320 – fehlt leider in der 3. Aufl. 1996); recht nützlich jetzt *Hirte*, Der Zugang zu Rechtsquellen und Rechtsliteratur Köln 1991, hier S. 105–110; liebloser und weniger treffsicher *Tettinger/Mann*, Einführung in die juristische Arbeitstechnik (1992), 5. Aufl. München 2015, § 4 XI. Juristisch hilft als Spezialbibliographie auch *G. Hoffmann*, Bibliographie der deutschen Rechtsbibliographien. Sachlich geordnet und mit kurzen Anmerkungen und Standortangabe versehen, Schifferstadt 1994, eine Metabibliografie. Allerdings werden die Grundlagenfächer hier freilich überall recht ignorant behandelt. Die neuesten Stimmen muss man sich natürlich über die Fachzeitschriften erschließen, hier also besonders über *Archiv für Rechts- und Sozialphilosophie* (1907 ff.), *Rechtstheorie* (1970 ff.) und neuestens *Rechtswissenschaft* (2010 ff.) und *Zeitschrift für die gesamte Privatrechtswissenschaft* (2014 ff).

4. Für ,Selbstständigkeit' – zum Mitdenken

Ohne eine gewisse **Selbstständigkeit** und **Beherrschung des Wesentlichen** keine Wissenschaft. Aber was ist das Wesentliche? Die großen Schwankungen schon der Literaturangaben zeigen: Fach und Interesse der Autoren spielen auf diesem weiten Feld „Methode" eine besondere Rolle. Man muss hier also mehr darauf achten, wen man liest, als in stärker vereinheitlichten und dogmatisierten Fächern. Man braucht mehr Überblick, was überhaupt **wesentliche Strömungen und Probleme** wären. Da die Uhren in diesem Grundsatzbereich etwas langsamer gehen und die aktuellen Texte meist recht einseitig ausfallen, hilft man sich am besten mit Überblicken zur **Methodengeschichte** der Jurisprudenz.

Nötig wäre ein selbstständiger **neuer Überblick**, da die Forschung seit langem vieles anders sieht. Das wird oben im neuen HISTORISCHEN ÜBERBLICK versucht (Rn. 1357 ff). Die fast schon klassische Darstellung von *Jan Schröder*, Recht als Wissenschaft. Geschichte der juristischen Methode in der Neuzeit, München 2001, 3. Aufl. 2021 reicht bis 1990. Die Methoden werden hier analytisch in festen Sachrubriken beschrieben, wie sie mit Rechtsbegriffs- und Rechtsquellenlehren zusammenhängen und teilweise daraus folgen, nicht nach den „Schlachtrufen" und deren Entwicklung. Viel benutzt werden daher immer noch Klassiker wie der elegant und persuasiv erzählende *Wieacker*, Privatrechtsgeschichte der Neuzeit, Göttingen 1952, 2. Aufl. 1967) und der dezidierte *Larenz*, Methodenlehre der Rechtswissenschaft, Berlin 1960, 6. Aufl. 1991, Teil 1 – beide glänzend geschrieben, teilweise auch *Boehmer*, Grundlagen (II 1, 1951). Alle diese sind jedoch überholt, weil sie deutlich in der Zeit der Erstauflagen befangen sind (s. oben Rn. 6 ff.). Auch nicht frei davon die knappen Abschnitte bei *H. Schlosser*,

VI. Bibliographisches und Lektüreempfehlungen

Grundzüge der neueren Privatrechtsgeschichte Heidelberg 1975, 10. Aufl. 2005, jetzt als *ders.*,. Europäische Rechtsgeschichte der Neuzeit, München 2012, 5. Aufl. 2023; sowie recht ausführlich *A. Kaufmann/von der Pfordten* (Rn. 1561), Teil B, und allzu speziell *Raisch* (siehe oben unter 2.). Besonders für *Wieacker, Larenz* und *Boehmer,* aber auch für die stark auf diesen fußenden späteren Darstellungen gilt **vierfache Vorsicht**: (1) Hier wie sonst wirken mehr oder weniger massive Vorverständnisse der prägenden ‚Klassiker' Wieacker und Larenz weiter, die eben in den 1930er bzw. 1940er/50er Jahren ihre Darstellungslinien konzipierten, besonders kritisch gegen Positivismus. (2) Es werden zwei Ebenen zu sehr vermischt: die Geschichte der mehr praktischen (bes.: *canones*) und der mehr rechtsphilosophisch-rechtswissenschaftlichen (bes.: idealistisch oder nicht) Methodendogmen. (3) Schließlich wird das alte Entwicklungsschema Begriffsjurisprudenz – Freirechtsbewegung – konkretes Ordnungsdenken (wenn erwähnt) – Interessenjurisprudenz – Wertungsjurisprudenz viel zu starr, einseitig und nicht selten irreführend verwendet. (4) Werden streng historische Perpektive und aktualisierende Interessen durchaus vermischt. Diese Probleme sind oben unter I. in der EINFÜHRUNG näher erklärt (Rn. 6 ff.). Der Überblick hier (Rn. 1357 ff.) folgt den etablierten Schlachtrufen aus den Originalen. Das RESÜMEE im vorliegenden Band (Rn. 1511 ff.) bietet daneben eine sehr klare Würdigung, die die Zeitbedingtheiten von Methoden besonders beachtet und produktiv verarbeitet.

1569 Zu kurz kommt meist die praktisch und aktuell so wichtige **Justizseite** (Richterrecht!) der Methodenfragen, die hier eigens unterschieden wurde (s. EINFÜHRUNG Rn. 23 ff.). Eine engagierte, relativ knappe und sehr lehrreiche Übersicht dazu findet man unter einem Titel, wo man dies nicht sucht, bei *D. Simon*, Die Unabhängigkeit des Richters, Darmstadt 1975, freilich ohne Fazit und in Vermischung der empirischen Einflußfaktoren und semantischen Bedingungen. Eine bemerkenswerte Analyse zur Verfassungsgerichtsjudikatur bieten jetzt *F. Vogel, S. Pötters, R. Christensen*, Richterrecht empirisch untersucht. Möglichkeiten und Grenzen computergestützter Textanalyse am Beispiel des Arbeitnehmerbegriffs, Berlin 2015, sowie *F. Vogel* u. *R. Christensen,* Korpusgestützte Analyse der Verfassungsrechtsprechung: eine Abwägung von Prinzipien findet nicht statt, in: Rechtstheorie 44 (2013) S. 29–60. Früher schon aufschlussreich waren *K. J. Philippi*, Tatsachenfeststellungen des Bundesverfassungsgerichts, Köln 1971, und *F. Jost,* Soziologische Feststellungen in der Rechtsprechung des Bundesgerichtshofs in Zivilsachen, Berlin 1979. Ähnlich stellten andere Rspr.analysen wenig Konsequenz fest, s. etwa *W. Seiler*, Höchstrichterliche Entscheidungsbegründung und Methode im Zivilrecht, Baden-Baden 1992, *M. Reichelt,* Die Absicherung teleologischer Argumente in der Zivilrechtsprechung des Bundesgerichtshofes. Eine empirisch-deskriptive Analyse, Berlin 2011. Ergiebiger sind vergleichende Studien zu den Entscheidungsstilen, s. bes. *J.-L. Goutal*, Characteristics of Judicial Style in France, Great Britain and the U.S.A., in American Journal of Comparative Law 24 (1976) S. 43–72, *L. Foljanty*, Zur Problematik der Übersetzung richterlicher Methoden: Frankreich und Japan, in: ZRG GA 133 (2016) S. 499–515.

1570 Wie **neu erarbeitete Perspektiven** aussehen könnten, zeigten schon die Ergebnisse bei *Neumann*, Rechtsphilosophie in Deutschland seit 1945, in: Simon (Hrsg.) Rechtswissenschaft in der Bonner Republik. Studien zur Wissenschaftsgeschichte der Jurisprudenz 1994, S. 145–187 und bei *Rückert*, Zu Kontinuitäten und Diskontinuitäten in der juristischen Methodendiskussion nach 1945, in: Acham (Hrsg.) Erkenntnisgewinne, Erkenntnisverluste. Kontinuitäten und Diskontinuitäten in den Wirtschafts-, Rechts- und Sozialwissenschaften zwischen den 20er und 50er Jahren, Stuttgart 1997,

VI. Bibliographisches und Lektürempfehlungen

S. 113–165. Beachtlich auch die etwas andere Perspektive bei *E. Hilgendorf*, Die Renaissance der Rechtstheorie zwischen 1965 und 1985, Würzburg 2005.

Unser zusätzlicher HISTORISCHER ÜBERBLICK in Rn. 1457 ff. zieht jetzt die wichtigsten Linien neu und – inzwischen – etwas entschiedener.

Zu wenig reflektiert wurden bisher auch in diesem Band die verschiedenen **Möglichkeiten**, die historischen Methodendiskussionen zu untersuchen und darzustellen. Das kann hier nicht ad hoc nachgeholt werden, aber immerhin lassen sich die aufgeworfenen Fragen klären und eigenständig bedenken. *Hans-Joachim Koch* unterscheidet mit wissenschaftstheoretisch-sprachanalytischer Hilfestellung sehr lehrreich fünf Möglichkeiten und präzisiert damit die Fragestellung ausgesprochen förderlich. (1) Zunächst gebe es den **dogmengeschichtlichen** Weg. Es werden wissenschaftsgeschichtlich auftretende Dogmen, hier in Sachen Auslegung als gemeinsamem Problem in der Neuzeit nach 1800, möglichst quellentreu und in ihrem Zusammenhang dargestellt. (2) Es kann **nach kausalen Erklärungen** für die Wandlungen der Vorstellungen von Methode gehen, eine offensichtlich völlig andere Fragestellung. Das Faktorenfeld ist groß (ökonomisch, politisch, sozial, ideell, ideologisch usw.), mühsam zu ermitteln, schwierig zu gewichten und vielleicht noch schwieriger auf die Methodenfragen zu beziehen. (3) Auch sog. **funktionale Erklärungen** sind immer wieder mal beliebt. Methodenvorstellungen werden dann als Mittel zu einem bestimmten Zweck gedeutet, sie erscheinen als Instrumente und werden gerne in Abhängigkeit von bestimmten Kausalfaktoren betrachtet, wobei dann funktionale und kausale Erklärungen ineinander laufen. Die marxistische Formel „Das Sein bestimmt das Bewusstsein" ist ein solcher, sehr allgemeiner Kausalversuch. (4) Eine Zeit lang waren **sozialgeschichtliche Erklärungen** besonders gefordert. Dies kann funktional gemeint sein, je nachdem welchem sozialgeschichtlichen Entwicklungszweck die Methode gedient haben soll, oder kausal, wenn man die Abhängigkeit der Methoden von sozialgeschichtlichen Bedingungen betont. (5) Schließlich könne man sich mehr einer sog. **Direktinterpretation** oder einer rationalen Rekonstruktion widmen. Mit Direktinterpretation ist gemeint, dass primär historisch beschrieben wird, mit rationaler Rekonstruktion werde diese Beschreibung gewissermaßen nachgebessert, indem man eine Grundidee ermittelt und diese als konsistent und mit modern präzisen Begriffen darstellt.

1570a

Diese fünf Möglichkeiten werden meist einigermaßen undiskutiert einfach angewendet und gerne auch vermischt. In jedem Fall ist es überaus nützlich, sich bei der Lektüre von methodengeschichtlichen Darstellungen die jeweilige Fragestellung klarzumachen. Die Darstellungen hier wollen ersichtlich jeweils zunächst eine möglichst historisch treue, in diesem Sinne methodendogmengeschichtliche Geschichte erzählen. Präzisierende und aktualisierende Aspekte werden freilich nicht selten eingemischt. Darüber hinaus wird hier der Faktor Verfassungsbezug als wesentlich vermutet und eigens verfolgt. Die Erörterungen der praktischen Durchführungen an konkreten Beispielen dienen dann zum einen einer gewissen Plastik und zum anderen einer Überprüfung der Konsistenz bei den jeweiligen Autoren.

5. Für einen ersten Überblick – zum Mitreden

Dafür empfiehlt sich eine schlichte, **handliche Übersicht**, möglichst knapp und unkompliziert. Aus dem oben unter 2. Genannten passen dafür vor allem *Zippelius*, Juristische Methodenlehre, *Horn*, Einführung, hier Kapitel 2, und *Wank*, Auslegung; weniger klar ist *Pawlowski*, Einführung (alle Rn. 1561). In unseren 12 Methodenregeln,

1571

oben Rn. 32 ff., bieten wir ein konzentriertes Minimum üblicher Methodenarbeitsregeln.

6. Für die Auslegungstechniken – auch zum Mitreden

1572   Die Techniken werden fast überall erwähnt unter dem Stichwort *canones*, also mit grammatisch, logisch, historisch, systematisch, daneben auch teleologisch. Das legendäre Original findet sich bei Savigny (o. Rn. 76), leider wird er meist aus aktuellem Interesse missverstanden und in Sachen „teleologisch" geradezu verzerrt, da er dieses Element durchaus und verfassungspolitisch durchdacht anerkennt (oben Rn. 145 ff.). Knapp und anschaulich, aber nicht durchweg treffend, erläutert *Raisch*, Vom Nutzen der überkommenen Auslegungskanones für die praktische Rechtsanwendung, 1988. Beispielsreich, aber leider in vielem arg problemverkürzend, ist die Darstellung von *Schmalz*, 1998 (s. Rn. 1561). Bei einem auch nur oberflächlichen Vergleich mit den Beiträgen im hier vorliegenden Band müsste klar werden, wie begrenzt dieser allzu technische Ansatz ist und wie wenig diese Begrenzung wirklich die Problembeherrschung verbessert. Sie lohnt nur scheinbar und führt zu gefährlichen Illusionen.

7. Für eigenes Üben – zum Mitanwenden

1573   Außer einer kleinen Erinnerung an die Standard-Argumente wie die *canones*, besser: Auslegungselemente (s. Rn. 80), die Analogie und etwa die Schlüsse e contrario, a maiore und a minore, braucht man hier vor allem **Vorbilder zum Nacharbeiten**. Anspruchsvoll-Lehrreiches dazu bietet *F. Müller*, Fallanalysen zur juristischen Methodik, 2. Aufl. 1989 – man sollte sich dem einmal stellen. Erholen kann man sich dann an der Anleitung für die einfachsten Schritte bei *Adomeit/Hähnchen*, Kap. II 2: Methodenlehre für Jura-Studenten (s. Rn. 1561) oder an unseren ZWÖLF METHODENREGELN (oben Rn. 32 ff.). Zwei ganze Bücher als Exempel für methodische „Interessenjurisprudenz" schrieb der großartige Zivilist *Heck* (s. Rn. 428 ff.). Sein „Grundriß des Schuldrechts" (zuerst 1929, Neudruck 1958) und „Grundriß des Sachenrechts" (zuerst 1930, Neudruck 1960) sind immer noch brillante und didaktisch geschickte Beispiele. Man lese etwa im Schuldrecht §§ 30ff. zur Unmöglichkeitslehre und lasse sich zum Blättern und Weiterlesen verführen, trotz der Frakturschrift, etwa im „Anhang" oder in §§ 3, 17 im Sachenrecht zum Besitz, vielleicht auch mit dem „Exkurs" (S. 485ff.) – unübertroffen! Warum er dann nach 1933 sich makaber andiente, ist eine eigene Frage. In Sachen Methode ‚vergaß' Heck die liberalen Prämissen seiner Methodik und beschränkte sich auf das Technische.

Aus der rechtsstaatlich schärferen **strafrechtlichen** Erfahrung jetzt gut *Puppe*, Kleine Schule des juristischen Denkens, Göttingen 2008, 5. Aufl. 2023. Schön konkret zur neueren Richterrechtsdiskussion G. *Duttge*, Gesetzesuntreue unter der Maske strafgerichtlicher Auslegung, in: Festschrift für V. Krey zum 70. Geburtstag, hrsg. v. K. Amelung u.a., Stuttgart 2010, S. 39–69.

8. Für die zivilrechtliche Methodik speziell – zum Mitdenken

1574   „Die juristische Methode ist für alle Rechtsgebiete gleich" (*Schmalz*, s. Rn. 1561, 3. Aufl. S. 5) – eine empirisch wenig hilfreiche Vereinfachung und normativ starke Forderung. Schon wegen der Korrespondenz von Methode und Gegenstand gibt es deutliche Unterschiede. Diese **Bereichsebene** von Methode findet zu wenig Aufmerksamkeit.

VI. Bibliographisches und Lektürempfehlungen

Es ist klar, dass die Aufgaben etwa von Strafrecht und Zivilrecht unterschiedlich sind, und damit auch die methodischen Umsetzungsmittel. In einem sehr wenig bekannten größeren Sammelwerk findet man sehr instruktive Abhandlungen eigens zu Methodik in Zivilrecht (*Esser*), Strafrecht (*Engisch*), Kriminologie (*Würtenberger*), Verfassungsrecht (*F. Müller*) und Prozessrecht (*Bruns*), siehe die „Enzyklopädie der geisteswissenschaftlichen Arbeitsmethoden", hrsg. von *M. Thiel*, hier 11. Lieferung: Methoden der Rechtswissenschaft, Teil 1, München 1972 – bes. aufschlussreich ist dabei „Altmeister" *Engisch*. Zum Zivilrecht jetzt betont und weitgespannt *J. Schapp* Methodenlehre des Zivilrechts, Tübingen 1998. In unserem Buch wird das Bereichsproblem durchgehend beachtet. Sehr prägnant und lehrreich ist nun der Blick aufs BGB von der gutachtlichen Fallbearbeitung her bei *D. Leenen*, Anspruchsaufbau und Gesetz: Wie die Methodik der Fallbearbeitung hilft, das Gesetz leichter zu verstehen, in: JURA 2011, 723–729.

Das öffentliche Recht hat eine lange Tradition von Methodendiskussionen seit dem späten 19. Jahrhundert (Gerber-Laband, Jellinek, Kelsen, Smend, Schmitt, Forsthoff, Müller usw.) wie sie etwa die erwähnten Bände von *Koch* und *Dreier/Schwegmann* (Rn. 1564) dokumentieren und diskutieren. Leider hat man noch kaum die notwendige Verbindung beider Diskussionsstränge in Angriff genommen. Auch im hiesigen Band geschieht das eher wenig.

Eine neue, eigenwillige Ebene eröffnen die **Europarechtler und Rechtsvergleicher**, dezidiert schon *A. Flessner*, Juristische Methode und europäisches Privatrecht (2001), JZ 57 (2002) S. 14–23; *S. Vogenauer*, Die gemeineuropäische Methodenlehre des Rechts – Plädoyer und Programm, ZEuP 2005, 234–263; und etwa *W. Buerstedde*, Juristische Methodik des Europäischen Gemeinschaftsrechts: ein Leitfaden, Baden-Baden 2006; *K. Riesenhuber*, Europäische Methodenlehre. Handbuch für Ausbildung und Praxis (2006), 5. Aufl. Berlin 2015; *Cl. Höpfner* u. *B. Rüthers*, Grundlagen einer europäischen Methodenlehre, AcP 209 (2009) S. 1–36; *G. Hager*, Rechtsmethoden in Europa, Tübingen 2009; *Th. Henninger*, Europäisches Privatrecht und Methode. Entwurf einer rechtsvergleichend gewonnenen Methode, Tübingen 2009; *S. Martens*, Methodenlehre des Unionsrechts, Tübingen 2013; mit Recht zurückhaltender Überblick dazu bei *W. Kilian*, Europäisches Wirtschaftsrecht (1996), 4. Aufl. München 2011, Rn. 347 ff.; kurze kritische Übersicht bei *Rüthers* u.a., Rechtstheorie (s. Rn. 1561), Rn. 648 u. 766 ff. Kritisch zur Rechtsprechung *St. Pötters/R. Christensen*, Richtlinienkonforme Rechtsfortbildung und Wortlautgrenze, in: JZ 66 (2011) S. 387–394. Zu alledem oben Rn. 1496 a ff. und 1507.

9. Für das richtige Auslegen und Unterlegen – zum Mitstreiten, über das, was man darf

Die **normativen Probleme** der Methodenlehre, d.h. ihre Maßstäbe und ihre Richtigkeit sowie ihr Zusammenhang mit den Postulaten des demokratischen **Verfassungsstaats** der Neuzeit und den anderen juristischen Grundbegriffen wie Rechtsbegriff, Rechtsquellenlehre, Rechtsfortbildung usw., werden oft nicht hinreichend deutlich. Eine sehr gründliche Übersicht und Diskussion dazu bietet *F. Müller*, Juristische Methodik (s. o. unter 2.) – eine freilich nicht ganz leichte Lektüre. Prägnant erklärten den Verfassungsbezug *Rüthers* u.a. (Rn. 1561), Rn. 649 ff. Hier wird nun in Rn. 1358 ff. ein etwas konkreterer historischer Durchblick versucht.

Ausführlich, aber besonders informativ und gut zu lesen ist der Überblick unter dem Aspekt Soziologie und Jurisprudenz bei *Hans Ryffel*, Rechtssoziologie. Eine systematische Orientierung, Neuwied 1974, S. 13–114. Die wohltuende gelassene und demokratisch erfahrene Perspektive des Schweizer Juristen und Rechtsphilosophen beachtet die normativen Aspekte von juristischer Methode besonders intensiv. Einen ersten Zugriff bieten etwa *Koller*, Theorie des Rechts (s. Rn. 1561), S. 217f., und 224f., oder *R. Dreier*, Zum Selbstverständnis der Jurisprudenz als Wissenschaft (1971), in ders., Recht – Moral – Ideologie, Frankfurt am Main 1981, S. 48–69, 51ff. Immer noch erfrischend und lehrreich lesen sich zu alledem ebenso das zielklare Plädoyer von *Franssen*, Positivismus als juristische Strategie, in JZ 1969, 766–779, wie die hochkomplexen Vermutungen über den vielleicht gar nicht so wichtigen „künftigen Richter" bei *Simon* (1976, s. Rn. 1569) S. 167ff., und die nachdenklichen Erwägungen bei *Th. Viehweg*, Was heißt Rechtspositivismus? (1968), in: ders., Rechtsphilosophie und Rhetorische Rechtstheorie, Baden-Baden 1995, S. 166–175. Zu der sehr prominent gewordenen Verfassungsgerichtsmethode „Abwägung" jetzt historisch-kritisch *J. Rückert*, Abwägung. Zur juristischen Karriere eines unjuristischen Begriffs, in: JZ 66 (2011) S. 913–923 und oben Rn. 1457ff., sowie konkret *O. Lepsius* u.a., Das entgrenzte Gericht, 2011 (Rn. 1469)

An dieser Stelle ist eine allgemeine Warnung angebracht: Man muss bei diesen normativen Fragen auch **quellenkritisch lesen**, d.h. darauf achten, wer was wann und wo und für und gegen wen schrieb. Für Historiker versteht sich das. Juristen müssen hier aufmerksam sein für gewisse Zitiergemeinschaften oder gar -kartelle, etwa zwischen Öffentlichem und Privatrecht, die bestimmte Meinungen häufen und andere übergehen – eine uralte gut rhetorische und juristisch durchaus plausible Methode, die aber hier in einem primär historischen Durchgang sachlich völlig ungenügend ist.

1577 Einen knappen einfachen Einblick mit Beispielen zur Gesetzesbindung gibt *Schroth* bei *Kaufmann/Hassemer/Neumann/Saliger* (2016, oben Rn. 1561). Für eine bisweilen verwirrende Redeweise ist lehrreich *F.C. Schröder*, Die normative Auslegung, in: JZ 66 (2011) S. 187–194 (nicht nur zum Strafrecht). Die öffentlich-rechtliche Diskussion ist hier besonders ergiebig (s. wieder Dreier/Schwegmann und Koch, Rn. 1574)

Darüber hinaus kann man sich am besten durch Vergleich der großen Modelle in ihren verfassungspolitischen Grundlagen und an anschaulichen Beispielen klar machen, worum es geht. Dabei hilft der vorliegende Band durchweg, da er den roten Faden des Verfassungskontextes stets beachtet.

10. Für besondere Neugier – auch zum Mitdenken

1578 Die Methodenlehre befindet sich seit längerem in starker Bewegung. Die **neuen Stichworte** lauten: Sprachphilosophie und Recht (früher Sprachanalytik), Rechtslinguistik, Folgenbetrachtung, Rhetorische Rechtstheorie und Funktionalismus oder einfach „Neue Theorien des Rechts" (*Buckel* u.a. (Rn. 1491) 2. Aufl. 2009) – zwanzig neue Theorien werden hier geboten, aber fast nichts zu Methode (s. im HISTORISCHEN ÜBERBLICK, Rn. 1492ff.). Offensichtlich schlagen sich hier vor allem neue Vorstellungen vom Gegenstand Recht nieder. Mit solcher Neugier entfernt man sich von der hier betonten Fragestellung. Als Einstieg für diese an sich löbliche fachüberschreitende Neugier empfiehlt sich zunächst der sehr klare und knappe Bericht von *Hilgendorf*, Rechtstheorie (Rn. 1579, hier für Rhetorik, Hermeneutik, Diskursphilosophie, Wissenschaftstheorie, Sozialwissenschaften, Systemtheorie, marxistische und politische Theorie und Rechtslogik, und nun das: Handbuch Rechtsphilosophie, hrsg. von *dems./J. Joerden*, Stuttgart 2017.Einige speziellere Hinweise wären für **Sprachphilosophie und Recht** *Hilgendorf*, Argumentation in der Jurisprudenz, Berlin 1991, und daneben *Koch*, Seminar: Die juristische Methode im Staatsrecht, 1977, und *Koch/Rüßmann*, Juristische Begründungslehre, München 1982; für die **Rechtslinguistik** *F. Müller*, Untersuchungen zur Rechtslinguistik, Berlin 1989, und *ders./Christensen/Sokolowski*, Rechtstext und Textarbeit, Berlin 1997; *Busse*, Juristische Semantik, Berlin 1993 (2. Aufl. 2010); speziell für das Zivilrecht *Schiffauer*, Wortbedeutung und Rechtserkenntnis, Berlin 1979; für die **Folgenbetrachtung** ebenfalls *Koch/Rüßmann* 1982 (s. Rn. 1561) und daneben *Schäfer/Ott*, Lehrbuch der ökonomischen Analyse des Zivilrechts, 4. Aufl. Berlin 2005, S. 15ff., 23ff., 6. Aufl. 2020; sowie *G. Teubner* (Hrsg.), Entscheidungsfolgen als Rechtsgründe – folgenorientiertes Argumentieren in rechtsvergleichender Sicht, Baden-Baden 1995; für die **Rhetorische Rechtstheorie** *Gast*, Juristische Rhetorik. Auslegung. Begründung. Subsumtion (1988), 5. Aufl. Heidelberg 2015, aber auch noch „Altmeister" *Viehweg*. Berühmt wurde seine kleine Programmschrift „Topik und Jurisprudenz", 1953 (zuletzt 1975); lehrreicher ist jetzt *ders.*, Rechtsphilosophie und Rhetorische Rechtstheorie, Baden-Baden 1995; reichhaltig, freilich bis zur Verwirrung, jetzt *Soudry* (Hrsg.), Rhetorik. Eine interdisziplinäre Einführung in die rhetorische Praxis, 2. Aufl. Heidelberg 2005, in der Sache nur zur Rhetorik in der juristischen Praxis; ein eigenes Modell entwirft *K. Gräfin von Schlieffen*, Wie Juristen begründen. Entwurf eines rhetorischen Argumentationsmodells für die Rechtswissenschaft, in: JZ 66 (2011) S. 109–116; für den **Funktionalismus** (auch Systemtheorie und Institutionalismus) gibt es viele sehr abstrakte, ja hermetische Texte, aber auch eine sehr gut lesbare Durchführung an einem für jeden Juristen wohlvertrauten Beispiel von *Drosdeck*, Die herrschende Meinung. – Autorität als Rechtsquelle – Funktionen einer juristischen Argumentationsfigur, Berlin 1989. Zur **Logik und Wissenschaftstheorie** greift man zu *Herberger/Simon* (1980) und *Joerden*, Logik im Recht, 2. Aufl. Berlin 2009 (vgl. Rn. 1563). Anders als der Haupttitel „Deduktion und Invention" nahelegen könnte, geht es bei *Braun* 2016 (Rn. 1561) um Rechtswissenschaft und Methode in sehr weitgespannten Reflexionen, als Fall einer allgemeinen Wissenschaftstheorie. Der philosophische Anspruch ist damit sehr hoch. Gesetzgebung und Gesetzesauslegung werden anti-rechtspositivistisch als grundsätzlich einheitliches Erkenntnisverfahren gesehen. Das ändert natürlich viel. Betont anschaulich und wieder originell führt *Braun* das fort in: Offener und eingehegter Diskurs. Zur Struktur des juristischen Denkens, Berlin 2022. Das muss man natürlich nicht alles lesen – aber studierender Neugier mögen die Hinweise dienen.

11. Der besondere Tipp

Der **besondere Tipp** gilt zuletzt drei Juwelen im Methodenregen: dem glänzenden, sehr klärenden Aufsatz über das vielbeschworene und vielmissbrauchte **Wertungselement** in Recht und Rechtsanwendung: *Podlech*, Wertungen und Werte im Recht, in: Archiv des öff. Rechts 95 (1970) S. 185–223, der inzwischen in Vergessenheit geratenen, sehr eindringlichen „Juristische **Begründungslehre**" von *Koch/Rüßmann* von 1982, und dem unüberholt wertvollen, überall grundlegenden, besonders übersichtlichen und informativen **Standardwerk** des ungarisch-deutschen Gelehrten *Felix Somló*, Juristische Grundlehre, Leipzig 1917, 2. unveränderte Auflage 1927. Dieses Buch gibt einen Eindruck von dem Reichtum und der hohen Qualität der älteren Diskussionen, der neben unserer oft flachen Überblickskenntnis (s. o. unter 4. u. 5.) jeden überraschen wird. Das kann auch unser neuer HISTORISCHER ÜBERBLICK (unter Rn. 1357 ff.) nicht ersetzen.

Die Autorinnen und Autoren

Dr. **Lena Foljanty** war Mitarbeiterin am Lehrstuhl Rückert, habilitierte in Frankfurt am Main für europäische und vergleichende Rechtsgeschichte, Rechtsgeschichte der Neuzeit, Rechtstheorie und Zivilrecht, war Referentin am Max-Planck-Institut für europäische Rechtsgeschichte und ist inzwischen o. Professorin für Globalisierung und Rechtspluralismus an der Universität Wien.

Dr. **Ralf Frassek** ist Privatdozent für Bürgerliches Recht, deutsche und europäische Rechtsgeschichte an der Martin-Luther-Universität Halle-Wittenberg.

Dr. **Hans-Peter Haferkamp** ist Professor für Bürgerliches Recht, Neuere Privatrechtsgeschichte und Deutsche Rechtsgeschichte an der Universität zu Köln.

Dr. **Thorsten Hollstein** war Mitarbeiter am Lehrstuhl Rückert und ist derzeit tätig in der Steuerverwaltung Hessen.

Dr. Dr. Dr. h.c. **Christian Kirchner**, LL.M. (Harvard), war Professor für deutsches, europäisches und internationales Zivil- und Wirtschaftsrecht und Institutionenökonomik an der Humboldt-Universität zu Berlin, verstorben 2014.

Dr. **Frank Laudenklos** war Mitarbeiter am Lehrstuhl Rückert und beteiligt an der Konzeption der ersten Auflage, derzeit Rechtanwalt und Partner bei Freshfields Bruckhaus Deringer in Frankfurt am Main.

Jutta C. Manegold (geb. Oldag) nahm teil am Seminar zur „Neueren Methodik des Zivilrechts" im Sommer 1994, derzeit Rechtsanwältin in Düsseldorf.

Dr. **Felix Maultzsch**, LL.M. (NYU), ist Professor für Zivilrecht, Zivilprozessrecht, Internationales Privatrecht und Rechtsvergleichung an der Goethe-Universität Frankfurt am Main.

Dr. **Milena Maurer** war Mitarbeiterin am Lehrstuhl Rückert und ist Rechtsanwältin in Frankfurt am Main.

Dr. **Thomas Pierson**, M.A., war Mitarbeiter am Lehrstuhl Rückert, ist inzwischen Privatdozent in Frankfurt am Main für Bürgerliches Recht, Deutsche und Europäische Rechtsgeschichte, Privatrechtsgeschichte der Neuzeit und Juristische Zeitgeschichte, derzeit wissenschaftlicher Mitarbeiter an der Justus-Liebig-Universität Gießen.

Dr. **Michael Rohls**, LL.M. (Berkeley), war Mitarbeiter am Lehrstuhl Rückert und beteiligt an der Konzeption der ersten Auflage, derzeit Rechtanwalt und Partner bei Freshfields Bruckhaus Deringer in München.

Dr. Dr. h.c. **Joachim Rückert** war Professor für Neuere Rechtsgeschichte, Juristische Zeitgeschichte, Zivilrecht und Rechtsphilosophie an der Goethe-Universität Frankfurt am Main.

Dr. **Philipp Sahm**, LL.M. (EUI Florenz), ist Rechtsanwalt und Partner bei Advant Beiten in Frankfurt am Main.

Birgit Schäfer wirkte im Sommer 1994 mit am ersten Seminar zur „Neueren Methodik des Zivilrechts".

Die Autorinnen und Autoren

Dr. Ralf Seinecke, M.A., war Mitarbeiter am Lehrstuhl Rückert, promovierte über Rechtspluralismus, arbeitet an seiner Habilitation und ist Wissenschaftler am Max-Planck-Institut für Rechtsgeschichte und Rechtstheorie in Frankfurt am Main.

Dr. Marion Träger wirkte im Sommer 1994 mit am Seminar zur „Neueren Methodik des Zivilrechts", als Rechtsanwältin und seit 2018 im Rechtsamt der Stadt Memmingen tätig.

Dr. Wilhelm Wolf war Mitarbeiter am Lehrstuhl Rückert und beteiligt an der Konzeption der ersten Auflage. Seit 2022 ist er Präsident des Staatsgerichtshofs des Landes Hessen und seit 2024 Präsident des Hessischen Landessozialgerichts.

Personenregister

Die Zahlen verweisen auf die Randnummern. **Fettsatz** verweist auf den Artikel in diesem Band. Die Bibliographie ist nicht einbezogen.

Amado, Juan Antonio Garcia 1471, 1479, 1495
Alexy, Robert 1396, 1477 ff.
Apel, Karl-Otto 15
Arndts, Ludwig 293
Arnim, Achim von 121
Arnold, Wilhelm 265
Austin, John 100

Bachofen, Johann Jakob 289 f.
Badura, Peter 114
Baron, Julius 293
Bekker, Ernst Immanuel 3, 9
Benjamin, Hilde 1487
Bennigsen, Rudolf von 288
Bentham, Jeremy 35
Beseler, Georg 162, 164 f., 231
Betti, Emilio 1441
Binder, Julius 9, 585
Bismarck, Otto von 306
Böckenförde, Ernst-Wolfgang 116
Böhm, Franz 931, 1544
Braun, Johann 1489
Brentano, Clemens 90
Brentano, Lujo 290 f.
Brinz, Alois von 293
Browne-Wilkinson Lord 1354
Brox, Hans 923
Bydlinski, Franz 3, 880

Calabresi, Guido 1210 ff.
Canaris, Claus-Wilhelm 3, **991 ff.**, 1396, 1400, 1531, 1541
Coase, Ronald 1210 ff., 1280
Coing, Helmut 3, 18, 536, **810 ff.**, 1400, 1434 ff., 1444 f., 1467, 1502, 1519 f., 1537
Comte, Auguste 1455 a

Dahlmann, Friedrich Christoph 238
Dahm, Georg 318
Davidson, Donald 1492
Denning, Lord 1353
Dernburg, Heinrich 3
Derrida, Jacques 1139, 1143, 1492
Dilthey, Wilhelm 825, 837 f.
Dreier, Ralf 1480
Durkheim, Emile 1455 a

Dworkin, Ronald 14, 1396

Ehrlich, Eugen 3, 9, 615, 1407 ff., 1455 a, 1455 d, 1499
Eisenberg, Melvin 1339
Endemann, Friedrich 3
Engels, Friedrich 280
Engisch, Karl 119
Enneccerus, Ludwig 9, 502 ff.
Esser, Josef 18, 26, 29, 40, 73, 353, 536, 570, 699 ff., **755 ff.**, 861, 884, 1149, 1434, 1444, 1502, 1519 f., 1531, 1542 ff.
Eucken, Walter 1438

Feuerbach, Anselm von 90
Fichte, Johann Gottlieb 125, 179, 1400
Fikentscher, Wolfgang 3, 880, 1137
Flume, Werner 592, 634
Fontane, Theodor 288
Forsthoff, Ernst 923
Frank, Hans 947
Friedrich, Carl Joachim 20
Fuchs, Ernst 1407, 1410 f., 1455 h, 1499,
Fuller, Lon 959
Furubotn, Eirik 1280

Gadamer, Hans-Georg 839
Gans, Eduard 116, 132, 215
Gardiner, Lord 1343
Gärtner, Gustav Friedrich 88
Geiger, Theodor 1455 a
Gény, François
Gerber, Karl von 9, 354
Gierke, Otto von 314, 615, 1496 d
Glück, Christian Friedrich 295
Goethe, Johann Wolfgang von 428
Goff, Lord 1354
Gorbatschow, Michail 955
Grimm, Jacob 79, 121
Grimm, Dieter 1388
Guardini, Romano 15

Habermas, Jürgen 15, 1480
Hallstein, Walter 17, 1534
Hale, Sir Matthew 1318
Hart, Herbert L. A. 14
Hartmann, Nicolai 9, 1438, 1467
Hasse, Johann Christian 184

Personenregister

Hassemer, Winfried 949
Haupt, Georg 614, 619, 635
Hayek, Friedrich August von 1553
Heck, Philipp 9, 24 ff., 42, 59, 263, 353, 428 ff., 602, 604, 680, 761, 847, 861, 935, 942, 947, 956, 960, 968, 1376 ff., 1413 ff., 1434, 1469, 1477, 1500, 1513 ff, 1531 ff., 1550
Hedemann, Justus Wilhelm 3, 495
Hegel, Georg Wilhelm Friedrich 9, 15, 115 f., 125, 132, 179, 215, 218, 255, 279, 359, 409, 1000, 1047, 1400, 1519
Heidegger, Martin 15
Henrich, Dieter 115
Herschel, Wilhelm 980
Hesse, Konrad 1081, 1465 ff., 1503
Hirsch, Günter 949
Hobbes, Thomas 1231, 1389
Hoffman, Lord 1354
Hölderlin, Friedrich 115, 121
Hollstein, Thorsten 1435
Holmes, Oliver Wendell 963
Horkheimer, Max 1521
Huber, Ernst Rudolf 1436
Hugo, Gustav 22, 117, 127, 176 ff., 224
Hume, David 176 ff, 195
Humboldt, Wilhelm von 87
Husserl, Edmund 1438
Husserl, Gerhart 9, 587

Immermann, Karl 288

Jaspers, Karl 15, 660
Jhering Rudolf von 3, 9, 11, 32, 99, 188 f., 264 f., 280 ff., **352 ff.**, 430, 490, 942, 956, 1362 ff., 1498, 1511 f., 1531
Justinian 97, 150 f., 167, 270

Kant, Immanuel 9 f., 15, 112 f., 115, 197, 199, 291, 335, 359, 1000, 1369, 1400, 1405, 1449, 1508 a, 1555
Kantorowicz, Hermann 9, 919, 1407 ff., 1477, 1498
Kaufmann, Arthur 12, 15, 1481
Keller, Friedrich Ludwig 293
Kelsen, Hans 775, 1008, 1455 a, 1537
Kipp, Theodor 292
Klerulff, Johann Friedrich 231
Kohler, Josef 950, 1441
Kondylis, Panajotis 115
Krafft, Christian 216
Kriele, Martin 20
Krupp, Alfred 288

Kübler, Friedrich 1248 f.
Kuntze, Johannes Emil 290, 294, 310

Laband, Paul 314
Landsberg, Ernst 264
Lange, Heinrich 10, 26, **536 ff.**, 1424 ff., 1501, 1516 ff., 1531 ff.
Larenz, Karl 8 ff., 18, 25 ff., 318, 353, 536, 570, **580 ff.**, 861, 1047, 1060 f., 1123, 1400, 1424 ff., 1444, 1477, 1488, 1501 f., 1516 ff., 1531 ff.
Lassalle, Ferdinand 288
Lehmann, Heinrich 3, 495,
Leibniz, Gottfried Wilhelm 1394
Leonhard, Rudolf 290, 294, 306
Loewenfeld, Theodor 306
Lotmar, Philipp 3, 9, 306
Luhmann, Niklas 15, 1139 ff.
Luig, Klaus 42, 987

Marx, Karl 88, 132, 280, 956, 1455 a
Maunz, Theodor 1466
Medicus, Dieter 1047 f.
Merkel, Adolf 10
Mestmäcker, Ernst-Joachim 1544
Michael, Lothar 1471
Modestinus 269, 274
Mörike, Eduard 1079
Möser, Justus 177
Mühlenbruch, Christian Friedrich 267, 273
Müller, Friedrich 20, 26 f., **1081 ff.**, 1207, 1519 ff., 1531, 1548, 1553
Müller-Erzbach, Rudolf 541

Naucke, Wolfgang 1491
Neumann, Ulfrid 1479 ff.
Nietzsche, Friedrich 1492
Nipperdey, Hans Carl 3, **493 ff.**, 861, 1434, 1443 ff., 1461, 1502, 1537
Nußbaum, Arthur 1455 a, 1455 h

Oertmann, Paul 3, 9, 311, 586
Oppenheimer, F. 1455 a

Patzig, Günther 1480
Pawlowski, Hans-Martin 3, 880
Posner, Richard 1210 ff.
Pound, Roscoe 1455 a
Puchta, Georg Friedrich 3, 9, **213 ff.**, 280, 293, 314, 323, 354, 1363 ff., 1477, 1498, 1531
Pringsheim, Fritz 659

Personenregister

Radbruch, Gustav 32, 39, 787, 821, 1442, 1502, 1518, 1537
Raiser, Ludwig 17, 1541
Rawls, John 14
Reifner, Udo 985
Reinach, Adolf 9
Reyscher, August Ludwig 88
Richter, Rudolf 1280
Riedel, Manfred 1482
Rittner, Fritz 1245
Röpke, Wilhelm 1438
Rothacker, Erich 1438
Rothenberger, Curt 599
Rotteck, Karl von 126
Rudorff, Adolf August Friedrich 265, 314
Rümelin, Max 293, 431, 1419
Rüthers, Bernd 3, 11, 42, **922 ff.**
Ryffel, Hans 1455 a, 1455 f

Savigny, Friedrich Carl von 3 ff., **76 ff.**, 217, 225 ff., 268 ff., 279, 280, 289, 295, 323, 329, 334 f., 354 ff., 836, 945, 965, 1363 ff., 1387 ff., 1474, 1496 d, 1498, 1508 b, 1526 f., 1531, 1553 f.
Schaffstein, Friedrich 1436
Scheler, Max 9, 817, 1438
Schelling, Friedrich Wilhelm 115, 179, 218, 254, 279, 1400
Schelsky, Helmut 1479
Schleiermacher, Friedrich 149, 837, 1441
Schlegel, Friedrich 87, 115
Schlegelberger, Franz 17
Schmidt-Leichner, Erich 1430
Schmidt-Rimpler, Walther 570
Schmitt, Carl 318, 602, 618, 923, 945, 1424 ff., 1467, 1501
Schönfeld, Walther 318
Schott, Richard 539
Schröter, August Wilhelm 264
Seuffert, Johann Adam von 293 f.
Siebert, Wolfgang 615
Simon, Dieter 949
Sinzheimer, Hugo 9
Smend, Rudolf 1441, 1458, 1467
Smith, Adam 179
Sohm, Rudolf 319, 1377, 1381

Somló, Felix 10
Stahl, Friedrich Julius 229
Stammler, Rudolf 9
Stampe, Ernst 1407, 1410, 1457, 1469, 1499
Stein, Lorenz von 956
Stoll, Heinrich 431, 1419

Tasche, Friedrich 635
Teubner, Gunther 3, **1136 ff.**, 1523, 1531, 1546
Thibaut, Anton Friedrich Justus 79, 97, 120, 164, 293, 303
Tönnies, Ferdinand 1438
Triepel, Heinrich 1419
Tuhr, Andreas von 615

Viehweg, Theodor 9, 861, 1037, 1441, 1482

Wach, Adolf 1441
Wassermann, Rudolf 1448, 1503
Weber, Max 306, 1438, 1455 a, 1455 e
Welcker, Carl Theodor 88
Welzel, Hans 9
Wesenberg, Gerhard, 17, 79
Westermann, Harry 3, 923, 1434 ff., 1444, 1502
Weyel, Rudolf Anton 1552
Wieacker, Franz 8 ff., 318, 536, **656 ff.**, 861, 1434 ff., 1444, 1463, 1502, 1531 ff.
Wiethölter, Rudolf 25 f., 39, **878 ff.**, 1024, 1139, 1412, 1448, 1477, 1493, 1503, 1521 ff., 1531, 1543 ff.
Wilhelm, Jan 1072 f.
Windscheid, Bernhard 3, 9, 103, **280 ff.**, 354, 357, 992, 1363 ff., 1454, 1477, 1496 d, 1498, 1531
Wittgenstein, Ludwig 950, 1555
Wolf, Erik 318
Wolff, Christian 191
Wolff, Martin 3
Würtenberger, Thomas 1466
Wüstendörfer, Hans 1455 h

Zippelius, Reinhold 1466

Stichwortverzeichnis

Die Zahlen verweisen auf die Randnummern.

Abhängigkeit, richterliche 162
Abstraktionsprinzip 1052
Abwägung 19, 59 ff., 68 ff.
- eindeutige 894
- Flucht in die 1001
- konzeptuelle Herkunft 1472
- Maßstab 71, 1017
- philosophische 1457
- politische 1457
- vorschnelle 1468
Abwägungsjurisprudenz 42, 289, 1001, 1372, 1457 ff.
- Übersicht zur 1505
AGB 307
Ähnlichkeitsurteil 716
Aktenversendungsverfahren 239
Allgemeines Bürgerliches Gesetzbuch 1811 1391
Allgemeines Landrecht 1794 284, 1391
Allgemeinheit des Gesetzes 15
Analogie 153, 261 ff.
- strafrechtliches Analogieverbot 66
analogy 1346 ff., 1355
Ancien Régime 21, 316
Angehörigenbürgschaft
- Vertragsfreiheit, BGH 1193 ff.
Angemessenheit, „praktisch" 672
announcement approach 1339
Anreizwirkung 1251e f., 1251k, 1251n f., 1251s
Anweisung im Kondiktionsrecht 1049 ff.
Anwendung 90
- allgemeiner Regeln 670 f.
- als Rechtssetzung 886
- als Wertentscheidung 834
- des Rechts 944, 1204
- des Rechts als Kunst 149
- unpolitische 893
- Vorrang der 1132
Argumentation
- juristische 1148 ff.
- Performativität der 1156 f., 1161 f.
- plausible 996 ff.
- Topoi der 1170 ff.

Argumentationsjurisprudenz 1476 ff.; s. Argumentationstheorie
- Übersicht zur 1506 ff.; s. Argumentationstheorie
Argumentationstheorie 1476 ff.
- Übersicht zur 1506 ff.
Argumente
- soziologische 1179 ff.
argumentum
- a maiore 65
- a minore 65
- a simile 65
- e contrario 65
- e principio 65
Aufklärung 881
Aufwertungsurteil 478
- Fortbildungsinteresse 485
- Stabilitätsinteresse 485
- Währungsgesetze 483
Auslegung 32, 59 ff., 99, 160 ff., 182, 242 ff., 361 ff., 836 ff., 949 ff., 997 ff., 1285 ff.
- als Darlegung 323 ff.
- als Kunst 323 ff., 335 ff.
- Architektonik der 137 ff.
- bei „gesundem Zustand" des Gesetzestextes 143 ff.
- bei „mangelhaftem Zustand" des Gesetzestextes 145 ff.
- der Gesetze 78, 99, 135 ff., 222, 324, 366, 451, 504, 568, 606, 1048, 1110
- des Rechtsgedankens 1488
- Dogmen der 137 ff.
- Dreistufenmodell 969 f.
- durch Interpretation 1101
- Gefahr der willkürlichen 853
- genetische 1111
- gerechtigkeitskonforme 860
- grammatische 76, 326, 1111
- Grenzen der 62, 1128
- historische 52 ff., 76, 326, 781, 968 ff., 988, 1514
- „individualistisch-freiheitliche" 168
- interessengemäße 455
- interessengliedernde 454
- logische 76, 144, 149, 326
- mechanische 151

Stichwortverzeichnis

- objektive 141, 190, 781, 806, 949 ff., 1441, 1491
- Probleme der 137
- richtlinienkonforme 1010
- subjektive 141, 190, 810
- „subjektiv-historische" 451, 845
- systematische 76, 1111 f.
- teleologische 58, 77, 328
- „unbegrenzte" 973, 982, 985; s. 923
- und Rechtsfortbildung 834
- verfassungskonforme 1007 ff.
- von Willenserklärungen 365
- „wahre" 187, 192
- zivilrechtliche 1018 ff.
- zur Legitimation des Ergebnisses 786 ff.

Auslegungskanon 15, 142, 148, 157, 836 ff., 995 ff., 1526; s. canones
- hierarchiefreier 998
- normativer 840
- Rangproblem des 1206

Auslegungsmethoden 44; s. canones

Auslegungsverbot 150 f., 1391

Autologik 1144

Autonomie 9, 118 ff.
- der Rechtsgemeinschaft 463
- der Rechtswissenschaft 410, 1244 ff.
- des Rechtssystems 398
- und allokative Effizienz 1196

Barrister 1320

Bedeutung gegen sprachliche Eleganz 298

Begehrungsdispositionen 437

Begriff
- Entwicklung des 331
- scharfer 300
- und Zweck 1384
- Zeichenwert des 1099
- Zerteilung des 332

Begriffsbildung 296
- durch Verallgemeinerung 1378
- zum positiven Recht 1381 ff.

Begriffshimmel 387, 410

Begriffshof 59

Begriffsjurisprudenz 15, 42, 264, 278, 280 ff., 334, 352 ff., 758, 1359 ff.
- Abschied von der 411 ff.
- als notwendige Begriffsarbeit 1513
- als Prinzipienjurisprudenz 1401; s. Prinzipienjurisprudenz
- als Regelfall 568
- als Willkürabwehr 1398

- gesetzespositivistische 1511
- Kampf gegen die 476
- Kritik der 300
- normative Orientierung der 292
- notwendige 1369
- Übersicht zur 1498
- unreflektierte 1048
- Wertungsdefizit der 554

Begriffskern 59

Begriffsrealismus, metaphysischer 319

Besitz 269 ff.

Bestimmtheit des Rechts 160

Bewusstsein, allgemeines 172

BGB 297, 315, 321, 341 ff., 676, 1398 ff.
- Entstehung des 284
- Kommission 1368
- „Soziale Frage" 1403

BGH 1058

Billigkeit
- Erwägung von 346
- individuelle 828
- richterliche 700, 736

Bindungswirkung 954

bona fides 340; s. Guter Glaube

Bundesverfassungsgericht, Judikatur des 1459

Bürgschaft, „ruinöse" 1192 ff.

canones 44 ff., 76 ff., 142, 148, 189, 193 f., 199, 368, 836 ff., 995 ff., 1526; s. Auslegungskanon
- als Argumente 999, 1018
- Vorrang des telos 1019

case law
- Geschichte des 1318 ff., 1330 ff.
- Grundprinzipien 1330 ff.
- im englischen Recht 1314 ff.
- neuere Entwicklungen 1352 ff.

Charakter 290

Checks and Balances 861

Code civil 1804 1391

cognitio ex datis 115

cognitio ex principiis 115

common law 1210 ff., 1319 ff., 1552; s. case law

contra legem 733

Corpus Iuris 94, 119, 139, 284, 358, 396, 410

Court of Appeal 1340 ff., 1348, 1356

Stichwortverzeichnis

culpa in contrahendo 338 ff.
Culpalehre 26, 182 ff.

Darstellung 1476
– Offenheit der 1495
Deduktion 708
Demokratie 33
– pluralistische 316
– repräsentative 9
Demokratiegebot 39
Deutung der Wirklichkeit 111
Dezisionismus 1132, 1151
– bei Carl Schmitt 1425
Dialektik
– im Recht 1036 ff.
Digesten 96, 284, 358
Diskurstheorie 1151
dissenting opinion 1327, 1356
distinguishing 1346 ff., 1355
dogmata 36
Dogmatik 182, 664
– als Konstruktion 368 ff.
– als Philosophie 407 f.
– als Rechtsfortbildung 804
– Argumente der 1168 f.
– Aufgaben der 667
– bewusste 1420
– der Rechtsfindung 785 ff.
– des Bürgerlichen Rechts 536
– Ergänzung der 1038
– Kritik der 1214
– Regellosigkeit der 1046
– Selbstkontrolle durch 760
– Stabilität durch 808 f.
– Stimmigkeit durch 808 f.
– Stimmigkeitskontrolle durch 794
– und Methode 993 ff.
– Wert von 342
Drittwirkung 531 ff., 1199 ff.
– grundrechtliche 70
– mittelbare 1015 ff.
– unmittelbare 519
Drittwirkung von Grundrechten 1459
Durchgangserwerb 267 ff.

Effizienz 1210
– als Wert an sich 1546
– bei unfreiwilligem Austausch 1226
Eigentum und Naturzustand 1231
Einheit 115 ff.
– der Rechtsordnung 376, 737 f.
– des Rechts 152
– durch Moral und Geschichte 827 ff.
– innere 113
– natürliche 132
– von Recht und Gesetz 553
Einlegung 958
Einsicht, apriorische 820
Entfremdung 1449
Entscheidbarkeit als Regel 1453
Entscheidung 29 f., 69, 292
– als Topik 832
– Bestimmungsgründe der 712
– des Einzelfalls 1460 f.
– Endpunkt der 1131
– Folgenberechnung einer 1210
– gerechte 568
– gesetzgeberische 1476
– Illusion der richtigen 1453
– institutionalisierter Rahmen von 1553
– Kriterien für die 688 ff.
– Maßstab 695
– „normfreie" 795
– persönliche 679
– Rationalität der 1552
– richterliche 446, 688 ff.
– „sittliche" 847 f.
– Spielraum des Richters 1514
– Vorhersehbarkeit der 694
– Willenselement der 846
Entscheidungsbindung durch Methode 301
Entscheidungsnorm 1118, 1124
Entwicklung 103
Equal Justice under Law 861
equity-Rechtsprechung 1323 f.
Erkenntnis, kognitive 679
Erkenntnisinteresse 34
Erkenntnisprobleme 143
Erkenntnisquelle, Analogie keine 764
Ermessen, richterliches 576
Erweckungsbewegung 216
EuGH, Motor der Integration 1496
Europäische Menschenrechtskonvention 1353
Europäische Union 1353
Europarechtliche Methode 1496 ff.
exceptio doli 735 ff.
Expertenhaftung 1180

„faktischer Vertrag" 26, 798 ff., 1427;
   s. Vertrag
Fallvergleich 67, 71, 716, 751, 1466, 1469, 1505, 1508b ff.
Fin de siècle 1402
Fleetfall 1109 ff.
Folgenabschätzung 1552
– Probleme der 1244 ff.
Folgenberücksichtigung 1202
Form 11, 144
Formalismus 15, 88, 1395, 1399
– begriffsjuristischer 281
– des bürgerlichen Rechts 1364
– im common law 1323
– juristischer 690
– Kritik 1449
forms of action 1321
Fortschritt, Träger von 316
Fortschrittsglaube bei Jhering 1385
Fragment 135, 160, 396
Frankfurter Schule 880, 889, 1544
Frau, Rechtsstellung der 292
Freiheit 165 f., 195 f., 215 f., 239, 255 ff.
– der Gerichte 14
– durch Berechenbarkeit 547 f.
– gleiche 1397
– offene 166
– Pluralität von Gerechtigkeit 937
– Recht als Mittel zur 177
– schützende 166
– und Bindung 375, 772
– und Gleichheit 931
– und Wertmaßstab 916
– von Widersprüchen 1084
Freirechtsbewegung 15, 42, 318
Freirechtsschule 477, 617, 919, 1088, 1376, 1380 f., 1402 ff.
– Kritik der 709
– Maßstabsdefizit der 554
– Übersicht zur 1499

Ganzheit 4
– Blick für 111
– Idee der 119 f.
– und Einzelheit 139, 200
– und Einzelnes 128
Gebotsbildung, wertende 457
Gefährdungshaftung 1232 ff.

Gehorsam
– denkender 687, 761, 847, 959 ff., 986, 1462, 1500
– interessenmäßiger 450, 1417
– richterlicher 1441 f.
Geist 174
– der Gesetze 145, 950, 1441
– des Rechts 385 ff., 410
– und Buchstabe 422
Geliebtentestament 865 ff.
Geltung 1101
Gemeines Recht 224
Gemeines Römisches Recht 284
Gemeinschaftsverhältnis, personenrechtliches 980
Generalklausel 563, 570, 723 ff., 765, 864 ff., 893, 945, 1137
– § 812 BGB als 1061
– Auffüllung einer 664
– rechtsändernde Funktion 981
– richterrechtliche 976
– und Wertentscheidung 914
Gerechtigkeit 72 ff.
– als Höchstwert 815
– außergesetzliche 690
– „belebte" 833
– bewusste 292
– des Einzelfalls 672, 718
– ganzheitliche 548
– „gemeinschaftsbestimmt" 545
– im Nationalsozialismus 550 f.
– im Recht 1167 f.
– juristische 1190
– normativer Gehalt von 72
– Sinn für 284
– und Argumentation 1186 ff.
– und Effizienz 1248 ff.
– unmittelbare 1419
Gerichte im englischen Recht 1340 ff.
Geschäftsgrundlage 289, 311, 569 ff.
Geschichtslosigkeit 954
Geschlossenheit, systemische 1089
Gesellschaftsordnung 281
Gesetz
– als Text 842
– „ästhetisches" 375
– Buchstabe des 145
– Festigkeit des 309
– Geist des 145
– „logisches" 375 f.
– positives 375

Stichwortverzeichnis

- Rechts-Gedanke 80
- und materielle Werte 826
- und Moralvorstellung 868
- ungerechtes 684
- Wille des 950

Gesetzesanwendung
- „bloße" 549
- und Lückenfüllung 764

Gesetzesbegriff, materieller 823

Gesetzesbindung 858 f., 935, 964, 986, 989 f., 1119 f.
- Abschied von der 1517
- offene 831
- relative 815, 877
- richterliche 39, 781 ff.
- teleologische 860
- unverzichtbare 823

Gesetzesflut 1404

Gesetzesherrschaft 677

Gesetzesinterpretation im englischen Recht 1316

Gesetzeslücken 962 f.

Gesetzesmaterialien 52

Gesetzesrecht 763 ff.

Gesetzgeber 302

Gesetzgeber, willkürlicher 813

Gesetzgebung 97, 1210
- politische 564 ff.
- Rolle der 781 f.
- zur Rechtserneuerung 560 ff.

„gesundes Volksempfinden" 554

Gewaltenteilung 151, 322, 344, 781 ff., 1126, 1514

Gewerbeordnung 315, 321

Gewohnheit 1319
- im englischen Recht 1331

Gewohnheitsrecht 146, 231 f., 242 ff., 259, 278, 309, 601, 779

Gleichbehandlung 33, 669 ff., 685

Gleichheit
- als Illusion des Liberalismus 550
- Kritik der 549

Gott 216, 255 f., 279

Göttinger Sieben 238

Grundgesetz 519 ff., 531 ff., 697, 1194
- als Wertordnung 1433
- Doppelorientierung des 1450
- und Wertbezug 1538 f.

Grundrechte 519 ff., 531 f.

Gründungsparadoxie 1144

Grundwerte, Unverzichtbarkeit der 972

gun-man-Modell 100, 198

Güterabwägung 42, 1460

Guter Glaube 340

Güterkollision 1459 ff.

h.M. 53

Haftung
- Fragen der 338
- im Netzwerk 1174
- objektive 341

Handlungsfreiheit, allgemeine 520, 533, 1194

Handlungslogik, konfligierende 1197 f.

Hermeneutik 221 f., 603, 612, 759, 1519 f.
- allgemeine 837 ff.
- der Rechtsfindung 785 ff.
- Esser 788
- geisteswissenschaftliche 149
- juristische 15, 99, 1441 f.
- Larenz 603
- textliche 193

Hierarchie 80

Hierarchisierung 224

High Court 1340

Historische Rechtsschule 359

Historische Schule 88

Homo oeconomicus 1251i, 1251s

House of Lords 1327, 1340 ff., 1348; s. Supreme Court, UK

Humanität 821

Idealismus 128, 1488
- begrifflicher 1513
- eigentlicher Gedanke 329 f.
- philosophischer 1369

„Idee und Wirklichkeit" 128, 197

Individualismus 167 ff.

Individuum, freiheitliches 308

Induktion 709 f.

Infiniter Regress 1405

Instanzenzug im englischen Recht 1340 ff.

Institutionen 1251g f., 1251j ff., 1251n, 1251r f.
- bei Puchta 264 ff., 274 f.

Institutionenökonomie 1522, 1547

Interessen, Erforschung von 450

Stichwortverzeichnis

Interessenjurisprudenz 42, 428 ff., 617, 710, 761, 846 ff., 956, 1088, 1207, 1376, 1380 f., 1402 ff., 1457, 1514
- jüngere 680
- Maßstabsdefizit der 554
- Methodenlehre der 1413 ff.
- Übersicht zur 1500
- Wertungsmaßstab der 694

Interessentheorie, genetische 437 ff.
Interpretation 90, 102 f., 229 ff., 259
- authentische 137
- Bestimmtheitsdefizit der 1214
- objektive 837
- topische 843
- und Sachverhaltsbezug 1101
- usuelle 137

Interventionsrecht 21
Inversionsmethode 263, 439, 465
ius commune 284, 725, 735; s. Gemeines Römisches Recht
- Zeitlosigkeit des 743 f.

iustitia 90

Jedem das Seine 546 ff., 550
Judicial legislation, Unvermeidlichkeit der 784
Jurisprudenz
- als autonome Wissenschaft 1085
- als Kunstfertigkeit 1320
- Festigkeit der 828
- kritisch-politische 1447 ff.
- politische 878 ff.
- soziologische 1142
- Übersicht zur kritisch-politischen 1503
- „wahre" 1060

„Jurist als solcher" 103, 313, 315, 319, 885, 1023, 1383
- falsche Polemik 1454

Juristenausbildung, einstufige 1452
Justiz 238 ff.
Justizbändigung 1470

Kaldor-Hicks-Theorem 1223 f., 1235
Kampfklausel 987
Kasuistik 293, 698
- als Richtschnur 776
- als Wertsystem 556
- Arbeit mit 778
- bestimmt Inhalt der Gesetze 768
- Kritik der 1394

„Kauf bricht nicht Miete" 307

Kieler Schule 537, 589
Klinik des Rechts 782, 1408
Kodifikationen des 18. und 19 Jahrhunderts 1388 ff.
Kollision von Normen 1469
Kombinatorik 1141
Kommentierungsverbot 1391
Kommentierverbot 151
Kommunikation 777
- von Recht und Moral 774
Konflikt
- Lösung von 198
- Vermeidung von 198
Konfliktstheorie 440
- Entscheidungsinteressen 442
„konkrete Ordnung" 1520
- bei Carl Schmitt 1425 ff.
Konkretes Ordnungsdenken 618
Konstruktion, juristische 369 ff.
Kontingenzkontrolle durch Prinzipienbildung 717
Korrektur, wertende 1059
Korruption, strukturelle 1181
Kosten-Nutzen-Rechnung 1223 f.
Kreativität 1155
Kritik
- Gesetzeskritik 133
- und Ausblick 140
Kultur, „Cultur" 121
Kündigungsschutz 973 ff.

Laiengerichte 162
„law in action" 768
leading opinion 1327
Lebenspartnerschaftsgesetz 988
Legaldefinition 48
legal realism 1151
legal reasoning 772
lex ante casum 1093 f.
lex contractus 927
Liberalismus 287
- Antiliberalismus 318
- emanzipatorisch-sozialer 321
- juristischer 9
- klassischer 291
- und Eigennutz 548
- Wertungsdefizit im 548
libre recherche 772, 1408

Stichwortverzeichnis

Logik, formelle und inhaltliche 363
Lücken 4
- der Rechtsordnung 448
- Füllung von 258 ff., 278
Lüth-Urteil 1469

Maßstab, Praxis als 1000
Mauerschützenprozess 74
Menschenrechte, Geschichtlichkeit der 321
Menschenwürde 519, 521 f.
- und Effizienz 1249
Metaphysik 389
- des Rechts 928
- im Recht 1034 ff.
- juristische 1079
- pragmatische 404 f.
- spekulative 374 f.
- und Rechtspraxis 399 ff.
Methode 181, 280 ff.
- aus dem Einzelfall 1047 ff.
- begrenzte 346
- der Kollisionsregeln 895
- Ehrlichkeit der 951, 995
- Festigkeit durch 298
- Grenzen der 1080
- historische 94
- Inversion der 263
- keine zwingende 717
- klassisch-juristisch 17
- Mitschuld der 1422
- „naturhistorische" 410
- neue 17 ff.
- normatives Element 28
- Programm der 254
- Rang der 326
- teleologische 1496
- Verfahrensregeln als 1476
- Vorrang der Rechtspolitik 559
- „wahrhaft-historische" 109 ff.
- „weiche" 1554
- wertkritische 844
- Wert von 11
- wissenschaftliche 102 ff.
Methodenehrlichkeit 1078
Methodenfragen 323 ff.
Methodenfragen als Verfassungsfragen 2, 20, 38 ff., 148 ff., 282, 720, 938, 957, 959, 984, 1104 f., 1120, 1379, 1388, 1406, 1418
- bei Nipperdey 1435
- Kompetenzzuweisung 1410

Methodengeschichte als Erkenntnisinstrument 1508
Methodenkritik 941 ff., 1447
Methodenlehre 33 ff., 206 ff., 220 ff.
- Abschied von der 1493
- als Begründungslehre 986
- als Disziplinierung 1131 f.
- als Umdeutungsbremse 987
- als Wertungsproblematik 759
- dualistische 815
- Einseitigkeiten der 1375 f.
- Formale Verwirklichung von Wertentscheidungen 938
- Geschichte der 41 ff., 1393
- im Nationalsozialismus 544 ff.
- im NS 1532
- interessenjuristische 432
- keine bestimmte Rangfolge 705
- Kontinuitäten in der 537
- Kritik an der 757 ff.
- nach 1945 567 f.
- nachpositivistische 1083 ff.
- neuer Bezugsrahmen nach 1945 1537 ff.
- Politikvorbehalt in der 1533
- pragmatische 811, 877
- rechtstaatliche 1455
- und Sozialwissenschaft 1438
- verfassungstreue 935
- Wertneutralität 948
Methodenproblem 224
Methodenregeln 32 ff.
- historisch-kritische 38
Methodenwahl
- im Dienst der Rechtspolitik 554, 568
- Schwerpunkte bei der 1005
Methodik im englischen Recht 1314 ff.
Minderjährigenschutz 807
Mythologie 255

Nachfragegesetz 1216 ff.
Nationalsozialismus 491, 513 f., 536 ff., 550 ff., 593 ff., 947, 981, 1421 ff.
Natur 121
Naturalismus, Sackgasse 172
„Natur der Sache" 372, 701, 725 f., 770, 777, 819, 840 f., 957, 1028, 1442
- und Gewaltenteilung 829
Naturrecht 105, 117, 153, 229, 258, 267, 309, 359, 520 f., 534, 696, 760, 856, 952
- aus Erfahrung 821
- Elemente des 775 ff.

Stichwortverzeichnis

- Neubegründung des 813
- normiertes 1436
- Renaissance des 119, 571
- und Anerkennung 869
- und Kulturrecht 810 ff.
- unmittelbare Wirkung des 824

Negativismus, juristischer 878 ff.

Neue Institutionenökonomik, Neue Institutionenökonomie 1251 f., 1251a

Norm
- Gewinnung einer 468
- übergesetzliche 817

Normativismus bei Carl Schmitt 1425

Normativität
- der Gesetze 1091 ff.
- „des Faktischen" 1525
- des Rechts 841
- dynamische 1115
- konkrete 1516
- produzierte 1102, 1106 ff.
- sachbestimmte 1115
- schöpferische 1119

Normbildung im case law 1324, 1339

Normdurchsetzung 1010 f.

Normensystem 509

Normerhaltung 1010 f.

Normerzeugung 1159

Normsystem 516 ff., 535

Normtexthypothese 1113 f.

Normzweck 965 ff., 988

Notwendigkeit 215

NS-Jurisprudenz 42, 1421 ff.
- Übersicht zur 1501

nulla poene sine lege 1393

Nutzenkalkül 1244

obiter dicta 1333 ff.

Öffentliches Recht 120 ff.

Öffentlichkeit der Verhandlung 162

Ökonomische Analyse des Rechts 27, 179, 1210 ff., 1456, 1522
- Rezeption der 1546 f.

Ontologie 389, 1099

opinio communis 770, 777

Oppositionelle Haltung 430

Ordnung
- innere 819
- „konkrete" 42
- kontrollierbare 862 f.

- „spontane" 167 ff., 177

Ordnungsbegriff 473

Ordnungsdenken 1425 ff.

Ordnungsinteresse 1520

outlaw 1062

overruling 1347 f., 1355
- im englischen Recht 1340 ff.

pacta sunt servanda, Unzumutbarkeit 570

Pandekten 96 f., 248, 264 ff., 284, 358, 413, 1362
- als positives Recht 292 f.
- bei Windscheid 280

Paradoxien 1143 ff.
- Lösung von 1154 f.

Parlamentarismus, Antiparlamentarismus 318

pater familias 96

Paternalismus 1195

Persönlichkeitsrecht und Unternehmerpersönlichkeit 901

Phänomenologie 1513

Philosophie
- negative 218, 255, 257
- positive 218, 255, 257
- praktische 1494

Plausibilität 1018

Plausibilitätskontrolle, teleologische 1002 ff.

Pluralismus
- der Auslegungsmethoden 843 f.
- der Rechtsquellen 396, 841
- der Sprachspiele 399
- der Werte 933 ff.
- gesellschaftlicher 1486
- methodischer 1467
- normativer 1357
- Quellenpluralismus 199
- rechtlicher 1550

Politik, Recht als geronnene 928

Positivismus 88, 105, 158, 204, 360, 1132, 1399
- als „Gesetzesknechtschaft" 12 f.
- bei Carl Schmitt 1425
- der Gesetze 281
- des Rechts 1083 ff.
- Gesetzespositivismus 953
- gesetzlicher, wissenschaftlicher 318
- „hohler" 549
- institutioneller 1332
- Kritik des 758 ff.

Stichwortverzeichnis

- "leerer" 562
- legende 1443
- Lob und Kritik 708
- Normverständnis des 1121
- Probleme des 672 ff.
- progressiver 316
- rechtlicher 346
- rechtswissenschaftlicher 953
- Rückkehr zum 1518
- und Idealismus 815
- und Naturrecht 1087
- Verdienste des 776
- Verfassungspositivismus 953

Practice Statement 1343

praeter legem 733

Präjudizienbindung
- horizontale 1341
- im englischen Recht 1327, 1330 ff., 1340 ff.
- vertikale 1340

Praktische Konkordanz 1358, 1465 ff.

Praxis 214
- Vorrang der 756

Preußen 287

Preußisches Allgemeines Landrecht 284, 1391

Prinzipal-Agent-Theorie 1251i, 1251p

Prinzipien
- durch Abstraktion 378
- im Recht 246
- im System 278 f.
- Konkretisierungsbedürftigkeit von 1030
- Legende 1443
- Rechtsgestaltung durch 1462
- Regelung durch 1030 ff.
- und Wertung 1040 ff.
- zum Rechtsverständnis 825

Prinzipienbildung 339 ff., 343, 348

Prinzipienjurisprudenz 1361 ff., 1387 ff.
- als Begriffsjurisprudenz 1401; s. Begriffsjurisprudenz
- Übersicht zur 1498

Privatautonomie 21, 125, 632, 639, 646, 648 ff., 929 f.
- Angriff auf die 1534 ff.
- Preisgabe von 800 ff.
- Willenselement der 800

Privateigentum 1251a f., 1251d ff., 1251i, 1251l

Privatrecht 8, 120 ff.
- als Verfassung 359

- canones als Hüter des 1020
- Dienst- und Abwehrfunktion 929 ff.
- Kritik am 1545
- Metatheorie des 27
- Richtungen des 1541
- Theorieverlust des 1550
- und politisches System 930
- und Verfassung 1014 ff., 1530 ff.

Problemlösung, "paradigmatische" 1040 ff.

Prognose 978 f.

Property Rights 1251i, 1251l, 1251o

Prozess im englischen Recht 1355

Rang 46
- von Gesetz und Recht 553 ff.

ratio decidendi 1333 ff., 1346, 1352, 1355

Rationalität 1078 f.
- als Konsensfähigkeit 791 f.
- des Rechts 995, 1001
- duplike 254
- Einwände gegen 1483
- Grenzen der 1520
- juristische 1018 ff.
- Konflikte im System 1189
- ökonomische 1227

rationes decidendi 725

Realismus, begrifflicher 1513

"realistic fallacy" 1453

rebus sic stantibus 311; s. Geschäftsgrundlage

"Rechnen mit Begriffen" 147, 180, 333, 1395

Recht
- als Entscheidungsprodukt 823
- als Friedensordnung 828 ff., 1442
- als geronnene Politik 565
- als geschichtliches Produkt 397
- als Gestaltungsmittel 931
- als Ideologie 927 f.
- als letzte Autorität 883
- als Recht durch Recht 1024
- als soziale Praxis 1521
- als Steuerungsinstrument 553
- als Verwirklichung von Gerechtigkeit 669
- Aporien im 1039 ff.
- Befriedungsfunktion 932
- der Dogmatik 384
- der Gesetze 232, 245, 259
- der Professoren 239
- der Wissenschaft 232, 245, 259, 278
- Differenzierung durch 1090

- Doppelnatur des 105 ff., 112
- Einbruch der Geschichtlichkeit ins 747
- Entstehung des 225 ff.
- flexibles 322
- Funktionen von 927
- Gegensteuerung durch 1183 ff.
- Geist des 361 ff.
- Geltung von 106 f.
- gewachsenes 81
- im Recht 381 ff.
- innere Moralität des 960
- innere Natur des 384
- Irrationalität im 1145 ff.
- kanonisches 146
- Logik des 299
- Natur von 107 f.
- nichtsstaatliches 1408
- Ökologisierung des 1167 f.
- Paradox des 881
- Politisierung des 888
- positives 256, 601
- „richtiges" 995, 1034, 1077
- römisches 284, 292
- Selbstreferenz im 1144
- situatives 1516
- soziologische Bereicherung des 1208 ff.
- soziologisches Wissen im 1182 f.
- Stabilisierung durch 1090
- Steuerung durch 1090
- subjektives 309, 1369
- Tautologie von 1024
- übergesetzliches 818 ff.
- überpositives 673 f., 1027
- Umsetzung von 23
- und Gewalt 1105
- und Politik 294
- und Prognose 1182 f.
- und Wertphilosophie 813
- völkisches 319
- Vorrang des materiellen 310
- „wahrhaftes" 388
- Wertbezug des 926 ff.
- wertungsorientiertes 1040 ff.
- Wesen des 819
- „wirkliches" 161, 172, 177, 181, 192 f., 202, 281, 397
- wirklichkeitsfremdes 885

Rechtfertigung 257
- rationale 255

Rechtmäßigkeit 39

Rechts
- Systemsprache des 1158 ff.
- Werturteile des Normgebers 927

Rechtsanalyse 23

Rechtsanwendung 23, 935
- als punktuelle Rechtsfortbildung 681
- als Wertungsfrage 675 ff.
- als Wertungsprozess 715, 724, 750
- Dialektik der 1123
- im Dienst der Rechtspolitik 537
- kontrollierbare 1395
- Politisierung der 1534 ff.
- richterliche 664, 667 ff.
- unpolitische 971
- vergleichende 335
- Vorrang der 301 ff.
- Wertungsspielraum 686

Rechtsauslegung, Konkretisierungsfunktion 733

Rechtsbegriff 251, 298
- Abgrenzung 1369
- immanente Logik 773
- konturloser 775
- Offenheit des 170
- unbestimmter 945

Rechtsbewusstsein 242 f.

Rechtsbindung 39
- des Staats 1390

Rechtsdogmatik 36, 114 ff.
- als Wissenschaftsproblem 119
- stabilisierende 780

Rechtseinheit 21

Rechtserkenntnis 1093 ff., 1488 ff.
- zeitlose 1036

Rechtserneuerung
- nationalsozialistische 516 f., 535
- Probleme der 564

Rechtserzeugung, reflektierte 1103

Rechtsfestigkeit 334 ff.

Rechtsfindung 707 ff.
- Anschein von Legalität 795
- bei Nipperdey 1435
- richterliche 770

Rechtsform und Rechtsfunktion 905

Rechtsfortbildung 32, 46, 51, 59 ff., 64 ff., 151, 158, 187, 222, 231, 232 f., 243, 258 ff., 278, 343, 1022 ff., 1043 ff., 1205, 1473 f.
- Abgrenzung zur Auslegung 733
- contra legem 857
- offene 339, 1061
- praeter legem 1023
- richterliche 758, 764 ff., 887, 961 ff.
- und Auslegung 834

Stichwortverzeichnis

- Verbot der 1006
- Vertragsverbund 1173 ff.
- Voraussetzungen der 854 ff.

Rechtsfriede 742

Rechtsgedanke 1488 f.

Rechtsgefühl 299, 416, 422 f., 551 f., 556 ff., 568, 850, 1245, 1537
- Kritik des 693
- richterliches 557

Rechtsgemeinschaft 739 ff.

Rechtsgeschichte 662

Rechtsgrund, „eigentlicher" 426

Rechtsidee 820, 1024 ff., 1433, 1502
- als Geltungsgrund 828
- ungreifbare 1031 f.

Rechtskatastrophe 941
- Denken von der R. her 922

Rechtskritik 23, 824, 879, 1158 ff., 1204

Rechtslogik 725

Rechtsnatur 401

Rechtsnorm
- abstrakt-generelle 1116
- bei Friedrich Müller 1524 f.

Rechtsordnung
- Umwertung der 939, 955
- Unzulänglichkeit der 448

Rechtsperversion 1518

Rechtsphilosophie, Wesensargumente in der 873

Rechtspluralismus, historischer 1390

Rechtspolitik 29, 60, 137, 139, 150, 199, 281
- des Bürgerlichen Rechts 536
- freie 35
- soziale 307
- Streitpunkte der 315

Rechtspraxis 29, 37, 240, 940

Rechtsprechung s. equity-Rechtsprechung
- im englischen Recht 1331, 1343
- und Lehre 702

Rechtsprinzipien 770 ff., 1022 ff.
- allgemeine 1028 ff.
- Kasuistik der 771
- nicht naturrechtliche 771
- Positivierung durch Anerkennung 775 f.
- wandlungsoffen 778

Rechtsquelle 101, 118 ff., 136, 153, 164
- außerrechtliche 758
- dezisionistische 767
- Dogmatik als 804
- eigentliche 601
- ergänzende 259
- Führerwille als 601, 612
- gemeines Recht als 358
- legalistische 767
- Lehre der 223 ff.
- positives Recht als 309
- Rechtsgewinnung ohne 394
- Richterrecht als 852
- römische 338
- römisches Recht als 358
- System als 372
- überpositive 595
- Verkehrsbedürfnis keine 301
- Volk als 205
- Volks als 1430
- Wissenschaft als 858 ff.
- Zweck als 423

Rechtsquellenlehre 217

Rechtssatz 258 ff.
- frei entstandener 252 f.

Rechtsschöpfung, richterliche 429, 745 ff., 781

Rechtssetzung
- durch Anwendung 886
- parlamentarische 1426

Rechtssicherheit 159 ff., 167, 185, 194, 292, 669, 685, 708 ff., 718
- durch Hierarchie 191
- durch Präzision 191, 334
- im englischen Recht 1343, 1345
- „leere" 562
- und Flexibilität 778 ff.

Rechtsstaat 9, 33, 64 ff., 314
- als Schutz 308
- Juristenbindung 297
- pluraler und demokratischer 933

Rechtssymbol 1389

Rechtstaat 1126 f.
- Verheißungen des 883

Rechtstatsachenforschung 1455a, 1455h

Rechtsumbildung
- im Systembruch 943 ff.

Rechtsverbesserung 193

Rechtsvergleichung 836

Rechtsverhältnis 97, 227 ff.

Rechtsverständnis 93 ff., 133

Rechtsverweigerungsverbot 1470

Rechtsweisheit, richterliche 556

Rechtswissenschaft
- Geschichtlichkeit der 890
- gesellschaftswissenschaftliche 956
- im englischen Recht 1329
- Rolle der 1554
Reflexion, theoretische 29
Regelungsfolgen 1212
Reichsgericht 899
Reichspogromnacht 923
Re-Import 14
Relativismus, pragmatischer 937
Repräsentation, sprachliche 1098
Revolution 90
Richter 303
- Aufgabe des 545
- Orientierung an Norm und Wirklichkeit 716
- Stellung des 596, 601
- Verantwortung des 612
Richterbild im englischen Recht 1328
Richterbindung 447, 710, 790, 1126, 1417
- durch Urteilskunst 704
- grundsätzliche 683 f.
- Lockerung der 552 ff., 556 ff.
- und Darstellung 1548
- und Wertentscheidung 848
- „zu starre" 1516
Richterkönig 962, 1410
- weitschauender 477
Richterpersönlichkeit im englischen Recht 1327
Richterrecht 71 ff., 104, 158, 577, 763 ff., 779, 1124 ff.
- generalisierte Reziprozität 1176
- Soziologisierung des Rechts 1207
Richterstaat 949
Romanistik, Textkritik 661
Römisches Recht, heutiges 224, 226

Sachgerechtigkeit 632
Sachverhalt im case law 1326, 1339
Scheinlogik 1377 ff.
Schlussverfahren, reduktives 716 ff.
Schweinemästerfall 1232
„Sein und Sollen" 128, 202, 691 f., 1085 ff., 1122, 1400, 1517
- Übergang 1428
Selbständigkeit, juristischer Begriffe 774
Selbstreferenz 15, 1160 f.

seriatim opinions 1327, 1335 ff.
Sicherheit, Kritik weltanschaulicher 1487
Sinn, ontologischer 1528
Sinnzusammenhang 1129
Sittenwidrigkeit 865
Sittlichkeit 117, 124, 131, 179, 747
- bei Jhering 1382
sozial 510, 523 ff., 530, 533
Sozialadäquanz 1461
Sozialautonomie 21
„soziale Kosten" 1213 f.
Sozialforschung, empirische 1137
Sozialstaat 1406, 1450
Sozialstaatsprinzip 1194
Sozialversicherung 321
Soziologie 1523
- Bildadäquanz, Umweltadäquanz 1166 ff.
Soziologische Jurisprudenz 1455a ff.
„spontane Ordnung" 195
Sprachspiel 1113
Staat 120 ff.
stare decisis 1330 ff.
Stellvertretung 267 ff.
Steuerung durch Recht 1182
Stil des common law 1325 ff.
Strafrecht 165, 1393
Streikrecht 908
Streik und Verfassung 923
Stromdiebstahl 61
Subsumtion 1084 ff., 1495
- bloße 1419
- Kritik der 846
- syllogistische 1084
Subsumtionsautomat 962
Subsumtionsjurisprudenz, Abschied von der 1463
Supreme Court, UK 1327, 1340 ff., 1348; s. House of Lords
suum cuique 72, 550; s. Jedem das Seine
- gegen idem cuique 546 ff.
Syllogismus 44
Synthese 105
- Kraft zur 199
System 49 ff., 103, 178, 181, 200, 205, 227, 232 ff., 245 ff., 266, 345 f., 967, 1369
- Aufbau des 234 ff.
- äußeren 50

Stichwortverzeichnis

- äußeres 474
- bewegliches 995, 1017 ff., 1030, 1034 ff., 1077 f.
- Blindheit des 1157, 1189
- durchgeformtes 295 ff.
- Geschlossenheit des 1157
- im englischen Recht 1352, 1355
- inneres 50 f., 475, 1025
- Logik des 372
- lückenloses 1084
- mit Totalitätsanspruch 758
- und Autonomie 1188
- und Imperialismus 1188
- und Methode 367 ff.
- Vielfalt des 1199 ff.

Systemtheorie 1140

Teleologie, Primat der 844
telos 56 ff., 1061
- Vorrang des 1005 f.
tertium comparationis 1042
Testierfreiheit 864 ff.
Topik 1358, 1441
- der Rechtsfindung 785 ff.
- juristische 711 ff.
- und Systemdenken 810
Transaktionskosten 1228 ff., 1251g, 1251i, 1251r f.
Transparenz 1546
Treu und Glauben 563
- Subsumierbarkeit von 722 ff.

Umweltsensibilität 1191
Unabhängigkeit, richterliche 1373
Unentscheidbarkeit 1148 ff.
- und Entscheidbarkeit 1162
Unternehmensrecht 899 ff.
- als Leerformel 913 ff.
- Legende vom 899 ff.
Urteilsbegründung
- im englischen Recht 1335 ff.; s. seriatim opinions
- Pluralität der 1327
Urteilsbildung, richterliche 682 ff.
Urteilskraft 335, 1405

venire contra factum proprium 700, 736
Verbraucherschutz 321
Verfahren im englischen Recht 1322
Verfassung 15, 150, 154, 238 f., 510, 519 ff., 534 f., 612, 620

Verfassungsgericht 158, 1194
Verfügungsrechte 1251 f., 1251c, 1251h, 1251j ff., 1251t f.
Verhältnismäßigkeit, Prinzip der 977 ff.
Verkehrssitte 53, 299, 643, 723, 730
Vermittlung, sprachliche 1105
Vernunft 215, 232, 255
- geheime 994, 1043
Vernunftrecht 309
Verrechtlichung und Inkompatibilität 1198
Verschuldensprinzip, haftungsrechtliches 342
Vertrag 1171
- faktischer 43, 614 ff., 642, 654, 798 ff.
Vertragsauflösung 573
Vertragsfreiheit 533
Vertragsgenossen 570
Vertragskorrektur 574
Vertragslehre des Staates 123
Vertrauensschutz im englischen Recht 1345
Volk 9, 88, 117, 121, 130, 149, 173 f., 177, 198, 297
- Bewusstsein im 228
- „natürliches" 164
- Ordnung des 598
- und Volksgeist 226, 231 ff., 243, 278 f.
„Volksgeist" 164, 217
Volksgesetzbuch 529
- Entwurf eines 1428
Vollständigkeit
- der Rechtssätze 1391
- von Recht und Gesetz 1394
Vorstellungen, Erforschung von 450
Vorverständnis 29, 678, 786 ff., 884, 1003, 1519
- Freilegung des 712
- und Methodenwahl 1542

Wahrheit, keine überzeitliche 1508
Weimarer Verfassung 510, 526 ff., 535
Weltanschauung
- einheitliche 1357
- richterliche 669
- völkisch-rassisch 1422
Weltgeschichte 179
Weltrecht 279
Wert
- als „moralische Entdeckung" 817
- eines Menschen 1240

- objektiv vorgegebener 946
- Produkte von Begehrensvorstellungen 936

Werte, konventionelle 699
Wertethik 1537
Wertfreiheit, „notwendig ideologieanfällig" 792
Wertjurisprudenz 1517
Wertmaßstab
- außergesetzlicher 1531
- übergesetzlicher 1538

Wertneutralität 958
Wertordnung
- objektive 576, 697, 1541
- überindividuelle 575

Wertphilosophie 532, 534
- materiale 521

Wertprinzipien, außerrechtliche 765
Wertsubjektivismus 933 ff., 988 f.
Wertung 170, 201, 1023
- als Methodenkern 1429
- außergesetzliche 689
- der Verfassung 706
- des Gesetzgebers 728 f., 733
- Ergebnisoffenheit von 1075
- freie 795
- gerechte 747
- gesetzgeberische 1462
- gesetzliche 1417, 1433
- Grundlage von 680
- im englischen Recht 1347
- im Konditionsrecht 1046 ff.
- keine Freiheit von 1549 f.
- Maßstab 691
- Maßstabsprobleme der 919
- offene 895
- richterliche 759
- und Begriffsjurisprudenz 415
- und Gegenwerte 1074
- verborgene 1121
- Widersprüche 51

Wertungen
- Abhängigkeit von 575
- feste 554
- philosophische 1400
- übergeordnete 559

Wertungsjurisprudenz 9, 42, 511 f., 518 ff., 554, 680, 850, 956, 1420
- im Nationalsozialismus 1428

- im Strafrecht 1430
- Münsteraner Schule 923
- nach 1945 1432 ff.
- Parteilichkeit der 1077
- Übersicht zur 1502

Wertungsmaßstab 578
Wertvorstellungen, Bestimmung der geltenden 934
Wesen und Erscheinung 362
Widerspruchsfreiheit 376
Willenserklärung beim „faktischen Vertrag" 803
Willkürfreiheit 669 ff.
Willkürverbot im Kündigungsschutzgesetz 975
„wirkliches Recht" 102 ff.
Wirklichkeit 215
- ausgeblendete 1097 ff.
- Doppelnatur der 115

Wortlaut 47 f.
Wortlautauslegung, Wandel der 53
Wortlautgrenze 966, 1128 ff.
Wortsinn, möglicher 1044
writ 1321
Würde des Menschen 321

Zeitgeist 7 f., 80 f., 202, 336, 357, 699, 747, 1544
Zession 267 ff.
Zivilgesetzbuch der Schweiz 1907/1911 855, 1496e
Zivilrecht 280 ff.; s. Privatrecht
- Relativierung des 8; s. Privatrecht

Zurechnung im Konditionsrecht 1052 ff.
Zusammenhang, stimmiger 51
Zweck
- als Rechtsquelle 423
- Fixierung auf 1372
- gesetzlicher 57
- im Recht 280, 420 ff.
- Selbstzweck 126
- und Begriff 1384

Zweckmäßigkeit 137
Zweifel 1555
Zynismus 29 ff., 75, 335, 1001, 1447, 1504
- gegen Methode 1453